JN236648

保険法解説

生命保険・傷害疾病定額保険

山下友信
米山高生　編

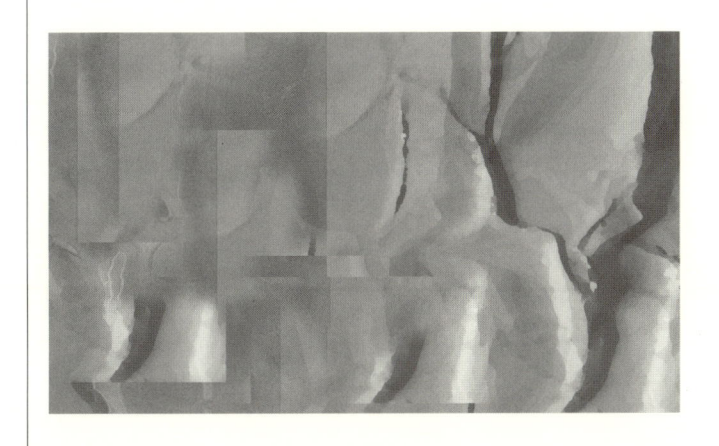

有斐閣

はしがき

　第一生命寄付講義による産学連携協同研究のテーマとして「保険法の現代化とビジネスのあり方」が選ばれたのは，2007年の初夏であった。その頃はまだ保険法は立法過程にあったので，本書の執筆陣を構成していただいている法律学者と保険理論研究者の方々に集まっていただき，保険法をめぐる研究会が発足した。その後，研究会の成果を書物にまとめて公刊し，保険に関わる各方面の実務的指針として役立てていただきたいと考えた。そこで，第一生命が作成した逐条的な解説書の目次原案を叩き台として，法律部分を山下が，理論部分を米山が監修するかたちで保険法解説書の編別構成を固めた。その後，出版企画案を有斐閣にご相談したところ，同社の前向きな理解とご協力を得て，出版という方向で研究会を再構成することになった。

　産学連携協同研究会は，丸の内ビルの10階にある一橋大学大学院商学研究科産学連携センターで，毎月1回定例で行われたが，その数およそ31回を数えた。このような長丁場のタフな研究会の運営実務にあたっては，なによりも第一生命の実務家の皆さんの献身的なご協力に深く感謝しなければならない。また一橋大学商学研究科MBAプログラムオフィサーの大和田幸恵氏をはじめとして，補佐の長内由佳氏と福井有気氏から，きめの細かいご協力をいただいたことにも感謝したい。

　さらに実務家の皆さんからは，保険法の規定に関連する実務的な取扱いについて，様々な情報を提供していただき，保険に関する法律実務を深く理解する機会を与えていただいた。また逆に学術的な議論が，約款改訂などを含む実務家の皆さんに何らかの貢献ができたのではないかと思っている。研究会を振り返ると，「産」と「学」の間での自由で闊達な討論は，学術的な議論をベースにしつつ実務的な取扱いを材料としてきわめて実のある内容であった。これらのことは，本書を一読いただければご理解いただけるものと思われる。

　本書の最大のユニークな点は，保険法の施行とほとんど期を同じくして，同法について逐条的に，沿革，立法論を踏まえ，必要な場合は比較法にまで及んだ詳細な解説していることである。さらに，条文に規定されなかった重要な項

目についても解説を置き，しかも実務的な内容を含む項目をふんだんに盛り込んでいるのも特徴である。この点は，法律実務書として活用していただく上で大きなメリットであると思われる。さらに法律解説書の中に，あえて保険理論の解説を加えたこともユニークな点である。保険法は保険契約の基本ルールであるので，契約理論あるいは情報の非対称性の経済学と理論的に深く関連する部分がある。さらに保険はリスクを移転する契約であり，またプーリング・アレンジメントによってリスクを軽減する仕組みでもあるから，保険契約の基本ルールを実務的に理解し，法的に解釈する上で，経済学をベースに保険を理解することは，大変重要であると考えている。各執筆担当者の方には，法律実務家にとっての理解しやすさのためにも，できるかぎり平易に記述することを心がけるようにお願いした。

　第一生命寄付講義との関連でいえば，「保険法の現代化とビジネスのあり方」に関する産学連携協同研究会は，学外の多くの方々の協力を得てはじめて，その目標を十分に達成することができるほど大きなものであり，寄付講義の中で最大のプロジェクトであった。このような規模の産学連携協同研究会は，少なくとも保険業界では，過去に実例をみないものであろう。第一生命からこれだけの規模の研究会を運営面で支援していただけたのは，同社の皆さんが，約100年ぶりの保険法改正について「産」「学」共同の視点から記録として残しておくという歴史的意義を強く感じておられたこと，および新しい保険法の制定と施行が，保険契約者に対するより質の高い保険サービスの提供の契機となるようにしたいという強い使命感を抱かれていたことによるものであると思う。さらに，研究会の成果の公刊に対して，積極的に協力していただいた背景には，企業の利害関係を超えた社会貢献への意思があるものと確信している。

　産学連携協同研究会による本書の公刊という成果が，2010年4月から株式会社として新しい創業の第一歩を踏み出してゆく第一生命への門出のお祝いとなり，また後世に引き継ぐべき財産となってくれることを祈念する。

　第一生命・一橋大学商学研究科産学連携協同研究会にご協力いただいたすべての皆様に対してあらためて深く御礼を申し上げるとともに，本書の公刊のための編集作業について多大なご協力をいただいた有斐閣の常務取締役・酒井久雄氏および書籍編集第一部・藤木雄氏にも心から御礼を申し上げる。

はしがき

　本書が，生命保険および傷害疾病定額保険の分野において，長く実務家の指針として座右に置かれ，それによって，保険契約者に質の高い保険サービスが安定的に提供され，もって生命保険産業の健全な発展につながることを期待したい。

　　2010 年 3 月

　　　　　　　　　　　　　　　編者　山下友信　米山高生

凡　例

1　関係法令

　関係法令は，平成22年1月1日現在によった。

2　条　　文

　条文は原文通りとした。ただし，数字はアラビア数字に改めた。なお，見出しを欠く条文には【　】で見出しを付けた。

3　法　　令

　保険法については，法令名を省略して，条数のみで表記した。その以外の法令については以下の略称を用いたほか，有斐閣『六法全書』の法令名略語に依拠した。

改正前商法	保険法の施行に伴う関係法令の整備に関する法律（平成20年法律第57号）による改正前の商法
保険業規	保険業法施行規則
保険業令	保険業法施行令
明治23年旧商法	旧商法（明治23年法律32号）

4　判　　例

　判例の引用にあたっては，以下の略記法を用いた。

　　大判大正8年3月3日民録25輯356頁＝大審院大正8年3月3日判決，大審院民事判決録25輯356頁

　　最判昭和57年7月15日民集36巻6号1113頁＝最高裁判所昭和57年7月15日判決，最高裁判所民事判例集36巻6号1113頁

　　長崎控判大正8年12月13日新聞1663号18頁＝長崎控訴院大正8年12月13日判決，法律新聞1663号18頁

　　東京高判昭和29年10月25日高民集7巻11号901頁＝東京高等裁判所昭和29年10月25日判決，高等裁判所民事判例集7巻11号901頁

　　神戸地判昭和25年3月2日下民集1巻3号319頁＝神戸地方裁判所昭和25年3月2日判決，下級裁判所民事裁判例集1巻3号319頁

5　判　例　集

　　裁　　時　　　　裁判所時報

凡　例

裁判集民	最高裁判所裁判集民事
判決全集	大審院判決全集
交民集	交通事故民事裁判例集
判　時	判例時報
判　タ	判例タイムズ
金　判	金融・商事判例
金　法	金融法務事情
訟　月	訟務月報
新　聞	法律新聞
生　判	文研生命保険判例集第1巻～第7巻，生命保険判例集第8巻～

6　文　献

甘利＝山本	甘利公人＝山本哲生『保険法の論点と展望』（商事法務，2009年）
石井＝鴻	石井照久＝鴻常夫増補『海商法・保険法』（勁草書房，1976年）
石　田	石田満『商法Ⅳ（保険法）（改訂版）』（青林書院，1997年）
一問一答	萩本修編著『一問一答 保険法』（商事法務，2009年）
上　松	上松公孝『新保険法（損害保険・傷害疾病保険）逐条改正ポイント解説』（保険毎日新聞社，2008年）
上松＝北沢	上松公孝＝北沢利文監修『改正保険法早わかり』（大蔵財務協会，2008年）
江　頭	江頭憲治郎『商取引法（第5版）』（弘文堂，2009年）
大串＝日生	大串淳子＝日本生命保険生命保険研究会編『解説保険法』（弘文堂，2008年）
大　森	大森忠夫『保険法（補訂版）』（有斐閣，1985年）
落合＝山下	落合誠一＝山下典孝編『新しい保険法の理論と実務（別冊金融・商事判例）』（経済法令研究会，2008年）
金　澤	金澤理『保険法上巻（改訂版）』（成文堂，2001年）
金澤＝大塚＝児玉	金澤理監修・大塚英明＝児玉康夫編『新保険法と保険契約法理の新たな展開』（ぎょうせい，2009年）
倉　澤	倉澤康一郎『保険法通論』（三嶺書房，1982年）
坂　口	坂口光男『保険法』（文眞堂，1991年）
生保百選	鴻常夫編『生命保険判例百選（増補版）』（有斐閣，1988年）

損保百選（初版）	鴻常夫＝竹内昭夫編『損害保険判例百選』（有斐閣，1980年）
損保百選	鴻常夫＝竹内昭夫＝江頭憲治郎＝山下友信『損害保険判例百選（第2版）』（有斐閣，1996年）
竹濱	竹濱修『保険法入門』（日本経済新聞出版社，2009年）
竹濱＝高山	竹濱修監修・高山崇彦編著『速報 Q＆A新保険法の要点解説』（金融財政事情研究会，2008年）
田辺	田辺康平『新版現代保険法』（文眞堂，1995年）
中西喜寿	竹濱修＝木下孝治＝新井修司編『中西正明先生喜寿記念論文集 保険法改正の論点』（法律文化社，2009年）
西島	西島梅治『保険法（第3版）』（悠々社，1998年）
ハンド	桜井健夫＝坂勇一郎＝丹野美絵子＝洞澤美佳『保険法ハンドブック——消費者のための保険法解説』（日本評論社，2009年）
福田＝古笛	福田弥夫＝古笛恵子編『逐条解説改正保険法』（ぎょうせい，2008年）
保険海商百選	鴻常夫＝竹内昭夫＝江頭憲治郎編『商法（保険・海商）判例百選（第2版）』（有斐閣，1993年）
松本	松本烝治『保険法（第11版）』（中央大学，1922年）
山下	山下友信『保険法』（有斐閣，2005年）
立案	萩本修編著『保険法立案関係資料——新法の概説・新旧旧新対照表（別冊商事法務321号）』（商事法務，2008年）

（外国法和訳）

保険契約法集（訳）	（社）日本損害保険協会・（社）生命保険協会編『ドイツ，フランス，イタリア，スイス保険契約法集』（（社）日本損害保険協会・（社）生命保険協会，2006年）
独保険契約法（訳）	（社）日本損害保険協会・（社）生命保険協会編，新井修司・金岡京子共訳『ドイツ保険契約法（2008年1月1日施行）』（（社）日本損害保険協会・（社）生命保険協会，2008年）

7 資　料　等

（法制審議会保険法部会資料）

中間試案	保険法の見直しに関する中間試案
中間試案補足説明	保険法の見直しに関する中間試案の補足説明
要綱	保険法の見直しに関する要綱

(改正試案)

「生命保険契約法改正試案」等の略称は以下の通りとし，何年版のものかを括弧書で表示する。

〔表　記〕
　「生保試案（2005）」＝生命保険契約法改正試案（2005年確定版）
　「傷害試案（2003）」＝傷害保険契約法試案（2003年版）

〔略　称〕
　疾病試案　　　　　疾病保険契約法試案，疾病保険契約法新設試案
　傷害試案　　　　　傷害保険契約法試案，傷害保険契約法（新設）試案
　生保試案　　　　　生命保険契約法改正試案
　損保試案　　　　　損害保険契約法改正試案

(約　款)
　巻末約款　　　　　第一生命・5年ごと配当付終身保険普通保険約款（平成22年4月2日改正）

8　雑　誌　等

ア・ジャーナル	アクチュアリージャーナル
Ｎ Ｂ Ｌ	NBL（New Business Law）
最判解民（刑）	最高裁判所判例解説・民（刑）事篇
ジ　ュ　リ	ジュリスト
商　　事	商事法務
所　　報	生命保険文化研究所所報
新　　報	法律新報
生　　経	生命保険経営
生　　保	生命保険論集
生保協会報	生命保険協会会報
曹　　時	法曹時報
損　　保	損害保険研究
文　　研	文研論集
重 判 解	重要判例解説（ジュリスト臨時増刊）
法　　協	法学協会雑誌
法　　教	法学教室
法　　時	法律時報
保険医学	日本保険医学会誌

保 険 学	保険学雑誌
保険レポ	保険事例研究会レポート
民　　商	民商法雑誌
リマークス	私法判例リマークス
論　　叢	法学論叢

目　次

序　論　1

I　保険法の現代化 ……………………………………〔山下友信〕…3
　1　保険と法　3
　2　保険法制定の経緯　4
　3　保険法現代化の意義　5
　4　国際的比較から見た保険法　6
　5　保険法現代化と保険業法　10
　6　保険法現代化と保険実務　12

II　保険ビジネスと保険理論の現代化 ………………〔米山高生〕…15
　1　保険理論をとりまくビジネスおよび学問の展開　15
　2　リスク概念の明確化・計量化と保険理論の展開　19
　3　保険論におけるリスク　25
　4　総括——保険法におけるリスク概念　35

III　生命保険業の歴史 …………………………………〔米山高生〕…37
　1　生命保険の起源　37
　2　生命保険の需要　39
　3　わが国への近代的生命保険の導入　42
　4　総括——生命保険史の需要アプローチの意義　50

IV　主要な保険商品・保険の仕組み …………………〔第一生命〕…53
　1　総　説　53
　2　保険商品の分類　57
　3　代表的な保険商品とその仕組み　58

V　主な国の保険 ……………………………………………………65
　1　アメリカ　65
　　　○市場の状況〔第一生命〕65　　○制度の概要〔山下友信〕68
　2　イギリス　73
　　　○市場の状況〔第一生命〕73　　○制度の概要〔山本哲生〕77
　3　ドイツ　83
　　　○市場の状況〔第一生命〕83　　○制度の概要〔金岡京子〕87
　4　フランス　99
　　　○市場の状況〔第一生命〕99　　○制度の概要〔山野嘉朗〕102

ix

第1章 総　則　115

第1条（趣旨）……………………………………………〔山下友信〕…117
Ⅰ　趣　旨……………………………………………………………117
Ⅱ　沿　革……………………………………………………………117
Ⅲ　条文解説…………………………………………………………117
1　保険法の規定内容と適用関係　117
2　他の私法法令との適用関係　119
3　保険法と保険業法等との関係　120
4　保険契約と保険業界の自主規制　124
5　保険約款　124

第2条（定義）……………………………………………〔洲崎博史〕…129
Ⅰ　趣　旨……………………………………………………………130
Ⅱ　沿　革……………………………………………………………130
Ⅲ　条文解説…………………………………………………………131
1　総　説　131
2　解　説　136

第2章　損害保険　〔山下友信〕　153

第3章　生命保険・第4章　傷害疾病定額保険　157

第1節　成　立　159

前　注………………………………………………………〔洲崎博史〕…159
第37条・第66条（告知義務）……………………………〔山下友信〕…161
Ⅰ　趣　旨……………………………………………………………161
Ⅱ　沿　革……………………………………………………………162
Ⅲ　条文解説…………………………………………………………162
1　告知義務の意義　162
2　告知義務者　163
3　告知を要する場合　163
4　告知の時期　164
5　告知の方法　165
6　告知の相手方　166

7　告知すべき事実・事項　168
　　8　片面的強行規定　177
　　9　傷害疾病定額保険契約特有の事項　177
第38条・第67条（被保険者の同意）……………………〔山本哲生〕…179
　Ⅰ　趣　　旨………………………………………………………………179
　　1　序　179
　　2　他人の死亡の保険の有用性と危険性　180
　　3　弊害防止のための諸制度　184
　Ⅱ　沿　　革………………………………………………………………186
　Ⅲ　条文解説………………………………………………………………188
　　1　総　説　188
　　2　同意の性質　189
　　3　同意の相手方・方式　190
　　4　包括的同意の可否　191
　　5　同意の時期　192
　　6　法定代理人による同意　195
　　7　傷害疾病定額保険における被保険者の同意　203
　Ⅳ　その他…………………………………………………………………207
　　1　団体生命保険契約　207
　　2　未成年者の保険　210
　　3　被保険者の同意不要な傷害疾病定額保険　211
第39条・第68条（遡及保険）……………………………〔洲崎博史〕…212
　Ⅰ　趣　　旨………………………………………………………………212
　Ⅱ　沿　　革………………………………………………………………213
　Ⅲ　条文解説………………………………………………………………214
　　1　改正前商法642条の問題点　214
　　2　保険法39条の構造と適用対象　216
　　3　39条の効果　220
　　4　承諾前死亡の場合における保険者の承諾義務　221
　　5　傷害疾病定額保険契約における責任遡及の定め（68条の解釈）
　　　222
第40条・第69条（生命保険契約の締結時の書面交付・傷害疾病定額保
　険契約の締結時の書面交付）……………………〔千々松愛子〕…225
　Ⅰ　趣　　旨………………………………………………………………226
　Ⅱ　沿　　革………………………………………………………………227
　Ⅲ　条文解説………………………………………………………………228

1　書面交付義務　228
　　　2　書面という名称　228
　　　3　書面の法的性質　229
　　　4　記載事項　232
　　　5　規定の性質　233
　　　6　傷害疾病定額保険契約に関する事項　233
第41条・第70条（強行規定）……………〔萩本　修・嶋寺　基〕…235
　Ⅰ　趣　　旨…………………………………………………………………235
　Ⅱ　沿　　革…………………………………………………………………235
　　　1　片面的強行規定の導入　235
　　　2　法制審議会における議論　236
　Ⅲ　条文解説…………………………………………………………………237
　　　1　不利な特約　237
　　　2　告知義務　239
　　　3　遡及保険　239
　　　4　傷害疾病定額保険契約の片面的強行規定　240
＊復　　活……………………………………………………〔洲崎博史〕…241
　Ⅰ　総　　説…………………………………………………………………241
　Ⅱ　「復活」の具体的内容とその法的性質 …………………………………242
　Ⅲ　保険契約の復活に関する各論的問題（保険法のもとでの解釈）………244
　　　1　復活に際して告知を求めること（再度のリスク測定）の可否　244
　　　2　保険者の承諾義務　245
　　　3　保険契約の復活があった場合の「責任開始期」　245
＊逆選択と保険契約………………………………〔後藤　元・三隅隆司〕…247
　Ⅰ　はじめに…………………………………………………………………247
　Ⅱ　基本モデルの設定………………………………………………………249
　Ⅲ　非対称情報下における最適保険契約……………………………………253
　　　1　完全保険の非効率性　254
　　　2　逆選択の発生　254
　　　3　非対称情報下における最適保険契約──Rothschild-Stiglitz均衡　256
　Ⅳ　告知義務の経済分析……………………………………………………262
　　　1　被保険者が自身のタイプを知っている場合　264
　　　2　被保険者が自身のタイプを不完全にしか知らない場合　266
　　　3　保険法上の告知義務制度との関係　269
　Ⅴ　終わりに…………………………………………………………………273

第 2 節　効　　力　275
　前　注 ……………………………………………………〔山野嘉朗〕…275
　　1　総　説　275
　　2　各規定の概要・特色　276
第 42 条・第 71 条（第三者のためにする生命保険契約・第三者のために
　する傷害疾病定額保険契約）……………………………〔山野嘉朗〕…281
　Ⅰ　趣　旨 …………………………………………………………………281
　Ⅱ　沿　革 …………………………………………………………………282
　Ⅲ　条文解説 ………………………………………………………………283
　　1　総　説　283
　　2　保険金受取人の指定　287
　　3　保険金受取人指定の有効性　289
　　4　保険金受取人の指定方法と表示行為の解釈　290
　　5　保険金請求権取得の固有権性　294
　　6　保険金受取人の権利放棄とその効果　295
第 43 条・第 72 条（保険金受取人の変更）………………〔山野嘉朗〕…297
　Ⅰ　趣　旨 …………………………………………………………………297
　Ⅱ　沿　革 …………………………………………………………………297
　Ⅲ　条文解説 ………………………………………………………………300
　　1　総　説　300
　　2　解釈上の問題点　305
第 44 条・第 73 条（遺言による保険金受取人の変更）………〔山野嘉朗〕…313
　Ⅰ　趣　旨 …………………………………………………………………313
　Ⅱ　沿　革 …………………………………………………………………313
　　1　改正試案と比較法　313
　　2　法改正前の理論状況　314
　Ⅲ　条文解説 ………………………………………………………………316
　　1　総　説　316
　　2　解釈上の問題　319
第 45 条・第 74 条（保険金受取人の変更についての被保険者の同意）
　…………………………………………………………〔山本哲生〕…325
　Ⅰ　趣　旨 …………………………………………………………………325
　Ⅱ　沿　革 …………………………………………………………………327
　Ⅲ　条文解説 ………………………………………………………………327
第 46 条・第 75 条（保険金受取人の死亡）………………〔竹濱　修〕…330

Ⅰ　趣　旨 ……………………………………………………………………330
　　　1　本条の趣旨　330
　　　2　外国法の状況　331
　　Ⅱ　沿　革 ……………………………………………………………………332
　　Ⅲ　条文解説 …………………………………………………………………332
　　　1　保険金受取人の先死亡　332
　　　2　相続人全員が保険金受取人となること　333
　　　3　相続人間の受取割合　334
　　　4　同時死亡　338
　　　5　規定の性質　339

第47条・第76条（保険給付請求権の譲渡等についての被保険者の同意）
　　　　　　　　　　　　　　　　　　　　　　　　　〔山本哲生〕…341
　　Ⅰ　趣　旨 ……………………………………………………………………341
　　Ⅱ　沿　革 ……………………………………………………………………343
　　Ⅲ　条文解説 …………………………………………………………………344
　　　1　総　説　344
　　　2　傷害疾病定額保険契約の規律　345
　　　3　合併，分割，事業譲渡の際の同意の要否　345
　　　4　保険契約者変更等　346

第48条・第77条（危険の減少）……………………〔竹濱　修〕…348
　　Ⅰ　趣　旨 ……………………………………………………………………348
　　Ⅱ　沿　革 ……………………………………………………………………348
　　Ⅲ　条文解説 …………………………………………………………………350
　　　1　危険の減少の意義　350
　　　2　保険料減額の時期　350
　　　3　長期の人保険契約の場合　350
　　　4　規定の性質　351

第49条・第78条（強行規定）…………〔萩本　修・嶋寺　基〕…352
　　条文解説 ……………………………………………………………………352
　　　1　第三者のためにする生命保険契約　352
　　　2　危険の減少　352

＊保険料の支払時期 ………………………………〔沖野眞已〕…353
　　Ⅰ　保険料の支払をめぐる基本的な法律関係 ……………………………353
　　　1　保険料支払義務　353
　　　2　保険料支払義務の主体　354
　　　3　保険料の額　355

         4　支払の方法・態様　356
         5　支払の場所　361
    II　支払時期（保険料支払義務の履行期）……………………………363
         1　履行期の意義　363
         2　初回保険料　364
         3　第2回以降の保険料（継続保険料）　365
*契約内容の変更 ………………………………………〔平澤宗夫〕…368
    I　はじめに ……………………………………………………………368
    II　保険金額の減額 ……………………………………………………369
         1　趣　旨　369
         2　沿　革　369
         3　効力発生時期　370
         4　法的性質および若干の検討　370
         5　保険法の適用　371
    III　払済保険への変更 …………………………………………………371
         1　趣　旨　371
         2　沿　革　372
         3　効力発生時期　373
         4　法的性質および若干の検討　373
         5　保険法の適用　374
    IV　定期延長保険への変更 ……………………………………………374
         1　趣　旨　374
         2　沿　革　375
         3　定期延長保険変更後の保険金額　375
         4　効力発生時期　376
         5　法的性質および若干の検討　376
         6　保険法の適用　377
    V　保険契約の転換 ……………………………………………………377
         1　趣　旨　377
         2　沿　革　379
         3　転換の取扱い　379
         4　転換方式　380
         5　法的性質　381
         6　保険法の適用　381
*保険契約者貸付 ………………………………………〔平澤宗夫〕…383
    I　趣　旨 ………………………………………………………………383

Ⅱ　沿　革 ………………………………………………………………384
　　Ⅲ　貸付条項 ………………………………………………………………384
　　Ⅳ　契約者貸付請求権の法的性質 …………………………………………385
　　　1　学　説　385
　　　2　相殺予約付消費貸借説に対する批判の検討　388
　　Ⅴ　詐称代理人に対する契約者貸付 ………………………………………389
＊モラル・ハザードと保険契約 …………………………〔後藤　元・三隅隆司〕…390
　　Ⅰ　はじめに ………………………………………………………………390
　　Ⅱ　モラル・ハザードの諸類型 ……………………………………………391
　　　1　モラル・ハザードとモラル・リスク　391
　　　2　事前的モラル・ハザードと事後的モラル・ハザード　393
　　Ⅲ　事前的モラル・ハザードと最適保険契約 ……………………………394
　　　1　基本モデル　394
　　　2　完全情報下の保険契約　395
　　　3　モラル・ハザードと保険契約　396
　　　4　モラル・ハザードと保険契約（一般理論）　399
　　Ⅳ　事後的モラル・ハザードと最適保険契約 ……………………………402
　　　1　Costly State Verification　402
　　　2　Costly State Falsification　411
　　Ⅴ　モラル・ハザードと保険法・保険約款上の対処手段 ………………413
　　　1　事前的モラル・ハザードへの対処　414
　　　2　事後的モラル・ハザードへの対処　415
　　Ⅵ　まとめ …………………………………………………………………416

第3節　保険給付　419

前　注 ……………………………………………………〔竹濱　修〕…419
第50条・第79条（被保険者の死亡の通知・給付事由発生の通知）
　　………………………………………………………〔後藤　元〕…421
　　Ⅰ　趣　旨 …………………………………………………………………421
　　Ⅱ　沿　革 …………………………………………………………………421
　　Ⅲ　条文解説 ………………………………………………………………422
　　　1　通知義務のある契約類型　422
　　　2　通知義務の主体　422
　　　3　通知義務が発生する場合　423
　　　4　通知義務の内容　423
　　　5　義務違反の効果と約款による修正　424

6　保険契約者等の説明義務・調査協力義務　　425
第51条・第80条（保険者の免責）……………………〔潘　阿憲〕…427
　Ⅰ　趣　　旨 …………………………………………………………………427
　Ⅱ　沿　　革 …………………………………………………………………428
　Ⅲ　条文解説 …………………………………………………………………429
　　1　保険者免責が認められる契約類型　　429
　　2　被保険者の自殺（51条1号），被保険者の故意・重過失による給付
　　　事由の招致（80条1項）　　429
　　3　保険契約者・保険金受取人による被保険者故殺（51条2号・3号），
　　　保険契約者・保険金受取人の故意または重過失による給付事由の発生
　　　（80条2号・3号）　　449
　　4　戦争その他の変乱による被保険者の死亡（51条4号）および給付事
　　　由の発生（80条4号）　　457
　　5　保険料積立金の払戻し　　458
第52条・第81条（保険給付の履行期）………………〔後藤　元〕…460
　Ⅰ　趣　　旨 …………………………………………………………………460
　Ⅱ　沿　　革 …………………………………………………………………461
　　1　改正前商法約款の規定　　461
　　2　改正前商法約款但書の効力をめぐる議論　　462
　Ⅲ　条文解説 …………………………………………………………………466
　　1　保険給付を行う期限の定めがある場合（52条1項・81条1項）
　　　466
　　2　保険給付を行う期限を定めなかった場合（52条2項・81条2項）
　　　478
　　3　保険契約者等による調査妨害・不協力（52条3項・81条3項）
　　　479
第53条・第82条（強行規定）………………………〔萩本　修・嶋寺　基〕…482
　条文解説 ……………………………………………………………………482
＊契約前発病不担保条項 ………………………………〔竹濱　修〕…483
　Ⅰ　総　　説 …………………………………………………………………483
　Ⅱ　趣旨と沿革 ………………………………………………………………485
　　1　趣　　旨　　485
　　2　沿　　革　　486
　　3　外国の状況　　486
　Ⅲ　約款規定の解釈 …………………………………………………………489
　　1　契約前発病不担保条項の法的性質　　489

2　保険契約者側が罹患を知って契約を締結する場合　491
　　3　保険契約者側が罹患を知らずに契約する場合　493
　　4　契約前の疾患等との因果関係　496
　　5　責任開始期から2年経過後の入院　497
＊保険給付の履行期と審査体制のあり方………………………〔石田成則〕…498
　Ⅰ　保険給付の支払に関する基本的な考え方………………………498
　Ⅱ　保険給付の可否判断基準…………………………………………498
　Ⅲ　保険給付にかかる調査の目的と効果……………………………502
　Ⅳ　保険給付に対する行政的規制と経営上の対応…………………508
　Ⅴ　保険給付における審査体制のあり方……………………………512

第4節　終　　了　515

前　　注……………………………………………………………〔甘利公人〕…515
第54条・第83条（保険契約者による解除）…………………〔沖野眞已〕…517
　Ⅰ　趣　旨………………………………………………………………517
　Ⅱ　沿　革………………………………………………………………518
　　1　経　緯　518
　　2　任意解除権　520
　　3　保険料積立金の返還　522
　Ⅲ　条文解説……………………………………………………………524
　　1　解除権の要件　524
　　2　解除権の行使　524
　　3　解除権行使の効果　526
　　4　本規定の性格　528
第55条・第84条（告知義務違反による解除）………………〔山下友信〕…530
　Ⅰ　趣　旨………………………………………………………………531
　Ⅱ　沿　革………………………………………………………………531
　Ⅲ　条文解説……………………………………………………………531
　　1　保険者の解除権（1項）　531
　　2　解除権行使の阻却事由（2項・3項）　535
　　3　解除権の除斥期間（4項）　544
　　4　強行規定性　547
　　5　告知義務と意思表示の瑕疵に関する民法規定との関係　547
第56条・第85条（危険増加による解除）……………………〔竹濱　修〕…550
　Ⅰ　趣　旨………………………………………………………………551
　　1　本条の趣旨　551

2　外国法の状況　552
　Ⅱ　沿　　革 …………………………………………………………………554
　Ⅲ　条文解説 …………………………………………………………………555
　　1　危険増加の意義　555
　　2　保険者の解除権の発生要件　556
　　3　解除権の除斥期間　559
　　4　解除の効果　561
　　5　規定の性質　562

第57条・第86条（重大事由による解除）………………〔甘利公人〕…563
　Ⅰ　趣　　旨 …………………………………………………………………563
　Ⅱ　沿　　革 …………………………………………………………………564
　Ⅲ　条文解説 …………………………………………………………………569
　　1　1号事由　569
　　2　2号事由　573
　　3　3号事由　576
　　4　解除の効果　578
　　5　片面的強行規定　580

第58条・第87条（被保険者による解除請求）…………〔洲崎博史〕…581
　Ⅰ　趣　　旨 …………………………………………………………………582
　Ⅱ　沿　　革 …………………………………………………………………583
　Ⅲ　条文解説 …………………………………………………………………583
　　1　総　説　583
　　2　58条が適用される保険契約の類型（58条1項柱書）　584
　　3　57条1号または2号に掲げる事由がある場合（58条1項1号）　585
　　4　58条1項1号に掲げるもののほか，被保険者の保険契約者または保険金受取人に対する信頼を損ない，当該死亡保険契約の存続を困難とする重大な事由がある場合（58条1項2号）　586
　　5　保険契約者と被保険者との間の親族関係の終了その他の事情により，被保険者が38条の同意をするにあたって基礎とした事情が著しく変更した場合（58条1項3号）　587
　　6　解除請求の効果と58条2項の趣旨　589
　　7　58条の性質　590
　　8　傷害疾病定額保険契約における被保険者による解除請求（87条）　591

第59条・第88条（解除の効力）……………………………〔山下友信〕…594

Ⅰ　趣　旨 …………………………………………………………………594
　　Ⅱ　沿　革 …………………………………………………………………595
　　Ⅲ　条文解説 ………………………………………………………………596
　　　1　解除の効力の一般原則——将来効（1項）　596
　　　2　保険者が解除をした場合における保険者免責（2項）　605
　　　3　片面的強行規定性　608

第60条・第89条（契約当事者以外の者による解除の効力等）
………………………………………………〔萩本　修・嶋寺　基〕…611
　　Ⅰ　趣　旨 …………………………………………………………………612
　　　1　介入権の制度の概要　612
　　　2　60条の規定の趣旨　612
　　Ⅱ　沿　革 …………………………………………………………………614
　　　1　従来の立法提案　614
　　　2　法制審議会における議論　615
　　Ⅲ　条文解説 ………………………………………………………………616
　　　1　介入権の対象となる保険契約　616
　　　2　契約当事者以外の者による解除　618
　　　3　解除の効力発生日　620
　　　4　介入権が行使されなかった場合の効果　622
　　　5　介入権者の範囲　623
　　　6　介入権の行使方法　625
　　　7　介入権の行使の効果　627
　　　8　差押手続等における効力　627

第61条・第90条【契約当事者以外の者による解除の効力等】
………………………………………………〔萩本　修・嶋寺　基〕…629
　　Ⅰ　趣　旨 …………………………………………………………………630
　　Ⅱ　条文解説 ………………………………………………………………630
　　　1　権利供託および義務供託の規定の適用　630
　　　2　供託の効果と届出義務　630

第62条・第91条【契約当事者以外の者による解除の効力等】
………………………………………………〔萩本　修・嶋寺　基〕…632
　　Ⅰ　趣　旨 …………………………………………………………………632
　　Ⅱ　条文解説 ………………………………………………………………633
　　　1　保険事故の発生による解除権者への支払　633
　　　2　供託の規定の適用　635
　　　3　規定の性質　635

目　次

第63条・第92条（保険料積立金の払戻し）……………〔金岡京子〕…636
 I　趣　　旨………………………………………………………………636
 II　沿　　革………………………………………………………………637
 III　条文解説………………………………………………………………641
  1　保険料積立金の意義　641
  2　保険料積立金の算出　642
  3　保険業法との関係　644
  4　消費者契約法との関係　654
  5　適用範囲　655
  6　片面的強行規定　659
  7　傷害疾病定額保険契約特有の事項　659

第64条・第93条（保険料の返還の制限）………………〔甘利公人〕…661
 I　趣　　旨………………………………………………………………661
 II　沿　　革………………………………………………………………662
 III　条文解説………………………………………………………………662
  1　詐　欺　662
  2　公序良俗違反と保険料の返還　667
  3　保険契約者，被保険者または保険金受取人の詐欺または強迫　673
  4　遡及保険の規定により保険契約が無効とされる場合　674
  5　片面的強行規定　675

第65条・第94条（強行規定）………………………〔萩本　修・嶋寺　基〕…676
 条文解説……………………………………………………………………676
  1　告知義務違反・危険増加による解除　676
  2　重大事由による解除・解除の効力　677
  3　保険料積立金の払戻し・保険料の返還の制限　678

＊保険料不払を理由とする保険契約の解除・失効 …………〔沖野眞已〕…679
 I　保険料不払の意義と効果………………………………………………679
  1　保険料の不払に対する一般契約法上の対応措置と保険契約の特殊性　679
  2　約款による対応　680
  3　強制履行，損害賠償請求の可能性　681
 II　約款による処理とその評価……………………………………………683
  1　約款による処理の具体的内容　683
  2　債務不履行解除に関する一般則との比較　684
  3　立法例，立法提案　686

xxi

Ⅲ　約款による処理の「合理性」をめぐる個別問題 …………………686
　　1　帰責事由・帰責性　686
　　2　催　　告　688
　　3　若干の検討　694
＊保険料不可分の原則 ………………………………………〔平澤宗夫〕…698
　Ⅰ　趣　　旨 ………………………………………………………………698
　Ⅱ　沿　　革 ………………………………………………………………699
　Ⅲ　学　　説 ………………………………………………………………700
　　1　肯定説　700
　　2　否定説および立法論的批判　700
　Ⅳ　従来の実務 ……………………………………………………………701
　　1　考え方　701
　　2　実　　務　702
　Ⅴ　法制審議会における検討 ……………………………………………704
　Ⅵ　保険法改正を受けた実務対応 ………………………………………705
　　1　変更内容　705
　　2　実務変更にあたって検討した内容　707
＊解約返戻金 …………………………………………………〔平澤宗夫〕…713
　Ⅰ　趣　　旨 ………………………………………………………………713
　Ⅱ　沿　　革 ………………………………………………………………714
　Ⅲ　解約返戻金の意義 ……………………………………………………715
　Ⅳ　保険料積立金と解約返戻金 …………………………………………715
　　1　保険料積立金　715
　　2　解約返戻金　716
　Ⅴ　解約返戻金の計算 ……………………………………………………718
　　1　商品別　718
　　2　伝統的商品において解約控除を行う理由　720
　Ⅵ　法制審議会および金融審議会における検討 ………………………722
　　1　法制審議会保険法部会における検討　722
　　2　金融審議会第二部会保険の基本問題に関するワーキング・グループ
　　　における検討　724
　Ⅶ　解約返戻金の法的検討 ………………………………………………725
　　1　解約返戻金の法的根拠　725
　　2　民法との関係――不当利得の成否　727
　　3　消費者契約法との関係　728
　　4　伝統的商品以外の商品についての考え方　730

5　まとめ　730
　VIII　監督上の規制 …………………………………………………………731
　　　1　水　準　731
　　　2　開　示　731
　IX　保険会社の情報提供 ……………………………………………………732
＊責任準備金 ……………………………………〔米山高生・曽　耀鋒〕…734
　I　「責任準備金」概念の歴史的展開 ……………………………………734
　　　1　わが国初期の海上保険実務——「現計計算」方式　734
　　　2　生命保険における責任準備金——欧米の経験　735
　　　3　生命保険における責任準備金——わが国の経験　738
　II　保険理論からみた責任準備金 …………………………………………740
　　　1　責任準備金——経済価値ベースによる検討　740
　　　2　伝統的な保険数理の方法論　742
　　　3　解約と解約控除の理由　744
　III　市場に整合的な責任準備金の評価 ……………………………………747
　　　1　コーポレート・ガバナンスからの批判　747
　　　2　評価方法の革新　748
　　　3　市場に整合的な保険負債の評価による解約返戻金の効果　749

第5章　雑　　則　753

第95条（消滅時効）………………………………………〔沖野眞已〕…755
　I　趣　旨 ……………………………………………………………………755
　II　沿　革 ……………………………………………………………………756
　　　1　改正前商法　756
　　　2　保険法　757
　III　条文解説 …………………………………………………………………762
　　　1　1項関係　762
　　　2　2項関係　774
　　　3　規定の性格　776
　　　4　約款への影響　777
　　　5　経過措置　778

第96条（保険者の破産）…………………………………〔洲崎博史〕…779
　I　趣　旨 ……………………………………………………………………779
　II　沿　革 ……………………………………………………………………780
　III　条文解説 …………………………………………………………………781

1　総　　説　781
  2　本条と破産法53条の関係　782
  3　保険契約者の一般的解除権と本条1項の解除権の関係　783
  4　本条1項による解除または本条2項による失効の効果　783
  5　更生手続における保険契約者の解除権　784

附　　則　785

附則第2条（経過措置の原則）……………………〔萩本　修・嶋寺　基〕…787
Ⅰ　趣　　旨………………………………………………………………………787
Ⅱ　条文解説………………………………………………………………………787
  1　保険法の施行日　787
  2　施行日以後に締結された保険契約　788

附則第4条・附則第5条（旧生命保険契約に関する経過措置・旧傷害疾病定額保険契約に関する経過措置）………〔萩本　修・嶋寺　基〕…789
条文解説…………………………………………………………………………790
  1　すべての旧生命保険契約に適用される規定　790
  2　保険給付の履行期に関する規定　791
  3　介入権に関する規定　791
  4　旧生命保険契約についての対応　791
  5　傷害疾病定額保険契約の経過措置　792

附則第6条（保険者の破産に関する経過措置）…〔萩本　修・嶋寺　基〕…793
条文解説…………………………………………………………………………793

資　　料　795

  5年ごと配当付終身保険普通保険約款　797
  保険法・改正前商法新旧対照条文　828
  規定の性質・経過措置一覧表（生命保険・傷害疾病定額保険）　858
  保険法案及び保険法の施行に伴う関係法律の整備に関する法律案に対する附帯決議（平成20年4月25日，衆議院法務委員会）　860
  保険法案及び保険法の施行に伴う関係法律の整備に関する法律案に対する附帯決議（平成20年5月29日，参議院法務委員会）　861

条文索引　863
事項索引　872
判例索引　880

編者・執筆者紹介

編　者

山下友信（やました・とものぶ）
1975 年　東京大学法学部卒業
現　在　東京大学大学院法学政治学研究科教授
主要著書
『現代の生命・傷害保険法』（弘文堂，1999 年）
『保険法』（有斐閣，2005 年）
『商法Ⅰ——総則・商行為〔第 4 版〕』（共著，有斐閣，2009 年）

米山高生（よねやま・たかう）
1975 年　信州大学人文学部卒業
1981 年　一橋大学大学院経済学研究科博士課程単位取得修了
現　在　一橋大学大学院商学研究科教授
主要著書
『物語で読み解くリスクと保険入門』（日本経済新聞社，2008 年）
『戦後生命保険システムの変革』（同文舘出版，1997 年）
『保険とリスクマネジメント』（共監訳，東洋経済新報社，2005 年）

執 筆 者

甘利公人（あまり・きみと）
1977 年　上智大学法学部卒業
1983 年　上智大学大学院法学研究科博士課程満期単位取得退学
現　在　上智大学法学部教授。
主要著書
『生命保険契約法の基礎理論』（有斐閣，2007 年）
『会社役員賠償責任保険の研究』（多賀出版，1997 年）

石田成則（いしだ・しげのり）
1986 年　慶應義塾大学商学部卒業
1991 年　慶應義塾大学大学院商学研究科博士課程修了
現　在　山口大学経済学部教授，商学博士
主要著書
『保険事業のイノベーション』（編著，慶應義塾大学出版会，2008 年）

『老後所得保障の経済分析』（東洋経済新報社，2007年）
　　『保険進化と保険事業』（共編著，慶應義塾大学出版会，2006年）

沖 野 眞 已（おきの・まさみ）
　1987年　東京大学法学部卒業
　現　在　東京大学大学院法学政治学研究科教授
　主要著書・論文
　　「保険関係者の破産，保険金給付の履行」商事法務1808号26頁（2007年）
　　『倒産法概説』（共著，弘文堂，2006年）
　　「契約の解釈に関する一考察——フランス法を手がかりとして」法学協会雑誌109
　　　巻2号245頁・4号495頁・8号1265頁（1992年）

金 岡 京 子（かねおか・きょうこ）
　1987年　中央大学法学部卒業
　2003年　早稲田大学大学院法学研究科博士後期課程修了，博士（法学）
　現　在　東京海洋大学海洋工学部准教授
　主要著書・論文
　　『保険契約法』（藤岡康宏監訳，共訳，成文堂，2007年）
　　「解約返戻金の約款規制」保険学雑誌603号107頁（2008年）
　　「解約返戻金の規律に関する一考察」生命保険論集160号31頁（2007年）

後 藤 　元（ごとう・げん）
　2003年　東京大学法学部卒業
　現　在　東京大学大学院法学政治学研究科准教授
　主要著書・論文
　　『株主有限責任制度の弊害と過少資本による株主の責任』（商事法務，2007年）
　　「新保険法における保険金支払債務の履行遅滞」生命保険論集165号85頁（2008
　　　年）
　　「資本充実の原則と株式の仮装払込みの目的——これまでの事案の分析から」前田
　　　重行＝神田秀樹＝神作裕之編『前田庸先生喜寿記念企業法の変遷』223頁（有斐
　　　閣，2009年）

嶋 寺 　基（しまでら・もとい）
　1998年　京都大学法学部卒業
　2000年　弁護士登録
　2005年　カリフォルニア大学バークレー校LLM課程修了

2006 年　ニューヨーク州弁護士登録。法務省民事局参事官室勤務
現　在　弁護士法人大江橋法律事務所パートナー
主要著書・論文
『一問一答 保険法』（共著，商事法務，2009 年）
「新しい保険法に対応した監督指針の改正」NBL907 号 38 頁（共著，2009 年）

洲 崎 博 史（すざき・ひろし）
1982 年　京都大学法学部卒業
現　在　京都大学大学院法学研究科教授
主要著書・論文
『保険法〔第 3 版〕』（共著，有斐閣，2010 年）
『商法総則講義〔第 3 版〕』（共著，成文堂，2007 年）
「保険代位と利得禁止原則（1）（2・完）」法学論叢 129 巻 1 号 1 頁・3 号 1 頁（1991 年）

曽　耀 鋒（そう・ようほう）
1998 年　台湾国立政治大学商学部卒業
2008 年　一橋大学大学院商学研究科博士後期課程修了，博士（商学）
現　在　台湾東海大学経営学部助教授
主要論文
「戦前台湾の保険判例に関する一考察――保険金支払場所と裁判管轄を中心として」生命保険論集 169 号 103 頁（2009 年）
「日本統治時代の台湾人の生保加入に関する研究――政治的誘因か経済的誘因か」保険学雑誌 601 号 187 頁（2008 年）
「戦前の日本生命保険会社の台湾進出――公衆衛生と法律基盤を中心として」生命保険論集 159 号 113 頁（2007 年）

竹 濱　 修（たけはま・おさむ）
1981 年　立命館大学法学部卒業
1986 年　立命館大学大学院法学研究科博士後期課程単位取得退学
現　在　立命館大学法学部教授
主要著書・論文
『保険法〔第 3 版〕』（共著，有斐閣，2010 年）
『保険法入門』（日本経済新聞出版社，2009 年）
「会社役員の保険事故招致」損害保険研究 65 巻 3 = 4 号 339 頁（2004 年）

千々松 愛子（ちぢまつ・あいこ）
　2003 年　横浜国立大学経済学部卒業
　2008 年　一橋大学大学院法学研究科博士後期課程修了，博士（法学）
　現　在　東京海洋大学海洋工学部，大東文化大学経済学部非常勤講師
　主要論文
　　「告知義務違反と詐欺無効の関連について──告知義務規定の変遷と判例の問題」
　　　一橋法学 6 巻 1 号 529 頁（2007 年）
　　「モラル・リスク排除を目的とした規定の沿革について──他人の生命の保険契約
　　　に関するわが国の法規制」生命保険論集 161 号 137 頁（2007 年）

萩 本　　修（はぎもと・おさむ）
　1986 年　早稲田大学法学部卒業
　現　在　法務省民事局民事法制管理官
　主要著書
　　『一問一答 保険法』（共著，商事法務，2009 年）
　　『一問一答 新民事訴訟法』（共著，商事法務研究会，1996 年）

潘　　阿 憲（ばん・あけん）
　1996 年　法政大学大学院博士課程修了
　現　在　首都大学東京法科大学院教授
　主要論文
　　「法定免責事由」甘利公人＝山本哲生編『保険法の論点と展望』（商事法務，2009
　　　年）
　　「生命保険」塩崎勤＝山下丈＝山野嘉朗編『専門訴訟講座③保険関係訴訟』（民事法
　　　研究会，2009 年）

平 澤 宗 夫（ひらさわ・むねお）
　1969 年　東京大学法学部卒業
　現　在　第一生命保険相互会社支配人，明治大学法科大学院客員教授
　主要著書・論文
　　『生命保険の法律相談』（出口正義監著，共編著，学陽書房，2006 年）
　　「高度障害保険」塩崎勤＝山下丈編『新・裁判実務体系 19 保険関係訴訟法』（青林
　　　書院，2005 年）
　　「保険法改正と生命保険実務」自由と正義 60 巻 1 号 36 頁（2009 年）

編者・執筆者紹介

三 隅 隆 司（みすみ・たかし）
    1985 年　一橋大学商学部卒業
    1990 年　一橋大学大学院商学研究科博士課程単位取得修了
    現　在　一橋大学大学院商学研究科教授
    主要論文
      「日本における不良債権問題の行動経済学的理解――不良債権の処理が進まないのはなぜか？」商学論纂 43 巻 4 = 5 号 97 頁（2002 年）
      「コーポレート・ガバナンスと株式収益率――コーポレート・ガバナンスファンドに関する実証」一橋商学論叢 1 巻 1 号 23 頁（2006 年）

山 野 嘉 朗（やまの・よしろう）
    1977 年　早稲田大学法学部卒業
    1982 年　早稲田大学大学院法学研究科博士課程単位取得修了
    現　在　愛知学院大学法学部教授，博士（法学）
    主要著書
      『専門訴訟講座③保険関係訴訟』（共編著，民事法研究会，2009 年）
      『現代保険・海商法 30 講〔第 8 版〕』（共編著，中央経済社，2010 年）
      『保険契約と消費者保護の法理』（成文堂，2007 年）

山 本 哲 生（やまもと・てつお）
    1990 年　東北大学法学部卒業
    現　在　北海道大学大学院法学研究科教授
    主要著書・論文
      『保険法の論点と展望』（共編，商事法務，2009 年）
      「故意免責における故意について」保険学雑誌 595 号 21 頁（2006 年）

第一生命保険株式会社（だいいちせいめいほけんかぶしきがいしゃ）

一橋大学・第一生命産学連携共同研究会
「保険法の現代化とビジネスのあり方」

【開催時期】	平成19年4月～平成21年11月	
【幹　　事】	米山　高生	一橋大学教授
	田口　　城	第一生命調査部次長
【アドバイザー】	山下　友信	東京大学教授

【メンバー（五十音順）】

甘利　公人	上智大学教授
石田　成則	山口大学教授
岡田　　太	日本大学准教授
沖野　眞已	一橋大学教授
金岡　京子	東京海洋大学准教授
後藤　　元	学習院大学准教授
嶋寺　　基	大江橋法律事務所弁護士
洲崎　博史	京都大学教授
曽　　耀鋒	台湾東海大学助教授
竹濱　　修	立命館大学教授
近見　正彦	一橋大学教授
千々松愛子	東京海洋大学非常勤講師
内藤　和美	一橋大学特任講師
萩本　　修	法務省民事局民事法制管理官
潘　　阿憲	首都大学東京教授
三隅　隆司	一橋大学教授
山野　嘉朗	愛知学院大学教授
山本　哲生	北海道大学教授
山下　友信	東京大学教授
米山　高生	一橋大学教授

〈第一生命〉

一ノ瀬　淳	調査部課長（平成21年7月以降）

稲尾 行宣	調査部課長補佐（平成20年2月）	
岩田 昌樹	保険金部課長補佐（平成21年4月以降）	
岩谷 正徳	法務部課長補佐・弁護士（平成20年3月以降）	
堅木 正人	調査部課長（平成21年6月迄）	
川﨑 涼子	商品事業部課長	
河添 祐司	調査部課長（平成20年1月迄）	
神田 敬太	調査部課長補佐（平成20年3月以降）	
木目田 武史	法務部課長（平成20年2月迄）	
鹿内 一寛	調査部課長（平成21年10月以降）	
須田 樹生	調査部次長（平成21年9月迄）	
渋谷 孝人	商品事業部次長（平成21年3月迄）	
田口 城	調査部次長	
竹内 康恭	保険金部課長（平成21年3月迄）	
服部 恭子	第一フロンティア生命コンプライアンス・リスク管理室課長補佐・弁護士（平成20年4月以降）	
平澤 宗夫	支配人（平成20年9月以降）	
前田 健太郎	契約医務部課長（平成21年4月以降）	
長岡 功	品質管理推進室長（部長）（平成20年2月迄）	
拝田 恭一	契約医務部課長（平成20年3月以降平成21年3月迄）	
山本 聡	商品事業部次長（平成20年4月以降平成21年3月迄）	

（オブザーバー）

飯島 浩明	CSR推進室長（部長）（平成21年3月迄）	
要 俊也	CSR推進委員会事務局部長（平成20年2月迄）	
君島 由子	CSR推進室課長（平成21年7月以降）	
黒田 将司	CSR推進室課長（平成20年3月以降平成21年6月迄）	
中山 直子	CSR推進委員会事務局課長補佐（平成20年2月迄）	
桝永 慎一郎	CSR推進室長（平成21年4月以降）	

※参加者の所属名・役職名等は参加した研究会の最終時点の所属・役職による。

序　論

I 保険法の現代化

1 保険と法

　厳密に定義をすることにはいまだ誰も成功していないが，保険というものが現代社会において存在し，それが重要な機能を果たしていることは誰も否定しないであろう。人類の歴史上保険がどの時期に発生したのか，また保険とそうでないものを区別する基準は何かということの厳密な論証はさておいて，最大公約数的にいえば，保険とは，経済的損失を被る危険（リスク）に晒される主体が資金を拠出しあって基金を形成し，この基金から危険が現実化して経済的損失を被った主体に損失を補てんする給付をする仕組みであるということができる。個々の主体の危険が現実化するかどうかは予測困難であるが，主体が多数集合することにより統計学上の大数法則の応用により危険が現実化する可能性を高度に予測することが可能となり，これにより保険という仕組みが成り立つのである。

　このような意味での保険は，わが国では，明治維新後の近代化の中で徐々に確立され発展してきたが，現在行われているものは，その性質に応じて公保険と私保険に大別される。公保険は，各種の社会保険や産業保険などのように，国や地方自治体等の一定の政策を実現する手段として国や公企業主体により行われる保険であり，私保険は，純然たる私経済的見地から会社や協同組合等の私的法主体により行われる保険である。

　公保険であれ私保険であれ，保険を制度的に運営するためには法律的な基盤が不可欠であり，これを講学上，保険法と総称することができるが，私保険に適用される法律には，講学上，保険監督法とよばれる法律群と保険契約法とよばれる法律群とがある。保険監督法は，保険を事業として行う保険会社等の事業の開始，継続および終了を行政機関が監督する制度を設ける法律であり，公法の性質を有し，保険会社の経営の破綻を防止するとともに，保険会社等と顧

客である保険加入者との間の取引についての諸規制を実施することにより保険加入者の利益を保護することを目的としている。これに対して，保険契約法は，保険を事業として行う保険会社等と保険加入者との間の保険取引が保険契約という法的手段により行われることから，この保険契約についての私法的法律関係を規律することを目的としている。すぐ後で見るように，わが国の保険契約法としての基本法は，明治32年制定の商法の中の保険契約に関する規定であったが，これを現代化するものとして平成20年に保険法が制定された。この保険法という名称は，上記の講学上の保険に関する法律を総称するものとしての保険法とは異なり，保険契約に関する私法の基本法として制定された実定法の名称である。本書は，この保険法の生命保険契約および傷害疾病定額保険契約に関する条文の解説をするものである。

2 保険法制定の経緯

わが国の保険契約に関する私法の基本規定は，商法第2編「商行為」第10章「保険」(改正前商629条〜683条)であったが，明治32年に制定後，明治期末から大正期に少数の規定の改正が行われたほかは，制定時のものがそのまま維持され，今日までに至った。この間にわが国の保険市場は世界でもトップクラスの市場に成長し，また保険取引の内容も商法制定当時のものとは大きく変わったが，商法の保険に関する規定の現代化はされないままであった。ところが，近年のわが国の各分野の基本法の現代化の一環として，商法の分野では，会社法が全面的に現代化された上，商法から切り離され単行法化されたが，このように着手された商法の現代化作業の継続作業として法制審議会で保険に関する規定の現代化に取り組むこととされた[1)2)]。

平成18年9月の法制審議会第150回会議では，見直しを諮問するにあたってのポイントとして，①商法が定める保険の類型の見直しおよび傷害・疾病保険契約についての典型契約としての規制の創設，②損害保険契約に関し，物保

---

1) 一問一答4頁。
2) 法制審議会保険法部会設置から保険法成立までの各過程の関係資料は，立案に収録されている。また，法制審議会保険法部会の提出資料および議事録は，法務省のウェブサイトにおいて公開されている。

険契約の規律の見直しおよび責任保険についてのルールの整備，③生命保険契約に関し，高齢化社会等に鑑みて多様なニーズに応えられるようにする規律の見直し，④その他保険契約者保護等に配慮した保険契約の成立，変動，終了に関する規律の見直しをあげていた。

諮問を受けて平成18年11月に法制審議会保険法部会の審議がスタートし，平成20年1月まで合計24回の会議が開催された。この間，平成19年8月8日には，「保険法の見直しに関する中間試案」とその補足説明が公表され，パブリックコメントに付された。平成20年1月16日の第24回会議においては，「保険法の見直しに関する要綱案」が承認された。その後同年2月13日の法制審議会第155回会議で最終的に承認され，ここに「保険法の見直しに関する要綱」が確定された。

要綱に基づき法務省により作成された「保険法案」が平成20年3月に国会に提出され，衆議院・参議院両院の審議を経て5月30日に「保険法」が成立し，6月6日に法律第56号として公布された。施行は，公布の日から起算して2年を超えない範囲内において政令で定める日からとされており（附則1条），平成21年7月3日公布の政令第176号により平成22年4月1日と決定された。

3 保険法現代化の意義

保険法の現代化の意義として，ここでは次の4点をあげたい。

第1に，規定対象の拡大である。保険法では，商法に規定のあった損害保険と生命保険という契約類型に加えて，傷害疾病保険に関する類型が追加された。現代では傷害疾病保険が国民に広く普及して重要性を有していることに応えるものである。また，保険法では，保険会社以外の各種協同組合などにより提供される共済も，実質的な契約内容が保険と同じである限りでは，適用対象とされている。

第2に，現代の保険実務の反映ということである。商法の規定は，明治32年の制定以来ほとんど改正を経ておらず現代の発達した保険の実務との食い違いが大きなものとなっていた部分が少なくない。保険法は，全般的に現代の保険の実務を反映したものに改められた。

第3に，保険契約者保護の強化である。保険法では，告知義務をはじめとす

序　論 I

る多くの規定において，商法の規定よりも保険契約者の保護を強化した規定内容に改められた。また，商法の規定は，保険契約の性質上絶対的強行規定とされる若干の規定を除いて任意規定とされていたが，保険法は，保険契約者など保険加入者側の関係者保護の必要性の高い規定については，片面的強行規定とされ，保険契約者などに不利益な特約が禁止されるものとされている。

　第 4 に，契約外の第三者との法律関係の規律の整備である。保険契約当事者間における保険契約者保護は保険業法に基づく認可などの行政規制や業界ないし業者の自主規制で相当のレベルに達しているが，保険契約の当事者以外の第三者との関係における法律関係については，立法措置がなければ合理的なものを形成することが困難である。このような側面について保険法は懸案を解決している。責任保険における被害者の保険金請求権に対する先取特権（22 条 1 項）や生命保険等における保険金受取人の介入権（60 条〜62 条・89 条〜91 条）などがその例である。

4　国際的比較から見た保険法

(1)　総　説　　保険法の現代化は，わが国の実定法の体系の下で，保険法部会その他で関係各方面の意見を集約しながら実現したものであり，制定過程では，諸外国の保険契約に関する立法も広く参照されたところであるが，国際的な保険契約法の動向に照らしてどのような特徴を有するものであろうか。

(2)　欧州諸国との比較　　欧州諸国では，1980 年代から多くの国で保険契約法の現代化が進行した。この現象の大きな要因となっているのは，EU における保険市場の統合と保険約款の行政認可制の廃止ということである。域内での自由な保険市場を作るにあたり行政認可制による保険契約者保護に頼るのではなく，私法規定の上で保険契約者の権利を保障することにより保険契約者保護を図るという思想は，わが国でも，平成 12 年の消費者契約法の制定における，規制緩和を進める上で行政依存の消費者保護から消費者自らが権利主張をできるための私法規定を整備する消費者保護への移行という正当化の思想と基本的には共通する。

　各国の保険法の現代化のうちでももっとも新しくもっとも野心的な試みをしているのが 2007 年のドイツ新保険契約法である[3]。ドイツでもこの新法の制

定は1908年以来文字通り100年ぶりの改正であるが，たんにドイツ国内の必要性というだけでなく，今後における欧州の保険法の統一といった可能性に向けてドイツがリーダーシップをとれるようにするという大きな視野の下にいくつかの戦略的・野心的な試みが取り入れられている。

ここでいう欧州の保険法の統一とは，保険法にとどまらない契約法の統一という大きなトレンドの一環である。欧州の契約法の統一をめざすものとして，民法学者を中心としたグループによりヨーロッパ契約法準則が作成公表されているが4)，それを受けて各論的分野としての保険法の統一を研究するヨーロッパ保険契約法リステイトメント・プロジェクトグループという保険法研究者の研究グループがあり，このグループが2007年12月に保険契約法準則のドラフトを公表している5)。契約法準則は，わが国ですでに着手されている民法債権法の改正作業にも大きな影響を及ぼしているものであり，その保険版である保険契約法準則案もその意味では比較法的には重要な意義をもつものである。

これら新しい保険契約法や保険契約法準則案とわが国の保険法を見比べた場合に，まず規定してある事項についてはそれほど大きな違いがあるわけではない。保険という仕組みは，大数法則などの保険技術に立脚して行われる以上，基本的なところでは普遍的な仕組みとなり，それに関する契約ルールも基本的なところでは共通することにならざるをえない。ところが，その中で，規定内容に大きな違いがある部分がある。これが告知義務違反等の保険契約者の義務違反に対していかなる法的効果を生じさせるかに関する部分である。

わが国の告知義務に関する規定は，商法においては，重要な事項に関する不

---

3) ドイツ新保険契約法および理由書等の邦訳として，独保険契約法（訳）。同法の主要な内容については，本書87頁以下〔金岡京子〕参照。

4) The Principles of European Contract Law（PECL）Ⅰ・Ⅱ（1996），Ⅲ（2002）。PECLに引き続き，EU委員会の委託を受けた「ヨーロッパ私法に関するジョイント・ネットワーク」により契約法に関する共通参照枠草案〔暫定版〕（Draft Common Frame of Reference, Interim Outline Edition（2008））が公表されている。これらの欧州における契約法統一の動向につき，西谷祐子「欧州共同体における契約法統一への道程――『ヨーロッパ契約法原則』の意義と問題点」民商137巻4=5号371頁（2008）参照。

5) Project Group "Restatement of European Insurance Contract Law", Draft Common Frame of Reference, Chapter III, Section IX, Insurance Contract（2007. Dec.）。前掲注4）の共通参照枠の1節という位置づけをとっている。このリステイトメントの解説書として，Principles of European Insurance Contract Law（PEICL）（2009）。

序　論 I

告知，保険契約者の故意・重過失という要件が備わると，保険者は保険契約の解除により保険金支払義務を全部免れることになるというオール・オア・ナッシング原則を採用してきたし，保険法でもこれは維持されている。これに対して，ドイツの新保険契約法や保険契約法準則案では，故意の義務違反については全部免責となることは除いて，故意によらない告知義務違反について，正しく告知されていたとすれば保険者は引受けをしていたであろうといえる場合には，引き受けていたであろう契約内容にしたがって減額等がされた保険金を支払うというのが基本的な考え方となっている。

たとえば，告知義務違反がなければ100円の保険料，1万円の保険金額で生命保険契約が成立していたであろうところ，告知義務違反があったため危険が小さく見積もられて50円の保険料，1万円の保険金額で生命保険契約が成立したという場合には，あるべき保険料の2分の1しか保険料を支払っていなかったので，保険金は1万円の2分の1の5000円のみを支払うというルールである。あるべき保険料と実際に支払った保険料とに比例して保険金額を削減するので，このルールをプロ・ラタ原則とよぶ。これは1930年のフランス保険契約法以来現在では欧州の多数の国で採用されているルールである。もっとも，告知義務がなかった場合に保険者がどのような契約を締結していたかということを考えると，保険料の額で調整する方法以外にも，たとえば告知された病気による死亡だけは免責とする，一定期間は免責期間を置くなど，高いリスクに応じて引受けをするためのテクニックはいろいろあるということで，新しいプロ・ラタ原則の立法では，保険料比例という定式化のみではなく，告知義務違反がなかったとすれば保険者が引き受けたであろう契約内容に従い保険金を支払うものとしている6)。

欧州ではこのようなプロ・ラタ原則がほぼ共通ルールになってきたことを受けて，わが国でもこの原則に移行するかどうかが保険法部会において議論の対象となった。しかし，保険業界，消費者，研究者，立案担当者のどこからもあまり多くの支持を受けずに，オール・オア・ナッシング原則を維持することとされた。ルールが複雑でわかりにくいこと，義務違反の制裁が弱くなるので告

---

6) プロ・ラタ主義についての各国の実情については，(社)生命保険協会・生命保険契約に係るいわゆるプロ・ラタ主義に関する海外調査報告書（フランス・イギリス・ドイツ）(2007)。

知義務違反が誘発されるおそれがあること，告知義務違反がなければどのような契約が成立するかを事後的に確定することが技術的に困難であることなどが理由である7)。

プロ・ラタ原則が国際的には先進的なルールであるという前提に立つとすれば，わが国の保険法は現代化したとはいえ先進的なルールに乗り損なった遅れた立法だという評価になるが，プロ・ラタ原則の評価は理論・実務の両面で断定しがたいところがあり，保険法を遅れた立法という評価をすることは適切でない。しかし，欧州諸国の保険法との大きな相違があるということは確かな事実である。

(3) 米国との比較　次に米国との比較であるが，米国では，日本や欧州諸国のように公法としての保険監督法と区分された私法としての保険契約法という法体系によっておらず，両者が一体化した保険法が各州で制定されている。その意味では，体系的な私法立法は存在しないが，逆に各種の保険契約で保険契約者保護上問題となる事項についてきわめて具体的な規制をすることが可能になっている。この点については，序論Ⅴ1アメリカを参照されたいが，そこで紹介されているように，米国の保険法は，非常に詳細具体的な法令上の規定により保険契約者保護に活用するというモデルであり，わが国の保険法では規定を置くことが適当でないとされた保険給付の内容についても詳細な規定を設けている。このようなモデルはわが国に移すとすれば，保険業法と保険法を一体化して，法律案の作成は金融庁が担当するようなことになるであろう。これは実際に保険会社の監督を日夜している当局が私法的な面でも役割を果たすというシステムであり，それなりに合理性を持ったシステムではないかと考えているが，現時点では実現可能性は皆無である。

(4) まとめ　保険法は，商法から独立したとはいえ，保険契約に関する私法の基本法としての地位を維持し，保険業法との棲み分けの関係も商法の時代の関係が維持されている。しかし，保険法にせよ，保険業法にせよ，法律で規定する事項のあり方が従来のようでよいかはなお考えるべき問題がある。この点で注目されるのは，やはりドイツの新保険契約法であり，そこでは，損害保

---

7) 一問一答56-57頁，山下友信「保険法制定の総括と重要解釈問題（生保版）」生保167号4頁以下（2009）。

序　論 I

険，生命保険といった基本的な保険類型のみでなく，所得補償保険，権利保護保険といった比較的新しい契約類型についてどのような給付が行われるべきかについても立ち入って規定しているし，わが国とは違って社会保険と代替的な位置づけをもつということではあるが疾病保険についても相当詳細な契約内容についての規定を置いているという事実であり，わが国でも私法規定を保険契約者保護にもっと活用する可能性を考えてもよいのではないかと思われる。

　このように比較法的な検討をしていくと，保険法は既存の法体系のパラダイムの下で，保険契約に関する私法基本法として，規定すべき事項を粛々と規定した法律であるということができるが，世界の大きな流れの中で見ていくと，新しいパラダイムによる立法の展開というものも次世代の研究課題となっていくのではないかと考えられる。

5　保険法現代化と保険業法

　上記のように，わが国の保険に関する法制は，私法としての商法と，公法で保険業者の監督制度を定める保険業法の2つの法律から構成されてきた。保険法の現代化は，私法としての商法の現代化であるので，保険業法の改正は直接の目的とはされていないが，保険業法が平成7年に商法に先立ち現代化されるにあたっては，私法としての商法の保険契約の規定を前提としていた部分があるし，また，保険契約の法的規律，とりわけ保険契約者保護，消費者保護のあり方を考えていけば，保険業法のあり方にも当然に関わってくる事項が出てくることは不可避であり，現に保険法部会の審議でも保険業法にも関わる問題が少なからず生じてきた。そこで，金融庁でも金融審議会金融分科会第二部会の下に設置されている保険の基本問題に関するワーキング・グループにおいて保険法の現代化への対応について検討することとされ，検討結果が，平成20年1月31日に「保険法改正への対応について」と題する報告書にとりまとめられた。

　同報告書では，まず保険法の見直しに関する要綱により改正することとされた事項で保険業法に関連するものとして，傷害疾病保険契約に関する規定の新設については，保険業法における傷害保険，疾病保険の定義と一部において食い違いが生ずることになるが[8]，両法の立法目的の差異から保険業法の改正を

する必要はないとされた。また，保険法で保険給付の履行期について規定を置くこととしたが，消費者サイドなどからつよく要望されたにもかかわらず具体的な日数までは規定しないこととされたことについても，保険業法でもその点は同様であるとされた。

このほか，保険法で規定は置かれないこととされたが，保険業法に関係しうる事項として，保険の定義，生命保険契約における現物給付，未成年者の死亡の保険，保険料積立金・解約返戻金の支払，保険募集，損害保険会社に対する先取特権の6点において検討している。保険の定義については，保険法と同様に保険業法でも引き続き定義規定を設けないことが適当であるとされ，生命保険契約における現物給付は，契約の仕組みそのものに保険契約者保護上の問題があり，かつ監督上も困難であるとして，保険法に規定を設けない一方で，保険業法でもかかる保険を保険業としては認めないという規律を維持すべきものとされた9)。損害保険会社に対する先取特権も引き続き保険業法でこれを規定する必要はないとされた。

以上に対して，未成年者の死亡の保険，保険料積立金・解約返戻金の支払，保険募集については，保険法部会でも課題として指摘されたが，保険法での解決は困難であるということで保険業法での対応が求められた事項であり，このうち未成年者の死亡の保険については，保険金額の制限は必要であるという意見が有力となったが，保険業法でも法令上具体的な金額を定めることは困難であり，各保険業者において自主的に限度額を定めることとし，その上でその遵守を金融庁が監督するという対応を図ることとされた10)。なお，保険契約者と被保険者とが異なる場合における被保険者の同意を得ることが原則的には行われてこなかった損害保険会社の傷害保険，疾病保険についても同様の自主的

---

8) 保険法と保険業法との間で大きな相違が生じたのは，疾病による死亡に基づいてされる保険給付の位置づけであり，保険業法では，疾病による死亡に基づいてされる保険給付は，海外旅行傷害保険によるものを除いて，いわゆる第三分野の保険からは除外されていたのに対して（保険業3条4項2号ハおよび5項3号はこのような解釈を前提とする），保険法では，疾病による死亡に基づいてされる保険給付は傷害疾病定額保険契約として位置づけられている（2条8号かっこ書がこのことを前提としている）。

9) 定額現物給付の保険の保険法・保険業法上の問題については，山下友信「保険の意義と保険契約の類型――定額現物給付概念について」中西喜寿3頁。

10) 未成年者の保険等の保険金の限度額等について社内規則等の制定を義務づける保険業法施行規則53条の7第2項が新設された。

序　論 I

な制限を導入することとされた。これに対して，保険料積立金・解約返戻金の支払および保険募集に関しては，本格的な検討の必要があるということで，保険法の制定後に，保険の基本問題に関するワーキング・グループを再開して検討することとされた。その後のワーキング・グループでの検討に基づいて，平成 21 年 6 月 19 日に「中間論点整理」が公表され，保険募集，保険料積立金・解約返戻金の問題にとどまらず，保険商品のあり方，保険業者の監督のあり方という基本問題にも視野を広げて引き続き検討を行うこととされている。

6　保険法現代化と保険実務

保険法が制定されたことにより，少なくとも同法により絶対的強行規定または片面的強行規定とされた規定については，それと抵触する約款条項を維持することはできないから，保険約款の見直しが必須となるし，任意規定とされた規定についても，消費者契約法 10 条との関係等からやはり約款条項を変更しないでよいかどうかの見直しは必須である。このため，生命保険会社，損害保険会社いずれも保険法の制定直後から保険法の施行に備えた保険約款の見直し作業を進めてきた。その過程では，保険法の規定の解釈のあり方について法務省民事局の立案担当者の意見がその著作等を通じて参照され，また，上記の約款変更についての金融庁の認可との関係で金融庁の考え方も明らかにされた。これらにより各保険会社は約款の改定作業を進め，平成 22 年 4 月 1 日の施行に備えることとなっている。

第一生命の認可を受けた新しい約款では，従来の約款をベースとしつつ，保険法の制定により必要となった事項について改定をするというスタンスに立脚している。具体的に主要な変更点をあげると以下のとおりである。

(1) 新たに設けられた規定

① 介入権に関する規定が法定されたことに伴い，債権者等により保険契約が解約される場合の取扱いの規定が新設された。介入権に関する保険法の規定は強行規定であるからこれと異なる約定をする余地はないが，新約款では保険法の規定の重要部分を改めて定めるとともに，権利行使のための保険者所定の書類の提出に関する条項を置いている。

② 遺言による保険金受取人変更に関する規定が法定されたことに伴い，遺

言による保険金受取人変更に関する規定が新設された。遺言による保険金受取人の変更に関する保険法の規定は任意規定であるが，新約款ではこれを認めることとしている。遺言による保険金受取人の変更を認める限りでは，その方法に関する保険法の規定は強行規定であり，別段の約定をする余地はないが，新約款では保険法の規定の重要部分を改めて定めるとともに，権利行使のための保険者所定の書類の提出に関する条項を置いている。

(2) 従来の規定が改定されたもの

① 保険契約者等の詐欺による保険契約については，従来の約款では保険契約は無効とするとともに，保険者は保険料を返還しない旨を定めていたが，新約款では，詐欺の効果を無効から取消しに変更した。これは，詐欺の効果に関する民法の規定は強行規定であるとの立案担当者の解釈11)を受けている。なお，新約款では保険契約者および被保険者のほか保険金受取人による詐欺も取消しの対象としている。

② 告知義務については，告知妨害についての規定が新設されたことから，新約款では保険法の規定を告知義務に関する条項中に織り込んでいる。

③ 重大事由に基づく解除については，保険法にこれに関する規定が新設されたが，新約款では，基本的には解除事由は従来の約款で定めていた解除事由を踏襲し，ただ文言的な変更を加えている。

④ 保険金の支払時期については，保険法で保険給付の履行期について規定が新設されたことから，新約款では場合を分けて保険金の支払時期を具体的に規定している。

⑤ 保険金受取人の変更については，保険者に対する意思表示による変更については保険法で改正が行われたことから，新約款では保険法の規定と同じ内容に改めている。

⑥ 保険金受取人先死亡の場合の保険金受取人の確定については，保険法では新たな文言の規定に改められたことから，新約款では保険法の規定に合わせた規定に変更されているが，保険法の規定にない文言も盛り込まれている。

⑦ 保険法では保険料不可分原則を採用しないという立場に立たないことと

---

11) 一問一答107頁。

序　論 I

され，これに伴い生命保険では保険料年払契約および半年払契約について保険料不可分原則を前提としていた実務に変更が加えられた。これに伴い新約款では，保険料についての年一括払契約および半年一括払契約に関する規定に関連した変更が加えられている。

⑧　保険金等の支払請求権の消滅時効については，3年間という時効期間について変更はないが，起算点を定めていた部分が削除されている。

〔山下友信〕

II 保険ビジネスと保険理論の現代化

1 保険理論をとりまくビジネスおよび学問の展開

(1) 企業価値最大化の強調とその影響　効率的な市場を前提とする金融理論の展開とともに、アメリカにおける金融実務や慣行が変化しはじめ、1990年代ごろからそれが企業経営にも影響を与えるようになった。1980年代においては、「ものづくり」の面で優れている日本的経営がアメリカ的経営を凌駕したとされたが、アメリカ企業は、「ものづくり」の現場において日本的経営方式を学びつつも、企業活動の成果をカネで評価するための効果的な仕組みを構築することによって、資金効率性の追求を重視した。その手法のひとつが、「株主復権」の名のもとで、効率的な市場を前提とした企業価値評価[1]の尺度の導入である。

企業が企業価値評価を採用する場合、良い面と悪い面がある。良い面で言えば、企業内部に留保された過剰資本を効率的に活用する誘因が高まることであり、悪い面は、経営者が自己の在任期間中の利益のみを最大化し、企業の長期的な利益を犠牲にしてしまう可能性が高まることである。そこで、所有者として依頼主（プリンシパル）の立場にたつ株主が、代理人（エージェント）である経営者に対して、どのようなインセンティブメカニズムを与えれば、企業価値最大化を導き、効率的で活力のある企業システムを維持するために重要なのかという問題意識が強まった。1990年代はじめにアメリカで高潮した企業統治論（いわゆるコーポレート・ガバナンス論）は、その一環であると考えることが出来る[2]。

---

[1] 企業価値評価の方法にはいろいろあるが、ここでは企業の将来のキャッシュ・フローの割引現在価値という比較的素朴な定義を想定している。

[2] この動向の背景に、1990年代はじめにアメリカで高潮したコーポレート・ガバナンスに関する議論があった。詳しくは、Mark Roe, *Strong managers, weak owners: the political roots of American corporate finance*, Princeton U. P., 1994.（北条裕雄＝松尾順介監訳・アメリカの

序　論 II

　企業価値は，利害関係を異にする株主と経営者が共有できる尺度として有効な概念である。さらに，企業価値を最大化するという企業目的は，資本，経営者，労働に関する広く深いマーケットが存在しているアメリカにおいては，とりわけなじみやすいものであった。その結果，企業価値の最大化を基本とする「思想」は，ビジネスの世界で優位をしめるアメリカ企業を媒体にして，アメリカ型グローバルスタンダードの大前提として各国に影響を及ぼした。

　企業価値最大化を中核とした「思想」は，アメリカとは異なったビジネス文化をもった各国で必ずしもスムーズに受け入れられたわけではない。日本の企業システムにとっても，決してなじみやすいものではなかった。保険会社をはじめとして日本企業は，一般的に言えば，内部昇進型役員による「含み」重視の安定経営が特徴であった。「含み」はいうまでもなく企業の財務的な安定のために保持され，日本企業が内部昇進型役員を中心とした従業員会社という特徴を色濃くもっていたために正統化されやすかった3)。よって，「含み」は経営者の保身の手段であると考える，企業価値最大化を軸とした株主中心の「思想」の導入は，日本の企業システムに大きな転換を迫るものである。

　(2)　企業価値最大化の背景にある「概念革命」　企業価値最大化という目的は，株主を中心とする考え方によってのみ導入されたわけではない。その背景に，金融上の「概念革命」4)とも呼べる変化があったことを見逃すことはできない。簡潔にいえば，それは，将来に対する現在の価値の評価にかかわる考え方の変更である。第1に，現在の価値は，将来生じうるキャッシュ・フローの割引現在価値であるという考え方。第2に，将来の出来事は確率論的に決定され，確率分布がわかれば合理的な意思決定が可能であるという考え方である。前者は，コーポレート・ファイナンスやロス・コントロールの意思決定の大前提となる考え方であり，後者は，計量化をベースとするリスク・マネジメントの基礎となるものである。これらは，同時に，金融工学の精緻な発展に基礎づけられた複雑な証券化商品の誕生の理論的な基礎でもあった。

　　　企業統治──なぜ経営者は強くなったのか (1996)) を参照。
　3)　「含み」には，財務的安定性をもたらすというメリットに隠れて，経営者の護身のために利用されうるというデメリットもある。また企業が一定の収益を上げるのに，どのくらいのリスクをとっているのかがわかりにくいという欠点もある。
　4)　Cf. George Dionne, ed., *Handbook of Insurance*, Kluwer Academic Publisher, 2000, p. 503.

(3) 「概念革命」の保険への影響　保険もこのような「概念革命」の影響を受けている。第1に，保険も金融商品であるという考え方が普及したことである。金融商品あるいは金融資産（financial assets）を，現在のキャシュ・フローと将来のキャシュ・フローを交換する商品あるいは資産であると考えると，保険という商品（契約者にとっては資産）は，保険会社から見れば，固定的で断続的なキャシュ・インフローと，確率論的に決定される将来のキャシュ・アウトフローとを交換する金融商品（契約者にとっては金融資産）であると理解することができる。このことから，保険商品（資産）は，保険理論のみで取り扱うべき特殊な存在ではなく，他の金融商品（資産）と同一の理論的枠組みで論じることのできる商品（資産）であるという認識が生まれる[5]。事実，新しい保険の教科書においては，コーポレート・ファイナンス論と保険理論との論理的関連性が整理されて記述されるようになっており[6]，将来的には，高等教育の現場で保険論が孤立した特殊な科目ではなくなり，経済学やファイナンスと共通の土俵で議論できるような金融関連科目となることが予想される[7]。

第2に，「概念革命」が進展するとともに，リスク概念が明確化され，計量化手法も発達したことによって，保険が従来から得意としてきた純粋リスクだけでなく，価格リスクや信用リスクについても，同一尺度によってマネジメントすることが可能となった[8]。その結果，次の2つの帰結に至った。ひとつは，事業会社のリスク・マネジメントという観点から見れば，保険はロスファイナンスのひとつの手段にすぎないが，かえってそのことによって，保険が純粋リスクに対してもっとも効率的な手段として存在していることを明確になったこ

---

[5]　「保険商品は金融商品か否か」とう論争は，いささか神学論争に近い。ここで指摘したいことは，保険商品の独自性を否定することでも，強調することでもない。新しい考え方に基づけば，保険商品を金融商品のひとつとして共通の理論的なフレームワークの中で論じることが可能であり，そのことが保険理論の一般化にとって重要だと考えられる。

[6]　Harrington and Niehaus, *Risk Management and Insurance*, 2nd Edition, McGraw-Hill, 2004（米山高生＝箸方幹逸監訳・保険とリスクマネジメント（2005））および，Neil Doherty, *Integrated Risk Management*, McGraw-Hill, 2000 などがその典型である。

[7]　この指摘は，保険論固有の価値を否定するものではない。保険論固有の重要性は残しながらも，保険理論の守備範囲がより広範になることを強調するものである。

[8]　リスク概念の明確化については後述。ビジネス・リスクは，リスクそのものの性質により，純粋リスク，価格リスクおよび信用リスクの3つに分類される。詳しくは，米山＝箸方監訳・前掲注6) 5-7頁を参照。リスク概念について詳しくは2(1)を参照。

と。そして次に，純粋リスクは，計量可能な概念としてのリスクとして，他の2つのリスク，すなわち価格リスクおよび信用リスクと共通のフレームワークで論じることが可能となったことである。すなわち，とりわけ従来の事業会社などでは，そのリスク・マネジメント部門は，純粋リスクによる企業価値の毀損の防止に努めていればよかったのであるが，最近では，純粋リスクだけでなく，価格リスクや信用リスクも考慮した全社的リスク・マネジメントを行うことにより，企業価値の増大に資する必要性が強調されるようになっている[9]。

(4) 保険企業への影響　「概念革命」に伴って生じた企業価値重視の経営は，保険企業に対して実態的な影響を与えた。第1に，公開株式会社が主流となっている損害保険会社では，ROAないしはROEを高める経営が意識されるようになり，資本の有効な活用が意識されるようになった。第2に，概念革命の進展によって企業経営の透明性が増してきたこともあって，これらの損害保険会社では，外国人株主比率が急激に高まった。その結果，国際的はIR活動が重要となり，経営の視野がよりグローバル化した。第3に，事業会社も含めて政策投資や株式の持合解消などが進んだ。

他方，「概念革命」は，わが国の保険会社の経営に対して理論的な反省を迫るものであった。第1に，1980年代まで保険会社の経営陣が頼りにしてきた「含み」が，1990年代の逆ザヤの顕在化と超低金利時代の到来によって，実質的に意味のあるものではなかったことが認識された[10]。つまり「含み」という過剰資本を保持することが財務健全性を生むものではなく，堅固なALMこそが財務健全性を生むものであるという理論的反省が行われた[11]。第2に，保険会社における，内部リスク管理の重要性が痛感されたことである。保険会社の資産は，事業会社と異なり，ほとんどが金融資産で構成されており，負債

---

[9] 事業会社の性質によってその重要性は異なる。電力会社などのように原料価格の変動に晒される一方で，公共料金の安定性を義務づけられるような事業会社の場合は，全社的にリスクを管理することが企業価値の増大に直結しやすい。これに対して，運輸サービス業の事業会社の場合には，交通事故，賠償責任，雇用責任などの純粋リスクが大きく，価格リスクや信用リスクは相対的に大きくないため，統合リスク管理が企業価値を増大する余地は小さい。

[10] もちろん保険会社が逆ザヤと超低金利の時代を生き残れた理由は，「含み」であった。その限りでは，「含み」は実質的な意味を持っていたことは確かである。

[11] 当時このことを悟ったのは，一部の開明的な生保人だけだったかもしれない。しかし現在では，含みが財務健全性を生み出す根源であると考える人はいない。

も複雑で比較的長期のリスクを抱え込んでいる。事業会社と比べると特殊な資産・負債内容をもった保険会社が，ダイナミックに動くマーケットを前提として財務健全性を維持してゆくためには，簿価による会計情報だけを頼りにして経営してゆくことが難しいということが理解された。第3に，財務健全性を維持するためには，監督規制においてリスクベースの規制を導入すべきであるという理論的な反省が行われ，アメリカのRBC規制，ヨーロッパのソルベンシーⅡなど，手法は異なるがリスクを基本とした規制が導入されるようになった。わが国においては，1996年に施行された保険業法において，アメリカの規制を摸倣したリスク・ファクターによるフォーミュラ方式のソルベンシー・マージン比率規制が導入された[12]。アメリカやわが国のようなフォーミュラ方式のソルベンシー・マージン規制に対して，ヨーロッパでは経済価値ベースの資産・負債評価にもとづき破綻確率論的モデルによって所要資本・最低資本を算出するソルベンシーⅡの導入が検討されている。わが国においては，金融庁によるソルベンシー・マージン比率の算出基準等に関する検討チームの報告書において，わが国の財務健全性規制を従来のフォーミュラ方式から経済価値ベースのソルベンシー評価の方向性を目指すべきとしている[13]。国際的にも，国際会計基準の時価評価の動向とリンクして，経済価値ベースによるソルベンシー規制への動向が注目されているが，その導入に際しては，各国保険市場の構造に即した，規制の費用と便益分析の観点，および保険会社の国際競争力の観点などを総合的に考慮した上で判断すべきであろう。

2 リスク概念の明確化・計量化と保険理論の展開

(1) リスク概念の明確化と保険理論　保険法では，リスクという用語は使われていない。法律用語は，概念が明確であり，その用法も安定した，いわば「枯れた用語」が使われるようである。その意味で，リスクという言葉は，文脈によって多様な意味で使われており，またその概念についても共通認識が得

---

12)　「ソルベンシー・マージン比率の算出基準等について」5頁（2007年4月）参照。
　　（http://www.fsa.go.jp/singi/solvency/20070403.html, 2009年11月30日（アクセス日））。
13)　なお，規制如何にかかわらず，適切な内部リスク管理は，規制による強制によるものではなく，国際的な企業としては必要不可欠な競争力の一要素である。これに対して，グローバルプレーヤーとならない保険企業は，内部リスク管理に投資する重要性は薄い。

序　論 II

られているようでもない。

　しかし保険論およびリスク・マネジメント論で取り扱うリスク概念は，きわめて明確に定義されたものである。その特徴は，後述するように，計量化できる概念であるということである。そのため純粋リスクと信用リスクや価格リスクを足し合わせることが可能となる。

　最近の保険理論の教科書では，リスクを次の2通りに定義している。すなわち「結果の期待値」および「期待値まわりの変動」である[14]。しかし，厳密にリスクを定義するならば，「期待値まわりの変動」のみとするのが妥当である。たとえば，金融理論では「結果の期待値」のことをリスクとは呼んでいない。

　では，なぜ保険理論では，リスクを2通りの定義をしているのであろうか。第1の理由は，リスクの実体に関わるものである。「期待値まわりの変動」は，その定義の中に「期待値」を内包していることからわかるように，必ず「結果の期待値」を伴うものである。要するに，「期待値まわりの変動」と「結果の期待値」は，不即不離の関係にあるといってよい。第2の理由は，伝統的な保険論との関連を重視しているためである。伝統的な保険論では，「結果の期待値」のことをリスクと呼ぶことが多い。また伝統的なリスク・マネジメント論では，事故の頻度を低下させたり，損失の程度を減少させたりする活動をとおして，「結果の期待値」を軽減させることが重要な課題である[15]。さらに，後述の公正保険料の理論において「結果の期待値」が，リスク移転の対価としての保険料のもっとも重要な部分を構成する。保険理論の教科書では，これらの理由により，便宜的に上記の2つの定義を提示するのが通例となっているのである。

　ところで，リスクは，不確実性のない決定論的世界には存在せず，確率論的な世界にのみ存在する。保険理論の想定する将来の結果は，確率論的に決定されることを前提としている。「結果の期待値」は，結果の確率（頻度）と結果の程度（強度）を乗じたものであり，数学的期待値と呼ばれるものである。結

14）　両者の不即不離の関係を重視して，本稿では，リスクを「期待値まわりの変動を伴う結果の期待値」のように表記する箇所もある。

15）　このような活動のことを，保険理論では，ロス・コントロールと定義している。

果が確率分布するとすれば，結果の期待値は，それぞれの起こりうる結果の期待値の総和である。これに対して，「期待値まわりの変動」は，「結果の期待値」が同じであっても，結果の散らばり具合が異なる場合があり，その程度のことをいう。統計学的には，分散や標準偏差がその散らばり具合の尺度となる。

　このことを直感的に理解してもらうために次のような事例を紹介しておこう[16]。ある野球の打者を想定する。5打数2安打を10試合続けた打者も，5打数4安打が5試合，5打数0安打が5試合であった打者も打率は4割である。両者はいずれも4割打者であるが，私たちは両者が明らかに異なっていることを知っている。つまり，前者はムラのない確実な打者であるのに対して，後者はムラのあるばらつきの大きな打者である。

　ここで両打者が，今後の試合も4割の打率を残すと予想できるものとすれば，4割という打率は，両者の打率の「結果の期待値」となる。そこで，これまでの打率のムラが同じだとすれば，後者の打者は，4割打者であっても，安打の不確実性の大きい打者であることになる。この打者の不確実性は，「期待値まわりの変動」である。この不確実性こそが，保険理論でもっとも重要なリスク概念なのである。

　(2) リスクの計量化　　上述の例では，どちらの打者のばらつき（不確実性）が大きいのかについては，計量化しなくても明白である。しかし両者のばらつきが判然としない場合には，ばらつきを比較するための統計学的な尺度を用いる必要がある。「期待値まわりの変動」を計測する尺度として，分散および標準偏差がある。要するに，「結果の期待値」も「期待値まわりの変動」も，ともに統計的に計量化することのできる概念である。すなわち，「結果の期待値」としてのリスクは，確率と結果の大きさの積で計量化することができ[17]，「期待値まわりの変動」としてのリスクは，標準偏差によって計量化することが可能となる。リスク概念が二重で定義されたとしても，ともに計量化することができる概念である[18]。

---

16) 本文の記述は，米山高生・物語で読み解くリスクと保険入門2-4頁（2008）の記述に基づくものである。リスク概念について詳しくは同書を参照されたい。
17) 確率変数の期待値の計算は，前節で示したように，それぞれの起こりうる結果の期待値の総和である。
18) リスクに関する二重の定義の便宜性については，前節を参照。

序　　論 II

　計量化の効用は，単にリスクを比較することに役立つばかりではない。価格リスクや信用リスクのような，純粋リスクとは確率分布の性質の異なるリスクも，計量化することによって，共通の尺度で統合することができるのである。この場合に用いられるリスクは，「期待値まわりの変動」であることが多い。

　(3)　保険契約により移転されるリスクの本質　　保険法では，保険契約は次のように定義されている。「保険契約，共済契約その他いかなる名称であるかを問わず，当事者の一方が一定の事由が生じたことを条件として財産上の給付（生命保険契約及び傷害疾病定額保険契約にあっては，金銭の支払に限る。以下「保険給付」という。）を行うことを約し，相手方がこれに対して当該一定の事由の発生の可能性に応じたものとして保険料（共済掛金を含む。以下同じ。）を支払うことを約する契約をいう」[19]（2条1号）。すなわち，保険契約とは，金銭を将来において条件付で給付することと，現在の金銭（保険料）を交換する契約である。したがって，保険商品（共済契約も含む。以下同じ）を購入するということは，保険契約者が，将来の不確実な財産状態を回避することを目的として，「条件付財の給付」を得るために，保険料という対価を支払う取決めであるといえる。

　このような保険契約におけるリスクは，上述したように二重にとらえることができる。「一定の事由が生じたことを条件」すなわち保険事故の期待損失額，そしてその保険事故がどのくらいのバラツキで発生するのかということである。前者は，事故確率×損害の程度により計算することができる。後者は，実際にその条件の確率分布によって変わるものであり，統計学的に標準偏差などを用いて計算できる。

　保険契約は，不即不離のこの2つのリスクを同時に保険契約者から保険者に移転する。伝統的な保険論の教科書で必ず言及されている，給付反対給付均等の原則（$P = wZ$）が示すように，保険経営に必要な経費をゼロとすれば，事故確率×損失の程度が保険料となる[20]。これは，リスクを期待損失額ととらえた場合，「リスクの原価」と呼ぶべき部分である。たとえば，保険契約者が保

---

19)　この定義は，改正前商法の規定と大きく変更されていない。
20)　厳密に言えば，保険料払込と保険金支払の間の時間によって生じる貨幣の時間的価値を考慮しなければならない。これについては後述の公正保険料の記述を参照されたい。

険契約をしないとすれば,契約者はこのリスクを自己保有しなければならず,保険者に移転したとすれば,保険者はリスク引受けの対価として保険料の一部に「リスクの原価」を組み込む必要がある。なおこの「リスクの原価」部分については,保険契約それ自体および保険者によるプーリング・アレンジメントによって[21],直接的に軽減されることはない[22]）。

ここで次のような疑問が生じる。保険契約者が,「リスクの原価」を自己保有せずに,保険者にリスク移転することを好むのはなぜだろうか。この疑問に答えるためには,もう1つのリスクを引き合いに出す必要がある。すなわち,個々の契約者が,自分の将来の損失に対して,確率的に平均的な損害額（期待損失額）を正確に知っていたとしても,それはあくまで確率的に平均的な損害額である。現実的には,かりに自分に生じた場合には期待損失額を遥かに超える損失額であり,生じなかった場合には損失はゼロという極端な結果しか存在しない。その意味では,個々の契約者は,平均的な損害額を知っていても自分の生じうる結果に対して何の価値もないのである。そこで,彼らがより確実な将来の財産の状態を確保するためには,平均的な損失額を支払うかわりに,万が一自分自身に対して損害が生じた場合には保険金として損失をてん補してもらうという契約を行うと理解できる。このことから,保険契約者が保険者に移転したいと思うリスクとは,期待損失額という意味でのリスクではなく,むしろ期待値まわりの変動性,いいかえればいつ自分の身に降りかかるか分からない損失という不確実性というリスクである。

保険料とリスクの関係で留意すべきことは,保険料の構成要素としての期待損失額だけをリスクとして考えるのではなく,その期待値まわりの変動性というリスクが重要であることを認識することであり,両者は不即不離の関係にあるから当然であるが,期待損失額を含む保険料とともに,後者のリスクの移転

---

21) プーリング・アレンジメントとは,均質な「リスク」をたくさん集めることによって,大数の法則を利用して,1件あたりのリスクを軽減する手法である。これにより軽減できるリスクは,期待値まわりの変動であり,損失の期待値ではない。

22) このリスクの軽減は,保険契約によってではなく,期待損失額を構成する2つの要素（事故確率と損失の程度）のいずれか,または両方を軽減することで実現する。近年の保険の教科書では,この手法を,ロス・コントロールとよび,保険等によるロス・ファイナンス（損失金融）と区別している。

も同時に行われることである。

　改正前商法でも保険法でも，期待値まわりの変動性というリスクについては，何も言及していない。このリスクを軽減するもっとも重要な方法が，保険が得意としてきたプーリング・アレンジメントであるが，契約を規律するルールである保険法ではそこまで規定することは難しい[23]。しかしながら，規定がそこまで及んでいないからといって，保険の独自性が喪失するということではない。保険会社が，プーリング・アレンジメントによるリスク軽減という機能を発揮することは否定されない。むしろ保険会社が，引き受けたリスクについてプーリング・アレンジメントを軸に，再保険，資本調達，その他のさまざまなリスク管理手法を用いて軽減・移転し[24]，リスクをコントロールする自由を認めているものと理解すべきであろう。

　(4)　リスク計量化への不信感と計量化できにくいリスクの存在　　これまでの記述で示されているように，リスク概念の明確化は，保険理論の次元で行われたばかりでなく，統計学の手法により計量化が進展したことによって実現した。リスクとは結果の不確実性であり，期待値まわりの変動である。過去のデータから，結果の不確実性を統計学の利用により計量化して，ビジネスの分野では，統合的なリスク管理という考えが普及し，またマーケットには，金融工学の手法を駆使した金融商品が登場した。リスクの計量化が不可能ならば，これらの発展は見られなかったはずである。

　2008年秋のリーマンショック以降，ゆきすぎた市場主義批判の一環として，こうした発展に対する批判的な意見が寄せられている。とりわけさまざまなリスクを細分化して組み合わせることによる分散効果でリスクを軽減して，格付けの高い証券を組成してきたビジネスの基礎となった金融工学に対する批判は大きい。しかしながら，金融工学の手法は，純粋に学術的なものであり，それ

---

[23]　法制審議会保険法部会において，保険の団体性を加味した定義，すなわちプーリング・アレンジメントによるリスク軽減の仕組みの存在を保険契約の定義に盛り込む試みがあったが，団体制を加えた定義規定とはならなかった。その理由として，保険会社に移転されたリスクがすべてプーリング・アレンジメントによって軽減されるわけではないため，定義として組み込むのは難しいとする指摘があった。また「保険類似の契約が，かかる技術的構造を有さないものとして，保険契約者の予測に反して保険法の規律の適用対象から除外されるなどということも」生じかねないとする意見もあった。大串＝日生 10-11 頁［大串淳子］を参照。

[24]　これらの手法については米山＝箸方監訳・前掲注6) 143-152 頁を参照。

自体が批判の対象となるものではない。むしろリスクの計量化の手法のもつ限界を承知せずに、金融工学のもたらす収益機会を妄信してしまった人々が多かったことが問題だったといえる。

リスクを計量化する努力は、一歩でも先を読むことが大事なビジネスの世界では引き続き重要なことであるが、計量化にともなう技術的な問題点をよく認識した上で、計量化の結果を意思決定に利用することが大切であろう[25]。

さらにビジネスのまわりには、オペレーショナル・リスクのように、計量化できにくいリスクが存在する。オペレーショナル・リスクによる期待損失額は、努力すれば軽減できるので、第一義的には、ロス・コントロールによる対応が考えられる。しかしそれでは、他のリスク（純粋リスク・価格リスク・信用リスク）と同じ尺度で計測できない。そこで、オペレーショナル・リスクの計測に関するさまざまな試みが行われている。

しかし金融工学・数理ファイナンスがいっそう発展したとしても、計量化できないリスクは依然として存在するはずである。そこで、シナリオテストのようなシミュレーションを活用した質的なリスク管理を併用する企業が多くなるものと予想される。保険法の契約者保護という考え方は、企業リスクについて無限定に適用されるわけではない。よって、事業会社のリスク管理能力はいっそう重要性を増すものと思われる。

3 保険論におけるリスク

(1) 公正保険料の理論とリスク

(ア) 供給側のアプローチとマーケットからのアプローチ　従来の保険価格の理論は、生命保険では、収支相等の原則を利用して保険料を計算する点が強調されてきた。この理論は、実務的には依然として重要であるが、保険会社がアクチュアリーという専門職によって、妥当な保険料を計算して契約者に提示するという構成になっており、供給側に立脚するアプローチである。

---

[25] 正規分布に対する過信、期待値の近傍における相関係数とテイル部分における相関係数の相違の無視など、金融工学的な手法における様々な反省点が指摘されているが、それと同時に、モデリングによるリスク管理を鵜呑みにし、定性的なリスク管理を軽視していたリスク管理担当者にも問題があった。

序　論 II

　これに対して，マーケットからのアプローチも可能である。それは，効率的な市場を前提とした場合，合理的な保険料はどのような要素によって形成されるのかを明らかにすることである。これによって，経済学およびコーポレート・ファイナンスとの共通理解を形成する道が開かれるという利点がある。しかしながら，わが国では，このアプローチによる保険の価格理論が十分に紹介されていない。そこで，本節では，効率的な市場を前提とした保険の価格理論，いわゆる公正保険料の理論について(ウ)以下で紹介したい。

　　(イ)「公正」の意味　　公正保険料は fair premium の訳語であるが，「公正」の意味は，法律家の用語法と異なるかもしれない。この場合の「公正」は，会計学で負債の公正価値 fair value と同じ意味で用いられている。すなわち，公正保険料および公正価値の「公正」は，市場に整合的であることを意味している[26]。いいかえれば，市場参加者が誰も不満を感じることがないはずの価格であり価値のことである。公正保険料を例に示せば，効率的な市場を前提として，保険者も保険契約者も株主も不満をいだかないような保険の価格のことを公正であると表現する。したがって，公正でない価格や価値の状態は，市場との不整合が生まれ，そこに裁定が生じる。また本来リスク移転が可能であったはずの契約者の一部が市場から排除されてしまうことにより，非効率な結果がもたらされる[27]。

　法律では独禁法による公正取引（fair trade）や公正証書（a notarial deed; an attested document）などで「公正」という言葉が使われているようである。最初に公正取引における「公正」について考えてみよう。独禁法の目的は，「公正かつ自由な競争を促進し，事業者が自主的な判断で自由に活動できるようにすること」であるが，「公正かつ自由な競争」とは，公正保険料や公正価値が前提としている効率的な市場とほぼ同じであると考えられる。したがって，独禁

---

[26]　会計学における公正価値は，時価に相当するものである。しかし，たとえば保険負債のように転売市場がないので時価が存在しない。そのような場合には，合理的に計算された市場に整合的な価値が時価に相当するものと考える。よって，時価の存在しない価値を含む価値概念として公正価値という用語が使われている。

[27]　契約者が不満をいだけば，全部保険が一部保険になり，株主が不満をいだけば，資金調達に限界が生じ，保険契約の保有限度が落ちてしまう。また保険者が不満をいだけば，保険商品の提供を制限する。いずれの場合においても，公正保険料の場合よりも，市場が制約され，効率性が妨げられる。

法による公正取引は，公正保険料が成立するための市場を確保し整備するための規制という意味で深く関連するものである28)。ただし，公正取引が，不公正な取引を規制するという価値判断的な要素が入っているのに対して，公正保険料の場合の「公正」概念には，価値判断的な要素が強くないことには留意されたい。

　公正証書は，法律の専門家である公証人が公証人法・民法などの法律に従って作成する公文書であり，これが作成されていれば，金銭債務の遅滞などに対して，裁判所の判決などを待たずに，直ちに強制執行手続に移ることができるなど，法律実務において重要な証書である。この場合の「公正」とは，英語では，fair という言葉が用いられておらず，正式で正当性があるものという意味で用いられているものと思われる。

　要約すれば，公正保険料の「公正」は，不正をただすというような倫理的な価値判断はなく，公正でない価格の場合には，市場との不整合が生まれて，効率性が損なわれることが強調される。これに対して，公正取引の「公正」は，公正保険料の前提とする自由で競争的な市場の達成を目的としながらも，不正な取引を是正するという倫理的な価値判断を含むものである。

　㈦　期待値まわりの変動をともなった期待損失額　　これまでに見てきたように，保険契約はリスクを移転する契約である。移転するリスクの実体は，「期待値まわりの変動を伴った期待損失額」のことである。ここで期待損失額と期待保険金コストとは同じものであるということを理解して欲しい。すなわち，保険契約者からみれば期待損失額であるが，それを移転する保険者からみれば期待保険金コストであるといえる。両者が主観的に想定する「期待値」は異なるものかもしれないが，移転の対象となる「期待値まわりの変動をともなった期待損失額」というリスクは同一のものである。この部分は，前述のように「リスクの原価」であると呼ぶことができる。したがって，保険者はこの原価以下の価格でリスクを引き受けることはできない。また保険によりリスク移

---

28)　いわゆるフェアートレードという考え方がある。国際貿易において仲介業者の中間搾取によって，低開発国の生産者が疲弊しているので，中間搾取を排除して，生産者に公正な利潤をもたらすべきだというものであり，実際に公正な取引を実現するための試みが行われている。これは独禁法の公正取引とは異なるものであり，「公正」の実現の前提として，低開発国の生産者が国際貿易の不正な仕組みによって正当な利潤を得ていないという価値判断が存在する。

転が行われなければ，保険契約者がこの「リスクの原価」を保有することになる。さらに保険契約によるリスクの移転により，「リスクの原価」が軽減することはない。

(エ) 割引期待保険金コスト（discounted expected claims） 保険会社が上述の意味で「リスクの原価」を引き受けたとした場合，厳密には，それを原価というには不十分である。すなわちリスク引受けの対価として，期待損失額に相当する保険料を受け取った保険者が保険給付を行うまでの間に運用によって収益を得ることが可能だからである。この部分については，期待損失額から割り引いて考えることによって，厳密な意味で「リスクの原価」が計算できるのである。したがって，保険会社が保険料として受け取るべき「リスクの原価」は，市場と整合性のある利子率で期待損失額を割り引いた金額である。これを割引期待保険金コスト（割引期待損失額）と呼ぶ。

(オ) 経費付加保険料（expense loading） 保険者は，割引期待保険金コストを保険料として課すだけでリスクを引き受けることができるのだろうか。保険の引受け・管理・支払等に経費が必要である。この経費は，リスク移転というサービスを享受する保険契約者が支払うべきであろう。さもなくば，保険者はリスク引受けを行うことができない。割引期待保険金コストにそれらの経費が付加される必要がある。この部分を経費付加保険料と呼んでいる。

(カ) 投資家報酬付加保険料（profit loading） 効率的な市場を前提とした場合，保険者は，割引期待保険金コスト＋経費付加保険料でリスクを引き受けることが可能だろうか。じつはまだ不十分である。割引期待保険金コストは，期待値まわりの変動というリスクを伴うものである。このリスクは，大量で均質な保険契約を集めることによって軽減することができる。これをプーリング・アレンジメントによるリスク軽減と呼ぶ。保険者はこのような仕組みをとおして，保険契約者が個々で保有するリスクとくらべてはるかに大きなリスク軽減を達成する。

したがって，このようなリスク軽減機能が充分に発揮されていれば，平均的には割引期待保険金コストをはるかにこえるような，大きな支払超過を被ることはない。しかしながら，リスクをゼロにすることは難しい。さらに，万が一想定を超えるような異常な保険金支払が生じたような場合には，割引期待保険

金コストの積立てだけでは対応できず，破綻に至る可能性がある。

　そこで保険者が破綻しないためには，なんらかの対応が必要となる。保険会社は，再保険契約によって引き受けたリスクを再移転する方法がある他，資本を増資することによっても対応できる。すなわち再保険と増資は異常なリスクへの対処方法として代替的な方法である。いずれにせよ，プーリング・アレンジメントをしても残るリスクへの対応，および通常の予想をこえるような支払超過への対応として，なんらかの対応が必要であるが，いずれの手法を採用するにしてもコストがかかる。

　株式会社を想定すれば，そういったリスクを最終的に引き受けるのは株主である。つまりそういったリスクによって生じるはずのコストは，株主に対する公正な収益というかたちで株主に支払う必要がある。またそれを支払うのは，リスク移転サービスを享受する保険契約者以外にはありえない。この部分は，投資家報酬付加保険料として，割引期待保険金コスト＋経費付加保険料に上乗せされる必要がある。

　㈐　公正保険料と企業利潤　　公正保険料は，以上の4つの要素（損失の期待値，運用収益，経費および資本コスト）から決定される。すなわち最初の2つの要素によって導かれる割引期待保険金コストに2つの付加保険料（経費付加保険料と投資家報酬付加保険料）を加えたものである。

　競争的で効率的な市場を前提とした場合，期待値まわりの変動を伴う期待損失額というリスクを移転するための価格として必要十分な条件は，公正保険料である。

　ところで公正保険料を構成する要素に企業利潤は含まれていない。これは十分に競争的な市場を前提にした場合，ある企業が公正保険料に企業利潤を加味した保険料を提示しても，他の企業が公正保険料を提示して十分に保険経営ができるため，そのような企業は市場から退出せざるをえないからである。これに対して，他の要素，たとえば投資家報酬付加保険料を付加しない場合には，投資家の資金は保険会社ではなく別の投資対象に投資されてしまい，通常は想定しない異常な支払超過が生じた場合のバッファがなくなる。その結果，運よく破綻しない場合でも，破綻リスクが大きくなるため，保険契約者がこの会社を敬遠することになり，市場から退出せざるをえない。

序　論 II

ただし現実の市場は，必ずしも競争的であるとは限らないし，また個別企業の競争力にも格差がある。したがって独占的な利潤，規制によるレント，あるいは企業の組織能力によって生み出された利潤などがありうる。公正保険料の概念は，あくまでも競争が完全で効率的な市場を前提とした，経済学でいうところの新古典派的な世界での概念である。しかし，公正保険料の理論に意味がないわけではなく，もっとも抽象的な次元で純粋に保険料を構成する要素を明らかにしておくことは，現実の保険市場を知る上で有益なことである[29]。

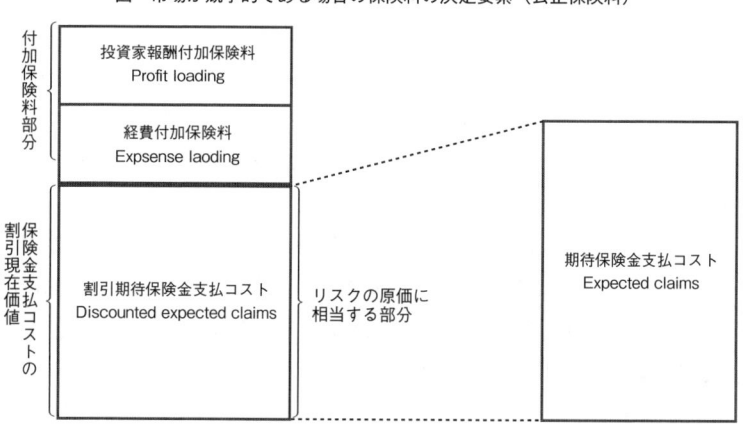

図　市場が競争的である場合の保険料の決定要素（公正保険料）

```
付加保険料部分
　投資家報酬付加保険料
　Profit loading
　経費付加保険料
　Expsense laoding

保険金支払コストの割引現在価値
　割引期待保険金支払コスト
　Discounted expected claims

リスクの原価に相当する部分

期待保険金支払コスト
Expected claims
```

(ク)　保険法における保険料の解釈　　公正保険料は，保険法の「当該一定の事由の発生の可能性に応じたものとして保険料」（2条1号）を，競争的な市場を前提として理論づけたものである。保険法の規定では「事由の発生の可能

---

29)　たとえば，地震保険はなぜ民間保険で実施することが難しいかということを考える場合，一般には，時間的にも地域的にもリスクを分散することが難しいので，民間保険では引き受けることが困難であるという説明が行われている。しかしリスク軽減が難しいとしても，そのリスクを再保険や増資によって対応することができればよいということになる。再保険が可能だったとしたらその再保険コストが付加保険料として上乗せされ，また増資によって対応するとしたら資本調達コストが付加保険料として上乗せされる。地震による期待損失コストに対して，これら付加保険料部分が比率的に大きくなってしまった場合，保険契約者は，保険加入のインセンティブを失ってしまう。公正保険料の理論を援用すれば，このように，従来の技術的な説明に加えて，保険市場を前提とした説明が可能となる。

性」という表現があり，損失確率をリスクと考えているものと推測される。しかし公正保険料の理論ではそうは考えてはいない。保険料は，上述の「リスクの原価」と2つの付加保険料で構成されており，これを対価とすることによって，はじめて「期待値まわりの変動性を伴う期待損失額」というリスクを移転することが可能となると考えている。

　保険法の規定における「保険料」を，供給側の論理から，専門家が収支相等の原則に基づいて算出されたものであると考える場合と，マーケットからの公正保険料と考える場合では，リスク移転と移転されるリスクについての認識が大きく異なるように思われる。前者によれば，保険契約があらかじめ妥当な保険料を徴収することによって，保険団体が正しく維持されることによってしかるべき保険給付が行われるという，相互救済的なイメージが強調される。また法律実務家には，保険の世界が予定調和的な世界として理解されるかもしれない。これに対して，公正保険料の理論では，保険者は契約者からリスクを引き受けることが強調され，リスク移転の対価としての保険料は，専門家による妥当な計算結果としてよりも，マーケットに整合的なものであることが強調される。そしてそこには，契約者間の相互救済的で予定調和的なイメージは薄くなり，むしろマーケットを前提とした私契約としての保険契約が浮かび上がってくる[30]。

　この2つの認識の相違は，法制審議会保険法部会におけるいくつかの論議に一定の影響を与えたように思われる。たとえば，保険法における契約者保護のルールを例にあげてみよう。保険料が専門家によって計算される妥当な価格であり，固定的な与件であるとすれば，できる限り契約者に手厚いルールを定め，その結果生じる影響については，保険者がクッションとして受け止めることができるという考え方となろう。しかし，公正保険料のように競争的な市場を前提として，保険料が決まるという場合には，契約者に手厚いルールを設けることは，それだけ経費付加保険料が増大することになり，そのことのもたらすコストとの比較をしながら，適切なルールの水準を決定してゆくという発想にな

---

[30]　前者が，相互会社の多い生命保険において受け入れやすく，後者が損害保険において受け入れやすい。しかしながら，保険論の一般論としては，生命保険と損害保険に違いはないものと思われる。

(2) 保険需要の理論とリスク　保険需要はなぜ存在しているのだろうか。通俗的な冊子などには,「保険は万が一のために必要なものである」という説明があるが,必要なものであることを強調しても,保険がなぜ需要されるのかを説明していることにはならない。保険法は,契約者保護により重きを置いたものであるため,保険理論の立場から,保険契約者が保険に何を求めて需要しているのかを理解することは無駄なことではない。

　保険需要について,マーケットに整合的に説明するためには,まずはリスクとコストの関係を明らかにする必要がある。個人にとっても企業にとってもリスクの存在がコストを生み出す。たとえば,1週間以内に隕石により倒壊する確率が10%である5000万円の家屋とその危険のない同額の家屋では,後者の家屋の価値の方が高い。前者の期待損失額は,5000万円×0.1＝500万円なので,隕石により倒壊する確率のある家屋の価格は,合理的に計算すれば,期待損失額を控除した5000万円－500万円＝4500万円となる。これは,期待損失額というリスクによるコストである。

　続いて,この4500万円の家屋と隕石により倒壊する確率がゼロの4500万円の家屋を比較した場合,市場はどちらの家屋の価値を高いものと見るだろうか。前者は,10分の9の確率で5000万円,10分の1の確率で0円であるが,後者は確実に4500万円である。通常において,市場は,家屋価値の期待値は同じであるにも関わらず,結果が不確実な前者の方の価値を低く見るはずである。つまり,不確実性（リスク）が大きいと,価値が減価する。このような事例から,リスクはコストであるという重要な命題が直感的に理解されるものと思われる。

　保険契約者がリスクを移転するのは,結果の不確実性を回避するためには,保険契約にともなう保険料負担を厭わないためである[31]。しかしながら,保険料というコスト負担が大きい場合には,契約者のリスク回避度に応じて対応は異なる[32]。このことを具体的な事例で考えてみよう。

---

31) 保険契約に伴うコストとは,期待保険金コストではなく,付加保険料部分のことをいう。付加保険料部分は,リスク移転をしなければ,支払わなくてもよいコストだからである。
32) 個人および企業により,リスク（結果の不確実さ）を回避するためにはどの程度のコスト

序　論 II

　以下の図の X 氏は，訴訟に巻き込まれており 1 年後に 0.5 の確率で 200 万円の賠償責任を支払う可能性がある。X 氏の財産は 1000 万円であるとする。他の条件を一定とした場合，X 氏が保険に加入していないならば，0.5 の確率で 800 万円，0.5 の確率で 1000 万円という結果になる。このような不確実な結果を回避するために，X 氏が全部保険に加入したとすれば，100 万円の保険料（期待損失額相当額）を支払えば，賠償責任を支払って財産が一時的に 700 万円になったとしても，200 万円の保険金が支払われるので 900 万円という結果となる。また賠償責任を支払わない場合には，保険料を差し引いた 900 万円という結果となる。すなわち全部保険に加入すれば，不確実性はなくなり，確実な財産の状態が保証されることになる。X 氏のリスク回避度が大きい場合には，100 万円という保険料を支払っても全部保険を選択するであろう[33)]。

　X 氏のリスク回避度がより小さい場合には，部分保険ということもありうるだろう。一部保険料として 50 万円支払った場合には，図で示したように財産の結果は，賠償責任を支払った場合には 850 万円，支払わなかった場合には 950 万円となる。X 氏が，少々の財産の変動（リスク）を許容できる場合には，一部保険を選択するであろう。

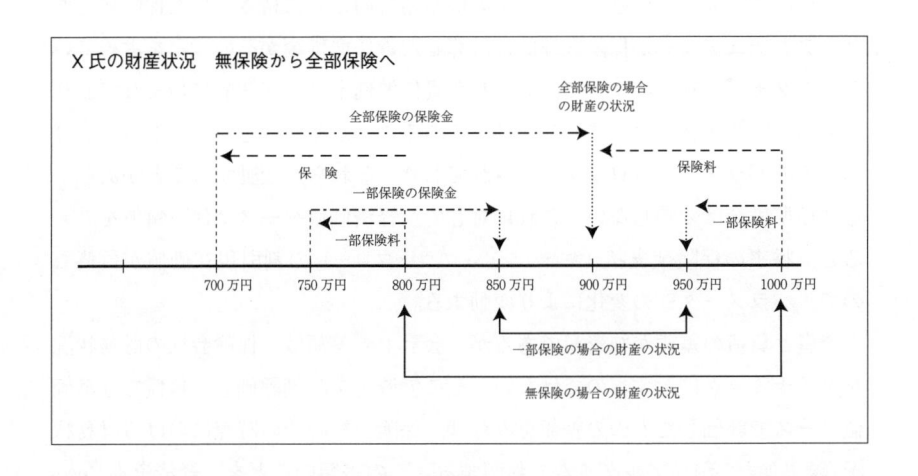

| X 氏の財産状況　無保険から全部保険へ |

　　を支払うかの程度は異なっている。この程度のことを経済学ではリスク回避度と呼んでいる。
　33）　公正保険料で学んだように，付加保険料が上乗せされるため実際には 900 万円以下になる。

序　論 II

　保険理論では，以上のようなリスク回避的な個人の保険需要にはじまり，株式を上場している大企業の企業保険需要に理論展開が行われる。そして，そこにいたって，コーポレート・ファイナンスと保険理論の連関が図られることになるが，本節では個人の保険需要の記述のみにとどめておきたい。

　(3) 経済資本とリスク　　リスク概念の明確化とリスクの計量化が，保険理論に及ぼした影響のひとつに，保険会社の内部リスク管理の高度化がある。ここでは，内部リスク管理を理解するための理論である，経済価値ベースによる資産と負債の管理について言及する。この点については，保険法よりも保険規制との関連が大きいが，リスク概念の明確化と計量化が保険理論に及ぼした影響として，公正保険料の理論，保険需要の理論と同じく重要なのでとりあげておきたい。

　保険会社の貸借対照表をシンプルに想像してみよう。左側には資産，右側には負債が位置する。事業会社と異なり，保険会社の資産の特徴は，そのほとんどが金融資産であることである。事業会社と比べて企業に特殊な資産は大きくない。資産の流動性は大きいが，資産を時価評価する場合には，事業会社に比べて金利等による変動性（リスク）が大きい。

　負債については，ほとんどが将来の保険給付のために積み立てた保険料であり，アクチュアリーが保険数理的に計算した責任準備金がその大宗を占めている。アクチュアリーによって計算された責任準備金は，保守的に積まれており，将来の保険金支払に対して十分な備えであることが多い。しかしながら，計算のためのパラメータはロックインされており，それらが変動することがあっても責任準備金は変動しない。これに対して，経済価値ベースで保険負債を考えると，将来の保険金支払（キャッシュ・アウトフロー）の割引現在価値が負債なので，パラメーターの変化により変動する。

　資産と負債の差額が純資産であるが，会計上の差額は，保険会社の財務状況をダイナミックに示すものではない。そこで資産を時価評価し，負債を経済価値ベースで評価したものの差額をみれば，保険会社のその時点における財務状況（支払能力）がリアルタイムで判明する。この差額のことを，経済資本（economic capital）と呼ぶ。経済資本がマイナスになった場合，その保険会社は，将来の保険金支払に対して資産が不十分であることになるため，支払不能とい

うことになる。

　資産，負債を経済価値ベースで評価することによって，資産も負債も変動性（リスク）を持つことになる。したがって，また両者の差額である経済資本も変動性（リスク）を持つことになる。保険会社においては，金利の変動に対する資産の変動の方向と負債の変動の方向は一致することが多いが，金利感応度が異なるため，通常予測しえない異常な保険金支出に備えて，破綻防止のためのバッファとして，経済資本を充実させておく必要がある。

　先にリスクがコストを生むという命題を別の事例で説明したが，変動性（リスク）が大きくなれば，それだけ経済資本を充実させる必要があるため，ここでもリスクがコストを生むということが明らかになる。

4　総括——保険法におけるリスク概念

　ここでは，保険理論をとりまく最近の変化について解説した後で，リスク概念の明確化とリスクの計量化を中心に明らかにした。そしてこの両者が，保険理論に与えた重要な影響である，公正保険料の理論，保険需要の理論および経済資本について紹介した。

　保険法は，保険契約を規律するルールを定めるものである。したがって，リスク概念の明確化と計量化に基づいた最近の保険理論の立場が，保険契約において何が行われているものかということをどのように理解するのかを明らかにしておくことは無駄ではないと考えた。

　改正前商法においても保険法においても，リスクという用語は用いられていない。なぜ用いられていないかの理由は定かではないが，もしリスクという用語が，多義的に使われているためであるという理由ならば，再検討する余地があろう。ここで述べたように，保険契約で移転するリスクは，「期待値まわりの変動性を伴う期待損失額」[34]であり，そこで移転された期待値まわりの変動性としてのリスクは，プーリング・アレンジメントにより軽減可能なリスクであり，かつ計量化が可能なリスクである。さらに保険が得意としてきた純粋リ

---

34) 保険理論は，リスク移転契約を扱う実務的な学問なので，リスクの本質である「期待値まわりの変動」と不即不離の関係にある期待損失額も便宜上リスクととらえている。「期待損失額を伴う期待値まわりの変動性」と表現してもよい。

序　論 II

スクの損失分布と特徴を異にする価格リスクや信用リスクとも共通の尺度となるというメリットもある。

　保険契約において移転されるリスクを明確にすること，契約者がなぜリスク移転を好むのかを理論的に理解すること，そしてそのリスクに対して保険者がどのように対応しているのかを理解すること，この3点が保険をめぐる法律実務の中で重要な意味をもつ場合があるのではないかと思われる35)。本稿における記述が保険法と直接関係するところが少ないが，総論として紹介した所以である。

〔米山高生〕

---

35)　保険法において「リスク」という用語は使われていないが，「危険」という用語は「損害の発生の可能性」（4条）「保険事故……の発生の可能性」（37条）「給付事由……の発生の可能性」（66条）という定義のもとで使われている。この定義が「危険の変動」等に及ぼす意味については，平成21年度日本保険学会大会シンポジウム「新保険法の課題と展望」（座長・竹濵修）で報告した筆者の報告「保険理論から見た保険法」で検討した。報告内容については，米山高生「保険理論から見た保険法——契約自由の世界からの離脱」保険学608号61頁（2010）。

III 生命保険業の歴史

1 生命保険の起源

(1) 先行研究　保険の起源には，トレナリーをはじめとして諸説があるが[1]，クレイトンは，次のように述べて起源の追求をなかば放棄している[2]。「保険の起源は，曖昧さで覆いつくされており，権威ある歴史学者によっても，それに関する反駁の余地の無い証拠を示すことはできない」[3]。

トレナリーは，保険の起源をハンムラビ法典にまで遡る。たしかに，将来の不確実な結果に対してあらかじめ準備をする手段を保険として定義するならば，人類史を相当遡ることができる。しかしながら，バーンスタインが強調するように，「過去と現在を決定的に分けることになった革命的な考えは，リスクの克服」であり，それは，人間の「将来は，神々の気まぐれだけで決まるもの」ではなく，ましてや「自然の前で男も女も受動的」(以上，原著，1頁より翻訳)であるのではない[4]。すなわち，将来に対する人間の主体的な考え方が重要となるのはそれほど昔のことではない。

このような考え方の変化は，生命保険にとって大変重要なものであった。人間の生命が，神の思し召しだけによって決定されるとしたら，人間は将来に対して何の準備も要らない。しかし，なんらかの手段によって，将来の不確実性を，部分的にも克服することができるとしたら，それを克服するように努力する者もあらわれるだろう。デカルトは1636年に著した『方法序説』の中で「我思う。ゆえに我あり」と述べた[5]。彼は，リスクを引き受ける近代的な主

---

1) C. F. Trenerry, *The Origin and Early History of Insurance*, London, 1926.
2) G. Clayton, *British Insurance*, Elek Books, London, 1971.
3) G. Clayton, ibid. p. 13.
4) Peter L. Bernstein, *Against the Gods: the Remarkable Story of Risk*, John Wiley & Sons, New York, 1996. (青山護訳・リスク——神々への反逆 (1998))。
5) デカルト (谷川多佳子訳)・方法序説 (1997)。なお引用した有名な cogito, ergo sum の訳は

序　論　III

体を示した。

　生命保険とは，人間の生死を保険事故とするものであるから，リスクを克服するには，死亡表の作成と統計学の発展が必要不可欠なものである。またリスク，すなわち将来の不確実性に関わるために，確率論の発展（とくに「大数の法則」と「中心極限定理」）が生命保険のプライシングを理論づけることになる。数学者としてのデカルトは，確率論の発展には貢献しなかったが，彼の若き友人のパスカルをはじめとした近代の数学者たちが確率論の基礎を築いた。

　なお生命保険の歴史に関する先行研究および史料集として，ブラウン，レインズ，リシャール，ハインズ，オコーネル，ウォルフォード，ジェンキンズ＝米山などが有用である[6]。

　(2)　近代的生命保険会社の生誕　　イギリスでエクイタブル生命保険会社（以下，エクイタブル社とする）が誕生するまで，保険期間が数年以上にわたる養老保険や満期が死亡時まで続く終身保険が存在したという記録はない。保険契約とそれを支える技術については，海上保険を中心として相当発展してはいたが，生命保険については，エクイタブル社が創業した18世紀後半まで定期保険があっただけである。したがって，死亡給付を長期間にわたって期待する者は，友愛組合のような共済（賦課式）を利用するしかなかったが，これらの組合には，誰でも加入できるというものではなかった。また財務的な基盤が脆弱な組合が多く，また前払確定保険料式ではなく，賦課式保険料式で運営されていた。

　エクイタブル社の設立経緯には，若干の異説もあるようだが，社史の記述に即していえば次のとおりである[7]。複素数に関する定理で有名な数学者ド・モ

　　本書によるものではない。
　6）ブラウン，レインズ，リシャールは，明治生命百周年記念として翻訳されている。H. ブラウン（水島一也訳）・生命保険史（1983），P. J. リシャール（木村栄一＝大谷孝一共訳）・フランス保険制度史（1983），H. E. レインズ（庭田範秋監訳）・イギリス保険史（1985）。この他以下の著作，資料集も参考となる。F. H. Haines, *Chapters of Insurance History, the origin and development of insurance in England*, London, 1926. T. O'Donnell, (Compiled by), *History of Life Insurance in its Formative Years*, Chicago, 1936. C. Walford, *The Insurance Cyclopaedia*, Vol. I-VI, London, 1871-1880. D. Jenkins and T. Yoneyama, (Edited by), *History of Insurance*, Vol. I-VIII, Pickering & Chatto, London, 2000.
　7）19世紀後半に保険に関する百科事典の作成を企画したウォルフォード（Cornelius Walford）によれば，同社の起源には，ドッドソンのエピソードの他に，数学者のシンプソン（Thomas

序　論　III

アブル（Abraham de Moivre)8)の弟子であったジェームズ・ドッドソン（James Dodson）が，1756年にアミカブルという生命保険会社と保険契約を締結しようとしたが，高齢を理由に加入が拒否された9)。彼は，科学的な計算に基づけば，高齢であっても合理的な保険料が計算できるはずであると考え，それを実現するために自ら生命保険会社の設立発起を試みた。

設立発起活動の最中に，ドッドソンは亡くなってしまったが，彼の後を継いだモアーズ（Mores）が1762年にエクイタブル社を相互会社形態で設立した。同社は，死亡表に基づいて平純保険料を合理的に算出することにより，世界で初めて終身保険を提供した。

2　生命保険の需要

(1)　経済活動の中で必要とされるニーズ　少なくとも欧米およびわが国にでは社史等をとおして，近代生命保険サービスの供給者側の論理についてはある程度明らかになってきた。しかしながら，そのサービスを受け入れた側，すなわち需要サイドの研究はまだ緒についたばかりといっても過言ではない10)。

　　Simpson）が，保険数理に関する講義を行い，科学的な保険料計算による保険会社の設立を勧めたという説もある。ただし，この両説は必ずしも矛盾するものではなく，ベイリー（Francis Baily）は，著作の中で，両説を並列して紹介している。Cf. F. Baily, *The Doctorine of Life-Annuities Assurance*, London, 1813, pp. xv-xvii. C. Walford, *op. cit.*, Vol. II, London, 1873. なお同社には，Maurice Edward Ogborn, *The Story of Life Assurance in the Experience of the Equitable Life Assurance Society, 1762-1962*, George Allen and Unwin, London, 1962 という正史がある。

8)　ド・モアブルは，保険数理の発展にも大いに貢献したことが知られている。彼の弟子のドッドソンは当時において最高水準の保険数理の知識を持っていたものと考えられる。

9)　H. A. L. Cockerell and Edwin Green, *The British Insurance Business 1547-1970*, Heinemann Educational Books, 1976, p. 35. なお，ドッドソンは，エクイタブルの社史において1710年ごろの生まれとされているので，40代の後半に差しかかる年齢であった。アミカブル社は，45歳以上の加入は認めなかったので，ドッドソンは拒絶年齢を少しだけ超えた年齢だった。なおアミカブル社は，45歳未満の人については画一保険料を採用していた。

10)　この分野の研究が全くなかったというわけではない。たとえば，古くは，ゼライザー（Viviana A. Rotman Zelizer）による生命保険商品の社会学的研究が，需要者の分析の視角をもっていた。Cf. V A. R. Zelizer, *Morals and Markets: the Development of Life Insurance in the United States*, Colombia University Press, New York, 1979（田村祐一郎訳・モラルとマーケット——生命保険と死の文化 (1994)）。またイギリスの労働史研究者のポール・ジョンソン（Paul Johnson）の研究も19世紀のイギリス労働者にとっての保険の意味を明らかにした研究である。Cf. Paul Johnson, *Saving and Spending: the Working-class Economy in Britain, 1870-1939*, Clarendon Press, Oxford, 1985（真屋尚生訳・節約と浪費——イギリスにおける

序　　論 III

　1998年8月にマドリッドで行われた第12回の国際経済史会議 (International Congress of Economic History) において，フランスの銀行家プラッシー (Alain Plessis) が組織した保険史セッションが開かれ，「過去において誰が何のために保険を購入したのか」という課題が提出された[11]。その後，いくつかの保険の歴史に関する国際的な研究会が開催されてきたが，保険の需要サイドの国際的な研究がいまだに十分に深まったとはいえない[12]。

　ところで，「誰が何のために」エクイタブル社の保険契約を購入したのであろうか。保険申込書などの史料が残存していないので詳しいことは分からないが，創業時において1件当たり100ポンドという高額な保険契約高であったことから考えて，契約者が相当の資産保有者に限られていたことは明らかである。エクイタブル社を近代の生命保険の原点とみる見方もあるが，需要サイドの視点から考えると，大衆化した今日の生命保険とは異なるものであった。

　イギリスでは，19世紀の中ごろまでは，比較的高額で年払の生命保険が主流であり，生命保険が大衆化するのは，ビクトリア朝の後期になってからのことであった。イギリスでは，エクイタブル社が提供したような生命保険のことを，普通生命保険 (ordinary life assurance) と呼んでいるが，需要の動機は，主に遺産（貯蓄）動機および経済活動に関わるニーズであった。たとえば，19世紀において地主の土地改良投資が活発であったが，借入金の担保として生命保険が活用された。この他，不動産の売買や事業資金の借入れなどにも生命保険が利用されることがあった[13]。

　　自助と互助の生活史 (1997)）。
11) この国際学会は，大会側と運営会社との金銭トラブルによって，参加者に被害が及んだこともあり，実質的な議論が行われなかった。保険史セッションについては，その前年にパリで準備大会が開かれ，それなりの議論の深まりをみせていただけに残念であった。実は保険史をめぐる国際会議は，これが最初ではなく，1996年に日英保険史会議が京都で開催されていた。この会議では，イギリスから，ピーター・マサイアス (Peter Mathias) を議長として，故クライブ・トレビルコック (Clive Trebilcock, Cambridge University)，オリバー・ウェストール (Oliver Westall, Lancaster University)，デイビッド・ジェンキンス (David Jenkins, York University)，ロビン・ピアソン (Robin Pearson, University of Hull) が来日した。
12) ドイツのペーター・ボルシャイト (Peter Borscheid, Philipps-Universität Marburg) が，スイスリの助成により行った国際研究では，世界各国の保険史研究者が集まり，保険による国際的結合に関して研究が進んだ。また，2009年8月には，オランダのユトレヒトで開催される世界経済史会議で，ロビン・ピアソンをオーガナイザーとした保険史セッションが開催された。

(2) 家族のあり方の変化と生命保険ニーズ　イギリスでは，19世紀後半に家族を支えるイデオロギーが変化したといわれている。一家の主人は，家族の生活を支える義務があり，自分に万が一のことがあった場合でも，家族が路頭に迷うことのないように準備しておかねばならない。妻は子育てに責任を持ち，家族のために犠牲的精神を発揮しなければならない。このような一家の大黒柱を中心とした核家族を理想像とする考え方を，ビクトリア朝的家族観と呼ぶことにしよう。

ビクトリア朝的家族観が生命保険に与えた影響は非常に大きなものであった。立派な家族を形成するためには，将来の家族の財産の不確実性をカバーするための生命保険が必要不可欠であった。19世紀のはじめまでは，エクイタブル社が寡占的な地位を占めていたが，その後，追随する生命保険会社が多数誕生したのは，産業革命によって一方で労働者の実質賃金が上昇し，他方で中産階級が豊かになってきたことに加えて，ビクトリア朝的家族観がイギリスの都市社会に広く普及したためであった。

ビクトリア時代初期の社会派小説家のギャスケル夫人は，『メアリー・バートン』において，道徳的，倫理的な欠陥ゆえに破滅に至る労働者の家族を描いたが，その眼差しには，ビクトリア朝的家族観と道徳観が色濃く反映していた。収入の変動の大きな労働者家族にとって，労働組合や友愛組合の扶助，および友人家族による助け合いが重要であるが，これらの扶助システムからはじき出されてしまうと飢え死にするしかない。ギャスケル夫人は，労働者の貧困に，彼らの道徳観と倫理観の欠如を見た。1850年代に始まった民間保険会社による労働者向けの月払小口保険は，労働者にもビクトリア朝的家族観を共有させるための1つの手段を提供した理解することができる。

月払小口保険は，すでに友愛組合などによって提供されていたが，保険会社が本格的に参入し成功をおさめたのは，プルデンシャル生命保険会社（以下，プルデンシャル社と記す）が嚆矢であった。

---

13) 英国の保険会社が地主の土地改良投資に果たした役割に関するトムソン（F. M. L. Thompson）とスプリング（D. Spring）の論争において，保険会社の金融機関としての意義が浮かび上がった。Cf. F. M. L. Thompson, 'The End of a Great Estate,' *Economic History Review*, 2nd Ser., 8, 1955. D. Spring, 'English Landownership in the 19th Century: a Critical Note,' *Economic History Review*, 2nd Ser., 9, 1956.

序　論 III

　プルデンシャルの設立と月払小口保険（industrial life assurance）への参入過程については，すでに2冊の社史があり，また拙稿においても簡単に記したところであるのでここでは詳しくは触れない14)。ここでは，プルデンシャルが財務基盤が脆弱な友愛組合を駆逐して，月払小口保険における先行投資企業（first mover）となったことを指摘し，これによって，生命保険市場において，中産階級以上の財産形成ニーズと労働者階級など比較的零細な家計の少額貯蓄ニーズが並存する状況が生まれたことだけを強調しておきたい。

3　わが国への近代的生命保険の導入

　(1)　近代生命保険事業の導入　　わが国への近代生命保険事業の導入史の中で注目すべきは，若山儀一の日東保生会社設立の企画，安田善次郎による共済五百名社，および福澤諭吉の門下による明治生命の設立発起である。

　若山儀一は，岩倉使節団に随行して洋行し，その後もアメリカに留まって財政問題の研究を行った後帰国し大蔵省に勤務した，いわゆる「新知識」である。明治10年に大蔵省を辞職して，わが国最初の近代生命保険会社の設立の準備をはじめた。彼は，アメリカのミューチュアル・ライフをモデルとして設立申請し15)，明治13年9月に認可を受けている。しかし相互会社の基金の出資を安田善次郎に依頼したが拒絶され，開業までに獲得すべき100名の社員募集に失敗して開業を断念した。

　安田善次郎は，若山儀一による生命保険相互会社の基金提供に対しては，その意義に納得せずに拒絶したが，共済五百名社の設立に対しては積極的であった。共済五百名社は，明治13年に設立された，賦課式の相互扶助団体であった。加入した会員は，会員中に死亡する者がいた場合に，2円ほど出し合って遺族に対して1000円の給付金を支払うことを約束した。当時，同様の共済団体は数多く設立されたが，共済五百名社のように長く存続した団体はなかった。

---

14)　Plaisted, H., *Prudential Past and Present*, Cardiff, 1916, and Barnard, R. W. (compiled by), *A Century of Service: The Story of the Prudential, 1848-1948*, The Company, 1948. および米山髙生「エクイタブルとプルデンシャル」一橋論叢90巻3号411-430頁（1993）。

15)　モデルとした資料はアメリカ企業のものだったようだが，実際の日東保生会社の規約を見ると，かなり日本化したものであったことが水島一也によって明らかにされている。水島一也「明治前期の家計保険——日東保生会社をめぐって」国民経済雑誌136巻1号16-18頁（1977）。

共済五百名社が存続した理由は，安田善次郎の肝煎りで設立されたこと，および会員がいずれも経済的に余裕のある者であったことである。しかしながら，年齢を考慮しない画一掛金の賦課式保険である同社の経営は楽ではなく，明治14年に発展的解消して，共済生命保険を設立し，同社に共済五百名社の契約を移転した。

続いて明治14年に，福澤門下により明治生命が設立された。同社は，成功裡に設立された日本で初めての近代的生命保険会社であり，近代的保険会社としては，明治12年に設立された東京海上に続く2番目の会社である。

同社の独占はしばらく続いたが，明治21年に帝国生命，明治22年に日本生命が設立された。両社はそれぞれに確固たる経営基盤を築き，明治生命の有力な競争企業となった。さらにこの3社に追随して多くの生命保険会社が設立され，その中には有力な会社もあったが，三大保険会社を凌駕するものは現れなかった。これらの追随企業のうちで，少なくとも大正14年時点で存在している会社は次のとおりである[16]。名古屋生命[17]（明治26年），共同生命[18]（明治26年），共済生命[19]（明治27年），有隣生命[20]（明治27年），仁壽生命[21]（明治27年），真宗信徒生命[22]（明治27年）および相互生命[23]（明治27年）。

その後も生命保険会社の設立は続いたが，特筆すべきは，保険業法の施行（明治33年）によってはじめて認められた相互会社形態が認められたことである[24]。これを契機に，第一生命（明治35年）と千代田生命（明治37年）が相互会社として設立され[25]，大正末期には，明治，帝国，日本の三大生保会社に

---

16) これらの会社については，稲見泰治・保険はどこへ（1926）を参照。
17) 明治41年に太陽生命に社名変更。現在のT＆Dグループの太陽生命の前身。
18) 創業時の名称は国民生命。岡山で設立された地方企業であった。1930年代に会社清算。
19) 共済五百名社を発展的解消し，近代生命保険に組織転換した会社。安田生命（現明治安田生命）の前身。
20) 同社は創立49年目の昭和18年に明治生命に契約を包括移転。
21) 野村生命に昭和15年に合併される。昭和22年に東京生命に社名変更。
22) 大正3年に真宗信徒生命から共保生命に社名変更された。その後，東京生命の前身会社の野村生命となった。
23) 同社は明治40年に日本共立生命と社名変更され，昭和17年に帝国生命に吸収された。
24) 実は，若山儀一の日東保生会社は，相互会社形態で設立認可されている。
25) 第一生命および千代田生命以外に成功した相互会社は，大正12年に設立された富国徴兵ぐらいかもしれない。管見の限り保険業法のもとで相互会社として設立された会社は，中央生命，東海生命，蓬萊生命，国光生命，日本医師共済生命である。これら5社は昭和8年に合併して

伍して五大会社といわれるまでに成長した。

　(2)　初期生保契約の分析　　若山儀一が日東保生会社の設立をめぐって安田善次郎を納得させることができなかったことから理解されるように，近代生命保険は，明治初期の人々にとって理解しにくいまったく新しいビジネスであった。頼母子の互助共済や共済五百名社のような賦課式共済団体が存在していたにも関わらず，近代生命保険が，人々に普及するには時間が必要であった。

　では，共済五百名社や明治生命の初期契約者はどのような人々であったのだろうか。すでに述べたように，従来の保険研究では，保険会社が何をどのように売ったのかについては明らかになっているが，誰が何のために保険を購入したのかについて明らかにしているものは少ない。そこで，ここでは，初期契約者の資料が残っている共済五百名社，明治生命，日本生命および有隣生命について，簡単に明らかにしておきたい[26]。

　表1は，共済五百名社から著名なメンバーを抽出したものである。この表から分かることは，幕末の志士をはじめとして学者，文化人，宗教人など各界にわたって，安田善次郎を取り巻く人々が参加したことである。当時，同社を摸倣して多くの相互組織が結成されたが，これほどまでに当時の社会にとって重要なメンバーを集めた組織は見られなかった。

　わが国最初に設立された近代生命保険会社である明治生命の初期契約者については，詳細な記録が残されているが，ここでは開業1か月の契約者の職業分布について職業分類を行った。表2によれば，いちはやく生命保険に加入した者としては，高級官吏，学者，大会社などのいわゆる「新知識」であったことがわかる。初期の近代生命保険は，都市で自立した生計を維持している高級官吏，会社役員，ジャーナリズムや貿易関連の実業家，学者などの保険ニーズを満たすものであり，したがって1件当たりの保険金額は相対的に大きいものであった。

　　昭和生命となった。また火災保険において東亜火災相互会社が設立されたが，業界に影響を与えるものではなかった。

　26)　共済五百名社は，「安田生命六十年史」，明治生命は「明治生命百年史資料」，日本生命は「日本生命百年史」に初期契約者のデータが掲載されているが，管見の限り，帝国生命（現朝日生命）の社史（50年史，80年史，100年史）には，初期契約者のデータが掲載されていない。有隣生命については，筆者が所蔵する保険契約申込書の原本を資料とした。

序　論 III

表 1　共済五百名社の主要なメンバー

政　治 (幕末の志士)	山岡鉄太郎，中井弘，土方久元，楠本正隆，<u>**銀林綱男**</u>，長松幹，村上義雄
文筆家	**成島柳北**，末広重恭，**子安峻**，加藤九郎
学　者	三島毅，川田剛，大槻文彦，津田仙，辻新治，小泉信吉
文化人	日下部東作，巌谷修，依田百川，尾上菊五郎
宗教人	大内青巒，島地黙雷，**鈴木慧淳**
軍　人	中牟田倉之助，遠武秀行
医　師	高松凌雲，隈川宗悦，長与専斎，高山紀斎
実業家	**安田善次郎**，川崎八右衛門，**川崎正蔵**，荘田平五郎，浅田正文，松尾臣善，森村市左衛門，大倉孫兵衛，清水誠，喜谷市郎右衛門，守田治兵衛，小野金六，**鹿島清左衛門**，**長谷川清**，**市川好三**

(注) 下線は創立者，太字は取締役
(出典) 安田生命保険相互会社・80年史 (1961) および安田生命保険相互会社・安田生命123年史 (2003)。

表2　明治生命開業1か月間の契約者の職業分布

職業分類（判別可能な契約）	62	25.2%	詳　細
官　吏	17	6.9%	工部省，通信省，大蔵省等
事業主	13	5.3%	新聞社主，貿易商，生糸商等
学者・教員	10	4.1%	慶応義塾教員，東京大学教員，英学者等
正金銀行	9	3.7%	頭取，取締役，役員
三菱会社	7	2.8%	支配人，幹事
明治生命	2	0.8%	頭取，支配人
交詢社幹部	2	0.8%	
医師・歯科医師	2	0.8%	
職業判別不能な契約	184	74.8%	
全契約件数	246	100.0%	

(出典)「開業一ヶ月被保険者一覧表（明治14年8月現在）」由井常彦＝田付茉莉子・明治生命百年史資料693-698頁 (1982)。

序　論 III

　明治生命が，交詢社を中心とした都市に勃興したテクノクラートの需要を開拓したのに対して，後発の帝国生命は，先行会社が未開拓であった軍人や官吏のマーケットを開拓したといわれている[27]。さらに日本生命は，大阪で設立されたということもあり，関西財界を中心とした影響力を行使して，全国の地方銀行を代理店として活用することによって新規契約を急増させた[28]。その結果，明治・帝国の両社が，大都市を中心としたのに対して，日本生命は農村部のマーケットに強みを発揮したといわれている。

　前述のように，これら先行する三大生保を追随して多くの生保が設立された。中には，現在では知られていないが，当時の生命保険市場で相当の重要性を持った会社も存在していた。たとえば表3で明らかなように，1894年に設立された有隣生命は急成長を遂げ，1900年には明治生命に匹敵する新契約高を達成している。

　三大生保に対して，これらの追随企業が，どのような消費者の保険ニーズを満たしていたのかということについては，史料の限界により明らかになっていなかった。ここでは，筆者の発見した有隣生命の保険申込書の原本から同社の初期契約者の職業を抽出することにより，追随企業の契約者の姿の一部を明らかにしたい。同社の保険申込書は1885年11月30日から翌年86年1月18日

---

27) しかしながらこの通説を裏付ける記述は，同社の3つの社史（「帝国生命保険株式会社五十年史」(1939)，「朝日生命八十年史」(1968)，「朝日生命100年史」上巻・下巻 (1990)，「朝日生命百年史」資料編 (2002)）いずれにもない。むしろ嘱託医制度の導入「五十年史」(21頁) と「地方の大地主，豪商，名望家，地方銀行家などの有力者に代理店主幹を委嘱し，少数の販売担当者が代理店に出張巡回」「八十年史」(13頁) したということが強調されている。

28) 「日本生命保険株式会社五十年史」1942年には初期営業が克明に描かれている (74-92頁)。これによれば，生命保険に対する無理解から，地方銀行に代理店を依頼することは簡単なものではなかった (88頁)。「日本生命七十年史」1963年においては初期営業の記述は簡潔であるが，同社の中央進出策に関連して「明治生命は，福澤門下の慶応義塾出身者を中心に，帝国生命は，海軍関係，製薬事業家の縁故で，地盤をのばしていたのであるが，わが東京支社のねらいは，まず中央官界の開拓であった」(22頁) という指摘がある。「日本生命八十年史」1971年は，戦前部分についてコンパクト化されており，戦後史に焦点を絞った社史である。「日本生命九十年史」1980年，の戦前記述は「八十年史」にみられない記述も含み充実しているが，コンパクトであることには代わりがない。戦前に関する本格的な記述は，「日本生命百年史」上巻，1992年において行われている。初期販売制度についての詳しい叙述があり参考となるが，同社が代理店よりも出張員制度に重きを置いていたことが指摘されている (155頁)。この意味で，同社が初期の段階から地方銀行を代理店として農村における販売拡張を行ったというのは，誇張しすぎであろう。

序　論 III

表3　三大生保と名古屋生命，共済生命および有隣生命の新規契約 1881-1900年

	明治生命	帝国生命	日本生命	名古屋生命	共済生命	有隣生命
1881	485,300					
1882	431,900					
1883	253,500					
1884	466,500					
1885	213,400					
1886	400,600					
1887	500800					
1888	690,300	500,900				
1889	1,170,400	996,500	225,800			
1890	1,322,000	775,400	1,790,900			
1891	1,276,700	1,426,500	2,125,520			
1892	1,375,700	2,498,600	1,436,680			
1893	1,482,600	3,651,800	1,789,430	60,400		
1894	1,879,600	3,237,200	2,331,220	100,200	1,408,000	320,400
1895	2,269800	3,986,600	2,700,740	101,600	2,433,300	1,741,040
1896	1,926,100	4,745,300	3,251,430	287,600	3,048,700	3,321,410
1897	1,903,300	4,425,300	5,317,470	498,700	2,586,900	3,749,010
1898	2,100,500	4,024,200	5,912,010	553,900	2,290,700	2,525,590
1899	3,024,700	3,843,400	6,176,480	666,100	1,962,300	3,253,330
1900	4,028,400	5,107,500	6,294,370	625,500	2,501,000	4,010,300

までの約50日間の記録であり，解約・失効が除かれているため確認できたのは111件に過ぎない。限定的な史料ではあるが，当時の追随企業のマーケットを推測することは可能であろう。

　有隣生命の初期契約者の職業分布が**表4**に示されている。三大生保と比べると，明らかに庶民階層に近い契約者にシフトしている。農業の比率はそれほど大きくないため，都市の庶民市場を開拓したといっても過言ではないであろう。

　(3)　保険業法以降の生命保険市場　　第2節で明治期において生命保険を誰が購入したのかということを明らかにした。そこで，次にどのような商品を何

序　論 III

表4　有隣生命初期契約者の職業，1895年11月30日～1896年1月18日

職業分類	件数	詳細
商　　業	30	呉服商，古物商，米穀商，金物商その他
農　　業	20	
製　造　業	8	裁縫，陶工，印刷ほか
建　　設	3	大工，左官
漁　　師	1	
サービス	8	人力車夫，芸者，小料理店その他
専　門　職	12	僧侶，教員，医師その他
役　　人	2	地方自治体職員
俸給生活者	1	
学　　生	1	薬学生
雑	10	
無　　職	11	
未　記　入	3	
判別不能	1	
合　　計	111	

（出典）「保険申込書，明治28年11月30日-29年1月18日」有隣生命保険株式会社（筆者所蔵）より作成。

のために購入したのかについても明らかにする必要があるが，紙幅の関係もあるので別稿にて検討することにし，ここでは，時代を少し下って保険業法以降の生命保険の発展について簡単に述べることにしたい。

　保険業法の施行（1900年）がわが国の保険業に与えた影響は大きかった。海上保険では，1890年代に東京海上と日本海陸保険がロンドン営業で失敗していたが，整理を手際よく進めた東京海上は存続し，日本海陸保険は，保険業法の要求する保険料積立金をクリアすることができず清算せざるをえなかった。同社は，日本生命と同一の経営基盤をもって設立発起された会社であるため，生命保険業の発展にも少なからぬ影響を及ぼすものである。

　生命保険への影響は，何といっても2つの有力な生命保険相互会社の誕生であろう。周知のように保険業法によって初めて相互会社による保険事業が認められることになった。保険業法の草案作成に協力した矢野恒太が，在野に下り，

序　論 III

日本で初めての生命保険相互会社を設立したことは有名なことである。矢野恒太が創立した第一生命保険相互会社に続いて，千代田生命保険相互会社が設立された29)。この両社は，まずは千代田生命が急成長し，遅れて第一生命が急成長をし，大正末期までには三大生保に両社を加えて五大生保と呼ばれるほどになった。

　この両社の発展の背景には，わが国における都市化の進展といわゆるビクトリア朝的家族観30)の普及があった。第一生命の場合，初期の営業が急激に進展しなかった理由は，商品性を重視し，いたずらに営業職員や代理店に頼らない戦略を採用していたからである。その結果，達成された高料高配31)を基本とした商品性の高さが，都市化によって生保商品を比較できる消費者層の増大とともに理解され，普及することによって大正末期には急激な新契約増進が生じたのである32)。

　他方，工業化の進展とともに，国民所得が増加し，庶民の貯蓄・保険ニーズ

---

29)　相互会社は，この2社に留まらない。両社の他，中央生命，蓬莱生命，東海生命，国光生命，日本医師共済生命，富国徴兵保険，および東亜火災があった。前5社は，昭和8年に統合し，昭和生命となっている。また富国徴兵は，徴兵保険で唯一の相互会社であった。東亜火災は短命の会社であったが，相互会社形態をとるめずらしい火災保険会社であった。

30)　ビクトリア朝的家族観とは，一家の主が家族を守り，妻は家庭を守るという価値観であり，工業化によって実質賃金が上昇したイギリス・ビクトリア朝後期に，都市化と核家族化の進展と相まって強化された中産階級に強まったイデオロギーである。

31)　「高料高配」とは，高い保険料の設定であるが，契約者配当をも高く維持する商品のことをいう。明治末期には，販売しやすい「低料低配」商品が中心であったが，第一生命の急成長に刺激されて，大正末期からは，他の生保でもこれに追随するところも見られた。

32)　第一生命には次のような社史がある（簡易版を除く）。「第一生命保険相互会社廿五年史」(1929)，「三十五年史」(1940)，「第一生命五十五年史」(1958)，「第一生命七十年史」(1972)，「同資料編」(1973)，「第一生命八十五年史」(1987)「同資料編」1988年，「第一生命百年史」(2004)。初期の営業については，「廿五年史」(141-154頁) および「三十五年史」(142-150頁) が参考となる。創業期には日露戦争の影響もあり，「一大試練の時期」(「百年史」86頁) であった。新契約は停滞し，解約件数が増大した。これに対して，千代田生命は「早くも初年度の業績においてわが社を凌駕し，その勢いはとどまるところがなかった」(「百年史」90頁) 千代田生命の後塵を拝しながら，相互会社の特色の契約者配当重視の姿勢を貫いたことが，大正期以降の同社の急成長につながったといわれている (「百年史」92頁，94-97頁，189-140頁)。
　千代田生命の「五十年史」(1955) は，「当社が日露開戦直後に開業し，数年来の不況により各社の新契約が停頓後退の際に，先進の第一生命に比べて格段の好成績をあげ，創業第1年度の予定高を達成し得たことは，全く塾員同窓を中心とする代理店制度の賜ものであった」(41頁) と述べている。代理店の採用如何が初期営業の成果と直結していたことは明らかである。

49

序論 III

が高まった。逓信省は，かねてから小口保険の必要性を主張していたが，大正5年に郵便局による簡易保険が開始した。続いて大正15年には，郵便年金が発売された。大正9年3月末日において，簡易保険を購入した契約件数は，約160万件であったが，職業層の内訳は，次のとおりであった。農業（35万2千人，22.0%），家族・無職業（35万人，21.9%），被傭職工および一般使役人（24万5千人，15.3%），商業（23万6千人，14.8%），工業（14万人，8.8%），雑業（10万6千人，6.6%），官公吏・軍人（6万6千人，4.1%），学生（3万6千人，2.3%），教員（3万3千人，2.1%），漁労業・船夫（3万人，1.9%），職業未詳（5千人，0.3%）である[33]。簡易保険は，農家と賃金労働者およびその家族が加入の中心であったことがわかる[34]。

簡易保険において比較的少ないウェイトの商業に属する契約者は，中小の保険会社あるいは徴兵保険会社がニーズを受け止めていたと考えられる[35]。

4　総括——生命保険史の需要アプローチの意義

1において，主にイギリス人の研究を中心として，保険の起源をときおこすところから始め，近代的生命保険会社といわれるエクイタブルの生命保険史上の意義を考察した。2では，近代的生命保険の需要サイドからのアプローチについて，欧米の研究動向を踏まえて論じ，あわせてイギリスでは，近代生命保険が，エクイタブルではなく，プルデンシャルから生誕したという歴史を軽視できないことを指摘した。3では，わが国の近代生命保険会社の初期契約者分析を行い，わが国において生命保険が誰にどのような商品を提供してきたのかを解明するように努めた。その結果，保険業法の施行までの期間における三大生保と追随企業の契約者構造がある程度明らかになった。さらに保険業法以降の保険契約者の多様化と保険の普及が，生命保険市場を変化させたことを指摘した。

近年，死亡保障市場が縮小により，新契約の伸び悩みにより主要生命保険会

---

33) 職業分類は，簡易保険局発行の絵葉書（筆者所蔵）による。
34) 職工とは賃金労働者である。家族・無職業をその他の分類のウェイトで配分すると，農家と賃金労働者およびその家族は，簡易保険契約件数の45.5%をしめている。
35) 前述の有隣生命の契約者から類推できるかもしれない。また本稿では言及しないが，筆者が作成した富国徴兵の昭和期の契約者データベースによれば，商業者が比較的多く見られる。

序　論　III

社の保有契約は減少傾向に歯止めがかからない。わが国の主要生命保険会社は，戦後高度成長時代に築いた死亡保障中心のビジネスモデルの成功によって世界有数の保険会社に成長した。死亡保障市場の縮小とIT革命の進展によって，従来のビジネスモデルが前提としていたコスト構造が大きく変化している。そこで，旧来のビジネスモデルが，遺産であり，かつ桎梏でもあるということは周知のことであろう。

　生命保険会社の原点を忘れないためには，誰にどんな保険商品を何のために提供するのかという素朴な問いかけを繰り返すことが必要であろう。西欧から遅れて発展したとはいえ，すでに約130年という歴史を刻んでいる保険業が，いつ，何を，何のために，誰に，どれだけ保険サービスを提供してきたのか，そしてそれらが社会全体のためにどのように貢献しえたのかということを明らかにすることは，今後の保険ビジネスを考える上で大切なことであると思われる。

　さらに保険法との関連でいえば，保険の供給サイドからの視点を重視した保険経営史が，効率的な保険監督を実現するために有益な情報を提供できるのに対して，需要側のアプローチは，保険契約に関する法律実務に有益な情報を提供する可能性がある。どのような人々が，何のために，どのような商品（保険契約）を購入したのかを歴史的に認識することによってはじめて，妥当な解釈論が生まれるものではなかろうか。

　需要サイドのアプローチを強調したが，ここでは，初期生命保険市場でどのような人々が保険商品を購入したのかということを部分的に明らかにしたに過ぎない。そこで，最後に，生命保険というマーケットを長期的に考える時の材料とするために，わが国の戦前の生命保険市場の特徴を比較史的な観点から要約して結びとしたい。

　英国と比較した場合，戦前期にみる日本の生命保険需要の特徴は，所得分布および生活様式の相違により明確となっているように思われる。保険需要を，エクイタブル型，中産階級型I，中産階級型II，およびプルデンシャル型の4つのタイプにわけて整理してみよう。

　日本には，エクイタブル型の保険需要がほとんどなかったといってよい。たとえば，地主の土地改良投資への活用などはなかった。すなわち日本には，イ

序　　論 III

ギリスのような上流階級は存在せず，所得分布の幅が狭い社会であった。ただし保険業法の施行以降，資産家の高額保険需要が若干生まれていた。この需要の一部は，ニューヨーク生命やカナダ・サン生命のような外国保険会社によって引き受けられた。

　中産階級I型を都市のテクノクラート（技術者，官僚など）とすると，明治生命や帝国生命の主要な初期契約者はこのタイプに属する。さらに都市化の進展による都市上流階層に対しては，第一生命の相互主義を謳い文句とした高料高配商品が強くアピールした。中産階級II型を地方銀行家などの地方の資産階級であるとすると，この需要をもっともつかんだのが日本生命であった。

　プルデンシャル型には，中産階級I型に属さないが，それへの上昇志向のある自立した家計を維持している人々が含まれる。具体的には，役員でない俸給生活者，労働者の上層，自営業者，中産階級に属さない専門職などが考えられる。これらの多様で幅広い需要に対しては，徴兵保険のような貯蓄保険や郵便局による簡易生命保険，および民間生命保険会社が多様な保険商品を提供していた。プルデンシャル型の特徴は，徴兵保険を含むこども保険などの貯蓄保険や養老保険のような老後対策の商品が多かったことである[36]。

　以上の生命保険市場の特徴は，戦時期という異常な事態を経て，戦後の生命保険市場まで持続していると考えることができる。たとえば，法制審議会保険法部会において同意のない未成年の生命保険が批判的に議論されたが，未成年を被保険者とする貯蓄保険は戦前からわが国の生命保険市場に浸透していた商品であった。存在するものはすべて合理的だと主張するわけではないが，こども保険は，長い歴史的経験のもとである意味では「枯れた商品」であるという事実も重きのあるものと思われる。保険法が施行は，わが国において誰が何のためにどのような保険を購入してきたのかということをあらためて考え直す良い機会ではなかろうか。

〔米山高生〕

---

36) こども保険の重要性については，初期の仏教生命保険会社の営業用パンフレットで強調されている。仏教生命保険株式会社・幸福の基（1984）参照。老後対策といっても年金商品のような隠居のための保険ではなく，たとえば人力車夫が老齢のため身体がきつくて働けなくなった場合に，商売をするための元手の準備という程度の対策であった。三井生命保険株式会社・夫の愛（1926）参照。

IV 主要な保険商品・保険の仕組み

1 総　説

(1) 保険商品の特徴　　保険法では，改正前商法上の「損害保険契約」，「生命保険契約」に加え，「傷害疾病定額保険契約」という契約類型を新たに設けた。生命保険会社の取り扱う商品は，そのうち生命保険契約，傷害疾病定額保険契約のいずれかに該当する。その両者を区分するのは，人の生存・死亡に関して給付を行うものか，人の傷害・疾病に関して給付を行うものかという保険事故（給付事由）である。現在の保険商品では，さまざまな給付事由（死亡，生存，高度障害状態，入院，手術等）により保険給付が行われる混合契約が一般的である。たとえば，終身保険は，死亡時のみならず所定の高度障害状態になった場合にも死亡保険金額と同額の高度障害保険金が給付されるものが通例であり，生命保険契約と傷害疾病定額保険契約の混合契約といえる。すなわち，保険商品Ａが生命保険契約，保険商品Ｂが傷害疾病定額保険というように１対１の関係で単純に当てはめることができるわけではなく，同じ保険商品Ａであっても保険事故によって生命保険契約に該当する場合と傷害疾病定額保険契約に該当する場合がある。終身保険の例では，死亡給付に関する契約内容は生命保険契約に関する保険法第３章の規律，高度障害給付に関する契約内容は傷害疾病定額保険契約に関する同法第４章の規律がそれぞれ適用されることとなる。

　本節では，生命保険会社が取り扱ってきた商品の展開を踏まえ，主要な保険商品の概要・仕組みについて概説することとする。

(2) 保険商品の変遷　　生命保険事業の勃興期から第二次世界大戦前まで，わが国の生命保険会社で取り扱われる商品は養老保険が主流であった[1]。養老

---

[1]　なお，わが国最初の近代的生命保険会社である明治生命保険会社の設立当初（1881年）の保険商品には，利益分配付尋常終身・利益分配無し尋常終身・有限掛金終身・定期・養老の各

保険は生死混合保険であり，保険事故（給付事由）は保険期間中の死亡または保険期間満了時の生存という単純な事象に限られるのが通例であった。

　生命保険会社の商品の中で，生存・死亡以外の保険事故を担保する保険の嚆矢となったのは所定の高度障害状態に対して高度障害保険金を支払う廃疾条項である[2]。第二次世界大戦後，第1次保険料引下げの実施を契機に生命保険商品が普及したのに合わせて浸透した。同条項は，被保険者が高度障害状態になった場合，経済的稼得能力を失い，また，多額の治療費等が必要となることから，経済的困窮に陥りやすいという事情を考慮して設けられた。高度障害保険金は死亡保険金と択一的に給付され，高度障害保険金が支払われると当該保険契約は終了することとなる。

　1960年代半ばから1970年代にかけて，主契約に対して特約として付加するタイプの災害保障特約や疾病入院特約が登場した[3]。それ以降，死亡・高度障害時に加えて，傷害・疾病に関して保険給付を行う特約を組み合わせた混合契約の形態が一般化することとなった。その後も，がん・心筋梗塞・脳卒中など特定疾病に関して給付を行う三大疾病保障保険（特約），所定の要介護状態に関して給付を行う介護保険（特約）など傷害疾病分野を中心に多様な商品が開発されてきた。このようにして，現在のように1つの保険商品であっても多様な種類の保険給付が行われる傾向はより一層進むこととなった。

　(3)　傷害疾病保険の位置づけ　　1995年改正前の保険業法では，専ら商法上の定義に基づいて事業免許が付与されていた。改正前商法では損害保険契約と生命保険契約の2つの契約類型が設けられていたが，傷害疾病保険契約がいずれの類型に属するのか必ずしも明確ではなかった。

　そこで問題となるのは，傷害疾病保険は，生命保険会社と損害保険会社のい

　　死亡保険のほか利益分配無し子女教育費があった（宇佐見憲治・生命保険業100年史論24頁（1984））。

　2)　高度障害状態になった場合に保険料の払込みを免除する制度は，第二次世界大戦前から存在し，1924年に簡易生命保険が初めて導入した。民間生命保険会社でも1932年から1935年にかけて第一生命など3社が当該制度を創設した（坂本秀文「生命保険契約における高度障害条項（旧廃疾条項）」ジュリ755号113頁（1981））。なお，生命保険会社では1981年に約款改正を行い，「廃疾」という用語を「高度障害」と改めた。

　3)　1967年に第百生命が疾病入院給付を組み込んだ商品を発売し，1971年には日本団体生命，大同生命が入院給付組込み商品を発売した。1974年にはアメリカン・ファミリーが支店形式で日本に進出し，がん保険を発売した。

序　論　IV

ずれが取り扱うことができるかということである。この点，すでに両者が傷害疾病保険に属する商品を取り扱っていたことを踏まえ，監督当局において事業特性に応じた行政指導が行われた（昭和40年に実施されたことから「昭和40年裁定」と呼ばれる）。その内容は以下の通りであり4)，生命保険会社では疾病保険を中心とした定額保険，損害保険会社では傷害保険を中心とした実損てん補保険を取り扱うこととされた。

> I　基本的な考え方
> (1)　傷害疾病保険が生損保いずれの分野に属するかについては，①生保説，損保説ともそれぞれ一長一短があること，②わが国の場合，現実面ですでに両業界が態様の差はあるものの共に障害疾病保険の分野に進出していることからみて，第三種保険説ないし中間保険説を採ることが適当と考えられる。
> (2)　第三種保険説を採るならば，生損保ともに，自由に傷害，疾病保険を営み得ることとなる（この場合も理論的には，傷害死亡，疾病死亡は生保のみの分野である）が，両業界の全面的競合により生ずる混乱を避けるため，現在までの実績等を考慮して当面の行政指導方針としては，生保は傷害保険について単独商品として発売せず，損保は疾病保険については現行の特約以上に拡大しないものとする。
> (3)　傷害，疾病保険の内容については，生保は定額的，損保は実損塡補的なものとし，それぞれの特色を発揮するよう努める。
> (4)　上記行政方針の運用にあたっては，契約者のニードを勘案しつつ弾力的に行う。
> II　具体的な方針
> (1)　傷害保険　　生保は他の種目の保険と組み合わせることとし，単独商品としては発売しない。損保については特に制限しない。
> (2)　疾病保険　　原則として生保が行う。ただし，損保の現行特約はこれを尊重する。
> (3)　海外旅行保険　　生損保ともワンセット方式で発売する。ただし，損保に疾病死亡を認めるのはこの保険に限ることとする。

　1995年保険業法により，生命保険業，損害保険業について明文の定義規定が設けられ，傷害疾病保険はいずれの事業免許でも取り扱うことができることが明確化された（保険業3条4項2号）。ただし，その前年の1994年10月，日

---

4)　岩原紳作「保険会社の業務」竹内昭夫編・保険業法の在り方(上) 82頁（1992）。

序　論 IV

米保険協議において以下の内容を含む合意が成立しており，当面は激変緩和措置が設けられた5)。その後，2001 年 7 月，激変緩和措置が解除され，第三分野の相互乗り入れが実施された。

IV　規制緩和措置

(1)　商品及び料率の認可

a～c（略）

d.　生命保険及び損害保険会社の「第三分野」への相互乗り入れ（注）に関し，大蔵省は，中小事業者及び外国保険事業者の第三分野への依存度が高いこと，また，これらの中小事業者及び外国保険事業者が第三分野における消費者の特定のニーズに対応する努力を行ってきたことに配慮しつつ，生命保険及び損害保険分野における相当程度の部分の規制緩和がなされないうちは，そのような自由化が実施に移されないようにする意図を有する。更に，第三分野における商品の新規のあるいは拡大された導入については，第三分野の経営環境に急激な変化がもたらされるか否かは中小事業者及び外国保険事業者が，担保危険に基づき，料率，約款及び商品販売を差別化できる柔軟性を通じて，生命保険及び損害保険分野の主要な商品区分において同等の条件で競争できるような，十分な機会（即ち，合理的な期間）をまず得られるか否かに依存していることを認識しつつ，そのような急激な変化を避けることが適当である。

(注)　「相互乗り入れ」とは，生命保険会社が，現在第三分野において損害保険会社に認められている既存の，新たな又は改定された料率，商品又は特約条項を導入できること，また損害保険会社が，現在第三分野において生命保険会社に認められている既存の，新たな又は改定された料率，商品又は特約条項を導入できることを意味する。

(出所）日米間の新たな経済パートナーシップのための枠組み（日米包括経済協議）「アメリカ合衆国政府及び日本政府による保険に関する措置」（1994 年 10 月 11 日）6)

---

5)　保険業法附則 1 条の 2（特定保険会社の特定分野保険事業に係る特例）

　1　内閣総理大臣は，当分の間，第 3 条第 1 項の免許（同条第 4 項第 2 号又は第 5 項第 2 号に掲げる保険の引受けを行う事業を含む場合に限る。次項において同じ。）の申請があった場合においては，当該免許に，特定保険会社（保険会社又は外国保険会社等でその経営が同条第 4 項第 2 号又は第 5 項第 2 号に掲げる保険の引受けを行う事業に依存している程度が比較的大きいものをいう。以下この条において同じ。）の特定分野保険事業（第 3 条第 4 項第 2 号又は第 5 項第 2 号に掲げる保険の引受けを行う事業をいう。以下この条において同じ。）に係る経営環境に急激な変化をもたらし，特定保険会社の事業の健全性の確保に欠けるおそれが生ずることのないよう，第 5 条第 2 項の規定により必要な条件を付することができる。

　2　内閣総理大臣は，当分の間，保険会社が第 106 条第 4 項又は第 142 条若しくは第 167 条

序　論　IV

2　保険商品の分類

(1)　**個人保険と団体保険**（保険の対象の属性による分類）　生命保険会社では，事業分野を個人保険と団体保険に大別しており，ディスクロージャーを行うにあたっても両者を区分して表示するのが一般的である[7]。「個人保険」とは，個々の保険の対象ごとに保険契約が締結されるものをいい，「団体保険」とは，ある程度を超える数の保険の対象を包括して保険契約が締結されるものをいう[8]。団体保険では，被保険者個々人の健康状態等の危険よりも，被保険者の団体全体としての危険に着目して危険選択するなど個人保険とは異なる経営面での特徴がある。また，団体保険は，一般的に企業を保険契約者とする企業保険であり，主として一般消費者を保険契約者とする個人保険とは異なる面がある。このように，団体保険は個人保険とは異なる要素があるため，保険契約に関する法的処理においても異なる取扱いが要請されることがある[9]。

(2)　**定期型と終身型**（保険期間による分類）　保険期間の設定方法には，一定の年数（5年満期，10年満期等）あるいは一定の年齢（60歳満期，70歳満期等）によりあらかじめ保険期間を一定期間に定める「定期型」の保険と保険期間が一生涯にわたる「終身型」の保険とに分類することができる。たんに「定期保険」，「終身保険」という場合には死亡保険を指すが，傷害疾病保険においても定期型の保険と終身型の保険がある。

　　第1項の認可を受けて他の保険会社をその子会社とする場合（生命保険会社が損害保険会社をその子会社とする場合又は損害保険会社が生命保険会社をその子会社とする場合に限る。）においては，当該他の保険会社が受けている第3条第1項の免許に，特定保険会社の特定分野保険事業に係る経営環境に急激な変化をもたらし，特定保険会社の事業の健全性の確保に欠けるおそれが生ずることのないよう，必要な条件を付することができる。
　　3　内閣総理大臣は，当分の間，特定分野保険事業に係る第123条第1項に規定する書類に定めた事項に係る同項又は同条第2項の規定による変更の認可の申請又は変更の届出があった場合においては，第124条各号に定める基準及び第125条第4項に規定する基準のほか，特定保険会社の特定分野保険事業に係る経営環境に急激な変化をもたらし，特定保険会社の事業の健全性の確保に欠けるおそれが生ずることがないかどうかについても考慮して，当該申請又は当該届出に係る事項を審査するものとする。

6)　外務省ホームページ http://www.mofa.go.jp/mofaj/area/usa/keizai/framework/pdfs/insurance_9410_j.pdf, 2009年10月30日（アクセス日）。
7)　さらに両者を「保険」と「年金」に分け，「個人保険」，「個人年金」，「団体保険」，「団体年金」の4つに区分するのが一般的である。
8)　山下43頁。
9)　山下44頁。

序　論 IV

図表 1　定期保険の仕組み

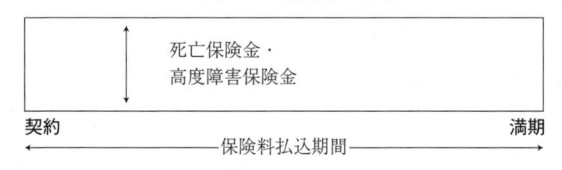

```
              ↕ 死亡保険金・
                高度障害保険金
契約                                        満期
     ──────保険料払込期間──────
```

・死亡保険金　　⇒　生命保険契約
・高度障害保険金　⇒　傷害疾病定額保険契約

(3)　一時金型と年金型（保険金の受取方法による分類）　保険金の受取方法としては，保険事故発生時に一括して保険金を受け取る「一時金」型と，一定期間あるいは終身にわたって年金を受け取る「年金」型に分類することができる。

(4)　定額保険と変額保険（保険金額の設定方法による分類）　保険金額が保険期間を通じて一定のものを「定額保険」といい，特別勘定資産の運用実績に応じて変動するものを「変額保険」という。定額保険は一定額の給付が保証されており，運用実績が予定利率を下回った場合には運用リスクを保険会社が負うこととなる。他方，変額保険は，基本的に運用実績が保険契約者側に帰属することとなり，運用リスクは契約者側が負うが，一定の最低保証額を設定して運用リスクを限定する商品も販売されている。変額保険は 1986 年に開発され，1999 年からは変額個人年金も登場した。

3　代表的な保険商品とその仕組み

(1)　定期保険　　定期保険（**図表 1** 参照）は，一定の保険期間中に死亡した場合に死亡保険金が支払われる保険である。傷害・疾病により所定の高度障害状態になった場合にも死亡保険金と同額の高度障害保険金が支払われるのが通例である。なお，高度障害保険金が支払われた場合，それに伴い保険契約は終了し，死亡保険金が支払われることはない。

　保険期間中，保険金額が一定額で変わらないものが一般的であるが，保険料を一定としつつ，契約後一定期間ごとに保険金額が減っていく「逓減定期保険」や保険金額が増えていく「逓増定期保険」もある。

(2)　終身保険　　終身保険（**図表 2** 参照）は，定期保険と同様，被保険者が

序　論 IV

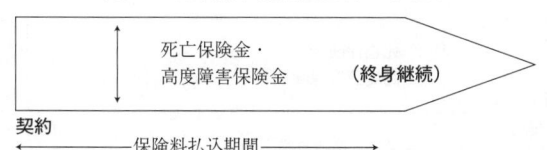

図表 2　終身保険（有期払込み）の仕組み

```
         ┌─────────────────────────────┐
      ↕  │ 死亡保険金・                  ＼
         │ 高度障害保険金    （終身継続）   ＞
         │                              ／
契約     └─────────────────────────────┘
      ←──保険料払込期間──→
```

・死亡保険金　　⇒　生命保険契約
・高度障害保険金　⇒　傷害疾病定額保険契約

死亡した場合あるいは所定の高度障害状態になった場合に，死亡保険金あるいは高度障害保険金が支払われる保険である。保険期間が終身にわたるという点で定期保険と異なる。保険期間が終身にわたることから，いずれかの時点で保険給付が行われることとなる。

保険料の払込期間によって，一定期間または一定年齢で保険料の払込みが完了する「有期払込終身保険」と一生涯保険料を払い込み続ける「終身払込終身保険」がある。

終身保険は，キャッシュ・バリューが厚い分，保険料は割高になるが，保障が一生涯継続する。他方，定期保険は，一定の期間内に保険事故が発生しなければ，金銭の払戻しはない，いわゆる「掛け捨て」の保険となるが，保険料は低廉に抑えられる。そこで，終身保険に定期保険を組み合わせて，一定期間の死亡保障を手厚くした「定期付終身保険」が広く普及している。

(3) 生存保険・個人年金保険　　一定の期間（期日）に生存していることを事由として保険金を支払うものを生存保険という。生存保険金の支払方法には，一時金として支払う場合と年金として支払う場合があり，とくに後者を指して「個人年金保険」という[10]。個人年金保険では，被保険者が年金を受け取る前に死亡した場合，既払込保険料相当額の死亡給付金が支払われる。

個人年金保険には，年金を支払う期間により，終身年金，有期年金，確定年金等がある。「終身年金」とは，年金支払日に生存している限り，一生涯にわたって年金を支払うものをいう。一定期間の年金の支払を保証し，当該期間中

---

[10] 個人を保険契約の対象とする個人年金保険に対して，企業等の団体が従業員を被保険者として契約するものを団体年金保険という。

図表3　養老保険の仕組み

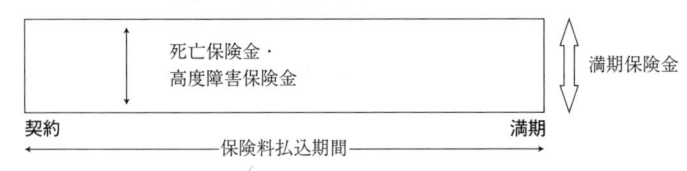

```
契約 ←――――――保険料払込期間――――――→ 満期
     死亡保険金・高度障害保険金          満期保険金
```

・死亡保険金　　⇒　生命保険契約
・高度障害保険金　⇒　傷害疾病定額保険契約
・満期保険金　　⇒　生命保険契約

に被保険者が死亡した場合，残存期間に対応する年金または一時金が支払われる「保証期間付終身年金」もある。「有期年金」は，年金支払日に生存している限り，一定期間にわたって年金を支払うものをいう。「確定年金」は，有期年金と同様，一定期間にわたって年金を支払うものだが，年金支払期間中に被保険者が死亡した場合には，残存期間に対応する年金または一時金が支払われる。

(4) 養老保険　　養老保険（**図表3**参照）は，生存保険と定期保険を組み合わせた典型的な生死混合保険である。すなわち，一定の保険期間中に死亡した場合，あるいは高度障害状態になった場合には死亡保険金あるいは高度障害保険金が支払われ，当該保険期間の満了時に生存していた場合には生存保険金が支払われる。生存保険金は保険期間の満了時（満期時）に支払われることからとくに満期保険金と呼ばれる。死亡保険金・高度障害保険金と満期保険金の金額は同額である。死亡保障が上乗せされている場合には「定期付養老保険」となる。

(5) 連生保険　　連生保険とは，被保険者が2人以上存在する生命保険契約をいい，「こども保険（学資保険）」や「夫婦保険」等が該当する。たとえば，こども保険（学資保険）の場合，子どもと保険契約者（親）が被保険者となる。子どもに関しては，その入学時等に祝金（生存給付金），保険期間満了時に満期保険金が支払われ，死亡した場合には契約者に死亡保険金が支払われる。一方，保険契約者（親）に関して，死亡または所定の障害状態になった場合にはそれ以後の保険料の払込みを免除される。それにより，子どもは保険料の払込みな

しに祝金や満期保険金を享受できる。

(6) 医療保険[11]　医療保険には，死亡保障等を目的とした主契約に特約として付加するタイプのものと，医療保険単独で加入するタイプのものがある。かつては生命保険会社の取り扱う商品として医療保険は傍流であって，主要な商品とはなりえないとの考えがあり，特約型の商品が専らであった[12]。また，前述の歴史的経緯があり，医療保険はすべての生命保険会社が自由に取り扱うことができるものではなかった。1995年の保険業法改正，第三分野における激変緩和措置の解除に伴い，自由化が進んだ結果，さまざまな医療保険が開発・販売されるようになった。現在では，特約型のみならず，単体の医療保険も広く見られる。保険期間に関しては，かつては定期型のものが中心であったが，1990年代後半以降は終身型のものも拡大した。

給付内容から見た場合，どのような傷害・疾病を保障の対象とするのか，どのような事象を捉えて給付を行うかによって，商品内容は多岐にわたる。どのような傷害・疾病を保障の対象とするかという観点では，傷害に対して給付金を支払うもの（災害入院特約等），疾病に対して給付金を支払うもの（疾病入院特約等）のほか，傷害・疾病を問わず包括的に保障対象とするもの（総合医療特約等），特定の傷害・疾病を保障対象とするもの（がん保険，三大疾病〔がん・心筋梗塞・脳卒中〕保障保険等）がある。どのような事象を捉えて給付を行うかという観点では，主として次のようなものがある。

　㋐　入院給付　傷害あるいは疾病に伴い医療機関に入院した場合に給付金を支払うものである。給付金額は，契約上定められた入院給付金日額に入院日数を乗じた金額とするタイプのものが多い。

　㋑　手術給付　傷害あるいは疾病に伴い手術を受けた場合に給付金を支払うものである。給付金額は，契約上定められた入院給付日額に手術の種類に応じた手術倍率を乗じた金額とするタイプのものが多い。

　㋒　診断給付　がん，糖尿病等の所定の疾病に罹患したことについて，医師による確定診断を受けた場合に給付金を支払うものである。給付金額は，あらかじめ定められた一定額を支払うこととするものが一般的である。

---

11)　本節において「医療保険」とは主として傷害・疾病に保障を行う保険をいうこととする。
12)　日本アクチュアリー会・保険1（生命保険）第7章医療保険7-3頁（2008）。

序　論 IV

　多くの医療保険では，いくつかの給付内容を組み合わせてひとつの保険商品が構成されている。たとえば，「がん保険」は，がんに罹患したことの確定診断を受けたことによって給付金が支払われる診断給付，がんに伴う入院日数を基準として給付金を支払う入院給付，がんに対して手術が実施されたことをもって給付金を支払う手術給付，がんを原因とする死亡に対して給付金を支払う死亡給付等が組み合わされたものが一般的である。

(7) 団 体 保 険

　(ア) 団体定期保険　団体に所属する者を包括的に被保険者とし，当該団体を保険契約者とする定期保険を「団体定期保険」という。会社が従業員を包括的に被保険者として加入するのが典型的な形態である。実務上，団体定期保険には，団体の所属員全員を被保険者とする全員加入型のものと，団体の所属員のうち希望する者が被保険者となる任意加入型のものがある。実務上，前者を「総合福祉団体定期保険」あるいは「Ａグループ保険」といい，後者を単に「団体定期保険」あるいは「Ｂグループ保険」という。

　(イ) 総合福祉団体定期保険　会社等が契約者となって保険料を負担し，その従業員全員を被保険者として加入させる全員加入型の団体定期保険では，他人の死亡保険として被保険者の同意が求められる。かつてはその同意の要件を緩やかに解する見解が有力であり[13]，実務上もそれを前提に運営されていた。また，被保険者の死亡により会社等が高額の保険金の支払を受け，被保険者の遺族に支払われる死亡退職金等の給付額との差額が生ずるケースもあったことから，会社側と遺族との間で被保険者の同意や保険金の帰属をめぐる紛争が頻発していた[14]。そこで，生命保険業界では，1996年にこれまでの団体定期保険の仕組みを改めて「総合福祉団体定期保険」を創設した。

　これまでの団体定期保険の問題点を踏まえ，総合福祉団体定期保険では，制度の目的を明確化するため，従業員の遺族の生活保障を主眼とする「主契約」

---

[13]　大森忠夫「いわゆる事業保険と被保険者の同意」大森忠夫＝三宅一夫・生命保険契約法の諸問題220頁（1958），西島327頁。

[14]　名古屋地判平成7年1月24日判時1534号131頁，東京地判平成7年11月27日判タ911号121頁，静岡地浜松支判平成9年3月24日判時1611号127頁，名古屋地判平成9年5月12日判タ957号251頁，名古屋地判平成10年9月16日判タ1007号288頁，大阪地判平成11年3月19日判時1688号169頁。

と，従業員の死亡・高度障害に伴い会社に生じる諸費用（代替者の確保，教育等に要する費用）の財源とするための「ヒューマン・ヴァリュー特約（以下「HV特約」）」に区分した。主契約部分は死亡退職金・弔慰金規程等に基づいて従業員の遺族に支払われ，HV特約は会社等に対して支払われる。HV特約は主契約の保険金額以下とし，書面により被保険者の同意を確認しなければならないこととされる。保険金の支払に際して，保険金受取人が死亡退職金・弔慰金規程等に定める受給者でない場合には遺族の了知を必要とする。

　㈦　団体信用生命保険　　「団体信用生命保険」は，賦払償還債務を負う債務者の団体を対象とした団体保険であり，住宅ローンの貸付保全等に利用されている。債権者である信用供与機関（銀行等）を保険契約者兼保険金受取人，債務者を被保険者とし，保険金額を未返済債務額とする。被保険者（債務者）ごとの保険金額は，賦払返済に伴って逓減する。債務の返済が完了する前に債務者が死亡あるいは所定の高度障害状態になった場合には，未返済債務額に相当する保険金を債権者に支払い，当該債務を消滅させることができる。

　(8)　団体年金保険　　団体年金保険とは，企業等の団体が実施する各種企業年金制度の管理・運営を目的として引き受ける保険である。代表的な企業年金制度としては，適格退職年金制度，厚生年金基金制度，確定拠出年金制度，確定給付企業年金制度などがあり，その種類に応じて，「新企業年金保険」，「厚生年金基金保険」，「確定拠出年金保険」，「確定給付企業年金保険」等の保険商品が販売されている。

　年金資産の運用は，所定の予定利率を保証する「一般勘定」により行われるものと運用成果を直接的に還元する「特別勘定」により行われるものがある。特別勘定は，一般勘定とは分離して運用され，運用成果を直接その契約の年金資産に反映させるものであり，元本および利率の保証はない。特別勘定には，複数の契約の年金資産を合同で運用する「合同運用特別勘定」と年金契約ごとに個別のファンドを設定する「単独運用特別勘定」がある。

　(9)　新しいタイプの保険商品
　　㈦　ユニバーサル保険　　ユニバーサル保険は，保険料自在性（保険料の払込みについて時期と金額が保険契約者の自由であること），金利感応性（キャッシュ・バリューに市場金利に連動した金利を付与すること），分離性（アンバンドリング

死亡保障と貯蓄が分離〔アンバンドル〕されていること）を特徴とする保険である[15]。ユニバーサル保険は，1979年にアメリカで開発されたが，アメリカ市場において，1980年代以降に急速に販売を拡大し，中心的な保険商品となった[16]。

　(イ)　低解約返戻金型保険　　低解約返戻金型保険とは，保険料率の設定において保険群団からの脱退率を使用する保険である[17]。脱退率を盛り込んだ結果，伝統的な保険に比べて保険料率を低廉に抑えることが可能となるが，解約返戻金額も低い水準となる。解約返戻金額をゼロとする無解約返戻金型保険も存在する。

　(ウ)　優良体保険　　優良体とは，死亡率集団の一区分で標準体よりも死亡率が低い集団である。標準体を優良体と優良体以外に細分化して保険料率を設定した保険を優良体保険という[18]。優良体の設定には，喫煙・非喫煙など，死亡率に影響を及ぼす影響が顕著かつ測定が容易なリスク・ファクターが用いられる。

〔第一生命〕

---

15)　日本アクチュアリー会・保険1（生命保険）第4章新商品4-3頁（1999）。石田重森「生命保険事業における生活金融業務」文研86号12頁（1989）。
16)　アメリカの個人生命保険市場におけるユニバーサル保険の販売シェアは37%である（年換算保険料ベース，2009年第1四半期。LIMRA「U.S. Individual Life Insurance Sales Trends First Quarter 2009」)。
17)　日本アクチュアリー会・前掲注15）4-17頁。
18)　日本アクチュアリー会・前掲注15）4-40頁。

V 主な国の保険

1 アメリカ
○市場の状況

(1) 人 口　2008年時点のアメリカの総人口は3億406万人[1]であり，2004年から2008年までの5年間で3.8%人口が増加した。日本を含む先進国では，少子高齢化が問題となっているが，アメリカにおいては事情が異なる。ヒスパニック系移民人口の増加や高い出生率などにより，総人口は，さらに増加を続け，2050年には4億人を突破する見込みである[2]。

高齢化の観点でも，65歳以上の高齢者の総人口に占める割合は12.4%と日米英独仏5か国の中でもっとも低い[3]。これは高い出生率が維持されていること，比較的若い層の移民が多いことなどにより，若年層の人口が維持されているためと考えられる。ただし，将来的には，ベビーブーマー世代の高齢化を控えるなど，アメリカにおいても高齢化は進行し，2050年には21.0%に達する見込みである[4]。

(2) 経 済　国民総生産(GDP)は，2008年時点で約14兆2000億ドルを誇り，世界最大の経済大国である。1人当たり国民総所得(GNI)でみても，4万7580ドル(2008年)と日米英独仏5か国中もっとも高い水準にある[5]。

家計金融資産は40兆8142億ドルにのぼる[6](2008年)。このうち，保険・年

---

[1] 世界銀行グループ「World Development Indicators Online」http://www.worldbank.org/data/onlinedatabases/onlinedatabases.html/, 2009年10月30日（アクセス日）。
[2] 国際連合「World Population Prospects: The 2008 Revision」http://esa.un.org/unpp/, 2009年10月30日（アクセス日）。
[3] 国立社会保障・人口問題研究所編・2009人口の動向 日本と世界――人口統計資料集35頁(2009)。
[4] 国際連合・前掲注2)。
[5] 世界銀行グループ・前掲注1)。
[6] The Federal Reserve Board, Flow of Funds Accounts of the United States (Fourth Quar-

金準備金は28%を占める。現金・預金は15%であるのに対して，株式・出資金は32%，投資信託12%，債券9%であり，現金・預金の占める割合が低く，株式や投資信託に対する投資比率の高いことが特徴である。

(3) 社会保障制度[7]　　自助努力・自己責任を重視する傾向の強いアメリカ社会の特質と建国以来の州政府の権限の強さが，アメリカの社会保障制度を特徴づけている。それは，民間セクターの役割が大きいこと，州政府が政策運営の中心的役割を果たすものが多いことに表れている。また，アメリカの社会保障給付は相対的に低く，国民1人当たり金額で5779ドル，対GDP比率では15.9%にとどまる。国民1人当たり金額ではOECD平均（5,628ドル）を若干上回るが，対GDP比率ではOECD平均（20.6%）を下回る（データはすべて2005年）[8]。

公的年金制度は，老齢・遺族・傷害保険（OASDI: Old-Age, Survivors and Disability Insurance）が一般制度であり，一般被用者・自営業者をカバーする。そのほか，公務員や鉄道職員など一定の職業のみを対象とする個別制度も存在する。老齢年金の支給開始は原則65歳であったが，2027年までに段階的に67歳に引き上げられることとなった。アメリカでは，公的年金に上乗せするものとして，企業年金が発達を遂げた。企業年金プランの創設は法的に強制されておらず，事業主の任意であるが，実際には，大企業を中心に多くの企業はなんらかの企業年金制度を設けている[9]。

公的医療保険制度としては，高齢者向けのメディケア（Medicare），低所得者向けのメディケイド（Madicaid）等があるが，基本的には民間医療保険に委ねられている。企業の福利厚生の一環として，医療保険制度を設けているケースも多い[10]。メディケアは，入院サービス等をカバーする強制加入の「パートA」と外来による医師の診療等をカバーする任意加入の「パートB」により構成される。パートAは社会保障税，パートBは加入者の保険料および連邦

---

ter 2008).
7) 厚生労働省編・世界の厚生労働2009（2007〜2008年海外情勢報告）131頁以下（2009年）。
8) OECD「OECD. Stat」http://stats.oecd.org/, 2009年10月30日（アクセス日）。
9) 米国労働省・National Compensation Survey: Employee Benefits in the United States（2008）によれば，100人以上の従業員を有する事業所の87%が企業年金制度を有する。
10) 前掲注9)によれば，医療保険制度を提供する事業所は62%である。なお，従業員100名以上の事業所に限れば提供する割合は94%にのぼる。

序　論　V

政府の一般財源を財源とする。

(4) 保険市場　アメリカの生命保険市場は，5782 億ドル（保険料収入ベース）の世界最大の市場である。一方，経済規模との対比でみると，生命保険事業の保険料対 GDP 比率は 4.1% にとどまり，英国（12.8%），日本（7.6%），フランス（6.2%）などを下回る11)。

個人保険分野では，近年，新契約件数が伸び悩んでいるものの，新契約高は 2000 年以来おおむね順調に推移している。収入保険料の内訳をみると，年金保険が 5 割強，生命保険が約 25%，医療保険が約 23% である12)。

販売チャネルとしては，直販や金融機関も存在しているが，販売仲介者の占める割合が大きく，新規個人生命保険の 9 割を超える。

(5) 監督規制　マッカラン・ファーガソン法（McCarran-Ferguson Act）により，原則として，各州がそれぞれ制定した州保険法に基づき包括的に保険業の監督を行うこととされてきた13)。全米保険監督官協会（NAIC: National Association of Insurance Commissioners）では，各州保険法の統一を目的として多くのモデル法・規則を制定するものの，2009 年現在，統一化は果たされていない。

ニューヨーク州では，生命保険，年金，傷害医療保険，火災保険など保険事業の種類ごとに免許が付与される。生命保険会社の業務範囲は，免許の対象となる保険種類（生命保険，年金，傷害医療保険，法律サービス保険）のほか，再保険，投資顧問業務等を含めた保険会社の業務に必然的にまたは当然に付随する業務（分離勘定で帳簿および記録を備え置くことを条件とする）等に限定される14)。

保険商品全般の募集については，州保険法により規制され，州保険監督局の監督に服するが，変額保険商品についてはそれに加えて証券取引法による規制もかかり，証券取引委員会（SEC: Securities and Exchange Commission）および金融取引業規制機構（FINRA: Financial Industry Regulatory Authority）により監督

---

11) Swiss Reinsurance Company Ltd, World insurance in 2008: life premiums fall in the industrialized countries──strong growth in the emerging economies, sigma No. 3/2009, 39 頁以下。
12) 生命保険協会調査部・国際生命保険統計（2008 年版）13 頁以下。
13) 2009 年 6 月 17 日に財務省により公表された金融規制改革案「FINANCIAL REGULATORY REFORM: A New Foundation」では，保険監督の実効性を高めるため，財務省内に「全米保険監督局（Office of National Insurance）」を設置することが提案され，統一的な監督体制に向けて歩み出した。
14) ニューヨーク州保険法 4205 条。

序　論　V

される。ニューヨーク州では，生命保険の募集人を保険エージェントと保険ブローカーの2形態に分類して規制しており，保険募集に関する各種規制はこの分類に基づいて規定されている。

(6)　ADR（裁判外紛争解決手続）制度15)　　アメリカでは，保険に関する消費者からの苦情対応は，各州の保険監督局が重要な位置づけにあり，保険会社では解決されない場合には監督当局に申し立てることが可能である。保険会社やブローカー，代理店の法令違反が判明した場合，監督当局は制裁金の賦課や免許の剥奪・停止等の処分を実施することができるが，消費者と保険会社の間の紛争事案そのものには関与しない。

アメリカでは，ベター・ビジネス・ビューロー（BBB: Better Business Bureau）や米国仲裁協会（AAA: American Arbitration Association），JAMS（Judicial Arbitration and Mediation Services）などさまざまな民間の非営利・営利団体が調停・仲裁サービスを提供するが，欧州諸国のように，保険の業界団体が苦情・相談を受け付けたり，紛争解決を行うオンブズマンのような機関は存在しない。

〔第一生命〕

○制度の概要

(1)　保険法のシステム　　アメリカの契約法は，英国のコモンローを継受したものであり，判例法であるが，保険契約に関する法も契約法の一部として英国の保険法を継受したものである。契約に関する判例法は州法として継受されたので，保険契約に関する判例法も州法ごとに異なる判例法が形成されているが，基本的な内容は共通するといってよい。コモンローを継受した後は，アメリカ独自の判例法が形成されてきたので，英国法とは異なる判例法が形成されている分野があるが，たとえば，わが国の告知義務や危険の増加に関する法律問題に対応する不実表示（misrepresentation）やワランティ（warranty）の法理などコモン・ローの保険法の特徴的な部分の骨格は英国法の骨格が維持されている。もっとも，英国法と異なり，これらの法理の根拠として保険契約の最高善意性（utmost good faith）を強調するというような傾向はアメリカではあまり

---

15)　損害保険事業総合研究所・欧米における消費者保護に向けた保険教育・情報提供および相談・苦情対応306頁以下（2007）。

見られないようである。

　以上のように，ベースとしての保険法は，英国法を継受した判例法であるが，アメリカの保険法が英国の保険法と大きく異なるのは，アメリカでは各州の制定法により保険契約の締結過程や契約内容についての規制が行われているということである。アメリカ法では，元々大陸法諸国におけるように公法と私法の区別という概念が明瞭には存在しないので，保険に関する制定法も，わが国の私法としての保険法と公法としての保険業法というような体系ではなく，保険法とか保険法典とよばれるような制定法の中で，保険業者の免許制や免許後の継続的な監督など行政的な監督について規定するとともに，保険契約の内容についても諸種の手法を通じて規定しており，これらが大陸法諸国やわが国における強行法的な性格をもつ保険契約法に対応する実質的な機能を果たしているということができる。

　(2)　ニューヨーク州保険法における保険契約に関する規律　　わが国では，保険法の比較法的研究においては，ニューヨーク州保険法が参考とされることが多いが，これは，アメリカのトップクラスの保険会社にはニューヨーク州の免許を受けたものが多く，ニューヨーク州法のもつ実務的意義が大きいということとともに，規定内容の面でも他州のものと比べてよく整備されているということによるものである[16]。

　保険法の規定において保険契約に関する規定は，第31節　保険契約――総則，第32節　保険契約――生命保険，傷害医療保険，年金，第34節　保険契約――損害保険の3つの節である。第32節では，生命保険，傷害医療保険，年金の保険証券様式については保険監督官の事前承認を要するものとするが(3201条)，保険証券様式には保険約款が含まれるので，これがわが国の保険約款の認可制に対応する。その上で，各種保険の保険証券様式についての標準条項が法定され[17]，保険証券様式にはこの法定の条項かそれよりも保険契約者

---

16)　1997年末時点の邦訳（損害保険関係部分を除く）として，藤田勝利監訳・ニューヨーク州保険法（1997年末版）(2000)がある。損害保険関係部分の邦訳（1988年末現在）として，小池貞治訳・ニューヨーク州保険法（損害保険関係）(1991)がある。

17)　標準条項は生命保険契約（3203条），年金契約等（3219条），団体生命保険契約（3220条），団体傷害医療保険契約（3221条）につき規定されている。傷害医療保険契約に関する3216条では，標準条項とよばず，保険証券が備えるべき規定内容を法定している。

序　論　V

側に有利な条項を含まなければならないとされており，これがわが国における保険法の片面的強行規定に対応する機能をもつことになっている。そのほか，各種の保険契約類型ごとに約款条項が定めなければならない規定内容，定めてはならない禁止的規定内容，保険契約上の権利に対する差押えの制限ほか保険契約当事者以外の第三者との間の法律関係などが詳細に定められている。わが国の保険法やヨーロッパ大陸法諸国の保険契約法における規定と比較すれば，体系的な整理は十分ではないが，実際に使用される保険約款を意識してきわめて具体的かつ詳細な規定の仕方がされていること，およびわが国でいう契約前発病不担保条項のような保険給付内容自体に関わる事項についても強行法的な規制を加える規定を置いていることが大きな相違点であるということができる。

(3)　NAICモデル法等による各州保険法の統一　　保険法が各州法の制定法であるということは，保険業者の行政的監督の面でも保険契約の規律の面でも，各州ごとに適用される法が異なるということになり，州域を超えて保険業を営むことには大きな障害となる。そこで，各州の保険監督長官が全米保険監督長官協会（National Association of Insurance Commissioners: NAIC）という団体を設けて，各州法の共通課題についての共同検討や各州法の調整的な業務を行っているが，その一環として各州保険法制定の際のモデルとなるモデル法やモデル・レギュレーションを多数作成しており[18]，それらの中にはきわめて多数の州でほとんどそれに依拠した保険法が制定されているものもあることから，実質的な保険法の統一が図られている。保険契約に関する主要なモデル法としては，生命保険については，生命・健康保険証券用語簡明化モデル法（Life and Health Insurance Policy Language Simplification Model Act），傷害疾病保険については，統一個人傷害・疾病保険証券条項法（Uniform Individual Accident and Sickness Policy Provision Law），傷害・疾病保険ミニマム標準モデル法（Accident and Sickness Insurance Minimum Standards Model Act），傷害・疾病保険ミニマム標準モデル法施行モデル・レギュレーション（Model Regulation to Implement the Accidetnt and Sickness Insurance Minimum Standards Model Act）などがある。

(4)　米国法の特徴的な規律　　以下では，生命保険契約および傷害医療保険

---

[18]　NAICのウェブサイト（http://www.naic.org/，2009年12月15日（アクセス日））では，モデル法やモデル・レギュレーションのリストが掲載されている。

契約に関する米国法の若干の特徴的な規律をしている部分を掲げる。

　(ア)　告知義務・ワランティ　　英国法の継受によりワランティの法理が存在し，保険契約締結時の保険契約者側の表示がワランティとされ，これに違反すると保険契約者側の主観的要件や違反と保険事故の発生との間の因果関係を要さず保険者の免責の効果が生ずることになるが，これが保険契約者側にとって過酷な結果を生みやすいことから，制定法により，契約締結時における事実の表示は告知義務における告知（representation）とみなし，ワランティの法理の適用をしてはならない旨が規定されていることが多い（ニューヨーク州保険法3204条(c)項)[19]。欧州諸国で一般的な告知義務におけるプロ・ラタ主義を採用する動きは米国では現時点では存在していない。

　(イ)　人保険契約と被保険利益・被保険者同意　　英国法を継受し，生命保険契約等の人保険契約についても，保険契約が有効に成立するための要件として被保険利益の存在が要求されるという原則が今日でも維持されている。もっとも，損害保険契約におけるように厳格な被保険利益の存在が要求されるわけではなく，また制定法では，他人の生命の保険契約については別途被保険者の同意の要件を規定していることも多い[20]。

　(ウ)　契約前発病不担保　　傷害・医療保険契約については，保険者による保険給付内容の定め方が千差万別であることから，保険給付の備えるべき最小限の内容など，わが国の保険法では規定がない事項についてきわめて詳細な規制が法定されている[21]。契約前発病不担保条項についても，責任開始前に疾病の徴候を有していなかった場合には同条項による不担保を保険者は援用できないことや，責任開始から3年等の一定期間経過後には同条項による不担保を保険者は原則的に援用できないことなどを法定している[22]。

　(エ)　保険金請求権の差押禁止　　各州法では，生命保険契約等の保険金受

---

[19]　ワランティ法理については，竹濵修「アメリカ保険法におけるワランティ法理──その変遷素描」近畿大学法学36巻1号35頁（1988）。

[20]　潘阿憲「生命保険契約における被保険利益の機能について──英米法および中国法の視点から」文研129号133-145頁（1999）。

[21]　米国の健康・医療保険契約法に関しては，山下友信監修・米国における私的健康保険法の研究（1997）。

[22]　竹濵修「契約前発病不担保条項の解釈とその規制」立命館法学316号106-109頁（2007）。

序　論 V

取人の権利を保障するため，保険金請求権や解約返戻金請求権を保険契約者の債権者のための責任財産から除外すること（差押禁止）が法定されている[23]。

〔山下友信〕

---

23) ニューヨーク州法 3212 条（ほかに保険契約者破産の場合につき 1978 年連邦破産法 522 条の規定もある）。藤田友敬「保険金受取人の法的地位(3)(4)」法協 109 巻 7 号 1192 頁以下，11 号 1735 頁以下（1992），栗田達聡「ニューヨーク州保険法における生命保険債権保護の序章的研究」生保 162 号 216 頁（2008），栗田達聡「ニューヨーク州保険法における生命保険債権保護の諸相」生保 164 号 101 頁（2008）。

序　論　Ⅴ

2　イギリス
○市場の状況

(1)　人　口　　2008年時点のイギリスの総人口は6140万人[1]であり，2004年から2008年までの5年間で2.5％人口が増加した。移民の増加等に伴い，総人口は，今後も緩やかに増加し，2050年には7200万人を超えることが見込まれる[2]。また，他の先進諸国と同様，1960年代以降，合計特殊出生率は緩やかな低下傾向にあったが，2001年の1.63％を底に近年は回復を見せており，2006年は1.84％である[3]。

65歳以上の高齢者の総人口に占める割合は16.0％であり，他の欧州諸国とほぼ同様の水準にある[4]。今後も高齢化は進展し，2050年に65歳以上の高齢者の比率は約23％に達することが予想される[5]。

(2)　経　済　　国民総生産（GDP）は，2008年時点で約2兆6500億ドルである。1人当たり国民総所得（GNI）では4万5390ドルであり，日米英独仏5か国ではアメリカに次ぐ水準にある[6]。サッチャー政権以降の経済政策により，イギリスは長期間にわたる経済成長を成し遂げ[7]，1990年以降2008年までの期間における1人当たり国民所得の伸び率は5か国のうちもっとも高い[8]。

家計金融資産は3兆6623億ポンド（6兆234億ドル[9]）にのぼる（2008年）。そのうち保険・年金準備金の割合は52％であり，日米英独仏5か国の中で，その保有比率がもっとも高いことが特徴である。このほか，株式が15％，現預金が27％を占める[10]。

---

1)　世界銀行グループ「World Development Indicators Online」http://www.worldbank.org/data/onlinedatabases/onlinedatabases.html/，2009年10月30日（アクセス日）。
2)　国際連合「World Population Prospects: The 2008 Revision」http://esa.un.org/unpp/，2009年10月30日（アクセス日）。
3)　国立社会保障・人口問題研究所編・2009人口の動向 日本と世界——人口統計資料集53頁（2009）。
4)　国立社会保障・人口問題研究所・前掲注3）35頁。
5)　国際連合・前掲注2）。
6)　世界銀行グループ・前掲注1）。
7)　1992年第2四半期以降，16年にわたってプラス成長を維持してきたが，2008年第3四半期にマイナス0.6％を記録した。
8)　世界銀行グループ・前掲注1）。
9)　1ポンド＝1.6447ドルで換算。
10)　Office for National Statistics, United Kingdom Economic Accounts (Quarter4 2008).

序　論 V

　(3)　社会保障制度[11]　　第二次世界大戦後，イギリスでは「ゆりかごから墓場まで」をスローガンとして社会保障制度の充実が図られてきたが，膨大な財政負担を招来し，経済・社会的な活力を削ぐ結果となった。「小さな政府」を志向するサッチャー政権下において政策の転換が図られ，社会保障給付は欧州諸国の中では低い水準に抑えられてきたが，労働党政権下において医療保険制度改革が行われ，社会保障給付の水準は増加した。国民1人当たり金額6094ドル，対GDP比率21.3％（データはともに2005年）[12]は，OECD平均（5628ドル，20.6％）を上回るものの，依然として欧州諸国の中では相対的に低い水準にとどまる。

　イギリスでは，年金，雇用関連給付も含む総合的・一元的制度として，全国民を対象とする国民保険（National Insurance）が設けられており，年金給付は当該制度の根幹部分をなす。公的年金制度の基本構造は2階建ての仕組みであり，1階部分は定額給付の基礎年金（Basic State Pension），2階部分は被用者のみを対象とする所得比例の国家第2年金（State Second Pension）により構成される。原則として，一定額以上の収入がある被用者は，基礎年金に加えて国家第2年金に加入する必要があるが，一定の基準を満たす職域年金または個人年金に加入することを選択することで加入免除される。

　医療については，国民保険とは別に，NHS（National Health Service）が設けられており，疾病予防やリハビリテーションを含めた包括的な保健医療サービスが，全国民に対して，税財源により原則無料で提供される。ただし，外来処方薬については1処方あたり定額負担，歯科治療については3種類の定額負担が設けられている。NHSの下では，医療費抑制の観点から，救急医療を除き，あらかじめ登録した一般家庭医（GP: General Practitioner）の診察を受けた上で，必要に応じてGPの紹介により病院の専門医を受診する仕組みがとられている。

　(4)　保険市場　　イギリスの生命保険市場は，保険料収入ベースで3427億ドルとアメリカ，日本に次ぐ世界第3の規模を誇る。生命保険事業の保険料対GDP比率でも，12.8％にのぼり，日本（7.6％）やフランス（6.2％）などを凌ぎ，先進諸国の中でも最高水準にある[13]。

---

　11)　厚生労働省編・世界の厚生労働2009（2007～2008年海外情勢報告）136頁以下（2009）。
　12)　OECD「OECD. Stat」http://stats.oecd.org/, 2009年10月30日（アクセス日）。

イギリスでは，個人生命保険・個人年金ともに，新契約件数は2002年から2005年にかけて落ち込んだものの，保険料ベースでは2003年を除き前年度の数値を上回った。その背景には変額保険・変額年金の増勢があり，新契約保険料の6割超を変額保険・変額年金が占める14)。

販売チャネルとしては，IFA（Independent Financial Adviser，独立金融アドバイザー）と呼ばれる保険会社から独立した専門家が中心であり，個人保険の新契約の6割超を占める（新契約保険料ベース）。保険会社専属の募集人は3割程度であり，そのほか直接販売も行われている。

(5) 監督規制　イギリスにおける保険会社に対する監督は，2000年6月に成立した2000年金融サービス・市場法（Financial Services and Markets Act 2000）を根拠法とする。同法は，保険，銀行，証券などの業態を越えて一元的な監督・規制体制を定めるものであり，規制目的やFSA（Financial Services Authority）の諸権限など規制の基本となる枠組みを主に規定する。具体的なルールについては，財務省（HM Treasury）の命令（Statutory Instruments）やFSAの規則等に委ねられる。

金融サービス・市場法では，保険事業は規制業務（regulated activity）15)として位置づけられており，FSAからの許可を得なければ，保険事業を行うことができない。保険事業を営むにあたって，生損保兼営は禁止されており，FSAは，原則として，同一の申請者に対して生命保険事業と損害保険事業の両方の認可を与えることはできないこととされる。ただし，再保険事業に限られている場合，損害保険事業が傷害保険・疾病保険に限られている場合，すでに生命保険事業と損害保険事業の両方を営む認可を得ている場合は，例外的に認められる。事業継続中の監督手法に関しては，かつては徹底した公示主義が

---

13) Swiss Reinsurance Company Ltd, World insurance in 2008: life premiums fall in the industrialized countries-strong growth in the emerging economies, sigma No. 3/2009, 39頁以下。
14) 生命保険協会調査部・国際生命保険統計（2008年版）17頁以下。
15) イギリスでは，認可業者（authorised person）および適用免除業者（exempt person）を除き，規制業務を営むことはできない。預金の取扱い，保険契約の締結・履行，投資物件の取引・アレンジメント・管理等が規制業務に該当する（規制業務命令（SI 2001/544）。ここで「認可業者」とは規制業務を行うため，FSA等の認可（許可）を受けた者をいい，「適用免除業者」とは，認可業者との契約に基づき，その業務の範囲において業務を代理して行う者をいう。

序　論 V

とられていたが，現在では，財務的規制に関する権限，報告徴求権，調査権，監督命令権，財務状態悪化時の行政介入権，違反行為に対する制裁権等がFSAに与えられており，実体的監督主義の性格を相当程度有している。

　募集に関する規制は，金融サービス・市場法のほか，金融プロモーション命令 (Financial Services and Markets Act 2000 〔Financial Promotion〕Order 2005〔SI2005/1529〕), FSAハンドブック（FSA Handbook）に定められている。保険仲介業務は規制業務であり，一般禁止されているが，一定の条件を満たす指定代理人 (appointed representative) は，適用免除業者として，当該代理人の本人（保険会社を含む認可業者）が責任を負う業務の範囲において当該業務を行うことが認められる。保険会社が指定代理人を定めた場合，FSAに対してその旨の通知を行うことが求められる。保険会社を含む認可業者は，FSAウェブサイト上で運営される登録簿（FSA Register）に登録，公開されるが，適用免除業者である指定代理人に関する情報も当該登録簿に掲載される。

　(6)　ADR（裁判外紛争解決手続）制度[16]　　保険商品を含む金融商品全般に関するADRが金融オンブズマンサービス（FOS: Financial Ombudsman Service）に一元化されていることがイギリスの大きな特徴である。2000年金融サービス・市場法によって，これまで銀行，保険，証券など分野ごとに分かれ，さらには業界主体のものや監督当局主導のものなど乱立していたADR機関の統一化がなされた。

　金融分野におけるADR制度の嚆矢となったのは，1981年の保険オンブズマン（実施機関：保険オンブズマン事務所〔Insurance Ombudsman Bureau〕）の創設である[17]。以後，1985年に銀行オンブズマン，1986年に住宅金融組合オンブズマン等が設立された。保険オンブズマンが設立された直接の契機は，1977年不公正契約条項法（Unfair Contract Terms Act 1977）を適用除外とするためであるが[18]，イギリスにおいてADRが定着した背景には，海上保険を中心として積み上げられた判例法に基づく硬直的な解決方法が，消費者と企業と

---

16)　損害保険事業総合研究所・欧米における消費者保護に向けた保険教育・情報提供および相談・苦情対応226頁以下（2007）。
17)　神崎敬史「金融サービスにおける裁判外紛争処理制度のあり方――英国の保険オンブズマンを中心に」保険学567号66頁（1999）。
18)　道垣内弘人「英国における金融関係オンブズマン制度(1)」法時64巻3号53頁（1992）。

の間の紛争解決に有効に機能してこなかったことがあると考えられる[19)20)]。

ADR を実施する FOS は監督機関である FSA から独立した法人である。FSA には FOS 理事の任命権・解任権や FOS 予算の承認権限があり，FOS には FSA に対する報告義務があるなど，FOS と FSA は密接な関係にあるが，運営の独立性は法律上明記され[21)]，運営経費も金融機関からの負担金のみで賄われている。

FOS に申し立てられた苦情事案の大半は，オンブズマンの決定に至る前の段階で解決されており，2008/09 年度に FOS で解決された事案 113,949 件のうち正式なオンブズマン決定に至ったものは 1 割弱である[22)]。オンブズマンの最終決定は，苦情申立人にはそれを拒否する権利があるが，苦情申立人が受諾した場合，事業者の意向に関わらず法的拘束力が生ずる。

〔第一生命〕

○制度の概要

(1) 保険法のシステム　イギリスでは，保険契約に関するコモン・ローは 1906 年海上保険法（Marine Insurance Act 1906）によりおおまかに成文化されている。すなわち，1906 年海上保険法は形式的には海上保険に関する法律であるが，その内容は保険契約に関するコモン・ローをまとめたものであり，その一般規定は海上保険以外の種類の保険契約にも適用されるとされている。したがって，1906 年海上保険法は非常に重要な地位を占めている。

しかし，1906 年海上保険法は 100 年以上前の法律であり，その内容はもは

---

19) 神崎・前掲注17) 78頁，マルコム・A・クラーク（木下孝治訳）「英国における保険オンブズマンの機能と将来」損保 60 巻 2 号 161 頁（1998）。
20) 判例法に基づく解決方法を消費者との間の紛争に直接適用するとかえって不合理な結果となる場合としては，告知義務に関するルール等が挙げられる。イギリス判例法では，保険契約者は，思慮深い保険者による保険料の算定，危険引受けの判断に際して影響を与えるであろう全ての情報を告知しなければならず，これを怠った場合，保険者は契約を解消することができることとされる。これは保険契約者側がいかに注意深く申込書に記入したとしても，なお告知されるべきなんらかの事実が残ることを意味するため，保険契約者にとって過酷な結果をもたらしかねない。そこで，オンブズマンにおいて，保険者が，一般的に重要と解されるすべての事項につき明確に質問を行い，それ以上の事実を知りたければ，保険者が質問をなすべきものと修正されている。
21) 2000 年金融サービス・市場法 225 条 1 項・2 項。
22) Financial Ombudsman Service, Annual review 2008/09, 56 頁。

序　論　Ⅴ

や現代には適したものではなくなってきているという指摘が従来からなされている。そのため，不実告知等の特定の問題につき法律改正委員会，英国保険法協会などによる改正提案もなされており，現在，法律委員会による保険法の全面的な見直し作業が進行中である。

　1906 年海上保険法の最大の問題点は，不実告知やワランティ（warranty）の問題に典型的にみられるように保険契約者にとって非常に厳しい内容となっている点であろう。法律の内容は消費者の合理的期待にかなうものではないといわれることもある。また，イギリス法は，たとえば，同じ判例法国であるアメリカと比べても，先例を厳格に守る傾向があるように思われる。このため，判例の展開により，伝統的法理よりも消費者保護が大幅に強化されるというようなことが起こりにくいともいえよう。

　しかし，現在では，実際には，法律にしたがった扱いがなされるとは限らない。法改正以外の方法で保険契約者にとって厳しい法律の適用を緩和しようとする制度が構築されてきている[23]。まず，1977 年に，業界の自主団体である英国保険協会が実務指針を策定し，保険契約者が個人である場合に，一定の事項につき保険者が厳格な法律を不合理にそのまま主張することのないような指針が示された。また，2000 年金融サービス・市場法を受けて，保険者に対する行為規制として FSA（金融サービス機構）規則が定められ，ここでも一定の事項につき保険者が法律に依拠して保険金支払請求を拒絶してはならないというような定めが置かれている。この FSA 規則には，1986 年の実務指針が基礎となっているものが多い。なお，ほとんどの FSA 規則は事業者には適用されない。

　このように実務指針を基礎として，保険者に対する行為規制という形で，一定程度，主に消費者である保険契約者の保護が図られている。また，裁判外紛争処理として，苦情処理機関として保険オンブズマン事務所が設立され，現在では，2000 年金融サービス・市場法（Financial Services and Markets Act 2000.

23）　以下につき，道垣内・前掲注 18），竹濵修「英国保険オンブズマン制度とその現状」長尾治助ほか編・消費者法の比較法的研究 222 頁（1997），マルコム・A・クラーク・前掲注 19），神崎敬史「金融サービスにおける裁判外紛争処理制度のあり方」保険学 567 号 65 頁（1999），松澤登「英国オンブズマン制度に関する一考察」生保 168 号 207 頁（2009），甘利公人監訳・英国保険法共同意見募集書（2007 年 7 月）12 頁以下（2008）等。

以下，FSMA とする）に基づいて設立された金融オンブズマン・サービスが紛争解決にあたっている。

金融オンブズマン・サービスでは，第1次的には和解がすすめられるが，和解が不可能である場合には，決定が下される。決定の際には，オンブズマンの見解として，当該事案におけるすべての事情を考慮して，何が公正かつ合理的と考えられるかという見地から判断が下される（FSMA 228 条 2 項）。この判断において，オンブズマンは，法律，規則，実務指針，その時点における適切な業界慣行であると考えられるものなどを考慮することとされている（FSA ハンドブック，ソースブック紛争解決〔Dispute Resolution: Complaints 以下，DISP とする〕DISP 3.6.4）。このような見地からオンブズマンは法律に基づいたものとは異なる決定を下すこともできる。また，オンブズマンの決定は FSA 規則よりも保険者に対して厳しいものであることも多いようである。

金融オンブズマン・サービスに苦情を申し立てることができるのは，消費者または小規模事業者である（DISP 2.7.3）。また，オンブズマンが決定することのできる金額の上限は 10 万ポンドである（FSMA 229 条 4 項，DISP. 3.7.4）。この上限額は，たとえば，生命保険ではそれほど高いものとはいえない。もっとも，オンブズマンは 10 万ポンドの上限を超える額が公正な額であると判断する場合には，10 万ポンドを超える額の支払を勧告することができる（FSMA 229 条 5 項，DISP 3.7.6）。このような勧告がなされたときは，ほとんどの保険者は勧告通りの額を支払うが，中には支払わない保険者もいるとのことである[24]。また，オンブズマンによる決定の際には，当事者双方は陳述を行うが，第三者が陳述し，それに対して反対尋問を行うという手続はない（DISP 3.5.4）。このため，オンブズマンは，裁判所で取り扱われた方が適切であると思われる場合には，苦情を却下することができる（DISP 3.3.4 (10)）。

このようにイギリスでは，保険契約に関する法には現代的ではないところも多々あることを受けて，一定の場合には，そのような法にしたがった解決を回避するような仕組みが作られてきている。ただし，オンブズマンによる苦情処理制度は必ずしも十分に利用されているとはいえないとの指摘もある[25]。

---

24) 甘利・前掲注 23) 68 頁注 30。
25) 甘利・前掲注 23) 69 頁注 32。

(2) 保険契約に関する法規　　保険契約の内容について全般的に規定する法律は1906年海上保険法だけであるが，特定の問題について法律が制定されている場合もある。著名なものとしては，たとえば，生命保険契約における被保険利益に関する1774年生命保険法（Life Assurance Act 1774），責任保険の被保険者が支払不能となったときの被害者の保険者に対する権利に関する1930年第三者（保険者に対する権利）法（Third Parties〔Rights Against Insurers〕Act 1930）などがある。

また，契約の内容規制に関する法律として，1977年不公正契約条項法（Unfair Contract Terms Act 1977）がある。この法律は保険契約には適用されないとされているが（付則1条)，オンブズマンは苦情処理にあたっては，この法律の精神を考慮するとしていた。さらに，その後の，1999年消費者契約における不公正条項規則（Unfair Terms in Consumer Contracts Regulations 1999）は保険契約にも適用される。これにより不公正条項は拘束力がないものとされる（8条）。

(3) イギリス法の規律　　以下では，人保険契約に関連のあるいくつかの点についてのイギリス法の規律をとりあげる。

(ｱ) 告知義務　　イギリスでは，保険契約者が重要な事項を告知しなかった場合には，保険者は保険契約を解除することにより免責される。慎重な保険者が契約締結の際に考慮に入れるような事項は重要な事項であり，保険契約者に過失がなくても，不告知によって保険者が保険契約を締結するように導かれた場合には保険者は保険契約を解除することができる[26]。

このように保険契約者の過失を問わない点は保険契約者に酷であると指摘されてきた。そこで，オンブズマンの判断においては，保険者が当該事項について明確な質問を行ったことを前提として，保険契約者側が善意であれば保険者は契約を解除することはできず，保険契約者側に過失があるときはプロ・ラタ的処理をし，保険契約者に故意または未必の故意（真偽を考慮しないで告知すること。reckless）があるときは，保険者は契約を解除することができるという処

---

[26] 以上につき，中西正明「最近の英国告知義務判例」同・保険契約の告知義務269頁（2003），長崎靖「英米法圏における告知義務の再構築」保険学571号119頁（2000），榊素寛「告知義務の意義とその限界(1)～(3)」法協120巻3号443頁，122巻6号921頁，122巻12号1975頁（2003-2005）等。

理をしている27)。

　(ｲ)　人保険契約における被保険利益　　1774年生命保険法により保険契約により利益を受ける者が被保険利益を有することが必要とされている。被保険利益には愛情によるものと金銭的利益によるものがある。愛情による被保険利益が認められるのは配偶者間のみであり，親子間では認められない。金銭的利益による被保険利益として認められるのは法律上の利益に限られる。たんなる期待では足りない。原則として親に扶養義務はないため，子どもは親の生命につき被保険利益はない。親も子供の生命につき被保険利益はない。もっとも，親が自己の生命に保険を付し，信託により子供を受益者にすることはよくみられる。被保険利益の額は愛情による被保険利益が認められる場合にはとくに制限はないが，金銭的利益による場合は金銭的利益の額に限られる。なお，被保険利益は契約締結時に存在すればよい。賭博防止の見地から，また，損害てん補ではないため事故発生時に存在することは必要ないとして説明される28)。

　契約締結時に被保険利益が存在していればよいため，脱法行為として，たとえば，被保険利益を有する者が契約を締結した後で，被保険利益をもたない者に権利を譲渡することが起こりうる。このような問題については，契約締結時に誰が真の受益者だったかを判断するという形で対処されている。取引の目的が信義誠実に則っている（bona fide）かどうかが最も重要な判断要素である29)。

　被保険利益がない場合には契約は無効である。もっとも，実務上は保険者は被保険利益がないことを主張せずに保険金を支払うことも多い30)。

　(ｳ)　契約前発病　　長期就業不能保険（permanent health insurance），疾病等により収入がなくなるために債務返済ができなくなることに備える保険

---

27)　以上につき，甘利・前掲注23) 59頁以下，(社)生命保険協会・生命保険契約に係るいわゆるプロ・ラタ主義に関する海外調査報告書（フランス・イギリス・ドイツ）(2007)，田口城「生命保険契約の告知義務に係るいわゆるプロ・ラタ主義の導入について」生保158号31頁以下 (2007) 等。

28)　以上につき，三宅一夫「他人の死亡の保険契約」大森忠夫＝三宅一夫・生命保険契約法の諸問題266頁以下 (1958)，田辺康平「生命保険法における利益主義と同意主義」新潟大学法経論集3巻97頁以下 (1952)，福田弥夫・生命保険契約における利害調整の法理19頁以下 (2005)，潘阿憲「生命保険契約における被保険利益の機能について」文研129号128頁以下 (1999) 等。

29)　Malcolm A. Clarke, The Law of Insurance Contracts 112 (5th ed. 2006).

30)　Clarke, supra note 29), at 122.

序　論 V

（payment protection insurance）などの保険では，契約時に存在する病気，あるいは契約者が知っている病気についての不担保条項や，契約前の一定期間（1，2年）内にアドバイス，治療，カウンセリングを受けた病気についての不担保条項があることが通例である。

　オンブズマンによると，前者の不担保条項は次のように扱われる。病気であると診断されていた場合には不担保条項が適用される。ある症状について医師に相談していたが，診断は下されていなかった場合には，客観的にどういう病気であったかによる。自覚症状がない場合には不担保条項は適用されない。後者の不担保条項については，いろんな種類の病気を想起させるような一般的な症状は該当しないとされている[31]。

〔山本哲生〕

---

31) Andrew McGee, The Modern Law of Insurance 474, 564 (2nd ed. 2006).

3 ドイツ
○市場の状況

(1) 人　口　　2008年時点のドイツの総人口は8214万人[1]であり，2003年を境に緩やかに減少し始めた。今後も総人口は減少を続け，2050年には7,050万人程度になる見通しである[2]。合計特殊出生率は1991年に1.33%となって以降，1.3%前後の低位で推移し，2006年は1.33%である[3]。

65歳以上の高齢者の総人口に占める割合は，2006年時点で19.5%に達しており，他の欧州諸国と比しても高齢化の度合いは高い[4]。今後さらに高齢化は進展し，2050年には高齢者の比率は3割を超えると見られる[5]。

(2) 経　済　　国民総生産（GDP）は，2008年時点で約3兆6500億ドルであり，欧州髄一の経済大国である。1人当たり国民総所得（GNI）では4万2440ドルである[6]。ドイツ経済の特徴の1つはGDPに占める輸出の割合の高さであり，2007年でほぼ4割を占める[7]（日本は16.0%，EU諸国でもフランス21.1%，イギリス15.7%である）。

家計金融資産は4兆4130億ユーロ（6兆5000億ドル[8]）にのぼる（2008年）。金融資産の内訳をみると，現金・預金が40%ともっとも多く，保険・年金準備金が29%でそれに次ぐ高い割合を占める。このほか，株式・出資金8%，投資信託11%となっている[9]。

(3) 社会保障制度[10]　　ドイツ社会保障制度の源流は，19世紀後半に遡る。帝国宰相ビスマルクは，1883年に疾病保険法を制定し，世界で最初に社会保

---

1) 世界銀行グループ「World Development Indicators Online」http://www.worldbank.org/data/onlinedatabases/onlinedatabases.html/, 2009年10月30日（アクセス日）。
2) 国際連合「World Population Prospects: The 2008 Revision」http://esa.un.org/unpp/, 2009年10月30日（アクセス日）。
3) 国立社会保障・人口問題研究所編・2009人口の動向　日本と世界——人口統計資料集53頁(2009)。
4) 国立社会保障・人口問題研究所・前掲注3) 35頁。
5) 国際連合・前掲注2)。
6) 世界銀行グループ・前掲注1)。
7) 総務省統計局「世界の貿易」http://www.stat.go.jp/data/sekai/index.htm, 2009年10月30日（アクセス日）。
8) 1ユーロ＝1.4728ドルで換算。
9) Deutsche Bundesbank, Households' financial assets and liabilities 1991-2008.
10) 厚生労働省編・世界の厚生労働2009（2007～2008年海外情勢報告）148頁以下（2009）。

序　論　V

険を制度化したことで知られる。それ以来，ドイツにおける社会保障網は幾度にもわたり拡充され，給付内容面の充実も図られた。2005 年における社会保障給付は，国民 1 人当たり金額 7109 ドル，対 GDP 比率 26.8% にのぼり[11]，北欧諸国等に匹敵する高水準にある。

公的年金制度は，報酬比例による 1 階建ての仕組みであり，歴史的に職域別階層別に各種制度が分立してきた。現在では，2005 年 1 月の制度改正に伴い，ホワイトカラーの被用者等を対象とする職域年金保険（Rentenversicherung der Angestellten）とブルーカラーの労働者等を対象とする労働者年金保険（Rentenversicherung der Arbeiter）を統合する一般年金保険（Allgemeine Rentenversicherung）が発足し，一般被用者を対象とする制度の統一化が図られた。被用者についてはなんらかの年金制度に強制加入となるが，自営業者については任意加入が認められており，国民皆年金の制度ではない[12]。財源は，原則労使折半で徴収される保険料と国庫補助により賄われる。高齢化の進展に伴い，年金財政は逼迫しており，年金額は全被保険者の可処分所得の伸び率に応じて改定することとされる。また，2012 年以降，年金支給開始年齢は，現在の 65 歳から 67 歳へと段階的に引き上げられることが予定されている。

ドイツにおける公的医療保険制度は，地区，企業等を単位として設置されている疾病金庫（Krankenkasse）を保険者として，当事者自治の原則の下で運営される。一定所得以上の者や公務員などは強制適用がなく，国民皆保険ではない。実際に公的医療保険でカバーされる者は全国民の約 85% ほどであり（2004 年），残りは民間医療保険によってカバーされるが，無保険者も存在すると見られる。財源は労使折半の保険料で賄われ，当事者自治の原則に従い，国庫補助は原則として行われない。保険料率は各疾病金庫ごとに設定される。

(4)　保険市場　　ドイツの生命保険市場は，保険料収入ベースで 1113 億ドルであり，イギリス，フランスを下回る（2008 年）。生命保険事業の保険料対 GDP 比率でも 3.0% にとどまり，経済規模との対比でも両国を下回る。なお，

---

11)　OECD「OECD. Stat」http://stats.oecd.org/, 2009 年 10 月 30 日（アクセス日）。
12)　自営業者のうち，医師・弁護士など自営業者相互扶助制度がある者は当該制度に強制加入，手工業者，芸術家など被用者と同程度に保護が必要とされる者については一般年金保険に強制加入であるが，それ以外の自営業者は強制加入ではなく，一般年金保険に任意加入することができる。

この水準は新興国・発展途上国も含めた調査対象の世界88か国の平均値4.1％を下回る13)。

2000年以降，新契約件数・保険金額は年度ごとに増減を繰り返しながらも，保険会社の収入保険料は右肩上がりで増加し，2007年の収入保険料は2000年のおよそ1.2倍の水準である。2006年度の新契約件数の内訳を見ると，年金保険が28％，ユニット・リンク保険（養老・年金）が19％，養老保険が12％を占めており，貯蓄・投資型商品が個人保険のおよそ大半を占める14)。

販売チャネルとしては，専属代理店，独立保険仲介人（ブローカー），銀行がそれぞれ3割弱を占める。かつては専属代理店が主たるチャネルだったが，近年は独立保険仲介人，銀行の存在感が増している。

(5) 監督規制　保険監督に関する法源としては，保険監督法（VAG: Gesetz über die Beaufsichtigung der Versicherungsunternehmen）が中心に位置する。保険監督法は実体的監督主義をとり，事業開始後の保険会社の事業運営全般について各種の規制を設けている。監督体制としては，連邦金融監督庁（BaFin: Bundesanstalt für Finanzdienstleistungsaufsicht）による連邦レベルの監督と各州の監督官庁による州レベルの監督という二元的制度がとられているが，大半は連邦レベルの監督下にある15)。

保険事業を営むにあたっては，免許主義が採用されており，監督官庁の免許を得ることが必要とされる。事業免許は保険分野ごとに与えられるのが原則であり，生命保険分野の事業免許とその他の保険分野の事業免許が同時に与えられることはない。保険会社の業務範囲は，保険事業のほか，それと直接に関連する事業に限定される。他方，子会社の業務範囲に対する規制はとくになく，子会社を通じた生損保兼営が大手保険会社グループなどで行われている。

従来，保険仲介人の登録制度に関する法律上の規定は存在しなかったが，EU保険仲介指令を国内法化するための「保険仲介人法の新規則に関する法律」（Gesetz zur Neuregelung des Versicherungsvermittlerrechts）の施行に伴い，

---

13) Swiss Reinsurance Company Ltd, World insurance in 2008: life premiums fall in the industrialized countries-strong growth in the emerging economies, sigma No. 3/2009, 39頁以下。
14) 生命保険協会調査部・国際生命保険統計（2008年版）23頁以下。
15) 保険会社・年金金庫等のうち，連邦レベルの監督が行われているのが631社なのに対して，州レベルの監督が行われているのは11社にとどまる。（BaFin・Annual Report '07・84頁）

序　論　V

2007年5月，営業法（Gewerbeordnung）等が改正され，保険仲介人に対する登録義務に関する規定が設けられた。これにより，保険仲介人として営業を行う場合には，所轄の商工会議所からの認定，登録簿への登録が必要となった。なお，保険会社の使用人は保険仲介人には含まれず，認定・登録制度の対象外である。

(6)　ADR（裁判外紛争解決手続）制度16)　　ドイツにおいては，裁判所制度が非常にうまく機能し，かつ，巨大に構築されてきたという歴史的経緯があり，ADRはあまり拡大してこなかった。1992年に銀行オンブズマン制度が導入されたことから，保険に関しても制度化に向けて検討が行われ，2001年10月にドイツ保険協会（GDV: Gesamtverband der Deutschen Versicherungswirtschaft）を中心として保険オンブズマン（Versicherungsombudsmann）が設立された。

現在，保険に関する消費者からの苦情を取り扱うADRとしては，BaFin（連邦金融監督庁）が提供するものと保険オンブズマン17)がある。保険オンブズマンは保険業界の取組みに基づくものであり，法律上の根拠を有しないが，BaFinについては，法律上，消費者からの苦情を取り扱うことが規定されている。他方，消費者と保険会社の間の紛争解決にあたって，BaFinの指摘は拘束力を有しないが，保険オンブズマンは，手続規約において，その決定の遵守を会員会社に義務づけており，一定金額までは会員である保険会社に対して拘束力を有する18)。

〔第一生命〕

---

16) 損害保険事業総合研究所・欧米における消費者保護に向けた保険教育・情報提供および相談・苦情対応269頁以下（2007）。
17) 疾病保険・介護保険に関しては民間疾病・介護保険オンブズマンによって取り扱われる。
18) 保険オンブズマンは対象金額5000ユーロ以下の案件に対しては「決定」を下し，対象金額が5000ユーロ超50,000ユーロまでの案件に対しては「勧告」を行う。「決定」は手続規定に基づき会員会社を拘束し，会員会社は「決定」に従わなければならないが，苦情申立人は拘束されず，訴訟を提起することが可能である。他方，「勧告」は会員会社・苦情申立人のいずれも拘束せず，「勧告」に納得しない場合には両者ともに訴訟を起こすことが可能である。なお，50,000ユーロを超える事案に関しては，保険オンブズマンの取扱対象外である。

○制度の概要
(1) 沿　革

　(ア) 新保険契約法成立史　　ドイツの私保険契約は，保険契約法（das Gesetz über den Versicherungsvertrag），保険監督法，民法，商法，これらの関連法規，保険約款，保険会社の業務計画，保険慣習法，および公法上の規定を法的基礎としている[19]。1908年5月30日に成立した保険契約法は，2007年11月23日に大幅に改正され，2008年1月1日から改正法が施行されている。100年の年月を経た保険契約法は，「現代の消費者保護の要請」にもはや適していないため，根本的な改正が望まれていた[20]。重要な改正内容とその理由，および個別条文の改正根拠を明らかにしている政府法案の理由書（BT-Drucks. 16/3945, S. 47）は，新保険契約法施行時の法解釈にとって重要な資料となっている[21]。

　新法は，保険契約法施行法4条から6条までに定められた例外を除き，2009年1月1日から，2008年1月1日前に成立した旧契約にも適用される。また旧契約の保険約款が新法の内容と異なる場合は，保険者は2009年1月1日までに約款を変更することができる。変更された約款は，効力発生の1か月前までに，保険契約者に対し，新旧約款の相違を明らかに示した文書方式で，その変更された約款の内容を通知しなければならない（ドイツ保険契約法施行法1条3項）。

　保険契約法改正は，「大々的かつ徹底的に」準備された[22]。2000年6月7日に連邦司法省に設置された改正のための専門委員会は，2002年5月30日に中間報告を公表することにより，関係各界から意見を得た後，2004年4月19日の最終報告書において，保険契約法改正案を提案した。この最終報告書は，2006年3月13日の参事官草案の重要な基礎となった。そのため参事官草案では，最終報告書と異なった提案の相違点が明確に示され，さらにその理由が説明されている[23]。また2005年7月26日の連邦憲法裁判所判決（BvR80/95,

---

[19]　Prölss, in Prölss/Martin, "VVG, 27. Aufl.", S. 1 (2004).
[20]　BT-Drucks. 16/3945, S. 47.
[21]　Wandt, "Versicherungsrecht, 4 Aufl.," S. 4 (2008), auch Brömmelmeyer, in NomosKommentar, "VVG", S. 38 (2009).
[22]　Römer/Klimke, "VVG", S. 1 (2008).

序　論　V

VersR2005, 1127）は，2007年12月31日までに生命保険契約に関する規律の改正を求めた点で法改正に影響を及ぼした[24]。参事官草案は，関係各界の意見，専門雑誌における批判，重要論点に関する政治的討論を経て修正され，2006年10月11日に政府法案（BT-Drucks. 16/3945）が連邦議会に提出された[25]。政府法案は，同年11月24日の連邦参議院意見（BR-Drucks. 707/06）を得た後，連邦議会法務委員会で修正がなされ（BT-Drucks. 16/5862），2007年7月5日に連邦議会で可決され，同年11月23日に公布された。その後保険契約法は，義務保険法等改正および介護保険の構造的発展法制定に伴い，2度改正が行われた[26]。

　(イ)　社会法との関係　　法定疾病保険を代替する疾病保険（疾病費用保険，ドイツ保険契約法192条1項～3項）は，社会法と関連している。とくに2009年1月1日から導入された法定疾病保険と同様の保険料と給付内容で提供される基本タリフ（Basistarif[27]））は，付保義務，締約強制，老齢化引当金の移転，保

---

23)　Römer/Klimke, aaO, S. 1.
24)　Schneider, in Beckmann/Matusche-Beckmann, "Versicherungsrechts-Handbuch, 2. Aufl.", S. 55-S. 58 (2009).
25)　委員会最終報告書と政府法案との相違については，Niederleithinger, in Bruck/Möller, "VVG, 9 Aufl.", S. 273 (2008).
26)　2007年12月10日 BGBl. I S. 2833, 2834, 2008年5月28日 BGBl. I S. 874, S. 901.
27)　2009年1月1日から，法定疾病保険に加入せず，その他の疾病保障制度にも属していない人は，私疾病保険会社の疾病費用保険の契約締結およびその維持に関する義務が適用されている（ドイツ保険契約法193条3項）。私疾病保険会社には，基本タリフの締約強制がある（同法193条5項1文）。ただし，強迫または詐欺による取消し，告知義務違反を理由とする解除がその保険会社であったときは，その保険会社での基本タリフの契約申込は拒絶できる。締約強制が適用される場合には，私疾病保険会社は危険選択に基づく引受けを行ってはならない。保険料の危険割増，不担保特約は認められない（同法193条5項4文）。保険契約者が2か月間の保険料額に該当する額の支払を遅滞している場合で，保険契約法193条6項の定める相当制限された要件を満たす場合には，保険者は保険契約者の給付請求権を停止することができる（停止前に，保険契約者に警告を伝えていること）。遅滞保険料部分と停止期間中に履行期が到来した保険料部分が支払われたとき，または社会法典2編，12編の意味で社会的扶助を必要とするときは，停止は終了する。停止期間中であっても，急性の病気や苦痛状態の治療のために必要な費用，妊娠・出産のために必要な費用については，保険会社は給付責任を負う（ドイツ保険契約法193条6項5文）。このような私疾病保険契約への基本タリフ制度の強制導入による等価原理の破壊は，私疾病保険契約の業務運営に制限をかけられた私疾病保険会社の職業選択の自由に反する可能性がある（基本法12条1項1文）と主張されている（Boetius, "Private Krankenversicherung nach der Gesundheitsreform und der VVG-Reform-Neue rechtliche Probleme", S. 16 (2008))。また保険相互会社に基本タリフの保険契約締約強制を課し，かつ基本タリフの契約は，重大事由による解約も禁ぜられているため，人的社員関係を基礎とす

険者による解約の禁止（同法193条3項・5項・204条1項1文2号・206条1項1文）等を通して，私疾病保険契約に社会法的性質を付与することになった28)。

私保険契約にこのような社会法的性質を付与することにより，基本法9条1項の結社の自由および12条1項の職業選択の自由にかかわる基本権が侵害されないか否かが問題となったが，連邦憲法裁判所は，基本タリフは私疾病保険の加入者に長期的かつ包括的な保護を保障するために導入されたものであること，また老齢化引当金の移転に関する規定は，私疾病保険における保険の転換を容易にし，かつ私疾病保険の競争を改善するために定められたものであることを理由として，保険契約法の基本タリフに関する規定は合憲であると判断した29)。

(ウ) 私的自治の制限　保険契約法は，すでに1908年の段階から，強行規定および片面的強行規定により，契約自由の原則に一定の制限を設けている30)。片面的強行規定は，保険契約者または保護されるべき第三者の不利益に変更することができない31)。片面的強行規定は，構造的劣位な状況にある保険契約者が，保険者の利益を一方的に実現しようとする契約内容を合意させらないよう保護することを目的としている32)。改正法では，この規範目的を明確にするために，「保険契約者の不利益に変更することはできない」という文言に改められた33)。

(エ) 法　源

(a) ヨーロッパ法　情報提供義務を定めるEC第三指令および金融サービスにおける非対面取引に関する指令は，ドイツ保険契約法7条，8条，152条

る保険相互会社の結社の自由（基本法9条1項）を侵害するものであるとする見解があった。連邦憲法裁判所は，特定の人的属性による要件が社員資格の重要な要素となるドイツ保険監督法53条の意味での小規模の保険相互会社に基本タリフの一般的締約強制を課す場合には，基本法9条1項の結社の自由を侵害することになると判断している（BvR825/08）。

28) Brömmelmeyer, aaO, S. 30.
29) BVerfG, Urteil vom 10. 6. 2009, VersR2009, S. 957, S. 961, S. 963, S. 965.
30) Terbille, in Münchener Anwaltshandbuch, "Versicherungsrecht 2Aufl.", S. 12 (2008), Beckmann, in Bruck/Möller, "VVG, 9 Aufl.", S. 46 (2008).
31) Prölss, aaO, S. 2.
32) Brömmelmeyer, aaO, S. 34.
33) Prölss, in Prölss/Martin, "VVG, 28. Aufl.", Rn4 zur Vorbem I S. 1 (2010) によれば，文言は変更されたが，片面的強行規定の性質に関する内容は変更されていない。

序　論　V

および保険契約における情報提供義務令（以下「ドイツ情報提供義務令」という）により国内法化された。もっともドイツの立法者は，保険種類と販売形態を限定することなく，すべての保険契約者に対する保険者の情報提供義務を定め（ドイツ情報提供義務令1条），さらに，生命保険と疾病保険の新契約費の開示に関する規制等を通して，保険契約者保護を強化している（同2条・3条)[34]。保険仲介人指令は，保険仲介人および保険助言人に関する保険契約法59条から68条で国内法化されている[35]。

　ヨーロッパ保険契約法リステイトメントの草案は，ヨーロッパ共通の保険契約法の核として，2007年12月17日に公表されている[36]。

　(b)　国内法　　ドイツ基本法は，2条1項および14条1項に基づき，生命保険契約における保険契約者の決定自由および剰余金配当に関する所有権保護のための立法を求めた連邦憲法裁判所判決（BvR80/95, VersR2005, 1127）等を通して，保険契約法に影響を及ぼしている[37]。具体的には，ドイツ保険契約法7条1項，2項の保険者の情報提供義務，153条の剰余金配当の規定は，この判決を反映している[38]。

　ドイツ保険監督法は，普通保険約款の内容に関する規定（10条），既契約移転（14条），不適切な業務に対する監督（81条1項4文）等の規定を通して，規制緩和後も保険契約の法的基礎となっている[39]。ドイツ保険契約法においても，保険監督法の規定との関連が明確に示されている（たとえば，生命保険のモデル計算に関する154条1項では保険監督法54b条1項2項，生命保険の解約返戻金に関する169条4項では保険監督法54b条，疾病保険の条件変更等を規定する203条と204条では保険監督法12条・12a条・12b条・12c条・12e条）。

　ドイツ民法は，保険約款を直接規制する（ドイツ民法305条〜310条）場合以外に，保険契約法の規定に基づき適用される場合（たとえば4条1項でドイツ民

---

34)　BT-Drucks. 16/3945, S. 47-48, S. 59-61, Brömmelmeyer, aaO, S. 36.
35)　BT-Drucks. 16/3945, S. 48, S. 77, Herrmann, in Bruck/Möller, "VVG, 9 Aufl.", S. 109 (2008).
36)　Brömmelmeyer, aaO, S. 37, Lorenz, aaO, S, 15.
37)　Brömmelmeyer, aaO, S. 32, S. 37.
38)　BT-Drucks. 16/3945, S. 251, S. 258, S. 96-97.
39)　Brömmelmeyer, aaO, S. 43, Wandt, aaO, S. 30, insbesondere Rn. 82, Muller/Präve, in Bruck/Möller, "VVG, 9 Aufl.", S. 235, S. 244 (2008).

法808条，8条3項で同法312b条隔地者間契約）と，ドイツ保険契約法に定めがないときに適用される場合とがある[40]。後者の例として，保険事故を故意に発生させることにより保険金を取得する意図をもって契約を締結した保険契約者または履行補助者は，ドイツ民法823条2項，同法826条の不法行為責任または同法278条の履行補助者の契約締結上の過失責任による損害賠償を負担する可能性がある[41]。

ドイツ商法92条の保険代理商に関する規定，341条から341p条の会計に関する特別規定，および363条2項の運送保険証券の譲渡に関する規定は，保険契約の法源としての性質を有する[42]。また同法246条以下の会計に関する規定は，ドイツ保険契約法153条の生命保険の剰余金配当計算方法の基礎となっている[43]。

平等法（Allgemeines Gleichbehandlungsgesetz）20条2項は，保険数理に基づく男女別保険料等を認めているが，同項3文によれば，妊娠と出産に関する費用を保険料や保険給付の差異の根拠にすることは認められないため，疾病保険の保険料計算に影響を及ぼしている[44]。

(2) 解　説

(ア) ドイツ保険契約法

(a) 規範目的　保険契約法は，消費者保護を強化すること，権利保護保険や就業不能保険のような新規の保険に関する法律上の規定を設けること，法政策上の変化および事実上の変化に法律の内容を一致させることを目的として改正された[45]。たとえば保険契約者の責務に関する規定，保険契約者の撤回権・解約権に関する規定，保険者の情報提供義務に関する規定は，消費者保護強化を目的としている。

判例による規範形成が行われてきたため，保険契約法の条文から安定的解決

---

40) Beckmann, aaO, S. 53., Looschelders, in Looschelders/Pohlmann, "VVG" S. 12（2010）.
41) Prölss, aaO, S. 2, BGH, VersR2007, S. 630, BGH, VersR1989, S. 465.
42) Beckmann, aaO, S. 57, Lorenz, in Beckmann/Matusche-Beckmann, "Versicherungsrechts-Handbuch, 2. Aufl.", S. 7（2009）.
43) Brömmelmeyer, aaO, S. 45.
44) Brömmelmeyer, aaO, S. 45, Armbrüster, VersR2006, S, 1297, S. 1299, Beckmann, aaO, S. 178, Looshelders, aaO, S. 14.
45) BT-Drucks. 16/3945, S. 47, Römer/Klimke, aaO, S. 2.

を見出すことが困難であった規律は，新たに法律で規定されることにより明確化された[46]。たとえば 69 条 1 項 1 号・2 号は，保険媒介人の告知受領権等を認めた，「目と耳」判決（BGHZ, 102, 194）を考慮して定められた[47]。保険者の個人健康情報収集条件，範囲，方法等を規定する 213 条は，連邦憲法裁判所判決に基づき，個人情報を収集される個人の自己決定権と保険者の情報収集の必要性との間の適切な利益調整を図ることを目的として規定された[48]。

(b) 適用範囲　保険契約法は，再保険と海上保険には適用されない（209 条）。再保険契約では，元受保険者の保険契約者と再保険者は直接的な法的関係にないからである。ドイツ商法 778 条以下の海上保険の規定はすでに時代の進展に合わなくなっており，委員会最終報告書においては保険契約法に規定されることが提案されていたが，関連業界の見解によれば，海上保険契約は，変化する国際基準に合わせて改訂される国際普通保険約款に基づいて締結されるため，商法の任意規定を改正する必要性は乏しいと考えられたことから，保険契約法には規定されなかった[49]。

保険契約法施行法 10 条 1 項 2 文の意味での大規模リスクに関する保険契約は，保険契約者保護のために規定された片面的強行規定と絶対的強行規定（たとえば 105 条・108 条）とは異なる内容の合意をすることができる。また，大規模リスクに関する契約には，保険者の助言義務，情報提供義務，および保険仲介人の諸義務に関する規定は適用されない（6 条 6 項・7 条 5 項・65 条）[50]。

(c) 法律の構成　保険契約法は，第 1 編総則（1 条〜99 条），第 2 編個々の保険分野（100 条〜208 条），および第 3 編雑則（209 条〜215 条）から成り立っている。総則は，第 1 章すべての保険分野のための規定（第 1 節総則 1 条〜18 条，第 2 節告知義務，危険の増加，責務 19 条〜32 条，第 3 節保険料 33 条〜42 条，第 4 節他人のためにする契約 43 条〜48 条，第 5 節暫定的てん補 49 条〜52 条，第 6 節予定保険 53 条〜58 条，第 7 節保険仲介人，保険助言人 59 条〜73 条）と第 2 章損害保険契約（第 1 節総則 74 条〜87 条，第 2 節物保険 88 条〜89 条）によって構成されている。

---

46) Römer/Klimke, aaO, S. 2.
47) BT-Drucks. 16/3945, S. 77, Brömmelmeyer, aaO, S. 38.
48) BverfG, VersR2006, S. 1669, BT-Drucks. 16/5862, S. 100, Schneider, aaO, S. 59.
49) BT-Drucks. 16/3945, S. 115.
50) BT-Drucks. 16/3945, S. 115.

第2編の個々の保険分野には，第1節責任保険（100条～124条），第2節権利保護保険（125条～129条），第3節運送保険（130条～141条），第4節建物火災保険（142条～149条），第5節生命保険（150条～171条），第6節就業不能保険（172条～177条），第7節傷害保険（178条～191条），第8節疾病保険（192条～208条）が規定されている[51]。

(d) 主な改正内容

(i) 助言義務，情報提供義務　これまで判例を通して認められてきた保険者の助言義務[52]（6条）は，保険仲介人指令を国内法化した仲介人の助言義務（61条）を考慮し，新たに保険契約法で規律された。保険者は，契約締結前だけでなく，契約期間中も，個々の保険契約者の要望と必要性に応じた助言を行う理由があるときは，助言費用と保険料との間の適切な均衡関係を考慮したうえで，保険契約者に根拠を示して助言し，その内容を記録し，その記録を保険契約者に明瞭かつわかりやすい文書で保険契約者に引き渡す義務を負う（6条1項・2項）。保険者が助言義務に反したときは，この違反により発生した損害を賠償しなければならない（同条5項）。保険契約者は，厳格な要件の下（同条3項・4項2文）で保険者の助言を放棄することができる。もっとも養老保険や就業不能保険のように重要な保障機能を有する保険に関しては，この要件の解釈は，判例によりさらに具体化される必要があると考えられている[53]。

保険者は，保険契約者の契約締結の意思表示前の適切な時期に，普通保険約款を含む契約条件および特定の情報に関し，保険契約者に文書で提供する義務を負う（7条1項・2項，同項2号・3号では，とくに新契約費の透明な開示）。保険契約継続中も，保険者は情報提供義務令の規定に基づき，疾病保険の保険料率変更や生命保険の剰余金配当等に関して，保険契約者に明瞭かつわかりやすく文書で伝えなければならない（同条3項）。情報提供に関しても，保険契約者は書面による別個の意思表示により放棄することができる（同条1項3文）。保険者が7条の情報提供義務に違反したときは，保険契約者の契約撤回期間（2週間，生命保険は30日間）は開始しない（8条2項1号・152条1項）。また保険契約

---

51) 法律の構成の基本的構造に関しては，Schneider, aaO, S. 38-39 参照。
52) Terbille, aaO, S. 34.
53) Römer/Klimke, aaO, S. 4, BT-Drucks. 16/3945, S. 60.

者は，保険者の契約上の義務違反を理由として，保険者に損害賠償を請求することができる（ドイツ民法280条1項・241条2項・311条2項)[54])。

　(ii) オール・オア・ナッシング原則の廃止　保険契約者の契約上の義務および責務違反に関する規律は，すべての契約当事者の利益を適切に考慮した，理解しやすいルールに変更することが求められていた[55])。保険契約法は，七つの基本原則，①保険料の引き上げまたは解約で対応できる場合を考慮すること，②詐欺的行為の場合を除き，保険事故または保険者の給付範囲と因果関係のある場合に給付免責を検討すること，③単純過失の場合には給付免責としないこと，④故意による場合には，②の因果関係がない場合を除き，給付免責とすること，⑤重過失による場合には，保険契約者の過責の程度に応じて給付を削減すること，⑥給付免責が保険契約者にとって不意打ちにならず，また保険契約者が正しく行為できるようにするために，保険者に教示義務を課すこと，⑦証明責任を明確かつ統一的にすること，つまり故意の証明責任は保険者が負い，重過失でないことおよび因果関係不存在の証明責任は保険契約者が負うこと，に基づき，段階化された責務違反規律を定めた。重過失の場合の減額原則は，ドイツ民法254条（過失相殺）の枠組みと同様の枠組みにおいて，判例による事例群の集積が求められている[56])。

　(iii) 告知義務　告知義務に関する規定は，大幅に改正された[57])。従来の規定では，保険契約者が自発的に告知する義務も認められえたが，19条1項により保険契約者は，保険者が文書（ドイツ民法126b条）で質問した危険事実のみを告知する義務を負うことが明確にされた。保険契約者の詐欺を理由とする取消しに関する規定（22条，ドイツ民法123条），故意による告知義務違反を理由とする解除（19条2項）には変更がないが，その他の告知義務違反の効果は大幅に変更された。故意または重過失によらない告知義務違反の場合には，保険者は解約することができる（19条3項，保険事故発生後は，保険者は給付義務を負う[58])）。故意による告知義務違反以外の場合で，保険者が告知されなかっ

---

54) BT-Drucks. 16/3945, S. 60.
55) BT-Drucks. 16/3945, S. 49.
56) Römer/Klimke, aaO, S. 5, Meixner/Steinbeck, "Das neue Versicherungsvertragsrecht", S. 64（2008）.
57) Römer/Klimke, aaO, S. 5.

た危険事実を知ったとしても他の条件で契約を締結したであろう場合には，保険者は解除または解約することができない（19条4項）。もっとも保険料が10％を超えて引き上げられる場合や告知されなかった危険事実に対する危険の担保が排除された場合には，保険契約者は解約することができる（19条6項）。さらに保険者の解除権または解約権について，別個の文書による教示がなされなかったときは，保険者は解除または解約することができない（19条5項）。告知義務違反と保険事故または保険者の給付範囲との間に因果関係がない場合に，保険者は解除することができない点については，従来の規律と同様であるが，保険契約者の詐欺的行為による違反の場合には，因果関係がなくても解除することができることになった（21条2項）。告知義務違反の場合の保険者の権利行使の除斥期間は，契約締結から5年間（ただし，疾病保険は3年間，194条1項）であるが，故意または詐欺的行為による場合には10年間と長期間になっている（21条3項）。

　(iv)　生命保険　　剰余金配当請求に関する規律は，はじめて保険契約法に定められた（153条～155条）[59]。保険契約者には，原則的に剰余金および評価準備金の配当を請求する権利がある（153条1項）。約款で異なる合意をする場合には，この合意内容は，透明性原則（透明性原則は，ドイツ民法307条1項2文に規定される約款の不当条項規制根拠の1つである。ドイツ民法307条1項2文の透明性原則は，約款使用者に対し，約款使用者の顧客が，約款を集中的に読んだ後はじめてその条項が理解できるということにならないようにするために，また約款の使用者の顧客が補足情報に基づき，ようやくその条項が理解できるということにならないようにするために，契約の相手方の権利および義務をできる限り明瞭かつ見通すことができるように記述することを義務づけている。透明性原則は，ドイツ民法307条3項2文により，その他の点では内容規制を受けない条項にも適用される[60]。また透明性原則は，保険契約者に経済的不利益と負担がある場合には，保険契約者がそのことを認識できるように保険約款を記述することを保険者に義務づけている[61]）を満たさなければならず，

---

58)　Schneider, aaO, S. 48.
59)　BT-Drucks. 16/3945, S. 52, S. 95.
60)　Terbille, in Terbille, "Münchener Anwaltshanbuch Versicherungsrecht", S. 20（2008）.
61)　Prölss, aaO, S. 33.

このような合意が欠ける場合には，保険契約者は153条による剰余金配当を請求することができる[62]。153条3項は，同条2項の発生原因に応じた剰余金配当計算方法に関する規律の特別規定であり，連邦憲法裁判所判決に従い，個々の保険契約者の保険料によって形成された財産価値の適切な配当と危険共同体としての被保険者の利益を適切に考慮した評価準備金配当計算に関する規律が定められている[63]。具体的には，評価準備金は年度ごとに確定され，契約終了時にそれまでに確定された評価準備金の半額が保険契約者に配当され，支払われなければならない。剰余金配当請求権に関する規定は，2008年1月1日から新契約だけでなく，それ以前に締結され，2008年1月1日に存続中の契約（旧契約）にも適用される[64]。

解約返戻金計算に関する規律は，承認された保険数理の算式に基づきその保険の時価として算出された金額という不透明な規定から，できる限り明瞭で，保険契約者が追計算できる規定に改められるとともに，早期解約した保険契約者の利益を適切に配慮した特別規定が定められた（169条3項・5項）[65]。新しい規定により，原則として解約返戻金は，契約終了時に，承認された保険数理の算式に従い，保険料算出の計算基礎に基づき計算された責任準備金を基礎として算出されることになり，最低解約返戻金として，少なくとも契約初年度から5年間で契約締結費および販売費を均等に分割して割り当てることにより算出された責任準備金額が支払われなければならないと定められた（例外は同条4項ファンドリンク保険等の解約返戻金計算）。保険者は，解約時の控除を合意し，かつその控除額が数字で示され，適切である場合に限り，解約控除を行うことができる。ただし未償却の新契約費を控除する合意は，無効である。解約返戻金に関する規定は，2008年1月1日以後締結された契約に適用される。それ以前に締結された契約には，旧法と連邦通常裁判所判決（BGH, VersR2005, S.1670）の補充的契約解釈により示されたチルメル歩合を設定しない責任準備金の半額を最低解約返戻金とする原則が適用される[66]。

---

62) BT-Drucks. 16/3945, S. 96.
63) BT-Drucks. 16/3945, S. 96-97.
64) Schneider, aaO, S. 57.
65) BT-Drucks. 16/3945, S. 102-104.
66) Schneider, aaO, S. 56-57.

序　論 V

(イ)　保険約款の内容規制と片面的強行規定との関係　保険約款は，保険契約法の内容と合致する場合，または保険契約法に比べて保険契約者に有利な内容の場合には，透明性原則に反しない限り，内容規制を受けない（ドイツ民法307条3項)67)。保険契約におけるリスクの引受範囲を限定する保険約款（たとえば責任開始前に発病した疾病による保険事故を担保しないとする内容の約款）は，その記述がなければ本質的な契約内容の確定性が欠けるため，もはや有効な契約とは認められえなくなる給付記述条項（給付記述条項とは，主たる給付の種類，品質，範囲を直接規定する条項をいう68)）と認められる場合には，透明性原則による内容規制のみを受けるが69)，それ以外の場合には，透明性原則による内容規制（同条1項2文）に加えて，とくに保険契約法の本質的な基本思想と異なる内容であるか（同条2項1号)，または契約目的を危殆化する内容であるとき問題となる（同条2項2号)。

　たとえば告知義務者が告知時に知らない責任開始前の発病を原因とする保険事故を不担保とする約款は，契約締結前に告知義務者が知っている危険事実の告知を求めることにより個別危険選択を行うことを定める，保険契約法の告知義務に関する片面的強行規定の規範目的に反し，保険契約者に不利益な内容であるため，保険契約法32条（片面的強行規定），およびドイツ民法307条2項1号に基づき無効とされるべきか否か争われている70)。

　しかしながら，保険者が保障しないリスクを約款で自動的に排除している場合に，保険契約法の告知義務の規定を理由に，個別的危険選択を保険者に強いることはできないと解すべきである。もっとも，このような条項により告知義務者が告知時に知らない危険事実に関する保険保護の引受けが排除される場合には，個別的に危険選択が行われる場合に比べ，保険保護の範囲に関する透明性が低いといえる71)。したがって，このような条項は，告知義務に関する保

---

67)　Prölss, 27Aufl., aaO, S. 18.
68)　Terbille, aaO, S. 17, Pohlmann, in Looschelders/Pohlmann, "VVG", S. 40（2010).
69)　Prölss, 27Aufl., aaO, S. 19.
70)　Prölss, 27Aufl., aaO, Rn. 45, 45a, S. 316-318, BGH, VersR2007, S. 1690, BGH, VersR 1996, S. 486, Klimke, "Die halbzwingenden Vorschriften des VVG", S. 215（2004）参照。Knappmann, in Beckmann/Matusche-Beckmann, "Versicherungsrechts-Handbuch, 2. Aufl.", S. 753-754（2009）は，このような条項は，保険契約法19条以下の法律の指導像に反するという見解である。
71)　Prölss, 27Aufl. aaO, S. S. 316, Klimke, aaO, S. 220-226.

97

序　　論　Ⅴ

険契約法の規範目的に反していること（ドイツ民法 307 条 2 項 1 号）を理由とするのではなく，保険保護範囲の不透明性（同法 307 条 1 項）および長期の不担保期間設定による契約目的の空洞化（同法 307 条 2 項 2 号）の観点から内容規制されるべきである72)と考えられている。

〔金岡京子〕

---

72) Prölss, in Prölss/Martin, "VVG, 28. Aufl.", §19 Rn. 79, S. 244 (2010), もっとも Klimke, aaO, S. 226, 244 は，このような保険保護範囲の透明性は，告知義務に関する保険契約法の片面的強行規定によって保障されるべきであるという見解である。この透明性は，民法 307 条 1 項の透明性原則が求める記述の透明性とは異なり，保険契約法の片面体強行規定が保障する保険保護範囲の透明性の水準を満たしているか否かによって判断されるべきであるという。また，ドイツ民法 307 条の約款の内容規制では，さらに広範囲の保険保護の実体的制限を理由として，不当な不利益を判断することになるという。

序　論　V

4　フランス
○市場の状況

(1)　人　口　2008年時点のフランスの総人口は6205万人[1]である。アメリカを除く先進各国が合計特殊出生率の低落に歯止めがかからず，少子化に頭を悩ませている中，フランスにおいては1990年代前半から徐々に回復し，2006年には1.98％まで達した[2]。2004年から2008年の5年間で総人口は2.5％増加している。

2007年の平均寿命は81.0歳であり，日米英独仏5か国では日本の82.5歳に次ぐ[3]。フランスは世界でもっとも早く高齢化した国として知られている。1900年時点で65歳以上の高齢者の総人口に占める割合は8.2％となり，すでに高齢化社会と呼ばれる水準に達していた。1900年以降，高齢化の進行は，先進諸国の中では相対的に緩やかに進み，2005年時点で16.4％という状態にある[4]。2050年には26.9％に達し，4人に1人が高齢者となることが見込まれている[5]。

(2)　経　済　国民総生産（GDP）は，2008年時点で約2兆8500億ドルであり，EU諸国の中では，ドイツ，イギリスに次ぐ規模である。1人当たり国民総所得（GNI）は4万2250ドルで，こちらもイギリス，ドイツに次ぐ水準にある[6]。

家計金融資産は3兆4548億ユーロ（5兆882億ドル[7]）にのぼる（2008年）。このうち，保険・年金が40％を占め，他の金融資産に比べて保有比率が高い。そのほか，現金・預金が31％，株式・出資金が14％，投資信託が8％を占める[8]。

---

1)　世界銀行グループ「World Development Indicators Online」http://www.worldbank.org/data/onlinedatabases/onlinedatabases.html/, 2009年10月30日（アクセス日）。
2)　国立社会保障・人口問題研究所編・2009人口の動向　日本と世界――人口統計資料集53頁（2009）。
3)　世界銀行グループ・前掲注1）。
4)　国立社会保障・人口問題研究所・前掲注2）35頁。
5)　国際連合「World Population Prospects: The 2008 Revision」http://esa.un.org/unpp/, 2009年10月30日（アクセス日）。
6)　世界銀行グループ・前掲注1）。
7)　1ユーロ＝1.4728ドルで換算。
8)　Banque de France, Provisional Annual Financial Accounts Simplified Version Year 2008.

序　論 V

(3) 社会保障制度[9]　　フランスの社会保障制度は，伝統的な共済組合を源流としており，運営面においては社会保障金庫（caisse de sécurite sociale）と呼ばれる機関による自主管理を原則とする。所得保障を中心として手厚い現金給付が行われており，医療保険でも治療に要した費用について後から償還払を受けることを原則とする。フランスの社会保障給付は，対GDP比率で29％，国民1人当たり金額でも7696ドルであり，北欧諸国に比肩する高水準にある（データはともに2005年)[10]。

医療保険制度は，法定の制度として，職域ごとにさまざまな強制加入の制度が存在する。一般被用者を対象とする一般制度（régime général），特定職域の被用者を対象とする特別制度[11]（régimes spéciaux），非被用者を対象とする自営業者社会制度（régime social des indépendants），農業従事者を対象とする農業制度（régime agricole）などがそうである。そのうち一般制度に国民の80％が加入する。給付は償還払を基本とするが，入院等の場合には直接医療機関に支払われる。外来の場合，自己負担は30％（医薬品は35％）が原則であるが，共済組合や相互扶助組合等による給付によってさらにカバーされ，その残りが最終的な自己負担となる。

公的年金制度は一階建て（基礎制度〔régimes de base〕）であり，職域ごとに強制加入の年金制度が多数分立する[12]。これらは一般被用者，自営業者が対象であり，無業者は任意加入となっているため，国民皆年金ではない。年金給付は原則60歳から支給される。給付水準は，満額であれば，現役時の賃金のうち最も高い25年間の平均賃金の50％であるが，補足制度[13]（régimes complémentaires）から年金を受給する者も多く，両者を合わせて従前の賃金の5割から8割となる。

---

9) 厚生労働省編・世界の厚生労働2009（2007～2008年海外情勢報告）154頁以下（2009）。
10) OECD「OECD. Stat」http://stats.oecd.org/, 2009年10月30日（アクセス日）。
11) 特別制度は，船員，パリ市交通公社，軍人など職種により複数の制度に分かれる。国家・地方公務員は一般制度の適用を受ける。
12) 一般被用者を対象とする一般制度，国家・地方公務員，船員など特定職域を対象とする特別制度，自営業者を対象とする非被用者制度，農業制度が存在する。
13) 補足制度は，労働協約に基づく業種ごとの退職年金制度である。現在ではすべての被用者と農業者に加入が義務づけられており，賦課方式で運営されていることから，公的年金制度について，基礎制度を1階，補足制度を2階部分として観念することもある。

(4) 保険市場　　フランスの生命保険市場は，1811億ドル（保険料収入ベース）にのぼるユーロ圏最大の保険市場である。世界的に見ると，アメリカ，日本，イギリスに次ぐ4番目の規模を有する。生命保険事業の保険料対GDP比率は6.2%であり，経済規模との対比でも比較的高い水準にある[14]。

収入保険料の内訳をみると，生存保険が約8割，傷害疾病保険が約1割を占め，死亡保険は6%程度である。長期貯蓄型商品であるカピタリザシオンは，3%程度である。

販売チャネルとしては，銀行や郵便局などの占める割合が高く，保険料ベースで6割を上回る。そのほか，保険会社の被用職員が16%，ブローカーが13%，エージェントが7%である[15]。

(5) 監督規制　　フランスは免許主義を採用しており，保険事業を開始するにあたっては事業計画書等を提出して免許を取得しなければならない。その後も，保険企業の業務全般にわたって実体的監督が行われる。保険会社に対する監督は，分野ごとに異なる機関が担当する。たとえば，規則の制定に関しては経済・財政・雇用省（Ministere de l'Économie, de l'Industrie et de l'Emploi），行為規制や財務監督は保険・共済組合監督庁（ACAM: Autorité de Contrôle des Assurances et des Mutuelles），事業免許については保険企業委員会（CEA: Comité des Entreprises d'Assurance）がそれぞれ担っている。

保険会社の営む事業については，保険法典L.321-1条に他業禁止規定が設けられている。もっとも，金融関連事業，その他企業の業務全体に対して影響が限定的である事業は保険業とともに行うことが認められている。また，生命保険事業と損害保険事業を同じ企業が行うことができないこととされている。募集制度について，かつては保険仲立人のみを対象とした任意の登録制度が設けられているのみであったが，EU保険仲介指令（IMD: Insurance Mediation Directive）（2002/92/EC）を受けた2005年改正法により，保険仲立人（courtier d'assurance）および保険総代理店（agent general d'assurances）などを含む保険仲

---

[14] Swiss Reinsurance Company Ltd, World insurance in 2008: life premiums fall in the industrialized countries——strong growth in the emerging economies, sigma No. 3/2009, 39頁以下。

[15] 生命保険協会調査部・国際生命保険統計（2008年版）26頁（2008）。

介者・再保険仲介者（intermédiaire d'assurance ou de réassurance）を対象とした登録制度が設けられた。これにより，保険仲介者・再保険仲介者は，一般に公開される保険仲介者登録簿（registre des intermédiaires en assurance）への登録が義務づけられた。

(6) ADR（裁判外紛争解決手続）制度[16]　フランスでは，保険法典L.112-2条と各調停制度の調停規約において，保険契約者からの苦情はまず，保険企業が対応しなければならないことが定められている。保険企業に苦情相談を申し立てた後，保険企業の対応に満足しない保険契約者は，民間の各調停制度や保険加入者関係局（BRA: Bureau des Relations avec les Assurés）に対して苦情解決を申し立てるか，あるいは保険企業を相手方とした訴訟を提起することとなる。

　フランス保険業界におけるADR制度としては，フランス保険企業協会（FFSA: Fédération Française des Sociétés d'Assurances）と保険相互会社協会（GEMA: groupement des Entreprises Mutuelles d'Assurances）の両保険協会のほか，保険企業独自でも調停制度を設けており[17]，民間の紛争解決支援制度として保険契約者に利用されている。行政サイドでも，保険・共済組合監督庁（ACAM）に相談・苦情解決の専門部署である保険加入者関係局を設置しており，保険企業の法令遵守を監督する立場から，相談・苦情解決支援を行っている。

〔第一生命〕

○制度の概要

(1) フランス保険契約法の沿革

　㋐　1930年法制定前の状況　フランスでは1930年になって初めて陸上保険契約法の制定を見ることになるが，それまでの状況は次の通りであった。

　19世紀の段階では，海上保険契約については1808年の商法典第10章332

---

16) 損害保険事業総合研究所・欧米における消費者保護に向けた保険教育・情報提供および相談・苦情対応287頁以下（2007）。
17) アクサ，CNP，ゼネラリ，グルパマ，GMF，MMAの保険企業6社が独自の調停制度を設けている。

条以下に規定が設けられていたが，陸上保険契約に関しては，民法典1964条18)において，射倖契約の一種として保険契約が列挙されているだけであり，その内容について具体的な規律は存在しなかった19)。保険契約は附合契約であるが故に，その内容は，約款作成者である保険者に有利になりがちであるため，解釈・適用をめぐって紛争が生じうるところ，判例・学説は，約款は必ずしも契約者が真に承諾した合意ではないとして，その厳格な適用を認めないという形で公平な解決を図っていた。とはいえ，そうした解決法には限界が存在するし，慣習や判例による保険契約法理は不明確で不確定なものであるから，訴訟において種々の不都合を生じ，ひいては保険制度に対する不信が生じるとして，保険契約に関する法制定の要求が強まってきた20)。そこで，1904年に保険契約法草案が訟務大臣に提出されるが，同草案は，①火災保険・生命保険・傷害保険についてのみ規定するだけで責任保険について何ら考慮を払っていない，②慣習や判例で認められた法則を任意規定としているだけで，強行法規・命令法規は例外的でしかない，という点が学説から批判されたこと，また，1908年3月30日のドイツ保険契約法や1908年4月2日のスイス保険契約法が保険契約者保護のために多くの規定を片面的強行規定・絶対的強行規定としたこともあって，同草案は立法化に至らず，さらなる抜本的改正が必要とされることになった21)。

(イ) 1930年法の概要　契約自由の原則を修正し，保険契約者の保護を実現するというドイツやスイスに見られる20世紀的立法の影響を受け，フランスでも，1924年から改めて保険契約法制定作業が開始されたが，その成果は，1930年7月13日の法律（以下，1930年法という）として結実することになった。同法は次のような構成をとっている。

---

18) 同条1項は，射倖契約（contrat aléatoire）について規定し，2項でその具体例として保険契約を掲げている。なお，フランスの射倖契約に関しては西原慎治「射倖契約におけるコーズの法理」神戸学院法学34巻3号223頁（2005）参照。
19) 保険事業の組織・監督については19世紀後半から20世紀前半に相次いで立法が行われていた。
20) 大森忠夫・佛蘭西商法 [I] 保険契約法(1)3頁（1940）。
21) 大森・前掲注20) 3頁。なお，19世紀的立法から20世紀前半の国際的立法動向については，大森23頁以下参照。

序　論　V

```
第 1 章　保険総則
　第 1 節　総則（第 1 条ないし第 7 条）
　第 2 節　保険契約の証拠，証券の方式および譲渡（第 8 条ないし第 11 条）
　第 3 節　保険者および保険契約者の義務，無効，解除（第 12 条ないし第 24
　　　　　条）
　第 4 節　時効（第 25 条ないし第 27 条）
第 2 章　損害保険
　第 1 節　総則（第 28 条ないし第 39 条）
　第 2 節　火災保険（第 40 条ないし第 45 条）
　第 3 節　雹害保険，家畜死亡保険（第 46 条ないし第 49 条）
　第 4 節　責任保険（第 50 条ないし第 53 条）
第 3 章　人保険
　第 1 節　総則（第 54 条ないし第 55 条）
　第 2 節　生命保険（第 56 条ないし第 83 条）
第 4 章　経過規定（第 84 条ないし第 86 条）
```

　このように，1930 年法は，専ら陸上保険契約関係を規律しており（海上保険契約関係については，商法典が規律していた），その対象は営利保険たる相互保険も含む。1930 年法は原則として強行規定とされている（2 条[22]）。その理由は，保険契約関係が公序良俗と関わることが多いこと，保険者が経済的強者たる地位を利用して不当に利己的な約定を強制する弊害を防止することにある。前者に関する規定は絶対的強行規定とされるが，後者に関する規定は片面的強行規定と解される[23]。もっとも，両者の区別は，各条文の趣旨を判断して決定するほかない。

　その主な特色は，①保険契約者の重過失による事故の保険を認めたこと（12条），②保険契約者の使用人等の故意による事故招致の保険を認めたこと（13条），③希望利益の保険を認めたこと（32 条 2 項），④自殺の場合の不可争約款の有効性を認めたこと（62 条），⑤生命保険において利害関係者の保険料払込権を認めたこと（74 条），⑥生命保険会社の証券買戻義務を認めたこと（77 条），⑦簡易保険を認めたことにあるとされている[24]。

---

[22]　ただし，全 86 か条のうち，当事者に単なる権能を与える規定として限定列挙された 22 か条（たとえば，保険証券の方式および譲渡方法に関する 10 条）は任意規定とされている。
[23]　大森・前掲注 20) 23 頁。

㈦　1930年法制定後の展開　　1930年法制定後，1955年になって立法者は保険法の単一法典化を決定したが，その具体化は見送られたままであった。1973年7月24日に EEC 第2指令「非生命元受保険業自由化指令」が出されたが，それとの関係もあって，フランス政府は完全単一保険法典を加盟諸国に提示することが有用と考え，保険監督法規や義務保険に関する規定をも取り込んだ法典化作業を開始し，1976年7月16日に完成することになったが，陸上保険契約については位置変えや，分類変えこそあれ，1930年法の内容が踏襲されている[25]。

フランスの現行保険法典は，5編（第1編〈契約〉，第2編〈義務保険〉，第3編〈企業〉，第4編〈保険に特有の組織および制度〉，第5編〈保険仲介者〉）から成る。

第1編は保険契約法の規定，第2編は義務的自動車保険等の義務保険の規定，第3編は保険企業の監督法規，第4編は金融部門諮問委員会や保険企業委員会のような保険監督機関，義務的損害保険保証基金や再保険中央金庫といった保険に関わる機関等に関する法規[26]，第5編は保険代理商や保険仲立商といった保険仲介者に関する法規が置かれている。したがって，フランスでは，保険契約に関する規律と保険企業組織・保険監督に関する規律が単一法典の中に整理されているといってよい。

各編は法律〈loi〉，政令〈réglementaire〉，省令〈arrêté〉によって構成されている。各編は，章・節（場合によっては款まで含まれる）に分類される。たとえば，保険法典 L.112-1 条は，保険法典第1編・第1章・第2節・第1条に定める法律という趣旨であり，保険法典 R.211-10 条は，保険法典第2編・第1章・第1節・第10条に定める政令という趣旨である。

第1編は次のような章によって構成されている。

第1章　海上保険以外の損害保険および人保険に関する共通規定
------

24) 大森・前掲注20) 11頁以下。
25) 以上につき，岩崎稜「1981年フランス保険契約法の改正」保険学498号20頁以下（1982）参照。
26) なお，第4編は2003年の法改正により，現代化が実現している（この問題については，山野嘉朗「保険監督機関の現代化と保険契約者保護に関する最近のフランス保険法改正の動向——2003年8月1日法（金融保障法）による改正を中心に」損保66巻3号1頁（2004）参照）。

序　論 V

> 第 2 章　海上保険以外の損害保険に関する規定
> 第 3 章　人保険およびカピタリザシオン取引27)に関する規定
> 第 4 章　団体保険
> 第 5 章　カピタリザシオン契約
> 第 6 章　保険契約およびカピタリザシオン契約に関する雑則
> 第 7 章　海上保険契約および河川・湖沼保険契約
> 第 8 章　欧州経済地域に関する協定に加盟する 1 ないし複数の国家の領域内に存在する危険および同地域において締結された契約に関する保険契約に適用される法律
> 第 9 章　バ・ラン県，オ・ラン県およびモーゼル県に特有の規定ならびにマイヨット島およびワリス・エ・フトゥナ島に適用される規定

　上記のとおり，フランス保険法典は，保険契約法のみならず保険業法をも対象とする膨大な法典となっているが，共済および社会保険は対象外である（前者については，共済法典〔Code de la mutualité〕，後者については社会保障法典〔Code de la sécurité sociale〕が規律している）。本書の対象は人保険契約であるから，保険法典では主として第 1 章，第 3 章，第 4 章ないし第 6 章が関わる。

　法典化以後も，共同体法の影響を大きく受けて，保険法典は極めて頻繁に改正されていくことになる。陸上保険契約法に関する改正に関しては，コンシューマリズムを反映した 1981 年の法改正と 1989 年の法改正が注目される。また，生命保険に関しては，2007 年の法改正にも留意すべきである。

　1981 年の法改正では，生命保険に関する規定が重要である（①変額保険に関する規定の新設，②連生保険の一般的承認，③被後見成年者の法定代理人による団体保険加入，④保険金受取人指定に関する規定の整備，⑤保険金受取人指定についての善意の保険者の免責，⑥自殺免責規定〔2 年以内の自発的・意識的自殺を無効とした〕，⑦保険金受取人よる被保険者殺害の場合の効果〔有罪の保険金受取人に対してのみ保険契約が失効〕)28)。

---

27)　カピタリザシオン取引とは，資本積立てのために貯蓄を勧誘し，かつ 1 回または定期の直接・間接の支払と交換に，その期間・金額が定まった債務を内容とする取引であって（保険法典 R. 321-1 条），金融取引の一種ではあるものの，保険ではない。しかし，生命保険業を営む会社がこの取引を行うことができるので，保険法典による規律の対象となっている（Y. Lambert-Faivre et L. Leveneur, *Droit des assurances*, Dalloz, 12^e ed., 2005, n° 880）。

28)　岩崎・前掲注 25）30 頁以下。

1989年法は，ヨーロッパ市場の開放に保険法典を適合させつつ，保険契約法の現代化を図ることを主眼とするものである。改革点は多々存在するが，①保険契約締結前の保険者による情報提供義務，②告知義務・通知義務制度改革（前者については，質問応答義務の採用，後者については，保険者に損害が発生したことを，失権の適用の要件としたこと）が画期的といえる[29]。

2007年法は，他人のためにする生命保険契約を中心に大きな改正を行っている[30]。

なお，保険契約も消費者契約の一種であるから，消費者法典[31]（Code de la consommation）による規制が及ぶことはもちろんであるが[32]，消費者に対する遠隔地者間取引については，保険法典の中に消費者法典の準用規定が設けられている点にも注意を要する（保険法典L.112-2-1条）。

(2) 人保険に関する規定の主な特色　保険法典第1編第3章は人保険およびカピタリザシオン取引に関する規律が設けられているが，傷害保険に関する詳細な規定は存在しない。傷害保険については，保険法典L.131-1条1項が，生命保険と同様，原則として定額保険性を有することを定めている。また，保険法典L.131-2条1項は，代位の禁止を原則とする一方，同2項では，損害てん補性を有する傷害保険の存在を認知しつつ，その場合には代位ができる旨定めている。

上記以外は専ら生命保険およびカピリザシオン取引に関する規定である。

ここでは主として，生命保険契約に関する規律の特色について説明する。

　(ア)　情報提供義務　保険法典L.112-1条は，生損保に共通する規律として，契約内容に関する情報提供義務を定めている。また，保険法典L.113-15-1条は契約期間に関する情報提供義務を定めている。

人保険に固有の情報提供義務として，保険法典L.132-5-2条は，クーリング・オフの権利および契約の重要条項に関する情報提供書の交付義務について

---

29) この改正については，山野嘉朗・保険契約と消費者保護の法理12頁以下（2007）参照。
30) この改正については，山野嘉朗「他人のためにする生命保険契約に関するフランスの最新立法について」愛知学院大学論叢法学研究50巻1号167頁（2008）参照。
31) わが国では，文字通り「消費法典」と訳されることも少なくない（大村敦志・消費者法（第3版）19頁（2007））。
32) 山野・前掲注29) 99頁以下参照。

規定している。これに違反した場合は，解約期間の延長という制裁が保険者に課される33)。

ちなみに，他の消費者契約と同様，保険契約についても一般的に民法上の効果として情報提供義務・助言義務が認められている点にも注意を要する34)。

(イ) 告知義務

(a) 質問応答義務　告知義務に関する規律は生損保に共通する。保険契約者（被保険者）は契約締結時に，保険者がその引き受けるべき危険を評価しうる事実につき行った質問，とりわけ，危険告知書の中で行った質問に対して正確に回答しなければならない（保険法典 L. 113-1 条 1 項 2 号）。したがって，危険選択上の事実について故意による不告知や不実告知が行われたことが事実上認められるとしても，その事実を保険者が明確・限定的な形で質問していない限り，告知義務違反を問うことはできない（破毀院第 2 民事部 2007 年 2 月 15 日判決・破毀院刑事部 2007 年 9 月 18 日判決35))。ただし，裁判官は，保険法典 L. 113-8 条に定める悪意による不実告知の存在を評価するにあたり，質問が行われていない場合であっても，契約締結に際して行われた保険契約者の一方的なイニシアチブによる告知を考慮することができる（破毀院第 2 民事部 2009 年 2 月 19 日判決36))。

また，保険者は，質問が曖昧な文言で表現されていた場合は，たとえ不正確な回答しか得られていなくても，告知義務違反を主張することはできない（保険法典 L. 112-3 条）。

契約申込日と契約締結日の間で告知の対象となる危険に変更が生じた場合には，保険契約者は変更の事実を告げなければならない（破毀院第 1 民事部 2002 年 7 月 10 日判決37))。

---

33) この規定の趣旨をめぐって争われた事例として破毀院第 2 民事部 2006 年 12 月 21 日判決がある（山野嘉朗「保険契約締結前の情報提供書類交付義務違反とその効果」愛知学院大学論叢法学研究 49 巻 1 = 2 号 145 頁（2008）参照）。

34) 生命保険商品に関する情報提供義務・助言義務に関する最新判例として，破毀院第 2 民事部 2006 年 7 月 5 日判決・同 2006 年 10 月 19 日判決がある（山野嘉朗「生命保険商品に付随する課税情報に関する情報提供・助言義務」愛知学院大学論叢法学研究 49 巻 1 = 2 号 131 頁（2008）参照）。

35) 山野嘉朗「保険者による質問がなかった場合の告知義務違反の効果」愛知学院大学論叢法学研究 49 巻 4 号 159 頁（2008）。

36) Civ. 2e, 19 février 2009, RGDA. 2009. 473, note L. Mayaux.

(b) 遺伝子情報の利用　遺伝子情報は告知に際して利用することができない（保険法典 L. 133-1 条38)）。

(c) 告知義務違反の効果とプロ・ラタ主義　故意による告知義務違反については契約が無効となるが（保険法典 L. 113-8 条 1 項），悪意の証明がない告知義務違反については，契約は無効とならない（保険法典 L. 113-9 条 1 項）。これは強行規定であるため，重過失による告知義務違反を無効とするような約款規定を設けることはできない。故意による告知義務違反の立証責任は保険者にあるから，告知義務違反の事実は証明されたものの，悪意の証明ができなかった場合は，契約は有効となり，保険者は保険金額を全額支払わなければならない39)。このようなリスクを回避するために，保険者は，補充的請求として保険法典 L. 113-8 条を援用することが多い40)。

善意の告知義務違反については次のような規律が設けられている。不告知または不実告知が保険事故発生前に証明された場合には，保険料割増による契約の継続または未経過期間に対する既払保険料の返還を前提にした契約解除が行われる（保険法典 L. 113-9 条 2 項）。これに対し，不告知または不実告知が保険事故発生後に証明された場合には，比例減額された保険金が支払われる（保険法典 L. 113-9 条 3 項）。すなわち，危険が完全かつ正確に告知されていた場合に支払うべき保険料額に対する既払保険料額の割合に比例して保険金額が減額される41)（プロ・ラタ主義）。危険が引受不能である場合は，そもそもプロ・ラタ給付は不可能となる。海上保険の分野ではこのような場合，保険者は免責されるというルールが法定されているが（保険法典 L. 172-2 条 2 項），陸上保険ではそのようなルールが法定されていないので，約款において免責規定を明定するほかない42)。

---

37) 山野嘉朗「契約申込日と契約締結日の間に生じた危険の変更と告知義務」愛知学院大学論叢法学研究 49 巻 4 号 151 頁（2008）。
38) 同条は，公衆衛生法典（Code de la santé publique）L. 1141-1 条ないし L. 1141-3 条を準用している。なお，この問題については，山野・前掲注 29）168 頁以下参照。
39) 生命保険協会・生命保険契約に係るいわゆるプロ・ラタ主義に関する海外調査報告書（フランス・イギリス・ドイツ）仏 14 頁（2007）。
40) Lambert-Faivre et Leveneur, *supra* note (27), n° 335.
41) もっとも，フランスではプロラタ方式の適用は主として損害保険と傷害・疾病保険であり，生命保険に適用されることは希のようである（前掲注 39）仏 32 頁）。
42) Lambert-Faivre et Leveneur, *supra* note (27), n° 337.

プロ・ラタ方式の適用が可能な場合でも，保険者が保険金額を任意で全額支払うことは可能と解されている[43]。保険契約者側に提示される保険料額選択の正当性については，原則として保険者が証明責任を負う（破毀院第1民事部2000年6月6日判決[44]）。

　当該事案について料率表[45]が存在する場合は，プロ・ラタ給付はそれに従って行わなければならない。提示した料率表の正当性を証明するために保険者が申し立てた証拠について保険契約者から異議が唱えられた場合には，裁判官は双方から提出された証拠を考慮して，自ら料率を決めることができる[46]。反対に，当該事案について料率表が存在しない場合は，そもそもプロ・ラタ減額が不可能であるが，このような場合には，裁判官が定額による減額を決めることができる（破毀院第1民事部1985年5月6日判決[47]）。

　なお，被保険者の年齢についての錯誤があった場合でも，その真の年齢が引受範囲外でない限りは，契約は無効とならないが（保険法典L.132-26条1項），錯誤の結果，支払済保険料が収受すべき保険料を下回る場合は，支払保険金額は受領済保険料と被保険者の真の年齢に相当する保険料の割合で減額され，反対に，過大な保険料が支払われた場合には，保険者は受領した保険料のうちの過大な部分を利息を付すことなく返還しなければならない（保険法典L.132-26条2項）。

　(ウ)　他人の生命の保険　　被保険者の書面による同意があれば，他人の生命の保険契約を締結することができる（保険法典L.132-1条・L.132-2条）。ただし，12歳未満の未成年者，成年被後見人，精神療養施設に収容されている者については死亡保険契約を締結することはできない（保険法典L.132-3条）。12歳に達した未成年者については，親権を付与された親，後見人，財産管理人の承諾がなければ死亡保険契約を締結することはできない（保険法典L.132-4条）。

---

　43)　F. Chapuisat, La renonciation de l'assureur aux prérogatives du Code des assurances, *RGAT*. 1993. 488.
　44)　Civ. 1re, 6 juin 2000, *RGDA*. 2000. 806, note A. Favre Rochex.
　45)　公的な料率表は存在しないので，各社独自の料率表に従ってプロ・ラタ減額が行われる（前掲注39）仏51頁）。
　46)　Pratique des assurances du particulier: personnes et biens, Juris Classeur 2003, p. 465.
　47)　Civ. 1re, 6 mai 1985, *D*. 1987, somm. p. 35, obs. H. Groutel.

(エ)　他人のためにする生命保険

　(a)　保険金受取人に対する情報提供義務と保険金受取人探知義務　　生命保険契約における未払保険金対策として，①保険契約において保険金受取人指定の効果・方式に関する情報提供義務および保険金受領に関する条項が私署証書・公署証書の対象となりうることを保険契約上明示する義務を課すとともに (保険法典 L. 132-9-1 条)，②自分が保険金受取人であると考えている者に対し，専門機関への質問権を認め (保険法典 L. 132-9-2 条)，③被保険者の死亡通知を受けた保険者に，保険金受取人の探知義務を課すとともに，同探知に成功したときは，保険金受取人に対し受取人条項に関する情報を提供させるという義務を課している (保険法典 L. 132-8 条 7 項)。

　(b)　保険金受取人の指定方法　　保険法典では，契約変更書や遺言等による受取人指定方式が規定されている (保険法典 L. 132-8 条)。判例はこれを限定列挙とは解しておらず，契約者の意思が明確に示されていればよいと解してきた。また，保険法典自体も，配偶者や相続人等の指定の仕方を法認しているが，それらも限定列挙ではないと解されているように[48]，保険金受取人の指定については，相当に自由が認められている一方，指定の解釈をめぐって紛争も生じている[49]。保険者に対する通知は指定・変更の効力要件ではないが，保険者が善意で保険金を支払った場合に保険者は免責されるので，通知は対抗要件である (保険法典 L. 132-25 条)。

　(c)　保険金受取人の指定受諾とその効果　　保険金受取人指定の受諾は，保険企業，保険契約者，保険金受取人が署名した変更証書によって行うか，保険契約者および保険金受取人が署名した公署証書または私署証書によって行う (保険法典 L. 132-9 条)。前者の場合は，保険会社に対する対抗要件が直ちに具備されるが，後者の場合は，保険会社に対する書面による通知が対抗要件となる。保険金受取人の受諾の意思表示があれば原則として，保険契約者はこれを撤回することができない[50] (保険法典 L. 132-9 条)。保険金受取人の指定が無償でな

---

[48]　山野・前掲注 30) 168 頁。
[49]　山野嘉朗「生命保険約款の受取人条項における指定の解釈」愛知学院大学論叢法学研究 45 巻 4 号 67 頁 (2004)，同「生命保険金受取人指定の解釈——契約締結日に死亡していた子の直系卑属の受取人資格」愛知学院大学論叢法学研究 50 巻 2 号 167 頁 (2009)。
[50]　なお，2007 年の法改正前は，明示・黙示の如何を問わず，受諾があれば指定の撤回はでき

序　論 V

された場合は，たとえ同人が受諾の意思表示を行っても，保険契約者が契約の成立を知らされてから30日を経過しないと効力が生じない（保険法典L. 132-9条）。これは保険契約者に対して熟慮期間を与えたものと解される。

　(d)　保険契約に対する質権設定と保険金受取人の権利　　次のような規律が設けられている。①保険金受取人の受諾が質権設定の前に行われた場合は，質権設定は保険金受取人の同意に服する。②保険金受取人の受諾が質権設定後に行われた場合は，保険金受取人の受諾は質権者の権利との関係でなんら効力を生じない。③反対の約定のない限り，質権者は，保険金受取人の受諾があったとしても保険契約を解約することができる（保険法典L. 132-10条）。

　(e)　保険契約者の指定撤回権　　保険金受取人が被保険者の殺害を企てた場合には，保険契約者は，保険金受取人が自己のためになされた約定を既に受諾していたとしても，保険利益の授与を撤回することができる（保険法典L. 132-24条3項）。なお，被保険者自身は，保険金受取人の殺人未遂行為に対して，何の権利も有していないため，他人の生命の保険契約において被保険者はモラルリスクの状態から離脱することができない。この点については，古くから学説の批判を浴びてきたが，なお法改正は行われていない[51]。

　(f)　保険金受取人の権利の固有権性　　死亡保険金は被保険者の相続財産の一部とはならない（保険法典L. 132-12条）。なお，死亡保険金には，相続財産への持戻しに関する規定および契約者の相続人の遺留分侵害による減殺に関する規定も適用されない（保険法典L. 132-13条1項）。ただし，支払われた保険料が，契約者の資力に比して明らかに過大であった場合はこの限りでない（保険法典L. 132-13条2項)[52]。

　(オ)　免　責　条　項
　(a)　故意免責条項と免責事由の明確・限定性　　保険契約法に共通する規

　　ないと規定されていた（旧保険法典L. 132-9条第1項）。
51)　Picard et Besson, *Le contrat d'assurance*, LGDJ, 5ᵉ éd., 1982, n° 511; Mayaux, *Traité de droit des assurances, op. cit.*, n° 337. なお，山野嘉朗「保険金受取人による被保険者等の殺害とその法的効果——フランス保険法典L. 132-24条」愛知学院大学論叢法学研究50巻3＝4号125-126頁（2009）参照。
52)　この問題につき，山野嘉朗「貯蓄型生命保険契約の射倖契約性と相続法規（持戻し・減殺）の適用」愛知学院大学論叢法学研究47巻1号139頁（2005）参照。

律として，被保険者[53]の故意による保険事故招致は保険者免責となるが，被保険者の過失〈フォート〉(faute)[54]による保険事故招致については，その過失がどのようなものであっても，保険契約中に明確かつ限定的な免責条項を置かない限り，保険者は有責とされる（保険法典 L. 113-1 条）。たとえば，重過失という文言の解釈については判例・学説上争いがあり，その趣旨が一義的に決まるものではない以上，明確・限定性要件を欠くものと解されている[55]。

生命保険契約法では，以下のような保険事故招致類型が保険者免責とされている。

(b) 保険金受取人による保険契約者・被保険者の殺害[56]　保険金受取人が被保険者または保険契約者を殺害して有罪判決を受けた場合は，当該保険金受取人との関係で契約が失効して，同人は保険金の支払を受けることができない。保険金受取人が複数存在する場合は，殺人を行った保険金受取人の取り分はそれと無関係な他の保険金受取人に回されることになる。

保険金受取人による保険契約者・被保険者の殺害の場合でも，保険者は，原則として，保険契約者またはその権利承継人に対して責任準備金は支払わなければならないが，例外として，それらの者が被保険者または保険契約者殺害の正犯または共犯として有罪判決を受けた場合には，保険者は責任準備金の支払を免れる（保険法典 L. 132-24 条 1 項・2 項[57]）。

(c) 被保険者の自殺　死亡保険については契約締結後 1 年以内自殺を免責としつつ，2 年目以後の自殺については保障を義務づけている（保険法典 L. 132-7 条 1 項・2 項）。この規定は強行規定であるから，上記免責期間の延長も短縮も認められないことになる。

---

53) 「被保険者」は «assuré» の訳語である。この用語は「保険契約者」の趣旨で用いられることも少なくないが，保険法典 L. 113-1 条では「被保険者」の趣旨で使用されている。そこで，保険契約者が故意によって保険事故を招致した場合が問題となるが，判例（破毀院第 1 民事部 1994 年 7 月 20 日判決〈Civ. 1re, 20 juillet 1994, *RGAT*. 1994. 1118, note L. Mayaux〉）は保険法典 L. 112-1 条 3 項を援用して保険者免責という結論を導いている。

54) この用語は多義的に用いられるが，保険法典 L. 113-1 条の文脈においては「過失」と訳するのが適切と思われる。

55) 山野・前掲注 29) 78 頁。

56) 山野・前掲注 51) 117 頁参照。

57) なお，2007 年の法改正前は，殺害の対象は被保険者だけであったが，他人の生命の保険契約の場合も想定して，保険契約者が対象に加えられることになった。

序　論 V

　以上の原則に対しては，次のような例外規定が設けられている。まず，団体生命保険については，1年間の免責期間が適用されないので，1年以内の自殺を担保する規定を設けることが可能である（保険法典L.132-7条3項）。さらに，金融機関が締結する団体信用生命保険の場合は，政令の定める金額を上限として自殺危険も担保しなければならない（保険法典L.132-7条4項)[58]。

〔山野嘉朗〕

---

58) 自殺免責条項については，法改正がめまぐるしく行われてきたが，近時は，被保険者の遺族の保障機能を強化する方向で改正がなされている（この問題については，山野・前掲注29) 238頁以下参照）。

第1章 総　則

> （趣　旨）
> 第1条　保険に係る契約の成立，効力，履行及び終了については，他の法令に定めるもののほか，この法律の定めるところによる。

I　趣　　旨

　本条は，「趣旨」という見出しの下に，本法の適用関係について定める。近時の法律では，1条を目的規定として，その法律が目的とするところを明らかにすることが多いが，本条のように「趣旨」として，その法律の適用関係を明らかにすることも多い。

II　沿　　革

　本条は，保険法の制定により初めて置かれた規定である。

III　条文解説

1　保険法の規定内容と適用関係

　(1)　**保険法の規定内容**　　本法は，第1章の総則で，本条の本法の趣旨に関する規定と，2条の定義規定を置くが，これに続く第2章 損害保険，第3章 生命保険，第4章 傷害疾病定額保険の3つの章は，それぞれ第1節 成立，第2節 効力，第3節 保険給付，第4節 終了という4つの説がパラレルに置かれている。本条は，これを受けて，本法の規定内容は，保険契約の成立，効力，履行および終了についてのものであることを明らかにしている。第2章～第4章の各第3節の見出しの保険給付は，本条の履行に対応する。

　(2)　**保険法の適用関係**　　保険法は，上記のように第2章，第3章および第4章の3つの契約類型について規定を置いたが，実際に行われている保険契約においては，各章の適用対象となる保険給付が複合的に合意されている例が少なくなく，そのような場合の保険法の適用関係が問題となる。保険法では，とくにこの点についての定めは置かれていない。

たとえば，現在行われている自動車保険契約は，責任保険および車両保険という損害保険契約に該当する契約の部分，自損事故保険および搭乗者傷害保険という傷害疾病定額保険契約に該当する契約の部分，ならびに無保険車傷害保険および人身傷害補償保険という傷害疾病損害保険契約に該当する契約の部分とから構成されている。このような複合的な契約が一個の保険契約として締結される。生命保険会社の保険では，生命保険契約を主契約，傷害疾病定額保険契約に該当する契約を特約としてセットで一個の契約が締結されることが多い。また，生命保険契約の中には，高度障害条項が含まれているのが通例であるが，高度障害条項に基づく保険給付は，保険法上は傷害疾病定額保険契約の保険給付に該当することになるので，やはり一個の契約が複合的な内容となっているということができる。

このような複合的な保険契約がある場合における保険法の適用の基本的な考え方は，解釈論に委ねられるが，一個の契約であっても，第2章から第4章までで規定する保険契約の定義に該当する契約内容が含まれている限りで，それぞれ該当する章の規定が重畳的に適用されるというものである。たとえば，上記の自動車保険契約の例では，損害保険契約の規定（傷害疾病損害保険契約の規定も含む）と傷害疾病定額保険契約の規定が重畳的に適用され，生命保険契約の例では，生命保険契約と傷害疾病定額保険契約の規定が重畳的に適用されることになる。これらの場合において，各章の規定の強行規定が内容的に抵触するものであると適用関係について困難な問題が生ずるが，保険法では，各種の契約に共通する事項については，各章で独自の規定を設けてはいるが内容は基本的には共通の内容とされているので重大な抵触問題は生じないようである。

もっとも，各章の規定が相違する場合に，各章をまたがる複合的な保険契約にどのように保険法を適用するかが問題となる例がないわけではない。

たとえば，傷害疾病定額保険契約においては，保険契約者と被保険者が異なる者である場合には，被保険者の同意なく締結された保険契約について，被保険者は保険者に対する解除請求権を有するが（87条1項1号。傷害疾病保険損害保険契約については，保険契約者との間で別段の合意がない限りでやはり被保険者は解除請求権を有する。34条1項），これに該当する傷害疾病定額保険契約と損害保険契約または生命保険契約がセットとして1個の保険契約として締結されてい

る場合において，被保険者が傷害疾病定額保険契約についての解除請求権を行使した場合の効果はどのようなものとなるか。このような場合については，1個の契約であるとはいえ，傷害疾病定額保険契約の部分と損害保険契約または生命保険契約の部分とが可分であれば，解除請求の効果は傷害疾病定額保険契約の部分にのみ及び，損害保険契約または生命保険契約の部分は継続することになろうし，保険者の商品設計などにおいて可分とはいえないような事情があれば，解除請求は契約全体に及ぶということになろう。

このほか，各章の規定の相違という点では，第2章の損害保険契約については企業リスクの保険について片面的強行規定の適用除外を規定しているため，（実際にはそのような例を想定すること難しいであろうが）1個の保険契約で損害保険契約と傷害疾病定額保険契約とが複合的な契約とされている場合には，ある契約条項が損害保険契約の部分に適用される限りでは有効であるが，傷害疾病定額保険契約の部分に適用される限りでは無効となるという事態が生じうる。

2 他の私法法令との適用関係

(1) 総　説　　本条は，保険にかかる契約の成立，効力，履行および終了については，他の法令に定めるもののほか，この法律の定めるところによるとして，本法は，保険契約に関する一般私法としての地位を占め，保険契約の成立，効力，履行および終了について本法以外に特別の私法の性質をもつ法令の定めがある場合には，その法令が特別法として，本法に優先して適用されることを明らかにしている[1]。このように保険契約の成立等に関する法令の適用関係については，本条が明らかにするが，保険契約の成立等については，民法をはじめとする契約に関する法令の適用関係も問題となる。以下では，これらの適用関係について順次解説する。

(2) 本法に対する特別私法　　保険契約の成立等に関する他の法令の規定としては，商法第3編海商第6章の海上保険に関する規定（商815条〜841条ノ2），自動車損害賠償保障法（自賠11条〜23条・23条の3），船舶油濁損害賠償保障法（油賠14条〜16条），原子力損害賠償保障法（原賠8条・9条）があるが，いずれ

---

[1] 一問一答2頁。

も損害保険契約に関する特別法である。生命保険契約または傷害疾病定額保険契約については，現時点では本法に対する特別法は存在しない。平成17年に廃止された簡易生命保険法は，簡易生命保険契約に関する特別私法であったが，簡易生命保険が営利保険ではなく商法の適用がないから，商法の特別法という関係にはなかった。

(3) 民法等の一般私法の適用　本法は，保険契約の成立，効力，履行および終了について定めるが，保険契約も契約であることからは，本法で定められている事項以外の事項については，一般法として，民法および商法という契約に関する一般私法の適用がある。

一般私法としての地位を占めるものとしては，消費者契約法もある。消費者契約法は，労働契約を除くあらゆる消費者契約に適用があるが（消費契約2条3項），保険契約にも保険契約者が消費者である限りでは適用がある。もっとも，本法と消費者契約法との関係は，本法が特別法の地位を占めることから，本法の規定と消費者契約法の規定との間に抵触があれば，本法の規定が優先して適用されることになる（消費契約11条2項）。現行の消費者契約法と本法の規定の関係が問題となりうるものとしては，消費者契約の解除に伴う損害賠償額の予定等の効力について定める消費者契約法9条と解除等による生命保険契約等の終了に伴う保険料積立金の払戻しに関する保険法63条・92条がある[2]。

保険契約に適用のある私法的効力が定められた法令として，ほかに金融商品販売法があるが，同法の定める契約締結時の説明義務と損害賠償義務（金販3条〜7条）については，本法は定めを置いていないので，両法はそれぞれ独立に適用されるという関係に立つ。

3　保険法と保険業法等との関係

(1) 保険業法　わが国では，保険会社その他の保険業者の行政的な監督制度を定める法律として保険業法が制定されている。保険業法は，公法として分類される法律であり，保険法とは性質を異にするので，保険法と保険業法は私保険をそれぞれ異なる観点から規律することとなっている。もっとも，保険法

---

[2]　本書636頁以下〔金岡京子〕参照。

と保険業法とは，私保険に関する法律として密接な関係にあり，両法が交錯する局面も少なくない。

　㋐　保険業法中の私法的効果を有する規定　　保険業法の中にも，例外的に私法的効力を有する規定が置かれている。第 1 に，保険業法 283 条は，保険会社等は，その保険会社等に所属する保険募集人が保険募集について保険契約者に加えた損害を賠償する責任を負うものとし，これは，民法 715 条の使用者責任の規定を拡張した特別の不法行為責任の根拠規定である。保険募集人の保険契約に関する説明義務違反等の保険募集上の不適正な行為に対する保険契約者の救済手段として，保険業法 283 条は広く活用されている。保険法の制定にあたっては，かかる私法規定は，保険者や保険募集人の保険契約に関する説明義務の規定とともに，保険法で規定すべきであるという意見もあったところであるが，保険法は保険契約に関する私法の基本法という位置づけから，説明義務や保険会社の不法行為責任は保険業法の規定として維持されることとなった。

　第 2 に，保険会社等のリストラクチュアリングや破綻処理に関連した諸制度においては，保険契約の当事者の変更や保険契約の内容の変更という，私法的効果を伴う制度が保険業法において設けられている（保険業第 7 章・第 10 章第 2 節～第 3 節）。保険契約の包括移転は，保険契約の当事者である保険者の地位を移転させる仕組みであって，民法上の概念としては契約当事者の変更にあたるので，本来個々の保険契約者の同意によりはじめて実施できるはずのところ，保険契約の集団性ということから，集団的な異議申立手続を経ることでこれを可能とする制度である。破綻していない保険会社等が利用する場合と，破綻した保険会社等の破綻処理として利用される場合があるが，後者においては，保険金額の削減等の保険契約の内容の変更も行われることが通例である。また，破綻の予防手段という位置づけで，保険金額の削減等の保険契約の内容を，集団的な異議申立てにより実施できるという契約条件の変更の制度も設けられている（保険業第 10 章第 1 節）。

　なお，保険会社等の破綻処理については，上記の保険業法上の制度と別に，会社更生手続や破産手続という法的倒産処理手続による破綻処理をするための特別法として，金融機関等の更生手続の特例等に関する法律が制定されており，同法においては，保険会社等についても会社更生法や破産法等の特例が規定さ

れている（金融更生特第 3 章〔相互会社の更生手続〕，第 4 章第 2 節〔保険業を営む株式会社の更生手続の特例〕，同章第 6 節〔保険契約者保護機構の権限等〕，第 6 章第 4 節〔破産手続における保険契約者保護機構の権限等〕等）。保険会社の破産については，保険法 96 条も，保険者の破産の場合の保険契約の終了について定めている。

　(イ)　保険約款等の認可制　　保険法が規律する保険契約は，典型的な附合契約であり，保険者の定める保険約款により保険契約が締結されるのが通例となる。このような附合契約では，約款を作成する保険者が保険契約者の利益を損なう約款内容を定める危険があることから，明治 33 年のわが国最初の保険業法の制定以来，保険約款についての認可制が定められ，平成 7 年保険業法でも，企業保険等について一部届出制を導入したという例外を除いて認可制が維持されている（保険業 4 条 2 項 3 号・123 条 1 項）。認可に際しての審査基準として，保険業法とこれに基づく施行規則等は以下のように定めている。

　①　保険契約の内容が，保険契約者，被保険者，保険金額を受け取るべき者その他の関係者（以下「保険契約者等」という）の保護に欠けるおそれのないものであること。

　②　保険契約の内容に関し，特定の者に対して不当な差別的取扱いをするものでないこと。

　③　保険契約の内容が，公の秩序または善良の風俗を害する行為を助長し，または誘発するおそれのないものであること。

　④　保険契約者等の権利義務その他保険契約の内容が，保険契約者等にとって明確かつ平易に定められたものであること。

　⑤　その他内閣府令で定める基準（保険業規 11 条）。

　保険法の施行に向けて，約款の審査に関しての指針など監督指針の改正が行われている[3]。

　(ウ)　保険契約の適正な締結等に関する保険業者の行為規制　　保険法は，保険契約の成立，効力，履行および終了について規定するが，規定内容は，いずれも保険契約の内容，保険契約に基づく契約当事者の権利義務についてであ

---

[3]　嶋寺基＝仁科秀隆「新しい保険法に対応した監督指針の改正」NBL 907 号 38 頁（2009），長谷川靖＝松原功＝卯辰昇＝仁科秀隆「〔座談会〕新保険法下のコンプライアンス——保険約款と態勢整備のあり方を中心に」金法 1872 号 16 頁（2009）。

り，今日における保険契約の合理的な内容を定めて，保険契約者，とりわけ消費者の保護を図ろうとするものである。しかし，保険契約の内容について保険法が合理的な規律をするだけで保険契約者保護，消費者保護が十分であるわけではない。保険契約における保険契約者保護，消費者保護を図るには，保険契約の複雑な内容について契約締結前に適正な情報が保険契約者となろうとする者に対して提供されなければならない。また，契約締結後においても，保険契約者が知識経験において劣ることにより契約上有する利益を侵害されることも防止されなければならない。これらの保険契約者保護，消費者保護の課題は，現行法では，保険業法上の保険業者および保険募集人の行為規制の守備領域とされており，とくに情報提供規制については，相当に複雑な行為規制が行われている。

(2) 共済事業に関する諸法　保険法では，それまでの営利保険および相互保険に係る保険契約のみを適用対象としていた商法と異なり，各種協同組合等が行う共済事業に係る共済契約も一元的に適用対象とした（2条1号）。共済については，従前より，実質が保険に該当するものについては保険と一元的に法規制の適用をすべきであるという主張があり[4]，保険法は，契約法についてはこれをはじめて実現したことになる。しかし，保険法の制定過程においては，共済事業のサイドからは，事業の監督法に関して一元化には強い反対があり，国会でも保険法の附帯決議では監督法に関しては一元化すべきでないことが与野党一致で明らかにされている[5]。

共済事業の監督法は，農業協同組合法，中小企業等協同組合法，消費生活協同組合法など，共済事業の種類ごとに別の法律とされ，それぞれ別の主務官庁の監督を受けることとされている。これらの法律に根拠のある共済事業でない，いわゆる無認可共済問題へ対処すべく平成17年保険業法改正で少額短期保険業者の制度が導入されたが，この前後から，農業協同組合法等の共済の監督法の整備も進展し，保険業法との監督の水準との均衡も相当程度図られてきている。保険法とこれらの共済事業監督法の関係も，基本的には保険法と保険業法

---

4) 竹内昭夫「保険と共済」同・手形法・保険法の理論253頁（1990），鴻常夫「保険と共済」同・保険法の諸問題253頁（2002）。
5) 衆議院附帯決議二，参議院附帯決議七。

の関係と同様である。

4 保険契約と保険業界の自主規制

　保険業法は，上記の保険約款の認可制や保険会社・保険募集人等の行為規制を通じて，保険契約の締結や契約内容の適正化，保険契約者保護，消費者保護を図ろうとしているが，このような法令上の規制とともに，保険業者の団体による自主規制も徐々に整備されつつある。生命保険業界に関していえば，すべての生命保険業者が加入する業者団体として社団法人生命保険協会が存在するが，同協会は，たとえば，日本証券業協会が金融商品取引法上の認可金融商品取引業協会として法律上自主規制機関と位置づけられている[6]のとは異なり，自主規制機関としての性格を有しているとはいいがたい。しかし，従前より，保険業法等の法令上の規制をより具体化する指針やガイドラインを作成する役割を担っており，保険契約に関しても，モデル約款条項を作成するなど，保険契約内容についての契約者保護，消費者保護の改善について少なからぬ役割を果たしてきた。とりわけ近年は，保険募集に関連した各種ガイドラインのほか，いわゆる保険金不払問題を契機に契約締結や保険金支払など保険契約に直接関係する各種のガイドラインを相次いで作成しており[7]，保険業法上の上記規制を補完する生命保険協会の役割は重くなりつつあるところである。

5 保険約款

　(1) 総　説　　現代の企業取引は，内容が個性的で個々の契約当事者間で契約内容について実質的な交渉を経て締結されるものを除いては，財・サービスを提供する事業者が，約款によりあらかじめ契約内容を画一的に定め，個々の契約締結においては，契約目的や価格といった主要内容を除いては，約款を契約内容に組み入れることにより契約内容が確定されるのが通例である。保険取

---

[6] 金融商品取引法68条の2は，認可金融商品取引業協会は協会の規則に違反した会員金融商品取引業者等に対する処分権を有する旨を定めている。

[7] 保険契約に関するものとして，「正しい告知を受けるための対応に関するガイドライン」「未成年者を被保険者とする生命保険契約の適切な申込・引受に関するガイドライン」「保険金等の支払を適切に行うための対応に関するガイドライン」などがある。詳細は，生命保険協会のウェブサイトを参照。

引は，大数法則，収支相等原則，給付反対給付均等原則といった保険計理上の諸技術の要請から，とりわけ保険約款に基づく画一的な契約内容の画定が要請される。このため，保険約款が契約締結のための必須の手段とされてきたが，同時に約款による取引に通有の問題として，顧客側の利益が多面的に侵害されているのではないかという問題が約款問題として議論されてきた[8]。

(2) 保険約款の類型　わが国の保険実務では，保険約款は，普通保険約款と特約ないしは特別約款に区分されている。普通保険約款は，ある種類の保険契約の基本的な契約内容を定め，特約ないし特別約款は，普通保険約款に対する特則として，基本的な契約内容では定められていない契約内容を定めること，基本的な契約内容で定められていることの一部を適用しないこととすることなどを定めており，両者の関係は，一般法と特別法との関係に類似している。特約ないし特別約款において定められている内容は，保険給付に関わるものが多いが，保険料の支払に関連するものなど付随的契約条項に関するものもある。

生命保険会社の実務では，かつての保険業法における傷害疾病保険契約に関わる保険会社の業務規制との関連で，生命保険契約を主契約，傷害疾病保険契約を特約とするセット方式の契約が一般的に行われてきた。このような場合でも，特約では，特約で定めのない事項については主契約の普通保険約款を適用すると定められているのが通例である。

(3) 保険約款の拘束力　かつては保険約款を含めて事業者の一方的に定める約款がなぜ契約内容となり，顧客側をも拘束することとなるかは，私法学の一大問題であり，いわゆる約款論が学説上華々しく展開された。しかし，保険約款の拘束力について，保険会社の約款による旨の記載のある保険契約申込書に顧客が任意に調印して申込みをして保険契約が締結されたときには，顧客が約款の内容を知悉していなかったとしても，約款により契約する意思が推定されるとする，いわゆる意思の推定説による判例[9]が第二次世界大戦後も今日に至るまで基本的に維持されてきたし，約款の拘束力が争われること自体がほとんどなくなっている。学説の約款論が狙っていたのは，約款中の不当条項の拘束力を排除するということであったが，不当条項の規制は，消費者契約法の制

---

[8] 保険約款に関する諸問題については，山下109頁以下参照。
[9] 大判大正4年12月24日民録21輯2182頁。

定などにより約款の拘束力にかこつける必要も乏しくなったので，約款の拘束力の議論もほとんど消滅しつつある。ただし，平成21年3月に公表された民法（債権法）改正検討委員会の債権法改正の提案として，約款についての規定を債権法に設けることとし，その一部として，約款の事前開示を原則的な拘束力発生（約款の契約内容への組入れ）の要件としようとする提案があることには留意する必要がある[10]。

(4) 保険約款の解釈　約款論の一部として，約款の解釈方法論という議論があり，約款は多数の契約を定型的に規律するという性質から，約款の解釈は，個々の顧客の理解ないし理解可能性に従うのではなく，客観的解釈として，平均的あるいは合理的な顧客の理解可能性を基準に解釈されるべきであるというのが支配的見解である。判例も基本的にはこの客観的解釈の方法によっているものと考えられる。平均的あるいは合理的な顧客の理解可能性を基準にするということは，約款を作成した事業者の意思ないし理解は，約款の文言に現れていない限りでは解釈の基準とされてはならないということでもあり，このことは保険約款でも妥当する。もっとも，保険約款の解釈でも，当該保険契約の背後にある保険技術的な仕組みなども参酌の上，保険約款の解釈が行われている例は判例でも少なくなく，たんに保険約款の文言だけに着目した解釈が行われているわけではない。

約款を事業者が一方的に作成するため不当な約款となりがちであるということから，約款の補助的な解釈方法として，作成者に不利益に解釈するという方法や，とくに保険約款については，免責条項の制限的解釈という方法が主張されることがあるが，判例で一般的に採用されるところとはなっていない。ただし，上記債権法改正の提案として，複数の解釈が可能なときは約款条項使用者の不利益に解釈するという原則を明文化するという提案がある[11]。

(5) 不当条項の無効　約款条項が顧客にとって不当に不利益な内容となっている不当条項の効力をどのようにして否定するかは約款論の中心課題であった。この点についても多様な学説上の議論があるが，現在では，消費者契約に

---

10) 民法（債権法）改正検討委員会編・債権法改正の基本方針（別冊NBL 126号）【3.1.1.26】107頁（2009）。
11) 民法（債権法）改正検討委員会・前掲注10)【3.1.1.43】123頁。

関しては，消費者契約法8条および9条に無効とされる不当条項のリストが定められるとともに，10条に法律の任意規定を基準として不当条項を無効とする一般条項が置かれ，不当条項の規制は実定法上のものとなり，最近では，10条を根拠に，生命保険契約における催告を要することなく保険料の不払により保険契約が失効するとする従来一般的に使用されてきた約款条項を無効とする裁判例も現れるに至っている[12]。もっとも，10条の一般条項の適用範囲が狭きに失するので，より一般的に信義則等を根拠として不当条項を無効とする法理を構築したり，消費者契約以外でも不当条項を無効とする法理の構築が学説上の課題となっている。上記債権法改正の提案として不当条項リストを拡大したり，一般条項の適用要件を緩和するなど不当条項規制の強化の提案がある[13]。

　これらの不当条項の規制は，一般法であり，無効となるかどうかの判断が一義的なものではないが故に裁判により無効が確定されないと実際の契約への適用の可能性を排除することは難しいという限界がある。消費者契約法では，消費者団体による不当条項の使用差止請求を制度化するといった前進があるが（消費契約第3章），これもどの程度の効果があるかはなお未知数である。

　このような一般法による不当条項の規制にはさまざまな限界があるので，個別の契約類型についての特別法による不当条項の規制の必要性がある。保険契約についても，契約類型としては非常に特殊な性格を有するものであるので，片面的強行規定を多く含む保険法の制定は，保険契約における不当条項の規制にとっては有意義なものということができる。

　(6)　保険法の制定と約款問題への影響　　保険法が制定される前の保険契約に関する民事基本法であった商法は，損害保険契約における被保険利益要件（改正前商630条）や他人の死亡の生命保険契約における被保険者の同意要件（改正前商674条）など，保険契約特有の絶対的強行規定を別とすれば，任意規定として置かれており，商法の規定と異なる約款条項を設けることは自由であるとされており，実際にも，商法の規定よりも保険契約者に不利益な条項がみられるところであった。もっとも，いくら商法の規定が任意規定であったとし

---

[12]　東京高判平成21年9月30日金法1882号82頁。
[13]　民法（債権法）改正検討委員会・前掲注10)【3.1.1.32】～【3.1.1.39】111-121頁。

ても、これをまったく無視して保険約款が作成されてきたわけではなく、商法の規定は約款作成のベースとされてきたのは事実であるが、実務上商法の規定通りとすることが困難な場合は商法と異なる条項を置くことも排除されていなかった。消費者契約法が制定され、同法10条は一般条項として法律の任意規定が不当条項か否かの有力な判断基準を提供することとなったが、そこでも合理的な理由があれば任意規定からの逸脱も許容されるので、保険約款の作成にそれほど大きな影響を与えるものではなかった。

　これに対して、保険法は、その多くの規定を、保険契約者側に不利益に変更することを許さない片面的強行規定としたことから、片面的強行規定とされた保険法の規定があれば、それよりも保険契約者側に不利益な約款条項を置いても無効となり、合理的な逸脱の理由があるという正当化ができなくなる。このことから、それぞれの片面的強行規定が片面的強行規定であるのはいかなる意味においてであるかの解釈問題がきわめて重要となっている[14]。

〔山下友信〕

---

14) 片面的強行規定違反か否かの考え方については、本書676頁以下［萩本修＝嶋寺基］。

(定　義)
第2条　この法律において，次の各号に掲げる用語の意義は，当該各号に定めるところによる。
一　保険契約　保険契約，共済契約その他いかなる名称であるかを問わず，当事者の一方が一定の事由が生じたことを条件として財産上の給付（生命保険契約及び傷害疾病定額保険契約にあっては，金銭の支払に限る。以下「保険給付」という。）を行うことを約し，相手方がこれに対して当該一定の事由の発生の可能性に応じたものとして保険料（共済掛金を含む。以下同じ。）を支払うことを約する契約をいう。
二　保険者　保険契約の当事者のうち，保険給付を行う義務を負う者をいう。
三　保険契約者　保険契約の当事者のうち，保険料を支払う義務を負う者をいう。
四　被保険者　次のイからハまでに掲げる保険契約の区分に応じ，当該イからハまでに定める者をいう。
　　イ　損害保険契約　損害保険契約によりてん補することとされる損害を受ける者
　　ロ　生命保険契約　その者の生存又は死亡に関し保険者が保険給付を行うこととなる者
　　ハ　傷害疾病定額保険契約　その者の傷害又は疾病（以下「傷害疾病」という。）に基づき保険者が保険給付を行うこととなる者
五　保険金受取人　保険給付を受ける者として生命保険契約又は傷害疾病定額保険契約で定めるものをいう。
六　損害保険契約　保険契約のうち，保険者が一定の偶然の事故によって生ずることのある損害をてん補することを約するものをいう。
七　傷害疾病損害保険契約　損害保険契約のうち，保険者が人の傷害疾病によって生ずることのある損害（当該傷害疾病が生じた者が受けるものに限る。）をてん補することを約するものをいう。
八　生命保険契約　保険契約のうち，保険者が人の生存又は死亡に関し一定の保険給付を行うことを約するもの（傷害疾病定額保険契約に該当するものを除く。）をいう。
九　傷害疾病定額保険契約　保険契約のうち，保険者が人の傷害疾病に基づき一定の保険給付を行うことを約するものをいう。

I　趣　　旨

　2条1号〜9号は，保険契約に関する重要概念を定義する規定である。改正前商法のもとでは，「損害保険契約」と「生命保険契約」について実質的な定義規定が置かれていたにすぎないが，現代化を経た他の民事基本法の例（破2条，会社2条，信託2条等）に倣い，保険法においても，保険法の趣旨について述べる1条に続き，2条において重要概念の定義を置くこととしたものである。

　本条で定義される重要概念は，大きく3つに分けることができる。第1は，「保険契約」の定義であり（本条1号），この定義により，保険法の適用範囲が画されることになる（本条1号では「保険給付」も併せて定義されている）。第2は，保険契約の当事者・関係者に関する一連の定義であり，具体的には，「保険者」，「保険契約者」，「被保険者」，「保険金受取人」の定義がこれに該当する（本条2号〜5号）。第3は，保険契約の類型に関する一連の定義であり，具体的には，「損害保険契約」，「傷害疾病損害保険契約」，「生命保険契約」，「傷害疾病定額保険契約」の定義がこれに該当する（本条6号〜9号）。

II　沿　　革

　明治23年旧商法（明治23年法律第32号）は，保険に関する最初の規定（625条）で，「保険契約ハ保険者カ保険料ヲ受ケテ或ル者ニ関シ或ル時間ニ於テ不測又ハ不確定ノ事故ニ因リテ生スルコト有ル可キ喪失又ハ損害ニ付キ被保険者ニ賠償ヲ為ス義務ヲ負フ契約タリ」と保険契約を定義していた（同規定は「被保険者ニ賠償ヲ為ス」とあることから一見すると損害保険契約の定義であるかのごとくであるが，続く626条において「保険スルコトヲ得ヘキ危険ハ主トシテ火災，地震，暴風雨其他ノ天災，陸海運送ノ危険，死亡及ヒ身体上ノ災害ナリ」と定められていることからも明らかなように生命保険契約や傷害保険契約も含む概念であった）。

　これに対し，明治32年商法（明治32年法律第48号）では，保険契約一般についての定義規定は置かれず，その代わりに損害保険契約と生命保険契約に関する定義が設けられた。すなわち，「損害保険契約ハ当事者ノ一方カ偶然ナル一定ノ事故ニ因リテ生スルコトアルヘキ損害ヲ塡補スルコトヲ約シ相手方カ之

ニ其報酬ヲ与フルコトヲ約スルニ因リテ其効力ヲ生ス」とされ（同629条），「生命保険契約ハ当事者ノ一方カ相手方又ハ第三者ノ生死ニ関シ一定ノ金額ヲ支払フヘキコトヲ約シ相手方カ之ニ其報酬ヲ与フルコトヲ約スルニ因リテ其効力ヲ生ス」（同673条）とされていた。

保険法のもとでは，前述のように，「保険契約」の定義のほか，保険契約の当事者・関係者に関する定義，保険契約の類型に関する定義が置かれている。

III 条文解説

1 総　説

定義に関する諸問題のうち，(1)何をもって保険契約とし，保険法の適用対象とするのか，(2)保険契約の類型をどのように整理するのか，という問題は保険法の立法過程においても議論された問題である。最初にその議論状況について整理しておく。

(1) 保険法の適用対象　保険会社が契約当事者となる伝統的な保険契約（以下「狭義の保険契約」ともいう）については，それが，営利保険であると相互保険であるとを問わず保険法の適用対象とされるべきことはいうまでもないことであって，とくに議論もされていないが，①「保険」を定義すべきか，②共済契約も保険法の適用対象とされるのか，③保険デリバティブないしART（代替的リスク移転）と呼ばれるものは保険法においてどのような扱いを受けるのか，④金銭の支払以外の財産上の給付（現物給付）を行うものを保険法の適用対象とすべきかについては，議論のあったところである。

法制審議会保険法部会では，保険法の適用対象たる「保険契約」を確定する前提として，①「保険」とは何かを明らかにすべきか（「保険」を定義すべきか）という問題が議論されたが，「保険」という用語は，これまで種々の法律において，とくに定義することなく用いられていること（保険業法，改正前商法，自賠法等）や，法律の条文において「保険」を過不足なく定義することの困難性が考慮され，「保険」それ自体について定義規定を置くことは見送られた[1]。

---

[1] 一問一答36頁。

もっとも、「保険契約」の定義において、保険給付と保険料の関係について言及されたことにより（2(1)参照）、保険数理に基づいて事業運営がなされているものが保険であるということが、間接的に示されているといってよいであろう。

次に、②の共済契約の扱いに関しては、法制審議会保険法部会においても、共済契約に保険法が適用されるべきことについては大きな異論はみられなかった。保険法の制定趣旨の1つが消費者保護である以上、現実の経済社会において狭義の保険契約と類似の機能を果たしている共済契約についても、狭義の保険契約と同様に保険法を適用し、消費者保護を図るのが合理的であると考えられたのであろう。もっとも、ひとくちに共済契約といっても、各種協同組合法を根拠法として協同組合によって行われている共済のように狭義の保険契約と同様の実質を有する共済契約もあれば、狭い地域や職域の構成員のみを対象として見舞金程度の共済金を支払うような共済契約もあり、後者のように保険数理に基づいているとはいいがたい共済契約に保険法を適用する必要性や合理性は乏しいといえる。そこで、保険契約の定義において、後者のような小規模な共済契約を保険契約から除外するような文言が入れられている（詳しくは、2(1)参照）。

以上に対し、③については、立法過程においても突っ込んだ議論がなされたわけではなく、解釈に委ねられたというのが実際のところであろう。本条2号の「保険契約」の定義からすると、たとえば、「〇〇地方における1月の平均降雪量が△△以下の場合に甲は乙に対して補償金として●●を支払い、その対価として乙は甲に□□を支払う」といったいわゆる天候デリバティブの約定も保険契約に含まれるという解釈が文言上およそとりえないというわけではない。しかし、そのような解釈は現時点では一般的ではなく[2]、保険デリバティブは保険法の適用対象ではないとみてよいであろう。

---

[2] ただし、対価（デリバティブの手数料）の決定に際して保険数理が用いられ、多数の相手方とデリバティブ契約が締結される場合に、保険デリバティブが保険契約にはあたらないということを説得的に説明することは難しい。保険デリバティブにおいては一般の保険契約と比較してモラル・ハザードが高くないことが指摘されているが（山下23頁以下、山下友信「保険・保険デリバティブ・賭博」江頭憲治郎＝増井良啓編・融ける境 超える法（3 市場と組織）242頁以下（2005））、このように、モラル・ハザード規制の必要性が保険契約ほどには高くないということが、保険デリバティブを保険契約として扱わないことの1つの理由となろうか。

最後に，④は，保険法部会においてもっとも激しく議論されたテーマの1つであったが，最終的に，実損てん補の形で現物給付を行うものは保険契約として扱うが，定額の現物給付を行うものは保険契約としては認めないということで決着した。もともと，損害保険に関しては，改正前法のもとでも現物給付は許されているというのが定説であり，ガラス保険におけるガラスの現物てん補や自動車車両保険における自動車の現物てん補（修理や代品の交付）など，現物給付がなされうることが約款上定められている例が存在していた。これに対し，改正前商法の生命保険契約の定義（改正前商673条）からは，現物給付を認めることが困難であることから3)，生命保険業界から，保険商品設計の自由度を高めて顧客ニーズに応えるために，生命保険契約・傷害疾病定額保険契約という定額保険契約についても現物給付保険（以下「定額現物給付保険」と総称する）を認めてほしいとの要望が出され，法制審議会保険法部会で議論がなされることとなったものである。定額現物給付保険として想定されていたのは，たとえば，被保険者が60歳になったときに老人ホームに入居できる権利を生存給付として保障するような生命保険契約である。法制審議会保険法部会では，このような契約を保険法の枠外に置いてしまうよりも，生命保険契約として保険法を適用し，法律関係の明確化を図る方がよいという考え方もあったが（立案担当者はこの立場であった），その一方で，このような契約は悪徳業者によって詐欺的に販売されるおそれがあるため保険業法によって規制される必要があるが，現行保険業法の枠組みではこのような保険給付に対して適正な監督（経済変動等によりかかるサービスの給付費用が将来増大するリスクに備えるための監督や，サービスの質を確保するための監督が必要となる）を行うことは困難であり，保険業法による規制が当面予定されていないにもかかわらず保険法において保険契約として扱うことは，法律によって一種の「お墨付き」を与えることになりかねず適切ではないという慎重論も強く，最終的に生命保険契約および傷害疾病定額保険契約においては定額現物給付を認めないこととされた4)。本条1号の

---

3) 損害保険契約を定義する改正前商法629条では，「損害ヲ塡補スルコト」が保険者の給付内容とされており，損害のてん補は金銭によるのみならず，現物によってもなしうるように読めるのに対し，生命保険契約を定義する改正前商法673条では，「一定ノ金額ヲ支払フヘキコト」が保険者の給付内容とされており，金銭以外の財産上の給付を約定することは予定されていないとみるのが自然であった。

保険契約の定義の中で，生命保険契約および傷害疾病定額保険契約について保険給付を金銭の支払に限るとしているのは，この趣旨である。

(2) 保険契約の類型　改正前商法はながらく，保険を損害保険と生命保険に二分するという分類法を採用してきた。しかし，損害保険は，保険事故発生に対して支払われる保険金の額の定め方（実損てん補か，定額給付か）を基準として分類された保険類型であり，生命保険は，人の生死を保険事故とする保険であって保険事故の客体（物か，人か）を基準として分類された保険類型であるといえるから，損害保険と生命保険とでは分類の基準が異なっており，論理的には正しい分類法とはいえない。また，この分類法では，傷害疾病保険（人がけがをしたり病気にかかったことに関して保険金が支払われる保険。換言すると，人の傷害疾病を保険事故とする保険）の位置づけにも困難をきたしうる。傷害疾病保険には，医療実費等の実損害相当額を保険金として支払う実損てん補方式（損害保険方式）のものと，入院1日あたり〇〇円と定める場合のように支払保険金の額を定額で定める定額給付方式（定額保険方式）のものとが考えられ，いずれの方式で行うことも可能であると考えられているが，損害保険と生命保険の二分法では，実損てん補方式の傷害疾病保険は損害保険に分類することができるものの，定額給付方式の傷害疾病保険は損害保険でも生命保険でもなく，いずれにも分類しえないからである（以下で「傷害疾病保険（契約）」という場合には，人の傷害疾病を保険事故とするあらゆるタイプの保険〔契約〕〔実損てん補方式・定額給付方式のほか，そのいずれにも分類しえないものも含む〕を指すものとする）。

そのため，諸外国ではこれとは異なり，損害保険と，傷害疾病保険を含む人保険とを対置させるという立法主義をとるものが多い（フランス，ドイツ，スイスなど）。この分類法においても，損害保険と人保険がそれぞれ異なった基準に基づく類型であるということには変わりがなく，また，実損てん補方式の傷害疾病保険が，損害保険と人保険のいずれに分類されるのかという問題点が生ずるが，このような不完全さにもかかわらず，損害保険と人保険，または損害

---

4) この問題については，山下友信「保険の意義と保険契約の類型――定額現物給付概念について」中西喜寿3頁以下，遠山聡「定額保険における現物給付」保険学607号21頁以下（2009）に詳しい。

保険と生命保険と傷害疾病保険という分類法をとるのが現在の世界の立法の大勢であるといってよい。

　今回の保険法の現代化にあたっては，このような海外の立法の傾向も参考にしつつ保険契約の分類法が検討されたが，最終的に，海外での一般的な分類法とは異なる分類法が採用された。すなわち，保険を，損害保険・生命保険・傷害疾病定額保険に三分するという分類法である

　改正前商法の損害保険契約・生命保険契約という2類型に加えて，単純に傷害疾病保険契約という第3の類型を設けると，前述のように，実損てん補方式の傷害疾病保険契約を損害保険契約と傷害疾病保険契約のいずれに分類すればよいかという問題が生じてしまう。この問題を解決する1つの方法として，傷害疾病保険契約に関しては，定額給付方式の保険類型を念頭に置いて規定作りを行い，実損てん補方式の傷害疾病保険契約には，傷害疾病保険契約に関する規定のほかに，必要に応じて，損害保険契約に関する規定を適用する（①そのための特則を個別に設けるというやり方と，②損害保険契約に関する規定を必要に応じて準用するという一般ルールを設けるというやり方が考えられる。②については，明文の規定は設けずに解釈に委ねるというやり方もありうる）というアプローチが考えられる。保険法に関する従来の立法提案や諸外国の立法例にはこのようなアプローチを採るものが見られることから，立法過程においてはこのアプローチを支持する見解もあった5)。

　しかしながら，立案担当者は，実損てん補方式の傷害疾病保険契約は「傷害疾病損害保険契約」として損害保険契約の下位類型に位置づける一方で，定額給付方式の傷害疾病保険契約，すなわち「傷害疾病定額保険契約」を，損害保険契約・生命保険契約に並ぶ第三の保険類型として扱うというアプローチを提案し，最終的にこれが保険法における契約分類法として採用されるところとなった。実損てん補方式の傷害疾病保険契約は損害保険契約の一種であるという理解は，従来から，ドイツやわが国における保険法学上の通説的な理解であったが6)，これを理論にとどめるのではなく立法にそのまま持ち込んだのが，わ

---

5) 洲崎博史「シンポジウム・保険法改正『新保険法の射程と構造』補足」私法70号64頁（2008）。
6) 大森忠夫「商法における傷害保険契約の地位」同・保険契約法の研究109頁（1969），江頭

が保険法の保険契約分類法の特徴であるといってよいであろう。このアプローチが優れている点としては，人の傷害疾病を保険事故とする保険契約が，損害保険（実損てん補方式）と定額保険（定額給付方式）のいずれかに分類される限りは，適用される規範が明確になるということがある。しかし，損害保険と定額保険のいずれであるかが必ずしも明らかではない傷害疾病保険契約については，傷害疾病損害保険契約にも傷害疾病定額保険契約のいずれにも該当しないために無名契約になりかねないという問題点もあり（2(7)参照），保険法の採用した分類法が最善のものであったかどうかについては将来の評価に委ねるほかない。

2 解　説

(1) 保険契約（本条1号）　本条1号の保険契約の定義は，次のような特徴をもつ。すなわち，①契約の名称は問わない（保険契約や共済契約といった名称である必要はない），②当事者の一方が一定の事由が生じたことを条件として財産上の給付を行うことを約している，③相手方が②に対して（②の反対給付として）保険料や共済掛金を支払うことを約している，④保険料や共済掛金が②の一定の事由の発生の可能性に応じたものとして支払われる，という点である[7]。このうち，②と③は，改正前商法の損害保険契約や生命保険契約の定義（改正前商629条・673条）にも実質的に含まれている要素であって，とくに目新しいものではない。しかし，契約の名称を問わず，その実質において保険契約の特徴を備えるものを「保険契約」とみて保険法を直接適用する姿勢を明らかにした点（①）および一定の事由の発生の可能性に応じて保険料等が定められるべきこと（換言すると，保険給付がなされる可能性に応じて保険料等が定められるべきこと）を明示的に求めているという点（④）は，改正前商法やこれまでの保険業法にはみられなかった特徴である。

④の「可能性に応じて」という部分は，保険制度の特徴たる保険給付と保険料の間の保険数理的関係を示しているものと考えられるが，保険給付と保険料の間に厳格な給付反対給付均等原則が成立していることまで求められていると

　憲治郎・商取引法〈第4版〉485頁注1（2005），山下445頁。
7)　一問一答28頁。

解すべきではない。現に販売されている保険商品の中にも，保険契約者ごとの個別リスクの評価を厳密には行わない（したがって厳密には給付反対給付均等原則が成り立たない）ものがあることが知られているし[8]，さらに，保険数理に厳格に合致する契約のみを保険契約であると捉えると，故意に保険数理に合致しないように保険料を定めることによって保険法の適用を免れることが可能になってしまい，消費者保護という保険法の重要な立法目標に反する事態が生じかねないからである[9]。もっとも，告知義務や危険増加に関するルールが保険法の中核的ルールであることからすれば，保険法は，契約者ごとにリスク測定を行うような契約を規律対象として想定しているということもまた明らかであり，リスク測定やそれに応じた保険料の算定をせずに団体構成員から一律に低額の掛金を徴収し，不幸があれば見舞金を支払うような小規模の共済は，保険法の適用対象にはならないと解される[10][11]。

　本条1号は「保険契約」を定義する中で，「保険給付」もあわせて定義している。「保険給付」とは，「一定の事由が生じたことを条件として〔行う〕財産上の給付」のことであり，改正前商法のもとでの損害保険契約にかかる「損害ノ填補」という概念と生命保険契約にかかる「一定ノ金額ノ支払」という概念を統合したものといってよい。ただし，損害保険契約における保険給付は「損害をてん補すること」であり（本条6号），また，生命保険契約と傷害疾病定額保険契約にあっては，保険給付は「金銭の支払」に限られ（本条1号かっこ書），かつ，「一定」であることを要する（本条8号・9号）から，「保険給付」という概念を導入したことによる実質的な変更は生じていない。

　本条1号の保険契約に該当するためには，問題の契約が保険監督上または共

---

[8]　たとえば，自賠責保険においては，任意自動車保険のように自動車事故を起こす可能性に応じて保険料率を変えるということは行われていない。

[9]　保険業法にいう「保険業」の解釈にあたっても，保険技術に立脚した事業のみを保険業と捉えると，出鱈目な事業経営をすればするほど保険業法の適用を免れることとなって不合理であることが指摘されている。山下友信「保険業の意義」商事1434号5頁（1996）。

[10]　一問一答29頁。

[11]　団体内部の福利厚生の一環として慶弔見舞金を支払うようなケースは，社会通念上，保険に該当しないことは明らかであって，これを保険契約から除外するために「可能性に応じて」というような要件を付加する必要はなく，この要件を付加したことでかえって不適切な限定解釈がなされかねないという立法論的批判を加えるものとして，落合誠一監修・編著・保険法コンメンタール（損害保険・傷害疾病保険）9頁［落合誠一］（2009）。

済監督上，適正な監督を受けている必要はない。保険業法上の「保険業」に該当するため，保険業法に基づいて，保険業の免許または少額短期保険業者としての登録を受けて事業を行わなければならないにもかかわらず（または各種協同組合法に基づく監督を受けて共済事業を行わなければならないにもかかわらず），それをせずに保険事業・共済事業を行っている場合（無免許営業・無登録営業の場合）でも，当該事業において締結されている契約は本条1号の保険契約として保険法が適用される。また，そもそも保険業法上の「保険業」でいうところの保険と保険法上の「保険契約」でいうところの保険は完全に一致しているとは限らないから，理論上は，保険業法上の（少額短期保険業を含む）保険業には該当しないものにも保険法が適用される可能性はある。もっとも，保険業法が定義する少額短期保険業（保険業2条17項）にも該当しないような小規模な共済事業にかかる共済契約は，前述の「可能性に応じて」という要件を満たさず，本条1号の保険契約にはあたらないと判断されることも多いであろう。

なお，国が公的な政策の実現手段として行う公保険にはさまざまなものがみられるが，社会保障を目的とする社会保険（健康保険，厚生年金保険，雇用保険など）は，通例，給付反対給付均等の原則が成り立たず，また，保険契約の締結を待たず，法律上当然に保険関係が発生するものとされていることもあるなど，保険法が想定する保険契約とは性質を異にするから，保険法の適用対象とはならない[12][13]。

[12) 　一問一答30頁注4は，本条1号において，「一定の事由の発生の可能性に応じたものとして」という文言が用いられた理由の1つとして，公保険が保険法の適用対象ではないことを明確にするためであったことを挙げている。しかし，個々の公保険に保険法の適用があるかどうかは，それぞれの公保険の性質にしたがって決まるべき問題であり（産業保険タイプの公保険は，私保険に類似するようなものとして設計することも可能であると思われる），本条1号の定義から当然に，公保険には適用も類推適用もないという結論が導かれるものではないというべきである。

13) 　郵政民営化の前に販売されていた簡易生命保険は，国が保険者となる生命保険であるが，営利を目的とせず，相互保険でもないことから，改正前商法673条以下の規定は適用も準用もなく，簡易生命保険法によって自足的に規律されると解されていた。ところが，保険法は，狭義の保険契約にとどまらず，保険契約としての実質を有するすべての契約に適用されるものとされており，しかも，一定の規定は保険法施行前に締結された生命保険契約にも適用される（保険法附則4条）ことから，郵政民営化前に締結された簡易生命保険契約（以下「旧簡易生命保険契約」という）にも保険法の適用があるのかが問題となる。規定の文言だけをみれば，旧簡易生命保険契約にも保険法の適用があるかのごとくであるが，旧簡易生命保険契約は郵政民営化後も経過措置として簡易生命保険法の規律を受けるものとされている（「郵政民営化法

(2) 保険者（本条2号）　本条2号が定義するとおり，保険契約の当事者のうち，保険給付を行う義務を負う者が保険者である。改正前商法にはこれに相当する定義規定はないが，保険者がこのような者を意味するものであることはまったく異論のないところであり，本条2号は当然のことを定めたにすぎない。なお，前号の規定から，保険契約には共済契約も含まれうるから，共済契約が本条1号の保険契約に該当する限りは，当該共済契約の当事者たる共済者が，本条2号にいう保険者に該当することになる。

(3) 保険契約者（本条3号）　本条3号が定義するとおり，保険契約の当事者のうち，保険料を支払う義務を負う者が保険契約者である。改正前商法にはこれに相当する定義規定はないが，保険契約者がこのような者を意味するものであることはまったく異論のないところであり，本条3号は当然のことを定めたにすぎない。なお，本条1号の規定から，保険契約には共済契約も含まれうるから，共済契約が本条1号の保険契約に該当する限りは，当該共済契約の当事者たる共済契約者が，本条3号にいう保険契約者に該当することになる。

(4) 被保険者（本条4号）　被保険者については，損害保険契約における被保険者と定額保険契約における被保険者では意味が異なり，また，同じ定額保険契約でも生命保険契約と傷害疾病定額保険契約では被保険者を定義する文言が異ならざるをえないことから，3類型それぞれについて被保険者が定義されている。なお，共済契約において「被共済者」と呼称されている者も，当該共済契約が本条1号の保険契約に該当する限りは，本条4号にいう被保険者にあたりうることは，保険者・保険契約者について述べたところと同様である。

(ア) 損害保険契約における被保険者（本条4号イ）　損害保険契約における被保険者の定義については，従来の保険法学説においてもバラツキがあり，①「損害保険契約により，被保険利益の主体として，保険事故発生の場合に保険金の支払を受くべき者として定められた者」[14]という定め方をするものと，

の施行に伴う関係法律の整備等に関する法律」附則16条）ことからすると，旧簡易生命保険契約は，保険法施行後も簡易生命保険法によって自足的に規律され，保険法の適用はないと考えるべきなのであろう。

14) 大森89頁。西島25頁の「保険者と保険契約者との間の契約により，被保険利益の帰属主体として，保険事故が発生した場合に保険金を受け取る権利を与えられた者」という定義も同趣旨と解される。

②「被保険利益の帰属主体であると同時に保険給付請求権の帰属主体」[15]という定め方をするものがみられた。

　①の定義では一見すると誰が被保険者になるかを契約で自由に決めることができるかのごとくであるが、損害を被ることのない者を保険給付請求権者として定めることは利得禁止原則から許されないから、そのような意味に解すべきではない。誰が保険給付を受け取るべきかは、被保険利益の内容から客観的に定まるべきものであるが、当該保険契約における被保険利益が何か（たとえば所有者としての利益を守るのか、抵当権者としての利益を守るのか）は保険契約の内容によって定まらざるをえないから、誰が保険給付請求権者になるかも結局のところ保険契約の内容によって決まらざるをえないというのが、①の論理構造であろう。これに対し、②はそのような論理過程を省略して、端的に、保険契約が守ろうとしている利益（＝被保険利益）を有する者が保険給付請求権者であると定義するものであるといえる。したがって、結局のところ、①と②は、実質的に同じことを定めているといってよいであろう。

　以上に対し、本条4号イの「損害保険契約によりてん補することとされる損害を受ける者」という表現は、①②とは多少異なっており、この定義からは、損害保険契約が守ろうとしている利益について損害を受ける者、すなわち、そのような利益の帰属主体が被保険者であることは明らかではあるが、その者が保険給付請求権者であるということはただちに導き出されない。もっとも、利得禁止原則ないし損害保険契約の本質からは、損害を被る者（被保険利益の帰属主体）以外の者が保険給付を取得することはできないはずであるから、本条4号イの定義において明示はされていないものの、本条4号イによって定義される被保険者は同時に保険給付請求権者であって、これ以外の者に保険給付を取得させるような定めをすることはできないと解される。

　なお、傷害疾病損害保険契約も損害保険契約の一種であるから、傷害疾病損害保険契約における被保険者も本条4号イの定義に従うことになる。傷害疾病損害保険契約が、傷害疾病による医療実費相当額を損害としててん補することを契約内容として定めている場合、損害を被るのは医療費の負担者であるから、

---

15) 山下78頁。田辺41頁の「被保険利益の帰属主体であり、保険事故が発生した場合、保険者に対して損害の塡補を請求する権利を有する者」という定義も同趣旨と解される。

この者が被保険者ということになるが，本条7号の「傷害疾病損害保険契約」の定義では，さらに，傷害疾病損害保険契約の被保険者となりうるのは傷害疾病が生じた者に限られるとの制約が設けられている。

(イ) 生命保険契約における被保険者（本条4号ロ）　生命保険契約における被保険者については，従来から学説において，「その人の生存または死亡が保険事故とされる者」[16]，「その人の生死が保険事故とされる人」[17]などと定義されてきたところであり，本条4号ロの「その者の生存又は死亡に関し保険者が保険給付を行うことになる者」という定義も従来の定義と実質的に変わらないといってよい。

(ウ) 傷害疾病定額保険契約における被保険者（本条4号ハ）　定額給付方式の傷害疾病保険契約については，生命保険契約とパラレルに，傷害または疾病を被った者（その者の傷害疾病が保険事故とされる者）を当該保険契約の被保険者とするのが，従来からの一般的な理解であったと思われる。本条4号ハの「その者の傷害又は疾病……に基づき保険者が保険給付を行うことになる者」という定義は，そのような理解に合致するものである。

なお，生命保険契約の被保険者について「〔生存又は死亡に〕関し」という表現が使われているのに対し，傷害疾病定額保険契約の被保険者について「〔傷害又は疾病に〕基づき」という表現が使われている点については，後述する（(9)参照）。

(5) 保険金受取人（本条5号）　損害保険契約においては，被保険利益の帰属主体であって保険事故によって損害を被る者，すなわち損害保険契約における被保険者が当然に保険給付を受け取る者となるため，保険給付を受け取る者を保険契約において別途定める必要がないが，定額保険契約たる生命保険契約および傷害疾病定額保険契約においては，保険給付を受け取る者，すなわち，保険金受取人が保険契約において定められることになる。改正前商法は，この者を「保険金受取人」とは呼ばずに「保険金額ヲ受取ルヘキ者」と呼んでいたが（改正前商675条1項ほか），保険法は，「保険金受取人」という一般的な呼称を採用した。

---

[16] 山下79頁。
[17] 大森256頁。

なお，改正前商法が「保険金額ヲ受取ルヘキ者」という概念を用いている場合には，保険給付を受け取る者として保険契約で定められた者，すなわち狭義の保険金受取人という意味で用いられている場合と，これに加えて保険金受取人の代理人や保険給付請求権の譲受人・保険給付請求権を目的とする質権者など（これらの者は，保険金受取人と同視すべき第三者と総称することができる）も含む意味で用いられている場合があるとされてきた（たとえば，改正前商法675条1項の「保険金額ヲ受取ルヘキ者」は前者の意味であると解されるが，同680条1項2号の「保険金額ヲ受取ルヘキ者」は後者の意味であると解される[18]））。保険法でも改正前商法と同様に，前者の意味の保険金受取人と後者の意味の保険金受取人を明文で書き分けるということは行われなかったため，保険法にいう「保険金受取人」がいずれの意味であるかは，解釈によって決するほかない[19]）。

　(6)　損害保険契約（本条6号）　　本条6号～9号は，保険法が採用する三分法の各類型に，損害保険契約の下位類型としての傷害疾病損害保険契約を加えた計4類型を定義しているが，いずれも，本条1号の保険契約の定義に一定の要件を付加することにより各保険契約の類型を定義するという形をとっている。

　本条6号の「保険者が一定の偶然の事故によって生ずることのある損害をてん補することを約する」という部分は，改正前商法629条の「当事者ノ一方カ偶然ナル一定ノ事故ニ因リテ生スルコトアルヘキ損害ヲ塡補スルコトヲ約シ」を踏襲しており，本条1号の保険契約の定義とあわせて読めば，（保険契約の定義において，前述のように①④の要素が加わった点を除くと）改正前商法629条の損害保険契約の定義からとくに変更点はないといってよいであろう。

　(7)　傷害疾病損害保険契約（本条7号）　　傷害疾病損害保険契約は，損害保険契約の下位類型として保険法のもとで新しく創設された契約類型であって，傷害疾病が生じた者自身が受ける損害をてん補することを保険者が約するタイプの保険契約である。傷害疾病損害保険契約であるためには，てん補されるべき損害が傷害疾病を被った者（以下では，傷害疾病を被る者を単に「受傷者」と表現することがある）に生ずる損害であることが求められているから（本条7号かっこ書），ある者が傷害疾病を被ったことにより発生する損害であっても，そ

[18)]　大森293頁。
[19)]　この点につき，竹濵＝高山84頁参照。

の損害が当該受傷者以外の者に生ずる場合にこれをてん補することを約する保険契約は傷害疾病損害保険契約ではない。しかし，立案担当者によれば，そのような保険契約を締結することが許されないわけではなく，傷害疾病損害保険契約には分類されない通常の損害保険契約として締結することができる。出演者の傷害疾病に基づく出演中止によって興行主に生じた損害をてん補する興行中止保険がその例であるとされる[20]。プロ野球選手が試合中にケガをした場合の医療費用をその所属球団が負担することが約されている場合，当該選手の負傷によって球団に医療費負担という損害が発生することになるから，この場合に球団を被保険者として医療費相当額を球団に支払うことを約するような保険契約も，同様に傷害疾病損害保険契約ではない損害保険契約であるということになろう。傷害疾病損害保険契約ではない以上，被保険者による解除請求に関する 34 条の規定の適用がないから，受傷者は，自分のケガに基づいて他人に保険金が支払われることになる保険契約が気に入らなくても，その解除を請求することはできないということになる。しかし，上記の例のように，ある者の傷害疾病により他人に損害が生ずるという関係が明確に認められる場合にも，受傷者の同意がない限り当該他人は自己の損害を回避するための保険契約を締結できない（または締結した保険契約が受傷者の意向で消滅させられる）というのでは，経済活動における合理的なリスク・マネジメントを妨げることになるから，基本的に，上述のような結論を認めるべきなのであろう[21]。

　以上に対し，ある者の傷害疾病により他人に損害が生ずるという関係が上記の例ほどにははっきりしない場合には判断が難しい。A が B を扶養するという関係にある場合，B がケガをすれば A がその医療費を実質的に負担するこ

---

20) 一問一答 35 頁。
21) もっとも，ある者の負傷により他人に損害が生ずるという関係が明確に存する限りは，保険金額がどれほど高額であっても受傷者の意向を無視して損害保険契約を締結することができるとみてよいかは問題である。たとえば，興行内容が低評価を受けて興行が失敗することをおそれた興行主が，出演者を事故に見せかけて殺害し，興行中止保険金の詐取を図るというモラル・リスクは十分にありうる。また，A が B を扶養しており，A が死亡すれば B が生計手段を失うという関係にある場合，A の死亡が B に損害をもたらすとみるならば，B は，A の同意（38 条または 67 条 1 項本文の同意）を得ることなく，B を被保険者とし，A の死亡により B が失う収入をてん補すべき損害とする損害保険契約（本条 6 号の保険契約）を締結しうるということにもなりかねないが，損害保険契約として構成しさえすれば，生命保険契約や傷害疾病定額保険契約のルールを迂回できるというのはおかしいだろう。

とになろうが，本条7号かっこ書により，Aを被保険者とする傷害疾病損害保険契約を締結しえないことは明白である。しかし，Aを被保険者とする損害保険契約（医療費用をてん補する費用保険契約）を締結することができないのかどうかははっきりしない。実際には，Bを被保険者とする傷害疾病損害保険契約またはBを被保険者兼保険金受取人とする傷害疾病定額保険契約をAが保険契約者として締結することになるのであろう。

　傷害疾病損害保険契約における損害は，傷害疾病によって必要となる医療費用に限られるわけではなく，傷害疾病により受傷者に生じた休業損害や精神的損害，後遺障害による損害（逸失利益・将来の介護費用等）や死亡による損害（逸失利益・葬祭費等）も，損害額として算定しうる限りは，同保険契約によるてん補の対象となる。自動車保険契約に付帯される人身傷害補償保険契約では，自動車事故によって受傷者に生じた上記のような各種損害の額を算定して受傷者に対し保険給付を行うこととしており，そこでの損害額の算定基準が，人身損害における一般的な損害額算定基準とかけはなれたものでない限りは，本条7号の傷害疾病損害保険契約に該当するといってよいであろう。ただし，人身傷害補償保険契約の約款では，一般に，受傷者が死亡した場合には，受傷者（同約款にいう被保険者）の法定相続人が保険金請求権者になる旨を定めており，同約款規定の趣旨が，受傷者の法定相続人は，相続を通じてではなく原始的に保険金請求権を取得するという意味であるとすれば，受傷者の死亡による保険金の支払に関する限り，人身傷害補償保険契約を本条7号の傷害疾病損害保険契約とみることはできない。なぜなら，保険法のもとでは，傷害疾病損害保険契約は損害保険契約の一種と位置づけられており，損害保険契約においては，損害を被る被保険者が同時に保険給付請求権者でなければならず，被保険者以外の者が原始的に保険金請求権を取得することはありえないからである。もっとも，人身傷害補償保険契約の他の諸特徴（重複保険や保険代位に関する規整）からしても，約款作成者が，同保険契約を傷害疾病損害保険契約として設計しようと意図しているのは明らかであり，同保険契約は，受傷者死亡の場合の保険給付も含めて，全体として本条7号の傷害疾病損害保険契約にあたるとみるのが穏当な解釈なのであろう。その場合，受傷者死亡の場合の保険金請求権者にかかる前記約款規定については，受傷者が有していた保険金請求権を法定相

続人が相続により取得することを確認的に定めたものと理解すべきことになろう[22]）。

なお，傷害疾病損害保険契約における「傷害疾病」の意義は，傷害疾病定額保険契約における「傷害疾病」の意義と同様であると解される。傷害疾病の意義については，(9)(イ)を参照されたい。

(8) 生命保険契約（本条8号）

(ア) 本条8号の「〔保険者が〕人の生存又は死亡に関し一定の保険給付を行うことを約するもの」という定義は，そこでいう「保険給付」が金銭の支払に限られていること（本条1号かっこ書）を考え合わせると，改正前商法673条にいう「〔当事者ノ一方カ〕相手方又ハ第三者ノ生死ニ関シ一定ノ金額ヲ支払フヘキコトヲ約シ」という定義と実質的に同じであるとみてよい。すなわち，人の生存または死亡に関して一定の金銭の支払を約するものが生命保険契約であって，金銭の支払以外の一定の給付を約するもの（人の生死に関する定額現物給付保険）や人の死亡による損害額を算定してその額に相当する金銭の支払を約するもの（人の死亡に関する損害保険）は，保険法にいうところの生命保険契約ではないということになる。また，本条8号のかっこ書において，「傷害疾病定額保険契約に該当するものを除く」と明記されていることから，傷害または疾病による死亡について一定の金銭の支払を約するものは，傷害疾病定額保険契約として同契約に関する規定（66条～94条）が自足的に適用され，生命保険契約に関する規定は適用されないことになる。

(イ) 定額現物給付保険が，立法過程における議論を経て，保険法の規律対象とはされなかったことについては前述した（Ⅲ1(1)参照）。他方，損害てん補方式の生命保険を許容すべきか否かについては立法過程においても議論はさ

---

[22] したがって，受傷者（被相続人）が負債を抱えたまま死亡した場合，相続債権者は，人身傷害補償保険契約に基づく保険給付も責任財産に含めて強制執行できることになろう。これを避けようとすれば，受傷者以外の者に原始的に保険給付請求権を取得させなければならないが，そのためには，傷害疾病定額保険契約として構成しなければならないというのが保険法の考え方であるといえよう。

なお，傷害疾病損害保険契約において死亡給付がなされる場合，請求権代位により，保険者は被保険者の相続人に対して代位することとされているが（35条・25条1項），これは，死亡した被保険者にいったん帰属した保険給付請求権を相続により承継取得した相続人に対して代位するという趣旨であると思われる。

れておらず，むしろかかるタイプの契約が保険法の規律対象とはされないことは当然の前提と考えられていたように思われる。人身傷害補償保険契約に基づき死亡給付がなされる場合（前述のようにこれは傷害疾病損害保険契約であるというのが一般的な理解である）には，被保険者の死亡により被保険者に生じた損害の額を算定して保険金を支払うことになるから，損害てん補方式の生命保険とかなり類似することになる。傷害疾病損害保険契約については損害保険契約の下位類型として明文で規律しながら，損害てん補方式の生命保険についてはその許容性に関して議論すらされないというのは一見奇異に思われるかもしれないが，結局のところ，後者のような契約類型は実務におけるニーズや実現可能性が乏しく，議論する実益が乏しかったということなのであろう[23]）。

　もっとも，定額現物給付を約する契約も，損害てん補方式で死亡給付を約する契約も，保険法にいう生命保険契約にはあたらないからといって，それらの契約が当然に無効となるわけではない。これらの契約は，保険法にいう保険契約ではなく，したがって，保険法の規定が直接に適用されるわけではないが，公序良俗に反しない限りは，無名契約として有効に締結することができ，保険法の規定も必要に応じて類推適用されるべきであろう。

　(ウ)　改正前商法のもとでは，傷害による死亡に対して保険金の支払を約する契約や，ガンなどの特定の疾病による死亡に対して保険金の支払を約する契約が，改正前商法673条にいう生命保険契約の一種であるのか，改正前商法には規定のない傷害疾病保険契約の一種であるのかは明らかではなかった。保険法は，これらの契約が傷害疾病定額保険契約の一種であって，生命保険契約ではないことを本条8号のかっこ書で明らかにした。生命保険契約に関する規律と傷害疾病定額保険契約に関する規律は共通しているところが多いが，保険者

23）人の死亡による損害の額を算定して保険給付を行うとすると，通例，死亡時点での収入が多い者ほど逸失利益も高額になり，それに応じて保険給付も高額となるが，保険加入時点で被保険者の将来の収入レベルを予測して保険料を徴収することは容易ではないから，このタイプの契約では，給付反対給付均等原則にしたがうことが困難になると思われる。人身傷害補償保険契約においても同様のことが問題となりうるが，逸失利益の算定が問題となる死亡事故や後遺障害事故に遭遇する者の割合が相対的に低いため，問題が顕在化しにくいということであろう（人身傷害補償保険契約では，被保険者の収入額に応じて保険料率を変えるということを行っていないため，結果的に，逸失利益の点で支払保険金が高額になりやすい富裕者が得をしていると思われる）。

免責事由（51条と80条）や他人の生命・身体の保険契約における被保険者同意（38条と67条）については、規律内容が異なっており、とりわけ、強行法ルールと解される被保険者同意に関しては、67条1項ただし書が定める例外則（被保険者またはその相続人が死亡給付受取人である場合には被保険者の同意を不要とする例外ルール）を利用できるかどうかは、実務上大きな意味をもつことになる。

　生命保険契約と、被保険者の死亡に関する保険給付を定めた傷害疾病定額保険契約の境界線について、保険法はとくに規定していない。「被保険者の死亡に関する保険給付」（67条1項ただし書）という保険法の文言からすると、たとえば、「被保険者が傷害または疾病により死亡した場合に〇〇万円を支払う」と契約で定めていれば、傷害疾病定額保険契約であるということになりそうである[24]。この場合、かかる傷害疾病定額保険契約の死亡給付と生命保険契約の死亡給付の実質的な違いは、老衰による死亡および自殺免責期間経過後の自殺が保険保護の対象とされているかどうかだけであるということになろう（老衰も疾病の一種だと解するならば、両者の違いはますます小さくなる）。このように専ら理論上の問題として考えるならば、生命保険契約と死亡給付を定めた傷害疾病定額保険契約の違いはきわめてあいまいとなるが、現実には、傷害死亡リスクと疾病死亡リスクを一般的にカバーするタイプの傷害疾病定額保険契約（「被保険者が傷害または疾病により死亡した場合に〇〇万円を支払う」というタイプの傷害疾病定額保険契約）は販売されておらず、将来においてもそのような保険商品が一般的に普及することは考えにくい[25]。疾病による死亡について保険給

---

[24]　保険業法は、保険を大きく、損害保険（保険業3条5項1号）、生命保険（同条4項1号）、第三分野保険（同条4項2号・5項3号）に分類しており、保険業法にいう損害保険は保険法にいう損害保険契約（ただし、傷害疾病損害保険契約を除く）に、保険業法にいう生命保険は保険法にいう生命保険契約に、保険業法にいう第三分野保険は保険法にいう傷害疾病定額保険契約および傷害疾病損害保険契約にそれぞれ対応する。ただし、疾病による死亡のリスクをカバーする保険は、海外旅行中の疾病による死亡のリスクをカバーするもの（保険業3条5項3号。第三分野保険に含められる）を除いて、生命保険として扱うというのが保険業法の考え方であり（損害保険としても第三分野保険としても扱うことができないため、損害保険会社はかかる保険を扱うことはできないことになる）、疾病による死亡のリスクをカバーする保険を傷害疾病定額保険契約（または傷害疾病損害保険契約）とする保険法の扱いとは異なっている。

[25]　傷害死亡リスクと疾病死亡リスクを一般的にカバーする保険を生命保険とは異なるものとして設計しようとすれば、死亡原因となる「傷害」と「疾病」を明確に定義する必要があるが、疾病の意味内容を実質的に定義している保険商品がない（後述）ことからも明らかなように、

付を定めた傷害疾病定額保険契約として実際に問題となるのは，ガンなどの特定の疾病による死亡について保険給付を定めるような保険契約に限られることになると思われる。

(9) 傷害疾病定額保険契約（本条 9 号）

(ア) 傷害疾病定額保険契約は，実務上は広く普及している契約類型でありながら改正前商法にはこれを規律する規定がなく，保険法においてようやく独立の契約類型として規律されることとなったものである。生命保険契約の定義が，「人の生存又は死亡に関し一定の保険給付を行う」とされているのに対し，傷害疾病定額保険契約の定義が，「人の傷害疾病に基づき一定の保険給付を行う」とされているのは，生命保険契約においては人の生存または死亡それ自体が給付事由となるのに対し，傷害疾病定額保険契約においては，「特定の疾病に罹患したこと自体」「傷害または疾病によって死亡したこと」「傷害または疾病によって一定の身体状態（要介護状態，就業不能状態，後遺症状など）が生じたこと」「傷害または疾病によって治療を受けたことまたは入院したこと」など，給付事由の定め方が多様であって，傷害または疾病それ自体が給付事由になるとは限らないことから，「傷害疾病に関し」ではなく「傷害疾病に基づき」という表現が用いられたものと思われる[26]。

疾病の定義は容易ではないであろう。また，かりに約款で疾病を定義しうるとしても，人の死亡の原因のほとんどが傷害または疾病であることからすると，傷害または疾病による死亡について保険給付を行う傷害疾病定額保険契約と生命保険契約で保険料はあまり変わらないと考えられ，被保険者が傷害または疾病によって死亡したことを保険契約者側が証明しなければならない前者のタイプの保険契約は，顧客にとっての利便性が大きく劣ることになると思われる。なお，前注で述べたように，損害保険会社は，保険業法上そもそも，疾病による死亡のリスクを一般的にカバーする保険を扱うことができないものとされている。

26) 傷害疾病定額保険契約では，本文で例示したような各種の「給付事由」と，給付事由発生の前提となる「傷害疾病」を別に観念することができ，かつ，両者を区別して法を構築する方が合理的であると考えられたことから，事実としての「傷害又は疾病」（本条 4 号ハ）と，保険給付の要件たる「給付事由」（66 条）という 2 つの概念を用いて規定が組み立てられている。これに対し，生命保険契約では，人の生存または死亡は，保険給付の要件そのものでもあるから，事実としての人の生存または死亡と，給付事由とを区別して規定を組み立てる必要はない。生命保険契約においては，「被保険者の死亡又は一定の時点における生存」を「保険事故」として捉え（37 条），給付事由という概念は用いずに，保険事故概念のみをもって規定を組み立てているのは，このような理由による。こうして，たとえば，遡及保険規整において，生命保険契約については保険事故概念を用いて規定が作られているが（39 条），傷害疾病定額保険契約については，給付事由概念を用いて規定が作られている（68 条）。生命保険契約と傷害疾病定額保険契約における保険事故概念・給付事由概念の扱いの違いにつき，一問一答 167 頁参照。

(イ) 「傷害疾病」とは「傷害又は疾病」を指す（本条4号ハ）。傷害に基づく保険給付のみを契約で定めている場合（疾病リスクについてはカバーしていない場合）でも，本条9号にいう「人の傷害疾病に基づき一定の保険給付を行うことを約するもの」にあたるから，傷害疾病定額保険契約である。逆に，ガン保険や生命保険契約に付加されることのある成人病特約のように特定の疾病に基づく保険給付のみを定めている場合も，同様に傷害疾病定額保険契約である。

保険法は，「傷害」についても「疾病」についても定義を置かず，何が「傷害」で，何が「疾病」かは解釈に委ねている。保険実務上，傷害については，約款で，「急激かつ偶然な外来の事故によってその身体に被った傷害」に対して各種の保険金を支払うと定めたり（損害保険会社の約款で一般的な定め方である）[27]，「急激かつ偶発的な外来の事故」のうち一定のものを「不慮の事故」と定義した上で「不慮の事故」により生じた（または「不慮の事故」による傷害を直接の原因とする）死亡・障害状態・入院等を給付事由と定める（生命保険会社の約款で一般的な定め方である）[28]ことが多い[29]。前者の定め方のように傷害の意味内容を約款が定義している場合はもちろんのこと，後者の定め方のように，約款には「傷害」という文言がまったく登場していなかったり，「傷害」の意義が直接的に定義されていなくても，実質的に傷害に基づく給付事由を定めて

---

[27] 損害保険料率算出機構の傷害保険普通保険約款（平成21年11月）2条1項参照。

[28] 第一生命の傷害特約D条項（平成22年4月2日改正）2条では，被保険者が，「この特約の責任開始期……以後に発生した不慮の事故（別表＊）による傷害を直接の原因として，その事故の日からその日を含めて180日以内に死亡したとき」または「この特約の責任開始期以後に発病した所定の感染症（別表＊＊）を直接の原因として死亡したとき」に災害保険金を，「この特約の責任開始期以後に発生した不慮の事故（別表＊）による傷害を直接の原因として，その事故の日からその日を含めて180日以内で，かつ，この特約の保険期間中に，身体障害の種目および給付割合表（表＊）に定めるいずれかの身体障害の状態に該当したとき」に障害給付金を支払うとして，「傷害」概念を経由して給付事由を定めているが，傷害概念を経由することなく，不慮の事故による（または不慮の事故を直接の原因とする）死亡または所定の障害状態を給付事由と定める約款例も多い。

[29] 傷害に基づいてのみ保険給付を行う旨を約している場合には，傷害とは何かを定義する約款規定とその解釈が決定的に重要となる。日射病による死亡が，約款にいう「不慮の事故」によるものといえるかが争われた例として，大阪高判平成6年4月22日判時1505号146頁。寄生虫による感染症への罹患が約款にいう「傷害」または「不慮の事故」にあたるかが争われた例として，大阪地判平成12年3月21日判集未登載（加藤文人〔判批〕保険レポ165号11頁以下参照）および大阪地判平成12年8月23日生判12巻397頁参照。なお，ある事故が「傷害」であるのか，被保険者の故意によるものであるのかの判断基準と立証責任の問題については，80条の解説を参照されたい。

いるとみられる場合には，これらの保険契約は本条9号にいう「傷害疾病に基づき一定の保険給付を行うことを約する」ものといえる。しかし，約款で傷害の意味内容を定めていることは傷害疾病定額保険契約であることの要件では必ずしもないから，「急激・偶然・外来」等の要件を定めることなく，単に，「傷害または疾病に基づく一定の状態」を保険給付事由と定めている場合も本条9号の傷害疾病定額保険契約であるし（疾病については，特定の疾病に基づく保険給付を定めている保険契約を除き，約款で実質的な定義をしていないのがむしろ通例である30)），さらには，介護関連保険のように，原因を問わず要介護状態になったことそれ自体を保険給付事由と定めているような保険契約も，通例傷害または疾病が要介護状態の原因となることを考えると，同様に本条9号が定義する傷害疾病定額保険契約であるとみてよい。

　㈦　高度障害条項　わが国の生命保険契約では，一般に，被保険者が傷害または疾病を原因として約款所定の高度障害状態となった場合に高度障害保険金を支払うことが定められており，このような条項を高度障害条項と呼ぶ31)。高度障害条項は，人の傷害疾病に基づき一定の保険給付を行うことを定めるものであるから，理論的には本条9号の傷害疾病定額保険契約である。すなわち，わが国の生命保険契約は，常に傷害疾病定額保険契約と合体した形で販売されているということであり，生命保険部分には保険法37条～65条の生命保険契約に関する規定が適用されるが，高度障害部分には保険法66条～94条の傷害疾病定額保険契約に関する規定が適用されることになると考えられる32)。もっとも，契約としては1本しか存在していないから，たとえば，

---

30)　傷害について本文で例示したように「急激・偶然・外来」の3要件で定義したうえで，傷害以外のあらゆる身体の障害を疾病と定義するもの（損害保険会社の約款にはこのようなタイプが多い）や，疾病についてはまったく定義を置いていないもの（生命保険会社の約款にはこのようなものが多い）が一般的である。

31)　高度障害状態としては，両眼失明，言語または咀嚼機能の永久喪失，中枢神経等に著しい障害を残す終身常時要介護状態などが定められる。保険金受取人は約款上被保険者に固定されており，保険金受取人を変更することはできない。高度障害保険金は，死亡保険金と同額に設定されるが，同保険金が支払われると保険契約が消滅することとされているため，いったん高度障害保険金が支払われた契約について重ねて死亡保険金が支払われることはない。

32)　生命保険契約に関する規律と傷害疾病定額保険契約に関する規律が実質的に異なっているのは，前述のように，保険者免責事由（傷害疾病定額保険契約では，保険契約者等の重過失も免責事由とされている）と被保険者同意（傷害疾病定額保険契約では，67条1項ただし書の例外ルールがある）である。保険者免責事由に関しては，高度障害部分には80条が適用され，

被保険者が高度障害保険金を取得する目的で高度障害状態を故意に生じさせた場合に，86条1号に基づき保険者が当該保険契約を解除すれば[33]，生命保険部分も当然に消滅することになる。

(10) その他の関連概念

(ア) 保険契約に関わる重要概念のうち，本条で規定されているのは，保険契約の定義（「保険給付」の定義を含む），契約の当事者・関係者の定義，保険契約類型の定義だけであり，これら以外の重要概念は関連する条文の中で定義されていることもある。生命保険契約・傷害疾病定額保険契約に関連するものとしては，「危険」(37条・66条)，「告知事項」(37条・66条)，「保険事故」(37条)，「保険媒介者」(28条2項2号)，「危険増加」(56条1項柱書・85条1項柱書)，「死亡保険契約」(38条)，「介入権者」(60条2項・89条2項)，「保険料積立金」(63条柱書・92条柱書)，「給付事由」(66条)がある。

(イ) 他方，「団体保険契約」や「年金保険契約」のように，従来の各種の保険契約法改正試案では定義規定とともに関連規定が置かれていたにもかかわらず，保険法では明文で規律することが見送られたものもある。

団体保険契約とは，企業その他の団体的危険選択が可能な団体に所属する多数の者を被保険者とし，当該団体自体が保険契約者となって締結される保険契約のことである。損害保険契約についても団体保険を観念することができるが，団体保険が一般に利用されているのは，生命保険契約および傷害疾病定額保険契約においてである。生保試案（2005）・傷害試案（2003）・疾病試案（2005）では，他人の死亡または傷害疾病の保険契約について書面による被保険者の同

同規定によれば保険契約者等の重過失も免責事由となるが，約款では，保険契約者等の重過失は免責事由とはされておらず，80条の適用は排除されているといえる。他方，保険契約者と被保険者が別人である場合の被保険者同意に関しては，高度障害保険金の受取人が約款上被保険者本人に固定されていることから，高度障害部分については67条1項ただし書により，被保険者の同意は不要となる。もっとも，生命保険部分については，38条により必ず被保険者の同意が必要となるから，同じ契約の高度障害部分について67条1項ただし書により同意が不要とされることの意味は乏しいといえる。

33) ただし，自殺免責期間経過後に，被保険者が自殺するつもりで自傷したが，自殺には失敗して高度障害状態が生じたという場合は問題である。この場合，当該高度障害状態の発生に関しては80条1号により保険者が免責されることになろうが，「当該傷害疾病定額保険契約に基づく保険給付を行わせることを目的として」(86条1号)いたとみるべきではないから，保険者による保険契約の解除までは認めるべきではなかろう。

意を要求しており，団体保険契約にもこのルールをそのまま適用することは団体保険の実務に大きな支障を生じさせることから，モラル・リスクが大きくないと考えられる一定の団体保険契約については，書面による同意の原則を緩和する規定を置いていた（生保試案（2005）682条の4・682条の5）。これらの改正案が検討されていた90年代には，従業員を被保険者とする団体定期保険において，保険契約者兼保険金受取人たる企業が，取得した死亡保険金の一部のみを従業員の遺族に死亡退職金として支払い，残額を自ら取得するという不適切な実務が社会問題化したこともあり[34]，このような実務を抑制するということも改正案の狙いであった。しかし，保険法では，被保険者の同意は書面によらなければならないというルールが法定されなかったことから，被保険者の真意に基づく同意があることが確認される限りは，団体保険契約の締結に書面による同意を得ることは必須の要件ではなくなり，また，上述のような団体定期生命保険の不適切な利用がみられなくなったこともあり，団体保険契約に関する規定は置かないこととされた。保険法のもとでは，団体保険契約に関する規定はないものの，従前と同様に団体保険契約を締結することは可能であり，どのような形で被保険者の同意を得れば38条または67条1項の同意があったとされるかは解釈によって決せられることになる。

　年金保険契約とは，被保険者の生存中定期に保険給付をすることを保険者が約する保険契約であって，被保険者の一定の時点における生存を保険事故とする生命保険契約の一種である。生保試案（2005）では，年金保険契約について時効等に関して若干の特則を置くこととしていたため，年金保険契約の定義規定を置いていた。保険法では，そのような特則も定義も置いていないが，もちろん，年金保険契約を禁ずる趣旨ではない。

〔洲崎博史〕

34）　この問題につき，山下276頁以下参照。

第2章 損害保険

第2章 損害保険　　§3〜§36（略）

　保険法第2章 損害保険（3条〜36条）は，第3章 生命保険および第4章 傷害疾病定額保険の各章と同じく，第1節 成立（3条〜7条），第2節 効力（8条〜12条），第3節 保険給付（13条〜26条），第4節 終了（27条〜33条）の4つの節が置かれるとともに，第5節 傷害疾病損害保険の特則（34条・35条），第6節 適用除外（36条）の2つの節が置かれている。第1節〜第4節では，告知義務に関する規定をはじめとして，生命保険および傷害疾病定額保険の章でも置かれている規定が多数あり，それらの基本的な内容は共通している。各規定は，損害保険契約に即した規定内容となっているが，本書の生命保険および傷害疾病定額保険の規定の解説を参考とすることが可能である。これと別に，損害をてん補するという損害保険の固有の性質に関わる規定も多数置かれている。これらの規定についての解説は本書では割愛している。

　第5節の傷害疾病損害保険に関する規定は，傷害疾病保険でも保険給付が損害てん補であるものは損害保険であるという立法担当者の理解から，第4章の傷害疾病定額保険とは別に損害保険の下部類型についての特則として置かれているもので，傷害疾病保険を1つの実定法において定額保険と損害保険に2分して規定を置くという諸外国の保険契約法にはあまり例がない立法のスタイルである。

　第6節の適用除外に関する規定は，第2章の規定のうち片面的強行規定とされる規定を一定の損害保険には適用除外とするものである。保険法は，その多くの規定を保険契約者側の関係者を保護するための片面的強行規定としているが，損害保険のうちでも事業に伴うリスクを対象とするものについては，リスクの巨大性や複雑性などの事情から，片面的強行規定性による契約についての制約が保険者の保険の引受けを困難にするなど保険契約者側の利益にも反する結果を生じうるという理由により片面的強行規定性を除外するものである。適用除外とされる保険の類型は，海上保険，航空保険および原子力保険という具体的に列挙されているもの（36条1号〜3号）と，事業活動に伴って生ずることのある損害をてん補する損害保険という一般的な事由によっているもの（36条4号）とがある。

〔山下友信〕

第3章　生命保険
第4章　傷害疾病定額保険

第1節 成　　立

前　　注

　本節は，保険契約の成立に関する諸規定を扱う。具体的には，告知義務，被保険者の同意，遡及保険，保険契約の締結時の書面交付およびこれらの規定の強行規定性に関する諸規定であり，条文番号でいうと，生命保険契約については，37条から41条まで，傷害疾病定額保険契約については，66条から70条までが対象となる。

　告知義務については，改正前商法での条文配置とは異なり，第1節「成立」では，保険契約者または被保険者が告知義務を負うことだけが規定され（37条・66条），告知義務違反の効果に関する諸問題（解除権の発生，解除権阻却事由，解除の効力）は，危険増加による解除や重大事由による解除の問題と並べて第4節の「終了」で規定されることとなった（55条・59条・84条・88条）。したがって，本節の告知義務で主として扱われるのも告知義務の理論的根拠や告知義務の具体的内容に関する事柄であり，義務違反の効果については主として第4節で扱われる。

　他人の死亡の保険契約における被保険者の同意については，生命保険契約に関しては，改正前商法674条1項但書に相当する規定が削除され，保険法のもとでは保険金受取人と被保険者が同一人である場合も含めて常に被保険者の同意が必要とされることとなった（38条）。これに対し，傷害疾病定額保険契約に関しては，傷害疾病による被保険者の死亡に関する給付について，実質的に改正前商法674条1項但書に相当するルールが定められている（67条1項ただし書）。

　遡及保険に関しては，適用範囲に疑義のあった改正前商法642条（改正前商

前　注　　　　　　　　　　　第3章　生命保険　第4章　傷害疾病定額保険

683条1項で生命保険契約に準用）とは異なり，責任遡及条項が無効となる場合を明確かつ限定的に定める規定ぶりに改められた（39条・68条）。

　保険契約の締結時の書面交付に関する規定（40条・69条）は，改正前商法における保険証券に関する規定（改正前商649条・679条・683条1項）を実質的に引き継いだ規定である。改正前商法のもとでは，保険契約者からの請求がある場合にのみ保険証券を交付すればよいとされていたが，保険法のもとでは，保険契約を締結したときは遅滞なく書面を交付すべきこととされている。

　強行規定性に関する41条・70条は，第1節に属する規定（37条〜40条・66条〜69条）のうち，片面的強行規定とされるものを明らかにした規定である。

　このほか，本節では，保険法には明文の規定が置かれていないものの，保険契約の成立にかかわる法律問題として，保険契約の復活に関して解説を収めている。

〔洲崎博史〕

第1節　成　立　　　　　　　　　　　　　　　　　　　　　　§37・§66　I

> **（告知義務）**
> **第37条**　保険契約者又は被保険者になる者は，生命保険契約の締結に際し，保険事故（被保険者の死亡又は一定の時点における生存をいう。以下この章において同じ。）の発生の可能性（以下この章において「危険」という。）に関する重要な事項のうち保険者になる者が告知を求めたもの（第55条第1項及び第56条第1項において「告知事項」という。）について，事実の告知をしなければならない。
>
> **（告知義務）**
> **第66条**　保険契約者又は被保険者になる者は，傷害疾病定額保険契約の締結に際し，給付事由（傷害疾病による治療，死亡その他の保険給付を行う要件として傷害疾病定額保険契約で定める事由をいう。以下この章において同じ。）の発生の可能性（以下この章において「危険」という。）に関する重要な事項のうち保険者になる者が告知を求めたもの（第84条第1項及び第85条第1項において「告知事項」という。）について，事実の告知をしなければならない。

I　趣　旨

　保険法37条は生命保険契約の告知義務について，保険法66条は傷害疾病定額保険契約の告知義務について，それぞれ契約の成立の節の中で規定する。告知義務が保険契約の締結の過程で保険契約者または被保険者になる者に課される義務ということによるものである。この2か条は告知義務の内容だけを規定し，義務違反があった場合の保険者による保険契約の解除および解除の効果については，保険契約の終了の問題であるということから，生命保険契約および傷害疾病定額保険契約の終了の節の中で規定されている（生命保険契約につき55条・59条，傷害疾病定額保険契約につき84条・88条）。

　以下では，生命保険契約に関する保険法37条（以下，本条という）に即して解説する。傷害疾病定額保険契約に関する保険法66条についても解釈論上はとくに異なることはないが，傷害疾病定額保険契約に特有の問題について最後に解説する。

II 沿　　革

　明治32年商法の告知義務に関する規定では，告知義務違反があった場合の効果を保険契約の無効としていたが（明治44年改正前商法429条），明治44年の商法改正により，保険契約の解除という効果に改められた。この改正による商法678条（一部は，損害保険契約の告知義務に関する644条・645条を準用する）が保険法の制定まで維持されてきた。保険法では，上記のように，告知義務を課すこと自体に関する規定と，告知義務違反の効果に関する規定とは別の節の中に置かれたので，ここでは告知義務を課すことの側面だけについていえば，保険法で改められたのは，保険契約の当時としていたのを保険契約の締結に際し，と改めたこと，告知義務者を保険契約者または被保険者としていたのを保険契約者または被保険者になる者と改めたことなどの表現ぶりを除けば，告知義務者の義務が重要な事項を自発的に告知する義務（自発的申告義務）から保険者が告知を求めた事項について回答すればよいという義務（質問応答義務）に改められたこと，および告知義務を課すこれらの規定が片面的強行規定とされたことにある（41条・70条）。

III　条文解説

1　告知義務の意義

　保険契約においては，保険契約者または被保険者となろうとする者は，保険者に対して，保険契約の締結に際して重要な事実（後述）を告げなければならず，または重要な事項について不実のことを告げてはならないものとされている。これを保険契約者または被保険者の告知義務とよんでいる。告知義務を負う者がこの義務に違反すると，保険契約の解除や保険者の免責という保険契約者または被保険者にとって不利益な効果が生ずる。

　保険事業は給付反対給付均等原則に従い，個々の保険契約の危険の程度に応じた保険料負担を求め，また，一定以上の危険の程度を超える場合には保険を引き受けないという基本原理に基づいて営まれている。そのために危険度に関する情報を収集して危険度を判定する必要があるが（これを危険選択という），

この情報は，保険契約者側に偏在しており，保険者としては情報入手のために保険契約者側から告知を受けることが不可欠である。このような事情から，告知義務は，保険者による危険測定の必要のためにとくに法律が課した義務であるとする技術説が古くよりの判例の立場である[1]。保険法は，このような保険者の側の技術的必要から情報提供義務としての告知義務を保険契約者側に課すことを容認しており，また，保険契約における合理的な契約内容として告知義務に関する規定を法定している。

2 告知義務者

本条では，保険契約者となる者のみならず被保険者となる者も告知義務者としている。告知義務は保険契約が成立するよりも前に履行されることを本質とするので，保険契約者または被保険者「になる者」が告知義務者とされている。

保険契約者となる者と被保険者となる者が別人の契約の場合，危険に関する情報は被保険者となる者の方がより多く有しているのが通例であるから，被保険者となる者も告知義務者とされる。被保険者の健康状態が危険選択にとって重要な意味をもつ人保険契約では，被保険者を告知義務者とすることがとくに重要である。

告知は法的には準法律行為であるが，法律行為の規定が準用され，代理人により義務を履行することも妨げられない。代理人により告知する場合には，保険契約者または被保険者のほか代理人の悪意・重過失も問題となる（民101条1項・2項参照）[2]。

3 告知を要する場合

告知義務が質問応答義務とされたことから，告知義務者が告知義務を負うのは，保険者から質問により告知を求められた場合に限られる。告知義務者は保険契約者になる者と被保険者となる者であるから，両者が異なる他人の生命の保険契約の場合には，それぞれに対して質問をしなければ告知義務を負わせる

---

[1] 大判大正6年12月14日民録23輯2112頁。学説として，松本107頁。
[2] 代理人により契約締結をする場合に，代理人のほか保険契約者または被保険者となる者も告知義務を負うかという問題につき，榊素寛〔判批〕保険レポ191号9頁（2004）参照。

ことはできない。生命保険の実務では，告知書は保険契約者になる者と被保険者になる者の双方に対して告知を求める内容になっているが，たとえば，保険契約者だけが面前で告知書を記載し，被保険者が告知していないことが明白であるのに契約を成立させたような場合は，告知の機会のなかった被保険者に告知義務違反は成立しない。もっとも，被保険者となる者に対して面前で告知を求めることをせず，保険契約者となる者を介して被保険者にも告知を求めることが許されないというわけではない。保険契約者になる者としても，契約の当事者として被保険者になる者が告知をするように配慮することは当然に要請されることだからである。

　新契約の締結の場合に告知を要することは当然であるが，生命保険では，復活の場合にも告知が求められる。また，保険契約の復旧，転換，保険金額の増額など保険者の義務を発生させまたは拡張する場合には，危険選択のために告知義務が課されるのが通例である。本条は，保険契約の締結に際しての告知義務についてのみ規定するが，契約の締結以外の場合でも告知義務が課される場合には，本条の規定が解釈上準用されることになる。違反の効果についても，保険法55条・59条が準用されるが，たとえば保険金額の増額の場合は増額部分についてのみ生じ，また転換の場合には転換の場合特有の効果が約定されるというように，それぞれのケースごとに合理的な効果を約定することは認められる。

4　告知の時期

　本条では保険契約締結に際し告知すべきものとしている。商法では，保険契約の当時に告知義務を負うとしていたので，これを保険契約成立の時の意味であると解すれば，保険契約者となろうとする者が申込みをする時に通常は告知もされるが，保険契約の成立は保険者の承諾の時であるから，申込みの時から承諾の時までに健康状態に変化があったような場合は追加して告知しなければ告知義務違反となると解されていた。これに対して，保険契約締結に際しとは，保険契約の当時よりは緩やかな意味であろうから，厳密にいつの時点で告知義務を負うのかについて決定的な結論を導くことは難しい。しかし，それよりも，本条においては，告知義務を自発的申告義務から質問応答義務に変更したとい

うことが告知義務を負う時期についても重要である。というのは，質問応答義務ということは，保険者になる者が質問をしたことによりはじめて告知義務者がそれに対して回答するという形で告知義務を履行するのであり，告知の時期は質問がされた時ということにならざるをえず，商法の下でのように，保険者の承諾の時まで告知義務を負うという考え方は自発的申告義務であるという性格と結びついたものであるといわざるをえないからである[3]。37条でも，保険契約の成立時まで告知義務を課すことは排除されないが，それはあくまでも保険契約者となる者の申込後に改めて保険者が質問により告知を求めた場合に限られる。

5 告知の方法

告知の方法については，保険者となる者が告知を求めた事項について告知する義務とされている。このことを指して，告知義務は質問応答義務であると説明される。改正前商法では，告知義務は告知義務者が重要な事項について自発的に申告しなければならない義務として規定されていたが，実務上は損害保険，生命保険とも質問応答義務化されていたところであり，保険法はそのような実務を法的な原則とすることとしたものである。これは，何が告知義務の対象となる重要な事項であるかは，一般人である告知義務者には容易に判断できず，専門的判断能力のある保険者が判断すべきものだからである[4]。

保険者が質問により告知を求めた事項についてのみ告知義務があり，従来実務上間々見られたような，質問しなかった事項でも重要事項がありえ，告知義務違反が成立しうるという主張は本条の下では封じられた。

告知の手段についてはとくに限定していないので，書面による必要はなく口頭でも告知すれば告知の効力がある。生命保険の実務では，申込保険金額の大小等により告知書扱い（無診査扱い），診査医扱い，生命保険面接士扱い等の区別があるが，いずれの場合も告知義務はやはり保険者のした質問に対する応答

---

[3] 中西正明「生命保険契約の告知義務——告知義務違反の成立要件」同・保険契約の告知義務4頁（2003）は，一般的に告知義務が保険者の質問に対して回答する義務である場合は，告知の基準時は告知をする時であるとしていた。

[4] 一問一答44頁参照。

義務とされ，かつ，告知は書面（告知書）によりされることを要するものとされている。ただし，診査医扱いの場合は，保険者の使用人たる診査医（社医）または委嘱を受けた診査医（嘱託医）が口頭で質問した事項については診査医に口頭で告知することを要する旨約款上明示されている（通例，診査医が告知書記載の質問を口頭で行いこれに対する回答を記載して告知書が作成され，そのうえで検査が行われる）。生命保険面接士扱いの場合には，生命保険面接士は，医的診査をすることができず，被保険者に面接して告知書の確認をして顔色など外観観察をするだけなので，約款上はとくに規定はなく，無診査扱いの場合と同じことになる。

ところで，告知は書面によりしなければならないという約款の定めが，書面によることを要するものとはしていない本条の片面的強行規定性に違反するかどうかという問題があるが，このような約款の定めがあったとしても，告知義務者が告知受領権者に口頭で告げれば告知義務は履行された（または少なくとも保険者の解除権阻却事由としての保険者の悪意には該当する）と考えられるので，書面を要求するということの意義は訓示的な効果しかないというべきである。もっとも，告知受領権のない者に口頭でのみ告げた場合には，告知義務を履行したことにならないが，これは告知受領権のない保険募集主体を認めることから出てくる問題であり，書面による告知を求める約款の定めが片面的強行規定であるということにより影響を受けるべき問題ではないと考えられる。

6 告知の相手方

(1) 総　説　　告知は保険者に対してされることにより効力を生じる。告知は法律行為ではなく，準法律行為であるが，法律行為に準じて効力が判定される。保険者の代表権を有する者または告知を受領する代理権（告知受領権）を付与された者に対して告知されてはじめて告知としての効力を生じる。保険者の使用人や保険募集主体にどこまで代理権が付与されているかは各保険者の意思次第である。

生命保険会社の保険では，保険契約締結権限は，本社等中枢部に留保されているのが通例であり，このため実際に保険の募集にあたる者の告知受領権の有無が問題となる。

第1節　成　　立

(2)　診査医　　生命保険募集人と異なり，判例5)・学説とも診査医（社医と嘱託医とがある）は告知受領権を有するとする。しかし，その根拠については議論があり，診査医は保険者の機関であるという説明6)，信義則上の要請に基づくという説明などもあるが，今日では支持されておらず，診査医はその職務の性質上，代理権としての告知受領権の付与が推定されるにとどまるという見解が有力である7)。この場合の推定は，もちろん事実上の推定であり，告知受領権の付与はあくまでも保険者の意思に基づくことに変わりはない。そして，保険者の意思を規制する強行規定は，現行商法上は存在しないので，告知受領権を有しない診査医も存在しうるが，生命保険会社の現在の認識としては診査医に告知受領権を付与しているというものであると思われる。

(3)　生命保険募集人　　営業職員や代理店などの生命保険募集人については，契約締結権が付与されていないのみでなく，告知の受領権も付与されていないというのが保険者の立場である。生命保険においては告知の対象事実が人の身体に関わるものであり複雑であるが，危険選択の能力を有しない生命保険募集人に告知受領権を付与すると，申込者が口頭でのみ告げた事実も告知がなされたことになるし，また，保険者の解除権阻却事由としての保険者の悪意・過失が生命保険募集人の悪意・過失により直ちに認められてしまうことが懸念されるからである。判例8)・多数学説も告知受領権を付与しないことを容認しているが，保険契約者保護や保険募集の適正化といった政策的理由により告知受領権があるとする解釈論を展開する少数説もある9)。しかし，解釈論として議論する以上，告知受領権は，代理権に準じて，付与するかどうかは本人たる保険

---

5)　大判明治40年5月7日民録13輯483頁，大判明治45年5月15日民録18輯492頁，大判大正5年10月21日民録22輯1959頁など古い時代からの一貫した判例である。

6)　大判明治45年5月15日前掲注5) など（ここでいう機関とは会社法等における会社の機関という場合の機関とは異なり，単なる比喩的な意味にすぎない）。

7)　大森忠夫「保険診査医の法的地位」大森忠夫＝三宅一夫・生命保険契約法の諸問題183頁(1958)，大森283頁。古い判例には保険者は診査医の過失につき自らその責を負う意思を有すると解すべきであるとするものがある。大判大正11年2月6日新聞1971号16頁。

8)　大判大正5年10月21日民録22輯1959頁，大判昭和7年2月19日刑集11巻85頁，大判昭和9年10月30日新聞3771号9頁，東京地判昭和26年12月19日下民集2巻12号1458頁，東京地判昭和37年2月12日判時305号29頁，大阪地判昭和47年11月13日判タ291号344頁など。

9)　西島344頁。

会社の意思次第であり，付与の意思がないのに付与されたものと扱うことは，特別の法律の規定がなければ無理である。表見代理の適用は理論的には可能であるが，現在では約款および告知書において告知は書面（告知書）で行うべきことを明示している以上適用は困難であろう。なお，無診査保険については生命保険募集人もそれが診査医と同様の機能を果たすということにより告知受領権があるという解釈もあるが，やはり無理である10)11)。

生命保険募集人に告知受領権を認めるべきであるという少数説は，実際には，告知義務者が告知をしようとしたにもかかわらず，生命保険募集人がこれを妨害する事例が少なからずあることに理由がある。保険法では，このような問題を立法的に解決するものとして，保険者の解除権阻却事由として，新たに告知受領権を有しない保険募集主体が告知妨害を行った場合を追加した。

(4) 生命保険面接士　告知の窓口としては，以上のほかに生命保険面接士というものがある。これは，診査医の不足に対処するために昭和46年から導入された生命保険協会の認定する資格を有する者であり，被保険者に面接して告知書における告知の確認および外観観察をすることを任務とするが（医療資格は当然有しないので触診・血圧測定等も含めた診査はしない）12)，告知受領権は付与されていないというのが保険者の立場である13)。

7　告知すべき事実・事項

(1) 総　説　本条は，保険事故の発生の可能性すなわち危険に関する重要な事項のうち保険者になる者が告知を求めたものを告知事項とし，告知事項について事実の告知をしなければならないとしている。告知義務は質問応答義務

---

10)　川又良也〔判批〕生保百選78頁参照。
11)　仙台高判平成19年5月30日金法1877号48頁は，住宅ローンの債務者が団体信用生命保険の被保険者として保険者に対して服薬していた事実を告知するにあたり，債権者となる金融機関の職員に対して口頭で告知したという事例について，当該職員は保険者の告知受領代理人ではなく告知義務違反は成立するとした（原審の仙台地判平成19年5月30日金法1877号56頁は，当該職員は保険者の告知事項に関する情報収集についての履行補助者であり，保険者に上記告知を伝えなかったことについての職員の過失は信義則上保険者の過失と同視されるとしていた）。
12)　生命保険協会・生命保険面接士規程。
13)　岡田豊基「告知制度における生命保険面接士の法的地位」神戸学院法学24巻2号371頁（1994）参照。

であるが，保険者が質問すれば何でも告知事項となるというわけのものではなく，危険に関する重要な事項に関するものでなければ告知義務の対象となりえない。

(2) 重要性の判断基準　保険法制定の前から，保険者の危険選択に影響を与えたかどうか，さらに敷衍すれば，ある事実を知っていれば保険者は保険を引き受けなかったであろう場合，または，より高い保険料による等，保険契約者側に不利な条件でのみ引き受けたであろう場合に，当該事実の重要性が認められるというのが確立した判例・学説となっており，本条でもこの点に変更はない[14]。

重要かどうかの判断基準は，各保険者の危険選択基準により決まるのか（主観的基準説という），あるいは，あらゆる保険者に共通する客観的基準により決まるのか（客観的基準説）について争いがある。大判大正4年6月26日民録21輯1044頁は，客観的に観察して危険選択に影響を及ぼすべきかどうか判断する旨を述べており，客観的基準説の立場に立ち，以来判例はこの立場をとるものと理解されている[15]。しかし，危険選択をどの程度の厳しい基準で行うかは，保険者の引受政策・リスク区分政策の問題であるといえるから（保険業の規制緩和は保険者間の引受政策・リスク区分政策の多様化をもたらしていくものと思われる），主観的基準説の立場が合理的なようにみえる。しかし，諸外国でも，必ずしもそういう立場が支配的であるというわけではなく，合理的な保険者の危険選択基準（客観的基準）によるという立場も有力である[16]。これは，各保

---

14) 生命保険における危険選択については，生命保険新実務講座編集委員会＝生命保険文化研究所編・生命保険新実務講座第2巻・法律315頁以下（1991）参照。標準体契約として通常の料率で引き受けることはできないが条件を厳しくして引き受ける条件付契約の方法として，年増法（実際の年齢より数歳高い保険料率を適用する），保険金額削減支払法（数年の削減期間内の早期死亡の場合には保険金を減額して支払う），特別保険料領収法（特別保険料を加算する），割増保険料法（予定死亡表の死亡率を高くした死亡率に基づいて保険料を算出する）等が用いられている。

15) もっとも，最近の裁判例には当該保険者の査定基準に言及しているものもないではない。たとえば横浜地判平成2年12月20日生判6巻286頁。

16) 危険選択について保険者間での基準の差異がわが国よりは大きいと思われる英米でも，慎重な（prudent）保険者の基準が伝統的に確立している。英国の近時の判例につき，中西正明「最近の英国告知義務判例」同・前掲注3) 269頁。英国の判例を契機として，主観的基準説か客観的基準説かを検討するものとして，長崎靖「英米法圏における告知義務の再構築——日本法への示唆も含めて」保険学571号119頁（2000）。これに対して，ドイツの判例学説に両説

険者の危険選択基準が保険契約者側に知らされていない以上，特異な基準（とくに，保険契約者に平均的な保険者よりも厳しい基準）を採用する保険者がその基準に即して告知義務違反を主張することは認められるべきではないということが考慮されているものと考えられる。しかし，そうであるとしても，危険選択において考慮すべき事由が開示されている場合であれば，当該保険者自身の危険選択基準によることも問題はなさそうであり，今日のように告知事項が保険者の質問表で明示されている場合には，主観的基準説を採用してもよいのではないかと思われる。ただし，それにより社会通念に照らして過度に厳格な告知を求められることによる保険契約者側の不利益は告知義務違反による解除の要件としての保険契約者の悪意・重過失の要件のレベルで調整すべきであろう。

　主観的基準説によるとすれば，平均よりも緩やかな基準を採用している保険者が，平均的な基準により告知義務違反の主張をすることは当然認められないが（告知書で告知を求めていても，実際の危険選択では考慮していない場合も同様である），客観的基準説によってもそのような場合はやはり告知義務違反の主張は認めるべきではない[17]。

　いずれにせよ，ある事実の重要性は保険者において主張立証責任を負う。

　ところで，保険法では告知義務を質問応答義務としたが，そうだとすると，質問事項は各保険者が設定するのであるから重要性の判断基準は保険者ごとに異なるという主観的基準に商法の下でよりも一層馴染むようにも見える。しかし，保険法の下でも，保険者が質問するということと重要性の判断基準が主観的基準説に当然に結びつくわけではなく，依然として解釈問題とされているものである。

　(3)　**質問表とその効力**　　告知すべき事実・事項について保険者の質問を書面化することが行われる。これを講学上，質問表という。実務上申込書とともに使用される告知書はこの質問表に該当する[18]。保険法では，告知義務が質

の対立があり，現在の判例は主観的基準説によっていることにつき，中西正明「ドイツ保険法における告知事項の重要性」同・傷害保険契約法の法理137頁以下（1992）。

[17]　告知義務も情報提供義務の一種であるから，情報の不提供があってもそれが相手方の意思表示の原因となっていないとき，すなわち違反と契約締結との間に因果関係がないときは義務違反の効果は発生しないというべきである。

[18]　生命保険業界では，平成3年に消費者にとっても明確なものとすべく，告知書様式モデル

問応答義務とされたことから，質問表を使用することは実務上不可避である。

改正前商法は告知義務を自発的申告義務としていたが，そのような規律の下で実務上質問表を使用した場合に，告知義務は，改正前商法が想定するような自発的申告義務であるという性格が維持されるか，あるいは，この性格は修正され，告知義務は保険者の質問に対する答弁義務に変質するかという問題が議論された[19]。しかし，保険法では，質問応答義務とされ，かつこれが片面的強行規定とされたことから，質問表で質問された事項以外には，仮に重要性がある事実であったとしても告知義務は及ばないことは明らかとなった。ただし，前述のように診査医扱いの生命保険では，告知書による回答のほかに，診査医の口頭でした質問に回答する義務も課しており，そのようなことまでが否定されるわけではない。

次に，質問表が使用される場合に，質問された事項について重要性が擬制され，あるいは推定されるかという問題がある。この点について，保険者が書面で質問した事項について重要性が推定されるという立場があったが，この推定はあくまでも事実上の推定にすぎない[20]。生命保険では，書面による質問において，身体の部位ごとに既往症・現症等を，病名をあげて具体的に質問するとともに，所定の期間内に医師の診療を受けているかどうか，投薬を受けているかどうかなどといった質問項目があるのが通例であるが，このような事実があってもそれが一般的に危険選択にとって重要であるということはいえないから，そのような質問事項についてはこれに対して回答すべき事実の重要性は個別に判断すべきであり，とりわけ抽象的な質問についてまで重要性の推定を容易に認めるべきではない。

保険法では，本条が片面的強行規定とされたことから，質問表における質問

の作成を行っており，これが広く実務でも使用されている。このモデルでは，診査医扱用と告知書扱用を区別しており，とくに後者では告知の対象事実につき具体的な病名を列挙するなど申込者自身の判断により告知がなされる度合いが高いことを考慮して明確化が図られている（医務委員会「『統一告知書』の改正について」保険医学 90 巻 352 頁（1992））。もっとも，このモデルは強制力はなく，現在でも通信販売の保険で診査医扱用の告知書様式が使用されている例もあるようである（平野明〔判批〕保険レポ 181 号 1 頁（2003）参照）。

19) 大阪地判平成 9 年 11 月 7 日判時 1649 号 162 頁は，告知すべき事実は保険契約申込書記載の事実に限定されるとする（ただし傍論）。

20) 重要性が一応推定されるとするものとして，東京地判平成 3 年 4 月 17 日判タ 770 号 254 頁。

事項も本条にいう重要性の要件を満たすものでなければならず，重要性の要件を満たさない質問により告知を求めることは片面的強行規定違反となり許されないということになる[21]。もっとも，重要性の要件を満たさない質問により告知を求めたのに対して，告知義務者が告知をしなかったとしても，元々告知義務違反が成立することはありえないだけの話であり，本条の片面的強行規定性違反の効果として何か特別なものが生ずるわけではなく，その意味では本条が片面的強行規定であるということは，保険者は重要性のない事項について質問をしてはならないという行為規範としての意義しかないことになろう。

しかし，行為規範としてではあるとしても，保険者としては重要性を満たす事項以外の質問を一切してはならないということになるかは問題である。たとえば，一般的に告知書で質問されている，過去一定期間内に医師の診断を受けたことがあるかなどといった質問は，それに該当する事実がすべて重要性を有することになるわけではないが，本条の下でそのような質問をすることが許されないわけではないであろう。本条が片面的強行規定であるということは，重要でもない事項について質問して（違反すれば解除できることになるという意味での）告知義務を課してはならないという意味で理解すべきものであり，質問する事項が絶対的に重要性のある事項に関するものに限定されるというように理解すべきものではない[22]。

(4) 告知義務者の知らない事実の告知　　告知すべき重要事実は告知義務者である保険契約者または被保険者となる者が知っている事実に限定されるかという問題がある。改正前商法の下での生命保険の約款では，文言上，そのような限定をしていないことが通例であった。学説では，明示に限定していない場合でも，①告知義務者にその知らない事実の探知義務を課すことは告知義務の存在理由を逸脱するとして，知っている事実のみを告知すれば足りるとする見解と，②知らない事実でも知らないことにつき重過失があれば告知義務違反が

---

21) 一問一答 45 頁。木下孝治「告知義務」中西喜寿 41-43 頁も，保険者が告知事項を自由に設定できるという解釈は許されないとする。
22) もっとも，重要性があるとは限らない事実についての質問をしておいて，それについて告知義務者が告知をしたとすれば，それを手がかりにして保険者がさらに詳細な事実の調査をしたはずで，その結果実質的に重要な事実が判明したはずであるから，それにより当初質問した事実が重要であるというような主張は認めるべきではない。

成立しうるとする見解が対立していた。

　判例は，たとえ告知義務者が保険契約の当時重要事実を思い浮かべなかったとしても些少の注意を用いればこれを思い浮かべることができた場合には重過失により告知しなかったことになるという定式化をしたものがあり[23]，これは②の立場を表明したものと評価されることも多いが，事案（3か月前の軽い脳溢血の事実を告知しなかった事例）との関係では，事実を知らなかったのではなく，知っていた事実が告知すべき重大な事実に該当するかどうかの判断に重過失があったにすぎないと評価する余地もあり，判例が②の立場にあるとは断定できない。最近の裁判例でも，一般論として②の立場を述べているものが多いが，具体的事案との関連では告知義務者が知らず，その知らなかったことについて重過失を認めたといえるものはないとみてよいように思われる。比較法的には，知っている事実に限り告知義務を課す例が多いという点も考慮すると，①の立場を支持すべきである[24]。保険法では，この点について特段の立法的解決はせず，依然として解釈問題にとどめられている。

　(5)　保険危険事実と道徳危険事実　　告知義務者が告知すべき事実・事項とは何かということにつき，保険危険事実と道徳危険事実との区別がある。保険危険事実とは，保険者が保険給付義務を負うことになる保険事故の発生率の測定に関する事実であり，生命保険における被保険者の年齢や既往症または現症がその典型例である。これに対して，道徳危険事実とは，保険契約者側の関係者が故意の事故招致等により不正な保険給付を受ける意図を有している事実をいう。保険危険事実と道徳危険事実いずれについてもこの定義に直接該当する事実のみならず，その事実を間接的に示す徴憑事実も含むものとされる。道徳危険事実についていえば，保険契約者が収入に比して著しく高額の保険に加入している事実や多数で多額の保険に重複加入しているというような事実がこれにあたる。

---

23)　大判大正4年6月26日民録21輯1044頁。
24)　知っている事実のみについて告知義務が及ぶというのは英米法，大陸法共通に比較法的には支配的な立場である（例外として，スイス保険契約法4条1項）。保険者が負担すべきことになる告知義務者が事実を知っていたことの立証が困難であるから知らない事実でも重過失による告知義務違反が成立する余地を残しておく必要があるとされる場合に想定されているようなケースは，おそらくは告知義務者の悪意が認定されているものと推測される。

このような区別をしたうえで，告知義務の対象となる事実は，保険危険事実に限定されるというのが判例の立場であると理解されている25)。それによれば，生命保険において，告知義務の対象となるのは，被保険者の生命につき危険を測定するために必要な事実をいうのであり，これにより被保険者につき他の保険者との間で保険契約が存在していることは告知すべき事実ではないとされる。

しかし，道徳危険事実を告知すべき事実でないとすることについては最近では学説の有力な異論もあり，また，損害保険会社の損害保険・傷害保険では道徳危険事実の典型である他保険契約の存在について告知義務を課してきたのであり，これが当然に許されないことでもないとも解されてきたし，下級審裁判例も告知義務を課すこと自体の有効性は肯定してきた。もちろん，他保険契約の存在が保険者の危険選択において引受判断に影響を及ぼすという意味での重要性の要件が満たされる必要があることは前提である。

保険法の制定にあたっては，損害保険会社サイドからは他保険契約の告知義務について明文化するよう求められた。これは，保険法では告知義務違反の効果としての保険者の免責については，いわゆる因果関係不存在特則が片面的強行規定化されるが，その場合には，告知されなかった他保険契約の存在と保険事故の発生との間に因果関係があるとは通常は考えがたいので，従来のように他保険契約の告知義務を課してモラル・リスク対策として利用するということが不可能となるためである。しかし，保険法では，他保険契約の告知義務について独自の規定を置くことはせず，他保険契約の存在が告知事項となるかどうかは解釈問題にとどめ，因果関係不存在特則の片面的強行規定化による免責の制限の問題については，別途著しい保険の重複ないし累積が保険者の重大事由解除の事由に該当しうるということで解決された26)。解釈論としては，他保険契約の存在も，それが保険者の危険選択にとって重要な意味を持つ限りで告知義務の対象とすることは妨げられないということでよいものと考えられる27)。

25) 大判明治40年10月4日民録13輯939頁，大判昭和2年11月2日民集6巻593頁。
26) 一問一答47-48頁。
27) 一問一答47頁，洲崎博史「保険法のもとでの他保険契約の告知義務・通知義務」中西喜寿90頁。保険法の下では，道徳危険事実は含まないとするものとして，加瀬幸喜「告知義務」金澤＝大塚＝児玉25-26頁。

第1節　成　立　　　　　　　　　　　　　　　§37・§66　Ⅲ

(6)　生命保険契約における重要な事実・事項の具体例

　㋐　総　説　　既往症・現症・その他身体の状態で生命の危険測定に影響の及ぶものが重要事実となる。既往症・現症はそれ自身生命に危険を及ぼすほど重いものに限定されないが[28]，軽微なものまですべて重要事実にあたるわけではない。戦前においては，きわめて多数の判例があった[29]。現在でも相当数の裁判例が恒常的にみられる[30]。

　ただし，これらの重要性が肯定された事例の多くも，告知義務者は後述の保険契約者の悪意・重過失の要件との関連で病名は知らなかったと主張するのが一般で，そのような場合でも実はこれらの病気にかかっていたことにより身体になんらかの異常が生じておりそれについては自覚症状があること，あるいは，それにより医師から検査や入院の必要性を説明されていたこと等の事実が重要事実とされるのが通例である。この場合も，当然のことながらあらゆる異常が重要事実となるのではなく，生命の危険測定に影響するもののみが重要事実に該当する。

　既往症等以外について，古い時代の判例では，身分関係[31]，職業[32]，保険料支払能力[33]については，重要性が否定されている。これらのうち，現在の生命保険の実務では，職業のみ告知事項としているが，重要事実にあたるのは危険性の高い職業に限られており，そのような職業である限り重要性を肯定すべきものである。

---

28)　大判大正11年8月28日民集1巻501頁，大判昭和10年12月10日法学5巻653頁。
29)　中西正明「保険契約における告知義務」総合判例研究叢書商法(8)18頁以下（1962）。
30)　近時の事例で，重要性が否定された事例として，ベーチェット病（大阪高判昭和51年11月26日判時849号88頁。ベーチェット病は，高度障害状態（失明）になるおそれはあるが，生命の危険測定には影響しないという理由による），低血圧・口内炎・歯根膜炎・急性咽頭炎（熊本地判昭和56年3月31日判時1028号108頁）。重要性が肯定された事例として，ガン（東京地判昭和61年1月28日判時1229号147頁，東京高判昭和63年5月18日判タ693号205頁），てんかん（大阪地判昭和58年12月27日判時1120号128頁），うつ病（大阪地判昭和54年4月13日判時935号108頁），脊髄腫瘍（東京高判昭和61年11月12日判時1220号131頁），肝炎・肝硬変（東京地判昭和53年3月31日判時924号120頁），糖尿病（東京地判平成3年4月17日判タ770号254頁）等がある。
31)　大判大正2年3月31日民録19輯185頁。
32)　大判明治40年10月4日民録13輯939頁（小学校の教員であるのに貿易商と告知した事例）。
33)　大判明治40年10月4日前掲注32)。

古い判例では，血族（尊属親）の遺伝性疾患[34]も重要事実とされていたが，現在の生命保険実務では告知の対象としていない。また，古くは，配偶者の結核罹病の事実が重要事実とされていたが[35]，やはり現在では告知の対象とされていない。

　(イ)　被保険者の年齢　　生命保険においては，被保険者の年齢についても重要事実であると考えられるが，生命保険実務では古くより年齢の不実告知の場合に関しては約款で特則を設けている（実務上，年齢錯誤のケースとよばれている）。現在の約款では，契約日における実際の年齢が保険者の定める年齢の範囲内であったときは実際の年齢による保険料との差額を精算して保険契約を継続させ，保険者の定める年齢の範囲外であるときは保険契約を無効とし既払保険料が返還される（ただし，保険者の定める最低年齢に達してから誤りの事実が発生したときは最低年齢に達した日を契約日とし，実際の年齢による保険料との差額を精算する）。なお，いずれの場合も保険契約者の悪意・重過失等告知義務違反の要件は必要でない。

　古い判例として，これと類似の約款がある場合に，これは保険者の錯誤による無効についての特則を定めたもので[36]，有効性は認められるが[37]，約款では規定していないものの民法95条ただし書の補充適用はあり，保険者に年齢の誤りを見過ごしたことにつき重過失があれば保険者は無効を主張できないとしたものがあり[38]，約款の制限解釈をしていることになる。また，告知義務に関する特則と理解したうえ，保険者に年齢の誤りを見過ごしたことに過失があれば改正前商法678条1項但書の適用を認めて無効を主張しえないとする見解もある[39]。

　改正前商法の下では，告知義務に関する特則であるとしても，年齢という事実の特質，約款に定める処理方法の合理性に照らして，約款全体の有効性を認めてよいと考えるのが支配的な学説の立場であった[40]。これに対して，保険

---

34)　大判大正4年4月14日民録21輯486頁。
35)　大判大正5年7月12日民録22輯1501頁。
36)　三宅一夫〔判批〕生保百選75頁も同じ立場である。
37)　大判大正6年3月20日新聞1261号26頁。
38)　大判昭和13年3月18日判決全集5巻18号22頁。
39)　中西・前掲注3) 47頁。

法では本条と告知義務違反の効果に関する55条・59条が片面的強行規定とされたので，このような解釈が維持されるかどうかが問題となる。保険法施行に伴い改定された約款においても，年齢錯誤に関する規定は変更されていないので，従前の約款条項は片面的強行規定に反するものではないという解釈が前提となっているものとみられる。

　この点をどのように説明するかということであるが，年齢も告知義務の対象となる重要事項であるとすれば，上記約款の規定が保険法の告知義務の規律に反しないということは難しいのではないかと思われる41)。あるいは，上記約款の定め全体を見れば，全体として告知義務の規律よりも保険契約者側に不利益ではないという説明もあるかもしれないが，そこまで割り切ってよいかはなお躊躇される。年齢は被保険者の危険に影響がある事実であることは確かではあるが，同時に被保険者の基本的な属性を示す事実であり，損害保険でいえば，自動車保険における車種，火災保険における建物の構造や面積などに比肩される事実であって，保険契約の要素でもあるということができ，告知義務の射程の範囲外に置いてもよい事項であると考えるのが適当ではないかと考える。

8　片面的強行規定

　上記の解説の各所において片面的強行規定性との関係で問題となりうる事項については述べたところである。

9　傷害疾病定額保険契約特有の事項

　傷害疾病定額保険契約における告知義務に関して規定する保険法66条は，規定の内容は生命保険契約における告知義務に関して規定する本条と内容においては，変わりはない。本条では「保険事故」とある部分が66条では「給付事由」と書き換えられており，給付事由とは，傷害疾病による治療，死亡その

---

40)　江頭457頁以下は，年齢については不実告知と保険事故との間に因果関係を認めることが困難であること等一般の告知義務違反と同じに扱えないことを約款の有効性の根拠とする。

41)　ドイツ保険契約法157条では，年齢は告知義務の対象となるという前提をとりつつ，年齢の不実申告の場合について，告知義務の一般的効果とは別の特別の効果を定めている。このように，年齢については特別の配慮が必要であるということは明らかである。なお，中西正明「独，仏，スイス保険契約法に於ける年齢錯誤」所報10号111頁以下（1964）参照。

他の保険給付を行う要件として傷害疾病定額保険契約で定める事由をいうと定義されている。このように書き換えられているのは，傷害疾病定額保険契約における保険事故の定め方や保険事故を含む保険給付事由の発生要件の定め方は多様であり，保険事故が即ち保険給付発生事由であるとはいえないということによるものである。条文の解釈としては，本条ととくに異なって考えるべきことはない。

　損害保険会社の傷害保険の実務では，被保険者の年齢，職業，現在の健康状態・既往症，過去における引受拒絶の有無，他保険の有無等が告知事項とされている[42]。生命保険会社の傷害保険・疾病保険では，生命保険と同様の告知事項とされている。

〔山下友信〕

---

[42] 腹部大動脈瘤が重要事実とされた裁判例として，大阪地判昭和63年1月29日判タ687号230頁。

第1節 成　立　　　　　　　　　　　　　　　　　　　§38・§67　I

> **（被保険者の同意）**
> **第38条**　生命保険契約の当事者以外の者を被保険者とする死亡保険契約（保険者が被保険者の死亡に関し保険給付を行うことを約する生命保険契約をいう。以下この章において同じ。）は，当該被保険者の同意がなければ，その効力を生じない。
>
> **（被保険者の同意）**
> **第67条**　1　傷害疾病定額保険契約の当事者以外の者を被保険者とする傷害疾病定額保険契約は，当該被保険者の同意がなければ，その効力を生じない。ただし，被保険者（被保険者の死亡に関する保険給付にあっては，被保険者又はその相続人）が保険金受取人である場合は，この限りでない。
> 2　前項ただし書の規定は，給付事由が傷害疾病による死亡のみである傷害疾病定額保険契約については，適用しない。

I　趣　旨

1　序

　生命保険契約の当事者以外の者を被保険者とする保険契約を他人の生命の保険契約という（保険者が被保険者であることは実際上ありえないから，従来は保険契約者以外の者を被保険者とする保険を他人の生命の保険契約といっている）。他人の生命の保険契約のうち，他人の死亡に関し保険給付を行うことを定める生命保険契約を，とくに他人の死亡の保険契約という。保険法38条は，他人の死亡の保険契約につき被保険者の同意を保険契約の効力発生要件とするものである。これは基本的には改正前商法と同様の規律である（改正前商674条参照）。このような規律があるのは，他人の死亡の保険にはいくつかの弊害が伴うため（2(2)参照），その弊害を防ぎつつ他人の死亡の保険契約の利用を認めるためである。他人の生命の保険でも，生存保険については弊害はないので，被保険者の同意は必要ないとされている[1]。生死混合保険では同意は必要である。

---

[1]　大森269頁，西島322頁，山下270頁。もっとも，後述の人格権侵害を問題とする立場から，立法論として他人の生存保険についても被保険者の同意を要するとの見方がないわけではない。竹濵修「生命保険契約に固有の問題」商事1808号48頁（2007）。これらの点につき，江頭憲

なお，改正前商法では，傷害保険や疾病保険に関する規律はなく，解釈として，定額給付である他人の傷害の保険契約や他人の疾病の保険契約につき，生命保険契約について被保険者の同意を求める改正前商法674条1項が類推適用されるとされていた[2]。しかし，傷害保険や疾病保険につき，すべての場合に被保険者の同意を求めるべきかどうかについては問題もあることも指摘されていた[3]。保険法では，定額給付である，他人の傷害・疾病の保険につき，どのような傷害疾病保険契約に被保険者の同意が必要であるかが明定された（67条）。

従来，被保険者の同意をめぐる議論は主に他人の死亡の保険契約に即してなされているので，本稿においても主に他人の死亡の保険契約に即した記述となっている。

なお，被保険者の同意は契約締結時にのみ問題になるのではなく，保険金受取人変更（45条・74条），保険事故発生前の保険金請求権の譲渡・質入れ（47条・76条）の場合にも必要となる。

2　他人の死亡の保険の有用性と危険性

(1)　有用性　　他人の死亡の保険契約は広く利用されている[4]。たとえば，親族間での利用形態として，夫婦の間で配偶者の一方が保険契約者となり他方を被保険者として締結するいわゆる夫婦保険がある。親権者が子どもを被保険者として締結するいわゆるこども保険もある（こども保険のあり方について，Ⅳ2参照）。

次に，企業が利用する形態として，企業が保険契約者となり，従業員を被保

　　治郎「他人の生命の保険」中西喜寿245頁。また，実務上は，契約申込書の被保険者の署名欄に「本保険契約に加入することに同意します」と印刷されているのが一般的のようである。長谷川仁彦「『被保険者による解除請求』について」金澤＝大塚＝児玉234頁。
2)　大森忠夫「商法における傷害保険契約の地位」同・保険契約法の研究113頁（1969），石田347頁，中西正明「傷害保険」同・傷害保険契約の法理8頁（1992）。死亡給付のある傷害保険につき，三宅一夫「他人の死亡の保険契約」大森忠夫＝三宅一夫・生命保険契約法の諸問題310頁（1958），江頭憲治郎「他人の生命の保険契約」ジュリ764号58頁（1982），福田弥夫「他人の生命の保険契約」日大法学紀要27巻245頁（1985）。大阪地判昭和54年2月27日判時926号115頁，東京地判平成3年8月26日判タ765号286頁。
3)　傷害試案（2003）理由書48頁，山下268頁。
4)　以下につき，江頭・前掲注2) 58頁，福田・前掲注2) 248頁。

第1節 成　立　　　　　　　　　　　　　　　　　　§38・§67　I

険者として締結するいわゆる被用者保険がある。被用者保険は従業員が死亡した場合の遺族の生活保障を目的とする。被用者保険は団体定期保険の形をとるのが通例である（団体定期保険のあり方をめぐる問題について，IV 1 参照）。企業が保険契約者となり，経営者を被保険者として締結するいわゆる企業者保険もある。この保険は，たとえば中小企業でその経営が専ら経営者の個人的才覚に依拠しているような場合に，経営者の死亡による企業の損失に備えるものである。

　最後に，債権者が利用する形態として，債権者が保険契約者兼保険金受取人となり，債務者を被保険者として締結するいわゆる債務者保険がある。これは債務者の死亡によって生じるかもしれない債務不履行に備えるものである。債務者保険は団体信用生命保険の形をとるのが通例である。このように他人の死亡の保険契約はさまざまな形態で広く利用されている。

　(2)　危険性　　上記のように，他人の死亡の保険契約は非常に有用であると認められる一方で，他人の死亡の保険契約にはいくつかの危険が伴うことが指摘されている[5]。第1に，他人の死亡の保険を賭博として利用する危険がある。保険契約者が自分とはまったく利害関係のない無関係な者を被保険者として死亡保険契約を締結するという形で，保険を賭博的に利用するということである。第2に，保険金を取得する目的で，故意に被保険者の生命を害するという危険がある。いわゆる道徳危険である。第3に，勝手に他人を被保険者とすることで，被保険者の人格権を侵害する危険である。勝手に他人を被保険者とすることが，どのような点で人格権侵害になるのかについては，伝統的には，他人を被保険者として死亡保険契約を締結することは，その他人の生命を評価して取引の対象とすることであり，これは人格権侵害となるとされてきたようである。ただし，他人の死亡の保険契約を締結することが，他人の生命を評価することになるのかについては，疑問も示されており，同意なしに他人の死亡を射倖契約の条件とすることは一般的に公序良俗に反するとの理解もある[6]。あるいは，被保険者の了知しないところでその生命を取引の対象とすることが人格権侵害にあたるとの理解もある[7]。

---

5) 三宅・前掲注2) 296頁，江頭・前掲注2) 58頁。
6) 三宅・前掲注2) 309頁。
7) 竹濵・前掲注1) 48頁，福田弥夫「保険法の現代化と被保険者の同意をめぐる問題点」共済

人格権侵害について具体的に何を問題とみるかは必ずしも明確ではない。上記のように，論者によってとらえ方が異なっているところもあるように思われる。賭博保険の危険，道徳危険とは別に，人格権侵害が問題となるとすると[8]，何が問題になるのであろうか[9]。たとえば，第三者の死亡により経済的不利益を受ける者が，当該第三者を被保険者として他人の死亡の保険契約を締結するというときに，賭博保険ではなく道徳危険も存在しないことを前提とすると，被保険者のどのような内容の人格権が侵害されるのであろうか。この点につき，道徳危険のおそれとは別に被保険者の知らないところで被保険者の生命に保険をかけることが人格権侵害になる，つまり，知らないところで生命を保険の対象とすること自体が問題であるという見方がある[10]。このような見方については，従来の人格権の内容の理解との関係で，知らないところで保険にかけられることが人格権のどういう側面を害するのか，そのような利益は法益として認められるのかを確認する必要があるように思われる[11]。

あるいはこのような見方は実質的には被保険者の人格権の問題というよりは，人に黙ってその生命を保険に付することは社会通念上妥当ではないということのようにも思われる[12]。仮にそうであるとすれば，生存保険や被保険者を保険金受取人とする傷害疾病給付については，問題にならないといってよいであろう。また，被保険者の同意を代理により行うことができるかどうかという問題があり（被保険者が未成年である場合に親権者が代わって同意することができるかというような問題がある。Ⅲ6(1)参照），人格権の保護の見地から被保険者の同意

と保険49巻10号23頁（2007）。
[8] 他人の生死を賭博の対象にすることが人格権侵害となるとするものもある。江頭496頁。
[9] 以下のような人格権の内容につき，竹濱・前掲注1）48頁，遠山優治「他人の生命・身体の保険契約について」生保160号192頁（2007）参照。
[10] たとえば，法制審議会保険法部会第10回議事録14頁，第18回議事録13頁。これを広く理解すると，生存保険でも人格権侵害が問題になるという見方もありうる。竹濱・前掲注1）48頁，法制審議会保険法部会第5回議事録14頁。また，被保険者が保険金受取人である傷害疾病給付（生存給付）についても人格権侵害が問題となるという見方もありうる。法制審議会保険法部会第18回議事録20頁，第20回議事録20頁参照。
[11] 人格権の内容につき，潮見佳男・不法行為法Ⅰ〈第2版〉194頁以下（2009）。
[12] 同意なしに他人の死亡を射倖契約の条件とすることは一般的に公序良俗に反するという理解（三宅・前掲注2）309頁），他人の生命を評価して取引の対象とすることは人格権侵害という理解は，道徳危険や賭博保険とは別のことを問題にするのであるとすれば，実質的には社会通念の問題ではなかろうか。

第1節　成　　立

は代理になじまないといわれることがあるが，実質的には社会通念の問題であるとすれば，被保険者同意は代理になじまないということの強い根拠にはならないのではなかろうか。

次に，人格権の内容としては，道徳危険と関係がないわけではないが，自己決定権という見地から理解することも考えられる。これは自己の生命・身体については自分で決定する権利があるという見地から，道徳危険を伴う保険について，生命・身体への危険を伴う保険について被保険者となることの決定は被保険者自身に委ねられるべきであるということである[13]。代理になじまないということとの関連で人格権が問題とされる場合の，人格権の内容はとくに道徳危険については被保険者自身に判断させるべきであるというような意味での人格権ではなかろうか。このような意味で，人格権を問題とすることは適切であろう。

賭博保険，道徳危険，人格権侵害という3つの危険はすべてが一様に重視されているわけではない。道徳危険については，受取人による被保険者の故殺免責の規定があることから，賭博保険の防止を重視するものもある[14]。また，人格権侵害はとくにあげず，道徳危険のみをあげるもの[15]，賭博保険の防止と道徳危険対策をあげるものがある[16]。国や時代によってもどのような危険が重視されているかは異なるようである[17]。古くは賭博保険が大きな問題となっていたようであるが，現在では現実的にはあまり大きな問題ではないであろう。道徳危険は現在でも重要な問題である。人格権侵害は，日本の立法作業においては従来具体的には意識されてこなかったようであるが[18]，保険法立案時には大きな問題として意識されていた[19]。

---

[13]　道徳危険の有無をもっとも適切に判断できるのは被保険者本人であるという説明とは重なるところもあるかもしれないが，理論的には別のもののように思われる。

[14]　大森268頁，倉澤129頁，坂口294頁。

[15]　石田278頁。

[16]　田辺238頁，西島321頁，鈴木竹雄・新版商行為法・保険法・海商法〈全訂第2版〉98頁（1993）。

[17]　三宅・前掲注2）266頁以下。

[18]　三宅・前掲注2）297頁，鈴木達次「他人の死亡の保険契約における被保険者の同意」愛媛法学会雑誌26巻3＝4号201頁（2000）。

[19]　法制審議会保険法部会第5回議事録8頁，14頁，第18回議事録8頁，17頁，第20回議事録20頁等。

3 弊害防止のための諸制度

上記のような危険を除去するための法制度としては、大きくは3つのものがある。利益主義、親族主義、同意主義の各制度である[20]。また、利益主義と同意主義の併用ということもありうる[21]。利益主義とは、他人の死亡の保険契約は、保険契約者がその他人の生存につき利益を有しない限り締結できないとする主義である。親族主義とは、他人の死亡の保険契約はその他人の親族でなければ締結できないとする主義である。同意主義とは、他人の死亡の保険契約を締結するには、その他人の同意を要するとする主義である。

これらの各主義の優劣については、次のような議論がなされている。利益主義[22]は沿革的にはもっとも古くからみられた制度であり、古くには各国で採用されていたものであるが、現在ではイギリス、アメリカでみられる。利益を経済的利益に限るというような厳格な利益主義は賭博保険の防止には有効である。しかし、他方、厳格な利益主義は他人の死亡の保険の利用を非常に限定するものであり、このような保険の有用性を十分に活かすことのできない制度である。そこで、利益を経済的利益に限らず愛情等の精神的利益でもよく、かつ一定の親族関係があれば利益を推定するものとしたり、利益は保険事故発生時まで存続する必要はなく契約締結時に存在していればよいとすることなどによる緩和された利益主義が考えられる（現在のイギリス、アメリカではこのようになっている）。しかし、これに対しても、このような緩和された利益主義では、実際にはなんら利益をもたない者が保険金を受け取る権利をもつ場合が生じるのであって（利益が推定されたり、利益は契約締結時にあればよいことによる）、道徳危険の防止にとって有効ではないと批判される。利益という基準により他人の死亡の保険を有用なものと、危険なものにより分けることは非常に困難であり、

---

20) 大森267頁、西島321頁、三宅・前掲注2) 298頁以下、江頭・前掲注2) 59頁以下。

21) 今井薫「他人の生命の保険」倉澤康一郎編・生命保険の法律問題（金判986号) 72頁 (1996)、福田弥夫・生命保険契約における利害調整の法理35頁 (2005)、潘阿憲「生命保険契約における被保険利益の機能について」文研129号136頁以下 (1999)、山野嘉朗・保険契約と消費者保護の法理40頁 (2007)。

22) 以下につき、三宅・前掲注2) 299頁以下、田辺康平「生命保険法に於ける利益主義と同意主義」新潟大学法経論集3巻101頁以下 (1952)、江頭・前掲注2) 59頁、福田・前掲注2) 255頁以下。英米法につき、福田・前掲注21) 19頁以下、潘・前掲注21) 128頁以下。中国法につき、潘・前掲注21) 146頁以下、千森秀郎「中国の人身保険契約における被保険利益と被保険者の概念」文研134号（第一分冊) 163頁 (2001)。

また，利益の有無を調査する制度的裏打ちが必要になる。また，人格権侵害についてはそもそもなんら防止策となるものではない。

次に，親族主義[23]は純粋な形でこれを採用した例は後述する日本の明治32年商法以外にはないとされる。ただし，利益主義や同意主義と併用する例はみられるようである。親族主義は親族間であれば道徳危険は存在せず，したがって，人格権の侵害も起こらないとの見地に立っている。また，賭博保険の危険もない。純粋な親族主義に対する批判としては，他人の死亡の保険契約の利用を過度に制限してしまう，親族間でも道徳危険は生じるというものがある。

同意主義[24]は現在広く採用されている制度である。同意主義は，道徳危険の有無の判断はその対象たる他人自身に委ねることが妥当であること，人格権侵害の防止の見地に基づくものとされる。また，要件が簡明であり，他人の死亡の保険の活用を妨げるおそれがないことも指摘される（もっとも，団体保険では同意をとることの困難さが問題となり〔III 5(1)〕，傷害疾病保険については保険法立案段階で大きな問題となったところである〔III 7〕）。一般に，同意主義は道徳危険の防止の点で利益主義，親族主義よりも有効であり[25]，また，人格権侵害は完全に防止することができ，賭博保険の防止にも有効であるとして，もっともすぐれた法制度であると評価されている[26]。

もっとも，同意主義の下で他人の死亡の保険に関する道徳危険を完全に防止することができるわけではないことは，わが国の実態をみても明らかである[27]。実務においても同意さえあれば無条件に他人の死亡の保険契約の締結を認めるという運用はなされていないようであり，より具体的な道徳危険の有無の判断が保険会社によってなされているようである。この点をとらえて，保険会社が制限的な契約締結という実務を行っていてもなお道徳危険は防止でき

---

23) 以下につき，三宅・前掲注2) 303頁以下，江頭・前掲注2) 60頁，福田・前掲注2) 258頁以下。
24) 以下につき，三宅・前掲注2) 304頁以下，江頭・前掲注2) 61頁，福田・前掲注2) 260頁以下。
25) 道徳危険の防止の見地からは被保険者と保険契約者の関係よりも，被保険者と保険金受取人の関係を問題とすべきと指摘するものとして，遠山・前掲注9) 183頁。後述する明治32年商法では，保険金受取人と被保険者の関係による規律がなされていた。
26) 三宅・前掲注2) 306頁，江頭・前掲注2) 61頁，田辺・前掲注22) 117頁。西島322頁。
27) 今井・前掲注21) 74頁，福田・前掲注2) 261頁。

ていないのであり，利益主義を併用するべきであるとの主張もなされている28)。しかし，どういう場合にどの程度の利益を認めるかという基準を設定することは困難であることから，反論もなされている29)。

II 沿　革

前述のような他人の死亡の保険に伴う危険を除去するために，被保険者の同意が必要とされている。ただし，わが国では，他人の死亡の保険についての法制度の在り方は変遷してきている30)。

ロェスレル草案では，他人の生命の保険については，保険契約を締結するときに31)財産上の利益関係のある他人の生命もしくは健康について，保険をなすことができる32)とされている（草案741条）。夫婦，兄弟姉妹，尊属親，卑属親の生命健康については財産上の利益の証明は不要である（同条）。また，被保険者の承諾は不要である（草案742条）。このようにロェスレル草案では，利益主義がとられ33)，かつ同意は不要とされている。利益主義をとる理由として，ロェスレル草案では保険契約はすべて損害保険として構成する損害保険一元論が採用されており（草案686条），保険に付すべき正当の利益がある場合に保険契約は有効となる（草案688条）ことから当然に導かれること，保険の賭

---

28) 今井・前掲注21) 74頁。潘・前掲注21) 152頁以下。従来から，生命保険犯罪に関連して，生命保険にも被保険利益概念を導入するべきである，あるいは被保険利益概念は認められるとの主張はなされている。今田益三「生命保険における被保険利益について」保険学474号1頁（1976)，本間照光「日本における『他人の生命の保険』100年」保険学588号163頁（2005)。

29) 山下268頁，竹濱・前掲注1) 47頁。

30) 沿革については，青谷和夫「保険契約法の逐条別史的素描V」生保協会報59巻3号40頁以下（1979)，鈴木・前掲注18) 189頁，千々松愛子「モラル・リスク排除を目的とした規定の沿革について」生保161号137頁（2007)。

31) ロェスレル氏起稿・商法草案下巻〈復刻版〉179頁（1995)。

32) 同意がなければ契約は無効となる。ロェスレル・前掲注31) 178頁。

33) ロェスレル草案741条は，保険契約者が自己の利益のために他人の生命の保険契約を締結する場合についての規定であり，保険契約者が被保険者の生命につき財産上の利益を有することが求められている。ただし，保険契約者が他人のために，他人の生命の保険契約を締結することもできる（草案744条）。この場合には，保険契約者が他人の生命につき利益を有することは必要ではない。保険金を受け取る権利を有する者が被保険者の生命につき利益を有することも必要ではない。しかし，保険契約者が他人のために保険契約を締結すべき契約上の義務を負うことが必要とされている（同条)。ロェスレル・前掲注31) 182頁参照。

博的利用の防止があげられている34)。

　被保険者の同意が不要である理由としては，被保険者は保険契約によりなんらの義務を負うものではないこと，また，同意を必要とすると保険契約者が正当に契約を締結することが被保険者の悪意等により妨げられるおそれがあることがあげられている35)。

　明治23年旧商法では，ロェスレル草案の内容が引き継がれている。すなわち，契約締結時に財産上の利益を有する者が他人の生命の保険契約を締結することができるという利益主義がとられ（明治23年旧商678条），被保険者の同意は不要とされている（明治23年旧商679条）。理由としても，ロェスレル草案と同様に，損害保険一元論がとられていること，保険の賭博的利用の防止があげられている36)。被保険者の同意が不要な理由もロェスレル草案と同様である37)。

　これに対して，明治32年商法では，親族主義が採用されている。すなわち，保険金額を受け取るべき者は，被保険者，その相続人または親族でなければならない（明治32年商428条）。明治32年商法では，損害保険一元論は採用されず，損害保険契約と生命保険契約の2つが典型契約として規定されているため，理論的に当然に利益主義が導かれることはなくなった。親族主義をとった理由としては，財産上の利益を有する者が他人の死亡の保険契約を締結することができるとすると，保険詐欺が横行することがあげられている38)。なお，当時，賭博保険がまったく意識されていなかったわけではないとの指摘がある39)。

　この親族主義に対しては審議段階から生命保険の発達を阻害するものとして強い批判がなされていた40)。生命保険による弊害防止を強調して親族主義を採用したものの，新商法制定後も依然として強い批判がなされていたようであ

---

34)　ロェスレル・前掲注31）177頁。
35)　ロェスレル・前掲注31）180頁。
36)　長谷川喬・商法正義・第5巻172頁以下（1890），磯部四郎・大日本新典商法釈義・第11編2752頁以下（1890）。
37)　磯部・前掲注36）2756頁。
38)　法典調査会・商法修正案参考書（日本近代立法資料叢書21）176頁（1985）。
39)　鈴木・前掲注18）197頁。
40)　法典調査会・商法委員会議事要録（日本近代立法資料叢書19）607頁以下（1985）。また，千々松・前掲注30）151頁。

る。

　このような状況で，明治44年商法改正により，同意主義が採用された。審議においては，親族主義の採用のときとは逆に，同意主義では弊害が生じることが指摘されながら，刑法による制裁等の方法で弊害防止は図ることができるので，保険業の発達を考慮した方がよいとの議論がなされている[41]。なお，改正理由として，同意があれば利益があるとみなしたものという説明がなされているが[42]，同意主義による弊害防止の考え方につき，このような説明がなされたということであろう[43]。

　明治44年の商法改正以来，わが国では同意主義が採用され，これは保険法でも維持されている。改正前商法の解釈として，利益主義的解釈が主張されることもあるが[44]，解釈論的に難点があることは否定できない。保険法においても同様であろう。

III　条文解説

1　総　説

　他人の死亡の保険契約を締結するには，被保険者の同意を得なければならない。前述したような弊害を防止するために，このような制度が採用されている。傷害疾病定額保険については，同意が不要である例外が定められているが，この点については後述する（7）。なお，改正前商法では，被保険者が保険金受取人である場合は，被保険者の同意は不要という例外が定められていたが（改正前商674条1項但書），保険法では，この例外は削除されている。被保険者が保険金受取人であるということは被保険者が保険金請求権を有するが，保険事故が受取人である被保険者の死亡であるから，実際上保険金は被保険者の相続人

---

[41]　[第二次]法律取調委員会・商法中改正法律案議事速記録二（日本近代立法資料叢書21）84頁，86頁（1985）。鈴木・前掲注18）198頁。

[42]　法律新聞社編・改正商法理由〈補4版〉376頁（1912）。

[43]　千々松・前掲注30）160頁。

[44]　今井・前掲注21）75頁。なお，普通の死亡保険契約を債務保証のために利用する場合に，約款により保険金受取人に支払う額を残存債務の額に限定し，残りを被保険者の相続人に受け取らせるようにするべきであるとするものとして，福田・前掲注21）77頁。

が取得することになるため，この場合でも道徳危険のおそれがあることは変わらないためである45)。

本条の趣旨は賭博保険の防止，道徳危険の防止というような公序に関わるものであることから，本条は強行規定であると解される46)。

なお，従来，同意の撤回という問題が論じられていたが，保険法では，被保険者からの解除請求という制度が導入されている（34条・58条・87条）。同意の撤回の問題は解除請求に譲る。

2 同意の性質

改正前商法の規定の文言からは，被保険者の同意は他人の死亡の保険契約の成立要件なのか効力要件かは明らかではなかった（改正前商674条1項参照）。もっとも，従来から，同意は有効要件であると解されており47)，保険法では効力要件であることが明らかにされている。

被保険者の同意は，自己の生命を保険に付することに対して異議を有しないことを表す被保険者の意思の表明であり，同意によりその者の死亡の保険契約を有効に締結できるという効果は法律行為的な効果ではなく48)，法がとくに認めたものである。したがって，同意は準法律行為であるとされる49)。同意により当該保険契約の適法性が推断されるといわれる50)。

---

45) 一問一答171頁。従来から立法論的に批判されていた。生保試案（2005）理由書，疾病試案（2005）理由書52頁。大森269頁，西島322頁，田辺188頁，石田280頁。なお，削除の理由として人格権侵害の防止もあげられる。大串＝日生133頁［渡辺格］，肥塚肇雄「傷害保険契約における被保険者の同意」金澤＝大塚＝児玉481頁。
46) 一問一答23頁，大串＝日生136頁［渡辺］。改正前商法につき，大森270頁，窪田宏・保険法〈第2版〉128頁（1985）。
47) 松本烝治「他人ノ生命ノ死亡保険ニ於ケル被保険者ノ同意ニ付テ」私法論文集〈復刻版〉209頁（1989）は，契約成立のために当事者の意思表示以外に第三者の意思表示を要することは契約の一般的な考え方に反することなどをあげる。三宅・前掲注2)310頁は，同意は保険契約の適法条件であり，一般に適法条件は効力要件であるとする。野津務・新保険契約法論638頁（1965）。大森270頁，西島324頁，石田282頁，山下269頁，金澤理・保険法下10頁（2005）。
48) 反対，松本・前掲注47)211頁。なお，野津・前掲注47)639頁。
49) 三宅・前掲注2)313頁，大森271頁，山下269頁，福田・前掲注2)263頁。
50) 大森270頁，倉澤129頁，田辺・前掲注22)115頁。

3　同意の相手方・方式

同意は保険契約者か保険者のいずれかに対してなされればよい。被保険者の意思が明確であれば足りるからである[51]。

同意の方式としては、従来から、改正前商法に方式についての規律は定められていなかったことから、同意は不要式であり、黙示でもよいと解されてきたところである[52]。もっとも、立法論としては書面によることを求める意見も強かったが[53]、保険法では書面によることは必要とされていない。書面であることを求めることで必ずしも被保険者の真意であることが確保されるわけではなく、また、書面によることを要件とした場合に、書面によらない同意がなされたときに保険者が書面がないことを理由として保険契約が無効であることを主張することを認めるのは合理的ではないことによる[54]。

なお、わが国では、後述する団体定期保険に対応することを念頭において、同意の認定についてはかなり柔軟な解釈も行われてきた。会社が保険契約者となり、従業員の全員を被保険者とするタイプの団体定期保険では、従業員が多数にのぼること、従業員の変動があることから実務上個別に同意をとることが困難である場合がある。また、団体定期保険は保険金受取人は保険契約者である会社となっているのが通例であるが、保険の趣旨は、保険金を従業員が死亡した際の遺族への死亡退職金等の支払の原資にあてるというような形で従業員の福利厚生を図るためであるとされている。このことから、被保険者の同意を厳格に要求することは、福利厚生のための制度を使いにくくするという事情も

---

51) 三宅・前掲注2) 314頁、江頭・前掲注2) 63頁、福田・前掲注2) 273頁。なお、松本・前掲注47) 212頁。保険者の同意の調査義務を認めるべきとの考え方との関係で論じるものとして、福田・前掲注21) 78頁。同意の相手方を保険者に限るとの考え方を示唆するものとして、福田＝古笛118頁［福田弥夫］。

52) 松本・前掲注47) 213頁、大森271頁、西島325頁、石田281頁、三宅・前掲注2) 315頁、江頭・前掲注2) 63頁。

53) 生保試案（2005) 52頁。松本・前掲注47) 213頁、三宅・前掲注2) 315頁、大森271頁、江頭・前掲注2) 62頁、石田281頁、西島325頁、山下270頁、青谷和夫「他人の生命の保険契約について」生経48巻4号95頁（1980)。解釈論として書面によることを必要とする説として、福田・前掲注2) 268頁。ただし、団体保険では場合によっては例外を認める。同272頁。

54) 一問一答175頁。もっとも、監督規制として、書面により同意をとる方式であることが事業方法書等の審査基準となっている（保険業規11条2号）。なお、法制審議会保険法部会18回議事録23頁。

あり，必ずしも厳格な同意は求められてこなかった。すなわち，従来は労働組合等を通じた周知および異議申立ての機会の確保，就業規則の定めなどにより，被保険者の同意があったとするような運用もなされていた55)。もっとも，後述のように，このような実務は改められている（VI 1 参照）。

　道徳危険防止等の見地からは，一般論としては，同意をあまり緩やかに認めることは問題であるとの指摘がなされている56)。また，実務上は保険者は団体定期保険の場合を除いては，書面に被保険者の署名または記名捺印を求めることで同意をとっているが，それ以上に被保険者に通知して意思を確認するということはしていないとされ（もっとも，2 親等内の血族および配偶者以外の者が死亡保険金受取人となっている場合には被保険者に対する調査が行われるようである），この点で，保険契約者による代署・代筆がなされることも少なくないのではという指摘もあった57)。このような実態に対する問題意識から，保険者に被保険者の同意の調査義務を認めるべきであるとの主張もある58)。

4　包括的同意の可否

　同意を必要とする趣旨からすれば，道徳危険等につき被保険者に具体的に判断させることが必要であるから，包括的な同意は認められない59)。保険契約者と保険金受取人の認識は不可欠である。保険金額と保険期間も重要であるが，被保険者の認識と実際の保険金額，保険期間に多少のずれがあっても同意の効力に影響はない60)。

　もっとも，簡易保険に関する東京高判昭和 53 年 3 月 28 日判時 889 号 91 頁

---

55) 大森忠夫「いわゆる事業保険と被保険者の同意」大森＝三宅・前掲注 2) 220 頁，田辺 239 頁，山下 275 頁。団体定期保険契約につき，契約者である会社の各支社の統括部長に通知したにすぎないという事案（就業規則の定めにはない）において，同意を認めず保険契約を無効としたものとして，静岡地浜松支判平成 9 年 3 月 24 日判時 1611 号 127 頁。また，団体傷害保険契約で，同意を認めなかったものとして，大阪地判昭和 54 年 2 月 27 日前掲注 2)。
56) 青谷・前掲注 53) 91 頁，福田・前掲注 21) 16 頁。潘・前掲注 21) 154 頁。
57) 江頭・前掲注 2) 63 頁。
58) 福田・前掲注 21) 15 頁以下，同・前掲注 7) 24 頁，同「被保険者の同意」甘利＝山本 222 頁。
59) 松本・前掲注 47) 215 頁，大森 272 頁，西島 325 頁，金澤・前掲注 47) 11 頁。
60) 三宅・前掲注 2) 316 頁，江頭・前掲注 2) 63 頁，福田・前掲注 2) 273 頁，福田・前掲注 58) 203 頁。

は，多少の包括性ある同意は許されるとする。本件は，被保険者が「かけられるならいくらかけてもよい」と述べたという事案であり，判旨は，少なくとも当分の間に複数口の保険契約を締結することに対し包括的に同意したものと認めたうえで，将来締結されるすべての保険についてあらかじめ同意するといった同意の空洞化を招くような広い包括的同意ではなく，この程度の多少の包括性ある同意は許されるとした。「かけられるならいくらかけてもよい」という言葉で同意したとしても，ある程度の想定内で同意していることが通常といってよく，どの程度の金額が想定内かを安易に推断することは妥当ではないから，特別な事情がない限り保険金額についてのある程度の認識は必要というべきであろう[61]。

5　同意の時期

(1)　総　説　　現在では，事後の同意でもよいとするのが多数説である。しかし，かつては事前でなければならないとする説が多く，現在でもそのような説もある。なお，事後の同意を認めるという場合に，同意の時点から将来に向けて有効となるという考え方と遡及的に有効となるとする考え方がありうる。同意は事前でなければならないとする説には，遡及効を否定する趣旨だと思われるものと，完全に事前でなければならないとする趣旨だと思われるものがある。

事後の同意でもよいとする理由としては，事後の同意を認めることによる弊害はないこと，被保険者の同意により他人の死亡の保険に違法性がないことが推断されるという趣旨などがあげられる[62]。もっとも，同意のないまま成立した保険契約が不健全であることは間違いなく，事後の同意でよいとしても，成立と同意の時期が多少前後してもかまわないという程度のことであるとの指摘もある[63]。

---

[61]　森本滋〔判批〕生保百選177頁。また，山下270頁。
[62]　野津・前掲注47) 640頁，大森271頁，西島325頁，石田281頁。明示的に遡及効を認めるとは表記されていないが，団体保険についての議論をふまえて事後の同意を認めるという立場はおそらく遡及効を認める趣旨ではないかと思われる。大串＝日生135頁〔渡辺〕参照。明示的に遡及効を認めるものとして，山下269頁（もっとも後掲注63）と本文参照），長谷川・前掲注1) 234頁。

これに対して，事前の同意でなければならないとする理由は次のようなものである。事後の同意を認めると，同意があるまでは契約は効力を生じない状態で成立していることになるが，このような場合には法律は契約の効力を確定させる手段を当事者に与えているのが通常であることからすれば，このような手段のない被保険者の同意は事前の同意であることを要する趣旨であると推測される[64]。事後の同意により契約を遡及的に有効とすることは，同意なき契約を有効とすることになり，強行規定に反する[65]。また，モラル・リスク防止の見地から，原則として事前の同意が必要であるが，団体保険において事前の同意を得ることが困難な場合には事後の同意でもよいことを示唆する説がある[66]。事後の同意でもよいとすると，事実上同意の強制が行われるおそれがあることもあげられる[67]。

同意の時期については，従来は主に団体定期保険における取扱いに関連して事後の同意を認めることが通説的な理解となってきた（3参照）。しかし，明確な同意もなしに従業員を被保険者として企業が保険金を受け取ることの妥当性が社会問題となったこともあり，平成8年に団体定期保険契約の仕組みが改善された総合福祉団体定期保険契約が導入された（Ⅳ1参照）。この制度では，被保険者の同意については，被保険者本人の署名または記名捺印，企業等が被保険者全員に契約内容を通知した旨の確認書・同意をしなかった者の名簿等のいずれかを保険契約者が提出することとされている。この制度の下では実務上，通常は事後の同意が発生することはないようである。このような事情からすれば，事後の同意に遡及効を認める必要性は乏しいものといえよう。そうであれば，理論的には，同意は契約の効力要件であるから，事後の同意の場合は同意の時点（効力要件を満たした時点）から将来に向かって契約が有効となるのが原則であり[68]，そのように解することで足りるように思われる[69]。

---

63) 山下269頁，福田・前掲注58) 202頁，222頁。
64) 松本・前掲注47) 215頁，福田・前掲注7) 25頁。
65) 三宅・前掲注2) 319頁。
66) 福田・前掲注2) 270頁以下。保険会社に同意の調査義務を課すことを認めるという観点から，事後の同意を認めることを問題とするものとして，福田・前掲注21) 78頁，同・前掲注7) 27頁。
67) 田辺241頁。
68) 四宮和夫＝能見善久・民法総則〈第7版〉229頁（2005）。

もっとも，団体保険において契約者が被保険者の署名を偽造するようなことがありえないわけではないが，この場合も事後の同意が得られた時点から効力を生じるとしておけば足りよう。署名を偽造したような場合には，保険者が保険料を返還しなければならないかということも問題となりうるが[70]，非債弁済についての民法705条の要件を満たし，保険料の返還請求は認められないといえるのではなかろうか[71]。

なお，被保険者の同意は，死亡保険契約および傷害疾病定額保険契約において保険金受取人を変更する際にも必要であるが（45条・74条1項），遺言による保険金受取人変更との関係でとくに事後の同意が認められるかが問題になる。受取人変更の際の同意が事前でなければならないとすると，遺言によって密かに受取人変更をするという場合に，被保険者の同意を事前に得ておかなければ受取人変更は無効となる。同意の時点から将来に向かって受取人変更が効力を生じると解すれば実質的には問題はない（45条の解説参照）。

(2) 学資保険における出生前加入特則について　学資保険では，出生前加入特則により出生予定の子どもを被保険者として出生予定日の一定前から契約できるようになっていることがある。この場合，被保険者の同意については，実務上は，申込書に被保険者となる子の母親および出産予定日を記載することにより，被保険者となるべき者を特定した上で，親権者となるべき者の同意を取得するというやり方がとられている。ここでは，親権者が意思能力のない未成年者に代わって同意することができるかも問題となるが，これを肯定した場合にも，出生前の親権者の同意という形が有効な同意といえるかどうかが問題となりうる。契約は被保険者となるべき子どもの出生前に締結されるとしても，被保険者が存在していない以上，その時点では契約の効力を認めることはできないので，契約が発効するのは被保険者の出生の時点からであろう。この契約の効力が生じる時点で有効な同意がなされていると評価できれば問題はない。同意の内容は出生を条件として，被保険者となることに同意するという意思表

---

69) 一問一答171頁，萩本修「新保険法」生保165号19頁（2008），江頭・前掲注1）238頁，肥塚・前掲注45）482頁。

70) 福田・前掲注58) 202頁。

71) 藤原正則・不当利得法65頁（2002）参照。不法原因給付（民708条）という考え方もありうる。四宮和夫・事務管理・不当利得・不法行為法(上)143頁（1981）。

示を，親権者となることを条件として親権を行使して被保険者を代行して行うという内容の意思表示として行うということになるのではないかと思われる。このような内容の同意が，子どもの出生により親権が発生した時点で，有効な同意となるものとして説明できるのではなかろうか。

6 法定代理人による同意

(1) 代理による同意の可否　被保険者が制限行為能力者である場合に，どのような形で被保険者の同意を有効に得ることができるかという問題がある。この点，法定代理人が被保険者を代理して，被保険者同意をなすことができるかというようなことが問題となる。実務上はとくに未成年者を被保険者とする保険契約について問題となるが[72]，被保険者が15歳未満の場合には，親権者等の法定代理人の同意を取得し，被保険者が15歳以上の場合には，本人および法定代理人の同意を取得するということで処理されている。以下では，被保険者が未成年者である場合に即して従来の議論を概観する[73]。

学説としては，法定代理人による同意を認める説（第1説），法定代理人による同意は認められないとする説（第2説）[74]，法定代理人か（意思能力のある場合には）未成年者自身かいずれか一方の同意を要するとする説（第3説），法定代理人と未成年者自身の双方の同意を要するとする説（第4説）がある。

第1説の根拠は次のようなものである。親権者は財産に関する法律行為につき代理権を有するとされているが（民824条），これを厳格に解すると狭すぎるので，財産法上の法律行為とみることなどにより代理権を認めることが妥当である[75]。あるいは，この点に関しては，財産管理権（民824条）ないし身上監護権（民820条）として被保険者同意を行うことができるとするものもある[76]。

---

[72]　未成年者以外の制限行為能力者につき，江頭・前掲注1) 245頁。

[73]　保険法ではこの点についてとくに規定はない。法制審議会保険法部会での審議の初期には同意のあり方をどうするかという問題意識が示されていたが（法制審議会保険法部会第5回議事録17頁），未成年者の保険をそもそも有効なものとして認めることができるかどうかが議論の焦点になり，同意のあり方については格別の規律は置かれなかった。山下友信「保険法制定の総括と重要解釈問題(生保版)」生保167号3頁（2009）。

[74]　田中誠二・保険法265頁（1953）。なお，田辺240頁。

[75]　松本・前掲注47) 218頁。

[76]　西村高等法務研究所・未成年者を被保険者とする生命保険契約に関する調査研究，研究報告書9頁，http://www.jurists.co.jp/ja/nials/news_b/pdf/report_0709.pdf/2009年11月28日

さらには，同意の法的性質は準法律行為であるから，法律行為に関する一般原則が適用されるので，法定代理人による同意も可能であるともいわれる[77]）。また，法定代理人が被保険者同意につき代理権を有しないものとすれば，未成年者自身が被保険者同意をなす場合に法定代理人の同意は不要であることになり，未成年者が独断で被保険者の同意をすることを認めることになるが，これは危険である[78]）。また，未成年者が自己を被保険者とする自己の生命の死亡保険契約を締結することは財産に関する行為であるから，法定代理人は未成年者を代理して，未成年者の自己の生命の死亡保険契約を締結することができる。このこととの権衡からすれば，未成年者を被保険者とする他人の死亡の保険につき，法定代理人が被保険者の同意を行う権限があるものと解すべきである[79]）。

第2説は，被保険者の同意は代理になじまないとするが，実質的には，法定代理人による同意では未成年者の生命の危険を生じるおそれがあることをあげる[80]）。

第3説の根拠は次のようなものである。被保険者同意は自己の死亡を他人が保険事故とすることに対する許容であることの外に財産法上の意味をもたない。同意は一種の人格権の行使であり，同意者の自己の生命の危険に対する判断を含むために，理論上は一身専属的性質を有し，代理に親しまない。しかし，問題は具体的な危険性の除去であるから，わが国では法定代理人による同意を得ることが慣例であり，そのことによるさほどの支障はなかったことからすれば，法定代理人による同意でも危険の防止に不十分とはいえない。したがって，意思能力のある未成年者の同意か，法定代理人かいずれか一方の同意で足りる。ただし，自己の生命の危険の有無の判断においては，法定代理人の判断よりも本人の判断の方が正確であり，尊重されるべきであるから，本人の反対がある

（アクセス日）。
77) 大森 271 頁，西島 324 頁，大串＝日生 134 頁［渡辺］，酒巻宏明「未成年者を被保険者とする保険」金澤＝大塚＝児玉 222 頁。もっとも立法論としては問題であるとするものが多い。
78) 松本・前掲注 47) 219 頁，酒巻・前掲注 77) 223 頁。
79) 松本・前掲注 47) 219 頁，田口城「他人の生命の保険」落合＝山下 4 頁，酒巻・前掲注 77) 223 頁。反論として，三宅・前掲注 2) 320 頁。
80) 田中・前掲注 74) 265 頁。

場合には，法定代理人は意思に反して同意することはできない。以上につき，理論的根拠を必要とするのであれば，慣習法により理由づけることができる[81]。第3説は同意の目的の理解においては，賭博保険の防止，道徳危険の防止に加えて，人格権侵害の防止が目的であることも認めるが，未成年者の同意の問題においては，人格権侵害の防止よりも道徳危険の防止を重視しているようである。

　第4説は，第3説と同様に被保険者の同意は財産法上の行為というよりは身分法上の行為に近いとする。このことから，法定代理人が意思能力のある未成年者の意思に反して同意を与えることは許されないとする。しかし，第3説と異なり，未成年者が同意し，法定代理人が不同意の場合は，危険性の判断につき法定代理人の判断に合理性が期待されるので，法定代理人の意思を優先すべきとする[82]。したがって，結果的には，被保険者である未成年者自身と法定代理人の双方の同意が必要となるように思われる。なお，意思能力のない未成年者については法定代理人が同意する以外にないために，他の手段により危険を防止する必要があるとして，付保の禁止または保険金額の制限を提唱するが[83]，解釈論としてどのように解するかは明らかではない。

　被保険者の同意は準法律行為であるとしても，そのことから当然には親権者が代理して同意できることにはならない。身分行為のように，被保険者の同意には代理はなじまないとする解釈もありえなくはない。ただし，親権者は未成年者の自己の生命の死亡保険契約の締結を代理して行うことができるとすると，親権者が被保険者同意をなすことはできないことを認めたとしても，容易に潜脱できることになり，そのような解釈をする実質的な意味は小さくなる。もっとも，そもそも親権者が未成年者の自己の生命の保険契約の締結を代理することができるとすべきかどうかにも疑問が提起されていたのであり[84]，被保険

---

[81]　三宅・前掲注2) 318頁。この説は，被保険者が意思無能力者である場合，ことに幼児である場合には，この解釈をそのまま適用することはできないとする。幼児の場合は生命に対する道徳的危険性が著しく増大するため，親権者に幼児の死亡保険契約の締結権を認めるとともに，同意以外に他の方法が考慮されねばならないとする。三宅・前掲注2) 319頁。
[82]　福田・前掲注2) 275頁。なお，生保試案 (2005) 56頁，江頭・前掲注1) 241頁参照。
[83]　福田・前掲注2) 275頁。
[84]　生保試案 (2005) 56頁。

者同意は代理になじまないという立場をとるとすれば，その趣旨から，未成年者の自己の生命の保険契約の締結の代理権を制限する解釈を模索することになろう[85]。

被保険者の同意は道徳危険の有無を判断するという意味があることからすると，このような同意は代理になじむものではないと考えるのが妥当であるように思われる。自己の生命・身体については自分で決定する権利があるのであり，道徳危険を伴う保険について，生命・身体への危険を伴う保険について被保険者となることの決定は被保険者自身に委ねられるべきであると考えられる。このような意味で本来的には第三者が代わって判断することにはなじまないように思われる。

このような理解を前提とすると，被保険者の同意を財産に関する法律行為（民824条）と位置づけることは妥当ではないことになる。被保険者が未成年者である場合にも，未成年者自身に判断させるべきものといえよう。被保険者の同意を財産に関する法律行為とはみないとしても，前述のように，親権者の身上監護権から同意の代行を認める説がある。この点で意思能力のある未成年者についても身上監護権から親権者による同意の代行を認めるかのような説もある[86]。しかし，未成年者自身に判断させるべきであるという理解からすれば，このような解釈は妥当ではないことになる[87]。

このような理解からすれば，被保険者の同意は財産に関する法律行為ではなく，同意について代理権を有する者もいないので，未成年者だけで有効な同意ができると解することになろう[88]。

問題となるのは意思能力のない未成年者についてである。意思能力のない未成年者だけでは有効な同意はできない。したがって，同意は代理になじまないということを貫くと，意思能力のない未成年者を被保険者とする他人の生命の

---

85) そもそも親権者の財産管理権は制限されるとの説もある。二宮周平・家族法〈第2版〉221頁（2005）。

86) 西村高等法務研究所・前掲注76）9頁。

87) 一般的な子供の自己決定権の問題としては，年齢に応じて子どもの意見を尊重しなければならないともいわれる。大村敦志・家族法〈第2版補訂版〉101頁（2004）。

88) 反対，酒巻・前掲注77）223頁。なお，ここで重要なのは被保険者となる未成年者自身の意見を聞くことであり，未成年者に加えて親権者からも同意をとるという現行実務のあり方が法的に否定されるわけではない。

保険契約を有効に締結することはできないことになる。しかし，未成年者を被保険者とする保険の社会的有用性を考慮すると（法制審議会保険法部会では，そもそも未成年者を被保険者とする保険を禁止ないしは金額制限するべきかどうかが大きな問題となったが，結論としては保険法ではとくに規律は置かれていない。Ⅵ2参照），そのような結論は妥当ではないであろう。この場合には，このような保険の社会的有用性を前提として，このような保険の利用を認めた上で，被保険者である未成年者を保護するためには，同意の判断を誰かが代行する必要があり，親権者が身上監護権の一環として同意を代行することができると解するべきではなかろうか[89]。

　親権者に同意の代行を認める上で問題になるのは，親権者自身に道徳危険があるのではないかという点であろう[90]。この点については，現在のわが国の社会情勢，保険業法等を含めた法制度のあり方からして，親権者の道徳危険は問題とするに足りないと評価するということになるのではないか。

　なお，親権者に同意の代行を認めたうえで，親権者が保険金受取人であるような一定の場合には，利益相反行為の規定（民826条）を（類推）適用することにより規制するという考え方もありうる（(3)参照）。

　(2)　法定代理人による未成年者の自己の死亡の保険契約　　法定代理人が代理して，未成年者の自己の死亡の保険契約を締結する場合につき，どのように考えられるか。

　結論としては，被保険者同意を法定代理人が代理して行う場合と同様の扱いとすることが望ましいのであろう。しかし，未成年者が自己の死亡の保険契約を締結することは単なる財産行為であると考えられるので，法定代理人は当然に代理権をもつことになるのではないかということが問題になる。法定代理人の財産管理権は限られるとすると，このようなことについて代理権はないとも

---

89)　結果同旨，酒巻・前掲注77) 223頁。たとえば，子どもが常に利益になるとは限らない医療行為を受けるときに，少なくとも意思能力のない未成年者については，結論としては，治療を受けるかどうかを親が判断することになる。もっとも，根拠が親権なのかどうかは必ずしも定かではないようである。大村・前掲注87) 101頁。成年後見人が医療行為の同意権をもつかどうかには議論がある。新井誠編・成年後見と医療行為（2007）参照。

90)　利益相反行為の観点から，満15歳未満の未成年者について，法定代理人の同意を必要とするべきではないとするものとして，肥塚・前掲注45) 484頁。

考えられるが，少なくとも判例はそのような立場ではない。これを前提として考えると，自己の死亡の保険契約を締結する際に判断することには，当然に道徳危険の有無等も含まれるのであるから，保険契約の締結自体はたんなる財産行為であるとしても，その際に必要となる判断にはたんなる財産管理的判断だけではなく，道徳危険の有無のような判断も含まれるのであり，その判断については法定代理人には代理権はないということを上記と同様の考え方により導くことができるのではないか。そうすると，上記と同様の結論をとることができるように思われる。

(3) 利益相反行為　法定代理人が代理・代行して同意することを認める場合でも，利益相反行為（民826条）に該当しないかどうかという問題は残っている[91]（未成年者の同意に同意するという場合でも同じ問題はある[92]）。利益相反に該当するかどうかの判断基準については形式的基準説と実質的基準説があり，判例は一般的には形式的基準説とされている（最判昭和42年4月18日民集21巻3号671頁）[93]。被保険者の同意に関する説としては，一般的に利益相反に該当するとはいえないともいわれるが[94]，かつては一定の場合に利益相反となることを認める説が多かったようである。利益相反行為に該当することを認める説でも，どのような場合に利益相反になるかについては，考え方が分かれている。法定代理人が保険金受取人である場合は利益相反に該当する[95]，法定代理人が保険金受取人または保険契約者である場合は利益相反に該当する[96]，法定代理人が保険金受取人である場合には利益相反と解すべき場合が多いが，法定代理人が保険契約者である場合に利益相反になるかどうかは個々の事案による[97]などの説がある。

前述のように被保険者の同意を財産に関する法律行為と位置づけず，意思能力のない未成年者について親権者の身上監護権から同意の代行を認めるという

---

91) 竹濵・前掲注1) 49頁，肥塚・前掲注45) 483頁。
92) 於保不二雄＝中川淳編・新版注釈民法(25)〈改訂版〉153頁（2004）[中川淳]。
93) 於保＝中川編・前掲注92) 138頁 [中川]，大村・前掲注87) 110頁。
94) 山下272頁。
95) 大浜信泉・保険法要論241頁（1934）。
96) 野津・前掲注47) 641頁，金澤・前掲注47) 10頁。
97) 松本・前掲注47) 220頁。

場合には，そもそも同意の代行について利益相反行為に関する民法826条が適用されるかどうかが問題になりうる。ただし，同条については適用範囲が拡大されており，たとえば，身分行為について適用があるかどうかは学説は分かれているが，実務上は適用があるものと解されているようである[98]。このような理解からすれば，被保険者同意の代行についても民法826条を適用するという考え方もありうるように思われる。

ただし，親権者が被保険者同意を代行して行うという状況では，被保険者となることで未成年者に経済的不利益が生じるわけではないから，経済的利益が相反することはなく，問題となるのは，道徳危険等の観点から利益が相反することである。そうだとすると，前述のように，親権者の道徳危険は問題にはならないと評価できるとすれば，被保険者の同意の代行は一般的に利益相反行為にはあたらないということになる[99]。

仮に，親権者の道徳危険は問題となるが，一般論として親権者が同意を代行することは認めたうえで，後は利益相反行為にあたるかどうかで規制するという考え方をした場合には，どのように考えられるであろうか。道徳危険等の観点から利益相反を考えるとして，形式的基準説をあてはめると，少なくとも親権者が保険金受取人である場合には，利益相反と考えることになるように思われる。被保険者の同意を財産に関する法律行為とみて同意の代理を認める立場であっても，道徳危険から利益相反を考えるとすれば，同じことになろう。ただし，親権者自身による道徳危険に関して，たとえば特別代理人に判断を委ねることについては，道徳危険防止の実効性があるかという疑問が示されていたところである[100]。このような見地からすれば，このような結論が実際上妥当かどうかには疑問がある。

実質的基準説も有力であるとされるが，実質的基準説が妥当ではない理由として第三者の利益が害されることがあげられる[101]。もっとも，被保険者の同意の局面では，実質的基準説をとったからといって，実際上は保険者の利益が

---

[98] 於保＝中川・前掲注92）140頁［中川］，沖野真已「民法826条」広中俊雄＝星野英一編・民法典の百年Ⅳ 124頁以下（1998）。
[99] なお，酒巻・前掲注77）224頁。
[100] 生保試案（2005）57頁。
[101] 大村・前掲注87）110頁。

害されることはあまりないであろう。保険事故発生後に道徳危険が疑われるケースで同意の有無が問題とされることが多いのではなかろうか。

親権者が保険金受取人である場合に一律に特別代理人の選任を必要とすることは妥当ではないとすると，実質的基準説による弊害が生じない場合には，実質的基準で利益相反かどうかを判断することができるとして，被保険者の同意の局面では実質的基準説をとるということが考えられる102)。ただ，本来は被保険者の同意に関して利益相反を判断する際には，形式的基準が妥当であるように思われる。殺人等の事件が起こらないように，保険契約締結の際に同意を得ておくことが重要であるから，契約締結の段階で法定代理人による同意が有効かどうかが明確に判断できることが望ましい。この見地からすれば，形式的基準説の方が適切であろう103)。しかし，仮にこのように利益相反を判断するとして，特別代理人による判断に実効性が期待できないのであれば，形式的基準説をとることには，少なくとも実際上はあまり意味はないことになる。

なお，法定代理人が未成年者を代理して，未成年者の自己の死亡保険契約を締結する場合にも利益相反は問題になる。道徳危険等の観点からの利益相反については上記と同様のことが問題になるが，この場合には経済的利益の点でも利益相反が問題となりうる。このとき，保険契約者は未成年者であるから，保険料債務を負担するのは未成年者である。ここで法定代理人が保険金受取人であれば，経済的利益の点でも利益相反が問題となる。形式的基準説で考えれば，実質的には法定代理人が保険料を負担しているような場合でも，利益相反となるように思われる。ただし，ここでも実質的基準説による弊害は生じないので，実質的基準で判断することが認められるとすると，実質的には法定代理人が保険料を負担しているような場合には利益相反ではないことになろう104)。

(4) 親権者の同意の方法　親権者による同意の代行を親権の行使としてみると，親権の行使は，父母の婚姻中は父母が共同して行うものとされているところ（民818条3項），実務上，申込書の同意欄では，親権者の一方が署名・捺印するものとなっている。ただし，親権の行使は必ずしも共同名義でなされな

---

102)　大村・前掲注87) 110頁参照。
103)　道垣内弘人＝大村敦志・民法解釈ゼミナール5・111頁 (1999) 参照。
104)　山下272頁。

ければならないものではなく，他方の同意があればよいと解されている105)。このことからすれば，同意の名義が親権者の一方の名義であることから，当然に同意の効力が否定されることにはならない。もっとも，他方の同意は必要であるから，後に同意していなかったということで，保険契約の効力が争われる余地がないとはいえない。これに対して，未成年者の婚姻に対する同意に準じるものとみると，どちらか一方の同意で足りることになる106)。

7 傷害疾病定額保険における被保険者の同意

　他人の傷害疾病定額保険契約についても被保険者の同意がなければ保険契約は効力を生じない（67条1項）。ただし，被保険者が保険金受取人である場合，被保険者の死亡に関する保険給付については被保険者またはその相続人が保険金受取人である場合は，被保険者の同意は必要がない（67条1項ただし書）。

　他人の傷害，疾病保険における被保険者の同意については，従来からすべての場合に同意が必要とするべきかについては議論があった107)。法制審議会保険法部会で被保険者の同意の要否につき問題となったのは次のような傷害保険，疾病保険である。1つは，自動車保険の搭乗者傷害保険や遊園地等の施設入場者やイベント参加者を被保険者とする傷害保険，学校やスポーツ団体等の団体の活動中・管理下における傷害保険のような保険である。これらは契約締結時には被保険者が特定されていない，あるいは特定していても被保険者が多数で同意の取付けが困難であるが，他方で，保険契約者が被保険者について傷害疾病保険契約を締結する合理性があると認められるものである。もう1つは，家族保険契約や職場で世帯主が家族をまとめて被保険者として契約する保険などである108)。前者については，実質的に道徳危険のおそれは少ないこと，このような保険の社会的有用性から，被保険者の同意を不要とすることにつき，それほど大きな異論はなかった。問題となったのは後者である。家族をまとめて被保険者とし，家族一人一人の同意は不要であるという仕組みは家族の変動な

---

105)　於保＝中川編・前掲注92) 31頁 [岩志和一郎]，二宮・前掲注85) 218頁。
106)　福田・前掲注58) 206頁。
107)　傷害試案（2003）48頁，生保試案（2005）206頁。
108)　浅湫聖志「保険契約法の改正について」損保70巻1号68頁（2008）。

どの際に便利であり、また、実際上、職場の福利厚生の一環として家族まとめて加入できる簡易な保険として利用されているという実態からは、それほど規制を厳格にするべきではないということになる。他方で、道徳危険は家族間でこそ問題となる危険が大きいという側面もあることから、家族をまとめて被保険者とする傷害疾病保険について被保険者の同意を不要とすることには強い反対もあった。結論としては、大まかにいえば、あまり厳格に同意を求めない形になっているといえよう。

　考え方としては、被保険者が死亡しない場合を主にしている。傷害、疾病により被保険者が死亡していない場合の保険給付については、同意が不要なのは、保険金受取人が被保険者自身である場合である。この場合には、生存している被保険者自身に保険金が支払われるという内容の保険契約であるから、このような他人の傷害・疾病の保険は、まさに保険契約者が被保険者の生活を支援するという趣旨であると考えられる。つまり、ここでは道徳危険、賭博保険は問題にならない。また、人格権侵害の問題も生じないとされる[109]。したがって、被保険者の同意は不要という考え方が成り立つ[110]。

　問題となるのは、傷害・疾病による死亡についての保険給付である。この点については、給付事由が傷害疾病による死亡のみである場合には、被保険者の同意は必要とされている（67条2項）。そして、傷害・疾病給付に死亡給付も含まれているというときには、保険金受取人が被保険者またはその相続人である場合には、被保険者の同意は不要である（67条1項ただし書）。このように死亡給付について被保険者の同意が不要となる場合としては、傷害・疾病給付に死亡給付も付加されているという場合が念頭におかれている。つまり、生存している被保険者についての傷害・疾病給付については、道徳危険の観点からも

---

[109] 中間試案補足説明・立案152頁、大串＝日生134頁［渡辺］。人格権侵害をどう考えるかにつき、被保険者に知らせること、あるいは離脱の機会を与えることによって対処できるとの説明がある。遠山・前掲注9) 186頁、188頁、法制審議会保険法部会第10回議事録18頁。知らないところで保険にかけられるのは人格権侵害であることを認めるのであれば、被保険者に通知することと、離脱の機会を与えることの両方が備わっていなければならないであろう。被保険者自身に保険金が支払われる場合でも人格権侵害を問題とする趣旨ではないかと思われるものとして、法制審議会保険法部会第18回議事録20頁、第20回議事録20頁。なお、浅湫・前掲注108) 70頁。

[110] 一問一答173頁。他人の傷害疾病の損害保険契約でも被保険者の同意は不要である。この点につき、肥塚・前掲注45) 489頁。

被保険者の同意は不要であることを出発点として，そのような給付に死亡給付が加わっているような保険契約についても，全体としてみれば，被保険者のために締結された契約といえると考えられている。また，他人の傷害疾病保険契約が保険契約者のために締結された場合に同意が不要とされることを防ぐために，死亡給付が含まれている場合に同意が不要とされるのは，保険金受取人が被保険者またはその相続人であるときに限られる。このように，傷害疾病定額保険契約が専ら被保険者のために締結されているといえる場合には，賭博保険や道徳危険のおそれも一般的には少ないとみられるので，被保険者の同意を不要とするという考え方がとられている[111]。また，生存給付を中心に考えているので，このような場合には，同意は得られるのが通常であろうとの説明もなされている[112]。

以上のような趣旨から，保険法67条2項における「給付事由が傷害疾病による死亡のみである傷害疾病定額保険契約」には，脱法的に多額の死亡給付に，ごくわずかの生存給付を組み合わせたような保険契約が含まれる（あるいは，67条2項が類推適用される）との解釈が示されている[113]。

もっとも，生存給付に死亡給付がついた形の保険契約を被保険者の相続人が悪用する危険がないとはいえないことも確かであろう。結局のところ，このような種類の保険契約が悪用される現実の危険性と，現在，この種の保険契約が社会的に有用なものとして利用されているということを総合的に評価して，このような保険契約の利用が制限されるような立法は望ましくないという判断がなされたということであろう[114]。

なお，保険法67条1項2項の趣旨として，被保険者自身に対する給付が主目的で，被保険者死亡時の死亡給付が従たる目的である保険契約のみが被保険者の同意なしで有効となるとするものがあり[115]，この考え方は死亡給付とそ

---

111) 一問一答173頁，落合誠一監修・保険法コンメンタール（損害保険・傷害疾病保険）120頁［甘利公人］(2009)。
112) 法制審議会保険法部会第20回議事録31頁，落合・前掲注111) 138頁［出口正義］。
113) 一問一答174頁，萩本修ほか「保険法の解説(4)」NBL 887号90頁(2008)，落合・前掲注111) 120頁［甘利］。
114) 法制審議会保険法部会第18回議事録16頁。この種の保険の契約締結時の状況からして，同意をとったところでどの程度弊害が防止できるかは疑わしいとの指摘もある。江頭・前掲注1) 237頁。

れ以外の給付の相関関係で同意の要否を判断するものとの指摘がある[116]。この点で，傷害疾病定額保険契約が，保険法67条2項に関する脱法的な保険契約に該当するかどうかについて，死亡給付とそれ以外の給付の相関関係で判断するのではなく，死亡給付の絶対量で判断するべきとする説がある[117]。道徳危険の発生のおそれは死亡給付の絶対量にかかわるものであることによる。もっとも，保険法67条2項の脱法的な保険契約は認めないと解釈するのであれば，給付事由が死亡のみである保険契約に等しいものには同意が必要であるとして，相関的に考えることは自然であるともいえる。死亡給付の額は標準的であるが，その他の給付額が異例なほどに少額というような保険契約があるとすれば，そのような保険につきどう判断するか，死亡給付の額が相当高額であるが，他の給付も相当高額である保険につきどう判断するかというような点で違いが生じる。

他人の傷害疾病定額保険において，被保険者の同意なしで契約が有効に成立する場合には，被保険者には保険契約者に対して保険契約を解除するよう請求する権利が認められている（87条1項1号）[118]。契約締結のところで同意を求めることが難しい一定の場合に被保険者の同意を不要とするとしても，他人の傷害疾病保険における危険性からして，被保険者に契約関係から離脱する機会は確保するべきであるという考慮に基づく[119]。もっとも，被保険者からの解除請求が認められるのは，この場合だけではない。

なお，契約法上上記のような場合に被保険者の同意は不要となるが，たとえば，このような保険商品を高額の保険金額で販売することは望ましくはないと考えられる。私法上金額制限を設けることはなされなかったが[120]，監督規制が置かれている（Ⅳ3参照）。

---

115) 江頭・前掲注1) 236頁，福田・前掲注58) 199頁。
116) 村田敏一「新保険法の総論的課題」保険学608号7頁（2010）。
117) 村田・前掲注116) 8頁。
118) 他人の傷害疾病損害保険契約でも，被保険者の保険契約者に対する解除請求権は認められている（34条1項）。
119) 法制審議会保険法部会第18回議事録19頁，第20回議事録28頁，32頁。江頭・前掲注1) 240頁。
120) 一問一答174頁。

IV その他

1 団体生命保険契約

　保険法では，団体生命保険契約についてとくに規定は置かれていない。しかし，従来から団体生命保険契約は，被保険者の同意のあり方を初めとして，大きな問題となっていた。結論としては，保険会社による商品の改訂，実務の見直し，監督上の規制によって問題の解決が図られることになったが，ここでどのような問題があり，どのような形で解決が図られたかを簡単にみておく。

　団体生命保険契約とは，一定の客観的区分で他と区別できる人間の集団を包括して被保険者とする生命保険契約のことである[121]。団体定期保険契約や団体信用生命保険契約が代表例である。団体信用生命保険契約とは，金融機関が保険契約者兼保険金受取人となり，その金融機関から融資を受けた債務者を被保険者とする保険契約である。団体定期保険契約は，会社が保険契約者兼保険金受取人となり，従業員を被保険者とするものが多い。団体定期保険には，団体に所属する者が全員被保険者となる全員加入型と，団体に所属する者のうち希望する者のみが被保険者となる任意加入型がある。実務上，前者はＡグループ保険，後者はＢグループ保険といわれる。

　団体定期保険のＡグループ保険では，従来から，被保険者の同意のとり方が問題となっていた。団体定期保険の趣旨が従業員の福利厚生に役立てることであることなどから，実務上厳格な同意は求められてこなかった（Ⅲ3，5(1)参照）。しかし，団体定期保険は生命保険会社との取引関係の維持による利益など本来の従業員の福利厚生とは別の考慮から利用されることも増加した。また，生命保険会社は契約締結の際に保険金が従業員の福利厚生に利用されるかどうかについて契約者となる会社の退職金規程等を確認することとしていたが，必ずしも厳密に確認していたわけではなく，受取人である会社が高額の保険金を受取りながら死亡退職金等の給付額はわずかであるというような事例が増加した。このような扱いは保険契約法上当然に違法というものではないが，このような実態を知った従業員や遺族から，知らない間に従業員が被保険者とされ，

---

[121]　団体保険契約につき，糸川厚生「団体生命保険契約」ジュリ746号122頁（1981）。

保険金のほとんどを会社が取得するという実態を疑問視する声があがり，保険金相当額を遺族に引き渡すことを求める訴訟が多発する事態となった[122]。遺族の権利を認める裁判例も多く，保険契約者である会社と被保険者である従業員の間で，保険金額のうち相当額を遺族に引き渡す合意があるとする理論構成が用いられている[123]。

このように団体定期保険のあり方が社会問題化したことを受けて，生命保険会社は団体定期保険の仕組みを変更し，総合福祉団体定期保険を導入した[124]。この契約の主契約では目的は企業の弔慰金・死亡退職金規程等の運営に資するとともに，遺族等の生活保障を目的とするとされ，保険金額は企業等の死亡退職金・弔慰金額を上限とするなどの形で企業の規定と連動するようにされている。被保険者の同意については，被保険者本人の署名または記名捺印，企業等が被保険者全員に契約内容を通知した旨の確認書・同意をしなかった者の名簿等のいずれかを保険契約者が提出することとされている。

この保険には保険契約者を保険金受取人とするヒューマン・ヴァリュー特約を付加することができる。これは従業員等の死亡による保険契約者である企業の損失を補てんすることを目的とするものである。この特約の保険金額は主契約の保険金額の半分以下で，かつ2000万円以下でなければならない。被保険者の同意は被保険者本人の署名または記名捺印でなければならない。さらに保険金請求時には遺族が了知していることが求められている[125]。また，金融庁による監督指針においても，全員加入型の団体生命保険についての項目が設けられている。

---

122) 山下276頁。
123) このような問題状況につき，山下典孝「他人の生命の保険契約」塩崎勤編・生命保険・損害保険（現代裁判法大系25）28頁（1998），山野嘉朗「他人の生命の保険契約」倉澤康一郎編・生命保険の法律問題〈新版〉（金判1135号）67頁以下（2002），山下277頁以下，田口・前掲注79）4頁，福田・前掲注58）214頁以下。合意を認めなかった判例として，最判平成18年4月11日民集60巻4号1387頁。
124) 久保田秀一「総合福祉団体定期保険の開発」生経65巻3号56頁（1997）。
125) 契約者である企業を保険金受取人とすることは禁止するべきであるとの主張もある。被保険者の同意を得たとしても，実質的に同意が任意のものとはいえないことによるようである。本間照光・団体定期保険と企業社会6頁（1997），菊池直人「企業団体生命保険の法的性質」産大法学38巻3＝4号130頁（2005），松田武司「団体保険における被保険者の地位」産大法学40巻3＝4号67頁（2007）等。

なお，同様のことはいわゆる事業保険についても問題になっていた。実務上団体定期保険に加入する団体の要件を満たさない中小企業において，終身保険や養老保険等の個人保険を使って，企業が保険契約者となり，従業員等を被保険者とし，保険金受取人を契約者である企業とする形の保険契約を締結することが行われていた。このような事業保険も遺族の福利厚生等のために用いるということで生命保険会社は販売してきたが，実際には，契約者となる企業の死亡退職金よりも保険金額が大きいというような問題が起こっていた。

このような状況を受けて，保険法の審議においても，団体定期保険契約につき，被保険者同意，被保険者証の導入等に関して特則を設けるべきかどうかが議論された126)。結論としては，企業が契約者となる団体的生命保険契約も一般的には有用なものと認められること，総合福祉団体定期保険の導入など商品内容も改善され，また契約者となる企業側でも被保険者等に対する情報提供についてさまざまな仕組みが構築されていることなどから，保険法で細かな規律を設けることは見送られた127)。しかし，被保険者の同意や被保険者，その家族に対する情報提供のあり方について注意すべきことは強調されており，衆議院法務委員会，参議院法務委員会それぞれによる附帯決議において，雇用者が保険金受取人となる団体生命保険契約について，被保険者となる被用者や家族に対して適切な情報提供がなされるよう努力すべきことが決議されている。

この附帯決議を受け，金融庁による「保険会社向けの総合的な監督指針」が改正され，企業が従業員を被保険者として締結する保険契約では（団体的保険の他，事業保険も含む），被保険者の同意を得るにあたって，保険金受取人や保険金の額等の保険契約の基本的な内容を確実に認識できるような措置を講じること，被保険者本人が家族等に対して容易に情報提供できる措置を講じること，保険金額の設定については，保険契約の目的・趣旨を踏まえ，保険金額の引受基準の設定等道徳危険の排除の観点から適切な運用をすることなどが求められている（監督指針 II-3-3-4, II-3-3-7）128)。

---

126) 生保試案（2005）では規律が設けられていた。生保試案（2005）154 頁以下。
127) 一問一答 158 頁以下，161 頁以下。なお，肥塚・前掲注 45）487 頁。
128) 嶋寺基＝仁科秀隆「新しい保険法に対応した監督指針の改正」NBL 907 号 44 頁（2009）。保険会社の対応につき，卯辰昇ほか「新保険法下のコンプライアンス」金法 1872 号 37 頁（2009）。

2 未成年者の保険

　未成年者を被保険者とする死亡保険契約については，同意のあり方をめぐって前述のような種々の議論がある。とくに意思能力のない未成年者については，このような保険契約の活用を認めるのであれば，法定代理人による同意で処理するしかないこともあり，立法論として，道徳危険対策として保険金額に上限を設けるべきではないかという主張がなされてきた[129]。法制審議会保険法部会においても，未成年者の死亡保険は禁止すべきである，葬儀費用程度に保険金額を制限するべきであるなどの主張もなされた[130]。

　しかし，最終的には保険法ではとくに規律は置かれなかった。個々の保険契約者においてさまざまなニーズがありうることからすれば，未成年者を被保険者とする生命保険契約を一律に禁止したり，一律に金額制限することは妥当ではなく，道徳危険対策として保険者は保険金額等のさまざまな事情を考慮して契約締結の可否を判断するなどの対策がなされてきており，一律の制限よりは総合的な対策を講ずることが適切であると考えられたことによる[131]。

　もっとも，保険法に規定は置かれなかったということは未成年者を被保険者とする生命保険契約について保険契約の効力を制限するような規定を置くことは適切ではないと判断されたということであり，なんら規制が必要がないと判断されたというわけではない。幼い子どもに保険金額数千万円の生命保険をかけることが一般的に合理的かといえばそうではなく，むしろあまりに高額の保険金額の保険をかけることは社会倫理的に問題があるともいわれる[132]。金融審議会分科会第二部会保険の基本問題に関するワーキング・グループにおいて監督規制について議論がなされ，各保険業者が他者契約を通算して死亡保険金額の上限を1000万円とするという自主規制を定め，金融庁がその遵守を監督するという形の規制が導入されることになった（保険業規53条の7第2項，監督指針II-3-5-1-2 (14))[133]。

---

[129] 石井＝鴻248頁，江頭・前掲注2) 64頁，福田・前掲注7) 27頁。なお，青谷・前掲注53) 99頁。「シンポジウム生命保険契約法の改正」私法61号143頁 (1999) ［今井薫］。
[130] 法制審議会保険法部会第18回議事録29頁以下。
[131] 一問一答156頁，山下・前掲注73) 18頁。また，江頭・前掲注1) 243頁。
[132] 山下・前掲注73) 19頁。
[133] 金融審議会金融分科会第二部会保険の基本問題に関するワーキング・グループ第45回資

第 1 節　成　立　　　　　　　　　　　　　　　　　§ 38・§ 67　Ⅳ

3　被保険者の同意不要な傷害疾病定額保険

　傷害疾病定額保険契約では，他人の傷害疾病の保険契約の締結に際し，被保険者の同意不要な例外が広く認められている。しかし，これは被保険者の同意がない保険契約を無効とするような処理を貫徹することはこのような保険契約の活用を妨げるという配慮に基づくという側面があり，適切な販売がなされるように監督規制を置くことまでも否定する趣旨ではない。未成年者を被保険者とする生命保険と同様に，このような保険についても，各保険業者が他者契約を通算して死亡保険金額の上限を 1000 万円とするという自主規制を定め，金融庁がその遵守を監督するという形の規制が導入されることになった（保険業規 53 条の 7 第 2 項，監督指針 II-3-5-1-2 (14)）134)。

〔山本哲生〕

料 45-1。山下友信「保険法の制定の意義と概要」金法 1872 号 8 頁（2009），田口・前掲注 79) 7 頁。これを受けて，(社)生命保険協会は，「未成年者を被保険者とする生命保険契約の適切な申込・引受に関するガイドライン」を作成している。また，(社)損害保険協会は，「傷害保険等のモラルリスク防止に係るガイドライン」において，「被保険者が未成年者（満 15 歳未満）」の契約を含む被保険者の同意を取り付けていない契約形態の傷害保険等に関する死亡保険金額の考え方（指針）を定めている。

134)　金融審議会金融分科会第二部会保険の基本問題に関するワーキング・グループ第 45 回資料 45-1。山下・前掲注 133) 8 頁。これを受けて，(社)損害保険協会は，「傷害保険等のモラルリスク防止に係るガイドライン」において，「被保険者が未成年者（満 15 歳未満）」の契約を含む被保険者の同意を取り付けていない契約形態の傷害保険等に関する死亡保険金額の考え方（指針）を定めている。

§39・§68　I　　　　　　　　　　　　第3章　生命保険　第4章　傷害疾病定額保険

> **（遡及保険）**
> **第39条**　1　死亡保険契約を締結する前に発生した保険事故に関し保険給付を行う旨の定めは，保険契約者が当該死亡保険契約の申込み又はその承諾をした時において，当該保険契約者又は保険金受取人が既に保険事故が発生していることを知っていたときは，無効とする。
> 　2　死亡保険契約の申込みの時より前に発生した保険事故に関し保険給付を行う旨の定めは，保険者又は保険契約者が当該死亡保険契約の申込みをした時において，当該保険者が保険事故が発生していないことを知っていたときは，無効とする。
>
> **（遡及保険）**
> **第68条**　1　傷害疾病定額保険契約を締結する前に発生した給付事由に基づき保険給付を行う旨の定めは，保険契約者が当該傷害疾病定額保険契約の申込み又はその承諾をした時において，当該保険契約者，被保険者又は保険金受取人が既に給付事由が発生していることを知っていたときは，無効とする。
> 　2　傷害疾病定額保険契約の申込みの時より前に発生した給付事由に基づき保険給付を行う旨の定めは，保険者又は保険契約者が当該傷害疾病定額保険契約の申込みをした時において，当該保険者が給付事由が発生していないことを知っていたときは，無効とする。

I　趣　　旨

　39条および68条は，生命保険契約および傷害疾病定額保険契約における遡及保険の定め（責任遡及の定め）の効力について定めた規定である。保険契約は，申込みに対する承諾があった時点で成立するが，契約成立の時点よりも前のある時点から保険者の契約上の責任を開始させ，契約成立の時点よりも前に生じた保険事故について保険給付を行う旨を保険契約において定めることも可能であり，このような定めがある場合を遡及保険と呼ぶ。

　ある保険事故について保険給付を行うためには，それが偶然な事故であること，すなわち，保険契約成立の当時において，その事故の発生と不発生とがいずれも可能であって，そのいずれともいまだ確定しないことを要する[1]のが原

則である。この原則によれば，保険契約成立の時点よりも前に発生した事故について保険給付を行う保険契約は，発生不発生が客観的に確定している事故について保険給付を行うことになり，そのような保険契約は本来その効力を否定されることになるはずである。しかし，たとい発生不発生が客観的に確定していても，保険契約の当事者や保険金受取人が事故の発生不発生を知らない場合には，このような保険契約を有効としても悪用される弊害はない。こうして，保険契約において契約成立の時点よりも前に生じた事故について保険給付を行うことを定めている場合でも，契約当事者等が事故の発生不発生を知らず，主観的には不確定といえるときには，そのような責任遡及の定めを有効としてよいというのがドイツやわが国における一般的な考え方である。39条および68条は，そのような考え方に従い，生命保険契約および傷害疾病定額保険契約における責任遡及の定めが無効となる場合を列挙することにより，それらの場合を除き，責任遡及の定めが有効となることを明らかにした規定である。ただし，生命保険契約においては，保険契約締結前のある時点で被保険者が生存していたことを保険事故とすることは考えにくいことから，39条では，死亡保険契約に限って遡及保険について規律している。

II 沿　革

いわゆる遡及保険に関して，明治23年旧商法（明治23年法律第32号）は，保険の総則規定としては，「保険契約取結ノ時既ニ生シタル危険ニ対スル保険ハ無効トス但当事者双方又ハ其代人ノ孰レモ其危険ノ生シタルコトヲ知ラス且既ニ危険ノ生シタルモ有効タル可キ旨ヲ明示シテ契約ヲ取結ヒタルトキハ此限ニ在ラス」（636条）と定める一方で，生命保険・病傷保険および年金保険に関しては，「保険ハ左ノ場合ニ於テハ無効トス　第一：保険シタル死亡又ハ病傷カ保険契約取結ノ際既ニ生シタルトキ但保険申込人カ其事ヲ知ラサルトキハ此限ニ在ラス」（682条）と定めており，遡及保険に関して，生命保険契約・傷害疾病保険契約とそれ以外の保険契約とで異なる扱いをしていた。すなわち，保

1）　大森62頁，西島63頁。

険一般については，保険契約の当事者双方が保険事故発生について知らず，かつ，遡及保険を有効とする明示的な合意がある場合にのみ，遡及保険が有効であるとされていたのに対し，生命保険および傷害疾病保険については，契約締結時にすでに死亡または傷害疾病が生じていた場合でも，契約申込人が善意であった限りは，遡及保険を有効とする明示的な合意を要せずに，遡及保険が有効とされていたわけである[2]。

これに対し，明治32年商法（明治32年法律第48号）397条では，「保険契約ノ当時当事者ノ一方又ハ被保険者カ事故ノ生セサルヘキコト又ハ既ニ生シタルコトヲ知レルトキハ其契約ハ無効トス」と定められ（同433条1項で生命保険に準用），昭和13年商法改正の際に条文番号が642条に改められた（同683条1項で生命保険に準用。なお，この準用の際には，642条にいう被保険者は保険金受取人の意味に解すべきであるというのが商法の下での多数説であった）[3]。しかし，改正前商法642条には，後述するように，その適用範囲や効果についてさまざまな疑義があることが指摘されており，保険法では，そのような疑義を解消すべく条文内容が改められている。

III 条文解説

以下では，生命保険における遡及保険（39条）を中心に解説し，傷害疾病定額保険における遡及保険（68条）については，生命保険と異なる点について補足するにとどめる。

1 改正前商法642条の問題点

改正前商法642条（以下では，改正前商法642条が生命保険に準用される場合には

---

[2] このようなルールが採用された理由として，生命保険は貯金と性質が類似することが指摘されており，このルールにより，たとえば，夫の洋行中に妻が夫を被保険者として生命保険契約を締結したところ，締結時までに夫が死亡していても，妻がそれを知らない場合には，保険が有効となって保険金の支払を受けることができると説明されている。長谷川喬・商法正義第5巻182頁。

[3] 大森258頁注2，中西正明「生命保険契約の成立および責任の開始」ジュリ734号32頁（1981），山下213頁。

第1節　成　立

被保険者は保険金受取人に読み替えられるべきであるという従前の多数説の解釈に立つものとする）のもとでは，その文言上，同条の規律が遡及保険に限って適用されるのかどうかが明らかではないことや[4]，責任遡及を定めた保険契約の締結の時点で，保険契約の当事者または保険金受取人が保険事故の発生不発生について知っていた場合には保険契約全体が無効になるのか責任遡及の定めだけが無効になるのかが明らかではないことといった文理上の難点があった。

　また，無効になるのが責任遡及の定めだけであるとしても，改正前商法642条の文言からは，保険契約の締結の時点で，保険契約の当事者または保険金受取人が保険事故の発生不発生について知っていた場合には責任遡及の定めが一律に無効になることを定めているように読め，無効とされる範囲が必要以上に広いという問題点もあった。たとえば，生命保険実務においては，保険契約者が保険契約の申込みをしたあと，告知や健康診断の結果の検討を経て保険者が承諾をするまでに1～2週間のタイムラグがあることが少なくないが，生命保険約款ではこのようなケースを想定して，第1回保険料相当額を受け取ったあとで保険者が保険契約の申込みを承諾した場合は，第1回保険料相当額を受け取った時（告知事項の告知の前に第1回保険料相当額を受け取ったときは告知の時）から会社の責任が開始する旨を定めているのが通例であり（このような条項を以下「生命保険約款における責任遡及条項」または単に「責任遡及条項」という。なお，第1回保険料相当額の交付および告知事項の告知は，保険契約者による保険契約の申込みと同時になされるのが通例である），このような約款条項は，第1回保険料相当額を支払った時点から保険の利益を享受できるだろうとの保険契約者の事実上の期待に応えようという趣旨に出たものであって合理性を有すると考えられる。しかし，かかる定め（保険契約の締結よりも前の時点から保険者の責任を開始させるものであるから責任遡及の定めである）に改正前商法642条がそのまま準用されると，第1回保険料相当額の交付後保険者の承諾前に被保険者が死亡した場合（「承諾前死亡」と呼ばれる場合である）には，保険契約者または保険金受取人が当

---

[4] 遡及保険の場合には限られないとすると，たとえば，保険期間の開始前に被保険者が死亡している場合でも，契約締結時に契約当事者および保険金受取人がその事実を知らずに遡及保険ではない死亡保険契約が締結されると，当該保険契約が有効に成立して，保険契約者は保険料支払義務を負うことになりかねないことが指摘されていた。服部栄三＝星川長七編・基本法コンメンタール・商法総則・商行為法〈第4版〉243頁［中西正明］（1997）参照。

該死亡を直ちに知るのが通例であることから，保険契約成立時に保険契約者側が保険事故の発生を知っていたことになり，無効になってしまう。そこで，従来は，改正前商法642条は任意規定であって，約款が責任遡及条項を定めている場合には改正前商法642条の準用を排除する趣旨であると解するか，または，改正前商法642条は強行規定ではあるものの，強行法規とされる理由は，保険事故の既発生を知りながら，保険者がそのことを知らないのに乗じて保険契約を締結し，もって保険契約者が利得するのを防止するためであり，責任遡及条項の適用がある場合にはそのような弊害はないから改正前商法642条の準用はないと解することで，いずれにせよ，責任遡及条項が改正前商法642条に抵触することはなく有効である，という解釈が採られてきた[5]。

2 保険法39条の構造と適用対象

(1) 39条1項・2項の趣旨　改正前商法642条について上述のような疑義が生じていたのは，その適用範囲と効果が不明確であることに加えて，保険契約の締結の時点で，保険契約の当事者または保険金受取人が保険事故の発生不発生について知っていた場合には責任遡及の定めが一律に無効になるかのごとき規定ぶりになっているからである。そこで，保険法39条では，同条が遡及保険についての規定であることを明確にした上で，保険契約者側が保険給付を受けることが不当な利得になる場合と，保険者が保険料を取得することが不当な利得になる場合に限って，責任遡及の定めが無効になることを定めている[6]。

保険法39条によれば，死亡保険契約において責任遡及の定めが無効となるのは，次の2つの場合である。

第1は，死亡保険契約を締結する前に発生した保険事故に関し保険給付を行う旨の責任遡及の定めをしていたところ，保険契約者が当該死亡保険契約の申

---

[5] 山下213頁以下。
[6] ドイツ保険契約法も，保険契約は，その保険保護を契約締結前から開始する旨を定めることができるとしつつ（2条1項），保険者が契約の意思表示の際に，保険事故の発生が排除されていることを知っていたときは，保険者は，保険料を請求できず，保険契約者が契約の意思表示の際に，保険事故が既に発生していたことを知っていたときは，保険者は保険給付を免れるとしており（同2項），保険者に不当な利得が生ずる場合と保険契約者に不当な利得が生ずる場合を分けて規律している。

込みまたはその承諾をした時において，当該保険契約者または保険金受取人がすでに保険事故が発生していることを知っていた場合である（39条1項）。このような場合にも責任遡及の定めが有効であるとすると，保険事故の発生を知った保険契約者側が，保険者が事故発生を知らないことに乗じて保険契約を締結し，利得を図るという行為が助長されかねないことから，これを阻止するために無効としたものである。かかる趣旨からして，39条1項は強行規定であると解される[7]。

第2は，死亡保険契約の申込みの時より前に発生した保険事故に関し保険給付を行う旨の責任遡及の定めをしていたところ，保険者または保険契約者が申込みをした時において，当該保険者が保険事故が発生していないことを知っていた場合である（39条2項）。その趣旨は，かかる場合にも責任遡及の定めが有効であるとすると，保険金支払義務を負わないことが確定した期間について保険者が保険料を収受することが可能となってしまうため，保険契約者保護の見地から，当該責任遡及の定めを無効として，当該条項の対価として保険料を収受することができないようにすることにあると解される[8]（39条2項は，片面的強行規定である〔41条〕）。

(2) 39条1項の適用対象　39条1項は，保険者の責任を「契約締結時」よりも前に遡らせる責任遡及の定めを規律対象としており，これには，保険者の責任を「契約申込み時」まで遡らせる責任遡及の定め（以下「申込み時まで遡及タイプ」ともいう。生命保険約款における責任遡及条項はこれである）と保険者の責任を「契約申込み時よりも前」にまで遡らせるタイプ（以下「申込み時よりも前まで遡及タイプ」ともいう）の両方が含まれることになる。ただし，保険契約者が申込みを行い，保険者が承諾するというケース（以下，「保険契約者申込みのケース」ともいう。保険実務ではこれが一般的である）では，「申込み時まで遡及タイプ」に39条1項が適用される余地はない。なぜなら，「申込み時まで遡及タイプ」において保険契約者が申込みをする前に被保険者が死亡している場合には，保険者の責任が開始する前に被保険者が死亡しており，そもそも保険給付

---

[7] 山下友信「新しい保険法——総論的事項および若干の共通事項」ジュリ1364号15頁（2008），萩本修ほか「保険法の解説(2)」NBL 885号26頁（2008）。
[8] 一問一答62頁。

の対象とはならないからである。39条1項の趣旨は，保険期間内においてすでに保険事故が発生し，保険金が確実に支払われることを保険契約者のみが知って保険契約を締結させ，もって不当な利得を得ることを阻止することにあるから，上記のケースは39条1項の適用対象ではなく，かりに保険契約者が申込み時点で被保険者の死亡を知っていた場合でも39条1項によって責任遡及の定めが無効になることはないと解される9)。すなわち，保険契約者申込みのケースにおいて39条1項が適用されるのは，実際には，「申込み時よりも前まで遡及タイプ」に限られることになる。他方，保険者が申込みを行い，保険契約者が承諾をするというケース（保険実務では稀である）では，「申込み時まで遡及タイプ」と「申込み時よりも前まで遡及タイプ」のいずれのタイプにも39条1項は適用されうる。

以上に対し，39条2項は，もともと「申込み時よりも前まで遡及タイプ」のみを適用対象としており，遡及タイプの観点からは，1項の方が適用対象は広いことになる10)。

(3) 生命保険約款における責任遡及条項と39条1項・2項の関係　生命保険約款における責任遡及条項（前述のように，「申込み時まで遡及タイプ」である）のもとで，保険契約者が申込みをした後，保険者が承諾するまでの間に被保険者が死亡したという承諾前死亡のケースは，保険契約者による申込みの時点では保険事故は発生しておらず，保険契約者は事故発生を知らないから39条1項には該当しないし，保険契約者による申込みよりも前の時点まで保険者の責任を遡及させるものではないから39条2項にも該当しない。したがって，この場合に責任遡及の定めが無効になることはない。保険者の承諾により保険契約が成立した以上は，契約成立前に生じた被保険者の死亡についても，保険

---

9) このケースは保険期間外の死亡であるから契約上はそもそも保険給付の対象とはならないが，申込み後に保険事故が生じたかのように仮装し，それに気付かない保険者から保険金を詐取することを狙って，保険契約者がかかる申込みを行うということが現実にはありえよう。この場合，本文で述べたように39条1項によって責任遡及の定めが無効になることはないものの，保険期間中に保険事故が発生しないことが確定しているから，そのことを理由として責任遡及部分も含めて保険契約全体が無効となると解される。そして，39条1項の適用対象ではない以上，保険料返還に関する64条2号も適用されないと考えられるが，不当利得の一般法理（民705条・708条）によって，保険契約全体について保険者が保険料返還義務を負わないという結論を導くことが可能であろう。

10) 一問一答63頁注4。

者は保険金支払義務を負うことになる（被保険者の死亡を知った保険者が承諾をしないことができるかどうかは4で扱う問題である）。また，同様の責任遡及条項の下で，保険者が承諾する時点で被保険者が生存していること（＝保険事故の不発生）を保険者が知っていた場合も，39条1項および2項の要件を充足しないから，やはり責任遡及の定めが無効になることはない[11]。

(4) 39条2項の適用対象　なお，39条2項が「保険者又は保険契約者が当該死亡保険契約の申込みをした時において，当該保険者が保険事故が発生していないことを知っていたときは」と定めている部分の解釈として（以下，「保険契約者申込みのケース」で考えるものとする），保険契約者が申し込んだ時点で保険事故は発生していなかったが，保険者はその時点では事故不発生を知らず，その後承諾する時に，申込みの時点で事故不発生であったことを知っていた場合は，「当該保険者が保険事故が発生していないことを知っていたとき」には該当せず，かかる場合の責任遡及の定めは有効になると述べるものがある[12]。39条2項が，「保険契約者が当該死亡保険契約の申込みをした時において保険事故が発生していないことを当該保険者が知っていたときは」ではなく，「保険契約者が当該死亡保険契約の申込みをした時において，当該保険者が保険事故が発生していないことを知っていたときは」と定めていることからすると，一見したところこのような解釈が自然であるようにも思われる。しかし，保険者が責任を負わないことが確定している期間について保険者が保険料を取得することを認めるのは妥当ではないという39条2項の立法趣旨に即して考えるならば，申込みの時点までに保険事故が発生していないという事実を保険者がいつ知ったかは重要ではなく，保険料をタダ取りできることを保険者が知って承諾をした以上は，責任遡及の定めを無効とすべきである。したがって，保険契約者による申込みの時点までに保険事故が発生していないという事実を保険者が知ったのが，当該申込みよりも後の時点であっても，39条2項の適用はあると解すべきである[13]。

---

11) 生命保険実務で現に用いられている責任遡及条項は，保険契約者による申込みの時点まで遡及させるタイプに限られていることから，結局のところ，現行実務上は，39条1項・2項が生命保険契約に適用される余地はないと考えられる。江頭490頁注8。
12) 新井修司「契約の成立と遡及保険」中西喜寿28頁。
13) したがって，39条2項の「保険契約者が当該死亡保険契約の申込みをした時において，当

保険実務においては，保険契約は，ほとんど常に保険契約者が申込み，保険者が承諾することによって成立するという形がとられるが，理論上は，保険者が申込みを行い，保険契約者が承諾することによって保険契約が成立するということもありうる。39条では，後者の場合も含めて規律しているが，保険実務において実際に生ずるのは，1項においても2項においても，保険契約者が死亡保険契約の申込みをする場合であるといってよい。

3　39条の効果

(1)　総説　39条は，1項・2項に該当する場合に責任遡及の定めが無効となることを定めるものであるから，1項・2項のいずれの要件も充足しない場合には，責任遡及の定めは有効となる。したがって，当該定めによって保険者が責任を負うとされた期間中に保険事故が発生すれば保険者は保険金支払義務を負うことになる。また，当該定めによって保険者が責任を負うとされた期間は保険契約が有効に存続していることになるから，保険者は当該期間に対応する保険料を取得することができる。

以上に対し，39条1項または2項により責任遡及の定めが無効とされた場合の効果については，1項と2項とでは異なる。

(2)　39条1項により無効となる場合　39条1項によって責任遡及の定めが無効とされる場合，契約締結時よりも前の保険期間について保険契約が無効となり，不当利得の一般法理によれば当該期間に対応する保険料は保険契約者に返還されるべきことになるはずであるが，64条2号は，保険事故の既発生を知って保険者が申込みまたは承諾をした場合を除き，この場合の保険者の保険料返還義務を否定する。保険事故が既発生であることを知りつつ，保険契約者が契約の申込みまたは承諾をするのは，保険者の不知に乗じて不当な利得を得ようとするものであることから，このような保険契約者の不誠実な態度に対して制裁を課したのが同規定の趣旨と解される。なお，39条1項により責任遡及の定めが無効となる場合には，契約締結時よりも前に発生した当該保険事

該保険者が保険事故が発生していないことを知っていたときは」という部分は，「保険契約者が当該死亡保険契約の申込みをした時において保険事故が発生していないことを知って，保険者が承諾したときは」という意味に解釈すべきことになる。

故について保険者が保険金支払義務を負わないこととなるのは当然であるが，この場合には被保険者がすでに死亡しており，契約締結時より後に保険事故が発生する可能性がないことから，契約締結時より後の保険期間についても当該死亡保険契約は無効になると思われる。この部分の保険料返還義務については，不当利得の一般法理（民705条または708条）により，否定されるべきであろう。64条2号が，「死亡保険契約が……無効とされる場合」と規定していることからすると，契約締結時よりも前の保険期間と後の保険期間の双方について（すなわち，死亡保険契約の全体について），64条2号により保険料返還義務が否定されているとみることもできなくはないが，無効とされる理由が契約締結時の前と後とでは異なっていることからすると，保険料返還義務が否定される根拠も契約締結時の前と後とで区別して考えるのが整合的であると思われる。

(3) 39条2項により無効となる場合　39条2項によって無効となるのは，保険契約の申込み時よりも前の期間についても保険者が責任を負うとする定めであり，したがって，当該期間についてのみ保険契約が無効になると解される。39条2項が適用される場合は当該期間内には保険事故が生じていないから保険金支払義務はもとより問題とならない。しかしながら，39条2項によって当該期間の保険契約が無効とされる場合には，保険者は当該期間について保険料を取得することはできず，すでに保険料を受領していた場合には，不当利得としてこれを保険契約者に返還しなければならない。

　また，39条2項によって無効となるのは，保険契約の申込み時よりも前に生じた保険事故について保険給付を行うという定めだけであるから，保険契約の申込みの時（Bの時点とする）よりも前のある時点（Aの時点とする）から契約成立時（Cの時点とする）までに生じた保険事故について保険給付を行うという定めがなされた場合に，AB間で保険事故が生じていないことをBの時点で保険者が知っていたときに無効となるのはAB間の責任遡及の定めだけであって，BC間の責任遡及の定めは無効とはならない。したがって，BとCの間で保険事故が発生した場合には，保険給付がなされることになる。

4　承諾前死亡の場合における保険者の承諾義務

　承諾前死亡とは，生命保険約款における責任遡及条項のもとで，保険契約者

が申込みをした後，保険者が承諾をするまでの間に被保険者が死亡することをいう（またはこの場合に生じうる法律問題を総称して承諾前死亡ということもある）。この場合に被保険者の死亡を知った保険者が承諾を拒絶して保険契約を成立させないことが許されるのか，それとも申込みを承諾する義務を負い，その結果保険金を支払わなければならないのかは，改正前商法の下でながらく議論されてきた問題である[14]。従来の多数説は，被保険者が保険適格性（申込みにかかる保険契約の被保険者となりうるのに適当な性質・状態）を有する限りにおいて，保険者は承諾義務を負うと解してきたが[15]，保険法はこの問題に対してなんらかの解答を与えたわけではないことから，保険法のもとでも従来と同様の議論が妥当することになると思われる。

5 傷害疾病定額保険契約における責任遡及の定め（68条の解釈）

(1) 68条1項の趣旨と適用の要件・効果　傷害疾病定額保険契約においては，死亡保険契約とは異なり，保険期間中に給付事由が何度も発生することがあるため[16]，68条1項の趣旨についても，死亡保険契約の場合と区別して検討する必要がある。

具体例として，「保険契約者申込みのケース」において68条1項の責任遡及の定め（「申込み時よりも前まで遡及タイプ」）のある傷害疾病定額保険契約が締結されたが，保険契約者が保険契約の申込みをする前に給付事由Pがすでに発生しており，保険契約の申込み時から保険者による承諾までの間に給付事由Qが発生し，さらに保険契約の締結の後に給付事由Rが発生したというケースを考えよう（P→申込み→Q→承諾〔保険契約の締結〕→R）。ここで，保険契約者，被保険者または保険金受取人（以下，「保険契約者等」という）が，保険契約の申込時に給付事由Pがすでに発生していることを知っていた場合，68条1項により，給付事由Pについて保険者が保険金支払義務を負わないのは当然である。問題は，保険契約申込み時には保険契約者等がまだその発生を知らな

---

[14] 保険者の承諾義務その他承諾前死亡に関わる法律問題については，中西・前掲注3) 33頁以下に詳しい。

[15] 中西・前掲注3) 33頁，山下215頁。

[16] この点は，保険期間中に保険事故が何度も発生することがありうる損害保険契約においても同様である。

第1節　成　立

い給付事由QやRについても保険者が保険金支払義務を負わないことになるのかどうかである。68条1項の文言によれば無効になるのは責任遡及の定めだけであるから，契約締結後の保険期間に関する限り保険契約は有効であって給付事由Rについて保険者は責任を負うというのが自然な解釈であろう（ただし，後述するように68条1項とは別の法理により，保険者が免責される余地はある）。

　他方，給付事由Qについては，68条1項の文言に従うならば責任遡及の定めが無効になるから，保険者は責任を負わないことになる。しかしながら，39条1項・68条1項の趣旨について，保険事故や給付事由が発生し，必ず保険給付を受けられることを保険契約者等が知って保険契約の申込みがなされた場合に保険給付の受領を認めることは，不当な利得を許容することになり相当でないと説明されている[17]ことからすると，申込みの時点で保険契約者等がその発生を知らなかった給付事由Qについては保険給付の受領を認めても不当な利得にはならないはずであって，上記のような68条1項の立法趣旨からは，給付事由Qについて保険者が免責されることを説明することは困難である[18]。この点をあえて説明しようとするならば，給付事由Pの発生を知りながら責任遡及の定めのある保険契約について申込みをした保険契約者側の不誠実な態度を考慮して，一種の制裁として将来発生しうる給付事由についても免責としたとでもいうほかないであろう。もっとも，給付事由Pが発生していることを知りながらこれを保険者に告げずに申込みをするという保険契約者の行動は，86条3号の重大事由にあたるとみることもできようし，この場合，保険者は，重大事由解除により，保険契約者の申込み以降に生じた給付事由（すなわち，給付事由QおよびR）について免責されることになる（88条2項3号）。このように給付事由Q・Rについては，重大事由解除によって処理することも可能であることに鑑みれば，68条1項は，申込み時よりも前の保険期間についてのみ責任遡及の定めを無効にするという規律にしておく方が，立法趣旨と整合的であったように思われる。

　(2)　68条2項の趣旨と適用の要件・効果　　以上に対し，68条2項につい

---

17)　一問一答62頁。
18)　吉澤卓哉「保険法における遡及保険規整の構造――『不当な利得』の有無という判断基準について」保険学608号147頁（2010）。

ては、その立法趣旨や適用の要件・効果は、39条2項と異なるところはないと解される。すなわち、68条2項が適用されるのは、「申込み時よりも前まで遡及タイプ」に限られ、同規定により無効となるのは、申込みの時よりも前に発生した給付事由について保険給付を行う旨の定めである。当該責任遡及の定めが無効となることにより、当該定めにかかる保険期間について、保険者は保険料を取得できないこととなる。

〔洲崎博史〕

第1節　成　立　　　　　　　　　　　　　　　　　　　　§40・§69

（生命保険契約の締結時の書面交付）
第40条　1　保険者は，生命保険契約を締結したときは，遅滞なく，保険契約者に対し，次に掲げる事項を記載した書面を交付しなければならない。
　一　保険者の氏名又は名称
　二　保険契約者の氏名又は名称
　三　被保険者の氏名その他の被保険者を特定するために必要な事項
　四　保険金受取人の氏名又は名称その他の保険金受取人を特定するために必要な事項
　五　保険事故
　六　その期間内に保険事故が発生した場合に保険給付を行うものとして生命保険契約で定める期間
　七　保険給付の額及びその方法
　八　保険料及びその支払の方法
　九　第56条第1項第1号の通知をすべき旨が定められているときは，その旨
　十　生命保険契約を締結した年月日
　十一　書面を作成した年月日
　2　前項の書面には，保険者（法人その他の団体にあっては，その代表者）が署名し，又は記名押印しなければならない。

（傷害疾病定額保険契約の締結時の書面交付）
第69条　1　保険者は，傷害疾病定額保険契約を締結したときは，遅滞なく，保険契約者に対し，次に掲げる事項を記載した書面を交付しなければならない。
　一　保険者の氏名又は名称
　二　保険契約者の氏名又は名称
　三　被保険者の氏名その他の被保険者を特定するために必要な事項
　四　保険金受取人の氏名又は名称その他の保険金受取人を特定するために必要な事項
　五　給付事由
　六　その期間内に傷害疾病又は給付事由が発生した場合に保険給付を行うものとして傷害疾病定額保険契約で定める期間
　七　保険給付の額及びその方法

> 八　保険料及びその支払の方法
> 九　第85条第1項第1号の通知をすべき旨が定められているときは、その旨
> 十　傷害疾病定額保険契約を締結した年月日
> 十一　書面を作成した年月日
> 2　前項の書面には、保険者（法人その他の団体にあっては、その代表者）が署名し、又は記名押印しなければならない。

I　趣　旨

　保険法40条は生命保険契約締結時の、同69条は傷害疾病定額保険契約締結時の書面交付について規定している。以下では、保険法40条（以下、本条という）の生命保険契約締結時の書面交付に即して述べるものとする。

　本条は、基本的に改正前商法679条を受け継いだ規定である。改正前商法679条は、生命保険契約の保険者は、保険契約者の請求がある場合に限り、保険契約者に対し、保険証券を交付しなければならない旨規定していた。しかし、保険証券は、保険契約者にとって契約の成立および内容を証する手段として重要な意味を有することから、保険契約者の請求を待たずに、保険契約締結後直ちに交付すべきであるとの立法論が従来から提案されてきたことに加え、実務においては、保険契約者の請求を待つことなく直ちに保険証券を交付していることから、本条および保険法69条では、保険者は契約締結後遅滞なく法定事項を記載した書面を交付しなければならないと規定した。

　改正前商法679条では、「保険証券」という名称を用いていたが、本条および保険法69条は、保険証券という用語を用いず、「書面」という表現に改めた。

　なお、法制審議会保険法部会においては、団体保険等に関し、被保険者が契約内容に関する情報を得られるよう、被保険者証等の書面による情報提供についても議論されたが、現状としてはとくに問題は生じていないとのことから、規定を設けることは見送られた[1]。

---

1)　中間試案補足説明・立案100頁、151頁。

II 沿　革

　明治23年旧商法[2]は，保険証券に関する規定を642条，646条，647条に総則規定として定めていた。保険者の保険証券作成交付義務については，642条において「契約取結ノ後即時」に保険証券を作成し，被保険者[3]に交付することと定めていた。

　保険契約者の請求により交付義務が生じるとする定めがなされたのは明治32年商法においてである。明治32年商法は損害保険契約につき，403条1項において，「保険者ハ保険契約者ノ請求ニ因リ保険証券ヲ交付スルコトヲ要ス」と規定し，2項に法定記載事項を定めていた。あわせて生命保険証券に関する記載事項が損害保険契約の総則規定とは別に430条に法定された。430条は，403条に掲げられた記載事項のほかに，生命保険契約特有のいくつかの事項を記載事項としてあげている。すなわち，「保険契約ノ種類」，「被保険者ノ氏名」，「保険金額ヲ受取ルヘキ者ヲ定メタルトキハ其者ノ氏名及ヒ其者ト被保険者ノ親族関係」という3点である。とりわけ，保険金受取人に関する事項は，明治32年商法が，他人の生命の保険契約に関する規定を親族主義[4]に改めたことによる規定である。

　その後の明治44年の商法改正において，430条は，生命保険証券に関する法定記載事項のうち，3号の保険金受取人と被保険者の親族関係に関する事項を，「保険金額ヲ受取ルヘキ者ヲ定メタルトキハ其者ノ氏名」と改めた。これは，明治44年の改正により，それまで親族主義を採用していた他人の生命の保険契約において，被保険者の同意を要するという同意主義[5]を採用するに至り，被保険者と保険金受取人との間に親族関係を要するという規定がなくなっ

---

[2]　明治23年旧商法は，ロェスレル商法草案をもとに作成された。ロェスレル草案においては，「保険証書」という表現が用いられているが，明治23年旧商法には，「保険証券」という用語を用いている。ロェスレル草案における保険証券に関する規定は，703条，705条〜712条である。

[3]　明治23年旧商法は「保険契約者」ではなく「被保険者」と定めている。ロェスレル草案は「被保険者又ハ其代人ニ交付スヘシ」と規定している。

[4]　明治32年商法428条。

[5]　改正前商法674条，保険法38条。

たためである。430条は昭和13年に条文番号が679条に改められた6)。

III 条文解説

1 書面交付義務

改正前商法679条1項は保険証券の交付に関し，「保険者ハ保険契約者ノ請求ニ因リ保険証券ヲ交付スルコトヲ要ス」と規定し，保険契約者の請求がある場合に限り保険証券の交付を義務づけていた。これに対して，保険証券は，被保険者にとって，契約の成立と内容を証明する手段として重要な意味を有することのみならず，保険者にとっても保険金支払義務の迅速，確実な履行という側面において重要な機能を果たしているということから，立法論としては，保険契約者の請求を待たずに，保険契約成立後遅滞なく保険契約者に保険証券を交付すべきであると主張されてきた7)。また，実務上は，保険者が保険契約者の請求を待つことなく保険証券を発行するのが通例となっていることから，保険法40条・69条は，保険契約者からの請求に関わらず，保険者は，契約締結の際には遅滞なく，保険契約者に対し，書面を交付しなければならない旨を規定している。

わが国と同様に，1908年ドイツ保険契約法は，保険契約者の請求に関わらず交付義務を負うと規定していた（3条1項）。しかし，2008年1月施行の現行ドイツ保険契約法3条1項は，「保険者は，保険契約者の要求があったときは，保険契約者に対し，証拠証券として文書方式で保険証券を送付しなければならない」8)と規定している。この点で，ドイツ保険契約法は保険契約者の要求という，前提条件を設けたことになる。

2 書面という名称

保険法が定める「書面」につき，改正前商法は「保険証券」という名称を用

---

6) 昭和13年法律第72号。
7) 西島73頁。
8) 独保険契約法（訳）107頁。なお，文書方式（Textform）とは，ドイツ民法典126b条が定める特定の署名要件を必要としない文書方式である。

いてきた。しかし，保険証券という名称に関しては，その法的性質として，有価証券性は認められないこと，および証券という名称を用いることによる誤解を避けるため，法制審議会保険法部会においては，保険証書と改めるという提案もなされたが[9]，共済契約では従来から「共済証書」などの名称が用いられてきたことから，最終的に，「書面」という文言に改められた[10]。実際に交付される書面であれば，保険証券，共済証書などの名称を問わず，保険証券という名称を用いることを排除している趣旨でもない。

3 書面の法的性質

(1) 書面の意義　保険契約は諾成，不要式契約であり，書面の作成・交付は，契約成立のための要件ではなく，契約成立のための方式でもない。書面の作成・交付義務は，契約成立に際しての付随的義務として保険者の負担するものにほかならない[11]。したがって，保険者の保険金支払義務と保険契約者の保険料支払義務のような対価関係に立つものではなく，保険契約者は，書面の交付がないことをもって，同時履行の抗弁として，保険者に対し保険料の支払を拒むことはできない[12]。

また，書面の作成によって，保険契約上の法律関係が発生するものでもないから，書面はいわゆる設権証券でもない。また，書面には，保険者の署名はなされるが，相手方の署名は求められないから，いわゆる契約書でもない[13]。

(2) 証拠証券性・免責証券性　書面は，保険契約の成立および内容に関し，保険契約者側の証明を容易にするためのものであり，当該書面は，契約の成立および内容に関する一応の証拠としての効力を有する証拠証券にすぎないと解されており，法定記載事項を欠いたとしてもその一応の証拠力には影響はない[14]。

一方，保険者が善意無重過失で書面を呈示した者に弁済した場合に保険者は

---

9) 法制審議会保険法部会第 1 回議事録。
10) 一問一答 64 頁。
11) 大森 139 頁。
12) 西島 75 頁。
13) 大森 139 頁。
14) 大森 138 頁。

免責されるという免責証券性に関しては争いがあるが，保険金請求にかかる手続において，書面の呈示が唯一の方法でないこと等から，免責証券性を認める見解には，疑問が呈されている15)。

　(3) 引換証券性　　約款では，通常，保険金請求に際し，書面を必要書類の1つとしてその提出が必要であると定めている。判例16)も，保険金は保険証券と引換えに支払うという約款の有効性を認めている。しかしこれは，書面と引換えでなければ保険金を支払わないという絶対的な受戻証券性を認める趣旨ではなく，紛失等により，書面を提出できない場合は，なんらかの方法によりその権利を証明すればよいとされている17)。実務においては通常，保険証券紛失届等の書面に保険金受取人の署名・押印を求めている。これは，後に書面が発見された際に，その書面が無効であることを確認し，二重請求等の紛争を回避するためである。

　(4) 指図式・無記名式の書面18)　　保険事故発生前の保険金請求権の譲渡・質入れは，被保険者の同意を要することとされており（47条），またその性質上，流通性を促進，助長すべき必要性も乏しい19)ことから，生命保険契約においては，指図式または無記名式の書面は認められない20)。

　ただし，諸外国の立法にはいわゆる生命保険証券にも指図式を認めているものもある。たとえばフランス保険法典は，L.132-6条において，生命保険証券につき，日付および被裏書人名を記載し，かつ，裏書人の署名がなければ裏書は効果を生じないとし21)，一定の条件のもとで指図式の保険証券を認めている。また，スイス保険契約法も73条において，人保険証券に関し，持参人払

---

15) 山本爲三郎「生命保険証券」倉澤康一郎編・生命保険の法律問題〈新版〉（金判1135号）100頁（2002），山下222頁。
16) 大判大正12年1月24日新聞2101号19頁。
17) 大森139頁，289頁，西島77頁。
18) なお，書面は通常は記名式であるが，貨物海上保険や運送保険では指図式や無記名式の保険証券が用いられる。これらの有価証券性については見解がわかれているが，有価証券性は認められないとするのが今日の多数説である。江頭69頁，438頁。有価証券性を肯定するものとして坂口光男「指図式保険証券の有価証券性」法律論叢74巻4＝5号121頁（2002）。
19) 山本・前掲注15) 102頁，伊沢孝平・保険法〈第4版〉107頁（1958）。
20) 西島358頁，山下友信＝竹濱修＝洲崎博史＝山本哲生・保険法〈第2版〉237頁（2004）。
21) 保険契約法集（訳）II-40頁。

の保険証券の発行を認めている。

　(5)　書面の内容に誤った記載がある場合と立証責任　　前述したとおり，書面は，契約の成立および内容の一応の証拠となる効力を有するにとどまる単なる証拠証券にすぎない。しかし，保険者によって正式に作成・交付され，異議なく受領された書面の記載は，契約の成立およびその内容について事実上の推定的効力を有する。したがって，書面の記載と異なる契約内容を主張する者は，自らこれを立証しなければならない[22]。

　通常，契約当事者間で合意された内容と書面の内容は一致することが当然であるが，なんらかの不一致が生じた場合が問題となる[23]。

　ドイツ保険契約法5条は，保険証券記載の内容が，申込みまたは合意と異なる場合に関し，保険契約者が，保険証券受領後1か月以内に書面をもって異議申立てをしない限り，その変更を追認したものとみなすと規定している。ただし，このことは，保険者が保険証券の交付にあたり，その旨を契約者に指摘しておいた場合に限り認められるとし，保険者に対する義務という形で制限を加えている。保険者がこの義務を履行しなかった場合は，その変更は，保険契約者を拘束しないとされる。また，保険契約者の錯誤に基づく契約の取消しを放棄させる合意は無効であると定めている。これらの規定は，1908年ドイツ保険契約法5条の内容を維持したものである。

　また，スイス保険契約法12条も，ドイツ保険契約法とほぼ同様の規定を設けている。

　かつては，追認について，わが国においても，ドイツ，スイスの規定を参考とすべきであるという見解があった[24]が，保険契約者の異議申立てのないことをもって書面の内容を承認したとするのは，保険契約者の理解力からみて妥当ではないとされている[25]。

---

22)　西島76頁。
23)　西島77頁。
24)　大森140頁。
25)　山下221頁。

4 記載事項

(1) 変更点　基本的には改正前商法649条2項，679条を維持しているが，若干の記載事項の変更および文言の変更がある。

改正前商法は，損害保険契約に関する649条2項の記載事項を679条に準用し，その他，生命保険契約特有のいくつかの事項を記載事項として定めていた。今回の改正で保険法は，損害保険契約の規定の準用という規定の仕方をやめ，生命保険契約，傷害疾病定額保険契約についていずれも直接規定している。

改正前商法は生命保険証券の記載事項として，①保険契約の種類，②被保険者の氏名，③保険金受取人を定めたときはその者の氏名，④保険者の負担した危険，⑤保険金額，⑥保険料およびその支払方法，⑦保険期間を定めたときはその始期および終期，⑧保険契約者の氏名または商号，⑨保険契約の年月日，⑩保険証券の作成地およびその作成年月日をあげていた。

このうち，④「保険者ノ負担シタル危険」は，従来，保険事故と解されてきたことと，消費者にとってわかりにくい表現であるという指摘を踏まえて40条1項5号では「保険事故」と改められた。このことにより，改正前商法の記載事項であり，保険法部会において当初検討されていた①「保険契約の種類」は，記載事項として掲げないこととなった。

保険金受取人の指定に関し，保険法は契約締結時に必ず指定されるとの整理をしたことにより[26]，③「保険金額ヲ受取ルヘキ者ヲ定メタルトキハ」の部分は削除され，「保険金受取人の氏名又は名称その他の保険金受取人を特定するために必要な事項」に改められた。

改正前商法は，649条2項9号，679条において，保険証券の作成地を記載事項としていたが，保険証券の作成地に関しては，準拠法上の意味しか有さず，記載事項としての意義が失われているとして，従来から削除すべきであるとの指摘がなされてきた[27]。保険法部会においても，このような背景と，改正前商法が作成地を記載事項とした趣旨を踏まえての検討が重ねられた結果，保険法において書面の作成地は記載事項から削除された。

その他，40条1項1号に「保険者の氏名又は名称」，同条同項9号に「第56

---

[26]　中間試案補足説明・立案135頁。
[27]　西島74頁。

条第1項第1号の通知をすべき旨が定められているときは，その旨」を法定記載事項として追加している。

改正前商法は，保険証券に保険者の署名を求めていたが，40条2項では，記名押印でも足りることを明記している。

以上が法定記載事項であり，その意味においては，書面は要式証券であるが，前述したとおり，その性質は単なる証拠証券にすぎないことから，厳格な要式証券ではない[28]。したがって，上記の法定記載事項を欠いたとしても，また，法定記載事項以外の事項を記載したとしても書面としての効力には影響はない[29]。

5 規定の性質

本条は任意規定である。法制審議会保険法部会[30]においては，強行規定とすべきであるとの意見，あるいは，書面に代わる電磁的方法を規定し，その上で強行規定とすべきであるとの提案もなされた。諸外国の立法には，強行規定とするもの[31]なども見られるが，現状においては，すべての保険者に同一の対応を求めることは困難であること，また，保険契約者への強制となることへの懸念から任意規定とすることで了承された。したがって，書面を交付しないこと，将来的に書面に代えて電磁的方法とすること，記載事項の一部を省略すること，団体保険契約において，被保険者の氏名を別紙記載とすること等の特約も有効と解される[32]。

6 傷害疾病定額保険契約に関する事項

保険法69条は，傷害疾病定額保険契約締結時の書面の交付について規定している。内容は基本的に保険法40条と同様であるが，40条における生命保険

---

28) 大森138頁。
29) 大森138頁，西島74頁。
30) 法制審議会保険法部会第21回，第22回議事録。
31) フランス保険法典 L.112-6条〜L.132-6条。また，ドイツ保険契約法3条1項は片面的強行規定である（ドイツ保険契約法18条）。ただし，1908年ドイツ保険契約法は同規定を任意規定としていた（3条1項・15a条）。
32) もっとも，消費者契約法10条により，その効力が否定される可能性はある。一問一答65頁。

契約，保険事故といった表現は，傷害疾病定額保険契約，給付事由と読み替えられる。

〔千々松愛子〕

第 1 節　成　立

> （強行規定）
> 第 41 条　第 37 条の規定に反する特約で保険契約者又は被保険者に不利なもの及び第 39 条第 2 項の規定に反する特約で保険契約者に不利なものは，無効とする。
>
> （強行規定）
> 第 70 条　第 66 条の規定に反する特約で保険契約者又は被保険者に不利なもの及び第 68 条第 2 項の規定に反する特約で保険契約者に不利なものは，無効とする。

I　趣　旨

　保険法では，保険契約者等の保護を確実なものとするために，多くの規定を片面的強行規定（当該規定に反する特約で保険契約者等に不利なものを無効とするもの）としている。どの規定が片面的強行規定であるかを明示する方法としては，対応する規定ごとにその旨を定めることも考えられるが，保険法では，「成立」，「効力」，「保険給付」，「終了」のそれぞれの節ごとに，まとめて片面的強行規定を明示することとしている。

　また，一概に片面的強行規定といっても，対応する規定の内容に応じて，「保険契約者」，「被保険者」，「保険金受取人」のいずれに不利な特約が無効となるかが異なるため，保険法ではこの点を区別して記載することとしている。

　なお，片面的強行規定を明示する規定の条見出しは，いずれも「強行規定」とされているが，これは借地借家法その他の法律においても，片面的強行規定である旨を明示する規定について同様の条見出しが用いられていることから，これらの例に倣ったものである。

II　沿　革

1　片面的強行規定の導入

　商法の規定は，被保険者の同意や消滅時効など，規定の性質上強行規定であ

るものを除き，基本的には任意規定であるといわれているため，約款でこれと異なる定めをした場合には，原則として約款の規定が優先されることになる。

しかし，保険契約は付合契約であることが一般的であり，契約内容について保険契約者と保険者との間の交渉の余地が少ないことからすれば，保険法の規定よりも約款の内容が優先されることになると，保険契約者等の保護を図ろうとした保険法の趣旨が十分に実現できなくなってしまう。

そこで，保険法では，保険契約者等の保護を図る必要性が高い規定について，当該規定よりも保険契約者等に不利な特約を無効とすることによって，保険契約者等の保護をより確実にしているものである。これにより，たとえ約款で片面的強行規定と異なる定めをしたとしても，それが当該規定よりも保険契約者等にとって不利な内容である場合には，その約款の定めの効力は否定されることになる。

2　法制審議会における議論

片面的強行規定を導入することについては，諸外国の立法例を参考に，従来から立法提案がされていたものであり，たとえば，生保試案（2005）683条2項では，「第675条（中略）の規定は，契約当事者が約定しても，保険契約者，被保険者または保険金を受け取るべき者の不利益に変更することはできない」と規定しており，一部の規定を片面的（半面的）強行規定とすることが明確にされている。

法制審議会保険法部会においても，初期の段階から片面的強行規定を導入する方向で議論がされていたが，どの規定を片面的強行規定とするかについては，具体的な規定の内容とも関連してさまざまな議論がされた。

たとえば，告知義務違反による解除における，いわゆる因果関係不存在則（59条2項1号ただし書参照）については，自動車保険における料率細分化商品との関係で，これを片面的強行規定とすることに反対する意見もあったが，最終的には，損害保険契約を含めたすべての保険契約について，片面的強行規定とされたものである。

また，いわゆる企業保険については，片面的強行規定の適用除外を設けるべきであるという意見があり，海上保険をはじめとする一部の損害保険契約は片

面的強行規定の対象から除外することとされた（36条参照）が，生命保険契約，傷害疾病定額保険契約，傷害疾病損害保険契約といった，いわゆる人保険については，仮に事業活動となんらかの関連性があってもリスク自体に特殊性があるとは認められず，むしろ片面的強行規定を一律に適用する必要性が高いことを理由に，適用除外の規定が設けられなかったものである[1]。

III 条文解説

1 不利な特約

保険法では，「第○条の規定に反する特約で……に不利なものは，無効とする」と定めることにより，対象となる規定が片面的強行規定であることを明示しており，このような規定の仕方は，同じく片面的強行規定を設けている借地借家法等の例に倣ったものである。

ここでいう不利な特約に該当するか否かの解釈について，最判昭和31年6月19日民集10巻6号665頁は，借地法11条に関し，期間の満了と同時に借地権者の建物を賃貸人に贈与する特約の効力が争われた事案において，「上告人は，契約の始めにおいて賃貸人所有の建物を取壊すという通例では困難と思われる条件を特に承諾してもらつた代りに20年の期間満了と同時に贈与することを約したと認められるこのような場合には必ずしも借地権者に不利益な条件を定めたものとは認められない」と判示している。

このように，ある特約が不利であるかどうかを判断する際に，当該特約だけに着目し他の契約内容を捨象して判断するのではなく，当該特約を含む契約内容全体を斟酌・比較考量して総合的に判断すべきであるとする考え方を一般に「総合判断説」といい[2]，保険法においても基本的にはこの総合判断説に基づいて不利な特約に該当するか否かが判断されることになると考えられる。もっとも，総合的にみて保険法の規定よりも不利であるか否かは，問題となる保険法の規定の趣旨や保険契約の商品性等によっても異なるため，個別の約款の規

---

1) 一問一答146頁注4参照。
2) これに対し，不利な特約の認定基準を，特約された事項そのものについて個別的に判断して決定すべきであるとする考え方を一般に「分離判断説」という。

定ごとに，当該規定の目的，要件および効果等を踏まえた慎重な検討が必要であると考えられる[3]。

また，最判昭和40年7月2日民集19巻5号1153頁は，「借地法11条の規定は，土地賃借人の義務違反である賃料不払の行為をも保護する趣旨ではない。したがつて，土地賃借人に賃料の不払があつた場合には，賃貸人は催告を要せず賃貸借契約を解除できる旨の所論特約は，同条に該当せず，有効である」と判示している。このことは保険法の下でも同様であり，告知義務違反による解除（55条・84条），危険増加による解除（56条・85条）および重大事由による解除（57条・86条）が片面的強行規定とされ，これらの規定よりも保険契約者等に不利な解除事由の定めは原則として認められないが，保険料の不払による解除（民541条参照）はこれらの片面的強行規定に反するものではないと考えられる。

なお，ここでいう不利な特約には，保険法の規定よりも形式的にみて不利なものだけでなく，実質的にみて保険法が片面的強行規定を定めた趣旨を没却するようなものも含まれる。たとえば，上記の告知義務違反，危険増加および重大事由による解除では，解除に伴って保険者に免責の効果が認められており（59条2項・88条2項），これらの規定も片面的強行規定とされている一方で，保険者の免責の規定（51条・80条）は任意規定とされている。しかし，仮に保険者がこのことを奇貨として，上記の規定による解除が認められない場合であるにもかかわらず，保険者にこれらの解除に伴うのと同様の免責の効果が認められる旨の免責事由の定め[4]を設けたとしても，そのような規定は，保険法が解除の要件を制限し，それらの制限的な場合に限って解除に伴う免責も認められることとし，かつ，それらの規定をすべて片面的強行規定としている趣旨を実質的に潜脱するものとして，片面的強行規定に反して無効となるものと考えられる[5]。

---

3) 一問一答22頁注5参照。
4) たとえば，危険増加があった場合には，保険契約者等の故意または重過失による通知義務違反の有無を問わずに，一律に保険者を免責とする旨の定めなどがこれに該当する。
5) 一問一答22頁注5参照。

2 告知義務

41条では，告知義務に関する37条の規定に反する特約で，保険契約者または被保険者に不利なものは無効とするとしている。

37条は，「保険契約者又は被保険者になる者」に告知義務を課すものであり，たとえば，約款で保険法の規定よりも広く告知義務を課すこととした場合には，これにより告知義務者である保険契約者および被保険者が不利益を被ることになる。

このように，37条は告知義務者である保険契約者と被保険者の保護に資する規定であるため，その片面的強行規定について定める41条の前半部分では，「保険契約者又は被保険者に不利な」特約を無効としているものである。

これにより，たとえば，保険契約者または被保険者に対して質問応答義務ではなく自発的申告義務を課す特約や，「危険に関する重要な事項」以外の事項についても告知を求める特約[6]などは，無効となると考えられる。

3 遡及保険

41条では，遡及保険に関する39条2項の規定に反する特約で，保険契約者に不利なものは無効とするとしている。

39条2項は，保険者が保険事故の不発生を知っていたときに遡及保険の定めを無効とすることで，保険契約者が保険者に対して保険料の返還を請求できるようにしているものである。

このように，39条2項は保険料返還請求の主体である保険契約者の保護を図る規定であるため，その片面的強行規定について定める41条の後半部分では，「保険契約者に不利な」特約を無効としている。

これにより，たとえば，保険者が保険事故の不発生を知っていた場合でも遡及保険の定めを有効とする旨の特約などは，無効となると考えられる。

---

[6] もっとも，保険契約の締結に際し，「危険に関する重要な事項」に含まれない事項を保険者が質問することが，直ちに37条の片面的強行規定に反するわけではなく，当該事項の告知義務違反を理由に保険契約を解除し，または保険給付を行わないという制裁を伴う場合に，同条の片面的強行規定に反することになるものと考えられる。

4　傷害疾病定額保険契約の片面的強行規定

70条では，傷害疾病定額保険契約についても，66条（告知義務）の規定に反する特約で保険契約者または被保険者に不利なものと，68条2項（遡及保険）の規定に反する特約で保険契約者に不利なものを無効としているが，これらの趣旨は上記の生命保険契約について述べたところと同様である。

〔萩本　修・嶋寺　基〕

復　活

I　総　説

　保険契約の「復活」とは，生命保険約款上一般に定められている制度であって，保険契約者の保険料不払により，約款に基づいて生命保険契約が失効した場合において，契約失効後一定の期間（通常は3年）内であれば，保険契約者が保険契約の「復活」を請求し，保険者が再度のリスク測定を経てこれを承諾したときは，以前の契約が失効しなかったのと同様の扱いをするというものである[1]。同制度は，改正前商法には規定がなく，専ら保険約款上の制度として実務で運用されてきたものであるが，保険法も，保険契約の「復活」について特段の規定を置いていない。ただし，保険法が「復活」について規定を置かなかったのは，約款上の制度として広く普及している「復活」を今後は認めないという趣旨ではなく，また，保険法のルールを「復活」にはおよそ適用しない

---

[1]　米国では，19世紀末の時点ですでに，生命保険契約の復活に関する約款条項が広く普及していたようであり，このような実務を受け，現在では制定法において保険契約の復活について規定するのが主流となっている。ニューヨーク州保険法3203条は，約款が保険料不払による保険契約の消滅または失効を定めている場合には，保険料支払債務の不履行から3年以内に，保険契約者が復活の申し出を行い，被保険者が保険適格者であることの証拠を提出し，未払保険料全額を所定の利息を付けて支払ったときには保険契約が復活する旨の規定を含まなければならないことを規定しており，保険契約の復活が強行法的に定められているといってよい。復活に関するアメリカの法制については，福田弥夫「生命保険契約の失効と復活(1)――アメリカ法の検討を中心に」生保143号43頁以下（2003）を参照。
　一方，ドイツ保険契約法38条3項3文は，第2回以降保険料の不払により，保険者が保険契約を解約した場合でも，解約後または支払期間経過後1か月以内に保険契約者が不払保険料の支払をしたときは解約の効力が失われる旨規定するが，期間が1か月であることや危険選択なしに元通りの保険保護が与えられるとされていることからみて，わが国やアメリカでいう保険契約の復活とは異なるものとみるべきであろう。潘阿憲「生命保険契約における失効・復活制度の再検討」生保140号54頁以下（2002）は，ドイツにおけるこの制度も「復活」の一類型とみているが，ドイツの制度は，実質的には1か月の支払猶予期間を与えているのに近いというべきであり（ただし，遅滞保険料が払い込まれる前に保険事故が発生した場合には保険者が免責される〔ドイツ保険契約法38条2項・3項3文末尾〕ことからして，支払猶予とまったく同じではない），ドイツの制度やそこでの議論をわが国の「復活」に関する議論に援用することには慎重であるべきであろう。

*復　活　II

という趣旨でもない。保険契約の「復活」については，保険者の創意工夫によりさまざまなバリエーションが考えられるところ，法律の規定を設けてこれを画一的に適用することは保険実務を阻害することになりかねず，他方，保険契約の「復活」の実質に応じて保険法の規定を適用または類推適用することにより，「復活」に関わる法律問題を適切に処理できるというのが保険法の基本的立場であると解される。

II 「復活」の具体的内容とその法的性質

　生命保険約款では一般に，保険料分割払の生命保険契約において第2回以後の保険料が約款所定の猶予期間内に払い込まれない場合には，当該生命保険契約が猶予期間の満了日の翌日から効力を失うことが定められているが（詳細については，本書「保険料不払を理由とする保険契約の解除・失効」の項目を参照），生命保険約款ではこれに加えてさらに，保険契約者は，保険契約が効力を失った日から起算して3年以内は，保険契約の復活を請求することができる旨を定めるのが一般である（巻末約款18条1項）。

　保険契約者が保険契約の復活を請求するには会社所定の書類を提出しなければならず（巻末約款18条2項），保険契約の復活を会社が承諾したときは，保険契約者は，保険料期間がすでに到来している未払込保険料を払い込まなければならない（巻末約款18条3項）。保険契約者または被保険者は，復活の際，告知義務を負うが（巻末約款21条），会社が復活を承諾した場合には未払込保険料の払込後に生じた保険事故について保険者は保険契約上の責任を負う（巻末約款18条4項）。なお，同約款で明示はされていないものの，保険契約の復活は，保険料の不払により，約款規定に基づいて保険契約が「失効」したとされる場合に限って認められ，保険契約者からの任意解除，保険者からの告知義務違反等による解除など，保険契約の「解除」によって保険契約の効力が消滅した場合には復活は認められないものと解される[2]。

　保険契約の失効と復活の法的性質について，古くから学説上の争いがある。

---

[2]　差押債権者等契約当事者以外の者が解除権を行使する場合には，解除の効力は保険者が通知を受けた時から1か月を経過した日に生ずる（60条1項・89条1項）。この1か月の間に約款

従来の通説とされている見解は，約款において復活制度が定められている場合の保険契約の失効は「復活」を解除条件とするものであり，保険契約が復活した場合には前契約は最初からその効力を失わなかったことになる，と説明する。復活は，契約当事者間の合意により，失効した保険契約の消滅の効力を失わせて契約失効前の状態を回復させることを内容とする特殊の契約であるとみるのである[3]。この立場では，解除条件が成就しない限り，失効により保険契約は完全に消滅することになる（保険契約完全消滅説）。これに対しては，失効によって保険契約者と保険者の契約関係が完全に消滅してしまうとすると，復活に関する合意や解約返戻金支払に関する合意（復活や解約返戻金支払に関する約款規定）まで消滅することとなって復活や解約返戻金支払の法的基礎が失われてしまうことから，これらに関する契約関係はなお存続し，これらを除く，その他の保険契約の効力が消滅するのが失効であるとする見解もある（復活条項存続説）[4]。さらには，失効によって，保険契約に基づく保険者の責任が消滅するにすぎず，保険契約関係自体は消滅しない（保険関係存続説。復活は，いったん消滅した保険者の責任を再開させることにほかならない）とみる見解も存する[5]。

　もっとも，これら保険契約の失効の法的性質に関する論争が，保険契約の復活に関する法律問題の解決とどのようにつながっているのかは必ずしも明らかではない。保険契約関係が消滅せずに存続しているという考え方をとる場合には，復活の際の告知の要否や，自殺免責期間の引継ぎなどに関して，あたかも当初の保険契約が問題なく存続していたかのように扱う（告知は必要ないし，自殺免責期間も当初の保険契約の責任開始日から通算される）という解決法につながりやすいとはいえようが，約款でこれと異なるルールを定めることが許されるかどうかは別問題とみるべきであろう。以下，個別問題について検討する。

　　　規定のいう「失効」が生じた場合には，保険契約者はなお復活の請求をすることができると解される。しかし，1か月の経過により，差押債権者等による解除の効力が生じてしまうと，保険契約は確定的に消滅し，保険契約者が約款中の復活条項を援用することもできなくなると解される。保険契約の失効・復活と介入権の関係については，高山崇彦「保険金受取人の介入権」甘利＝山本 316 頁以下参照。
[3]　大森 314 頁，西島 374 頁，松本烝治「生命保険契約復活論」同・私法論文集 988 頁（1926）。
[4]　竹濱修「生命保険契約の失効と復活」三宅一夫追悼・保険法の現代的課題 288 頁（1993）。
[5]　潘・前掲注 1) 80 頁。

＊復　活　III

III　保険契約の復活に関する各論的問題（保険法のもとでの解釈）

1　復活に際して告知を求めること（再度のリスク測定）の可否

わが国の復活制度においては、復活の際に再度告知を求め、当初保険契約の締結の際には保険適格者であった被保険者が復活の際にはそうではなくなっていた場合には復活を承諾しないという扱いがなされている。この点に関して、保険契約の復活は保険料不払によりいったん消滅した保険者の責任を再開させる手続にすぎないとする保険関係存続説の立場から、復活時に再度告知を求めることを疑問視する見解もあるが[6]、わが国の約款実務では3年間も復活請求が可能とされていること、復活請求を行う保険契約者のなかには、失効後に自身の健康状態に不安を覚えた者が少なからず存するであろうこと（いわゆる逆選択の問題）からすれば、保険者が再度の危険選択を行うことには十分な合理性が認められよう[7]。

復活に際して、保険者が告知を求める場合には、告知義務に関する保険法の諸規定が——直接適用であるか類推適用であるかはともかく——片面的強行規定として適用されると解される。告知義務に関する保険法の規定は、保険者が告知によって危険選択を行う場合を規律するものであり、保険契約の復活の際の告知はまさしくこのような場合に該当するからである。したがって、復活時の告知に関して、保険法37条・55条1項〜3項・59条に反する特約で保険契

---

[6]　潘・前掲注1）87頁以下。

[7]　同旨、福田弥夫「生命保険契約の失効と復活(2)——アメリカ法の検討を中心に」生保144号52頁以下（2003）。

　　かりに、わが国の約款実務のように3年間もの猶予を与えつつ、復活時に再度の告知を求めることができないとすると、保険契約者は、たとえば、A社の生命保険に加入して第1回保険料のみ支払って直ちに失効させ、3年経過直前にB社の生命保険加入を申し込んで、A社との保険契約を復活させるか、B社に乗り換えるかという選択をすることが可能になる。健康状態の悪化によりB社から引受けを拒絶されればA社に3年分の保険料を払い込んでA社との保険契約を復活させればよく、B社が引き受けてくれれば、A社との契約は復活させずにB社の保険に加入すればよいのである。B社の生命保険についても、同様に第1回保険料のみ払い込んで直ちに失効させれば、3年後に同様の選択をすることが可能になる。被保険者が健康体であり、かつ、事故等による突然死が生じない限りは、これを繰り返すことにより、第1回保険料を支払うだけで事実上保険保護を受け続けることが可能になってしまうわけであり、3年間の猶予を与えつつ復活時に再度の告知を求めないという処理は、保険数理上成り立ちえないと思われる。

約者側に不利なものを約款で定めても無効である（41条・65条）。

2 保険者の承諾義務

　保険契約の締結時には，保険契約者からの契約申込みに対して，これを承諾するかどうかは保険者の自由に委ねられており，たとい被保険者の健康状態になんら問題がない場合であっても，モラル・リスクに関して漠然とした不安があるという理由のみをもって保険者は保険契約を締結しないことが許される。しかしながら，復活の請求に対する保険者の承諾についても，同様の自由裁量が認められるかは問題である。前述のように，アメリカの制定法では，被保険者が保険適格者である場合には保険者は復活を拒絶することができないものとされており，いったん保険への加入が認められ，その後契約を失効させてしまった者については，新規契約の保険申込者よりも強い地位が認められている。わが国の復活制度は，約款で定められた制度であるから，その運用にあたっては約款規定の解釈が基本とされるべきであるが，前述のような約款の規定ぶりからすると，保険契約者には単に復活の申込みをする権利が与えられているにとどまらず，被保険者が保険適格者であることを条件として保険者に承諾を求める権利が与えられていると解するのが自然であるように思う。保険法57条各号に定める事由（重大事由）が存する場合は別として，保険者は告知事項以外の事由を理由として復活の承諾を拒絶することはできないと解すべきであろう。

3 保険契約の復活があった場合の「責任開始期」

　生命保険契約の約款では，約款条項の適用の基準時として「責任開始期」（または「責任開始の日」「責任開始時」）が定められていることがしばしばあり（典型的には，責任開始期を自殺免責期間の起算点としたり，高度障害条項における契約前発病不担保条項の適用の基準とするなどである），保険契約の復活があった場合には，責任開始期とは当初の保険契約の責任開始期をいうのか，復活後の保険契約の責任開始期を指すのかが問題となる。自殺免責期間にせよ契約前発病不担保条項にせよ，当初の保険契約の責任開始期を基準時とする方が保険契約者側には有利になるが，約款では一般に，復活があった場合には，自殺免責条項

*復　活　III

や契約前発病不担保条項にいう責任開始期とは復活後の保険契約の責任開始期を指す旨が定められている。これらの約款の趣旨は，復活の際に再度告知を求めているのと同様に，保険契約者による逆選択を阻止することにあると解される。自殺免責期間の定め方や契約前発病不担保条項について，保険法は強行規定を置いていないから，上記約款の効力は，信義則ないし公序良俗といった一般規定によって判断されることになろうが，自殺や高度障害リスクについても逆選択はありうるから（いったん生命保険に加入したものの，保険料の支払が苦しいので支払をやめて生命保険契約を失効させたところ，被保険者の自殺願望が強くなったり，高度障害状態に陥るリスクが高まった途端に保険契約者が復活の請求をしてくるケースを想起せよ），上述のような約款の定め方には合理性が認められよう[8]。

〔洲崎博史〕

---

[8]　自殺免責期間の起算点につき，同旨，福田・前掲注7) 58頁。これに対し，潘・前掲注1) 88頁以下では，告知義務の問題と同様に，保険関係存続説の立場から，復活の際に自殺免責期間が再度進行させられることを疑問視しており，また，明記はされていないが，契約前発病不担保条項についても同様の考え方をとられるものと推測される。しかし，わが国の復活制度のもとでは，3年間というかなり長い期間，復活請求が認められていることに鑑みると，逆選択の問題が過小評価されているように思われる。

逆選択と保険契約

I　はじめに

　われわれは日常生活において，さまざまな事故に遭う可能性（リスク）に直面している[1]。たとえば，病気のために休職を余儀なくされ一定期間にわたって収入を失ってしまうかもしれないし，失火による火災で自宅を焼失してしまうかもしれない。いずれにせよ，事故の発生はわれわれに経済的損失をもたらす。このようなリスクの存在を前提として，その顕在化に伴う経済的損失を社会的に負担・保障しあう仕組みが保険である[2]。

　このような保険がシステムとして機能するためには，それに参加する個人のリスクの大きさが同等である必要がある[3]。そうでなければ，リスクの小さな個人から大きな個人への所得移転が起こり，リスクの小さな個人は保険への加入をせず（あるいはやめ），保険というシステムは存続不能となるであろう。

　もっとも，事故に遭う可能性がすべての個人にとって同一である場合には，上記のような問題は存在しない。しかしながら，そのようなことが成立しているとは誰も思わないであろう。事実，一生の間に何度も事故に遭う人もいれば，一度もそのような事故を経験することのない人もいる。このことは人によって

---

1) 将来生起する事象に関する不確定性については，その事象（事故）が発生する可能性が確率分布で表現されるか否かによって，リスク（risk）と不確実性（uncertainty）の2種類に分けられるというフランク・ナイト（Frank Knight）の分類法が，近年（再び）注目を浴びているようである。そのような分類法にそっていえば以下では，将来生起しうる出来事が確率変数として表現できる場合（すなわち，ナイト流にいえばリスク）のみを考えている。ナイトによるリスクと不確実性の区別については，Frank H. Knight, *Risk, Uncertainty and Profit*, University of Chicago Press, 1921. を参照。
2) 保険制度が行うリスクの処理の詳細については，下和田功編・はじめて学ぶリスクと保険〈第3版〉（2010）第3章あるいは Harrington, S. E. and G. R. Niehaus, *Risk Management and Insurance*, 2nd *Edition*, McGraw-Hill, 2004（米山高生＝箸方幹逸監訳・保険とリスクマネジメント（2005））第4章を参照のこと。
3) 保険に加入する主体としては，個人のみならず機関（企業や大学など）も考えられる。ただ，以下では記述における煩雑さを避けるため，「個人」という語によって，「個人や機関を含め，保険に加入する可能性があるすべての主体」という内容を表すこととする。

＊逆選択と保険契約 I

リスクの大きさが異なっていることを示していると考えられる。また、個人間でリスクが異なっていたとしても、個々人のリスクの大きさが完全に知られている場合も、リスクの違いは問題とならない。リスクの異なる人を別の保険集団に所属させるようにすれば、1つの保険集団に属する個人のリスクは同等にすることができ、個人間の所得移転の問題は生じないからである。しかしながら、個人のリスクは、他人には容易に知ることのできないさまざまな要因によって規定されている面があるため、上のような想定も現実的ではない。すなわち、保険市場の分析においては、保険加入者のリスクに関して、保険加入者（被保険者）と保険者の間の情報の違いを前提とすることが必要である[4]。ところで一般的に、被保険者は自身のリスク要因を他人よりは良く知っていると考えられる。したがって、被保険者のリスクに関しては、保険者よりも被保険者の方が質および量の両面において、よりよい情報を有していると考えることができよう。このような情報構造が成立しているとき、情報の非対称性（informational asymmetry）が存在しているという[5]。

被保険者のリスクに関する情報の非対称性が存在している場合、保険市場はどのような様相を呈することになるだろうか。このとき保険市場には、リスクの異なる被保険者が混在することとなる。被保険者のリスクの大きさを知ることができない以上、保険者は被保険者集団の平均的なリスクを前提に、保険契約を提示せざるをえない。しかしながら、被保険者が自らのリスクの程度を知っている場合には、平均的より大きなリスクを有する被保険者にとって、市場で提供される保険は割安なものとなる。他方、相対的にリスクの低い被保険者にとって、提示される保険は割高なものとなっている。すなわち、この保険市場においては、リスクの低い被保険者がリスクの高い被保険者の保険料の一部を肩代わりしていることになる。このような保険購入は、前者にとって明らかに不利であるため、リスクの低い被保険者はこの市場での保険購入をやめるであろう。そのため保険を購入する被保険者集団の平均リスクが上昇し、保険者

---

[4] 以下では、とくに断らない限り、保険加入者、被保険者および保険契約者は同一の経済主体を表しているものとし、これらの用語は相互に交換可能なものであるとみなして使用されている。

[5] より良い情報を有している経済主体は情報優位者、そうでない経済主体は情報劣位者と呼ばれる。ここで想定している状況では、被保険者が情報優位者、保険者が情報劣位者となる。

は保険契約の改定をするだろう。この改定は，再び被保険者間の不公平を引き起こし，相対的にリスクの低い被保険者の保険市場から退出がさらに起きる。このような動きが続くことにより，最終的に保険市場にはもっともリスクの高い被保険者のみが残る。そして最悪の場合，保険の提供それ自体が止まってしまうこととなる。保険市場の崩壊である。このように，被保険者のリスクの相違を識別できないために，リスクの低い被保険者の退出を通じて保険市場が機能不全に陥ることを逆選択（adverse selection）と呼ぶ[6]。

以下では，被保険者のリスクに関する情報の非対称性が存在する状況において，逆選択の可能性を回避するために望ましい保険契約のあり方に関する理論を紹介する。まず，IIにおいて，理論の枠組みを説明する。その上で，思考の参照点として，保険者と被保険者の間に情報の非対称性が存在しない完全情報の世界における最適保険契約について考察する。次いでIIIでは，情報の非対称性が存在する場合を想定し，競争的な保険市場で締結可能な最適保険契約の特性を説明する。以上は，保険契約締結時に，保険者と被保険者の間に情報交換がまったく行われない状況を想定している。しかしながら実際の保険契約においては，被保険者のリスクの大きさを知るために，保険者がさまざまな質問を行い，その回答の内容に応じて保険契約を設定するという手続がとられている。さらに，偽りの情報がなされたことが後日明らかとなった場合には，保険者を免責とするといった制度が設けられている。そこでIVでは，このような被保険者による告知義務の制度を，非対称的情報下における最適契約の観点から考察した理論を紹介する。最後にVでは，ここでの考察内容をまとめる。

II 基本モデルの設定[7]

複数の被保険者と単一の保険者が存在する競争的な保険市場を考える。

---

[6] 経済学の文脈で，逆選択を形式的に分析した最初の研究は，George A. Akerlof, "The Market for 'Lemons': Quality Uncertainty and the Market Mechanism," *Quarterly Journal of Economics*, Vol. 84, 1970, pp. 488-500. である。

[7] IIおよびIIIは，Michael Rothschild and Joseph E. Stiglitz, "Equilibrium in Competitive Insurance Markets: An Essay on the Economics of Imperfect Information," *Quarterly Journal of Economics*, Vol. 90, 1976, pp. 629-650. の内容に基づいている。

＊逆選択と保険契約 II

 被保険者は，ある事故に遭遇する可能性があり，事故発生時の損失をカバーするために保険加入を考えているものとする。簡単のため，被保険者が直面している状況は，「事故に遭遇する（状態A）」か「事故に遭遇しない（状態N）」のいずれかであり，事故に遭遇する確率を p_i とする。ここで，添え字 'i' は，この後に説明する被保険者のタイプを表している。また，被保険者は全員が同一の初期富 W を有しているとする。

 市場には，事故確率の異なる2つのタイプの被保険者――事故確率の高い（高リスクの）被保険者（タイプHと呼ぶ）および低リスクの被保険者（タイプLと呼ぶ）――が存在しているとする。ここで，タイプHの個人の事故確率を p_H，タイプLの個人の事故確率を p_L とする（$p_H > p_L$）。さらに，すべての被保険者に占めるタイプHの被保険者の割合は λ であるとする。本論を通して，この λ の値はすべての経済主体に知られていると仮定する[8]。被保険者の期末富 $D(x)$ は，事故が発生したか否かに依存しており，事故発生時の富 $D(A)$ はゼロ，事故が発生しなかった場合の富 $D(N)$ は D であるとする。

 保険契約 $C = (\alpha_i, \beta_i)$ は，保険プレミアム（α）および保険金（β）とによって特徴づけられるとする。ここで，保険金（β）は，保険プレミアム控除後の値として定義されているものとする。また，保険契約は被保険者のタイプごとに提示されるものとする[9]。

 被保険者は危険回避的であるとする。すなわち，被保険者は期末富の期待効用を最大にするように意思決定を行う。ここで，被保険者のフォン・ノイマン＝モルゲンシュテルン型効用関数を $U(\cdot)$ とする。保険加入者は危険回避的であると想定し，$U'>0$，$U''<0$ であるとする。このとき，保険契約 C に加入したタイプ i の被保険者の期待効用は次のようにあらわされる。

$$V(C|p_i) = p_i U(W_A) + [1-p_i] U(W_N) \qquad (1)$$

ここで，$W_A (W_N)$ は，保険事故発生時（無発生時）における被保険者の富を表している。**図1**には，タイプHおよびタイプLのそれぞれに対する無差別

---

[8] より正確に言えば，λ の値は本論で想定されているすべての経済主体の間の共有知識になっているとする。

[9] 保険契約における α および β に添え字 'i' が付されていることがその表れである。

＊逆選択と保険契約　II

図1　被保険者の無差別曲線

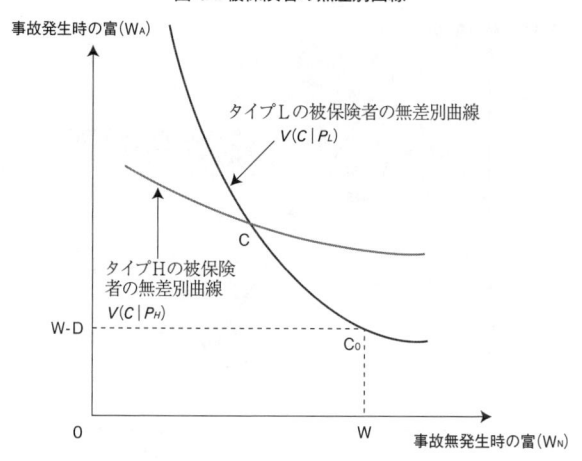

[図: 縦軸 事故発生時の富(W_A)、横軸 事故無発生時の富(W_N)。タイプLの被保険者の無差別曲線 $V(C|P_L)$、タイプHの被保険者の無差別曲線 $V(C|P_H)$ が点Cで交差。点C_0は(W, $W-D$)に位置。]

曲線が描かれている。タイプHよりタイプLに対しての方が事故発生に関するオッズの逆数（$=(1-p_i)/p_i$）が大きいため，事故発生時の富の減少を補償する（効用水準を一定に維持する）ために必要な事故無発生時の富の増分は，タイプLの方が少なくてすむ。すなわち，W_N-W_A平面上に描かれた無差別曲線は，タイプLの方が急な傾きを持つことが理解できる[10]。

保険者は危険中立的であるとする[11]。すなわち，保険者は，(2)式で与えられる期待利潤 $\pi(.)$ を最大化するべく意思決定を行う。

$$\pi(p_i, \alpha_i, \beta_i) = [1-p_i]\alpha_i - p_i\beta_i = W - [1-p_i]W_N - p_iW_A - p_iD \quad (2)$$

---

[10] このことを形式的に示すと次のようになる。(1)式を全微分して整理することにより，

$$dW_A/dW_N = -[(1-p_i)/p_i]\cdot[U'(W_N)/U'(W_A)]$$

となる。仮定により $p_H > p_L$ であるから次の関係が得られる。

$$|dW_A/dW_N|_{for\ type\ L} > |dW_A/dW_N|_{for\ type\ H}$$

さらに，以上より，両者の無差別曲線は1度しか交わらないことも理解される。

[11] 被保険者と保険者の選好に関しては，前者よりも後者の方が危険回避の程度が低いという状況を想定することで十分である。ただ本論では，簡単のため，一般性を失うことなく，被保険者を危険回避者，保険者を危険中立者と想定することとする。

＊逆選択と保険契約 II

図2 保険者のゼロ利潤線

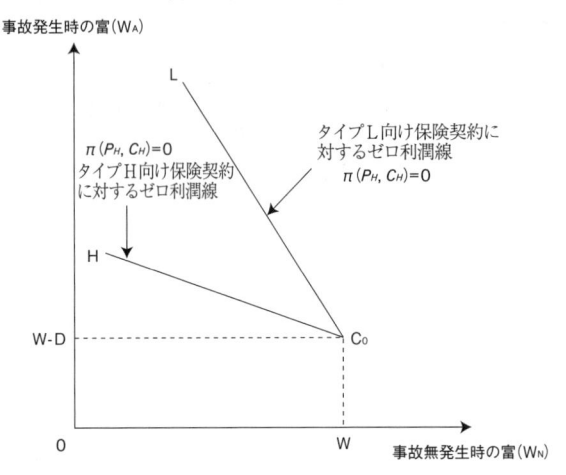

なお，保険市場が競争的であることより，本論における保険者は，期待利潤がゼロとなるように保険契約を提示することとなる。図2に描かれている直線は，各タイプの被保険者に保険を提示した保険者の期待利潤がゼロとなる W_N と W_A の組合せをプロットしたもの（ゼロ利潤線：ZPL）である。事故確率が高い危険な（タイプHの）被保険者に対しては，保険金に比して相対的に高い保険プレミアムを徴収する必要がある。そのため，危険な被保険者向けの保険に対するゼロ利潤線の傾きは，安全な被保険者向けの保険に対するそれよりも緩くなっている[12]。

以上の分析枠組みのもとでは，保険者にゼロ利潤を与える保険契約の中から，被保険者の期待効用を最大化する保険契約が最適なものとなる。

情報の非対称性が存在する状況を考察する前に，ベンチマーク・ケースとして，被保険者のタイプ（事故確率）を，被保険者および保険者の双方が完全に知っている状況における最適保険契約を導出しよう。

完全情報のもとでは，2つのタイプの被保険者を別の保険集団として個別に

---

[12] (2)式より，ゼロ利潤線の傾きは，$dW_A/dW_N = -(1-p_i)/p_i$ によって与えられる。仮定により $p_H > p_L$ であるから，ゼロ利潤線の傾きは，タイプLに対するものの方が急であることが理解される。なお，図2における点 C_0 は，保険に加入しない場合に実現する個人の富の組み合わせを表している。

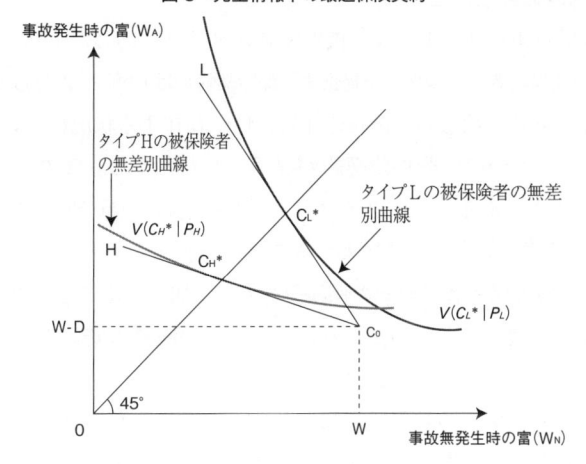

図3 完全情報下の最適保険契約

保険契約を締結することが可能となる。したがって，それぞれのタイプに対して，ゼロ利潤を実現する保険契約の中から被保険者の期待効用を最大とするものが最適保険契約となる。仮定によって，被保険者は危険回避的である一方で保険者は危険中立的であるとされているから，被保険者にとって最も望ましいことは，事故の発生如何に関わらず期末富の水準が一定となることである。すなわち，完全情報下における最適保険契約は，それぞれのタイプの被保険者への完全保険であることが理解される。以上を，図によって示したものが図3である。図3において，点 C_L^* (C_H^*) が，タイプL（タイプH）の被保険者に対する最適保険契約である。いずれも，タイプに対応するゼロ利潤線と無差別曲線の接点となっており，最適性の条件を満たしていることが理解されよう。

III 非対称情報下における最適保険契約

IIIでは，被保険者は自らのタイプ（タイプHであるかタイプLであるか）を知っているけれども，保険者は被保険者のタイプを識別できないという意味で情報の非対称性が存在する状況における最適保険契約を考察する。

253

* 逆選択と保険契約　III

1　完全保険の非効率性

まず，情報の非対称性下では，被保険者のタイプに応じた最適契約（それぞれにタイプの被保険者に完全保険を提供する保険契約）は均衡とはならないことを示そう。図4を見て欲しい。情報の非対称性が存在する状況において，C_L^*およびC_H^*という2つの完全保険契約が提示されたとする。このとき，$V(C_L^*|p_H)>V(C_H^*|p_H)$であるから，タイプHの被保険者は，（自分向けに提供された）C_H^*契約ではなく，C_L^*契約に加入することを選択する。すなわち，この状況では，すべての被保険者が同一の保険契約C_L^*に加入することとなる。どれでも好きなものを選んでよいのであれば，誰もが保険料の安いタイプL向けの保険契約を選ぶことは自然なことであろう。

ところで，タイプLの被保険者に契約C_L^*を提示した場合の保険者の期待利潤はゼロであるが，タイプHの被保険者にC_L^*を提示したときの保険者の期待利潤は負となる。したがって，すべての被保険者が同一の保険契約C_L^*に加入する場合，保険者の期待利潤は負となり，このような状況は保険者にとって容認できるものではない。

以上より，非対称情報下では，すべての被保険者に対して完全保険を提供するという最善の保険契約は均衡とはならないことが理解できる。

2　逆選択の発生

完全保険を提供することが非効率であるとすれば，どのような保険契約が可能であろうか。III 1で見たように，情報の非対称性下において完全保険の提供が失敗する原因は，不適切な保険加入を摘発することができないにも関わらず，保険者がすべての保険契約者に対して別々の保険契約を提示したことにある。そこで次に，識別不能な被保険者集団に対して，単一の保険契約を提供することを考えよう。

そのような保険として自然に考えられるものは，市場に存在する被保険者の平均リスクに対して保険契約を設計することである[13]。与えられた状況において，平均リスクは次式によって与えられる。

---

[13]　被保険者のタイプが識別不能な状況で複数のタイプの被保険者に対して同一の保険契約を提示する場合，被保険者の平均的な質（事故確率）に基づいた保険提供を行わざるをえない。

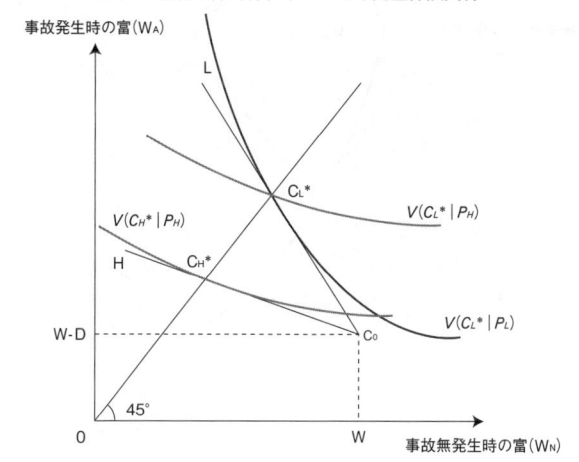

図4 情報の非対称性下における完全保険契約

$$p = \lambda p_H + (1-\lambda) p_L \quad (3)$$

図5において,被保険者の平均リスクに基づく保険契約は C_M^* として表されている[14]。図から明らかなように,保険契約に対する各被保険者の選好は次の通りである。

$$V(C_L^*|p_L) > V(C_0|p_L) > (C_M^*|p_L)$$
$$V(C_M^*|p_H) > V(C_L^*|p_H) > (C_0|p_H)$$

上記の関係式より,保険者からの契約 C_M^* の提示に対しては,タイプ H の被保険者はその契約を受け入れる一方で,タイプ L の被保険者は,契約 C_M^* を受け入れることよりも保険に加入しない(C_0 を選択する)ことを選好することが理解できる。保険契約 C_M^* においては,低リスクの被保険者が高リスクの被保険者の保険料の一部を肩代わりすることになるからである。すなわち,情報の非対称性が存在する状況において平均的なリスクに応じた保険提供がなされた場合,その保険を購入するのは危険なタイプの被保険者のみとなってしまう。この場合,契約 C_M^* を提示した保険者の期待利潤は負となってしまい,

---

14) 図5における線分 C_0M は,平均的なリスクに応じた保険を提供した場合における保険者のゼロ利潤線である。

* 逆選択と保険契約 III

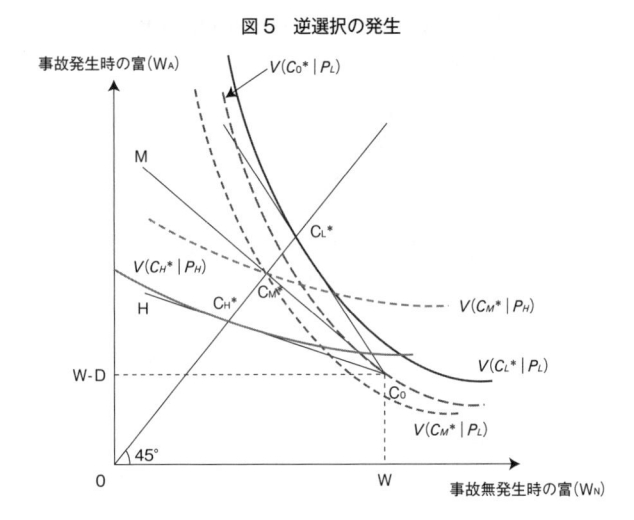

図5 逆選択の発生

保険提供は見送られてしまう。逆選択の発生である。

以上より情報の非対称性が存在する状況で，平均的なリスクを想定した保険提供を行った場合，よりリスクの低い被保険者が保険市場から退出するという逆選択が発生してしまい，最悪の場合保険市場が崩壊する可能性があることが理解される。

3　非対称情報下における最適保険契約──Rothschild-Stiglitz 均衡

これまで考察してきたように，情報の非対称性が存在する場合には，市場メカニズムの機能によって自律的に最善の状態が実現することは期待できない。情報上の優位性を利用して，（情報劣位者の犠牲のもとに）自己の利益を高めようとする戦略的行動を情報優位者がとる可能性があるからである。このような状況においては，情報優位者による戦略的行動およびそれに対する情報劣位者の反応といったものを明示的に考慮したうえで，どのような保険契約が望ましいものであるのかを考えなければならない。

このような問題意識のもとに，ゲーム理論の枠組みを用いて，非対称情報下の競争的保険市場における均衡保険契約を考察したのが Rothschild and Stiglitz（1976）である。以下では，彼らが導出した均衡保険契約について説明しよう。

Rothschild and Stiglitz (1976) はまず,非対称情報下の均衡においては,一括均衡(すべてのタイプの被保険者に同一の保険契約を提示する均衡)は存在しないことを示している[15]。この点は図6からも理解できる。

図6における契約 C_1 をすべての被保険者に対して提示するという一括均衡を考えよう。契約 C_1 は,線分 C_0M(市場全体として保険者の期待利潤がゼロとなる契約の集合)とタイプLの被保険者の無差別曲線の接点に対応する契約である。以下では,この一括契約 C_1 が均衡とはならないことを示そう[16]。

そのために,次のような契約 C_2 を考えよう。契約 C_2 は,(i)タイプLの被保険者の無差別曲線 $V(C_1|p_L)$ の上方,(ii)タイプHの被保険者の無差別曲線 $V(C_1|p_H)$ の下方,(iii)タイプLの被保険者に対する保険者のゼロ利潤線の下方,といった3つの領域の共通部分に存在している契約である。契約 C_2 の設定方法から容易に理解されるように,ここで考えられている2つの保険契約に対する被保険者の選好は次のようになる。

(1) タイプLの被保険者は,一括契約 C_1 より契約 C_2 を選好する。
(2) タイプHの被保険者は,一括契約 C_1 を契約 C_2 より選好する。

したがって,他の保険者が一括契約 C_1 を提示することを所与として,ある保険者が契約 C_2 を提示した場合,タイプLの被保険者のみがその保険を購入することとなる。保険契約 C_2 は線分 C_0L(タイプLの被保険者への保険提供によって期待利潤がゼロとなる契約の集合)よりも下方にあるため,契約 C_2 の提示から保険者が得る期待利潤は厳密に正となる。このことは,一括契約 C_1 が均衡ではないことを示している。

以上より,情報の非対称性下における最適保険契約は,それぞれのタイプの

---

[15] Rothschild and Stiglitz (1976) が採用した均衡概念は,Nash 均衡である。すなわち,彼らは,個人が自らの期待効用を最大にするべく保険契約を選択するという状況で,次の2つの条件を満たす契約(の集合)を均衡と定義している:(1)均衡集合内のいかなる契約も(保険者の)期待利潤を負にすることはない,(2)他の保険者の提示する契約が均衡集合内のものであることを所与として,ある保険者が均衡集合外の契約を提示することによって(その保険者の)期待利潤が正になることはない。換言すれば,他の保険者の行動が変わらない場合,誰1人として自分の行動(契約提示の内容)を変更しようとしない状況をもって均衡と考えるのである。

[16] C_1 以外の一括契約も考える必要があるのではないか,と考える人がいるかもしれないが,その必要はない。なぜならば,契約 C_1 は保険者が提示可能な一括契約の中で最善のものだからである。

＊逆選択と保険契約　III

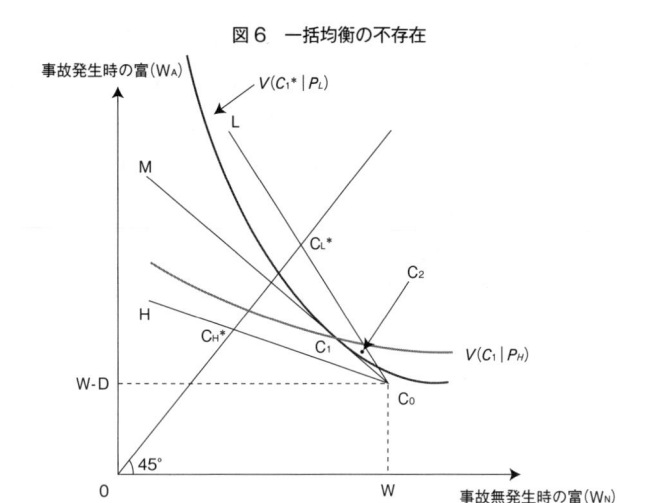

図6　一括均衡の不存在

事故発生時の富(W_A)

$V(C_1^*|P_L)$
L
M
C_L^*
C_2
H
C_H^*
C_1
$V(C_1|P_H)$
W-D
C_0
45°
O
W
事故無発生時の富(W_N)

被保険者に異なる保険契約を提示する分離均衡でなければならないことがわかった。そこで，それぞれのタイプ（タイプHおよびタイプL）に提示される保険契約を $C_H=(\alpha_H, \beta_H)$，$C_L=(\alpha_L, \beta_L)$ とすると，保険者が解くべき最適化問題は，次のような条件付き最大化問題として与えられる。

$$Max_{\alpha_H,\beta_H,\alpha_L,\beta_L} \sum_{i=H,L} [p_i U(W-D+\beta_i)+(1-p_i)U(W-\alpha_i)] \quad (4)$$

subject to

$$(1-p_H)\alpha_H = p_H\beta_H \quad (5H)$$

$$(1-p_L)\alpha_L = p_L\beta_L \quad (5L)$$

$$p_H U(W-D+\beta_H)+(1-p_H)U(W-\alpha_H)$$
$$\geq p_H U(W-D+\beta_L)+(1-p_H)U(W-\alpha_L) \quad (6HL)$$

$$p_L U(W-D+\beta_L)+(1-p_L)U(W-\alpha_L)$$
$$\geq p_L U(W-D+\beta_H)+(1-p_L)U(W-\alpha_H) \quad (6LH)$$

ここで，(4)式は被保険者の期待効用最大化が目的であることを表している。また (5i)式は，タイプ i($i=H$ or L) の被保険者に対する保険契約から保険者が得る期待利潤がゼロであるという競争的市場の制約を表している[17]。最後に，(6ij)式は，タイプ i($i=H$ or L) の被保険者にとって，タイプ j($j=H$ or L; ただし

$i \neq j$）にむけて提示された保険契約より，自身向けに設計された保険契約に加入した方が高い期待効用を得られるという制約を表している[18]）。これらの式の意味から容易に理解されるように，この問題を解くことによって得られる保険契約は，すべての被保険者が自らのタイプに合った保険契約を選択する（したがって，情報優位者による戦略的行動は排除されている）とともに，保険者・被保険者のいずれも自身の目的を最大限に達成するものとなっており，均衡と考えることができるのである。

以下では，ステップを踏んで上記の問題を解くことにする。

(a) 制約（6LH）は等号制約（binding）とはならない。

制約（6LH）が等号制約であったとしよう。このような状況は，たとえば，図7において，契約 C_H, C_L が提示された場合に相当する。このとき，タイプHの被保険者は，契約 C_H より契約 C_L を選好することとなり，タイプHの被保険者に対する誘因両立性制約（6HL）が成立しなくなる。

すなわち，制約（6LH）が等号制約となる想定は矛盾を引き起こすため，結局制約（6LH）は厳密な不等号で与えられることとなる。したがって，上記の問題を解くにあたって，制約（6LH）は無視することが可能となる。

この命題の意味は以下の通りである。タイプLの被保険者にとって契約 C_L と契約 C_H とが無差別であったとしよう。このことは，2つの契約の間で，事故無発生時の富はそれほど違いがない一方で，事故発生時の富は契約 C_L の方がずっと大きいということを意味している[19]）。このとき，事故発生確率が高いタイプHの被保険者にとって，支払保険料に比して受取保険金額が大きい契約 C_L の方が選好されるものとなる。このような状況は，タイプHの保険者に割安の保険を販売することになるため，保険者に期待損失をもたらす。したがって，そのような期待損失回避のために保険者は，高コストタイプの被保険者にとって契約 C_L の魅力がより低下するように保険契約を設計することとなる。すなわち，契約 C_L と契約 C_H とに関して，事故無発生時の富の大きさに

---

[17] この制約を参加制約（participation constraints）と呼ぶ。
[18] この制約を誘因両立性制約（incentive compatibility constraints）と呼ぶ。
[19] 低リスクタイプの被保険者の無差別曲線の傾きが急であることによる。

＊逆選択と保険契約　III

図7　誘因両立性制約（6LH）について

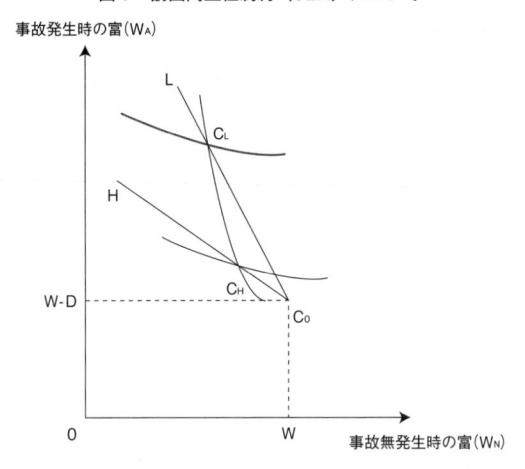

相対的に大きな差が出るようにするのである。このとき，事故発生に関するオッズの低いタイプLは，契約 C_L を契約 C_H より厳密に選好することとなる。

(b)　制約（6HL）は等号制約（binding）となる。

制約（6HL）が厳密な不等号で成立しているとする。これはたとえば，**図8**において契約 C_L'，C_H が提示された場合に相当する。このとき，契約 C_H はそのままにして，タイプLの被保険者への保険契約を（タイプLに対する）ゼロ利潤線 C_0L に沿って左上方向に移動させると，上記問題におけるすべての制約を満足したまま，タイプLの被保険者の期待効用水準を高めることが可能となる。このような契約の変更は，制約（6HL）が等号制約をなる（すなわち，タイプLへの保険契約が C_L となる）まで続けられる。すなわち，制約（6HL）は等号制約となる。

この命題の意味は次の通りである。社会的に望ましいことは，タイプHの被保険者が自身のタイプを偽って契約 C_L に加入することを避けると同時に，すべての被保険者の満足度（期待効用）をできるだけ大きくすることである。タイプHの被保険者が契約 C_L より厳密に選好するような契約 C_H を設計すれば，確かにタイプHの被保険者による偽りは回避できるであろう。しかしながらこのことは，タイプLの被験者の満足度最大化に反する。したがって，

図8　誘因両立性制約（6HL）について

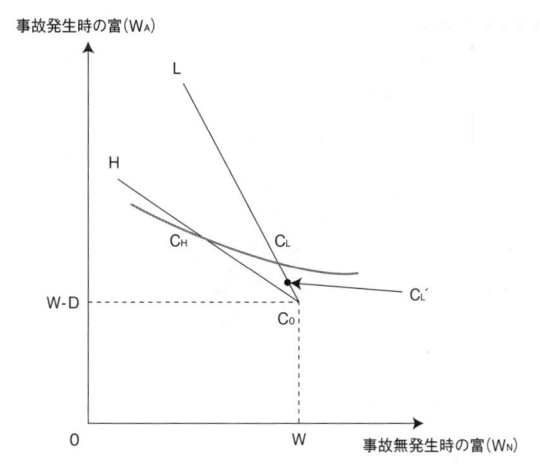

社会的に望ましい状態を実現するためには，考えうる2つの契約がタイプHの被保険者にとって無差別となるように保険契約を設計することが必要である。

(c) タイプHの被保険者に対する均衡保険契約は完全保険となる。

タイプHの被保険者への契約が図9における C_H'，タイプLの被保険者への契約が図9における C_L' であるとする[20]。このとき，ゼロ利潤制約および誘因両立性制約に注意して，タイプHの被保険者向けの保険契約を C_H に変更した場合，タイプHの被保険者およびタイプLの被保険者の期待効用はいずれも高くなる。

保険者が最も回避したいことは，タイプHの被保険者がタイプL向けの保険契約に加入することである。そのような事態を避けるためには，高コストタイプ向けの保険契約を最善のもの（すなわち，完全保険）にすればよいであろう。これが，この命題の意味である。

以上の考察をもとに Rothschild and Stiglitz (1976) は，情報の非対称性下における最適保険契約として，図10における契約 C_L^{**} および契約 C_H^{**} を提示

---

[20] ゼロ利潤制約（参加制約）および誘因両立性制約は満たされている。

＊逆選択と保険契約　IV

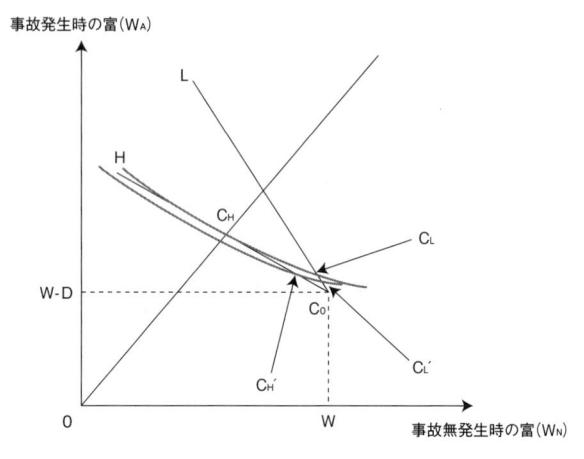

図9　高リスクタイプの被保険者に対する最適保険

事故発生時の富(W_A)

L, H, C_H, C_L, W-D, C_0, C_H', C_L', W

事故無発生時の富(W_N)

した。すなわち，タイプHの被保険者に対しては完全保険を提供する一方で，タイプLの被保険者に対しては最善の契約（完全保険）に比べて劣る保険（部分保険および／あるいは割高の保険プレミアム）を提供することが，最適保険契約となる[21]。非対称情報下において逆選択の可能性を排除する最適な保険契約の特徴は，以上の通りである[22]。

その後も，さまざまな理論が提示されているが，そのほとんどは，以上に説明したRothchild and Stiglitz（1976）の考え方を基礎とするものである[23]。

IV　告知義務の経済分析

これまでは，被保険者のタイプの種類およびその確率分布に関する保険者の

---

[21]　このとき，タイプHの被保険者がタイプを偽って保険加入する可能性はない。

[22]　低リスクタイプの被保険者に対する保険が完全保険（最善の保険契約）より劣ることに起因する非効率性は，情報の非対称性が存在することに伴うコストと考えることができる。

[23]　Rothchild and Stiglitz（1976）においては，均衡が存在しない可能性も指摘されている。しかしながら，その後，経済主体による合理性の概念をより深化させることを通じた均衡概念の精緻化の過程で，Rothchild and Stiglitz（1976）が提示して均衡は頑健である（すなわち，均衡として支持されうる）ことが明らかとなっている。そのような均衡の精緻化の例としては，John Riley, "Informational Equilibrium," *Econometrica*, Vol. 47, 1979, pp. 331-359. による反応均衡（Reactive equilibrium）があげられる。

図 10　非対称情報下の保険契約：Rothschild-Stiglitz Nash 均衡

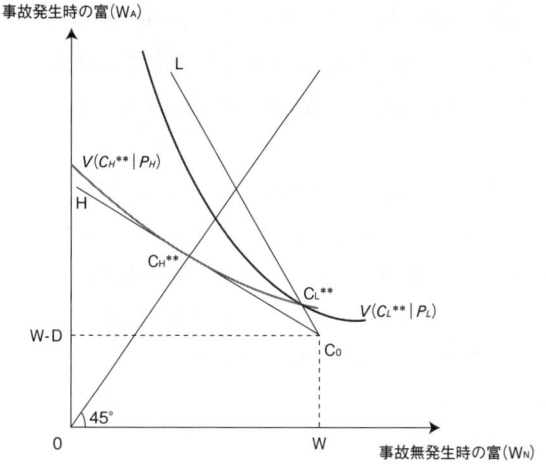

知識を所与として，非対称情報下における保険契約のあり方について考察してきた。そこでは，契約の存続期間において情報の精度を見なおすことはなく，事前に存在する情報の非対称性への対処はすべて保険契約の設計（たとえば，部分保険の提供など）によって行うものと考えられている。しかしながら現実には，保険者と被保険者との情報交換を通じて，情報の非対称性に対処する制度が備わっていると考えられる。そのような制度のひとつが告知義務である。

告知義務とは，保険契約加入時に，保険の引受けや保険料率算定において考慮されるべき重要な情報について，保険者が被保険者へインタビューを行い，被保険者による回答に偽りがあることが後日明らかとなった場合には，保険者は当該保険契約を解除できるという制度である[24]。以下では，前節で考察したRothschild and Stiglitz (1976) の枠組みに告知義務制度が導入された状況における最適保険契約のあり方を分析した理論を説明する[25]。

---

[24]　改正前商法における告知義務は被保険者による自発的申告義務であったが，保険法においては保険者からの質問応答義務に変更された。本稿では，保険者がリスクタイプに対する質問を行い，それに対する被保険者からの回答に応じて保険契約を策定するという状況を考えているため，新保険法の規定に類似した制度を想定していると言える。

[25]　逆選択への対処法という観点からの告知義務の機能に関する考察については，藤田友敬＝松村敏弘「取引前の情報開示と法的ルール」北大法学論集52巻6号2081-2112頁（2002）および榊素寛「告知義務の意義とその限界(1)」法協120巻3号443-503頁（2003）がある。

* 逆選択と保険契約　IV

1　被保険者が自身のタイプを知っている場合[26]

情報の非対称性（被保険者は自身のタイプ——事故確率の値——を知っているが，保険者はタイプの分布しか知らない）が存在する状況において，一定のコストを負担することによって，保険者が被保険者の真のタイプを知ることができると想定する[27]。

被保険者のタイプは2つ（タイプHおよびタイプL）であり，保険者が提示する保険契約は，タイプHの被保険者向けの契約（C_h）およびタイプLの被保険者向けの契約（C_l）の2種類である。ただ，被保険者のタイプに関する調査活動の内容についても契約に明示することが必要である。

各保険者は1種類の保険契約のみを提示するものとする。Rothschild and Stiglitz（1976）でも指摘されているように，逆選択の原因は，タイプHの被保険者が自身のタイプを偽ってタイプL向けの保険契約に加入する誘因を有していることである。したがって，保険契約 C_l をオファーした保険者のみが，被保険者の真のタイプを調査する誘因を持ち，提示される保険契約は，タイプHの被保険者向けの契約 $C_h=(\alpha_h, \beta_h)$，タイプLの被保険者向けの契約 $C_l=(\alpha_l, \beta_h^t, \beta_l^t, \beta_d; \pi_t)$ のいずれかとなる。ここで，$\beta_h^t(\beta_l^t)$ は，契約 C_l を購入した被保険者に対して保険者がタイプの調査を行った結果，タイプH（タイプL）であることが明らかとなった場合に適用される保険金支払額（保険プレミアム控除後，以下同様）である。さらに，β_d は，タイプ調査が行われなかった場合に，契約 C_l を購入した被保険者に適用される保険金支払額である。また，π_t は保険者が被保険者のタイプを調査する確率である。

被保険者は，保険者が提示した保険契約を拒否することもできる。そこで，タイプ i（$i=H$ or L）の被保険者が契約 C_j（$j=h$ or l, ただし $j \neq i$）を受け入れる確率を s_i とする。現在の状況で分析の対象となっている保険契約は**図11**に示され

---

[26] 本節は，Avinash Dixit, "Adverse Selection and Insurance with Uberima Fides," in Hammond, P. J. and G. D. Myles (eds.) *Incentives, Organization, and Public Economics: Essays in Honor of Sir James Mirrlees*, Oxford University Press, 2000. の問題意識を Avinash Dixit and P. Picard, "On the Role of Good Faith in Insurance Contracting, mimeo, 2002. が設定したモデルを用いて考察したものである。

[27] とくに指摘しない限り，モデルの設定は，Rothschild and Stiglitz (1976) と同じものである。

図 11　告知義務のもとでの保険契約の概要（1）

$$\begin{cases} 契約\ C_l \begin{cases} タイプの調査あり \begin{cases} タイプ H \cdots\cdots \beta_h^t \\ タイプ L \cdots\cdots \beta_l^t \end{cases} \\ タイプの調査なし \cdots\cdots\cdots\cdots\cdots\cdots \beta_d \end{cases} \\ 契約\ C_h \cdots\cdots\cdots\cdots\cdots\cdots\cdots\cdots\cdots\cdots\cdots\cdots\cdots\cdots \beta_h \end{cases}$$

ている。

以上の枠組みにおける最適保険契約は次のように特徴づけることができる。

【特徴1】

契約 C_l に加入した被保険者が，後の調査によってタイプ H であることが判明した場合には，保険金の支払は行わない。

インセンティブの観点からは，虚偽報告（告知義務違反）をした被保険者に対しては最大限のペナルティを課すことが最適である[28]。したがって，告知義務違反に対しては保険契約を解除することが最適となる。

【特徴2】

被保険者のタイプ調査は，保険金請求がなされた場合にのみ行えばよい。

コストを要するタイプ調査はできるだけ少ないことが望ましい。したがって，保険金を支払う必要のない被保険者に対しては，そのタイプを知る意味がないから，タイプ調査は保険金の請求があった場合にのみ行えばよい[29]。

【特徴3】

被保険者は自身のタイプに見合った保険契約を選択する。

タイプ L の被保険者にとっては，高リスクを前提にしたタイプ H 向けの保険契約より，低リスクを前提にした契約の方が望ましいと考えられる。また，【特徴2】の調査確率を前提とすると，タイプ H の被保険者は，自身のタイプを偽ることなく誠実に行動することが望ましい。

---

28) 保険法の立案過程において一時検討されていたプロ・ラタ主義的な規律は，この観点からは最適ではないということになる。

29) 具体的には，π_t は以下の条件を満たすものとして与えられる。

$$V(C_h|p_H) = \pi_t V(C_0|p_H) + (1-\pi_t)V(C_l^d|p_H)$$

ここで，$C_0=(\alpha_l, 0), C_l^d=(\alpha_l, \beta^d)$ である。

＊逆選択と保険契約　IV

【特徴4】
タイプ調査の有無に関わらず，被保険者の最終富は同一となる。

すでに示してきたように，すべての個人は自身のタイプにあった保険契約を選択する。このことは，保険者と被保険者との間で情報の非対称性が問題とならないことを意味している。したがって，保険者によって提示される保険契約は，最善のものとなり，完全保険となる。

以上，告知義務制度の導入は，少ないコストで被保険者のインセンティブを改善することを可能とし，保険契約の効率性を高める効果を有することが明らかとなった。

2　被保険者が自身のタイプを不完全にしか知らない場合[30]

IV 1 では，被保険者が自身のタイプを完全に知っている状況を考えた。しかしながら現実には，自分のことといえども，不完全にしか知っていない人が多いのが実情であろう。以下では，この点を考慮した理論を紹介する。

そこでこれまでの想定に加えて，被保険者は自らのリスクタイプ（事故確率）を確実には知らず，保険加入以前のいずれかの時点で，自身のタイプに関する不完全な情報（ノイズを含んだシグナル σ）を観察すると仮定する。被保険者が観察しうるシグナルは2種類（σ_0 あるいは σ_1）であり，タイプ L の被保険者はつねにシグナル σ_1 を，タイプ H の被保険者は確率 q で σ_1，確率 $1-q$ で σ_0 を観察するとする[31]。

保険者は2つの調査活動を行うことができる。1つは，被保険者の真のタイプに関する調査で，コスト C_t の負担が必要である。もう1つは，被保険者が観察したシグナルに関する調査であり，調査コストは C_s である。これらの調査活動は完全であり，調査を行うことによって被保険者は，正しい情報を獲得

---

30) 本節は，Dixit and Picard (2002) 前掲注26) に基づいている。
31) シグナルの観察にかかる確率構造は以下の通りである。
$$\Pr(H\text{-}type|\sigma = \sigma_0) = 1$$
$$\Pr(H\text{-}type|\sigma = \sigma_1) = \alpha = \frac{\lambda q}{\lambda q + (1-\lambda)}$$
さらに，シグナル σ_1 を受けとった被保険者のタイプに関する事後確率は次の通りである。
$$\bar{p} = \alpha p_H + (1-\alpha) p_L = \frac{\lambda q p_H + (1-\lambda) p_L}{\lambda q + (1-\lambda)}$$

図 12　告知義務のもとでの保険契約の概要 (2)

タイプ調査有(p_t)

$$\begin{cases} H \begin{cases} シグナル調査有 \begin{cases} \sigma_0 \cdots\cdots \beta_{h0}{}^s \\ \sigma_1 \cdots\cdots \beta_{h1}{}^s (p_t p_s \alpha p_H) \end{cases} \\ シグナル調査無 \cdots\cdots\cdots \beta_h{}^t (p_t \alpha p_H) \end{cases} \\ L \cdots\cdots\cdots\cdots\cdots\cdots\cdots\cdots\cdots\cdots \beta_1{}^t (p_t (1-\alpha) p_L) \end{cases}$$

タイプ調査無

$$\begin{cases} シグナル調査有 \begin{cases} \sigma_0 \cdots\cdots \beta_0{}^d \\ \sigma_1 \cdots\cdots \beta_1{}^d (p_d \hat{p}) \end{cases} \\ シグナル調査無 \cdots\cdots\cdots \beta_n (p_n \hat{p}) \end{cases}$$

できるものとする[32]）。

保険者が提示する保険契約は，被保険者が観察したシグナルに依存して以下の2つのタイプとなる。

$$C_h = (\alpha_h, \beta_h)$$
$$C_l = (\alpha_l, \beta_n, \beta_l^t, \beta_h^t, \beta_{h0}^s, \beta_{h1}^s, \beta_0^d, \beta_1^d ; p_n, p_t, p_s, p_d)$$

ここで，記号の意味は次の通りである。α_h, α_l は，保険プレミアム，β_h および β_l は保険者による調査活動がまったく行われない場合の純保険支払を表している。また，$\beta_l^t (\beta_h^t)$ は，タイプに関する調査のみが行われた場合，被保険者のタイプがタイプL（タイプH）であることが判明した個人に対する純保険支払である。$\beta_{h0}^s (\beta_{h1}^s)$ はタイプおよびシグナルに関する調査の双方が行われた結果，被保険者の観察したシグナルが $\sigma_0(\sigma_1)$ であった場合の純保険支払である。さらに $\beta_0^d (\beta_1^d)$ は，シグナルに関する調査のみが行われた場合，被保険者が観察したシグナルが $\sigma_0(\sigma_1)$ であった場合の純保険支払を表している。また，p_n はまったく調査が行われない確率，p_t はタイプの調査が行われる確率，p_s はタイプ調査の結果がタイプHであったときにシグナル調査が行われる確率，p_d はシグナル調査のみが行われる確率を表している。ここで，$p_t + p_d + p_n = 1$ かつ $0 \leq p_i \leq 1$ (for all i) である。保険契約の内容については**図 12** に図式的に示されている。

---

[32] なお，双方の調査が行われる場合には，最初にタイプの調査が行われ，次いでシグナルの調査が行われるというように，逐次的に調査が行われることとなる。

＊逆選択と保険契約　IV

　保険者と被保険者によるゲームは以下のような3つのステップで行われる。まず，各保険者が，保険契約を提示するか否かを決定し，提示する場合にはその契約のタイプおよび内容を決定する。次に，各被保険者が契約を受け入れるか否かを決定し，受け入れる場合にはどの契約をにするのかを選択する。ここで，$s_0(s_1)$ は，シグナル $\sigma_0(\sigma_1)$ を観察した被保険者が，契約 $C_l(C_h)$ を選択する確率である。最後に，保険事故発生の有無が確定し，保険事故を経験した被保険者は保険者に保険金の請求を行う。保険金の請求を受けた保険者は，調査をし，その結果に応じて保険金の支払をする。

　以上の設定における最適保険契約は次のように特徴づけることができる。

【特徴1】$s_0 = s_1 = 0$

　告知義務違反（自身が観察したシグナルを偽って契約を選択すること）が明らかとなると保険契約が解除される可能性があるため，被保険者は自身のタイプを偽って保険契約を選択することはない。

【特徴2】$C_h = C_h^*$

　契約 C_h を選択する被保険者は，確実にタイプHであるため，契約 C_h はタイプHの被保険者に対する最適契約となる。

【特徴3】$0 = \beta_{h0}^s = \beta_0^d \leq \beta_h^t < \beta_n < D - \alpha_1 < \beta_1^t = \beta_{n1}^s = \beta_1^d$

　告知義務違反が明らかとなった場合，インセンティブ上の理由からもっとも大きなペナルティを課すことが適切である（$0=\beta_{h0}^s=\beta_0^d$）[33]。他方，タイプ調査によってタイプHであることが判明したとしても，タイプ調査のみでは告知義務違反が起きているか否かは分からない[34]。したがってこの場合には最大のペナルティを課すことが適切であるとは限らない。とは言え，告知義務違反の可能性もあるため，多少のペナルティは必要であろう（$0\leq\beta_h^t$）。また，タイプ調査によってタイプLであることが判明した被保険者に対しては，告知義務違反をしていないことが明らかであるため，過大保険を提供することによって報いる（$D-\alpha_1<\beta_{lt}$）。最後に，自身の観察したシグナルにしたがって契約を選

---

[33] ここでの枠組みにおいては，被保険者が自ら有する情報を偽ることをもって告知義務違反と考えている。すなわち，タイプHである可能性があるシグナル σ_0 を観察しているにもかかわらず，タイプL向けの契約を購入した個人は，自身の情報を偽っていることになる。$\beta_0^d=0$ とされているのはそのためである。

[34] 前掲注33）参照。

択した被保険者に対しては，タイプLの被保険者とみなして対応すべきである。たとえその個人がタイプHであったとしても，善意の個人を罰することは適切ではない（$D-\alpha_l<\beta_{lt}$）。

以上から理解されるとおり，告知義務の制度を明示的に導入した場合，より精緻化された契約の提示が可能となると同時に，被保険者の虚偽申告の可能性を抑制することができるため，それがない場合と比べてパレートの意味で改善された状況を実現することが可能となる。その意味で，告知義務の制度は社会的に意義のある制度だといえる。

3　保険法上の告知義務制度との関係

では，保険法の告知義務とその違反による解除に関する規律（37条・55条・59条1項2項1号・66条・84条・88条1項2項1号）は，以上の本稿のモデルにおいて，どのように位置づけられるであろうか。

(1)　質問応答義務　　まず，保険契約者・被保険者の告知義務は，「保険者になる者が告知を求めた」事項に限られている（37条・66条）。これは，リスク区分をするために必要な情報を保険者が特定することを意味しているが，本稿のモデルにおいても保険者が重要であると考える情報についての非対称性が問題となっているため，これと親和的であるといえる。

(2)　故意・重過失による告知義務違反　　次に，保険者が告知義務違反を理由として保険契約を解除できるのは，告知義務違反について保険契約者・被保険者に故意または重過失があった場合に限定されている（55条1項・84条1項）。ここでの重過失は，ある事実の存在を知っているが，それが告知すべき事実であることを重大な過失により知らなかった場合を意味し，ある事実の存在自体を重過失により知らなかった場合は含まれないと解すべきである（少し注意すれば思い浮かべることができるという場合は，故意であったと評価すればよい）とされている（55条の解説を参照）。

まず，ある事実の存在を知っているが，それが告知すべき事実であることを軽過失により知らなかった場合については告知義務違反による解除を認めないということは，本稿のモデルにおいては直接的には考慮されていない。IV2のモデルも，被保険者が問題なく認識できるシグナル $\sigma_0 \cdot \sigma_1$ をそのまま告

*逆選択と保険契約　IV

事項と位置づけている。この点についての軽過失が問題となるのは、被保険者が認識したシグナルと保険者が指定する告知事項の間に差異があり、被保険者が自らの認識したシグナルを告知事項であるか否かを判断しなければならない場合である。ここで軽過失の場合に解除を否定することは、被保険者の判断ミスの帰結を保険者に負担させることを意味し、保険者の側にシグナルと告知事項の間の差異を小さくする（つまり、質問の内容を分かりやすくする）インセンティブを生じさせるという効果を持つものである。

　また、IV 2のモデルでは、被保険者はシグナルについては問題なく認識できる一方で、タイプについては直接認識することができないものとされている。これは、タイプ自体を認識できないことについて過失がなく、換言すればタイプ自体については情報の非対称が存在しないということを意味する。そのため、この場合には事後的な調査によってタイプが判明したとしても、それに対して制裁を加えることはインセンティブを改善する効果を持たないために、解除をすべきでない（$β_{l^i}=β_{h1^i}$）とされているのである。逆に、ある事実の存在自体を知らないことについて（重）過失があるということは、被保険者が調査を行えば情報を取得することが可能であり、この場合に制裁を加えることには被保険者にそのような調査を行うインセンティブを与えるという効果があることになる。ある事実の存在自体を知らないことについて（重）過失があっても解除を認めないとする上記の解釈論は、保険者側の告知事項の設定次第で認識が容易であるはずの事実の告知を受けることは可能であることを前提に、被保険者にそのような調査を行わせることのコストがそれによる情報の生産の期待価値を上回っていると評価しているということになろう（なお、そもそも「過失」を調査コストがそれによる期待ベネフィットを下回る場合に調査をしないことと定義すれば、この場合にはそもそも過失がないと評価することになるはずであるが、その判断が実際には困難であるため、過失を問題にしないことにしていると考えられる。ただし、「少し思い出せば分かる」という状態を「故意」と評価するということは、その限りで、調査ではなく記憶の喚起という形での情報収集を要求していることを意味する）。

　(3)　解除権の阻却事由　　告知義務違反があった場合であっても、保険者が契約締結時に対象となる告知事項にあたる事実について知っていた場合には、当該告知事項については情報の非対称性が存在しないと評価することができ、

その解消を問題とする必要はない。また，保険者が過失により告知事項にあたる事実を知らなかった場合には，情報の非対称性は存在するものの，その解消は保険者のみによって可能であるということができるため，保険契約者・被保険者に告知義務違反による制裁を課す必要がないことになる。保険法55条2項1号・84条2項1号はこの趣旨を定めた規定である。ただし，本稿のモデルでは，保険者のみでは情報の非対称性を解消できないことが前提とされており，以上の状況は考慮されていない。

同様に，保険媒介者による告知妨害・不告知教唆・不実告知教唆の結果として情報の非対称性が解消されずに残るという状況も，モデルでは考慮されていない。保険法55条2項2号3号・84条2項2号3号は，このような保険媒介者の行為のリスクを保険者に負担させており，その背景には，保険媒介者の行動をよりよくコントロールできる主体は保険契約者・被保険者ではなく保険者であるとの判断があることになる（例外について，55条3項・84条4項を参照）。

(4) 因果関係不存在時の規律　告知義務違反があった場合であっても，現実に発生した保険事故が当該告知義務違反の対象である事実に基づいていないものである場合には，保険者は保険金の支払義務を免責されない（59条2項1号ただし書・88条2項1号ただし書）。この因果関係不存在時の規律は，保険事故の発生につながるリスクが2種類以上存在しており，そのうちの1つについて告知義務違反があったが，現実の保険事故の発生につながったリスクは別のものであったという状態を前提としている。これに対し，本稿のモデルではリスクが1種類しか存在しないことを前提としているため，因果関係不存在の問題は発生しないことになる。

この問題をモデルに取り込むとすれば，2種類のリスク（リスク①とリスク②）について被保険者のタイプ（とシグナル）が2つ（HとL）ある状況（被保険者のタイプはHH，HL，LH，LLの4通り存在することになる）をベースとしてモデルを構築し，その上で，保険事故が発生した場合にどのような形でタイプの調査を行うことが合理的かということを検討することになろう（告知義務違反に対しては，できるだけ少ない調査コストで最大限の制裁を科すことが望ましい〔Ⅳ1の【特徴1】【特徴2】を参照〕）。保険事故が発生した場合に，それがリスク①に基づくものであるかリスク②に基づくものであるかを容易に識別することができ

*逆選択と保険契約　IV

ないとすると，両方同時に調査を開始するか，ランダムに片方のリスクから調査を開始することになると思われるが，その過程で，たまたま保険事故の原因とはならなかった方のリスクについて告知義務違反のあったことが判明した場合，保険契約者に対しての情報開示のインセンティブという観点からは，この場合に制裁を課すことを否定する理由はないといえよう。また，保険事故がリスク①に基づいて発生した可能性が高いとしても，その場合にリスク②について告知義務違反の存在が疑われるのであれば，保険者がそれについて調査を行うことは合理的であると評価されることになろう（保険者は，調査コストと告知義務違反発見の可能性を比較することになる）。

したがって，これらの場合に保険者の免責を否定する保険法の規定は，本稿のモデルの基本的な考え方と異なる発想に基づくものであると考えられる。告知義務違反の対象事実と保険事故との間に因果関係が存在しない場合に，プロ・ラタ的な調整を約款規定に基づいて行うことが認められれば，経済学的な観点からの最適保険契約に近づくということができよう。

逆に，因果関係が認められる場合についても，重過失での告知義務違反の場合にはプロ・ラタ的な扱いをすることが立案過程においては検討されていたが，本稿のモデルからは，保険法において採用された，全額について免責とする規律の方が望ましいといえる。

(5)　解除権の除斥期間　　保険者の解除権は，保険者が告知義務違反の事実を認識したときから1か月間，保険契約締結時から5年間を経過した場合には消滅することとされている（55条4項・84条4項）。前者は法律関係の早期の安定を意図したものであるが，本稿のモデルにおいては保険者が告知義務違反を認識した場合には直ちに解除することが前提とされており，この点が問題となることはないといえよう。

他方，後者は，前記の因果関係不存在時の扱いを前提として，契約締結から5年以上経過した場合には因果関係が存在しないと法律によって擬制したことを意味する。その機能は，契約締結から5年以上経過した場合には契約締結時の事実と保険事故の発生との間の因果関係は存在しない可能性が高いにも関わらず，因果関係の不存在の立証が被保険者にとって困難であるとの判断の下に，この点に関する訴訟コストを削減する点にあると評価することになろう。本稿

のモデルの考え方からは,そもそも因果関係不存在時の扱いが異質なものであるため,この点も当然想定されていない。この規定の合理性は,契約締結から5年経過には契約締結時点での情報と保険事故との間の因果関係は存在しない可能性が高いとの仮定の現実性に依存するものであり,それは告知事項の内容によって異なるとも考えられよう。

V 終わりに

本稿では,逆選択が発生する状況における最適保険契約の形態を考察した。

情報の非対称性が存在する場合には,市場メカニズムの機能によって自律的に最善の状態が実現すると期待することはできない。情報上の優位性を利用して,(情報劣位者の犠牲のもとに)自己の利益を高めようとする戦略的行動を情報優位者がとる可能性があるからである。このような状況においては,情報優位者による戦略的行動およびそれに対する情報劣位者の反応といったものを明示的に考慮したうえで,どのような保険契約が望ましいものであるのかを考えなければならない。

そこで本稿では,上記のアプローチをとった代表的研究である Rothschild and Stiglitz (1976) の考察内容を説明した。かれらは,低リスクの被保険者への保険を部分保険とすることによって,高リスクの被保険者による虚偽申告の誘因を抑制するとともに,逆選択の問題を回避できることを示している。他方,部分保険の提供は社会的に最善なものではなく,情報の非対称性により社会的コストが発生していることも明らかとなった[35]。

次いで,逆選択に伴う非効率性を緩和する制度として,告知義務の機能について考察した。ここで紹介したアプローチによれば,被保険者が自身のタイプを完全に知っているか不完全にしか知らないかに関わらず,告知義務制度の導入によってパレート改善が図られることが示された。その意味で,告知義務の制度は,保険契約を解除するという重大なペナルティを課すことによって被保

---

[35] Rothschild and Stiglitz (1976) のモデルの拡張と,逆選択により現実に非効率性が発生しているかという点に関する実証研究については,飯田秀総「保険における逆選択と法学」損保71巻2号103頁 (2009) を参照。

＊逆選択と保険契約　Ⅴ

険者による虚偽申告の誘因を抑制するとともに，虚偽申告を解明するコストの節約を可能とすることによって，情報の非対称性に伴う諸問題を効率的に解消しうるメカニズムを有する制度であると考えられる。

〔後藤　元・三隅隆司〕

第2節 効　力

前　注

1　総　説

　保険法は，保険を，損害保険（第2章），生命保険（第3章），傷害疾病定額保険（第4章）の3種類に分類するが，各章共通で，第2節において各保険の効力について規定している。中でも，第2章と第3章では，①第三者のためにする生命保険契約（42条）・第三者のためにする傷害疾病定額保険契約（71条），②保険金受取人の変更（43条・72条），③遺言による保険金受取人の変更（44条・73条），④保険金受取人の変更についての被保険者の同意（45条・74条），⑤保険金受取人の死亡（46条・75条），⑥保険給付請求権の譲渡等についての被保険者の同意（47条・76条），⑦危険の減少（48条・77条），⑧強行規定（49条・78条）に関する規律が設けられている。

　①から⑥までは保険金受取人の指定・変更に関わる法的効力に関する規律であるが，その基本的な構造は以下の通りである。なお，④と⑥は他人の死亡の保険契約における同意主義（38条・67条）の潜脱を防止するための規律である。⑦は契約締結後に危険が著しく減少した場合に，保険契約者に対し保険料減額請求権を認める規定である。⑧は，本節における片面的強行規定を明示する規定である。

　①生命保険（傷害疾病定額保険）契約において，保険金受取人を保険契約者以外の第三者に指定した場合は，保険金受取人は受益の意思表示なく，当然に当該生命保険（傷害疾病定額保険）契約の利益を享受することができる。

　②保険契約者は，保険事故が発生するまでは，保険者に対する意思表示によって，保険金受取人を自由に変更することができるが，その効力は当該通知が

保険者に到達することを条件に当該通知を発した時に遡及して生じる。ただし，当該通知が保険者に到達する前に行われた保険給付は有効であり，これをもって保険者は免責される。

③保険金受取人の変更は保険者に対する意思表示だけでなく遺言によって行うこともできる。この変更については，遺言の効力発生後の，保険契約者の相続人による保険者に対する通知が対抗要件とされる。

④他人の死亡の保険契約における被保険者の同意は，保険金受取人の変更に際しても要求され，これを欠く場合は当該変更は無効となる。もっとも，傷害疾病定額保険において被保険者が保険金受取人である場合は原則として同意は不要である。

⑤保険金受取人が保険事故の発生前に死亡したときは，保険金受取人の相続人の全員が保険金受取人となる。

⑥保険事故発生前に死亡保険契約に基づく保険給付請求権が譲渡され，または同請求権について質権が設定される場合には，被保険者の同意が効力要件とされる。

2 各規定の概要・特色

(1) 第三者のためにする生命保険契約（傷害疾病定額保険契約）　生命保険や傷害疾病定額保険（死亡保険）では，自己の扶養している親族や相続人など特別の関係にある者に死亡保険金を受領させることによって，死後扶養の目的を達成するという機能が重要な役割を果たしており，保険契約者と被保険者が同一人である場合は，保険金受取人を第三者に指定するのが通例である。

改正前商法は，保険金受取人が保険契約者以外の第三者である場合は，当該第三者は当然に保険契約の利益を享受すると定めているが（改正前商675条1項），保険法もこの規律を維持している（42条・71条）。なお，保険金受取人指定の有効性，表示行為の解釈をめぐっては，これまでに多数の判例が集積しているが，保険法はそれらになんら影響を与えるものではない。

改正前商法では，保険金受取人の指定に関する規定を設けているが（改正前商675条2項・676条・677条），保険法では，保険金受取人指定の有無に関わらず，保険契約締結時には保険金受取人は保険契約者またはそれ以外の第三者に

第2節 効　力　　　　　　　　　　　　　　　　　　　　　　前　注

定められているという認識を前提として，指定という文言を使用していない。したがって，契約締結後はすべて保険金受取人の変更として規律されている。

　(2)　保険金受取人の変更　　生命保険契約は継続契約であり，保険期間も長期にわたるのが通例であるから，保険契約者と保険金受取人の関係に事情変更が生じる可能性がある。改正前商法は，保険契約者が保険金受取人の指定変更権を留保していない場合を原則としつつ，例外的に保険金受取人の指定変更権の留保を認めている（改正前商675条1項）。保険金受取人の変更には保険者の同意・承諾を必要としないので，これが保険契約者の一方的意思表示による単独行為であり形成権の一種であると解することについて異論はないが，保険金受取人変更の意思表示の方法等については，改正前商法はなんら規定していないため，意思表示の相手方に関して判例・学説に対立がみられた。他方，保険金受取人の指定・変更については，保険者に対する通知が対抗要件とされていた（改正前商677条1項）。したがって，保険金受取人変更の意思表示がなされることによって変更の効力は生じるが，保険者が通知を受けていない限り，保険者は旧保険金受取人に保険金を支払うことで免責されることになる。

　このような改正前商法上の規律は，保険法によって，次のように改められることになった。①保険契約者は，保険事故発生前であればいつでも保険金受取人を変更することができる（43条1項・72条1項）。②保険金受取人の変更の意思表示は保険者に対して行わなければならないので，改正前商法のように対抗要件としての通知は不要となる（43条2項・72条2項）。③保険金受取人の変更の意思表示は，その意思表示の通知が保険者に到達したことを条件として，その通知の発信時に遡って効力を生じる（43条3項本文・72条3項本文）。④保険金受取人の変更の意思表示が保険者に到達する前に保険者が保険金を支払った場合でも，その支払は有効である（43条3項ただし書・72条3項ただし書）。

　以上の規律により，保険金受取人変更の意思表示は，保険契約者の一方的意思表示によってその効力を生ずるものであり，また，意思表示の相手方は必ずしも保険者であることを要せず，新旧保険金受取人のいずれに対してしてもよく，この場合には，保険者への通知を必要とせず，その意思表示によって直ちに保険金受取人変更の効力が生ずると判示する最判昭和62年10月29日民集41巻7号1527頁はその意義を失うことになる。

前　注　　　　　　　　　　　　　　第3章　生命保険　第4章　傷害疾病定額保険

　(3)　遺言による保険金受取人の変更　　保険契約者が，秘密裏に保険金受取人を変更するには，遺言による保険金受取人の変更が有用であるが，改正前商法上は，これについての明文の規定が存在せず，その可否は解釈に委ねられていた。学説・判例は遺言による保険金受取人変更を肯定する傾向にあるものの，その理論的根拠は錯綜していた。高齢化社会を迎え，生命保険がより有効に機能するためには，保険契約者の多様なニーズに対応すべきであるが，そのような要請に応え，かつ，法的に不安定な状況を解消すべく，保険法は，生命保険契約と傷害疾病定額保険契約について遺言による保険金受取人変更の規律を設けた（44条1項・73条1項）。

　遺言による保険金受取人の変更は，遺言の効力と連動するため，遺言に瑕疵があって無効とされた場合は，保険金受取人変更も無効となる。遺言作成後に，保険金受取人をさらに変更するとの生前の意思表示がなされた場合等の処理については，遺言に関する民法の規律が適用される。

　保険法は，保険契約者の相続人（複数存在する場合は全員である必要はなく，また，遺言執行者も当然に含まれる）による保険金受取人の変更の通知を対抗要件とすることにより保険者の二重弁済の危険を防止している（44条2項・73条2項）。

　(4)　保険金受取人の変更についての被保険者の同意　　他人の生命（死亡）の保険契約では，被保険者の同意が効力発生要件とされる（38条）。その趣旨は，モラル・リスク，賭博保険，人格権侵害の防止にある。これは，保険金受取人を変更する場合にも問題となる。そこで，保険法は，同意主義の潜脱を防止するため，保険金受取人を変更する場合にも，被保険者の同意を要すると規定している（45条）。同様の規律は改正前商法でも設けられていたが，被保険者が保険金受取人である場合は同意を不要としていた（改正前商677条2項・674条1項但書）。しかし，被保険者のあずかり知らぬところで保険金受取人が変更されることには問題があり，また，保険事故が発生した場合に保険金を請求できるのは被保険者の相続人である以上，モラル・リスクの問題は解消されないとの批判が，改正前商法の規律に対してなされていた。保険法はこの点を考慮して，被保険者が保険金受取人である場合の規律を改めている。

　傷害疾病定額保険でも被保険者の同意は問題になるが，保険法は，傷害疾病

第2節 効　力　　　　　　　　　　　　　　　　　　　　　　　　　前　注

定額保険の性質に鑑み，一律に同意が必要であるという規律は設けず，原則として被保険者の同意が必要であるとしつつも，変更後の保険金受取人が被保険者（被保険者の死亡に関する保険給付にあっては，被保険者またはその相続人）である場合は同意を不要としている（67条1項）。ただし，給付事由が傷害疾病による死亡のみである場合は，他人の死亡の生命保険契約と変わらないので，同意を効力発生要件としている（67条2項）。この規律は，保険金受取人の変更の場合も貫徹される必要があるので，同様の規律が設けられている（74条）。

(5) 保険金受取人の死亡　保険金受取人が保険事故の発生前に死亡した場合には，保険金請求権の帰属が問題となる。この場合につき，改正前商法では，保険契約者はさらに保険金受取人を指定することができ（改正前商676条1項），保険契約者がこの権利を行使することなく死亡した場合には保険金受取人の相続人が保険金受取人となる（同条2項）という規律が設けられていた。しかし，保険金受取人が変更されないままの状態で保険事故や給付事由が発生した場合の保険金請求権の帰趨については，改正前商法上，特別な規律が設けられておらず，解釈に委ねられていた。

保険法は，このような場合には，死亡した保険金受取人の相続人の全員が保険金受取人になることを明らかにして，この問題を立法的に解決した（46条・75条）。相続人は保険給付請求権を相続の効果として取得するわけではないから，債権法の一般原則に従い，権利取得割合は平等となる（民427条）。もっとも，この規定は任意規定であるから，約款において，権利取得割合を法定相続分とするなど，これと異なる特則を設けることはもとより可能である。

(6) 保険給付請求権の譲渡等についての被保険者の同意　保険金受取人は保険事故の発生を条件とする保険給付請求権を有するので，この権利を他人に譲渡することはもとより可能である。保険給付請求権の譲渡は保険金受取人の変更に他ならないので，モラル・リスクを防止すべく，改正前商法は，保険契約者と被保険者が同一人であるか否かを問わず，被保険者の同意を効力要件としていたが（改正前商674条2項・3項），保険法も基本的にこの規律を維持している（47条・76条）。

保険金受取人は保険金請求権を自由に処分できるので，これに質権を設定することも可能である。質権者は保険金につき優先弁済権を有するから，実質的

前　注　　　　　　　　　　　　　　第3章　生命保険　第4章　傷害疾病定額保険

にみれば保険金受取人の変更と変わらないことになる。

　そこで，保険法は改正前商法の規律を維持しつつ，質権が設定された場合についても被保険者の同意が必要であることを明文化している（47条・76条）。なお，保険事故の発生により保険給付請求権は金銭債権として具体化する以上，その譲渡や質入れについてはモラル・リスクのおそれが考えがたいので，保険法47条・76条には，「保険事故が発生した後にされたものを除く」というかっこ書が加えられている。

　(7)　**危険の減少**　　生命保険契約や傷害疾病定額保険契約の締結後に，契約当初の危険が減少して，保険者が引き受けている危険と保険料とが不均衡になることがある。この点に鑑み，改正前商法は，①保険料が特別の危険を考慮して定められた場合で，②保険期間中にその危険が消滅したときに限り，保険契約者に保険料の減額請求権を認めるという規律を設けていた（改正前商646条・683条1項）。

　このような改正前商法の規律に対しては，特別の危険という概念自体が不明確であり，また，①を条件とすることに合理性が認められないことから，保険法は，危険が減少した場合の一般的規律として保険料減額請求権を認めた（48条・77条）。もっとも，危険の減少はあっても，保険料に与える影響が少ない軽微な減少についてまで保険契約者に保険料減額請求権を認めると，契約処理に関し保険者に過度の負担を生ぜしめ，結果的に保険契約全体の費用増加を招きかねない。そこで，保険法は，危険が著しく減少した場合に限定して，保険契約者に保険料減額請求権を認めている（48条・77条）。

　(8)　**強行規定**　　保険法は，本節の規定のうち42条（71条）および48条（77条）を片面的強行規定としている。なお，43条2項・3項（72条2項・3項），44条2項（73条2項），45条（74条），47条（76条），49条（78条）は絶対的強行規定と解される。

〔山野嘉朗〕

第2節 効　力

> **（第三者のためにする生命保険契約）**
> **第42条** 保険金受取人が生命保険契約の当事者以外の者であるときは，当該保険金受取人は，当然に当該生命保険契約の利益を享受する。
>
> **（第三者のためにする傷害疾病定額保険契約）**
> **第71条** 保険金受取人が傷害疾病定額保険契約の当事者以外の者であるときは，当該保険金受取人は，当然に当該傷害疾病定額保険契約の利益を享受する。

I　趣　旨

　生命保険では，自己の扶養している親族や相続人など特別の関係にある者に生命保険金を受領させることによって，死後扶養の目的を達成するという機能が重要であるが，本条は，保険契約者が契約当事者以外の第三者のために生命保険契約を締結することができることを前提としつつ，その場合でも，受益の意思表示を権利発生要件としている民法上の第三者のためにする契約（民537条2項）の特則として，生命保険契約の受益すなわち保険給付請求権[1]を当然に取得できるものと定めている[2]。

　以上のような契約は，講学上「他人のためにする生命保険契約」と呼ばれるが，保険法42条（以下，本条という）の見出しでは「第三者のためにする生命保険契約」とされている（71条では，「第三者のためにする傷害疾病定額保険契約」という見出しが付されている）。「他人のためにする生命保険契約」は，民法の「第三者のためにする契約」の一種であることを明確にすることが，その理由である[3]。

　生命保険契約は，継続契約であり，保険期間も長期にわたるのが通例である

---

1) 保険法では，契約当事者以外の者によって保険契約が解除された場合に保険給付請求権を失う不利益を回避すべく，保険金受取人のうち①保険契約者の親族，②被保険者の親族，③被保険者本人に介入権を認めている（60条・89条）。したがって，介入権も保険給付請求権に付随する権利として保険契約の受益に含まれることになる。
2) 同様のことは傷害疾病定額保険についても言えるが，以下，断りのない限り，生命保険契約について説明する。
3) 中間試案補足説明・立案96頁。

から，離婚や養子縁組の解消等，保険契約者と保険金受取人との関係に諸種の事情変更が生じうる。そこで，保険法は，保険契約者の意思を尊重して，第三者のためにする生命保険契約を締結した後でも，保険契約者に保険金受取人の変更権を認めている（43条・72条）。この変更については，遺言による方法も法認している（44条・73条）。

II 沿　革

　明治23年旧商法641条2項は，「被保険物ノ抵当若クハ質入又ハ抵当物若クハ質物ノ保険又ハ第三者ノ為メニスル保険ハ被保険額請求権ノ転付ト同視ス」と規定し，他人のためにする保険契約の存在を認めてはいる。ロェスレル草案では，「他人ノ為ニナシタル保険ハ保険額要求権ノ譲渡ト同視ス」と規定する702条2項がこれに対応するが，この点については「是レ生命保険ニ最モ多ク行ハルルモノナリ」「被保険者ハ之ニ依リテ保険額ヲ受クヘキ人ヲ指定スルモノニシテ已定人未定人（其受取ルトキ何人タルヲ論セス例ヘハ寡婦子孫若クハ相続人等）ヲ論セス譲渡ヲ為サシムル」と説明されているように，他人のためにする保険契約の典型例が生命保険であることが明らかにされている。しかし，明治23年旧商法では，他人のためにする保険契約に関する特別な規律は設けられていなかった（したがって，受益の意思表示を不要とするような特則は存在しない）。判例（大判大正5年7月5日民録22輯1336頁）は，明治23年旧商法には生命保険に関しては民法537条の適用を除外する規定が存在しないことから，同商法適用下の生命保険契約において保険金受取人が第三者であるときはその者の権利は民法の通則に従い，利益享受の意思表示をなした時に発生・確定するであって，第三者がなんらの意思表示もなく契約と同時に当然権利を取得するものではないとの判断を示していた。

　改正前商法（明治32年商法）675条1項は，「保険金額ヲ受取ルヘキ者カ第三者ナルトキハ其第三者ハ当然保険契約ノ利益ヲ享受ス但保険契約者カ別段ノ意思ヲ表示シタルトキハ其意思ニ従フ」と規定し，保険契約者が別段の意思表示をしない限り，保険金受取人は，民法537条の第三者のためにする契約に規定されているような受益の意思表示をすることなく，当然に保険契約上の権利で

ある保険金請求権を取得するという規律を設けた。ただし，保険金受取人はかかる権利を放棄することができ，その場合は，保険金受取人の指定のない保険契約者自身のためにする保険契約になる[4]。

なお，改正前商法683条により生命保険契約には改正前商法647条の規定が準用される。改正前商法647条は他人のためにする損害保険契約に関する規定であるが，他人のためにも保険契約を締結することができること，および保険契約者は保険者に対し保険料支払義務を負うと規定している。

生保試案（2005）は，このような準用規定を採用せず，生命保険契約独自の規定として，「保険契約は他人のためにも締結することができる」（生保試案（2005）674条の4）と規定しつつ，保険料支払義務は自明のことであるとして，その旨の規定を設けていない。さらに試案は，保険金受取人の権利取得につき，「保険契約において，第三者が保険金受取人として指定されているときは，指定された第三者は，当然にその契約の利益を享受する」（生保試案（2005）675条）と規定することによって改正前商法675条の規律の内容を踏襲しつつ，他方で，同条ただし書の規定を設けなかった。その理由は次のとおりである[5]。同条ただし書は，保険契約者が保険金受取人の指定変更権を留保している場合に関して規定するものであり，保険金受取人が受益の意思表示なくして当然に権利を取得するという改正前商法675条1項本文の例外を規定するものではない。その意味で，改正前商法675条1項は，1つの項において2つの違った問題を規定しているという問題を抱えるものであり，保険契約者が保険金受取人の指定変更権を留保している場合であっても保険金受取人は受益の意思表示を要さず当然に取得するものとすべきことに変わりはない。

III 条文解説

1 総　説

民法上，第三者のためにする契約については，第三者の受益の意思表示が権利取得のための要件とされている（民537条2項）。このような受益の意思表示

---

4)　大森274頁。
5)　生保試案（2005）63頁。

が必要とされる根拠としては，①第三者に付随的な負担を負わせることがある場合の受益者の意思の尊重および②権利を取得できるだけの場合でも，これを無理矢理押しつけるのは妥当ではないという価値判断があげられている[6]。他方，受益の意思表示に関する規定の性質をめぐっては，民法学説上，これを強行規定と解する説と任意規定と解する説が対立している[7]。

さて，保険契約関係において保険金受取人は，受取人となることによって不利益を被ることがない以上，これをとくに拒否する理由はないし，仮に，受取人に指定されたとしても，その地位を放棄することはもとより自由であるばかりか，民法上も第三者の受益の意思表示はその契約にとって必ずしも本質的な要件ではないと解されていることから[8]，改正前商法675条1項は受益の意思表示を不要とする特則を設けている。保険法42条（損害保険契約につき8条，傷害疾病定額保険契約につき71条）もその原則を踏襲している。

改正前商法683条により準用される同647条では保険料支払義務の規定が置かれていたが，生保試案（2005）では，「保険契約は他人のためにも締結することができる」と規定して，他人のためにする生命保険契約の有効性を認める明文の規定を置くとともに保険料支払義務の規定は削除するという立場を採用していた。これに対し，保険法は，民法537条が保険契約にも適用されることは当然であり，また，保険契約者が保険料支払義務を負うことも当然であるという理由で，他人のためにする生命保険契約の有効性を認める明文の規定ならびに保険料支払義務を定める規定を設けていない[9]。要するに，生命保険契約にも民法537条が適用されることは当然であるとの前提に立ちつつ，受益の意思表示を不要とする特則を設けたというのが本条の趣旨である。

なお，他人のためにする生命保険契約を比較法的に見ると，以下の国では独特な規律が設けられている。

---

6) 内田貴・民法Ⅱ〈第2版〉80頁（2007）。
7) 谷口知平＝五十嵐清・新版注釈民法(13)〈補訂版〉781頁［中馬義直＝新堂明子］（2006）は，この点につき，受益の意思表示を不要とする契約ないし特約につき，現在の解釈論としては，理論的には有効説も無効説も成り立ちうると指摘しつつ，有効説の方が現実的でまさっていると主張する。
8) 西島27頁，大森忠夫＝三宅一夫・生命保険契約法の諸問題42頁以下（1958）。
9) 法制審議会保険法部会第1回議事録32頁以下。

第2節　効　力

　2008年1月1日に施行されたドイツ保険契約法では，第1章（すべての保険分野に関する規定）の中の43条で，他人のためにする保険契約の有効性を認めている。そして，他人のためにする生命保険契約では，疑義があるときには保険者の同意を得ることなく，第三者を保険金受取人に指定できるとしつつ，その指定受取人をさらに変更することができると規定している（ドイツ保険契約法159条1項）。その上で，保険金受取人の保険金請求権の取得時期について定めている（ドイツ保険契約法159条1項・2項）。すなわち，保険契約者が撤回権を留保しているときは，保険事故の発生によって保険金受取人に保険金請求権が発生するが，指定撤回権をあらかじめ放棄したような場合には，受取人指定時に保険金請求権を取得することになる。また，保険金受取人指定の解釈についても特別の規律を設けている（ドイツ保険契約法160条)10)。

　なお，ドイツでは，他人のためにする生命保険契約は第三者のためにする死因契約の1つとして論じられているが，多数説は，保険金請求権は相続財産に属さず，相続債権者のための責任財産にならないということを承認している11)。

　フランスでも，他人のためにする保険契約について規定されているが，受取人指定方式について具体的な規律が見られる（フランス保険法典L.132-8条）。もっとも，そのような指定方式は限定列挙とは解されておらず，契約者の意思が明確に示されていればよいと解されてきた。保険金受取人が親族以外の第三者である場合には，その者は自身が保険金受取人であることを知らないことが多く，被保険者が死亡しても保険会社に保険金の請求ができないケースが見られた。そこで，2007年12月17日の法律によって，保険会社に保険金受取人の探知義務が課せられることになった（フランス保険法典L.132-8条7項）。なお，保険金受取人の指定がない場合は，保険金は保険契約者の相続財産となる（フランス保険法典L.132-11条）。

　また，フランスでは保険金受取人が受益の意思表示をした場合には，同人を保護すべく，原則として保険契約者は指定の撤回ができないという規律が早くから設けられていた。上記2007年法によっても，この原則は維持されている

　10）　独保険契約法（訳）参照。
　11）　山下友信・現代の生命・傷害保険法57頁（1999）。

が（フランス保険法典L.132-9条），保険金受取人指定の受諾の方式については，保険企業，保険契約者，保険金受取人が署名した変更証書によって行うか，保険契約者および保険金受取人が署名した公署証書または私署証書によって行うこととされた（フランス保険法典L.132-9条）。その一方で，保険金受取人の指定が無償でなされた場合は，たとえ同人が受諾の意思表示を行っても，保険契約者が契約の成立を知らされてから30日を経過しないと効力が生じないという形で契約者に熟慮期間を与えることによって（フランス保険法典L.132-9条），契約者の権利と保険金受取人の権利の調整を行った。死亡保険金は被保険者の相続財産の一部とはならないと規定されているように（フランス保険法典L.132-12条），保険金受取人は自己固有の権利として保険金請求権を取得する。

　1992年のベルギー陸上保険契約法でも他人のためにする保険契約は認められており，保険契約者は排他的な権利として，保険金受取人の指定ができるとの規律が設けられている（ベルギー陸上保険契約法106条）。また，フランスと同様，保険金の受益の意思表示があれば保険契約者は保険金受取人指定の撤回ができないとされている（ベルギー陸上保険契約法112条・121条）。なお，ベルギー法の特色として，保険金受取人が存在しない場合の効果（ベルギー陸上保険契約法107条），配偶者・子を指定した場合の効果（ベルギー陸上保険契約法108条・109条・110条）が定められていることも指摘できよう。

　以上の法制度と比較すると，保険法の規律は相当に簡素であるといえよう。

　他人のためにする保険契約には，①保険契約者と被保険者が同一人で，保険金受取人が別人の場合，②被保険者と保険金受取人が同一人で，保険契約者が別人の場合，③保険契約者・被保険者・保険金受取人がそれぞれ別人の場合がある。以上のうち，②と③は同時に，他人の生命の保険契約でもあるから，契約が有効に成立するには，被保険者の同意を要するし（38条・67条），保険事故発生前の死亡保険金請求権の譲渡または質権設定にも同様に同意が必要となる（47条・76条）。

　本条は片面的強行規定である（49条・78条）。したがって，生命保険約款において受益の意思表示を権利発生要件とする旨の規定を設けても無効とされる。本条を片面的強行規定とした趣旨は，保険事故が発生した後に，受益の意思表示をすることができるか疑義があるなどの理由から，保険金受取人を保護する

ことにあるものと解される12)。

2 保険金受取人の指定

　他人のためにする保険契約が成立するには，保険契約者により第三者が保険金受取人として指定されなければならない。この指定は，契約締結時に，保険契約申込書の保険金受取人欄に保険契約者が保険金受取人の氏名や続柄等を記載することにより行われるのが通例である。したがって，この指定の意思表示の相手方は保険者に限られることになる13)。

　保険契約者は他人を保険金受取人に指定した場合でも，保険金請求権以外の保険契約上の権利義務を有する（契約解除権〔54条・83条〕，保険料減額請求権〔48条・77条〕，保険料積立金返還請求権〔63条・92条〕等および保険料支払義務）。一方，受益の意思表示を不要とする特則以外は，民法の第三者のためにする契約の規律が適用されるから，保険者は保険契約者に対する抗弁を保険金受取人に対しても対抗することができる（保険契約者の告知義務違反による契約解除権，保険契約者の未払保険料と保険金支払債務との相殺，免責事由等）。

　上述の通り，他人のためにする保険契約においては，保険契約者による保険金受取人の指定が権利取得の要件となる。したがって，保険金受取人の指定のない保険契約は，保険契約者自身を保険金受取人とする自己のためにする保険契約であると解するのが原則であるから，保険契約者＝被保険者が死亡した場合には，その相続人が保険金受取人としての地位を相続することになる14)。この場合，保険契約者の遺族は，相続財産として，保険金請求権を取得するの

---

　12)　中間試案補足説明・立案97頁。
　13)　潘阿憲「保険金受取人の指定・変更」落合＝山下116頁。中間試案・立案73頁では，「保険金受取人は，保険契約の締結時に，保険契約者が保険者に対する意思表示によって指定するものとする。」とされていたが，この規定は保険法には盛り込まれなかった。保険者は，保険金受取人の指定も含めて保険の引受の判断をしており，契約によっては保険金受取人が一定の者に固定されていることもあるので，あえて明文の規定を設けなかった（要綱案（第一次案・下）第2の1(5)（注））。なお，保険法は，指定と変更の関係については，保険金受取人の指定は，保険契約締結時に行われるものとし，契約締結後は保険金受取人の変更がなされるだけであるとの立場を採用している（中間試案・立案73頁，74頁，中間試案補足説明・立案135-136頁）。この立場によれば，契約締結後に行われる指定は，契約締結時の受取人（自己のためにする保険契約を締結したわけであるから，受取人は契約者である）を第三者に変更したいという意味に解される（潘・前掲123頁注8)。
　14)　西島327頁。

で，相続債権者が存在する場合には，それが引当財産となって強制執行の対象となり，その限りにおいて，保険契約者の遺族が，死亡保険金請求権による生活保障を十分受けられなくなるおそれがある15)。

　このような事情を考慮して，保険契約者と被保険者が同一人である死亡保険契約において，保険金受取人が無指定であっても，原則として相続人を保険金受取人に指定したものとして取り扱うのが合理的であると考えることができよう16)。後述する通り，保険契約者の相続人が保険金受取人として指定されたものと解すると，それらの相続人は固有の権利として保険金請求権を取得するので，相続債権者はこれを引当財産とすることはできない。保険金受取人を指定せず，かつ，約款においてその場合の保険金受取人の決定方法についての規定が設けられていなかったときは，結局，保険契約者の意思を合理的に解釈して保険金受取人を定めることになろう17)。

　保険契約者としては，「相続人」というような抽象的な指定も可能であることから，指定が行われていない以上，そのような場合の契約は，保険契約者の自己のためにする保険契約になると解するのが伝統的な通説の立場である18)。しかし，そのような指定方法を熟知している保険契約者はあまり多いとはいえないであろうし，保険契約者が保険金を相続債権者の引当財産としておくことを積極的に意図していると解することは一般的には困難と思われるので19)，そのような場合には特段の事情のない限り，契約者の合理的意思解釈として，相続人を受取人と指定した他人のためにする生命保険契約が成立していると見るべきであろう。

　もっとも，生存保険については，保険金受取人の指定がない場合の保険契約者の意思は自己自身を保険金受取人として指定したものと考えるのが相当である。したがって，保険契約者と被保険者が同一人である場合の生死混合保険の

---

15) 竹濱修「生命保険契約および傷害疾病保険契約特有の事項」ジュリ1364号42頁（2008）。
16) 山下491頁注100。なお，団体生命保険においては，申込書の受取人欄に記載がない場合に備え，保険金支払対象者の順位を定めているが，これらの該当者がいない場合には，保険契約者である企業よりも被保険者の相続人に支払った方が合理的かつ妥当と考えられよう。
17) 中間試案補足説明・立案135頁以下。
18) 大森273頁。
19) 山下491頁注100。

場合は，生存保険金については保険契約者自身を保険金受取人と指定し，死亡保険金については保険契約者の相続人を保険金受取人に指定したと解釈すべきであろう[20]。

保険法上，保険金受取人の対象については何の制限もないため，誰を指定することも可能である。しかし，指定された保険金受取人についてモラル・リスクを警戒しなければならない場合もある。そこで，保険者は保険金受取人が誰であるかを勘案して，契約締結の諾否を決定することができる[21]。具体的には，保険実務上，特別な事情のない限り，債権者や2親等内の親族以外の者を保険金受取人とする契約は引き受けないのが通例である。契約自由の原則の下，保険者の引受けの自由は尊重されるべきであるから，以上のような引受基準は法的には問題にならないと解すべきである。

3 保険金受取人指定の有効性

不倫関係にある相手方を保険金受取人として指定した場合の効果が問題となる。東京地判平成8年7月30日金判1002号25頁は，保険金受取人を指定した目的は，不倫関係の維持継続にあることは明らかであるとした上で，保険契約中の当該指定部分は公序良俗に反し，民法90条により無効であるから，保険金受取人は保険契約者本人と解釈するべきであると判示した。このような考え方によれば，たとえ不倫関係にあっても，保険金受取人の指定の目的が不倫関係の継続の維持になく，被保険者死亡後の保険金受取人の生活保障を主たる目的とするものであれば，指定も有効ということになろう。

上記判旨に対しては，①不倫関係継続目的の保険契約であれば，契約自体が無効となるのではないか，②不倫関係継続目的の判断は微妙であるばかりか，その判断を保険者に課すことは酷ではないかとの批判がみられる[22]。この批判はもっともと思われるが，その解決策として，保険契約者と保険金受取人との間の対価関係に着目し，保険金受取人は保険事故の発生により保険金請求権を取得するが，不倫関係継続目的の場合は対価関係が無効となるから，保険金

---

20) 中間試案補足説明・立案135頁以下。
21) 山下488頁。
22) 山下・前掲注11) 47-48頁。

受取人の権利取得は保険契約者との関係では不当利得になるとの解釈を示す学説が有力に主張されている23)。

4 保険金受取人の指定方法と表示行為の解釈

保険金受取人の指定にはさまざまな形態が考えられる。その指定方式としては，保険契約申込書の受取人欄に具体的な氏名を記載し，続柄欄に保険契約者との続柄を記載するのが一般的である24)。しかし，それ以外にも，資格・地位による抽象的な指定（相続人，配偶者等）を行うことも可能であるし，実際にも行われている。

他方，普通傷害保険のように，死亡保険金受取人の指定がない場合は保険金を被保険者の法定相続人に支払うとする規定や搭乗者傷害保険のように，保険金受取人を被保険者の法定相続人に固定する規定も見られる。また団体定期保険では，個人保険のように保険金受取人の指定変更を積極的な意味で行う必要がないので，被保険者からの指定申出がないままになっているケースがありうる。そこで，受取人の指定がないときは，被保険者の配偶者，子（子が死亡しているときはその直系卑属），父母，祖父母，兄弟姉妹の順位に従って指定されたものとして取り扱われている。

(1) 相続人という指定の解釈　保険金受取人を相続人と指定した場合には，次のような問題が生じる。これについては，①誰の相続人か，②いつの相続人かが問題となる。①については，保険契約者の相続人と解する説25)と被保険者の相続人と解する説26)が対立するが，保険実務では，保険金受取人指定に際して被保険者との続柄を記載させるのが通例であるから，その限りにおいて，上記対立が問題になることはないであろう。②については，被保険者の死亡時（保険事故発生時）の相続人と解することに異論はない（最判昭和40年2月2日民集19巻1号1頁）。

以上のような指定の下で相続人が複数存在する場合に，各人の保険金受取割

---

23) 山下・前掲注11) 48頁，山下典孝〔判批〕金判1020号48頁（1997），岡田豊基〔判批〕保険レポ128号1頁（1997）。
24) 江頭484頁。
25) 大森273頁，石田283頁。
26) 山下孝之〔判批〕生保百選27頁。

合が問題となるが，判例（最判平成6年7月18日民集48巻5号1233頁）は，かかる指定には，相続人に対してその相続分の割合により保険金を取得させる趣旨も含まれていると解するのが保険契約者の通常の意思に合致し，合理的であると解しつつ，特段の事情のない限り，民法427条にいう「別段ノ意思表示」である相続分の割合によって権利を有するという指定があったものと解すべきであるとの立場（相続割合説）を採用している[27]。その一方で判例（最判平成4年3月13日民集46巻3号188頁，最判平成5年9月7日民集47巻7号4740頁）は，法律や約款の規定により，死亡した保険金受取人の相続人が受取人となる場合には，民法427条に従い，各自は平等の割合で保険金請求権を取得するとの立場（均等割合説）を採用している[28]。相続人を受取人とする保険契約者の意思が明確であれば，その合理的意思を尊重すべきであるが，そうでない場合にまで合理的意思解釈を行うことには無理がある以上[29]，判例の立場は正当といえよう[30]。以上の問題について保険法は特別の規律を設けていないため，なお解釈に委ねられることになる。

なお，法定相続人と指定した以上，その客観的な意味は民法によって定まることになる。したがって，特段の事情のない限り，内縁の配偶者はこれに含まれないことになろう[31]。

(2) 指定がない場合に被保険者の相続人に保険金を支払うとする約款の趣旨

交通事故傷害保険約款の「当会社は，被保険者が第1条の傷害を被り，その直接の結果として，被害の日から180日以内に死亡したときは，保険金額の全

---

27) この場合の学説の対立につき，山下孝之〔判批〕民商113巻3号419頁（1995）参照。
28) このような判例の立場を尊重した実務を行っている会社が大多数を占めると言われてきたが（鶴直明「保険金受取人と相続人」倉澤康一郎編・生命保険の法律問題（金判986号）81頁（1996）），かかる状況は現在も変わらない。
29) 竹濱修「保険金受取人の死亡と相続」倉澤康一郎編・生命保険の法律問題〈新版〉（金判1135号）85頁（2002）。
30) 塩崎勤＝山下丈＝山野嘉朗編・専門訴訟講座③保険関係訴訟115頁〔潘阿憲〕115頁（2009）。保険金受取人が先に死亡したケースについても相続割合説を主張する見解として，山下523頁，山下・前掲注27）419頁，野村修也「死亡保険金受取人をめぐる3つの最高裁判決」民商114巻4＝5号729頁（1996）参照。
31) 東京地判平成8年3月1日金判1008号34頁は，保険契約者が内縁の配偶者に保険金を受領させる意思があったことを認定しつつも，保険契約締結当時，保険契約者も内縁の配偶者も保険契約者がまだ長く生存するものと考えていたことに鑑みて，法定相続人という文言をもって直ちに内縁の配偶者を表示したと認めることはできないと判示している。

額を保険金受取人，もしくは保険金受取人の指定のないときは被保険者の相続人に支払います」という規定32)の趣旨が争われた事例がみられる。この事案では，相続人固有の権利として帰属するためには，改正前商法675条に従いあらかじめ相続人を保険金受取人として指定しておくべきで，それがない以上，その契約は自己の為にする保険契約となるので，被保険者が死亡した場合はその相続人は相続財産として保険金請求権を取得するとの主張がなされていた。これに対し最判昭和48年6月29日民集27巻6号737頁は，「保険金受取人の指定のないときは，保険金を被保険者の相続人に支払う」旨の条項は，被保険者が死亡した場合において，保険金請求権の帰属を明確にするため，被保険者の相続人に保険金を取得させることを定めたものと解するのが相当であり，保険金受取人を相続人と指定したのとなんら異なるところがないというべきである，と判示している。これは，保険金受取人を積極的に指定していなかったとしても，約款でその場合の保険金受取人が定められている以上，保険契約者の意思が約款によって補充されている趣旨と解することができよう33)。したがって，保険契約者による具体的な指定がなくとも，約款において特定の者が保険金受取人になると規定されている場合には，保険契約者がその特定人を保険金受取人として指定したのとなんら変わりがないことになる。

(3) 氏名と続柄による指定の解釈　保険金受取人の指定は，保険契約申込書の受取人欄に氏名を記載して行われるが，同欄には，被保険者からみた続柄を記載する欄が設けられているのが通例である。たとえば，保険金受取人が甲野花子という具体的な氏名によって指定され，続柄欄に被保険者の妻と記されていた場合は，被保険者の妻である甲野花子が保険事故の発生によって保険金請求権を行使できるのは当然である。しかし，同人の不貞行為が原因で離婚が成立し，その後に，同人が再婚し乙山花子という氏名になった場合が問題となる。この場合，①続柄である妻こそが大きな意味をもち，氏名はそれを確認する意味しか有しないという解釈，②妻であることを条件として，具体的な氏名をもって指定された者が保険金受取人となるという解釈34)，③氏名によって

---

32) 文言に多少の差異があるにせよ，同保険では現在もなお同趣旨の規定が置かれている。
33) 山野嘉朗「保険金受取人の指定のないときは保険金を被保険者の相続人に支払う旨の約款の趣旨」倉澤康一郎還暦・商法の判例と論理770頁（1994）。

特定された本人が保険金受取人であって，妻という表示は補助的なものにすぎない（したがって，保険金受取人の地位は離婚・改姓によって影響を受けない）という解釈が成立する。

判例（最判昭和58年9月8日民集37巻7号918頁）は，表示は合理的かつ客観的に解釈すべきであるとして，客観的にみて，「妻」という表示は，単に氏名による保険金受取人の指定におけるその受取人の特定を補助する意味を有するにすぎないと理解するのが合理的であると判示した（③の立場）。結論としては③の解釈が妥当と思われる[35]。ただし，保険契約者の真意の探求という見地からは，保険金受取人指定における個別具体的な事情を考慮すべき要請も働こう。しかし，他方で，取引の安全という視点も無視できない。そこで，保険者と保険金受取人間の関係と，保険金受取人としての地位を争う者との間での解釈基準を区別し，前者については客観的解釈により，後者については主観的解釈によって解決するという見解（相対的解釈）が有力に主張され[36]，多くの賛同を得ている[37]。もっとも，このような見解に対しては，実体法上，権利者が相対的に決定されるとすることには論理的な難点があり，かえって法律関係が複雑になるおそれがあるとの批判が見られる[38]。

保険法は，以上の問題に関しては何ら規律を設けていないので，今後も解釈に委ねられることになる。

---

34) 上柳克郎〔判批〕商事1028号33頁（1984），竹内昭夫〔判批〕生保百選213頁，甘利公人「保険金受取人の権利と離婚——アメリカ合衆国の意思推定理論と関連して」文研88号80頁（1989）等。

35) 田中誠二＝原茂太一・保険法〈全訂版〉298頁（1987），石原全〔判批〕金判709号49頁（1985）山野嘉朗〔判批〕愛知学院大学論叢法学研究26巻2号132頁（1982），江頭・前掲注24）485頁等。

36) 山下・前掲注11）12-13頁。もっとも，その後，論者はかかる見解にやや批判的な立場に転じている（山下・前掲注11）42頁）。

37) 山野嘉朗「保険金受取人の指定と表示行為の解釈」愛知学院大学論叢法学研究27巻3＝4号75頁（1984），洲崎博史「保険金受取人の指定・変更」商事1330号20頁（1993），シンポジウム・保険契約法と民法理論の交錯・私法56号121-131頁〔磯村発言〕，140頁〔江頭発言〕（1994），森山浩江「不貞関係の相手方を保険金受取人とする生命保険契約——民法学上の論点に関する裁判例の検討」龍谷法学36巻3号761頁（2003）。なお，坂口光男〔判批〕保険海商百選79頁参照。

38) 遠藤賢治〔判解〕最判解民昭和58年度346頁（1988）。

5　保険金請求権取得の固有権性

保険金受取人は，保険契約者の権利を承継取得するのではなく，当初から自己固有の財産として，保険金請求権を原始的に取得する（通説39)・判例40)）。したがって，保険契約者兼被保険者の相続人が受取人に指定された場合でも，当該相続人である保険金受取人は保険契約者兼被保険者の権利を相続により取得するのではなく原始的に取得するので，保険金請求権は保険契約の効力発生と同時に当該相続人である保険金受取人の固有財産となり，保険契約者兼被保険者の遺産から離脱していると解される。保険金請求権が固有の権利として取得される以上，保険金受取人たる相続人が相続放棄または限定承認をした場合であっても，被相続人である保険契約者の相続債権者が保険金請求権を引当財産として強制執行の対象とすることはできない41)。

相続債権者に対する関係については上記のような解決が妥当するが，相続人中の特定の者が死亡保険金受取人とされている場合に，当該相続人が保険金受取人として取得した保険金請求権が遺留分減殺（民1029条以下）または持戻し（民903条）の対象となるかについては見解が対立している42)。判例は，前者については，①死亡保険金請求権が固有の権利として取得されていること，②保険金請求権は払込済保険料と等価関係に立つものではないため，実質的に見ても，死亡保険金請求権は保険契約者または被保険者の財産に属していないことを理由に，これを否定した（最判平成14年11月5日民集56巻8号2069頁）。後者についても上記①，②の理由を掲げて，保険金受取人である相続人とその他の共同相続人との間に生ずる不公平が民法903条の趣旨に照らし到底是認する

---

39)　大森275頁，西島327頁，山下508頁，江頭485頁以下等。なお，生命保険金請求権取得の固有権性をめぐる学説および理論的諸問題については，山下・前掲注11) 51頁以下参照。

40)　最判昭和40年2月2日民集19巻1号1頁。

41)　大判昭和11年5月13日民集15巻877頁，最判昭和40年2月2日民集19巻1号1頁，西島327頁。なお，解約返戻金相当額については，これを相続債権者のための責任財産とに属すると解する説もある（大森＝三宅・前掲注8) 60頁，服部栄三＝星川長七・基本法コンメンタール（商法総則・商行為法）〈第4版〉286頁〔金澤理〕(1997)）。

42)　遺留分減殺については，これを肯定するのが多数説である（学説につき千藤洋三〔判批〕平成14年度重判解82頁（2003）参照）。また，死亡保険金請求権の特別受益性をめぐっては肯定説と否定説が対立している（学説につき千藤洋三〔判批〕平成16年度重判解89頁（2005）参照）。以上の問題については，なお，塩崎ほか・前掲注30) 155頁以下〔潘阿憲〕参照。

ことができないほどに著しいものであると評価すべき特段の事情が存する場合に限り，当該死亡保険金請求権は特別受益に準じて持戻しの対象となると解するのが相当であるとした（最判平成16年10月29日民集58巻7号1979頁）。

6 保険金受取人の権利放棄とその効果

　保険契約者が保険金受取人を指定することによって，保険金受取人は保険金請求権を固有の権利として取得する。しかし，それは保険事故発生前であれば保険契約者による指定の撤回・変更等によって消滅する可能性があるため，抽象的かつ不確定な権利（未必の権利）にすぎない。しかし，いったん保険事故が発生すればその権利は確定し，具体的に保険金請求が可能となる。以上のような請求権を保険金受取人が放棄することはもとより可能であるが，その場合の法的効果が問題となる。

　保険事故発生後の権利放棄に関する裁判例として，大阪高判平成11年12月21日金判1084号44頁（原審・京都地判平成11年3月1日金判1064号40頁）は，保険契約者兼被保険者の死亡後に保険金受取人が家庭裁判所に対し相続を放棄する申述を行う一方，生命保険者に対し死亡保険金請求権を放棄した事案につき，被保険者の死亡により保険契約者の保険契約に関する処分権は消滅し，保険金受取人の権利は確定的となり，具体的な金銭債権となるが，この保険金請求権は，通常の債権と変わりがないので，保険金受取人はこれを自由に処分することが可能となると解した上で，保険金受取人がこの請求権を放棄すれば，保険金請求権は確定的に消滅したというほかないと判示した。そしてさらに，保険金請求権の放棄により，自己のためにする契約になるという解釈を明確に否定した。

　この判決を支持する学説[43]も見られるが，保険契約者の合理的意思を尊重して，保険金受取人の保険金請求権の放棄により，当該保険契約は遡及的に受取人の指定のない契約，すなわち自己のためにする契約になると解する学説[44]が多数を占めている。

---

[43] 出口正義〔判批〕損保61巻4号151頁（2000），竹濵修〔判批〕保険レポ153号3頁。
[44] 大森274頁，中西正明〔追加説明〕保険レポ153号4頁（2000），山下509頁，山下典孝「保険金受取人による保険金請求権の放棄再考」法学新法107巻11＝12号607-608頁（2001），

保険金受取人の請求権放棄により保険者が保険金支払債務を免除されるということであれば、保険契約者が保険料を支払うことによって生命保険制度を利用した趣旨を没却することになりかねない。保険金受取人が権利を放棄することによって、保険金受取人指定の実質的な意義が失われるが、これは当初から指定がなされていなかった場合に等しい。指定のない契約は自己のためにする契約であるから、放棄の時期を問わず保険契約者またはその相続人が遡及的に保険金請求権を取得することになる。このような解釈は、一般の保険契約者の通常の意思に合致するものであって、法的構成として無理があるとは思えない。

なお、上記裁判例の解釈を支持する学説も、被保険者死亡前の保険金請求権の放棄については、未だ権利が確定していない以上、保険契約者の意思を尊重して、遡及的に自己のためにする契約になると解している。

保険実務においては、被保険者死亡前であれば自己のためにする契約として扱う会社が複数存在する。これに対し、被保険者死亡後については、自己のためにする契約として扱う会社も見られるものの、保険金請求権は消滅するとの立場を採用している会社も存在するように、各社の対応は必ずしも一致していない。生命保険制度が果たすべき役割に鑑みれば、保険金が支払われないというような事態は極力回避する実務が必要とされよう。

〔山野嘉朗〕

山下孝之・生命保険の財産法的側面 56-57 頁（2003）、笹本幸祐「生命保険契約の保険金受取人の権利取得と放棄——大阪高判平成 11・12・21 金判 1084 号 44 頁を素材として」倉澤康一郎古稀・商法の歴史と論理 363 頁（2005）、甘利公人「保険金受取人指定・変更権の法的問題」生保 158 号 87 頁（2007）。なお、遺贈の放棄の規定の類推適用を主張する見解として、中村敏夫・生命保険契約法の理論と実務 204 頁（1997）参照。

第2節　効　力

> **（保険金受取人の変更）**
> **第43条**　1　保険契約者は，保険事故が発生するまでは，保険金受取人の変更をすることができる。
> 2　保険金受取人の変更は，保険者に対する意思表示によってする。
> 3　前項の意思表示は，その通知が保険者に到達したときは，当該通知を発した時にさかのぼってその効力を生ずる。ただし，その到達前に行われた保険給付の効力を妨げない。
>
> **（保険金受取人の変更）**
> **第72条**　1　保険契約者は，給付事由が発生するまでは，保険金受取人の変更をすることができる。
> 2　保険金受取人の変更は，保険者に対する意思表示によってする。
> 3　前項の意思表示は，その通知が保険者に到達したときは，当該通知を発した時にさかのぼってその効力を生ずる。ただし，その到達前に行われた保険給付の効力を妨げない。

I　趣　旨

　生命保険のような一般に長期にわたる継続契約では保険契約者と保険金受取人との関係が重要であるが，契約期間中に両者の間に生じる種々の事情変更により，保険金受取人を別人に変更する必要が生じることがある。そのような事情を考慮して，保険法43条（以下，本条という）・72条は，保険金受取人の変更を認めるとともに，変更の方法とその効果について規律する。

II　沿　革

　明治23年旧商法には「他人のためにする保険契約」に関する特別な規律は設けられていなかったため，保険金受取人の変更に関する規律も設けられていない。
　これに対し，改正前商法（明治32年商法）675条1項は，「保険金額ヲ受取ルヘキ者カ第三者ナルトキハ其第三者ハ当然保険契約ノ利益ヲ享受ス但保険契約

者カ別段ノ意思ヲ表示シタルトキハ其意思ニ従フ」と規定した。同項本文が，契約外の第三者である保険金受取人は受益の意思表示なくして保険者に対する権利を取得すると定める一方，同項但書は，保険契約者の別段の意思表示があればその意思に従うと規定している。ここにいう別段の意思表示とは，保険契約者がいったん行った保険金受取人の指定を変更する権利を留保している場合を意味すると解されている[1]。すなわち，改正前商法は，保険契約者が保険金受取人の指定変更権を留保していない場合を原則としつつ，例外的に保険金受取人の指定変更権の留保を認めている。保険金受取人の変更には保険者の同意・承諾を必要としないので，これが保険契約者の一方的意思表示による単独行為であり形成権の一種であると解するのが通説的見解であるが[2]，保険金受取人変更の意思表示の方法等については，改正前商法はなんら規定していないため，相手方への到達の必要および意思表示の相手方に関して見解が分かれていた。

　判例は，当初，保険金受取人の変更が保険者に対する通知によってなされるときは，それは受領を要する意思表示であって意思表示の到達をもってその効力が生じると解していた（大判昭和15年12月13日民集19巻2381頁）。しかし，学説はこぞってこのような解釈に反対した[3]。

　その後，最高裁は「商法675条ないし677条の規定の趣旨に照らすと，保険契約者が保険金受取人を変更する権利を留保した場合（同法675条1項但書）において，保険契約者がする保険金受取人を変更する旨の意思表示は，保険契約者の一方的意思表示によってその効力を生ずるものであり，また，意思表示の相手方は必ずしも保険者であることを要せず，新旧保険金受取人のいずれに対してしてもよく，この場合には，保険者への通知を必要とせず，右意思表示によって直ちに保険金受取人変更の効力が生ずるものと解するのが相当である」と判示した（最判昭和62年10月29日民集41巻7号1527頁）。しかし，この判旨からは，相手方をこれらの者に限定する趣旨であるか否かは必ずしも明ら

---

1)　生保試案（2005）63頁。
2)　服部栄三＝星川長七・基本法コンメンタール（商法総則・商行為法）〈第4版〉284頁［金澤理］（1997）。なお，学説の整理につき，山下典孝「保険金受取人の指定・変更」倉澤康一郎編・生命保険の法律問題〈新版〉（金判1135号）75頁（2002）参照。
3)　実方謙二〔判批〕生保百選39頁。

かでない。

　上述のとおり，意思表示は保険者ないし新旧保険金受取人への到達を要しないというのが通説的見解であるが，指定・変更の意思表示を相手方のある意思表示であると解するのか，相手方のない意思表示であると解するのかは，判然としない[4]。そこで，保険者または新旧保険金受取人への到達が不要であるとすれば，相手方のある意思表示であると解することに実益がないし，保険契約者の意思を尊重するのであれば，相手方のない意思表示と解する方が妥当ということになろう。このような見解に従えば，遺言による保険金受取人の変更は当然可能となる[5]。これに対し，少なくとも立法論としては，変更の意思表示の相手方を保険者に限定すべきであると主張する見解[6]や，保険者に対する意思表示は契約内容の変更であり，そうである以上，相手方のある意思表示であって，かつ，それが保険者に到達することによって効力が生じると解しつつ，新旧保険金受取人に対する指定変更は一種の処分行為であって，相手方のある意思表示であると主張する見解[7]も見られた。

　改正前商法677条1項は，「保険契約者カ契約後保険金額ヲ受取ルヘキ者ヲ指定又ハ変更シタルトキハ保険者ニ其指定又ハ変更ヲ通知スルニ非サレハ之ヲ以テ保険者ニ対抗スルコトヲ得ス」と規定する。この規定により，保険契約者が保険金受取人変更の意思表示を行うことにより，その効力自体は発生するものの，保険者が通知を受けていない限りは，指定変更の事実を否認し，旧保険金受取人に保険金を支払うことで免責されることになる（二重払の防止）。

　生保試案（2005）675条の2第1項は，「保険契約者は，保険事故の発生の時までは，保険金受取人を指定しまたは指定を変更することができる。ただし，

---

[4]　たとえば，大森忠夫＝三宅一夫・生命保険契約法の諸問題89頁（1958）は，保険金受取人の指定・変更・撤回行為は保険契約者の一方的意思表示によって成立し，かつその意思表示は保険者への通知または到達を要せずしてその内容に応ずる効果を発生するとする。また，西島331頁は，意思表示は，保険者，新旧保険金受取人のいずれに対してなしてもよいとするが，いずれにしても相手方のある意思表示であるか否かは明らかにしていない。

[5]　山下友信・現代の生命・傷害保険法9-10頁（1999）。同様の立場に立つ下級審裁判例として，大阪地判昭和60年1月29日生判4巻146頁，東京地判平成9年9月30日金判1029号28頁，東京高判平成10年3月25日判タ968号129頁参照。

[6]　藤田友敬〔判批〕法協107巻4号711頁（1990）。

[7]　中村敏夫・生命保険契約法の理論と実務9-12頁（1997）。この見解に反対し通説的見解を支持するものとして，石田290-291頁参照。

保険契約者が保険者に対して別段の意思を表示した場合には，このかぎりでない」と規定し，改正前商法の原則と例外を逆転させているが，これは生命保険の実務に合致するものである[8]。同項は，意思表示の相手方，指定変更の効力の発生時期を明文化していないため，それらについては解釈に委ねられることになる。なお，試案では，①保険契約者の相続人が保険契約を解約すれば，保険金受取人の権利は消滅する以上，保険金受取人を実質的に保護することはできない，②生命保険の実務でも保険契約者の相続人が保険契約者の地位を承継し，指定変更権を行使することができるものとしている，③外国の立法例にも改正前商法675条2項と同趣旨の規定は存在しないということから，改正前商法675条2項のような規定は設けられていない[9]。

上記改正試案676条は，「保険契約者が保険契約締結後に保険金受取人を指定または変更したときは，保険者にその指定または変更を通知しなければ，これを保険者に対抗することができない。通知は書面によるべきことを約定することを妨げない。」と規定する。前段は，改正前商法677条1項の立場が維持されている。保険金受取人の指定・変更の効力発生要件と保険者に対する対抗要件を区別する改正前商法の立場は保険実務において長年定着してきたものであって，商法の立場を変更する実益が少ないというのがその理由である[10]。後段は，法律関係を明確化するために，通知を書面に限定することを認めるものである（任意規定）。

III 条文解説

1 総　説

(1) 改正前商法では，保険契約者が契約締結時に保険金受取人の変更権を留保していた場合に限り，保険金受取人の変更を認めているが（改正前商675条），保険実務上は保険金受取人の指定・変更権を留保するのが通例であるし，生命保険契約は保険期間が長期にわたることが多いことや，保険契約締結後の事情

---

8)　生保試案（2005）65頁。
9)　生保試案（2005）67頁。
10)　生保試案（2005）69頁。

の変更がありうることをも考慮すると，保険契約者は保険金受取人をいつでも変更できるようにした方が合理的であることから，改正前商法の規律は本条1項のように改められた[11]。

　本条1項（72条1項）により，保険契約者は，保険事故（給付事由）発生前であれば[12]，いつでも保険金受取人の変更をすることができることが原則とされている。生命保険実務では，保険契約者による保険金受取人変更を認め，これを保険会社への必要書類の提出にかからしめるのが通例であることから，改正前商法からのルール変更の影響を受けないとされている[13]。また，死亡給付以外の傷害保険契約や疾病保険契約では，保険金受取人の範囲を一定の者に限定するのが通例であるが，後述する通り，本条1項の任意規定性からこの規律の影響を直接受けることはない。保険金受取人変更の意思表示の性質は，改正前商法におけるのと同様，保険金受取人や保険者の同意なく，保険契約者の一方的意思表示によってその効力を生じる形成権と解される[14]。

　改正前商法では，保険金受取人の指定に関する規定を設けているのに対し（改正前商675条2項・676条・677条），本条では，保険金受取人の変更についてのみ規定しており，保険金受取人の指定という文言を使用していない。立案担当者はこの点につき，たとえ契約締結時に保険金受取人が指定されていなくても，保険事故が発生すれば保険者は誰かに対して保険金を支払わなければならず，その意味で，保険金受取人は常に存在するということができるから，契約締結時には保険金受取人は定められ，契約締結後はすべて保険金受取人の変更になるものとして整理するのが合理的であること等を踏まえたものであると解説する[15]。保険法42条（71条）は第三者のためにする契約について規定するが，保険契約者は，保険契約締結時に保険金受取人を特定の者に指定することが通例と思われるし，また，保険契約によっては，あらかじめ約款で特定の者が保険金受取人に定められていることもあるので，多くの場合，契約締結時に

---

11) 中間試案補足説明・立案137頁。
12) 保険事故の発生により保険金請求権者が確定してしまうので，条文上，この点をあえて明確にしておくことには意義が認められよう。
13) 遠山優治「生命保険実務への影響」法律のひろば61巻8号35頁（2008）。
14) 中間試案補足説明・立案137頁。
15) 一問一答177頁。

保険金受取人が指定されているといえよう。また，指定がなされていない場合には，自己のための保険契約となり，保険契約者自身が保険金受取人となるので，保険金受取人が存在しないという事態はありえないわけである。自己のための保険契約としていた保険契約者が，後に，新たに第三者を保険金受取人にすることを欲する場合があり，その場合は，新たな保険金受取人指定と呼ばれてきた[16]。また，保険金受取人を追加指定するというケースも考えられるが，これらも，保険金受取人を保険契約者自身から第三者に変更したとみることができよう。改正前商法においては，保険金受取人の指定と変更の関係が必ずしも明らかにされていなかった点に鑑みれば，保険法が指定という文言をあえて採用せず，変更という文言で整理したことは合理的であるし，その意義は少なくないといえよう[17]。とはいえ，保険金受取人の指定という言葉がすでに普及していることからすると，法律からこの概念を抹消することに対する違和感も払拭できないであろう。

なお，改正前商法675条2項では，保険事故発生前に，保険契約者が保険金受取人を変更しないまま死亡した場合には，保険金受取人が確定すると規定し，保険契約者の相続人による受取人変更権の行使を認めていないが，この規定の存在意義については，次のような理由から，立法論的批判がなされてきた[18]。すなわち，①相続人の変更権を当然に排除する必要があるのか，②保険金受取人の権利を確定させたとしても，保険料支払義務等の保険契約者の地位は相続人に承継されているため，相続人は保険契約を解約でき，保険料不払により保険契約を失効させることもできる。また，保険約款においても，保険契約者またはその相続人が変更権を有することが明記されるのが通例である。

保険法は，改正前商法のような規律はあえて設けていないので，保険契約者が保険事故発生前に死亡した場合には，その地位を承継した相続人が保険金受取人の変更権を有することになる[19]。

本条1項（72条1項）に従い保険者が変更権を認めた場合には，本条2項以

---

16) 大森278頁。
17) 潘阿憲「保険金受取人の指定・変更」落合＝山下123頁注8（2008）。
18) 山下495頁。
19) 一問一答179頁。

(2)　改正前商法には，保険金受取人変更の意思表示の相手方に関する規定はなく，解釈に委ねられていた[20]。この点については，①保険金受取人を誰にするかは生命保険契約や傷害疾病定額保険契約にとってもっとも重要な要素の1つである，②その変更の意思表示についても契約当事者である保険者を相手方とするのが簡明かつ自然である，③判例に従えば，新旧受取人に対する意思表示があれば保険金受取人変更の効力が生じるが，それが保険者に通知されない限り対抗要件は満たされないため（改正前商677条1項），保険者が旧受取人に保険金を支払った場合には（その限りで保険者は免責される），新受取人が旧受取人に対して受領保険金につき不当利得返還請求を行うことができることになり法律関係が複雑になるという理由から，本条2項（72条2項）のような規律が設けられた[21]。

　本条2項（72条2項）によれば，保険金受取人変更の意思表示は保険者に対して行わなければならない。保険法は一方で保険契約者の意思を尊重しつつ，他方で，保険関係者（保険金請求権の譲受人や差押債権者等）の法的安定性を図るために，意思表示の相手方を保険者に限定している[22]。したがって，改正前商法の下では，死期が迫った保険契約者が近親者に対して同人を保険金受取人に変更したいので手続を取るように告げることによっても受取人変更の効果が生じたが，保険法の下では，保険者に対して意思表示が発信されているとはいえないので，変更の効果は生じないことになる。

　(3)　改正前商法には，保険金受取人変更の意思表示の効力発生要件・時期に関する規定がなく，見解が分かれていたが，この点を立法的に解決したのが本条3項（72条3項）である。

　本条3項（72条3項）によれば，保険金受取人の変更の意思表示は，その意

---

20)　前掲最判昭和62年10月29日民集41巻7号1527頁は，保険金受取人の変更の意思表示は，保険者または新旧保険金受取人のいずれに対するものであってもよいと判示している。しかし，指定変更は保険契約者の一方的意思表示で効力が発生するという点を考慮すれば，保険契約者の指定変更の意思がなんらかの形で表示されれば指定変更の効力を認めてよいと考えられることから，これを相手方のない意思表示であるとする学説（山下497頁）が有力に唱えられ，同趣旨の裁判例（東京地判平成9年9月30日金判1029号28頁）も見られた。
21)　一問一答181頁。
22)　萩本修ほか「保険法の解説(4)」NBL 887号91頁（2008）。

思表示の通知が保険者に到達したことを条件として，その通知の発信時に遡って効力を生じることになる。民法の到達主義の原則（民97条1項）によれば，保険契約者が保険金受取人の変更の意思表示を発した後，その通知が保険者に到達する前に保険事故等が発生した場合には，その意思表示の効力は認められず，変更前の保険金受取人が保険金請求権を有することになるが，そのような結果は保険契約者の意思に反するものである。そこで，保険契約者の意思を尊重する見地から，到達主義の例外として，効力の発生時期を遡らせている。

本条3項ただし書（72条3項ただし書）によると，保険金受取人の変更の意思表示が保険者に到達する前に保険者が保険金を支払った場合でも，その支払は有効とされる。これは，二重弁済の危険から保険者を保護するための規律である。そのような効果に注目すると，改正前商法が定めていた対抗要件の場合に類似するが，本条では，保険契約者の意思表示の相手方が保険者に限定されつつ，その意思表示が保険者に到達することが前提とされている以上，それとは似て非なるものである[23]。

意思表示の到達によって保険金受取人変更の効力が生じるので，保険金は新たに受取人とされた者に帰属すべきものとなる。その結果，旧受取人に支払われた保険金は不当利得になるので，新保険金受取人は旧保険金受取人に対して不当利得返還請求権を行使することができる（民703条）。

(4) 比較法的には次のような規律が見られる。2008年1月1日に施行されたドイツ保険契約法159条1項は次のように規定している[24]。「保険契約者は，疑義があるときは，保険者の同意を得ることなく，第三者を保険金受取人に指定することができ，かつ，このようにして保険金受取人に指定した第三者を別の者に変更することができる」。

一方，フランス保険法典L.132-8条6項は，「保険契約において保険金受取人の指定がなされていない場合，または保険金受取人の受諾がない場合は，保険契約者は保険金受取人を指定，または保険金受取人を他の者に変更すること

---

[23] なお，中間試案の段階では発信主義の立場が提案されていたが，発信主義の下では，受取人変更の意思表示としての通知と対抗要件としての通知（観念の通知）が必要となる。これは，保険契約者にとってきわめてわかりにくい制度といえるので，本条のような立場が合理的である。

[24] 以下の訳につき，独保険契約法（訳）参照。

ができる。被保険者が保険契約者でない場合に行われた指定または変更は、被保険者の同意がある場合にのみ有効とされる。その指定または変更は、契約変更証書によるか、民法典1690条に定める要式を満たすことによるか、または遺言によって行うことができる」と規定する。したがって、指定がなされていて、かつ保険金受取人の受益の意思表示がない限り、保険金受取人を変更することが可能である。保険金受取人の変更は、契約変更証書によるか、民法典1690条に定める要式を満たすことによるか、または遺言によって行うことになるので、要式性が求められている。また、フランス保険法典L.132-25条は、「保険者が、遺言もしくはその他の方法による保険金受取人の指定または他の保険金受取人の承諾または指定の撤回を知らなかったときは、その指定、承諾または撤回がなければ権利を有したであろう者に対してなされた保険金または年金の支払は善意の保険者を免責する」と規定する（対抗要件）。したがって、同L.132-8条6項に従って保険金受取人変更の意思表示を行えば、保険者への通知がなくとも、変更の効力が生じるが、同L.132-25条が対抗要件を規定しているので、保険者は旧保険金受取人に保険金を支払うことで免責される。この場合は、新保険金受取人は、旧保険金受取人に対して不当利得の返還を求めることになる[25]。

ちなみに、1992年のベルギー陸上保険契約法106条Ⅰ第1項は、「保険契約者は1名または数名の保険金受取人を指定することができる。この権利は排他的な権利として保険契約者に帰属し、その配偶者、法定代理人、相続人もしくは権利承継人または債権者がこれを行使することはできない」として保険金受取人の指定権を法定しつつ、同条Ⅲは、「保険者は、保険金受取人の指定を変更する書面の受領前に保険金受取人に対して善意で支払を行ったときは、あらゆる義務を免れる」と規定して保険金受取人変更の可能性を認める。

2　解釈上の問題点

(1) 任意規定性と強行規定性　　本条1項（72条1項）は任意規定であるから、約款でこれと異なる定めを置くことが可能である。そこで、①受取人変更

---

[25] Y. Lambert-Faivr et L. Leveneur, *Droit des assurances*, 12ᵉ éd., Dalloz, 2005, n° 953.

の通知方法を書面に限定したり，変更の意思表示の到達を表示して法律関係を明確化する趣旨で保険証券への表示（裏書）を受けることを要求するというように，変更方法に制限を課す約款規定，②保険金受取人変更について保険者の同意を求める約款規定，③保険金受取人変更の対象を一定の範囲に限定する約款規定や，これをまったく認めない約款規定の効力が問題となる。

　以上のうち，①については，意思表示を明確化するということに合理性が認められるのでとくに問題はない。ただし，保険証券への表示（裏書）については，保険者に裁量権がないので，保険契約者から真正の通知を受けた場合，保険者は承認裏書を拒否できないものと解される[26]。②については，本条2項（72条2項）の強行規定性との関係が問題となる。しかし，同項は意思表示の相手方および意思表示の効力に関する強行規定であると解される[27]，本条1項（72条1項）は保険契約者の受取人変更権の有無に関する規律であって，これが任意規定とされている[28]，保険者の同意を求めることについてはモラル・リスクの防止という視点から合理性が認められる，という理由から，②も有効と見るべきである。他方，③については問題がないわけではない。このような制限は保険契約者の権利を制約するものであり，保険契約者の意思を尊重するという本条の趣旨に反することにもなりかねないので，これが無条件に認められるとは思えない。受取人の変更を禁止するためには，商品の性質上そうすることについて合理性が担保されていることが必要であり[29]，これを逸脱する場合には，消費者契約法10条が適用される余地がある。

---

26) 遠山・前掲注13) 36頁，輿石進「保険金受取人の変更」金澤＝大塚＝児玉257頁。なお，従来から，生命保険実務では，保険証券への裏書を対抗要件とする旨規定するのが通例であり，裏書の否認について保険者に裁量権を認める判例（大判昭和13年5月19日民集17巻1021頁）も見られたが，保険者にはそのような裁量権はなく，保険契約者が裏書を請求すれば保険者はこれを拒絶できないと解する見解が有力に唱えられていた（山下504頁）。

27) 竹濱修「生命保険契約および傷害疾病保険契約特有の事項」ジュリ1364号43頁（2008），萩本ほか・前掲注22) 91頁，遠山・前掲注13) 36頁。

28) 山本哲生「保険金受取人の指定・変更」甘利＝山本271-272頁。

29) 萩本ほか・前掲注22) 91頁，一問一答179頁，竹濱・前掲注27) 43頁。なお，自動車保険に含まれている傷害保険（人身傷害保険，搭乗者傷害保険等）のように，保険金受取人があらかじめ特定されている場合があるが（たとえば，被保険者死亡の場合は被保険者の法定相続人），長期にわたる契約ではないので，それなりの合理性が認められよう。他方，長期継続する生命保険において保険金受取人の変更を一切認めないというような約款規定は合理性を欠くおそれがあり，消費者契約法10条が適用される可能性があろう。

第 2 節　効　力

なお，本条1項（72条1項）により，保険契約者が保険金受取人を変更できることが原則とされるので，保険金受取人を被保険者に固定する趣旨で保険金受取人を被保険者とする約款については，保険契約者が保険金受取人を変更することができない旨を明示する必要があろう[30]。

本条2項・3項（72条2項・3項）はいずれも強行規定と解されるので，保険金受取人の変更を，保険者に対する意思表示以外の方法で認める特約や変更の効力を保険者への到達時をもって認める特約は無効となる。また，保険者の本社への到達を条件として変更の効力を認める特約や，保険者の営業職員が受領しても変更の効力が生じない旨の約款規定も同様に無効と解される[31]。

(2)　通知の発信・到達の意義　保険金受取人の変更の意思表示は，その意思表示の通知が保険者に到達したことを条件として，その通知の発信時に遡って効力を生じることになるが，いなかる事実をもって意思表示の発信・到達と見るかが問題となる。

意思表示の発信については，発信時と保険事故発生時が近接する場合（保険契約者が保険金受取人変更の意思表示を行って間もなく被保険者が死亡したような場合）に次のようなケースが想定できる。

① 　保険契約者が必要書類をポストに投函ないし郵便局の窓口に差し出した時
② 　保険契約者が必要書類を営業職員に渡した時
③ 　保険契約者がコールセンターに電話し保険金受取人を変更したい旨を口頭で伝え，必要書類を請求した時
④ 　保険契約者が新受取人その他の保険者以外の者に必要書類（または保険金受取人を変更したい旨の手紙・メモ）を渡し「保険会社に出しておきなさい」と言った時
⑤ 　保険契約者が，生前に，保険金受取人を変更する旨の保険会社に対する手紙を書いて机の中にしまった時。また，死後にそれが発見された時

さて，発信とは，表意者が意図した内容を記号（音声または書面）にして相手方に到達するように適当な状態を作出する段階を意味する[32]。すなわち，表

---

30)　遠山・前掲注13) 36頁。
31)　一問一答182頁。

意者の支配領域から離れ，通常であれば相手方に到達する状況が発信といえる。到達とは，表意者が相手方に意思表示の内容を知らせるために通常必要な行為をなし，取引上の通念に従い，発信者としてなすべきことをなすだけでなく，その意思表示が相手方に知られることが期待できるようにその支配権内に入ったといえる状態を意味する[33]。

①は，その典型例であるからまったく問題はない。

②も，保険契約者の支配領域内から離れ保険者に向かって発せられているので，発信と見てよいであろう[34]。なお，営業職員は一般に保険金受取人変更の意思表示の受領権限を有していないが，保険契約者としては，当該営業職員が遅滞なく受領権限のある部門に伝達してくれるものと期待するのが通常であろうし，そのような期待を保護することには保険法の立法趣旨からして合理性が認められるので，当該営業職員への交付の時点で到達があったと見るべきであろう[35]。

③は，コールセンターという保険者の支配領域内へ向けて音声による通知を行っていて，それが同支配領域内に到達しているわけであるから，変更の内容が具体的に伝達されている限り，発信も到達も認められることになろう[36]。もっとも，ただ単に，保険金受取人変更のための書類を請求しただけでは変更の意思表示の発信があったとはいえないであろう。

④は限界事例であり，微妙な問題がある。支配領域という点を重視するのであれば，郵送等を託された近親者は，保険契約者の使者としての立場にあるにすぎず，その意思表示は保険契約者の支配領域にあると考えられるので，その

---

32) 川島武宜編・注釈民法(3) 244頁 [高津幸一] (1973)。なお，川島武宜＝平井宜雄編・新版注釈民法(3) 512頁 [須永醇] (2003) 参照。

33) 高津・前掲注32) 246頁。なお，最判昭和36年4月20日民集15巻4号774頁は，到達とは，意思表示が相手方にとって了知可能な状態におかれことを意味し，それが相手方の支配圏内におかれることをもって足りると判示している。

34) 竹濵・前掲注27) 43頁。

35) 潘・前掲注12) 122頁，山下友信「保険法と判例法理への影響」自由と正義60巻1号32頁 (2009)。なお，到達の判断にあたっては，その効果を認めた方が妥当だと考えられる場合には，到達を有効と認める解釈を採用すべきであるから（遠藤浩 [判批] 民法判例百選 I 総則・物権〈第3版〉56頁 (1989)），立法趣旨を踏まえた価値判断を採用すべきであろう。

36) ただし，消印がある郵便の場合とは異なり，コールセンターの担当者が具体的な保険金受取人変更の通知を受けたか否かの証明については困難が伴う可能性がある。

近親者が必要書類を発送した時点をもって発信時と解すべきことになろう37)。しかしながら，近親者は保険契約者の意思表示を伝達するための使者であるというように，その機能的・外形的な側面に着目するのであれば，その役割は郵便の集配人となんら変わらないと解することができよう38)。また，保険契約者の発信の意思が明確である以上，保険契約者の意思を尊重するという立法趣旨を考慮すれば，発信の効果を認めるという価値判断が働いてもよいものと思われるし，表意者である保険契約者が採用した意思伝達手段が適正でないとはいえないであろうから，④についても，発信があったと解すべきであろう39)。

⑤は，意思表示がなされているものの，書面が表意者の支配領域内にとどまっていることは明らかであるから，これをもって発信があったと見ることは困難である。

(3) 保険金受取人変更の可否に関する問題　　本条1項により，保険契約者は，保険事故発生前であればいつでも保険金受取人の変更をすることができるが，かねてから次のような問題が議論されており，それは保険法の下でもなお解釈上の問題として残されている。

㈦　保険契約者の債権者による保険金受取人変更の可否　　保険契約者の債権者が債権者代位権（民423条）を行使して保険金受取人を第三者に変更した上で，債権の回収を図ることができるかという問題があるが，保険金受取人変更権は保険契約者の一身専属権と解されるので40)，かかる権利行使は否定されるべきであろう。次に，保険契約者の債権者が債権者代位権を行使してすでになされた保険金受取人の指定を撤回して，これを自己のための保険契約とした上で，解約返戻金請求権や保険金請求権を差押えすることができるかという点も問題とされ，肯定説41)と否定説42)が対立していた。保険法は，前述した通り「指定」という文言を使用せず，契約締結後はすべて保険金受取人の

---

37)　竹濱・前掲注27) 43頁。
38)　明治大学法科大学院・第一生命・損保ジャパン寄付講座（保険法制定記念公開シンポジウム）「新しい保険法と市民生活」51頁［岡野谷知広発言］（2009）。
39)　山下・前掲注35) 32頁。
40)　山下505頁。これに対し，大森280頁は，受取人指定・変更行為は保険契約者の一身専属的権利と解することはできないと主張する。
41)　大森280頁。
42)　山下506頁。

「変更」としてとらえているので、「指定の撤回」も「保険金受取人の変更」となる。そうであるとするならば、保険金受取人の変更の一身専属性は、これまで理解されてきた「指定の撤回」にも及ぶべきことになる。したがって、これは否定説によって処理されるべきであろう。

(イ) 保険金受取人変更と詐害行為取消権　保険金受取人の変更は、保険契約者の一方的意思表示によって生じる単独行為（法律行為）であるから、民法上の詐害行為取消権の対象となる可能性がある[43]。これについては、保険契約者が第三者を保険金受取人に指定した場合と、保険契約者が自分自身を保険金受取人に指定したケースに分けて考える必要がある。

まず、第三者のためにする生命保険契約において、当初の保険金受取人Aが無資力になった後に保険金受取人をBに変更した場合に、Aの債権者はこの保険金受取人の変更により不利益を受けることはありうるが、Aの債権者に対する関係で詐害行為の成否が問題となるのはA自身の行為である以上、保険契約者による保険金受取人の変更は詐害行為取消権の対象とはなりえない[44]。

次に、自己のためにする生命保険契約において、保険契約者自身が無資力となった後で、保険金受取人を保険契約者以外の第三者に変更する場合に、これが詐害行為取消権の対象となるか否かが問題となる。この場合については詐害行為を認めるのが一般的と思われるが[45]、保険契約者はいつでも保険金受取人を変更することができる以上、保険金受取人の債権者としては、保険金請求権を保険金受取人の責任財産として強く期待できないのであるから、詐害行為取消権の対象とならないと解する余地もあろう[46]。

---

43) 山下506頁。なお、保険金受取人の変更は破産法上の否認権との関係でも問題となる。その点については、藤田友敬「保険金受取人の法的地位(2)」法協109巻6号1076頁以下（1992）、入江正信「生命保険契約と否認権」三宅一夫追悼・保険法の現代的課題248頁（1993）、山下・前掲注5）162頁、糸川厚生「生命保険契約上の権利に関する破産法上の否認・詐害行為取消権についての一考察」文研118号175頁（1997）、岡山忠広「保険契約の保険金受取人変更と詐害行為取消権・否認権の行使」判タ1267号30頁（2008）参照。

44) 仙台地判平成6年12月21日生判7巻470頁。

45) 表宏機〔判批〕保険レポ175号14頁以下（2002）。なお、保険契約者を変更した後に保険金受取人を変更する場合の判例については、大阪地判平成6年10月18日生判7巻431頁参照。

46) 山下507頁。なお、札幌地判昭和57年7月22日生判3巻230頁（神田秀樹〔判批〕生保百選218頁参照）は、他人のためにする生命保険契約において保険金請求権は保険契約者の責

㈦　保険金受取人変更と会社法上の利益相反取引規制　　保険契約者である会社が自己のためにする生命保険契約を締結していたところ，同社が保険金受取人を同社の取締役や執行役等に変更する場合に，会社法上の利益相反取引規制（会社356条・365条・419条・595条）に抵触し，取締役会等の承認を要するか否かが問題となる。利益相反取引に該当すると解せば，取締役会等の承認を得ないでなされた保険金受取人変更について会社は常に無効を主張できることになる47)。裁判例は，肯定説48)と否定説49)に分かれるが，前者が多数を占める。学説では，受取人変更が直接取引・間接取引のいずれに該当するかという点についての対立はあるものの，肯定説が支配的である50)。なお，利益相反の問題は，とくに会社が保険会社に対して保険金請求を行った場合に深刻となるが，この点については，保険会社との関係においては利益相反は問題にならないとする見解51)が見られる一方で，①保険金受取人の変更を間接取引と解した上で，取締役会の承認のない受取人変更は無効であるが，この無効は善意無重過失の第三者に対抗できないので，保険会社は重過失なく，承認のないことを知らないときは，変更後の保険金受取人に有効に保険金を支払うことができるものの，この種の保険の性質から受取人を会社以外の者とすることは異例のことであるから，保険金受取人の変更がなされた場合に取締役会の承認の有無について何の調査もしないときは特段の事情のない限り保険会社に重過失が認められるとする見解52)，②この問題を対価関係に即して考え，保険者と

　　任財産に属しないから，保険契約者が後に保険金受取人を他の者に変更しても，保険契約者の責任財産がこれによって減少するものではなく，この保険金受取人の変更は，保険契約者の債権者に対する詐害行為にはならないと判示している。
47)　江頭憲治郎・株式会社法〈第3版〉413頁（2009）。
48)　名古屋地判昭和58年9月26日判タ525号287頁，高知地判昭和59年9月27日生判4巻87頁，仙台高決平成9年7月25日判時1626号139頁。
49)　東京地判昭和63年9月26日判時1299号141頁。この立場は，保険金受取人変更行為が単独行為であるが故に直接取引にも間接取引にもあたらないということを根拠とする。しかしながら，単独行為性を間接取引性がないことと結びつけることには無理があろう（仙台高決平成9年7月25日前掲注48)参照）。
50)　西島338頁，小林登〔判批〕生保百選221頁，森本滋〔判批〕リマークス1号192頁（1990），黒沼悦郎「保険金受取人の変更と利益相反取引」文研92号34頁（1990）等。学説の詳細については，岡田豊基「保険金受取人等の変更と利益相反取引規制」神戸学院法学32巻2号191頁（2002）参照。
51)　甘利公人〔判批〕熊法61号83頁（1989），石井文邦〔判批〕判タ764号76頁（1991）。

の関係では受取人変更は常に有効であるとしつつ，受取人変更は保険金請求権を会社から取締役に直接移転する行為であって直接取引として扱うべきであるとする見解53)が有力に主張されている。

〔山野嘉朗〕

---

52) 森本・前掲注50) 194頁。
53) 山下507-508頁（なお，藤田・前掲注43) 1045頁参照）。

第2節 効　力　　　　　　　　　　　　　　　　　　　　§44・§73　Ⅰ・Ⅱ

> **（遺言による保険金受取人の変更）**
> **第44条**　1　保険金受取人の変更は，遺言によっても，することができる。
> 　2　遺言による保険金受取人の変更は，その遺言が効力を生じた後，保険契約者の相続人がその旨を保険者に通知しなければ，これをもって保険者に対抗することができない。
>
> **（遺言による保険金受取人の変更）**
> **第73条**　1　保険金受取人の変更は，遺言によっても，することができる。
> 　2　遺言による保険金受取人の変更は，その遺言が効力を生じた後，保険契約者の相続人がその旨を保険者に通知しなければ，これをもって保険者に対抗することができない。

Ⅰ　趣　旨

　保険契約者が，保険金受取人の変更を家族に知られたくない場合や，遺産の分割方法について遺言を残すと同時に自己の死亡保険金の受取人も変更したいと欲する場合[1]には，遺言による保険金受取人の変更が有用である。ところが，改正前商法にはこれについての明文の規定が存在せず，その可否は解釈に委ねられていた。高齢化社会を迎え，生命保険がより有効に機能するためには，保険契約者の多様なニーズに対応すべきである[2]。そこで，以上のように法的に不安定な状況を解消すべく，生命保険契約と傷害疾病定額保険契約について遺言による保険金受取人変更の規律が設けられることとなった。

Ⅱ　沿　革

1　改正試案と比較法

　改正前商法では，遺言による保険金受取人変更の規律はとくに設けられていなかった。また，生命保険法制研究会の生命保険契約法改正試案においても特

---
[1]　一問一答185頁以下。
[2]　法務大臣諮問第78号（平成18年9月6日）では，「生命保険契約に関し，今後の高齢化社会における役割の重要性にかんがみ，多様なニーズにこたえることができるように規律を見直すものとする」とされていた。

別な規律を設けることは見送られ，その可否は解釈に委ねられるとの立場が採用されていた[3]。

これに対し，外国では，遺言による保険金受取人の指定・変更を認める立法例が見られる。フランス保険法典 L. 132-8 条 6 項は遺言による保険金受取人の指定・変更を，スイス保険契約法 77 条 1 項は保険契約から生じる請求権についての生前または死後の処分権を，イタリア民法 1920 条 2 項は保険金受取人の指定権を認める。

2　法改正前の理論状況

遺言事項は法定事項であるが（民 960 条），生命保険金受取人の変更は，民法上，法定事項として明記されておらず，また商法上も遺言による保険金変更の規律は設けられていなかったことから，その可否については見解が対立していた。

裁判例の中には，これを否定するもの[4]も見られたが，近時はこれを肯定するものが主流となっている[5]。

学説も肯定説と否定説[6]が対立するが，近年では肯定説が多数説である。否定説は，保険金請求権は相続財産に属さないので，保険金受取人変更を遺贈に準じる財産処分行為と見ることはできないなどの理由から，遺言による保険金受取人の変更を否定する。

肯定説の中には，保険金受取人の指定・変更行為を相手方のある意思表示と解しつつ，遺言の効力としてはこれを認め，その効力発生時期を遺言の効力発生時期ととらえる見解も見られる[7]。しかし，保険金受取人の指定・変更行為を相手方のない意思表示と解する見解が有力であり[8]，そのような見解に立て

---

[3]　生保試案（2005）66 頁。
[4]　東京高判昭和 60 年 9 月 26 日金法 1138 号 37 頁。
[5]　大阪高判昭和 63 年 12 月 21 日生判 5 巻 388 頁，東京地判平成 9 年 9 月 30 日金判 1029 号 28 頁，東京高判平成 10 年 3 月 25 日判タ 968 号 129 頁，神戸地判平成 15 年 9 月 4 日判タ 1162 号 108 頁，京都地判平成 18 年 7 月 18 日判例集未登録（山下典孝〔判批〕金判 1250 号 43 頁 (2006)）。
[6]　中西正明［追加説明］保険レポ 188 号 23 頁 (2004)，日本公証人連合会法規委員会平成 4 年 10 月 6 日議事 1・公証 102 号 224 頁 (1993)。
[7]　中村敏夫・生命保険契約法の理論と実務 288 頁以下 (1997)。
[8]　山下友信・現代の生命・傷害保険法 9 頁 (1999)。

ば，遺言による変更は当然に認められるという結論が導かれることになる9)。したがって，指定・変更の意思表示を相手方のある意思表示と解するか否かという問題と，遺言による保険金受取人変更の可否の問題とは必ずしも直結しない。ところで，保険金受取人の指定・変更行為を相手方のない意思表示とする解釈は，保険金受取人変更の効力は遺言作成時に発生するという結論に結びつきやすいが，遺言証書に記載した以上，原則として遺言者死亡時に効力が発生するという解釈も成り立ちうる10)。

　肯定説においては，受取人の変更を①遺言事項と解する見解11)と②「遺言の場合を借りた」相手方のない意思表示と解する見解12)が対立している。

　前者によれば，保険金受取人の変更と遺言の効力が連動するので，遺言に瑕疵があって無効とされた場合は，変更も当然に無効となる。しかし，後者によると，保険契約者（遺言者）は，たんに遺言という場を借りて保険金受取人変更の意思表示を行っただけであると解されるので，遺言の効力と変更の効力は直結しない。したがって，遺言が無効とされても，保険金受取人変更の効果は遺言作成時に生じているので，保険金受取人の変更はなお有効である。この立場からすると，遺言で許される処分の内容は法定事項に限られており，保険金受取人の変更はこれに含まれていない以上，遺言による保険金受取人の変更行為の効果が遺言の効力として発生すると解することには無理があることになる。また，遺言としての効力を認めると，当初の受取人からいったん契約者の財産に戻った上で，財産処分（遺贈）として新たな受取人に承継取得されることになるなら，保険金請求権の固有権性に反するのではないかとの疑問も生じる13)。

---

9)　石田満〔判批〕ジュリ903号55頁（1988）。
10)　栗田和彦〔判批〕リマークス17号115頁（1998）。
11)　山下500頁，山下孝之・生命保険の財産法的側面35頁（2003），山本哲生〔判批〕ジュリ1157号113頁（1999），時岡泰「遺言による生命保険金人の変更」公証法学30号299頁（2001）。
12)　大塚英明〔判批〕生保百選217頁，榎本峰夫［コメント］保険レポ139号16頁（1998），岡田豊基〔判批〕保険レポ137号7頁（1998），山下典孝〔判批〕保険レポ188号20頁（2004）。保険実務においては，これまではこの見解に従って運用がなされてきたようである（興石進「保険金受取人の変更」金澤＝大塚＝児玉260頁）。なお，大阪高判昭和63年12月21日前掲注5)はこのような立場に立つものと考えられる。
13)　大塚・前掲注12) 217頁。

しかし，受取人変更は財産処分行為と考えられる以上，これを法律上許容された遺言事項と類推することは許されるであろう[14]。また，遺言による受取人変更によって財産を処分するとしても，それを遺贈ととらえ，新保険金受取人に承継取得されると考える必然性はなかろう。遺言事項として受取人変更が効力を発したとしても，新保険金受取人はなお固有の権利として保険金請求権を原始的に取得すると解すべきである。

いずれにしても，同一書面の中に遺言の効力のある法定事項と遺言の効力のない法定外の事項が混在するという発想は不自然と思われる。遺言という厳格な要式を用いた以上，その瑕疵によって遺言者の意思が反映されない結果が生じることはありうるので，遺言書における受取人変更だけが特別な扱いを受けるべきではないといえよう。保険契約者（遺言者）が受取人変更を遺言という形式を利用して行った意味を考えた場合，他の遺言事項と併せ，遺言内容全体が遺言者の最終意思と考えられるし，遺言証書に記されていた事項が受取人変更に限られていたとしても，遺言という方式を用いた以上，保険契約者（遺言者）の意思は，遺言としての受取人変更にあると解するのが自然といえよう。したがって，遺言に瑕疵がある場合は，遺言自体が無効となり，ひいては受取人変更も無効になるものと解さざるをえないように思われる。

III 条文解説

1 総　説

保険契約者は，保険事故が発生するまでは，保険金受取人を変更することができるが（43条1項・72条1項），本条は，遺言によってもこれを行うことができると規定する。遺言という形式を利用する以上，保険金受取人の変更は民法（相続法）の定める遺言の要件に従うことになる[15]。したがって，以下のよう

---

[14] 伊藤昌司・相続法82頁（2002），二宮周平・家族法〈第2版〉284頁（2005）。

[15] 立法過程においては，必要的記載事項を法定すべきであるとの議論もみられたが，①どのような意思表示があれば保険金受取人の変更の意思表示と見ることができるかということは，生前の意思表示による保険金受取人の変更にも共通する問題である，②民法上，遺言については厳格な方式が定められている，③遺言の内容が不明確である場合には債権者不確知として保険金の供託が可能であるなどの理由から，とくに規律は設けないという結論に至っている（一

(1) 遺言は単独行為であり、遺言者の死亡の時からその効力が発生する以上（民985条1項）、保険金受取人の変更もこれと連動して効力が生じることになる。保険法上は、通常の保険金受取人変更については相手方のある単独行為であり（43条2項）、遺言による場合には相手方のない単独行為であるされているので、保険法は異なる2つの法的類型を設定したといえよう[16]。保険金受取人の変更は保険事故発生前に行わなければならないので（43条1項・72条1項）、他人の生命（死亡）の保険契約において、保険契約者である遺言者が死亡する前に被保険者が死亡した（保険事故が発生した）場合には、保険金受取人の変更の効果が生じない。その意味では、遺言による保険金受取人の変更の有効性は、被保険者の死亡時期に左右されるといってよい。

これに対し、保険契約者と被保険者が同一である自己の生命の保険契約においては、遺言による保険金受取人の変更と同時に保険事故が発生することになるが、このような場合も「保険事故が発生するまで」（43条1項・72条1項）に保険金受取人の変更がなされたものと解される[17]。

(2) 保険金受取人の変更が民法の定める遺言の要件に依拠する以上、遺言が無効な場合には受取人変更も無効となる[18]。

(3) 遺言によって保険金受取人の変更の意思表示を行った後で、新たな遺言により、さらなる保険金受取人の変更を行った場合には、その部分について前の遺言が撤回されたことになる（民1023条1項）。

レアケースとは思われるが、相続人が新たな遺言の存在を知らずに、すなわち、相続人が遺言が撤回されたことを知らずに保険者に通知した結果、保険者が無効な遺言に従って保険金を支払った場合の保険者の責任が問題となりうる。

　　　問一答186頁）。なお、遺言に関する民法の規定は強行規定と解されるので、約款で、これと異なる内容を定めたとしても無効となる。
16)　村田敏一「新保険法における保険金受取人に関する規律について」生保166号46頁（2009）。
17)　一問一答186頁。
18)　したがって、受取人の変更を「遺言の場合を借りた」相手方のない意思表示と解する説は明確に否定されたことになろう。なお、遺言としては無効であっても遺言者の行為が保険者に対する受取人変更の意思表示の趣旨を含むものと認められる場合に、無効である遺言書によりなされた意思表示を保険者に対する意思表示と解釈する余地があるとする見解として、山本哲生「保険金受取人の指定・変更」甘利＝山本275-276頁参照。

もっとも，その場合でも，保険者が十分な注意義務を尽くしていれば（提示された遺言の日付と保険者への意思表示による受取人変更の経緯・先後関係の確認等），債権の準占有者に対する弁済として免責されると解してよかろう[19]（民478条）。

　(4)　遺言作成後に，保険金受取人をさらに変更するとの生前の意思表示がなされた場合も，遺言が撤回されたことになる（民1023条2項)[20]。

　遺言による保険金受取人の変更については，遺言の効力発生後に保険契約者の相続人がその旨を保険者に通知することが対抗要件とされる（43条1項・72条1項）。その趣旨は保険者の二重弁済の防止にある。遺言によらない保険金受取人の変更については，意思表示の相手方が保険者に限定され，かつ，意思表示の通知が保険者に到達することを条件として，意思表示の発信時にその効力が生じると規定されているので（43条2項・3項・72条2項・3項），対抗要件の問題は生じないが，遺言は相手方のない単独行為と解されているため，保険者が保険金受取人の変更の事実を直ちには知りえないので，このような対抗要件の規定が設けられている。したがって，相続人が，遺言による保険金受取人の変更の通知を発し，それが保険者に到達する前に保険者が旧保険金受取人に保険給付を行ったとしても保険者は免責されるので，その場合，新保険金受取人は旧保険金受取人に対して不当利得の返還を求めることになる。

　なお，このような対抗要件としての通知は相続人が行うものと規定されているが，その趣旨が問題となる。保険契約者の相続人が複数存在する場合，本条の文言上，「相続人全員が行う」という解釈と「相続人の1人が行えば足りる」という解釈がありうる。立案担当者の見解に従うと，44条2項と73条2項では，単に「相続人」という文言が使用され，46条および75条では「相続人の全員」という文言と区別されて規定されていることから明らかな通り，相続人の1人で足りるという趣旨である[21]。なお，遺言執行者は相続人の代理人とみなされるので（民1015条），遺言執行者も対抗要件としての通知を行うこと

---

19)　矢野慎治郎「遺言による受取人変更」落合＝山下129頁。
20)　保険法施行前の事案ではあるが，仙台高判平成20年3月27日保険レポ235号11頁・保険レポ237号1頁は，遺言による保険金受取人変更を行った後の，生前の保険金受取人変更の効力を認めている。なお，この事案の結論は保険法の下でも変わらないものといえる（天谷哲之〔判批〕保険レポ237号7-8頁（2009））。
21)　一問一答186頁。

ができる。

　本条1項は任意規定であるから、遺言による保険金受取人変更を認めない約款や、遺言による保険金受取人変更を認めつつ、保険金受取人の範囲を限定する約款も、保険契約の性質や目的からみて合理性が担保されている限り有効である[22]。

　本条2項は対抗要件に関する規定であるため、絶対的強行規定と解される。したがって、これに反する規定は無効となる。

2　解釈上の問題

　(1)　遺言事項と保険金請求権取得の固有権性との関係　　保険法制定以前の学説の中には、遺言による保険金受取人変更を、新受取人に対する一種の遺贈ないしは遺贈に準ずるものと解する見解が見られた[23]。一方、保険法は、保険金受取人の変更を遺言事項と定めた。このことから、保険金受取人変更が従来よりも、遺贈の色彩を強めることになったのではないかという解釈も可能である[24]。保険金受取人変更を遺贈と解することになれば、保険金請求権取得の固有権性を認める従来の判例が否定されることになり、いきおい、保険金請求権が保険契約者の相続債権者のための責任財産に組み込まれるという結論に至ることになる。しかし、保険金請求権は、保険契約者自身が取得することは想定されていない権利であって、保険契約者以外の者が保険金請求権を取得することが想定されている以上、遺言という終意処分により指定変更がなされる場合といえども、遺贈として扱うことが必然的な帰結になるとは考えがたく[25]、遺言事項として受取人変更が効力を発したとしても、新保険金受取人はなお固有の権利として保険金請求権を原始的に取得すると解すべきである[26]。したがって、保険法の下でも、従来の判例および通説の立場は変更されていないことを確認しておく必要があろう。

　(2)　遺言における文言解釈　　遺言による保険金受取人の変更が可能である

---

[22]　中間試案補足説明・立案140頁。
[23]　蕪山厳ほか・遺言法体系247頁［田中永司］(1995)。
[24]　輿石・前掲注12) 260頁。
[25]　なお、山下・前掲注8) 38頁。
[26]　輿石・前掲注12) 260-261頁。

として，受取人変更の文言の解釈が問題となる場合がある。一般論としては，遺言の文言解釈は形式的であってはならず，遺言者の真意を個別具体的に探求していく必要があると考えられるが[27]，遺言においては，その解釈が必ずしも容易でない場合がある。そこで，保険契約者である遺言者の意思の探求と曖昧な遺言内容から生じうる保険者の二重弁済の防止という2つの観点を考慮して解釈する必要がある。

不明確な文言としては次のようなものが考えられる。

(ア) 保険金受取人の変更の意思は明確であるものの，変更内容が不明確な場合　2社との間に生命保険契約があるにもかかわらず，そのどちらかを特定せず漠然と「一　死亡生命保険（甲生命・乙生命）の受取人を変更する。」「一　右生命保険のうち金一千万円をXに残す。」と記載した遺言の解釈が問題となった事案がある[28]。

判決は，どちらの生命保険契約の受取人を変更するものか，明確でない点があることは否定できないとしつつも，その記載から推測される保険契約者（遺言者）の合理的意思を推測して次のような解釈を行った。

「一　死亡生命保険（甲生命・乙生命）の受取人を変更する。」との記載にある生命保険とは，本件甲生命，乙生命の生命保険契約を指すものと解される。保険金受取人変更に関する記載は，本件甲生命，乙生命の生命保険契約のいずれについても死亡保険金受取人を変更するものと解され，かつ，次の「一　右生命保険のうち金一千万円をXに残す。」との記載をも併せ考慮すると，本件甲生命，乙生命の生命保険の各死亡保険金額に応じた按分額（具体的には，本件甲生命の生命保険契約の死亡保険金が1200万円，本件乙生命の生命保険契約の死亡保険金が5000万円であるので，1000万円をこれに応じて按分すると，その按分額は，本

---

27) 最判昭和58年3月18日判時1075号115頁は次のように判示する。「遺言の解釈にあたっては，遺言書の文言を形式的に判断するだけではなく，遺言者の真意を探究すべきものであり，遺言書が多数の条項からなる場合にそのうちの特定の条項を解釈するにあたつても，単に遺言書の中から当該条項のみを他から切り離して抽出しその文言を形式的に解釈するだけでは十分ではなく，遺言書の全記載との関連，遺言書作成当時の事情及び遺言者の置かれていた状況などを考慮して遺言者の真意を探究し当該条項の趣旨を確定すべきものであると解するのが相当である。」このような論理は，比較的最近の判決である，最判平成17年7月22日判時1908号128頁にも踏襲されている。

28) 神戸地判平成15年9月4日判例集未登載（山下典孝〔判批〕保険レポ188号15頁（2004），山野嘉朗〔判批〕同193号1頁（2004））。

件甲生命の生命保険契約が193万5484円,本件乙生命の生命保険が806万4516円となる)で,それぞれの保険契約につき,その受取人および受取額を変更する趣旨の記載と見るのが相当である。そうであるとすれば,本件遺言の上記記載は,本件甲生命,乙生命の生命保険契約の死亡保険金受取人の変更につき,その内容を特定するに足りる記載と認めることができ,その内容が著しく不明確であるとはいえない。

このような解決については賛成説[29]と反対説[30]が対立する。この事案は,新旧保険金受取人の間での紛争であって,保険者は直接関わらないが,保険者に対する請求であれば,保険者は二重払の危険にさらされることもありうる。しかし,遺言の内容が不明確であるとしたら,保険者としては,債権者不確知の場合(民494条後段)として保険金を供託することで対応する余地もあろう[31]。

(イ) 生命保険金と他の財産を合算した上で財産の配分をするという記載があった場合　たとえば,Aを保険金受取人とする生命保険契約が締結されていたところ,保険契約者が遺言書に「生命保険金も合算して,Aには財産の10%,Bには財産の90%を分ける」と記載した場合の解釈が問題となる[32]。生命保険金請求権はAが原始的に取得している以上,これを保険契約者の遺産として配分することは本来できないはずである。しかし,保険金請求権が保険金受取人の固有の財産であって,保険契約者の相続財産を構成しないため,保険契約者は他の財産も含め遺言で何の処分もできない[33],ということを一般人が十分に理解しているとは考えがたい[34]。そうであるとするならば,上記のような遺言の解釈としては,保険金受取人がAから,分割割合を10%・90%とする形でA・Bに変更されたと解するのが相当といえよう[35]。

---

29) 山野嘉朗〔判批〕保険レポ193号10頁(2004),山下友信〔コメント〕保険レポ193号12頁(2004)。
30) 肥塚肇雄「不明確な遺言による保険金受取人変更に関する若干の考察」倉澤康一郎古稀・商法の歴史と論理280頁(2005)。
31) 大串=日生153頁〔渡橋健〕。
32) このような設例については,第一生命・損保ジャパン寄付講座(保険法制定記念公開シンポジウム記録)「新しい保険法と市民生活」48頁(2009)参照。
33) 処分を可能とするためには,保険契約者が保険金受取人を自分自身に変更(自己のためにする生命保険契約に変更)した上で,遺言するしかない。
34) 山下友信「保険法制定の総括と重要解釈問題(生保版)」生保167号29頁(2009)。

(ｳ)　**保険金受取人変更の意思が不明確な場合**　保険金受取人をAにしていたが，後に，「全財産をBに遺贈する」という遺言をした場合に，保険金受取人変更の意思が含まれているのか否かが問題となる。

　判例・通説[36]によれば，保険金受取人は，保険契約者の権利を承継取得するのではなく，当初から自己固有の権利として原始的に保険金請求権を取得する。したがって，保険契約者兼被保険者の相続人が受取人に指定された場合でも，当該相続人である保険金受取人は保険契約者兼被保険者の権利を相続により取得するのではなく，原始的に取得するのであり，保険金請求権は保険契約の効力発生と同時に，当該相続人である保険金受取人の固有財産となり，保険契約者兼被保険者の遺産から離脱していると解されている。このような解釈は，保険法の下においても変わらない。

　この考え方によれば，Aは保険金受取人の指定によって自己固有の権利として保険金請求権を取得するので，保険契約者は保険金請求権を自分の財産としてBに贈与することはできないことになるから，Bは受遺者として保険金請求権を行使することはできない。

　もっとも，このような遺言の記載に保険金受取人変更の意思表示がまったく含まれていないと断言することもできないであろう[37]。とはいえ，遺言の付言事項から被相続人の真意が忖度できるような場合であればともかく[38]，保険金の帰趨についてまったく触れられていない場合にまで，保険金受取人変更の意思表示を読み込むことは一般的にはやはり困難であろう。なお，保険実務においては一般に，以上のような遺言があった場合には，保険金受取人変更の意思表示とは取り扱っていないようである[39]。

　上記の例に類する状況はいろいろ考えられようが，取引の安全（二重弁済の

---

[35]　第一生命ほか・前掲注32) 49頁［洲崎博史発言］。
[36]　最判昭和40年2月2日民集19巻1号1頁，最判昭和48年6月29日民集27巻6号737頁，大森275頁，西島330頁，山下511頁等。
[37]　大森忠夫［判批］論業78巻3＝4号231頁注4 (1966)，星野英一［判批］法協82巻5号106頁 (1966)，山下・前掲注8) 38頁，洲崎博史［判批］保険海商百選77頁。
[38]　京都地判平成18年7月18日前掲注5) は，簡易保険法55条により保険金受取人の指定がない場合には被保険者の遺族が保険金受取人となる旨規定されていた事案につき，遺言の付言事項の内容を勘案して保険金受取人変更を認めている。
[39]　輿石・前掲注12) 261頁。

防止)の見地からは，表示行為の客観的解釈が要請されよう。他方，保険契約者（遺言者）の真意の探求という視点も重要であるから，その限りにおいては，両者が二律背反する関係にあるといえよう。これを解決する方法として，相対的解釈の必要性が説かれている[40]。この見解によれば，保険金受取人の地位を争う者の間では，保険契約者（遺言者）の真意の探求を重視し，保険金を請求する者と保険者との間では文言の客観的意味[41]に従った解釈をすることになる。しかし，このような見解に対しては，実体法上権利者が相対的に決定されるとすることは論理的に難点があり，かえって法律関係が複雑になるおそれがあるとの批判もなされている[42]。ともあれ，遺言の解釈をめぐる紛争を防止する意味からも，明確な受取人変更の遺言作成ができるような保険実務が必要とされよう。

(3) 遺言に関する書面の要求と本条の強行規定性との関係　　遺言の効力が発生した場合には，保険契約者の相続人による保険者に対する通知が対抗要件であるが，保険契約者の相続人等から，保険者に対して保険金受取人を変更する旨の遺言があると通知されても，保険契約者が死亡した事実を確認できる書類（戸籍謄本または除籍謄本）や遺言の原本がなければ，遺言による保険金受取人の変更の事実を確認できない[43]。そこで保険実務上，保険者が，通知に際して，これらの書類の提出を求める必要が認められるが，保険法44条2項・73条2項は対抗要件に関する規定であることから絶対的強行規定と解されるので，これとの抵触が問題となる。しかし，そもそも，遺言による保険金受取人の変更の有効性は，対抗要件の前提となる問題であって，対抗すべき事実の有無と対抗要件は次元が異なる問題であるばかりか[44]，そのような約款規定を設けても，保険者の二重払防止という対抗要件を設けた趣旨を没却するわけではなく，また，かかる規定には合理性が認められるのであるから，強行規定性には抵触しないと考えるべきであろう。

---

40) 山野・前掲注29) 10頁，矢野・前掲注19) 131頁。
41) 客観的意味自体が不明確である場合は，債権者不確知による供託が可能となろう（長谷川仁彦「保険金受取人の変更の意思表示と効力の発生」中西喜寿 257-258頁）。
42) 遠藤賢治〔判解〕曹時39巻12号264頁 (1987)。
43) 矢野・前掲注19) 132頁。
44) 大串＝日生153頁〔渡橋〕。

(4) 他人の生命の保険との関係　他人の生命（死亡）の保険契約においては，たとえ遺言により保険金受取人を変更していたとしても，保険契約者より先に被保険者が死亡した以上，その時点において保険金受取人の権利が確定するから，遺言による保険金受取人変更は空振りに終わることになる。

他人の生命（死亡）の保険契約では被保険者の同意が効力要件であるから（38条），遺言による保険金受取人の変更の場合にも，被保険者の同意は必要である。被保険者の同意は，遺言の効力発生前である必要はなく[45]，遅くとも被保険者が死亡する時までに得られていれば足りると解される[46]。遺言の効力発生前に被保険者が同意をしていなかった場合，変更の効力は遺言の効力発生と同時であるから，被保険者は，遺言者である保険契約者に対しては同意ができなくなる。しかし，このような場合でも保険契約者の相続人に対する同意が認められるべきであり，かかる同意が得られたときに，保険金受取人変更の効力が発生すると考えられる。保険契約者の相続人は，保険者に対し，被保険者の同意を得た旨と併せて，遺言による保険金受取人の変更の通知を行うことになる。これによって，被保険者が死亡した場合には，変更後の保険金受取人が保険金請求権を行使できるようになる。

保険契約者の相続人から，保険会社に対して遺言による保険金受取人の変更の通知がなされたとしても，被保険者の同意を欠いていれば，対抗要件としての通知を行っても効力は生じない。したがって，手続的には，保険契約者の相続人は，被保険者の同意を得た上で，保険者に対し，遺言による保険金受取人の変更の通知を行うべきであろう。

〔山野嘉朗〕

---

45)　遺言の効力発生前における被保険者同意については，遺言を書いた時に，被保険者の同意書を入れるという方法がありうる（法制審議会保険法部会第18回議事録48頁）。
46)　一問一答140頁。

第2節　効　力　　　　　　　　　　　　　　　　　　　　§45・§74　I

> **（保険金受取人の変更についての被保険者の同意）**
> **第45条**　死亡保険契約の保険金受取人の変更は，被保険者の同意がなければ，その効力を生じない。
>
> **（保険金受取人の変更についての被保険者の同意）**
> **第74条**　1　保険金受取人の変更は，被保険者の同意がなければ，その効力を生じない。ただし，変更後の保険金受取人が被保険者（被保険者の死亡に関する保険給付にあっては，被保険者又はその相続人）である場合は，この限りでない。
> 　2　前項ただし書の規定は，給付事由が傷害疾病による死亡のみである傷害疾病定額保険契約については，適用しない。

I　趣　旨

　保険契約者以外の者を被保険者とする生命保険契約を他人の生命の保険契約といい，その他人の死亡に関して保険給付を行う保険契約を他人の死亡の保険契約という。改正前商法において，他人の死亡の保険契約では，保険金受取人を変更するには被保険者の同意が必要であるとされていた（改正前商677条2項・674条1項）。これは，他人の死亡の保険契約では，被保険者の同意が保険契約の効力要件とされている（改正前商674条1項）ことと同趣旨であり，他人の死亡の保険契約における賭博保険，道徳危険，人格権侵害の防止のためである（38条の解説参照）。保険契約締結時には被保険者の同意があったとしても，その後保険金受取人が変更されれば，保険金を取得する権利があるのは新受取人であるから，新受取人につき，賭博保険，道徳危険，人格権侵害が問題になる。そこで，契約締結後に保険金受取人を変更する際にも被保険者の同意を必要としたものである[1]。保険法38条は，被保険者の同意が他人の死亡の保険契約の効力要件であるという改正前商法の規律を維持しており，保険法45条は，保険金受取人変更につき，改正前商法と実質的に同様の規律を定めるもの

---

[1]　大森270頁，山下274頁。

である2)。

　なお，契約締結後に新たに賭博保険，道徳危険，人格権侵害が問題になるのは，保険金受取人変更だけではない。保険事故発生前の保険金請求権の譲渡・質入れにも被保険者の同意は必要である（47条・76条）。

　もっとも，改正前商法下において，立法論として，保険金受取人変更等の保険契約締結後の変動の際には，被保険者の同意は不要であるとの主張もなされていた。主に保険金請求権の譲渡に即して議論されていたが，契約が締結された後で，保険金受取人の変更等により新たに賭博保険や道徳危険が問題になることは実際にはないという認識に基づいている3)。これに対しては，保険金の詐取をもくろむ者が契約締結時に保険会社に不審がられないように，契約締結時には保険金受取人を被保険者の家族等にしておき，契約締結後に保険金受取人を変更するという方法を用いるかもしれないことから，保険金受取人変更については，保険金請求権の譲渡に比べてもより道徳危険のおそれがあるとの指摘がある4)。わが国では，保険金殺人のような道徳危険が問題となったケースも後を絶たないことから，被保険者の同意を必要とする規律は維持されている。

　なお，被保険者の同意は傷害疾病保険契約でも問題になるところ，保険法では，傷害疾病定額保険についての規定が設けられ，傷害疾病定額保険における保険金受取人の変更につき，原則として被保険者の同意が必要であることが規定されている（74条）。傷害疾病定額保険では，被保険者の同意が不要となる場合もあるが，これは契約の効力要件としての被保険者の同意が不要となる場合（67条）と同じである（67条の解説参照）。

---

2) 一問一答187頁，大串＝日生154頁［渡橋健］。
3) 三宅一夫「他人の死亡の保険契約」大森忠夫＝三宅一夫・生命保険契約法の諸問題311頁（1958）。保険金請求権の譲渡に関しては，契約締結後に保険事故発生前の保険金請求権という権利の利用を妨げるべきではないとも主張されていた。河合篤「生命保険契約に因りて生じたる権利の譲渡（2・完）」民商4巻4号36頁（1936），田辺康平「生命保険法に於ける利益主義と同意主義」新潟大学法経論集3巻119頁（1952）。
4) 江頭憲治郎「他人の生命の保険契約」ジュリ764号62頁（1982），福田弥夫「他人の生命の保険契約」日大法学紀要27巻266頁（1985）。

第2節 効　力　　　　　　　　　　　　　　　　　　　§45・§74 II・III

II　沿　革

　他人の死亡の保険契約に関する被保険者の同意について，わが国では，制度が変遷してきている。他人の死亡の保険契約にまつわる賭博保険，道徳危険，人格権侵害の問題に対処するための制度としては，利益主義，親族主義，同意主義があり，わが国では，ロェスレル草案および明治23年旧商法では利益主義がとられ，明治32年商法では親族主義がとられ，明治44年改正により同意主義が導入された（38条の解説参照）。

　保険金受取人変更に関していうと，ロェスレル草案では，被保険利益は契約締結時に存在していればよく，契約締結後に被保険利益が消滅した場合でも保険契約は有効であると考えられていた[5]。契約締結後の保険金請求権の譲渡，保険金受取人の変更についても自由に行えると考えられていたようである[6]。明治23年旧商法でも同じ考え方がとられていたものと思われる。

　明治32年商法の親族主義では，被保険者と保険金受取人の間に親族関係が求められていた。保険金受取人の変更は原則として認められていなかったが，被保険者と保険金受取人間の親族関係がなくなったときは保険契約者は保険金受取人を再指定することができた（明治32年商428条3項）。また，保険金請求権の譲受人は被保険者の親族に限るとされていた（同条2項）。このようにわが国の親族主義では，契約締結後にも非常に厳格な形で規律されていた。

　明治44年商法改正により同意主義が導入されたときから，改正前商法のような形で他人の死亡の保険契約において保険金受取人を変更する際にも被保険者の同意が必要であるという制度になっていた（明治44年商428条ノ4第2項・428条1項。改正前商677条2項・674条1項）。

III　条文解説

　死亡保険契約の締結に際し，被保険者の同意が必要となるのは，他人の死亡の保険契約である（38条）。これに対して，死亡保険契約における保険金受取

5）　ロェスレル氏起稿・商法草案下巻〈復刻版〉179頁（1995）。
6）　ロェスレル・前掲注5）181頁，120頁以下。

人変更の際の被保険者の同意は，改正前商法では，他人の死亡の保険契約において必要であるという形式になっていたが（改正前商677条2項・674条1項），保険法では，死亡保険契約一般において同意がいるという形式になっている。もっとも，自己の死亡の保険契約において保険金受取人を変更することができるのは，被保険者である保険契約者であるから，受取人を変更する際には必然的に被保険者の同意があることになるので，実質的には他人の死亡の保険契約で問題になることに変わりはない。

改正前商法では，他人の死亡の保険において，被保険者が保険金受取人となるときには，被保険者の同意は不要とされていたが（改正前商677条2項・674条1項），保険法ではこのような例外はない。保険事故は被保険者の死亡であるから，被保険者が保険金受取人であるといっても，実際に保険金を受け取ることができるのは被保険者の相続人であり，道徳危険などのおそれがないわけではないからである。

同意の性質，相手方，同意の時期等については保険法38条の解説参照。同意の時期との関係では，とくに遺言による受取人変更を行うときに，事後の同意でもよいかどうかが問題となりうる[7]。受取人変更の際の同意が事前でなければならないとすると，遺言によって密かに受取人変更をするという場合に，被保険者の同意を事前に得ておかなければ受取人変更は無効となる。同意の時点から将来に向かって受取人変更が効力を生じると解すれば実質的には問題はない。なお，遺言による保険金受取人変更との関係では，被保険者の同意と対抗要件たる保険者への通知の先後も問題になる。被保険者の同意を得る前に保険者への通知をした場合，後に被保険者の同意を得た時点で対抗要件を充足したことになるのか，保険者に改めて通知しなければ対抗要件を満たしたことにならないのかという問題がある[8]。

なお，傷害疾病定額保険では，被保険者の同意が不要となる場合もあるが，これは契約の効力要件としての被保険者の同意が不要となる場合（67条）と同じである（67条の解説参照）。すなわち，変更後の新受取人が被保険者である場合，被保険者の死亡に関する給付については新受取人が被保険者またはその相

---

[7] 大串＝日生156頁［渡橋］，輿石進「保険金受取人の変更」金澤＝大塚＝児玉263頁。

[8] 改めての通知を求めるものとして，大串＝日生157頁［渡橋］，輿石・前掲注7) 263頁。

第2節　効　力

続人である場合には，同意は不要である（74条1項ただし書）。ただし，給付事由が傷害疾病による死亡だけである場合には，必ず同意は必要である（同条2項）。

　保険契約の効力要件としての被保険者の同意を不要とする際に考慮されていたのは，次のような保険である。1つは自動車保険の搭乗者傷害保険や遊園地等の施設入場者やイベント参加者を被保険者とする傷害保険，学校やスポーツ団体等の団体の活動中・管理下における傷害保険のような保険である。もう1つは，家族保険契約や職場で世帯主が家族をまとめて被保険者として契約する保険などである

　この点につき，同意不要の例外に該当する保険では，約款上保険金受取人が「被保険者」，「被保険者の相続人」と定められているものも多く，このような場合には受取人変更はありえず，また，その他の場合にも受取人変更に際して被保険者の同意を得ることに困難はないはずであるから，受取人変更について同意不要の例外を認める必要はないとの批判もある[9]。

　本条の趣旨は道徳危険等の防止であり，公序に関わるものであるから，本条は強行規定である[10]。なお，このような趣旨から，保険者の同意確認義務を認める説もある[11]。

〔山本哲生〕

---

9)　江頭憲治郎「他人の生命の保険」中西喜寿237頁，江頭520頁。
10)　一問一答187頁。
11)　福田弥夫「被保険者の同意」甘利＝山本223頁。

> **(保険金受取人の死亡)**
> **第46条** 保険金受取人が保険事故の発生前に死亡したときは，その相続人の全員が保険金受取人となる。
>
> **(保険金受取人の死亡)**
> **第75条** 保険金受取人が給付事由の発生前に死亡したときは，その相続人の全員が保険金受取人となる。

I 趣　旨

1　本条の趣旨

　保険金受取人が死亡した場合に，保険者は誰に保険金を支払うことになるのか，この点について定めるのが46条および75条（以下，本条という）本条である。この場合，保険契約者が保険事故または給付事由が発生する前は保険金受取人をいつでも変更できることを原則とする保険法の下では（43条1項），保険契約者が新たに保険金受取人を指定していれば（保険法上は保険金受取人の変更である），保険事故発生後，問題なく，保険者は，その新たな保険金受取人に保険金を支払うことになる。しかし，死亡した保険金受取人が変更されないままの状態で保険事故が発生したときは，保険金受取人が誰になるのか問題になる。

　本条は，この場合に，死亡した保険金受取人の相続人が保険金受取人になることを明らかにして，この問題を解決しようとするものである。これは，保険契約者が予定した保険金受取人としての受益をその相続人に得させる解決を原則にして，生命保険契約等の具体的な保障機能が発揮されることにしたものと考えられる。

　指定の保険金受取人（以下，指定受取人という）が死亡した場合，保険契約者がその保険契約によって意図したことが達成できなくなることがあるから，保険料負担者である保険契約者の自己のためにする保険契約になる，つまり保険契約者が保険金受取人になるという解決方法も考えられる。保険契約者が被保険者でもある生命保険契約や傷害疾病定額保険契約が多いことを考慮すると，

その場合，保険金受取人が保険契約者になるとすると，保険金請求権は保険契約者の相続財産に帰属する結果になる。また，指定受取人が死亡したときは，その保険金請求権はその保険金受取人の相続財産に属するとすることも考えられる。この解決であれば，当初の指定受取人の相続人が相続によって保険金請求権を得ることになる。いずれの場合も，保険金請求権が保険契約者または当初の指定受取人の相続財産に帰属するため，それらの者の債権者がいれば，保険金請求権はその債権の引当財産になり，それらの者の相続人が保険契約の利益を独占的に享受できるわけではなく，それだけ生命保険契約の保障機能としては後退する場合が考えられる。このような解決も選択肢となりうるが，本条の解決は，死亡した保険金受取人の生存相続人に保険金を得させることとし，生命保険契約等の経済生活の保障機能が保険金受取人の遺族により厚い形で発揮される方を採用したといえよう。

2　外国法の状況

(1)　ドイツ保険契約法　　2007年の新法は，従来のドイツ法の規律をほとんど変更していない。生命保険契約の保険金受取人が撤回可能な形で指定されている場合には，その保険金受取人は，保険事故の発生によって初めて保険者に対する保険給付請求権を取得する（保険契約法159条2項）。保険金受取人が撤回できない形で指定されているときは，保険金受取人は，その指定を受けたときに，保険給付請求権を取得する（同条2項）。

そのうえで，複数人がその受取割合を定めることなく，保険金受取人に指定されているときは，各人は，同一の割合で保険金を受け取る権利を有し，そのうちの1人の保険金受取人が取得しなかった分は，他の保険金受取人に増加配分される（同法160条1項）。

保険給付が，保険契約者の死亡後に，保険契約者の相続人に行われる場合，疑義があるときは，保険契約者の死亡時の相続人が，その相続割合で保険金を受け取る権利を有する。相続放棄は，保険金受取人の指定に影響を及ぼさない（同条2項）。ここでは，保険契約者が被保険者である場合が予定されていると解される。

以上の規定は，保険契約者の意思が不明確な場合の解釈原則であり，基本は

保険契約者の保険金受取人指定の意思表示である[1]。

(2) フランス保険法典　特定人に対する生命保険の利益の無償譲与は、保険金または年金を請求しうる時期に、保険金受取人の生存を条件としてなされたものと推定される。これに反する特約は可能である（L. 132-9条4項）。これによれば、指定受取人が先に死亡した場合には、その指定を失効させ、生命保険契約の利益は、指定受取人の相続人には帰属しない[2]。この状態で保険事故が発生すれば、保険金受取人の無指定となって、保険契約者の財産または相続財産に帰属することになる（L. 132-11条）。

II 沿革

従来、商法は、この問題を正面から規律する条文を有していなかった。改正前商法676条2項がこの問題の解決のために根拠条文として用いられてきた。しかし、同規定は、保険金受取人が死亡したときの問題を解決するというよりは、保険金受取人の指定変更権の留保がない生命保険契約の保険契約者が、当初の指定受取人が先に死亡したときに、その保険契約者がさらに保険金受取人を指定できるという676条1項を受けて、保険契約者が新たな保険金受取人を指定しないまま死亡したときに、先に死亡した保険金受取人の相続人を新たな保険金受取人とするとして、保険事故発生前に保険契約者が死亡した場合の保険金受取人の問題を解決することに重点が置かれていた。

III 条文解説

1 保険金受取人の先死亡

(1) 本条の適用場面　生命保険契約または傷害疾病定額保険契約において保険金受取人となっている者が、保険事故または保険給付事由の発生前に死亡したときに、本条が適用される。保険契約者は、通常、保険金受取人の変更権を有するため、指定受取人が死亡したときに、これを新たな保険金受取人に変

---

1) Rüffer = Halbach = Schimikowski, Versicherungsvertragsgesetz, 2009, SS. 746-747.
2) Lambert-Faivre = Leveneur, Droit des assurances, 12e éd., 2005, p. 830.

更すれば本条の適用はなく，その意思どおりの新たな保険金受取人が保険契約の利益を享受する。

指定受取人が失踪したときは，保険契約者は，通常は保険金受取人を変更するであろう。しかし，保険金受取人が変更されないままの状態で，被保険者が死亡したときは，指定受取人の失踪宣告がなされる前は，指定受取人がなお保険金受取人である。しかし，失踪している状態では保険金請求も行われないであろうから，利害関係人が請求して失踪宣告を得て，失踪から7年の期間が満了した時点または危難の去った時点で生存していた指定受取人の相続人が保険金受取人になると解される（民30条・31条）。

(2) 保険金受取人の変更権がない場合　保険契約者が保険金受取人の変更権を有しない場合（保険金受取人が特定されている場合等）に，その保険金受取人が死亡したときも，原則として本条の適用があると解される。したがって，指定受取人の相続人が新たな受取人になる。しかし，本条は任意規定であるから，その生命保険契約の趣旨，目的からみて，適切な意思解釈が行われるべきである。たとえば，当初の指定受取人が死亡したときには，その相続人を新たな保険金受取人とするのではなく，未必的保険金請求権は，あくまで死亡した保険金受取人の相続財産になるとされる場合もありうるであろう。あるいは，当初の保険金受取人指定が失効するように考えて，保険契約者を受取人とすることが当事者の意思であると解される場合には，そのような結論が認められてよい。

2　相続人全員が保険金受取人となること

本条によれば，指定受取人の死亡時以後，保険契約者が新たな保険金受取人に変更していない段階では，指定受取人の相続人全員が保険金受取人になっていると解される。これは，相続による効果ではなく，指定受取人の死亡により自動的にその相続人全員を新たな保険金受取人とする保険金受取人変更が行われたものと解すべきである[3]。したがって，その相続人全員が保険者に対する

---

3)　萩本修ほか「保険法の解説(4)」NBL 887号92頁注43（2008），一問一答177-178頁によれば，保険契約締結時以後に新たな保険金受取人を定める場合は，すべて保険金受取人の変更とするのが保険法の考え方であるとされる。この点からも，指定受取人死亡後はその相続人が保険金受取人になるとする本条は，かかる相続人への保険金受取人変更を定めたものと解される。

それぞれ固有の保険金請求権を原始取得することとなる。死亡した指定受取人の債権者は，死亡指定受取人が保険金受取人ではなくなり，未必的保険金請求権もその相続財産に属しないから，その相続人が新たな保険金受取人として固有に取得した保険金請求権を死亡指定受取人に対する債権の引当てにすることができない。反対に，指定受取人の死亡後，その相続人が保険金受取人になった段階では，その相続人の債権者が保険金請求権を差し押さえることが可能になると解される[4]。もっとも，その後，保険契約者が保険金受取人を変更すれば，その差押えは対象を失って空振りに終わることになる。

指定受取人の相続人が，指定受取人の死亡により保険金受取人となった後に死亡したときは，その死亡した相続人の順次の相続人も新たな保険金受取人になると解される[5]。これも，保険金受取人の先死亡であり，本条が適用されることになる。その結果，保険金受取人となる相続人の数が増えることがある。反対に，死亡した保険金受取人に独自の相続人がいない場合も考えられ，このときは，保険金受取人となる相続人の数が減ることになる。

保険金受取人となった相続人が死亡する度に，保険金受取人が全体として変更されることになると解される。この点は，次に述べる保険金受取人である相続人間の保険金受取割合の問題に関係する。

なお，相続人であった者が相続を放棄しても，この保険金受取人としての地位を失うものではない。本条は，指定受取人の先死亡の場合に，相続人となる資格を有する者を保険金受取人にすることで，保険金受取人が不存在にならないようにしているのであり，相続の効果としてその相続人に保険金請求権を帰属させているわけではないからである。

3 相続人間の受取割合

(1) 均等割合説　　保険金受取人である相続人間では，その保険金請求権の取得割合は，金銭債権として民法の分割債権の原則の適用を受け（民427条），平等の割合になると解される[6]。指定受取人死亡時のその相続人が複数人の場

---

[4] 和田一雄「保険事故発生前に保険金受取人が死亡した場合」落合＝山下141頁。
[5] 一問一答189頁注2。
[6] 法制審議会保険法部会第22回資料25・6頁エ1，一問一答188-189頁。改正前商法を前

第2節　効　力

合，それぞれが平等の割合で保険金請求権を原始取得する。この相続人の中から，さらに死亡者が出たときは，死亡相続人の相続人がさらに保険金受取人に加わることになる。この死亡相続人の相続人が複数の場合は，保険金受取人の人数が増える。反対に，死亡相続人に固有の相続人がいない場合，保険金受取人の人数が減る。いずれにしても，保険事故発生時に生存している相続人または相続人の相続人が保険金受取人になり，それらの者の間で，平等の割合で保険金請求権を取得することになると解されている7)。

この考え方に従えば，本条は，保険金受取人となった相続人が死亡すると，全体としての保険金受取人変更を生じさせ，つねに相続人全体の頭割り平等にする効果を生じさせるものと解される。したがって，保険金受取人となった相続人に独自の相続人がいない場合に，その相続人が死亡すると，やはり全体として保険金受取人変更が生じ，死亡した相続人が保険金受取人となっていた分は，その者の相続財産になるのではなく，消滅してしまい，他の保険金受取人に分配される効果を生じることとなる8)。これによれば，改正前商法下の最高裁判例（最判平成5年9月7日民集47巻7号4740頁）の結論が本条の下でも変わらないことになろう9)。

　　提に従来の約款の下で，最判平成5年9月7日民集47巻7号4740頁は，保険金受取人が先死亡し，相続人が保険金受取人となった場合に，その保険金受取人である相続人間の保険金の受取割合は平等であるとする。従来の議論や相続割合説については，山下518-523頁参照。
7)　一問一答189頁（注2）。
8)　村田敏一「新保険法における保険金受取人に関する規律について」生保166号50頁（2009）は，結論としてこのような解決が妥当であるが，本条の文理解釈からは，この結論が明らかに導かれるものではないので，約款による手当てが必要であるとされる。
9)　大串＝日生162頁［中澤正樹］等。本条は，指定受取人が死亡した場合に誰が保険金受取人になるのかのみを決めており，その受取割合は民法の規律によると解してみても，指定受取人死亡によりその相続人が保険金受取人になっている段階で，保険金受取人は一応決定されているが，受取割合は最終的には保険事故発生まで決まっていないとすると，これは暫定的な（名ばかりの）保険金受取人に過ぎないということになる（この方向での従来の理論構成については，西島梅治・生命保険契約法の変容とその考察5頁以下（2001）等参照）。しかし，これでは，本条は保険事故発生前に指定受取人が死亡したときにはその相続人が保険金受取人になり，その権利性が生じていることとして，法律関係を明確化しようとしていること，47条，76条が保険事故発生前の未必的保険請求権の譲渡やそれに対する質権設定を認めていることと整合しにくい。保険金受取人となっている相続人の債権者がその保険金請求権を差し押さえることも確定的な効果を伴わないであろう。結局，保険事故が発生して初めて保険金受取人とともに保険金の受取割合が決定されることになるとすると，従来の判例には従うことになろうが，本条は，その理論構成において保険事故発生前に保険金受取人が先死亡した場合の法律関係の

(2) 部分的二段階適用説　本条については，別の解釈もありうる。指定受取人の死亡により，一旦，保険金受取人となった相続人がさらに先死亡したときは，その相続人が取得していた部分についてのみ保険金受取人変更が生じると解する見解である[10]。株分けのような形になるが，保険金受取人となった当初の相続人がA，B，Cの3人であったとすると，そのうちの1人Aがさらに死亡した場合，死亡した相続人Aが保険金受取人として取得していた3分の1の権利を，Aの順次の相続人全員が取得すると考える立場である。3分の1の権利をその相続人各人が平等の割合で取得すると解することになろう。この場合，当初の相続人のうち，生存している2人B，Cの権利はなんら影響を受けず，それぞれ保険金請求権の3分の1の権利を維持することとなる。B，CがAの相続人でもあれば，さらにその分が加わることになる。46条，75条の文言上，この解釈も可能であろう。このほうが，民法427条を適用するとしても，条文の文言からは自然であり，多くの場合は，指定受取人に親等の近い者に保険金が厚く配分されることになる。しかし，この見解によっても，指定受取人死亡時に相続人として保険金受取人になるはずの者（上述の例では，A，B，C）のうち1人（A）がそれより先に死亡し，その順次の相続人が複数いたとすると（E，F，G），保険事故発生時には，5人の相続人となって，各自5分の1ずつの保険金請求権を得るため，B，Cの受取割合が減り，Aの血脈の取り分が自動的に増えてしまう。このように誰が先に死亡するかによって，その受取割合が変動する。この点に不合理さが残る[11]。また，保険事故発生「前」に保険金受取人が死亡したときに，本条が適用されるから，法文の文言に忠実に解釈すると，保険金受取人の相続人が保険契約者兼被保険者である場合，保険事故発生時にはその者が保険金受取人であったことになり（保険事故発生前に

　不明確さを残存させることになろう。
　なお，従来の判例・学説の詳しい検討は，桜沢隆哉「保険金受取人先死亡事例の再検討——最高裁判例が示した準則の適用方法・範囲をめぐって」金澤＝大塚＝児玉269頁以下，山本哲生「保険金受取人の指定・変更」甘利＝山本285頁以下を参照。

[10] 山下典孝「保険金受取人の権利」中西喜寿272-274頁。旧法下で，同種の見解を述べるものとして，竹濱修「保険金受取人の死亡と相続」倉澤康一郎編・生命保険の法律問題〈新版〉（金判1135号）85頁（2002）参照。なお，山下典孝「保険法における保険金受取人変更に関する一考察」生保167号141頁，146頁注23（2009）では，先の見解は誤解があるとして，改説されている。

[11] 田中豊〔判解〕最判解民平成5年度(下)776-777頁。

死亡しているのではないから），その取得していた保険金請求権が相続財産に帰属することにもなりそうである。この点も，保険契約者の意思を考慮すると，適切でないと考えられる余地がある。しかし，本条の解釈として，保険事故発生時に生存している相続人が保険金受取人になると解することができるのであれば，それを条件として，相続人がまったくいない例を除いては，相続人が死亡する度に当該相続人について本条を適用して，生存相続人に保険金請求権を得させることが可能になろう。そして，どの見解を採っても同じことであるが，死亡した指定受取人・相続人に順次の相続人がいない場合には，保険金請求権が行先を失う場合が生じうる[12]。

(3) 相続割合説　保険契約者の意思を尊重し，不自然な受取割合を避けようとする見地から，指定受取人死亡の場合には，法定相続分の割合に従って相続人が保険金請求権を原始取得すると解する見解も有力である[13]。相続人が死亡した場合も，その順次の相続人が法定相続割合で保険金請求権を取得するとして，相続人が頭割りの均等割合で保険金請求権を取得するとした場合の違和感を回避しようとするのがこの立場である。保険契約者が相続人を保険金受取人として指定していた場合には，各相続人は相続割合によって保険金請求権を取得するとした最判平成6年7月18日民集48巻5号1233頁（傷害保険の事案）とも符合する面がある。

この立場に対しては，本条は，保険契約者が指定受取人が死亡しても保険金受取人を変更しなかった場合の規律であり，民法427条によることが保険契約者の意思に反するとまでは言い難いこと，権利の取得割合を相続分によって定めるとすると，保険者が相続人間の具体的な相続分を知ることが困難な場合が予想され，法定相続分によることになると考えられるが，そうなると，保険契

---

[12] たとえば，夫婦である甲と乙がそれぞれ前の婚姻による子を有し，甲が保険契約者・被保険者となり，乙を保険金受取人としていた場合に，乙の子が先に死亡し，その後，乙が死亡したときに，乙に相続人がいなければ，この保険金請求権は保険金受取人がいなくなるおそれがある。

[13] 山下孝之・生命保険の財産法的側面225-228頁（2003），山下友信〔判批〕法協112巻5号711頁（1995），野村修也「死亡保険金受取人をめぐる三つの最高裁判決」民商114巻4・5号728-730頁（1996）。実際，法制審議会保険法部会でも，当初は，この考え方も選択肢の1つとして検討されていた。同部会第5回議事録50-53頁，同部会第10回・第11回資料11，その添付資料「保険事故発生前に保険金受取人が死亡した場合の規律」，同部会第11回議事録5-7頁参照。

約者の意思を尊重しようという趣旨を徹底できないこと（保険契約者・被保険者が法定相続分とは異なる遺言をしている場合に，法定相続分で受取割合を決定することの問題性や特別受益，寄与分を考慮する必要があるのかどうかなど），相続ではない場面で相続分の考え方を借用するため，保険金受取人の相続人が相続人なく死亡した場合について複雑な規定を設けなければならなくなることなどが問題点として挙げられている[14]。

4　同時死亡

　保険金受取人の相続人が保険契約者兼被保険者でもある場合に，交通事故などで保険金受取人と被保険者が同時に死亡したとき，誰が保険金受取人になるのかが問題になる。これらの者が夫婦であって，その間の子がいる場合には，その子が生存している限り，保険金受取人となるので，問題は生じない。その子は，保険金受取人の相続人であるとともに，被保険者の相続人でもあるから，被保険者が保険金受取人の相続人として保険金受取人になると解しても，子の保険金請求権の帰属に影響しないからである。

　問題は，保険金受取人の相続人と保険契約者兼被保険者の相続人とが異なる場合である。これらの夫婦の間に子がなく，それぞれの尊属や兄弟姉妹が相続人になる場合には，被保険者が保険金受取人の相続人として新たに保険金受取人になった状態で死亡したと解すると，保険金受取人になる者の数が通常増加する。これに対して，同時死亡の場合には，相続が生じないと解されているから[15]（民32条の2・882条），保険金受取人の相続人は，その保険金受取人の尊属や兄弟姉妹だけとなり，これらの者のみが保険金受取人となる。被保険者の相続人は，保険金受取人にならないこととなる。改正前商法下ではあるが，判

---

[14]　中間試案補足説明・立案141頁，法制審議会保険法部会第10回資料11（補足説明）27-28頁，同第22回資料25・6頁。保険金受取人になっている者が死亡する度に，本条を適用して相続割合での保険金請求権の取得を観念すると，上記(2)の見解と同様に，相続人不存在の状態で死亡した順次の相続人がいた場合に，生存相続人にその分を割り振る理論構成が，その死亡相続人への枝分かれがなかったものとして相続割合を計算し直すことになり，相当に技巧的になることが指摘されている。洲崎博史〔判批〕ほうむ38号55-56頁（1994）。もっとも，本条の下では，改正前商法676条2項の下とは異なり，この点はまったく無理な解釈とまではいえないであろう。

[15]　四宮和夫＝能見善久・民法総則〔第7版〕27頁（2005）等。

第2節 効　力　　　　　　　　　　　　　　　　　　§46・§75　III

例もこの見解によることを明らかにした（最判平成21年6月2日民集63巻5号953頁）16)。すなわち，「商法676条2項の規定は，保険契約者と指定受取人とが同時に死亡した場合にも類推適用されるべきものであるところ，同項にいう『保険金額ヲ受取ルヘキ者ノ相続人』とは，指定受取人の法定相続人又はその順次の法定相続人であって被保険者の死亡時に現に生存する者をいい（最高裁平成2年（オ）第1100号同5年9月7日第三小法廷判決・民集47巻7号4740頁），ここでいう法定相続人は民法の規定に従って確定されるべきものであって，指定受取人の死亡の時点で生存していなかった者はその法定相続人になる余地はない（民法882条）。したがって，指定受取人と当該指定受取人が先に死亡したとすればその相続人となるべき者とが同時に死亡した場合において，その者又はその相続人は，同項にいう『保険金額ヲ受取ルヘキ者ノ相続人』には当たらないと解すべきである。そして，指定受取人と当該指定受取人が先に死亡したとすればその相続人となるべき者との死亡の先後が明らかでない場合に，その者が保険契約者兼被保険者であったとしても，民法32条の2の規定の適用を排除して，指定受取人がその者より先に死亡したものとみなすべき理由はない」という。

5　規定の性質

本条は，任意規定と解される17)。したがって，民法の規律ではなく，当事者の約定により保険金受取人先死亡の場合には，その相続人について相続割合で保険金請求権を取得すると定めることも可能である18)。また，保険金受取

---

16)　同日の最判平成21年6月2日判時2050号151頁も，年金共済約款の指定受取人先死亡の場合の規定の解釈を根拠にして，上記判例とほぼ同旨を述べている。これまでの下級審判決もこの2判決とおよそ同種の考え方を採っていたものとみられる。東京地判昭和58年3月25日生判3巻311頁，この控訴審・東京高判昭和58年11月15日判時1101号112頁，広島地福山支判平成2年9月18日生判6巻236頁，水戸地土浦支判平成4年8月31日生判7巻138頁，この控訴審・東京高判平成5年5月13日生判7巻238頁。上記の2つの最高裁判決の原審判決も同様である。学説の多数説は，これらと同じ立場であるとみられる。甘利公人・保険毎日新聞2009年8月5日6頁等参照。反対説として，山下典孝〔判批〕金判1271号66頁（2007），清水耕一〔判批〕保険レポ224号9頁（2008），桜沢隆哉「同時死亡の推定と保険金請求権の行方」生保167号233-236頁（2009）等がある。

17)　一問一答188頁。

18)　竹濱修「生命保険契約および傷害疾病保険契約特有の事項」ジュリ1364号46頁（2008），一問一答189頁（注1）。

人と保険契約者または被保険者が別人である場合，保険金受取人の先死亡の場合には，保険契約者が新たな保険金受取人となると定めることも可能であると解される。

〔竹濵　修〕

第2節　効　力　　　　　　　　　　　　　　　　　　§47・§76　Ⅰ

> **（保険給付請求権の譲渡等についての被保険者の同意）**
> **第47条**　死亡保険契約に基づき保険給付を請求する権利の譲渡又は当該権利を目的とする質権の設定（保険事故が発生した後にされたものを除く。）は，被保険者の同意がなければ，その効力を生じない。
>
> **（保険給付請求権の譲渡等についての被保険者の同意）**
> **第76条**　保険給付を請求する権利の譲渡又は当該権利を目的とする質権の設定（給付事由が発生した後にされたものを除く。）は，被保険者の同意がなければ，その効力を生じない。

Ⅰ　趣　　旨

　従来から，死亡保険契約において，保険金請求権を譲渡する際に被保険者の同意が必要である場合が定められていた（改正前商674条2項3項）。この規律の趣旨は，他人の死亡の保険契約では被保険者の同意が効力要件であることと同様である[1]。すなわち，賭博保険，道徳危険，人格権侵害の防止のためである（38条の解説参照）。契約締結時には被保険者は道徳危険等の問題はないと判断したとしても，道徳危険等のおそれは，誰が保険金請求権を有するかによって変動しうるので，他人の死亡の保険契約であれ，自己の死亡の保険契約であれ，被保険者以外の者が保険金受取人である場合に保険金請求権を譲渡するには必ず被保険者の同意が必要となるようになっている（もっとも，自己の死亡の保険契約では，被保険者が保険金受取人であっても被保険者の同意が必要であるような形になっている。改正前商674条2項）。保険法でも，この規律の実質が受け継がれている[2]。

　もっとも，改正前商法下において，立法論として，保険金請求権の譲渡等の保険契約締結後の変動の際には，被保険者の同意は不要であるとの主張もなされていた。理由として，一度有効に成立した保険契約に基づく権利は契約者または受取人の財産となるものであるから，権利の経済的利用を妨げるべきでは

---

1)　大森269頁，山下274頁。
2)　一問一答190頁，大串＝日生165頁［奥野健介］，福田＝古笛118頁［福田弥夫］。

ないこと3)，契約が締結された後で，保険金請求権の譲渡等により道徳危険が高まることはあまり実際にはないことなどが主張される4)。賭博保険の防止を重視する立場から，契約締結時に不真面目な動機がなければよいとする説もある5)。

また，契約締結後の一定期間内の譲渡については被保険者の同意がいるが，一定期間経過後は不要であるとの説もある。次のように説明される6)。契約締結後当分の間は，権利が未知の第三者に譲渡された場合，被保険者との関係では新たに保険契約が締結されたのとほとんど同様の状況となるが，契約締結後相当の期間が経過し，保険料の払込みが重なるにつれ，権利は期待権を超えた現実的権利となり，財産権として保護する必要が大きくなる。さらに，被保険者の生命の危険も漸次希薄になる。

しかし，実際上道徳危険にかかわる事件も多くみられることから，このような規律は必要であるという主張もなされており7)，保険法では同意が必要であるとの規律が維持されている。

保険金請求権に質権を設定する場合に被保険者の同意がいるかどうかについては，改正前商法では明文の規定はなかった。しかし，質権設定にも被保険者の同意を求める規定が類推適用されるとの説があり8)，実務上も同意を要することとしていた。このような状況を受けて，保険法では，質権設定の際にも被保険者の同意が必要であることが明定されている。

また，保険法では，傷害疾病定額保険契約に関する規定が新設されている。

なお，契約締結後に新たに道徳危険等が問題となる場合として，保険金受取人変更がある。死亡保険契約，傷害疾病定額保険契約における保険金受取人変更にも被保険者の同意が必要とされている（45条・74条）。

---

3) 河合篤「生命保険契約に因りて生じたる権利の譲渡(2・完)」民商4巻4号36頁（1936）。
4) 三宅一夫「他人の死亡の保険契約」大森忠夫＝三宅一夫・生命保険契約法の諸問題311頁（1958），青谷和夫「他人の生命の保険契約について」生経48巻4号98頁（1980）。
5) 大森270頁，268頁。
6) 田辺康平「生命保険法における利益主義と同意主義」新潟大学法経論集3巻119頁（1952）。
7) 山下274頁，福田弥夫「他人の生命の保険契約」日大法学紀要27巻266頁（1986）。生保試案（2005）理由書　疾病試案（2005）理由書53頁。
8) 山下274頁。なお，生保試案（2005）53頁。

第2節 効　力　　　　　　　　　　　　　　　　　§47・§76 Ⅱ

Ⅱ　沿　革

　他人の死亡の保険契約に関する被保険者の同意について，わが国では，制度が変遷してきている。他人の死亡の保険契約にまつわる賭博保険，道徳危険，人格権侵害の問題に対処するための制度としては，利益主義，親族主義，同意主義があり，わが国では，ロェスレル草案および明治23年旧商法では利益主義がとられ，明治32年商法では親族主義がとられ，明治44年改正により同意主義が導入された（38条の解説参照）。

　保険金請求権の質入れについては明文の規定が設けられたことはなかったが，保険金請求権の譲渡に関していうと，ロェスレル草案では，被保険利益は契約締結時に存在していればよく，契約締結後に被保険利益が消滅した場合でも保険契約は有効であると考えられていた9)。契約締結後の保険金請求権の譲渡についても自由に行えると考えられていたようである10)。おそらく明治23年旧商法でも同じ考え方がとられていたものと思われる。

　明治32年商法の親族主義では，被保険者と保険金受取人の間に親族関係が求められていた。保険金請求権の譲受人も被保険者の親族に限られていた（明治32年商428条2項）。また，保険金受取人を変更することができる場合は非常に限定されていたが，被保険者と保険金受取人間の親族関係がなくなったときは保険契約者は被保険者の親族である保険金受取人を再指定することができた（同条3項）。このようにわが国の親族主義では，契約締結後にも非常に厳格な形で規律されていた。

　この後，同意主義が導入されたときから，改正前商法のような形で他人の死亡の保険契約において保険金請求権を譲渡する際にも被保険者の同意が必要であるという制度になっていた。すなわち，他人の死亡の保険契約の締結に被保険者の同意がいる場合に，被保険者の同意を得て保険契約が有効に成立したときに，保険金請求権を譲渡するには被保険者の同意がいる（改正前商674条2項）。他人の死亡の保険契約でも，被保険者が保険金受取人である場合には契約締結に際し被保険者の同意は不要とされていたところ（改正前商674条1項但

---

9)　ロェスレル氏起稿・商法草案下巻〈復刻版〉179頁（1995）。
10)　ロェスレル・前掲注9) 181頁，120頁以下。

書），被保険者の同意なしで保険契約が有効に成立した場合でも，当初の保険金受取人である被保険者が保険金請求権を譲渡し，その譲受人がさらに保険金請求権を譲渡するには被保険者の同意が必要である（改正前商674条3項）。さらに自己の死亡の保険契約において，保険金請求権を譲渡するには被保険者の同意が必要である（改正前商674条3項）。

　保険法でもこの規律の実質は受け継がれている。ただし，他人の死亡の保険契約を締結する際の被保険者の同意について，被保険者が保険金受取人である場合には同意は不要であるとの例外を廃止したこともあり，保険法では，規律の形式が非常にシンプルになっている。すなわち，死亡保険契約における保険金請求権の譲渡には被保険者の同意がいるという形になっている。

III 条文解説

1 総　説

　保険事故発生後の保険金請求権を譲渡することができることは当然である。保険事故発生前の保険金請求権については，保険事故発生前に保険金受取人の地位にあることにより，将来保険金を取得することができることはたんなる期待にすぎないといわれることもあるが，一般的には権利であると解されている[11]。また，少なくとも自己のためにする生命保険において保険契約者が保険事故発生前の保険金請求権を譲渡することや，保険金請求権に質権を設定することは認められている[12]。

　なお，保険契約者と保険金受取人が異なる場合には，保険事故発生前の保険金請求権の権利者は保険金受取人であることから，契約者が質権を設定することができるか，どのような手続が必要かという問題がある。通常は保険金受取人を契約者自身に変更したうえで，質権設定がなされるようであるが[13]，保険金請求権に質権を設定した旨の保険契約者の保険者に対する通知は，受取人を契約者自身に変更したうえで質権を設定し，再度，受取人をもとの受取人に

---

[11] 山下509頁，大森305頁。
[12] 山下609頁，大森305頁。
[13] 一問一答191頁。

変更する旨の通知であると解釈できるとの主張もなされている[14]）。

　保険金請求権の譲渡，質入れが有効であるためには被保険者の同意が必要であるが，保険事故または給付事由が発生した後のものは除かれている。保険事故等の発生後であれば，新たに道徳危険等が問題になることはないので，被保険者の同意を求める必要がないからである[15]）。

　同意の性質，相手方，時期等については，保険法38条の解説参照。

　なお，本条の趣旨は上記のように，賭博保険，道徳危険等の防止であり，公序に関わるものであるから，本条は強行規定である[16]）。また，このような趣旨から保険者の同意確認義務を認める説もある[17]）。

2　傷害疾病定額保険契約の規律

　傷害疾病定額保険契約に関しては，契約締結や保険金受取人の変更に関する被保険者の同意については同意が不要となる例外が定められているのに対して，ここではそのような例外は定められていない。例外とされているのは，保険金受取人が被保険者である場合，被保険者の死亡に関する給付については保険金受取人が被保険者またはその相続人である場合である（67条1項・74条1項。なお，給付事由が死亡給付のみである場合には必ず同意がいる。各条2項）。同様の例外を認めるとすると，「被保険者の相続人」へという形での保険金請求権の譲渡は無理であるから，生前給付と死亡給付が併存する場合に，被保険者に対する譲渡または被保険者による質権設定には，被保険者の同意は不要ということになる。しかし，被保険者に対する保険金請求権の譲渡や被保険者による質権設定の場合には被保険者が当事者として関与するため，当然に同意があることになるので，同意が不要である例外としてあげる実益はない[18]）。

3　合併，分割，事業譲渡の際の同意の要否

　団体信用生命保険の保険契約者兼保険金受取人である金融機関が合併した場

---

14)　竹濱修「生命保険契約および傷害疾病保険契約特有の事項」ジュリ1364号47頁（2008）。
15)　一問一答190頁。
16)　一問一答190頁，大串＝日生168頁［奥野］。
17)　福田弥夫「被保険者の同意」甘利＝山本223頁。
18)　大串＝日生166頁［奥野］，江頭憲治郎「他人の生命の保険」中西喜寿238頁。

合，会社分割により当該部門が他の会社に移転した場合，当該部門が事業譲渡された場合などに（保険契約者の変更に被保険者の同意が必要かという問題もあるが，後述する），保険金請求権の譲渡として被保険者全員の同意が必要になるのかどうかが問題になる。合併や分割は包括承継であるので，形式的にその点で区別することもありえるが，事業譲渡は包括承継ではない。形式的に区別するのであれば，まさに事業としての一体的な譲渡である点で区別するしかないであろう。実質的にみれば，上記のような事例であれば被保険者全員の同意をとるのは現実的ではなく，そもそも道徳危険等とは無関係であるといえよう。しかし，ごく小規模な会社が合併，分割，事業譲渡の形式をとった場合に，道徳危険等とは無関係だから被保険者の同意は必要ないとしてよいかどうかには疑問もある。同意が不要である場合を定型的に画定することができるとすると，包括承継や事業譲渡の場合に本条は（類推）適用されるとしつつ，同意が不要である例外を認めるという解釈も考えられる[19]）。

　ただし，実質的に同意が不要な場合を細かく判断していくという解釈は，道徳危険の事前の防止策として被保険者の同意を求めるという趣旨にそぐわないところがある。包括承継や事業譲渡につき（類推）適用を認めつつ，その中でさらに同意が不要な場合を定型的に画定することが困難であるとすると，包括承継，事業譲渡は保険法47条，76条にいう譲渡にはあたらないと解釈することも考えられる。保険法は傷害疾病定額保険における例外にみられるように（67条），いかなる場合にも被保険者の同意という手段によって道徳危険の防止を徹底するという態度ではなく，保険利用の利便性をある程度優先する余地を認めるという態度であるとみることができる。同意が必要な場合を明確にするという観点からはこのような解釈も妥当であろう。

4　保険契約者変更等

　ここでは，保険金請求権の譲渡，保険金請求権への質権設定のみが被保険者の同意が必要な行為としてあげられているが，保険金受取人の変更の他に道徳危険等に影響を及ぼす行為はこれらに限られるわけではない。たとえば，保険

19）　山下274頁参照。

第2節　効　力

契約者変更につき被保険者の同意を効力要件とすべきかということは問題になる[20]。保険契約者変更については，たとえば，団体生命保険契約の保険契約者である会社が事業譲渡した場合に，被保険者全員の同意を必要とすることは現実的ではないというような考慮から，保険法ではとくに規定は置かれなかった[21]。したがって，保険契約者変更について被保険者の同意が必要な場合があるかどうかは，類推適用の是非の問題となる。

契約者変更以外にも，保険金額の増額のような保険契約の変更の場合にも道徳危険の発生と関連しうる[22]。したがって，このような場合にも類推適用の是非が問題になる。なお，実務上は，従来から，契約者変更やこのような契約内容の変更につき，被保険者の同意を要するものとしているようである。

〔山本哲生〕

---

20) 法制審議会保険法部会第5回議事録18頁，第22回議事録25頁。
21) 一問一答191頁。
22) 山下274頁。

> **(危険の減少)**
> **第48条** 生命保険契約の締結後に危険が著しく減少したときは、保険契約者は、保険者に対し、将来に向かって、保険料について、減少後の当該危険に対応する保険料に至るまでの減額を請求することができる。
>
> **(危険の減少)**
> **第77条** 傷害疾病定額保険契約の締結後に危険が著しく減少したときは、保険契約者は、保険者に対し、将来に向かって、保険料について、減少後の当該危険に対応する保険料に至るまでの減額を請求することができる。

I 趣　旨

　保険者が引き受けている危険が減少した場合、契約当初にあった危険と保険金額の大きさを基礎にして算定されている保険料が過剰になることがある。これを減少後の危険の大きさに応じて修正する権利を保険契約者に与えたのが本条である。ただ、危険の減少はあっても、保険料にほとんど影響しない軽微な減少についてまで保険契約者に保険料減額請求権を認めると、保険者にそれに対応する負担を生じさせ、保険契約の費用増加を招くだけの結果に終わることになりうる。そこで、保険契約者が保険料の減額請求ができるのは、危険が著しく減少した場合に限定されることとなった[1]。

II 沿　革

　明治23年旧商法は、655条と657条において危険の減少に関する規定を設けていた。655条は、「契約ハ保険シタル危険カ被保険者ニ対シテ生ス可キニ至ラサルトキハ被保険者ヲ羈束セス然レトモ危険ノ減少又ハ其期間ノ短縮ノ為メ保険料ヲ分割スルコトヲ得ルハ保険料支払期間二回以上ノ保険料ヲ前払シタルトキニ限ル」とし、さらに、657条が、「契約カ被保険者ノ過失ナクシテ無効タリ又ハ任意ニ解カルルトキハ保険者ニ対シテ危険ノ生ス可キニ至ラサル場

---

[1] 萩本修ほか「保険法の解説(2)」NBL 885号27頁（2008）、一問一答67-68頁。

合ニ在テハ既ニ支払ヒタル保険料ノ全部ヲ被保険者ニ償還シ又重複保険若クハ超過保険ノ場合，被保険利益ノ減少ノ場合又ハ其他ノ事由ニ因ル場合ニ在テハ現保険料支払期間ノ為メ既ニ支払ヒタル保険料ヲ危険減少ノ割合ニ応シテ被保険者ニ償還スルコトヲ要ス但慣習上保険者カ受ク可キモノヲ扣除ス」とする。

　この明治23年旧商法の規定は，被保険者が保険料支払期間2回以上の保険料を前払した場合に，危険の減少があれば，その割合に応じて保険料を分割し，保険者が被保険者に償還することを要するという定めである[2]。

　これに対して，明治32年商法は，旧商法とは立場を変え，契約上とくに考慮した特別危険が保険期間中に消滅した場合にのみ保険契約者に将来に向かって保険料の減額請求権を認めていた。平成20年改正前商法は，損害保険に関する646条において，「保険契約ノ当事者カ特別ノ危険ヲ斟酌シテ保険料ノ額ヲ定メタル場合ニ於テ保険期間中其危険カ消滅シタルトキハ保険契約者ハ将来ニ向テ保険料ノ減額ヲ請求スルコトヲ得」とし，これを生命保険契約にも683条1項により準用していた。これに類する立場を採るのが，2007年ドイツ保険契約法であり，特定事情を考慮して保険料が増額されている場合，その事情が消滅するなどしたときは，保険契約者は，保険料の相当の減額を請求できることとしている（41条）。これは総則規定である。

　保険法は，再度，明治23年旧商法に近い立場に戻り，危険の減少に関する規律は，特別の危険を考慮した場合に限定される必然性はないことから，保険法では，これを広げ，危険の減少があった場合には，一般的に保険契約者が保険料の減額請求ができることとしている[3]。フランス保険法典も，危険の減少についてとくに限定することなく，危険の減少が生じれば，これ対して保険契約者が保険料の減額の請求権を有することを定めているが，保険者がその減額請求に同意しないときは，保険契約者は，解約告知をすることができ，解約告知の30日後に効力が生じ，保険者は，危険負担が行われなかった期間の保険料部分を返還しなければならないとしている（L.113-4条4項）。

---

2) 商法修正案理由書334頁（1898）。
3) 萩本ほか・前掲注1）27頁，一問一答67頁。

III 条文解説

1 危険の減少の意義

48条および77条(以下,本条という)本条にいう危険の減少とは,生命保険契約の締結後に保険者の引受危険が著しく減少することである。保険契約締結後,まだ保険期間が開始していなくとも,本条の危険の減少に該当する。この点は,改正前商法が保険期間中の特別危険の減少のみを対象にしていたのとは異なる。

「危険が著しく減少したとき」とは,危険の減少が大きく,保険料の額に影響を及ぼす程度になって,約定の保険料額が過剰になっている場合を指すものと解される。減額請求しても,わずかの額しか減少せず,保険者に保険契約のコストを増加させるだけに終わる程度の危険減少では,全体としての保険料額を上昇させることにもなりかねず,このような場合にまで保険契約者の保険料減額請求権を認める必要はないと解される。

2 保険料減額の時期

保険契約者は,将来に向かって減少後の危険に対応する保険料に至るまでの減額請求ができる。原則として保険契約者は減額請求の時点から,減少後の危険に対応する保険料にする請求ができるものと解される。しかし,保険者が約款で危険の減少時点に遡って保険料の減額を認めることもできる。本条は,保険契約者の不利に変更することができない片面的強行規定であり(49条・78条),契約上,保険契約者に有利な定めを置くことは妨げないからである。

3 長期の人保険契約の場合

生命保険契約をはじめ,長期の人保険契約のように,人の生命・身体に関する危険の増減があることを組み込んである程度包括的に保障している場合,被保険者が一時,健康を害したからといって危険の増加にあたると考えないのと同様に,それが回復したときに危険の減少と捉えるものでもない。また,契約時よりもいっそう健康な状態になっているからといって,保険料の減額をもたらすほどの危険の減少になることも考えにくい。増減する身体的危険を包括的

第2節　効　力

に保障する保険契約においては，契約の締結時にそれらを織り込んで保険料額が算定されるため，通常は，危険の減少による保険契約者の保険料減額請求は認めにくいであろう。

4　規定の性質

本条は，保険契約者の不利に変更することができない片面的強行規定である(49条・78条)。本条よりも保険契約者に不利な特約は無効となる。特別に斟酌した危険についてのみ，その危険の減少に対して保険契約者が保険者に保険料の減額請求ができるとする約款規定は無効になると解される。本条は，特別危険に限定することなく，広く危険の減少の場合に保険契約者の保険料減額請求権を認めており，これを狭い範囲の危険の減少に限定することは，通常は保険契約者の不利に変更する約款規定と解されるからである。

〔竹濱　修〕

> **（強行規定）**
> **第49条** 第42条の規定に反する特約で保険金受取人に不利なもの及び前条の規定に反する特約で保険契約者に不利なものは，無効とする。
>
> **（強行規定）**
> **第78条** 第71条の規定に反する特約で保険金受取人に不利なもの及び前条の規定に反する特約で保険契約者に不利なものは，無効とする。

条文解説

1　第三者のためにする生命保険契約

49条では，第三者のためにする生命保険契約に関する42条の規定に反する特約で，保険金受取人に不利なものは無効とするとしている。

42条は，保険金受取人による受益の意思表示（民537条2項参照）を不要とするものであるが，仮に約款で受益の意思表示を必要とした場合には，保険金受取人が不利益を被ることになるため，その片面的強行規定について定める49条の前半部分では，「保険金受取人に不利な」特約を無効としているものである。

2　危険の減少

49条では，危険の減少に関する48条の規定に反する特約で，保険契約者に不利なものは無効とするとしている。

48条は，危険が著しく減少した場合に，保険契約者が保険者に対して保険料の減額を請求することができるようにしているものである。

このように，48条は保険料減額請求の主体である保険契約者の保護を図る規定であるため，その片面的強行規定について定める49条の後半部分では，「保険契約者に不利な」特約を無効としている。

これにより，たとえば，危険が著しく減少した場合でも保険料の減額請求を認めない旨の特約や，減額請求の範囲を保険法の規定よりも制限する特約などは，無効となると考えられる。

〔萩本　修・嶋寺　基〕

保険料の支払時期

I 保険料の支払をめぐる基本的な法律関係

1 保険料支払義務

保険料の支払は，保険契約においては，有償双務契約における対価としての金銭債務であり，保険契約者の中心的な債務である（2条1号・3号）[1]。一方，保険制度においては，保険金の支払の準備のための共同備蓄金への出捐・金銭拠出という意味を有している[2]。保険料の支払は保険という集団的な契約関係における原資確保という意味を有しており，単純に契約における他方当事者の契約利益に尽きない面がある。これは，保険料の支払，保険者によるその取得確保が重要な課題となることを意味している。

「保険料及びその支払の方法」は，保険契約締結時において保険者が保険契約者に対して交付すべき書面の必要的記載事項である（6条1項9号・40条1項8号・69条1項8号）。

このほか，保険法は，保険料に関して，危険の著しい減少の場合の保険料減額請求権（11条・48条・77条），保険料請求権の消滅時効（95条2項），保険料の返還の場面における制限（32条・64条・93条），保険料返還請求権の消滅時効（95条1項）について規定を設けているが，保険料支払義務についての基本的な事項である，額，支払の方式，態様，場所，時期などについての規定はない[3]。また，義務違反の場合の法律関係についても沈黙している。したがって，

---

1) 保険料の支払義務の強制力や訴求可能性については，議論がある（本書681-682頁〔沖野眞己〕を参照）。債権債務の一般論としては，裁判上の訴求力や強制執行力を有しない債権も法的に効力のある債権債務とすることは認められており，たとえ訴求可能性がないとしても，これを保険契約上の中心的債務ということは妨げられない。また，何より，保険法はそのように位置づけている（2条1号・3号）。

2) 倉澤康一郎・保険契約法の現代的課題229頁（1978），大塚龍児〔判批〕生保百選138頁，山下丈「保険料支払義務」倉澤康一郎編・生命保険の法律問題（金判986号）104頁（1996）。

3) 法制審議会保険法部会において，保険料の支払時期および支払場所について規定を設けることが検討項目としてとりあげられたが，支払時期および支払場所のいずれについても，実務上の取扱いは一律ではなく，保険契約によって異なることから，約款に委ねるのが適切であると

＊保険料の支払時期　I

保険料の支払をめぐる基本的な法律関係については，一般契約法の規律に委ねられることになる。

保険料の支払をめぐる基本的な法律関係には，保険料支払義務（債務）の内容の問題とその不履行の場合の法律関係とがある。両者は完全に切り離せるものではないが，本項では，前者のみを扱う（後者については，本書679頁以下参照）。

保険料支払義務の内容に関して，たとえば，支払時期や支払場所等についてのデフォルト・ルールを設ける立法例もある[4]。保険法は，上記のとおり，保険料に関する事項について契約締結時交付書面の必要的記載事項として，保険料に関する契約内容の明確化・可視化を要請するにとどめている[5]。

2　保険料支払義務の主体

保険料支払義務の主体は，保険契約者である（2条3号）。

改正前商法においては，他人のために保険契約を締結した場合において保険契約者について破産手続が開始したときは，保険者は「被保険者」（損害保険の場合。生命保険の場合には「準用」により保険金受取人と読み替えるのが一般的な解釈である[6]）に対して保険料の支払を請求することができると定めていた（改正前商652条・683条1項）。保険法においてはこの規定は削除された。実際に発動する余地がなく，無用の規定と考えられたことによる。すなわち，保険契約者

いう考え方が表明され，また，これらについての立法の必要性は感じられないとの意見が表明されている（法制審議会保険法部会第2回議事録20-21頁参照）。

4）　ドイツ保険契約法33条1項・36条。

5）　保険料支払義務は保険契約の中心的債務であるから，その内容は何より当事者の合意によって定まる。実際，金額はもとより支払の方式，態様については，保険契約者の意思を反映した当事者の合意があるが，しかし，さらなる詳細やとりわけ義務違反の場合の法律効果は約款によって定められているのが通常である。また，保険契約者の主体的な選択という場合も保険者によって提示された選択肢の中からの選択であることが一般的である。保険契約における中心的債務についても，その大枠と詳細は保険者によって設計されている。このような保険者による設計は，約款による場合に最も問題となるが，保険料支払義務が，それが約款使用者の相手方である保険契約者にとってもっとも基本的な義務であり，とくに義務違反との関係では，契約利益である保険給付を受ける地位を左右することになる，きわめて重大な法律関係であって，それが約款使用者によってコントロールされるため，とりわけ，その保護の要請が生じることになる。

6）　山下333頁。

の破産の場合，保険契約者側では，破産管財人が解約返戻金や未経過保険料の返還を求めるべく保険契約の解除をするのが一般的であり，保険者側では，改正前商法の規定に従い保険者が被保険者や保険金受取人に対して保険料を請求することは実務上行われていなかった7)。被保険者や保険金受取人の利益擁護の観点からは，それらの者を請求先とするのではなく，それらの者に契約の解除や失効を防止する機会を付与することが重要となるが，もとより，一般に，被保険者や保険金受取人が民法の第三者弁済の規定（民474条）に基づき弁済をすることは妨げられていない8)。また，保険法においては，生命保険および傷害疾病定額保険につきいわゆる介入権の制度が導入されており，破産管財人による契約の解除の場面を含め，保険金受取人が「保険契約者の同意を得て」一定額の支払をすることで解除の効力発生を防止する措置が設けられている（60条・89条）。

3 保険料の額

保険料の額は，当事者の合意によって定まるが，集団的な契約関係を基礎に，保険制度の健全性の確保や保険契約者間の公平の確保の観点からの制約がある9)。

保険料は，保険契約における保険者の危険の負担・保険保護の対価であり，その「危険」に応じて，生命保険であれば被保険者の年齢や健康状態を考慮し

---

7) 一問一答213-214頁，山下619頁。
8) 民法474条2項による場合，利害関係を有しない第三者は，債務者の意思に反して弁済をすることができない。判例は，この「利害関係」を法律上の利害関係に限定しているが，学説では，同規定の政策判断に疑義を呈するものが多く，その観点から「利害関係」を緩やかに解すべきであるという見解が強い。もっとも，事実上の利害関係で足りるとすることに対しては，基準の明確性を重視する見地から，むしろ法律上の利害関係としつつ，適用を緩和すべきだと主張されている（中田裕康・債権総論303-304頁（2008））。生命保険契約における保険金受取人は，その変更が保険契約者の意思に委ねられる不安定なものではあるが，変更がなされない限り，停止条件付きの権利を有する者であるから，法律上の利害関係がある者ということができよう（西島94頁参照）。ドイツ保険契約法は，保険金受取人のほか，被保険者や質権者による支払につき，「民法の規定によれば拒絶できるときであっても」保険者は支払を受領しなければならない旨を規定している（ドイツ保険契約法34条1項）。
9) たとえば，特定の主体に対する個別の保険料の割引や割戻しは業法上禁止されており（保険業300条1項5号），一定の場合にはその違反は私法上の効果をもたらしうる（山下174-177頁参照）。

＊保険料の支払時期 I

て，その金額が決定される（給付反対給付均等原則10））11)12)。

4 支払の方法・態様

(1) 一括払，分割払——支払の回数　保険料の支払は，全額を一括して支払うことも（一時払），分割して複数回にわたり支払うことも（分割払）もある。

個人の生命保険契約の場合，実務上，一時払，年払，半年払，月払，ボーナス併用払などの方法がある13)。生命保険契約の場合，長期にわたる契約であるのが通常であるため，保険料の支払は，分割払の方式をとることが多い。いずれの方法によるかは，契約締結時に選択される（保険契約者の選択に係る）が，分割払の場合に当初選択した方法（回数）から別の方法（回数）へ変更することも約款上認められている。また，年払の場合に複数年分をまとめて支払うことや，月払の場合に複数月分をまとめて支払うことも認められる14)。

分割払の場合，初回の保険料の支払と第 2 回以降の保険料（継続保険料）の支払とは，受領権者15)，支払の「経路」，支払の場所，不払の効果などの点で，

---

10) 山下 59-60 頁，山下友信 = 竹濱修 = 洲崎博史 = 山本哲生・保険法〈第 2 版〉5-6 頁（2004）。
11) 保険料は，保険給付に充てられるべき「純保険料」と保険運営の費用等保険者の事業費に対応する「付加保険料」とから成る（西島 69 頁，山下 647 頁注 1。詳細は，山近道宜「保険料の意義とその支払義務」塩崎勤 = 山下丈編・保険関係訴訟法（新・裁判実務大系 19）258-259 頁（2005），山下・前掲注 2) 104-105 頁参照。また，63 条，92 条も参照）。
12) 保険契約の締結後に危険が著しく減少した場合には，保険契約者は保険料の減額を請求することができる（11 条・48 条・77 条）。逆に危険の増加の場面における保険者の増額請求権については保険法に規定がないが，保険法は，危険の増加があった場合，当該危険増加に対応した額への変更に言及しており，この場合には，（それが可能であるときは）合意による変更が想定されている（29 条・56 条・85 条）。約款に増額請求権が定められているときは，それに基づく増額請求ができる（一問一答 95 頁）。生命保険契約の場合は，その後の健康状態の変化などは契約締結時の危険測定に織り込み済みであり，危険の増加が問題となることは通常はないが，被保険者団体の業務に応じて危険測定をしている商品においては業務の変更等による危険増加が生じうる（山下 581 頁）。
13) 詳細は，出口正義監著・福田弥夫 = 矢作健太郎 = 平澤宗夫編著・生命保険の法律相談 129-130 頁［興石進］（2006）参照。
14) 一般に，債務者（保険契約者）が期限の利益を放棄して弁済をすることは妨げられない（民 136 条 2 項）。この場合に，保険者が不利益を受けるとは考えにくい。約款では，年払の場合の複数年分のまとめての支払，月払の場合の複数月分（3 か月分以上）のまとめての支払の場合には，所定の割引率による支払額算定がなされることが定められており，約款上の規律の特殊性はその点にある。
15) 受領権限を付与する権限は保険者にある点では初回保険料と継続保険料とで変わりはない。現実に受領権限が付与される主体という点では，生命保険契約の場合，第 1 回保険料または第

違いがある。

　保険料の支払は，保険契約の観点からは，保険契約者の中心的債務の履行にほかならない。一般契約法からいえば，保険契約の成立により保険料支払債務が生じ，その履行として保険料を支払うことになる。しかし，前述のとおり保険料の支払は個別契約の履行を超えて保険制度における共同の原資の形成の意味を持ち，保険制度の安定性や健全性のためには確実にその出捐が行われることが重要である。そのため，保険料の支払がなされないまま保険保護が与えられることが基本的に生じないような仕組みの構築が求められる。また，保険契約においては保険契約者の任意解除権が保障されている（27条・54条・83条。任意規定であるが，生命保険契約の場合約款上も保障されている）。任意解除は一般に将来に向けた契約解消であるが，生命保険契約の場合に，いったん発生した保険料支払債務について，その不払の場合，強制履行（民414条）は非現実的であるとされ，実際にも行われていない。履行遅滞による損害賠償請求についても同様である16)。これらの事情から，初回保険料の支払については，実質的に契約の成立と連動した扱いがなされている。すなわち，生命保険契約は保険者の承諾をもって成立するが，初回保険料の支払は，あらかじめ，それに相当する額の金銭（第１回保険料相当額，第１回保険料充当金）の支払がなされるのが通常である17)。その場合，支払われた第１回保険料相当額の金銭は，契約成立とともに第１回保険料に充当される。また，その場合，保険保護，保険者による責任は，第１回保険料相当額が受領された時（告知がその後であるときはその告知の時）から開始することが約款で定められている（責任遡及条項）。考え方としては，契約の成立を画する合意の時点ではなく，保険契約者が契約の成立に向けてなすべきことをなした時点を基準として責任を開始させるというものである。保険契約者が契約の成立に向けてなすべきことに，初回保険料（相

　　１回保険料相当額については，生命保険募集人に受領権限が与えられている。継続保険料について集金扱いが選択されているとき，集金担当者に受領権限が付与されている（山下333頁）。
16)　本書681-683頁〔沖野眞己〕。
17)　生命保険契約の約款上は，承諾（による契約の成立）の後に第１回保険料の支払がなされる場面も想定されており，その場合の責任の開始時期について第１回保険料の受領時とする定めがある。しかし，現実には，契約成立後に第１回保険料の支払がなされるという扱いは，原則的に行われていないといわれる（山下212頁，井上亨「保険料のキャッシュレスと約款の責任開始規定」生保160号204頁（2007））。

＊保険料の支払時期　I

当額）の支払が含まれているわけである。このような取扱いには，保険料支払確保の要請をみたすとともに，任意解除権等を背景にして，保険契約者の契約意思の確実さを図り，かつ，契約成立前への責任遡及によって契約上の債務であるにも関わらず契約成立前に「履行」を強いられることへの「見合い」とし，また保険契約者の期待を保護する意味がある[18]。

このように，生命保険契約において分割払——それが多数である——の約定によるとき，初回保険料の支払は契約成立段階の問題と位置づけられるのに対し，第2回以降の保険料（継続保険料）の支払は契約履行段階の問題と位置づけられる。

なお，生命保険契約において，分割払の場合の第2回以降の保険料（継続保険料）の支払は，一見，賃貸借契約における地代や家賃の支払に類しているが，賃貸借契約の場合は各期の使用収益に各期の賃料が対応しているのに対し，保険契約の場合は各期につき保険保護との間にそのような厳格な対応関係にはない[19]。

(2)　支払の方式・態様——支払の「経路」

(ｱ)　支払の方式は，金銭債務の履行として許容される方法による。現金の交付が法制度上の典型例である。小切手，クレジットカード，口座への入金（振込，振替）などの支払方法の許容性も，一般的な問題である[20][21]。基本的

---

18)　竹濵 145-146 頁，山下 212-213 頁。

19)　竹濵 69 頁。被保険者の死亡は被保険者の年齢が高くなるにつれその危険が増加する。それに即応した形で保険料が算定されると，被保険者の高齢化により保険契約者の保険負担能力を超える可能性などもあるため，保険契約者の生計上の便宜等を考慮して，保険料を保険期間中に一律の額とする計算方法（平準保険料方式）が採用されている（山下 648 頁，山近・前掲注 11) 259-260 頁）。保険料の支払期間を通じて同一額とする方法のほか，時期を分け，当初一定年度とそれ以降とで異なる保険料設定とし，当初一定年度以降はそれ以前よりも高い一定額の保険料とする方法（ステップ保険料方式）がある。

20)　支払手段，契約からみると金銭債務の本旨に従った履行として認められるかという問題のほか，初回保険料についてはそれが責任開始時期を画することにもなるため，現金の交付以外の方法によるときどの時点をもって保険料相当額の「受領時」と判断するかという問題がある。たとえば，小切手の場合に授受の時点か現金化の時点か，口座への送金の場合に送金行為（送金委託）時か入金（入金記帳）時か，口座振替の場合に振替時か入金（入金記帳）時か，クレジットカードによる支払の場合に「利用時」か立替払時かなどである（山下 338-339 頁，347-350 頁，347 頁注 37，出口監修・前掲注 13) 141-143 頁〔石岡修〕，井上・前掲注 17) 225 頁以下，山下孝之「送付による保険料の支払をめぐる法律問題」所報 39 号 131 頁（1977），参照）。後者は，継続保険料についても，その債務の消滅の時点の問題となる。生命保険契約に

に，契約当事者の合意によるが，それが不明である場合には取引慣行により判断される。

　(イ)　生命保険契約において分割払の場合の第2回以降の保険料（継続保険料）の支払の方式（「経路」）については約款上選択肢が定められている（支払方法の選択制）。約款に掲げられている選択肢は，①店頭へ持参，②集金，③指定口座への送金・振込，④口座振替，⑤団体扱い，⑥クレジットカードによる支払という，6種である[22]。①②は現金を直接受領権者に交付する方法，③④は金融機関等を通じ預金債権を保険者に取得させる方法[23]である。⑤は勤務先等保険契約者が所属する団体・集団を通じて払い込む方法である。⑥はクレジットカード会社による立替払となる。このうち現に約款に掲記される支払の方法（経路）は，保険会社によって区々である。

　このような選択肢の掲記は1983年以降に導入されたものであるが，その際のモデル約款は①から⑤までの5種を掲げるものであった[24]。1983年の約款

おいては，口座振替の場合には，1983年の生命保険約款の改訂に伴って口座振替特約が新設され，その中で，振替日（引落日）と定めている（井野直幸「保険料の支払義務」塩崎勤編・生命保険・損害保険〔現代裁判法大系25〕63頁（1998））。

21)　手形による保険料の領収を行うことは，昭和25年の大蔵省通達以来禁止され，事務ガイドラインにおいても同様の禁止があった（事務ガイドライン3-1-1(2)④）。監督指針でも，保険料の領収にあたって手形による保険料の領収が行われていないかが，適正な損害保険募集態勢の確立の一項目として掲げられている（監督指針II-3-3-5(2)④ウ）。ただし，その違反が直ちに私法上の効果をもたらすわけではない（山下337頁注13, 339頁）。

22)　山近・前掲注11）164頁，出口監著・前掲注13）128-129頁〔興石進〕，144-147頁〔平澤宗夫〕，大串＝日生289-290頁（約款の例）。

23)　金銭の支払という点からすると，現金化を通じた金銭の取得までを考えうるが，口座への入金の場合は預金債権の発生をもって債務消滅の効果が生じると解されており，この法的構成として「代物弁済」という説明がなされている（口座振替につき岩原紳作〔判批〕生保百選237頁，山下347頁）。

24)　吉田明「国民生活審議会約款適正化報告に対する生保業界の約款モデルについて（その1）」生経51巻3号378頁（1983）。

　かつて，生命保険約款上，継続保険料の支払については，保険会社の本社または保険会社の指定した場所に払い込む旨が記載されていた。これに対し，現実には，保険契約者のもとに集金担当者が赴く集金の形態での支払が多くなされていた。このように約款に定める店頭持参払と現実の集金払との間に齟齬があった。

　現実を約款に反映させ取立債務とする可能性について大蔵省（当時）から諮問がなされ，それを受けて，1956年に約款が改訂され，「集金条項」（保険会社が集金人を保険料支払場所に派遣したときはその集金人に支払うことができる旨の条項）が入れられた。代表的な約款では，集金は，「便宜」と記され（便宜集金条項），かつ，集金に赴いて支払がなかったときや一定の時期以降は原則どおり店頭持参であることが定められていた（このほか，店頭持参を本文とし，

＊保険料の支払時期 I

改訂当時の議論および問題意識の中心は，集金払の現実ないし慣行への対応にあったが，現実の支払方法は既に多様化しており，その後，継続保険料の支払については集金払は減少し，団体扱いを除けば，口座振替や送金が多数を占め，中心は口座振替に移っている[25]。これに対応して，現在では，集金による方法（②）を選択肢として掲げず，これを除く4種（①，③〜⑤）のみを定める約款もある。また，クレジットカードによる支払（⑥）を掲げるものも見られる[26][27]。

ただし書の形で上記集金条項を置くものもあった）。1956年の約款改訂による集金条項の定めは，債務としてはあくまで持参債務であり，集金は便宜（サービス）として行うものにすぎないことを示すものであった（吉田明「保険料債務をめぐる問題点——持参債務か取立債務かという点を中心として」生経45巻4号602-605頁（1977）。興石進〔判批〕保険レポ164号13-15頁（2001））。このように保険者はこれを「サービス」（便宜上の措置）として説明していたが，裁判例は分かれていた。このような約款の定めや説明に対し学説では，集金払の現実は取引慣行となっており，約款もこれに応じて改訂すべきであるという指摘が，しばしばなされてきた（岩崎稜「生命保険と保険料の払込」ジュリ759号85頁（1982），吉田・前掲生経51巻3号369頁）。

生命保険約款の適正化を求めた第8次国民生活審議会消費者政策部会報告（1981年）は，その報告第2章Ⅰ2(3)において，この問題をとりあげ，「保険料の払込方法については，集金等の慣行に基づく消費者の意識と約款上の規定が乖離しないようにする必要があ」り，具体的には，「保険料の払込方法については，現金持参，集金，郵便振替，銀行口座自動振替等実際に行われている方法について消費者が不利益を被らないように明確に規定し，これらの方法のうちから，自己の希望する払込方法を消費者が選択できる旨の規定に改めるべきである」とした。継続保険料の支払が集金によって行われることが多いため，消費者は保険会社が確実に集金に来るものと期待しているのに対し，約款上は集金は便宜上の措置にすぎず，集金が行われない場合には消費者は保険料を持参しなければならないことになる。こうした実務上の取扱いと約款の規定とのずれが，保険料払込みに関するトラブルを生じさせる原因となっている。しかも，約款の規定を根拠に，持参を怠った場合に生ずる不利益を全面的に消費者に負担させる判決もあり，このようなずれが消費者に不利な結果をもたらす可能性が大きい，という問題意識による。

これを受けて，生命保険業界では約款の改訂が図られ，1983年以降は，上記①から⑤までの5種の方法が並列して約款に規定されることになった（支払方法の選択制の導入）（この見直しの詳細については，吉田・前掲生経51巻3号365頁，369-372頁参照）。

25) 井野・前掲注20) 56〜57頁，笹本幸祐「保険料支払義務」倉澤康一郎編・生命保険の法律問題〔新版〕（金判1135号）95頁（2002）。平成12年のある保険会社のデータにつき，山近・前掲注11) 265頁，平成17年のある保険会社のデータにつき，井上・前掲注17) 202頁参照。その原因は，一方で，現金の収受に伴う現金管理のコストやリスクが問題視されるとともに，他方で，口座振替の利用可能性の拡大・送金方法の多様化，口座振替等の普及，その当事者双方にとっての便宜，それゆえの顧客サービスの充実と保険料収集効率の向上・費用の削減という両面からの保険者の促進策などによるものと考えられる。

26) もっとも，クレジットカードによる支払（⑥）は，生命保険契約の場合，初回保険料の支払については相当程度普及しているが，継続保険料については，まだ多くはないという（出口

支払の方法の選択は契約による（約款上保険者の提示する選択肢から保険契約者が選択する）。契約存続中に支払の方法を変更することも約款上認められている28)。

5　支払の場所

(1)　初回保険料　　初回保険料については，保険契約の成立の段階で，その相当額が保険契約成立（申込みに対する承諾）の前に支払われるのが通常であり，また，保険者により生命保険募集人に対してその受領権限が与えられている。そのため，債務を履行すべき場所としての支払の場所は現実には問題とならない29)。

(2)　第2回以降の保険料（継続保険料）　　これに対し，継続保険料の支払については，生命保険契約の場合，約款上，支払の方法（経路）の定めがあり（前記4(2)），「支払の場所」は支払の方法によって異なる。

債務の履行一般について，履行の場所は，債権者の住所（持参債務），債務者の住所（取立債務），それ以外の第三地（送付債務）の3種がある。金銭債務の場合，持参債務が原則である（民484条，商516条1項）。弁済・履行の場所がいずれであるか，あるいは，債務が持参債務・取立債務・送付債務のいずれであるかは，単純に履行すべき場所がどこであるかを特定するというより，債務の履行にあたり，債務者および債権者が何をなすべきか，債務者・債権者のそれぞれの行動が履行・不履行に伴う法的効果の発動いかんを決するにあたりどう評価されるかという観点から問題とされることが多い30)。

前記（4(2)(イ)(注24)）のとおり，生命保険契約においては，かつて，約款上，保険会社の本社または保険会社の指定する場所が保険料の支払場所とされていた。この定めは持参債務の原則を定めたものとされていた。現実には集金によ

監著・前掲注13) 147頁［平澤］，井上・前掲注17) 203頁，205頁）。
27)　一般的な支払手段の多様化に伴い，コンビニエンスストアでの支払やデビットカードの利用など具体的な支払の方法・経路はいっそう多様化しつつある。
28)　また，個別の支払について，たとえば口座振替ができなかったときに振込用紙が交付され送金によるなどの対応がされている。
29)　岩崎・前掲注24) 85頁。
30)　中田・前掲注8) 297頁。

*保険料の支払時期 I

る保険料の授受が行われており，これについては，便宜（サービス）であるとする保険者側の説明・理解と，取引慣行となっており取立債務に転じているとする学説の主張とが対立していた[31][32]。1983年以降は，約款改訂により，複数の支払方法（経路）が約款に並列的に掲げられ，それらから保険契約者が選択する仕組みがとられている。店頭持参払以外の方法も，正面から債務の履行内容として示されたことになる[33]。

一方で，現実の支払方法は，集金による方法から口座振替へと移行してきており，「支払の場所」をめぐる問題も，口座振替をめぐる問題が先鋭化している。集金による場合の具体的な問題は，いつ集金に赴くべきか，集金に赴いたが不在であったり準備がなく支払がされなかった場合にその後の支払についていずれの当事者が行動を起こすべきか，集金に赴くことがないまま支払の期日（払込期月）を経過したとき不履行による効果（猶予期間付与と契約失効）が発動するか，発動しない場合その後の支払についていずれの当事者がどのような行動をするべきか，等である[34]。集金の現実にも関わらずなお持参債務であるのか，それとも取立債務であるのかという問題設定は，これらの具体的な問題を解決するための標準として援用されていた。しかし，集金の場合の法律関係がいずれであるかによって一律に解決できるわけではなく，その技術的有用性には疑問も呈されている[35]。また，口座振替の方法による場面では，「支払の

---

31) 山下345頁，岩崎・前掲注24) 85頁。

32) 生保試案（2005）は，保険料の支払場所について，「保険料支払債務の履行場所は，保険者の営業所とする。ただし，第2回以後の保険料支払債務の履行場所は，保険契約者の住所または営業所とする。」としている（679条の2）。継続保険料の支払について，集金による慣行を踏まえて，任意規定として，取立債務としたものである（生保試案（2005）理由書107頁）。

33) いったん選択した方法が，取扱範囲外となったり取扱条件に該当しなくなったなどの事情により，もはや用いることができなくなったときは，方法（経路）を変更するものとされているが，その場合，変更を行うまでの保険料の支払は店頭持参払によることが，約款上定められている。これは，最終的なよりどころという点での「原則的な支払の方法」はなお店頭持参払であることを示しているといえよう。持参払は，民法・商法上のデフォルト・ルールでもあるから，この点は，特段の取引慣行が認められるのでない限り，約款に規定がなくとも同様となろう。

34) 具体的な問題と学説・判例の状況に関し笹本・前掲注25) 95-98頁参照。

35) 一般に，持参債務・取立債務・送付債務という類型立ての法技術的意味を疑問視するものがあるほか（平井宜雄・債権総論（第2版）181頁（1994），場面は異なるが同書26-27頁参照），保険料支払債務についても，岩崎・前掲注24) 85頁は，裁判例において持参債務か取立債務かという法律構成は実質的な判決理由とはなっていないと指摘する。また，西島97頁は，

場所」を軸とするこれらの類型立ては有用な基準とはなりがたい。問題の中核は，具体的な履行方法との関係で，債権債務の履行における信義則に照らし，各当事者がどのような行為義務を負い，実際の行動が，弁済の提供の有無等の判断においてどう評価されるかである[36]。送金や口座振替が一般化するに従い，「支払の場所」としてこの問題を扱おうとするのはその切り口自体がもはや適切ではないというべきであろう。結局，支払方法ごとにリスク分担のあり方を明らかにすべきことになる[37]。

II 支払時期（保険料支払義務の履行期）

1 履行期の意義

保険料の支払時期は，保険契約上の中心的債務である保険料支払義務の履行期の問題である。これは，いつ債務の履行をすべきかという債務の内容の一環であると同時に，債務不履行の前提事項という性格をもつ。

前述のとおり，保険法には規定がないため，その履行期は，一般契約法・債権債務法の規律による。もっとも，債務の履行期に関しては，特定の契約類型の場合を除き，一般的なデフォルト・ルールは，民法および商法のいずれにも設けられていない。したがって，保険料の支払時期の問題は全面的に合意の問題ということになる。合意がなければ期限の定めのない債務となり，民法の一般則によると，履行期は契約成立による債権債務発生時となり，債権者である保険者の請求によって遅滞に陥る（民412条3項）。

生命保険契約における保険料支払債務については，約定の債務（より特定して金銭債務）の履行期についての以上の一般則とは，様相を異にしている。

すなわち，保険料の支払の方式には，全額を一括して支払う一時払と分割し

集金と店頭持参以外の3種（4(2)(イ)③～⑤）は取立債務，持参債務のいずれともいえず中間的な性質のものであるとする。

36) たとえば，生保試案（2005）理由書108頁は，口座振替の方法による場合，どのような場合に弁済の提供があったといえるかなどを法定する必要を指摘している。

37) その検討の詳細につき山下344-350頁，山近・前掲注11）267-270頁，山下・前掲注20）131頁以下，町野五彦「生命保険料の口座振替制度について」生経48巻4号605頁（1980），吉川吉衛「保険料支払と銀行振替——神戸地裁尼崎支部昭和55年7月24日判決を機縁として」生経49巻5号859頁（1981）参照。

＊保険料の支払時期 II

て支払う分割・継続払とがある。生命保険契約の場合，分割払が通例である。

その場合の初回保険料については，約款上は，生命保険契約の成立後の支払も想定されているが，現実には，生命保険契約成立前に支払がなされ，契約の成立により初回保険料に充当される。そのため，債務の内容としての履行期の問題も不履行の前提としての履行期の問題もいずれも現実的な問題ではない。

また，第2回以降の保険料（継続保険料）については，その支払時期について約款に定めがある。そして，定められた時期に支払がなされなかったとき（不払）は，猶予期間がさらに付与され，その猶予期間の満了までに支払がなされないときは保険契約は当然に失効することが定められている。他方，不払に対し，強制履行や損害賠償請求は想定されていない。保険料支払の確保がきわめて重要であること，保険契約者には任意解除権が保障され強制的な保険契約の継続は相当ではないこと，保険料の支払は継続的かつ比較的少額であって強制履行や損害賠償請求は保険制度においては現実的でないことなどによる[38]。猶予期間中の保険事故に対しては支払前であっても保険保護が与えられる。このような約款上の取扱いにより，継続保険料の履行期は，債務内容としての履行期という意味はあるものの，不履行の前提としては，契約失効の仕組みを起動させる時的基準としての意味に収斂される。

2 初回保険料

初回保険料の支払時期については約款に定めはない。保険契約成立（契約の承諾）後の初回保険料の支払については，責任の開始がその支払がなされた時と定めるのみである。支払時期の定めがない以上，契約および債権債務の一般則により，契約の成立時が債務の発生時であり期限の定めのない債務として直ちに履行期が到来することになる[39]。約款上，支払の時が責任開始の時である。契約成立前に初回保険料相当額の支払がなされるのが実務の通例であるた

---

[38] 本書679頁以下〔沖野眞己〕参照。
[39] 立法例では，保険料の支払時期を定めるものもあり（ドイツ保険契約法33条），立法提案では，疾病試案（2005）が，保険者の責任の開始等の定め（4条）と並んで，保険契約の成立後ただちに第1回保険料を支払わなければならない旨の保険料の支払時期の定めを置いている（3条）。生保試案（2005）は，保険料支払義務の支払時期の規定は設けず，保険者の責任の開始と保険者の責任の遡及の規定を設けている（673条の3・673条の4）。

め，以上の扱いは，実務上は例外である[40]）。

3　第2回以降の保険料（継続保険料）

(1)　「払込期月」　第2回以降の保険料の支払の時期については，約款上，契約応答日（月払の場合は月単位の，半年払の場合は半年単位の，年払の場合は年単位の契約応当日）の属する月の初日から末日までに払い込むものとする，「払込期月」の概念が用いられている。

第8次国民生活審議会消費者政策部会報告（1981年）（前記Ⅰ4(2)注24））の指摘を受けた約款改正において，保険料の支払方法について選択制が導入されるのと同時に導入され，1983年以降用いられている。この改訂前は，特定の日（契約応答日）を「払込期日」とする定めであった[41]）。「払込期日」に替えて「払込期月」とされたのは，約款の定めにもかかわらず，保険料の収納の実態は，払込期日の属する月を払込のための期間として位置づけ，月単位で実務運営を行っていたこと，領収書に「払込期月」の語が用いられ契約当事者双方にその概念が定着しつつあったこと，集金による支払を支払の一方法として約款に規定するに伴い保険者が「集金責任」を果たす義務を負い，特定の日（払込期日）に集金を行うことが要請されるとするとそれは実際に困難であり，保険者が常に受領遅滞を問われることになりかねないことが懸念されたこと，による。当時の収納実態を約款に定着させることにしたものであった[42]）。そこでは，専ら，集金による方法への対応が念頭に置かれていた。当時においても，送金による場合には払込期日が意識されていたとされる[43]）。また，現在では口座振替が主流になっており，口座振替の仕組みにおいては，特定の日が振替予定日とされ，保険者からの振替請求を前提に指定された日に口座の残高不足により振替が不能となったときは，再度翌月の振替指定日に振替が行われる扱いとなっている[44]）。

(2)　履行期　払込期月の定めのもとでは，法的にいずれが履行期であるか

---

[40]　山下338頁。
[41]　そしてそれが履行期である（吉田・前掲注24）生経45巻4号601頁）。
[42]　吉田・前掲注24）生経51巻3号371頁，山下340頁注21。
[43]　吉田・前掲注24）生経51巻3号371頁。
[44]　山下348-349頁。

*保険料の支払時期　II

という問題がある。約款上は，払込期月が設けられるとともに，その末日までに支払がないときは一定の猶予期間が付与され，その猶予期間の末日までに支払がないときは契約は失効することが定められている。この一連の定めを前に，払込期月の初日，払込期月の末日，猶予期間の末日の法的意味が問題となりうる。問題を複雑化するのは，保険料債権については強制履行や損害賠償が想定されていないことである。

　払込期月をめぐる法律関係は，次のようなものである[45]。払込期月の初日が到来すると保険者は保険料支払債務の履行を請求できる。集金による支払方法が選択されている場合，保険契約者は，払込期月の初日から末日の間であればその間に集金担当者を派遣するよう要請できる。期限の利益は払込期月の末日までであり，したがって，保険者からの履行請求に対し，払込期月の末日までは保険契約者は支払を拒絶することができる。これは，集金担当者が派遣された場合であっても変わらない。ただし，要請を受けて再三の派遣があった等具体的な事情のもとでは，信義則上，拒絶ができないことがありうる。払込期月の末日までに支払がなされないときは履行遅滞に陥る（民412条1項）。集金担当者が派遣されないなど債権者がなすべき行為をしないことが原因であるときは履行の前提条件が整わず遅滞に陥らない。履行遅滞に陥った場合も，強制履行や損害賠償請求はなされない。法的に権利がないというわけではなく，非現実的であるためにそれらの方法を用いないことを前提に約款の仕組みが構築されているにとどまる。このため，猶予期間中に保険事故が発生したときは，保険金支払債権と相殺（差引処理）が行われる（これは，保険料債務について保険契約者による期限の利益の放棄を伴うものではなく，すでに弁済期が到来した保険料債権を相殺するものと解される）。

　以上から，保険料支払債務の「履行期」（債務者がそれまで期限の利益を有し，その経過によって遅滞に陥る）は払込期月の末日であると解される[46]。払込期月自体は，契約法の観点からは，「履行期」（払込期月の末日）を決定する意味と，集金による支払方法が選択されている場合に保険者が「集金責務」を負う時期を画する意味とを持つ。猶予期間の末日は，履行遅滞を治癒し契約失効を防止

---

45)　吉田・前掲注24)　生経51巻3号373-377頁。
46)　山下340頁（「最終的な履行期」とする）。

することができる期限を意味する47)。

〔沖野眞已〕

---

47) このような理解は，判例・学説において一般的な理解であるが，裁判例では，保険料不払の場合の当然失効条項（無催告失効）の消費者契約法10条該当性を扱う中で，猶予期間の末日を経過した時をもって民法412条1項の「期限の到来した時」とするものがある（東京高判平成21年9月30日金法1882号82頁）。保険者が保険料支払債務について強制履行（民414条1項），損害賠償請求（民415条・419条），契約の解除（民541条）をすることができるのは猶予期間の末日を経過した時からであることを，その理由とする。しかし，猶予期間は，1983年以前の払込期日の概念の下でも用いられており，また，かつては，払込期日後猶予期間中の保険料の支払については遅延利息の支払が定められていた（倉澤・前掲注2) 229頁，吉田・前掲注24) 生経51巻3号377頁注1)。これが削除されたのは，遅延損害金・損害賠償の請求が，多数の保険契約者から比較的少額の保険料支払を受けるという事情から現実的ではないものとしているにすぎず，強いていえば損害賠償請求権を放棄しているのであって，履行期自体を左右するものではない。強制履行についても，保険料の支払確保が保険制度の健全性からもきわめて重要であること，多数の保険契約者による支払であることや1件・1回の保険料の少額性という事情から，強制履行のコストと保険料を確保できないリスクを考慮して，強制履行を想定しない仕組みが約款上構築されている。契約の解除との関係でも，払込期月と猶予期間とでは，債務の履行をめぐって信義則上当事者に要請される行為には違いがあり，猶予期間中の支払は，払込期月中の支払とは異なり，履行遅滞後の支払であって，そのような性格のものとして当事者の行動が判断・評価されることになる。

契約内容の変更

I はじめに

　生命保険契約は，通常長期に及ぶこともあり，種々の契約内容の変更が認められている。

　契約内容の変更としては，保険期間・保険料払込期間の変更，保険金額の変更（増額，減額），払済保険への変更，定期延長保険への変更，他の保険種類への変更，保険料払込方法・払方の変更，保険契約の転換[1]，中途増額（定期保険特約等の付加による），特約の変更・中途付加などがあるが[2]，契約内容の変更については保険法に明確な規律はなく[3]，各社の約款に委ねられている。

　本稿では，紙幅の制約もあることから，保険金額の減額，払済保険への変更，定期延長保険への変更および保険契約の転換の4項目を取り上げる。

---

1) 「保険契約の転換」を契約内容の変更と解したい旨の生命保険協会の照会（1977年12月2日付「生命保険契約の"転換"法的解釈について」）に対し，当時の大蔵省銀行局保険部長名でそのように解釈してさしつかえない旨の事務連絡（同年12月19日付）が発出されている（ただし，当該照会は国税当局への照会に必要との理由でなされた）。

2) 第一生命における主な契約内容変更実績（2008年度）〈年度始保有件数（個人保険＋個人年金）1,242万件〉保険期間・保険料払込期間の変更795件，減額12万件，払済保険への変更2.3万件，定期延長保険への変更51件，減額・払済保険・定期延長保険からの復旧7件，保険料払込方法・払方の変更43万件，保険契約の転換──転換新契約45万件，転換による消滅契約44万件。

3) 改正前商法は責任開始前に限り「契約ノ全部又ハ一部ノ解除ヲ為スコトヲ得」（改正前商653条・683条1項）と規定していたが，保険法はいつでも契約を解除できる旨の規定（54条）を設けた。保険法では，改正前商法にあった契約の一部解除を規定しなかったが，これは契約を解除できるのであるから，一部解除は当然にできることからあえて規定しなかったにすぎない（一問一答82頁）という。これによれば，保険金額の減額については，保険法には規律があるともいえる。

II　保険金額の減額

1　趣　　旨

　保険金額の減額は，保険契約者が，それまでの保険金額では保険料を負担しきれず保険契約の継続が困難になった場合や契約後の家庭環境等の変化により従来の保険金額ほどの死亡保障等を必要としなくなった場合などの事態が生じたときに，保険契約者の便宜を図ろうとするものである。保険契約者は，将来に向かって保険金額を減額できる。この場合，保険会社は減額部分に対応する解約返戻金を支払う[4]。

　なお，従来，減額後一定期間内（たとえば3年以内）であれば，元の契約に復旧できる旨の規定を約款におくことが一般的であったが，同制度のニーズが少ないこともあり，現在では復旧規定を置いていない商品も多い[5]。

2　沿　　革

　責任開始後の保険金額の減額に関しては，わが国商法（明治23年旧商法，明治32年商法，明治44年改正商法）にはなんらの規律もなく，前後3回にわたり作成された模範保険約款にも規定は設けられていなかった[6]。1930年の段階でも約款に減額規定のある会社は3社に過ぎず[7]，その後普及した。また，減額からの復旧規定を各社が約款に導入したのは第二次世界大戦後であった[8][9]。

---

[4]　本項は，主として生命保険協会生命保険講座「約款と法律」129頁（2008）による。
[5]　約款については，巻末約款27条参照。なお，復旧に関する規定は平成8年以降発売の商品にはないため，復旧の規定（下記⑤～⑦）については，それ以前に発売の新種特別養老保険約款（平成22年4月2日改正）の要旨を掲げる。
　　⑤保険金額の減額後3年以内は，保険契約者は，会社の承諾を得て，元の保険金額に復旧することができる。この場合には，復旧部分の責任準備金の払込みを要する。
　　⑥復旧をするときは，保険契約者は，請求に必要な書類の提出を要する。
　　⑦会社の責任開始期の規定は，保険金額の復旧の場合に復旧した部分について準用する。
[6]　森荘三郎「保険約款の各条項の研究」生経6巻附録55頁（1934）。
[7]　森・前掲注6）55頁。
[8]　たとえば，第一生命では1958年（「第一生命五十五年史」資料編52頁（1958））。
[9]　1963年1月の調査によると，減額規定は20社全社にあり，復旧規定は10社のみ（約款研究委員会「我が国生保会社の保険約款の総合比較（その6）」生経32巻2号122頁以下（1964））。1992年5月調査によると，減額規定は30社中29社にあり，復旧規定は19社に増加（生命保険協会保険契約法委員会「生命保険契約の諸変更関連資料」（1992）5頁，14頁）。

＊契約内容の変更　II

3　効力発生時期

従来，減額は，後記のように合意に基づく契約内容の変更と考えられてきたことから，その効力発生は保険者が減額の申出を承認した旨の意思表示をしたとき，すなわち，実務では保険契約者宛に保険証券貼付用の契約内容変更明細書の発送した日（処理日）をもって効力発生日としてもよいが，保険料の払込みがあることを考慮し，保険料期間の満了日の翌日を効力発生日としていた。保険法改正を契機に，減額についても，その法的性質が形成権であることおよび保険契約者の意思を重視し，また法的性質を同じくする解約処理と平仄を合わせ，原則として変更請求書（減額請求書）が会社に到着した日を効力発生日とする取扱いに変更した10)。

復旧については，約款において新契約の責任開始期の規定を準用していることから，効力発生はそれによる。

4　法的性質および若干の検討

(1)　減　額　減額は機能的には保険契約の一部解約である。解約は，保険契約者の一方的意思表示によりその効力が生ずることから，その法的性質としては形成権の一種としてとらえられている11)。減額についても，保険会社の引き受けているリスクが減少することから，通常保険会社は保険契約者の減額請求をそのまま受け入れることから形成権と解することができる。実務では，これまで解約と異なり，約款上「会社の定める取扱にもとづき」と定め，会社の同意を条件とする構成をとっていることから，合意による契約内容の変更（契約）と考えられてきた12)。なお，約款の「減額部分は解約されたものとして取扱う」の意は，減額部分については，解約返戻金を支払い，また減額後の保険事故に対しては減額後の保険金額を支払う旨を明らかにしたものと解されている。

(2)　復　旧　元の保険契約への復旧に際しては，保険金額が増加すること

---

10)　また，保険料不可分原則の廃止に伴い，年払（半年払）契約については，保険法施行後は減額の際の返戻金に未経過保険料を加えて返戻することとした。なお，この点については，中間試案補足説明・立案124頁参照。

11)　山下657頁。

12)　日本生命・約款解説書57年版392頁（1982）。

により保険会社の引き受けるリスクが増加することから，告知書の提出を求めるなどの危険選択を行ったうえで，復旧の承諾可否を決定している。復旧に伴い増加した部分については，新契約の責任開始期の規定を準用している。

また，復旧については，増額部分について，新契約と同様の規定（自殺免責，告知義務違反解除，高度障害保険金の支払要件，詐欺取消しなど）が約款に置かれている。

よって，復旧の法的性質は，失効後の復活と同様，変更前（減額前）の状態を回復することを内容とする特殊な契約内容の変更（契約）であると解される[13]。

(3) 被保険者の同意　　減額および元の保険契約への復旧に際しては，被保険者の同意を不要としているが，これは，当初の保険金額の範囲内での変更・復旧にすぎないことや契約関係者が不変であることからから，妥当と考える。

5　保険法の適用

保険法施行前締結の保険契約の保険法施行後の減額契約については，保険法の適用はなく，改正前商法が適用される。また，保険法施行前締結の保険契約が保険法施行後に復旧した保険契約（減額の時期は問わない）についても，保険法の適用はなく，改正前商法が適用される。

III　払済保険への変更

1　趣　　旨

払済保険[14]への変更は，保険料の払込みを中止したい場合や払込みが困難となった場合に，以後の保険料の払込みを中止し，解約返戻金額（保険料自動振替による貸付金や保険契約者に対する貸付金があるときはその元利金を差し引いた金額）に基づいて，以後の保険期間の保険金額を定める方法である[15]。

---

13)　日本生命・前掲注12) 404頁。
14)　払済保険は，保険種類によっては，「払済養老（終身）保険」または「同型払済保険」のいずれかを選択できるものもある。変更に際しては，会社の承諾は不要であるが，会社所定の範囲内での変更に限られる。
15)　払済保険や定期延長保険への変更に際して，解約返戻金が原資として用いられるのは，変

*契約内容の変更　III

　変更後の保険期間は変更前の保険契約の残余保険期間であり，変更後の保険金額は，変更により保険料が払い込まれないため変更前の金額より少額となる[16]。

　また，従来，変更後一定期間内（たとえば3年以内）であれば元の保険契約に復旧できる旨の規定を約款に置くことが一般的であったが，同制度のニーズが少ないこともあり，現在では復旧を取り扱わない商品も多い[17]。

2　沿　革

　わが国のいずれの商法にも払済保険に関する規律はなく，1900年の旧模範保険約款および1911年の改正模範約款にも規定は置かれず，初めて1927年の新模範約款草案に規定が設けられた（ただし，復旧に関する規定はない）[18]。各社の保険会社規則・約款には創業初期から払済保険に関する規定あった[19]。その後，払済保険への変更規定を設ける会社は大幅に増加したが，復旧規定が置かれたのは，第二次世界大戦後であった[20]。

　　　更により以後の保険料が払い込まれなくなることから，未回収のまま残っている過去の事業費支出の自己負担分を，変更時点で精算しておく必要があるからである。これが，変更の原資として解約返戻金を用いる最大の根拠であろう（日本アクチュアリー会「保険1解約返戻金」2-46, 47頁）。

16)　本項は，主として生命保険協会・前掲注4) 132頁による。このため，かつては「減額払済保険」とも呼ばれた。

17)　約款については，巻末約款28条参照。なお，復旧に関する規定は平成8年以降発売の商品にはないため，復旧の規定（下記⑥〜⑧）については，それ以前に発売の新種特別養老保険約款（平成22年4月2日改正）の要旨を掲げる。

　　⑥払済保険に変更後3年以内は，保険契約者は，会社の承諾を得て，元の保険金額へ復旧することができる。この場合には，復旧部分の責任準備金を払い込むことを要する。

　　⑦復旧をするときは，保険契約者は，請求に必要な書類の提出を要する。

　　⑧会社の責任開始期の規定は，復旧した部分について準用する。

18)　森荘三郎「保険約款に現はれたる減額払済保険並に延長定期保険に関する条項」生経6巻5号68頁（1934）。旧模範約款および改正模範約款が規定を置かなかった理由として，「之を約款に掲ぐるときは契約者の権利として之を認めることになり，如何なる場合にも之を拒み得ざることとなるが故に，之を約款に規定せずして，単に保険規則其他の広告手段を以て之を知らしむるに止むるを適当とする」との記載がある。

19)　たとえば，明治生命会社規則（「明治生命五十年史」84頁（1933）），第一生命原始約款（第一生命五十五年史・前掲注8) 43頁）

20)　1930年10月末現在，払済保険への変更について34社72種中，明確に条項あり30社63種，明確な規定はないが他の条項等から推知しうるもの2社3種であった（森・前掲注18) 70頁）。第一生命が復旧規定を置いたのは1958年（第一生命五十五年史・前掲注8) 51頁）

3　効力発生時期

払済保険への変更は，保険契約者の狙いはまず次回以降の保険料の支払を取りやめることにあり，減額と異なり解約返戻金の払戻しもなく，払済みにより保険金額が減少することや付加されている特約が解約されることもあり，効力発生日は，会社が変更の申出を承諾する旨の意思表示をした日（処理日）ではなく，変更申出日の属する保険料期間の満了日の翌日としているが，この取扱いは保険法施行後の新契約についても変わらない。これは，保険契約者の保険料払込みがあることを考慮した保険契約者にとって有利な取扱いであることから妥当な取扱いであると考える。

また，復旧については，減額保険の復旧と同じく，約款において新契約の責任開始期の規定を準用していることから，効力発生はそれによる。

4　法的性質および若干の検討

(1)　払済保険への変更　払済保険への変更は，保険会社の引き受けているリスクが減少することから，リスクの観点からは，保険会社は特段同意を必要とはしていないが，保全コストの観点から，払済後の保険金額について一定金額以上であることや一定の条件のもとで元の保険契約への復旧を認めている保険種類もあることなどから，合意による契約内容の変更（契約）と考えられる。

(2)　復　旧　元の保険契約への復旧については，減額からの復旧と同様の取扱いをしており，その法的性質も変更前（払済前）の状態を回復することを内容とする特殊な契約内容の変更（契約）であると解される[21]。

(3)　被保険者の同意　払済保険への変更および元の保険契約への復旧に際しては，被保険者の同意は不要としているが，これについても，減額および減額保険の元の保険契約への復旧と同様の理由により，妥当と考える。

　　1963年調査によると，払済保険への変更規定は20社全社にあり，復旧規定は14社にあった（約款研究委員会「我が国生保会社の保険約款の総合比較（その5）」生経32巻1号130頁以下（1964））。1992年5月調査によると，払済保険への変更規定は30社中29社にあり，復旧規定は27社にあった（生命保険協会保険契約法委員会・前掲注9）7頁，15頁）。

[21]　日本生命・前掲注12) 404頁。

＊契約内容の変更　Ⅳ

5　保険法の適用

　保険法施行前締結の保険契約の保険法施行後の払済保険契約および同保険契約の保険法施行後の元の保険契約に復旧した保険契約（払済保険への変更の時期は問わない）についても，減額保険および減額保険からの復旧した保険契約と同様，それぞれ保険法の適用はなく，改正前商法が適用される。

Ⅳ　定期延長保険への変更

1　趣　　旨

　定期延長保険[22]への変更は，保険料の払込みが困難になったり，保険料の払込みを中止したいといった事態が生じた場合に，以後の保険料の払込みを中止し，解約返戻金額（保険料自動振替による貸付金や保険契約者に対する貸付金があるときはその元利金を差し引いた金額）に基づいて，以後の一定期間の死亡保障のみを行う定期保険に変更する方法である。定期延長保険への変更は，払済保険への変更と異なり，満期保障は不要であるが死亡保障等の継続を希望する保険契約者のニーズに応えるためのものである。

　変更後の死亡保険金額は変更前の死亡保険金額と同額とし，変更後の保険期間を新たに定める（ただし，変更後の保険期間の最長限度は変更前の保険期間の終期まで）。この場合，解約返戻金額の大きさにより，その後の死亡保障期間が変更前の保険契約の残余期間よりも短い場合や，変更前の保険契約の残余期間の満期まで死亡保障を継続しさらに生存保険を付加する場合がある[23]。

　なお，従来，変更後一定期間内（たとえば 3 年以内。なお定期延長保険期間中とする会社もある）は元の保険契約に復旧できる旨の規定を約款に置くことが一般的であった。しかし，近時，定期延長保険への変更については，そのニーズがほとんど見られないことから，復旧規定はもとより定期延長保険への変更規定そのものを欠く商品も多い[24]。

---

[22]　保険会社によっては，払済定期保険，延長定期保険などと呼称する場合もある。
[23]　本項は，主として生命保険協会・前掲注 4) 133 頁による。
[24]　平成 8 年以降発売の商品には，定期延長保険への変更の規定がないため，それ以前に発売の新種特別養老保険約款（平成 22 年 4 月 2 日改正）の要旨を掲げる。
　①保険契約者は，会社の承諾を得て，次回以後の保険料払込を中止し，解約返還金（保険料の

2 沿　革

わが国のいずれの商法にも定期延長保険に関する規定なく，また模範保険約款のいずれにも規定は設けられていなかった[25]。各社の定期延長保険の取扱いは，払済保険の取扱いに比し遅く[26]，また同保険からの復旧の取扱いを始めたのは第二次世界大戦後であった[27]。

3 定期延長保険変更後の保険金額

定期延長保険変更の際，元の保険金額から貸付金残高を控除し変更後の保険金額を決めるのは次のような理由による。変更時，貸付金残高は解約返戻金から控除され，定期延長保険期間あるいは生存保険金の計算に反映されるが，死期が切迫した場合に定期延長保険に変更し間もなく死亡すれば保険金は全額受

　　自動貸付または契約者貸付があるときは，それらの元利金を差し引く。）を充当して定期延長保険に変更することができる。この場合，その保険金額は，元の保険契約の保険金額（保険料の自動貸付または契約者貸付があるときは，元の保険契約の保険金額からそれらの元利金を差し引いた金額）と同額とする。
②定期延長保険期間が元の保険契約の満期日をこえるときは，その日までとし，生存保険を付加する。
③定期延長保険に変更した後の保険金の支払については，約款に定めるところに準じる。なお，生存保険金が付加された場合で，被保険者が定期延長保険期間の満了時に生存しているときは，生存保険金を満期保険金として満期保険金受取人に支払う。
④定期延長保険に変更後は，契約者貸付は行わない。
⑤定期延長保険期間が1年未満となるときは，本変更は取り扱わない。
⑥定期延長保険期間中，保険契約者は，会社の承諾を得て，元の保険契約に復旧することができる。この場合には，責任準備金の差額を払い込むことを要する。
⑦定期延長保険への変更または復旧をするときは，保険契約者は，請求に必要な書類の提出を要する。

25)　森・前掲注18）69頁。これによると，旧模範約款および改正模範約款が規定を置かなかった理由は，「之を『猶予期間の延長』と誤解されているのみならず，契約者に此の権利を認むることを好まざるが故に，単に広告手段を以て之を契約者に知らしむるを以て足る」であり，新模範約款草案が規定を置かなかった理由は，「所謂延長保険は欧米諸会社の実績に徴するも，著しく実際死亡の増高を免れず。従って実際死亡の増高を厭はざる会社にして初めて是を実行し得べし。斯くの如き種類の条項は模範普通保険約款としては是を採用し難し」であるという。
26)　1930年の調査によると，34社72種中，定期延長保険への変更規定のある会社は2社2種のみ（森・前掲注18）81頁）。
27)　たとえば，第一生命では1958年に復旧規定導入（第一生命五十五年史・前掲注8）51頁）。1963年調査によると，定期延長保険への変更規定は20社18社，復旧規定は14社（約款研究委員会・前掲注20）125頁以下）。1992年5月調査では，定期延長保険への変更規定は30社中28社，復旧規定16社（生命保険協会保険契約法委員会・前掲注9）9頁，16頁）。

＊契約内容の変更　IV

け取ることができ，一方定期延長保険に変更せずに死亡した場合には，保険金から貸付金残高が控除される。そのため，定期延長保険に変更することにより実質的な保障額が増大することを防止することが必要になる[28]。

4　効力発生時期

　定期延長保険への変更は，払済保険への変更と同様，次回以降の保険料の支払を取りやめることにあり，保険金額は変わらないが付加されている特約等が解約されることもあり，効力発生日は変更申出日の属する保険料期間の満了日の翌日を効力発生日としているが，これは保険法施行後の新契約についても変わらない。これも払済保険と同様，保険契約者にとって有利な取扱いであることから妥当と考える。

　なお，復旧については，減額の復旧や払済保険の復旧と異なり，復旧による保険金額の増加がないことから，約款において新契約の責任開始期の規定を準用していない。さらに，増額部分がないことから，復旧については，新契約の締結と同様の規定（自殺免責，告知義務違反による解除，高度障害保険金の支払要件，詐欺取消しなど）の適用はない。

　また，復旧については会社の承諾の後責任準備金の差額を払い込むことが必要であり，効力発生は責任準備金の差額が払い込まれたときである。

5　法的性質および若干の検討

　(1)　定期延長保険への変更　　定期延長保険への変更は，変更前後の保険金額は同一であり，保険期間は短縮する場合もあるが，被保険者の死期が切迫した場合に変更を請求するといった保険契約者側の恣意的な変更請求もありうることから，保険会社の承諾を必要としている。また，保全コストの観点から一定の条件内での変更を要求していることや一定の条件のもと元の保険契約への復旧を認めていることなどからも，合意による契約内容の変更（契約）と考えられる。

　(2)　復　　旧　　元の保険契約への復旧に際しては，保険期間の伸長など会社

---

28)　日本生命・前掲注12) 388頁。

の引き受けるリスクが増加することから，告知書の提出を求めるなどの危険選択を行ったうえで，復旧の承諾可否を決定している。したがって，定期延長保険の元の保険契約への復旧の法的性質は，減額保険の復旧と同様，特殊な契約内容の変更（契約）であると解される29)。

(3) 被保険者の同意　定期延長への変更および元の保険契約への復旧に際しては，被保険者の同意を不要としているが，これについても，減額・元の保険契約への復旧と同様の理由により，妥当と考える。

6　保険法の適用

保険法施行前に締結の保険契約の保険法施行後の定期延長保険契約および同保険契約の保険法施行後の元の保険契約に復旧した保険契約（定期延長保険への変更時期を問わない）についても，減額保険および減額保険から復旧した保険契約と同様，それぞれ保険法の適用はなく，改正前商法が適用される。

V　保険契約の転換

1　趣　旨

保険契約の転換は，契約締結後の保障ニーズの変化に応じて契約内容を変更する際に，既契約解約・新契約加入（いわゆる「乗換え」）による受取額の減少・新契約費の負担30)，既契約の保障（後述）や特別配当31)の権利が喪失するなどの不都合を避け，既契約（転換前契約＝被転換契約）の責任準備金等（転換価格）が新しい契約（転換後契約）の一部に充当されることから，新規に加入するよりも保険料がその分割り引かれ，新契約の払い込むべき保険料が軽減される制度である32)。

---

29)　日本生命・前掲注12) 404頁。
30)　保険契約の転換では，既契約の責任準備金はそのまま新契約の責任準備金に移行することから，既契約解約・新契約加入の場合における既契約の解約返戻金算出の際のいわゆる解約控除および新契約の転換価格充当対応部分の新契約費が不要となる。
31)　利源別の通常配当とは別に，主として長期継続契約を優遇する目的で1971年から実施された配当をいう。死亡や満期などにより保険契約が消滅するときなどに支払われる。
32)　転換に関する主約款の規定については，巻末約款44条参照。転換の取扱いを定めた転換特約条項（平成22年4月2日改正）の要旨を以下掲載する。

*契約内容の変更　Ⅴ

　なお，転換制度は，取扱開始当初は専ら保障（死亡・高度障害）を増額する方向での転換（いわゆる「増額転換」）のみであったが，現在では，保険契約者の

　○転換特約条項〈一部要旨〉
　①　（被転換契約の転換価格）　つぎの各号の合計額とする。
　　　ⅰ）被転換契約の責任準備金
　　　ⅱ）被転換契約のつぎの金額の合計額　　ア社員配当金，イ社員配当積立金，ウ保険料の前納または一括払の残額，エ会社に留保された金額
　②　（転換価格の充当）　転換価格を，転換後契約の責任準備金および一時払保険料に充当する。
　③　（充当の方法）　被転換価格の責任準備金は転換後契約の責任準備金に，その他の金額は転換後契約の一時払保険料にそれぞれ充当する。
　ただし，被転換契約に保険料の自動貸付もしくは契約者貸付または未払込保険料があるときは，貸付の元利金ならびに未払込保険料の合計額を転換価格の責任準備金以外の金額から差し引き，差し引けない場合には，転換価格の責任準備金から差し引く。
　④　（転換後契約の構成）　転換後契約は，つぎの部分から構成される。
　　　ⅰ）転換部分（転換価格を充当する部分）
　　　ⅱ）保険料払込部分（保険契約者から払い込まれる保険料に対応する部分）
　⑤　（転換日）　転換日は，転換後契約の契約日とする。被転換契約の保険契約上の責任は，転換後契約の責任開始期に終了する。
　⑥　（被転換契約への復旧）　つぎの各号に該当した場合で，保険契約者から申出があったときは，転換がなかったものとして被転換契約に復旧させる。ただし，つぎの各号の事由が，被転換契約の保険期間満了前に発生したものである場合に限る。
　　　ⅰ）被保険者が転換後契約の責任開始期の属する日から3年以内に自殺したために，転換後契約の死亡保険金が支払われない場合で，つぎのいずれかに該当したとき　　アその自殺が被転換契約の自殺免責期間経過後であるとき　イ被転換契約を転換後契約とする保険期間満了前の被転換契約（「被々転換契約」）があるとき
　　　ⅱ）被転換後契約の責任開始期以後で，かつ，転換後契約の責任開始期前に原因が生じていたために，つぎのいずれかに該当したとき　　ア転換後契約の高度障害保険金が支払われないとき　イ被転換契約の保険料払込が免除されるべき事由に該当し，かつ，転換後契約の保険料の払込が免除されないとき
　　　ⅲ）転換時に保険契約者または被保険者に告知義務違反があったために，転換後契約が解除されるとき
　　　ⅳ）被保険者の契約年齢または性別に誤りがあったために，転換後契約が無効とされるとき
　⑦　（転換後契約の保険給付に関する特別取扱）　転換後契約の死亡保険金額が，被転換契約のそれを超えない場合には，被転換契約に復旧せず，次のように取り扱う。
　　　ⅰ）転換後契約の免責期間内に被保険者が自殺により死亡した場合にも，その自殺が被転換契約の免責期間経過後であるときは，被転換契約に転換後契約の死亡保険金を支払う。
　　　ⅱ）被転換契約の責任開始期以後で，かつ転換後契約の責任開始期前の原因により高度障害状態になった場合には，その原因が転換後契約の責任開始期以後に生じたものとみなして，転換後契約の高度障害保険金を支払う。
　　　ⅲ）被転換契約の責任開始期以後で，かつ転換後契約の責任開始期前の原因により，被転換契約の保険料払込免除すべき事由に該当し，かつ転換後契約の保険料払込免除すべき事由に該当した場合には，その原因が転換後契約の責任開始期以後に生じたものとみなして，転換後契約の保険料払込みを免除する。

＊契約内容の変更　V

ニーズにきめ細かく対応すべく，保障額（死亡・高度障害）の増額しない年金，医療保障商品等への転換（いわゆる「減額転換」）も取り扱っており，大いに利用されている33)。

2　沿　革

転換制度は，昭和40年代の高度経済成長下，高額保障商品に切り替える際のいわゆる乗換えの"ムダ"が問題視される中，国民生活審議会答申（1973年)34)および保険審議会答申（1975年)35)に見られる消費者のニーズに応えるべく開発された制度であり，保険会社は1975年11月以降順次その取扱いを開始した。その後，転換制度は，保険審議会答申（1985年)36)を受け，従来の保障増額のニーズのみに対応するものから，ライフサイクルの変化・多様化に応じて制度の多方向化（スクランブル化）を進められてきた。

3　転換の取扱い

転換の取扱いについては，保険会社により区々であるが，おおむね次のとおりである。

(1)　保険契約者と被保険者は，転換前後の各契約においても同一人とする。

(2)　転換後契約が成立すれば同時に転換前契約は消滅する。転換後契約は通常，転換前契約と保険種類，保険金額，保険期間等が異なり，危険の変更・増大になることから危険選択を行う。転換後契約については，転換前契約への復旧と特別配当の計算を除き，新たに保険契約を締結した場合と同様に取り扱われる。

---

33)　かんぽ生命および大和生命を除く44社の個人保険全新契約（新契約＋転換新契約）に占める転換新契約（286万件）の割合は件数23.9％，金額46.6％と大きい（生命保険協会「年次統計――契約成績一覧表（異動項目別）2008年度」）。

34)　旧契約解約後新契約のいわゆる解約控除に触れた後，「たとえば……既契約が合理的に新種保険に転換される方式などが開発されることが望ましい」。

35)　物価上昇への対応策のひとつとして，「既契約について，配当等の権利を生かしつつ新商品に乗り移ることのできる転換制度についても早急に検討を行うことが必要である」。

36)　「従来の転換制度は，高度経済成長による死亡保障のニーズに対応するものであり，……高倍率の定期付養老保険への転換という一方向のものであった。高齢化の進展等によるライフサイクルの変化，多様化に応じて，……転換制度の多方向化（スクランブル化）を図るべきである」。

＊契約内容の変更　Ⅴ

(3)　転換後契約について次の事由が生じた場合，保険契約者は転換が行われなかったものとして転換前契約へ復旧する取扱いを選択することができる。転換前契約へ復旧した場合，転換前契約は転換後も継続していたものとして保険会社は責任を負う。

　　(ア)転換後契約が無効の場合（詐欺による無効の場合を除く），(イ)転換後契約が告知義務違反によって解除された場合，(ウ)転換前の原因により高度障害保険金の給付事由または保険料払込免除事由が生じたため給付・免除が行われない場合，(エ)被保険者が転換後契約の免責期間内に自殺した場合

(4)　転換前契約の責任準備金を充当した部分に対する特別配当は，転換前契約の契約日からの経過年数に基づいて計算する[37]。

(5)　(3)の被転換契約への復旧取扱いは，「増額転換」の場合の規定であり，「減額転換」の場合に被転換契約に復旧すると転換後契約に比し保険金額が大きくなるため，次の場合には，復旧せず被転換契約の範囲内で転換後契約の保険金等を支払う旨の特別取扱いを定めている。

　　(ア)　転換後契約の免責期間内に自殺した場合
　　(イ)　転換後契約の責任開始前（被転換契約の責任開始後）の原因により，高度障害状態もしくは保険料払込免除に該当する身体状態に該当した場合。

なお，転換後契約について，転換時，告知義務違反があった場合には，契約を解除せず，すなわち被転換契約に復旧せず，転換後契約の死亡保険金を支払うことにしている。これについては，特別の取扱いをする必要がないことから特に規定は設けていない。

4　転換方式

具体的な転換方式は各社で異なっている[38]が，第一生命を始めとする大多数の会社では次の(3)方式を採用している。

(1)　加入年齢方式（責任準備金差額払込型）　　転換後契約の価格（保険料・責

---

37)　本項(1)～(4)は，主として金澤真嗣「保険契約の解約と内容変更」生命保険新実務講座編集委員会＝生命保険文化研究所編・生命保険新実務講座第7巻法律（1991）103頁以下による。なお，被転換契約が複数の場合でも転換を取り扱うことが一般的であり（第一生命の場合9件まで），また最近では，再転換，再々転換も取り扱う会社が多い。

38)　本項は，主として生命保険協会生命保険講座「生命保険計理」125頁以下（2008）による。

任準備金など）は転換前契約の加入年齢による。転換によって生じた責任準備金差額（不足額）は一時払で充当する方式［一時払型］と分割払（割賦払）によって充当する方式［分割払込型］に分かれる。転換後契約の保険料は，一時払型の場合は転換前契約の加入時の年齢による保険料のみであるのに対し，分割払込型の場合，転換前契約の加入時の年齢による保険料に，転換時の責任準備金差額を分割して払い込む分を加えたものとなる。

(2) 到達年齢方式（転換前責任準備金分割保険料充当型） 転換後契約の保険料は転換時の到達年齢（保険年齢）によって計算するが，転換前契約の責任準備金を転換後保険料（の一部）に分割して充当する方式。

(3) 到達年齢方式（一時払保険購入型） 転換後契約の保険料は転換時の到達年齢（保険年齢）によって計算するが，転換前契約の責任準備金を転換後契約の一時払保険料（新契約費部分を含まないもの）に充当し，転換後契約は新規の払込保険部分と一時払保険部分とで構成する方式。

5 法的性質

民法の更改とは，債務の要素（給付の内容，債権者，債務者等）を変更することによって，もとの債権を消滅させ，新たな債権を成立させる契約をいう[39]。

保険契約の転換は，保険者および保険契約者は同一であるが，転換前後で契約内容は異なり，転換により旧契約（被転換契約）は消滅し新契約（転換後契約）が成立することからすると民法でいう更改にあたるといえる。しかし，転換制度は，その本来の趣旨である「既契約について有していた保険契約者の地位の引継ぎ」の精神を生かすため復旧制度を設けるなど一定の要件の下で保険契約者が被転換契約に有していた権利等を尊重し一定の便宜を図っている。その点では，契約の転換は単なる「更改」とは異なることから，転換制度は更改に類似の制度と考えられている[40]。

6 保険法の適用

保険法施行前締結の保険契約の保険法施行後の転換契約は，新契約であるこ

---

39) 内田貴・民法Ⅲ〈第3版〉107頁（2008）。
40) 日本生命・前掲注12) 642頁以下。

＊契約内容の変更　Ⅴ

とから保険法が適用される。なお，保険法施行前の保険契約が転換され（転換の時期は問わない），保険法施行後に約款の規定により復旧した保険契約については，改正前商法の規定が適用される。

〔平澤宗夫〕

保険契約者貸付

I　趣　　旨

保険契約者貸付[1]（以下「契約者貸付」という）については，明治23年旧商法，明治32年商法，明治44年改正商法ともに規定を欠き現在に至っている。保険法にも定めはない。保険会社の約款により創設された制度である[2]。

本制度は，保険契約者が解約返戻金[3]の範囲内で保険者から貸付を受ける制度である。保険金支払や解約返戻金支払と並び保険契約者の権利であり，また保険者の義務とされる[4]。

約款には，契約者貸付と並び，解約返戻金がある場合に保険契約者から保険料の払込みがなくてもあらかじめ申出がない限り保険者から保険料相当額の貸付を受け保険料に振り替えることのできる保険料振替貸付制度（保険料自動立替制度）がある。保険料振替貸付制度が，保険料の支払が一時的に困難な場合に保険料相当額を貸し付ける制度であるのに対し，契約者貸付制度は，保険契約者の一般的な資金需要に応えるための制度である。

契約者貸付は，カードの導入[5]によりATMでの貸出・返済が可能になったこともあり，信用確認を不要とする手軽な借入手段（融資制度）として多くの保険契約者に利用されている。すなわち，契約者貸付は，従来の契約消滅まで

---

1) 本制度は，かつて保険証券を留置して（担保として）貸付をしたことから「保険証券担保貸付」ともいわれたが，保険証券は証拠証券に過ぎず，実際に担保として徴することもなくなったことなどから，第二次世界大戦後は，「保険証券貸付」といい，現在は「契約者貸付」と呼ばれるようになった。同様の制度は，簡保，JA共済，損保の積立保険にもある。なお，保険料振替貸付と併せ「約款貸付」という。

2) なお，保険監督上，契約者貸付制度を設ける場合には，事業方法書の記載事項とすることが義務付けられている（保険業規8条1項7号）ほか，貸付限度額が解約返戻金に対して妥当な金額になるものとなっているか，オーバーローンを防止するための適切な措置が講じられているかといったことが商品審査上の留意点としてあげられている（監督指針IV-I-11）。

3) 保険会社によっては，「解約返還金」，「解約払戻金」ともいう。

4) 大森298頁，石田320頁，西島370頁，田辺259頁，山下669頁。

5) 第一生命のカードによる契約者貸付の取扱開始は1986年9月。

383

＊保険契約者貸付　II・III

返済がない貸付といった性格のものから，煩瑣に引出し・返済を繰り返す小口貸付制度（融資制度）に変容してきているといえる6)。

II 沿　革

契約者貸付は，欧米では各社約款にも見られ一般的である。わが国でも，商法，保険法には規定はないが，各社は創業時から会社規則あるいは約款に貸付条項を定め取り扱っていた7)。1900 年に保険業法が施行され，保険約款に規定すべき事項が定められたが，これを受け，生命保険会社談話会は，模範普通保険約款を同年定めた。しかし，多くの会社は保険証券担保貸付を保険契約者の権利として認めることを欲しなかったことから約款にその旨の規定を入れなかった8)。1911 年の商法改正に伴い，生命保険会社協会は模範普通保険約款を改正し，改正模範普通保険約款を定めた。ここではじめて，契約者貸付を保険契約者の権利として認めた9)。1930 年 10 月末の調査によると，34 社 72 種の約款すべてに保険証券貸付条項があった10)。

III 貸付条項

契約者貸付は，約款およびその特約である「貸付条項」に基づき行われる11)。保険契約者が貸付申込時に提出する「契約者貸付申込書」には，約款

---

6) 第一生命の 2008 年度実績。年度末契約者貸付残あり契約 768 千件（個人保険保有契約の 6.3％ 平均貸出残金額 674 千円）。新規貸付 1432 千件（平均金額 95 千円），任意返済 479 千件（平均金額 149 千円）。精算による返済（保険契約消滅時〔保険金支払，解約等〕の精算）209 千件（平均金額 489 千円）。カードによる取扱占率——貸付の 93.0％，任意返済の 43.9％。

7) たとえば，1881 年創業の明治生命会社規則（「明治生命五十年史」84 頁（1933）），1902 年の第一生命原始約款（「第一生命五十五年史」資料編 43 頁（1958））。

8) 森荘三郎「保険約款に現はれたる保険証券担保貸付条項」生経第 6 巻 1 号 77 頁（1934）。

9) 森・前掲注 8) 77 頁。

10) 森・前掲注 8) 78 頁。

11) 約款については，巻末約款 31 条参照。参考までに第一生命における実務を示す。
(1) 貸付の請求　①請求手続——初回貸付に際しては，保険契約者に「契約者貸付申込書」の提出を求めるが，その後は反復して貸付を請求できる。追加貸付の請求があった場合には，追加貸付額と既貸付元利金を合算し新たな貸付金とする。②貸付の要件——会社の定める保険種類でかつ有効中の契約に限る。たとえば，定期保険は貸付を取扱わない。これは満期時に責

および貸付条項を了承のうえ契約者貸付を申し込む旨の誓約文言がある。

なお，貸付条項には，保険契約者が破産等の場合には，次のように取り扱う旨の規定12)がある。

「保険契約者が法人の場合には，破産の宣告，特別清算開始の命令，再生手続開始の決定または更生手続開始の決定がなされたときは，宣告，命令または決定のあった時点において貸付元利金に相当する額の返還金を生じる限度で保険金額が減額され，その減額により生じる返還金と貸付元利金は相殺されたものとする。保険契約はそれ以降減額後の保険金額で継続するものとする。保険契約者が法人以外の場合も同様とする。」

IV　契約者貸付請求権の法的性質13)

1　学　説

まず，契約者貸付請求権の法的性質について検討する。本請求権については，

任準備金（解約返戻金）がゼロとなることや責任準備金（解約返戻金）が養老・終身保険に比し小さいことなどによる。③貸付限度──〈最高限度〉解約返戻金の一定割合──養老・終身8割（7割），終身払終身7割（7割），変額保険7割（6割），個人年金6割（5割）。（括弧内は一時払，保険料払込済契約の場合）。〈最低限度〉一部例外を除き3000円（2009年4月現在）。貸付単位に特に制限はない。

　なお，最高限度は，1978年4月に利息の徴収方法を先取り方式から後取り方式に変更したことに伴い，全種類・全払方ともに一律1割引き下げた（たとえば，養老・終身保険の場合　解約返戻金の9割から8割に変更）。

(2)　貸付金の利息　①利率──会社の定める利率（複利）で計算。②利率の変更──変動利率を採用。利率は毎年1月，7月に見直しを行い，4月，10月に変更する。既貸付についても変更後の利率が適用される。③利息の払込み──利息は，貸付日から1年経過ごとに払い込むことを要し，利息が払い込まれない場合には，毎年の貸付応当日に利息を元金に繰り入れる。

(3)　貸付金の返済　返済期限の約定はない。いつでも貸付元利金の全部または一部を返済することができる。利息のみの返済も取り扱う。

12)　この規定は，1965年に起きた山陽特殊鋼にかかる会社更生手続事件において，約款貸付金も更生債権として会社更生手続の拘束を受けるかということが問題となり，これを契機に貸付条項に入った（三宅一夫「約款貸付の特殊性」文研80号229頁注1 (1987))。

13)　三宅一夫「所謂『保険契約者貸付』」大森忠夫＝三宅一夫・生命保険契約法の諸問題343頁以下 (1958)，中西正明「保険契約者貸付の法的性質」商事法務研究360号54頁以下 (1965)，三宅一夫＝中西正明「保険契約者貸付と会社更生法」文研所報12号1頁以下 (1965)，倉澤康一郎「保険契約者貸付──その法的性質」ジュリ766号55頁以下 (1982)，三宅・前掲注12) 198頁以下，西島梅治「約款貸付金と解約返戻金との相殺」三宅一夫追悼・保険法の現代的課題328頁以下 (1993)，竹濵修「契約者貸付」倉澤康一郎編・生命保険の法律問題（金判986

＊保険契約者貸付　IV

約款で保険金請求権あるいは解約返戻金請求権と並び保険契約者の権利[14]として規定され，保険者の義務であると説明されることが多い。契約者貸付請求権は，保険契約者が保険会社の承諾を得ることなく，金銭消費貸借の予約完結の意思表示をすれば貸付を受けることができることから，この予約完結権が貸付請求権であり，「請求権」という名称を使用しているが一種の形成権であると解されている[15]。

次に，保険契約法上の位置づけについて考える。契約者貸付は，保険事故発生前における生命保険契約の財産的価値，すなわち解約返戻金を利用して行われる制度である。保険者の定める範囲内で取り扱われる制度で，前記のとおり保険契約者の権利（＝保険者の義務）として約款に規定されている。保険法は生命保険契約とは，「保険契約のうち，保険者が人の生存又は死亡に関し一定の給付を行うことを約するもの」（2条8号）と定めているところから，契約者貸付は保険契約の本質的な要素ではないが，生命保険契約の効果として約款に規定された保険給付と考えることもできる[16]。

契約者貸付の法的性質に関する学説は，大きく分けて消費貸借説と前払説の2つがある。前者は，保険契約とは別に，保険者と保険契約者は消費貸借契約を締結するとするもので，(1)保険証券担保貸付説，(2)権利質説，(3)相殺予約付消費貸借説の3説があり，後者は保険契約者の有する保険契約上の権利の前払とする説（(4)前払説）である。このほか，これらのいずれにも属さない(5)特殊給付説もある。

現在の実務と異なることから，今では(1)(2)を主張する者はなく，(3)が多数説である。保険会社の実務はこの(3)説に拠っている。また，保険監督上も，保険会社に対し契約者貸付金も「貸付金」として経理すること，すなわち貸借対照

号）141頁以下（1996），大澤康孝「保険契約者貸付」倉澤康一郎編・生命保険の法律問題〈新版〉（金判1135号）116頁以下（2002），山下669頁以下，梅津昭彦「生命保険契約約款における契約者貸付」生保157号153頁以下（2006）参照。

[14]　かつて，貸付請求権を保険契約者のほかに保険金受取人に認める，あるいは保険金受取人の連署・同意を求める約款もあった（森・前掲注8）80頁）。

[15]　日本生命・約款解説書昭和57年版415頁（1982）。

[16]　志田惣一「フランスにおける保険契約者貸付の史的展開」早稲田法学会誌37巻90，91頁（1987）。同論文は，さらに生命保険契約とは別個の例えば消費貸借契約の効果として約款に規定されていると考えることも可能であるとする。

表にも貸付金のひとつとして記載することを義務付けている[17]）。

(1) 保険証券担保貸付説　保険証券を担保とする金銭消費貸借契約と解する説（初期の業界における通説）で，かつて本制度が保険証券担保貸付と呼ばれたことに由来するが，手続が煩雑であり実情にあわない，さらに保険証券は証拠証券でありこれを質入れすることは無意味であると批判される。また，実質的には権利質説と同様であるという[18]）。

(2) 権利質説　将来発生するであろう生命保険契約上の権利を担保としてなされる金銭消費貸借契約であると解する説で，これは，かつて保険者は保険証券の交付を受けて貸付を行ったことに由来するが，この説に対しては，質権をもって第三者に対抗するためには確定日付が必要であるにも関わらず実務上確定日付をとっていないこと，他人のためにする契約にあっては保険金請求権は保険金受取人に帰属するのに契約者貸付は保険契約者の権限であること，自己に対する債権を質に取ることができるのかといった批判がある。また，貸付の増大とともに保険証券の占有を保険会社に移すという実務は行われていない。

(3) 相殺予約付消費貸借説[19]）　保険金請求権または解約返戻金といった生命保険契約上の権利が具体化した場合にこれを貸付債権と相殺するという内容の予約が含まれた消費貸借契約と解する説。この説は，約款の文言，契約当事者の意思（約款文言に基づき各種帳票にも貸付・利息・返済という用語の使用，契約者貸付申込書による金銭消費貸借の申込み，利息の付加，貸付金の返済など）に最も合致している。この説に対しては，貸付金の弁済期が定められていないことから返還義務を負わないと考えられるがそのような消費貸借契約は成立しない，あるいは相殺適状を生じないといった批判がある（批判に対する反論は**2**参照）。

(4) 前払説[20]）　契約者貸付における貸付は金銭消費貸借ではなく，生命

---

17) 保険業法54条の3第2項ほかでは，保険会社に計算書類の作成を義務づけているが，契約者貸付を含む保険約款貸付については貸借対照表の貸付金として経理することとされている（保険業規則紙様式第7号）。保険会社全社の契約者貸付は3兆3694億円で総資産の1.0％，貸付の6.2％を占める（2007年度末。インシユアランス生命保険統計号2008年度版）。

18) 三宅・前掲注13) 347頁。

19) 三宅・前掲注13) 349頁，大森299頁，中西・前掲注13) 58頁，石田320頁，田辺260頁，竹濱・前掲注13) 144頁。

20) 野津務・新保険契約法論632頁（1965），石井＝鴻247頁，青谷和夫「契約者貸付の法的性質」生経22巻1号34頁（1954）。

*保険契約者貸付　IV

保険契約上の権利の一部の前払と解する説。この説によると貸付利息は，真正の利息ではなく準備金運用の結果得られる利潤の補償であり，貸付金の返還は前払金を保険者に戻し本来の状態に復旧することであるという。この説に対しては，約款の文言，当事者の意思からかけ離れ，資産運用利回り以上の利息を取り立てる理由の説明ができない，未だ具体化していない解約返戻金，保険金請求権をなぜ前払できるのか（詐欺，故殺などの場合には債務が実現されることはない），貸付元利金を返済するとなぜ保険契約が元に戻る（復旧する）のか（一度消滅した債権は復活することはありえない）といった批判がある。

(5)　特殊給付説[21]　　前払説，相殺予約付消費貸借説のいずれが正しいか割り切るのは意味がなく，問題ごとにその性質をみて解決を図るべきであり，保険契約に基づく特殊な給付で約款上保険契約者は貸付金請求権を有すれば足りるとする説。この説に対しては，解決の基準をどこに求めるか不明確といった批判がある[22]。

2　相殺予約付消費貸借説に対する批判の検討

以下，現在の多数説であり生命保険業界の実務が拠りどころとしている相殺予約付消費貸借説に対する批判および問題とされる点について検討する。

(1)　約定に返済期日（弁済期）の記載がないことから，保険契約者は貸付金の返還義務を負わないのではないか。

保険契約者は返還義務を負わないのではなく，その義務履行の時期・方法について特約があるにすぎない[23]。

(2)　履行期がないので相殺適状が生じないのではないか。

相殺予約により，約款貸付金の履行期は保険契約消滅時であり，保険契約の消滅時に保険契約者の持つ具体化した約款債権（保険金請求権，解約返戻金請求権ほか）と保険者の有する約款貸付債権とが，相殺適状になり，保険契約の消滅と同時に相殺が行われる[24]。

---

21)　倉澤・前掲注 13) 61 頁，西島・前掲注 13) 333 頁。
22)　竹濵・前掲注 13) 143 頁，大澤・前掲注 13) 117 頁。
23)　大森 299 頁。
24)　三宅・前掲注 13) 217 頁。

(3) 他人のためにする保険契約において、保険契約者に対する貸付をなぜ保険金受取人に対抗できるのか。

約款に規定がある以上、保険金受取人に対抗できる[25]。

(4) 保険契約者または保険者のいずれかが破産あるいは会社更生法の適用を申請した場合、貸付債権と解約返戻金との相殺が困難ではないか。

債務者が破産・会社更生の場合、確かに前払説によれば容易に解決ができるが、本説によっても相殺制限の対象とならないと考える。そもそも契約者貸付の最終的な弁済は保険金、解約返還金支払時になされることを前提とするものであり、当事者の合理的期待は保護されるべきといえるから相殺は可能と考える[26]。

V 詐称代理人に対する契約者貸付

保険契約者の妻が、虚偽の委任状、保険証券、保険契約者の印鑑を持参して保険会社から契約者貸付を受けた事案において、最高裁は平成9年、民法478条を類推適用するとした保険会社の主張を認めた[27]。同判決は、契約者貸付は、経済的実質において、保険金または解約返戻金の前払と同視することができるとして、債権の準占有者に対する弁済の効力を認める民法478条を類推適用できるとした。

なお、この判決は、契約者貸付は、経済的実質において、保険金または解約返戻金の前払と同視できると認定するも、学説においては契約者貸付の法的性質について前払説を認めたものではないと捉えられている[28]。

〔平澤宗夫〕

---

25) 大森299頁。
26) 三宅＝中西・前掲注13) 1頁以下、竹濱・前掲注13) 144頁参照。山下672頁は、保険者は与信判断なしに貸し付けること、解約返戻金の範囲内の貸付で将来の保険金・解約返戻金など控除する仕組みであり、これが相殺にあたるとしても相殺にきわめてつよい合理的期待を有していること、仮に相殺制限の対象となれば保険契約者の利用に制約が加えられかねないから相殺制限の対象とすべきではないとする。
27) 最判平成9年4月24日民集51巻4号1991頁。
28) 山下673頁。

モラル・ハザードと保険契約

I はじめに

われわれは日常生活において，病気にかかったり，自転車の盗難にあったりというさまざまな事故に遭遇することがある。もっとも，病気になったり，盗難に遭うということを完全に回避することはおそらくできないだろうが，暴飲・暴食を避けるなど日頃の生活習慣に気をつけたり，施錠の確認あるいは防犯カメラの設置をしたりすることによって，上記のような事故発生の可能性やそれに伴う損失を小さくすることは可能である。ただ，そのためのコスト負担を考えると，誰もがつねに自発的にそのような行為をするとは考えられないだろう。ところで，事故が発生する際の損失をすべて自分自身が負担せねばならない場合には，誰しも事故の発生をできるだけ回避するべく，細心の注意を払うはずである。しかしながら，もしその個人が保険に加入している場合には，事故回避のためのコストはすべて自身で負担しなければならない一方で，そのようなコスト負担に伴う便益についてはその一部しか得られないため，事故回避のために投入する努力水準は，保険未加入の場合に比べて低下することになると考えられる[1]。このように，保険に加入した結果，保険事故の発生に関わる期待損失を最小化しようとする被保険者の誘因が弱くなってしまうことをモラル・ハザード（moral hazard）という。

保険契約を締結した後，少なくとも一定期間はその内容を変更できない。したがって，保険契約の締結後（保険加入後）に，被保険者が保険事故回避の努力を怠ってしまうと，保険者の危険負担は事後的に過剰なものとなってしまう。換言すれば，被保険者から保険者への富の移転が発生することとなる。このよ

---

[1] 個人による事故回避努力は，保険事故が発生する可能性を低下させることになる。このことは保険者にとって，保険金を支払う可能性あるいは保険事故発生時に支払わねばならない（期待）保険金額の低下をもたらす。すなわち，被保険者による事故回避努力に伴う便益の一部は，保険者に帰属するのである。

うな状況は保険者の不利益となるため，場合によっては適切な保険供給がなされないという事態にもなりかねない。

しかしながら現実には，保険契約の内容を工夫することによって，モラル・ハザードへのさまざまな対応がなされている。以下では，モラル・ハザードの発生が想定される状況における保険契約のあり方に関する理論の紹介を行う。本稿の内容は次の通りである。IIにおいて，モラル・ハザードの諸類型を説明する。一口にモラル・ハザードといっても，厳密にはいくつかの類型がある。まず，期待損失の大きさに影響を与える行動に対する被保険者の意図という観点から，モラル・ハザードとモラル・リスク（狭義のモラル・ハザード）という2つの類型を説明する。なお，現時点における保険の経済分析で明示的に考察の対象となっているのは，後者のモラル・リスクのみである。次に，期待損失の大きさに影響を与える被保険者の行動がいつの時点でとられるのかという観点から，事前的モラル・ハザード（ex ante moral hazard）と事後的モラル・ハザード（ex post moral hazard）という2つの類型を説明する。以上の類型化をもとに，IIIおよびIVでは，事前的および事後的なモラル・ハザードの発生が想定される状況下における最適保険契約について考察する。その上で，この最適保険契約に関する分析と保険法や保険約款が用意するモラル・ハザードへの対処手段との関係をVにおいて整理し，最後に，VIにおいて，本稿の内容をまとめる。

II　モラル・ハザードの諸類型

1　モラル・ハザードとモラル・リスク[2]

モラル・ハザードの第1の類型化は，期待損失の大きさに影響を与える行動に対する被保険者の意図（悪意の有無）に関するものである。

第1は，保険に加入しているという安心感から，保険事故を回避しようとする誘因が弱くなることで保険事故の発生確率（ひいては，期待損失）が大きくな

---

[2] 以下の内容は，山下友信＝竹濱修＝洲崎博史＝山本哲生・保険法〈第2版〉64-74頁（2004）および中林真理子「モラルハザード」明大商学論叢85巻1号117頁（2002）を参考にしている。

＊モラル・ハザードと保険契約 II

ってしまうことであり，モラール・ハザード（morale hazard）といわれている。これは，受取保険金によって損失を補てんすることができるという安心感から，事故回避に対する注意力や関心が低下してしまうという人間の心理的要因に起因するものであり，被保険者の意図（悪意）によるものでは必ずしもない。モラール・ハザードは，人間の本性（必ずしも合理的とはいえない特性）に起因するものであるため，現在までのところ，経済学（合理的な意思決定主体の存在を前提としている）では十分に分析されているとはいえない状況にあると考えられる[3]。

　第2は，保険契約者が，保険事故の発生確率を意図的に高めることによって，保険契約を自身に有利なものとすることであり，狭義のモラル・ハザードあるいはモラル・リスク（moral risk）と呼ばれる。自身が所有する建物に対する火災保険に加入している者がコスト削減のために防火設備・消火設備の設置を怠ったり，通院・入院特約付きの生命保険に加入した者が日々の節制を怠り，ちょっとしたことですぐに病院にかかるようになったりすることがその例である。極端な例としては，火災保険の保険金受取人が保険の対象となっている建物に放火したり，生命保険の保険金受取人が被保険者を殺害することがあげられる。このようなモラル・リスクによる保険事故発生確率の上昇は，締結された保険契約（保険料と保険金）の下で，保険契約者にとって最適な努力を行った結果とみなすことができる。したがって，保険契約の内容を工夫することによって，モラル・リスクの発生を抑制できると考えられる。そこで，モラル・リスク（狭義のモラル・ハザード）については，経済分析の中心的なテーマの1つとしてさまざまな分析が行われてきている。IIIでは，そのような分析の一例を紹介する。さらに，モラル・リスクの別の例としては，実際は保険事故が生じていないにも関わらず，擬製して保険金を請求するといった行為があるとの指摘もある[4]。このようなモラル・リスクは，2で説明する「事後的モラル・ハザード」の一例と考えることができる。そのようなモラル・リスクを前提とした

---

[3] 近年，人間の心理的作用を明示的に考慮して，さまざまな経済現象を分析しようとする経済学の考え方（「行動経済学」と呼ばれている）が表れはじめている。今後は，「行動経済学」のアプローチを用いて，モラール・ハザードの経済分析が行われることになるかもしれない。

[4] 山下ほか・前掲注2) 66頁参照。

場合の最適保険契約の特性については，IV において説明する。

2 事前的モラル・ハザードと事後的モラル・ハザード[5]

モラル・ハザードの第2の類型化は，期待損失額の決定に影響を与える被保険者の行動がなされる時点に基づいたものである。

その第1は，保険事故発生以前に保険契約者がとった行動によって，期待損失額の大きさが保険契約締結時に想定したものより大きくなることであり，事前のモラル・ハザード（ex ante moral hazard）と呼ぶことができる[6]。ここで，経済学的に興味深いのは，(1)被保険者の行動は保険者には直接観察できない，(2)期待損失は被保険者による行動のみによって決定されるわけではない，という条件が成立している状況である[7]。なぜならば，この2つの条件が成立している場合には，保険事故の発生が，被保険者によるモラル・ハザードと被保険者には制御不能な環境要因とのいずれに起因するのかが保険者には識別不能であるため，モラル・ハザードの抑制は必ずしも容易なことではないからである。このような事前的モラル・ハザードが発生する可能性がある状況における最適保険契約については，III で説明する。

第2は，保険事故発生後における保険契約者の行動によって期待損失額が変化する状況であり，事後的モラル・ハザード（ex post moral hazard）と呼ぶことができる。たとえば，保険事故の発生（不発生）の事実を偽って不当な保険金を受け取ろうとする被保険者の行動によって，期待損失額の意図的な変動が引き起こされることがそれにあたる。事後的モラル・ハザードは，さらに2つに分類される。1つは，保険事故に伴う損失額の過大請求である[8]。この場合，保険者がコストをかけて調べれば，真実の状態（実際の損失額あるいは保険事故

---

5) 以下の内容は，Dionne, G. and S. E. Harrington, 1992, An Introduction to Insurance Economics, in Dionne, G. and S. E. Harrington (eds.) *Foundations of Insurance Economics* (Kluwer Academic Publisher). における pp. 14-18 の記述を参考にしている。

6) 当然のことながら，保険契約者の行動がとられる時点は保険契約締結後である。

7) Arrow, K. J., 1985, The Economics of Agency, in Pratt, J. and R. Zeckhauser, eds.: *Principals and Agents: The Structure of Business* (Harvard Business School Press, Boston), p. 37 の記述を参照。

8) ここにいう「過大請求」には，保険事故発生にともなう損失額を（過大に）偽ることに加え，実際には発生していない事故をあたかも発生したかのように偽って保険金を請求することも含められている。

* モラル・ハザードと保険契約　III

発生の有無）を知ることができる状況である9)。もう1つは，損失額に関連する重要な情報の隠蔽工作を（コストを負担してでも）行うことによって引き起こされる期待損失額の意図的な変動である10)。このような事後的モラル・ハザードの可能性がある状況における最適保険契約については，IVで説明する。

III　事前的モラル・ハザードと最適保険契約

1　基本モデル

危険回避的な個人を考える11)。個人の初期富をWとする。個人は，富の期待効用最大者であるとし，その危険回避的なフォン・ノイマン＝モルゲンシュテルン型効用関数を$U(W)$とする。個人は，確率$p(e)$でLだけの損失をこうむる状況（以下，事故という）に直面しているとする。ここで，事故の発生確率は，保険契約締結後に被保険者がとる行動（事故回避努力。eで表し，以下では「努力水準」ともいう）に依存して決まるものとする。簡単のため，事故回避努力に要する費用は，努力1単位あたり1円であるとする。なお，事故確率については，$p'(0) = -\infty$かつ$p''(e) < 0$という性質が満たされていると仮定する。以上より，保険未加入の場合の個人の最終富は，事故未発生時には$W-e$，事故発生時には$W-L-e$となる。

保険契約は，保険金qおよび保険料πによって定義されるとする。したがって，保険に加入した個人の最終富は，事故未発生時は$W-e-\pi$，事故発生時は$W-e-\pi-L+q$である。なお，完全情報のケース（III 2で扱う）を除き，保険者にとってeは観察不能であるとする。また，保険市場は競争的であるとする。したがって，保険契約(π, q)を提示した保険者の利潤はゼロとなる。

---

9)　このような状況は，Costly State Verification（CSV; 費用をかけた状態の立証が可能な状況）と呼ばれている。

10)　このような状況は，Costly State Falsification（CSF; 費用をかけて状態を隠蔽する状況）と呼ばれている。

11)　以下本稿では，保険加入者，保険契約者，被保険者および保険金受取人とは利害が一致していると考える。したがって，これら4つの用語は（文脈において認められる限りにおいて）相互に交換可能である。

2 完全情報下の保険契約

まず,被保険者による事故回避努力 (e) を保険者がコストなしで観察可能である状況を考える。この場合,保険者の不利益となる行動を被保険者がとることは不可能であり,モラル・ハザードが問題となることはない。したがって,完全情報下で保険契約を締結することが可能となる。

完全情報下の最適保険契約は,保険者のゼロ利潤制約の下で,被保険者の期待効用を最大にするものとして求められる。

(Problem-P1)

$$\max_{\pi,q}(1-p)U(W-\pi-e)+pU(W-\pi-e-L+q) \quad (1)$$

subject to

$$\pi = pq \quad (2)$$

上記問題 (P1) において,(1)式は被保険者の期待効用(最大化)を,(2)式は保険者のゼロ利潤制約をあらわしている。(2)を(1)に代入して得られた式をq(保険金額)で微分すると以下のようになる[12]。

$$EU'(q) = -p[(1-p)U'(W_N)+pU'(W_L)]+pU'(W_L) \quad (3)$$

(3)式において,右辺第1項は保険金額(保険カバレッジ)の1単位の変化が保険料を変化させることを通じて期待効用に与える影響の大きさを表し,第2項は保険カバレッジ1単位の変化が直接期待効用にどれだけの影響を与えるかを表している[13]。最適化問題 (P1) の1階の条件は,(3)をゼロとおくことによって,次のように求められる。

$$U'(W_N) = U'(W_L) \quad (4)$$

$U(.)$ は,$U'(.)>0$,$U''(.)<0$ を満たす関数であり,$U'(.)$ は狭義の減少関数であるから,(4)より

---

12) (3)式において,$W_N = W-\pi-e$,$W_L = W-\pi-e-L+q$ である。
13) このことは,右辺第1項が $(\partial EU/\partial \pi)(\partial \pi/\partial q)$,第2項が $(\partial EU/\partial q)$ とかけることから明らかである。

＊モラル・ハザードと保険契約　III

$$W_N = W_L$$

が得られる。すなわち，モラル・ハザードの可能性が存在しない場合の最適保険契約は，損失のすべてを保険金額とする（q=L）とする完全保険契約であるということがわかる。

現在考えている状況においては，被保険者は危険回避的であると想定しているから，彼/彼女にとってもっとも望ましいことは，実現する富の水準が経済状態に依存せず一定であることである。すなわち，完全保険の実現が，被保険者にとって最適な状態となるのである。上記の考察は，情報が完全である場合には，保険者・被保険者双方にとって追加的なコスト負担が不要なため，意思決定者（すなわち，被保険者）にとってもっとも望ましい状態が実現するということを示している。

3　モラル・ハザードと保険契約

次に，III 2 で考察した状況に，モラル・ハザードの可能性を導入しよう。すなわち，保険契約締結後，被保険者が保険事故の発生確率を高める行動をとる可能性を考察する。具体的には，保険事故の発生確率（p）が被保険者による行動（e）によって決定され，保険者は被保険者がとる努力水準（eの値）を直接的には知ることができないという状況における，最適保険契約の特徴を考える。

保険者は被保険者の努力水準（e）を知ることができないからといって，そのままにしておいてよいというわけではない。被保険者が自由に選んだ行動（それによって決定される保険事故の発生確率）が保険者に大きな損害を与える可能性があるからである。したがって，被保険者が自身の利益にかなうように自らの行動を決定することは認めざるをえないとしても，その行動は，保険者に損害を与えることがないという意味で一定の許容範囲にあることが必要となる。この点を考慮すると，モラル・ハザードが発生する可能性がある状況における最適保険契約は，次の問題の解として与えられる。

(Problem-P2)

$$\max_{\pi,q,e}(1-p(e))U(W-\pi-e)+p(e)U(W-\pi-e-L+q) \tag{5}$$

subject to

$$\pi = p(e)q \tag{6}$$

$$e = \arg\max_z (1-p(z))U(W-\pi-z)+p(z)U(W-\pi-z-L+q) \tag{7}$$

ここで，(5)式は被保険者の期待効用であり，(6)式は保険者のゼロ利潤条件（競争的保険市場の下で，保険者が保険を供給するために満たされなければならない参加条件）である。(7)式は，被保険者のとりうる行動を制約する条件式である。合理的な被保険者を想定しているのであるから，被保険者が選択する努力水準は，他の事情を一定として，彼／彼女の期待効用を最大にするものでなければならない。この点を明示的に表したものが (7)式であり，一般に誘因両立性制約 (incentive compatibility constraint) と呼ばれている。

ところで，(7)式はこのままでは分析が困難である。上記問題を通常の制約付き最大化問題として解くためには，(7)式を書き換えることが必要となる。ここで，(7)式を，被保険者の期待効用に関する1階の条件式として表現することが想定されるが，そのような書き換えは必ずしも簡単なことではない[14]。ただ，「p(e) が凸関数である」という仮定が，(7)式の背後にある最大化のための2階の条件を満たすことを保証するため，問題 (P2) では，(7)式を1階の条件で置き換えてもよいことが示される[15]。

---

[14] この点を明確に指摘した初期の代表論文は，Mirrlees, J. A., 1999, The Theory of Moral Hazard and Unobservable Behavior, *Review of Economic Studies*, 66, pp. 3-21. である。問題となるのは，1階の条件は最適性の必要条件を与えるのみであって，それが最大であるのか最小であるのかについての情報を与えるものではないということである（なお，Mirrlees の論文は，1975年に書かれたものであるが，長年にわたって未公刊であった。その論文が公刊されたのは，*Review of Economic Studies* 誌 1999 年の「『契約』特集号」においてである）。

[15] この点の詳細については，Winter, R. A., 1992, Moral Hazard and Insurance Contracts, in Dionne, G. ed.: *Contributions to Insurance Economics* (Kluwer Academic Publishers, Boston). (p. 60) および Winter, R. A., 2002, Optimal Insurance under Moral Hazard, in Dionne, G. ed.: *Handbook of Insurance* (Kluwer Academic Publishers, Boston). (p. 160) を参照。また，被保険者の期待効用最大化を満足する努力水準の決定条件が，(7)式のような1階の条件で表現されうるためには，被保険者の期待効用関数あるいは保険者の利潤関数の形状に対して，いくつかの条件が満たされる必要がある。その点の詳細については，Rogerson, W. P., 1985, The First-Order Approach to Principal-Agent Problems, *Review of Economic Studies*, 53, 69-76.

*モラル・ハザードと保険契約 III

そこで、(7)式を1階の条件で書き換えると次のようになる。

$$p'(e)[U(W-\pi-e-L+q)-U(W-\pi-e)] \\ = [1-p(e)]U'(W-\pi-e)+p(e)U'(W-\pi-e-L+q) \quad (8)$$

さらに、被保険者による努力水準が提示される保険契約の影響を受けることを明示するために、$e=e(\pi, q)$ とすると、モラル・ハザードが発生する可能性がある状況における最適保険契約は、以下の問題 (P2') の解として与えられることとなる。

(Problem-P2')

$$\max_{\pi,q}[1-p(e(\pi,q))]U(W-\pi-e(\pi,q))+p(e(\pi,q))U(W-\pi-e(\pi,q)-L+q) \quad (5)$$

subject to

$$\pi = p(e(\pi,q))q \quad (6)$$

$$p'(e(\pi,q))[U(W-\pi-e(\pi,q)-L+q)-U(W-\pi-e(\pi,q))] \\ = [1-p(e(\pi,q))]U'(W-\pi-e(\pi,q)) \\ \quad +p(e(\pi,q))U'(W-\pi-e(\pi,q)-L+q) \quad (8)$$

ここで、(5)式は被保険者の期待効用、(6)式は、競争的保険市場における保険者の参加制約を、(8)式が誘因両立性制約を表している。

問題 (P2') を解くために、(6)を(5)へ代入したものをqで微分して得られた式を、条件(8)式を考慮して変形することにより、次式が導出される。

$$EU'(q) = -p'e'q[(1-p)U'(W_N)+pU'(W_L)] \\ \quad -p[(1-p)U'(W_N)+pU'(W_L)]+pU'(W_L) \quad (9)$$

ここで、(9)式右辺の第2項、第3項は、(3)式右辺の第1項、第2項と同一のものであり、その意味も同じである。モラル・ハザードの可能性の存在にともなってあらわれた効果が(9)式右辺第1項である。これは、保険カバレッジの1パーセントの変化が保険料を変化させることを通じて期待効用に与える影響の大きさを表している[16]。最適化問題 (P2') の1階の条件は、(9)をゼロと

を参照のこと。

[16] このことは、右辺第1項が $(\partial EU/\partial \pi)(\partial \pi/|\partial q/q|)$ とかけることから明らかである。

おくことによって，次のように求められる。

$$U'(W_N) = \frac{p^2 + e'p'qp}{p^2 + e'p'qp - e'p'q} U'(W_L) \quad (10)$$

ここで，仮定により p'<0, e'>0 であるから，(10)式右辺の分数は 1 よりも小さな値となる。したがって，q<L，すなわち損失の一部が付保されないことが最適な保険契約であることが導出される[17]。

モラル・ハザードの可能性が存在する状況で，部分保険が最適な保険契約となる理由は次のように説明できる。被保険者による事故回避努力には，リスクの低下にともなう便益があると同時に，努力のための費用も存在する。ここで，努力の費用はすべてが被保険者の負担となるが，便益については，一部は保険料の低下という形で被保険者に帰す一方で，保険事故の発生確率（保険金支払の可能性）の低下という形で保険者にも帰属することとなる。すなわち，被保険者による保険事故回避努力は，被保険者から保険者への利益移転を伴うものとなっているのである。その意味で，被保険者にとっては，努力水準を低下させる誘因がつねに存在していると考えられる。ただ，完全情報の下では，保険者に知られずに被保険者の努力水準を低下させることはできない。しかしながら，保険者が努力水準を観察することができない状況においては，それが可能となる。この状況で完全保険を提供することは，保険者にとって実態以上のリスク負担を強いられてしまうことを意味する。そこで，適正なリスク負担を実現するために，付保範囲を限定することが保険者にとって最適な行動となるのである。また，このような部分保険の提供は，現実のリスクと保険によって負担されるリスクの均等化を実現するものであるため，被保険者にとっても許容可能なものとなっている。以上のようなメカニズムにより，モラル・ハザードのもとでは，部分保険が最適保険契約となるのである。

4 モラル・ハザードと保険契約（一般理論）

これまでは，被保険者による事故回避努力は，事故発生確率のみに影響を与

---

[17] (10)式右辺の分数が 1 よりも小さいことより，$U'(W_N) < U'(W_L)$ が得られる。ここで，U'' <0 より，$W_N > W_L$ となる。

えると想定してきた。しかしながら実際には、被保険者の行動は、事故発生確率のみならず損失額にも影響を及ぼすと考えられる。たとえば、火災報知器の設置は火災発生確率を低下させるという効果を持つ一方で、火災の早期発見を可能にし火災による損害額を小さくすると考えられる。また、自宅への警報装置の設置は、泥棒等の不法侵入に対する警報音がどのタイミングで鳴るかによって、事故発生確率を低下させることもあれば、損失額を少なくするという効果を持つこともある。したがって、3までのモデルは、より一般化した枠組みで考えることが必要であろう[18]。

事故発生確率を低減させるために被保険者が行う努力水準を e とし、確率的な経済状態を θ によって表す。保険事故発生時の損失は、被保険者の努力水準と経済状態の関数として、$L(e, \theta)$ によって表されるとする。ここで重要なことは、被保険者による努力水準 (e) および経済状態 (θ) はいずれも保険者にとって観察不能であるため、両者に依存した契約を作成することはできないということである[19]。保険者は保険事故発生に伴う損害額は観察可能であるため、保険契約は保険料 (π) および約定保険金 ($I(L)$) から構成されることとなる。また、一般に θ が確率変数とみなされるのであるが、観察不能であることからその確率分布については保険契約の設定には有用なものとはならない。他方、観察可能な変数 (L) が努力水準 (e) および経済状態 (θ) の関数となっていることから、θ の確率構造を L の確率構造とみなすことが可能となる。そこで、$F(L, e)$ によって、e を所与としたときの L の分布関数と考え、現下の分析対象としている経済の確率構造をとらえることにする。

保険契約者は(富に関して)危険回避的であり、そのフォン・ノイマン=モルゲンシュテルン型効用関数は、富 (W_f) の増加関数、努力水準 (e) の減少関数として、$U(W_f, e) = u(W_f) - e$ によって与えられるとする[20]。モラル・ハ

---

[18] モラル・ハザードの一般理論を形式的に分析した初期の研究としては、Shavell, S., 1979, Risk-Sharing and Incentives in the Principal and Agent Relationship, *The Bell Journal of Economics*, Vol. 10, pp. 55-73. および Holmstrom, B., 1979, Moral Hazard and Observability, *The Bell Journal of Economics*, Vol. 10, pp. 8-23. がある。

[19] あるいは、「観察可能ではあるが、第三者に立証不可能である」としてもよい。

[20] ここで、効用関数が富に関する部分と努力水準に関する部分に分離されていることは簡単化のためである。また、富に関する危険回避性により、$u'(w) > 0, u''(w) < 0$ を仮定する。

ザードの可能性がある場合の最適保険契約は，すでに考察してきたように，保険者の参加制約および努力水準に関する被保険者の誘因両立性制約という2つの制約の下で，被保険者の期待効用を最大にするものとして与えられる[21]。

(Problem-G)

$$\max_{I(L),e} \int u(W_f(L))dF(L,e) - e$$
subject to
$$\pi \geq \int I(L)dF(L,e) \qquad (11)$$
$$e \in \arg\max_a \int u(W_f(L))dF(L,e) - a \qquad (12)$$

効用関数および確率構造に一定の仮定をおくと，誘因両立性制約(12)を1階の条件(13)式に置きかえて，問題を解くことができる。

$$\int u(W_f(L))f_e(L,e)dL = 1 \qquad (13)$$

いま，制約式(11)のラグランジュ乗数を λ，(13)のラグランジュ乗数を μ とすると，(Problem-G) を解いて得られる最適保険契約のための必要条件は，次式によって与えられる。

$$\frac{1}{u'(W-L-\pi+I(L))} = \lambda + \mu \frac{f_e(L,e)}{f(L,e)} \qquad (14)$$

ここで，損害が大きいほど被保険者による事故回避努力の水準が低い可能性が高いと判断されるとしよう[22]。(Problem-G) における制約条件はともに等号で成立しているから，ラグランジュ乗数 λ および μ はいずれも正である[23]。

---

21) この問題 (Problem-G) において，第1の制約式 (11) が保険者の参加制約，第2の制約式(12)が被保険者の努力水準選択に関する誘因両立性制約となる。また，被保険者の初期富を W として，その最終富 Wf は，

$$W_f = W - L - \pi + I(L)$$

によって与えられる。

22) これは，「尤度比 $f(L,e_L)/f(L,e_H)$ が L の増加関数となっている」こと（単調尤度比条件）を仮定することと同じである。さらにこの条件は，「任意の e の値に対して，$f_e(L,e)/f(L,e)$ が L の減少関数である」ことと同じである。より詳細な説明については，伊藤秀史・契約の経済理論 (2003) を参照。

23) モラル・ハザードの可能性がない場合には，$\mu=0$ であるから，(14)より u'(.)=λ（一定）

＊モラル・ハザードと保険契約　IV

したがって，(14)を L で微分すると，

$I'(L) < 1$

が得られる。すなわち，モラル・ハザードの可能性がある場合には，最適契約においては，保険事故によって生じた損害の一部しか保障されない。すなわち，3における考察は，より一般的な状況においても成立するのである[24]。

IV　事後的モラル・ハザードと最適保険契約

保険契約締結後に保険者と被保険者の間に発生する情報の非対称性は，保険事故発生前の被保険者の行動に限られているわけではない。保険事故発生時の損失額の大きさについても，保険者より被保険者の方がより正確な情報を有していると考えられる。このとき，被保険者による損失額の操作・隠蔽といった詐欺的行為が行われる可能性がある。以下では，このような詐欺的行為が想定される状況における最適保険契約の性質について，非常に単純なケースを例にとって説明する[25]。

1　Costly State Verification

初期富 W を有している経済主体を考える。この経済主体は，期末に $x \in (0, \bar{x}]$ だけの損失をこうむる可能性があるため，保険金 $I(x)$，保険料 π の保険に加入しようと考えている[26]。ここで，保険事故発生の有無および保険事故発生時の損害 x の大きさは，保険加入者にのみ観察可能であるとする[27]。他方，保険者が保険事故発生の有無および被保険者の損失額を知るためには，コスト

となって，完全保険が最適契約となる。
24)　より具体的な契約形態を導出するためには，効用関数や確率分布をより特定することが必要となる。
25)　より複雑なケースをも含む広範かつ詳細な一般的考察については，Picard, P., 2002, Economic Analysis of Insurance Fraud, in Dionne, G. ed.: *Handbook of Insurance* (Kluwer Academic Publishers, Boston) を参照のこと。
26)　ここで，x は，分布関数 $F(x)$，密度関数 $f(x) = F'(x)$ に従う確率変数である。
27)　保険事故発生の有無についての保険者と被保険者の間の情報の非対称性の存在に関する仮定は，本稿の後半で緩和される。

(c) をかけて調査（verification）をせねばならない。なお，調査を行わなければ，保険者が損失額について知ることはできないが，調査すれば，損失額を完全に知ることが可能であるとする[28]。ただし，簡単のため，保険加入者が損害額を実際より少なく申告した場合には，保険者が調査活動によってその過少申告を見つけることはできないとする[29]。

保険事故が発生すると，保険加入者から保険金の請求がなされる。ただ，その請求に対して，保険者がそのまますぐに保険金を支払うことはない。保険金請求の時点では，保険者は保険事故発生に伴う損害額を知らないため，請求通りに保険金を支払っていたのでは，実際の損失より大きな保険金を請求されてしまう可能性があるからである。そこで，保険者としては，被保険者の損失額を調査することが必要であるが，すべての保険金請求に対して調査をしていたのでは，費用がかかりすぎてしまい，利益の確保が困難となる可能性が高い。したがって，保険者としては，請求された保険金の額によっては，調査を行わないことが合理的となる可能性がある。

以上より，ここで考えている状況は次のようにまとめられる。ある保険加入者を考える。保険契約では，保険料（π），保険金 I（x）および保険者が調査活動を行う保険金請求額の集合（$M \subset [0, \bar{x}]$。以下，「調査範囲」と呼ぶ）の3項目が特定される。保険事故が発生すると，保険加入者は保険者に対して，自身がこうむった損害額を伝え，保険金の請求を行う。保険加入者の申告損害額が調査範囲に入っていない場合，保険者は申告された損害額に対する約定保険金を保

---

[28] Costly state verification（CSV）モデルは，もともとは負債契約の存在意義を示すために提示されたものであり，その最初の文献は Townsend, R., 1979, Optimal Contracts and Competitive Markets with Costly State Verification, *Journal of Economic Theory*, Vol. 21, pp. 265-293. である。また，CSV モデルを保険契約に応用した研究としては，Gollier, C., 1987, Pareto-optimal Risk Sharing with Fixed Costs per Claim, *Scandinavian Actuarial Journal*, Vol. 13, pp. 62-73. および Bond, E. W. and K. J. Crocker, 1997, Hardball and the Soft Touch: the Economics of Optimal Insurance Contracts with Costly State Verification and Endogenous Monitoring Costs, *Journal of Public Economics*, Vol. 63, pp. 239-264. がある。

[29] Picard, P., 2000, On the Design of Optimal Insurance Policies under Manipulation of Audit Costs, *International Economic Review*, Vol. 41, pp. 1049-1071. この仮定により，x の損害を被った保険加入者が，自身の損害額を x'（<x）であると保険者に申告して保険金請求を行った場合，調査活動が行われるか否かにかかわらず，t(x') の保険金が支払われることになる。なお，これは単純化のための仮定であり，それによって結論が本質的な意味で変更されることはない。

*モラル・ハザードと保険契約　IV

険加入者に支払う。申告額が調査範囲内にある場合には，保険者はコストをかけて調査を行い，調査の結果明らかとなった真の損害額に対する保険金を支払う30)。このような状況における（誘因両立的な）最適保険契約の性質について考察するのがここでの課題である。

まず，支払保険金と（保険者が認めた）損害額の関係について，以下の命題が成立することを示そう。

【命題1】

最適保険契約において，損害額と保険金の間には次のような関係がある。
(1) 保険金は損害額の非減少関数である。
(2) 調査範囲外（M^c）にある申告損害額に対する支払保険金は一定となる。
(3) 調査範囲内（M）の損害額に対する支払保険金の額は，調査範囲外（M^c）の損害額に対するそれよりも大きくなければならない。
(4) 調査範囲外にある損害額は，すべて調査範囲内の損害額よりも小さい31)。

(1)は，次のようにして示される。いま，2つの損害額（x>y）に対する支払保険金額に対して$I(x)<I(y)$という関係が成立していたとする32)。保険加入者が損害額を偽って過少に申告した場合，保険者がその事実を知ることはできないため33)，xの損害を被った保険契約者は，保険者に対して「自身の損害額はyである」と申告して保険金の請求を行うことになる。虚偽申告が行われる保険契約は誘因両立的ではないため最適な保険契約とはいえない。よって「最適保険契約においては，保険金は損害額の非減少関数でなければならない」ことが導かれる。

---

30) 本節においては，保険者が調査活動を行った場合，真の損害額が必ず判明すると仮定する。調査活動が必ずしも完全ではない場合のCSVモデルについては，Mookherjee, D. and I. Png, 1989, Optimal Auditing Insurance and Redistribution, *Quarterly Journal of Economics*, Vol. 104, pp. 205-228. および Fagart, M. C. and P. Picard, 1999, Optimal Insurance under Random Auditing, *Geneva Papers on Risk and Insurance Theory*, Vol. 29, pp. 29-54. を参照。
31) これを形式的に表すと「ある$m \in [0, \bar{x}]$が存在し，$M = (m, \bar{x}]$，$M^c = [0, m]$」となる。
32) この想定は，「保険金が損害額の厳密な増加関数となっている」ということを意味している。
33) 前掲注22)を参照のこと。

次に，調査活動と保険金の関係（(2)および(3)）を考えよう。第1に，保険加入者から申告された損害額が調査範囲外にある場合を考える。いま調査範囲外にある2つの損害額（xおよびy）に対する支払保険金額が異なっていたとし，一般性を失うことなく$I(x)<I(y)$という関係にあったとする。xおよびyはともに調査範囲外にあるのだから，保険加入者による申告の真偽にかかわらず保険者は申告額を正しいものとして保険金を支払うことになる。したがって，真の損害額がxであった保険加入者にとっては，損害額を偽って（y）と申告することでより多くの保険金を受け取ることが可能となる。すなわち，損害額が調査範囲外にあり，申告損害額に応じて支払保険金の大きさが異なる場合，すべての保険加入者は最大の保険金が支払われる損害額を申告する誘因を持つ。よって，保険契約が誘因両立的なものとなるためには，調査範囲外にある損害額に対する保険金支払いは同一水準となることが必要である。以上より，(2)の成立が理解される[34]。次いで，損害額が調査範囲内にある場合の保険金支払額の大きさについて考えよう。いま，調査範囲内のある損害額$z \in M$に対応する支払保険金の額$I(z)$が，調査範囲外の損害額に対する額（一定額I_0）より小さかったとしよう。このとき，損害額zを経験した保険加入者にとっては，自身の損害額を調査範囲外の値であると虚偽の申告を行うことによって，より大きな保険金を受け取ろうとすることが合理的となる。明らかにこれでは誘因両立的な保険契約とはならない。したがって，(3)が成立することがわかる[35]。

最後に(4)について考えよう。いま，ある$x \in M$およびある$y \in M^c$に対して，$x<y$であるとする。(3)より$I(x)>I(y)=I_0$となる。仮定により，損害額の過少申告が発覚することはないため，損害額がyであった場合，保険契約者は損害額をxと（過少）申告し，$I(x)$というより大きな保険金を請求することが合理的となる。このような保険契約は誘因両立的ではないため，最適ではない。したがって，最適保険契約においては，調査範囲外にある損害額はすべて調査範囲内のそれより小さくなければならず，(4)の成立が示される[36]。

---

34) M^cは，集合Mの補集合を意味している。また，この特徴を形式的に表現すれば，"$I(x)=I_0$（定数）for $x \in M^c$"となる。
35) この特徴を形式的に書くと"$I(x)>I_0$ for all $x \in M$"となる。ここで，I_0は調査範囲外の損害に対する保険金支払の額（一定値）である。
36) 【命題1】より，最適保険契約$\delta=\{I(.), m, \pi\}$は，次の最適化問題を解く$\Pi, m \geq 0$および

＊モラル・ハザードと保険契約　Ⅳ

【命題1】に基づいて，最適保険契約の形態について考えよう。

まず，調査範囲外における保険金（関数）を考える。損害が発生しない場合には保険金請求がなされないため，保険金の支払いは行われない。すなわち，$I(0)=0$ である。今，調査範囲外にある損害に対する保険金 I_0 が正の値であったとしよう。このとき，損害が発生しなかった保険加入者にとって，$x(\in M^c)$ の損害があったと虚偽の申告を行い，保険金を請求することが合理的な行動となる。このような保険契約は誘因両立的ではないから最適ではない。したがって，最適保険契約においては，調査範囲外の損害に対する支払保険金はゼロ（$I(x)=0$ for $x\in M^c$）でなければならない。

次に，損害額が調査範囲内にある場合を考えよう。最適保険契約においては，保険加入者はこうむった損害額を正直に申告する。保険加入者は危険回避的であるから，望ましい危険分担が成立するためには，保険加入者の最終富の変動ができるだけ小さくなるよう，損害額に応じて保険金が変動することが必要である。それゆえ最適保険契約においては，損害額の限界的な増分のすべてが保険によってカバーされることが望ましいこととなる。ところで，最適保険契約においては，保険加入者が保険へ加入したことから受ける限界便益が，（実際に保険を受ける）調査範囲内の各状態における保険加入者の限界便益と等しくなることが必要である[37]）。さらに，調査範囲外の損害が発生した場合には保険金が支払われず，保険加入者の最終富は損害が大きくなるにしたがって少な

関数 $I(.): (m, \bar{x}) \to R_+$ として与えられる。ここで，$R_+ = [0, \infty)$ である。また，$I(.)$ は，非減少的かつ $I(m) \geq I_0$ なる関数である。

$$\max EU = \int_0^m U(W-x-\pi)dF(x) + \int_m^{\bar{x}} U(W-x-\pi+I(x))dF(x)$$

subject to

$$\pi \geq \int_m^{\bar{x}} [I(x)+c]dF(x)$$

37) この条件は，注36)の最適化問題の2つの必要条件から導出される。その条件は，形式的には以下のように書き表せる。

$$U'(W-x-\pi+I(x)) = \lambda \quad \text{for all } x \in (m, \bar{x}]$$

$$\int_0^m U'(W-x-\pi)dF(x) + \int_m^{\bar{x}} U'(W-x-\pi+I(x))dF(x) = \lambda$$

ここで，上の式が調査範囲内の各状態における保険加入者の限界便益を表しており，下の式が保険提供から保険加入者が受ける限界便益を表している。また，λ は注36)における最適化問題の制約式に対するラグランジュ乗数であり，保険プレミアム1単位の増加に対して保険加入者の期待効用がどれだけ増加するか，を表している。

くなる。すなわち，調査範囲外の損害が発生した場合における保険加入者の限界効用は，保険事故が起こらなかった状況（これは，完全保険が提供される状況と実質的に同じである）における限界効用より大きくなる。このとき，調査範囲内の損害に対して完全保険を提供すると，保険提供から保険加入者が受ける限界便益の方がより大きくなってしまい，保険契約の最適性が保たれなくなってしまう。したがって，調査範囲内の損害に対しては部分保険が最適となることが理解できる。以上の内容をまとめると，次のようになる。

【命題2】

調査活動を行わなければ，保険事故の発生の有無および生じた損害額について保険者が知ることはないという状況における最適保険契約 $\{I(.), M, \pi\}$ は，以下のように特徴づけられる。

ある正の数 $m(\leq \bar{x})$ が存在して $M = (m, \bar{x}]$。

ある実数 $k \in (0, m)$ に対して，

$$I(x) = \begin{cases} 0 & if\ x \leq m \\ x - k & if\ x > m \end{cases}$$

【命題2】で与えられた最適保険契約を図示したものが次頁の**図1**である。

これまでは，保険者は，調査を行わなければ，（損害額の大きさについてはもちろん）保険事故発生の有無についても知ることはできないと仮定してきた。しかしながら，生命保険の場合，保険者にとって，保険事故による損害の大きさを正確に知ることは困難であるとはいえ，被保険者が死亡したか否か，入院したか否かを知ることは必ずしも困難なことではない。そこで以下では，保険事故発生の有無については保険者も知りうるとの想定の下での最適保険契約について考察しよう[38]。

保険事故が発生しなかった場合，保険者はその事実を正しく知ることができるため，保険金の支払が行われることはない。他方，事故を経験しなかった保

---

[38] 保険者が保険事故発生時の損害額の大きさを知るためには調査を行うことが必要である，という仮定は維持する。

＊モラル・ハザードと保険契約 IV

図1 保険者がまったく情報を有しない場合の最適保険金

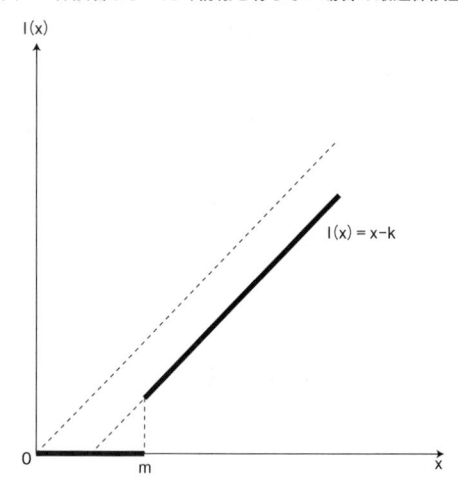

険加入者が虚偽の申告をすることもないので，保険事故が発生した場合には正の保険金を支払うことが可能となる。とくに，申告損害額が調査範囲内にある場合，完全保険が提供される。保険事故発生の有無以外の想定はこれまでの考察と同一であるため，最適保険契約についても上記以外はこれまでと同じである。以上より，次の命題が得られる。

【命題3】

保険事故発生の有無が公開情報である場合，最適保険契約 $\{I(.), M, P\}$ は，以下のように特徴づけられる。

　　ある正の数 $m(\leq \bar{x})$ が存在して $M=(m, \bar{x}]$。

　　ある実数 $I_0 \in (0, m)$ に対して，

$$I(x) = \begin{cases} 0 & if\ x=0 \\ I_0 & if\ x \leq m \\ x & if\ x > m \end{cases}$$

【命題3】で与えられた最適保険契約を図示したものが図2である。

図2において，損害額が m の場合の保険金は I_0 であるが，損害額が m を少しでも超えた場合には，保険金は $x(>I_0)$ へと急激に増大する。このとき，

図2　保険者が保険事故発生の有無については知っているが，損害額については知らない場合の最適保険金

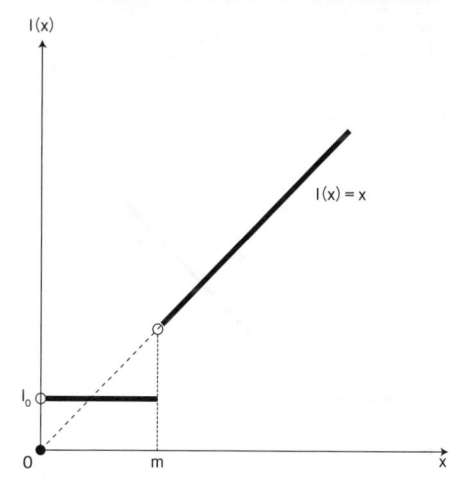

mの損害を被った保険加入者にとって，故意に損害額を増大させ，より大きな保険金を受け取ることが合理的となる。このような可能性を回避するためには，保険金関数が連続となるように設定することが必要となる。したがって，次の命題が得られる。

【命題4】

保険事故発生の有無が公開情報であり，保険加入者が故意に損害額を増大させることができる場合，最適保険契約 $\{I(.), M, \pi\}$ は，以下のように特徴づけられる[39]。

　　ある正の数 $m(\leq)$ が存在して $M = (m, \bar{x}]$。
　　$I(x) = \sup \{0, x-m+I_0\}$

【命題4】で与えられた最適保険契約を図示したものが図3である。

すなわち，得られた最適保険契約は，損害額が少ない場合にはてん補限度額（policy limit）があり，損害額が多い場合には控除免責金額（deductibles）条項付

---

[39] $\sup \{a,b\}$ は，aとbのより大きなものを表わしている。

*モラル・ハザードと保険契約 IV

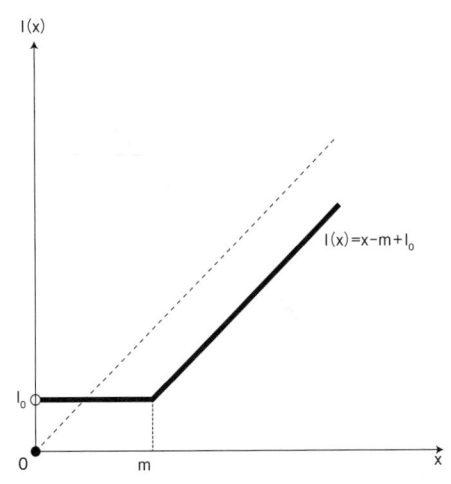

図3 保険者が損害額を故意に増大させることが
できる場合の最適保険金

$I(x) = x - m + I_0$

きの保険契約である。てん補限度額の存在は保険金請求の処理コストを低減させ、免責額の設定は故意に損害額を増大させる可能性がある場合の保険金支払コストの低減およびそのような自損行為の防止に寄与するものであり、いずれも保険加入者による事後的なモラル・ハザードに伴う問題・損失の回避に有益なものである。

(余論) 生命保険と利得禁止原則について

損害保険においては、保険加入から利得を得ることは許されないという利得禁止原則が認められている[40]。他方、生命保険においては、そのような原則が適用されるとは考えられていない。なぜなら、人の死亡による損害を金銭的・客観的に評価することは不可能であり、何をもって利得とするのか不確定となるからである。そのため、生命保険においては、利得禁止原則の適用がなく、保険者と保険契約者の間で約定した金額(定額)を保険金としてそのまま支払うという契約が一般的なものになっている[41]。

40) 利得禁止原則は、法律に明記されているわけではないが、関連する法律の諸規定によって、その存在が慣例的に認められているものである。山下ほか・前掲注2) 68頁を参照。
41) 山下ほか・前掲注2) 71頁を参照。

以上のような生命保険の性質（定額性）の合理性は，CSV モデルを用いることによって説明することができる。この点を，余論として述べておこう。

「人の死亡による損害を金銭的・客観的に評価することは不可能」ということを認めよう。これは，CSV モデルの枠組みでは，保険者による損害申告額の調査費用（c）が禁止的に高い（無限大）であるということを意味している[42]。このとき，保険加入者からの保険金請求に対して，保険者はその申告損害額の調査を行うことはない。前節で説明したように，保険加入者からの申告損害額に対する調査範囲外にある場合，最適な保険金約定額は一定である。したがって，生命保険における約定保険金が定額となっていることは合理的なものであり，そのような契約が一般的であることには十分に意味があるといえる。

2　Costly State Falsification

保険事故が発生した後（実際にこうむった損害額は x），保険契約者がなんらかの隠蔽工作（falsification activities）を行うことによって，虚偽の損害額（y）を保険者に信じ込ませることができるとする[43]。実際の損害額の調査に要する費用は禁止的に高いため，保険者としては保険契約者が申告した損害額をもとに保険金支払を行わざるをえない状況にあるとする。すなわち，保険契約において特定される保険金（I）は，申告損害額の関数 I（y）となる。損害額の隠蔽工作には費用（C）がかかり，その大きさは実際および虚偽の損害額に依存している（$C=C(x,y)$）と仮定する。さらに，保険加入者が申し立てる虚偽の損害額は，実際の損害額に依存する（$y=y(x)$）とする[44]。また，保険者は，保険

---

[42] ここで「費用が禁止的に高い（prohibitively high）」というのは，いかなる選択・活動も損失を生じさせてしまうほどに高いという意味である。このことを最も確実に発生させるための便法が，コスト無限大（$c\to\infty$）の仮定である。

[43] 保険に関わる隠蔽工作の実態については，福嶋正人・保険犯罪調査官——人間の闇に迫る衝撃の手記（1999）を参照。

[44] Costly State Falsification（CSF）モデルは，Lacker, J. M. and J. A. Weinberg, 1989, Optimal Contracts under Costly State Falsification, *Journal of Political Economy*, Vol. 97, pp. 1347-1363. において提示されたものである。また，CSF モデルを保険契約の文脈に適用したものとしては，Crocker, K. J. and J. Morgan, 1997, Is Honesty the Best Policy? Curtailing Insurance Fraud Through Optimal Incentive Contracts, *Journal of Political Economy*, Vol. 106, pp. 355-375. がある。なお，以下の説明は，Picard, op cit. を参考にしている。

＊モラル・ハザードと保険契約 Ⅳ

事故発生の有無についても知ることができず，保険加入者から申し立てられた損害額以外に，保険金支払のために参考となる情報はないものとする[45]。

簡単化のため，支払保険金が申告損害額の線形関数である場合のみを考える[46]。まず，保険加入者による損害額の申告水準については以下が成立する。

【命題5】

保険加入者はつねに実際よりも大きな額を損害額として申告する。

保険者は，保険加入者が申告した損害額の真偽を知ることはできない。したがって，損害額を実際より大きく申告した場合，保険者はその値に基づいて保険金を支払うことになる。この場合，保険加入者としては，実際より大きな損害を申告することによって，本来より大きな保険金を受け取ることが合理的となる。容易に理解できるように，損害額隠蔽活動に要する費用が低いほど，また，申告損害額に対する支払保険金の割合が大きいほど，偽りの大きさ（$y(x) - x$）は大きくなる[47]。

このような保険加入者の行動に対して，保険者はどのように対応するだろう

---

[45] 以上の想定の下で，保険加入者の最終富は，初期富を W，保険プレミアムを π とするとき，次のように与えられる。

$$W_f \equiv W - x - \pi + I(y(x)) - C(x, y((x))$$

そして，最適保険契約は，次の問題の解として与えられる。

$Max_{I(.),\pi} \quad EU(W_f(x))$

$subject\ to$

$$\pi \geq \int_0^{\bar{x}} I'(y(x)) dF(x) \quad (15)$$

$$y(x) \in \arg\max_y I(y') - C(y', x)\ for\ all\ x \in [0, \bar{x}] \quad (16)$$

ここで，$F(x)$ は x がしたがう分布関数，EU は保険加入者の期待効用関数である。保険加入者は危険回避的であり，そのフォン・ノイマン－モルゲンシュテルン型効用関数は $U(.)$ によって与えられる。ここで，$U'(.)>0$，$U''(.)<0$ である。また，(15)は保険者の参加制約，(16)は保険加入者による申告が最適であることを表している。

[46] このとき，保険金支払い関数は，$I(y) = \alpha y$ と表すことができる。約定保険金が損害申告額の非線形関数である場合については，Crocker and Morgan, op cit. を参照。

[47] 隠蔽工作の費用が偽りの大きさの絶対値に比例するとし，$C(x, y) = \gamma(y-x)^2/2$ によって与えられるとき，(16)を解くことによって，$y = x + (\alpha/\gamma)$ が得られる。すなわち，偽りの大きさは，保険金関数 $I(y)$ の傾き（α）の増加関数，隠蔽工作コストのパラメータ（γ）の減少関数となっている。

か。保険加入者による申告額は実際の損害より大きなものとなっているので，申告された損害全額を保障することは保険者にとって合理的なものではない。すなわち，最適保険契約は，(1)申告損害額の一部保険，(2)申告損害額の限界的増分に対する一部保険，となる。実際の損害額が少額である場合，偽りの大きさは相対的に大きなものとなることから，最適保険契約においては，損害が小さな場合には過剰保険，大きな損害に対しては過小保険となる。以上をまとめると次のようになる。

【命題6】
　保険加入者が損害額の隠蔽を行う可能性がある場合の最適保険契約は，共同保険となる。また，比較的損害が小さな場合には過剰保険，大きな損害に対して過小保険となる[48]。

　【命題6】で与えられた最適保険契約を図で表せば次頁の**図4**のようになる。保険事故による損害額の隠蔽が可能な状況では，損害額が大きいほど保険加入者が隠蔽から得る利益は大きくなる。このような状況では，実際の損害額が大きくなるにしたがって限界的な保険カバレッジを小さくすることによって，保険加入者による隠蔽の誘因を抑制することが必要となる。その意味で，**【命題6】**で与えられる最適保険契約は，保険加入者による損害隠蔽という事後的モラル・ハザードを回避する合理的なものとなる[49]。

V　モラル・ハザードと保険法・保険約款上の対処手段

　モラル・ハザードへの対処は，保険法学においても重要な課題であると認識

---

[48]　効用関数が2次または指数型であるとき，期待効用は $EU(W_f) = E(W_f) - \eta Var(W_f)$ となる。ここで η は危険回避度を表す指標である。このとき，注36)の問題を解くことにより，最適保険金関数は，$I(y(x)) = \alpha x + (\alpha/\gamma)$ として与えられる。そして，$x_0 = \alpha^2/\gamma(1-\alpha)$ として，$x > (<) x_0$ のとき，$I(y(x)) < (>) x$ となる。

[49]　保険者が保険事故発生の有無を観察できる場合および保険金関数が非線形である場合も，最適保険契約の特徴に，本質的な変更はない。詳細については，Crocker and Morgan, *op cit.* を参照のこと。

＊モラル・ハザードと保険契約 V

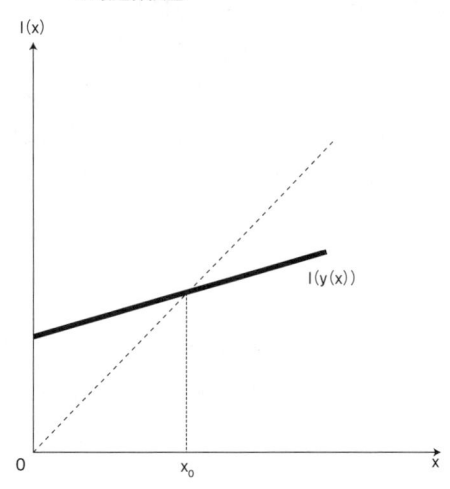

図4 保険者が損害額を隠蔽することができる場合の最適保険金

されており，保険法にはそのための制度がいくつか置かれている。また，保険約款にも，これを補完する規定が設けられていることが少なくない。ここでは，これらの保険法・保険約款上のモラル・ハザードへの対処手段とここまでのモデル分析との関係を整理しよう。

1 事前的モラル・ハザードへの対処

まず，事前的モラル・ハザードについては，経済学においては「極端な例」としてモデル分析の直接の対象とはされない故意の事故招致についての保険者の免責に関する規律（17条・51条・80条）が，保険法における主要な対処手段である。

他方，モデル分析の対象である被保険者の事故回避努力の懈怠という問題については，保険法上，正面からこれに対処する規定は置かれていない。事故回避努力の懈怠の程度が甚だしく，その結果として保険事故が生じた場合には，重過失による事故招致として免責（17条・80条）が認められる可能性があると思われる[50]。また，約款で保険者の保険料増額請求権が定められている場合

---

50) このためには，重過失の意義を，故意に限りなく近い場合に限定するのではなく，不注意の程度が甚だしい場合と解しておく必要があろう（山下368頁，462頁参照）。

には，被保険者の事故回避努力の懈怠により保険事故発生の危険性が増加していることを認識した保険者は，危険の増加に対応する保険料の増額を要求することができる[51]。もっとも，これらの手法は，保険者が被保険者の事故回避努力の懈怠を認識・立証できることを前提とするものであるが[52]，現実にはそれが困難である場合も少なくないと考えられる。Ⅲ3におけるモデル分析は，このように事故回避努力の懈怠の保険者による認識・立証ができないことを前提として，その場合に保険者が採りうる対処方法を検討するものである。

2 事後的モラル・ハザードへの対処

また，事後的モラル・ハザードとして検討されているのは，保険金請求に際しての不実申告の問題である。この問題に関しては，保険法上，保険金請求に際して被保険者等が詐欺を行った場合には保険者の被保険者等に対する信頼を損なう重大事由があるとして保険契約を解除することが認められており（30条2号・57条2号・86条2号），また不実申告が保険者による調査への妨害・不協力に該当する場合には，それによる保険給付の遅延について，保険者は履行遅滞責任を負わないものとされている（21条3項・52条3項・81条3項）。これに対し，Ⅳのモデル分析は，申告された損害額が不実であることを明らかにするための調査には費用がかかることを前提として，保険者がどのような場合に調査を行うべきか，また調査を行わない場合に保険金額をどのように設定すべきかということを検討するものであり，上記の保険法の規律とは異なる側面を扱うものである。

なお，上記の保険法の規律は，保険者に不実申告のベースとなった保険事故についての保険金支払義務を免れさせる効果を有するものではないが，約款上，保険事故についての説明義務を被保険者等に課し，その違反があった場合（不実申告はこれにあたる）に保険者の免責という効果を定めることができるかという問題が議論されている[53]。このような保険者の免責は，保険事故自体は問

---

51) 一問一答95頁。
52) ただし，約款上の保険料増額請求権については，被保険者の事故回避努力の懈怠以外の理由により危険性が増加した場合についても，保険料増額請求権を規定することは可能であろう。
53) 山下友信「保険法と判例法理への影響」自由と正義60巻1号25頁，29-30頁（2009）。詳しくは，本書421頁以下〔後藤元〕を参照。

*モラル・ハザードと保険契約 VI

題なく発生している場合には被保険者等に不利益を課すものであるが，保険者による調査によって不実申告が判明しない可能性も現実にはあることを考えると，不実申告を抑止するためのサンクションの強化という観点から評価できるものである。これに対し，IV 1 のモデルでは，保険者が調査を行った場合には不実申告であることが判明するということが前提とされているため，そのようなサンクションの必要性が問題となっていない。そのため，IV 1 の分析から，上記のような約款上の説明義務違反の効果が不要であるとの結論を直ちに導くことはできないというべきであろう。

VI まとめ

本稿では，モラル・ハザードが発生する状況における最適保険契約の特徴を考察した。モラル・ハザードとは，保険契約締結後になされる保険加入者による自己利益追求行動（およびそれに伴って発生する非効率的状況）のことである。保険加入者によるモラル・ハザードは，保険者の利益を低下させる（多くの場合，保険者に損失を与える）可能性があるため，自己の利益を確保する（あるいは損失を回避する）べく，保険契約を工夫することが保険者にとって重要となる。

本稿ではまず，保険に加入した結果，保険事故の発生に関わる期待損失を最小化しようとする被保険者の誘因が弱くなってしまうという事前的モラル・ハザードの可能性がある場合の最適保険契約について考察した。そこでは，部分保険あるいは控除免責条項を含む保険契約が，事前的モラル・ハザードの抑制に有効であることが示された。

次いで，保険事故発生に伴う損害額を偽ったり・隠蔽したりする事後的モラル・ハザードの可能性がある状況における最適保険契約について考察した。そこでは，てん補限度，控除免責あるいは共同保険といった特徴を有する保険契約によって，保険加入者による事後的モラル・ハザードの誘因の緩和が可能となることが示された。あわせて，生命保険契約が一般に定額保険であることについても，事後的モラル・ハザードとの関連で説明された。

多くの保険契約は，保険事故発生による損害をすべて保障するものとはなっておらず，さまざまな条項が付加されたものとなっている。本稿の考察により，

そのような付加条項が，モラル・ハザードに伴う諸問題を解消しうる合理的なメカニズムを有するものであることが理解された。

〔後藤　元・三隅隆司〕

第3節　保 険 給 付

前　　注

　本節は，保険事故または保険給付事由（以下では，まとめて保険事故という）が発生した後に，具体的に保険給付が行われる段階の権利義務関係を取り扱う。生命保険契約では，50条から53条が対象であり，傷害疾病定額保険契約では，79条から82条が対象である。

　保険法は，保険給付の規定を，保険給付の実現過程においておよそ時間的に問題となる順に体系的な配列をしている。まず，保険事故が発生すると，死亡保険契約の場合，保険契約者または保険金受取人が被保険者の死亡の通知を保険者に遅滞なく発することから給付の手続が始まる（50条・79条）。通知を受けた保険者は，その保険事故に対して保険給付が行われるべきものか否かの判断を，保険約款に基づき行うことになるが，その際の重要な点検項目として保険者免責事由への該当の有無がある。通知された保険事故が当該保険契約の保障範囲に含まれるかどうかは，保険者免責事由該当性の有無の審査を経なければならない。その免責事由の一般的規定が任意規定として保険法に置かれている（51条・80条）。それを受けて，その保険給付が適時に行われるよう，保険給付の履行期に関する規定が設けられた（52条・81条）。

　保険事故の通知が遅滞なく行われるべきことを定める規定は，従来の商法と実質的に同じである。保険者免責事由の規定は，改正前商法と比べて，任意規定とはいえ法律に規定してまで残す必要のない免責事由（犯罪行為免責等）を削除しており，その他は実質的な変更はない。目新しいのは，保険給付の履行期の規定である。保険による保障が保険金受取人の経済生活の保険事故からの回復を支持するものであることから，その保険給付が行われるべきか否かの判断

は，可及的速やかに行われ，保険金受取人に保険給付が行われるべきことが要請される。このため，保険給付の履行期限に関する合意が保険金受取人に不利益にならないよう，換言すれば，不当に長く待たされることがないよう，保険約款で履行期限を定めるときには，保険法の規定が片面的強行規定として適用されることとなっている（53条・82条）。

改正前商法は，保険者の免責事由を保険給付の内容，保障内容の問題として位置づけ，それを先に規定して（改正前商680条・683条による640条の準用は，準用規定のため後に置かれている），その後で，保険事故発生の通知義務を定める（改正前商681条）という整理をしていたものと思われる。保険給付の履行期に関する規定は，とくに設けられておらず，約款に定めがなければ，期限の定めのない債務として民法412条3項の規定により，保険者は保険給付の履行の請求を受けた時から遅滞の責任を負うことになると解されていた[1]。しかし，保険給付は，保険事故発生の通知ならびに権利者から保険給付の請求を受けて，適正に保険給付を行うために，一定の審査期間が必要である。保険事故の該当性，保険者免責事由の該当性の有無などについて事実確認を適切に行わなければならないからである。保険法は，保険給付の履行期について，民法412条の特則として新たに規定を設けて，適正な保険給付が行われるよう配慮している[2]。

なお，本書では，本節において保険者免責事由とともに保険給付を行うか否かの判断に際して重要となる契約前発病不担保条項も解説をしている。保険期間中に保険事故が発生しているまたは発生しているように見えるが，その原因または事故発生がすでに保険期間前にあるために，保障範囲に含まれないという場面を扱うのが契約前発病不担保条項であるため，本節で，保険者免責事由とともに取り扱われている。

〔竹濵　修〕

---

[1] 沖野眞已「保険関係者の破産，保険金給付の履行」商事1808号31頁（2007）。保険事故がいつ発生するか不確定であることから，保険金支払債務を不確定期限の債務と解して，412条2項によって，保険者が保険事故発生を知った時から履行遅滞の責任を負うと解する説もあった。学説の詳細については，竹濵修「保険金支払債務の履行遅滞」立命館法学304号99-102頁（2006），後藤元「新保険法における保険金支払債務の履行遅滞」生保165号85頁以下（2008）参照。

[2] 一問一答69頁。

> **(被保険者の死亡の通知)**
> **第50条** 死亡保険契約の保険契約者又は保険金受取人は，被保険者が死亡したことを知ったときは，遅滞なく，保険者に対し，その旨の通知を発しなければならない。
>
> **(給付事由発生の通知)**
> **第79条** 保険契約者，被保険者又は保険金受取人は，給付事由が発生したことを知ったときは，遅滞なく，保険者に対し，その旨の通知を発しなければならない。

I 趣　旨

保険法50条および79条は，被保険者の死亡もしくは給付事由が発生した場合の保険契約者等の保険者に対する通知義務を定めている[1]。その趣旨は，保険事故や給付事由は保険契約者等の支配領域内で発生することが一般的であるため，保険者が保険金支払義務の有無・範囲を迅速に確認・判断する機会を確保するためには，保険契約者等による情報提供が必要であることにあると考えられる[2]。

また，これらの規定は任意規定であると考えられ[3]，保険契約者等の通知義務を加重することも軽減することも可能である。

II 沿　革

これは，傷害疾病定額保険に関する規定が新設されたほかは，改正前商法と同一の内容を定めるものである（改正前商658条・681条参照）[4]。

---

1) 損害保険については，保険法14条が，保険事故による損害が生じた場合の保険契約者または被保険者の保険者に対する通知義務を定めている。
2) 大森168頁，坂口108頁，石田167頁，327頁，西島111頁，山下415頁，485頁等。なお，保険経営上の観点からは，既発生未報告の保険事故等の増加により期間損益計算および保険料率検証の正確性が損なわれることの防止という趣旨も有している（山下416頁注115）。
3) 一問一答224頁，226頁参照。
4) 梅津昭彦「保険事故の通知義務・損害防止義務」落合＝山下169頁，170頁。

III 条文解説

1 通知義務のある契約類型

まず，通知義務が課せられる契約の範囲は，生命保険契約については死亡保険契約に限定されており，生存保険契約には保険法50条は適用されない。これは，被保険者の一定の時点における生存を保険事故とする場合には，保険事故に関する証拠の散逸等のおそれが少ないからである[5]。他方，傷害疾病定額保険契約については，通知義務が課せられる契約の範囲に限定はない。

2 通知義務の主体

また，被保険者が死亡した場合に被保険者がそのことを通知することは不可能であるため，生命保険契約における通知義務の主体は，保険契約者と保険金受取人に限定されている。他方，傷害疾病定額保険においては，給付事由が発生しても被保険者はなお存在しているため，保険契約者および保険金受取人に加えて，被保険者も通知義務の主体とされている。ただし，いずれの契約においても，被保険者，保険契約者または保険金受取人のいずれかが通知を行えば足り，また被保険者の死亡・給付事由の発生を他の方法で知った保険者は保険契約者側の通知義務違反を主張できない[6]。

なお，保険法50条および79条にいう「保険金受取人」とは，「保険給付を受ける者として生命保険契約又は傷害疾病定額保険契約で定めるもの」(2条5号)のことであるため，保険金受取人から保険金請求権を譲り受けた者や保険金請求権に質権の設定を受けた者は，「保険金受取人」には含まれない。そのため，これらの譲受人や質権者は一般に保険者の死亡・給付事由の発生を直ちに知りうる立場にはいないが，たまたまその発生を知った場合にも，通知義務は課せられないことになる。

---

[5] 法制審議会保険法部会第5回議事録28頁。このほか，実務上，保険契約者側からの通知がなくとも保険者側から生存保険金の請求案内を行っているといわれていることも根拠の1つとされている。

[6] 大森168頁，石田168頁。

3 通知義務が発生する場合

通知義務が発生するのは、義務主体が被保険者の死亡または給付事由の発生を「知ったとき」である。そのため、義務主体が被保険者の死亡または給付事由の発生を過失によって知らない場合には、通知義務は発生しない[7]。

なお、傷害疾病定額保険のうち、保険期間中に傷害・疾病が発生すれば、入院・高度障害状態等が保険期間満了後に生じた場合にも保険金を支払うような契約については、入院・高度障害状態になることが給付事由であるため、その発生を知ったときに通知義務が発生することになる。

4 通知義務の内容

(1) 通知の時期　保険法50条および79条は、通知義務の内容として、通知の時期、通知の相手方、通知事項、および通知到達の要否の4点を定めている。このうち、通知すべき事項は被保険者の死亡もしくは給付事由の発生であり、その意義は明らかであるので、残りの3点について解説する。

まず、保険契約者等が通知義務を履行したといえるためには、保険事故・給付事由の発生を知ってから「遅滞なく」保険事故・給付事由が発生したことの通知をすることが必要である。この「遅滞なく」とは、相当の注意を用いて、できる限り早くという意味であり、直ちに・即刻という意味ではないと解されているが[8]、その違いは明確ではない。なお、裁判例としては、古くは通知義務違反により保険者が全部免責される旨を定めた損害保険の約款規定について、その過酷さを緩和すべく、事故発生から3か月後に通知した場合でも遅滞があったとはいえないとしたものが存在するが[9]、近時は同様の約款規定について事故から5か月後に通知した場合に遅滞があったとしたものも存在する[10]。

(2) 通知の相手方・方法　次に、通知は「保険者に対し」行うことが要求されているのみであり、その方法について規定はない。そのため、担当の営業

---

[7] 大森168頁、石田168頁。
[8] 久留島隆「被保険者・保険金受取人の義務」倉澤康一郎編・生命保険の法律問題（金判986号）109頁、110頁（1996）。なお、約款により直ちに通知することを要求することも基本的に許容される（中間試案補足説明・立案108頁）。
[9] 東京地判昭和47年6月30日判時678号26頁。
[10] 千葉地裁一宮支判平成10年2月6日判夕970号247頁。

職員に対し口頭で伝えることでも通知義務は履行されうるが，一定の方式を約款により要求することも原則として可能である[11]。

(3) 通知到達の要否　また，保険契約者等は通知を「発しなければならない」として，発信主義が採用されているため，通知が保険者に到達することは不要である[12]。

5　義務違反の効果と約款による修正

(1) 保険法上の通知義務違反の効果　保険法においても，改正前商法と同様に，通知義務違反の効力は法定されていない。この問題は，通知義務の法的性質とからめて論じられてきた。古くは，通知義務は保険金請求権行使のための前提にすぎないとする見解も存在したが[13]，現在では通知義務も真正の義務であり，その違反は債務不履行であるため，これにより生じた損害額を保険金額から控除できるという見解が一般的である[14]。もっとも，保険契約者等が適時に通知をしていれば保険者がどれだけの調査費用を負担し，また保険金支払義務を負ったかということの立証は容易ではなく，とくに被保険者の死亡に関する定額保険である生命保険については，通知義務違反によって保険者に損害が生ずることは考えがたい[15]。

(2) 約款上の通知義務違反の効果　そこで，改正前商法下の損害保険実務では，保険契約者等が通知義務に違反した場合には保険金支払義務を全部免責する旨の約款規定を置くことが一般的であったが，最判昭和62年2月20日民集41巻1号159頁によって，その効力が認められるのは保険契約者等に保険金詐取や調査妨害等の信義則に反する目的での通知義務違反がある場合に限られていた。この最高裁判例に対しては，通知義務の意義・実効性がほとんどなくなるという疑問も呈されていたが[16]，一般的には保険契約者等の保護とい

---

11) 石田169-170頁参照。
12) なお，法制審議会においては，途中まで到達主義とすることが提案されていた。
13) 野津務・新保険契約法論294-295頁（1965），坂口108頁等。
14) 大森168-169頁，303頁，石田170-171頁，西島112頁。中間試案補足説明・立案107頁も参照。
15) 石田327-328頁，山下486頁。傷害疾病定額保険については，傷害・疾病により生じた結果の内容により支払保険金額が異なるため，通知義務違反により保険者に損害が生じる可能性があると思われる。

う観点から学説上も支持されており17),法制審議会保険法部会においても,この判例は保険法の下でも維持されるものと考えられていたようである18)。

しかし,保険法に重大事由による解除の規定が設けられたこととの関係で,立案担当官によって以下のような解釈が示されている。すなわち,保険金詐取・調査妨害等の目的での通知義務違反がある場合には重大事由による解除が可能であるが(57条2号・3号・86条2号・3号),被保険者の死亡や給付事由自体は重大事由の発生以前に発生しているため当該保険金請求について免責の効果を得ることはできないものとされている(59条1項・2項3号・88条1項・2項3号)。そして,この規律は片面的強行規定(65条2号・94条2号)であるため19),通知義務違反があった場合には保険者を免責する旨の約款規定は無効となるというのである20)。このような解釈に対しては,保険者の保険契約からの解放を目的とする重大事由解除の法理と保険給付過程における不正請求に対する制裁の併存を認めるべきであるとの有力な反対がある21)。

6 保険契約者等の説明義務・調査協力義務

改正前商法下の約款実務においては,通知義務のほかに,保険契約者等に保険者の調査に協力する義務が定められることが一般的であり,これを受けて,保険法の立法過程においては,保険契約者または保険金受取人が保険者による保険給付のために必要な説明その他の協力をしなければならない旨の規律を設けることも検討された。しかし,保険契約者等の負担の増加や,免責事由の有無等に関する証明責任の保険契約者側への実質的な転換になりかねないこと等が懸念されたため22),保険契約者等の説明義務・調査協力義務に関する規定

---

16) 弥永真生「自動車保険における事故通知義務懈怠の効果」筑波法政13号175頁,山下416-417頁。
17) 坂口109頁,石田172頁,西島112頁,久留島・前掲注8)111頁等。最判昭和62年以前の文献として,竹濵修「事故発生等の通知義務の違反効果について——西ドイツ自動車普通保険約款を中心に」文研71号107頁(1985)。
18) 法制審議会保険法部会第3回議事録30頁,法制審議会保険法部会第19回議事録58-59頁。
19) このほか,次項で見る保険法52条3項・81条3項の片面的強行規定性(53条・82条)との関係も問題となりえよう。
20) 萩本修「保険法現代化の概要」落合=山下14頁,25頁。
21) 山下友信「保険法と判例法理への影響」自由と正義60巻1号25頁,29-30頁(2009),洲崎博史「保険契約の解除に関する一考察」論叢164巻1~6号219頁,240-242頁(2009)。

は結局法定されるには至らず，保険契約者等の調査妨害・不協力があった場合には，それにより調査が遅延した期間について保険者が遅滞の責任を負わないものとされた（52条3項・81条3項)[23]。この規定は，片面的強行規定とされている（53条・82条）。

保険法下においても，保険契約者等の説明義務・調査協力義務を約款上規定すること自体は可能であるが，それに違反した場合の効果として保険者の全部免責を定めることには，前項で見た約款上の通知義務違反の効力と同様の問題がある[24]。

〔後藤　元〕

---

[22]　中間試案補足説明・立案107-108頁参照。
[23]　法制審議会保険法部会第19回資料20・10頁参照。
[24]　保険契約者等が保険金詐取目的で保険金請求書類に虚偽記載を行った場合に約款規定に基づいて保険者の免責を認めた改正前商法下の事例として，大阪地判平成11年3月5日判時1709号116頁を参照。

第3節　保険給付　　　　　　　　　　　　　　　　　　　§51・§80　Ⅰ

> **（保険者の免責）**
> **第51条**　死亡保険契約の保険者は，次に掲げる場合には，保険給付を行う責任を負わない。ただし，第3号に掲げる場合には，被保険者を故意に死亡させた保険金受取人以外の保険金受取人に対する責任については，この限りでない。
> 一　被保険者が自殺をしたとき。
> 二　保険契約者が被保険者を故意に死亡させたとき（前号に掲げる場合を除く。）。
> 三　保険金受取人が被保険者を故意に死亡させたとき（前2号に掲げる場合を除く。）。
> 四　戦争その他の変乱によって被保険者が死亡したとき。
>
> **（保険者の免責）**
> **第80条**　保険者は，次に掲げる場合には，保険給付を行う責任を負わない。ただし，第3号に掲げる場合には，給付事由を発生させた保険金受取人以外の保険金受取人に対する責任については，この限りでない。
> 一　被保険者が故意又は重大な過失により給付事由を発生させたとき。
> 二　保険契約者が故意又は重大な過失により給付事由を発生させたとき（前号に掲げる場合を除く。）。
> 三　保険金受取人が故意又は重大な過失により給付事由を発生させたとき（前2号に掲げる場合を除く。）。
> 四　戦争その他の変乱によって給付事由が発生したとき。

Ⅰ　趣　　旨

　保険契約は，有償双務契約であり[1]，一方当事者である保険契約者が，保険契約の成立により保険料支払義務を負わなければならないのに対し，他方当事者である保険者は，保険事故（給付事由）が発生した場合に，保険金受取人に対し保険給付をしなければならない。しかし，一定の事由により保険事故（給付事由）が生じた場合については，公益的見地または保険制度上の要請から，保険者の保険給付義務を免れさせる必要がある。保険法51条は生命保険契約

---
1)　大森81頁，264頁，西島11頁，石田39頁，山下73頁。

のうち死亡保険契約の法定免責事由を定めるものであり，保険法80条は傷害疾病定額保険契約における法定免責事由を定めるものである。

保険法51条および80条は，任意規定である。したがって，保険者は，保険約款においてこれらの法定免責事由以外の免責事由を定めることができる[2]。いわゆる約定免責事由と呼ばれるものであり，以下の解説では，適宜これに触れることとする。

II 沿革

明治23年旧商法（明治23年法律第32号）では，損害保険については，被保険者が任意に加えた損害または保険目的物の性質，固有の瑕疵などにより生じた損害につき保険者は賠償の義務を負わない旨の規定が設けられていたが（同法635条・652条），生命保険および「病傷保険」については，「生命若クハ健康ヲ保険ニ付シ又ハ付セシメタル者カ契約上負担シタル義務ニ違反シ又ハ放蕩，粗暴其他故意ノ所為ニ因リテ生命ヲ短縮シ若クハ健康ヲ毀損シタルトキ」，および，「死亡若クハ病傷カ重罪若クハ軽罪ニ付テノ有罪判決ノ執行ニ因リ若クハ其執行中ニ生シ又ハ重罪若クハ軽罪ヲ犯シタル直接ノ結果トシテ生シ又ハ決闘其他故意ノ所為ニ因リテ生シタルトキ」は，「保険ハ……無効トス」と規定されていた（同法682条2号3号）。被保険者の故意による生命の「短縮」または健康の「毀損」等の場合には，保険契約自体が無効という効果が定められていた。

明治32年商法（平成20年法律第57号による改正前のもの。以下，改正前商法という）は，生命保険契約の免責事由として，①「被保険者カ自殺，決闘其他ノ犯罪又ハ死刑ノ執行ニ因リテ死亡シタルトキ」，②「保険金額ヲ受取ルヘキ者カ故意ニテ被保険者ヲ死ニ致シタルトキ但其者カ保険金額ノ一部ヲ受取ルヘキ場合ニ於テハ保険者ハ其残額ヲ支払フ責ヲ免ルルコトヲ得ス」，③「保険契約者カ故意ニテ被保険者ヲ死ニ致シタルトキ」を定めることとなった（改正前商680条1項）。また，同法683条1項は，損害保険契約の法定免責事由に関する

---

2) 一問一答193頁，194頁。

同法640条の規定（「戦争其他ノ変乱ニ因リテ生シタル損害ハ特約アルニ非サレハ保険者之ヲ塡補スル責ニ任セス」）を生命保険に準用し，戦争その他の変乱による被保険者の死亡を保険者免責として定めていた。

　死亡保険契約の法定免責事由を定める保険法51条の規定は，これらの改正前商法の規定を若干修正したうえで受け継いでいる。これに対し，傷害疾病定額保険契約における法定免責事由に関する保険法80条の規定は，傷害疾病定額保険契約に関する規定の新設に伴い設けられたものである。

III　条文解説

1　保険者免責が認められる契約類型

　生命保険契約のうち，一定の事由が生じた場合に保険者の免責が認められるのは，死亡保険契約のみである（51条柱書本文）。死亡保険契約の場合には，被保険者自身が自殺したり，保険契約者または保険金受取人が故意に被保険者を死亡させたりすることにより，死亡保険金の不正取得を図ること（いわゆるモラル・リスク）があるため，これらの場合について保険者の免責を認める必要があるものの，一定の時期までの生存に対し保険金が支払われる生存保険の場合には，およそこのような保険金の不正取得の弊害が考えられないからである。

　これに対し，傷害疾病定額保険契約においては，保険金の給付事由は傷害疾病による死亡のほか，その治療等も含まれており（66条かっこ書），このため，故意による傷害招致や病気の仮装による保険金の不正取得といったモラル・リスクが生じうることから，すべての傷害疾病定額保険契約について，このようなモラル・リスクが生じた場合に保険者の免責を認めている（80条柱書本文と51条柱書本文の対比）。

2　被保険者の自殺（51条1号），被保険者の故意・重過失による給付事由の招致（80条1号）

(1)　被保険者の自殺

　㋐　自殺免責の趣旨および自殺の意義　　被保険者が自殺した場合には，保険者は，保険給付義務を免れる（51条1号）。これは，そのような行為が射

倖契約としての生命保険契約において要請される信義誠実の原則に反すること，および生命保険契約が不当の目的に利用されるのを防ぐためである3)。

　ここにいう自殺とは，専ら被保険者が自らの命を絶つことを目的に死亡の結果を招く行為を指すもの（すなわち故意による死亡）であり，過失による死亡や，意思無能力者の自殺，統合失調症その他の精神障害中の自殺は含まれないと解される4)。近時，うつ病による自殺のケースが多いが，被保険者の自殺時に精神・心理状態に相当のうつ病の影響を受けており，自由な意思決定をする能力が相当程度うつ病の影響によって制約を受けたとして，保険者免責を認めなかった裁判例がある5)。

　自殺の方法のいかんは問わない。したがって，嘱託殺人のように他人に依頼して自己を殺害させた場合にも自殺として取り扱われる6)。ただ，嘱託殺人が自殺と全く同視されると，後述の生命保険約款所定の自殺免責期間経過後の嘱託殺人についても保険者免責が認められなくなるが，嘱託殺人は他人による殺害行為が介在している点で，自殺の場合に比べて反社会性の度合いがより強く同情すべき点も比較的少ないことを理由に，生命保険約款の自殺免責条項にいう自殺には嘱託殺人が含まれないと解釈したうえで，約款所定の自殺免責期間経過後の嘱託殺人について保険者免責を認めた裁判例もある7)。

　被保険者の死亡が自殺によるものか否かについて争いがある場合に，自殺であることの立証責任はいったい誰が負うべきかが問題となるが，自殺が法定免責事由とされていることから，その立証責任は保険者にあり，ただ，被保険者の精神障害等の事由により自殺したことの立証責任は保険金受取人側にあると解するのが妥当である8)。

　(イ)　生命保険約款の自殺免責条項　　保険法は，保険期間中における被保

---

3)　大森292頁，西島361頁，石田330頁，山下465頁，最判平成16年3月25日民集58巻3号753頁。
4)　大判大正5年2月12日民録22輯234頁，大判昭和13年6月22日判決全集5輯13号14頁，大森291頁，西島361頁，石田331頁，山下468頁。
5)　大分地判平成17年9月8日判時1935号158頁。
6)　大森291頁，西島361頁，石田331頁。
7)　東京地判平成4年11月26日判時1468号154頁。山下469頁参照。
8)　東京控判大正7年12月16日法律評論7巻上商法871頁，大森294頁注5，西島361頁，石田330頁，田中誠二＝原茂太一・新版保険法〈全訂版〉284頁（1987）。

第3節　保険給付

険者の自殺を一律に保険者免責としているが，保険法の自殺免責規定は公益に基づく絶対的強行規定ではないことから，生命保険約款では，保険者の責任開始の日または契約復活の日から一定の期間（1年ないし3年）以内に被保険者が自殺した場合に限って死亡保険金を支払わないとし，この期間経過後の自殺については保険金を支払うと定めるのが通例である。その趣旨としては，当該期間経過後に自殺することを計画して保険に加入する者が少なく，したがって当該期間経過後の自殺は当初の契約締結時の動機との関係が希薄であるのが通常であること，仮に契約時に自殺の意思を有していても一定期間経過後にそれを実行する者がさらに少なく，その場合多くは精神的に異常な状態にあると言えること，自殺の真の動機・原因が何であったかを事後に解明することがきわめて困難であることなどが挙げられている[9]。この約款規定は不可争約款の一種と解され，保険者の免責範囲を縮小している点で保険加入者側の利益になるとして，有効と解されている[10]。

しかし，平成初期の経済的な不況から，自殺免責期間経過の直後に自殺をして保険金を取得しようとするケースが増え，自殺免責期間経過後の自殺免責の可否が問題となった。これについては，被保険者の自殺が専らまたは主として保険金の取得を目的としてなされたものであるときは，約款の自殺免責条項は適用されず，保険者は商法の自殺免責規定により保険金支払義務を免れるとする下級審裁判例がいくつか現れた[11]。学説においても，自殺免責条項は自殺

---

[9]　大森292頁，西島362頁，石田331頁，江頭510頁。保険法の見直しに関する中間試案では，被保険者の自殺の場合について，免責の範囲を一定の期間内の自殺に限定することについて検討がなされ，法制審議会保険法部会では，自殺の原因にはさまざまなものがあることや，諸外国の立法例の中には契約締結時から2年または3年の免責期間を法定する例があること等から，2年や3年または5年の免責期間を法定すべきとの意見があった一方で，法律が免責期間を定めることはその期間経過後の自殺を助長することにつながるおそれがあることや，免責期間として相当な期間は社会情勢とともに変わりうること等から，免責期間を法定することに否定的な意見もあり（中間試案補足説明・立案146頁），最終的には改正前商法と同様，一定期間内の自殺に限定しなかった。

[10]　小町谷操三「生命保険契約における不可争約款について」同・保険法の諸問題80頁（1974年），大森292頁，西島362頁，田中＝原茂・前掲注8) 285頁，大澤康孝「生命保険における自殺免責」エコノミア89号10頁以下（1986），山野嘉朗・保険契約と消費者保護の法理238頁（2007），洲崎博史〔判批〕平成11年度重判解108頁（2000）。

[11]　岡山地判平成11年1月27日金法1554号90頁，山口地判平成11年2月9日判時1681号152頁，東京高判平成13年1月31日高民集54巻1号1頁など。

免責期間経過後の自殺には通常保険金取得目的を有しないとの推定を前提としたものであり，被保険者が保険金の取得を唯一または主要の目的として自殺したと立証された場合には，当該推定が覆され，保険者は免責されるとの見解が従来から唱えられてきており12)，前記の下級審裁判例はこのような学説に影響を受けたものである。しかしこれに対し，最判平成16年3月25日民集58巻3号753頁は，「〔生命保険約款の〕1年内自殺免責特約は，責任開始の日から1年内の被保険者の自殺による死亡の場合に限って，自殺の動機，目的を考慮することなく，一律に保険者を免責することにより，当該生命保険契約が不当な目的に利用されることの防止を図るものとする反面，1年経過後の被保険者の自殺による死亡については，当該自殺に関し犯罪行為等が介在し，当該自殺による死亡保険金の支払を認めることが公序良俗に違反するおそれがあるなどの特段の事情がある場合は格別，そのような事情が認められない場合には，当該自殺の動機，目的が保険金の取得にあることが認められるときであっても，免責の対象とはしない旨の約定と解するのが相当であ」り，「このような内容の特約は，当事者の合意により，免責の対象，範囲を一定期間内の自殺による死亡に限定するものであって，商法の上記規定にかかわらず，有効と解すべきである」と判示し，前記のような下級審裁判例の立場を排斥した。

現行生命保険約款の自殺免責条項は，免責期間内の自殺についてはその動機を問わず一律に保険者免責とするかわりに，免責期間経過後の自殺については保険者有責とすることによって，契約当事者間の衡平を図ったものと素直に理解したほうが妥当である13)。たしかに，問題となった事例においては，いずれも複数の保険契約が締結されており，保険金額が異常に高額なもので，自殺の態様も悪質であるなどの事情からすれば，保険者免責を認めた各下級審裁判例の結論自体は支持できないものではない。しかしその場合には，これらの諸事情を総合的に考慮したうえで，公序良俗違反等の法理に基づいて解決すべき

---

12) 大森292頁，大森忠夫「被保険者の保険事故招致」同・保険契約の法的構造249頁（1952），西島・362頁，大澤・前掲注10) 11頁，笹本幸祐「人保険における自殺免責条項と証明責任(2)」文研125号101頁（1998）。

13) 鴻常夫〔判批〕生保百選149頁，田辺康平「生命保険契約と保険者の免責事由」ジュリ736号107頁（1981），山下467頁，竹濱修「人保険における自殺免責条項」立命館法学225＝226合併号1079頁（1992），山野・前掲注10) 267頁。

第3節　保険給付

であり14)，したがって，本件最高裁判決の立場は妥当である15)。

　なお，生命保険業界では，平成11年ころから約款改正が行われ，1年の自殺免責期間が2年ないし3年に延長されたところが多い。このように自殺免責期間を延長することにより，保険金目当ての自殺をある程度抑止しうることは確かであるが，契約日から2年以上経過した後の自殺が問題となった事例も現に存在しているのであり，免責期間を延長するだけの約款改正が行われるとしても，類似の紛争が生じてくることは完全には避けられず，本件最高裁判決の示した解釈基準は，今後も妥当するものと考えられる。

　(2)　被保険者の故意・重過失による給付事由の発生　　傷害疾病定額保険では，被保険者が故意または重大な過失により給付事由を発生させたことが保険者免責事由となる（80条1号）。傷害疾病保険契約における給付事由は，傷害疾病による治療，死亡その他の保険給付を行う要件として傷害疾病定額保険契約で定める事由であるから（66条かっこ書），被保険者が故意または重過失により傷害または疾病を生じさせ，その結果，被保険者が死亡し，または治療等を受けた場合は，保険者免責となる。被保険者の自傷行為はもちろんのこと，薬物の常用による薬物中毒のような場合も，故意免責の対象となる16)。

　(ア)　故意免責の趣旨と故意の意義　　故意免責が認められる趣旨については，これまで主として損害保険契約に関して議論されてきており，故意によって招致された事故についても損害てん補を行うのは公益に反すること17)，と

---

14)　同旨，甘利公人「生命保険契約における免責事由」同・生命保険契約法の基礎理論59頁（2007）。なお，自殺免責期間経過後の自殺について，保険金額が巨額であるなどの事情から公序良俗違反による保険契約の無効を認めた事例として，大阪高判平成9年6月17日判時1625号107頁などがある。

15)　山下468頁。自殺免責経過後の自殺免責を認めた下級審裁判例に反対する見解として，山下友信〔判批〕保険レポ161号16頁（2001），中西正明「追加説明」保険レポ157号8頁（2000），甘利・前掲注14）51頁以下がある。なお，その後，被保険者が1年の自殺免責期間経過後に船からの飛込みにより行方不明となり，自殺と推認された事案について，保険金受取人に指定された子どもの母親が親しい関係にあった被保険者の自殺を誘発した諸事実，被保険者の自殺直後に被保険者の親族に対して被保険者の行方不明を利用して経済的利益を図る画策をした事実などから，保険金受取人の母親は犯罪行為に類する違法性の高い態様の行為をしていたもので，保険金の支払を認めれば保険金受取人ないしその母親に不当な利益を享受させることになり公序良俗に違反するおそれがあるとして，最高裁のいう特段の事情を認めたうえで，約款の自殺免責特約の適用を排除して，商法の自殺免責規定により保険者免責を認めた裁判例がある。東京地判平成16年9月6日判タ1167号263頁。

16)　山下470頁参照。

くに保険契約者が故意により保険事故を生じさせることは，射幸契約としての保険契約の当事者に要求される信義誠実の原則に反するとされてきた18)。故意による傷害または疾病の発生についても同様のことが言えよう。もっとも，故意免責の制度は，被保険者の故意による保険事故発生が著しく高度な危険であり，通常保険者が引受けを欲しないことから，保険者のてん補範囲から除外するためのものであるとする見解（危険除斥説）も有力であり，この立場によれば，故意に関する法定免責規定は任意規定であり，これと異なる約定も許されることとなる19)。

故意免責にいう故意には，いわゆる確定的故意のほか，未必の故意も含まれるかについては議論があり，判例および学説の多くは，結果発生の可能性を認識しこれを認容した場合に故意が認められるとする刑法上の認容説の立場から，未必の故意も故意免責における故意に該当するとの立場を採っている20)。こ

---

17) 大森147頁，西島249頁，石田194頁，田辺113頁，山下369頁。
18) 大森147頁，田辺113頁。故意の事故招致免責の趣旨について，詳しくは，竹濱修「保険事故招致免責規定の法的性質と第三者の保険事故招致(1)」立命館法学170号514頁以下（1983年），坂口光男「保険事故の招致と保険者免責」同・保険契約法の基本問題52頁（1996）以下参照。
19) 坂口・前掲注18) 56頁，竹濱修「保険事故招致免責規定の法的性質と第三者の保険事故招致（2・完）」立命館法学171号682頁（1983）。また，山本哲生「故意免責における故意について」保険学595号25頁以下（2006）は，故意免責の趣旨を公序良俗違反の場合とそうでない場合とを分けて考察し，後者の場合については，故意による結果発生という危険は引き受けないという保険引受けの見地から理解しているから，後者の側面では同じく危険除斥説の立場に立つものである。
20) 東京高判昭和63年2月24日判時1270号140頁，神戸地尼崎支判平成3年2月19日判時1414号106頁，東京地判平成13年7月31日交民集34巻4号982頁，石田満「自動車保険約款の保険事故招致免責条項にいう『故意』」ジュリ909号51頁（1988），倉澤康一郎〔判批〕保険海商百選27頁，落合誠一〔判批〕ジュリ1018号129頁（1993），江頭452頁注8，西島252頁。また，最判平成4年12月18日判時1446号147頁は，自動車保険の被保険者が，かねてから情交関係のあった女性と車両内で寝込んでいたところを女性の夫に発見され，その場から逃れようとしたが，進路前方に同人が両手を車両のフロントガラスに当て，身体を車体前部に接触させるなどして立ちふさがったため，そのまま車両を発進すれば車体を同人に衝突させて傷害を負わせる可能性が高いことを認識しながら，それもやむをえないと考え，その場を逃れたい気持ちからあえて車両を発進させ，同人に傷害を負わせた事案について，とくに未必の故意かどうかに触れることなく，本件事故による損害は，保険約款の免責条項に定める保険契約者・被保険者の故意によって生じた損害にあたり，保険会社は免責されると判示した。この判決については，故意には未必の故意も含まれることを明らかにしたものとの解釈が示されている。宮島司〔判批〕法教153号114頁（1993），野村修也〔判批〕民商109号2巻134頁（1993），江頭452頁注8。

れに対し，認容説は行為の主観的な非難可能性を認容という主観的状態においてみいだすための判断基準であり，結果発生の蓋然性が低くてもそれを認容しただけで足りるという考え方は故意免責については適切ではないとしたうえで，故意免責が認められるためには，結果発生の蓋然性が高いことを要し，そのことを認識していた限りで故意にあたるとすれば足り，未必の故意の概念を持ち出す必要はないとする見解も有力である21)。

　故意免責における故意行為は，通常は自傷行為のような作為を指すが，不作為も含まれる。また，被保険者が自ら直接に事故を招致した場合だけでなく，故意により第三者に事故を招致させた場合も含まれると解される22)。

　(イ)　故意の対象事実　　故意免責における故意の対象たる事実は何かという点については，これまで主として損害保険契約における故意の事故招致の場合をめぐって見解が激しく対立してきた。まず，改正前商法および保険約款上，保険契約者または被保険者の「故意によって生じた損害」が免責事由とされていたことから，故意の対象となる事実はあくまでも（故意によって発生した）損害それ自体であるとする見解（損害発生対象説）がある23)。最判平成5年3月30日民集47巻4号3262頁は，任意自動車対人賠償保険の被保険者が傷害の故意で自動車事故を起こした結果，被害者が死亡し，被保険者がそれによる損害賠償責任を負担した場合に，故意免責条項が適用されるかが争われた事案について，一般保険契約当事者の通常の意思に沿うこと，および契約当事者間の信義則または公序良俗に反しないことという理由で，傷害の故意しかなかったのに予期しなかった死亡の結果を生じた場合には，保険契約者または被保険者が自ら招致した保険事故として免責の効果が及ぶことはないと判示した。つまり，死亡についての故意がなかったから故意免責とはならないという立場であ

---

21)　山下友信「故意の保険事故招致免責規定と未必の故意」ジュリ854号73頁（1986），山下374頁，山本・前掲注19) 30頁。

22)　大森148頁，山下375頁。

23)　損害保険における例として，被保険者が倉庫を焼失させる目的で放火したが，延焼により同じく火災保険の目的物である母屋も焼失したような場合には，この見解によれば，故意免責が認められるのは倉庫分だけであり，母屋についての損害は故意免責の対象とならない（山下372頁参照）。傷害疾病定額保険についていえば，指を切断して傷害保険金を詐取しようとしたところ，破傷風により死亡したような場合には，この見解によれば，故意による死亡とはならず，傷害死亡保険金支払の対象となると思われる。

り，明らかに故意の対象となる事実を損害としてとらえるものであり，学説の中にも，このような判例の立場を支持する見解が多い[24]。この立場によれば，傷害疾病定額保険においては，死亡の原因となる「傷害または疾病」についての故意だけでは足りず，「死亡」についての故意が必要となる[25]。

また，故意により事故を招致しながら，保険契約を援用して保険給付を受けることを是認することは，行為の不法性に鑑がみ社会通念上妥当ではないという観点から，免責事由たる故意は，原因行為につき存在すれば足り，損害発生までの認識は必要でないという見解（原因行為対象説）がある[26]。

これに対し，原因行為対象説によると，仮に当該故意行為（原因行為）によって重傷ないし死亡の結果（損害発生）が生ずる蓋然性が極めて低いときであっても，原因行為につき故意があれば保険者が常に免責されるという結果となり，妥当ではなく，また，損害発生対象説によっても，死亡ないし重傷の結果が生ずる蓋然性のきわめて高い原因行為がなされても，原因行為に対しての故意があるものの発生した重大な結果に対する故意がない限り保険者は免責されないというのも，妥当ではないとして，両説の立場を批判したうえで，原因行為による損害発生の蓋然性を基準に判断し，損害発生についての極めて高度の蓋然性がある場合には，損害発生についての故意がなくても，原因行為に対する故意があれば免責されるが，このようなきわめて高度の蓋然性が認められない場合には，原因行為に対する故意があっても損害発生に対する故意がなければ免責されないとする見解がある[27]。

---

[24] 石田満「交通事故と保険法の交錯」不法行為法研究会編・交通事故賠償の新たな動向 479 頁（1996），石田 194 頁，山野嘉朗〔判批〕平成 5 年度重判解 119 頁（1994），甘利公人〔判批〕ジュリ 1083 号 103 頁（1996），竹濱修〔判批〕民商 110 巻 1 号 99 頁（1994）。また，山本哲生教授は，故意の趣旨を保険引受けの観点から考察し，故意の対象については，発生した損害のどこまでが免責の対象となるかという故意行為と発生した損害との因果関係の問題としてとらえ，故意の対象としては付保範囲内のなんらかの損害についての故意があればよく，そのような故意行為から損害が発生した場合は，当該行為と高度の蓋然性のある損害については保険者免責となる，と主張している。山本・前掲注 19）31 頁以下。

[25] 中間試案補足説明・立案 155 頁。

[26] 前掲注 20）の東京高判昭和 63 年 2 月 24 日（最高裁平成 5 年判決の原審判決）および神戸地尼崎支判平成 3 年 2 月 19 日，西島梅治「任意保険の各種免責条項の問題点」塩崎勤編・交通損害労働災害（現代民事裁判の課題 8）613 頁（1989），田辺康平〔判批〕リマークス 1993〔上〕122 頁（1993）。

[27] 落合・前掲注 20）130 頁，弥永真生「故意による事故招致免責条項に関する一考察」損保

このほか，故意免責における故意は保険事故の発生原因事実であり，保険事故の発生自体を故意の対象としてとらえれば足りるとする見解も有力である[28]。この立場によれば，たとえば，指を切断して傷害保険金を詐取しようとしたところ，破傷風により死亡したようなケースでは，指の切断による傷害は故意の対象となり，保険者免責となるが，破傷風による死亡が傷害死亡保険金支払の対象となるかどうかは，指の切断による傷害との間に相当因果関係が認められるか否かによって決められることになる。

(ウ) 重過失免責の趣旨　死亡保険契約では，重過失免責は認められていないが，傷害疾病定額保険契約では，被保険者等の重過失による保険事故招致も免責事由とされている。もっとも，生命保険契約に付帯する傷害保険である災害関係特約では，重過失免責が認められているのが通例である。

重過失免責は，通常，故意免責と並んで説明されることが多く，したがってその趣旨についても故意免責のそれとまったく同様のものだと理解されてきた[29]。しかし，故意による事故招致の場合と比べて，重過失の場合において保険契約者または被保険者に向けられる主観的非難可能性が明らかに低いのは事実であり，重過失によって招致された事故について損害てん補を行っても，それが公益に反するということは，通常は考えられにくい。実際に，損害保険約款では，法定の重過失免責を除外して，保険契約者または被保険者の重過失による事故招致についても保険者有責とするものが少なくない（傷害保険普通保険約款3条1項1号2号など）。したがって，重過失免責の趣旨に関しては，原則として，危険性の高い行為を保険保護の対象から除外するという保険者の保険引受けの問題としてとらえられるべきである[30]。

(エ) 重過失の意義　重過失免責における重過失をどのように解釈すべき

56巻1号28頁（1994年），大塚英明「故意による事故招致免責——いわゆる蓋然性説の理論的展開」判タ943号176頁（1997）。
28) 山下友信〔判批〕損害保険百選125頁，山下372頁。山下教授は，前記最高裁平成5年判決に対し，この判決は故意免責の意味を誤解したもので，故意の対象を保険事故と見れば，この事案では保険事故は被害者に対して損害賠償責任を負うことであり，被保険者は故意に車を急発進させていたから故意免責を認めてよいが，死亡という結果による損害についてまで免責の効果が及ぶかについては，相当因果関係により判断されればよいと批判している。山下373頁。
29) 大森147頁，西島249頁，石田194頁。
30) 古瀬村邦夫「生命保険契約における傷害特約」ジュリ769号145頁（1982），久保田光昭〔判批〕ジュリ1036号125頁（1993），山下367頁参照。

かは，甚だ困難な問題である。一般民事法（失火責任法等）上の重過失の意義に関しては，大審院および最高裁は，これを厳格に解釈し，ほとんど故意に近い著しい注意欠如の状態としてとらえてきた[31]。このため，重過失の意義を厳格にとらえる判例の立場は，すでに確立されているとの評価もみられる[32]。このような判例の流れを受けて，損害保険契約（火災保険や動産総合保険等）に関する事例において，改正前商法641条および各種の損害保険約款上の重過失の意義についても，ほぼ同様の解釈を示す下級審裁判例が多かった[33]。

　学説においても，重過失の意義を厳格にとらえる見解が多い。この立場をとる学説の特徴としては，個別の事案において，保険者が故意による事故招致を立証するのが困難であることから，いわば保険者による（故意の）立証の困難を救済するために，重過失を故意の代替概念としてとらえている点である[34]。しかしこれに対し，改正前商法641条および各種の損害保険約款上の重過失免責が現実には故意免責を補完する役割を果たしている面があることを認めながらも，重過失の意義については，ほとんど故意に近い不注意と解する必要はなく，一般人を基準とすれば甚だしい不注意であれば足り，故意が高度に疑われる場合に限り重過失免責を適用するというような限定的解釈をすべきではない，と主張する見解も有力である[35]。

　一方，共済契約の災害関係特約における重過失の意義については，最判昭和

---

31) 大判大正2年12月20日民録19輯1036頁，最判昭和32年7月9日民集11巻7号1203頁，最判昭和51年3月19日民集30巻2号128頁。これらの判決については，加藤修〔判批〕海事判例百選〔増補版〕172頁（1972），谷川久〔判批〕保険・海商百選〔初版〕206頁（1977），石本雅男〔判批〕民商37巻1号70頁（1958年），野上鉄夫〔判批〕判例評論211号（判時819号）147頁（1976），原茂太一〔判批〕金判506号2頁（1977）。

32) 伊藤瑩子〔判解〕最判解民昭和57年度636頁。

33) 東京地判平成15年6月23日判タ1141号227頁，大阪高判平成元年12月26日判タ725号210頁，東京高判平成4年12月25日判時1450号139頁，東京地判平成7年8月28日判タ91号206頁，東京高判平成10年4月23日判タ1032号267頁，大阪高判平成14年12月26日判時1841号151頁など。

34) 田辺113頁，石田194頁，江頭450頁，戸出正夫「商法第641条所定の重過失の意義」石田満還暦・商法・保険法の現代的課題304頁（1992），倉澤康一郎〔判批〕損保百選〔初版〕157頁，山野嘉朗〔判批〕判タ729号35頁（1990），黒沼悦郎「保険事故の招致と保険者の免責」田中誠二監修・損害保険の法律問題（金判933号）69頁（1994）。

35) 山下368頁，中西正明〔判批〕判例評論387号（判時1374号）200頁（1991），竹濱修「火災保険における被保険者の保険事故招致」民商114巻4＝5号678頁（1996），同〔判批〕商事1323号27頁（1993），石原全〔判批〕判例評論418号（判時1470号）217頁（1994）。

57年7月15日民集36巻6号1188頁は,「損害保険給付についての免責事由を定める商法641条及び829条にいう『重大な過失』と同趣旨のものと解すべき」であるとしたうえで,夜間飲酒酩酊のうえ車の運転を開始し,屈曲した道路を前方注意義務を怠ったまま制限速度を30キロメートル以上超える高速度で運転し,道路右側に駐車中の車に衝突して死亡した被共済者は,「極めて悪質重大な法令違背及び無謀操縦の行為によって自ら事故を招致したものというべきであ」り,「本件共済契約における免責事由である『重大な過失』に該当する」と判示した36)。同判決の原審は,改正前商法641条の重過失に該当するか否かは,「被保険者と同種の職業地位にある者に課せられる注意義務の程度,当該人が右注意義務を怠った程度,これに対し向けられるべき社会的非難の程度,等を考え合せて,同事故に対し保険給付をなすことが保険団体に対する信義に反し,公序良俗に反するか否かにてらし決すべきものであり,故意に近似する注意欠如の状態である必要は必ずしもな」く,共済契約における重過失免責条項の解釈もこれと同様に考えてよいと判示していることから,原審を維持した本件最高裁判決も,この原審における重過失に関する前記解釈を是認し,本件約款にいう重過失の適用はほとんど故意のようにみえるが主観的意図ありと断定しがたい場合に故意の代替概念として使用されるような場合に限るという考え方を排斥したもの,と理解する学説がある37)。もしこのような理解が正しいとすれば,この最高裁判決は,一般民事法上の重過失概念を厳格にとらえてきた判例の流れとは逆に,重過失の概念についての弾力的な解釈に途を開いたことになる。しかし,注意すべきなのは,この最高裁昭和57判決が事例判例とされたため,改正前商法641条ないし約款上の免責事由たる重大な過失の意義について,その具体的な解釈を示しておらず,たんに,共済契約における免責事由たる重大な過失が改正前商法641条と同趣旨のものであること,また原審で認定された事実に対する法的評価として,被共済者に重大な過失があったことを認めたにすぎないという点である。すなわち,この最高裁判決も,

---

36) 江頭憲治郎〔判批〕法協101巻6号976頁(1984),吉川栄一〔判批〕民商88巻4号518頁(1983),近藤光男〔判批〕保険海商百選124頁,青谷和夫〔判批〕判例評論298号(判時1091号)205頁(1983),古瀬村邦夫〔判批〕保険レポ5号3頁(1984)。
37) 江頭・前掲注36)977頁,近藤・前掲注36)125頁。

本件のような限りなく故意の事故招致に近い事案について重過失の成立を認めたものにすぎず，重過失の意義に関しては従来の判例の解釈を変更したと評価することは必ずしも妥当ではないように思われる[38]。

その後の下級審裁判例は，生命保険または共済契約の災害関係特約における重過失を改正前商法641条後段にいう重大な過失と同趣旨のものとして位置づけたうえで，厳格な解釈を示すものが多いものの[39]，たんに「注意義務違反の程度が顕著であるもの」，または「通常の過失に比べ注意を著しく欠くこと」と解して，保険事故発生時の具体的な諸事情から保険契約者または被保険者の重過失を積極的に認定する裁判例も少なからずある[40]。

しかし，前述のように，重過失をほとんど故意に近い著しい注意欠如の状態としてとらえるのは，一般民事法上の重過失概念に関する判例の立場であり，保険法のもとでは，傷害疾病保険契約の重過失免責における重過失についても同様に解釈するのが妥当である[41]。

(オ) 重過失免責制度のあり方　保険法80条1号は，被保険者の重過失による給付事由の招致を保険者免責として定めているが，重過失による保険事故招致の場合について，故意の場合と同様の保険者全部免責の効果を認めてよいかは，疑問もありうる。故意は，「結果が発生すべきことを認識しながらそれを容認してある行為をするという心理状態」または「損害を加えようとする意思」であるから，それに向けられるべき社会的非難は著しく高い（規範的な判断としても著しく高くすべき）ものであるのに対し，重過失は，これを「注意義務の著しい懈怠」としてとらえるにせよ，「意思の緊張の欠如による予見義

---

38) 伊藤・前掲注32) 639頁，古瀬村・前掲注36) 3頁，中西正明「生命保険契約の災害関係特約における重過失」保険学538号13頁 (1992)。

39) 大阪地判平成元年3月15日判時1328号111頁，京都地判平成元年6月28日生判6巻39頁，大阪高判平成元年12月26日判タ725号210頁，大阪高判平成4年6月19日生判7巻90頁，仙台地判平成5年5月11日判時1498号125頁，京都地判平成9年1月24日生判9巻41頁，大阪高判平成9年10月24日生判9巻448頁，名古屋地判平成14年10月25日交民集35巻5号1408頁など。

40) 大阪高判平成2年1月17日判時1361号128頁，福岡地判平成6年6月15日生判7巻370頁，東京高判平成8年9月11日生判8巻628頁，広島高判平成10年3月17日生判10巻121頁，仙台高判平成10年10月20日生判10巻401頁，福岡高判平成10年10月23日生判10巻403頁，札幌高判平成16年12月22日交民集37巻6号1567頁，広島高判平成17年1月25日判例集未登載（安東宏三〔判批〕保険レポ205号1頁参照）など。

41) 竹濱修「生命保険契約および傷害疾病保険契約特有の事項」ジュリ1364号48頁 (2008)。

務の懈怠」としてとらえるにせよ，その社会的非難の可能性が相対的に低い（規範的な判断としても低くすべき）ものであることは明らかである。重過失は，故意と性質を同じくし，故意に近いものであるが，加害の意思，すなわち保険事故を招致して保険金を取得しようとする意思がないという点で，故意による事故招致の場合とは異なる。それにも関わらず，この両者について全く同一の保険者の全部免責という制裁的効果を認めるのは，妥当性を欠くように思われる。実際にも，軽過失による事故招致の場合について保険者に全部の支払義務を負わせる一方，重過失による保険事故招致の場合については保険者の保険金支払責任をゼロとするようなオール・オア・ナッシング的な処理は，具体的な事案の処理においても甚だバランスを欠く結果となることが多い。したがって，実務的にはその判断基準の明確性や客観性について疑問がありうるが，立法論としては，スイス保険契約法14条やドイツ保険契約法81条のように，過失の程度に応じた割合で保険金を削減するという割合的削減原則を導入したほうが妥当である42)。

(カ) **故意・重過失の立証責任** 傷害疾病定額保険における故意・重過失免責の立証責任の所在が問題となる。これまで，損害保険会社の傷害保険および生命保険会社の災害関係特約における故意の事故招致の立証責任をめぐっては，判例および学説上，見解が激しく対立してきた。多くの下級審裁判例は，保険金支払事由を定めた傷害保険約款または災害関係特約の規定を権利根拠規定と位置づけ，保険金請求権を主張する者がこれらの約款規定における要件事実を立証する責任を負うとの解釈のもとで，保険金請求者が事故の非故意性＝偶然性の立証責任を負うとの立場を採っていた43)。これらの裁判例の中には，

---

42) 重過失による事故招致について，スイス保険契約法14条2項は，「保険契約者または保険金請求権者が重大な過失により保険事故を招致した場合には，保険者は過失の程度に応じた割合で其の給付を削減することができる」と定めており，またドイツ保険契約法81条2項も，「保険契約者が重大な過失により保険事故を生じさせたときは，保険者はその給付を保険契約者の過責の重大性に応じた割合で縮減することができる」（訳文については，独保険契約法（訳）33頁参照）と定めて，割合的削減原則を採用している。詳しくは，潘阿憲「重過失による保険事故招致と保険者免責の再検討(2・完)」都法48巻1号101頁以下参照（2007）。

43) 大阪高判昭和58年10月28日生判第3巻403頁，東京地判平成3年7月4日判時1409号115頁，東京地判平成4年5月24日生判第7巻83頁，東京高判平成4年10月27日生判第7巻182頁，福井地武生支判平成5年1月22日判タ822号261頁，仙台高判平成6年3月28日判タ878号274頁，山口地徳山支判平成8年9月27日判タ929号256頁，長野地伊那支判平

生命保険会社の災害関係特約に関して，事故の偶然性，すなわち事故の発生が被保険者の故意によるものでないことを請求原因事実と位置づけ，これについての主張・立証責任を保険金請求者に課す一方，重過失の存在を保険者の抗弁事由として扱うというように，約款上並列的に列挙されている故意・重過失という2つの免責事由を分離して考え，その立証責任をそれぞれ保険金請求者と保険者に配分するという立場をとるものもあった[44]。これに対し，一部の裁判例は，被保険者の故意による事故招致を保険者の免責事由として定めている約款の免責規定を重視し，保険事故が被保険者の故意によるものであることを保険者の抗弁事由として扱うべきであるとの見解を示していた[45]。

　学説においては，傷害保険では，被保険者の身体の損傷という事実それ自体が保険事故ではなく，「急激かつ偶然な外来の出来事による」身体の損傷が保険事故であるから，保険金請求権を主張する側において，その身体損傷の原因を立証する必要があること，偶然性＝非故意性は傷害にとって概念本質的な要求であるから，故意によらないことは保険金を請求する者が立証すべき消極的要件であることを理由に，保険金請求者が事故の偶然性についての立証責任を負うと主張する見解が多い[46]。ただ，自殺といった自傷行為は，被保険者の内心の意思に関わるものであり，被保険者の故意によらないことの立証がきわめて困難であることを考慮して，この主観的要件に関する立証は必ずしも厳格に要求されるものではなく，周囲の状況からする判断による一応の証明ないし表見証明で足りるとする見解もある[47]。これに対し，保険金請求者に被保険者の故意でないことの立証責任を課すと，原因不明の事故の場合における保険

　　　成8年11月11日判タ946号259頁，福岡高判平成10年1月22日判時1670号81頁など。
44)　前掲東京地判平成3年7月4日，仙台地判平成4年8月20日判時1455号155頁，仙台高判平成6年3月28日前掲注43)。
45)　神戸地判平成8年8月26日判タ934号275頁，神戸地判平成8年7月18日判時1586号136頁，広島高裁松江支判平成3年12月13日生判6巻447頁。
46)　大森忠夫「商法における傷害保険契約の地位」保険契約法の研究119頁（1969），石田349頁，石田満「傷害保険契約における立証責任」同・保険契約法の論理と現実300頁（1995），江頭416頁，古瀬村・前掲注30）144頁，山下丈「傷害保険契約における傷害概念(2・完)」民商75巻6号900頁（1977），潘阿憲「傷害保険および生命保険の災害関係特約における偶然性の立証責任」文研124号250頁（1998），笹本幸祐「人保険における自殺免責条項と証明責任(4・完)」文研131号144頁（2000）。
47)　大森・前掲注46）120頁注3，石田349頁注2，古瀬村・前掲注30）144頁。なお，横田尚昌「傷害保険金請求における事故の偶然性の証明」生保156号159頁（2006）。

金請求が著しく困難になり，保険金請求者に厳しい結果をもたらすこと，傷害保険約款では被保険者の故意が保険者免責事由として掲げられており，免責事由の存在は保険者が立証すべきものであることなどを理由に，事故が偶然でないこと（故意）の立証責任は保険者が負担すべきだとする見解も有力に主張されている[48]。

このように下級審裁判例および学説の見解が対立していた中で，最判平成13年4月20日民集55巻3号682頁は，被保険者が建物の屋上から転落し，脊髄損傷等により死亡したとして，保険金受取人が生命保険の災害関係特約に基づく災害死亡保険金を求めた事案について，「本件約款に基づき，保険者に対して災害割増特約における災害死亡保険金の支払を請求する者は，発生した事故が偶発的な事故であることについて主張，立証すべき責任を負うものと解するのが相当である」と判示した。その理由として，最高裁は，①発生した事故が偶発的な事故であることが保険金請求権の成立要件であること，②このように解さなければ，保険金の不正請求が容易となるおそれが増大する結果，保険制度の健全性を阻害し，ひいては誠実な保険加入者の利益を損なうおそれがあることの2点をあげ，約款の故意免責規定については，それは災害死亡保険金が支払われない場合を確認的注意的に規定したものにとどまり，被保険者の故意により災害死亡保険金の支払事由に該当したことの主張立証責任を保険者に負わせたものではないと判断した[49]。

また，損害保険会社の傷害保険契約における偶然性の立証責任についても，最判平成13年4月20日判時1751号171頁は，前記とまったく同様の解釈を示した[50]。このように，傷害保険および生命保険会社の災害関係特約におけ

---

[48] 中西正明「生命保険契約の傷害特約概説」同・傷害保険契約の法理72頁（1992），同〔判批〕判例評論414号（判時1458号）65頁（1993），同〔判批〕保険レポ113号5頁（1996），山下友信〔判批〕ジュリ1044号134頁（1994），竹濵・前掲注13) 1089頁，山野嘉朗〔判批〕判例評論462号（判時1603号）41頁（1997），同・前掲注10) 290頁，小林俊明〔判批〕ジュリ1090号162頁（1996）。

[49] 本件については，木下孝治〔判批〕平成13年重判解107頁（2002），甘利公人〔判批〕判例評論518号（判時1773号）197頁（2002），榊素寛〔判批〕商事1708号41頁（2004），竹濵修〔判批〕リマークス25〈2002下〉106頁（2002），堀田佳文〔判批〕法協119巻12号2533頁（2002）。

[50] 本件については，甘利公人〔判批〕法教254号113頁（2001），福田弥夫〔判批〕損保63巻4号281頁（2002）。

る偶然性（故意によらない事故）の立証責任は保険金請求者側が負うという判例の準則が確立されたということができるが，学説においては，このような立場に対し批判的な見解がなお少なくない51)。

　保険法では，傷害保険における傷害の概念に関して，偶然性の要件を掲げた定義規定は設けられておらず，また保険法80条により故意・重過失による事故招致が免責事由とされていることから，立証責任に関するいわゆる法律要件分類説により，被保険者が故意または重過失により保険事故（給付事由）を生じさせたことの立証責任は，免責を主張する保険者が負うことになると考えられる52)。保険法の見直しに関する中間試案では，保険契約者，被保険者および保険金受取人の故意・重過失による保険事故の発生を免責事由とする規定の新設を提案し，同試案の補足説明では，現行の傷害保険契約約款の中に「偶然の事故であること」を明示的に保険金の支払事由とせず，被保険者の故意による事故であることを保険者の免責事由としているものもあることから（損害保険会社の交通事故傷害保険契約，ファミリー交通傷害保険契約，生命保険会社の入院特約等），「故意によらないこと」がすべての傷害保険契約における「傷害」の本質的内容であるといえるのか疑問もあるとしたうえで，「傷害」を故意によらないものに限定しないで，被保険者の故意を免責事由として掲げ，これにより保険法の規律として，保険者が被保険者の故意による事故招致であることの立証責任を負うことになると考えられる，と説明していた53)。

　保険法の規定は，中間試案の規定と文言上若干の違いが見られるが，その趣旨が変更されていないとすれば，保険法のもとでは，傷害保険の保険事故である傷害には，故意によらないものも含まれ，被保険者の故意による事故招致についての立証責任は保険者が負うことになり，保険金請求者側に立証責任があ

---

51) 山野・前掲注10）286頁以下，小林登〔判批〕保険レポ176号1頁（2003），岡田豊基「傷害保険契約における立証責任」損保65巻1＝2号335頁（2003），木下孝治〔判批〕保険レポ222号15頁（2008）。

52) 一問一答194頁，竹濵・前掲注41）48頁。また，保険法の規定は，偶然性要件のない傷害保険契約について故意免責により非故意性の立証責任を保険者に課しているという解釈もある（佐野誠「新保険法における傷害保険約款規定」生保166号7頁（2009））。ただ，実務では，一般的な傷害保険（普通傷害保険）である偶然性要件のある傷害保険が多くのウェートを占めていることは明らかであり，保険法の規定がこのような一般的な傷害保険を規制対象から排除しているとは考えられにくい。

53) 中間試案補足説明・立案154頁。

るとする前記最高裁判例は、保険法の下では、もはや効力を有しないようにも思われる[54]。しかし、中間試案の補足説明では、同時に、前記最高裁平成13年判決を挙げたうえで、保険者免責規定を任意規定とする場合には、これに反する約定が直ちに無効となるわけではないため、立証責任の所在については個々の契約の約款の解釈に委ねられることになる、と指摘していた。また、立法担当官も、保険者免責の規定は任意規定であり、また一般に証明責任を誰が負うかは、個別の契約の定め方によっても異なるから、個々の保険契約で被保険者の故意についての証明責任を保険者と保険金受取人のどちらが負うことになるかは、保険法の規定を踏まえつつ、約款の規定の解釈の中で判断されることになる、との見解を示している[55]。保険法80条の法定免責規定は、任意規定とされているから、前記中間試案の補足説明や立法担当官の説明を前提に考えれば、保険者は、傷害保険約款で、この偶然性を含む3要件の傷害事故の概念を定めることにより、偶然性＝非故意性の立証責任を保険金請求者に負わせることができるものと考えられる。

もっとも、この点については、立証責任を事業者側から消費者側に転換する約定は、消費者契約法10条により無効となる場合もありうるとの指摘がなされている[56]。しかし、傷害事故の偶然性の立証責任が保険金請求者側に課さ

---

[54] 保険法の審議過程において、法律の規定として被保険者の故意を免責事由とする規定が設けられれば、少なくとも前記最高裁判例は維持できないのではないかとの意見があった（一問一答195頁参照）。また、山下友信教授は、保険法に故意免責規定が置かれたことは、保険法の下での最判平成13年4月20日の判例としての意義に疑問を持たせるに十分であり、なぜなら判例で免責規定が無意味であるとされたのが理論的に正しいという理解であれば、保険法で故意免責規定を設けることはありえないからである、と指摘している（山下友信「保険法と判例法理への影響」自由と正義60巻1号34頁（2009））。同じく、保険法の下での判例としての意義を否定する見解として、土岐孝宏「傷害保険契約における偶然性の立証責任分配に関する将来展望——法制審議会保険法部会・保険法の見直しに関する中間試案を踏まえて」損保69巻4号35頁以下（2008）があり、また、神谷高保「保険事故の偶発性の立証責任（2・完）」民商140巻2号183頁以下（2009）は、保険法の制定によって平成13年最判の準則を変更する旨の立法者意思は存在していないが、故意の不存在証明の過酷などの実質的理由から平成13年最判は変更されるべきであり、法律構成としては、保険法80条の故意免責規定の新設により平成13年最判の準則が妥当する前提が大きく変化したため、保険法施行後は平成13年最判の準則が保険法によって変更されたと解することができ、またそのように解釈しなければならないと主張している。

[55] 一問一答194頁。

[56] 萩本修ほか「保険法の解説(5・完)」NBL 888号39頁注47（2008）、竹濱・前掲注41）48頁。

れることは，約款における傷害保険の保険事故概念の定立に伴い，不可避的に発生してくるものである。すなわち，一般的な傷害保険（普通傷害保険）の保険事故は，急激かつ偶然の外来の事故（傷害事故）によって被保険者の身体に傷害を被ることであるから，一般的な傷害保険にとって偶然性の要件は，外来性および急激性の要件とともに，傷害事故の概念を構成する必要不可欠の要素である。傷害保険の本質は，われわれ人間が日常遭遇しうるあらゆる事故のうち，その発生により被保険者の身体に傷害を生じさせるもののみを保険の対象とするものであるが，被保険者の身体に傷害を生じさせる事故にもいろいろな種類や程度のものがあることから，保険者は，その担保範囲を明確にするために，急激性，偶然性および外来性の3要件を満たした事故のみを保険事故たる傷害の原因事故（傷害事故）として定め，それによって生ずる傷害を保険保護の対象とするのである。そして，約款上，このような保険事故の概念が定められた場合には，まさに前記最高裁平成13年判決が理由の1つとして述べているように，それは保険金請求権の成立要件となることから，保険金請求権者がこの偶然性の立証責任を負わなければならないのである。

　前記中間試案では，交通事故傷害保険やファミリー交通傷害保険などを例にあげ，偶然性の要件を要しない傷害保険があることを強調しているが，一般的な傷害保険（普通傷害保険）の本質が急激かつ偶然の外来事故の発生による人身傷害を担保するものであることを見逃してはならない。交通事故傷害保険などにおいて「急激かつ偶然な外来の事故」という一般的な傷害事故の概念が定められていないのは，一般的な傷害保険と異なり，交通事故傷害保険やファミリー交通傷害保険はすべての急激かつ偶然の外来事故を担保範囲とするのではなく，主として交通事故といった特定の偶発的な事故による人身傷害を担保するものであるため，あえて「急激かつ偶然な外来事故」という一般的な傷害事故の概念を定める必要がないからである。現に，同じ交通事故傷害保険およびファミリー交通傷害保険においても，交通事故以外の不特定多数の偶発的事故を担保範囲として定める場合には，やはり「急激かつ偶然な外来の事故」という概念が用いられているのである（交通事故傷害保険普通保険約款およびファミリー交通傷害保険普通保険約款1条1項2号は，「運行中の交通乗用具の正規の搭乗装置もしくは当該装置のある室内に搭乗している被保険者または乗客として改札口を有する

第 3 節　保 険 給 付　　　　　　　　　　　　　　§51・§80　III

交通乗用具の乗降場構内にいる被保険者が，急激かつ偶然な外来の事故によって被った傷害」に対して保険金を支払う，と定めている）。したがって，交通事故傷害保険などの特定の傷害保険において，偶然性を含んだ3要件の傷害事故概念が定められていないからといって，偶然性の要素が普通傷害保険における傷害の本質的な内容であることを否定することはできず，前記中間試案のような見解は，結局，傷害保険には，不特定多数の外来の事故を対象とするためにその担保範囲を限定する必要性から，偶然性を含んだ3要素を構成要件とする傷害事故の概念を明確にしなければならない一般的な傷害保険と，一定の偶発的事故のみを担保するために偶然性の要件を含んだ傷害事故の概念を必要としない特定の傷害保険とがあることを正確に区別していなかったことが分かる[57]）。

---

[57]　中間試案の立場を積極的に評価する見解もあるが（土岐・前掲注54）45頁），普通傷害保険の本質についての理解が疑問である。この点で参考となるのは，ドイツ保険契約法における傷害概念の規定である。旧ドイツ保険契約法には，傷害保険における傷害の概念についての規定はなかったが，傷害の発生という概念が保険金請求権の本質的な要件であるにも関わらず，法律自体にその手当てがなされておらず，もっぱら民間傷害保険の普通保険約款に委ねるのは，傷害保険が広く普及し，その約款の解釈・適用をめぐって繰り返し裁判に登場する今日の状況には相応しくないという理由で，また同時に，商品開発を妨げないために傷害保険に関する特定の定義が固定的に定められるべきではないが，顧客の理解を容易にするために，付保リスクの中心部分，すなわち傷害の発生という概念を普通傷害保険約款および判例で適用されている傷害概念と一致させるという前提で，次のような傷害の定義規定が提案され，採用された（新井新司＝金岡京子共訳・「新保険契約法のための提案」ドイツ保険契約法改正専門委員会最終報告書（2004）（訳）108頁（2006））。これは，すなわちドイツ新保険契約法178条の規定であり，同条1項は，「傷害保険において，保険者は，被保険者の傷害のとき，または契約上被保険者の傷害と同様であるとされる事故があったときに，合意された給付を提供する義務を負う」と定めて，傷害保険契約における保険者の本質的義務を明らかにするとともに，同2項は，「被保険者が，急激に外来から被保険者の身体に作用した事故により，非自発的に健康障害を被ったときに，傷害が発生する。非自発性は，その反証がなされるまで推定される」と定め，傷害の概念を定義したうえで，偶然性の立証責任を定めている（独保険契約法（訳））497頁）。ドイツ新保険契約法によって初めて，「非自発的」（すなわち偶然性）の要件を含んだ3要件の傷害概念が法律上定められたわけである。この規定に定められている傷害の概念は，普通保険約款およびこれまでの判例で適用されている概念と同一のものであると明確に指摘されているように，非自発性＝偶然性という要件は，ドイツの普通傷害保険における傷害の本質的な内容となっているのである。仮にそれが非本質的なもので，あってもなくても構わないものであれば，あえて立法によりこの要件を取り込んだうえで，さらに，「非自発性はその反証がなされるまで推定される」という規定をわざわざ設けて，この偶然性の立証責任を保険者に転換させる立法をする必要があったのであろうか。
　もっとも，ドイツ保険契約法の傷害概念規定も，普通傷害保険約款および個々の保険契約において具体的な危険除外条項を定めることを排除するものではないから（独保険契約法（訳）498頁），わが国の交通事故傷害保険のように，一定の偶発的事故を担保する特定の傷害保険

たしかに，損害保険においては，保険事故（たとえば火災事故）の概念の中に偶然性の要素は含まれていないが，これは，損害保険における偶然性（改正前商法629条の「偶然ナル一定ノ事故」）は，専ら保険契約成立時に保険事故の発生・不発生が不確定であることを意味しているからであり58)，したがって，保険金請求者は火災などの事故の発生による損害を立証すれば足り，事故の発生が偶然のものであることを立証する必要はなく，故意の事故招致の立証責任は保険者が負うのである59)。これに対し，一般的な傷害保険においては，偶然性という要素は，保険事故である傷害の本質的内容となっていることから，その立証責任は，約款上，偶然性の要素を含めた3要件の傷害事故概念の定立によって保険金請求者側に課されることとなり，傷害疾病定額保険契約における故意免責に関する本条の規定（80条1号）は，普通傷害保険に関する限りにおいて，確認的規定だと解さざるをえない60)。したがって，偶然性を要素と

において偶然性の要件を定立しないことも可能である。そして，この種の傷害保険の保険約款上，「急激かつ偶然な外来事故」という一般的な傷害事故の概念が定められていない場合には，偶然性は保険金請求権の成立要件ではないため，保険金請求者はこれを立証する必要はなく，保険者は故意免責規定にいう故意の存在を立証するということになるが，一般的な傷害事故概念を定立するか否かは，当然ながら，保険者の商品開発と営業政策の問題である。

58) 大森61頁，西島63頁，石田98頁，山下355頁，最判平成18年6月1日民集60巻5号1887頁（車両保険），最判平成18年6月6日判時1943号11頁（車両保険），最判平成18年9月14日判時1948号164頁（テナント総合保険），最判平成19年4月17日民集61巻3号1026頁（車両保険），最判平成19年4月23日判時1970号106頁（車両保険）。

59) 最判平成16年12月13日民集58巻9号2419頁（店舗総合保険），最判平成18年6月1日，前掲注58）最判平成18年6月6日前掲注58），最判平成18年9月14日前掲注58）。山野・前掲注10）323頁以下，神谷高保「保険事故の偶発性の立証責任(1)」民商140巻1号4頁以下（2009）参照。

60) 保険法80条の規定は，傷害疾病定額保険に関する規定であるから，一般的な傷害保険にとっては同条1号の規定は確認的な規定にすぎないが，交通事故傷害保険などのように約款上偶然性の要件を含んだ傷害事故の概念が定められていない傷害保険や疾病保険にとっては，まさに本来の意味での免責規定であることは，いうまでもない。したがって，一般的な傷害保険に関して同条1号の規定を確認的な規定と解釈したとしても，同規定の存在意義が失われることは，決してない。なお，ドイツでは，1967年改正前の保険契約法181条1項1文は，被保険者の故意による傷害を免責事由として定めていたが，ドイツの普通保険約款において偶然性を含めた3要件の傷害の概念規定が定められており，学説・判例上，偶然性の要件は保険金請求権の成立要件であり，その立証責任は保険金請求権者が負うとする解釈が確立されていたことから，同年の法改正で，被保険者の故意免責に関する保険契約法181条1項1文の規定は確認的な規定に過ぎずその存在意義を失ったとして，これを削除すると同時に，保険金請求権者を救済するために新たに180ａの規定（ドイツ新保険契約法178条2項2文）を新設し，偶然性の立証責任を保険者に転換させたという経緯がある。潘・前掲注46）238頁以下参照。

する傷害事故の定義規定が置かれる傷害保険約款や生命保険の災害関係特約を前提とする限りでは61),前記最高裁平成13年判決は依然妥当すると解釈することもできると考えられる62)。もっとも,このように考えると,一般的な傷害保険の保険金請求権者(保険金受取人)が他の保険契約における保険金請求権者よりも不利な立場に置かれることとなることはたしかであるが,それは普通傷害保険の担保範囲の限定に伴うものであり,その内容が著しい不当なものとはいえず,消費者契約法上の不当条項規制の対象となることは考えられにくい63)。もちろん,このような保険金請求権者の不利益を救済するためには,ドイツ新保険契約法178条2項のように,傷害事故の非自発性=偶然性が保険者によって立証されるまで存在するものと推定することによって,その立証責任を保険者に転換させるような立法措置を図ることが望まれる64)。

3 保険契約者・保険金受取人による被保険者故殺(51条2号・3号),保険契約者・保険金受取人の故意または重過失による給付事由の発生(80条2号・3号)

(1) 保険契約者による故殺等　　死亡保険契約において保険契約者が故意に被保険者を殺害した場合(51条2号),また定額傷害疾病保険契約において保

---

61) もっとも,傷害保険における偶然性は非故意性の意味であり,損害保険における偶然性の意味とは異なることから,約款規定の明確化のために,偶然性という抽象的な用語を非故意性を明確にする表現に改めるのが望ましいという見解がある。佐野・前掲注52) 8頁。
62) もっとも,最高裁平成13年判決は,偶然性の立証責任を保険金請求者側に課したもう1つの理由として,保険金の不正請求というモラル・リスクの防止という点をあげ,この点をかなり重視しているが,火災保険など他の保険契約においてもモラル・リスクの問題があるから,これを根拠とすることには甚だ説得力を欠く。この最判平成13年判決が見直されるべきであるとの見解が主張されている根拠としても,同じく不正請求の弊害があるにも関わらず,損害保険契約に関する一連の最高裁判決が保険者に故意の事故招致の立証責任を負わせているのに,なぜ傷害保険についてのみ偶然性の立証責任を保険金請求権者に課すのか,その姿勢に一貫性が欠けているという点にある(山下・前掲注54) 35頁)。したがって,私見によれば,偶然性を含む3要件を構成要素とする傷害保険における保険事故の性質から説明すれば足りるというべきであり,従来の学説は,逆に,この点を軽視しすぎているようにも思われる。
63) 佐野誠教授は,偶然性を要件とする傷害保険契約を定める約款規定が消費者契約法10条によりその効力を否定されるかという問題について検討を行い,このような約款規定が信義則に反する程度までに消費者の利益を一方的に害しているとはいえないと結論づけている。佐野・前掲注52) 9頁以下。
64) 潘・前掲注46) 253頁以下参照。

険契約者が故意または重過失によって給付事由（傷害疾病による治療，死亡等）を生じさせた場合（80条2号）には，保険者は保険給付義務を免れる。その理由としては，保険契約者による被保険者故殺等は，保険契約上要求される信義誠実の原則に反するからである[65]。

被保険者が保険契約者または保険金受取人を兼ねる場合において，当該被保険者が自殺したとき，または故意・重過失により給付事由を発生させたときは，保険契約者または保険金受取人による故殺等ではなく，被保険者の自殺または故意・重過失による給付事由の発生として取り扱われる（51条2号かっこ書・3号かっこ書・80条2号かっこ書・3号かっこ書）。また，保険金受取人が保険契約者を兼ねる場合において被保険者を故殺し，または故意・重過失により給付事由を発生させたとき，または保険金受取人と保険契約者は別人であるが，両者が共謀して被保険者を故殺するなどのときには，保険契約者による被保険者の故殺または故意・重過失による給付事由の発生として取り扱われ，保険契約者による故殺等に関する規定（51条2号・80条2号）が優先的に適用される（51条3号かっこ書・80条3号かっこ書）。いずれも，後述の保険料積立金の払い戻しの問題に関わってくる。

(2) 保険金受取人による故殺等　死亡保険契約において保険金受取人が故意に被保険者を殺害した場合（51条3号），また定額傷害疾病保険契約において保険金受取人が故意または重過失によって給付事由（傷害疾病による治療，死亡等）を生じさせた場合（80条3号）には，保険者は保険給付義務を免れる。保険金受取人が被保険者を故殺するなどして保険金を取得するのは，公益に反するからである[66]。

---

[65]　大森293頁，西島365頁，石田335頁，江頭511頁，山下477頁，最判平成16年6月10日民集58巻5号1178頁。

[66]　大森292頁，西島364頁，石田333頁，江頭511頁，山下471頁，最判平成16年6月10日前掲注[65]。もっとも，このように判例・学説が保険契約者や保険金受取人の故意免責の根拠を公益や信義誠実の原則に求めることについては，信義則や公益ないし公序良俗の具体的な中身を明らかにしておらず，不明瞭であると批判したうえで，故意免責の根拠を反社会性を伴う場合とそれ以外の反社会性を伴わない場合とを区別し，故殺などの反社会性のもの（犯罪行為）については公益性の観点から免責が認められるのに対し，それ以外の反社会性を伴わないについては保険契約者の故意による事故招致は信義則，保険金受取人のそれは受益者としての権利濫用，被保険者の自殺は自殺の誘発防止と保険契約の不当利用の防止などから根拠づけるべきであると主張する見解がある。榊素寛「故殺・自殺・保険事故招致免責の法的根拠」江

被保険者の故殺により保険金を取得することが公益に反するため，被保険者殺害時に保険金受取人に保険金取得の意図がなかった場合にも，保険者は保険金支払の責任を免れる67)。もっとも，死亡保険契約において，保険者が免責となるのは，保険金受取人の故意による被保険者殺害の場合に限られ，過失で被保険者を死亡させた場合には免責とならないと解される68)。

改正前商法では，「保険金額ヲ受取ルヘキ者」の被保険者故殺を定めており，この「保険金額ヲ受取ルヘキ者」には，保険契約で保険金受取人として指定された者だけでなく，保険金請求権の相続，譲渡または質入れにより事実上保険金を受け取るべき地位にある者も含まれると解釈されていた69)。保険法では，明確に「保険金受取人」による被保険者故殺を免責事由として定めており，この「保険金受取人」とは，保険給付を受ける者として生命保険契約または傷害疾病定額保険契約で定めるものと定義づけられているから（2条5号），従来のような解釈はできなくなるが，保険金請求権を取得する質権者等による被保険者故殺の場合について保険者が免責されないのは不当であるから，これらの者については，保険法51条3号および保険法80条3号の類推適用を認めるべきであろう。

保険金受取人が数人あるときに，そのうちのある者が被保険者を殺害し，または故意もしくは重過失により給付事由を生じさせた場合には，保険者は，死亡保険金等のうち当該保険金受取人の受け取るべき部分については支払の責任を負わないが，他の者に対してはその残額を支払うことが必要である（51条柱書ただし書・80条柱書ただし書）。このような場合には，当該保険金受取人による保険金の取得を排除すれば，免責規定の趣旨が達せられるからである70)。

頭憲治郎還暦・企業法の理論(下)309頁（2007）。
67) 最判昭和42年1月31日民集21巻1号77頁，中西正明〔判批〕民商57巻2号255頁（1967），鴻常夫〔判批〕法協85巻2号237頁（1968），江頭511頁，山下472頁。ただし反対，西島梅治〔判批〕生命保険契約法の変容とその考察378頁（2001）。
68) 大森293頁，西島364頁，石田333頁，田辺・前掲注13) 110頁。
69) 大森293頁，西島364頁，石田333頁，田辺・前掲注13) 110頁，田辺251頁，山下471頁注58。
70) 保険金受取人AとBのうち，Aが被保険者を故殺した場合には，Aは保険者免責により保険金請求権を取得することができなかったが，Bが保険金請求権を取得した後に死亡し，AがBを相続した場合においては，AはBから相続した保険金請求権を行使できるかが争われた事例において，東京高判平成18年10月19日判タ1234号179頁は，「いったん発生した保

ただ，保険者が保険金額の残額ではなく，その全額をそれ以外の保険金受取人に支払う旨の特約も有効かについては議論があり，これを有効と解する見解が多いが，他の保険金受取人に保険金額の全額を支払うと，モラル・リスクを誘発しやすいとして，これを否定する見解もある[71]。

　保険金受取人による被保険者故殺の場合（とくに被保険者を巻き込んだ無理心中のようなケース）については，被保険者の遺族の保護という観点から，立法論としては，完全に保険者の免責を認めるのではなく，保険金受取人としての指定がなかったものとして扱うのが妥当だとする見解も多い[72]。これに対し，保険金受取人による被保険者故殺は，高度の反公益性および保険者に対する信義則違反性を有するから，保険金支払を認めるべきではないとして反対する見解も有力である[73]。近時の下級審裁判例にも，保険契約者兼被保険者が保険金受取人である配偶者によって殺害された事例について，この場合には保険会社は完全に免責されるとして，保険契約者の遺族からの保険金請求を認めなかったものがある[74]。

　保険法では，遺言による受取人変更が認められていることから（44条・73条），保険金受取人による故殺のケースが複雑となる可能性が出てくる。保険契約者兼被保険者Aが，遺言により保険金受取人をBからCに変更するケースで考えてみよう。まず，保険金受取人BがAを殺害したとする。この場合には，Aの死亡と同時に遺言の効力が発生し（民985条1項），BからCに受取

　　　険金請求権を相続した者が保険事故を招致した者であるときについて，本件保険約款は何らの規定も置かず，商法その他の法令においても特段の定めを置いていないから，本件保険約款の趣旨も含め，民法の一般条項に照らして，事故招致者において当該保険金請求権を行使することを妨げる特段の事情がない限り，上記の原則に従い，事故招致者であっても，いったん発生した保険金請求権を相続し，その行使又は処分をすることができ，また，保険金受取人の相続債権者あるいは事故招致者固有の債権者が保険金請求権を差し押さえることも可能であるというべきである」と判示した。被保険者の死亡によって保険金請求権を取得した後に死亡した保険金受取人の相続人が当該被保険者を殺害した者であった場合であっても，当該相続人は保険金受取人から保険金請求権を相続し，またこれを第三者に譲渡することができる，という立場である。小林道生〔判批〕保険レポ229号1頁（2008）参照。
71) 肯定説として，西島365頁，倉澤139頁，坂口330頁があり，否定説として，遠山優治「生命保険契約における保険者の免責」落合＝山下192頁。
72) 鴻常夫〔判批〕保険海商百選107頁，石田334頁，田辺・前掲注13）110頁，大澤康孝〔判批〕生保百選153頁。
73) 山下471頁。
74) 甲府地判平成17年6月3日判例集未登載（TKC法律情報データベース登載）。

人変更が行われるため,結果的にBは保険金受取人の地位を失い,保険金を自ら取得することはできないが,Aを殺害した時点においてBが保険金受取人の地位にあった以上,保険金受取人による故殺と解釈するほかないように思われる。もっとも,被保険者故殺により保険金を取得できるのは公益に反するから認められないが,このケースでは,Bが最終的に保険金を取得できない以上,Bによる故殺を保険金受取人による故殺としてとらえないこともできそうである。とくに保険金受取人に変更されたCが遺族である場合には,その生活保障等を考えると,この解釈のほうが実質的な妥当性を有するように思われる。つまり,保険法51条3号・80条3号にいう保険金受取人を被保険者の死亡により実際に保険金請求権を取得する者というように実質的に解釈して,BはAの死亡に伴う受取人変更により保険金受取人の地位を喪失するから,保険金受取人による故殺にあたらないと見るわけである。しかしながら,保険法の規定にいう保険金受取人は,「保険給付を受ける者として生命保険契約又は傷害疾病定額保険契約で定めるもの」であり(2条5号),形式的に保険金受取人か否かを判断せざるをえないから,当該保険契約でBが現に保険金受取人として定められていた以上,結果的に遺言による受取人変更により保険金請求権を取得できないからといって,A故殺との関係でBを保険金受取人として解釈しないというのは,やはり困難である。したがって,保険金受取人Bによる故殺として考えるほかない[75]。

次に,遺言により新しい保険金受取人として指定されているCがAを殺害したとする。この場合においては,Aの死亡と当時に遺言による保険金受取人変更の効力が生ずるため,Cは保険金受取人の地位を取得するが,A殺害時には,Cが未だに保険金受取人の地位になかったのは,たしかである。しかし,故殺者のCに保険金が支払われるのは,遺言による保険金受取人の変更の結果であるにせよ,やはり公益に反するから,殺害時にはCが保険金受取人の地位になかったとしても,遺言による受取人変更により保険金受取人の地位を

---

[75] 要するに,故殺者が故殺行為の当時保険金受取人である限り,実際に保険金を取得するか否かにかかわらず保険者免責となる,とみるのが妥当である。江頭511頁。これに対し,旧保険金受取人は免責の対象となる保険金受取人ではないとして,保険者免責を認めない見解もある。山下典孝「生命保険契約における保険者免責」金澤理監修・新保険法と保険契約法理の新たな展開318頁(2009)。

確実に取得できる者による故殺として，51条3号・80条3号を類推適用して，保険者免責を認めるのが妥当であろう。

(3) 法人の機関による被保険者故殺　法人が保険契約者兼保険金受取人である場合において，法人の機関（理事・取締役等）が被保険者を殺害したときに，保険者は，法定免責規定または生命保険約款の免責条項により免責されるかが問題となる。損害保険約款では，法人の理事，取締役等の機関による故意の事故招致の場合には保険者が免責される旨の規定が設けられているのが通例であるが，生命保険約款にはこのような規定がないため，解釈論上問題となる。

これまでの下級審裁判例をみると，法人の代表者（株式会社の代表取締役）が故意に被保険者を殺害した場合については，法人自身による被保険者故殺と評価できるとして，保険者免責が認められている[76]。ただ，法人の代表権を有しない機関が被保険者を殺害した場合には，直ちにこれをもって法人自身による被保険者故殺とは評価できないので，免責の可否が問題となるが，そのような場合でも，当該機関（取締役等）が会社を実質的に支配しているか，保険金の受領による利益を直接享受する地位にあるという事情があれば，当該法人の機関による被保険者故殺も，保険契約者兼保険金受取人である会社による被保険者故殺と同一視することができるとして，保険者免責を認めるものが多かった[77]。

学説においては，①法人の機関による被保険者殺害の場合について保険金取得目的の有無を重視し，当該目的がない場合には保険者は免責されないとする見解[78]，②法人契約についても個人契約の場合と同様に解釈し，保険契約の締結もしくはその維持・継続，または保険金の受領もしくは使用について決定する権限を有するか否かを基準に，かかる権限を有する者が被保険者を故殺した場合には，保険者免責となるとする見解[79]，③損害保険契約における代表

---

[76] 名古屋地判昭和59年8月8日判時1168号148頁，東京高判平成13年3月13日判時1744号125頁。石田満〔判批〕同・保険判例の研究Ⅱ147頁（1995），洲崎博史〔判批〕保険海商百選111頁参照。

[77] 東京地判平成11年10月7日判タ1023号251頁，札幌地判平成11年10月5日判タ1059号187頁など。甘利公人〔判批〕損保62巻2号161頁（2000），西島梅治＝長谷川仁彦「生保の法人契約における保険者免責について」西島・前掲注67）217頁以下参照。

[78] 洲崎・前掲注74）111頁，江頭511頁，潘阿憲「保険金支払義務と免責事由」倉澤康一郎編・生命保険の法律問題〈新版〉（金判1135号）111頁（2002）。

者責任理論を生命保険に応用し，保険金の請求・受領や管理・処分について権限を有するかこれに影響を与える立場にあったか否か，またこのような立場にあった場合に被保険者殺害の動機・目的は何であったかを総合して判断するという見解80)，④保険金受取人による故殺（改正前商680条1項2号）と保険契約者による故殺（同3号）についての保険者免責の趣旨が異なることから，異なるアプローチによって免責の可否を判断し，2号アプローチとして利益享受可能性の有無，3号アプローチとして実質的な保険契約者か否かによって，法人契約における保険者免責の可否を判断すべきであるとする見解81)，などが主張されてきた。

　このように下級審裁判例および学説の見解が分かれている中で，最判平成14年10月3日民集56巻8号1706頁は，会社を保険契約者兼保険金受取人とし，会社の代表取締役を被保険者とする集団扱定期保険契約が締結された後，当該代表取締役が会社の実質的な経営に関わらない取締役だった妻に殺害された事案について，生命保険約款の免責条項は，「保険契約者又は保険金受取人そのものが故意により保険事故を招致した場合のみならず，公益や信義誠実の原則という本件免責条項の趣旨に照らして，第三者の故意による保険事故の招致をもって保険契約者又は保険金受取人の行為と同一のものと評価することが

---

79)　中西正明「生命保険契約の法人契約と事故招致免責」大阪学院大学法学研究30巻1＝2号21頁（2004），岡田豊基「生命保険契約における法人による被保険者故殺免責」生保157号125頁（2006）。この立場の学説によれば，代表権限のない取締役であっても，会社を実質的に支配しているか，または保険金の受領による利益を直接に享受しうる立場にある場合には，実質的に保険契約の締結ないしその維持・継続等について権限を有するから，代表権限のある取締役と同様に解釈される。岡田・前掲126頁。

80)　矢作健太郎「生命保険における保険者の免責事由」塩崎勤編・生命保険・損害保険（現代裁判法大系25）160頁（1998），西島梅治〔判批〕前掲注67）395頁，岡田豊基〔判批〕保険レポ155号6頁（2000）。なお，法人の代表機関による被保険者故殺の場合について，個人商店を会社組織にしているようなときは，法人格否認の法理により解決を図るべきだとする見解もあるが（中村敏夫「法人の機関による生命保険事故招致」同・生命保険契約法の理論と実務475頁（1997）），このような一般条項を用いなくても，従来の判例理論で十分対応が可能だと考えられる。甘利・前掲注14）76頁。

81)　遠山聡「法人契約における被保険者故殺免責」生保158号170頁以下（2007）。なお，山下友信教授も，保険金受取人の故意と保険契約者の故意を区別して考えるべきで，保険契約者の故意免責は当然には保険金取得による利益享受に基づくものではないから，保険契約者についても実質的な支配の有無以外に保険金取得による利益の享受に着目することは適切ではないとして，両者の故意を同一に論じている後述の最高裁平成14年判決を批判している。山下478頁。

できる場合をも含むと解すべきであ」り,「保険契約者又は保険金受取人が会社である場合において，取締役の故意により被保険者が死亡したときには，会社の規模や構成，保険事故の発生時における当該取締役の会社における地位や影響力，当該取締役と会社との経済的利害の共通性ないし当該取締役が保険金を管理又は処分する権限の有無，行為の動機等の諸事情を総合して，当該取締役が会社を実質的に支配し若しくは事故後直ちに会社を実質的に支配し得る立場にあり，又は当該取締役が保険金の受領による利益を直接享受し得る立場にあるなど，本件免責条項の趣旨に照らして，当該取締役の故意による保険事故の招致をもって会社の行為と同一のものと評価することができる場合には，本件免責条項に該当するというべきである」との一般論を示したうえで，本件では，取締役である妻が経営者としての立場で会社の業務に関与してはいなかったこと，妻が会社の代表取締役である夫の女性関係について悩んでおり，夫を死亡させた直後に自殺していることなどの認定事実から，妻が会社を実質的に支配または事故後直ちに会社を実質的に支配しえる立場にあったとはいえず，また妻が保険金の受領による利益を直接享受しえる立場にあったということもできず，妻の個人的動機による夫の殺害をもって会社の行為と同一のものと評価できないと判断した。

　このように最高裁は，法人の代表者による被保険者故殺の場合のみならず，代表権を有しない法人の取締役による被保険者故殺の場合についても，当該取締役が会社を実質的に支配しもしくは事故後直ちに会社を実質的に支配しえる立場にあるか，または当該取締役が保険金の受領による利益を直接享受しえる立場にあると認められる場合には，法人自身による被保険者故殺と評価することができ，保険者免責が認められるとの立場を示したのであり，このような立場の当否については評価が分かれるとこである[82]。たしかに，第三者の故意による事故招致を法人の行為と同一のものとして評価するために，最高裁がな

---

[82] 本件については，出口正義〔判批〕NBL 770号 105頁（2003），石田清彦〔判批〕法教 272号 114頁（2003），石原全〔判批〕平成14年度重判解 103頁（2003），竹濱修〔判批〕判例評論 537号（判時 1831号）38頁（2003），後藤元〔判批〕法協 121巻 2号 164頁（2004），甘利公人「法人による被保険者故殺」同・生命保険契約法の基礎理論 113頁（2007），山下典孝「生命保険契約における法人による保険事故招致免責に関する若干の考察」生保 141号 166頁（2002）参照。

ぜ「支配的な立場の有無」および「利益の直接的享受の可能性」という2つの基準を用いているのか，その趣旨は必ずしも明確ではない。しかし前者は会社の実質的な支配者か否か，後者は実質的な保険金受取人か否かを判断するための基準と見ることができ，被保険者を殺害した者が実質的な支配者または実質的な保険金受取人として認められる場合には，これを正規の代表者または保険金受取人と同視したうえで，保険金受取人である法人自身による被保険者故殺としてとらえるという趣旨に理解することが可能であるから[83]，最高裁の掲げる前記基準もあながち不当とは言えまい。

4 戦争その他の変乱による被保険者の死亡（51条4号）および給付事由の発生（80条4号）

死亡保険契約においては，被保険者が戦争その他の変乱により死亡したときには，保険者は，保険給付義務を免れる。このような場合には，死亡率が増加して，保険料算定の基礎に変更が生ずるからである[84]。傷害疾病定額保険契約においても，戦争その他の変乱による給付事由の発生が保険者免責とされているが，同様の理由によるものである。

もっとも，生命保険約款では，戦争その他の変乱により死亡する被保険者の数の増加が保険の計算の基礎に影響を及ぼすと認めたときに限り，その程度に応じて死亡保険金を削減したり免責とする旨の規定が設けられているのが通例である。

なお，改正前商法では，被保険者が決闘その他の犯罪または死刑の執行により死亡した場合についても保険者免責とされていた（改正前商680条1項1号）。その趣旨は，決闘その他の犯罪行為による死亡の場合についても保険金の支払が認められると，遺族のことを心配せずに安心して犯罪行為に走ることになり，公益に反すると考えられるからある[85]。

しかし，生命保険契約の存在が犯罪を誘発するような例はきわめてまれであ

---

83) 山下474頁以下。
84) 西島366頁，石田335頁，田中＝原茂・前掲注8) 286頁，田辺252頁，同・前掲注13) 114頁。
85) 大森292頁，西島363頁，石田332頁，田辺251頁。

ること，また保険金受取人の立場から見れば，やはり偶然の出来事による被保険者の死亡であるので，被保険者の犯罪による死亡の結果を保険金受取人の不利益に及ぼすのは妥当ではないとして，この免責規定に批判的な見解が多かった[86]。実際に，生命保険約款では，被保険者の犯罪行為を保険者の免責事由から完全に除外したり，保険者の責任開始の日または契約復活の日から一定期間（1年ないし2年）以内の犯罪行為による死亡についてのみ免責を認めるといった規定が設けられている。そこで，保険法は，この商法上の犯罪免責規定を廃止し，犯罪免責の可否は個々の保険者の判断に委ねることとした[87]。

もっとも，保険法のもとでも，従来と同様，約款上犯罪免責を定めることは可能であるが，免責事由として定められる犯罪は，刑事罰の対象となる行為すべてではなく，公益的見地からみて黙認できない強度の不法性のある行為に限られるべきであり，たとえば，被保険者が飲酒のうえ喧嘩で棒で殴りかかったところ，逆に包丁で刺し殺された場合には，免責とはならないと解される[88]。

5 保険料積立金の払戻し

死亡保険契約において，被保険者の自殺，保険金受取人による被保険者故殺または戦争その他の変乱による被保険者の死亡により，保険給付義務を免れるときは，保険者は，保険契約者に対し，保険料積立金を払い戻す義務を負うが（63条1号），保険契約者による被保険者故殺の場合には，保険者は，この保険料積立金の払戻義務も免れる（同号かっこ書）。これは，信義則に反する行為をした保険契約者に対する制裁のためである[89]。

傷害疾病定額保険契約においては，被保険者および保険金受取人の故意または重過失による給付事由の招致の場合，または戦争その他の変乱による給付事由の発生の場合には保険者は保険給付の義務を免れるが，これらの場合においても，保険者は，保険料積立金を払い戻さなければならない（92条1号）。た

---

86) 大森292頁，石田332頁，田辺251頁，中間試案補足説明・立案146頁。
87) 竹濱修「生命保険契約に固有の問題」商事1808号50頁（2007），一問一答192頁。
88) 江頭512頁，山下462頁，大阪地判平成元年2月23日判時1326号147頁。
89) 大森293頁，西島366頁，田辺258頁，同・前掲注13) 113頁，山下478頁。もっとも，生命保険約款では，この場合にも解約返戻金を保険契約者に払い戻す旨が規定されている例がある。

だし，保険契約者の故意または重過失による給付事由の招致の場合は，この保険料積立金を払い戻す責任を負わない（同号かっこ書）。

被保険者が保険契約者を兼ねる場合において当該被保険者が自殺したとき，または故意・重過失により給付事由を発生させたときには，保険契約者による故殺等として取り扱われることもできるが，ただそうすると，保険者が保険料積立金の払戻義務も負わなくて済むので，保険契約者側に不利である。そこで，保険法では，この場合には被保険者の自殺等の規定が優先的に適用されることが明示され（51条2号かっこ書・80条2号かっこ書），保険者は保険料積立金の払戻義務を免れない。

これに対し，保険契約者が保険金受取人を兼ねる場合において当該保険契約者兼保険金受取人が被保険者を故殺したり，故意または重過失により給付事由を発生させたりする場合，または保険契約者と保険金受取人とは別人であるが，両者が共謀して被保険者を故殺するなどの場合には，保険契約者による故殺の規定が優先的に適用され（51条3号かっこ書・80条3号かっこ書），保険者は保険料積立金の支払を免れることになる。

この保険料積立金とは，保険者の受領した保険料の総額のうち，当該生命保険契約または傷害疾病定額保険契約に係る保険給付に充てるべきものとして，保険料または保険給付の額を定めるための予定死亡率（給付事由の発生率），予定利率その他の計算の基礎を用いて算出される金額に相当する部分である（63条柱書本文かっこ書・92条柱書本文かっこ書）。

保険料積立金の払戻義務は，改正前商法では2年の時効により消滅することとされていたが（改正前商682条），生命保険約款では，この消滅時効が3年に延長されているのが通例であることから，保険法もこれを3年としている（95条1項）。

〔潘　阿憲〕

> **(保険給付の履行期)**
> **第 52 条** 1　保険給付を行う期限を定めた場合であっても，当該期限が，保険事故，保険者が免責される事由その他の保険給付を行うために確認をすることが生命保険契約上必要とされる事項の確認をするための相当の期間を経過する日後の日であるときは，当該期間を経過する日をもって保険給付を行う期限とする。
> 2　保険給付を行う期限を定めなかったときは，保険者は，保険給付の請求があった後，当該請求に係る保険事故の確認をするために必要な期間を経過するまでは，遅滞の責任を負わない。
> 3　保険者が前2項に規定する確認をするために必要な調査を行うに当たり，保険契約者，被保険者又は保険金受取人が正当な理由なく当該調査を妨げ，又はこれに応じなかった場合には，保険者は，これにより保険給付を遅延した期間について，遅滞の責任を負わない。
>
> **(保険給付の履行期)**
> **第 81 条** 1　保険給付を行う期限を定めた場合であっても，当該期限が，給付事由，保険者が免責される事由その他の保険給付を行うために確認をすることが傷害疾病定額保険契約上必要とされる事項の確認をするための相当の期間を経過する日後の日であるときは，当該期間を経過する日をもって保険給付を行う期限とする。
> 2　保険給付を行う期限を定めなかったときは，保険者は，保険給付の請求があった後，当該請求に係る給付事由の確認をするために必要な期間を経過するまでは，遅滞の責任を負わない。
> 3　保険者が前2項に規定する確認をするために必要な調査を行うに当たり，保険契約者，被保険者又は保険金受取人が正当な理由なく当該調査を妨げ，又はこれに応じなかった場合には，保険者は，これにより保険給付を遅延した期間について，遅滞の責任を負わない。

I　趣　　旨

保険法52条および81条は，保険者の保険給付債務の履行遅滞時期に関し，保険者が保険金を支払うにあたっての調査の必要性と迅速な保険金支払の必要性の両方を考慮して，民法の特則を定めている[1)2)]。

II 沿　革

1　改正前商法約款の規定

改正前商法第2編第10章には，この点に関する規定は存在していなかったため，改正前商法下では，この問題は民法の原則により規律されることになる。そして，保険金支払債務の法的性質は，保険事故の発生を停止条件とする条件付債務であり，条件成就後は期限の定めのない債務となると一般に解されていたため[3]，被保険者や保険金受取人は保険事故の発生時から保険金の支払を請求することができ，保険者は保険金支払債務の履行の請求を受けたときから履行遅滞の責任を負い（民412条3項），これに関して不可抗力を抗弁とすることすらできないことになる（民419条3項）。

もっとも，保険者としては，債務を履行する前提として，停止条件の成就，すなわち保険事故の発生を確認することになるが，それには一定の時間がかからざるを得ない。損害保険の場合には，支払保険金額を確定するための損害額の調査も必要になる。また，告知義務違反や免責事由の存在等，保険金支払債務の不存在を基礎づける事情の有無を調査する場合には，さらに時間がかかることになる。このような事態を想定した保険者は，改正前商法下において，約款に次のような規定を設けるのが一般的であった[4]。

---

1) 萩本修ほか「保険法の解説(2)」NBL 885号23頁，27頁 (2008)。ただし，52条1項および81条1項の末尾の表現の意味について，後注71) -73) とそれに対応する本文を参照。
2) この問題は，平成17年2月頃から顕在化した，いわゆる保険金不払問題の影響で立法過程において注目を集めたが（山下友信「新しい保険法」ジュリ1364号10頁，16頁 (2008) 参照），保険金不払問題との関係では，むしろ保険者の商品設計や営業・管理体制等のあり方が重要であり，保険金支払債務の履行遅滞時期の規律が直接的な関連性を有するわけではないと思われる。
3) 田辺康平「保険金債務の履行期，履行遅滞の生ずる時期および消滅時効期間の始期」損保56巻2号1頁，4頁 (1994)，肥塚肇雄「保険約款の支払猶予期間及び調査期間の意義」奥島孝康還暦第2巻・近代企業法の形成と展開541頁，545-546頁 (1999)，山下533頁，竹濵修「保険金支払債務の履行遅滞」立命館法学304号88頁，101頁 (2006)，沖野眞已「保険関係者の破産，保険金給付の履行」商事1808号26頁，31頁 (2007) 等。東京地判明治41年6月30日新聞513号22頁も参照。なお，不確定期限付きの債務であるとする見解も存在するが（笹本幸祐「保険金支払債務の履行期・遅滞責任発生時について——（最高裁平成9・3・25第3小法廷判決）民集51巻3号1565頁を素材として」福岡大学法学論叢44巻3 = 4号531頁，549頁 (2000) 等），結論において大きな差異はない（肥塚・前掲546頁参照）。
4) 法制審議会保険法部会第4回資料5・1頁を参照。

「保険金または生存給付金は，事実の確認のため特に時日を要する場合のほか，その請求に必要な書類が会社の本社に到着した日の翌日から起算して5営業日以内に，会社の本社で支払います。」（生命保険）

「当会社は，保険契約者または被保険者が約款所定の手続をした日からその日を含めて30日以内に，保険金を支払います。ただし，当会社が，この期間内に必要な調査を終えることができないときは，これを終えた後，遅滞なく，保険金を支払います。」（損害保険）

この約款規定については，まず書類到達日・手続日から5日・30日以内に保険金を支払う旨を定めた部分（以下，両者をまとめて「改正前商法約款本文」という）が，保険金支払債務の請求可能時期の特則を定めたものなのか，その履行遅滞発生時期の特則を定めたものなのかに関する議論があり，近時の学説は後者であると解する傾向にある[5]。もっとも，前者と後者の違いは，前者であるとすると保険金請求権者の権利行使が改正前商法約款本文の期間中は阻止されるという点にあるのみであり[6]，その期間の短さのため，現実的には問題となっていなかった[7]。訴訟において実際に争点となっていたのは，免責事由や告知義務違反の有無等の調査が長引いて改正前商法約款本文の期間中に保険金を支払うことができなかった場合に，保険者は当該期間の経過により履行遅滞責任を負うのか，上記約款の「事実の確認のため特に時日を要する場合のほか」もしくは「ただし，当会社が，この期間内に必要な調査を終えることができないときは，これを終えた後，遅滞なく，保険金を支払います。」という規定（以下，両者をまとめて「改正前商法約款但書」という）により調査終了まで履行遅滞に陥らないのか，という問題である。

2 改正前商法約款但書の効力をめぐる議論

従来の学説は，この改正前商法約款但書の効力を広く認め，保険者に調査未

---

[5] 田辺・前掲注3）8頁，肥塚・前掲注3）556頁，笹本・前掲注3）553-554頁。

[6] 履行遅滞の発生時期については同じ結論となることにつき，吉川吉衛「生命保険契約と保険金の支払(下)」ジュリ744号135頁（1981），島原宏明「保険金支払義務」倉澤康一郎編・生命保険の法律問題（金判986号）120頁（1996）参照。

[7] 肥塚・前掲注3）553頁は，この論点について従来の判例をその文言から分類しているが，判例の事案との関係で問題となっているわけではない。

了についての帰責性がない限り，客観的に必要な調査が終えられない場合には保険者は履行遅滞に陥らないと解していた8)。また下級審判決においても，履行遅滞の猶予をどの程度認めるかという点については少なからぬ差が存していたものの，改正前商法約款但書の効力は一般的に認められていた9)。

このような状況の中で，最判平成9年3月25日民集51巻3号1565頁（以下，「最判平成9年」という）は，「保険金の支払に当たっては，これに先立って，保険会社において損害の範囲の確定，損害額の評価，免責事由の有無等について調査を行う必要のあることは，当然予想される」ため，「このような保険制度に内在する手続上の必要を考慮すれば，保険契約者等から保険金支払の請求がされた後も，調査のために必要な一定期間内は保険会社が保険金支払について遅滞の責めを負わないとすることにはそれなりの合理性があり，その旨を約款で定めたとしても，その期間が調査のために通常必要とされる合理的な範囲内であって，これにより被保険者が損害発生後遅滞なく損害のてん補を受ける利益が実質的に害されない限り，その規定は有効」であるとして損害保険の改正前商法約款本文の効力を是認しつつ，損害保険の改正前商法約款但書については，①「文言は極めて抽象的であって，何をもって必要な調査というのかが条項上明らかでないのみならず，保険会社において必要な調査を終えるべき期間も明示的に限定されていない」こと，および②「保険会社において所定の猶予期間内に必要な調査を終えることができなかった場合に，一方的に保険契約

---

8) 石田187頁注2，329頁，田辺康平＝坂口光男編・注釈住宅火災保険普通保険約款240頁[田辺康平＝野村修也]（1995）等。後者は，「期間内に必要な調査を終えることができない」場合の例として，被保険者が保険会社による罹災現場の立入調査や被災物の一時的移動を拒んだために必要な調査ができないような場合，避難勧告等のため罹災現場への立入りが禁じられ被災物件の調査が実施できないような場合，出火原因が不明確であったり損害が巨額に上るために調査に長期間を要する場合を列挙している。
9) 詳しくは，後藤元「新保険法における保険金支払債務の履行遅滞」生保165号85頁，93-94頁（2008）を参照。下級審判決として，岐阜地判昭和2年12月23日新聞2830号11頁（放火の調査），岐阜地判昭和34年3月23日下民集10巻3号528頁（放火の調査），札幌地判平成3年11月28日生判6巻444頁（被保険者故殺の調査，評釈として長谷川宅司［判批］保険レポ88号12頁（1993）がある），東京高判平成5年6月24日民集51巻3号1589頁（放火の調査），東京地判平成6年5月11日判時1530号123頁（自殺の調査），高知地判平成6年5月30日生判7巻367頁（被保険者故殺の調査）東京地判平成7年8月22日生判8巻179頁（保険金受取人変更手続の成否の調査），福岡高判平成8年2月14日生判8巻356頁（自殺の調査）等がある。

者等の側のみに保険金支払時期が延伸されることによる不利益を負担させ，他方保険会社の側は支払期限猶予の利益を得るとするならば，それは前判示の損害保険契約の趣旨，目的と相いれない」ことから，「保険契約者等が調査を妨害したなど特段の事情がある場合を除き，保険金支払時期の延伸について保険会社が全く責めを負わないという結果を直ちに是認すべき合理的理由を見いだすことはできない」として，その効力を否定した。

その後の下級審判決においては，最高裁の担当調査官が最判平成9年の射程を広くとらえているにもかかわらず[10]，履行遅滞の猶予を広く認めるものが多かったが[11]，最近になって最判平成9年に準拠するものも見られるようになっていた[12]。

また，学説には，保険者の調査の必要性を重視して最判平成9年に反対するものが多いが[13]，保険者による支払の不当な引延しを懸念してこの判決に賛成するものも存在している[14]。最判平成9年の2つの論拠ごとに整理すると，次のような議論がなされている。

まず①約款の明確性という点については，最判平成9年の担当調査官は，保険契約者等の一般的な予測可能性という観点から，調査が必要となる場合が不明確であることを主に問題としているが[15]，保険契約者等に対し捜査・刑事訴追が行われている場合や免責事由や告知義務違反の存在が疑われる場合に保険者が直ちに保険金を支払ってくれないであろうことは保険契約者等にとって一般的に予測しえないことではないとの批判がなされている[16]。また，調査

---

10) 三村量一〔判解〕最判解民平成9年度(上)518頁。
11) 損害保険につき神戸地判平成14年3月22日判例集未登載（LEX/DB28071014）（盗難事故の有無や被害額の調査），生命保険につき東京高判平成12年2月29日生判12巻131頁（被保険者故殺の有無の調査），広島高判平成15年10月28日判例集未登載（LEX/DB28090551）（告知義務違反の有無の調査）等がある。
12) 福岡高判平成16年7月13日判タ1166号216頁。評釈として，甘利公人〔判批〕上智法学49巻1号121頁（2005），宗実真〔判批〕保険レポ203号1頁（2006），後藤元〔判批〕ジュリ1336号124頁（2007）を参照。
13) 山本哲生〔判批〕法教207号100頁，101頁（1997），戸出正夫〔判批〕損保60巻3号195頁，208頁（1998），山下534頁，竹濵・前掲注3）119-122頁。
14) 肥塚・前掲注3）557-559頁，河上正二〔判批〕民法の基本判例〈第2版〉19頁，23頁（1999），笹本・前掲注3）557-559頁。
15) 三村・前掲注10）515頁，516頁。
16) 宗実・前掲注12）10頁，後藤・前掲注12）126頁。

に要する期間の長さが明示されていないことについては、支払の遅れが保険者のせいではない場合や不正請求の疑いがある場合などにおいて事実関係に応じた処理を可能にするという合理性があるとして最判平成9年を批判する見解もあるが17)、そのような合理性は保険者側の利点にすぎず、調査によりさらに調査すべき事情が出てきた場合に調査期間が延伸されることや、保険事故招致を証明するに足りるだけの証拠が得られるまで調査が必要だとされることなどが懸念されるとの反論がある18)。しかし、改正前商法約款但書の下でも調査期間の延伸が認められるためには調査の必要性が客観的に存在していなければならないとすれば、保険者が保険事故招致の確証を得られるまで調査が認められるわけではなく、また調査により疑惑が深まった場合に更なる調査が行われること自体が当然に不当であるわけではないとも指摘されている19)。

また、②保険金支払時期が延伸された場合の保険契約者等と保険者の利益の不均衡という点については、モラル・ハザード誘発の防止等の観点から被保険者や保険金受取人が保険事故招致の容疑者として当局の捜査対象とされている場合には保険者は保険金を支払うことができないところ20)、免責事由の存在等が疑われる場合にも十分な調査の要請を迅速な保険金支払の要請に劣後させるような帰結を導きうるとして21)、とくに強力な批判が向けられている。しかし、この批判に対しては、最判平成9年が意図したのは資金運用益を目当てに保険金の支払を不当に延伸する保険者のインセンティブを遅延利息によって減少・消滅させることであり、免責事由の存否等の調査を不要としたものではないとの指摘22)や、履行遅滞となっても保険金の支払が確定するわけではなく、遅延利息の負担を覚悟の上で保険金の支払を拒絶して調査を行うことは可能であるとの指摘23)がなされている。後者の点については、保険金請求訴訟が提起され判決に至った場合には保険金を支払わざるをえなくなるという反論

---

17) 山本・前掲注13) 101頁。
18) 肥塚・前掲注3) 558頁、笹本・前掲注3) 556頁、560頁注31。
19) 後藤・前掲注12) 126頁参照。
20) 戸出・前掲注13) 208頁、遠藤一治〔判批〕NBL655号51頁、55頁 (1998)。
21) 甘利・前掲注12) 131頁、竹濱・前掲注3) 89頁、121頁。
22) 後藤・前掲注12) 127頁。
23) 三村・前掲注10) 517頁、肥塚・前掲注3) 559頁、後藤・前掲注12) 127頁。

がなされているが[24]、それは改正前商法約款但書の効力を認めた場合にも当てはまる問題であるとも指摘されている[25]。

以上のように、保険法現代化の議論が始まる前の段階においては、最判平成9年が存在するものの判例の傾向は定まっておらず、また学説においてもさまざまな観点が示されており、議論は錯綜していた。保険法52条・81条は、このような状況の下で設けられたのである。

III 条文解説

1 保険給付を行う期限の定めがある場合（52条1項・81条1項）

(1) 概説　保険法52条および81条の各1項は、保険契約（約款）において保険給付を行う期限を定めた場合、契約自由の原則に鑑みて当該定めは有効であり、当該期限の経過により保険給付債務が履行遅滞に陥ることを前提としている。その上で、約款により不当に長期の期限が設定されるという懸念に対処すべく、約款上定められた期限の到来前であっても、「保険給付を行うために確認をすることが保険契約上必要とされる事項の確認をするための相当の期間」が経過した場合には、その時点から履行遅滞となるとしたものである[26]。この場合の保険者の履行遅滞責任を否定する旨の約定は、1項は片面的強行規定であるため（53条・82条）、無効である[27]。この「相当の期間」は、

---

24) 宗実・前掲注12) 9頁。
25) 後藤・前掲注12) 127頁。ただし、東京地判平成10年7月2日生判10巻247頁のように、必要な調査の継続中であることを理由に保険金請求自体を棄却する効果までを旧法約款但書に認める場合は別である。
26) 諸外国の保険法の中で、保険者の保険金支払義務の履行期について規定を置いているのは、ドイツの保険契約法である。同法14条1項は、保険者の金銭給付は、保険事故および保険者の給付の範囲の確定のために必要な確認調査が終了したときに履行期となると定めており、保険者は必要な確認調査の終了まで履行遅滞とならないとする点で日本法の規律よりも保険者に有利なものであるが、他方で、同2項では、保険事故の通知から1か月経過するまでにこの調査が終了しなかったときは、保険契約者は、保険者が最低限支払わなければならないと予測される保険金額の分割払を請求することができるとも規定されている。また、保険者が遅延利息の支払義務を免れる旨の合意は無効であるとされているが（同条3項）、その他の点について約款で異なる定めを置くことは可能である。ドイツ法について、より詳しくは、竹濱・前掲注3) 103頁以下を参照。
27) 最判平成20年2月28日判時2000号130頁は、保険金請求権の消滅時効の起算点に関し、保険者の保険契約者に対する免責事由の存否の調査に対する協力を依頼する文書の送付と保険

個別の保険金請求ごとではなく，契約の種類，保険事故の内容やその態様，免責事由等の内容に照らして，類型的に判断される[28]。他方，仮に「相当の期間」が到来する前に約定の期限が到来した場合には，上記の前提から，52条・81条の各1項により「相当の期間」まで履行遅滞が猶予されることにはならず，約定の期限の経過により保険者は履行遅滞となる[29]。そして，いずれの場合においても，保険者が履行遅滞に陥ることの効果は履行遅滞責任（遅延損害金）の発生であり，保険金支払請求の認容判決が確定しない限り，保険者が保険金の支払を強制されることはない[30]。

なお，1項の規定ぶりからは，保険金請求者側に「相当の期間」を経過したことについての立証責任があることになるが[31]，一般的に調査にどれくらいの期間がかかるかということに関する情報は保険者側に偏在するため，事実上保険者が「相当の期間」が未経過であることを立証することが期待されている[32]。この場合，約款上の期限の定めより「相当の期間」が短いことを争う保険金請求者は，いかなる程度の主張・立証をしなければならないのかということが問題となる。理論的には，約款上の期限の定めより「相当の期間」が短いことについての一応の推定が成り立ちうるような客観的事実の主張・立証が要求されるということも考えられるが，それほど容易ではないとも思われる。

以下では，問題となる要素について，個別に検討する[33]。

(2) 「保険給付を行う期限を定めた場合」　まず，保険法52条1項・81条

契約者側のこれに応じた協力により，保険者・保険契約者間で保険金支払義務の履行期を調査結果が出るまで延期する合意が成立したと解釈し，保険者が保険金の支払を拒絶する通知を送付した日の翌日から消滅時効は起算されると判示している。この判決が，保険金請求後の個別の合意による履行遅滞時期の延期を認めたものだとすれば，同判決は保険法52条・81条各1項の片面的強行規定性により否定された可能性がある（甘利公人「保険金給付の履行期と消滅時効」落合＝山下196頁，203頁参照。もっとも，保険法53条・82条は，保険契約とは別個になされる保険金請求後の合意まで否定する趣旨ではないと解する余地もありえよう）。しかし，保険者の調査中も遅延利息は付すが提訴は控える旨の合意であれば，保険法52条・81条各1項の片面的強行規定性に反せず，その限りで同判決はなお効力を有しているということもできると思われる（ただし，後注70)-73) およびこれに対応する本文も参照）。

28) 中間試案補足説明・立案113頁。
29) 一問一答72頁注2。
30) 前掲注23)-25) とそれに対応する本文も参照。
31) 甘利・前掲注27) 199頁。
32) 法制審議会保険法部会第19回資料20・3頁。
33) 以下の本文の記述は，大幅に後藤・前掲注9) に依拠している。

1項の適用を受けるためには、約款上、「保険給付を行う期限を定め」ていることが必要となる。そのような定めの例としては、「保険金の支払の請求があった日から〇日以内とする定め」や「調査の必要がない場合は〇日以内とし、調査事項を明示した上でその必要がある場合は〇日以内とする定め」が挙げられているが[34]、この他にいかなる規定が保険給付を行う期限の定めとして許容されるかが問題となる。

(ア) 調査・確認期間の明示の必要性

(a) 改正前商法約款但書の有効性　まず、補足説明の挙げる例はいずれも具体的日数で期限を定めているが、改正前商法約款但書のように「必要な調査を終えることができた後、遅滞なく支払う」というような具体的日数を定めない規定が認められるであろうか。この問題は、改正前商法約款但書の効力は最判平成9年によって否定されているため、最判平成9年が保険法の下でも妥当するのかという点にも依存する。

最判平成9年と保険法52条・81条の関係については、立案担当者が、これらの規定は最判平成9年の「基本的な考え方を法文化したものであり、その内容を保険契約者等にとって後退させるものではない」とする一方で[35]、保険法は「すべての場合に30日や5日等で履行期が到来するというのはいささか硬直的な解決である」という「考え方から、調査が真に必要な相当の期間については猶予の効果を認めようとするものである」との理解も存在している[36]。立法過程を見ると、法制審議会保険法部会での議論はやや曖昧であった一方で、衆参両院の法務委員会においては、改正前商法約款但書の有効性が明示的に否定されている[37]。立法過程のどの段階での議論を尊重すべきかはともかく[38]、議論の明確性という点からは、国会での議論に従い、最判平成9年の規律は、新保険法の下でも基本的に維持されており[39]、改正前商法約款但書の規定は

---

34) 一問一答72頁注1。実例として、巻末約款6条を参照。
35) 萩本ほか・前掲注1) 28頁注20。
36) 山下・前掲注2) 16頁。
37) 後藤・前掲注9) 102頁以下参照。
38) 本文の立場は、立法府自体における議論を尊重することにもなる（萩本ほか「保険法の解説(5・完)」NBL 888号39頁、43頁 (2008) 参照）が、結論の妥当性という観点から立法府における議論とは異なる解釈を採用することももちろん可能である（ここでは、最判平成9年に対する批判説が指摘していたモラル・ハザード誘発の可能性等が問題となりえよう）。

第3節　保険給付　　　　　　　　　　　　　　§52・§81　III

効力を有しないと解すべきであろう[40)][41)]。

　(b)　調査・確認の具体的手法が明示されている場合　もっとも，衆議院法務委員会での審議においては，法務省民事局長により，調査・確認事項をさらに具体化し，医師への問合せ等の調査・確認の方法・内容のレベルまで記載した場合には，具体的日数を明示しなくてもよいということが示唆されている[42)]。これは，調査方法・内容が特定されている場合には，それに要する期間を保険契約者が予測することもある程度可能であるということを重視するものであろう。

　これに対し，たとえば「免責事由の有無の調査のために必要な期間」と規定するのみでは，保険契約者にとって調査期間の長さを予測するのに十分な情報が提供されているとは言いがたい。そのため，調査・確認事項が列挙されていても，調査・確認の方法・内容が具体的に明示されていない限り，調査・確認に要する期間が具体的数値によって明示されていない約款も，期限の定めとして許容されないと解すべきであろう（法務省民事局長は，具体的日数の明示を原則としつつ，相当の期間というニュアンスで書き加えるという可能性を指摘しているが，

---

39)　基本的に，という限定を付した趣旨は，保険法21条2項・52条2項・81条2項が保険事故の「確認をするために必要な期間」についての遅滞責任の猶予は約款規定がなくとも認めている点は，最判平成9年の規律と異なっているからである。もっとも，現状では監督法上期限の定めを置くことが要求されており（保険業規9条4号），この規定が作用する場面は現実的には考えがたい。

40)　最判平成9年は，「調査のために必要な一定期間内は保険会社が保険金支払について遅滞の責めを負わないとすることにはそれなりの合理性」があると述べており，必要な調査が行われている期間は遅滞責任を猶予するという一般論のレベルにおいては，保険法と同一であるということができる（前掲注35）に対応する本文の立案担当官の説明は，この点を指摘するものであろう。一問一答80頁を参照）。この一般論を重視すれば，最判平成9年が現行損保約款但書の効力を否定した主たる論拠は①約款規定の不明確性であると考えられる（②改正前商法約款本文の期間内に必要な調査が終了しなかった場合の不利益を保険契約者側のみが負担し，保険者が支払猶予の利益を得ることの不当性を強調すれば，30日を越えれば保険者が必要な調査を行っている間であっても履行遅滞責任が発生するということになりうるが，これは一般論と相対立する）。そのため，最判平成9年によっても，旧法約款但書が修正されて30日を超える期間が明示された場合には，それが合理的な範囲内のものであるとされれば，遅滞責任の猶予が認められるのであり，同判決がすべての場合に30日もしくは5日で履行期が到来するとしたわけではないと思われる。

41)　保険法52条1項の片面的強行規定性に反するという理由で，旧法約款但書のような規定は無効であるとする見解として大串＝日生89頁［千葉恵介］がある。

42)　後藤・前掲注9）114頁。

これが何を意味するのかは明らかではない)。

　(c) 刑事訴追等が開始されている場合　では,「保険金請求者に対する保険事故招致に該当する事実についての刑事訴追が開始されている場合には,無罪判決が確定する日」を期限とする規定は許容されるだろうか[43]。モラル・リスク事案の可能性がある場合に保険者に履行遅滞責任を課すことについては,改正前商法下の議論および保険法の立法過程を通じて懸念が表明されていたため,このような規定が置かれることは十分に考えられるが,保険契約者がその期間の長さを予測することは困難であると思われる。また,改正前商法下においても,刑事訴追が進行中であるというだけでは,保険者自身の調査が必要であるとはいえないとの見解も存在していた[44]。これらの事情と,保険法の規定は保険事故についての警察・検察の捜査中はいつまでも履行遅滞とならないということではないとの理解が法制審議会保険法部会の終盤において示されていたこと[45]を考え合わせると,上記の規定も期限の定めとして許容されないと解すべきであろう。

　(イ) 調査期間の限界　では,調査・確認に要する期間を具体的数値で定めるとして,たとえば5年といった長期の期間を定めることは可能であろうか。参議院法務委員会の附帯決議においては,改正前商法約款本文の5日・30日という期間が「相当の期間」の1つの目安となることを前提に約款認可を行うこととされているため,上記のような規定は許されないようにも思われる。

　しかし,この国会での審議には,5日・30日がどのような場合についての目安であるのかということが明確にされていないという問題がある。衆議院法務委員会における生保・損保業界からの参考人の発言からは,5日・30日という期間が9割もしくはほとんどの請求についての目安となることは確かであろう。しかし,5日・30日という期間内に必要な調査を終えることができない残り1割の請求については,この5日・30日という期間を直ちに目安とすることは難しいと思われる。そして,衆議院法務委員会においては,保険法の下でも最

---

43) このバリエーションとして,「保険金請求者に対する当局の捜査が終了するまで」,「保険金請求者に対する捜査・刑事訴追により証拠資料が押収されている場合には,それらが返却される日まで」などというものが考えられる。
44) 山本・前掲注13) 101頁。
45) 法制審議会保険法部会第19回議事録26頁。

判平成9年と同様に改正前商法約款但書のような曖昧な規定は排除されることが確認されているが，調査に時間がかかる場合について明確な期限を設けることは否定されていない[46]。以上に加えて，約款で不当に長い期限を設定した場合であっても保険法52条1項によって「相当の期間」経過後は履行遅滞となるという歯止めが存在することから，調査・確認に要する期間の数値に，期限の定めとしての許容性という見地から制限を課す必要はないと考える[47]。この場合，参議院法務委員会附帯決議の第2項は，調査・確認に特別の時間を要しない9割方の請求についての期間に関するものと限定的に読むことになろう。

　(ウ)　場合分け・段階型の期間設定の可否　もっとも，現実の約款規定においては，一律に長期の期限が定められるのではなく，調査の必要性に応じて場合分けをし，個々の場合について個別に期限が定められる可能性が高いように思われる。場合分けの基準としてはさまざまなものがありうるが，調査・確認事項の種類による区分（保険事故の発生の確認のみである場合，自殺免責の調査が必要な場合，故殺免責の調査が必要な場合，告知義務違反の調査が必要な場合等）や調査・確認の方法・状況による区分（医療機関への照会が必要な場合，海外への照会が必要な場合，保険金請求者に対する警察当局の捜査が行われている場合，被保険者の遺族の協力が得られない場合等）が考えられよう（実例として，巻末約款6条4項・5項を参照）。

　では，調査・確認に要する期間を複数の段階に分けて規定すること，たとえば「免責事由の有無の調査の必要性がある場合には，請求日から60日以内に

---

[46]　最判平成9年自身も，保険金請求から30日を超える履行期の定めを一切否定したものではないことにつき，一問一答81頁注を参照。

[47]　なお，立案担当官は，保険契約で定めた事項の確認をするための合理的な期間を超えて保険者が遅滞の責任を負わない旨の約款規定は保険法52条1項の片面的強行規定性（53条）により無効となることとの関連で，「約款等で保険給付の履行期を定めるに当たっては，それぞれの確認事項についての調査をするために，一般的にどの程度の期間が必要となるかを考慮して期限を定めることが求められることになる」としている（萩本ほか・前掲注1）28頁注21，一問一答74頁）。しかし，本文で述べたように，不当に長期の期限の定めに対しては「相当の期間」による制約があるため，約款で設定した具体的な期間を52条1項の片面的強行規定性を理由として無効とする必要はなく，上記の引用部分は一種のベストプラクティスに対する期待と読むべきではないだろうか。竹濱＝高山189頁および山下友信「保険法と判例法理への影響」自由と正義60巻1号25頁，28頁（2009）も参照。

保険金を支払います。ただし，その期間内に必要な調査が終わらなかった場合には請求日から 120 日に支払います。」と規定することは認められるだろうか。(イ)で見たように非常に長期の期限の定めも許容されるとすれば，延長回数が有限である限り，期間を複数の段階に分けた場合についても許容すべきであるとも考えられる。しかし，いかなる場合に各段階に該当することになるのかということを保険契約者側が識別できないのであれば，そのような段階分けをすることの意義はないに等しい。そのため，段階型の期間設定をするのであれば，短期の場合と長期の場合の区分の基準が明確であることが少なくとも望ましいといえよう[48]。なお，特定の事案がどちらの区分に入るかということが調査開始時点で判明している必要はなく，調査の途中で判明した事実により長期の区分に移行するということには，問題はないと考えるべきであろう[49]。

　(3)　「保険給付を行うために確認をすることが……保険契約上必要とされる事項」　また，立案担当官の解説においては，保険法 52 条 1 項の「保険給付を行うために確認をすることが保険契約上必要とされる事項」との文言から，どのような事項について調査・確認を要するのかを約款等において明らかにしておくことが必要であるとされている[50]。記載の具体性については，保険法 21 条・52 条・81 条の各 1 項が調査・確認事項の例として保険事故，給付事由，てん補損害額，保険者が免責される事由を挙げており，衆議院法務委員会において法務省民事局長により告知義務違反が付加されていることから[51]，このレベルの記載で足りると解することになろう（この他にも，重大事由による解除の可否や公序良俗違反による無効等を調査・確認事項とすることが考えられる）。そして，このレベルの記載で足りるとすれば，保険者にとってあらかじめ列挙しておくことは困難ではないと思われるため，約款に列挙されていない事項についての調査・確認は許されず，また「その他，調査・確認を要する事項」という

---

48)　たんに調査未了を理由に延長を可能とする段階型の規定は，保険契約者に無用の期待と混乱を生ぜしめる恐れがあるとして，期限の定めとして許容できないとすることも考えられなくはない。

49)　前掲注 19) と対応する本文を参照。

50)　萩本ほか・前掲注 1) 28 頁。その趣旨は，保険契約者側の予測可能性の確保にあると思われる。

51)　後藤・前掲注 9) 114 頁。

(4) 「確認をするための相当の期間」

(ア) 類型的判断　保険法52条1項は，約款に列挙した調査・確認「事項の確認をするための相当の期間」が，約款上の保険給付の期限の定めよりも早く到来する場合には，当該「相当の期間」の経過により保険者は履行遅滞に陥る旨を定めている[52]。そして，この「相当の期間」は，立案担当官の説明によると，個々の保険金の請求ごとに判断するのではなく，契約の種類，保険事故の内容やその態様，免責事由の内容等に照らして類型的に判断されるものであるが[53]，その意味するところは必ずしも明らかではない[54]。

まず，類型的判断である以上，当該事案において調査・確認にどれくらいの期間がかかるのかということではなく，当該類型においてどれくらいかかるのかということを考えることになると思われる。その際，当該類型に関する調査・確認期間についての統計データを参考にすることが考えられるが，当該データに調査・確認を不当に遅延させたケースが大量に含まれている場合には，そのデータ上のなんらかの数値をそのまま「相当の期間」とすることは適切ではない。「相当の期間」の「相当」という文言には保険給付を不当に遅延させないという規範性が含まれていると考えられるため[55]，統計データから導か

---

[52]　萩本ほか・前掲注1) 27頁。

[53]　法制審議会保険法部会第9回議事録39-40頁，第11回議事録27頁，中間試案補足説明・立案113-114頁参照。なお，「相当の期間」は，約款上の期限の定めが契約内容に照らして合理性を有するかという観点から判断されるとの説明もなされているが（萩本修「保険法現代化の概要」落合＝山下14頁，18頁），約款上の期限の定めが合理性を有しないと判断された場合に，どれだけの期間を「相当」とするかというのがここでの問題である。また，保険法52条2項は「必要な期間」という文言を用いているが，これは個別の請求ごとに判断するという趣旨であり，「相当の期間」は「必要な期間」よりも長い（落合誠一「新しい保険法の意義と展望」落合＝山下4頁，8頁）という趣旨ではない。

[54]　参議院法務委員会では，最高裁が中間試案に対して「相当の期間」という規定では裁判規範にならないとの意見を寄せたとの指摘があり，法務省民事局長はこの意見を受けて法文に確認事項の例示を加えたと回答しているが，この例示は中間試案の補足説明に含まれていたものであるため，最高裁の意見への対応として十分であったかという点には疑問もある（最判平成9年は，約款規定が定める具体的日数が合理的な範囲内のものであるか否かの判断は行なっているが，仮にその日数が合理的な範囲外のものであったとした場合に，何日であればよいのかという判断は行っていない）。

[55]　保険者の調査内容と調査期間の相当性を厳密に判断することにより旧法約款但書の効力が認められる場合を限定する方向性を示す札幌地判平成3年11月28日前掲注9) および高知地判平成6年5月30日前掲注9) では，「相当期間」という文言がそのような趣旨で用いられて

れる調査・確認期間が類型的に必要・合理的であることの検証が必要であると見るべきであろう。

また，類型化をどの程度細かく行うのかということも問題となる。立案担当官が例示している類型化の指標はかなり大まかなものであり，約款に期限の定めを設ける際により細かな分類をした上で期間を設定することもあると思われる。立案担当官の説明が，この場合に約款上の分類にしたがって類型的判断を行うことを積極的に排除する趣旨であるのかは明らかではないが，調査・確認の必要性やそれに要する期間の相当性は分類が細かいほど判断しやすいと思われるため，そのように解する必要性はなかろう[56]。

(イ) 相当性の基準　次に，各類型について，どのような基準で相当性を判断するかという問題がある。

すでに述べたように，「相当の期間」の判断に際しては調査・確認の必要性についての規範的判断をも行うべきであるが，類型化という観点からは統計データも参考にすべきことは否定できない。問題は，その際に統計上のいかなる数値を参照すべきかということである。たとえば，国会審議において一定の目安になるとされていた改正前商法約款本文の5日・30日という期間は9割方の請求をカバーするものであるとされていたが，この他にも当該類型についての半数の請求をカバーする期間，もしくは平均期間などを参照することが考えられる。いずれが妥当であるかということは容易に決定しがたく，ここでは，当該類型におけるデータの分布形状をも考慮して決定すべきであるということを指摘するにとどめておく。

また，保険会社間の調査・確認能力の差異により，「相当の期間」は各社で異なることになろう[57]。このように解すると，調査能力の低い会社が利益を受けるようにも思われるが，保険市場での競争上の不利により相殺されること

いると思われる。

[56] 本文のように考えると類型的判断から個別的判断へと近づくとも言いうるが，類型的判断を採用したことの理由は立法過程を通じて述べられていないため，これにより実質的にどのような問題が生じるのかは明らかでない。「相当の期間」が裁判所により事後的に判断される以上，類型的判断であっても保険契約者側の予測可能性に資するわけではなかろう。

[57] 一律の「相当の期間」を全社に適用するという規律も考えうるが，裁判所がそのような期間を判断するための資料をどのように取得するのかという問題がある。

㋒　個別事案における調査・確認に必要な期間との関係　「相当の期間」は類型的に判断されるため，個々の事案において実際に調査・確認に要する期間は，「相当の期間」よりも短かったり長かったりすることになる58)。類型的に判断するということの趣旨からは，必要な調査・確認が終了していても「相当の期間」が経過するまでは履行遅滞とならず59)，また必要な調査・確認が終了していなくても「相当の期間」が経過すれば履行遅滞となると解することになろう。しかし，約款に「必要な調査を終えた後，遅滞なく保険金を支払う」というような文言がある場合には，「相当の期間」の経過前であっても，必要な調査の終了時から履行遅滞になると考えられる60)。また，「請求時から○日以内に支払う」という文言についても，必要な調査が終了した場合には直ちに支払うという趣旨が含まれており，調査の終了時に履行遅滞となると解する余地があろう。なお，調査がいつ終了したかということを保険金請求者が立証することは容易ではないと思われるが61)，保険者が保険金の支払うのか支払を拒絶するのかについての態度を決定した場合には，その前提として調査を終了していたものと評価することができよう62)。

㋓　保険金請求者に対する捜査・刑事訴追と「相当の期間」　では，保険金請求者に対する保険事故招致に該当する事実についての捜査・刑事訴追が行なわれている場合には，不起訴決定もしくは無罪判決確定まで「相当の期間」は経過しないといえるであろうか63)。

改正前商法下の学説および立法過程においては，保険金請求者に対する捜査・刑事訴追が行われている場合には保険金を支払うことはできないというこ

---

58)　甘利・前掲注27) 198頁では，「実際にかかった相当の期間」と約款上の期間の長短を問題としているが，実際にかかった期間と「相当の期間」とが一致するとは限らない。
59)　萩本・前掲注53) 18頁，一問一答72頁注4。
60)　このような約款規定は，必要な調査の終了により約定の期間が到来することを定めたものであるともいえよう。
61)　不必要・緩慢な調査がなければより早期に調査は終了できていたはずであるとして，調査を終了しえた時点から履行遅滞であったと主張することも考えられるが，ほとんど調査をしていないような極端な場合はともかく，この立証はさらに困難であろう。
62)　ドイツの議論について，竹濵・前掲注3) 104頁，118頁，122頁を参照。
63)　もちろん，不起訴決定もしくは無罪判決確定の時期が約款上の期限の定めの範囲内であることが前提である。

とが繰り返し指摘されていたが，履行遅滞となっても保険金を直ちに支払わなければならないわけではないとの批判があったところである。これに対しては，現在の経済状況では6％という利率は間接強制としての効果を有するとの反論もなされていたが，消費者契約法10条により無効とされない範囲内で約款により遅延利息の利率を引き下げることも不可能ではない[64]。また，法制審議会保険法部会の終盤においては，保険事故についての警察・検察の捜査中はいつまでも履行遅滞とならないということではないとの理解が示されていた[65]。さらに，保険者が支払・支払拒絶の意思を固めた場合には必要な調査・確認を終了したものと考えられるが[66]，日本の非常に高い有罪率を前提とすると，少なくとも保険金請求者が保険事故招致に該当する事実について起訴された場合には，保険者は支払拒絶の意思を固めていると評価できるのではないかと思われる[67]。

以上からは，保険金請求者についての刑事訴追が開始された場合には調査の必要性は消滅するため履行遅滞となり，また警察による捜査が行われているのみでは，調査の必要性は消滅しないが，その終了まで常に「相当の期間」が経過しないとはいえないと解すべきであろう。

(オ) 「相当の期間」の起算点　なお，「相当の期間」の起算点は，52条および81条の各1項によっては規定されておらず，基本的に各約款の保険給付の期限の定めに委ねられていることになる。一般的に多いのは，「保険金の請求の日」もしくは「保険金請求に必要と約款で定められている書類一式が提出された日」を起算点と定める規定であろう。もっとも，後者のような規定が

---

[64]　遠藤・前掲注20) 55頁，甘利・前掲注27) 201頁参照。また，将来の民法改正により，法定利率が固定率ではなく市場金利等に連動する値とされる可能性も存在している（「債権法改正の基本方針」NBL 904号127頁【3.1.1.48】(2009)参照）。

[65]　法制審議会保険法部会第19回議事録23頁参照。

[66]　前掲注62) とこれに対応する本文を参照。

[67]　平成18年度に確定した事件のうち無罪判決の割合は0.01％である（平成19年版犯罪白書第2編第3章第1節1）。他方，保険金請求者が警察による捜査の対象となっているのみでは，その後捜査対象からはずされる可能性もあるため，支払拒絶の意思を固めていると直ちに評価することはできないといえよう（保険金請求者が逮捕された場合については起訴された場合と同様に扱う余地もあろうが，残念ながら逮捕された場合の起訴率・有罪率に関する統計を発見できなかったため，結論を留保したい）。警察による捜査段階と起訴段階を区別せずに保険者による調査の必要性があるとする見解として，竹濱・前掲注3) 93頁。

置かれている場合であっても,「相当の期間」は保険事故や免責事由の有無等の調査のために認められているものであることから,これらの調査自体に必要な書類が提出された場合には,約款上要求されている書類の一部に不備があったとしても,起算点が到来すると考えるべきであろう[68]。

(5)「保険給付を行う期限とする」　52条および81条の各1項の末尾は,「相当の期間」を「経過する日をもって保険給付を行う期限とする」となっており,「遅滞の責任を負わない」という2項とは異なっている。ここからは,同項が保険給付の履行遅滞時期のみならず,請求可能時期(被保険者や保険金受取人はいつから保険金の支払を保険者に請求できるか,保険者はいつ保険金を被保険者等に支払わねばならないか)[69]に関する規定であるとも考えられる。このような観点からは,遅延損害金に相当する約定利息は支払うが保険給付を行う期限自体を先延ばしにする旨の約款規定は,1項の片面的強行規定性(53条・82条)に反すると評価されることになろう[70]。

しかし,1項に相当する規定の末尾の文言は,法制審議会保険法部会の審議の途中までは2項に相当する規定の末尾と同じ文言が用いられていたところ,それが相当の期間を「越える部分は無効とする」という文言に修正され,さらに現在のように変更されたものであるが,この最後の変更の理由は明らかではなく[71],また立案担当官は「履行期」という表現を履行遅滞時期という意味で用いているように見受けられるため[72],冒頭に述べたように,履行遅滞時期に関する規定であると解すべきであろう[73]。このような立場からは,「保険

---

[68]　市川典継「保険給付の履行期」甘利＝山本125頁,140頁参照。たとえば,保険金の支払先口座番号が記載されていないとしても,これは保険事故等の調査に必要な情報ではなく,「相当の期間」の起算は妨げられないことになる。このような場合に過失のない保険者に履行遅滞の責任を負わせるのは酷であると考えられるが,それは保険法52条・81条の解釈によってではなく,保険金請求権者の受領遅滞の問題として考慮すべきであろう。

[69]　保険金支払債務の「履行期」という表現は,履行遅滞時期と区別された請求可能時期を指すものとして用いられる場合もあるが,履行遅滞時期と同義の言葉として用いられることもある。この混乱を避けるため,本稿では,他の文献等を引用する場合を除いて,「履行期」という表現を用いていない。

[70]　一問一答73頁注5。

[71]　後藤・前掲注9)112頁参照。

[72]　萩本修ほか「保険法の解説(1)」NBL883号12頁,17頁(2008年),萩本ほか・前掲注1)27頁参照。

[73]　児玉康夫「保険給付の履行期」金澤＝大塚＝児玉31頁,42-43頁も参照。

金を請求しようとする者に対する捜査・刑事訴追が行われている場合には，その者は保険金請求訴訟を提起できない」といった約款規定を置いても[74]，それが52条・81条の各1項の片面的強行規定性に反するものとして直ちに無効とされるわけではないと思われる。

2 保険給付を行う期限を定めなかった場合（52条2項・81条2項）

(1) 概　説　　保険法52条および81条の各2項は，保険者は民法の原則によれば保険金請求のあった時から履行遅滞に陥ることになるが，保険契約においては保険事故・給付事由の発生について「必要な調査……を行った上でなければ保険給付を行うことができない」[75]ため，このような必要最低限の確認をするために「必要な期間」に限って保険者の遅滞責任を免除したものである。したがって，免責事由や告知義務違反の存在等，保険者が立証責任を負う事項についての調査に要する期間について遅滞責任を免れるためには，保険法52条1項・81条1項に基づいた約款規定を置かなければならないが[76]，2項の「必要な期間」中に保険者が事実上免責事由の存否等についての調査をも行うことが禁じられるわけではない。

なお，「必要な期間」を経過していないことの立証責任は，保険者側にある。

(2) 「保険給付を行う期限を定めなかったとき」　　まず，いかなる場合に保険法52条および81条の各2項が適用されることになるだろうか。保険契約約款に履行期に関する定めが一切置かれていない場合に2項が適用されることは明らかであるが，保険業法上，普通保険約款に「保険者としての義務の範囲を定める方法及び履行の時期」を記載することが要求されているため（保険業4条2項3号，保険業規9条4号），そのような状況は現実には考えがたい[77]。ありうるとすれば，保険業法上の免許を取得せずに保険業を営んでいた業者の締

---

74) 後藤・前掲注9) 129-130頁参照。なお，沖野・前掲注3) 32頁が提案する「調査を要する正当な理由があるときはそれに必要な合理的期間支払猶予を求めることができるとし……，支払義務があることが判明した場合は，……遅延損害金の支払義務を負うとする規律」は，本文の約款規定と類似するように思われるが，「支払猶予を求めることができる」ということの具体的効果は明らかではない。

75) 萩本ほか・前掲注72) 17頁，一問一答77頁。

76) 萩本ほか・前掲注1) 28頁。

77) 市川・前掲注68) 142-143頁。

第3節 保険給付　　　　　　　　　　　　　　　　§52・§81　III

結した契約などであろう78)。

(3)　「保険給付の請求があった後」　また，保険法52条および81条2項の「必要な期間」は，「保険給付の請求があった」時点から起算されることになる79)。保険契約約款において保険金請求の手続として一定の書類を提出することが要求されている場合には，その提出をもって「保険給付の請求があった」と見ることになろう。また，提出された書類に不備があった場合には，そのままでは保険者が調査・確認を行うことができないため，不備が訂正された時に「保険給付の請求があった」と見ることも考えるが，不備の内容に依存すると思われる。また，保険者が保険金受取人等から保険事故の発生について連絡を受けた時点で調査・確認を開始しているにも関わらず，保険金支払義務があるとの確証を得るまでは必要な書式を交付しなかったような場合には，約款上要求されている書類の提出がなくとも「保険給付の請求があった」と評価することもできよう。

(4)　「当該請求に係る保険事故の確認をするために必要な期間」　2項の「必要な期間」は，1項の「相当の期間」のように類型的に判断されるのではなく，個別の事案ごとに判断されることになる80)。この期間は，一般的には免責事由の存否等の調査・確認に要する期間よりも短いものと考えられるが，疾病保険において給付事由が責任期間開始後の発病と定められている場合には，発病時期の確認にかなりの期間を要することもありえよう。

3　保険契約者等による調査妨害・不協力（52条3項・81条3項）

(1)　概　説　保険法52条および81条の各3項は，保険契約者等が正当な

---

78) 保険事故・てん補損害額・給付事由の確認について，個々の事案ごとに「必要な期間」の調査を可能とするために（後掲注79）とそれに対応する本文を参照），これらの確認については旧法約款但書のような具体的期間を明示しない約款規定（前掲注35)-41)とそれに対応する本文を参照）を設けることも考えられなくはないが（とくに損害保険契約において），保険法がこのような手法を適切なものとして想定しているとは考え難い（後藤・前掲注9) 106-107頁を参照）。また，少なくとも，このような約款は，免責事由等に関する調査を必要としない場合に関する「履行の時期」を規定していないものとして，保険業法施行規則に違反していることになろう。

79) 以下の点は，保険法52条・81条の各1項に基づく約款規定において，保険金請求時が起算点とされている場合にも当てはまるものである。

80) 一問一答77頁。

理由なく保険者の調査を妨げ、またはこれに応じなかった場合には、それにより保険給付が遅延した期間について保険者は履行遅滞責任を負わないものとしている。この趣旨は、保険事故は保険契約者等の生活圏内で発生するのが通常であるため、保険者の調査に対する保険契約者等の協力を確保する点にある。

　この規定は片面的強行規定であり（53条・82条）、調査妨害・不協力があった場合に保険者を直ちに免責する旨の約款規定は、無効であるとされている[81]。もっとも、保険契約者等による調査妨害・不協力の中には、保険金の過大請求目的での保険事故状況の不実申告のように、詐欺的なものも存在するところ、このような行為があった場合に限定すれば、保険者を免責する旨の約款規定も許容されるべきであるとの見解も有力である[82]。

　(2)　妨害・不協力の主体と対象　　まず、保険法52条および81条の各3項が適用されるのは、「保険契約者、被保険者又は保険金受取人」が調査妨害・不協力を行った場合に限定されている。そのため、これら以外の者（例としては、医療機関、捜査当局、保険契約者・保険金受取人ではない被保険者の親族等が考えられる）が調査を妨害し、または調査に協力しなかった場合には、保険者が履行遅滞責任を免れることにはならない[83]。もっとも、1項に基づく約款上の期限の定めを設けるに際して、保険契約者等以外の者の行為により調査・確認が満足に行えないという事情を考慮して場合分けを行うことや、2項の「必要な期間」の判定に際してこの事情を考慮することは可能であると思われる。

　そして、「保険契約者、被保険者又は保険金受取人」が「当該調査」、すなわち「保険者が前2項に規定する確認をするために必要な調査」を「妨げ、又はこれに応じなかった場合」に履行遅滞責任の不発生という効果が生じることになる。このため、1項に基づく保険給付の期限の定めが設けられていないにも関わらず、保険者が免責事由の存否等に関する調査を2項の「必要な期間」内に事実上行っていた場合や、1項に基づく規定に明示されていない事項についての調査を事実上行っていた場合、これらの調査を保険契約者等が妨害したと

---

81)　一問一答79頁注2。
82)　山下・前掲注47）29-30頁、洲崎博史「保険契約の解除に関する一考察」論叢164巻1〜6号219頁、240-242頁（2009）、児玉・前掲注73）47-50頁。
83)　このような帰結に疑問を呈する見解として、甘利・前掲注27）200頁を参照。

しても，保険者が履行遅滞責任を免れるわけではない[84]。

(3) 「正当な理由」　保険者が履行遅滞責任を免れうるのは，保険契約者等の調査妨害・不協力に「正当な理由」がなかった場合である（規定ぶりからは，保険者側に正当な理由の不存在についての立証責任がある）。この「正当な理由」に何が含まれるのかという点については具体的な事案の集積を待つほかないが[85]，保険者からの問い合わせに対し，「個人情報である」とか「調査・確認が必要であるとは聞いていない」といった理由で回答しない場合には，「正当の理由」があるとは言い難いように思われる。

〔後藤　元〕

---

[84]　中間試案補足説明・立案114頁，甘利・前掲注27) 200頁。
[85]　たとえば，保険契約者等の体調不良のために聞取り調査に応じられない場合などが考えられよう。なお，甘利・前掲注27) 200-201頁は，保険契約者が逮捕されて捜査当局の取調べを受けているような場合を例示しているが，この場合にはそもそも保険契約者自身が調査を「妨げ」たわけでも，調査に「応じなかった」わけでもないと考えることもできよう。

> **（強行規定）**
> **第53条** 前条第1項又は第3項の規定に反する特約で保険金受取人に不利なものは，無効とする。
>
> **（強行規定）**
> **第82条** 前条第1項又は第3項の規定に反する特約で保険金受取人に不利なものは，無効とする。

条文解説

　53条では，保険給付の履行期に関する52条1項または3項の規定に反する特約で，保険金受取人に不利なものは無効とするとしている。

　52条1項は，期限の定めがある場合でも当該期限が一定の期間よりも長いときは，当該一定の期間を経過する日をもって保険給付を行う期限とし，これを経過した後は保険者が遅滞の責任を負うとするものである。

　また，同条3項は，保険契約者等による調査妨害があった場合には，これにより保険給付を遅延した期間について，保険者は遅滞の責任を負わないとするものであるが，同時に，調査妨害等による不利益は保険者に遅滞の責任を問えないというにとどまり，また，反対解釈として調査に応じないことに正当な理由がある場合には保険者は遅滞の責任を免れないという意味では，保険金受取人の保護を図るものであるということができる。

　このように，52条1項および3項は保険給付の請求の主体である保険金受取人の保護に資する規定であるため，その片面的強行規定について定める53条では，「保険金受取人に不利な」特約を無効としている。

　これにより，たとえば，「相当の期間」を経過した後も保険者が遅滞の責任を負わない旨の特約や，保険契約者等が調査に応じなかったことに正当な理由がある場合でも保険者が遅滞の責任を負わないとする特約などは，無効となると考えられる。

〔萩本　修・嶋寺　基〕

契約前発病不担保条項

I　総　　説

(1)　契約前発病不担保条項は，責任開始期前発病不担保条項ともいわれ，生命保険契約の主契約約款に組み込まれている高度障害保険の規定および疾病・医療・災害関係の特約，ならびに損害保険会社が行う疾病保険契約において，被保険者について責任開始期以後に発生した傷害または疾病による一定の結果に対して保険金・給付金を支払うことを定める条項のことである。

(2)　具体的には，現在の高度障害保険の約款規定は，次のような場合に高度障害保険金を支払うとするものが典型例である。

「被保険者が責任開始期以後の傷害または疾病を原因として保険期間中に高度障害状態（別表○）に該当したとき。この場合，責任開始期前にすでに生じていた障害状態に責任開始期以後の傷害または疾病（責任開始期前にすでに生じていた障害状態の原因となった傷害または疾病と因果関係のない傷害または疾病に限ります。）を原因とする障害状態が新たに加わって高度障害状態に該当したときを含みます。」

保険金支払の対象となる上記の高度障害状態は，現在のわが国の生命保険会社の約款では，およそ同じ内容になっているものと思われる。そこでは，次のように定められるのが通例である。

「対象となる高度障害状態とは，つぎのいずれかの状態をいいます。
　(1)　両眼の視力を全く永久に失ったもの
　(2)　言語またはそしゃくの機能を全く永久に失ったもの
　(3)　中枢神経系・精神または胸腹部臓器に著しい障害を残し，終身常に介護を要するもの
　(4)　両上肢とも，手関節以上で失ったかまたはその用を全く永久に失ったもの
　(5)　両下肢とも，足関節以上で失ったかまたはその用を全く永久に失った

＊契約前発病不担保条項　Ⅰ

　　　　もの
　　(6)　1上肢を手関節以上で失い，かつ，1下肢を足関節以上で失ったかまたはその用を全く永久に失ったもの
　　(7)　1上肢の用を全く永久に失い，かつ，1下肢を足関節以上で失ったもの」

　この別表に，さらに備考が付けられ，「視力を全く永久に失ったもの」とは，「視力が0.02以下になって回復の見込みのない場合をいいます。」とされる。

　なお，後述の生命保険協会が提示する実務指針である「保険金等の支払いを適切に行なうための対応に関するガイドライン」の趣旨を取り入れて，約款規定を改定する生命保険会社の動きがある。今後締結される生命保険契約等については，その新たな約款規定に基づいて保険金等の支払が行われることになる。

　(3)　疾病・医療関係特約における契約前発病不担保条項は，高度障害保険の規定とは異なる部分がある。典型例は以下のようである。

　「会社は，被保険者が，つぎの各号のいずれにも該当する入院をしたときに，第2項に定める金額の入院給付金を主契約の被保険者……に支払います。
　　(1)　その入院が，この特約の責任開始期（復活の取扱が行われた後は，最後の復活の際の責任開始期。以下同じ。）以後に発病した疾病または発生した不慮の事故（別表○）もしくはそれ以外の外因による傷害の治療を目的とすること。

　　……中略……

　7.　被保険者が責任開始期前に発病した疾病または発生した不慮の事故（別表○）もしくはそれ以外の外因による傷害の治療を目的として入院した場合でも，責任開始期の属する日から起算して2年を経過した後に開始した入院は，この特約の責任開始期以後の原因によるものとみなして，第1項および第2項の規定を適用します。」

　1項が契約前発病不担保条項であり，この例では，7項は，責任開始期から2年を経過すると，それ以後の疾病・傷害の治療目的による入院は，責任開始期以後の原因によるものとみなして入院給付金の支払対象になる旨が定められている。比較的広い範囲の疾病や傷害による入院等に対して給付金を支払うタイプの疾病・医療関係特約は，このように2年の経過を待って，責任開始期前

の原因によるか否かを問わず，疾病・傷害による入院等に給付金を支払うものが多い。

II 趣旨と沿革

1 趣　旨

契約前発病不担保条項は，責任開始期以後に発生する傷害・疾病による一定の結果（高度障害状態への該当，入院，手術等）を保険金・給付金の支払対象とすることにより，保険者の引受危険の範囲を画し，予定事故発生率の維持を図ることを目的とする[1]。高度障害状態の原因となる傷害・疾病や疾病保険の対象となる疾病の発病が責任開始期以後に発生することという時間的要件が，保険事故の客観的要件になるものと解される[2]。さらに，病気に罹った者がその病気に関する保険給付を得ようとして疾病保険契約を締結するというモラル・ハザードを防止することも，契約前発病不担保条項の目的の1つである[3]。

また，機能面から見ると，高度障害条項に契約前発病不担保条項があることによって，高度障害状態になる危険は高いが，死亡危険は通常の状態にある場合に，保険者がその被保険者について生命保険契約を締結できる積極的意義があり，契約前発病不担保条項がなければ，保険者はその生命保険契約を締結しないことになろうといわれる[4]。これは，契約前発病不担保条項が，保険者の引受危険の範囲を明確に限定することによる利点である。

---

[1] 大阪高判昭和51年11月26日判時849号88頁，糸川厚生「廃疾給付の法律問題——とくに廃疾の範囲について」保険学457号73頁（1972），坂本秀文「生命保険契約における高度障害条項（旧廃疾条項）」ジュリ755号119頁（1981），中西正明「生命保険契約における高度障害条項」西原寛一追悼・企業と法(下)310頁（1995）等。

[2] 平澤宗夫「高度障害保険」塩崎勤＝山下丈編・保険関係訴訟法（新裁判実務大系19）418頁以下（2005），小林三世治「医的危険選択の実務と責任開始期前発病不担保条項」保険医学103巻3号227頁（2005），竹濵修「契約前発病不担保条項の解釈とその規制」立命館法学316号103頁（2008）。

[3] 中西正明「生命保険契約の疾病入院手術特約」三宅一夫追悼・保険法の現代的課題485頁（1993），山下458頁前掲注1）。

[4] 大阪高判昭和51年11月26日前掲注1），坂本・前掲注1）119頁。

＊契約前発病不担保条項 II

2 沿　革

わが国では，高度障害保険が，廃疾の場合に生命保険契約の保険料払込みを免除する条項という形で簡易生命保険に導入され（1924年），民間では，第一生命が特別保険料徴収による保険料払込免除制度を導入し（1932年），戦後，日本生命が特別保険料を徴収しない保険料払込免除条項を設けたが（1950年），他社では，保険金相当額を支払う条項を導入した（1951年）といわれる。当初，廃疾とされる範囲は狭い範囲に限定されていたが，これが徐々に拡大し，1976年の災害保障特約の大改正に伴い，高度障害条項もその保障範囲をさらに拡大して，現在の約款規定に至っている。現在の契約前発病不担保条項の規定文言も，1976年の改正によるものである[5]。

3 外国の状況

(1) アメリカ法　　個人の健康保険契約（health insurance contracts）においては，通例，責任開始期以後に初めて発症する疾病による損失に対して保険給付が行われる旨が定められる。この契約前発病不担保条項（pre-existing condition clause）は，すでに病気に罹患している被保険者の逆選択を抑止し，被保険者が健康であるときに健康保険契約を締結することを動機づけることにその目的があるとされ，健康保険給付を抑制する機能も果たしていると考えられている[6]。

責任開始時点で，明白な徴候がない病気が存在していた場合，それは責任開始期以前には発現（manifest）していなかったことを理由として保険保護が与えられるといわれる[7]。疾病原因が責任開始期以前に存在していても，その徴候がなかった場合には，保険契約者側と保険者との間で誤解や紛争が生じ易かったため，多くの州が，保障される疾病を定義する際に，健康保険契約において責任開始期後に初めて発現したという文言を使用することを要求し，責任開

---

[5] 以上の沿革については，平尾正治「障害，疾病，手術関係の約款改訂について」生保協会報62巻2号45頁以下（1982年），同「第三種保険の沿革」生保協会報69巻1号15頁以下（1989年），平澤・前掲注2）415-417頁等による。

[6] Robert H. JerryII, Understanding Insurance Law 3rd ed., 2002, p. 519. 以下については，竹濱・前掲注2）106-109頁参照。

[7] Muriel L. Crawford, Life & Health Insurance Law 8th ed., 1998, p. 400.

始期前にすでに疾病の徴候を有していたもののみが保障範囲から除外されることとされた8)。

NAIC（全米保険監督官協会）のモデル個人傷害・疾病最低給付基準規則（Individual Accident and Sickness Insurance Minimum Benefits Standards Model Regulation）は，契約前発病とは，責任開始前5年以内に診断・介護・治療を求める原因となる疾病の徴候が存在することまたはその徴候について医的助言・処置が医師によって勧告されたか医師から知りえた状態だったことをいうとされていた。NAIC の「傷害・健康保険料率・約款標準（Accident and Health Insurance Rate and Policy Standards）」の「統一個人傷害・疾病保険約款条項法（Uniform Individual Accident and Sickness Policy Provision Law）」（Vol. II 180-1）3条A(2)(b)9)によれば，特別に保障範囲からの除外が個別具体的に合意されている障害・疾病等を除いて，その他の一般的に引き受けられている障害・疾病等の危険については，責任開始から3年経過後の障害・疾病発生等は，すべて保険保護があることになる。

さらに，「傷害・疾病保険下限標準モデル法（Accident and Sickness Insurance Minimum Standards Model Act）」（Vol. II 170-1）7条によれば，包括的・一般的な傷害疾病保険契約においては，申込書により診療履歴について詳細な告知を得ない場合には，責任開始後12か月を経過すれば，個別の約定により特定の危険を除外しない限り，保険者は包括的な保障を提供することになり（A項），特定疾病障害保険契約においては，保険者は，責任開始後6か月を経過すれば原則として契約前発病の主張はできないが，責任開始前6か月以内にすでに発症していた場合と医師による診断がすでにあった場合は，契約前発病により保険者は責任を負わない（B項）。

(2) ドイツ法　ドイツ保険契約法は，2007年の大改正の前後を通じて，直接に契約前発病不担保条項について規定を設けていはいない。しかし，ドイツ民法307条（改正前は約款規制法9条）および告知義務に関する規定との関係で，まず，旅行疾病保険契約について契約前発病不担保条項を無効であると解する連邦通常裁判所（日本の最高裁に相当する）の判決がある（同裁判所1994年3

---

8) Crawford, supra p. 400.
9) これは2007年7月の時点のルールである。

＊契約前発病不担保条項　II

月2日判決 VersR 94, 549) 10)。

　本件約款では，疾病，傷害，その他契約所定の事故について保険者が保障することとし，その要件として「a) 外国で予見できずに（unvorhersehbar）（5条1項参照。）生じた保険事故につき，治療のために要した費用及び合意されたその他の給付を，入院治療のときは選択的に入院日額を，供与します。」と定めていた。控訴審判決は，本条項を，告知義務で取扱わず，客観的な危険除外を定めており，保険保護を将来の不確定な出来事に限定することを目的とするもので，このような合意によって保険契約者を不利な立場におくものではないとしていた。

　上告審判決は，遡及保険の認められる主観的偶然性に着目したうえで，契約締結前の危険状況について，告知義務では，保険契約者側が疾病に罹患していることを知らなかった場合には，それを告げず，かつその事実が危険測定上重要であったとしても告知義務違反は生じないとする。そして，保険者は，告知義務規定を超えて危険除外に基づく給付免責を有効に規定する権限はなく，それができるとすると，法律上規定された主たる給付義務を違法に形骸化することになるという。保険者の給付義務は，自己の責任に基づいて危険状況を評価して引き受けたこととは無関係に，将来の一定の出来事の前兆が既に存在したこと，そして無関係な第三者がその発生を予測しえたことが事後的に確定されるかどうかによって影響されることとなる。このような危険の評価に関する瑕疵は，法律上，保険者の負担になるにも関わらず，本件の危険除外によれば，保険契約者側に危険の転嫁がされていることになり，保険契約に関する法律規定の基本思想に合致しない内容変更が存在するとともに（約款規制法9条2項1号＝現行民法307条2項1号），保険者の主たる給付義務およびそれに対応する保険契約者の保険保護を求める権利を，当該契約目的を危殆化させるほどに制限する結果が認められるとされる（約款規制法2項2号＝現行民法307条2項2号）。

　従来のドイツの通説は，いわゆる契約前発病不担保条項を有効と解していたし，下級審判決でもこれを有効と解するものがみられた。しかし，1996年，2007年にも，上記1994年連邦通常裁判所判決に沿った同裁判所の判決が下さ

---

10)　詳しくは，新井修司「ドイツ保険法といわゆる契約前発病不担保条項」生保164号1頁以下（2008）を参照。以下の説明もこの論文による。

れており11),判例の動向は,固まっていると見られる。学説も判例の見解を支持するものが有力となっている12)。

現在のドイツ法は,疾病保険契約においては,契約前発病不担保条項によるのではなく,待ち期間(Wartezeiten)を設けることにより,予定事故発生率の維持ならびに疾病に罹患している被保険者が保険加入をするモラル・ハザードの防止等を図ることを予定しているものと見られる13)。この点は,新旧の保険契約法において大きな変更はないことからも分かる(新法197条,旧法178c条)。新法197条1項によれば,疾病費用保険,疾病日額給付保険,入院日額給付保険における待ち期間は3か月以内,分娩,心理療法,歯科治療,入れ歯,顎の整形のための保険の特別な待ち期間は8か月以内を定めることができる。介護疾病保険は,3年以内の待ち期間を定めることができる。これらの規定は,保険契約者または被保険者の不利益に変更できない片面的強行規定である(208条)。

III 約款規定の解釈

1 契約前発病不担保条項の法的性質

(1) 契約前発病不担保条項は,生命保険契約の高度障害条項においては,責任開始期以後の傷害・疾病を原因とする約款所定の高度障害状態になることを保険事故とする。疾病保険契約の性質をもつ保険契約の約款においては,責任開始期以後に発病した疾病の治療を目的とする入院等が保険事故とされる。

わが国の保険約款で用いられる契約前発病不担保条項は,保険者が高度障害状態や疾病入院などに対して保障を提供する保険事故の要件を定め,その保障範囲を画する規定であると解される。保険期間中に被保険者が疾病による治療

---

11) BGH 2.7.1996 VersR 1996, 486〔残債務保険=日本の信用生命保険に相当するが,本件では就労不能になったことによる保険保護が問題となっている〕;BGH 26.9.2007 VersR 2007, 1690〔未成年の子の高度障害保険〕.

12) ドイツの学説の状況については,潘阿憲「疾病保険契約における契約前発病不担保条項について」生保167号88-94頁(2009)が詳しい。

13) Rüffer-Halbach-Schimikowski, Versicherungsvertragsgesetz, 2009, SS894-895; Manfred Wandt, Versicherungsrecht 4. Aufl., 2009, S. 464.

＊契約前発病不担保条項　III

のために入院等をしたことが保険事故とされ，これに対して，その原因である被保険者の疾病が保険者の責任開始期前に発症していた場合には，保険者が保険給付を行わないという保険者免責事由として定められているものではない。

　したがって，保険契約者側が保険給付を得るためには，被保険者の高度障害状態の原因や入院・手術等の原因となった傷害・疾病が，保険者の責任開始期以後に発生したことを主張・立証することを要すると解される[14]。本条項は，保険契約者側が高度障害状態の原因や入院・手術等の原因となる傷害・疾病が責任開始期前に発生していたことについて善意・悪意を問わない[15]。

　(2)　契約前発病不担保条項は，引受危険の範囲を画する規定であり，保険契約者・被保険者の告知義務による引受危険の選択と類似の機能を持つ面がある。保険契約者側が疾病に罹患していることを知りながら告知せずに保険契約を締結すれば，それが保険者の諾否や契約条件に影響を及ぼしうる場合，保険者はその契約を解除して保険金支払義務を免れることができる。契約前の危険状態が保険者の保険金支払義務の有無に影響を及ぼす点や引受危険を画することでその選択をしている点で，この告知義務の規定と契約前発病不担保条項は，危険引受けの面では同じ効果を持つからである。上述のドイツ法の立場は，この面を重視したものであると考えられる。危険の引受けに当って，契約前発病不担保条項ではなく，基本的には告知義務で対処し，一般的なモラル・ハザードは待ち期間を設けることで処理するという方法も選択肢としてはありうると思われる。すでに発症している個別の疾患等については，それを除外して引受けを行うという対処の仕方が考えられるであろう。

　しかし，わが国では，保険法は，契約前発病不担保条項と告知義務の両方を

---

14)　中西・前掲注1) 310頁，江頭518頁。もっとも，実際には，保険者の責任開始後に被保険者が傷害・疾病により高度障害状態に該当したり，入院等の結果が生ずれば，その事実を主張して保険金等が請求されるから，その結果が責任開始前の被保険者の発病を原因とすることは，保険者側が相当に事実を指摘し，契約前発病の可能性が高いことを主張・立証して争わなければならないであろう。その意味では，実態的には保険者が契約前発病であることの立証責任を負うような形になる場合もあると思われる。もちろん，高度障害や疾病等が保険者の責任開始から短時日で発生している場合には，その事実経過から見て，契約前発病であることが強く推測されることもあり，事案によることは明らかである。

15)　坂本・前掲注1) 119頁，山下458頁，山野嘉朗〔判批〕愛知学院大学論叢法学研究45巻1=2号102頁 (2003)，潘阿憲「疾病保険に関する近時の裁判例の動向」生保162号100頁 (2008)。

使って，引受危険の選択を行うこと認める立場を採るものと考えられる。保険法立案の審議過程では，契約前発病不担保条項と告知義務の並立が認められており，前者を告知義務規定の観点から無効とする立場は採られていない。契約前発病不担保条項は，保険者の客観的な保障範囲を画する規定として有効と解する立場である。これにより，契約前に存在する一定の危険がすべて引受危険から除外されるため，保険者は保険契約を締結しやすくなり，保険契約者も一定の疾患を抱えている場合でも，保険契約を締結できる利点がある。

　法的効果の面から見ると，契約前発病不担保条項により保険金が支払われない事態があったとしても，保険契約は継続するから，それ以外の保険事故に対しては，保障が提供される。これに対して，告知義務違反により保険金が支払われないことになる場合には，保険者がその保険契約を解除することになるから，保険契約は消滅し，保険契約者側はすべての保障を失うことになる。告知義務のみで危険選択を行うことの短所がこの面で現われることになる。

　もっとも，告知義務は，保険契約者側と保険者側の主観的要件を含め，一定の保険契約者保護の要素を考慮して，危険引受けに際しての利益衡量をし，その保障の有無を決する制度として仕組まれている。契約前の危険状態を保険契約当事者間の知りうる状態で，公平に保険契約の締結に臨めるようにすることが告知義務規定の目的である。誠実に契約の締結に臨む保険契約者側の期待が，告知義務規定によれば相当に保護されている状況があることを考慮すると，この水準の正当な期待を裏切る結果になる形の契約前発病不担保条項の適用については，信義則の観点から抑制的に考えるべき場合があろう。

2　保険契約者側が罹患を知って契約を締結する場合

(1)　保険者が善意の場合　　被保険者が疾病の罹患を知って契約する場合，疾病保険契約において，その疾病による入院・手術等の結果に対して保険者は，契約前発病不担保条項により保険給付をする義務を負わないと解される。高度障害状態の原因になる疾病・障害等がすでに契約前に存在し，被保険者がそれを知りながら生命保険契約を締結する場合も，同様であると解される。予定事故発生率を維持するためには，まさに契約前不担保条項が適用される場面である。保険者が善意である場合，モラル・ハザードを防止する観点から，とくに

＊契約前発病不担保条項　III

契約前発病不担保条項により，このような危険を除外する必要があると考えられる。

(2)　保険者が悪意の場合　　被保険者が，疾病に罹り，あるいは高度障害状態となる原因疾患等を有しており，保険者がそれを知りながら，疾病保険契約または生命保険契約を締結する場合，保険者がそれらに基づく入院・手術等の結果や高度障害状態該当について保険による保障がない旨を説明しているときは，契約前発病不担保条項が適用されると解される。

保険者がそれらについて保障がない旨を詳しく説明していない場合でも，既発生の疾患等の結果（入院・手術や高度障害該当）に対して保険保護がないことが保険契約者側に通常予期されるべきときも，契約前発病不担保条項が適用されると解される。

問題になるのは，既発生の疾患等に基づく結果に対して保障されると保険契約者側が期待することが合理的に考えてありうる場合である。被保険者が自身の身体・健康状態を正直に説明し，これでもその保険契約が締結できるか，尋ねており，その意味が既発生の疾患等に基づく結果に対する保障のことであると思われるときに，保険者がそれに対して保障がされない旨を告げずに，保険契約を締結した場合が考えられる。この場合には，保険者は，保険契約者側に既発生の疾患等に基づく結果に対しても保障があるという期待を抱かせる状況を作り出している。これについては，保険者は，保障がないことを知りながら不作為によって結果的に保険契約者側を誤導している部分が見受けられる。これは，保障範囲について十分に知識経験のない保険契約者側に対する関係で，保険者側の行動は，保険契約締結時の信義則に反する。保険者は，誤った期待を抱かせる部分について，信義則上，保険約款の規定を援用できないと解すべきであろう[16]。したがって，この場合には，保険者は，契約前発病不担保条項の援用ができないと解される。

以上のような考え方を約款改定によって相当に取り込もうとする保険会社が

---

16)　山下459-460頁は，「契約前発病不担保の有効性を認めつつ，発病を保険者側が認識していたか容易に認識しうるにもかかわらず保険契約者に対して契約前発病不担保となることの留保をしないで保険契約を締結したような場合には，保険者は信義則上契約前発病不担保を援用することができないというように，契約締結過程における信義則の観点から解決されるべき問題であろう」といわれる。

見られる。次のような規定である。「被保険者が責任開始期前にすでに発病していた疾病を原因として責任開始期以後に高度障害状態（表1）に該当した場合でも，当会社が，保険契約の締結または復活の際に，告知等により知っていたその疾病に関する事実（第23条（保険契約を解除できない場合）に規定する保険媒介者のみが知っていた事実は含みません。）を用いて承諾したときは，責任開始期以後に発病した疾病を原因として高度障害状態に該当したものとみなして，第2条の高度障害保険金の支払に関する規定を適用します。ただし，保険契約者または被保険者がその疾病に関する事実の一部のみを告げたことにより，当会社が重大な過失なくその疾病に関する事実を正確に知ることができなかった場合を除きます。」（巻末約款3条9項）これによれば，被保険者の告知等により保険者がその疾病に関する重要事実を知って保険契約を締結したときは，そのことから保険契約者側が保障を得られるものと期待することが相当と考えられる範囲について，保険者は高度障害保険金を支払うこととなろう。

3　保険契約者側が罹患を知らずに契約する場合

(1) 保険者も善意の場合　責任開始後に被保険者が保険事故に該当する入院・手術や高度障害状態に該当したが，調べてみると，その原因となる疾病等がすでに契約前に存在したと認められるとき，被保険者にその自覚がなく，保険者にもそれが分からなかった場合，基本的には，契約前発病不担保条項が適用されることになると解される。本条項が予定事故発生率を維持するために設けられている保障範囲の客観的要件であることからすると，当事者が契約前発病の事実について善意であっても，本条項の適用に影響はないと考えられるからである。

しかし，医学的に検査をして初めて契約前発病が判明するような場合に，とくに健康に問題を感じていなかった被保険者が保険期間開始後に発生した結果に対して保障がないとされることについて，意外な結果であると感じるであろうことは十分に予想される。被保険者がなんらか軽度の症状があるが，医師の勧めなどを軽視していたような事情があれば，それが責任開始後に深刻な症状になった場合，契約前発病不担保条項が適用されても，被保険者の期待を裏切る結果とまでいえないと考えられる。しかし，医師の診察も受けておらず，自

＊契約前発病不担保条項　III

覚症状もおよそなかったであろうと考えられる場合に，契約前発病不担保条項が適用されることになると，保険契約者側の意外感は大きくなる。

そこで，契約前発病不担保条項の契約前「発病」の解釈運用によってこの部分の問題に対応することが考えられる。すなわち，被保険者が契約前に健康診断などで異常を指摘されていたり，医師への受診歴がある，またその処方を受けていた，あるいはその後の結果の原因となる自覚症状がすでにあったと認められる場合に「契約前発病」と解釈する方法である。これによって通常の善意の被保険者が意外と思わない範囲に契約前発病不担保条項の適用を収めることができよう17)。

生命保険協会の「保険金等の支払いを適切に行うための対応に関するガイドライン」（最新改正平成21年7月31日）は，次のような実務指針を提示している（6.a.(2)）。

「ハ．契約（責任開始）前発病の考え方

責任開始前に医学的に原因となる疾病や傷害があれば，契約（責任開始）前事故・発病ルールにより高度障害保険金・入院給付金等は支払対象にならないことになる。

しかしながら，高度障害保険金においては，被保険者が契約（責任開始）前の疾病について契約（責任開始）前に受療歴，症状または人間ドック・定期健康診断における検査異常がなく，かつ被保険者または保険契約者に被保険者の身体に生じた異常（症状）についての自覚又は認識がないことが明らかな場合等には，高度障害保険金をお支払いする。

---

17) 長谷川仁彦「高度障害保険金と実務上の課題」生経73巻1号109頁（2005）は，客観的な医学的意味での発病を基準にすることは，加入者の理解を得られず，また逆選択の防止の観点からも行きすぎであるとされ，疾病の徴候，症状が客観的に証明されうるときに，つまり，被保険者の身体の異常の発現（自覚症状を含む），他者の覚知の段階を発病と解して，契約前発病不担保条項を適用すべきであるとされる。江頭518頁注6は，被保険者が重過失なく善意であったとしても，本条項の適用があるとされるが，過失なく善意の場合にどうなるかは明確に言及がない。無過失の場合は，本条項の適用はないとされる趣旨のようにも見える。

これに対して，芦原一郎「第三分野の保険」落合＝山下48-50頁は，保険契約者側の主観的事情を考慮することは，原因や症状が多様な人間の健康を対象とする医療保険においては制度の公平が確保しにくいと指摘され，身体異常の自覚がない場合でも契約前発病不担保条項の適用を主張される。真面目に健康状態を把握しようとする被保険者が保障されない不公平が生じるといわれる（55頁注24）。なお，「発病」の解釈については，東京地判平成9年11月26日判タ994号245頁，潘・前掲注15）106頁参照。

同様に入院給付金等についても，被保険者が契約（責任開始）前の疾病について契約（責任開始）前に受療歴，症状または人間ドック・定期健康診断における検査異常がなく，かつ被保険者または保険契約者に被保険者の身体に生じた異常（症状）についての自覚又は認識がないことが明らかな場合等にはお支払いする。

なお，契約（責任開始）前事故・発病ルールの適用にあたっては，信義則の観点からも慎重に判断することが望ましい。」

このガイドラインは，上述の解釈と同様の結果になるものと見られる[18]。

(2) 保険者が悪意の場合　被保険者が自身の疾患について善意で，保険者が悪意の場合は，実際にはあまり生じないと思われる。しかし，被保険者は，専門的知識がなく善意であったが，健康状態を示すデータなどの提出を受けた保険者が，診査医の専門的知見により被保険者となる者が発病・罹患の状態にあることを知ることはありうるであろう。この場合には，保険者は，説明なくその保険契約を引き受けるのではなく，契約前発病不担保条項の十分な理解を得て，契約締結に進むべきである。この説明がないときは，保険契約者側は責任開始後に具体化する入院・手術等を要する事態や高度障害状態該当について保障があるとの期待をもつことになると考えられるからである。したがって，その被保険者に即した契約前発病不担保条項の説明なく保険契約を締結した場合も，信義則上，保険者は，同条項の援用をできないと解すべきであろう[19]。保険者側が発病を知りえた場合も同様に解することになろう。そうでなければ不注意な保険者が契約前発病不担保条項によって厚く保護される結果になるからである[20]。

---

18) 山下友信＝上松公孝＝洲崎博史＝丹野美絵子＝平澤宗夫「パネルディスカッション・保険法現代化の到達点とこれからの課題」ジュリ1368号90頁［平澤発言］(2008) 参照。
19) 生命保険協会・前掲ガイドラインも契約前発病の説明・情報提供について，「個々のお客さまが自己の問題であると認識できるよう，より具体的な情報提供を行うことに努める」という。
20) 山下458頁は，「保険募集時に，発病していたことを保険者または保険募集主体が知っていたか知りえた場合に，発病が保険期間開始前であったことを理由に保険給付を否定することにも問題がある」といわれる。

4　契約前の疾患等との因果関係

　契約前発病不担保条項が適用されるには，高度障害該当の状態や入院・手術等の結果とそれを生じさせた契約前の原因疾患等との間に因果関係が存在する必要がある。契約前に存在した疾患等とは無関係の原因事由が責任開始期後に発生して，高度障害状態や入院・手術等を要する結果が発生したときは，それに対して保険者は保険給付をする義務を負う。

　ここにいう因果関係がどのような原因・結果の関係を要求されるかについては，判決例は見解が分かれる。

　(a)　高度障害状態の原因となった疾病の発生時期を客観的に識別する必要があり，原因疾病の発生時期，因果関係の有無を純粋に科学的観点から判断すべきであって，約款文言からは，相当因果関係ではなく，条件的因果関係があればよいとする立場がある（大阪高判平成 16 年 5 月 27 日金判 1198 号 48 頁）。

　(b)　原因事由と結果との間に蓋然性が高い関係を要求する立場もある。損害保険会社が取り扱う介護費用保険に関する契約前発病不担保条項の適用が問題となった事案において，傷害，疾病その他の要介護状態の原因となった事由とは，傷害，疾病その他これらに準じる事由であって，かつ要介護状態を生じる蓋然性が高い事由をいうとする（大阪地堺支判平成 16 年 8 月 30 日判時 1888 号 142 頁）。

　学説も，(a)説に近いと思われる見解[21]と，(b)説に近いと思われる見解[22]に分かれる。

　条件的因果関係説は，高度障害状態該当等の結果に対して契約前の疾患等がどの程度の原因力を有するかを考慮することなく，契約前発病不担保条項を適用する点で，相当に広く保険者免責を認める結果になる。それだけ保険契約者側の保障への期待を損なう場合も多くなろう。他方で，因果関係を極めて限定的にしか認めないという立場では，契約前発病不担保条項の趣旨が十分に活かされないことになろう。したがって，両極端の立場は，実際の本条項の適用上

---

[21]　甘利公人・生命保険契約法の基礎理論 245 頁以下（2007）。もっとも，大塚英明「片面的強行規定としての告知制度と約款規定の関係」金澤 = 大塚 = 児玉 75-76 頁注 21）は，発病の有無のみの判定で，契約前発病不担保条項の適用の可否を論ずるべきであって，そもそも因果関係を論ずる余地はないとされる。

[22]　長谷川・前掲注 17）110-111 頁。

採用しにくい。両者のバランスをとる必要がある。そうすると，責任開始期前に存在した疾患等が高度障害状態等に該当する主たる原因となっている場合に，責任開始期前発病不担保条項が適用される因果関係があると解するのが妥当ではないかと思われる。主たる原因になっているとは，高度障害状態等になるについて，責任開始期前に存在した疾患等が半分またはそれを超える割合の原因になっていると見られることをいう[23]。他の原因事由がそれよりも大きな割合で原因になっているとみられるときは，契約前の疾患等が主たる原因ではなく，契約前発病不担保条項を適用するだけの因果関係がないと解すべきものであろう。その場合には，契約前の疾患等のみでは高度障害状態等に該当する事故には至らなかったと考えられるからである。

5 責任開始期から2年経過後の入院

　最近の生命保険契約に付帯して締結される疾病保険関係の特約では，上述のように，責任開始期から2年を経過した後に開始した入院は，責任開始期以後の原因によるものとみなして，入院給付金が支払われるものがある。このような約款の定めがある場合は，問題の疾病が責任開始前に発病していたとしても，責任開始期から2年を経過した後は，それによる入院について保険者は保険給付をなすべき義務を負う[24]。これは，2年の待ち期間を定めた場合に似ているが，待ち期間よりも保険契約者側に有利な定めである。責任開始期後に別の疾病を発病して入院した場合には，保険給付が行われるからである。待ち期間の場合には，一般に，その設定された期間中は，いかなる疾病原因による入院であっても保険給付の対象とならないと解されるからである。

〔竹濵　修〕

---

[23] 長谷川・前掲注17) 111頁は，責任開始期前の疾患等の症状・程度，結果に影響した他の疾患の有無・程度等を総合勘案し，主たる原因，換言すれば，寄与度が高い原因と評価できる場合に，契約前発病不担保条項を適用すべきであるといわれる。なお，芦原・前掲注17) 50-51頁も参照。

[24] 芦原・前掲注17) 48頁参照。

保険給付の履行期と審査体制のあり方

I　保険給付の支払に関する基本的な考え方[1]

　生命保険の加入目的は保険事故時における経済的保障にあるので，迅速かつ適切に保険給付がなされるべきである。こうした業務は保険事故の発生によってはじめて具体化するものであり，その態様に則した対応を要する。保険事故の態様については，保険契約者や保険金受取人のみが知りうる立場にあるので，彼らには保険事故の通知義務と情報提供義務が課される。保険者（保険会社）では，提供された情報や独自の調査に基づき，保険事故の態様や状況を精査することになる。そして，約款に定める保険給付を行わない事由に該当するか否か慎重に検討し，支払の有無を決める。

　こうした検討にあっては，まず判断材料となる事実関係について十分かつ慎重な確認を行う。この際には，支払部門の査定担当者だけでなく，状況に応じて，法務部門や外部の有識者との連携をとることになる[2]。そして，保険契約者間の公平性や保険事業の健全性にも配慮して，総合的に判断することを要している。結果的に保険給付ができない場合には，立証責任の有無に関わらず，審査内容を保険金請求者に説明する義務を負っているとされる。

II　保険給付の可否判断基準

　保険者は，保険契約の目的物・対象物が保険期間内に保険事故に見舞われ損害を被った場合に，それが免責事故に該当しなければ，保険契約者（保険金受取人）に対して保険金を支払う義務を負っている[3]。改正前商法に定められて

---

[1]　（社）生命保険協会・保険金等の支払を適切に行うための対応に関するガイドライン（2008）。
[2]　保険会社のなかには，外部有識者（法律と消費者問題の専門家）と社内担当者により構成される「保険金等支払審議委員会」等を設けているものもある。
[3]　木村栄一＝野村修也＝平澤敦・損害保険論65頁（2006）。

いた一般的な免責事由には，①戦争その他の変乱，②目的物の性質，瑕疵，自然の消耗，そして③保険契約者，被保険者，保険金受取人の悪意（故意）や重過失による事故招致，が挙げられていた（改正前商640条・641条）[4]。

加えて，保険給付の可否判断にあたっては，当該保険事故の状況や態様について調査が行われ，それに基づいて支払事由の（非）該当性が検討される。つまり免責事由に加えて，告知義務違反[5]，重大事由解除[6]，詐欺無効[7]等の支払ができない事由の該当性判断も行ったうえで，保険金支払の可否を決めている[8]。こうした調査と該当性判断が必要とされるのは，一般の商取引と比べて，

---

4) なお，悪意とはほぼ故意と同じ意味をもつと解され，また重過失も故意に準ずるものとして位置づけられる。一方，保険法では，51条に保険者の免責規定が置かれている。生命保険契約における法定免責事由としては，「被保険者の自殺」「保険契約者もしくは保険金受取人による被保険者の故殺」「戦争その他の変乱」があげられる。山下365-369頁および山下友信＝竹濱修＝洲崎博史＝山本哲生・保険法〈第2版〉272-280頁（2004）を参照のこと。なお，遠山優治「重大事由解除の効力と保険者の免責について——保険事故についての虚偽申告を中心に」保険学606号107-108頁（2009）においてその趣旨が説明されている。「現行商法では，故意の保険事故招致の場合に保険者を免責するのは，契約当事者間では保険契約者の信義則に反する行為としてであり，同時に保険者を免責することは公益に基づく規制であるとされている。これに対し，保険法では，犯罪行為により保険事故を惹起した者にも保険金を支払う保険契約は，免責事由の適用を待つまでもなく保険契約自体が公序良俗に反して無効と考えられることなどを理由に，『保険者の免責』の規律は信義誠実の原則に基づくものであるとされている」。

5) 庭田範秋編・生命保険論223頁（1978）において，「〔告知義務が課される根拠は，〕保険者は保険事業を健全に運営していくため，みずから危険を選択するが，……その危険を最もよく知り得る立場にある保険契約者および被保険者にも協力を求め」るためである。このような情報の非対称性の存在により，彼らに協力を求めることで危険を正しく選択し，もって事業健全性と契約者間の公平性を確保するのである。ここで告知すべき項目としては，対象となる危険を測定する際に影響を及ぼす事実が挙げられるものの，こうした事項にモラル・リスク（ハザード）を誘発しやすい事項を含めることが望ましい。なお，告知義務違反が成立する要件としては，保険契約者または被保険者がこうした事実を告げない，ないし不実を告げるという事実が存在していること（客観的要件）とそれがかれらの悪意もしくは重大な過失であること（主観的要件）とが必要になる。

6) 遠山・前掲注4）103頁では「故意の事故招致の場合には，保険者が免責される理由は故意免責である一方，契約関係の解除は重大事由解除による」との記述で保険者の免責と契約解除との関係が整理されている。

7) 庭田・前掲注5）226頁において，「保険約款は，通常，保険契約者または被保険者に詐欺行為があった場合は契約は無効とし，既払込保険料は返還しない旨定めている」。

8) 山下460-478頁，また318-320頁において，保険法上の告知義務違反と民法上の詐欺や錯誤等との関係が整理されている。なお，もちろん，これらの確認や審査過程において，こうした事由について事前・事後の説明を尽くすことは，迅速な保険給付の遂行だけでなく，保険金請求者の合理的な期待とその利益擁護にとっても重要になる。また，傷害保険契約の場合には，

*保険給付の履行期と審査体制のあり方 II

保険取引に特殊性があり，保険が時として保険金詐欺などの反社会的目的に利用されてしまうからである。

　生命保険契約においても，保険事故が発生し，保険金請求が行われた場合には，保険事故の態様などを保険会社が確認する必要がある。たとえば，保険会社が当該保険事故は偶発性を欠いており，故意に基づくと判断した場合には，保険金請求者から提示された死亡診断書その他の書面に対して，不審性や自殺動機があるかどうかを確認しなければならない9)。なお，免責事由に関する改正前商法の規定は任意規定であり，保険事故の要件や不正請求に関わる免責事由以外は，個別保険会社の約款において，排除もしくは追加することは可能になっている10)。

　こうした保険取引の悪用を防止するために，保険法においてさまざまな仕組みや工夫がビルト・インされることになる11)。保険には不可避的にモラル・リスク（ハザード）が付随するのであり，法制上の規定にもまた保険約款上も，これを予防する仕組みが組み込まれている12)13)。モラル・リスクは犯罪の誘因になるだけでなく，保険金の不正取得の危険性を生み，保険制度とその経営

　　　　保険事故の要件も審査対象とされる。それには，「急激性の要件」「偶発性・偶然性の要件」「外来性の要件」「因果関係の存在」の各要件がある。この点については以下の文献を参照のこと。桜沢隆哉「傷害保険契約における保険事故と偶然性・外来性」生保164号213頁（2008），佐野誠「傷害保険における外来性要件と疾病免責条項」石田重森編著・保険学のフロンティア229頁（2008），杉野嘉彦＝小林三世治「不慮の事故の『外来性』の検討」生保164号289頁（2008），山下友信「傷害保険契約と他保険契約の告知義務・通知義務」文研100号165頁（1992），横山尚昌「傷害保険における事故の外来性の証明について」生保165号135頁（2008）。

9)　ただし，とくに偶然性・偶発性要件については，その立証責任が保険者にあるか，保険金請求者にあるかが問題となる。後者は事実関係を良く知る立場にあるものの，技術的困難さから，その程度には限度があってしかるべきである。いずれにしろこうした要件の確認により，審査期間が長期化することが考えられる。

10)　木村ほか・前掲注3) 66頁。

11)　山下ほか・前掲注4) 20頁。

12)　山下ほか・前掲注4) 67頁，実態に即して考えると，故意の自己招致が強く疑われるケースであっても，確たる証拠を掴めなければ保険金支払を拒否できないこともありえる。こうした場合，他の法的根拠も援用して保険者の免責を主張することもある。

13)　山下ほか・前掲注4) 51頁，個社の保険約款においても，こうした機能も強く意識されているものの，その文言や免責規定が過剰防衛的になり，保険契約者利益を著しく侵害してしまう危険性もある。そのために，その妥当性や内容の公正さを確保するために，行政的規制や司法的規制が置かれている。こうした規制では，個別の契約者利益保護と保険による負の部分・影の部分を未然抑止することによる制度防衛とのバランスをとることが要請されている。

に甚大な影響を及ぼす。そして多くの場合、こうした事態発生は、保険料の増加から個別契約者の負担増、保険取引費用の高騰に跳ね返るだけでなく、保険制度自体への不信感を醸成し、保険需要の抑制にもつながりかねない。そのために、保険（契約）法と個別約款上の対処に加えて、個別の保険会社における適正な契約管理と事故発生時の調査が要請されているのであり、あわせて業界全体での取組みや行政の役割も不可欠になる。

　しかしながら、保険契約には個別性があることや保険事故の発生形態も多様であることから、一律の規定が困難であり、また画一的な対応が十分な成果を挙げないことも考えられる。保険金請求を処理するに際しても、①単に保険事故の発生や態様を確認する、②免責条項に照らし合わせて保険事故の該当性、非該当性を判断する、③過剰請求の可能性があり、保険金額の妥当性をチェックする、④不正請求の危険性が高く、保険事故発生の有無も含めて精査する、といった多様な対応に迫られることになる。

　個社における保険契約の管理業務フローでは、契約締結時点で危険選択を行い、引受けの可否や必要に応じた引受条件を決めている。こうした業務は入り口段階で危険度に見合う保険料を徴収し、給付反対給付均等の原則から収支相等の原則を確保するための措置である。同時に、付加保険料中に異常危険準備金が含まれているとはいえ、連鎖危険や巨大危険などをはじめとした保険数理的に引受けが困難な危険については、免責条項を設けるなど付保範囲を一部で制限している。免責条項については、モラル・リスクを未然抑止する機能もある。

　保険契約管理の段階では、保険契約者や被保険者の情報に基づき、引受危険の変動ほか契約内容の変化について的確に把握し、ときに契約条件を変更する場合もある。こうして契約の締結から契約の終了ないし満期に至るまで、保険経営原則を堅持しながら、保険群団の適正維持と保険契約間の公平性確保を実現することになる。同時に、この間の保険法と保険約款の縛りにより、保険制度の負の部分、影の部分であるモラル・リスクを抑止して、反社会的な利用を排除することになる。

　最終段階である保険金請求時においては、基礎事実の確認から必要に応じた保険事故状況の調査まで行われ、保険金請求案件が審査される。こうした調査

には明示的な費用と暗黙の費用がかかり、後者にはその迅速化を担保するための遅延利息と不十分な調査により発生する不必要な保険金支払金額が含まれる。こうした費用がともに付加保険料に追加され保険料の高騰を招くことを考えると、保険事故発生ないし保険金請求以前と以降のモラル・リスク抑止対策をうまく組み合わせることで、合計費用を抑える発想が肝要になる。

III　保険給付にかかる調査の目的と効果

　保険者は、保険契約者もしくは保険金受取人から保険事故の通知を受けた後、速やかに保険金等を給付することになる。通常であれば、提出された手続書面等を確認し、5日ないし5営業日以内に保険給付を行う。しかしながら、前述したように、免責事由の有無や支払の非該当性を調査する必要がある場合にはこの限りでなく、こうした調査に一定の日時を要する。生命保険各社の現状では、9割以上の契約で5日ないし5営業日以内に支払が処理されており、残りの5％程度の契約について、特段の調査に基づく支払の精査が行われている。

　こうした調査の基本的目的は、契約締結段階での危険選択やモラル・リスク（ハザード）の阻止または排除を狙った契約解除等にも関わらず、なお残存している不良危険をチェックし、保険金不正取得目的の請求を退けることにある。こうした保険金請求段階でのモラル・リスクが横行した場合、保険制度の存在自体が、公序良俗に反するような行為を助長してしまうのである。こうした行為を許していては、保険制度への不信感を醸成し、その社会的意義を減じてしまう。また、こうした不正請求が多く故意の事故招致から生じ、同時に過大請求を伴うものであるとすれば、保険制度の根幹をなす保険数理的技術、すなわち事故率の科学的推計の根拠を脅かすものであり、制度自体の存続に関わることになる。さらに、収支相等の原則が給付反対給付均等の原則と表裏一体であることから、こうした原則を損ねる不正請求により、保険契約者平等待遇や契約者間の公平性が維持できなくなる。そこで、不正行為や詐欺行為の程度を問わず、厳正に対処すべきことになる。

　ただし、だからといって、無制限の調査や費用効率を無視した調査は容認されることはない。そこには自ずと限度があるといえる。こうした限度や限界は、

保険経営面・事業運営面と契約者へのサービス面から考えることができる。たとえば、起訴された案件について裁判官の判断を有利に導くために、状況証拠を過度に積み重ねることは費用効率面からは是認されないであろう。一方、調査結果を不当に振りかざし、死差益の拡大を目指して過度の保険給付抑制に走ることは、契約者利益を著しく損なってしまう。また、保険制度や保険商品に専門的知識を欠く保険契約者（保険消費者）に対して、当該調査の妥当性とその帰結を丁寧に説明する作業にも手間と時間を割く必要がある。そこで、保険給付時点の調査に影響を及ぼす要因を整理するとともに、この両面に配慮した望ましい調査のあり方を考察する。

費用効率に配慮した場合に、①保険金不正請求の原因や動機別に対応策を打ち立てること、②保険契約時点・危険選択時点から保険事故発生時点・保険給付時点を通じた適正な契約管理や継続的な不良危険の排除を行うこと、③業界団体・協会との連携を図ることや当該業務のアウトソーシングにより効率化すること、④保険事故発生に関わる公的機関や保険契約者・保険金受取人の生活圏において、彼らの情報を有する公的機関との連携を強めること、⑤業界全体として、保険犯罪の重要性に鑑みて公的関与を要請すること、などが考えられよう。①や②は個別会社における経営努力の範疇に入る一方、③④⑤は、保険犯罪が保険制度の根幹に関わる外部性を有することから、業界挙げての取組みにより、個別会社を間接的に支援する方策になる。そこで、①から⑤について順次取り上げていく。

まず、効率的かつ効果的なモラル・リスク対策には、その原因や動機の類型化を欠くことはできない。保険商品は無形財とされるが、保険犯罪を摘発するには、不法・違法な貨物や薬物の流通を防ぐための探知システムやサンプリングを活用した検査システムを参照することも有益になる。ただし、こうした有形財とは異なり、無形財の保険商品では、不正の意図や意思が大きな意味をもつ。契約締結当初から不正ないし不適切な意思をもって、詐欺行為を働くことは、明確なモラル・リスク事例である。こうした詐欺行為にはさまざまな不自然な兆候が見受けられるはずであるが、後述するように、契約当初のスクリーニングで発見することは困難なことも事実である。こうした明確な悪意をもって締結される契約の類型として、「替え玉利用」型、「不告知・不実告知」型、

＊保険給付の履行期と審査体制のあり方　III

そして「短期集中加入」型がある[14]。

　こうした類型化のなかで，「替え玉利用」型や「短期集中加入」型では，起訴に持ち込まれた場合に，詐欺取消しの判断が下されることが多いようである。これは客観的な判断材料が揃っており，当初からの不正や犯罪の意思が明確だからであろう。それを踏まえて対策を練るとすれば，「替え玉利用」型では保険契約時点の営業職員や診査医のチェックを二重三重に厳重にすることである。「短期集中加入」型でも，当初の加入形態や動機を厳しく見極めることや，契約当初ないし契約後の一定期間内に業際業界も含めた保険加入・契約状況を確認することで，不良危険を排除できるのである。同時に契約当初に，過去の加入・契約状況と就業や収入の安定性をチェックすることも有益であろう[15]。

　これらに対して，「不告知・不実告知」型には重層的な対処が必要になる。たとえば，現症や既往症について，正確な告知がなされなくても，それが悪意とは断定できない。こうした場合には，保険者の判断と裁判所の判断との隔たりが大きくなる可能性は否定できない。こうした事例では，詐欺取消しか否かの境界線について，契約締結後ないし保険事故発生時における契約者の行為・行動が総合的に勘案され，判断が下されることになる[16]。そうであれば，こうした事例では，保険期間中の行為・行動や保険事故発生時の状況が事細かに調査される必要があり，調査期間が長期化しまたその費用が嵩む可能性ももっとも高い。保険期間中の保険契約者のモニタリングが困難なことを考えると，契約締結時点で正確な告知を引き出すことと，彼らの意図や動機を見抜くスクリーニングも重要視されることになる。

　これに対して，契約締結後ないし保険事故発生後に第三者の関与などもあり，保険金不正取得のために事故を捏造したり，過大請求を行うケースもある。こ

---

[14]　潘阿憲「生命保険契約におけるモラル・リスクと『詐欺無効』の理論」生保145号73-105頁（2003）を参照のこと。山田高弘「わが国における保険金詐欺の実態と研究——偽装自動車盗難による保険金詐欺を中心に」保険学606号193頁（2009）では，保険事故発生時点の不正請求の類型が整理されている。そこでは，「事故偽装型」と「事故便乗型」に大別したうえで，前者を「事故作出型」と「架空事故型」に，後者を「捏造請求型」と「過大請求型」に区分している。原典については，(社)日本損害保険協会・わが国における保険金詐欺の実態と研究（2008）を参照のこと。

[15]　「短期集中加入」型もしくは「重複加入」型では，他の保険契約との重複によって保険金額の合計額が著しく過大であるために，重大事由解除の事例ともなる。

[16]　潘・前掲注14）103頁を参照のこと。

れらは，事後的にモラル・リスクが誘発された事例である。こうしたケースでは，保険商品（約款）設計上の工夫や保険期間中の契約管理の徹底により回避できる部分もある。たとえば，危険の顕著な増加を感知すること，保険料の滞納状況による生活環境の変化を察知することなどである。こうした契約管理上の工夫がないと，保険事故発生後には，当初からの明確な悪意がないために，事実関係の精査が困難であったり，裁判に至っても判断のブレが大きくなる危険性がある[17]。

　本来，生命保険契約の募集が，個別会社専属の営業職員による対面販売を基本とするのは，一次的なスクリーニングを期待してのことである。彼らは書面により保険契約者の就業・収入状況，家族構成を知りうるだけでなく，対面により人物像や住宅などを含む生活環境を同時に把握できる立場にある。また，その契約動機や保険に関する知識レベルを察知できる可能性もある。保険金不正取得を意図した事故招致が，契約後まもなく引き起こされていることを考えるとき，こうした情報をうまく加工して蓄積することで，モラル・リスク抑止に役立てることができるはずである。ただし，知人に頼られて不適切な契約を結ぶケースや自らが片棒を担ぐような場合もある。契約締結段階での不良危険の混入を抑えるには，営業職員の選抜やその教育研修にも十分に意を用いる必

---

[17]　西島梅治＝長谷川仁彦・生命・傷害保険にかかわるモラル・リスク判例集11-12頁（2000）において，保険者が免責を主張する場合の立証の難しさを指摘する記述がある。「保険会社側が免責を主張するためには，保険契約者ないし被保険者の故意を立証しなければならないが，故意というような内心にかかわる事実については，直接の証拠によって立証することはなかなか難しいし，また，保険事故は保険契約者や被保険者の支配領域内で発生するので，間接事実に関する資料も保険会社側が入手することもできないという立証面において保険会社は不利益な立場に立つことになる」。さらに調査との関係では，次の指摘が重要となる。「保険者免責事由である『故意』の立証責任は，保険者が負うこととなる。しかし，その立証は，問題が保険契約者，被保険者などの内心の意識に関わることから，本人が事故招致の事実を認めたものや，故意を直接に立証する決定的証拠の提出があるものや保険金等の詐欺があったとして刑事事件で立件されたものなど以外はきわめて難しい。そこで，『故意』による事故の疑いが極めて高い場合において，刑事事件におけると同程度の厳格な証明が保険者に要求されると，商法第641条，同第680条（保険者の免責事由）あるいは約款に定める免責事由の『故意』による事故であるとする立証がなかなかできにくくなる。そこで，保険者の免責を問題とする民事における『故意』の立証においては，保険会社側は，契約の締結の経緯，事故発生に至る状況，保険契約者，被保険者の収入や借財等の経済状態等から，保険契約者等の故意を推認させるような事実を詳細に把握し，間接事実の積み重ねによって『故意』を裁判所に認定してもらう『一応の証明』理論の適用の余地があることになる」。

＊保険給付の履行期と審査体制のあり方　III

要がある[18]）。なお，この段階では，過去の保険加入歴や現在の他保険加入状況をチェックすることも重要であり，それには業界全体での情報共有化も有益である。とくに短期集中的に契約を申し込んで，入院給付金を不正にせしめようとする事例については，（社）生命保険協会による契約内容登録制度を通じて他社加入・契約状況を確認する作業は不可欠であろう[19]）。

　保険期間中の契約管理段階では，保険料の継続的な滞納状況などがチェック項目となる。こうした状態が続くことは，当初から家計や事業経営の状況が思わしくないか，もしくは経済状況が逼迫し，保険契約者（保険金受取人）が金銭的に追い込まれているかのどちらかである。こうした状況に至った場合に，再度，他社との契約状況を確認するなどして，事後的なモラル・リスクを検討することも要する[20]）。そのため，契約継続中に，注意深く契約を管理し，重大事由により解除すべき契約や契約者登録制度を活用して重複保険をチェックする体制も重要である。こうしたチェックにより，保険事故にかかる虚偽説明などの保険金詐欺も未然抑止できる可能性がある。

　こうした費用効率面に加えて，保険契約者や保険金受取人に対するサービス面にも配慮することが必要である。これにも個別保険会社での対処と保険取引の適正化や契約者利益を保護する保険規制や保険法による手当ての両面が考えられる。費用効率に加えて，契約者利益にも配慮することにより，「合理的」な調査が実現するものと考えるので，次節において詳説する。

　最後に，保険金不正取得や保険犯罪を撲滅することを目的とした，公権力に基づく機関の存在もモラル・リスク対策と考えられる。たとえば，米国，英国そしてカナダにおけるIFB（Insurance Fraud Bureau）である[21]）。こうした機関

---

18) 西島＝長谷川・前掲注17) 6頁においては，こうした営業職員によるスクリーニングの問題点も指摘されている。「営業職員が歩合給の比重が大きいことから，無責任な言動により不良契約を集めたり，……保険契約時の不良危険の完全な排除は容易なことではない」。一方，契約締結時点では，診査医も不良危険排除に一役買っていると指摘している。

19) 西島＝長谷川・前掲注17) 7頁。

20) 西島＝長谷川・前掲注17) 11頁を参照のこと。なお，保険約款での対応，保険商品設計面での対応，そして経営上の契約管理の工夫などを通じて，モラル・リスクを減じることで，保険給付時の調査を簡略化することが可能となる。また，不確定要素があるとはいえ，裁判官の判断基準や立証責任のあり方なども，調査の必要性や調査費用に影響を及ぼすものと考えられる。

21) Insurance Information Institute, *Insurance Fraud* (2009) pp. 1-7, 米国を例にとると，

の合理性は，モラル・リスクの予防に外部性が存在することにある。私的な契約や取引に公的機関が介入することには弊害があるものの，保険金不正取得や保険犯罪が保険制度とその経営に大きな影響を与え，同時にその根絶には莫大な費用がかかることから是認されよう。とくに，こうした不正や犯罪には再犯が多くみられるのであり，過去の不正が疑われる潜在的な契約者を保険取引から締め出すために有効になる。こうした機関では，過去の不正事例や常習者の情報を収集し，それを解析してその背景や原因を探るとともに，分析結果を広く公表して公益に役立てている。また，「スコアリング」手法など，不正摘発のための統計的手法を高度化し，そのためのソフトを開発している。そのうえで，保険犯罪の罰則や予防策に関する政策提言を行っている。米国の事例では，こうした政策提言に基づき，不正摘発のためのガイドラインも策定され，起訴に踏み切る判断基準の明確化に役立てられている。さらに，保険会社と州政府および警察や裁判所との情報交換を仲介している。わが国の起訴事例，裁判事例に顕著にみられるように，保険犯罪の事件性が強い場合には，その解明に力点が置かれ，個別の保険会社が事故状況にかかる情報などを取得できないケースもある。IFBなどの保険犯罪専門機関が存在することにより，こうした事態が回避され，保険契約関係が迅速に処理されることも期待される。

　わが国でこうした独立機関を設置することには種々議論があろう。その設置には社会的費用が付随するのであり，当該機関の有益性を冷徹に検証することで，メリットとデメリットを比較考慮しなければならない。諸外国においてこうした機関が果たしている役割を，実態に即して検証する作業を要する。またわが国に導入する場合，監督官庁や役目が重複する機関との役割分担を調整しなければならない。しかしながら，各保険会社や生保・損保そして業際業界を跨いで，保険犯罪情報を収集しそれを解析することで有効な不正抑止手段を共有化できれば，その果実は保険会社や共済事業団体だけでなく，経済的保障を

2008年現在で，41の州にIFBがある。それがないのは，アラバマ州，イリノイ州，インディアナ州，メイン州，ミシガン州，オレゴン州，テネシー州，バーモント州そしてワイオミング州の9州のみである。IFBを設置している州の方が，有意に有罪率が高いなど，その意義も指摘されている。また，International Association of Insurance Fraud Agenciesの調査によれば，IFBによる1ドルの調査費用は27セントの不正取得保険金の削減効果をもつことが示されている。

＊保険給付の履行期と審査体制のあり方　IV

必要としている多くの保険消費者にも及ぶことになる。また，迂遠であっても，こうした機関が（潜在的な）保険消費者や保険販売に携わる営業職員に対して，保険制度の適正利用にかかる情報提供や教育・研修を実施することは，正しい保険思想の普及にもつながる。

IV　保険給付に対する行政的規制と経営上の対応

　従来の保険会社の約款では，保険契約者や保険金受取人の請求が行われた翌日から起算して5日，もしくは5営業日以内に保険金を支払うことを記載していた。こうした日数の期限は，保険会社内部で保険金支払にかかる事務処理に最低限必要とされる期日と理解されており，その後は速やかに保険金を給付することになる。ただし，保険給付の適正さを確保するためには，保険事故の態様や状況について保険会社が確認し，また場合によっては調査することは不可避である。そのために通常の確認に加えて，免責事由の該当性や告知義務違反の有無等の事実確認を要する場合には，この限りでないとされていた。

　保険契約においてこうした期日を設けることは，保険契約者や保険金受取人に保険金支払までの日数の目安を与え，保険給付に際しての利便性に供するとされてきた。同時に，こうした期日の定めは，保険会社側に自己規律を課すことで，遅滞ない業務遂行を促すことになる。こうした保険金支払体制により，保険事故発生により生じた諸経費や諸費用を迅速に手当てすることで，保険契約者や保険金受取人の私有財産・家計資産への影響を最小限に留めることが可能となる。

　一方，過去の裁判事例を通して，約款の但書等により，こうした期日を超えて保険金支払の猶予期間を設けることには疑問が呈せられてきた[22]。それは，最低限必要とされる期日を超えて，事実確認を要する場合に向けられてきた。とくに，こうした場合における「必要とされる期間」や「必要とされる調査内容」が不明であり，保険契約者や保険金受取人には判別しがたい点が疑問視されてきた。また，保険金支払時期が延伸されことが，私有財産・家計資産の毀

---

22)　後藤元「新保険法における保険金支払債務の履行遅滞」生保165号94-95頁（2008）。

損等，彼らに一方的に不利益を与えることも問題とされてきた。こうしたことから，保険法のもとでは，事実確認や調査にかかる期日や調査内容をある程度明示していくことが求められている。また，「必要とされる期間」もしくは「相当の期間」を超えて調査が実施される場合には，こうした金銭的不利益を補塡するために，遅延利息（遅延損害金）が課されることになる[23]。

このとき実務上問題となるのは，「相当の期間」とは何か，こうした期間の合理性を立証する責任はどこに（誰に）あるのか，この期間経過後に遅延利息が発生することが妥当であるか，そしてこうした取決めにより調査不十分のまま保険金支払が行われる危険性がないか，といったことである。最後の点は，被保険者や保険契約者の反応次第では，モラル・リスクに結びつく危険もあるだけに，保険経営と保険制度にとり慎重な検討を要する。

原則的には，「相当の期間」もしくは「必要な期間」経過後から，保険会社は遅滞の責任を負うことになる。そのために，事前には段階的にこうした「相当の期間」を定めて確認を徹底することが可能であるかどうか，事後的には遅延利息を払って確認を徹底する必要があるかどうかが，問題とされる。約款の期限を経過したときには，確認中であっても履行遅滞の責任を免れないのであり，免責条項に該当する等の理由だけをもって約款上の期日まで支払を猶予することも認められない可能性がある[24]。そのために，保険会社が確認や調査の合理性を主張できない場合には，約款に期限の定めがあっても，保険会社は

---

[23] 後藤・前掲注22) 122頁．具体的には，保険法においてもこれまでと同様に，適正な保険金支払のために必要な確認を行うことを認めたうえで保険給付の履行期にかかる規定は「約款に期限の定めがある場合」と「約款に期限の定めがない場合」とに整理区分された．前者については，私的自治原則のもとで，必要な確認期間を法律で明記したことになる．これまでの保険実務上の取扱いを尊重しながらも，保険給付の履行期として一般的に妥当である期間を「相当の期間」として明確化して，約款に定める期日がそれよりも長い場合には，この「相当の期間」経過する日をもって期限とした．これまでの論議のなかでは，「相当の期間」とは，保険契約の種類，保険事故の内容や態様そして免責事由のあり方等に照らして，類型化されるものであり，過去の調査・審査日数から統計的にも合理性のある期間であるべきとされてきた．そのために，個別案件毎に最低限の事項を確認するだけの期間である，「必要な期間」とは明確に区別される．そして，「相当の期間」の期日を基準日とした場合，基準日が長くなれば約款の期限が有効になり，短く終了すればこの基準日が期限となるのである．こうしたことから，約款に定められた期限は，猶予期間に一応の上限を与えるものであり，保険契約者や保険金受取人にとって安心感を与えるものと理解できる．

[24] 甘利公人「保険金給付の履行期と消滅時効」落合＝山下201頁．

*保険給付の履行期と審査体制のあり方　IV

期限の利益を喪失し，遅延利息支払を余儀なくされることもありうる25)。ただし，前節で論述したように，モラル・リスク対策には，契約締結段階や継続段階での措置も可能なのであり，「出口指向」の対応策よりも「入口指向」が重視されるとすれば，それはこうした取決めの副次的効果となりえる。

また，保険契約の特殊性に鑑みるに，「必要とされる期間」や「必要とされる調査内容」も保険契約者や保険金受取人の行動や提供される情報の程度によって左右される場合もあり，情報提供の遅れが，故意によるものか過失によるものか，その動機が問われる場面もありうる。必ずしも調査の妨害行為とまでいえないケースでは，遅延の責任は保険者に課される一方で，遅延利息（遅延賠償金）による利得は一方的に保険金受取人などに生じる。そこで，彼らには保険金請求に際して，保険事故の通知義務が課され，また保険事故の態様や状況に関する情報についても適正に報告する責務があるとされる26)27)。ただし，保険事故の態様や状況は保険契約者や保険金受取人のみ知りうることが事実と

---

25) 竹濱＝高山187頁。こうしたことの効果として，約款の期限に関わらず，法律上の期限が「相当の期間」に短縮されるために，約款に規定される履行期より実態を反映したものとなる可能性が指摘される。

　これに対して，保険契約者や保険金受取人が正当な理由なく調査を妨害したり，それに応じなかった場合には，保険者はこれによる保険給付の遅滞に対して責任を負わないとされている。それだけではなく，特定の事実の秘匿が，関連する調査を長引かせ，保険契約者や保険金受取人が利得するケースもありうる。そのため，約款に期限の定めがある場合，直接に調査妨害を認定できなくとも，こうした理由による遅延期間を猶予期間から除くだけでなく，遅延利息の特例的な引下げも視野に入れるべきである。このように，遅延利息（遅延賠償金）自体の効果・効用は明白であるものの，個別事例に応じた金額・金利の多寡や付利される日数については議論の余地もある。とくに，調査期間が保険金受取人をはじめとした当事者や関係者の行為・行動に左右されるのであれば，一律の固定率での付利や硬直的な付利期間の認定では，柔軟性を欠くきらいがある。

26) 沖野眞已「保険契約者の破産，保険金給付の履行期」商事1808号34頁（2007）。また，遠山・前掲注4）118頁において，「（保険事故発生時に）説明義務を定めることが可能であることの根拠が信義則に求められるならば，履行期に関する規定の片面的強行規定性を考慮してもなお信義則上認められる説明義務に対する違反の効果が，（少なくとも一般的には損害賠償義務は認められると考えられるところ，）履行期に関する規定の片面的強行規定性によりさらに制限されることとなる理由は，必ずしも明らかではない」。

27) 梅津昭彦「保険事故の通知義務・損害防止義務」落合＝山下174-175頁。このように，保険会社による調査が時間切れとなり保険給付が行われてしまうようなケースでは，それを疑義事案として業界で共有する必要もあろう。一方で，こうした説明責任義務に違反した場合には信義則に反するとして，相当のペナルティが課されるだけでなく，それが保険給付後に判明した場合には賠償金が請求される可能性もある。

しても，保険金の支払可否の判断は保険会社が下すものであり，彼らから適正な情報を引き出す努力と工夫をする責務は依然として保険者（保険会社）にある。そのために，保険契約の締結時点や保険給付の請求を受ける時点において，保険金支払にかかる免責事由や保険契約者側の義務を周知する責務があると考えられる。

本来，この度の保険法における「保険給付の履行期」にかかる記述（52条や81条）の趣旨は，保険経済や経営の視点からするに，保険金支払タイミングの不確実性を少しでも減じて，保険契約者や保険金受取人の心理的不安感を取り除くことにあると考えられる。こうした不安心理を取り除くことが，保険契約者保護につながるとの発想であろう。これは不完備契約理論でいうところの「合理的期待形成」により，その不完全性を補うことである。不完備契約理論では，当該契約に将来起こりうるすべての状況とそれに対応した取引関係の変動を書き込むことができないこととから，資源配分上の非効率が発生すると考える。そこで保険審査にかかる一連のプロセスを明確化し，保険契約者や保険金受取人に周知することは，彼らの合理的な期待形成に寄与することになる。実務上，必要な確認を行う期間と内容について解説することが説明責任として求められる。保険金請求後は，適宜，保険金支払までのプロセスや調査状況について，保険契約者や保険金受取人に情報提供すべきである。こうしたプロセスの透明性確保により，彼らの不安心理は和らげられることになる[28]。

一方で約款上も，こうした趣旨が貫徹されることが望ましい。事前に約款に複数のケースを想定して期日を定めることや，調査の推移を織り込んで段階的に期日を定める等の手当てもありうる[29]。こうした期間設定の合理性と納得性を高めるためにも，個々の確認事項にかかる必要日数を明示するか，少なくともその範囲日数は示す必要がある[30]。また，その内容についても，具体的手法をある程度明確にすることを要している。そこで，保険事故の個別性に対

---

28) 山下 535-536 頁。
29) 後藤・前掲注22) 87 頁，95 頁。
30) 竹濱＝高山 114 頁，沖野・前掲注26) 32 頁において，「『一定の期間』を超えた期間を要する場合には，特別の事情により保険事故の発生や損害についての確認が難航しそのための期間が追加的に必要である場合と，免責事由の存否等について調査の必要がありそのための追加的期間が必要である場合と，両方の事情がある場合とがあることになる」。

＊保険給付の履行期と審査体制のあり方　V

してそれを類型化して，保険契約者や保険金受取人に適宜伝達することで彼らの納得性を高めるとともに，事故や免責事由の実態に即した調査を可能とする余地を確保しておくことが考えられる。こうした考えを推し進めれば，保険給付の内容や保険契約の種類ごとに，調査項目を縦に，調査対象を横にマトリックスを作成し，各欄に目安となる日数を書き込む方法がありえる。その表に基づき，保険給付の内容や保険契約の種類ごとに，支払に要する日数を範囲として示すことで，保険契約者や保険金受取人にその範囲内での支払を約定するのである。こうした手法は，保険金支払日数を保険契約者や保険金受取人に具体的な形で伝達し，彼らの心理的不安感を取り除くので，保険契約者利益を高めることになる。

V　保険給付における審査体制のあり方

　これまで，保険給付にかかる調査の必要性とその効果，およびそれに対する行政的な規制について論述してきた。そして，合理的な調査とは，効率的かつ効果的にモラル・リスクを抑止すると同時に，個別契約者へのサービス面においてその利益を高めるものとして定義してきた。後者には，迅速かつ適切な保険給付提供というサービス向上と当該プロセスの透明性を高めることが含まれるとした。そこで最後に，こうした調査・審査体制の確立について考える。
　まず，保険契約を管理する保険会社が，保険契約者（保険金受取人）の行為・行動を適正に監視（モニタリング）することで，調査にかかる不必要な支出を抑える発想が重要である。保険契約締結の経緯や他保険契約の状況などは比較的安価にプロファイリングすることができる。また，前述したように，理由なき保険料の滞納状況や保険金請求時の収入・資産等の経済的状況，就業状況そして健康状態なども，多額の費用をかけずに観察可能である。契約の更新がある場合には，その変更理由や動機なども精査しておくことが大切であろう。こうした調査の結果について，保険会社間で共有する必要があるとすれば，個別保険会社の枠を超えて業界全体での対応も望まれるところであり，行政側の後押しも必要になる。その際には，個人情報の保護に十分な配慮が必要なことはいうまでもない。

こうした保険事故等にかかる調査費用については，保険契約者間の公平性を確保し，保険群団を適正に維持するために必要とされることを考えると，保険契約者が付加保険料として薄く広く負担することに問題はないように思われる。一部の保険契約者による不正請求を排除することは，危険度に見合う（純）保険料を徹底させることにもなるので，危険差益・死差益の確保にもつながり，可及的安価な保障提供を通じて保険契約者の利益にもなる。ただし，こうした考え方が妥当するのは，調査費用が適正に執行され，調査に一定の実が挙がる場合のみである。不適切な調査費用の支出は保険契約者利益を阻害する。また，中途半端な調査結果により，保険給付の履行期が到来したことで保険金支払が行われてしまうと，無駄な支出が行われたことになる。いずれのケースにしても，保険契約者には金銭的不利益が発生することになるので，こうした事態に至らないように事前管理体制を強化すべきである。

　保険法の改正により保険会社には，約款上の対応や組織体制の見直し等の費用もかかることになる[31]。これまで論述したように，保険金請求にかかる審査では，保険の要件や免責事由への（非）該当性そして解除権行使の妥当性など，幅広い調査を必要としている。ただし，たとえ免責事由に該当していたとしても，本来より高い保険料で引き受けるべき契約もある[32]。その意味で，保険給付にかかる調査費用を軽減するには，約款上の手当てや説明責任を尽くすことに加えて，アンダーライティング業務の適正化や保険商品設計の透明性確保等，業務部門間を跨る連携強化により契約管理を徹底することが要請されている[33]。

　このようにして，合理的な調査・審査体制には，〈契約継続期間と保険事故時における適切な情報収集―部門を跨る総合的かつ的確な判断―手続の公正性の確保〉の流れを構築することが急務である。つまり，事後的な審査体制を効

---

31) 社会経済的観点からは，こうした費用は「規制コスト」と把握される。
32) 佐野・前掲注8) 246頁。
33) 遠山優治「生命保険契約における保険者の免責」落合＝山下193頁において，「保険商品の設計においては，支払事由の設定とその発生率の想定がプライシングの基本的な要素となる。免責事由も支払事由の発生率に影響を与えるプライシングの重要な要素の1つであり，多様化が見込まれる今後の保険商品の発展の中にあって，免責事由が，支払可否の問題にとどまらない，より重要な論点となっていくことも考えられるところである」。

＊保険給付の履行期と審査体制のあり方　V

率的に仕組むだけでは，プロセス全体の費用を抑止することにはならない。契約締結段階での不良危険に対する二重三重のチェック体制の確立および継続期間における適正な契約管理と結びつけてこそ，調査費用・審査費用の縮減がかなうのである。

　また，保険金請求にかかる審査だけに限定しても，事故調査をはじめとした業務委託のあり方等，組織体制を再検討する余地もある。こうした業務をアウトソーシングして，業界全体でもしくは官民共同で，専門機関を創設することもひとつの考え方である。こうした機関は，個々の保険会社の契約管理体制を支援するために，保険金不正請求や保険犯罪にかかる情報の蓄積とその公開，そして関連機関との調整を行うことを通じて，効率的かつ効果的なモラル・リスク排除の仕組みを提起することになる。

〔石田成則〕

第4節　終　　了

前　注

　本節は，保険契約の終了について定めている。保険契約者による解除，告知義務違反による解除，危険増加による解除，重大事由による解除，被保険者による解除請求，解除の効力，契約当事者以外のものによる解除の効力等，保険料積立金の払戻し，保険料返還の制限およびこれらの規定の強行規定性についての諸規定である。条文番号でいうと，生命保険契約については，54条から65条まで，傷害疾病定額保険契約については，83条から94条までである。

　保険契約の終了事由としての解除について，解除の主体，解除事由，解除の効果および契約当事者以外のによる解除を定めている。

　保険契約者による任意解除については，改正前商法は保険者の責任が始まる前に限っていたのを，契約締結後いつでも解除できることが合理的であることから，保険契約者からの解除をいつでも可能としたものである（54条・83条）。

　告知義務違反による解除については，改正前商法と同様に，保険契約者等の故意または重過失を要件として，その効果を保険者による解除とした（55条・56条）。また，保険者の解除権の阻却事由として，会社知了の他に，保険媒介者の告知妨害・不告知教唆に関する規定を新設した（55条2項・56条2項）。

　危険増加による解除については，改正前商法656条では保険契約の失効を定めていたが（生命保険について準用），引受範囲内の危険増加であれば，一定の場合に解除を認めるが，それ以外の場合には保険者は原則として解除できないことにした（56条・85条）。

　重大事由による解除については，①保険契約者等の被保険者故殺，②保険金受取人の詐欺行為，③保険者との信頼関係破壊による保険契約継続の困難を解

前　注　　　　　　　　　　第3章　生命保険　第4章　傷害疾病定額保険

除事由としている。

　被保険者による解除請求については，モラル・リスク防止の観点から，被保険者の同意に際して基礎とした事情が変更した場合，被保険者による保険契約者に対する解除請求を認める規定を新設した（58条・87条）。

　解除の効力については，原則として将来効のある解除であることを明らかにした（59条1項・88条1項）。しかし，この原則を貫くと不都合な場合があることから，告知義務違反による解除，危険増加による解除，重大事由解除のそれぞれの場合について，保険者の免責を定めた（59条2項・88条2項）。

　契約当事者以外のものによる解除の効力等として，保険金受取人による介入権の制度を新設した（60条～62条・89条～91条）。

　保険料積立金の払戻しについては，一定の事由により保険契約が保険期間の途中で終了した場合，保険者は保険料積立金を保険契約者に払い戻さなければならないとした（63条・92条）。改正前商法の規律と同様である。

　保険料返還の制限については，保険者は，①保険契約者等の詐欺または強迫により保険契約が取り消された場合，②遡及保険の規定により保険契約が無効とされた場合，保険料返還義務を負わないとした（64条・93条）。

　強行規定性に関する65条・94条は，第4節に属する規定（54条～64条・83条～94条）のうち，片面的強行規定であるものを明らかにした規定である。

　このほか，本節では，保険法には明文の規定がないが，保険料不払を理由とする保険契約の解除・失効（679頁以下〔沖野眞已〕），保険料不可分の原則（698頁以下〔平澤宗夫〕），解約返戻金（713頁以下〔平澤宗夫〕），責任準備金（734頁以下〔米山高生・曽耀鋒〕）について解説している。

〔甘利公人〕

第4節　終　　了

> **（保険契約者による解除）**
> **第54条**　保険契約者は，いつでも生命保険契約を解除することができる。
>
> **（保険契約者による解除）**
> **第83条**　保険契約者は，いつでも傷害疾病定額保険契約を解除することができる。

I　趣　　旨

保険契約者に，時期および理由を問わない任意解除権を付与する規定である。以下の記述は，専ら生命保険契約についてのものであるが，基本的に傷害疾病定額保険契約についても妥当する。

　このような任意解除権の根拠については，「継続的な契約である保険契約については，保険契約の継続は保険契約者の意思にかからしめるのが妥当である」という継続契約としての性格があげられる[1]。継続的な契約の場合には，事情変更が生じやすいという特色があり，これへの対応が問題になるものの，しかし，継続的な契約の場合には，逆に，不動産賃貸借契約や継続的売買（関係）などのように，その終了の局面においては，継続的な契約（関係）であるがゆえに継続性を保障する要請が働く場合も少なくないことを考えると，「継続契約性」のみにその根拠を求めることはできない。むしろ，保険サービスの提供（保険保護）が専ら保険契約者の利益のための事項であり，保険契約者においてもはやそのサービス（保険保護）を必要としない事情が生じたときになお契約に拘束することは適切ではないという，保険契約の給付の特徴が第1であろう。このように任意解除権を認めることについては，他方で，保険の集団性の問題や保険者の利益の問題があるが，その点は制度の設計や金銭的な手当てで図りうるため，契約の効力の帰趨の決定権を保険契約者に委ねたものである[2]。

---

[1]　たとえば，生保試案（2005）理由書135頁は，それが今日の通例であることと，継続的契約であることとをあげている。
[2]　強いていえば，任意解除権の根拠づけとしては，請負契約における注文者の任意解除権（民641条）に近いものとみることができよう。

逆にいえば，保険の集団性の問題や保険者の利益への配慮から，任意解除権の範囲を制限する考え方もありうるところであり，改正前商法の規定がこれを責任開始前に限っていたことは，この観点から理解される。しかし，日本法においては，責任開始前の任意解除権のみを定めた改正前商法の規定のもとで，生命保険契約の実務上は，約款上，責任開始の前後を問わず，保険契約者に任意解除権を認めるのが，一般にみられる取扱いであった。このことは，保険契約の解除がもたらす法律関係（たとえば，解約返戻金請求権の有無や額の算定など）において，上記の保険者側の利益への配慮の要請が満たされうるものであり，集団的な保険制度としても対応可能な制度設計（商品設計）を構築でき，それが「通例」といってよい状態にあったことを示している。このような素地のもとで，時期や場面を問わない任意解除権が法律上認められていることになる。

実質的にみると，任意解除権によって保障される保険契約者の利益には，2種のものがある。第1は，保険契約者をその負担から解放することであり，不要となった保険サービス（保険保護）に対する対価の支払となる保険料支払義務からの解放である[3]。第2は，既払保険料の積立てがあり，未経過保険料や解約返戻金を求めうる地位にある場合，それを現実化させることである。

II 沿　革

1　経　緯

(1)　改正前商法に至る経緯　　改正前商法は，責任開始前の保険契約者の任意解除権と任意解除権が行使された場合の保険料等の返還の規定とを設けていた（改正前商653条・683条・655条）。

---

[3] 保険料支払債務については，生命保険契約の実務上，履行期に支払がされない場合に，強制履行や損害賠償請求はなされない扱いである。保険料支払債務については，このように強制的要素が稀薄である（ただし，相殺や差引きの処理はなされている）ため，その「法的債務性」を否定する見解もあるが，一般には，「法的債務」ではあるが，債権者において強制履行が予定されていないものと解されている。そして，履行期に保険料の支払がなされなかった場合の扱いについては，生命保険約款上，一定期間の猶予期間が自動的に付与され，その猶予期間の末日までに支払がない場合は，保険契約が当然に失効する扱いとなっている。この失効については，一定期間は「復活」の余地があり，完全な「失効」ではない。このような保険料の不払に対する実務上，約款上の処理は，一方で，保険契約者の任意解除権の保障に対応するものである。保険料不払の場合の解除・失効については，本書679頁以下〔沖野眞己〕参照。

責任開始前の保険契約者の任意解除権（改正前商 653 条・683 条 1 項）の規定は，明治 23 年旧商法にはなく，明治 32 年商法において導入された（明治 32 年商 407 条・433 条 1 項）。

これに対し，生命保険については明治 23 年旧商法において「被保険者」に任意解除権が認められていた（明治 23 年旧商 688 条)4)。この任意解除権は責任開始前に限定されるものではなかった5)。しかし，この規定は，明治 32 年商法において削除されている6)。

保険料の返還や積立金の払戻しについては，明治 23 年旧商法は契約が被保険者に過失無くして無効であったときや解除がされたときの既払保険料の返還請求の規定を設け（明治 23 年旧商 657 条），また，生命保険の場合には契約が無効であった場合の積立金償還請求の規定を設け，それとともに前述のように任意解除権を認め，その場合にも同様に積立金償還請求権を認める規定を設けていた（明治 23 年旧商 683 条・688 条 1 項）。明治 32 年商法においては，①保険料返還請求については，その額の算定においては慣習に従った控除となっていたのが一律半額控除に改められ（明治 32 年商 409 条。改正前商 655 条と同文である)，②生命保険契約の無効の場合の積立金の償還請求については，それが認められる場面がより明確にされるとともに，その場合の額について約定のない限り半額となっていたのがそのような限定のないものに改められ（明治 32 年商 431 条 2 項。改正前商 680 条 2 項とほぼ同文である)7)，③生命保険契約について解除や失

---

4) 明治 23 年旧商法 688 条 1 項は，「總テ生命保險，病傷保險及ヒ年金保險ノ場合ニ於テハ被保險者若クハ其權利承繼人ハ正當時期ニ豫告ヲ爲シタル後保險契約ニ從ヒ若シ第 683 條ニ從ヒ自己ニ屬スル償還金ヲ受ケテ契約ヲ解除スル權利ヲ有シ又ハ豫告ヲ以テ償還ヲ求ムルコトヲ得ヘキ利息附ノ預ケ金ニ其契約ヲ變換スル權利ヲ有ス」と規定し，また，同 2 項は，「保險料ノ不払ハ保險者ニ於テ之ヲ契約解除ノ豫告ト看做スコトヲ得」と規定していた。

　明治 23 年旧商法 683 条は，「總テ保險無效ノ場合ニ於テハ保險契約ヲ以テ此場合ノ爲メニ約定シタル額若シ約定ナキトキハ少ナクトモ被保險者ノ爲メニ既ニ積立テタル貯金ノ半額ヲ被保險者ニ償還スルコトヲ要ス但被保險者カ詐欺若クハ惡意ニ因リテ自ラ無效ニ至ラシメタルトキハ此限ニ在ラス」と規定していた。

5) 磯部四郎・商法〔明治 23 年〕釋義（日本立法資料全集別巻 15) 2781-2783 頁（1996）参照。

6) 「商法修正案参考書」（日本近代立法資料叢書 21 巻（1985) 所収による。以下同じ）175 頁は，その理由を次のように説明している。まず，「被保険者」の任意解除権と解除がされた場合の積立金償還請求権とを定めた 1 項については，「之ヲ保険ノ実際及ヒ慣習ニ一任シ」，保険料不払の場合の保険者の対応措置を定めた 2 項については，「新民法第 541 条ニ譲」ることとしたためである。導入された責任開始前の任意解除の規定との関係については説明がない。

7) 明治 32 年商法 431 条 1 項は，改正前商法 680 条 1 項 1 号・2 号に相当する規定のみを掲げ，

効の規定が個別準用とされたのに伴い，解除や失効の場合の保険者の不当な利得を防ぐべく，その場合の積立金の払戻請求権の規定が設けられた（明治32年商433条2項。改正前商683条2項と基本的に同文である8））9）。

(2) 保険法の概要　保険法においては，任意解除権の範囲が拡大され，責任開始前に限定されない任意解除権が定められた（27条・54条・83条。後述2）。

任意解除権が行使された場合の保険料の返還等については，責任開始前の任意解除権の行使の場合のみ規定が置かれている（63条2号・92条2号。後述3）。

それと並んで，解除の効力について一般規定が設けられている（31条1項・59条1項・88条1項。後述3）。

2　任意解除権

改正前商法は，「保険者ノ責任カ始マル前ニ於テハ保険契約者ハ契約ノ全部又ハ一部ノ解除ヲ為スコトヲ得」と定め（改正前商683条1項による653条の準用），責任開始前における保険契約者の任意解除権を定めていた10）。契約が成立し拘束力を生じた後に一方的な意思表示によりその効力を失わせることは例外的であり，この規定は，責任開始後はもはや保険契約者に任意解除権はないことを含意している。

しかし，生命保険の実務では，約款上，責任開始前に限定することなく任意解除権を認めるのが一般的な扱いであった。そのため，本規定の存在意義は乏しいと指摘されていた11)12)。

　　また，2項は，それを受けつつ1号に該当する場合にのみ，保険者の積立金払戻義務を規定していた。これに対し，明治44年商法431条では，その1項に改正前商法680条1項3号に相当する規定（保険契約者による故意の死亡招致）が3号として加えられ，2項については「保険契約者ニ」の語が加えられるとともに，保険金受取人の故意の死亡招致の場合である1項2号の場合にも保険契約者に対する積立金払戻しが認められるべきことが明確にされた。

8) 明治44年商法433条2項において「保険契約者ニ」の語が加えられ，払戻しを受ける主体が明確にされた。

9) 以上につき，商法修正案参考書168頁，178頁，179頁参照。

10) 商法修正案参考書167頁は，修正案406条──明治32年商法407条に該当する。改正前商法653条と同文である──について「未タ保険者カ其負担スヘキ危険ヲ負担スルニ至ラス換言スレハ其責任ノ始マル至ラサル場合ニ在テハ假令保険契約者カ契約ヲ解除スルモ保険者ハ計算上及ヒ事実上共ニ何等ノ損害ヲ蒙ラサルモノトス」，それ故に保険契約者の解除権を認めたものとしている。

11) 山下639頁。なお，損害保険の場合にも，実務上，保険者の責任開始の前後を問わず任意

第4節 終　了　　　　　　　　　　　　　　　　　§54・§83 II

　そこで，保険法においては，改正前商法（653条）の任意解除権の規律を，保険者の責任開始後についても妥当するものとする改正が行われた（27条・54条・83条）。その理由は，次のように説明されている。(改正前)「商法第653条は，保険者の責任開始前に限って保険契約者の任意解除権を認めており，この趣旨としては，保険契約の締結後の事情の変化によって，保険契約者や被保険者においてもはや保険を必要としない場合を生ずることが少なくないためと説明されている。このような趣旨は保険者の責任が開始した後であっても同様に妥当すると考えられることから，保険者の責任が開始した後であっても，保険契約者による任意解除権を認めるのが合理的と考えられる（実務上も保険契約者に一般的な任意解除権が付与されている。)」13)。保険契約者が保険保護を必要としなくなったにも関わらず，「保険契約の存続を強制し，その結果として

　　　解除権が付与され，また，保険料の返還についても約定がされているため，改正前商法の規定の存在意義は乏しいとされており，とくに保険料の返還について半額とする規定には立法論として批判が強かった（山下637頁）。改正前商法653条，655条とその下での実務につき正木諭＝関根憲暁「保険契約者による解除と保険料の返還」金澤＝大塚＝児玉188-194頁参照。

12)　生保試案（2005）では，責任開始前の任意解除に特化した規定は設けられず，「（解約の場合における保険者の支払義務）」として，次の規定が提唱されている（681条の4）。
　　　681条の4　保険契約者は，保険契約を解約して，保険者に対して，この場合について保険契約で定める金額の支払を請求することができる。
　　これに対し，疾病試案（2005）では，同様の規定が34条に置かれると共に，次のとおり，任意規定として，責任開始前の任意解除の規定が設けられている。
　　（責任開始前の任意解除）
　　　22条　①保険契約の成立後，保険者の責任が始まる前において，保険契約者は，契約の全部または一部を解除することができる。
　　　②保険契約者が前項の規定により保険契約を解除したときは，保険者は，保険契約者に対してその契約の締結のために支出した費用および支出の日以後の利息の償還を請求することができる。この場合，保険者は，解除された契約の全部または一部に関する保険料の支払いを求める権利を有しない。
　　疾病試案（2005）理由書は，22条は傷害試案（2003）の22条と同趣旨であり，34条は，生保試案（2005）の681条の4および傷害試案34条と同じであると説明している（疾病試案（2005）理由書253頁）。傷害試案（2003）の理由書は，傷害試案（2003）22条について，損保試案（1995）653条にならった規定としている（傷害試案（2003）理由書94頁）。
　　損保試案（1995）は，改正前商法653条を存続させることを提唱し（損保試案（1995）653条1項），その理由を次のように説明している。「契約成立後も，保険者の責任開始前であれば，事情変更に基づく契約解除権を保険契約者に与えることが妥当であり，反面，保険者の保護を図る必要がある。これらの点に関する現行商法の規定が合理的であるので，そのまま存続させることにした」（損保試案（1995）理由書55頁）。また，損保試案（1995）では，653条は，片面的強行規定であるとされている。

13)　中間試案補足説明・立案119頁。

保険料の支払を強制する必要はないと考えられ」る14)。

表現ぶりをみると，改正前商法653条にあった「全部又ハ一部ノ」という文言が削除されている。あえて一部解除に言及しなくとも保険契約を解除できる旨の規定によって一部の解除ができるのも当然であると考えられたためであり，「一部の解除」を否定する趣旨ではない15)。

3 保険料積立金の返還

改正前商法は，改正前商法653条の場合において「保険者カ保険金額ヲ支払フコトヲ要セサルトキハ被保険者ノ為メニ積立テタル金額ヲ保険契約者ニ払戻スコトヲ要ス」と定めていた（改正前商683条2項)16)。

保険法は，責任開始前の任意解除権の行使の場合には，保険料積立金の払戻しを定め，同様の規定を設けている（63条2号・92条2号）。

これに対し，責任開始後の任意解除権の行使の場合については，規定がない17)。

---

14) 一問一答82頁。もっとも，生命保険の場合の保険料支払義務の強制可能性については議論がある。
15) 一問一答82頁。
16) 損害保険については，「保険者ハ其返還スヘキ保険料ノ半額ニ相当スル金額ヲ請求スルコトヲ得」と規定されていた（改正前商655条）。改正前商法655条の規定は，保険者が契約締結費用等を負担していることから，保険者に損害を被らせないために保険料の半額を手数料として取得することを認めたものである。明治23年旧商法657条但書では慣習上保険者が受けるべきものを控除すると定められていたが，慣習が無い場合の処理の問題や一切の費用を控除すると規定した場合には費用額をめぐって紛議を生じる恐れがあることから保険料の半額という基準を明示したと説明されている（商法修正案参考書168頁）。しかし，保険法の制定においては，逆に，一律に保険料の半額を保険者に取得させることには合理性がないと考えられたため，保険法は，これに相当する規定を設けていない（一問一答108頁，109頁注1）。保険法のもとでは，保険者が負担した契約費用等を返還すべき保険料から控除する形で回収することが否定されているわけではなく，具体的にその額を算定し控除することになる（一問一答109頁注2）。

改正前商法655条は，保険料の計算の基礎となる保険率算出のための単位となる期間に対する保険料は一体不可分のものであり，その具体的帰結として，保険料の計算の基礎とされた期間の途中で保険契約が終了した場合であっても，保険者は未経過期間に相応する保険料を返還する義務を負わないとする，保険料不可分の原則の根拠規定としても意義を持つとされていた。保険法は，保険料不可分の原則を採用しないこととしている。同条はこの観点からも設ける必要はないとされた（一問一答108-109頁）。この場合の保険料の返還については，次注17）参照。
17) 保険法は，未経過期間の保険料について，保険料不可分の原則を基礎づける規定と解され

第4節 終　了

　生命保険契約においては，約款上，責任開始後についても任意解除権を認めるとともに，その場合には，保険料積立金（平準保険料方式での算定に伴う将来部分についての積立金や貯蓄部分）の額から一定額（契約締結費用等）を控除した（「解約控除」）額を「解約返戻金」として払い戻す扱いが一般的である。そこで，保険法においても，解約返戻金について規定を設けることが検討された[18]。

　しかし，最終的には，規定は設けられず，各保険契約に委ねられることになった。解約返戻金の払戻しがない，または一部にとどめることとしてそれとの見合いで保険料を安価に設定する商品設計も合理的なものであり，実際，無解約返戻金型の商品や低解約返戻金型の商品が存在する。このように解約返戻金についてはその有無はもとより，算定の方法は商品によって多様である。そのため，一律に解約返戻金に関する規定を設けるとすれば，きわめて抽象的な規定とならざるをえず，裁判規範として実効性あるルールを設けるのは困難である，というのがその理由である[19]。

　その一方で，保険法は，保険契約の解除の効力について，将来に向かってのみ効力を生ずる（将来効）と定めている（31条1項・59条1項・88条1項）。解除

　　ていた改正前商法655条を廃止し，保険料不可分の原則を採用しないこととした。これにより，未経過期間に対応する保険料の返還が認められるべきことになった。一般不当利得の法理によって返還されるべきことになる（一問一答108-109頁，同法2，洲崎博史「保険契約の解除に関する一考察」論叢164巻1～6号231頁注4（2009））。保険料不可分の原則について詳細は，本書698頁以下〔平澤宗夫〕参照。

[18]　法制審議会保険法部会においては，具体的に，保険者の責任開始前の保険契約者による任意解除の場合にはいわゆる保険料積立金を，保険者の責任開始後の保険契約者による任意解除の場合にはいわゆる解約返戻金を，それぞれ支払わなければならない旨の規定を設けることが検討されていた（法制審議会保険法部会第20回資料22，法制審議会保険法部会第20回議事録46頁以下，法制審議会保険法部会第22回資料25・10-11頁，法制審議会保険法部会第22回議事録3頁，40-41頁，43頁）。将来の保険料の支払に充てるべき積立金部分は，解除によって将来にわたる失効をもたらす以上返還するのが当然であること，解約返戻金支払請求権には財産的な価値があり「解約控除」は合理的なものでなければならないことから，明文化によって，権利性を確立し，かつ，その額の算定のための合理的な基準を示すことが重要視されていた。しかし，最終的には，多様な商品設計を前に，その積極的な評価と，一律の規定化の困難さ，解除の場合の規律は一般法理によりうることなどから，解約返戻金についての規律の明文化は見送られた（法制審議会保険法部会第23回資料26・20頁，法制審議会保険法部会第23回議事録19-20頁，37-40頁）。保険契約法としては，ルール化が困難であるという判断であり，解約返戻金についてその合理化や透明性の確保が重要であることは変わりがない。法制審議会保険法部会では，監督規制等の手法に期待する意見も表明されている（法制審議会保険法部会第23回議事録39頁，40頁）。

[19]　一問一答211頁。

の原因を問わず一般的に解除の効力を定めるもので,任意解除権行使の効果としては新設規定である[20]。責任開始後はもとより責任開始前の任意解除権行使の場合も生命保険にあっては改正前商法の下での取扱いに実質的な変更をもたらすものではない(後述 III 3 参照)。

したがって,責任開始後の任意解除権の行使の場合の未経過保険料や解約返戻金の請求の可否や範囲については,約款の定めがあればそれにより,仮に約款の定めがないときは一般契約法における清算の規律(将来効を前提とした解除の場合の清算,不当利得)によることになる[21]。

III 条文解説

1 解除権の要件

保険契約者には,任意解除権が認められる。保険契約の成立以外に解除権の発生の要件はない。

2 解除権の行使

(1) 行使権者　解除権者および行使権者は,保険契約者である。

生命保険契約の解約権は,その行使を保険契約者のみの意思に委ねるべき事情はなく,行使における一身専属的権利ではないから,債権者代位権の行使の対象となると解されており,また,行使の結果現在化する解約返戻金請求権が差し押さえられた場合に差押債権者に付与される取立権の範疇としてこれを行使することができるとするのが,判例である(最判平成11年9月9日民集53巻7号1173頁)。

債権者代位権としての行使,差押債権者の取立権としての行使のいずれの点についても,その可否および行使の認められる場面・要件について議論がある[22]。保険法においては,いわゆる介入権の制度が導入されており,この制

---

20) 解除の効力およびこれらの規定の射程に関しては,洲崎・前掲注17) 229頁以下参照。
21) 洲崎・前掲注17) 229頁,233頁注21。前掲注17) も参照。
22) 貯蓄型と保障型を区別して保障型の場合には保険契約者以外の者による解除を制限する考え方や,保険契約者(等)の保護の必要性を重視して債務者たる保険契約者の無資力の場合に限り債権者による任意解除権の代位行使を認め,差押債権者による取立権の範疇としてはそ

度は，契約当事者以外の者が解除権を行使できることを前提としており，破産管財人とともに差押債権者を行使者の例として掲げている（60条1項・89条1項）。保険料積立金の支払請求権の財産的価値を直視し，差押債権者や破産管財人が保険料積立金の支払請求権（または解約返戻金の支払請求権）を現実化するために，任意解除権を行使しうることを認めるものであり，この可否についての旧法下での議論には——解釈の余地はあるため完全にではないものの——立法的に決着がつけられたことになる。

解除権の行使権者としては，60条1項，89条1項に例示されている差押債権者，破産管財人のほか，解約返戻金請求権について質権の設定を受けた質権者，債権者代位権を行使する債権者が，含まれる[23]。

(2) 行使の方式　解除権の行使は意思表示であり，契約の相手方である保険者（または当該意思表示の受領権者）に対して行う必要がある。

方式に関しては，特別の要求はない。契約の解除という重要な事項について，慎重かつ確定的な判断を行うことにも資するものであって，消費者契約となる場合を含め，保険契約において書面等を要求することは妨げられない。

(3) 行使の時期　行使の時期に制約はない。責任開始の前後を問わない[24]。

保険契約の類型によっては，保険料の算出等の観点から，約款上，行使の時期に制約が設けられることがある。たとえば，個人年金保険契約においては，

の行使を否定する見解などがあった（山下657-662頁）。前掲最判平成11年9月9日は，生命保険契約が債務者の生活保障としての機能を有することを踏まえつつも，一般に，解約返戻金請求権を現実化させるために必要不可欠である以上取立権の範疇として差押債権者に解約権行使が認められるとし，例外的な処理は，民事執行法153条による差押命令の取消しや解約権行使の権利濫用によって，図るべきであるとした。同判決には反対意見がある。反対意見は，債権者代位権の行使により，債務者の無資力の場合に限られるべきであって，取立権に基づく解約権行使は許されないとしていた。比較法を含め，今井薫「保険契約者以外の者による解除」金澤＝大塚＝児玉325頁以下を参照。

23）山下657頁，一問一答201頁注。なお，破産管財人による解除権の行使については，破産法53条（双方未履行双務契約の解除権）があげられている（一問一答201頁）が，保険契約上の保険契約者の地位についても破産管財人がその管理処分権を専有するため，任意解除権の行使もその管理処分の対象となる（山下648頁）。

24）もっとも，たとえば生存保険の場合に保険金受取人が別にあって，その者について保険金給付が開始しているような段階にあっては，任意解除権によって保険金受取人の地位を覆滅させることはできないと解される（次注25）も参照）。

年金支払開始後には保険契約者は保険契約を解除することはできない旨が定められるのが通例となっている25)。

(4) 解除の範囲　改正前商法においては，全部または一部の解除ができるとされていたのに対し，保険法では，この文言が削除された。しかし，解除の範囲について制約をするものではない26)。

一部の解除の例としては，減額や特約部分の解除などがある。これらは契約内容の変更とも言えるが，一部の解除とも構成することができる。実務上，減額の場合にも解約返戻金を払い戻す扱いが行われている。

3　解除権行使の効果

(1) 解除の効力　解除権の行使により，生命保険契約は，将来に向かって効力を失う（59条1項・88条1項・31条1項)27)。

---

25) 保険契約者が被保険者の死期が近づいたことを受けて保険金の総額よりも高額となる解約返戻金の請求をすることを防止するためである（山下640頁注6)。年金制度の場合，死亡保険とは逆に，長生きした者に対する給付を早期に死亡した者のファンドで支える形で商品の設計が行われており，保険料の計算上，被保険者の生存率が考慮されている。年金給付開始後，早期に死亡する可能性が高まった段階で解約することを認めると，早期に死亡するはずの者が脱退することにより，予定していた生存率が崩れることとなり，制度運営に支障を来たしかねないため，保険契約者の解除権が制約されている。なお，年金給付開始後，年金受取人が保険契約者の権利義務の一切を承継する旨が約定され，その結果，年金給付開始後は，任意解除権の主体は年金受取人となる。

　このように生存給付型の保険で，生きて保険給付を受けるよりも死期の直前に解約したほうが高額の給付を受け取ることができるものについて解除に制限がかけられている。個人年金保険契約のほかには，医療保険（特約）において，危篤状態の時には解約できないと定めているもの（商品）もある。入院日額と生存日数とから算出される保険金総額よりも解約返戻金の方が高額となる場合に，解約返戻金の請求を防止することによって，保険料計算において考慮された生存率が崩れないようにするためである。

26) 前掲注15)およびその本文参照。

27) 責任開始前の任意解除の場合には，初回保険料の支払義務が残ることになるが，既払の保険料については保険料積立金を返還すべきことが定められている（63条2号・92条2号）ため，実質的には遡及効を認めるのと変わりがない（なお，改正前商法653条・683条1項による解除については，遡及効と説明されていた（西島88頁，116頁，田辺62頁，大森160頁，201頁，石田140頁)）。実務上は，初回保険料の支払がない限り責任は開始しない旨が約定されているので，保険料積立金の返還は問題とならないが，この規定を基礎とした法律構成としては，初回保険料の支払前の任意解除の場合には，それによって，初回保険料支払義務も消滅する——保険者においてその取得が正当化されないものとなるため，任意の履行さえ法的効果をもたない「債務」となるから，そもそも支払義務自体が消滅する——と解釈することができよう。

第4節 終　　了

(2) **責任開始前の解除と保険料積立金の払戻し**　生命保険契約の解除（およびそれによる生命保険契約の終了）の時期が，保険者の責任開始前であったときは，保険契約者は，保険者に対し，保険料積立金払戻請求権を有する（63条2号・92条2号）。この場合に，払い戻すべき保険料積立金の額は，当該終了の時における，「受領した保険料の総額のうち，当該生命保険契約に係る保険給付に充てるべきものとして，保険料又は保険給付の額を定めるための予定死亡率，予定利率その他の計算の基礎を用いて算出される金額に相当する部分」である。

片面的強行規定であり（65条3号・94条3号），この規定に反する特約で，保険契約者に不利なものは無効となる。保険料積立金を返還しないという特約や一部のみ返還するという特約がこれにあたる[28]。

責任の開始の時点について保険法に規定はない。生命保険契約の場合，保険契約の成立（保険者による承諾）の後に保険料（生命保険契約の場合には分割払が通常であり，その場合，初回保険料である）が支払われる場合には，約款上，保険料（初回保険料）の受領時が責任開始時と定められている。これに対し，保険料（初回保険料）相当額が保険契約成立（保険者の承諾）前に支払われる場合には，保険契約が成立すると支払われた保険料相当額は保険料に充当されるとともに，責任は契約成立前に遡及し保険料相当額の支払の時点から開始する（保険料相当額の支払が告知の前であるときは，告知の時から開始する）定めとなっている。これらの約款の定めにより，いずれの場合にあっても保険料（初回保険料）の支払がなされない限り，責任は開始しないこととなっている。しかも，実務上は，保険料相当額が契約の成立前に支払われるのが通常の扱いである。したがって，このような実務上の取扱いを前提とすると，責任開始前に任意解除権が行使された場合に，保険料の返還が問題になるという事態は生じない[29]。

(3) **責任開始後の解除と解約返戻金等の支払**　生命保険契約の解除（およびそれによる生命保険契約の終了）の時期が，保険者の責任開始後であったときは，保険契約者は，約定に従い，未経過期間の保険料の返還請求権や解約返戻金請求権を取得する。解約返戻金の有無や範囲は，保険契約によって異なる。

---

28) 一問一答209-210頁。
29) 山下639頁。

解約返戻金の無い保険商品や解約返戻金を低く抑えた保険商品もある[30]。現実の保険契約が多様であるために，保険法には規定が置かれていない（前述Ⅱ3）。保険契約の約定，具体的には約款の処理に従う趣旨である。任意解除がされた場合の保険契約者の権利については約款に定めがあるのが通常である。仮に定めがないとすれば，将来効を前提とした，契約の清算の問題として，将来の保険保護に相応する部分の既払保険料分は，不当利得として返還されるべきことになる。

4 本規定の性格

本条は，任意規定である（33条・65条・94条参照）[31]。したがって，任意解除権を制約する保険契約上の条項も許容される。保険契約者が任意解除権を必要としないような場合，保険料の算出の観点から任意解除権を一定の時期に制限するような場合である[32]。保険約款上，保険契約者の任意解除権が制限・否定されている例として，個人年金保険契約において年金支払開始後には保険契約を解除することができないとする定めなどがある。後者の保険料計算上の観点からのものである[33]。医療保険契約（特約）の場合に類似の約定のあるものもある[34]。

任意規定であるといっても，とくに，消費者契約に該当する場合には，任意規定の指導原理性（消費者契約法10条参照）から，合理的な理由のない任意解除権の制約や否定は許容されず，それを定める約定（約款）は効力を有しない

---

30) 山下640頁参照。
31) 一問一答82-83頁，洲崎・前掲注17) 221頁，223頁。
32) 一問一答82-83頁。損害保険（27条）に関しては，衛星保険やプロジェクト保険などが不解除特約を要する実例として（法制審議会保険法部会第2回議事録49-50頁），実質的に一定の時期以降の解除権を制約しているものとして興業中止保険（興業直前の解除については保険料不返還を約款で規定）等があげられている（正木＝関根・前掲注11) 195-196頁）。また，任意解除権を必要としない例としてごく短期の保険契約があげられる（数日の旅行のための海外旅行傷害保険契約や国内旅行傷害保険契約など。竹濱96頁）。もっとも，責任開始前については，海外旅行中の疾病リスクを担保する保険契約を締結したが，海外旅行を取り止めた場合などは，任意解除権を認める意味があると指摘されている（疾病試案（2005）理由書253頁）。上松＝北沢117頁注70は，ほかに，自賠責保険を挙げる。
33) 中間試案補足説明・立案119頁。また，山下640頁注6。
34) 前掲注25)参照。

第4節　終　了　　　　　　　　　　　　　　　§54・§83　Ⅲ

と解される35)。

〔沖野眞已〕

---

35)　一問一答83頁。

(告知義務違反による解除)

第55条 1　保険者は，保険契約者又は被保険者が，告知事項について，故意又は重大な過失により事実の告知をせず，又は不実の告知をしたときは，生命保険契約を解除することができる。

2　保険者は，前項の規定にかかわらず，次に掲げる場合には，生命保険契約を解除することができない。

　一　生命保険契約の締結の時において，保険者が前項の事実を知り，又は過失によって知らなかったとき。

　二　保険媒介者が，保険契約者又は被保険者が前項の事実の告知をすることを妨げたとき。

　三　保険媒介者が，保険契約者又は被保険者に対し，前項の事実の告知をせず，又は不実の告知をすることを勧めたとき。

3　前項第2号及び第3号の規定は，当該各号に規定する保険媒介者の行為がなかったとしても保険契約者又は被保険者が第1項の事実の告知をせず，又は不実の告知をしたと認められる場合には，適用しない。

4　第1項による解除権は，保険者が同項の規定による解除の原因があることを知った時から1箇月間行使しないときは，消滅する。生命保険契約の締結の時から5年を経過したときも，同様とする。

(告知義務違反による解除)

第84条 1　保険者は，保険契約者又は被保険者が，告知事項について，故意又は重大な過失により事実の告知をせず，又は不実の告知をしたときは，傷害疾病定額保険契約を解除することができる。

2　保険者は，前項の規定にかかわらず，次に掲げる場合には，傷害疾病定額保険契約を解除することができない。

　一　傷害疾病定額保険契約の締結の時において，保険者が前項の事実を知り，又は過失によって知らなかったとき。

　二　保険媒介者が，保険契約者又は被保険者が前項の事実の告知をすることを妨げたとき。

　三　保険媒介者が，保険契約者又は被保険者に対し，前項の事実の告知をせず，又は不実の告知をすることを勧めたとき。

3　前項第2号及び第3号の規定は，当該各号に規定する保険媒介者の行為がなかったとしても保険契約者又は被保険者が第1項の事実の告知をせず，

第4節　終　　了　　　　　　　　　　　　　　　§55・§84　I〜III

> 又は不実の告知をしたと認められる場合には，適用しない。
> 4　第1項による解除権は，保険者が同項の規定による解除の原因があることを知った時から1箇月間行使しないときは，消滅する。傷害疾病定額保険契約の締結の時から5年を経過したときも，同様とする。

I　趣　　旨

　保険法55条（以下，本条という）は，生命保険契約の締結に際し告知義務を負う保険契約者または被保険者となる者が保険法37条に基づく告知義務違反をした場合に保険者が保険契約を解除することができること，および解除権の発生要件，阻却事由，期間制限を規定するものである。なお，保険者による解除の効果については保険法59条において規定されている。保険法84条は，傷害疾病定額保険契約に係る告知義務違反による解除について，本条とほぼ同内容の定めである。本条と保険法84条とでとくに異なる論点もないので，以下，本条に即して解説するが，保険法84条の規定する傷害疾病定額保険契約の論点も一体として取り上げることとする。

II　沿　　革

　明治32年の商法は，告知義務違反の効果を保険契約の無効としていたが（明治44年改正前商法429条），明治44年の改正により保険者による解除に改められ，改正前商法678条2項・645条のようになった。保険法では，本条に規定される事項の範囲においては，保険媒介者による告知妨害に基づく解除権阻却が新たに規定されたこと，および本条1項から3項までが片面的強行規定とされたことを除き，実質的には改正前商法から変更は加えられていない。

III　条文解説

1　保険者の解除権（1項）

(1)　総　説　　保険法では，生命保険に係る告知義務に関する規定は，告知

義務が課されることを定める保険法37条，告知義務違反による保険者の解除権の発生要件等を定める本条，保険者による解除の効果等を定める保険法59条の3か条に分けて規定されている。改正前商法の下での告知義務違反による解除権の発生要件としては，重要な事項についての告知義務者の故意または重過失による不告知または不実告知と整理するのが通例であったが，本条も告知事項に関する告知義務者の故意または重過失による不告知または不実告知としており，実質は同じである。条文解説としては，告知事項，すなわち重要な事項に関しては保険法37条について解説されているので，本条では告知義務者の故意または重過失について解説する。

(2) 保険契約者または被保険者の故意または重過失　　この要件は，商法においては悪意とあったのが故意と改められただけで実質的に維持されている。告知義務違反として保険者が保険契約を解除することができるためには，義務違反について告知義務者に故意または重過失があったことを要する。①告知事項である重要な事実のあること，②その事実が告知すべき重要な事実であること，および③告知をしないことを知っている場合に故意が認められる。

このような意味での故意はないが，②または③のいずれかの点で善意であったことについて甚だしい過失があった場合に重過失があることになることは問題がない1)。保険法において告知義務違反の効果としてプロ・ラタ原則を採用するか否かという問題が検討される過程において，プロ・ラタ原則の採用に消極的な生命保険業界のサイドから，従来のオール・オア・ナッシング原則の下でも実務上はほとんど故意に匹敵する場合に限り告知義務違反の主張をしている実情にあるので，あえてプロ・ラタ原則を採用する必要は乏しい旨の主張がされた。保険法でプロ・ラタ原則を採用しないこととされたのは，このような実情を勘案した上でのことであり，この経緯に照らし，保険法の下での重過失は故意に匹敵するような場合に限定されると解釈すべきものである。

具体的な例に即して検討すると，食道ガンであった被保険者が病名は知らなかったが，胃部の異常は自覚しておりその異常が尋常一様の病症でないことを

---

1) 判例では，故意かどうかおよび重過失かどうかの判断を区分せず，認定事実に基づき故意または重過失があった，あるいは少なくとも重過失があったと判示するものが少なくない。重過失があったとされた最近の事例として，東京高判平成17年2月2日判タ1198号259頁。

自覚していた場合にはそのことを告知しなかったことが重過失にあたるとする趣旨を判示する判例があるが2)，これは②の意味での重過失を認めたものといわれている3)。これに対して，①については問題があり，告知義務は告知義務者が知らない事実にも及びうるとするのが判例であるかどうかは意見がわかれるが，これを肯定すると，容易に思い出せる事実について告知しなかった場合には，①についての重過失としてやはり重過失があることになる。

　少し注意すれば思い浮かべることができる重要な事実を告知しないのは重過失とする判例4)は，①についての重過失を認めるようにもみえるが，3か月前の軽度の脳溢血を告知しなかったという事例に関するもので，その事実を知らなかったという事案ではなく，たんにその事実を告知すべき重要事実でないと考えたことに重過失があったのであり，そうであるとすれば①の意味での重過失を認めた事例と評価すべきではない。

　保険法では依然として明文化されていないが，告知義務者の知らない事実について告知義務は及ばないと解すべきであり，それを前提とすると，①についての重過失を問題とすることはできない。判例において少し注意すれば思い浮かべることができるような事実が問題とされている事案は，故意の事案として処理すれば足りる事案である。

　最近においては，告知義務者の故意・重過失が深刻な争点となるケースには，告知義務者がなんらかの身体の異常を認識してはいるが，医師から病名等の説明を受けていないようなケースが多い。告知を求める保険者の質問では，病名をあげて既往症・現症の有無を具体的に求められるほか，身体状態の異常についても告知を求められるので，たとえば医師から病名を告知されていなくとも，一般人の常識に照らして軽微とはいえない程度の異常があったか，または現在異常があることを認識しているときは，上記②③についての重過失の要件がみたされれば，故意ではないとしても重過失による告知義務違反があることになる。自覚症状があり医者に異常ありといわれているとか5)，手術や検査を受け

---

2) 大判大正6年10月26日民録23輯1612頁。
3) 古瀬政敏〔判批〕生保百選84頁。
4) 大判大正4年6月26日民録21輯1044頁。
5) 大阪地判昭和47年11月13日判タ291号344頁。

るよう勧められている場合がそれである6)。ガンについては，医師による病名告知がなされなくとも，重大な症状と自覚していたと推認できれば故意または少なくとも重過失が認められる7)。もっとも，異常性の認識については，自覚症状の程度とともに医師からどのような説明を受けていたのかを慎重に判断すべきである。

(3) 解除の意思表示　　以上の諸要件が備わると，保険者は保険契約を解除することができる。解除の効力については，保険法59条の解説を参照。

　保険者による解除の意思表示は契約の相手方である保険契約者に対してこれをすることを要する。生命保険契約や傷害疾病定額保険契約の被保険者あるいは保険金受取人に対してすることはできない。保険契約者が行方不明の場合は公示による意思表示（民98条）によるしかない。生命保険契約や傷害保険契約で，保険契約者が被保険者でもあり，同人が死亡した場合には，保険事故発生後の解除の意思表示は保険契約者の相続人（相続人が不存在のときは相続財産管理人）に対してすることになる8)。相続人が複数ある場合には，保険契約者が複数ある場合として民法544条により全員に対して解除の意思表示をする必要がある9)10)。

　もっとも，解除権の除斥期間が，保険者が解除の原因があることを知った時から1か月ときわめて短期に定められていることから，約款では，解除権行使の相手方について特則がおかれることがある。生命保険の約款では，保険契約

---

6) 大判大正7年3月4日民録24輯323頁，大阪高判昭和53年7月19日判時909号91頁。検査を勧められた事実を告知しなかったことが重過失にあたるとされた事例として，東京高判平成17年2月2日判タ1198号259頁。
7) 皮膚ガンについて重過失ありとした事例として，札幌高判昭和58年6月14日判タ506号191頁，肺ガンについて東京地判昭和61年1月28日判時1229号147頁，東京高判昭和63年5月18日判タ693号205頁。
8) 大判大正5年2月7日民録22輯83頁，東京地判昭和53年3月31日判時924号120頁。
9) 傷害保険につき，大阪地判昭和63年1月29日判タ687号230頁および上告審・最判平成5年7月20日損保企画536号8頁。
10) 生命保険の約款では，告知義務違反の場合に限らないが，保険契約者が2人以上の場合には，代表者を定めることを要するとしたうえ（この代表者は他の保険契約者を代理するものとする），代表者が定まらないかまたはその所在が不明のときは，保険者が保険契約者の1人に対してした行為は他の保険契約者に対しても効力を生じるとし，これにより保険契約者死亡後には相続人の1人に対する意思表示で解除の効力が生じることになる（現在では同趣旨の条項が傷害保険等の約款にも置かれている）。

第4節　終　了　　　　　　　　　　　　　　　　　　　§55・§84　Ⅲ

者またはその住所もしくは居所が不明であるか，その他正当な理由により保険契約者に通知できない場合には被保険者または保険金受取人に通知することができるものとする。約款のこの規定により，保険契約者の被保険者または保険金受取人に対する解除の意思表示受領の代理権の授与があらかじめされたものと説明できる。

　このような規定があってもなお解除権の行使が困難である場合がある。有限会社を保険契約者兼保険金受取人，その単独の代表者である取締役を被保険者とする生命保険契約に関して，被保険者が死亡後，代表者の選任が行われていない場合については，上記の約款規定によっても保険者が解除の意思表示を有効にすることはできないはずであるが，このような場合に関して，最判平成9年6月17日民集51巻5号2154頁は，当該保険契約に基づく上記会社の保険金請求権を転付命令により取得していた転付債権者に対しても解除の意思表示をすることができるとした[11]。このような受領権者の解釈による拡大を認めるのであれば，同様の事例では転付債権者のほか，保険金請求権上の質権者，保険金請求権の譲受人なども受領権者として認められることになろう。

2　解除権行使の阻却事由（2項・3項）

(1)　保険者の悪意・過失（1号）

　㋐　総　説　　保険者が告知されずまたは不実に告知された事実について悪意であるか，または過失により知らなかったときは，保険者は保険契約を解除することはできない（本条2項1号）。保険者が告知事項について悪意であったのであれば危険選択の機会があったのであるから解除権の行使を認める必要はなく，また，保険者としての通常の注意を尽くせば事実を知りえたときにも解除権の行使を認めないことが衡平であるという理由に基づく[12]。

　悪意・過失の対象となる告知されなかった事実は，一般取引上顕著な事実または保険者がその業務上一般に予知するものと認められる事実に限定されるも

---

11)　除斥期間との関係につき3参照。
12)　比較法的には，商法のように，保険者の（軽）過失があるにすぎない場合まで告知義務違反の成立阻却事由とするスイス保険契約法8条3号・4号等のような立法例と，保険者の悪意のみを阻却事由とするドイツ保険契約法16条3項・17条2項のような立法例がある。

のではなく，被保険者の一身に存する事実で一般人においてこれを予知せずまたは予知することができない事実も含むという判例13)は，当然のことである。保険者が質問表を使用した場合において，質問表である事項について告知を求めなかったこと自体が過失となるとする判例もあったが14)，保険法では，告知義務は質問に対して回答する義務としているので，保険者の過失を問題とする以前に，質問表で質問しなかった事項については，告知義務違反は成立しえない。

　保険者の悪意または過失についての主張立証責任は保険金請求者が負う。

　保険者の悪意または過失は，告知受領権を有する者に即して判断されるというのが通説である。

　　(イ)　診査医の悪意・過失　　生命保険では，診査医は，告知受領権を付与されているので，診査医の悪意は保険者の悪意と同視されるし，診査医が注意すれば気づいたといえる場合には，保険者の過失があることになるとされている。古い判例は，この結論を診査医は保険者の機関であるという理由づけや，診査医の診断の過失については保険者自らその責任を負う意思が業務の性質上当然に認められることに根拠を求めていた15)。前者の根拠は比喩以上のものではないが，後者は保険者による告知受領権の付与を根拠とするものであれば正当である。

　過失については，通常行われている医的診査に即して判断されるのであって，普通開業医が通常発見しうべき病症を不注意で見過ごしたかどうかが基準となるというのが古くからの判例である16)。もっとも，診査医は普通開業医が診療を求めてきた患者を診断する場合に用いる診断と同じ診断をしなければならないとするものかどうかは問題であり，戦後の裁判例においては，医師が患者の診断に使用するすべての診査を要するものではなく，保険取引上相当と認められる注意を尽くせば足りるとする考え方が定着している17)。これは，保険

---

13)　大判明治45年5月15日民録18輯492頁。
14)　大判大正11年10月25日民集1巻612頁。
15)　大判明治40年5月7日民録13輯483頁，大判明治45年5月15日民録18輯492頁，大判大正4年9月6日民録21輯1440頁，大判大正11年2月6日民集1巻13頁。
16)　大判明治45年5月15日民録18輯492頁，大判大正10年12月7日新聞1946号18頁。
17)　大阪地判昭和47年11月13日判タ291号344頁。最近までの裁判例の研究として，中西正

者の方針により保険金額や告知義務者による告知書の記載などに応じて簡易化された診査方法による場合にはそれを前提として開業医としての注意が尽くされたかどうかで過失の有無を判断すればよいという趣旨であろう[18]。羞恥部については，問診のみがなされそれ以上の診査はなされないが，それにより既往症を覚知できなかったとしても診査医に過失があったとはいえない[19]。

　もっとも，以上のことから，保険者が診査方法を適宜決定し，これに従い診査医に診査をさせた場合には，その診査方法に従い注意を尽くして診査する限り保険者の過失が認められることはないと常に言い切ってよいかどうかは問題である。最近の裁判例でも，診査医の立場は，患者から症状を告げられて積極的に診療を依頼される一般開業医のそれとは異なり，一般開業医が診断を下すために行うすべての検査をすることを要するものではなく，保険診査医として，告知がなくても告知すべき重要な事実を通常発見することができる程度の検査をすれば足りるとしつつ，当該保険者が特殊な契約申込者以外は血液検査や心電図検査等を実施していないが，このことは保険診査については一般的な取扱いであることが認められ，そのような一般的な取扱いが保険診査の制度の目的に照らして合理性を欠くものとはいえないと判示する裁判例がある[20]。これは，採用した診査方法がその時代時代の診査方法として保険業界で一般的でありかつ合理的であることは必要であることを判示するもので，一般論としては賛成してよい。もっとも，何が合理的かの判断は必ずしも容易でないと思われるが，一般的な契約に関しては，診査は簡易化されるという傾向をふまえて判断してよいように思われる。

　㋒　生命保険募集人の悪意・過失　　生命保険募集人は，判例・多数説によれば，保険者から告知受領権を付与されておらず，したがって，生命保険募

　　明「生命保険契約の告知義務と診査医の悪意・過失」同・保険契約の告知義務53頁以下（2003）。
18)　たとえば，東京地判昭和37年2月12日判時305号29頁は，肺結核について打診，聴診で異常を認めず，血沈やレントゲン検査を行わなかったために気がつかなかったとしても過失がありとはいえないとする。そのほか，過失がなかったとされた事例として，福岡地小倉支判昭和46年12月16日判タ279号342頁，東京地判昭和61年1月28日判時1229号147頁，東京高判昭和61年11月12日判時1220号131頁，東京高判昭和63年5月18日判タ693号205頁。
19)　東京地判昭和40年3月30日判タ176号188頁。
20)　東京高判平成7年1月25日判タ886号279頁。

集人に悪意・過失があっても保険者の悪意・過失となるものではない[21]。この点については，強い批判があるものの，危険選択について専門的能力を要する生命保険においては，やむをえないものとされてきた。しかし，生命保険募集人が，告知義務者から口頭で事実を告げられたりして告知事項について悪意であったにも関わらず保険者にこれを知らせることを怠ったり，告知義務者に告知しないよう勧めるような告知妨害をしたような場合は，この結論を維持することは問題があるとして，生命保険募集人に告知受領権は付与されていないものの，告知妨害がある場合には保険者自身に監督上の過失があるといえるという学説が有力となり，裁判例でもこの考え方を採用するものがあった[22]。保険法では，さらに一歩を進めて，以下に見るように，保険媒介者の告知妨害等があったことをもって保険者の解除権発生の阻却事由として明文化することとした。

(2) 保険媒介者の告知妨害（2項2号・3号・3項）

(ア) 総説　本条2項2号は，保険媒介者が，告知義務者が告知すべき事実の告知をすることを妨げたこと，2項3号は，保険媒介者が告知義務者に対し告知すべき事実の告知をせずまたは不実の告知をすることを勧めたことを，保険者の解除権の阻却事由としている。以下，それぞれの文言から見て2項2号は告知妨害，2項3号は不告知教唆と呼ぶこととする。

上記のように生命保険募集人等が告知受領権を有しないことはやむをえないとしても，生命保険募集人等が告知妨害や不告知教唆をすることにより告知義務違反が生ずる場合には，告知義務違反の誘因を生命保険募集人等が与えているのであり，そのような生命保険募集人等の不当な行為の結果による不利益は告知義務者ではなく生命保険募集人等を監督すべき保険者に帰すべきであり，その意味で保険者自身の過失が認められるという考え方が改正前商法の下の学

---

21) 大森132頁以下。
22) 東京地判昭和53年3月31日判時924号120頁は，「外務員が自己の勧誘成績をあげるため被保険者を欺いて虚偽の告知書を作成したなど，被告（保険会社）に外務員の選任・監督について過失があったこと，ひいては被告に前記重要事実の不知について過失があったこと」を問題とはしているが，当該事案ではそのような事実を窺わせる証拠もないとされた事例である。ほかに岡山地判平成9年10月28日生判9巻467頁，東京地判平成10年10月23日生判10巻407頁参照。

説でも有力となっており，上述のように裁判例にもそのような考え方を採用するものが見られるようになっていた。保険法では，告知義務に関する規律における保険契約者側の保護を強化するという観点から，告知妨害と類似の行為を解除権阻却事由として明文化しているスイス保険契約法の規定[23]も参考として，告知妨害および不告知教唆を解除権阻却事由として規定することとしたものである。

立案担当者は，この点の立法趣旨について，①保険媒介者の指揮や監督は使用者である保険者が行うことが適切であること，②保険契約の勧誘を行う者が保険媒介者である場合でも，保険契約者等がそのような保険契約の勧誘を行う者の言葉を信じて告知義務を履行しなかったような事情があるときには，保険契約者等の信頼を保護する必要があることからすれば，保険媒介者が告知妨害や不告知教唆をしたことによる不利益は，妨害や教唆を受けた保険契約者等ではなく，保険媒介者の指揮や監督を適切に行わなかった保険者に課すのが適切であると説明している[24]。

本条3項は，2項2号・3号による解除権阻却は，両号に規定する保険媒介者の行為がなかったとしても告知義務者が告知をせずまたは不実の告知をしたと認められる場合には，適用されないことを規定する。告知妨害や不告知教唆はあったとしても，告知義務者の告知義務違反に実質的に影響を及ぼさなかったと認められない場合には，保険契約者側の保護を図る必要はないので，解除権の発生を認めることとするものである[25]。

　(イ)　保険媒介者　　告知妨害等をする主体を保険媒介者と表しているが，「保険者のために保険契約の締結の媒介を行うことができる者」と定義されている（28条2項2号）[26]。生命保険会社に即していえば，保険業法上の保険募

---

[23]　スイス保険契約法8条は，解除権阻却事由として，保険者が黙秘または不実の告知を誘引した場合という事由を法定している。

[24]　一問一答50頁。

[25]　一問一答54頁は，前掲注[24]の立法趣旨の説明に対応して，告知義務違反と告知妨害等の間に因果関係がない場合には，保険者が保険媒介者を指揮監督したとしても告知義務違反を防止できないこと，告知義務者にも保険媒介者に対する信頼を保護する必要はないということをあげる。

[26]　告知妨害等の行為主体を法文上告知受領権を有しない者とせず保険媒介者とした理由については，一問一答51頁参照。

集主体のうち生命保険募集人であって保険契約の締結の代理権を付与されていない者がこれに該当する。保険契約の締結の代理権を与えられている者は，告知受領権を有しており，そのような代理権のある者が告知妨害や不告知教唆をする場合は，直ちに本人である保険者の悪意または過失を認めることができるので，保険媒介者の定義において除外されている。保険媒介者には，委任関係にある代理店等と雇用関係にある営業職員の双方を含む[27]。保険法は保険業法とは切断されているので，保険業法上の募集主体でなくとも，保険媒介者の定義に実質的に該当する者があれば保険媒介者に該当することになる。いわゆる紹介代理店など生命保険募集人としての登録は要しないとされている者でも，保険者から実質的に媒介をする権限を認められていれば保険媒介者に該当する。以上に対して，保険仲立人は，保険者のために媒介を行うことができる者ではなく，保険契約者のために保険契約の締結の媒介をする者であることから（保険業2条25項参照），保険媒介者に該当しない。

　㋒　告知妨害・不告知教唆　　告知妨害または不告知教唆にあたるかどうかが問題となる保険媒介者の行為として考えられるものとしては，次のようなものが考えられる[28]。

　①　告知義務者が告知書に既往症があることを記載して保険媒介者に提出したが，保険媒介者がこれを無断で改竄して既往症はないという内容の告知書にして保険者に提出した。

　②　保険媒介者が告知書の記載を代筆し，記載内容を告知義務者に確認しないまま保険者に提出した。

　③　告知義務者が口頭で保険媒介者に告知したが，保険媒介者がそれは私が記載すると言って告知書を提出させ，当該事項を記載しないまま保険者に提出した。

　④　告知義務者がある既往症を告知すべく告知書に記入しようとしたところ，保険媒介者がその告知はしてはいけないと言って告知をさせなかった。

---

[27]　保険媒介者の法文上の定義からは，保険契約の締結の媒介を行うとはいえない生命保険面接士は保険媒介者に該当しないということになろうが，生命保険面接士が告知妨害に該当する行為を行った場合には告知妨害の規定が類推適用されるべきであろう。

[28]　木下孝治「告知義務」中西喜寿45頁以下にあげる例に修正・追加をしたものである。

⑤ 告知義務者が，既往症があるのでこれを告知しなければならないか保険媒介者に尋ねたところ，保険媒介者がそれは告知する必要はないとアドバイスしたため，告知がされなかった。

⑥ 保険媒介者が募集にあたり，2年経てば告知義務違反の効果は問われないから何かあっても何も告知しない方がよいとアドバイスしたため，告知がされなかった。告知義務者には告知すべき既往症があったが，保険媒介者はその事実は知らないままである。

⑦ 保険媒介者は，告知義務者が既往症を有することを知っていたが，告知に当たって，告知義務者が当該既往症を告知していないのに気がついた。しかし，当該既往症を告知するようアドバイスせず，告知がないまま契約が成立した。

保険法の制定過程では，告知妨害は告知義務者の意思が介在しない場合，不告知教唆は告知義務者の意思が介在する場合という整理がされていたが[29]，③と④との間でとくに違いがあるとは思われない。告知妨害と不告知教唆とが分けて規定されているが，両者を厳密に区別する意味はないと考えられる。むしろ実質的に差異があるのは，⑥のような告知すべき事実を保険媒介者が知らなかったような場合まで不告知教唆として扱うべきかどうかであるが，保険法の制定過程ではこのような場合も含めて不告知教唆にあたるという意見の集約がされたところである。

ところで，上記の各事例のうち⑤以外の行為については，保険媒介者としては告知義務制度を歪める不当な行為であることは自明であり，告知義務者の不告知または不実告知を告知義務違反として評価する前提を欠くことになり，また保険者に保険媒介者の監督上の帰責性があるものとして解除権を阻却することには問題がないであろうが，⑤のような類型であれば，告知義務者に受けた質問次第では，それが告知すべき事実であったとしてもそうは考えずに告知しないでよいとアドバイスし，その結果告知義務違反に至ったことについて無理からぬものがあり，保険媒介者自身には，本条2項1号において診査医には過失はなかったというのと同様の意味で過失はなかったという場合もありえない

---

[29] 木下・前掲注25) 45-46頁参照。

ではないであろう。しかし、本条2項2号・3号は、保険媒介者が告知妨害や不告知教唆をしたことについて故意や過失を要求していないのであり、上記のような場合についても保険者の解除権は阻却されることになるというべきである。保険媒介者としては、⑤のように告知すべきかどうかを問われた場合には、独断で判断すべきではなく、告知をさせるべきであり、保険者もそのような指導をすべきものである。

　⑦のように保険媒介者の側が積極的に告知妨害や不告知教唆をしたわけではない場合については、告知妨害や不告知教唆には該当しないとする考え方と、告知すべき事実を保険媒介者が知っていた以上は告知義務者に告知をするようアドバイスするのが保険媒介者の責務であり、このような行為も告知妨害や不告知教唆にあたるとする考え方のいずれも主張される可能性がある。私見としては、後者を支持したいが、これに対しては、結局は保険媒介者に告知受領権を認めることとほとんど変わりがなくなるのではないかという批判もされるかもしれない。

　保険媒介者に告知妨害または不告知教唆があり、解除権が阻却されるということの主張立証責任は保険金請求者が負う。

　　(エ)　解除権阻却の例外（3項）　　本条3項は、保険媒介者による告知妨害または不告知教唆がなかったとしても告知義務者が告知すべき事実を告知せずまたは不実の告知をしたと認められる場合には、保険者の解除権が阻却されない旨を規定する。告知妨害または不告知教唆を保険者の解除権阻却事由として法定しようとしたが、それに対しては、典型的には、重大な既往症があるにもかかわらず故意に軽度の既往症を告げ保険媒介者の告知妨害等を誘発し、保険事故発生後には重大な既往症について告知妨害等の主張をするような保険契約者等の行為を念頭に置いて、そのような保険契約者等は本条2項2号・3号による解除権阻却による保護に値しないとして、例外を認めるべきであるという保険業界の主張を取り入れたものである。立案担当者は、立法趣旨を、保険媒介者の指揮や監督を保険者が行ったとしても、保険契約者等による告知義務違反を防ぐことはできないこと、保険契約者等は、告知妨害等がなかったとしても告知義務違反をしたと認められる以上、そのような保険契約者等による保険媒介者に対する信頼を保護する必要はなく、逆にそのような告知義務違反につ

いてまで告知妨害等の規定を適用して保険者の解除権を阻却することは，当該規定の趣旨とも合致しないことと説明する30)。

　立法された保険法では，上記のように，告知妨害等がなかったとしても告知義務者が告知義務違反をしたであろう場合という文言とされた。この文言に即していえば，告知妨害等と告知義務違反との間に因果関係が存在しないことが例外事由となる。上記のいわゆる過少告知の事例であれば，軽度の既往症は告知しないでもよいという保険媒介者の言動の有無を問わず，重大な既往症について告知するつもりは毛頭ないのであるから，本条3項の意味における因果関係は存在しないこととなる。この因果関係の不存在については，保険者が主張立証責任を負う。

　微妙なのは，告知すべき相当重篤な既往症等はあることはわかっているが，保険媒介者が告知しないでもよいと告げたため告知をしなかったような事例で，このような場合には，告知義務者においても告知義務違反となることは十分認識していたのであるから，保険媒介者の不告知教唆があったとはいえ告知をしなかったことには重大な帰責性があることは否定できない。しかし，そのことだけで不告知教唆がなかったとしても告知義務違反があったであろうということを簡単に推認することはできないというべきである。保険者のために募集を行う保険媒介者に告知妨害等があった場合には，それにより告知義務者の告知に関する判断が歪められており，そのような場合に保険者が告知義務違反の主張をすることは認めるべきでないという考え方が本条2項2号・3号では基礎にあるのであり，その例外を認める3項の適用は，告知妨害等と告知義務違反との間に因果関係が存在しないことが明瞭に証明された場合に限り認められると考えるべきである。

　改正前商法の下で，告知妨害等により保険者の解除権阻却を認める裁判例では，保険者側の告知妨害等をした行為の不適正性と，保険契約者側の告知義務違反をした行為の態様とを総合的に比較考量して解除権の阻却の可否を判断すべきであるとするものがあったが31)，保険法の下での訴訟を考えると，保険

---

30)　一問一答54頁。
31)　盛岡地花巻支判平成11年6月4日生判11巻333頁。山下友信「保険法と判例法理への影響」自由と正義60巻1号26頁（2009）参照。

金請求者が本条2項2号・3号の告知妨害等があったことを主張立証することに成功すると，次に保険者が3項の因果関係の不存在を主張立証するという経過を辿ることになるので，総合的な比較考量という手法によることは困難であろう。また，基本的には，告知妨害等による告知の歪みは保険者側の不利益に解決するというのが本条2項2号・3号および3項の考え方である。

3 解除権の除斥期間（4項）

(1) 保険法による除斥期間　保険者の解除権は保険者が解除の原因があることを知った時，すなわち，告知義務者に告知事項について故意または重過失による告知義務違反があったことを知った時から1か月間行使しないときは消滅する。また，保険契約締結の時から5年間を経過したときも同様である（本条4項）。この点は，改正前商法から変更は加えられていない。

解除の効力が発生するには解除の意思表示がこの期間内に保険契約者に到達することを要する。この解除権の行使期間の制限は，いずれも除斥期間であり，とくに前者の1か月の期間は，法律関係の早期確定の理念に基づくものであり，5年間の期間は契約締結後5年間も経過すれば不告知の事実が事故発生率に影響を及ぼさないであろうと考えられるためである。除斥期間ということがらの性質上，本条4項の規定は絶対的強行規定である。

解除の原因事実を知ったかどうかは，保険者の内部組織において解除の権限のある者が知ったかどうかで判断されるとするのが多数説である[32]。

学説では，さらに保険者から解除原因の有無の調査を命じられた者が知った時が保険者が知った時となるとする少数説もある[33]が，解除権の要件の充足の判断などは解除権を付与された者しかなしえないので賛成できない。少数説

---

[32] 古い判例では，生命保険会社の支店が契約締結権を付与されて締結した契約については支店が知ったことがこれにあたり，契約解除権は支店長には付与されていなかったとしても同様であるが，本店が締結した契約については支店が知ったこともって保険者が知ったことにはならないとするものがある（大判昭和14年3月17日民集18巻156頁，大判昭和16年9月3日法学11巻418頁）。しかし，現在の生命保険の実務では支店が契約締結権を付与されていることは基本的にありえないから，支店が知った時をもって保険者が知った時と同視してよいケースは稀であるし，告知義務違反による解除については契約締結とは別の法的な判断を要するので，契約締結権と契約解除権が相伴わなければならないとする理由もないので，上記のような判例には賛成しえない。

[33] 伊沢和平〔判批〕保険海商百選93頁。

第4節　終　　了　　　　　　　　　　　　　　　§55・§84　III

が問題とする調査を命じられた者が権限のある者に報告を怠ることにより除斥期間の開始が遅れるという問題も，極端なケースでは信義則上除斥期間の援用が許されなくなるという解決をすれば足りよう。

　解除の原因を知った時とは，保険者がたんに解除原因の存在につき疑いをもったのみでは足りず，告知義務違反の客観的事実について具体的な根拠に基づいて知ることを要すると判示する裁判例がある34)。ここでいう客観的事実とは，告知義務違反の客観的要件である重要事実の不告知のみを意味するのではなく，告知義務者の故意・重過失や保険者の悪意・過失等の主観的要件に関する事実も含むものと解すべきであり，正確には「保険者が解除権行使のために必要と認められる諸要件を確認したとき」というべきである35)36)。

　最判平成9年6月17日民集51巻5号2154頁は，保険者が告知義務違反による解除の原因を知った時点において，代表者が不存在のように保険契約者において解除の意思表示の受領権限を有する者がいないときは，1か月の期間は保険者が受領権限を有する者が現れたことを知りまたは知りうべき時から進行するとする。保険契約者たる会社側に代表者を選任しないという責に帰すべき事由があり保険者が解除原因を知った時から1か月で解除権を消滅させることは保険者に著しく酷であること，後任の代表者を選任した会社がそのことを保険者に通知しない場合において保険者が速やかに選任の事実を知ることは困難であるからであるとする。さらに，当該事例では，前述のように転付債権者が存在しており，保険者は解除の意思表示をなしえたので，保険者が解除原因を知った時から1か月で解除権は消滅すべきものであるところ，会社側が代表者の選任を怠るなど保険者の解除の意思表示の到達を妨害する結果に終始したこと等の事実から信義則に照らして保険者の解除の意思表示が解除権の消滅前に

---

34)　東京地判昭和61年1月28日前掲注7)。除斥期間の起算時を解除権行使の諸要件の充足の事実を知った時とするとしても，既往症・現症の不告知の場合は，診療にあたっていた医師の診断書の入手時が決定的な意味をもつ。
35)　大阪地判昭和58年12月27日判時1120号128頁。
36)　調査を委託した調査会社の告知義務違反を結論づける内容の報告書が保険者に提出された時をもって知った時となるのであり（東京地判昭和53年3月31日前掲注8)），調査会社が100パーセント子会社であるとしても当該調査会社が知った時を保険者の知った時と同視することはできないとした事例があり（東京地判昭和61年1月28日前掲注7)，東京高判昭和61年11月12日前掲注18)），正当であると思われる。

到達した場合と同視できるとした。除斥期間が，受領権者が現れたことを保険者が知った時または知りうべき時から進行するとすることの根拠は明らかにされていないが，1か月というきわめて短期の除斥期間を設けていることとの関係ではやむをえない解釈であろうし，消滅時効期間の起算点が権利を行使しうべき時とされることが類推されようか。

このような事例があることを念頭に置いて近時の生命保険の約款では，1か月の期間制限の例外として，正当な理由により解除の通知ができないときは通知ができるようになった日から1か月を起算する旨を規定するようになっていたが，保険法における1か月の除斥期間は絶対的強行規定であるということから，これに抵触する約款の規定は無効であるということで約款からは削除されることとなった。もっとも，上記最判平成9年6月17日のような期間の延長がされることがありうるということは本条4項という法律規定の解釈問題であるから，約款の規定がなくとも実質的な違いがあるわけではない。

(2) 約款上の不可争期間　生命保険の約款では，保険者が解除の原因となる事実を知った日から1か月という除斥期間は保険法と同じであるが，それとともに，責任開始日からその日を含めて2年以内に保険金の支払事由が生じなかったときは解除権の行使ができなくなるものとする（これを不可争期間と呼んでいる）。その趣旨として，保険契約を長期にわたり不安定な状態に置くことが適切でないことと，告知義務違反があったとしても2年間保険事故が発生しなかった以上事故の発生率に影響を及ぼさなかったものと考えてよいということがあげられている。

保険法の5年の除斥期間は契約締結後5年とされ，これは，保険事故がいつ発生したかを問わずに適用されるが，約款では，責任開始後2年以内の保険事故の不発生をもって解除権の消滅事由とするので，単純に保険法の5年の期間を2年に短縮しているわけではない。

責任開始後2年以内に保険事故が発生しなかった場合には，2年経過時で保険者が告知義務違反の主張をすることはなくなるので，本条4項の5年の除斥期間を短縮していることになる。除斥期間を定める4項は絶対的強行規定ではあるが，除斥期間による不利益を受ける保険者が短縮を自ら約定しているので，その有効性は認めてよい。

これに対して，たとえば，契約締結時＝責任開始時として，それから2年以内に保険事故が発生した場合は，保険者は解除できることを知ってから1か月という期間制限さえみたせば，2年経過後でも契約を解除することができることになる。約款では，契約締結時から5年という商法の除斥期間を繰り返し規定していないが，保険法の適用を排除するものではなく，2年以内に発生した事故についても，締結時から5年経過すれば解除権は消滅するものと解すべきである。もっとも，保険金支払義務の消滅時効期間は3年であるから（95条1項），責任開始時から2年以内に発生した保険事故に関して，契約締結後5年間保険金請求がなされない場合には保険金請求権は時効で消滅しているのが通例であろう。

4　強行規定性

本条1項から3項までの規定は片面的強行規定であり（65条1号），本条4項の規定は絶対的強行規定である。

5　告知義務と意思表示の瑕疵に関する民法規定との関係

告知義務は，保険者の危険選択のために必要な制度であるということから，告知義務違反があったとしても，それが当然に同時に保険者の側の意思表示の瑕疵をもたらすものではない。しかし，告知義務違反が認められる場合に，同時に民法上の詐欺[37]や錯誤等，意思表示の瑕疵の要件をみたす可能性がある。

---

[37] 悪意の告知義務違反により当然に詐欺が成立するわけではなく，欺罔行為および故意という詐欺の構成要件をみたしてはじめて詐欺が成立する（大判大正6年9月6日民録23輯1319頁，大判大正11年2月6日前掲注15）。多数高額の保険に基づく保険金の不正請求が疑われる事案で詐欺の成立が認められるのに対して，可能性は低いが，死病等の重篤な疾病を認識しつつこれを黙秘して生命保険に加入する等の場合には詐欺の成立の可能性はある。詐欺が成立するとされた事例としては，古くは，重症の肺結核にかかっている被保険者の替え玉に医師の診査を受けさせて契約を締結させた事例（東京地判大正4年5月4日新聞1024号21頁）のように詐欺であることが明白なものがあるにとどまっており，告知義務違反が成立するようなケースについては詐欺の成立を容易に認めていなかったが（東京高判昭和53年3月28日判時889号91頁。簡易生命保険で，保険契約者と被保険者が別人で，被保険者は高血圧症の事例であったが保険契約者はその事実を知らなかった事例），近時は，肺ガンにかかっており相当重篤な情状があった保険契約者兼被保険者が自己の健康状態について告知しなかった事例について，告知義務違反の事例として処理できるように思われるにもかかわらず保険者を欺罔したもので詐欺にあたるとした事例もあり（東京地判平成11年12月1日判タ1032号246頁），悪

そのような場合に，保険者は告知義務違反の主張のほかに，詐欺や錯誤の主張をなしうるかどうかについては，古くより議論がある38)。これが肯定されれば，告知義務違反が，本条の定める諸要件が充足されないため主張できない場合に，詐欺や錯誤を主張して保険者が免責の結果を得ることができる可能性がある39)。

　この点については，①告知義務制度は，詐欺・錯誤の規定の適用を排除するとする立場，②告知義務制度は詐欺・錯誤と競合的な関係にあり，それぞれの構成要件が充足されればそれぞれの適用可能性があるとする立場，③錯誤の適用はないが詐欺の適用はあるとする立場の3説がある。判例は，古くは②説をとっていたが40)，最近，告知義務違反をもたらす事実と同一の事実に基づく保険者の錯誤無効の主張に対して，仮に錯誤無効の主張が許されるとの見地に立ったとしても動機の錯誤にすぎず，この動機は表示されていなかったので要素の錯誤があったとはいえないとしたものがあり41)，②説は維持するが，実質的には③説に移行しているように思われる42)。

　学説では現在③説が有力である。錯誤の適用が排除されるのは，告知義務違反により危険選択を誤った保険者は，解除という告知義務違反の効果を主張するためには所定の諸要件を充足しなければならないということが骨抜きにされかねないという事情と，危険選択についての錯誤は動機の錯誤にすぎないという理由の双方がありうるが，動機の錯誤も表示されていれば錯誤無効をもたらしうるとする近時の民法錯誤論の考え方によれば，前者が理由として残ることになる。最判平成5年7月20日43)は動機が表示された場合はどうなるのか，

　　　質な告知義務違反に対して裁判所が厳しい姿勢をとりつつあることが推察される。なお，詐欺が成立する場合，告知義務違反に基づく保険者の解除権の阻却事由である保険者の過失や除斥期間に関する規定の適用はない。
38) 近時までの判例学説について，中西正明「告知義務違反と錯誤及び詐欺」同・前掲注17) 137頁。
39) 古くは，錯誤無効を認めた裁判例もある。東京控判大正7年3月13日新聞1403号21頁。
40) 大判大正6年12月14日民録23輯2112頁。
41) 最判平5年7月20日損保企画536号8頁（海外旅行傷害保険の事例）。
42) 前掲大判大正6年12月14日も，錯誤無効の可能性は肯定してはいたが，危険測定に関する事項は原則として動機の錯誤としていたので，実質的には③説に近かったものと思われる。大判大正7年4月5日民録24輯539頁も同旨。
43) 前掲注41)。

第4節 終　了　　　　　　　　　　　　　　　　　§55・§84　III

　また，動機が表示されるのはどのような場合かについては明確にしていないが，告知事項は告知書で明示されていたはずであるから，それにも関わらず動機が表示されていないとしていることからみると，告知事項について動機が表示されており要素の錯誤となることは通常はありえないという判断をしているものと推測される。

　詐欺の成立は排除されないとするのは，保険契約者側に悪性が強いということであろうし，ドイツ法では詐欺の成立は排除しない旨の明文の規定が置かれていること（ドイツ保険契約法22条）も影響しているものと推測される。明文の規定がないわが国で，錯誤と詐欺を区別することは困難であるとも思われるが，告知義務違反の原因たる事実に基づいてのみ錯誤主張を認めることは仮に錯誤の理論からは無効となる場合であっても告知義務制度に関する法規整を骨抜きにするものであり，その限りで錯誤については適用が排除されるとする③説を支持する。

　告知義務と民法の規定の関係は，告知義務と錯誤・詐欺との関係という問題として論じられてきたが，告知義務と民法上の諸制度との関係は，これに尽きるものではなく，告知義務と保険契約者側の不法行為，告知義務と保険契約者側の契約締結上の過失といった競合問題も存在する（保険者が，告知義務違反をした保険契約者に対して支払済保険金の賠償を請求するような場合）。これらも，競合がすべて排除されるわけではないが，告知義務制度を骨抜きにするような場合であれば，責任の成立は排除されると考える。

〔山下友信〕

（危険増加による解除）

第56条 1　生命保険契約の締結後に危険増加（告知事項についての危険が高くなり，生命保険契約で定められている保険料が当該危険を計算の基礎として算出される保険料に不足する状態になることをいう。以下この条及び第59条第2項第2号において同じ。）が生じた場合において，保険料を当該危険増加に対応した額に変更するとしたならば当該生命保険契約を継続することができるときであっても，保険者は，次に掲げる要件のいずれにも該当する場合には，当該生命保険契約を解除することができる。

　一　当該危険増加に係る告知事項について，その内容に変更が生じたときは保険契約者又は被保険者が保険者に遅滞なくその旨の通知をすべき旨が当該生命保険契約で定められていること。

　二　保険契約者又は被保険者が故意又は重大な過失により遅滞なく前号の通知をしなかったこと。

2　前条第4項の規定は，前項の規定による解除権について準用する。この場合において，同条第4項中「生命保険契約の締結の時」とあるのは，「次条第1項に規定する危険増加が生じた時」と読み替えるものとする。

（危険増加による解除）

第85条 1　傷害疾病定額保険契約の締結後に危険増加（告知事項についての危険が高くなり，傷害疾病定額保険契約で定められている保険料が当該危険を計算の基礎として算出される保険料に不足する状態になることをいう。以下この条及び第88条第2項第2号において同じ。）が生じた場合において，保険料を当該危険増加に対応した額に変更するとしたならば当該傷害疾病定額保険契約を継続することができるときであっても，保険者は，次に掲げる要件のいずれにも該当する場合には，当該傷害疾病定額保険契約を解除することができる。

　一　当該危険増加に係る告知事項について，その内容に変更が生じたときは保険契約者又は被保険者が保険者に遅滞なくその旨の通知をすべき旨が当該傷害疾病定額保険契約で定められていること。

　二　保険契約者又は被保険者が故意又は重大な過失により遅滞なく前号の通知をしなかったこと。

2　前条第4項の規定は，前項の規定による解除権について準用する。この場合において，同条第4項中「傷害疾病定額保険契約の締結の時」とある

のは,「次条第1項に規定する危険増加が生じた時」と読み替えるものとする。

I 趣　　旨

1　本条の趣旨

　保険契約の締結後,保険者が引き受けていた危険が増加すると,その保険料額が新しい危険状態に対して十分に対応せず,不足する場合が生じる。保険者が危険変動を織り込んで保険料を算出している範囲内にある危険増加は,当初の保険料額に反映されているものと考えられる。しかし,それを超える危険増加が生じる場合は,対価関係が適正でなくなっており,多くの場合,長期間にわたり契約関係が継続する保険契約においては,これを合理的に調整できることが適当,公平であり,望ましい。保険制度の合理的な運営の基礎となる給付反対給付均等の原則の観点から,保険者の危険負担の対価としての保険料が合理的に調整される必要もある。本法の危険増加に対処する規定も,新たな危険状態に対する保険契約関係の調整および対応を意図するものである[1]。

　本法の危険増加に対する保険契約関係の調整・対応の基本的な考え方は,危険増加が保険料増額により保険契約を継続できる範囲のものについては,基本的に継続する方向での調整を行い,保険者がその契約を解除して終了させる方法は,例外とする[2]。保険者が保険料増額によりその保険契約を継続できる範囲のものは,約定により保険契約者側が告知事項のうちから危険増加の通知をすべきものと指定されている事項の通知を故意・重過失で怠った場合にのみ保険者の解除権が生じる（56条・85条）。それ以外の保険者による解除は,保険契約者が保険料増額に応じず,一般の債務不履行を理由とする場合に行えることとなる[3]。これらは,約款の定めにより保険料増額請求権が保険者に与えられることなどが前提になると考えられる。したがって,保険契約の終了という

---
1)　萩本修ほか「保険法の解説(3)」NBL 886号43頁（2008）。
2)　法制審議会保険法部会第21回会議議事録22頁,一問一答84頁。
3)　法制審議会保険法部会第21回議事録19頁,22頁。

最終的な対処方法は，約款規定による定めを前提に考えることになろう。危険増加に関する規定は，主要部分が保険契約者側を保護する片面的強行規定であり，基本思想に反する約款の定めは無効になる（65条・94条）。解除権の除斥期間を定める規定は，絶対的強行規定である。

他方，保険法は，危険増加について保険料を増額しても保険者がその危険を引き受けない場合，すなわち，引受危険の範囲外に出るときは，約定により保険者はその保険契約を解除することができるという考え方である[4]。約款の定めにより保険者の免責条項による対応も考えられる[5]。この部分は，約款による合理的かつ自由な対応が可能である。

2　外国法の状況

2007年ドイツ保険契約法における危険増加の規律は，相当に詳細である。その規律の区分を見ると，保険契約者の故意・重過失による危険増加とそれ以外とを分けており，わが国の平成20年改正前商法の立場に近い思想が見受けられる。すなわち，保険契約者は，保険者の同意なく危険を増加させてはならず，また事後的に危険増加を知ったときは，保険者に遅滞なく通知しなければならない（ドイツ保険契約法23条）。保険契約者が保険者の同意なく故意・重過失で危険を増加させたときは，保険者は即時解約ができ，軽過失の場合は，保険者は1か月の解約予告期間をおいて解約できる。保険契約者が事後的に危険増加を知って，遅滞なく通知したときは，保険者は，1か月の解約予告期間をおいて解約できる。これらの解約権は，保険者が危険増加を知った時から1か月の除斥期間に服し，危険が元の状態に復したときも，消滅する（同法24条）。危険増加に対して，保険者は，保険料の増加を請求すること，またはその増加危険のみを保障から除外することもできる。10％超の保険料増額または増加

---

[4]　法制審議会保険法部会第23回議事録2頁。萩本ほか・前掲注1）44頁注23は，「ある危険増加が起こった場合に，それが引受範囲内の危険増加であるか引受範囲外の危険増加であるかによって法律関係は大きく異なってくることになるが，引受範囲内か引受範囲外かは，危険増加が生じた段階になって保険者側が恣意的に決することができるものではなく，保険契約を締結した段階で，料率表等により保険契約者側にも示され，契約当事者間の合意の内容となっていることが求められる」という。

[5]　法制審議会保険法部会第21回議事録25-26頁。

第4節　終　　了

危険の保障除外が行われたときは，保険契約者は，保険者の通知が到達した時から1か月以内にその契約を即時解約することができる（同法25条）。そして，危険増加後に保険事故が発生した場合，保険契約者が故意に危険を増加させたときは，保険者は免責であり，重過失による場合は，保険者は，その責任の重大性に応じた割合で給付額を削減する権利を有している。保険契約者の危険増加の通知が到達すべき時から1か月経過した後に保険事故が発生したときも，保険者は免責である。この通知義務違反が故意によらないときは，保険者は給付義務を負うが，重過失の違反については，保険者はその責任の重大性に応じて給付額を減額することができる。ただし，危険増加が保険事故の発生・給付義務の範囲と因果関係がない場合，および保険事故の発生のときまでに保険者の解約期間が満了し，解約が行われなかった場合には，保険者は給付義務を負う（同法26条）。軽微な危険増加等には，以上のような規定の適用はない（同法27条）。

　生命保険および傷害保険には特則があり，明示的合意により危険増加とみなされる危険事実の変化があったときのみ危険増加があるとされ（ドイツ保険契約法158条1項・181条1項），生命保険では，危険増加から5年を経過したときは，保険者は，その危険増加を主張することができない（同法158条2項）。保険契約者が故意または詐欺的意図で危険増加を行ったときは，この期間が10年になる（同条同項）。傷害保険では，保険料の変更なく，保険給付が削減される場合には，その危険増加から1か月後にその給付削減が合意されたものとみなされる（同法181条2項1文）。保険契約者が詐欺的意図をもって危険増加を告げなかったときに限り，保険者はさらに他の権利を主張することができる（同法181条2項2文）。就業不能保険には，生命保険の158条が準用される（同法176条）が，疾病保険には危険増加の一般的規定（同法23条～27条）は適用されない（同法194条1項2文)[6]。

　フランス保険法典は，これに比べると，比較的簡単である。危険増加に対して保険者は，契約の解約を告知するまたは新たな保険料額を提示する権利を有する（フランス保険法L.113-4条1項）。解約の場合は，その告知から10日後に

---

[6]　新しいドイツ保険契約法の条文の翻訳については，独保険契約法（訳）168-179頁を参照。

効力を生じ，新たな保険料額の提示の場合は，その提示から30日以内に，保険契約者がこれに応じないとき，またはこれを拒絶したときには，保険者は，提示書面中に明確な文字で記載して解約権を保険契約者に通知した場合に限って，その期間終了時に契約を解約することができる（同条2項）。保険者が，危険増加の通知を受けた後に，保険料を継続して受領し，または保険金を支払うことにより契約継続に同意の意思を示したときは，危険増加を主張することはできない（同条3項）。本条の規定は，生命保険および被保険者の健康状態に変化が見られる場合の疾病保険には適用されない（同条6項)[7]。

II 沿　革

　明治23年旧商法は，「第十一章　保険」という保険契約に適用される「第一節　総則」の規定において，主に損害保険契約を想定した危険増加に関する規定を設けていた。同法654条1項が，「契約取結ノ後被保険物ニ付キ情況ノ変更カ発生シタル為メ其引受ケタル危険ノ増加シ若クハ変更スル場合……ニ於テハ保険者ハ其契約ニ羈束セラルルコト無シ但孰レノ場合ニ於テモ保険者其契約ヲ継続スルトキハ此限ニ在ラス」としていた。「被保険物」という表現を採っている関係で，同法に「第五節　生命保険，病傷保険及ヒ年金保険」の節はあるが，人保険の各契約については，本条の規定は適用しにくい文言になっている。

　明治32年商法は，危険増加に関する規定について相当の改良を加えている。政府提案の段階では，409条が「保険期間中危険カ著シク変更又ハ増加シタルトキハ保険者ハ契約ノ解除ヲ為スコトヲ得但其解除ハ将来ニ向テノミ其効力ヲ生ス」とし，続く410条が①「保険契約者又ハ被保険者ガ危険ノ著シク変更又ハ増加シタルコトヲ知リタルトキハ遅滞ナク之ヲ保険者ニ通知スルコトヲ要ス若シ其通知ヲ怠リタルトキハ保険者ハ危険ノ変更又ハ増加ノ時ヨリ保険契約カ其効力ヲ失ヒタルモノト看做スコトヲ得」②「保険者カ前項ノ通知ヲ受ケ又ハ危険ノ変更若クハ増加ヲ知リタル後遅滞ナク契約ノ解除ヲ為ササルトキハ其契

---

[7] フランス保険法典の翻訳については，保険契約法集（訳）のフランス保険法典の部分［笹本幸祐翻訳担当］を参照。

約ヲ承認シタルモノト看做ス」としていた[8]）。これらを同法430条1項が生命保険に準用していたが，成立した法律では，平成20年改正前商法のように，保険期間中の危険増加について，保険契約者側の責に帰すべき事由による場合と責に帰すべからざる事由による場合に区分し，前者は，危険増加の時点から当然に保険契約が失効する旨を定め（改正前商656条。昭和13年改正前410条），後者は，保険者が将来に向かって契約を解除することができ，保険契約者側が危険増加の通知を怠ったときには，保険者がその契約を危険増加の時から失効したものとみなすことができるという規律をしていた（改正前商657条。昭和13年改正前411条）。これらを改正前商法683条1項が生命保険に準用している。

III 条文解説

1 危険増加の意義

(1) 契約締結後の危険増加　56条および85条（以下，本条という）が対象とする危険増加は，生命保険契約の締結後に生じた危険増加である。保険者の責任が開始する前の段階でも，生命保険契約の成立後の危険増加であれば，本条の適用対象となる。危険増加について，保険期間の開始前か後かで区別する必要もなく，保険料など契約内容の調整が必要になることは，変わりがないからである。この点は，改正前商法が保険期間中の危険増加のみを問題にしていたことと比較して，保険法は，より合理的な規律にしたものである[9]）。傷害疾病定額保険契約についても同様である。

(2) 定　義　本条および59条2項2号（88条2項2号）にいう危険増加とは，「告知事項についての危険が高くなり，生命保険契約で定められている保険料が当該危険を計算の基礎として算出される保険料に不足する状態になることをいう」（本条1項かっこ書）。危険が高くなった状態が保険料の計算に影響を及ぼすほどの期間にわたって継続することが前提となっている[10]）。その上で，次の2つの要件がある。

---

8) 商法修正案理由書341-343頁（1898）。
9) 中間試案補足説明・立案101頁。
10) 原口宏房「危険増加」金澤＝大塚＝児玉207頁。

保険契約者・被保険者が契約締結の際に履行した告知義務において，保険者が質問した事項について危険が高くなったことが第1の要件である。告知事項となっていない事実の変化により危険が高くなっても，これは危険増加の規律の対象外である。

　次に，当初約定した保険料の額が，新たな危険状態を計算の基礎として算出される保険料の額と比べたときに，不足が生じる場合であることが第2の要件である。告知事項についての危険が高くなっても，保険料の額に影響が及ばない場合には，ここでいう危険増加にはあたらない。一方，危険増加が大きすぎて，保険料の額いかんに関わらず，保険者がこれを引き受けない場合も，本条にいう危険増加に該当する。

　生命保険契約の場合には，通常，長期の契約となり，後年になれば，人間は老化により健康状態が悪化することが予測され，疾病等に罹り易くなって，生命の危険が増加する。このようなことは，もとより人間の生活上つねに想定されることであり，生命保険契約上当然に織り込まれている危険であるから，契約後に死亡の危険を増大させる慢性疾患にかかったとしても，通常，それが保険料に影響を及ぼすことはなく，危険増加に該当しないと解される[11]。生命保険契約に付帯して締結される，長期間にわたる傷害疾病保険契約においても，同様に考えられよう。例外的に，特別に高い危険状態となる条件下で被保険者が生活することになる場合について，保険者がそれを危険増加として対処することが考えられる。たとえば，生命の危険が通常の生活をしている人と比べて格段に高い環境に入るまたはそのような職業に就く場合である。

2　保険者の解除権の発生要件

　(1)　保険料増額により継続可能な保険契約　　本条の解除権が生ずる対象は，危険増加が生じた場合に，「保険料を当該危険増加に対応した額に変更するとしたならば当該生命保険契約を継続することができるとき」である。つまり，保険料を増額すればその保険契約が継続可能である場合である。危険が増加したとしてもなお保険者の引受けが可能な範囲内にある場合が対象とされてい

---

[11]　一問一答87頁。

第4節　終　了　　　　　　　　　　　　　　　　　　§56・§85 III

る12)。このときは，本条は，保険契約を存続させることを原則としている。したがって，次に見るように，保険者が保険契約から離脱できるのは，例外という位置づけとなる。

　(2)　解除権の発生要件　　保険者が，本来，保険料増額により継続可能な保険契約について解除できるのは，次のような要件をいずれも満たす場合である。

　①　危険増加に関するものとして，告知事項のうち，その内容に変更が生じたときは保険契約者または被保険者が保険者に遅滞なくそのことの通知をすべき旨が生命保険契約で定められていること，

　②　保険契約者または被保険者が故意または重過失により遅滞なく①の通知をしなかったこと，の2要件である。

　①については，告知事項のうちから，保険者が危険増加として保険料増額の対応を予定する事項について約定により通知すべき旨を定めることが求められている。したがって，具体的に，約款に危険増加に関する通知をなすべき事項を定めておく必要がある。条文の文言上，告知事項のうち「その内容に変更が生じたとき」とされているのは，危険増加の有無の判断を保険契約者側に負わせるのは酷であり，該当する事項についての事実を通知すればよく，危険への影響の有無の判断は保険者に委ねる趣旨である13)。「遅滞なく」の範囲は，それぞれの保険契約の特性および通知を求める事項の内容に応じて妥当な日数が考えられるべきものであろう。

　②については，保険契約者・被保険者が通知すべき危険増加の事実を知りながら，故意に通知をしない，または重過失でこれを怠ったもしくは通知すべき

---

12)　落合誠一監修・編著・保険法コンメンタール（損害保険・傷害疾病保険）96-97頁（2009）［出口正義］は，本条（29条，85条の注釈である）が危険増加の場合に契約の存続を基本とし，危険増加の概念が告知事項になっているものとの関係で保険料不足の状態になることとされ，さらに，通知すべき事項が危険増加にかかる告知事項の内容の変更であるとすると，保険料増額で対応できない危険増加の観念を想定することは困難であり，引受範囲外に至る危険増加を認めることは，本条の定める危険増加の概念の自己矛盾をきたすことになるのではないかという指摘をしている。本条により解除権が発生するのは，保険料の不足を補えばその保険契約の継続が可能である範囲の危険増加であると解される。したがって，引受範囲外に及ぶ危険増加があれば，それは本条の直接的に規律するところではなく，保険者の合理的な約款作成に委ねられているものと考えられる。具体的な対応としては，そのような場合には，保険者が解除権を有するとする定めは有効であろうし，保険者免責条項により対応することも可能であると考えられる。

13)　一問一答90頁。

かどうかの判断を重過失で誤ったという場合がこれにあたると解される14)。

(3) 他保険契約の通知と引受範囲外の危険増加　　生命保険契約では、一般には、他保険契約の告知は求められていない。損害保険契約においては、他保険契約の告知を保険契約者・被保険者に求めることが行われている。他保険契約の存在は、損害保険契約では、保険者が保険金の支払について複数の保険契約間で負担割合を考慮したり、道徳危険の大きさを判断する材料として利用するものである。保険契約の締結の諾否に影響を及ぼしうるが、通常は、保険料が増額される形での影響はないと考えられる。

そうすると、他保険契約の存在が告知事項とされ、契約締結後に他保険契約が締結されるときに、それを通知事項としていたとしても、それは、保険料を増額する事由ではないから、本条にいう危険増加には該当しないことになりそうにもみえる。しかし、他保険契約の存在が保険料の額への影響いかんにかかわらず、保険事故発生の可能性を高める事実として、保険者の契約締結の諾否および契約の継続に影響を及ぼしうるもの（保険制度濫用等の道徳危険の存在を窺わせる事実）であるとすれば、それは、保険者の引受危険の範囲に係わる事項であり、危険増加の一種に含めて考えることが可能である。

他保険契約の存在が生命保険契約の締結の諾否の判断に影響を及ぼすことはありうるので、保険者がこれを告知事項とすることはできると解される15)。したがって、契約締結後に他保険契約を締結するときは、これもその保険契約上、危険増加の一種として取り扱うことができる。問題となるような他保険契約の締結は、通常、保険料増額により契約内容の変更を生じさせるのではなく、保険者の引受範囲外の危険増加の状態になる場合であると考えられる。したがって、これは、本条1項の規律には服さず、保険者は、引受範囲外に出てしまう事態としての他保険契約の存在を、保険契約上、即時の解除権の発生原因として定めることが可能であろう。ただ、保険法が引受範囲内の危険増加について保険契約者側を保護する規定を置いていることとの関係からみて、即時の解除権を発生させるにしても、恣意的にならないように、どこから引受範囲外の危険増加になるのかが、あらかじめ保険契約者に明示され、契約当事者の合意

---

14)　木下孝治「告知義務・危険増加」ジュリ1364号25頁（2008）。
15)　一問一答47頁。

第4節　終　　了　　　　　　　　　　　　　　§56・§85　III

の内容になっていることが必要であると解される16)。そのような明示がないときは，他保険契約の存在は，引受範囲内の危険増加とみなして本条1項の規律に服し，契約上その通知が要求されている場合には，本条1項の要件を満たすときに，保険者は契約を解除することができると解される17)。もっとも，保険事故発生後の解除は，他保険契約の存在が保険事故の原因となることは考えにくいから，因果関係不存在の法則が適用されて（59条2項2号・88条2項2号），保険者免責の効果は得られないこととなる。そこで，他保険契約の存在を理由とする解除は，その通知を怠ったことに加えて，保険者の保険契約者等に対する信頼を損ない，その保険契約の継続を困難にする事情が認められる場合に該当するときは，重大事由による解除の枠組みで対処することになると解される18)。重大事由解除の場合には，それに該当する事情が生じた時点から保険者は解除の効果として免責が得られる。因果関係不存在則の適用はない。

現在の生命保険契約の実務は，他保険契約の存在について告知事項にしていないから，危険増加の通知義務の対象事項にもならない。危険増加に関する通知義務として他保険契約の通知義務だけを定めても，それは，本条1項が，後述のとおり，保険契約者・被保険者の不利益に変更できない片面的強行規定であることから（65条1号・94条1号）無効になると解される。

3　解除権の除斥期間

本条に基づく解除権は，保険者が危険増加による解除の原因があることを知った時から1か月間これを行使しないときは消滅する。危険増加が生じた時から5年を経過したときも同様である（本条2項）。

1か月の解除権の除斥期間は，長く保険契約者側を不安定な状態に置かないようにして，保護することが目的である。

---

16)　洲崎博史「保険法のもとでの他保険契約の告知義務・通知義務」中西喜寿92頁，萩本・前掲注1) 44頁注23，一問一答91頁注4。
17)　洲崎・前掲注16) 93頁。
18)　福田弥夫「危険の変動」落合＝山下149頁。木下・前掲注14) 24頁は，重大事由解除の規定が新設されたことにより，危険増加の法理は道徳危険の増加事例に対処することから解放されたと見るのが自然であるとしており，道徳危険の問題は主として重大事由解除での対処を示唆するものと考えられる。

保険者が本条の危険増加による解除の原因があることを知った時とは，①通知すべき危険増加の事実があったこと，②それについて保険契約者または被保険者が故意・重過失により遅滞なく通知をしていないことの両方の要件を確認した時であると解される。保険者が危険増加の事実を知っただけでは，本条の解除権は発生しない[19]。保険者が過失により危険増加の事実を知らなかったとしても，後に本条の解除権の発生要件が満たされることになれば，この解除権の行使は妨げられない[20]。

　現実的にはあまりないと思われるが，理論的には，保険者が危険増加の事実を知っており，保険契約者・被保険者がこれを知らずに通知をしていないこともありうる。保険者は，保険契約者側に故意・重過失による通知懈怠の状態が生じない限り，保険契約を解除できないから，保険契約者側が事実を知るのを待つという態度に出ることも考えられないではない。しかし，そのような場合は，保険者が真摯に対応しようとするのであれば，危険増加の事実を保険契約者側に知らせ，保険料増額の交渉を始め，契約に従って保険料増額の請求をすることになろう。保険契約者がその増額請求に対して保険料を支払わないときに，債務不履行による解除が問題になると解される。このような対応をしないで，保険者が知りながら，保険契約者側が危険増加の事実に気づくのを待つという態度は，信義則上問題になる場合があると思われる。保険者が必要な情報提供をしないで，自らの解除権の行使に持ち込むようなことがあれば，それは信義則あるいは権利濫用という一般条項によっても，その権利行使は抑制されるべきものであろう[21]。しかし，このことと解除権の除斥期間の進行は別に

---

19) 法制審議会保険法部会第21回議事録23頁は，告知義務の場面では，保険者が事実を知りながら保険契約を締結した以上解除はできないという論理が成り立つが，危険増加は保険契約締結後の問題であり，保険者は，危険増加を知ったからといって契約の解消に直結するわけでもなく，解除権の帰趨を保険者の善意・悪意によって決する立場は採っていない旨が述べられている。

20) 落合監修・前掲注12) 97頁［出口］は，「解除権の除斥期間を考えるうえでは，保険者が被保険者等の通知によらないで告知事項の内容の変更を知ったときは，その時から1ヵ月の除斥期間が開始すると解することは可能であり，またそれが契約を存続させるという本条の立法目的にもかなうであろう。この立証責任が被保険者にあることはいうまでもない」といわれる。しかし，本文に述べたように，保険者が危険増加の事実を知っただけでは，本条の解除権は発生しないから，この時点から解除権の除斥期間が開始するという解釈は，無理ではないかと思う。

21) そもそも保険契約者側の故意・重過失による危険増加の通知懈怠がどれほど起こりうるも

考える必要がある。

　もちろん，引き受けられない危険増加状態になっているのであれば，引受範囲外の問題として，その場合の解除権を行使することになると考えられる[22]。

　5年の除斥期間については，客観的に危険増加が生じた時点から5年を経過することにより，たとえ保険契約者側が故意に危険増加の通知を怠っていたとしても，保険者はその危険増加を原因とする解除権を失うことになると解される。危険増加後，5年経過してもその影響が見られなかったことから，それを問題にしない趣旨であると解される。

4　解除の効果

(1)　**危険増加後の既発生事故に対する保険者免責**　本条の解除権が行使されたときは，保険者は，その解除にかかる危険増加が生じた時から解除がされた時までに発生した保険事故について保険給付を行う責任を負わない（59条2項2号・88条2項2号）。解除の効力は，将来に向ってその効力を生ずる（59条1項・88条1項）が，保険者は，本条の解除によって危険増加の時から保険給付の責任を免れることとなる。保険給付の面では，実質的には，解除によって保険者免責が危険増加の時点まで遡及する効果が生ずる。解除の効力が将来効であることと，その効果の及ぶ範囲を別にする考え方が採られている[23]。

(2)　**因果関係不存在の場合**　危険増加をもたらした事由に基づかずに発生した保険事故については，本条による解除がされても，保険者はそれに対して保険給付を行う責任を免れない（59条2項2号ただし書・88条2項2号ただし書）。いわゆる因果関係不存在の法則を定めたものである。危険増加状態において，解除前に，それを生じさせた事由とは異なる事由（引受危険の範囲内の事由）によって保険事故が発生したときは，保険者は，危険増加によって影響を受けて

のかも問題となる。保険契約者または被保険者が危険増加を知って，それを保険者に悪意・重過失で通知しないという事態がそれほど想定できるか。通知事項の内容にもよるが，重過失認定は容易とまでは言いにくいように思われる。

22)　木下・前掲注14) 26頁は，引受範囲外の危険増加については，56条等が適用されないが，保険者が危険増加を知ってから1か月の除斥期間を約定すべきであるとし，合理的期間内に解除権を行使せず，危険増加から相当期間経過後の保険事故発生後に解除権を行使する場合には，解除権濫用の法理により対処することを主張する。

23)　萩本修「新保険法——立案者の立場から」生保165号16-17頁（2008）。

いないため，その保険事故について保険給付の責任を免れないことになる。

(3) 保険者免責条項等の定め　保険契約者側が一時的な危険行為を行い，その状態にあるときに保険事故または給付事由が発生した場合，保険契約上，その原因のいかんを問わず，保険者が免責されると定めることがある。傷害保険契約などで，飲酒運転中の事故を保険者免責とするのが典型例である。一時的な危険増加は，本条が予定する継続的な危険増加の規律にはなじみにくい。これが保険者の引受危険の範囲外の問題であるとすると，基本的には保険者が自由にその保障範囲を定められることになり，解除権を行使するまでもなく，免責条項や保険事故の概念規定によってその危険を保障範囲外にすることが可能である。しかし，危険増加に関する対処としては，引受範囲内の危険増加に関する規律によって保険契約者保護の一定の考え方が示されていることを考慮して，その免責条項等の定め方の合理性が審査されることにはなろう[24]。その免責条項が対象とする一時的危険増加を保障から除外する趣旨，事故発生率（対象となる行為や状態の危険度），免責とすることによるその危険行為の抑止的効果，そしてその保険契約の保障範囲の合理性を考慮して，免責条項等の審査が行われる必要があろう。免責条項等の場合，因果関係不存在則が適用されないことも考慮する必要がある。

(4) 保険料積立金の払戻し　保険者は，危険増加による解除を原因として生命保険契約が終了したときは，保険契約者に対して，その時点における保険料積立金を払い戻さなければならない（63条3号・92条3号）。

5　規定の性質

本条1項は，保険契約者または被保険者に不利に変更できない片面的強行規定である（65条1号・94条1号）。2項は，本条に基づく危険増加に関する解除権を定めた場合には，その除斥期間についての絶対的強行規定であると解される。

〔竹濵　修〕

---

[24]　引受範囲外の危険増加に至った場合に即時失効などを約款が定める場合についても議論がある。木下・前掲注14）26頁，洲崎博史「保険契約の解除に関する一考察」論叢164巻1-6号238-239頁（2009）を参照。

第4節　終　了　　　　　　　　　　　　　　　　　　　　§57・§86　I

> **（重大事由による解除）**
> **第57条**　保険者は，次に掲げる事由がある場合には，生命保険契約（第1号の場合にあっては，死亡保険契約に限る。）を解除することができる。
> 　一　保険契約者又は保険金受取人が，保険者に保険給付を行わせることを目的として故意に被保険者を死亡させ，又は死亡させようとしたこと。
> 　二　保険金受取人が，当該生命保険契約に基づく保険給付の請求について詐欺を行い，又は行おうとしたこと。
> 　三　前2号に掲げるもののほか，保険者の保険契約者，被保険者又は保険金受取人に対する信頼を損ない，当該生命保険契約の存続を困難とする重大な事由
>
> **（重大事由による解除）**
> **第86条**　保険者は，次に掲げる事由がある場合には，傷害疾病定額保険契約を解除することができる。
> 　一　保険契約者，被保険者又は保険金受取人が，保険者に当該傷害疾病定額保険契約に基づく保険給付を行わせることを目的として給付事由を発生させ，又は発生させようとしたこと。
> 　二　保険金受取人が，当該傷害疾病定額保険契約に基づく保険給付の請求について詐欺を行い，又は行おうとしたこと。
> 　三　前2号に掲げるもののほか，保険者の保険契約者，被保険者又は保険金受取人に対する信頼を損ない，当該傷害疾病定額保険契約の存続を困難とする重大な事由

I　趣　旨

　保険契約は，射倖契約でありかつ最大善意の契約であるから，保険契約者などが故意に保険事故を招致した場合や，保険事故の仮装による保険金詐取等の強度の不信行為をした場合にはモラル・リスクが問題となる。このように，保険者に保険契約の維持を期待することができない状況がある場合，保険者は，保険契約者に対する一方的意思表示により，解約期間を置かずに保険契約を解除できることは，これまでに学説において認められてきたところである[1]。こ

---

[1] 中西正明・傷害保険契約の法理374頁（1992）参照。

れを重大事由による特別解約権，またはたんに特別解約権ということがある。この重大事由による特別解約権は，ドイツの判例学説において，継続的債権関係が契約当事者の高度の誠実義務を要求することから，相互の信頼と継続的な協調が阻害されたときは阻害者の相手方は契約を即時に解除できるという特別解約権が認められていたものが，日本にもその導入が提唱されたものである[2]。

保険法57条と86条（以下，本条という）は，新設の規定であり，学説上重大事由による解除権（特別解約権）といわれものである。現行商法には，重大事由による解除権に関する明文の規定はない。しかし，民法や商法の規定（民628条本文・商540条2項等）の趣旨や主に賃貸借契約において議論がされているいわゆる信頼関係破壊の理論等を参考にして，保険契約においても一定の場合には保険者による契約の解除が可能であるという学説があり，一般法理による契約の解除を認めた判例がある（大阪地判昭和60年8月30日判時1183号153頁）。

II 沿　革

現在，生命保険の約款では，重大事由による解除の規定が設けられている。生命保険業界は，モラル・リスクの対応策のひとつとして，昭和62年4月2日から医療保障保険（個人型）と既存の医療商品に，昭和63年4月2日から主契約約款に重大事由による解除権の規定を導入したのである[3]。このような約款規定と直接の関係なく，現行法の解釈論として認められる保険者の特別解約権を「理論上の重大事由による解約権」または「理論上の特別解約権」という[4]。重大事由による解除権が約款に定められた経緯については，次のように

---

[2] 中村俊夫「生命保険・疾病保険における保険者の特別解約権」生命保険契約法の理論と実務369頁（1997）参照。

[3] 山口誠「重大事由による解除権とガイドライン」生保協会報69巻1号2頁以下（1989）参照。以下の記述はこれによるものである。

[4] 中西正明「保険者の特別解約権に関する最近の判例」大阪学院大学法学研究29巻1号2頁（2003），同「生命保険契約の重大事由解除」大阪学院大学法学研究34巻1号79頁（2007），榊素寛「特別解除権の基礎」落合誠一還暦・商事法への提言741頁（2004），同「保険法における重大事由解除」中西喜寿357頁，甘利公人「生命保険約款の重大事由による解除権」生命保険契約法の基礎理論（2007），田口城「重大事由による解除」甘利＝山本148頁参照。

第4節　終　了

いわれている5)。

(1)　医療保険に関するモラル・リスクに対応するために，昭和61年3月に生命保険協会において「医療保険問題プロジェクト」が設置され，同年6月末には「商品専門委員会」(一般委員会の下部組織) として発展的に改組された。7月31日に発足したこの商品専門委員会は，商品面における業際問題への対応を担当することになったが，当面の課題としては，医療保障保険(個人型)の開発と既存の医療商品の改定を急ぐこととなっていた。

医療保障保険の治療給付金は，公的医療保険制度の補完機能をもっており，団体型との重複や個人型の重複加入による過剰給付の発展を避ける必要があることから，治療給付金については，個人型，団体型を通じて重複付保を不可とすることが原則とされ，この原則の実効性を確保するため，個人型の契約引受けは，「1人(＝1被保険者)1契約(業界通計)」とされた。1人1契約という基準を約款にどのように規定するのが適当かについて，次のような議論があった。

①　個人型，団体型を通計して1人1契約である旨を約款冒頭の「趣旨」に記載するにとどめる。重複加入の排除は，現行の契約内容登録制度を活用して行う。

②　契約の申込時に，保険契約者等に他契約の開示(告知)を求める規定を約款に導入する。

③　他契約開示(告知)を求めることはせず，治療給付金の支払時に重複契約が判明した場合は治療給付金の重複支払をしない旨の規定と任意解除権を約款に導入する。

④　重複契約が判明した場合の更新拒絶権を約款に導入する。

⑤　医療保障保険(団体型，個人型)，既存の医療商品を含めた業界としての通計制度を設ける。

専門委員会では，約款に1人1契約の原則をなんらかの形で規定する必要性については合意に達したが，この原則を他契約開示(告知)として構成するこ

---

5)　重大事由による解除の裁判例を検討したものとして，遠山優治「重大事由解除規定をめぐる判決例の動向と課題」生経66巻122頁(1998)参照。また，西島梅治＝長谷川仁彦・生命・傷害保険にかかわるモラル・リスク判例集245頁(2000)，勝野義孝・生命保険における信義誠実の原則429頁(2002)参照。

との可否は，関係委員会に諮問を行い，関係委員会の意見を参考にして最終的な結論を出すことにした。

　(2)　専門委員会は，医療保障保険（個人型）に他契約開示（告知）を導入することの可否について，医療法規専門委員会，契約委員会，保険金委員会に諮問を行った。同時に，これに関連して既存の医療商品（入院〔看護〕給付金日額に限定）に関しても他契約開示（告知）を導入することの可否の検討を依頼した。

　契約委員会は，医療保障商品における他契約開示（告知）義務の導入について，医療保障保険（個人型）にせよ，既存医療商品の入院（看護）給付金日額にせよ，モラル・リスク防止のための実効性のある手段としては，他契約開示（告知）の導入よりも，特別解除権等の導入の検討が優先されるべきである，という結論であった。保険金委員会も，疾病による入院給付金の不当利得を目的とした保険制度悪用の防止は今日的な課題であるので，他契約開示（告知）ではなく，「特別解除権」を約款に導入する対応を要望するという趣旨の回答があり，さらに特別解除権の約款規定化（案）も提示された。

　専門委員会は，契約，保険金両委員会の見解も参考にして，次のような基本方針を決定した。医療保障保険（個人型）の「1人1契約の原則」の実効性確保のための約款対応としては，①他契約開示（告知）の導入はしない。②現行の契約内容登録制度を前提にした契約引受け時点における重複保険のシステムを開発する。③損害保険は，傷害保険普通保険約款に任意解除権を規定して，契約締結後のモラル・リスクに備えている。この任意解除権は，損害保険の医療保障保険にも導入されているので，この損害保険の規定を参考にして生命保険の医療保障保険（個人型）に解除権を創設することを検討する。すなわち，契約締結後に重複加入が判明した場合および不正請求，事故招致の疑いが濃厚の場合に，保険者は医療保障保険契約を解除することができる旨の規定を約款に導入する。この任意解除権の規定は，同時に既存の医療商品にも導入する方向で検討を行うというものである。この基本方針を具体化するにあたり，専門委員会と関係委員会のメンバーが同道して，3月20日に行政当局を訪問，これらの構想を説明して意向を打診した。その後，12月4日の一般委員会で基本方針を報告，承認を得たので，専門委員会は，早速「任意解除権」の基礎書類の条文例の作成を保険法規専門委員会に依頼した。

第4節 終　了

　専門委員会は，保険法規委員会において「任意解除権」の基礎書類の条文（案）を検討し，12月16日に関係委員会（保険金，契約，教育，公共，業協）を開催した。モデル条文（案）の作成を担当した保険法規専門委員会の委員長は，専門委員会から検討の依頼があった「任意解除権」を「重大事由による解除権」として構成した経緯ならびにその考え方について説明した。

　専門委員会は，その後12月25日に行政当局に説明を行ったのち一般委員会に報告，モデル条文（案）は原案どおり決定された。そこで，専門委員会は，昭和62年1月8日に会社説明会を開催し，医療保障保険（個人型）と既存の医療商品に導入される「重大事由による解除権」のモデル条文の説明を行った。

　(3)　昭和61年6月16日に臨時協議会が再開され，生保のモラル・リスクの防止対応策として，特別解除権（重大事由による解除権）をすべての生命保険へ導入するなどの項目を検討することになった。特別解除権（重大事由による解除権）をすべての生命保険へ導入する課題のプロジェクトは，保険法規専門委員会，契約委員会，保険金委員会から選出された委員で構成された。昭和62年3月17日にプロジェクト発足の会合が開催され，臨時協議会の座長から昭和62年10月を目処に結論を答申してもらいたい旨の依頼があった。

　プロジェクトでは，契約者等が重大事由に該当する事実を惹起した場合，保険者は民法の信義則（民1条2項）等の規定を根拠として契約を解除することが可能であり，あえて保険者の一方的な権利行使によって契約消滅の効果を発生させる規定を約款に導入するのは慎重でなければならないとか，また，第三分野の保険である特約に重大事由による解除権が導入できたことが，当然，改正前商法673条の生命保険に導入を是認する根拠になると考えていいのか，などの議論があった。第三分野の保険は，入院・障害・手術等を保険事故とするのに対して，商法673条の生命保険は人の生死が対象である。第三分野の保険は，入院に関してモラル・リスクの発生が多いといわれているが，改正前商法673条の生命保険についても，保険金殺人等のモラル・リスクは発生する。このように両者を比較するとき，保険事故としての対象の把握に差異があるにとどまり，モラル・リスクが発生した場合に，契約関係の解消を目的とする重大事由による解除権の適用される場面は，第三分野の保険と商法673条の生命保険を区別する特別の理由はない。入院関係特約のモラル・リスクは，昭和62

年4月2日以降，重大事由による解除権によって処理ができるようになったが，主契約については，民法の信義則等に準拠して処理せざるをえないのでは，特別解除の処理との整合性を欠くことになる。また特約に解除事由が生じた場合に，主契約の運命に関する問題も新たに生じている。そして，主契約約款に特約と同様の重大事由による解除権を導入するのが妥当であるという結論に達したのである。

(4) 昭和62年10月28日に開催された臨時協議会でモデル法案が報告され，その日に主契約約款に導入するモデル条文が決定した。その後，行政当局および関係委員会に説明が行われた。

臨時協議会からの指示は，重大事由による解除権をすべての保険契約へ導入することであったが，対象とする保険約款については，告知義務違反の条項をもつ個人保険の主約款とする案をまとめた。また，個人契約に付加されている給付特約についても，告知義務違反の条項を必要としている特約を対象とした。主契約約款への導入の時期については，他の課題項目との調整が計られたが，臨時協議会は，特約との整合性の問題もあるので，他の課題とは分離して，昭和63年1月7日の一般委員会に報告し，一般委員会で決定した直後の1月14日に会社説明会を開催した。各社はこのモデル条文をもとに約款の改定を当局に申請することになった。

以上が，重大事由による解除権の創設の経緯であるが，この解除権はそもそも入院給付金をめぐるモラル・リスクの対応策として約款に盛り込まれ，それが主契約約款にも導入されたのである。

保険契約は保険金を取得する目的で保険事故を故意によって招致するなどといった行為すなわちモラル・リスクを招来する危険性を内在しており，保険の健全性を維持するという観点からも，法律上，保険者による契約の解除を認める必要があることから，本条では解除事由の例示を具体的に掲げつつ，これを受けた包括的な規定を設けている。

なお，重大事由解除については，衆議院と参議院でそれぞれ，附帯決議なされている。衆議院では，重大事由による解除については，保険者が解除権を濫用することのないよう，解除事由を明確にするなど約款の作成，認可等にあたり本法の趣旨に沿い十分に留意すること，参議院では，保険金不払の口実とし

て濫用された実態があることを踏まえ、その適用にあたっては、1号もしくは2号に匹敵する趣旨のものであることを確認すること、また、保険者が重大事由を知り、または知り得た後は、解除が合理的期間内になされるよう、政府は、保険者を適切に指導・監督することが決議された。

III 条文解説

1 1号事由

(1) **保険給付を行わせる目的**　1号は、保険契約者または保険金受取人が、保険者に保険給付を行わせることを目的として、故意に被保険者を死亡させ、または死亡させようとした場合を掲げている。保険契約者または保険金受取人が被保険者を故意に殺害した場合には、保険者は免責される（51条2号・3号）。保険者に保険給付を行わせることを目的として故殺した場合には、契約の解除事由にもなることを明示したものである。現に故殺した場合だけではなく、死亡させようとしたこと、すなわち未遂の場合にもそのような行為自体に契約を存続させることを困難ならしめる要因があるからである、といわれている。その意味では、本条は特に未遂の場合に意義を有することになると思われる。

(2) **故意を要件とした意味**　生保試案（2005）では、故意の事故招致があるだけで解除権が認められ、保険金等の詐取目的があることを必要としていない[6]。詐取の目的がなくとも、故意による事故招致だけで解除権を認める趣旨であるが、重大事由による解除権が保険者と保険契約者の信頼関係の破壊に基礎づけられるとするならば、故意による事故招致だけでは信頼関係が破壊されたとはいえない場合もあるから、理論的には問題が残ることになる

1号で問題となるのは、保険金取得目的で故意に被保険者を死亡させた場合とは何かである。1号事由に該当するためには、保険契約者または保険金受取人に保険金取得目的と故意が必要である。被保険者の故殺免責では、保険金取得目的は要件とはなっていない（最判昭和42年1月31日民集21巻1号77頁）。保険金取得目的と故意の両方を要件とする趣旨は、たとえば怨恨を理由として

---

[6]　生保試案（2005）理由書125頁参照。

被保険者を故意に殺害した場合には，1号事由には該当しないことを明らかにするものであろう。しかしながら，通常は保険金取得目的があれば，故意があるので，故意をわざわざ要件とする必要はない。すなわち，保険金取得目的という要件には，故意の要件をも包含するのであるから，故意を明記する必要はなかったのではないであろうか。現に，損害保険や傷害疾病定額保険の重大事由解除では，故意は要件とはなっていない（30条1号・86条1号）。

(3) 当該という限定の意味　　1号事由には，当該生命保険契約という限定がない。

本条2号，3号では，当該生命保険契約とあり，また損害保険や傷害疾病定額保険の重大事由解除の規定（30条・86条）の各号でも，当該損害保険契約や当該傷害疾病定額保険契約として，当該という限定がなされている。しかし，本条の1号事由には，そのような限定がない。この趣旨は，次のような場合に保険者の解除権を認めるものである。すなわち，Aが保険契約者兼保険金受取人として，Bを被保険者とする生命保険契約を甲保険会社と締結し，またCを被保険者とする生命保険契約を乙保険会社と締結していた場合，AがCを故意に死亡させた場合，乙保険会社が本号における解除ができることは明らかである。ところが，甲保険会社が他社の生命保険契約における被保険者故殺を理由として，本号による解除ができるかどうかは，なお議論の余地がある。重大事由解除の根拠が，保険者と保険契約者との信頼関係の破壊にあるとしたら，たしかに乙保険会社との生命保険契約の被保険者であるCを殺害することは，乙との信頼関係を破壊することになるので，解除は認められるであろう。しかし，このことが甲保険会社との信頼関係をも破壊したことになるかである。結論としては，1号事由は，まさにこのような場合を想定して，当該生命保険契約という限定をしなかったものと思われる。保険金取得目的でCを殺害したAは，同様にBをも殺害する可能性があり，甲保険会社は1号事由を理由として保険契約を解除できる。

この問題に関して，東京地判平成14年6月21日判例集未登載[7]が参考となる。この事案では，生命保険会社が被保険者の船舶保険詐欺を理由として，約

---

[7]　本判決については，潘阿憲・保険毎日新聞平成14年8月28日4頁（2002），木下孝治〔判批〕保険レポ182号9頁（2003），甘利公人〔判批〕保険レポ182号1頁（2003）参照。

第4節　終　　了

款における重大事由解除を主張したものである。問題となる重大事由による解除の条項は、「保険契約者、被保険者または保険金の受取人が保険金（保険料払込の免除を含みます。また、他の保険契約の保険金を含み保険種類および保険金の名称の如何を問いません。）を詐取する目的もしくは他人に保険金を詐取させる目的で事故招致（未遂を含みます。）をした場合」（本件約款20条1項1号）または「その他保険契約を継続することを期待しえない第1号から前号までに掲げる事由と同等の事由がある場合」（同項4号）には、保険会社は、保険金支払事由が生じた後でも、保険契約を解除できる（同条1項・2項）と定められ、その場合には、保険会社は保険金を支払わないものとされていた（同条2項）。判旨は、次のように判示して、保険者の解除を認めた。保険金詐取目的での故意の事故招致行為が、保険契約の基盤を破壊し、ひいては保険制度そのものの根本を揺るがす重大な非違行為であることに鑑みれば、当該生命保険契約継続中に、当該生命保険契約の保険者と締結した他の保険契約であるか、それ以外の保険者と締結した他の保険契約であるかを問わず、また、保険の種類に拘わらず、およそ保険制度を利用して「保険金」を詐取し、または他人に詐取させる目的で保険事故を招致した被保険者等の者は、保険契約の射倖性を悪用し、保険制度の根幹を危うくしたものとして、原則として当該契約関係から排除するのが相当というべきであるから、本件約款20条1項1号は、保険者がこのような事態が生じた場合に、当該生命保険契約を解除できることとした規定であると解すべきである、というのである。

　約款の解釈問題としては、他の保険契約とは何かということになる。本判旨は約款の文言通り、およそすべての保険契約を含むものとして解釈している。しかし、本件約款をそのように解するのは、保険者に対して絶大な解除権を付与することになり、その結果として保険契約者側に不利益を強いることになるので妥当な解釈ではない。生命保険協会のガイドライン[8]や生保試案（2005）理由書[9]によれば、他の保険契約に含まれるとして解除権を行使できるとしても、被保険者の危険を担保する保険契約の内容が同じでなければならないのであるから、生命保険ではない損害保険は他の保険契約に含まれないのであり、

---

8)　山口・前掲注3）13頁参照。
9)　生命試案（2005）理由書126頁参照。

しかも船舶保険であるから，保険者により担保される危険はまったく異なるといわざるをえない。すなわち，一方は人の死亡により一定の金額を支払う生命保険契約であり，他方は船舶の損失をてん補する損害保険契約であるから，まったく担保内容が異なる。したがって，損害保険契約における保険金詐欺を理由として，担保内容の異なる生命保険契約を解除するのは，本件約款に求める範囲を逸脱するから，重大事由による解除権を行使することはできない。

問題の核心は，まさに信頼関係の破壊とは何かである。たんに被保険者が保険金の不正請求を行う蓋然性が高いと保険者が考えるのはやむをえないという理由だけで，重大事由による解除権を行使できるものではなく，解除権を行使して死亡保険金を支払わないというためには，それなりの信頼関係の破壊がなければならない。生命保険契約における被保険者が，船舶保険において不正行為をしたことは，確かに社会的にも非難されるべきであるし，これを擁護すべき理由はまったくないのである。しかし，そうであるからといって，上記約款の少なくとも1号を適用して，死亡による保険金を支払わないというのは，重大事由解除の適用範囲を逸脱しているものといわざるを得ない[10]。

上記東京地判平成14年の場合において，本件約款4号による保険契約の継続を期待しえない事由による解除はできるであろうか。保険法の本条3号の問題である。被保険者の損害保険の事故招致から事故発覚までの一連の行動に非難を向けることで，4号の重大事由解除を認めるべきであり，かかる意味で，上記東京地裁の判旨の結論を支持する見解がある[11]。しかし，4号による解除もできないと考える。なぜならば，4号の保険契約の継続を期待しえない事由とは，保険者と保険契約者との信頼関係の破壊であるから，信頼関係が破壊されたというためには，保険者が引き受けている危険について保険契約者等が不正行為を行った場合に限定されるからである[12]。本条3号の解釈としても，当該生命保険契約という限定があるので，上記東京地裁の判旨の結論を支持することは，保険法の下ではもはやできないものと考える。

　(2) 被保険者の自殺　　1号事由の行為主体に被保険者が規定されていない

---

10) 同旨として，山下友信〔判批〕保険レポ182号8頁 (2003)，木下・前掲注7) 17頁参照。
11) 木下・前掲注7) 18頁参照。
12) 甘利・前掲注7) 7頁参照。

のは，被保険者の自殺（未遂）を解除事由とはしないという趣旨であり，被保険者の自殺（未遂）によって契約が存続し難い事態となることは，典型的な事案として想定し難いことによるものである。この趣旨からすると，被保険者が保険契約者または保険金受取人である場合にも，1号事由に該当しないことは当然のことである。現に最判平成16年3月25日民集58巻3号753頁は，自殺免責条項の解釈について，1年経過後の被保険者の自殺による死亡については，当該自殺に関し犯罪行為等が介在し，当該自殺による死亡保険金の支払を認めることが公序良俗に違反するおそれがあるなどの特段の事情がある場合は格別，そのような事情が認められない場合には，当該自殺の動機，目的が保険金の取得にあることが認められるときであっても，免責の対象とはしない旨の約定と解するのが相当である，と判示して保険金取得目的の自殺であっても，特段の事情がない限り，免責とはならない旨を明言したのである。

　生命保険契約においては，関係人としての「被保険者」が含まれていない。このことは被保険者の自殺および自殺未遂は含まれないことを意味するとともに，本文にて「死亡保険に限る」とあることから，自殺未遂による高度障害保険金の請求については，重大事由解除権の対象とならないことを意味する[13]。しかし，これは自殺未遂であっても故意があるのであるから免責事由に該当し，高度障害保険金が支払われるということではない。ただ重大事由とはならないので，生命保険契約は存続するという意味にすぎない。

2　2号事由

　2号は，保険金受取人が保険金の請求について詐欺を行った場合を掲げている。詐欺とは，保険者を錯誤に陥らせ，保険金を支払わせる意思で保険者に対して欺罔行為を行ったという意味であり，現に保険金の支払を受けることまで要件とする趣旨ではない。行おうとしたことも含まれるので，未遂であっても解除事由に該当する。

　生保試案（2005）の理由書によれば，本号の詐欺行為については，次のように解されている[14]。すなわち，実際上は保険金受取人等が保険金請求権を有

---

[13]　勝野義孝「重大事由解除」落合＝山下215頁（2008）参照。

しない場合であるのに，保険者を欺罔して保険金の支払を受けるため，保険事故の発生，その発生原因，それによる被害の程度などに関し保険者に対して虚偽の事実を述べ，または真実を告げないことをいい，保険契約締結時の詐欺をいうのではない。たとえば，保険事故発生の仮装による保険金請求がなされた場合，保険契約者等が保険者を欺罔して実際よりも多額の保険金を取得する意図をもって保険事故の原因や損害の程度に関して虚偽の説明をした場合などは，いずれもここでいう詐欺の場合にあたる。したがって，保険事故の原因や損害の程度について，虚偽の説明をしたことが本号の詐欺行為になることに注意しなければならないのである。

長崎地判平成14年10月31日判例集未登載は，保険金受取人による死亡保険金請求について，本号の適用を認めたものである。この事案では，保険金受取人であるXは，被保険者Aの死因とは関係のない事故の事実を記載した本件事故証明書を提出し，さらには，その子であるBやEとともに，死亡証明書にAの死因が事故死であるかのように記載されるようC医師に働きかけたものであって，Xが，その事実がないことを知りながらYから災害死亡保険金の支払を受けるために本件事故証明書を提出したことが明らかであるから，Xのこのような行為は「保険金の請求に関し，保険金の受取人に詐欺行為があった場合」に該当し，Yは本件保険契約を解除することができる，と判示した。また，控訴審の福岡高判平成15年3月27日判例集未登載も，本件保険契約に基づく死亡保険金請求にあたっては，Yに死亡診断書を提出しなければならないから，Xとしては，災害死亡保険金請求の妨げになることが明らかであっても，本件死亡診断書を提出しなければならなかったとみられるのであって，C医師がXらの働きかけに応じず，本件死亡診断書の記載内容を訂正するなどしなかったため，Xの初期の目的を達することができなかったからといって，Xの行為が詐欺行為にあたらないということはできない，と判示した。第一審とその控訴審の判旨は正当である。

これに対して，上記の判旨を疑問であるとする見解がある[15]。その理由として，生命保険協会のガイドラインを根拠とする。このガイドラインによれば，

---

14) 生保試案（2005）理由書126頁参照。
15) 福田弥夫〔福岡高判平成15年3月27日判批〕保険レポ189号5頁（2004）参照。

損害保険が，傷害普通保険約款に任意解除権を導入したときに定めた運用基準を参考にして，相当の理由があれば，保険者は解除権を行使することができるが，相当な理由として事故招致を掲げ，事故招致の運用基準を事故招致を容疑事実として逮捕状が発せられた場合と定めていることから，それらの事実を被疑事実として逮捕されれば，犯罪行為の蓋然性が高いので，ガイドラインでは，1号の事故招致，2号の不正請求とともに，刑事事件（事故招致・詐欺行為を容疑事実として逮捕状が発せられた場合）となることが明らかになった場合，と解釈して運用することに決定したというのである16)。そして，2号による解除権は，少なくとも保険金受取人の保険金請求に関する詐欺行為が，保険会社を錯誤に陥れる可能性のある行為であることが必要であると解され，保険金等を不法に取得する目的の下に行われることが必要であり，保険会社が錯誤によって財産交付行為（保険金支払）をした場合には詐欺罪が成立するが，詐欺行為は存在したが，保険会社がそれを見抜いて錯誤には陥らなかった場合には未遂となる。したがって，そもそも詐欺行為と評価されないような行為の場合は，2号による解除の対象とはならないと解される。これを本件にあてはめて考えると，詐欺行為といえるためには，被詐欺者が原則として処分行為者（保険会社）と同一である必要があるが，XがYに対して行った行為のうち，Aの死亡原因が事故死であるとYが錯誤に陥る可能性があったものは，XがYに対して提出した事故状況報告書に記載された「ふとんにつまずいて転倒した。その時，全身を打撲した」という部分のみである。死亡証明書とあわせて事故状況報告書をYが検討すれば，Yが錯誤に陥る（Aの死亡が災害によるものと誤信する）可能性は無い。したがって，事故状況報告書への記載のみを取り上げて詐欺行為と解釈するのは困難である。

　しかし，このようにきわめて厳格に本号の詐欺行為を解釈しなければならない根拠はなく，裁判例でも保険会社が錯誤に陥ることまでは要件としていない（東京地判平成7年9月18日判タ907号218頁，福岡地裁久留米支判平成9年11月28日生判9巻527頁，札幌地判平成13年8月20日判例集未登載）。福岡高裁判決では，事故状況報告書への虚偽の記載のみならず，医師に対しての死因に関する要請

---

16)　山口・前掲注3) 8頁参照。

も含めて，判旨は詐欺行為にあたると判断しているからである。本件の条項を素直に読めば，保険金請求に関してといっているのであるから，事故状況報告書への記載に限定されるべきではなく，保険金請求に関連して不正な請求がなされれば詐欺行為に該当するものと解される。要は保険金受取人がありもしない事実に基づいて災害死亡保険金請求をしていることが，本号の問題であり詐欺行為と解されるのである。しかも，Aは，死亡前に金融業者に対して，AがYの複数の文書を切り貼りして偽造した文書を示して金員の借入れを申し込んだが，金融業者のYに対する照会によって偽造であることが発覚したため，目的を果たすことができなかったことが事実認定されている。このような行為は，保険者と保険契約者との信頼関係を破壊することになるであろう。このように解釈したからといって，本号が保険者と保険契約者の信頼関係の破壊が基礎となっていることを考慮した場合，保険金受取人の些細な行為を詐欺行為として保険会社が保険契約の解除を行う可能性があり，濫用の可能性があるというだけの理由から制限的に解釈すべきであるということにはならない。また，本号の詐欺行為とは，具体的には死亡証明書を偽造あるいは虚偽作成して，災害死亡を装うことであり，さらに病死した被保険者を，警察による検死が行われる前に転落事故や交通事故等による死亡に見せかける行為も，同様に災害死亡保険金を詐取しようとの意図の下に行われる行為であり，強度の違法性を帯びた行為と評価することができる。

3 3号事由

(1) 保険契約の存続を困難とする事由　3号は，包括的な条項（バスケット条項）であり，保険者の保険契約者等に対する信頼を損ない，当該生命保険契約の存続を困難とする重大な事由とは，どのような場合をいうのかが問題となる。保険者の保険契約者等に対する信頼とは何か。また，その信頼関係の破壊により，保険契約の存続を困難とする重大な事由とは何かが問題となる。

傷害疾病保険における重大事由解除の「保険契約の継続を期待し得ない事由」についての裁判例が参考となる。保険契約者が覚せい剤を使用し，保険契約によって自己の収入に比べて過大な入院給付金を受け取ることが可能であり，診療内容に不合理な点のある入院をしていることを認定したうえで，保険契約

を継続する基礎となる契約当事者の信頼関係を破壊するものであるというべきである，と判示した（徳島地判平成8年7月17日生判8巻532頁）。保険契約者が覚せい剤の常習者であることが，保険者の解除権を許容した主な理由である。また，保険契約者が多数の保険契約を締結し，その保険料も多額であり，保険契約締結後6回も入院しており，それ自体モラル・リスクを疑われても致し方ないものであり，一連の入院給付金の請求状況は，それ自体詐欺を構成するものとは認められないにしても，不自然というほかなく，保険契約者によるなんらかの作為があったのではないかとの疑いを払拭することができないから，保険契約の継続を期待しえない事由に該当するものと認めるべきである，と判示した（大阪地判平成12年2月22日判時1728号124頁）。さらに，保険契約者が入院・病歴について告知義務違反をしており，それらを原因とする入院給付請求について，保険契約者がした行為は，保険者が保険契約者との間の保険契約（特約を含む）を締結しあるいは継続するか否かおよび保険契約者に対し保険給付金を支払うか否かを判断するに際し，保険者の判断を誤らせ，不正に保険給付金を受領しようとしていたものということができるから，保険者と保険契約者との間の保険契約の締結および継続にとって重大な事由であって，当事者間の信頼関係を破壊するに十分なものということができる，と判示した（大分地判平成14年11月29日判例集未登載）。

　本号の趣旨は，直接には1号または2号に該当しないが，これらと同程度に強度の背信行為を行った場合は解除権を認めるものである。重大事由解除の適用においても，保険金の不正取得目的が存することが必要とする見解がある[17]。しかし，保険金の不正取得目的がある場合は，1号または2号で解除できるのであるから，本号は不正取得目的がなくとも適用されるものと解される。

　(2)　他保険契約の累積　　本号の解除事由の例として，保険契約者がごく短期間のうちに著しく重複した保険契約に加入したような場合には，1号や2号には直接あたらないものの，保険契約者側に明らかな信頼関係を破壊する行為が行われており，保険契約関係としてきわめて不自然な状態に陥っているものであるから，保険者に保険契約関係からの解放を認めることが適切であるして，

---

[17]　勝野義孝・生命保険における信義誠実の原則454頁（2002）参照。

一般的には3号事由に該当する可能性が十分にあるという見解がある[18]。しかし，ごく短期間に保険契約が著しく重複したというだけでは，保険契約者との信頼関係を破壊し保険契約の存続を困難とするという要件を満たすことにはならず，その適用範囲は明確ではない[19]。このことは，生命保険契約法改正試案の重大事由解除について，すでに指摘されていたところであり[20]，その趣旨は曖昧であり，具体的にどのような状態をいうのか明らかではないという指摘がなされていた[21]。3号は，包括的な条項であり，どのような場合が該当するかは，1号と2号の例示があることを踏まえて解釈されることになる。たとえば，保険金を取得するために被保険者以外の者を殺害し，被保険者が死亡したように仮装した場合が例として挙げられる（前掲大阪地判昭和60年8月30日参照）。そのほか，保険者を共通にする他の契約または保険者を異にする他の契約において解除事由に当たる行為があった場合も事案によっては，3号の解除事由に当たる。損害保険の重大事由解除（30条）では，当該損害保険契約という限定がなされているが，生命保険の場合には，そのような限定がなされていないからである。

4 解除の効果

保険法では，重大事由が生じた時から解除がされた時までに生じた保険事故について，保険者は保険給付を行う責任を負わない旨が規定された（59条2項3号・88条2項3号）。解除の効果の問題について，従来の学説では，理論上の特別解約権について遡及効を否定する見解が多いので，約款による重大事由解除ついても同様と思われる見解がある[22]。これに対して，契約締結時まで遡及効を認める見解もある[23]。また，解除の効果は原則として契約締結時まで

---

18) 一問一答100頁参照。
19) 甘利・前掲注7）229頁以下参照。
20) 生命試案（2005）128頁参照。
21) 洲崎博史「人保険における累積原則とその制限に関する一考察」論叢140巻5＝6号235頁参照。なお，同「保険契約の解除に関する一考察」論叢164巻1〜6号225頁（2009），同「保険法のもとでの他保険契約の告知義務・通知義務」中西喜寿93頁参照。
22) 山下友信「モラル・リスクに関する判例の展開と保険法理論の課題」同・現代の生命・傷害保険法258頁（1999）参照。
23) 長谷川仁彦「重大事由による解除とその課題」保険学571号54頁（2000）参照。

遡るが，解除事由が生ずるよりも前に生じている，信頼関係破壊の要素を含まない保険金・給付金の支払事由については，保険者は解除したときでも支払義務を負う，という見解も主張されていた[24]）。保険法の規定により，このような学説の対立は解消されたように思われる。

しかし，次のような見解が立法担当者から主張されている[25]）。すなわち，損害の発生の通知義務（14条・50条・79条）については，義務違反の効果は法定されていない。しかし，重大事由による解除の効力の規定（31条1項2項3号・59条1項2項3号・88条1項2項3号）が片面的強行規定とされ，保険者が重大事由（たとえば，被保険者が保険事故発生後に保険給付の請求について詐欺を行おうとしたこと）による解除をした場合であっても，保険者が免責となるのは当該重大事由が生じた時以降に発生した保険事故についてだけとされているのであるから，損害の発生後にその通知義務を怠っただけで当該損害について保険者が免責となるような免責事由を約款等で定めたとしても，それは重大事由による解除に関する片面的強行規定により無効と解することになり，損害の発生後の過大請求を理由とする免責事由の定めについても，同様である，というのである。

上記の見解に反対するものとして，次のように主張されている。すなわち，商法の下で，保険金詐取目的がある場合には，損害発生の通知義務違反の効果として，保険者の免責が認められることは，最判昭和62年2月20日民集41巻1号159頁も肯定するところであり，損害発生の通知義務を規定する保険法14条の下でもこの判例は生きていると考えられ，それと損害の不実申告による保険者免責の法理は同系列にある[26]）。重大事由解除の法理は，保険契約当事者間における信頼関係を著しく破壊する保険契約者側の行為がある場合に保険者を保険契約から解放することに主眼のある法理であり，これと保険給付過程における不正請求に対する制裁のための法理は，相互に背反的ではなく併存しうるものと考える。したがって，保険事故の発生には問題ないが保険給付の不正請求がされる事案について保険給付義務の免責の効果を発生させたいと考

24）中西・前掲注4）「生命保険契約の重大事由解除」127頁参照。
25）萩本修「保険法現代化の概要」落合＝山下25頁参照。
26）山下417頁参照。

えるのであれば，保険者としては，保険契約に関する損害額や保険給付要件該当事実に関する不実申告により保険給付義務を免責されるとする約款の規定を置くことを考えるべきであろうし，それは可能であると考える，という[27]。この見解に賛成であるが，損害の発生後の過大請求については，その損害発生と不実申告による過大請求は密接不可分の関係にあり，これらは一体のものと考えられる。したがって，損害発生後に不実申告という重大事由が発生したものではないのであるから，重大事由による解除に関する片面的強行規定に反して無効となることはないのである。

なお，重大事由解除の解除事由の1つとして，暴力団排除条項を約款に導入することが検討されている。これは，保険業務のみならず金融業務において導入が検討されていることによるものである。

5 片面的強行規定

本条は，片面的強行規定である（65条2号・94条2号）。したがって，保険契約者等にとって不利な保険者の任意解除権を定めることは無効となる。問題は，解除事由としてどのような事由を定めることが，保険契約者等にとって不利なものになるかである。今後とくに3号事由が解釈として問題となる。

〔甘利公人〕

---

27) 山下友信「保険法と判例法理への影響」自由と正義60巻1号29頁（2009），洲崎・前掲注21）「保険契約の解除に関する一考察」242頁参照。

第4節　終　了　　　　　　　　　　　　　　　　　§58・§87

（被保険者による解除請求）
第58条　1　死亡保険契約の被保険者が当該死亡保険契約の当事者以外の者である場合において，次に掲げるときは，当該被保険者は，保険契約者に対し，当該死亡保険契約を解除することを請求することができる。
　一　前条第1号又は第2号に掲げる事由がある場合
　二　前号に掲げるもののほか，被保険者の保険契約者又は保険金受取人に対する信頼を損ない，当該死亡保険契約の存続を困難とする重大な事由がある場合
　三　保険契約者と被保険者との間の親族関係の終了その他の事情により，被保険者が第38条の同意をするに当たって基礎とした事情が著しく変更した場合
2　保険契約者は，前項の規定により死亡保険契約を解除することの請求を受けたときは，当該死亡保険契約を解除することができる。

（被保険者による解除請求）
第87条　1　被保険者が傷害疾病定額保険契約の当事者以外の者である場合において，次に掲げるときは，当該被保険者は，保険契約者に対し，当該傷害疾病定額保険契約を解除することを請求することができる。
　一　第67条第1項ただし書に規定する場合（同項の同意がある場合を除く。）
　二　前条第1号又は第2号に掲げる事由がある場合
　三　前号に掲げるもののほか，被保険者の保険契約者又は保険金受取人に対する信頼を損ない，当該傷害疾病定額保険契約の存続を困難とする重大な事由がある場合
　四　保険契約者と被保険者との間の親族関係の終了その他の事情により，被保険者が第67条第1項の同意をするに当たって基礎とした事情が著しく変更した場合
2　保険契約者は，前項の規定により傷害疾病定額保険契約を解除することの請求を受けたときは，当該傷害疾病定額保険契約を解除することができる。

I 趣　旨

　58条および87条は，生命保険契約および傷害疾病定額保険契約において，契約締結後に一定の事由が生じた場合に，被保険者が保険契約者に対して，保険契約を解除することを請求できる旨を定めた規定であり，保険法において新設されたものである（被保険者が保険契約の解除を請求することができる事由を以下では「解除請求事由」ともいう）。他人の死亡の保険契約および他人の傷害疾病の保険契約において必要とされる被保険者の同意（38条・67条）は，いったん有効になされれば，保険契約が有効に成立し存在していることに対する利害関係者の信頼を保護するため，契約成立後は撤回することはできないと解される[1]。しかし，被保険者の生命・身体についてのモラル・リスクが具体化した場合や，離婚・離縁等により同意の基礎となった身分関係が変更された場合には，事情変更の法理でいうところの「事情の変更」と類似する状況があると考えられることから，被保険者に契約関係から離脱することを認めることとしたものである。実質的には，一定の場合に同意の撤回を認めるのと同様であるといってよい。

　なお，他人の傷害疾病の保険契約においては，他人の死亡の保険契約とは異なり，被保険者の同意が不要とされている場合があるが（67条1項ただし書），この場合でも被保険者が傷害疾病定額保険契約の被保険者となることを望まないならば保険契約を存続させるべきではないと考えられることから，87条1項1号において保険契約者に対して保険契約の解除を請求できることとしている。すなわち，87条1項1号は，被保険者同意原則の例外が認められる場合でも，被保険者が現に「保険を望まない」という意思を表明したときには，原則に戻って，保険契約を消滅させようとするものであり，事情変更の法理が基礎にあると考えられる他の解除請求事由（58条1項1号～3号・87条1項2号～4号）とは趣旨が異なるものとみるべきである。

---

[1] 山下271頁。なお，同意自体に意思表示の瑕疵があるなど同意がもともと有効になされていなかった場合は，意思表示の瑕疵に関するルール等に基づき，同意が無効とされ，または取り消されうる。

第4節　終　　了　　　　　　　　　　　　　　　　　　§58・§87　II・III

II　沿　　革

　商法には，明治23年旧商法（明治23年法律第32号）の時代を含めて，58条・87条に相当する規定は存在せず，保険法において新設された規定である。
　これまでにも，保険法58条1項1号・2号（または87条1項2号・3号）に相当するルールを設けるべきであるとする立法論は「生保試案（2005）」（または「傷害試案（2003）」・「疾病試案（2005）」）において述べられていたが[2]，それらの試案においても保険法58条1項3号（または87条1項4号）に相当するルールは設けられておらず，同意の基礎とされた事情が著しく変更した場合一般について解除請求を認めることとしたのは，保険法独自の規整である。

III　条　文　解　説

　以下では，生命保険契約に関する58条を中心に解説を行うこととし，傷害疾病定額保険契約に関する87条については最後にまとめて扱うこととする。

1　総　　説

　58条は，保険契約締結後に，被保険者の生命・身体についてのモラル・ハザードが具体化した場合や，同意の基礎となった身分関係が変更されるなど同意の基礎となった事情が著しく変更した場合に，被保険者が契約関係から離脱することを認める規定であるが，法形式上は，被保険者が保険契約者に対して，保険契約の解除をするよう請求するという形がとられる。58条はそのような実体法上の請求権を定める規定であるから，被保険者は裁判外で解除請求を行うこともできるが，保険契約者がそれに従わない場合には，意思表示に代わる裁判（民414条2項ただし書）を求め，その判決により保険契約の解除という法律効果を得ることになる。
　58条の趣旨が，保険契約の不当な拘束から被保険者を解き，もって被保険者を保護することであるにもかかわらず，被保険者が望む結果を得るには，い

---
[2]　生保試案（2005）674条の3（被保険者の保険契約者に対する解約請求），傷害試案（2003）7条（同），疾病試案（2005）7条（同）参照。

ったん保険契約者に対して解除の請求をしなければならないというのは一見したところ，被保険者救済策としては迂遠であるようにもみえる。そのため，立法過程においては，被保険者が，保険者に対して直接，契約関係からの離脱の意思表示を行うことによって保険契約の効力を消滅させるという法律構成も検討された[3]。しかし，保険契約者を関与させず，保険者に対する被保険者の離脱の意思表示のみをもって保険契約の効力を消滅させるには，保険契約者・被保険者間の個別的な事情を知らない保険者でも判断ができるよう，離脱の意思表示を行うことができる事由を一義的に定めなければならなくなり，58条1項3号の「同意をするに当たって基礎とした事情が著しく変更した場合」というようなバスケット条項的な解除請求事由を定めることは事実上できなくなる。なぜなら，同意をするにあたって基礎とした事情が著しく変更したかどうかは，当該保険契約が保険契約者と被保険者のいかなる関係に基づいていかなる趣旨で締結され，その後どのような事情の変更が生じたのかを個別事例ごとに調査して確定しなければならないところ，保険契約者を抜きにして，被保険者と保険者だけでそのような確定をすることはできないからである[4]。被保険者が，保険契約者や保険金受取人が自分を殺害しようとしており，58条1項1号の解除請求事由が存在していると主張するケースにおいても，被保険者が精神疾患等によってそのような妄想を抱いているだけであって，58条1項1号の解除請求事由は現実には存在していないということもありうる。解除請求事由が認められるかどうかは，保険契約の存続について利害が対立する当事者，すなわち，解除請求事由があるから保険契約からの離脱が認められるべきであると主張する被保険者と，解除請求事由はないから保険契約が維持されるべきであると主張する保険契約者の間で争わせて決着をつけさせるのが妥当であると考えられ，58条はそのような考え方に立つものである。

2　58条が適用される保険契約の類型（58条1項柱書）

58条により，被保険者が解除請求をすることができるのは「死亡保険契約の被保険者が当該死亡保険契約の当事者以外の者である場合」であり，それは

---

[3]　中間試案・立案72頁，中間試案補足説明・立案134。
[4]　萩本修ほか「保険法の解説(5・完)」NBL 888号41頁注49（2008）。

すなわち，保険法38条により契約を締結するのに被保険者の同意が必要とされる場合である。死亡保険契約の被保険者が当該死亡保険契約の当事者である場合には，被保険者は，保険法54条に基づき，保険契約者として保険契約を解除することができる。したがって，保険契約者兼被保険者が，死亡保険金受取人の誠実さに疑いを抱きこの者に保険金を取得させたくないと考えた場合には，54条に基づいて保険契約を解除することができるが，このほか，72条1項に基づいて保険金受取人を変更することにより，その希望を実現することができる。もっとも，例外的に，54条の任意解除権も72条1項の保険金受取人変更権も保険契約で排除されている場合であっても，保険金受取人が保険契約者兼被保険者の殺害を企図しているなど57条1号または2号に掲げる事由が存するといえるケースでは，58条1項1号の事由があるとみて，保険契約者は58条2項により保険契約を解除することができると解すべきであろう。

なお，生死混合保険契約については，被保険者が解除請求できるのは死亡保険部分に限られるのか，それとも，生死混合保険契約全体の解除請求をすることができるかどうかという問題があるが，保険契約の実質的内容を変更することなく死亡保険部分だけを解除して生存保険部分を存続させることは通例不可能であるから，特段の事情がない限り，生死混合保険契約の全体を解除請求しうると解するほかないであろう[5]。

3 57条1号または2号に掲げる事由がある場合（58条1項1号）

57条1号に掲げる事由とは，「保険契約者又は保険金受取人が，保険者に保険給付を行わせることを目的として故意に被保険者を死亡させ，又は死亡させようとしたこと」であり，同2号に掲げる事由とは，「保険金受取人が，当該

---

[5] 一問一答197頁注1は，この場合につき，「生存保険部分のみで独立して存続させることが可能かどうかなどの具体的な保険契約の内容等に応じて，個別に判断することになる」とし，「例えば，死亡保険と生存保険が不可分一体のものであって，それぞれが独立しては存続し得ないような保険契約については，一般的には生死混合保険契約全体の解除請求が認められる」としている。同書が，死亡保険と生存保険が不可分一体ではなく，それぞれが独立して存続しうるような生死混合保険契約として，どのようなものを想定しているのかは明らかではないが，養老保険のような一般的な生死混合保険から死亡保険部分を奪って純粋の生存保険部分だけを残すことは——かりに保険数理上可能であるとしても——保険契約の性格を根本的に変えることになるから，そのような一部解除請求は認めるべきではなかろう。

生命保険契約に基づく保険給付の請求について詐欺を行い，又は行おうとしたこと」である。57条1号または2号に掲げる事由があるときは，保険者は，保険者の保険契約者または保険金受取人に対する信頼を損なう行為であるとして保険契約を解除することができるが（重大事由解除），そのような行為は同時に被保険者の保険契約者または保険金受取人に対する信頼をも損なう行為であることから，これを解除請求事由としたものである。なお，被保険者が1人の死亡保険契約において当該被保険者が死亡した場合にはその時点で保険契約が失効するから，57条1号のうち，「被保険者を死亡させ」の部分は，かかる保険契約には適用がない[6])と考えられるが，この点は58条においても同様である。

4 58条1項1号に掲げるもののほか，被保険者の保険契約者または保険金受取人に対する信頼を損ない，当該死亡保険契約の存続を困難とする重大な事由がある場合（58条1項2号）

重大事由解除に関する57条3号は「(57条1号・2号に掲げるもののほか，)保険者の保険契約者，被保険者又は保険金受取人に対する信頼を損ない，当該生命保険契約の存続を困難とする重大な事由」を重大事由の1つとして掲げており，58条1項2号はこれを，被保険者による解除請求に適合するよう変容させたものである。すなわち，重大事由解除においては，被保険者が保険者の信頼を損なうような重大な行為を行った場合にもこれを重大事由として保険者による解除権行使を認めているが[7)，被保険者による解除請求においては，被保険者自身が信頼破壊行為を行った場合にこれを解除請求事由とするのは不合理であることから，58条2号からは，このような場合を除外することとしたものである。

58条1項2号にあたる場合としては，たとえば，保険契約者が当該保険契約とは別の保険契約に関して保険金詐欺をはたらくようなケースが考えられ

---

6) 中間試案補足説明・立案147頁。
7) 保険契約者や保険金受取人には重大事由がないが，被保険者にのみ重大事由がある場合としては，たとえば，被保険者が保険者を欺いて保険金受取人に保険金を取得させるため，自殺免責期間中に嘱託殺人を依頼するなど事故を装って自殺しようとしたようなケースが考えられるであろうか。

る[8]。

5　保険契約者と被保険者との間の親族関係の終了その他の事情により，被保険者が38条の同意をするにあたって基礎とした事情が著しく変更した場合（58条1項3号）

　58条1項1号・2号が，被保険者の保険契約者・保険金受取人に対する信頼を損なうような事由（モラル・リスクの具体化）がある場合に被保険者が保険関係から離脱することを認めるのに対し，58条1項3号は，親族関係の変動等，同意の基礎となった事情が著しく変更した場合にも被保険者の保険関係からの離脱を認めるものである。前者の場合に限らず，後者の場合にも保険関係からの離脱（実質的には同意の撤回といってもよい）を広く認めるべきであるという立法論は，従来，必ずしも一般的に主張されていたわけではなかったが[9]，法制審議会保険法部会での審議においてはこのような考え方が支持を集め，最終的に保険法58条1項3号・87条1項4号において，明文の規定として結実することとなった。

　58条1項3号は，「親族関係の終了その他の事情により，……同意をするに当たって基礎とした事情が著しく変更した場合」と規定していることから，親族関係の終了が解除請求事由にあたりうることは明らかである。婚姻の継続を前提として，夫の死亡後の妻の生活保障のために，妻が夫を被保険者とする死亡保険契約を締結していたが，その後夫婦が離婚したような場合には，特段の事情がない限りは，「同意をするに当たって基礎とした事情が著しく変更した場合」にあたるとみてよいであろう[10]。婚姻が法律婚ではなく，事実婚である場合であっても，そのような事実婚関係を基礎として被保険者同意がなされており，その後事実婚が解消されたようなケースについては，同様に，58条1項3号の解除請求事由があるとみてよいであろう。また，離婚調停中で親族関係が完全に終了していない段階であっても，両者の関係が険悪となり，信頼関

---

8)　一問一答198頁，福田弥夫「被保険者の同意」甘利＝山本210頁。
9)　実際にそのような考え方を立法論としてのみならず，解釈論としても主張していたものとして，山下271頁。
10)　萩本ほか・前掲注4) 41頁注48。

係が破綻しているとみられる場合にはやはり解除請求事由を認めてよいと思われる。さらには，会社の役員であるということに基づいて会社が保険契約者兼保険金受取人となる死亡保険契約の被保険者となることに同意したが，その後役員を退任したような場合11)も，反対に解すべき特段の事情がない限り，同意をするにあたって基礎とした事情が著しく変更した場合にあたると解してよいであろう。

　しかし，離婚時に，扶養義務の履行を担保するため，将来においても被保険者となり続けることを承諾するといった例外的事情が存することもありえ，そのような場合には，離婚が成立しても，「同意をするに当たって基礎とした事情が著しく変更した」とみるべきではない12)。また，そもそも，妻が夫を被保険者とする死亡保険契約を締結していた場合でも，当該保険契約が夫死亡後の妻の生活保障のみならず，当該夫婦間の子供の生活保障をも目的としていたとみられるようなケース13)（子供のいる家族ではむしろそれが普通であろう）では，離婚したことをもって当然に解除請求事由が生じるとみるべきではなく，離婚後の扶養についてどのような合意がなされたかという観点から，「同意をするに当たって基礎とした事情が著しく変更した場合」にあたるかどうかを判断すべきであろう14)。このように，58条1項3号で例示されている親族関係の終了があったからといって当然に解除請求事由になるわけではなく，ある事情の変更が解除請求事由となるかどうかは結局のところ，ケースバイケースで判断せざるをえないという点に注意すべきである。

---

11) 山下271頁。なお，実際には稀であろうが，会社の従業員が，会社が保険契約者兼保険金受取人である死亡保険契約の被保険者となっている場合（いわゆる団体保険ではないため，当該従業員が退職してもなお被保険者であり続ける場合）であって，当該従業員が会社を退職するようなケースについても，同様に考えてよいであろう。

12) 萩本ほか・前掲注4) 41頁注48。

13) このようなケースにおいて，解除請求事由の有無の判断が微妙になることを指摘するものとして，山下友信「保険法制定の総括と重要解釈問題（生保版）——成立過程の回顧と今後に残された課題」生保167号31頁（2009）。

14) たとえば，離婚後にA（妻）が子供の親権者となるが，子供が中学校を卒業するかまたはAが再婚するまではB（夫）が養育費を支払い続けることが合意されたような場合には，Bを被保険者とする死亡保険契約は，Bの養育費支払義務を実質的に担保する機能を有しているとみられるから，当該保険契約の処遇について離婚時に特段の合意がなされなかったときでも，養育費支払義務が消滅するまでは58条1項3号の解除請求事由は生じないとする解釈をすることが可能であろう。

なお，保険契約締結時に未成年であった者を被保険者とする死亡保険契約については，保険契約締結時には法定代理人が未成年者を代理して38条の被保険者同意を与えたが，当該被保険者が成人後，当該死亡保険契約の被保険者となり続けることを望まないという場合に，どのように考えるべきかという問題がある。このケースでは，実質的には，67条1項ただし書により被保険者同意なしに傷害疾病定額保険契約が締結されたが，その後被保険者が被保険者たることを望まない場合には理由のいかんを問わず保険契約の解除請求をすることができるとする87条1項1号に近い状況が生じているといえる。しかし，たとい法定代理人の同意であれ，38条の同意があることには変わりはないのであるから，同意がない場合の規定である87条1項1号をこの場合に類推適用することは難しそうである。ただ，被保険者の意図に反した形で保険契約が締結されていることは十分にありうることであるから，被保険者が被保険者たることを望まないという明確な意図を有している場合には，58条1項3号の解除請求事由を緩やかに認定してよいのではなかろうか。

6 解除請求の効果と58条2項の趣旨

58条1項は，被保険者に，保険契約者に対して保険契約を解除するよう請求する権利を付与するにとどまり，被保険者が58条1項による請求をしただけで直ちに保険契約の解除という効果が生ずるわけではない。58条1項による請求を受けた保険契約者が，保険者に対して解除権を行使して初めて保険契約の解除の効果（59条）が生ずることになる。

58条1項各号が定める解除請求事由が存する場合に被保険者が解除請求をすれば，保険契約者は，保険契約を解除する義務を負う[15]。保険契約において，保険契約者の任意解除権（54条）が排除されている場合でも，58条1項に基づく解除請求を受けた保険契約者は，58条2項に基づいて保険契約を解除することができるから，解除請求の要件が充足されている限り，保険契約者は，58条2項に基づいて解除権を行使することが義務付けられることになる。すなわち，58条2項は，58条1項による解除請求を受けた保険契約者が約款

---

[15] 一問一答200頁。

上解除権を排除されているかどうかにかかわらず，保険契約を解除することができるよう，保険契約者の解除権を法定し，もって被保険者の解除請求権の実効性を担保しようとした規定である。

　被保険者が58条1項による解除請求をしたにもかかわらず，保険契約者がその請求に応じない場合（保険者に対して解除の意思表示をしない場合）には，被保険者は，保険契約者に対して，保険契約の解除の意思表示を求める訴えを提起することになる（民414条2項ただし書）。被保険者の勝訴判決が確定した場合には，その確定の時に解除の意思表示をしたものとみなされる（民執174条1項)16)。

7　58条の性質

　58条は，モラル・リスクの防止などを目的とする公序に関する規定であって，1項・2項ともその性質は強行規定であると解される17)。

　この点に関して，被保険者が保険者に対して直接解除権を行使することを認めるような約款規定も，被保険者が解除権を行使した場合に保険者がその旨を保険契約者に通知する規定を設けるなど保険契約者の利益を害しないような手当てが約款でなされるならば有効と認める余地があるとする見解がある18)。かかる約款規定の実質は，58条1項各号の事由があることを被保険者が保険者に主張した場合には保険契約が失効する旨を定めたものと解されるが，その適法性には疑問がある。すでに述べたように，被保険者が保険契約から離脱するためには，保険者に対して直接同意の撤回をするのでは足りず，保険契約者

---

16)　ただし，勝訴判決を得ただけでは解除の意思表示が保険者に到達したことにはならないから，被保険者は確定判決の正本または謄本を保険者に送付または提示する必要があり，その到達または提示のときに擬制された意思表示が到達して解除の効果が発生することになる（中野貞一郎・民事執行法〈増補新訂5版〉788頁（2006））。なお，江頭499頁注5は，この点を，意思表示に代わる裁判を求めて勝訴した被保険者から契約解除の措置をとるよう求められた保険者は，不動産登記に関し登記権利者から判決による登記（不登63条1項）の申請を受けた登記所と同じ立場になると説明している。

17)　一問一答197頁，山下友信「新しい保険法」ジュリ1364号15頁（2008）。

18)　落合誠一監修・編著・保険法コンメンタール165頁［山下典孝］（2009）は，87条1項に関してこのような解釈論を述べるが，58条1項についても同様の解釈をとるものと推測される。保険契約の当事者ではない被保険者が保険契約を「解除」することはできないはずであるから，かかる約款規定の実質は本文で述べたように解すべきであろうが，ここでは，論者の用語法にしたがい，被保険者による解除権の行使という表現も用いることとする。

第4節　終　了

に対して解除請求をしなければならないとされたのは、58条1項各号（とりわけ3号）の事由が真に存するかどうかについて被保険者と保険契約者とで意見が相違することがありえ、保険者に対する解除権の行使（同意の撤回）という方法では、被保険者の思い込みによって保険契約が不当に消滅させられるという事態が生じかねないことが懸念されたからである。8で述べるように、87条1項1号の解除請求事由については約款による柔軟な処理を認める余地があるとしても、58条1項1号〜3号・87条1項2号〜4号の解除請求事由に関しては、その事由の存否につき保険契約者に争う機会を与えることなく（被保険者による解除権行使の事実を保険契約者に通知するだけではそのような機会を与えているとはいいがたい）、被保険者と保険者だけで契約を解消することを認めるような約款規定は、保険法が予定している保険契約者・被保険者間の利害調整の枠組みを逸脱するものであって無効と解すべきであろう。

8　傷害疾病定額保険契約における被保険者による解除請求（87条）

傷害疾病定額保険契約については、生命保険契約における解除請求事由と同様の解除請求事由（87条1項2号〜4号）が定められているほか、もともと被保険者同意が必要とされない契約類型（67条1項ただし書）について被保険者が契約の存続を望まない場合に解除請求ができる旨が定められている（87条1項1号）。87条1項2号〜4号は、重大事由解除が認められる場合および同意をするにあたり基礎とされた事情が著しく変更した場合を解除請求事由とするものであり、同意をした時点でもし当該事情が存在していれば被保険者が同意をしなかったであろうと認められる場合について保険関係からの離脱を認めるものである。これに対し、87条1項1号は、法律上被保険者の同意なしに他人が当該被保険者について傷害疾病定額保険契約を締結することができるとされている場合であっても、当該被保険者が付保を希望しないならば他人による付保を強制されるべきではないという考え方に基づいて、保険関係からの離脱を認めるものであり（被保険者同意がなくても保険契約が有効に成立するが、それを望まない被保険者はそこから離脱できるというオプトアウトの考え方）、2号〜4号の趣旨と1号の趣旨は同じではない。傷害疾病損害保険契約においても、被保険者が保険契約者と別人である場合、当該保険契約者と別段の合意[19]があるときを

除き，被保険者が当該保険契約の解除請求をすることができるとされているが（34条），これは，傷害疾病定額保険契約における87条1項1号と同じ考え方に基づくものである。

87条1項1号は，上述のようにオプトアウトの考え方に基づくものであるから，被保険者は，理由のいかんを問わず，傷害疾病定額保険契約の解除を請求することができる。ただし，契約締結時に被保険者の同意があった場合は，87条1項1号に基づく解除請求をすることはできない（同かっこ書）。この場合に解除を請求するには，2号～4号の解除請求事由が存在していることが必要である。

87条1項1号の趣旨が上述したようなものであることからすると，被保険者の離脱希望の意思が明確である限りは，同号の事由の存否についてそれ以上に争う機会を保険契約者に与える必要はないといえる。そうすると，被保険者が87条1項1号の解除請求を保険契約者に対して行った場合には，87条2項による保険契約者からの解除権の行使を待つことなくただちに当該傷害疾病定額保険契約が失効することを約款で定めたとしても，当該約款規定によって保険契約の当事者・関係者が実質的不利益を被るわけではなく，また，法律関係の安定性が不当に害されるともいえないから，かかる約款規定は有効と解してよいと思われる[20][21]。

---

[19] ここでいう別段の合意とは，34条の解除請求権を行使しない旨の合意を指す。一問一答143頁。

[20] 87条1項1号の解除請求事由に関して，保険契約者を実質的に関与させない処理を約款で定めうる可能性について最初に言及されたのは，落合・前掲注18) 165頁［山下（典）］である。

[21] かかる約款規定がない場合においても，被保険者が保険契約者に対して87条1項1号の解除請求をした時点で，87条2項による保険契約者からの解除権の行使もあったものと擬制して，ただちに保険契約が消滅するという解釈をすることは可能であろうか。これは，具体的には，67条1項ただし書によって自分の同意なしに死亡給付付きの傷害疾病定額保険契約が締結されていることを知った被保険者が，保険契約者に対して解除請求をした後，保険契約者による解除権行使前に傷害によって死亡した場合に，当該被保険者の相続人が傷害死亡保険金請求権を取得するかどうかという形で問題となる。67条1項ただし書が被保険者同意原則の重大な例外をなすものであって，モラル・リスクからの被保険者保護の点で問題がないわけではないことを考えると，実質論としては，被保険者の離脱希望がはっきりした時点で契約を解消させ，もって被保険者の相続人に保険金が支払われるという事態を阻止することが望ましいように思われる。もっとも，87条1項1号の解除請求がなされたことを保険者が知らない間に被保険者が傷害により死亡してしまうと保険金がそのまま保険金受取人に支払われてしまうで

87条1項各号により解除請求権が行使された場合の効果22)や，87条1項・2項の規定の性質（強行規定性）は，87条1項1号について上で述べたところを除くと，58条と同様である。

〔洲崎博史〕

あろうから，本文のような約款規定や上述のような解釈論が有意味なものとなるためには，被保険者が保険契約者に対して解除請求をすると同時に，解除請求をしたという事実が保険者に対して通知される必要があろうし，通知しない限り保険契約の失効を保険者に対抗することができないとする約款規定を設けて保険者を保護することも必要となろう。

22) 前述のように，生死混合保険契約において，被保険者による解除請求に基づいて死亡保険部分のみを解除し，生存保険部分を存続させることは，事実上不可能であると考えられるが，傷害疾病定額保険契約においては，たとえば，被保険者が，死亡給付部分が存続することは望まないが，生存給付部分については異存がなく，死亡給付部分のみを解除請求したいという場合がありえ，このような一部解除請求を認めるべきかどうかが問題となる。生死混合保険の場合とは異なり，傷害疾病定額保険において一部の給付事由についてのみ解除の扱いをすること（当該給付事由にかかる解約返戻金を支払い，かつ，当該給付事由に対応する保険料相当額を将来に向かって減額すること）は実務的にも可能な場合があると思われ，これが可能である限りは，一部解除請求を認めてよいであろう。もっとも，一部解除請求を受けた保険契約者は，自分が意図したのとは異なる形で傷害疾病定額保険契約が存続するのを強制されるべきではないから，87条2項に基づいて，当該保険契約の全部を解除することもできると解すべきであろう。

（解除の効力）
第59条　1　生命保険契約の解除は，将来に向かってのみその効力を生ずる。
2　保険者は，次の各号に掲げる規定により生命保険契約の解除をした場合には，当該各号に定める保険事故に関し保険給付を行う責任を負わない。
　一　第55条第1項　解除がされた時までに発生した保険事故。ただし，同項の事実に基づかずに発生した保険事故については，この限りでない。
　二　第56条第1項　解除に係る危険増加が生じた時から解除がされた時までに発生した保険事故。ただし，当該危険増加をもたらした事由に基づかずに発生した保険事故については，この限りでない。
　三　第57条　同条各号に掲げる事由が生じた時から解除がされた時までに発生した保険事故

（解除の効力）
第88条　1　傷害疾病定額保険契約の解除は，将来に向かってのみその効力を生ずる。
2　保険者は，次の各号に掲げる規定により傷害疾病定額保険契約の解除をした場合には，当該各号に定める事由に基づき保険給付を行う責任を負わない。
　一　第84条第1項　解除がされた時までに発生した傷害疾病。ただし，同項の事実に基づかずに発生した傷害疾病については，この限りでない。
　二　第85条第1項　解除に係る危険増加が生じた時から解除がされた時までに発生した傷害疾病。ただし，当該危険増加をもたらした事由に基づかずに発生した傷害疾病については，この限りでない。
　三　第86条　同条各号に掲げる事由が生じた時から解除がされた時までに発生した給付事由

I　趣　旨

　保険法59条（以下，本条という）は，生命保険契約の解除の効力について1か条にまとめて規定し，保険法88条は，傷害疾病定額保険契約の解除の効力について1か条にまとめて規定する。両条いずれも1項では，解除一般につい

て，将来効を有するものとする。また，両条いずれも2項では，特定の保険法の規定に基づく保険者による解除に伴い，保険者の免責という効果が生ずることが定められている。以下では，本条に即して解説するが，88条についてもとくに別に考えるべき問題はないように思われる。

II 沿　革

　改正前商法では，生命保険契約の解除に関する一般的規定はなく，告知義務違反に基づく保険者による解除（改正前商678条2項・645条），保険契約者等の責めに帰すべきでない事由により危険が増加した場合の保険者による解除（改正前商683条1項・657条1項），保険者の責任開始前の保険契約者による解除（改正前商683条1項・653条），保険者破産の場合の保険契約者による解除（改正前商683条1項・651条1項）が規定されているにとどまった。これらのうち，告知義務違反に基づく解除については，明治32年の商法制定時には告知義務違反の効果を無効としていたが（明治44年改正前商法429条），明治44年改正で解除に改められたものであり，保険者破産の場合については，大正11年の破産法制定に伴い改められたものである。これ以外については，明治32年の商法制定以来改正がなかった。

　上記の各規定のうち，告知義務違反による解除は，将来効とされていたが，この点については後述のように議論のあったところである。危険増加による解除および保険者破産の場合の解除は将来効とされていた。保険者の責任開始前の解除については，法文上は効力については直接定められておらず，ただ保険者は保険料の半額に相当する金額の請求をすることができる旨の規定が置かれていた（改正前商655条）。

　保険法では，生命保険契約については，保険者の責任開始の前後を問わない保険契約者による解除を一般的に規定し（54条），また，告知義務および危険の増加による解除に関する規定の改正を行うとともに（55条・56条），改正前商法にはなかった重大事由に基づく保険者の解除について新たに規定したが（57条），本条では，これらの解除の効力について一括して規定した。ただ，本条1項は，生命保険契約の解除の効力について一般的な定めをしているので，

後述のとおりその趣旨が問題となる。

　傷害疾病定額保険契約についても規定の構成の仕方は，生命保険契約と同じであり，83条～86条の解除の効力について88条で規定する。

III　条文解説

1　解除の効力の一般原則——将来効（1項）

　(1)　総説　沿革について上述したように，改正前商法においては，保険契約の解除の効力については，解除事由ごとに規定を置いており，解除の効力について一般論を展開するということが困難であった。もっとも，学説においては，保険契約の一般的な性質として継続的契約性ということを指摘し，その性質から保険契約の解除の効力は将来効であるとする主張が導かれることもあった[1]。しかし，このような一般論が支持されるには，いくつかの障害があった。

　まず，告知義務違反による解除については，上述のように，法文上は，解除は将来効を有すると定められていたものの，学説の支配的立場は，遡及効を有し，ただ保険者は制裁の趣旨で，保険契約者に対して継続中の保険料期間についての保険料請求権を有するという解釈をしてきた。次に，損害保険の保険料の不払により保険者が解除する場合については，最判昭和37年6月12日民集16巻7号1322頁は，債務不履行による解除であって遡及効を有するとした。これらの解除に遡及効を有するとされる事例がある以上，解除の効力を一般的に将来効であるとすることはできなかったのである。

　保険法では，本条1項において解除の効力を一般的に将来効とする定めを置くこととされたが，このような方向を採用することの最初のポイントは告知義務違反による解除の効力をどのようなものとするかということであった。この点については，本条2項において遡及的効力を及ぼすためには解除の効力とは別に遡及的な保険者免責という効力を定めることにより，解除の効力自体は将来効とするということで解決できるとされた。同じく，危険増加についての通

---

[1]　田中誠二＝原茂太一・新版保険法〈全訂版〉112頁以下（1987），田辺33頁以下。

第4節　終　了

知義務違反による解除および保険法で新設された重大事由による解除についても，将来効だけではこれらの規定の目的を達することができないが，遡及的免責という効力を組み合わせることにより解決できるとされた。その上で，上記の解除事由以外の解除についても一般的に将来効とする定めを置くことでよいかどうかが問題とされ，それでよいとされたというのが本条1項であるということができる。ただ，それぞれのポイントについてなお議論の余地はあり，しかも本条1項が片面的強行規定とされていることもあり，以下に見るような解釈論上の問題を生ずることになっている。以下では，解除事由ごとに問題点を検討する。

(2)　告知義務違反による解除　　改正前商法の下では，上述のように法文の文言にもかかわらず，告知義務違反による解除の効力は遡及効を有するが，保険者は継続中の保険料期間についての保険料請求権を有するという変則的な効力を有するものと解するのが支配的な立場であった。このような変則的な効力を認めることの理由としては，解除の効力として解除の時以前に保険事故が発生していた場合には保険者は保険給付義務を負わないということが定められており，これは将来効からは導きえないということがあった。もっとも，それでは告知義務違反による解除の場合に限っては遡及効とすることで問題がないかといえば，因果関係不存在特則も法定されており，解除はされても，不告知等に係る事実と保険事故発生との間に因果関係がない場合には保険者は保険給付義務を負うこととされ，純粋の遡及効とはいえないという問題があった。また，解除はされても，保険者は保険料請求権を有すると解釈されたが，これも遡及効の原則には反するし，告知義務違反に対する制裁の趣旨であるという説明はされたが，告知義務違反に一般的にこのような制裁的効力を認めることの合理性は疑問とされる余地があった。要するに，告知義務違反の効力は多面的であり，解除の効力という観点からのみ議論すると，遡及効とするにせよ将来効とするにせよ，いずれも完璧な効力の説明はできないという結果となっていた。

保険法では，問題を解除の効力という観点からのみ考えるのではなく，解除に伴う法定免責効を組み合わせることにより解決することとされた。すなわち，解除の効力は将来効とすることにより，解除時までの期間の保険料を保険者は取得することができるという合理的効力が導かれる[2]。他方，遡及的に保険者

の保険給付義務を免れさせるという必要性については，解除時までに発生した保険事故に関しては保険者の法定免責効として導かれる。保険契約者側を保護する必要から認めるべき因果関係不存在特則については，法定免責効の例外事由として位置づけられる。

　このように告知義務違反の効力について，将来効解除と遡及的法定免責とを組み合わせて規定するという解決は，改正前商法の下での学説のように遡及効が当然という観念からは一見奇異なものに映るかもしれないが，改正前商法も，法文を見れば，解除の効力は将来効としつつ，保険事故発生後に解除した場合には保険者は免責とし，ただ，因果関係不存在特則の例外はあるという定め方になっていたのであり，保険法の規定の仕方もこれをそのまま踏襲したにすぎないという説明ができる。

　もっとも，告知義務違反の効力を，このように将来効解除と遡及的免責効の組合せとする規定の仕方が自然なものであるかといえば，必ずしもそうではないようにも思われる。比較の対象として，2007年改正前のドイツ保険契約法を取り上げると，具体的な効力の内容についてはオール・オア・ナッシング原則によるもので保険法とほぼ同じであるといってよいが，そこではやはり解除は遡及効のある解除であるとされていた。もっとも，保険者は解除時までの保険料を取得することができるということが別に明文の規定が置かれていた[3]。わが国でも，このような規定の仕方をすることは十分考えられたところである。これによれば，解除は遡及効があるが，因果関係不存在特則の適用があり保険者が保険給付義務を負う限りで，解除の遡及効には制限が設けられると説明すれば足りる。保険者が解除時までの保険料を取得できるという効力については，遡及効がある解除における原状回復義務の特則として説明すれば足りることである。

　このように告知義務違反の効力の定め方については本条のものが理論的に唯一のものであるとはいえないが，どの定め方も一長一短あり，決定的なものと

　2）　因果関係不存在特則があることからも，解除時までの期間についての保険者の保険料取得が根拠づけられる。

　3）　2007年改正前ドイツ保険契約法40条1項。なお，新ドイツ保険契約法でも，告知義務違反の効果は原則的に遡及的解除であるが，やはり39条1項では改正前の上記40条1項が受け継がれている。

はいえない。本条が制定された以上は，この枠組みで解釈論を進めることにならざるをえない。

　(3)　危険増加に関する通知義務違反による解除および重大事由に基づく解除　この2つの解除事由についての解除の効力に関する解釈論上の解説は，保険法56条および57条の解説に基本的には譲るが，解除の効力の定め方との関係でいえば，保険者による解除に将来効のみを認めるのでは，解除をすることの合理的な目的を達成することはできない。すなわち，危険増加に関する通知義務違反についていえば，将来効のみでは通知義務者に通知義務を履行させる誘因がなくなり，通知義務を課すことの実効性の担保がなくなる。また，重大事由に基づく解除についていえば，信頼関係を破壊する保険契約者側の行為は保険事故発生後に判明することが多いので，そのような場合には解除に将来効しかないとすれば保険者を保険給付義務から解放するという目的を達成することができない。このようにいずれもことがらの性質上，解除の将来効だけでは十分とはいえない。そこで，理論的には，解除に一定の遡及的効力を認めることも立法論としては十分考えられるところであるが，本条はここでも将来効解除と遡及的免責との組合せによることとしたものである。

　(4)　保険法に規定のあるその他の解除事由　保険法では，以上の保険者による解除事由のほかに解除事由として定めが置かれているのは，いずれも保険契約者による解除であり，生命保険契約についていえば，一般的な保険契約者による解除（54条），保険者破産の場合の保険契約者による解除（96条1項）および被保険者による解除請求に基づく保険契約者による解除（58条）が法定されている。これらは，いずれも将来効解除とする本条1項の効力を認めることで問題はとくにないと考えられる。

　(5)　保険法に規定のない解除事由

　　(ア)　総説　本条1項は，法文上は，保険契約の解除は将来効を有するというきわめて一般的な文言となっているので，これによれば，以上で検討した保険法に規定のある解除事由を超えて，保険契約の解除一般について適用されることになりそうである。この点について，保険法の制定過程においては，告知義務，危険増加に関する通知義務，重大事由解除等の保険法で法定される解除の効力については，本条のような定め方とすることで意見の集約をみたが，

それ以上に一般的な規定とするかどうかについては議論があったところである。保険料不払による保険者の解除についての判例との関係や，損害保険契約における保険料分割払特約において定められている分割保険料不払の場合の解除の効力という問題が指摘されたが，立案担当者は一般的な規定とすることに踏み切ったものと思われる。ここから実際上の問題となるのは，本条1項が片面的強行規定とされたことから，解除の効力に関する合意がどこまで有効かということになるが，その点は後述するとして，ここでは，保険契約の解除の効力について一般的に将来効とすることの理論的当否について検討しておきたい。

民法の一般理論として，継続的契約については，解除の効力は将来効であると法定されている例はあるが（賃貸借につき民620条，雇用につき民630条，委任につき民652条，組合につき民684条），一般理論として継続的契約に遡及的解除というものがありえないとまでいえるかどうかは議論の余地があるところである。仮に遡及的解除というものを認めるべきでないとすれば，その理論的な根拠は，遡及的な原状回復を実現することが不可能ないしは不適切であるということになろう。そこで，保険契約についてこれを考えれば，遡及的解除を認める場合に，もっとも深刻な問題となるのは，契約成立時から解除時までに保険事故が発生していない場合の原状回復をどのようなものと考えるかということである。保険者の原状回復義務として保険料の返還義務を認めるとすれば，保険者は解除の時までに危険を負担していたという事実が法的に評価されないことになる。そうであるとすると，危険を負担していたという事実を経済的に評価して保険者にその取得を認めるというのが考えられる解決であるが，経済的な評価は困難である。このように原状回復が困難であることが遡及的解除を認めるべきでないということの根拠となると考えられる。これは，保険契約の法的構造として双務契約性を認めるべきか否か，具体的には保険者の義務をいかなるものとして構成するかという，かつてあった論争とも関連するところであるが，射倖契約という保険契約の特質からは，遡及的解除はありえないというのも1つの理論的解決ではありうるであろう。

しかし，そのように考える場合にさらに考慮しなければならないのは，保険契約の取消しの効力という問題との関係である。保険法では，保険契約成立時に超過保険であった場合の保険契約者の超過部分についての取消しという保険

法独自の取消権を法定したが（9条），立案担当者は，この取消しの効力は遡及的無効であり，かつ，保険者は保険料額を原状回復として返還しなければならないという解釈をとろうとしているようである[4]。解除と違い，取消しの場合には，保険者の側に原因があるのであるから，このような遡及的無効を認めることで問題はないというのは1つの説明ではあろうが，保険契約成立後取消しの時までに超過保険状態が解消されていたような場合に，取消しまでの間の危険の負担について全く評価しないでよいかは，立案過程でも議論のあったところであり[5]，この問題の理論的解明に決着がついたわけではなく，解除の効力についても，遡及的解除がありえないものかどうかは，本条1項では完全に決着したものではなく，今後の解釈に委ねられていると考えるべきである[6]。そこで，以下，若干の具体的解除事由について検討しておく。

　(イ)　保険契約者による保険料不払による解除　　この解除についても本条1項の適用があるとすると，前掲最判昭和37年6月12日は維持できないことになり，保険契約者は，解除時までの保険料支払義務が認められることになりそうであるが，それでよいであろうか。この判例の事案は，損害保険契約において，保険料領収前は，保険者は責任を負わない旨の約款条項があるというものであり，実質論としては，保険者は危険を負担していないという特徴がある。このような場合についての本条1項の適用を考えると，遡及的解除は認められず，解除の時までの保険料を保険者は取得することができることになりそうである。しかし，保険者に発生した諸費用のてん補義務を認めることはともかく，解除時までの保険料支払義務を認めることは，保険者に過剰な権利を認めるものであることは明らかである。

　そこで，この点についての解決としては，まず本条1項の解釈論として本条1項の適用範囲を限定するという方向性が考えられる。本条1項の解釈論として，債務不履行により保険保護が否定されている場合の解除については，解除

---

4)　一問一答117頁。なお，保険契約の取消しの場合の原状回復については，山下243-246頁参照。
5)　野村修也「損害保険契約に特有な規律」商事1808号42頁（2007）。
6)　前掲注3)で紹介した2007年改正前ドイツ保険契約法39条1項および改正ドイツ保険契約法40条1項では，保険者による解除のみならず保険者による取消しについても等しく解除・取消時までの保険料の取得を認めている。

の将来効を保障することで保険契約者を保護する必要がない以上，本条1項の適用はなく解除に遡及効があるという見解がそれである[7]。

　これに対して，本条1項の適用はあるとしつつ，遡及的解除を約定しても，その約定は本条1項の片面的強行規定性には反しないという方向性も考えられる。遡及的解除とする約定は，保険料支払義務に限れば，それが遡及的になくなるとすれば保険契約者にとって不利益ではないといえるであろう。また，保険者の危険負担についても考慮すれば，遡及的に危険負担をしないというのは一見したところ保険契約者にとって不利益ということになりそうであるが，保険料払込前は保険者不担保の約定がある以上は，特段の不利益はないであろう。このような不担保の約定が本条1項の解除の将来効の原則に抵触するということではないであろうから，結局遡及的解除とする約定が本条1項よりも保険契約者にとって不利益とはいえないという解釈は十分成り立ちうると考えられる。

　(ウ)　保険料分割払特約における分割保険料の不払による解除　自動車保険等の保険料分割払特約では，分割保険料を猶予期間内に支払わない場合には，保険者は保険契約を解除することができ，この解除は分割保険料の当初の払込時期に遡って生ずると規定されている。この解除も文字通り遡及的な効力を定めたものとすれば，本条1項の片面的強行規定に反することになりそうであるが，保険法の制定過程でもこの定めは片面的強行規定に反するものではないという意見集約がされている[8]。この点の説明としては，猶予期間内に分割保険料が支払われない以上は，保険者は保険給付義務を負わないので，(イ)の問題と同様に，本条1項の適用がないということになるか，または解除の効力を遡及させても分割保険料の支払義務が消滅するという効力が生ずるだけであって保険契約者に不利益とはいえないということになろう[9][10]。

---

[7]　洲崎博史「保険契約の解除に関する一考察」論叢164巻1＝6号236-237頁（2009）。この解釈では，保険者は解除の時までの保険料を取得することはできない。

[8]　中間試案補足説明・立案123。

[9]　洲崎・前掲注7) 234-235頁。

[10]　保険料分割払特約においては，猶予期間内に分割保険料が支払われなかった場合には，当初の払込時期に遡って保険者は免責されるものと規定されているが，猶予期間内に保険事故が発生した場合には，保険者は免責とされず保険給付義務を負い，ただ未払分割保険料と相殺することができるということになるものとすれば，解除の効力を遡らせる定めも保険契約者にとって不利益とはいえない。

第4節　終　　了　　　　　　　　　　　　　　　　§59・§88　III

　(エ)　危険増加による保険料増額等の合意不成立の場合または危険が引受範囲外になる場合の保険者による解除　　危険の増加があった場合において，保険契約者等が保険者に通知義務を履行し，増加した危険でも保険者の引受範囲内にあるのであれば，保険料増額等の交渉がされ，それが不調に終わった場合には，保険者が保険契約を解除することになろうが，この解除の効力についてどのように考えるべきか。危険増加についての通知義務が履行されている限り，保険契約者の側ではまずすべきことをしているのであり，保険料の増額について合意に至らなかったことを保険契約者の責めに帰すべき事情と評価すべきではないので，本条1項のとおりに解除には将来効のみを認めることで問題はない。

　これに対して，増加した危険が保険者の引受範囲外になる場合については，保険法は規定を設けることを放棄している。このためこの場合にいかなる効果を約定するかは契約自由に基本的には委ねられていると考えられる。しかし，保険契約の解除により保険契約を危険の増加の時まで遡らせようとすると，本条1項の片面的強行規定性との関係が問題となる。実質論として考えれば，保険法の立法趣旨は，増加した危険が引受範囲外となるほど高ければ，その時点で保険者の危険負担は消滅することもやむをえないということであったのであろうから，そうであるとすれば，解除の効力を危険の増加の時まで遡らせることには問題はないはずであるが，本条1項が一般的な定め方をしたため問題が生じているわけである。ここでも解決としては，保険契約の解除の効力は本条1項により将来効しかもたせえないが，本条2項2号のように，危険の増加の時以降に発生した保険事故については保険者免責とする約定は本条1項により妨げられないという解釈論が考えられる[11]。解除の効力と別に遡及的免責を約定することは，一般論としては本条1項の脱法として認められるべきではないが，引受範囲外となる危険の増加の場合については，保険者の免責を認めることができるというのが保険法の立場である以上，遡及的免責の約定を本条1項の脱法として評価すべきではない。別の解釈論としては，保険契約者が保険保護を受けない場合における保険契約の解除については本条1項の適用が及ば

---

[11]　一問一答91頁。

ないという前述の学説12)をここでも適用することが考えられるが，引受範囲外となる危険の増加については即時に保険保護がなくなるという約定は有効にすることができるという解釈を前提とするので，上記の第1の解釈論と実質は同じことになろう13)。

(オ) 保険料不払以外の保険契約者の債務不履行または責務違反による保険者による解除　たとえば，従来の自動車保険の約款においては，保険契約者または被保険者に被保険者自動車の管理義務や調査応諾義務を課し，これらの義務違反の場合の保険者の解除権が定められてきたが，解除の効力は将来効としてきたので，その点では本条1項の片面的強行規定性に反するというような問題は生じない。

これに対して，仮定的にではあるが，解除について義務違反の時まで遡及効をもたせることは，本条1項の片面的強行規定性に反することになるか。危険の増加または重大事由が生じた場合には，本条1項・2項により解除に伴う遡及的免責の効果を認めることとしているが，これが危険の増加や重大事由の場合に限り認められる特別の規律であるとすれば，これら以外の場合に，解除の効力を遡らせたり，将来効解除に本条2項と同じ遡及的免責を約定することは認められないということになるが，そのような約定をア・プリオリに排除することが合理的な解釈かどうかは疑問の余地があるというべきである。

(カ) まとめ　以上，若干の事例に即して，保険法に規定のある解除以外の解除に本条1項が適用されるか，あるいは本条1項の片面的強行規定性の射程が及ぶかを検討してきたが，本条1項はすべての保険契約の解除に適用があり，かつ片面的強行規定であると単純に解釈してよいかについては，相当の問題が残ることが明らかにされたのではないかと思われる。今後，具体的な解除事由ごとに合理的な約定の効力を認める解釈論が構築される必要がある。

(6) 解除の効果　本条1項の保険契約の解除により，将来に向かって保険契約が終了するという効力が生ずる。解除の時までは保険契約は有効に継続す

---

12) 洲崎・前掲注7) 236-237頁。
13) 危険が増加し引受範囲外となる場合の法的効果については，いまだ解釈論が確立したとはいえず，単に解除の効力という面だけからの検討では十分ではない。木下孝治「告知義務・危険増加」ジュリ1364号26頁（2008），山下友信「保険法制定の総括と重要解釈問題（損保版）」損保71巻1号56-57頁（2009），洲崎・前掲注7) 238-239頁。

るので，その時までに発生していた保険事故については，保険者は保険給付義務を負い（ただし，本条2項の定める場合には遡及的免責が認められる），保険契約者はその時までの期間の保険料支払義務を負う。逆に，解除の時以降に発生した保険事故については，保険者は保険給付義務を免れる。保険契約者は，解除の時以降の期間（未経過期間）に対応する保険料支払義務を免れる。保険料不可分の原則を廃棄するという立場に立つ保険法の下では，保険契約者が未経過期間に対応する保険料をすでに支払っているときは，その保険料の返還を請求することができる。この場合における返還金額についての約定や，保険料不可分原則を採用し未経過期間に対応する保険料を返還しないとする約定が有効か否かは，本条1項の片面的強行規定性の射程外にあると考えられる。

　本条1項は，保険契約の解除の効力について規定するものであり，解除権者が解除と合わせて損害賠償請求権を有するかどうかという問題については規定していない。損害賠償請求の可否は，民法の一般原則に従って決まるが，保険契約の場合には，問題となることはあまりないとは考えられる。

2　保険者が解除をした場合における保険者免責（2項）

(1)　総　説　　本条2項は，本条1項により保険者が将来効のある解除をした場合に，解除の時までに既に発生していた保険事故について保険者を免責とする定めである。上述のように，告知義務違反，危険の増加に関する通知義務違反および重大事由による各解除については，それぞれ解除する場合にその効力を遡及的に及ぼす必要性があり，それを本条2項では法定免責事由として定めているものである。

(2)　告知義務違反による解除に伴う免責（2項1号）

　(ア)　保険者の免責（本文）　　保険者による解除がされた時までに発生した保険事故につき保険者は免責となる。これは，改正前商法の下で認められていた解除の効力を実質的に受け継ぐものであり，保険法の制定により実質に変更はない。解除の時までに保険者がすでに保険給付を済ませていた場合については，明文の規定がないが，保険者は不当利得として返還を請求することができるのは当然である。

　(イ)　因果関係不存在特則（ただし書）　　商法において規定されていた特則

を保険法でも維持している。この特則については，告知義務による危険選択という観点からは，本来保険加入できなかったはずの保険契約者が保険給付を受けられることになり，保険加入者間での公平も害するとして批判する見解が古くより有力にはあるが，保険法でも告知義務違反による制裁効を緩和する趣旨で維持されたものである。とくに保険法の制定においては，欧州諸国で一般的なプロ・ラタ主義の採用については消極的な立場がとられたこととの関係で，オール・オア・ナッシング主義における全部免責の効果の発生を抑制するという意味で，因果関係不存在特則が維持され，かつ片面的強行規定とされた。保険法では，本条1項で，告知義務違反の効力について将来効としたこととの関係では，因果関係が不存在の保険事故に関しては保険者が危険を負担しているということから保険者は解除の時までの期間の保険料を取得することができるということが無理なく説明できるようになっている。

　因果関係存否の判断基準については，改正前商法の下では，不告知の事実と保険事故との間に全然因果関係のないことを必要とし，もし幾分でもその間の因果関係を窺知しうべき余地が存するのであれば因果関係が不存在とすべきでないという古い判例14)が一般論としては支持されてきた。具体的事例は，判例上はほとんどが生命保険に関するものであるが，上記判例を基礎に，因果関係の存在はかなり緩やかに認められる傾向にあった。典型的には，高血圧症などの成人病の既往症がある被保険者が心筋梗塞や脳出血などにより死亡した場合に，両者の因果関係はあるとされることが多い。

　ところが，保険法の制定に伴い，因果関係不存在特則の解釈については，主として損害保険との関係で新たな問題を生じている。損害保険や損害保険会社の傷害疾病保険の実務においては，改正前商法の告知義務に関する規定は任意規定であるという理解の下に，告知義務に関する約款規定において因果関係不存在特則を規定しないということが広く行われてきたが，保険法ではこの特則が片面的強行規定とされた結果，この特則を適用せざるをえないが，それにより従来の実務に変更が迫られざるをえない事態となるためである。

　具体的な問題は2つあり，第1は，他保険契約の告知義務に関係し，特則を

---

14)　大判昭和4年12月11日新聞3090号14頁。

適用すると他保険契約の存在と保険事故の発生との間には因果関係はないと解するのが一般であるため，モラル・リスク対策として他保険契約の告知義務違反を発動することができなくなるという問題である。この点については，保険法では，保険契約が著しく重複ないし累積することは保険法で新設された重大事由に基づく解除の対象となりうるということで解決された[15]。

第2は，「免許証の色」問題とよばれる問題であり，料率細分化の自動車保険などに関係する。このような保険では，細分化された保険料率を適用するために，免許証の色など細かい告知事項が設定されるが，仮にそのような告知事項について告知義務違反があった場合でも，因果関係不存在特則が適用されることになれば，不告知事項と保険事故の発生との間に因果関係は不存在とされるであろうから，結局告知義務違反があっても発生した事故については保険給付をせざるをえず，告知義務を適正に履行させる担保が何もなくなるという懸念が損害保険業界から示された。保険法部会では，この問題は解釈論の問題であるということで決着されたところであり，今後の解釈論に委ねられている[16]。もっとも，改正前商法の下で，いくら因果関係不存在特則が適用されないとしても，免許証の色程度の告知義務違反で保険者が全部免責の効果を主張していたかは疑わしく，実務上は，制裁的効果を示すことにより告知義務違反を極力防止したいという程度の問題であるとすれば，解釈論としてそれほど重要かどうかは疑わしいところでもある。

ただ，生命保険における特則の適用の場合も含めて，因果関係の存否の判断基準をどのように設定するかは，特則がなぜ置かれるのかという立法趣旨との関係で改めて理論的に再検討することが必要であると考えられる。なぜならば，改正前商法の下での因果関係の存否の判断基準は他の因果関係の存否が問題となる場合に比して非常に緩やかに存在を肯定する傾向にあり，それが合理的な

---

15) 一問一答48頁。詳細な検討をするものとして，洲崎博史「保険法のもとでの他保険契約の告知義務・通知義務」中西喜寿82頁。
16) 一問一答59頁は，免許証の色の不告知の場合の免責の効果を約定することも，その内容如何では片面的強行規定違反ではないとする。木下孝治「告知義務」中西喜寿49-50頁も，プロ・ラタ主義による保険金支払をし，因果関係不存在特則を適用しない旨の約定は本条2項1号の片面的強行規定性に反しないとするが，上記一問一答59頁がそのようなことを意味しているかどうかは不明である。

理由に基づくものであるかどうかの検証は従来必ずしも十分に行われてきたとはいいがたいからである。

(3) 危険増加に関する通知義務違反による解除に伴う免責（2項2号）　危険の増加に関する危険増加による保険者の解除があった場合には，危険の増加した時以降に発生した保険事故について保険者は免責とされるが，例外的に因果関係不存在特則の適用がある。保険者の免責が契約の成立時ではなく，危険の増加時にのみ遡及する点を除いては，告知義務違反の解除に伴う保険者の免責と同じである。詳細は，56条の解説を参照されたい。

(4) 重大事由に基づく解除に伴う解除（2項3号）　重大事由に基づき保険者により解除された場合には，解除の原因となった重大事由の発生時以降に発生した保険事故について保険者は免責とされる。この場合には，因果関係不存在特則の例外は定められていない。詳細は，57条の解説を参照されたい。

3　片面的強行規定性

(1) 本条1項の片面的強行規定性　65条2号により本条よりも保険契約者，被保険者または保険金受取人に不利益なものは無効とするという片面的強行規定性が定められている。本条1項が片面的強行規定であるとすることの解釈論的問題点については，すでに上記1で論じたところである。

(2) 本条2項の片面的強行規定性

　(ｱ)　保険者による保険契約の解除があった場合に，一定の保険事故については保険者が免責されるものとする本条2項の片面的強行規定性に関しては，とくに本条2項1号・2号の因果関係不存在特則についてはすでに上述したところであるので，解釈論上の問題として，以下では3点を検討する。

　(ｲ)　保険者が解除せず免責のみを主張することの可否　たとえば，保険事故発生後に保険契約者側に告知義務違反があることが判明した場合において，保険者が既発生の保険事故に関しては本条2項による免責の主張をするが，保険契約は解除しないで継続させるという措置をとるという従来からも実務上行うことがあった処理をすることが本条2項の片面的強行規定性に反しないかどうかが問題とされる。本条2項の保険者の免責の効果は，本条1項の保険契約の解除があったことを前提としているので，免責の効果のみを保険者が主張す

ることを本条2項は想定していないようにもみえるが，告知義務違反の効果につき保険契約の解除と保険者の免責が実質的には一体として本条1項および2項で規定されているとすれば，免責のみを主張することは全体として認められる効果の一部のみを保険者が主張することにほかならず，また実質的に考えても保険契約者側に不利益とはいえないので，免責のみの主張も本条2項の片面的強行規定性には反しないものと考えられている。

(ウ) 告知義務違反および危険増加に関する通知義務違反に基づく効果としてプロ・ラタ主義で認められるような効果を定める約定　たとえば，告知義務違反があった場合に，本条2項により保険者は既発生の保険事故について免責を主張することができるが，免責の効果を保険金の一部支払の免責にとどめるというような約定を考えれば，本条2項1号の因果関係不存在特則の適用を排除しない限りでは，本条2項の免責の効果の一部のみを主張するにとどまるのであるから，保険契約者側に有利な約定として有効性を肯定してよい。

これに対して，上記のような一部免責にとどめるが，その代わりに因果関係不存在特則の適用を排除するというような約定はいかがであろうか。このような約定が有効であるとすれば，上記のような自動車保険における免許証の色の不告知のごとき事例について一部免責として，保険契約者の保護と告知義務の履行担保を調和したような解決が可能となる可能性がある。

この点について，本条2項1号とプロ・ラタ主義の効果を定める約定とは，いずれが有利な効果であるかは判定しがたく，プロ・ラタ主義の約定は，本条2項1号の片面的強行規定性に反しないという学説も主張されており[17]，プロ・ラタ主義が保険法では採用されなかったものの，それがもつ合理性の故に，自主的に導入することは阻害すべきでないという大局的な立場から，この解釈は支持してよいものと考える。

(エ) 状態免責事由の約定　危険増加に関する通知義務に主として関わるが，危険が高まったといえる状態を特定して，その状態にある間に生じた保険事故を保険者の免責事由として約定することは，56条および本条2項の片面的強行規定性に反することになるかという問題がある。このような危険が高ま

---

[17] 木下・前掲注16) 49-50頁。

ったような状態にある間に生じた保険事故について免責事由とする約定を状態免責事由の約定ということとするが，例としては，酒に酔っている間に生じた保険事故について免責とするような約定があげられる。この例で，もし酒酔いの状態にあることが57条にいう危険の増加に該当するとすれば，酒酔いにより生じた事故について保険者が免責を主張するためには通知義務を約定しておく必要があるようにも見える。もっとも，酒酔いにある状態で運転することは保険者の引受可能な範囲を超える高い危険であるというのであれば，57条の適用はなく，同条の片面的強行規定性の射程外といえるかもしれない。しかし，状態免責事由とされる事由がすべて引受範囲外にあるわけでもないであろう。むしろ，従来は，危険の増加の規定の適用があるのは，一定期間以上継続して危険が増加する場合であって，酒酔い免責のような状態免責事由は，危険の継続性がない状態に関わるもので，危険の増加の規定の射程外であると考えられてきたところであり[18]，保険法の下でもこの解釈論は維持してよいものと考えられる。ただし，危険増加に関する保険法の規定の脱法となるような約定はこの限りではなく，その限界については難しい問題がある[19]）。

〔山下友信〕

---

18) 山下 571-572 頁参照。
19) 保険法の下での告知義務と状態免責との関係を検討するものとして，大塚英明「片面的強行法規としての告知制度と約款規定の関係」金澤＝大塚＝児玉 66 頁以下。

第4節　終　了　　　　　　　　　　　　　　　　　　　§60・§89

（契約当事者以外の者による解除の効力等）
第60条　1　差押債権者，破産管財人その他の死亡保険契約（第63条に規定する保険料積立金があるものに限る。次項及び次条第1項において同じ。）の当事者以外の者で当該死亡保険契約の解除をすることができるもの（次項及び第62条において「解除権者」という。）がする当該解除は，保険者がその通知を受けた時から1箇月を経過した日に，その効力を生ずる。

2　保険金受取人（前項に規定する通知の時において，保険契約者である者を除き，保険契約者若しくは被保険者の親族又は被保険者である者に限る。次項及び次条において「介入権者」という。）が，保険契約者の同意を得て，前項の期間が経過するまでの間に，当該通知の日に当該死亡保険契約の解除の効力が生じたとすれば保険者が解除権者に対して支払うべき金額を解除権者に対して支払い，かつ，保険者に対してその旨の通知をしたときは，同項に規定する解除は，その効力を生じない。

3　第1項に規定する解除の意思表示が差押えの手続又は保険契約者の破産手続，再生手続若しくは更生手続においてされたものである場合において，介入権者が前項の規定による支払及びその旨の通知をしたときは，当該差押えの手続，破産手続，再生手続又は更生手続との関係においては，保険者が当該解除により支払うべき金銭の支払をしたものとみなす。

（契約当事者以外の者による解除の効力等）
第89条　1　差押債権者，破産管財人その他の傷害疾病定額保険契約（第92条に規定する保険料積立金があるものに限る。以下この条から第91条までにおいて同じ。）の当事者以外の者で当該傷害疾病定額保険契約の解除をすることができるもの（次項及び同条において「解除権者」という。）がする当該解除は，保険者がその通知を受けた時から1箇月を経過した日に，その効力を生ずる。

2　保険金受取人（前項に規定する通知の時において，保険契約者である者を除き，保険契約者若しくは被保険者の親族又は被保険者である者に限る。次項及び次条において「介入権者」という。）が，保険契約者の同意を得て，前項の期間が経過するまでの間に，当該通知の日に当該傷害疾病定額保険契約の解除の効力が生じたとすれば保険者が解除権者に対して支払うべき金額を解除権者に対して支払い，かつ，保険者に対してその旨の通知

> をしたときは，同項に規定する解除は，その効力を生じない。
> 3　第1項に規定する解除の意思表示が差押えの手続又は保険契約者の破産手続，再生手続若しくは更生手続においてされたものである場合において，介入権者が前項の規定による支払及びその旨の通知をしたときは，当該差押えの手続，破産手続，再生手続又は更生手続との関係においては，保険者が当該解除により支払うべき金銭の支払をしたものとみなす。

I　趣　旨

1　介入権の制度の概要

保険法では，60条から62条までの規定を設け，保険契約者の債権者等が死亡保険契約を解除しようとした場合に，保険金受取人が一定の金銭の支払をすることにより，当該解除の効力の発生を阻止できるようにする制度を新設している。このような制度の創設については，諸外国の立法例を参考にして，従来から立法提案がされていたところであり，講学上は「介入権」という名称で議論がされていたものである。

法律の条見出しは，各規定の具体的な内容を表現するため，「契約当事者以外の者による解除の効力等」とされているが，個々の規定の中では，解除の効力発生を阻止することができる者を「介入権者」と定義づけていることもあり，保険法の下でもこの解除の効力発生を阻止する権利を「介入権」と呼ぶのが一般的である。

2　60条の規定の趣旨

60条から62条までは一連の規定であり，各規定が一体となって介入権の制度を基礎づけるものであるが，このうち60条の規定の趣旨は以下のとおりである。

生命保険契約においては，保険契約者が保険期間の途中で保険契約を解除（解約）した場合に，その時点までの保険料積立金をもとにした解約返戻金が保険者から保険契約者に対して支払われるのが一般的であり，その意味において，生命保険契約は一定の財産的価値を有するものであるということができる。

第4節　終　　了　　　　　　　　　　　　　　　　§60・§89 Ⅰ

　そのため，保険契約者の債権者は，保険契約者から任意の弁済が受けられない場合に，解約返戻金からの債権回収を図るために，保険契約者の有する解約返戻金請求権を差し押さえ，取立権に基づいて生命保険契約を解除することがある。また，保険契約者が破産手続開始決定を受けた場合には，保険契約者の有する解約返戻金請求権は破産財団に帰属することから，破産管財人が解約返戻金を破産財団に組み入れるために，破産法上の権利（破53条1項参照）に基づいて生命保険契約を解除することもある。

　しかし，生命保険契約は被保険者が死亡した場合における遺族の生活保障を目的として締結されることが多く，上記のように保険契約者の意思によらずに保険契約が解除されると，その後に被保険者が死亡したとしても保険金は支払われなくなるため，遺族の生活保障という保険契約の目的が実現できなくなってしまう。とくに，生命保険契約については，いったん保険契約が解除されると，その時点における被保険者の年齢や健康状態によっては新たに保険契約を締結することができない場合があるため，遺族の生活保障という目的を実現するためには，可能な限り従前の保険契約を存続させる必要がある。

　そこで，60条では，差押債権者や破産管財人等の契約当事者以外の第三者（解除権者）が死亡保険契約を解除した場合には，当該解除の効力は保険者が通知を受けた時から1か月を経過した日に発生することとし，その間に，保険契約者または被保険者の親族である保険金受取人が保険契約者の同意を得て，当該解除により支払われるべき解約返戻金等の金額を解除権者に対して支払った場合には，当該解除の効力が発生しないことなどを定め，保険金受取人の意思により保険契約を存続させることができるようにしている。

　なお，傷害疾病定額保険契約についても，遺族の生活保障という点で上記と同様の趣旨が妥当するものがあるほか，とくに入院保険のような継続的な給付が予定されている保険契約については，保険金の支払が開始した後になって保険契約が解除されてしまうと，いったん開始した保険金の支払が中止されるという事態が生ずる可能性があり，このような場合には，より現実的な問題として，保険契約を存続するための手段を保険金受取人に与える必要がある。そこで，保険法では，89条において，傷害疾病定額保険契約についても死亡保険契約と同様の規定を設けている。

II 沿革

1 従来の立法提案

　改正前商法には契約当事者以外の第三者が保険契約を解除した場合に関する特別な規定がないため[1]、たとえば、差押債権者が生命保険契約を解除した場合には、直ちに解除の効力が発生することになり、たとえ保険金受取人が保険契約を存続させたいと考えたとしても、もはやいったん生じた解除の効力を覆滅させることはできない[2]。

　一方、破産管財の実務においては、保険契約者が破産手続開始の決定を受けた場合に、破産管財人が生命保険契約を解除して解約返戻金を破産財団に組み入れる代わりに、保険契約者の親族等が解約返戻金相当額を破産管財人に対して支払うことで、解約返戻金請求権を破産財団から放棄するという取扱いが行われることがある[3]。

　このような破産管財の実務も踏まえ、差押債権者等による解除の場合も含めた立法的な手当ての必要性が従来から主張されており、たとえば、生保試案（2005）677条の2では、保険契約者の債権者が保険契約に基づく権利を仮差し押さえし、または差し押さえたときは、保険金受取人は保険契約者の同意を得て、債権額または仮差押命令もしくは差押命令の送達時に解約がされた場合に支払われるべき金額のいずれか少ない額を債権者に支払うことにより、保険契約者に代わって自ら保険契約者となることができるなどの規定を設けることが提案されていた。

---

[1] 改正前商法では、他人のために保険契約を締結した場合において保険契約者が破産手続開始の決定を受けたときは、保険者は被保険者に対して保険料を請求することができる（改正前商652条・683条1項）と規定しており、これは保険契約者が破産した場合に被保険者に保険料を支払って契約を存続させる機会を与えて被保険者を保護しようとするものであると解する見解もあるが、同規定の文言からは直ちに被保険者の保護のための規定であるとは言いがたい。

[2] 実際に、最判平成11年9月9日民集53巻7号1173頁（詳細については後述する）では、解約返戻金請求権を差し押さえた債権者がこれを取り立てるために、保険契約者の有する解約権を行使することを認めている。

[3] なお、平成16年改正の新破産法では、自由財産の範囲が拡大されるとともに（破34条3項1号）、自由財産拡張の裁判の制度が設けられているため（同条4項）、これらの規定により解約返戻金請求権を自由財産とする余地がある点にも留意すべきである。

2 法制審議会における議論

　法制審議会保険法部会でも，初期の段階からなんらかの立法的な措置を設ける必要性が議論されていたが，具体的にどのような仕組みを設けるかについては，提案の内容にも変遷がみられた。

　まず，第1読会の段階では，保険金受取人が一定の金額を支払うことにより，解除権の行使を制限する方法と，保険契約の解除がされた後であっても，保険金受取人であった者が，一定の要件の下に保険契約の復活を求めることができるものとする方法の2つが提案された[4]。

　この第1読会での議論を受け，第2読会の段階では，(ｱ)解除の効力発生前に採ることができる方法と，(ｲ)解除の効力発生後に採ることができる方法に分け，(ｱ)については，①解除の効力は通知から2週間後に生ずる，②解除の効力発生前に一定の者が解除の効力が生じた場合に支払われるべき金額を支払ったときは解除の効力が生じない，③②の支払をした者は保険金受取人になる，④②の支払をした者は保険契約者の権利義務を承継するなどの規定を設けることが提案された。また，(ｲ)については，①解除の効力が生じた後1か月以内に限り，一定の者は保険者に対して契約の存続を請求することができる，②①の請求をした者が保険契約者の同意を得て，解除に伴い破産管財人等に支払われた金額を保険者に支払った場合には，保険契約は解除されなかったものとみなす，③②の場合には，①の請求をした者は保険金受取人になる，④②の場合には，①の請求をした者は保険契約者の権利義務を承継するなどの規定を設けることが提案された[5][6]。

　しかし，その後の審議の結果，(ｲ)のルールを設けようとすると規定が複雑になりすぎること等から，(ｱ)のルールのみを設けることとし，そのうち介入権の行使のための期間を1か月に延長する一方で，保険金受取人の変更や保険契約

---

[4]　法制審議会保険法部会第7回資料7・1頁参照。
[5]　法制審議会保険法部会第11回資料12・1頁参照。
[6]　さらに，中間試案では，〔一定の者〕が保険契約者の同意を得た上で〔一定の金額〕を支払うことによって契約を存続させることができるものとし，〔一定の者〕や〔一定の金額〕について検討課題として掲げた上で，具体的な方法として，解除の効力発生前であれば解除をすることができないものとし，解除の効力発生後であれば解除がされなかったものとみなすことが提案された（中間試案・立案75-76頁，80頁参照）。

者の変更については，保険契約者の意思に委ねるのが相当であるとの判断から，これらについては法律上の規定を設けないこととされたものである。

そして，最終的に，要綱の段階において，介入権を認める対象者を，解除通知の時点における保険金受取人であって，保険契約者もしくは被保険者の親族または被保険者である者（保険契約者を除く）とし，保険法と同様の規定を設けることとされたものである[7]。

III 条文解説

1 介入権の対象となる保険契約

(1) 死亡保険契約　60条1項では，介入権の対象となる保険契約を「死亡保険契約（第63条に規定する保険料積立金があるものに限る。）」としている。

ここで，介入権の対象を死亡保険契約に限定し，生存保険契約をその対象としなかったのは，遺族の生活保障を図るという介入権の趣旨に鑑み，この趣旨が最も端的に当てはまる死亡保険契約のみをその対象とするのが相当であると考えられたためである。すなわち，死亡保険契約は，被保険者の死亡を保険事故とする生命保険契約であり（38条参照），被保険者の死亡時に金銭的な給付を受けることを目的としている点で，類型的に被保険者の死亡後における遺族の生活保障の役割が期待されている保険契約ということができるため，これを介入権の対象としているものである。

この点，生存保険契約にも被保険者やその家族の生活保障の機能があることは否定できないが，生存保険契約は一定の時点における被保険者の生存を保険事故とするものであり（37条参照），必ずしも被保険者の死亡に備えて締結されるわけではないという点で，類型的に生活保障の役割が期待されているとまでは言えない。保険法では，このような死亡保険契約と生存保険契約が有する一般的な機能の違いに着目して，介入権の対象を区別しているものである。

もっとも，保険法は上記のような一般的な機能の違いから規律の対象を区別

---

[7] 要綱・立案48頁，53-54頁参照。

しているにすぎないため，両者の性質を合わせ持つ生死混合保険契約については，死亡保険契約の性質を有する以上，介入権の対象となるものと考えるべきである。たとえば，いわゆる養老保険は，定期保険としての死亡保険契約の性質と，満期に生存保険金が支払われる生存保険契約の性質とを有するものであるが，死亡保険契約の性質を有する以上，介入権の趣旨が妥当することは明らかであるため，当該保険契約全体について介入権の対象になるものと考えられる[8]（介入権者については後述する）。

(2) 保険料積立金のある保険契約　次に，死亡保険契約の中でも，とくに保険料積立金があるものに限定しているのは，保険料積立金のある保険契約は長期契約であることが多く，このような長期契約については，いったん保険契約が解除されてしまうと，その時点での被保険者の年齢や健康状態が契約締結時のものと大きく異なっているために新たに保険契約を締結することができない可能性が高いことから，従前の契約を存続すべき必要性がより高いと考えられるためである。また，通常，差押債権者等の解除権者が保険契約を解除するのは，解約返戻金からの回収が期待できる場合であり，一般に保険料積立金のない保険契約については解約返戻金もない場合が多いことからすれば，類型的に解除権の行使が想定されにくい保険契約を介入権の対象から除外するという意味でも，介入権の対象を保険料積立金があるものに限定していることには合理性があると考えられる。

　この点に関連して，いわゆる無解約返戻金型の死亡保険契約が60条1項の規律の対象になるかが問題となる。たしかに無解約返戻金型の場合には，解除権者が保険契約を解除したとしても保険者から解除権者に対して解約返戻金が支払われるわけではないため，解除権の行使は通常想定しがたいとも言える。しかし，無解約返戻金型であっても保険料積立金は存在するのが一般的であるため，「死亡保険契約（第63条に規定する保険料積立金があるものに限る。）」という規定の文言上，このような無解約返戻金型の死亡保険契約も同条の規律の対象となると考えざるをえない。また，実質論としても，無解約返戻金型であっても将来の保険料の前納がされている場合等には，解除権者が保険料返還

---

[8]　一問一答202頁注参照。

請求権等からの回収を期待して保険契約を解除する可能性も否定できないため，解除権の行使の余地がまったくないとは言えない（もっとも，わずかな保険料返還請求権からの回収を企図して解除権を行使することが，権利濫用等の一般法理によって否定される可能性がある点については留意が必要である9））。

2 契約当事者以外の者による解除

(1) **差押債権者・破産管財人**　60条1項では，「死亡保険契約……の当事者以外の者で当該死亡保険契約の解除をすることができるもの〔解除権者〕」による解除の効力発生時期について定めており，解除権者の例示として差押債権者および破産管財人を掲げている。

保険契約者の債権者は，解約返戻金請求権その他の保険契約の解除に伴い保険契約者が保険者に対して取得する権利を差し押さえることができ，取立権に基づいて保険契約を解除することが可能である。具体的な手続としては，債権者が裁判所に差押命令の申立てを行い（民執144条），差押命令が発令された場合には（民執145条・146条），その後1週間を経過した時点で当該債権者は取立権を取得することになる（民執155条1項）。そして，取立権を取得した債権者は，解約返戻金請求権等の保険契約の解除に伴い保険契約者が取得する権利を現実化させるために，当該保険契約の解除を行うことができる。

この点に関し，最判平成11年9月9日民集53巻7号1173頁は，「生命保険契約の解約返戻金請求権を差し押さえた債権者は，これを取り立てるため，債務者の有する解約権を行使することができると解するのが相当である」と判示しており，その理由として，①民事執行法155条1項の取立権の内容として，差押債権者は，自己の名で被差押債権の取立てに必要な範囲で債務者の一身専属的権利に属するものを除く一切の権利を行使することができること，②生命保険契約の解約権は，その行使を保険契約者のみの意思にゆだねるべき事情はなく，一身専属的権利ではないこと，③解約権を行使することは差し押さえた

---

9)　なお，最判平成11年9月9日前掲注2)は，「民事執行法153条により差押命令が取り消され，あるいは解約権の行使が権利の濫用となる場合は格別，（中略）解約権の行使が取立ての目的の範囲を超えるということはできない」と判示しており，権利濫用等の可能性について示唆している。

解約返戻金請求権を現実化させるために必要不可欠な行為であり，差押命令を得た債権者が解約権を行使することができないとすれば，解約返戻金請求権の差押えを認めた実質的意味が失われる結果となること等をあげている。

また，保険契約者が破産手続開始の決定を受けた場合には，破産管財人は，破産法 53 条の双方未履行双務契約に基づく解除権または保険契約者の任意解除権（54 条）の行使により，保険契約を解除することができる。解約返戻金請求権等の保険契約の解除に伴い保険契約者が取得する権利については，一般に停止条件付債権と解されているが，このような停止条件付債権も「破産者が破産手続開始前に生じた原因に基づいて行うことがある将来の請求権」として，破産財団に帰属する（破 34 条 2 項）。そのため，破産管財人は，保険契約者が有する解約返戻金請求権等を換価し，破産財団に組み入れて配当原資とするために，保険契約を解除することが考えられる。

このように，解約返戻金請求権等の権利を差し押さえた債権者および破産管財人が，保険契約の当事者以外で契約の解除をすることができる者の典型例として挙げられることから，60 条 1 項ではこれらを解除権者の例示として掲げている。

なお，破産管財人による死亡保険契約の解除が介入権の規律の対象に含まれるとしても，前述したような従来の破産管財の実務（保険契約者の親族等から任意に解約返戻金相当額の支払を受け，当該解約返戻金請求権を破産財団から放棄するという取扱い）が否定されることになるわけではない。むしろ保険法の施行後は，介入権という法制度として確立されたことを踏まえ，破産管財人としては安易に保険契約を解除するのではなく，解除に先立って保険契約者またはその親族に解約返戻金相当額を支払って生命保険契約の存続を希望するかどうかを確認するなど，遺族の生活保障という観点から，従来の管財実務における取扱いがより広く行われることが期待される。

(2) その他の解除権者　このほか，保険契約者の債権者は，債権者代位権（民 423 条）に基づき，保険契約者の任意解除権（54 条）を代位行使して，保険契約を解除することもできると考えられる。債務者の一身専属権は代位行使の対象とならないため（民 423 条ただし書），任意解除権がここでいう一身専属権に該当するかどうかが問題となるが，差押債権者に関する前掲最判平成 11 年

9月9日と同様に，任意解除権の行使を保険契約者のみの意思に委ねるべき事情はないことから，一身専属権には該当しないものと考えられるし，下級審裁判例の中には，同様の見解に立ち債権者代位権に基づく生命保険契約の解除を認めたものが存在する（東京地判平成10年7月28日金判1059号50頁等）。もっとも，この場合には，保険契約者が無資力であることが代位行使の要件となると考えられる。

さらに，解約返戻金請求権について質権の設定を受けた質権者も，質権の実行としての取立権（民366条1項）に基づき，保険契約を解除することが可能である（この場合には，保険契約者の無資力要件は問題とならない）。

このように，差押債権者および破産管財人以外にも，債権者代位権を行使する場合の保険契約者の債権者や質権者が解除権者に含まれることになると考えられる。

3 解除の効力発生日

(1) 1か月の経過による効力の発生　60条1項では，解除権者による死亡保険契約の解除は，「保険者がその通知を受けた時から1箇月を経過した日に，その効力を生ずる」としている。

これは，同条2項において，介入権を行使するための要件として，解除の効力が発生するまでの間に，解除権者に対して一定の金額を支払い，かつ，保険者に対してその旨の通知をすることが求められていることを踏まえ，このような一連の行為を行うための時間的な猶予を確保するために，解除の効力発生時期を特別に遅らせているものである。すなわち，民法97条によれば，解除権者による保険契約の解除は，解除の通知が保険者に到達した時点でその効力を生ずることになるが，この特則として，60条1項では解除権者が行う解除の効力発生日を「保険者が通知を受けた時から1箇月を経過した日」としている。

介入権の行使のためにどの程度の時間的猶予を設けるべきかについては，法制審議会保険法部会においても議論がされたところである。

前述したとおり，審議の当初の段階では，解除の効力発生前に一定の金額を支払うことによって解除の効力発生を阻止する方法だけでなく，解除の効力が発生した後であっても一定の要件の下に保険契約の復活を認める方法が検討さ

第4節　終　了　　　　　　　　　　　　　　　　　　§60・§89 III

れていたため，必ずしも解除の効力発生までの間に長い時間的猶予を確保しておくべき必然性はないことから，解除の効力発生までの期間は2週間とすることが提案されていた。しかし，その後の審議の結果，最終的に解除の効力発生前の方策のみを設けることとなったため，介入権者が解約返戻金等に相当する金銭を準備するための合理的な期間と解除権者に及ぼす不利益とを総合考慮して，解除の効力発生までの期間を1か月とすることとされたものである。

(2) 介入権者が存在しない場合　このように，60条1項が解除の効力発生日を1か月間遅らせているのは，介入権を行使するための時間的な猶予を確保する趣旨であるため，同条2項による介入権者が存在しえない場合には，同項の規定が適用されないのではないかという疑問が生じる。

この点，同条2項は，介入権者を保険金受取人のうち保険契約者もしくは被保険者の親族または被保険者である者（保険契約者である者を除く）に限定しているため，保険契約によってはそもそも介入権者が存在しない場合もありうることとなり，この場合には1か月の猶予期間を設ける必要がないため，解除通知が保険者に到達した時点で直ちに解除の効力を発生させることでよいようにも思われる。

しかし，60条は1項と2項に分けて規定を設けており，1項による解除の効力発生日の定めは，2項による介入権者の存在を法律上の条件として規定されているわけではない。また，実質論としても，解除の効力発生日がいつであるかは解除権者にとって重大な関心事であるところ，介入権者が存在するかどうかという解除権者の認識しがたい事情により解除の効力発生日が左右されるというのでは，解除権者の予測可能性を害することになり，法律関係がきわめて不安定なものとなってしまう（さらには，1か月の途中で介入権者が存在しなくなった場合や介入権を放棄した場合に，その時点で直ちに解除の効力が発生することになるのかという問題が生じる可能性もある）。

したがって，60条1項の適用にあたっては，同条2項に定める介入権者の有無によって解除の効力発生日が左右されることにはならないと考えるべきである。

(3) 解除権者が複数の場合　複数の解除権者が死亡保険契約の解除をした場合には，それぞれの解除につき60条の規定が適用されることになるが，最

初に行われた解除が保険者に対する通知から1か月後に効力を生ずることにより，その後はもはや別の解除が効力を生ずる余地はなくなってしまうため，結果的に，最初に行われた解除を基準として，当該保険契約の解除の効力発生日や介入権の行使期間が決まることになる。

なお，上記のとおり，60条1項は介入権の行使がなかった場合には1か月の経過により解除の効力が生じ，その時点における解約返戻金等の金額が解除権者に支払われることを前提としているため，そもそも約款により1か月経過時における解約が制限されており，その時点で保険者が支払うべき解約返戻金等の金額が算出できない場合には，同項の適用の前提を欠くことになる。たとえば，改正前商法のもとにおける一般的な年金保険の約款では年金支払開始日以降の解約が制限されていたため，このような約款による年金保険では，年金支払開始日の直前に解除権者による解除がされた場合には，そこから1か月が経過した時点での解約はできないことになる。この場合にも60条1項の適用があるものと解し，1か月経過時に解除権者に支払われる金額をゼロとしたり，62条1項を適用して第1回年金額のみを解除権者に支払うとしたりする解釈をとることは，解除権者の利益を損なわない範囲で介入権の行使を認めた保険法の趣旨に反することとなるため相当でないと考えられる。したがって，このような場合には60条1項の適用はなく，原則どおり解除通知が保険者に到達した時点で解除の効力が生ずることになるものと考えられる（ただし，従来の約款を改定して，1か月経過時の解約を可能としたり，年金支払開始日まで1か月を切った時点で解除通知が保険者に到達した場合には年金支払開始日に契約が終了するものとして，その時点での年金原資をもとに解除権者に対する支払を行うとしたりすることにより，60条1項が適用される契約内容とすることも，上記の保険法の趣旨に反しない限り可能であろうと思われる）。

4 介入権が行使されなかった場合の効果

60条1項では解除の効力発生時期を定めるとともに，同条2項で介入権の行使方法について規定しているが，実際に介入権の行使がされなかった場合の効果については特別の規定を設けていない。そのため，同条1項の規定に基づき，保険者が解除の通知を受けた時から1か月を経過した日に保険契約の解除

の効力が生じ、保険者は解除権者に対して解約返戻金等を支払うこととなるが、この場合に保険者が支払うべき金額は、当該解除の効力が発生した時点での解約返戻金等の金額に他ならない。

この点、同条2項は、介入権を行使するための要件として、「当該通知の日に当該死亡保険契約の解除の効力が生じたとすれば保険者が解除権者に対して支払うべき金額」を解除権者に支払うこととしているが、これはあくまでも介入権を行使するために介入権者が支払うべき金額を定めたものにすぎず、介入権が行使されなかった場合に保険者が当該金額を支払うものと考えることはできない。

もっとも、このように解すると、解除通知の時点と1か月後の解除の効力発生の時点とで解約返戻金等の金額が異なる場合（たとえば、その間に保険料払込期限が到来し、約款の規定に基づいて解約返戻金の金額から当該未払保険料が控除された場合）には、結果的に、介入権者が介入権の行使のために支払うべきであった金額と保険者が実際に支払うことになる金額との間に差異が生じる可能性があるが、両者は対象となる場面も支払を行う主体も異なる以上、このような差異が生じること自体が不合理であるとは言えない（なお、介入権の行使にあたり、解除通知の時点での金額を支払うこととした理由については、後述する）。

5 介入権者の範囲

(1) 介入権行使の主体　60条2項では介入権の行使について規定しているが、介入権を行使することができる者（介入権者）の範囲については、「保険金受取人（前項に規定する通知の時において、保険契約者である者を除き、保険契約者若しくは被保険者の親族又は被保険者である者に限る）」としている。

前述したとおり、介入権の規定を設けた趣旨は、保険契約が解除されることにより不利益を被る保険金受取人に解除の効力発生を阻止する機会を認めようとすることにあるため、まず、介入権を行使するためには保険金受取人であることが必要になる。しかし、すべての保険金受取人が介入権を行使できるわけではなく、遺族の生活保障という介入権の目的を踏まえ、保険金受取人のうち保険契約者または被保険者の親族（民725条参照）である者に介入権の行使を認めることとしている。

また，同項では，「通知の時において」保険契約者または被保険者と一定の身分関係にあることを要件としているが，これは解除権者が保険契約の解除をした時点において身分関係を有する者でなければ，本来保険金の支払による生活保障を期待できる立場にないことから，このような限定を加えているものである（他方，その趣旨からすれば，内縁関係にある配偶者は「親族」に含まれるものと解してよい）。

　さらに，親族の場合に限らず，被保険者本人が保険金受取人である場合にも，遺族の生活保障のために保険契約の存続を図ることが合理的に期待できることから，被保険者本人にも介入権の行使を認めることとしている[10]。

　一方，保険契約者本人が保険金受取人である場合にも介入権の行使を認めるべきかについては，法制審議会保険法部会でも議論がされたが，最終的には，保険契約者は自らの債務の履行を怠った結果として解約返戻金の差押えや破産手続開始の決定等を受けたのであり，このような保険契約者を介入権によって保護する必要はないと考えられたため，保険契約者本人には介入権の行使を認めないこととされたものである[11]。

　なお，ここでいう保険金受取人が，通知の時における保険金受取人を指すか，通知後に受取人変更がされた場合の保険金受取人も含むかについては，文言上必ずしも明らかでないが，上記のとおり，介入権者を通知の時点で生活保障を期待することができる者に限定している趣旨からすれば，通知の時点での保険金受取人を意味するものと解釈するのが素直であると考えられる[12][13]。

---

10) なお，60条2項では，保険契約者または被保険者の「親族」と規定しているため，法人はこれに含まれないことになる。また，生命保険契約の被保険者は自然人に限られるため（2条4号ロ参照），被保険者本人に法人が含まれることもない。したがって，法人である保険金受取人は介入権者に含まれない。

11) 保険契約者としては，親族である保険金受取人に依頼して介入権を行使してもらうことも可能であるため，保険契約者自身が介入権者に含まれないことによってとくに不合理な事態が生じることになるわけではない。

12) このように解釈することが，要綱（立案48頁）における「解除の通知の時における保険金受取人であって，保険契約者若しくは被保険者の親族又は被保険者である者に限り，保険契約者であるものを除く」という記載とも整合的である。

13) なお，解除通知の時点における保険金受取人が死亡したときはその相続人が保険金受取人となるが（46条参照），この場合には，もはや通知時の保険金受取人が介入権を行使することができない以上，新たに保険金受取人となった相続人が介入権者になるものと解するのが相当である。

第4節　終　　了　　　　　　　　　　　　　§60・§89　Ⅲ

(2) 満期保険金受取人の取扱い　　上記のように，保険法では保険金受取人のうち一定の範囲の者を介入権者としているが，いわゆる養老保険における満期保険金受取人が，ここでいう「保険金受取人」に該当するかが問題となる。

　この点，60条2項は同条1項を前提とした規定であるため，1項の規律の対象が死亡保険契約である以上，2項の「保険金受取人」は死亡保険契約の保険金受取人，すなわち死亡保険金受取人を指すものと解するのが相当である。

　したがって，前述したとおり養老保険にも60条1項の規定は適用されるが，介入権の行使にあたっては，死亡保険金受取人のみが介入権者に該当し，満期保険金受取人には介入権の行使は認められないと考えられる[14]。

6　介入権の行使方法

(1) 介入権行使の要件　　60条2項では介入権の行使方法について規定しており，介入権者は，①保険契約者の同意を得て，②同条1項の期間が経過するまでの間に，解除通知の日に解除の効力が生じたとすれば保険者が解除権者に対して支払うべき金額を解除権者に対して支払い，③保険者に対してその旨の通知をすることが必要とされている。

　まず，保険契約者が保険料の支払義務を負うこと（2条3号），保険金受取人の変更権や保険契約の任意解除権を有すること（43条1項・54条）からすれば，保険金受取人による保険契約の存続を認めるかどうかについては，契約の存続につきもっとも利害関係を有する保険契約者の意思を尊重すべきであるし，介入権が保険契約者等の遺族の生活保障を目的としていることからも，保険契約者の意思に反してまで保険契約を存続させる必要はないと考えられるため，介入権の行使にあたっては，保険契約者の同意を要件としているものである。

　次に，介入権者は，解除通知の日から1か月が経過するまでの間に，「当該通知の日に当該死亡保険契約の解除の効力が生じたとすれば保険者が解除権者に対して支払うべき金額」を解除権者に支払うことが必要とされている。

　ここでいう「保険者が解除権者に対して支払うべき金額」には，解除通知の時点での解約返戻金のほか，未経過保険料や前納保険料等が含まれうる（具体

---

[14] 一問一答202頁注参照。

的に何が含まれるかは個別事案次第であり，たとえば解除権者が差押債権者の場合には，被差押債権の範囲によっても左右されることになる）。また，解除通知の時点での解約返戻金等を支払うこととしているのは，本来，解除の効力は通知が到達した時点で直ちに生じるのが原則であるところ，60条1項により解除の効力発生が遅れたことによる不利益を解除権者に負わせないようにするためには，解除通知の時点で解除権者が受取りを期待することができた金額の全部を介入権者に支払わせる必要があるからである15)。

なお，介入権者の要件を満たす保険金受取人が複数存在する場合でも，各保険金受取人は単独で保険契約全体について介入権を行使することができる一方で，この場合には解約返戻金等の金額の全部を支払うことが必要になる。また，前述したとおり，いわゆる養老保険の場合には死亡保険金受取人のみが介入権者となるが，この場合には死亡給付に係る部分だけを存続させることはできないため，死亡保険金受取人が介入権を行使するためには，生存給付に係る部分も含めた保険契約全体の解約返戻金等の金額を支払わなければならないこととなる。

さらに，保険者への通知を要件としているのは，保険者が介入権者から解除権者への支払がされた事実を知らずに，通知の日から1か月が経過した時点で解除の効力が発生したものと誤信して解約返戻金等を解除権者に支払ってしまうと，保険者がいったん支払った金額を解除権者から回収しなければならないという事態が生ずることになるからである。

(2) 保険者からの通知の要否　　上記の方法により介入権の行使が可能であるとしても，そもそも介入権者が解除権者による解除の事実を知らず，またはその事実を知っていたとしても介入権の存在やその行使方法を知らなかった場合には，介入権の行使が十分期待できないのではないかという疑問が生ずる。そこで，法制審議会保険法部会では，保険者から介入権者または保険契約者に対する通知（案内）を義務づけるかどうかについても議論がされたが，最終的には，保険者は保険金受取人の連絡先まで常に把握しているわけではないこと，保険契約者は解約返戻金の差押えや破産手続開始決定の事実を認識しており，

---

15) 一問一答204頁注2参照。

第4節　終　　了　　　　　　　　　　　　　　　　§60・§89　Ⅲ

保険契約者と介入権者とは密接な関係にあるのが通常であることからすれば，介入権者は保険契約者を通じて解除の事実や介入権の存在を知ることが期待できること等から，法律によって一律に通知義務を課すことまではしないこととされたものである。

7　介入権の行使の効果

介入権者による介入権の行使がされた場合には，解除権者が行った解除は，その効力を生じないこととなる（60条2項）。これにより，保険契約は解除されなかったことになるため，従前と同様の内容で保険契約は存続することとなる。

なお，法制審議会保険法部会における審議の過程では，介入権が行使された後に別の債権者が解約返戻金請求権を差し押さえたり，保険金受取人が介入権を行使した者から別人に変更されたりする事態を防止するため，介入権の行使の効果として，保険契約者の地位が介入権を行使した者に移転することとする案も検討された。しかし，保険契約者が介入権の行使について同意しているのであれば保険契約者の地位の移転にも任意に応じるのが通常であるし，更に保険者が同意すれば別途保険契約者の地位の変更を行うことも可能であることからすれば，あえて介入権を行使するための要件を重くしてまで，介入権の効果として保険契約者の地位の移転を認める必要性は乏しいと考えられたため，最終的には，保険契約者の地位の移転に関する規定は設けないこととされたものである[16]。

8　差押手続等における効力

60条3項では，介入権者が介入権を行使した場合には，差押えの手続，破産手続，再生手続または更生手続との関係においては，保険者が当該解除により支払うべき金銭の支払をしたものとみなすこととしている。

介入権者が解除権者に対して解約返戻金等の金額の支払を行ったとしても，これにより解約返戻金等の請求権が消滅することになるわけではないため，こ

---

[16]　一問一答204頁注1参照。

れらの請求権について差押えの効力や破産手続等の倒産手続の効力が引き続き及んだままとなり，これらの手続は終了しないこととなってしまう。

　そこで，同項の規定により保険者が当該金銭の支払を行ったものとみなすことによって，差押債権者による解除の場合には，第三債務者である保険者による支払の場合と同様，差押債権および執行費用が弁済されたものとみなされる（民執155条2項）結果，当該差押えの手続が終了することとしているものである。また，破産管財人による解除の場合には，解約返戻金等の金額が破産財団に組み入れられることになる結果，当該請求権が破産財団に帰属しない（これにより自由財産となる）こととなり，再生手続または更生手続に基づく解除の場合にも，解約返戻金等の金額が支払われることによって解除の目的を達成することになるため，その後は当該請求権について再生手続または更生手続の効力が及ばないこととなる。

　なお，保険契約者兼保険金受取人の場合において，差押債権者が解約返戻金請求権と保険金請求権の両方を差し押さえていたときは，保険者が解約返戻金を支払ったものとみなされることにより，解約返戻金請求権の差押手続だけでなく，保険金請求権の差押手続も終了することになるかが問題となりうる。しかし，差押債権者がいったん保険契約を解除した以上，差押債権者としては保険金請求権ではなく解約返戻金請求権からの回収を選択したものと考えられることから，解約返戻金の支払を受けた後も保険金請求権の差押手続がなお存続すると考えるのは相当でなく，両方の差押手続が終了することになるものと考えるべきである17)。

〔萩本　修・嶋寺　基〕

---

17)　一問一答205頁注参照。

【契約当事者以外の者による解除の効力等】

第61条 1　死亡保険契約の解除により保険契約者が保険者に対して有することとなる金銭債権を差し押さえた債権者が前条第1項に規定する通知をした場合において，同条第2項の規定による支払の時に保険者が当該差押えに係る金銭債権の支払をするとすれば民事執行法（昭和54年法律第4号）その他の法令の規定による供託をすることができるときは，介入権者は，当該供託の方法により同項の規定による支払をすることができる。

2　前項の通知があった場合において，前条第2項の規定による支払の時に保険者が当該差押えに係る金銭債権の支払をするとすれば民事執行法その他の法令の規定による供託の義務を負うときは，介入権者は，当該供託の方法により同項の規定による支払をしなければならない。

3　介入権者が前2項の規定により供託の方法による支払をしたときは，当該供託に係る差押えの手続との関係においては，保険者が当該差押えに係る金銭債権につき当該供託の方法による支払をしたものとみなす。

4　介入権者は，第1項又は第2項の規定による供託をしたときは，民事執行法その他の法令の規定により第三債務者が執行裁判所その他の官庁又は公署に対してすべき届出をしなければならない。

【契約当事者以外の者による解除の効力等】

第90条 1　傷害疾病定額保険契約の解除により保険契約者が保険者に対して有することとなる金銭債権を差し押さえた債権者が前条第1項に規定する通知をした場合において，同条第2項の規定による支払の時に保険者が当該差押えに係る金銭債権の支払をするとすれば民事執行法その他の法令の規定による供託をすることができるときは，介入権者は，当該供託の方法により同項の規定による支払をすることができる。

2　前項の通知があった場合において，前条第2項の規定による支払の時に保険者が当該差押えに係る金銭債権の支払をするとすれば民事執行法その他の法令の規定による供託の義務を負うときは，介入権者は，当該供託の方法により同項の規定による支払をしなければならない。

3　介入権者が前2項の規定により供託の方法による支払をしたときは，当該供託に係る差押えの手続との関係においては，保険者が当該差押えに係る金銭債権につき当該供託の方法による支払をしたものとみなす。

4　介入権者は，第1項又は第2項の規定による供託をしたときは，民事執

> 行法その他の法令の規定により第三債務者が執行裁判所その他の官庁又は公署に対してすべき届出をしなければならない。

I 趣　旨

　61条では，差押債権者による解除の場合に，第三債務者である保険者について民事執行法等に基づく供託の規定が適用されるときは，60条2項により介入権を行使する場合の介入権者についても同様の規定が適用されるようにするため，特別の規定を設けているものである。

II 条文解説

1 権利供託および義務供託の規定の適用

　61条1項では，差押債権者が解除を行った場合について，民事執行法等の規定により保険者が権利供託を行うことが可能な場合には，介入権者にも権利供託を認めることとし，同条2項では，保険者が供託の義務を負う場合には，介入権者も供託の義務を負うこととしている。

　たとえば，民事執行法156条1項は，第三債務者は差押えに係る金銭債権の全額に相当する金銭を供託することができるとしており，この規定により保険者が権利供託をすることができる場合には，同じく解約返戻金等の金額の支払を行うこととなる介入権者にも同様の権利を認めるのが相当であることから，61条1項では介入権者の権利供託に関する規定を設けているものである。

　また，民事執行法156条2項は，差押えが競合した場合などに，第三債務者はその債権の全額に相当する金銭を供託しなければならないとしているが，介入権者が解約返戻金等の支払を行う場合であっても，競合する差押債権者等への公平な弁済を確保する必要があることから，61条2項では介入権者の義務供託に関する規定も設けている。

2 供託の効果と届出義務

　61条3項では，介入権者が供託による支払をした場合には，差押えの手続

第4節 終　了

との関係においては，保険者が当該供託の方法による支払をしたものとみなすこととしている。

　これは，同条1項または2項の規定により介入権者が解約返戻金等の金額につき供託を行った場合に，保険者による供託が行われた場合と同様，当該供託された金銭について配当等の手続（民執166条1項1号参照）を行うことができるようにするなど，第三債務者である保険者が当該供託の方法による支払をした場合と同様の処理を可能とするための手当てである。

　また，同条4項では，介入権者が供託を行った場合には，第三債務者が行うべき執行裁判所等への届出をしなければならないとしている。

　たとえば，民事執行法156条3項は，第三債務者が権利供託または義務供託をしたときは，当該第三債務者は執行裁判所に対して事情届を提出しなければならないとしているが，61条1項または2項の規定により介入権者が供託を行った場合であっても，執行裁判所が配当等の手続を実施するために事情届を提出すべき要請が同様に当てはまることから，同条4項では事情届の提出義務についての規定を設けているものである。

〔萩本　修・嶋寺　基〕

【契約当事者以外の者による解除の効力等】
第62条 1　第60条第1項に規定する通知の時から同項に規定する解除の効力が生じ，又は同条第2項の規定により当該解除の効力が生じないこととなるまでの間に保険事故が発生したことにより保険者が保険給付を行うべきときは，当該保険者は，当該保険給付を行うべき額の限度で，解除権者に対し，同項に規定する金額を支払わなければならない。この場合において，保険金受取人に対しては，当該保険給付を行うべき額から当該解除権者に支払った金額を控除した残額について保険給付を行えば足りる。
2　前条の規定は，前項の規定による保険者の解除権者に対する支払について準用する。

【契約当事者以外の者による解除の効力等】
第91条 1　第89条第1項に規定する通知の時から同項に規定する解除の効力が生じ，又は同条第2項の規定により当該解除の効力が生じないこととなるまでの間に給付事由が発生したことにより保険者が保険給付を行うべき場合において，当該保険給付を行うことにより傷害疾病定額保険契約が終了することとなるときは，当該保険者は，当該保険給付を行うべき額の限度で，解除権者に対し，同項に規定する金額を支払わなければならない。この場合において，保険金受取人に対しては，当該保険給付を行うべき額から当該解除権者に支払った金額を控除した残額について保険給付を行えば足りる。
2　前条の規定は，前項の規定による保険者の解除権者に対する支払について準用する。

I　趣　旨

62条では，60条1項により通知から1か月後に解除の効力が生ずるか，または同条2項により介入権が行使されるまでの間に，保険事故が発生した場合について，解約返戻金等が支払われないことによる不利益を解除権者が被ることのないようにするための特別の規定を設けているものである。

II 条文解説

1 保険事故の発生による解除権者への支払

(1) 解除権者に対して支払うべき金額　60条1項により解除権者が行った解除の効力は通知から1か月を経過した日に発生することになるが，その間に，介入権が行使されないまま，保険事故が発生して保険者が保険金を支払うこととなった場合には，もはや解除の効力が発生する余地はなくなり，解約返戻金請求権等の保険契約者の権利は消滅するため，解除権者は解約返戻金等の支払を受けることができなくなってしまう。

しかし，介入権者に介入権を行使するための機会を与えるために解除の効力発生を遅らせた結果として，その間に保険事故が発生した場合に解除権者がこのような不利益を被ることになるのは，これにより利益を受ける保険金受取人との関係で公平性を欠くこととなるため，相当ではない。

そこで，62条1項では，60条1項による解除の効力発生または同条2項による介入権の行使の前に，保険事故が発生したことにより保険者が保険金を支払う場合には，当該保険者は，支払うべき保険金の限度で，解除権者に対して同条2項に規定する金額（通知の日に解除の効力が生じたとすれば保険者が解除権者に対して支払うべき金額）を支払い，保険金受取人に対してはその残額を支払えば足りることとしている。

これにより，解除権者は，解除の効力が直ちに発生しないことによって解約返戻金等の支払を受ける時期が遅れるものの，その間に保険事故が発生した場合でも保険金の限度で通知時の解約返戻金等の支払を確保することができるようになっており，解除権者に過大な経済的負担が生じないように配慮されている。

(2) 養老保険における満期の到来等　いわゆる養老保険において，60条1項による解除の効力発生前に満期が到来した場合に，満期保険金のうち解約返戻金等に相当する金額を解除権者に支払うこととなるかが問題となるが，この場合にも，解除権者が解約返戻金等の請求権を失う一方で，満期保険金受取人が保険金を受領するのは公平性を欠くという点で，62条1項の趣旨が妥当するため，保険者は解除権者に対して，満期保険金の限度で，解除通知の時点で

の解約返戻金等の金額を支払わなければならないと解すべきである[1]。

　同様に，たとえばこども保険における祝金の支払事由が解除の効力発生前に生じた場合のように，保険事故の発生により保険契約全体が終了しない場合であっても，保険者は当該祝金の限度で通知時の解約返戻金等の金額を解除権者に対して支払うことになると考えられる。なお，この場合において，祝金の額が通知時の解約返戻金等の金額を上回るときは，その支払によって解除の目的は達成されるため，仮にその後に60条1項に基づく解除の効力発生日が到来したとしても，もはや解除の効力は発生せず，保険契約は存続するものと考えられる。これに対し，祝金の額が通知時の解約返戻金等の金額に満たない場合には，解除権者に対して祝金相当額が支払われた後，解除の効力発生日に保険契約は終了するため，その時点での解約返戻金等の金額からさらに解除権者に対する支払がされることとなる（ただし，合計した金額が被差押債権の金額を超えることはない）。

　(3)　傷害疾病定額保険契約の場合　　傷害疾病定額保険契約に関する91条1項の規定についても，基本的には62条1項と同様の趣旨が妥当するが，同項とは異なり，「当該保険給付を行うことにより傷害疾病定額保険契約が終了することとなるときは」と規定されていることから，その趣旨が問題となる。

　傷害疾病定額保険契約は，給付事由が生じた場合であっても，被保険者が生存している限り当然には終了せず，基本的には保険料積立金も維持され，解除権者は，後日，解除の効力が発生することにより解約返戻金等の支払を受けることができることから，保険給付の全部または一部を解除権者に支払うこととして解除権者の利益を保護する必要はないと考えられる。このため，「当該保険給付を行うことにより傷害疾病定額保険契約が終了することとなるときは」という文言が設けられたものである[2]。

　もっとも，上記文言のこのような趣旨からすれば，給付事由の発生に伴って保険金が支払われることにより，後日解除の効力発生日において通知時の解約返戻金の全額を受領することができなくなるなど，例外的に上記の趣旨が妥当しない（すなわち，給付事由の発生により解除権者に経済的な不利益が生ずることとな

---

[1]　一問一答208頁注参照。
[2]　一問一答208頁参照。

る）傷害疾病定額保険契約については，たとえ保険給付を行うことにより保険契約が終了しない場合であっても，91条1項の規定の趣旨が及ぶことから，同規定が適用されるものと解すべきである。

2　供託の規定の適用

62条2項では，同条1項による支払についても，61条の供託に関する規定を準用するとしている。

これは，62条1項により保険者が解除権者に対する支払を行う場合についても，たとえば，複数の差押えが競合している場合のように，公平な弁済のために供託が必要となる場面が想定されることから，61条の供託に関する規定を準用することとしているものである。

3　規定の性質

60条から62条までの規定は，解除の効力発生時期や介入権の行使要件，民事執行法等の他の法令に基づく手続との調整などについて規定するものであるため，その性質上いずれも強行規定である。

〔萩本　修・嶋寺　基〕

（保険料積立金の払戻し）
第63条 保険者は，次に掲げる事由により生命保険契約が終了した場合には，保険契約者に対し，当該終了の時における保険料積立金（受領した保険料の総額のうち，当該生命保険契約に係る保険給付に充てるべきものとして，保険料又は保険給付の額を定めるための予定死亡率，予定利率その他の計算の基礎を用いて算出される金額に相当する部分をいう。）を払い戻さなければならない。ただし，保険者が保険給付を行う責任を負うときは，この限りでない。
一　第51条各号（第2号を除く。）に規定する事由
二　保険者の責任が開始する前における第54条又は第58条第2項の規定による解除
三　第56条第1項の規定による解除
四　第96条第1項の規定による解除又は同条第2項の規定による当該生命保険契約の失効

（保険料積立金の払戻し）
第92条 保険者は，次に掲げる事由により傷害疾病定額保険契約が終了した場合には，保険契約者に対し，当該終了の時における保険料積立金（受領した保険料の総額のうち，当該傷害疾病定額保険契約に係る保険給付に充てるべきものとして，保険料又は保険給付の額を定めるための給付事由の発生率，予定利率その他の計算の基礎を用いて算出される金額に相当する部分をいう。）を払い戻さなければならない。ただし，保険者が保険給付を行う責任を負うときは，この限りでない。
一　第80条各号（第2号を除く。）に規定する事由
二　保険者の責任が開始する前における第83条又は第87条第2項の規定による解除
三　第85条第1項の規定による解除
四　第96条第1項の規定による解除又は同条第2項の規定による当該傷害疾病定額保険契約の失効

I　趣　旨

保険法63条は，保険者の免責等の事由により生命保険契約が終了し，保険

第4節　終　了　　　　　　　　　　　　　　　　　　§63・§92 Ⅱ

者が保険給付を行う責任を負わない場合に，保険契約者に対し払い戻すべき保険料積立金について，保険法92条は，傷害疾病定額保険契約における同様の保険料積立金について，それぞれ契約の終了の節で定めている。

　以下では，生命保険契約に関する保険法63条に即して解説する。傷害疾病定額保険契約に関する保険法92条についても解釈論上とくに異なることはないが，傷害疾病定額保険契約に特有の問題は，最後に解説する。

Ⅱ　沿　革

　保険法63条は，改正前商法680条2項・683条2項の実質的内容を基本的に維持した規定である。改正前商法680条2項は，ロェスレル商法草案746条を継承した明治23年旧商法683条を修正した規定である。ロェスレル商法草案746条では，「保険契約中ニ定メタル金額若シクハ被保険者ノ為ニ既ニ積立テタル儲金額ノ半額以上ヲ被保険者ニ償還スヘシ」と規定されていたが，明治23年旧商法683条では，「保険契約ヲ以テ此ノ場合ノ為メニ約定シタル額若シ約定ナキトキハ少ナクトモ被保険者ノ為メニ積立テタル貯金ノ半額ヲ被保険者ニ償還スルコトヲ要ス」に変更された。さらに明治23年旧商法683条は，改正前商法審議過程の原案336条2項において，「既ニ受取リタル保険料ノ三分ノ一ヲ下ラサル金額ヲ払戻スコトヲ要ス」に改められたが，最終的には起草委員から提出された「被保険者ノ為メニ積立テタル金額ヲ払戻スコトヲ要ス」という修正案が可決され，最後の条文整理の際，「保険契約者ニ払戻スコト」が文言上明確化された。

　改正前商法683条2項に該当する規定は旧商法にはなかったが，原案336条2項の場合と同様に改正前商法審議過程の原案337条2項に対する起草委員の修正案が可決され，改正前商法683条2項の条文となった[1]。

　改正前商法680条2項は，保険者免責の場合（①自殺，決闘その他の犯罪または死刑の執行により死亡したとき，②保険金受取人が故意に被保険者を死亡させたとき，③戦争その他の変乱により被保険者が死亡したとき），改正前商法683条2項は，保

---

[1] 青谷和夫「生命保険契約における解約返戻金控除の法的根拠」民商78巻1号18頁（1978）。

険者の破産による解除の場合，責任開始前の任意解除の場合，危険の変更または増加による契約の失効または解除の場合に，「被保険者ノ為メニ積立テタル金額」を保険契約者に払い戻すことを要すると定めていた。改正前商法680条2項・683条2項は任意規定ではあるが，保険契約中途消滅の場合には保険料積立金の払戻しが行われるべきことが私法上も原則とされるべきであるという考え方を明らかにしたものであった[2]。

損害保険契約に関し，改正前商法は，責任開始前の任意解除（改正前商653条），または保険契約者側の行為によらない被保険利益の消滅（改正前商654条）の場合に，保険者は保険料の全部または一部を返還すべきであるが，その返還すべき保険料の半額に相当する額の返還手数料を請求できる（改正前商655条）と定めていたため，その反対解釈として，保険料期間の途中で契約が終了した場合には，保険者はその保険料期間に対応する保険料の全額を請求できるという保険料不可分の原則が商法上認められていると考えられてきた。

保険法の立法過程において，損害保険契約には保険料不可分の原則を適用しないことが検討され，具体的には改正前商法654条の実質的内容の維持，改正前商法655条の規律の見直し，削除等が検討された[3]。これに対し，生命保険契約では，保険料不可分の原則や未経過保険料の返還について，保険料積立金払戻しの規律とどのような関係にあるかが検討課題とされた[4]。

中間試案および要綱案（第1次案）の段階では，保険料積立金は，改正前商法680条2項および改正前商法683条2項の「被保険者ノ為メニ積立テタル金額」と同義であることを確認したうえで，その金額の算出方法を具体的に規定した内容の保険料積立金の払戻しに関する規律とともに，この保険料積立金に基づき計算された解約返戻金に関する規律が新たに提案された。

要綱案（第1次案）[5]では，保険料積立金は，「当該保険契約者から受領した

---

2) 山下651頁。

3) ドイツではドイツ保険契約法改正前から，旧保険契約法40条1項および2項により，保険料不可分の一般原則が法律上認められていると解するのは適切でなく，法律でとくに規定している場合のみ，保険料を不可分とすることが認められるに過ぎず，またその場合であっても，憲法に反しないと認められる場合に保険料不可分の原則は適用しうると解されていた。Prölss, in Prölss/Martin, VVG, §40 VVG 27 Aufl.. Rdn. 1-12b, S. 426-S. 429 (2004).

4) 保険法部会第11回資料12・24-31頁，保険法部会第14回資料15・15頁。詳細は本書698頁以下〔平澤宗夫〕参照。

第4節　終　了

保険料の総額のうち，予定死亡率，予定利率その他の生命保険契約において保険料の金額を算出する際に用いた計算の基礎により，当該生命保険契約の終了の時において当該生命保険契約に基づく将来における保険者の債務の履行に備えるために積み立てていた金額に相当する金額」であるとされた。解約返戻金は，保険料積立金のうち，「当該生命保険契約と同一の計算の基礎を用いて保険料の金額を算出している他の生命保険契約に基づく将来における保険者の債務の履行に備えるために必要な金額として当該計算の基礎により算出される金額を超える部分に相当する金額」として，責任開始後の保険契約者による任意解除，告知義務違反または重大事由による解除の場合に支払わなければならないとされた。この解約返戻金の算出方法は，同一の計算基礎による生命保険契約を継続している他の保険契約者の利益と，任意解除し，または保険者により解除された保険契約者の保険料によって形成された資産の保護との間の適切な調整を考慮したものと解することができる。つまり，契約継続中の保険契約者に対する債務の履行確保のために必要な金額は，契約を終了する保険契約者の保険料積立金から差し引くことが可能であるという考え方である。この規定に基づき，保険料積立金から差し引かれる解約控除等が合理的なものであるか否か，また，保険契約者に対する不当な制裁効果をもたらしていないかを判断するための基準となる一義的な金額が裁判規範として導き出されることが期待された。

　他方，保険料積立金および解約返戻金は，「保険料の金額を算出する際に用いた計算の基礎」以外の基礎を用いて計算されるものもあること，解約返戻金は，個々の契約ごとの商品設計と密接不可分であり，実務上は複数の仕組みをもとに算出されることとされており，これを1つの規律で書き尽くすことは非常に困難であることが検討課題として指摘された6)。その結果，要綱案（第2

---

5)　保険法部会第22回資料25・10-11頁。
6)　これに対し，ドイツ保険契約法は，改正前保険契約法176条3項で解約返戻金は，一義的にその保険の時価として計算された金額と定義され，かつ同条4項で保険者は，合意され，適切である場合に限り，解約控除を行うことができると定められていた。改正後は，保険契約法169条3項，4項で，保険商品の特性に応じた3種類（責任準備金を基本とする場合，EUの他国の監督の下で規律される責任準備金と同等の積立金を基本とする場合，変額年金等，資本市場での運用結果を反映させた解約返戻金として，その保険の時価を計算することを基本とする場合）の解約返戻金計算の基本定義を規定し，さらに同条5項で解約控除を行う場合に関す

次案)[7]の段階では，保険料積立金は，「保険契約の終了の時までに保険契約者から受領した保険料の総額のうち，当該終了の時において当該保険契約に係る保険給付に充てるべきものとして，保険料又は保険給付の額を定めるための予定死亡率，予定利率その他の計算の基礎を用いて算出される金額に相当する部分」をいうものと改められた。この修正により，変額年金や市場金利連動型商品等，新規開発された保険商品の保険料積立金算出にも適用可能となったことに加え，さらに今後開発される商品の自由な設計を妨げることのない規範となった。

解約返戻金に関しては，一義的な解約返戻金の算出に関する規律を契約法で裁判規範として定めることが法制技術上困難であったことから，保険法には特段の規律が設けられないことになった[8]。もっとも，解約返戻金に関する規律は，多様な商品に応じて適切な監督を行うという観点から，保険業法の改正審議で検討が行われることになった[9]。これを受けて，金融審議会金融分科会第二部会保険の基本問題に関するワーキング・グループは，中間論点整理の「保険料積立金等の支払い」に関する論点で，解約返戻金に係る商品審査基準の明確化，基礎書類開示，無・低解約返戻金商品でとくに保険料が比較的高い保険商品のあり方等の問題について今後検討していく必要があることを明らかにしている[10]。

以上の立法過程を経て，保険法63条・92条は，要綱の内容に基づき，法制技術上必要な文言整理を経て規定された。また，保険法63条・92条は，任意規定ではなく，新たに片面的強行規定として位置づけられた（65条3号・94条3号）。

る規定を設けている。ドイツ保険契約法で一義的な解約返戻金の算出が選択されなかったのは，解約返戻金の計算に関する透明性を明確に改善することにあった。BT-Drucks. 16/3945, S. 102.

7) 保険法部会第23回資料26・20頁。
8) 一問一答211頁，山下友信「保険法の制定の総括と重要解釈問題（生保版）」生保167号（2009）22-24頁。
9) 法制審議会保険法部会第23回議事録PDF版39頁。
10) 金融審議会金融分科会第二部会，保険の基本問題に関するワーキング・グループ第54回会議資料1・金融庁ホームページ，http://www.fsa.go.jp/singi/singi_kinyu/dai2/siryou/20090619-1/01.pdf, 2009年12月14日（アクセス日）6頁。

第4節　終　了　　　　　　　　　　　　　　§63・§92　III

III　条文解説

1　保険料積立金の意義

　生命保険では払い込まれる保険料の中から将来の保険給付のための資金が保険会社のもとで積み立てられる仕組みがとられる[11]。この仕組みのもとで，保険契約が保険事故の発生または保険期間の満了という目的到達による終了の前に中途消滅した場合には，保険契約者は保険者に対し，保険者のもとに積み立てられていた積立金のうち当該保険契約者の契約に対応する部分の全部または一部を返還することを請求する権利を有するのが原則となっている[12]。この請求権の基礎となる積立金が，保険料積立金であり，改正前商法680条2項・683条2項の「被保険者ノ為メニ積立テタル金額」とは，各保険契約にかかる保険料積立金を意味するものである[13]。保険料積立金に対応する資産は，法的には保険者の所有に属するものであり，これを返還しないで保険者が保有することが法律上の不当利得になるわけではないが，積立ての必要がなくなった部分を保険者が利益として取得することは衡平でない[14]。

　保険法63条は，保険者の免責等の事由により生命保険契約が終了した場合には，保険契約者に対し，当該終了の時における保険料積立金を払い戻さなければならないことを保険者の法律上の義務として定め，さらにこの規律を片面的強行規定とすることにより，保険者が契約当事者間の衡平性の原則に反し保険料積立金を取得することが認められないことを明確化した[15]。この意味で，保険法63条は，契約当事者間の衡平性の確保とその適切な利益の調整という

---

11)　一問一答209頁では，平準保険料式（年齢にかかわらず同一の保険料を支払う）を採用している場合には，実質的に，将来の保険金の支払に充てる部分の保険料をあらかじめ支払っていることになるので，一定の事由により保険契約が保険期間の途中で終了した場合には，この将来のための保険料に相当する金額を保険契約者に払い戻す必要があるという。

12)　山下647頁，651頁。

13)　一問一答209頁，竹濵＝髙山276頁［井上享］によれば，保険料積立金とは，「将来の保険給付を確保するために必要とされる準備金，すなわち，保険者の支払う保険金が収支相等するために必要とされる準備金を想定して，個々の保険契約単位に計算された金額」である。

14)　山下652頁。

15)　山下・前掲注8）34頁によれば，保険料積立金については本来契約が終了したらそれを返してもらう権利が保険契約者側にはあるという思想が保険法63条の条文には表れていると考えられる。梅津昭彦「保険契約の終了」甘利＝山本90頁。

保険法の重要な規範目的を具現化しているといえる。

　なお，改正前商法680条2項・683条2項で被保険者のために積み立てた金額の返還が必要とされていることは，保険者の損害賠償請求が許されないことをも間接的に意味していると解されていた[16]。これに対し，保険法63条・92条は，保険者の保険契約者に対する保険料積立金の払戻義務を片面的強行規定として定めていることから，本条に該当する事由により保険者が保険契約者に保険料積立金を払い戻す際に，保険料積立金の一部しか返還しない特約は無効となる[17]。

2　保険料積立金の算出

　改正前商法では，保険料積立金の積立基準と計算方法が定められていなかったため，保険料積立金は，保険業法の責任準備金中の保険料積立金に関する規定を基準に解釈されてきた[18]。平成7年改正前保険業法（88条）では，保険料計算と責任準備金中の保険料積立金の計算基礎は同一のものであり，かつ，保険契約者に払い戻すべき金額も保険料積立金と同一のものを使用するのが通例であった。平成7年改正前保険業法のもとでは，改正前商法にいう，被保険者のために積み立てた金額とは，保険者が毎決算期に保険業法に基づき積み立てる責任準備金中の保険料積立金のうち，当該被保険者について積み立てた保険料積立金に対応する部分であって，当該契約の持分払戻的なものとして保険料積立金額の払戻しが行われるという説明が保険法学においては一般的であったのは，そのような事情に基づくものである[19]。

---

16)　山下友信「生命保険の解約返戻金」昭和56年度重判解768号109頁（1981）。
17)　一問一答210頁。
18)　大森297頁，青谷・前掲注1）3頁，石田満「生命保険契約の諸変更」ジュリ744号128頁（1981），大澤康孝「積立金に対する保険契約者の権利」ジュリ753号98頁（1981），倉澤康一郎「保険契約解約返戻金請求権の法的性質とその差押え」慶應法研66巻1号69頁（1993年），田中淳三「生命保険会計」倉澤康一郎編・生命保険の法律問題（金判986号）33頁（1996），志田惣一「解約返戻金」倉澤康一郎編・生命保険の法律問題（金判986号）136頁（1996），山下孝之・生命保険の財産法的側面82頁（2003）。
19)　山下652頁。田中淳三「責任準備金と不没収価格」生経392号3頁，4頁（1998）によれば，商法の被保険者の為に積み立てた金額は，保険業法116条で規定する，保険会社の将来の保険金等支払いに備える負債性引当金とは異なり，個々の契約のキャッシュ・バリューを表すものであり，算出方法書では保険料積立金として，各年度末の値が定義されている。この2つの概念は全く異なるものであるが，同一用語が使われてきたのは，長い間その計算基礎が保険

第4節 終　了

　しかしながら、平成7年保険業法では、標準責任準備金方式が導入されたことに伴い（保険業116条2項、保険業規69条4項、平成8年大蔵省告示48号）、生命保険の責任準備金のうちの保険料積立金の計算基礎は、特定の種類の生命保険を除いて（保険業規68条）、保険料の計算基礎とは概念上切り離されたものであることが明確にされた。さらに、標準責任準備金の積立てでは支払能力が将来的に確保できないと見込まれる場合には追加責任準備金（保険料積立金）を積み立てなければならない（保険業規69条5項）。このような制度の下では、責任準備金はすぐれて企業会計上の積立金としての性格を強めたものであり、保険料計算と一体として算出される保険料積立金とは合致しないものとなっている[20]。そのため保険契約者が保険料積立金に対して有する権利も、責任準備金中の保険料積立金とは切り離され、保険契約に基づいて約定される独自の権利として構成されることが法令上も明らかにされた。保険業法施行規則10条3号が、保険料及び責任準備金算出方法書の記載事項としている契約者価額（返戻金の額その他の被保険者のために積み立てるべき額を基礎として計算した金額）は、このような保険契約者の権利にかかる金額を意味する。

　したがって、改正前商法680条2項・683条2項の「被保険者ノ為メニ積立テタル金額」は、保険業法に基づき計算される契約者価額に該当することになり、改正前商法の規定に基づき保険約款で定められている保険料積立金の払戻しに関する条項において、責任準備金という文言を使用するのは、誤解を招く表現であるため、もはや適切でないことが指摘されている[21]。実務上は、こ

料率の計算基礎と一致し、負債性引当金である責任準備金は、養老保険・終身保険のような伝統的商品では、個々の契約の保険料積立金を合計したものがベースとなり、それに未経過保険料を加えるなどの手法が採用されてきたことによるためであろうことが指摘されている。

[20]　山下650頁、651頁。田中・前掲注19）10頁、11頁は、この点に関し、次のように論じている。「保険業法上の責任準備金が将来法（Prospective）によるものであるならば、これ（被保険者のために積み立てられた金額）は保険料率とその算出基礎を同じくする過去法（Retrospective）の概念で把えるべきものであろう。以前は保険料の計算基礎と責任準備金の算出基礎は同一のものを使用していたが、標準責任準備金の規定が無配当保険ならびに俗称利差のみ保険にも適用されることになり、有配当保険と同じ基礎となったので、このような保険種類では明らかに保険料に使用した利率、死亡率と責任準備金の算出に使用するそれとは異なることになった。尚、一時払養老保険、一時払個人年金保険では、標準責任準備金で指定された利率より低い利率を使用したものを販売しているのが一般的であるが、この場合は標準利率を使用したものより高い責任準備金となり、事業年度末に会社に積み立てられている監督法上の責任準備金も保険料率と同一のもので計算されている。」

のような誤解を回避するために，保険業法施行規則10条3号の契約者価額は，保険料の算出基礎に基づく個々の契約のキャッシュ・バリューを概念的に表すものとして，「契約者価額責任準備金」と定義される場合もある[22]。このほかに，契約者価額は，「保険契約上の責任準備金」と呼ばれることもある[23]。保険法63条の保険料積立金は，改正前商法の「被保険者ノ為メニ積立テタル金額」と同義である[24]ことから，保険法においても，保険業法に基づき計算される契約者価額に該当するという考え方は維持されうる。もっとも，保険法では保険料積立金の計算方法が明確に規定されているため，保険法で定められた保険料積立金の算出と保険業法が定める契約者価額の算出との対応関係をさらに確認する必要がある。

3 保険業法との関係

(1) 算出定義に関する問題　保険法において保険料積立金とは，「受領した保険料の総額のうち，当該生命保険契約に係る保険給付に充てるべきものとして，保険料又は保険給付の額を定めるための予定死亡率，予定利率その他の計算の基礎を用いて算出される金額に相当する部分」をいう。保険業法の規律との対応関係を確認するにあたり，この算出定義にかかわる問題を整理しておく必要がある。

生命保険契約において保険契約者が保険者に対し支払う保険料（実務上，営業保険料と呼ばれている）は，保険金の支払に充てる予定の部分としての純保険料と保険者が事業を運営していくために必要な経費等に充てる予定の部分としての付加保険料に区分されている[25]。保険法は，保険料積立金を「受領した保険料の総額のうち，当該生命保険契約に係る保険給付に充てるべきものとし

---

21) 山下653頁，井上・前掲注13) 281頁。
22) 詳しくは田口城「被保険者のために積み立てた金額と解約返戻金」生保162号274-276頁（2008）参照。
23) 井上享「保険契約終了時の保険料積立金の支払と解約返戻金」落合＝山下241-244頁参照。
24) 一問一答209頁。
25) 生命保険協会・生命保険講座「生命保険計理」39頁（2008)，金融審議会金融分科会第二部会保険の基本問題に関するワーキング・グループ第52回資料，上田泰史「日本における生命保険契約の解約返戻金について——アクチュアリーの視点から」金融庁ホームページ，http://www.fsa.go.jp/singi/singi_kinyu/dai2/siryou/20090522.html, 2009年12月14日（アクセス日）4頁。

第4節　終　　了

て，保険料又は保険給付の額を定めるための予定死亡率，予定利率その他の計算の基礎を用いて算出される金額に相当する部分」と定義しているため，当該生命保険契約に係る保険給付に充てない純保険料の一部および付加保険料が，保険料積立金の算出に影響する場合があるとすれば，その影響をどのように評価すべきであるかという問題が，課題として残されることになった。

　たとえば，保険料積立金に相当する場合も，解約返戻金という1つの法概念に統一して，自殺免責の場合，保険者による解除または取消しの場合，保険契約者による解約の場合に保険契約者に払い戻すべき金額を規定するドイツ保険契約法169条3項26)のように，「承認された保険数理の算式により，保険料算出の計算基礎に基づき，保険料期間の終了時に計算された責任準備金」が，保険契約者に払い戻すべき金額の原則とされる一方で（この算出方法にあてはまらない生命保険契約の解約返戻金の算出方法については別途定めをおいたうえで），契約締結費用および販売費用のための付加保険料を契約初年度に多く充てるため，責任準備金がその分だけ少なくなる場合の最低基準が定められているならば，日本の保険法においても，契約者価額としての責任準備金を意味する保険料積立金の算出に使用されない純保険料部分及び付加保険料を考慮した算出方法の適切性を検討することが可能であったであろう。しかし日本の保険法には，ドイツ保険契約法のような責任準備金の算出と付加保険料との関係に関する明示的な規定がないため，保険料積立金の算出に使用される純保険料部分が適切に確保されているか否かという問題は，保険業法の規律との関係から考察せざ

---

26)　保険契約上の責任準備金を解約返戻金の概念に取り込んでいるドイツ保険契約法169条3項の規定は，1994年7月29日の規制緩和前の，監督官庁の認可を前提とした，1994年改正前ドイツ保険契約法176条3項の保険料積立金払戻しの規制水準に戻ったとさえいわれている。Engeländer, 'Die Neueregelung des Rückkaufs durch das VVG 2008', S.1297, VersR2007. ドイツ保険契約法169条3項の算出規定は，日本の「契約者価額としての責任準備金」の算出と類似の規定である。同条3項の原則とは異なる算出方法（EU他国の保険，変額保険等）は別途定めたうえで，同条5項により，保険者が責任準備金からさらに何らかの控除を行う場合の規律を特別に定めている。ドイツ保険契約法169条の規定は，被保険者の自殺により保険金が支払われない場合（161条3項），定期保険の場合で払い済み保険に移行されなかったときも適用される（165条2項）。Ortmann, in Schwintowski/Brömmelmeyer, "Praxiskommentar zum Versicherungsvertragsrecht", S.1451 (2008). Höra/Fitzau, in Terbille, "Münchener Anwalts Handbuch Versicherungsrecht", S.1438 (2008) によれば，実務上は戦争免責の場合も，約款においてドイツ保険契約法169条3項により計算された金額が支払われることが規定されている場合もあるという。

をえないことになる。

　ところで実務上，保険料積立金を意味するといわれる「契約者価額責任準備金」または「保険契約上の責任準備金」は，付加保険料が保険料払込期間にわたって一定額であることを前提として算出される純保険料式27)，初年度のみ付加保険料を多くし，その多くした分だけ次年度以降の付加保険料を少なくして，事業費（新契約費）を初年度に多く出せるようにしているチルメル式（チルメル式では，契約初年度の純保険料から転用される付加保険料部分をチルメル歩合，この転用〔使用〕部分を一定の期間の付加保険料で償却〔返済〕する期間をチルメル期間と呼んでいる。チルメル式のうち償却する期間を保険料払い込みの全期間とするものを「全期チルメル式」，5年，10年，15年，20年間とするものをそれぞれ「5年チルメル式」，「10年チルメル式」，「15年チルメル式」，「20年チルメル式」という）28)，純保険料ベースの保険料積立金に付加保険料部分（予定される新契約費の未回収部分に相当する部分）の累計収支を反映した営業保険料ベースの保険料積立金算出方法，または，その他のさまざまな算出方法により，算出されるといわれている29)（たとえば予定解約率等の計算基礎により算出された解約返戻金水準に基づき算出される場合〔低（無）解約返戻金の支払を合意した場合〕30)や，解約返戻金の仕組みを前提に予定利率を設定して算出される場合等もある（市場金利連動型商品を合意した場合）ことが指摘されている31)）。

　チルメル式保険料積立金は，純保険料式保険料積立金からチルメル歩合の未

---

27) 生命保険協会・前掲注25) 86頁，山下友信＝竹濱修＝洲崎博史＝山本哲生・保険法〈第2版〉256頁［山下友信］(2004)，上田・前掲注25) 8頁，肥塚肇雄「生命保険契約における解約返戻金規整」保険学 607号 125頁（2009）参照。また井上・前掲注23) 242頁（付加保険料部分を考慮した2種類の積立金の積立方式として），田口・前掲注22) 273頁には，純保険料式とチルメル式の責任準備金の積立方式が紹介されている。
28) 生命保険協会・前掲注25) 86-88頁参照。
29) 上田・前掲注25) 10-13頁。もっとも，現時点での日本の生命保険契約実務においては，営業保険料ベースの保険料積立金算出方法を採用している保険者はないといわれている。
30) 上田・前掲注25) 17頁。
31) 上田・前掲注25) 20頁。田口城「保険法における解約返戻金規整の考察」保険学 598号 130頁（2007）は，このように保険料積立金が多様な算出方法により算出されている点について次のように述べている。「極論すれば，契約者価額としての保険料積立金は，保険料および契約終了時の返戻金額を保険者があらかじめ定める機能を有する。保険契約者が「保険者が定めた返戻金額」に疑義があるゆえにその正当な権利を求めて争う際に，保険者があらかじめ定めた金額に一義性を求めるとすればトートロジーとなる側面を有する。」

第4節 終　了　　　　　　　　　　　　　　　　　　§63・§92　Ⅲ

償却部分を控除した金額に相当するとされる[32]。たとえば30年満期の養老保険（保険期間中に被保険者が死亡し，または約款所定の高度障害状態になったとき，死亡保険金または高度障害保険金が支払われ，満期まで被保険者が生存していたときは生存保険金が支払われる保険）を例として比較すると，純保険料式の保険料積立金が最も高く，ついで5年チルメル式，10年チルメル式，20年チルメル式，最後が全期チルメル式の順で，純保険料式との差は契約の初期ほど大きい。また，チルメル歩合の未償却残高が大きい契約の初期には，保険料積立金が負になることがある（その場合，保険料積立金は0になる）[33]。過去の保険会社の破綻手続においては，保険料積立金（契約者価額責任準備金）の算出方法は，純保険料式との差がもっとも大きい全期チルメル式に変更されている[34]。

したがって，保険業法による規律との関係で，次の問題を検討する必要がある。第1に，「受領した保険料の総額」のうち，当該生命保険契約の保険給付に充てるべき保険料を付加保険料に転用することにより，実質的には保険料積立金の一部しか払い戻さない効果をもたらしていると認められる場合に，保険法63条の片面的強行規定性に反し，保険契約者に不利な特約にあたるかどうかが問題となる。第2に，付加保険料を契約初年度に多く設定する保険料積立金の算出方法（たとえばチルメル式）を採用する場合に，一定の期間中は，保険料積立金が著しく少ないか，またはまったくない場合であっても，保険業法に基づきその金額が適切に算出されたならば，保険法63条に反していないと解すべきであるか否かが問題となる[35]。

さらに，「保険料又は保険給付の額を定めるための予定死亡率，予定利率その他の計算の基礎」のうち，予定死亡率と予定利率に関しては，一般に公開された情報または契約締結時の保険者の情報開示等により，保険契約者がその内

---

[32]　生命保険協会・前掲注25）93頁参照。
[33]　生命保険協会・前掲注25）93-94頁参照。
[34]　田口・前掲注22）285-286頁。また，破綻処理手続のおいては，保険料積立金算出の計算基礎の1つである予定利率を低い利率に変更することによって，保険料積立金を削減する可能性もある。
[35]　ハンド200頁に，付加保険料の問題が指摘されている。生命保険協会・前掲注25）94頁，田口・前掲注22）273頁，井上・前掲注23）242頁に，純保険料式の場合とチルメル式の場合との保険料積立金（または責任準備金）の差の例が示されている。その中で，チルメル式の場合は，一定期間中，保険料積立金（または責任準備金）がゼロになることが明らかにされている。

647

容を知り，かつその適切性を検討する可能性はあるが，たとえば予定解約率等，その他の計算の基礎に関する情報に関しては基本的には保険者側にある。保険料積立金が，予定解約率等の計算基礎により算出された解約返戻金水準に基づき算出される場合に，予定解約率等が不適切に設定されたときは，適切に予定解約率が設定された場合よりも保険料積立金が少なくなる可能性も考えられうる。このような状況においては，個々の生命保険契約における保険料積立金の算出が保険法63条の規定に基づき適切に行われたことを証明しうるための情報開示が問題となる。

そこで以下において，保険料積立金算出の適切性が，保険業法上の契約者価額に関する規律を通して，保障されていると解されうるか否かを検討していくこととする。

(2) 保険業法の契約者価額に関する規律　保険業法の契約者価額の計算方法およびその基礎に関する事項は，保険料及び責任準備金の算出方法書（保険業法4条2項4号，以下「算出方法書」という）の記載事項とされている（保険業規10条3号）ため，算出方法書の審査を通して規律されている。算出方法書の適切性は，保険業法5条1項4号により，「保険料及び責任準備金の算出方法が，保険数理に基づき，合理的かつ妥当なものであること」，「保険料に関し，特定の者に対して不当な差別的取扱いをするものでないこと」（保険料以外についても同様，保険業規12条2号）という基準で審査されている。さらに保険業法施行規則12条1号は，「契約者価額の計算が，保険契約者等（保険契約者，被保険者，保険金額を受け取るべき者その他関係者）にとって不当に不利益なものでないこと」を算出方法書の審査基準としている[36]。

したがって，保険業法による保険監督の下では，契約者価額の算出方法およびその算出のために使用される計算基礎は，「保険数理に基づき，合理的かつ妥当であること」，「特定の者に対して不当な差別的取扱いをするものでないこと」，および「保険契約者等にとって不当に不利益なものでないこと」という

---

36) さらに監督指針 IV-5-1 には，予定解約率は基礎データに基づいて合理的に算出が行われ，かつ基礎データの信頼度に応じた補整が行われていること，予定利率変動型商品の予定利率については，保険契約者等の保護の観点から，恣意性のない合理的な見直しが定められていること等，計算基礎の適切性に関する算出方法書審査の留意点が掲げられている。

第4節 終　了　　　　　　　　　　　　　　　　§63・§92　III

　要件が満たされるものでなければならない。

　保険者が受領した保険料のうち，当該生命保険契約に係る保険給付に充てない部分の付加保険料は，2006年4月から算出方法書の審査対象外となったため，保険者は，合理的な係数または定性的基礎に基づき，付加保険料を独自に定めることができるようになっている[37]。もっとも，保険者は，監督指針に基づき，付加保険料の適切性を確保するための措置を講じることが求められている[38]。

　(3)　保険業法を踏まえた保険料積立金の適切性解釈　　保険業法の契約者価額に関する規律は，保険法の保険料積立金算出の基礎となる事項を決定づける性質があるため，保険業法の契約者価額の適切性に関する判断基準は，保険法の保険料積立金の適切性解釈の判断要素になりうると解される[39]。したがって，保険法63条の保険料積立金の算出方法およびその算出のために使用される予定死亡率，予定利率その他の計算の基礎は，保険数理に基づき，合理的かつ妥当であり，特定の者に対し不当な差別的取扱いをするものでなく，かつ保険契約者等にとって不当に不利益なものであってはならない[40]。もっとも，保険法においては，個別保険者が使用する保険数理の基準によるだけでなく，一般に承認された保険数理の客観的基準に照らしても，保険料積立金の算出に使用される個別保険者の計算基礎ならびにその計算方法が，公正かつ合理的で妥当なものであることを要するものと解される[41]。

　上記の保険料積立金算出の適切性基準に反し，保険者が不適切な計算基礎ま

---

37)　金融審議会金融分科会第二部会保険の基本問題に関するワーキング・グループ第52回議事録，(及川保険商品室長) に付加保険料が算出方法書の審査対象外になった点に関する説明がある。

38)　金融審議会金融分科会第二部会保険の基本問題に関するワーキング・グループ第52回資料2頁。

39)　保険監督法による契約者価額の適切性担保に関しては，長谷川宅司「解約返戻金」中西喜寿324-326頁 (2009) 参照。

40)　監督指針IV-5保険数理にさらに詳細な適切性基準の指針が掲げられている。

41)　ドイツでは，改正前ドイツ保険契約法176条3項の保険の時価の適切性は，実務で活動する保険数学者やアクチュアリーの平均的意見に基づく主観的基準によるのではなく，法規の目的を基準として客観的に定められるべきであると解されていた。Schwintowski, in "Berliner Kommentar zum VVG", S. 2088 (1999)。適切性基準が表面的に客観的であるかのように思い込ませてはならないと解されている。Römer, in Römer/Langheid, "VVG 2 Aufl." S. 1133 (2003)。

たは不適切な算出方法を用いることにより，実質的には保険料積立金の一部しか返還しない効果をもたらしていると認められる場合には，保険法63条の片面的強行規定性に反する特約で保険契約者に不利なものになるため，無効となる。また，保険者が，当該生命保険契約に係る保険給付に充てるべき純保険料を付加保険料に転用することにより，もしくは，契約初年度に付加保険料を多く設定する保険料積立金の算出方法を使用することにより，生命保険契約終了時に算出された保険料積立金が著しく少なくなるか，または，まったくない場合には，純保険料の付加保険料への転用，および契約初年度の付加保険料を多く設定する保険料積立金算出方法が，合理的かつ妥当なものであり，特定の者を不当に差別的に扱うものではなく，かつ，信義誠実の原則に反し，保険契約者に不利なものでないことが客観的に明らかにされない限り，保険法63条に反し無効となる可能性があると考えられる[42]。

(4) 保険料積立金の情報開示　　保険法は，ドイツ保険契約法[43]とは異なり，保険料積立金の算出に係る保険者の情報開示義務を明示的に規定していない。他方，保険業法は，保険者に対し，生命保険契約が保険法63条に定められた事由で終了したときは，保険者は保険料積立金を払い戻す義務があることを，保険契約者等にとって明確かつ平易に，保険約款に記載しなければならない（保険業5条1項3号ニ，保険業規9条6号）ことを義務づけている[44]。また，生命保険契約の募集に際しては，保険業法300条1項1号に基づき[45]，監督

---

[42] ドイツではこの問題を解決するために，ドイツ保険契約法169条3項1文で，チルメル歩合として設定できる最高金額に関する監督法上の規律が適用されることを明示的に規定することにより，監督法に基づき，チルメル式が使用される場合は，適切な算出方法であるとしている。そのうえでさらに，チルメル歩合として純保険料部分から転用される契約締結費用と販売費用は，契約初年度に全額転用するのではなく，契約初年度から5年間で均等に分割して転用することを定め，この算出方法で算出された責任準備金を解約返戻金の最低水準とすることにより，保険契約者保護を図っている。Ortmann, aaO, S. 1460-1465.

[43] ドイツ保険契約法169条3項2文は，保険者に対し，保険契約者の契約申込みの意思表示前に，ドイツ保険契約法7条2項および保険者の情報提供義務令の定める契約締結費用および販売費用等の情報を開示することを義務づけている。

[44] 監督指針IV-1-1においても，「普通保険約款の記載事項については，保険契約者等の保護の観点から，明確かつ平易で，簡素なものとなっているかに留意することになる。」という指針が示されている。

[45] 保険業法300条の2により金融商品取引法37条の3が準用される場合は，監督指針II-3-3-2(3)。

指針 II-3-3-2(2)①で定められた，重要な事項のうち顧客が保険商品の内容を理解するために必要な情報（契約概要），および顧客に対して注意喚起すべき情報（注意喚起情報）を書面で告げることが求められている（保険業 100 条の 2，保険業規 53 条の 7，監督指針 II-5-1-2(16)）46)。保険料積立金は，保険法で定められた保険者の義務であり，かつ，特約により保険契約者に不利に変更することができない義務であるため，契約概要および注意喚起情報を通して，顧客に告げる必要があると考えられる。監督指針の基準によれば，保険契約の種類および性質等に応じて，適正に保険料積立金に関する情報を告げることが，保険業法において求められていると解することができる。しかし保険業法は，どの程度まで具体的に，保険料積立金に関する情報を保険契約者に告げるべきかについて，明示的な規定を定めていない47)。

そのため，保険契約者が，保険者に対し，保険法 63 条による保険料積立金が全額支払われるか否かを中立的に検証するために，当該生命保険契約の保険料積立金の計算基礎および算出方法に関する情報開示を求めた場合に，保険者は，保険契約者に対し，すでに開示している以外の情報を開示すべきであるか否かが問題となる。たとえば，2 つの保険者との間で，責任開始日，保険期間，保険金額，保険料，被保険者が同一の養老保険契約が締結され，保険者の責任開始から短期間経過後自殺免責となったときに，各養老保険契約に基づき，保険料積立金が，チルメル式と純保険料式でそれぞれ算出されたために，保険料積立金に差が生じた場合に，保険契約者は，一方の生命保険契約の保険料積立金が他方に比べて少ないか，あるいはまったくないことの根拠を中立的に検証することを求める可能性があると考えられる。このような場合には，確かに，保険契約者は，保険者からさらに詳しい情報開示がない限り，当該生命保険契約の保険料積立金の算出を客観的に検証することは困難であろう。

しかしながら，保険料積立金の算出に使用される計算基礎およびその算出方法は，保険者の営業秘密に属する情報も含まれているため，保険業法で明示的

---

46) 保険募集にあたっては，53 条 1 項 10 号による重要事項説明書の交付も求められている。保険業法における情報提供規制に関しては，山下 167-174 頁，小林道生「保険者の情報提供義務」落合＝山下 68-73 頁参照。

47) 変額保険等については，保険契約関係費等の開示が契約概要記載事項となっている。監督指針 II-3-3-2(3)②参照。

に情報開示が義務づけられていない情報の開示を保険者に求めることにも限界があろう[48]。保険料積立金算出の適切性は，保険業法に基づく保険監督により保障されているから，保険料積立金の計算基礎および算出方法に関する詳細な情報開示まで求められていないという見解は，このような限界を踏まえていると考えられる[49]。

それにもかかわらず，保険者が開示していない保険料積立金に係る情報開示を義務づける場合がありうるとすれば，民法1条2項の信義誠実の原則から，保険法および保険業法の適用を受ける生命保険契約の付随義務として，信義則上，保険料積立金についてさらに詳しい情報開示を保険者に義務づけることが可能であると認められる場合であろう[50]。信義則上の付随義務として，保険

---

[48] たとえば，金融審議会金融分科会第二部会保険の基本問題に関するワーキング・グループ第42回資料2「保険法改正への対応について」14頁では，「個別の保険商品にかかる原価や保険数理にかかるノウハウについては，保険会社の競争上の地位を害するおそれがあり，これらの開示は困難との考え方もある。」ことが指摘されている。

[49] 解約返戻金に関する裁判例では，保険業法施行規則の定める記載に内容に基づく約款であって，算出方法書に基づき算出された金額であるならば，契約当事者は解約返戻金に関する保険約款の内容に拘束されるとされた（東京地判昭和56年4月30日判時1004号115頁）。また，たとえば1994年7月29日の規制緩和前ドイツ保険契約法176条3項，4項（保険料積立金の払戻し）の規律の下では，このような考え方に基づき，保険者は保険料積立金に関する情報を連邦保険監督庁にのみ伝える義務を負い，その適切性を中立的に検証することに関する保険契約者の利益は，連邦保険監督庁の監督を通して保障されたものであると解されていた（LG Hamburg von 2.11.2000, VersR2002, S. 221.）。しかし，その後ドイツでは，生命保険契約の合意内容という観点から保険料積立金および解約返戻金に関する情報開示の問題を検討する過程において，連邦保険監督庁により認可を得た場合であっても，保険契約者に対する情報開示の必要性が判例上確立され，最終的には保険契約法で保険者の情報開示義務が規定されることとなった（Brömmelmeyer, in Beckmann/Matusche Beckmann, "Versicherungsvertragshandbuch, 2. Aufl.", S. 2580 (2009).）連邦憲法裁判所によれば，保険契約者は，保険料積立金に関する保険者の業務計画書の記載内容を知ることができないため，保険料積立金の適切性に関する苦情申立てを行うことが事実上不可能である点を改善されなければ，保険契約者の保険料積立金に関する利益を適切に考慮するための保障が欠如していると考えられた。（BverfG, Beschluss von 15.2.2006, VersR2006, S. 489.）また落合誠一「新しい保険法の意義と展望」落合＝山下11頁では，「事業者からの情報提供の必要性が構造的に極めて高い状況にある保険契約においては，努力義務のレベルではない提供義務が必要とされる」ことが指摘されている。

[50] 保険関係において信義則が重要な機能を営んでいる点については，大串淳子「保険法と信義則・消費者契約としての保険契約」自由と正義60巻1号53頁（2009）参照，保険契約の（最大）善意契約性に鑑み，保険者側に強く信義則が要求される見解として，梅津昭彦「信義則（最大善意の原則）」保険学607号6頁，8頁，18頁（2009）参照。民法1条2項の信義誠実の原則が，一般に広く契約当事者間における信義則上の説明義務の根拠とされていることについて，一問一答37頁参照。

者にさらなる情報開示義務を認めるためには，保険者の開示がなければ，保険契約者がその情報を知ることができないこと，保険契約者がその情報開示を求めることについて，正当かつ合理的な根拠があること，その情報開示がない場合の保険契約者の不利益が，その情報開示をしたときの保険者の不利益に比べ大きいこと，保険者がその情報開示をすることが困難であると認められる事情がないこと，その情報を開示することが保険契約者保護の実効性を高めることを目的とした保険法の片面的強行規定の性質に合致することが必要であると解される51)。上記の養老保険の例の場合には，この基準に照らし，保険者は保険契約者に対し，チルメル式で契約初年度に契約締結費用を多く充てる理由とその金額を開示すべきであるか否かが判断される可能性はまったくありえないものでもないと考える。

ところで，保険者は，生命保険契約締結後に保険契約者からの保険料積立金にかかわる情報開示請求を受けて，さらに詳しい情報開示を行うべきか否かという上記問題以外に，保険料積立金に関する保険約款およびその補足情報（契約概要，注意喚起情報，ご契約のしおり等）において，生命保険契約締結の際に，保険契約者の契約締結判断に係る重要な事項の1つとして，保険料積立金算出にかかわる情報をさらに透明に開示すべき義務を負うか否かについて，問われる場合もあるであろう。

この場合には，保険法63条の文言を保険約款に再現すれば足りるのか，あるいは，保険法が保険料積立金に関する規定を片面的強行規定とした趣旨を踏まえ，保険契約者保護の実効性を高めるために，保険業法が求める水準の明確さとわかりやすさに留意して（保険業5条1項3号ニ，保険業規9条6号），保険約款およびその補足情報において，保険料積立金の算出に関する情報のうち，保険契約者の生命保険契約申込の判断に影響を及ぼすと考えられる情報を記載すべきであるのか，問題となりうる52)。たとえば生命保険契約申込の際に，

---

51) 保険契約と信義則に関する裁判例は，梅津・前掲注) 9-16頁参照。
52) ドイツ保険契約法では，保険約款において保険契約法の文言を再現するだけでは足りず，契約開始から数年間以内に契約が終了する場合に保険契約者が受ける経済的不利益を明瞭かつ理解できるように規定していなければ，その保険約款は民法307条1項の透明性原則違反による不当条項規制を受けるという判例が確立している。BGH von 9.5.2001, VersR2001, S.839, Römer/Langheid, aaO, S.1133. また大串・前掲注38) 58頁では，保険法の片面的強行規定に

支払う保険料の総額に対し，払い戻される保険料積立金額の適切性を合理的かつ客観的に判断できないため，保険契約者の契約決定自由が実質的に妨げられ，そのことによって保険契約者の合理的期待に反する生命保険契約が締結される可能性がある場合53)には，保険料積立金の算出にかかわる新契約費について補足情報の提供が必要とならないかの検討が課題となろう54)。

4　消費者契約法との関係

(1)　消費者契約法9条1号　消費者契約法9条1号は，契約の解除について規定しているため，解除以外の理由で契約が終了した場合には，適用されない55)。また消費者契約法9条1号は，損害賠償額の予定等を定める条項だけでなく，遡及効のない契約解除において既履行部分について発生している対価額やその清算方法について定める条項も適用対象としていると解されている56)。契約の解除に伴う保険料積立金に関する保険約款も清算に関する条項57)であると解する場合には，消費者契約法9条1号は，保険法63条に対する一般法的関係となる。

したがって，保険法63条1号による生命保険契約の終了（保険者免責の場合）および4号による失効（保険者破産の場合）は，消費者契約法9条1号の適用を受けない。保険法63条のその他の号に基づく生命保険契約の解除の場合は，その生命保険契約が消費者との契約であるときは，消費者契約法9条1号に優

　　関連する約款の規定が，消費者の選択にさらされることになり，また，裁判所のコントロールを受けやすくなるのではないだろうかと指摘されている。保険法と保険業法の2本立て法制の問題点，約款認可制の今後については，山下友信「保険法制定の総括と重要解釈問題（損保版）」損保71巻1号64-65頁参照。
53)　この考え方については，山本豊「契約の内容規制（その2）」法教340号119頁（2009）参照。
54)　募集コスト開示の課題については，金融審議会金融分科会第二部会，保険の基本問題に関するワーキング・グループ「中間論点整理　平成21年6月19日」5頁参照。
55)　山本・前掲注53) 122頁。
56)　清算に関する条項への消費者契約法9条1号の適用に関しては，丸山絵美子「第6章損害賠償額の予定・違約金条項および契約解消時の清算に関する条項」消費者契約における不当条項研究会・消費者契約のおける不当条項の横断的分析・別冊NBL 28号150-156頁（2009）参照。
57)　一問一答209頁によれば，保険料積立金は，将来のための保険料に相当する金額であって，保険契約者に払い戻す必要があるものである。

第4節　終　了

(2) 消費者契約法10条　保険法63条は片面的強行規定であるため，保険料積立金に関する保険約款が保険法63条の内容を規定するものである限り，基本的には消費者契約法10条による内容規制の対象外となる。

5　適 用 範 囲

(1) 総　説　保険者は，①法定免責事由の発生，②保険者の責任開始前における保険契約者による解除，③危険の増加による解除，④保険者の破産による解除または失効により生命保険契約が終了した場合に，保険契約者に対し，当該終了の時における保険料積立金を払い戻さなければならない。当該終了の時における保険料積立金とは，免責事由の発生により生命保険契約が終了した時，解除の意思表示の効力が発生したことにより生命保険契約が終了した時，または生命保険契約が失効した時を基準日として算出される保険料積立金である。

保険者が保険給付を行う責任を負うときは，保険者は保険契約者に対し保険料積立金を払い戻す義務を負わない。

第一生命の5年ごと配当付終身保険普通保険約款（巻末約款）4条は，保険法63条に対応する内容を定めている。同約款4条1項は，会社は，①責任開始期の属する日からその日を含めて3年以内に被保険者が自殺したとき，②死亡保険金受取人が故意に被保険者を死亡させたとき（ただし，保険契約者が故意に被保険者を死亡させたことによって，死亡保険金が支払われないときを除く[58]，③戦争その他の変乱によって被保険者が死亡したとき，のいずれかの免責事由に該当したことによって，死亡保険金が支払われないときは，保険契約者に対し，責任準備金を支払うことを定めている。

(2) 保険者の免責事由の発生　保険者は，①被保険者の自殺（51条1号），②保険金受取人が被保険者を故意に死亡させたこと（51条3号），③戦争その他の変乱による死亡（51条4号）により，生命保険契約が終了したときは，保険契約者に対し，保険料積立金を払い戻さなければならない。

---

[58] 巻末約款4条2項参照。保険契約者が死亡保険金受取人でもある場合で，被保険者が保険契約者以外の人の場合に，第2項に該当する。

改正前商法では，被保険者が決闘その他の犯罪または死刑の執行により死亡した場合も保険者の免責事由に該当するとされていたが（改正前商680条1項1号），保険法では免責事由として定められていない。また，改正前商法と同様に，保険契約者が被保険者を故意に死亡させた場合については，保険料積立金払戻義務を定めていない。契約者当事者間の信義則に反する行為であるため，制裁の趣旨で保険料積立金の払戻しを要しないものと解されるが[59]，保険者が利得する理由もないので，解約返戻金の払戻しの約定は有効であり，保険者の約款で解約返戻金の払戻しが規定されている場合もある[60]。

　保険者は，被保険者を故意に死亡させた保険金受取人以外の保険金受取人に対し保険給付を行う場合（51条ただし書）には，保険契約者に対し保険料積立金を払い戻す義務を負わないと解される。第一生命の5年ごと配当付き終身保険普通保険約款（巻末約款）4条3項では，死亡保険金受取人が故意に被保険者を死亡させた場合で，その受取人が死亡保険金の一部の受取人であるときは，死亡保険金のうち，その受取人に支払われるべき金額を差し引いた残額を他の死亡保険金受取人に支払うことを定めている。さらに同約款によれば，保険契約のうち支払われない死亡保険金に対応する部分については，その部分の責任準備金が保険契約者に支払われることになる。

　また，被保険者が自殺した場合であっても，保険者が約款に基づき保険給付を行う責任を負う場合には，保険契約者に対し保険料積立金を払い戻す義務を負わない。同様に，保険者は，戦争その他の変乱による死亡であっても，その原因によって死亡した被保険者の数がその計算の基礎に及ぼす影響が少ないと認められるため保険金の全額または一部を支払う場合には，保険契約者に対し保険料積立金を払い戻すことを要しない[61]。

---

[59] 潘阿憲「保険金支払義務と免責事由」金判1135号111頁（2002），大串＝日生190頁［坂井明］，福田＝古笛194頁［坂井明］。ドイツにおいてもドイツ保険契約法162条1項により，保険契約者が故意に違法な行為により被保険者を死亡させたときは，ドイツ保険契約法169条により算出される金額は，保険契約者に対し払い戻されない。Höra/Fitzau, aaO, S. 1442. Ortmann, aaO, S. 1409によれば，ドイツ保険契約法162条1項の趣旨及び目的は，強欲に行為した保険契約者に対する援助を禁じているからであるという。

[60] 山下478頁，大森293頁，294頁。

[61] 巻末約款4条1項によれば，責任開始期の属する日からその日を含めて3年を経過した後に被保険者が自殺した場合には，死亡保険金が支払われることになり，また同条4項には，戦

第4節　終　了

(3) 保険者の責任開始前における保険契約者による解除

　保険者の責任が開始する前に保険契約者が任意解除したとき（54条），または被保険者の解除請求に基づき，保険者の責任が開始する前に保険契約者が解除したとき（58条2号），保険者は保険契約者に対し保険料積立金を払い戻さなければならない。保険者の責任開始前の任意解除による生命保険契約終了の場合の保険料積立金払戻しの規定は改正前商法683条2項と同様であるが，保険法では新たに被保険者による解除請求に基づき保険契約者が解除する規定が設けられたため，本条においても，保険者の責任開始前の任意解除の一つとして明文化された。しかし実務においては，いずれにしても，保険契約者による解除権行使であることから，実質的には保険契約者による任意解除の場合と相違はないと考えられている[62]。

　改正前商法では，保険者の責任開始前の保険契約者による任意解除の場合に「被保険者ノ為ニ積立テタル金額」を払い戻すことを定めていた。保険法は，改正前商法の規定を原則的に維持し，保険者の責任開始前に保険契約者が解除した場合のみを規定した。保険者の責任開始後に保険契約者が任意解除した場合は，保険約款において，保険契約者は解約返戻金を請求できる旨の定めがあることが通例であるが[63]，改正前商法には規定がなかった。保険法は，この点で改正前商法の規律の変更を行っていない。

　保険者の責任開始前は，保険料の受領がない場合か，または，保険料積立金は新契約費を控除したものとなっているため，あったとしてもごくわずかであり，保険実務上は，保険者の責任開始前の保険契約者による解除が問題となることはほとんどないといわれている[64]。

(4) 危険の増加による解除　改正前商法683条1項（改正前商法656条・

　　争その他の変乱による被保険者の死亡の場合にも，保険者が死亡保険金の全額を支払う場合，または死亡保険金額を削減して支払う場合に関する定めがある。

62) 坂井・前掲注59) 191頁。もっとも，保険者は被保険者からの直接請求があった場合や意思表示の擬制に関する判決の提示があった場合に，保険法58条1項3号による解除請求に関する情報を知る可能性はあろう。福田弥夫「被保険者の同意」甘利＝山本211-212頁には，被保険者から保険者への直接請求があった場合の実務上の対応が論ぜられている。また被保険者が，保険者に保険契約の解除の意思表示を命ずる確定判決等を提示して，保険契約の解除を求めてくる場合も考えられる。大串＝日生175頁〔小川和之〕参照。

63) 坂井・前掲注59) 194頁一覧表参照。詳細は本書713頁以下〔平澤宗夫〕参照。

64) 坂井・前掲注59) 190頁。

657条の準用）の危険の増加または変更による解除または失効による生命保険契約の終了の場合とは異なり，保険法においては，危険の増加による解除（56条1項）の規律に一本化された。したがって，保険法56条1項の解除により生命保険契約が終了したときには，保険者は保険契約者に対し保険料積立金を払い戻さなければならない。

(5) 保険者の破産による解除または失効　保険法は，改正前商法と同様に，保険者が破産手続開始の決定を受けたときに保険契約者が保険契約を解除した場合，または保険者が破産手続の開始決定を受けたときから3か月内に保険契約者が保険契約を解除しなかったことによりその保険契約が失効した場合には（96条），保険者は保険契約者に対し保険料積立金を払い戻す義務を負う。保険者は，破産手続開始の決定の日から3か月を経過するまでに，保険給付を行う責任を負った場合には，保険契約者に対し，保険料積立金を払い戻すことを要しない。

(6) その他の事由による生命保険契約終了の場合　保険法63条で掲げられた以外の事由による生命保険契約終了の場合には，保険法は，保険者が保険契約者に対し払い戻すべき金額について特段の定めをおいていない。したがって，保険者の責任開始後の保険契約者による任意解除（54条），告知義務違反による解除（55条），重大事由による解除（57条），保険者の責任開始後の被保険者の解除請求による解除（58条）により生命保険契約が終了する場合は，保険者は，保険契約者に対し，保険料積立金を払い戻す義務を負わない。

しかしながら，保険者の破産による解除の場合には，その解除について保険契約者側には落ち度はないが，保険法63条に掲げられたその他の事由による生命保険契約の終了の場合には，保険法63条に掲げられていない，告知義務違反または重大事由解除による生命保険契約の終了と同様に，保険契約者側になんらかの落ち度が認められることもある。保険料積立金と保険法63条が適用されない場合の生命保険契約終了時に払い戻すべき金額とを区別する意味があるとすれば，どの点にその基準が求められるべきかについて，解釈上検討する必要があると考えられる[65]。

---

65) 山下・前掲注8) 33~34頁でこの解釈上の課題が論ぜられている。

たとえば，保険法58条1項3号に基づく保険者の責任開始後の被保険者の解除請求による解除の場合は，保険契約者と被保険者との間の親族関係の終了その他事情により被保険者が同意するにあたって基礎とした事情が著しく変更したことについて，保険契約者側の落ち度を認めることは困難である。保険法58条1項3号は，婚姻の継続を前提として，夫の死亡後の生活保障のために，妻が夫を被保険者とする死亡保険契約を締結していたものの，その夫婦が離婚し，その結果，当該死亡保険契約を継続する意義が失われた場合[66]，企業が従業員等を被保険者として保険契約を締結していたが，当該従業員等が退職した場合，債務の担保目的で，債務者を被保険者，債権者を保険契約者兼保険金受取人として保険契約をしたが，債務が完済された場合[67]等に適用されるからである。したがって，保険法58条1項3号に基づく解除の場合には，その立法趣旨[68]，解除に関し保険契約者側に落ち度を見出すのが困難である事情，保険法63条に掲げられた保険料積立金払戻事由との均衡を考慮し，本来であれば保険者の責任開始前後を問わず，保険契約者に対し，保険料積立金を払い戻すことが保険法で規定されるべきであったと解される。そのため，保険法63条に定めがなくても，保険者は，保険者の責任開始後に保険法58条1項3号による解除がなされたときに，保険契約者に対し保険料積立金を払い戻す合意を約款で定めることにより，解除について落ち度が認められない保険契約者の保護を充実させるという選択肢も考えられうるであろう。

6　片面的強行規定

上記の解説において，片面的強行規定性との関連で問題となりうるところはすでに述べたところである。

7　傷害疾病定額保険契約特有の事項

傷害疾病定額保険契約終了時の保険料積立金の算出定義においては，生命保

---

66) 一問一答198頁～199頁。
67) 大串＝日生171頁[小川]，福田＝古笛175頁[福田弥夫]，長谷川仁彦「被保険者による解除請求について」金澤＝大塚＝児玉246-247頁，福田・前掲注62) 210頁。
68) 本書581頁以下[洲崎博史]参照。

険契約の予定死亡率に該当する部分が，給付事由の発生率となっている（92条）。傷害疾病定額保険契約は，傷害または疾病を医学的に治療するための手術または入院，医学的治療を要する傷害を負いまたは疾病に罹患したことが医師により診断確定されたこと等をもって，その給付事由に該当することが通例であるため，生命保険契約とは異なり，多種多様な給付事由の発生率に関する計算基礎が使用されているからである。したがって，このような給付事由の発生率が一般に承認された保険数理の客観的基準に照らし，公正かつ妥当なものであることが，傷害疾病定額保険の場合にはとくに要請されている。

傷害疾病定額保険契約に基づく保険者の給付が免責された場合（80条）に，被保険者の死亡により傷害疾病定額保険契約が終了する時は，生命保険契約の場合と大きな差はないと考えられるが，被保険者が生存している場合には，保険者の免責によって傷害疾病定額保険契約が終了するとは限らず，重大事由による解除（86条）により終了する場合もあると考えられる。重大事由による解除の場合は，保険法92条の適用がないため，保険者は保険契約者に保険料積立金を払い戻すことを要しないことになる。生命保険契約における被保険者の自殺の場合には，保険契約者に対し保険料積立金が払い戻されるが，傷害疾病定額保険契約において被保険者が故意または重大な過失により給付事由を発生させたことを理由に解除されたときは，保険契約者に対し保険料積立金を払い戻すことを要しないとしても，保険契約者に不当な不利益にならない根拠について，傷害疾病定額保険契約の重大事由解除の規範趣旨，保険約款の重大事由解除に関する規定，傷害疾病定額保険契約における被保険者の故意または重過失による給付発生の実態などの検討を通して，明らかにする必要がある。

保険法92条は，一定の事由が発生したことにより傷害疾病定額保険契約が終了した場合のみを定めているため，同条所定の事由が発生しても，保険者がさらに同条に掲げられた事由以外の事由に基づき解除の意思表示をしなければその保険契約が終了しない場合には，同条の適用はないことを意味するにすぎないと解すべきであるか，という問題が残されている。

〔金岡京子〕

第4節　終　了

> （保険料の返還の制限）
> 第64条　保険者は，次に掲げる場合には，保険料を返還する義務を負わない。
> 　一　保険契約者，被保険者又は保険金受取人の詐欺又は強迫を理由として生命保険契約に係る意思表示を取り消した場合
> 　二　死亡保険契約が第39条第1項の規定により無効とされる場合。ただし，保険者が保険事故の発生を知って当該死亡保険契約の申込み又はその承諾をしたときは，この限りでない。
>
> （保険料の返還の制限）
> 第93条　保険者は，次に掲げる場合には，保険料を返還する義務を負わない。
> 　一　保険契約者，被保険者又は保険金受取人の詐欺又は強迫を理由として傷害疾病定額保険契約に係る意思表示を取り消した場合
> 　二　傷害疾病定額保険契約が第68条第1項の規定により無効とされる場合。ただし，保険者が給付事由の発生を知って当該傷害疾病定額保険契約の申込み又はその承諾をしたときは，この限りでない。

I　趣　旨

　保険法64条と93条（以下，本条という）は，生命保険契約または傷害疾病定額保険契約において，①保険契約者，被保険者または保険金受取人の詐欺または強迫を理由として，保険者が保険契約にかかる意思表示を取り消した場合と②遡及保険の規定（39条1項・68条1項）により保険契約が無効とされる場合に限定して，保険料を返還する義務を負わない旨を規定している。①の場合には，保険契約者等の詐欺や強迫により保険契約が締結された場合には，不正の手段によって保険契約を締結させたものであることから，その制裁として保険料を返還しないこととするのが相当であり，また②の場合には，不当な利得を防止するという遡及保険の規定の趣旨に照らして，保険契約の申込みまたはその承諾をした時に保険契約者等が保険事故や給付事由の発生を知っていた場合，その制裁として保険料を返還しないこととするのが相当であることに基づくも

のである[1]。

II 沿　革

　改正前商法643条は、保険契約の全部または一部が無効である場合、保険契約者および被保険者が善意でありかつ重大な過失がないときは、保険者に対して保険料の全部または一部の返還を請求できる旨を定めていた。この場合に保険者が保険料の返還義務を負わないのは、保険契約者または被保険者が悪意であるか、または善意であっても重大な過失があるときであり、これは保険契約者または被保険者に制裁を課す趣旨である。この規定は、保険契約が取り消された場合にも適用される。しかし、たとえば、保険契約者が未成年者である場合の取消し（民5条2項）、保険契約者による消費者契約法4条および5条に基づく取消し、保険契約者の錯誤による無効（電子消費者契約及び電子承諾通知に関する民法の特例に関する法律3条本文が適用される場合に限る）等のように、悪意または重大な過失があるかだけで規律することでは不合理な結論となる場合が生じてしまうことから、保険契約者または被保険者に制裁を課すという趣旨に限った規律とする必要があると考えられる[2]。そこで、保険法では、上記のように保険者が保険料を返還する義務を負わない場合を限定したのである。

III 条文解説

1　詐　欺

(1)　告知義務制度と民法の錯誤・詐欺　　保険法の告知義務に関する規定（84条・94条）と民法の錯誤・詐欺（民95条・96条）に関する規定との関係が問題となる。この問題は、改正前商法の下でも議論されてきた。すなわち、商法の告知義務に関する規定以外に、民法の錯誤・詐欺（民95条・96条）に関する規定の適用があるとするならば、告知義務で除斥期間を設けて保険契約者を保護している趣旨が没却されてしまうのではないか、という問題である。

---

1) 一問一答106頁参照。
2) 中間試案補足説明・立案150頁参照。

第4節　終　了

学説では，①民商法適用説，②商法単独適用説，③錯誤民法排除説がある。大判大正6年12月14日民録23輯2112頁[3]は，錯誤・詐欺に関する民法の規定がいずれも告知義務に関する規定と，その適用の要件と効果を異にすると判示して，①説と同じ立場である。したがって，判例によれば民法の錯誤・詐欺に関する規定の適用があることになる（最判平成5年7月20日損保企画536号8頁[4]もこのことを前提としている）。この判例の立場は，保険法でも同じであり，保険法においても民法の錯誤・詐欺に関する規定の適用があることは，保険法1条の規定からも明確である。

(2)　生保約款における詐欺無効　民法96条は，詐欺による意思表示は取り消すことができると規定しているが，生命保険の約款では無効としてきた。民法の一般原則の適用を排除する趣旨である。このように詐欺による保険契約を無効とする旨規定したのは，①多数の契約を取り扱う生命保険においては，保険者の事務処理上の便宜を図る必要があること，②改正前商法678条の告知義務違反による契約の解除の規定を錯誤（民95条）および詐欺（民96条）の規定を排除する特別規定と解する見解があるので，判例・多数学説の立場に立って，いわゆる重要事実を詐欺の意図をもって隠蔽した場合で告知義務違反を問えないケース，たとえば解除の除斥期間経過でも，保険契約を無効としうる旨を明らかにする必要があることがその理由となっている[5]。

約款にいう詐欺の成立要件は，民法96条におけると同じであり，違法な欺罔行為であること，同行為と相手方の意思表示との間に因果関係があること，ならびに相手方を錯誤に陥れることおよびこの錯誤により意思表示をさせることについての二重の故意が必要である[6]。詐欺による法律行為の取消しが可能であるためには，相手方を欺罔する目的が要求されるので，告知義務違反になるからといってただちに民法の詐欺になるとは限らない。そこで，詐欺とされた裁判例はこれまでも多数にのぼる数のものが公表されているが，主要な裁判

---

[3]　龍田節〔判批〕生保百選122頁参照。
[4]　山野嘉朗〔判批〕判タ854号54頁，北村雅史〔判批〕損保百選186頁参照。
[5]　中西正明「告知義務違反と錯誤及び詐欺」同・保険契約の告知義務（2003），潘阿憲「生命保険契約におけるモラル・リスクと『詐欺無効』の理論」生保145号55頁（2003），甘利公人「モラルリスクとその防止策」同・生命保険契約法の基礎理論173頁（2007）参照。
[6]　山下224頁参照。

例をみることにする。

まず，①大阪高判昭和63年11月10日生判5巻372頁は，保険契約者である会社と退職した従業員である被保険者が同人を専務取締役であるとして生命保険契約を締結した事案について，生命保険契約を締結するに際し，被保険者の職業（勤務先，職種，職務の具体的内容）が告知事項とされているのは，生命保険契約を締結するか否かを決定するについて必要な事柄に属するがためであるが，殊に本件の如き第三者を被保険者とする生命保険契約においては，保険契約者と被保険者との関係を明らかにすることも重要な要素をなすべきものであるから，前記のように偽って保険契約を締結したことは，取りもなおさず，約款条項にいう「契約者または被保険者の詐欺によって，契約の締結」をした場合に該当するというべく，したがって同条項により，本件契約は無効であるというほかない，と判示した。上告審の最判平成元年7月18日生判6巻57頁は，原審の判断は正当であると判示して上告を棄却した。

②東京地判平成2年10月26日判時1387号141頁は，被保険者が2か月余の間に生命保険会社5社との間で，災害入院特約，疾病入院特約等のついた生命保険契約を締結した後，5回入院し合計996万円の入院給付金の支払を受けた事案について，被保険者が短期間に多数の保険契約を締結していること，保険料の額が被保険者の収入に比し多額であること，被保険者が相当多額の借入金債務をかかえていたこと，保険者は1回の入院によりその世帯年収を上回る入院給付金を取得する可能性を見込むことができたこと，被保険者の入院の原因となった疾病および災害は，被保険者の意思ないし意図によりその成否が基本的に決せられる性質のものであったこと等から，被保険者は保険事故の発生を仮装して入院給付金の支払を受ける目的で保険契約の申込みをしたものであり，保険契約および特約は詐欺により無効である，と判示した。

③東京地判平成2年11月30日生判6巻273頁は，保険契約者が生命保険会社6社に対して入院給付金と手術給付金を請求した事案について，保険契約者は3か月の間に案件の契約を含め合計10件の生命保険契約に加入していること，その保険料の合計は月額13万4000円余りで保険契約者の収入を超えていること，保険契約者は各保険会社に対し，契約申込みの際に，他社に対する保険締結または申込みの事実を問われて，上記事実はない旨説明していること，

保険契約者が入院給付金等を請求している入院は，保険加入後1か月ないし4か月を経過した時期に開始したものであり，疾病が慢性的症状であることからみて，加入時点において自覚症状があった疑いがあること，保険契約者は10件の保険契約の締結後，2回の災害入院，3回の病気入院を繰り返し，総額778万9000円の支払を受けていること等から，保険契約者は入院名下に保険金を詐取する目的で契約の締結を申し込んだものと認めたうえで，保険契約者が入院名下に保険金を詐取する目的で締結した保険契約は，詐欺により締結された契約であり，約款規定により無効である，と判示した。

④秋田地判平成3年3月11日生判6巻301頁は，6件の生命保険契約ならびに生命共済契約，傷害保険契約および簡易生命保険契約各1件を締結した保険契約者が，5回入院し，各入院につき生命保険契約の全部または一部による保険金の支払を受けた後，自転車で走行中に転倒して受傷し，その治療のため第6回目の入院をしたと主張し，6件の生命保険契約に基づき保険金の支払を求めた事案について，保険契約者が2か月余の短期間内に，自ら進んで積極的に合計9口もの保険契約を締結していること，これにより保険契約者が支払を要する保険料の額は年間で189万6708円を超え，これは保険契約者の世帯年収300万円に対し約63パーセントに達すること，保険契約者は当時1400万円の借入金債務を負担していたこと，6件の生命保険契約の各特約により支払われる入院給付金は災害入院の場合で月額141万円，疾病入院の場合で月額126万円であること，および保険契約者の入院の原因となった事実は，いずれも保険契約者の意思によりその成否が基本的に決せられるものであることを総合して，本件の6件の生命保険契約は，保険契約者が保険事故の発生を仮装して入院給付金の支払をうける目的で締結したものであると推認し，保険契約者が入院給付金を詐取する目的で締結した保険契約は詐欺により締結された契約であり，約款規定により無効である，と判示した。

⑤東京高判平成3年7月11日生判6巻369頁（②の控訴審）は，原審の判断を正当としたうえで，次の理由を付加した。控訴人が入院した各病院における控訴人の入院中の症状ないしはこれに対する医師の診断の結果を窺い知ることができるけれども，その記載によれば，それらの症状や診断の結果の殆どは控訴人の主訴に関わるものであることが明らかであって，身体の状況自体から控

訴人が入院を要するほどの重篤な状態にあったと認めることは困難であるから，これらの書証の存在は，上記引用の認定，判定に影響を及ぼすものではない。上告されたが，最判平成4年1月21日生判7巻6頁は，原審の判断は正当である，と判示した。

⑥　大阪地判平成4年8月6日生判7巻125頁は，保険契約者兼被保険者が全身倦怠および腹部痛等により入院したと主張して生命保険会社5社に対して，入院給付金合計540万円の支払を求めた場合につき，保険契約者が約3か月足らずの間に，他の保険会社の契約を含め8件もの保険契約を締結したのは特異な事例であり，これについて特別の合理的理由は認められないこと，保険契約者は，8件の契約の保険料月額の合計額である19万5033円を支払える経済状態でなかったのに，短期間内に多くの保険契約を締結したのは不自然であること，および入院治療を受ける必要性があったかどうかはきわめて疑わしいことから，保険契約者は入院給付金名目で金員を騙取する目的であったのに，これを秘し，保険者を騙して生命保険契約を締結したものであると推認したうえで，本件保険契約は詐欺無効に関する約款規定により無効である，と判示した。

　以上のように，従来の裁判例によれば，詐欺と認定するうえでの共通の要素として，①短期集中加入，②保険料と収入のアンバランス，③契約締結と保険事故発生の近時性または恣意性，④保険事故の不自然性があげられており[7]，これらの事実があると保険金を不正に取得する目的を認定して詐欺の主張を認めている[8]。また，東京高判平成3年10月17日金判894号27頁は，保険に同時に多数加入することは本来入院等給付金特約の保険契約の目的趣旨に反するものであり，保険契約者は保険者に対してもこのような意図または事実のないことを告げるべき信義則上の義務があった，と判示した。この点については，多数の保険契約に同時に加入する場合にはその事実を告知する義務を課しているのとあまり変わらない結果となり，このような要件で詐欺の成立を認めるな

---

[7]　岡田智司〔判批〕保険レポ156号6頁（2000）参照。また，中村哲「判例に見る給付金詐欺事例の分析」生経60巻6号1391頁（1992）では，①所得と負担する保険料・給付金額とのアンバランス，②契約加入の実現に向けた不自然な作為・不作為，③契約加入後の事故・入院のインチキ性をあげている。

[8]　洲崎博史「人保険における累積原則とその制限に関する一考察」論叢140巻5=6号236頁（1997）参照。

らば，生命保険の約款で他保険契約の告知義務を定めていないこととの関係が問題となるとの指摘がある9)。また，情報操作の不当よりも保険金利得の不法が強く非難されるからこそ，欺罔行為の要件を緩和しながら詐欺を積極的に認定してきたとすれば，詐欺の構成は民法90条の公序良俗の適用につきコンセンサスが得られるまでの過渡的な法律構成であるする見解がある10)。

(3) 詐欺無効と片面的強行規定　前述のように，民法上詐欺による意思表示は取り消すことができると規定されているが，保険約款では詐欺による契約を無効と定めているものがある。このような約款の定めが有効であるとすると，保険者は民法上意思表示の取消しができない場合，たとえば取消権の除斥期間（民126条）が経過した場合であっても保険契約の無効を主張できることになる。しかし，保険法では，民法の詐欺による取消しの場合に保険料を返還する義務がないものとし，これを片面的強行規定（65条3号・94条3号）としているので，民法上意思表示の取消しが認められない場合にまで，このような約款の定めを理由に保険料の返還をしないことは，片面的強行規定に反するものとして認められず，また，そもそも，民法が詐欺による意思表示を取消しの対象としているにも関わらず，当事者間の合意によりその法的効果を無効に改め，取消権の除斥期間を排除することが許容されるのかについては疑問があり，当該合意の有効性が問題となる，といわれている。すなわち，保険法の下では，保険約款における詐欺無効の規定は無効になるということになる。

2　公序良俗違反と保険料の返還

本条は，上記のように，保険料を返還しないことが相当と認められる場合に限定して規定している。民法上，債務が存在しないことを知って弁済した非債弁済の場合（民705条）や不法な原因のために給付をした不法原因給付の場合（民708条）には，不当利得の返還を請求することができない。したがって，民法の特別法である保険法では，これら以外の場合で，相当と認められる場合に限定しているといわれている11)。

---

9) 山下友信「モラル・リスクに関する判例の展開と保険法理論の課題」同・現代の生命・傷害保険法251頁（1999）参照。
10) 木下孝治〔判批〕保険レポ162号1頁（2001）参照。

大阪地判平成3年3月26日生判6巻307頁が，公序良俗違反による保険契約の無効を認めて以来，数は少ないがいくつかの裁判例においてもその後いくつか認められてきた12)。しかし，保険金の不正受給目的という主観的態様を要件としているものと，保険契約の過度の累積のみを問題としているものがあり13)，公序良俗違反を認定するうえでの要件が曖昧であるとの指摘がある14)。また，公序良俗違反を認める理論と前述の詐欺概念がどのような関係に立つのかも問題である旨が指摘されていたが15)，公序良俗違反の要件，無効とされた場合の保険料返還が認められるかどうか，公序良俗違反の判断時期などの問題を含めてなお明らかではない16)。

従来の裁判例において，保険契約が公序良俗に反して無効であるとしたものがある。

① 前掲大阪地判平成3年3月26日は，約2か月の短期間内に保険会社14社との間で保険料月額の合計額が36万円を超える生命保険契約，傷害保険契約および所得補償保険契約を締結した後，自動車を運転中に他車に追突され，その治療のため143日間入院したと主張して保険金の支払を求めた事案について，典型的な自発的，短期集中的大量加入であること，保険契約がいずれも貯蓄性の薄い保障重視型の契約であること，保険契約者には保険契約を大量締結する合理的な理由があり，高額な保険料を払い続けることが可能なほどの収入があることを認めるに足りえ証拠がないこと，保険契約者は保険契約締結に際し，入院に対する給付の内容に強い関心をもち，より高額の給付を受けうる契約を望んでいたと推認されること，保険契約の締結に際し他の保険契約の存在や自己の職業に関して虚偽の事実を告げていること，被保険者の入院期間の一部については，症状を誇張して入院期間を引き伸ばしたと認められること，追突事故の偶然性について客観的な証拠があるとはいえないこと等から，これら

---

11) 一問一答107頁注3参照。
12) 裁判例については，潘阿憲「生命保険契約におけるモラル・リスクと公序良俗理論」生保137号（第1分冊）59頁以下（2001）参照。損害保険についても公序良俗による無効が認められており，山下友信・前掲注9) 266頁，山下友信〔判批〕損保百選10頁参照。
13) 岡田・前掲注7) 7頁参照。
14) 山下・前掲注9) 266頁，洲崎・前掲注8) 236頁参照。
15) 山下・前掲注9) 252頁参照。
16) 潘・前掲注12) 374頁参照。

第4節　終　　了　　　　　　　　　　　　　　　　　§64・§93　III

の保険契約は，故意に保険事故を招致したり，保険事故を仮装したりするか，少なくとも事故に乗じてこれによる受傷の症状を誇張して不必要な長期入院をすることによって不法に入院に基づく保険金を取得しようとする目的で締結されたものと推認できる，と判示したうえで，保険契約者が故意に保険事故を招致したり，保険事故を仮装したりするか，少なくとも事故に乗じてこれによる受傷の症状を誇張して不必要な長期入院をすることによって不法に入院に基づく保険金を取得しようとする目的で締結した保険契約は，不法な利得目的を達成するための不可欠の手段として締結されたものであり，公序良俗に反するものとして無効であるとも判示した。この判決が公序良俗違反による保険契約の無効を認めて以後，数は少ないがいくつかの裁判例においても公序良俗違反による保険契約の無効が認められてきた。

　②　東京地判平成6年5月11日判時1530号123頁は，障害特約付の高額な生命保険契約締結していた会社の代表者が交通事故により身体障害表の第1級である両下肢麻痺の傷害を負ったとして6億6000万円を請求した事案について，会社の代表者を被保険者する生命保険が昭和63年4月から平成4年6月までの間に11件締結されその保険金合計が15億6000万円であることを認定したうえで，次のように判示して一部しか請求を認めなかった。すなわち，昭和63年4月21日に締結された保険契約①がその額からみても，その時期からみても，なんら問題のないものであることは明らかであり，平成2年6月12日に締結された保険契約②についてみると，平成2年6月当時は，会社が有価証券取引と木材や石材の輸入により年間約3億3000万円程度の売上げを上げているものの，債権者に対して極度額金3億円の根抵当権を設定した時期で，同年9月末の短期借入金は約6億4400万円程度に達していること，この時点の会社負担の保険料は月額合計で金44万7570円であり，少ない額ではないが会社の売上規模からみれば支払えない金額ではないと考えられることなどの点に鑑みると，この時点で，原告の個人会社として，原告が死亡するなどした場合に上記短期借入金の額にほぼ見合う総額6億9000万円程度の保険金が受け取れる生命保険に加入することも，あながち不自然なことではなく，社会通念に照らしても許容される範囲内のものと考えられる。しかしながら，平成4年6月12日に締結された保険契約③については，前記①②と同様に考えること

はできない。なぜなら，この時点で原告を被保険者とする生命保険契約の保険金額は合計金15億6000万円に達し，これは会社の年間売上高の約4倍から5倍に相当すると考えられることや，その保険料は名義の如何を別にして年間金1254万円余にも上っていて，当時約8億7800万円もの短期借入金の返済を抱え，さらにロシアへの当面の投資として約3億6500万円もの新たな資金を必要としていた会社が実質的に原告の個人分も含めて今後負担し続ける保険料としては著しく不相当な額であることを考えると，いかに被保険者である原告が会社の代表取締役であったとはいえ，社会通念に照らし，会社が社会的に合理的な危険分散のために加入する保険としては，明らかに限度を超えたものといわなければならないからである。そして，生命保険契約のような射倖性のある契約については，社会通念上合理的と認められる危険分散の限度を著しく超えてこれに加入することを認めるならば，自己もしくは第三者の生命を弄んで不労の利得を得ようとする者や危険発生の偶発性を破壊しようとする者が生じて保険制度の根幹を揺すことにもなりかねないから，社会通念上合理的と認められる危険分散の限度を著しく超えることとなる生命保険契約については，当事者間の合意に関わらず，もはや社会的に許容することのできない不相当な行為というべきであり，このような事態の発生・回避について保険契約自体に特段の取決めがなされていない場合であっても，民法90条に照らしてその法的効果を認めることはできないというべきである。そして，本件については，いつの時点で社会通念上合理的と認められる危険分散の限度を著しく超えたというべきかについては問題がないわけではないが，右に認定の諸事実を総合的に勘案すると，少なくとも本件保険契約③が締結された時には明らかに危険分散の限度を著しく超えているものと判断されるから，本件保険契約③は，民法90条に照らして無効というべきである，と判示した。

　保険契約①，②も無効になるのではないかという疑問もなくはないが，少なくとも社会通念上合理的と認められる危険分散の限度を著しく超える場合の判断基準として，保険料が会社の規模等を考慮して高額であることを認定しているのは注目すべきである。

　③　大阪高判平成9年6月17日判時1625号107頁は，生命保険契約の個数と内容において，保険契約者ないし保険金受取人，被保険者の年齢，職業，身

分関係，収入，生活状態その他の事情からみて，保険金が巨額にのぼり，保険料も高額で，明らかに長期間にわたる保険契約の継続が予定されておらず，また，そのような個数と内容の保険契約に加入するについて，なんらの必要性および合理的理由もなく，さらに，保険事故の発生日時において，保険契約の給付責任開始日あるいは自殺免責期間の経過との間に有意的な相関関係が認められ，しかも，保険契約の締結にあたり，保険契約者ないし被保険者において人為的な保険事故を誘発させるような著しく誘惑的な環境の作出されることが認識されており，その結果として人為的な保険事故が招来されたと認められるときには，生命保険契約における保険事故の偶然の事実へ依存関係が破壊され，かつ，かつ契約の締結が当初から不労の利得そのものを専らの目的として不正に行われたものとして，当該生命保険契約は公序良俗に違反して無効と解すべきである，と判示した。この大阪高裁判決において注目すべきであるのは，公序良俗違反となる場合として，保険事故における偶然性の欠如と不労利得の目的があげられていることである。そして，これらが認定される要素として，①保険金が巨額にのぼり，保険料も高額で，明らかに長期間にわたる保険契約の継続が予定されていないこと，また②そのような個数と内容の保険契約に加入するについて，なんらの必要性および合理的理由もないこと，さらには③保険事故発生時における保険契約の給付責任開始日あるいは自殺免責期間の経過との間に有意的な相関関係が認められることがあげられている。

　これらの従来の裁判例では，保険金の不正受給目的という主観的態様を要件としているものと，保険契約の過度の累積をのみを問題としているものがある[17]。これらの要件は互いに密接に関連する場合が多いのであるが，他方を欠いているからといって直ちに公序良俗に反しないというものではないことに注意しなければならない。

　なお，生保試案（2005）673条の2は，「保険契約者が不法に保険金を取得する目的をもって締結した保険契約は，無効とする。この場合には，保険者は，保険料を返還する義務を負わない」と規定している[18]。保険金不法取得目的の保険契約について新しい規定を設けて，保険契約を無効したうえで，保険料

---

17)　岡田・前掲注7) 7頁参照。
18)　生保試案（2005）理由書41頁参照。

を返還する必要がないとするのである。その理由は，規定の前段は，詐欺や公序良俗違反による保険契約の無効を認めた最近の裁判例を参考にしたものであり，保険契約者が不法に保険金を取得する目的をもって保険契約を締結したときは，その保険契約は保険契約者にとって保険金詐取の手段となっているものであるから，契約自体が公序良俗に反するものであり，このような見地から，保険金不法取得目的の保険契約は無効であると定めたのである。

　保険金不法取得目的の保険契約が，具体的にどのようなものを指すかが実際の問題となる。この点について，生保試案の理由書では[19]，典型的には，同一の被保険者について傷害特約または疾病特約つきの生命保険契約が短期間に集中して多数締結され，その保険料の合計額が保険契約者の収入からみて過大であり，しかも保険契約締結後の早い時期から，保険金受取人が特約に関して事故発生の仮装による入院給付金支払請求，不必要入院による入院給付金支払請求などを行っている場合が考えられるという。このような場合において，保険契約締結の状況および保険契約成立後における給付金の請求の状況等の総合判断により，保険契約者が不法に保険金を取得する目的で保険契約を締結したものであるか否かが判断されることになる。

　また，保険契約の締結に関して民法96条の詐欺が成立するためには，保険契約者が契約締結時に，保険者に対して虚偽の事実を告げるなどの欺罔行為を行ったことが必要であると解されるが，上記の試案の規定は，保険契約者が不法に保険金を取得する目的をもって締結した保険契約を無効とするものであり，保険契約者が契約締結時に保険者に対して具体的な欺罔行為を行ったことは，この規定による保険契約の無効の要件ではないとされている。

　さらに，保険契約が無効となる場合の保険料返還の問題については，保険契約者が保険金不法取得目的で保険契約を締結したときには，保険契約者による保険料の支払も保険金不法取得目的と同じであるから，保険契約者は保険料の返還を請求できないものとせざるをえない。この場合に返還請求ができるとすれば，保険契約者が自己の不法な行為を理由として保険料の返還請求を認めることになり，衡平の原則から適当ではないことを理由とするものである。

---

19) 生保試案（2005）理由書41頁参照。

3 保険契約者，被保険者または保険金受取人の詐欺または強迫

(1) 詐欺または強迫の主体　生命保険契約や傷害疾病定額保険契約における詐欺または強迫の主体は，保険契約者，被保険者または保険金受取人となっている。損害保険では保険契約者または被保険者であり，生命保険契約や傷害疾病定額保険契約では保険金受取人が主体として追加されている。

保険者側に詐欺または強迫の事実があり，それを理由に保険契約者が保険契約を取り消す場合には，本条の適用はないという見解がある[20]。保険者の詐欺としては，いわゆる融資話法の事例がある（神戸地判昭和26年2月21日下民集2巻2号245頁）。しかし，本条は保険料を返還する義務を負わない場合を定めたものであるから，保険者に詐欺等があった場合には本条の適用はないのは当然である。

(2) 詐欺または強迫　詐欺または強迫による意思表示においては，表示と内心の意思効果は一致しているが，効果意思の形成に際して，表意者に外的な作用すなわち詐欺や強迫が加えられたために，自由な意思決定が妨げられたことから，無効ではなく，取り消すことができることになっている（民96条1項）。このように民法では詐欺と強迫を並べて規定している。

詐欺については，前述のように，保険契約について裁判例も多く学説においても議論されてきた。しかし，保険契約者等の強迫については，これまで議論されてこなかったように思われる。強迫による意思表示とは，表意者が他人の強迫によって恐怖心を生じその結果としてなした意思表示であり，強迫者の故意，違法な強迫行為，恐怖心を感じたこと，恐怖心により意思表示したことは，大体において詐欺の要件に対応している[21]。強迫による意思表示を取り消すことができるのは，詐欺と同様であるが，第三者が強迫した場合相手方が善意でも常に取り消すことができることや（民6条2項参照），善意の第三者にも対抗できる（民96条3項参照）点において，詐欺と異なる。保険契約の場合には，通常保険者がその意思表示を取り消す場合には，詐欺を理由とすることで十分であり，強迫を理由とすることは想定できない。民法96条と平仄を合わせる

---

[20] 落合誠一監修・編著・保険法コンメンタール（損害保険・傷害疾病保険）105頁［小林登］（2009）参照。

[21] 川島武宜＝平井宜雄・新版注釈民法(3)504頁［下森定］(2003)参照。

趣旨で強迫も取消事由としたものであろう。

4　遡及保険の規定により保険契約が無効とされる場合

　死亡保険契約を締結する前に発生した保険事故に関し保険給付を行う旨の定めは，保契約者が当該死亡保険契約の申込みまたはその承諾をした時において，当該保険契約者または保険金受取人がすでに保険事故が発生していることを知っていたときは，無効となる（39条1項）。また，傷害疾病定額保険契約を締結する前に発生した給付事由に基づき保険給付を行う旨の定めは，保険契約者が当該傷害疾病定額保険契約の申込みまたはその承諾をした時において，当該保険契約者，被保険者または保険金受取人がすでに給付事由が発生していることを知っていたときは，無効となる（68条1項）。このように，保険契約締結時にすでに保険事故や給付事由が発生している場合，保険契約者等がそのことを知りながら保険契約の申込みまたは承諾をして保険給付の受領を認めることは，不当な利得を認めることになるから，そのような遡及保険を無効とするものである。このような不当な利得を防止するという遡及保険の規定の趣旨に照らして，保険契約の申込みまたはその承諾をした時に保険契約者等が保険事故や給付事由の発生を知っていた場合，その制裁として保険料を返還しないこととするのが相当である。

　保険者が悪意の場合にも，保険者は保険料を返還しなくてもよいかが問題となる。本条2号ただし書は，保険者が保険事故または保険給付の発生を知って保険契約の申込みまたはその承諾をしたときは，保険者は保険料の返還義務を免れない旨を定めている。これは，保険者が保険事故や保険給付の発生を知って保険契約の申込みや承諾をしたときは，もはや保険者に保険料の取得を認める理由がないことから，例外的にこのような場合を規律の対象から除いている，という説明がなされている[22]。なお，詐欺や強迫による取消しの場合，保険者の悪意についてはなんら定められていない。本条2号ただし書との対比において，保険者の悪意の場合を除外する趣旨であると考えるのは難しいであろう[23]。

　22）　一問一答 106 頁参照。
　23）　落合誠一監修・編著・前掲注20) 106 頁参照。

5 片面的強行規定

本条は，片面的強行規定である（65条3号・94条3号）。したがって，本条の規定に反する特約で，保険契約者に不利なもの，すなわち本条1号，2号以外の無効・取消事由について保険料の返還義務を負わないとする特約は無効となる。前述のように，詐欺による契約を無効として保険料を返還しないという保険約款は，片面的強行規定である本条に反して無効となる。

なお，本条は，債務が存在しないことを知って弁済した場合（民705条）や不法な原因のために給付をした場合（民708条）の保険契約に対する適用を否定するものではない[24]。

〔甘利公人〕

---

24) 一問一答107頁参照。

> **（強行規定）**
> **第65条** 次の各号に掲げる規定に反する特約で当該各号に定める者に不利なものは，無効とする。
> 　一　第55条第1項から第3項まで又は第56条第1項　保険契約者又は被保険者
> 　二　第57条又は第59条　保険契約者，被保険者又は保険金受取人
> 　三　前2条　保険契約者
>
> **（強行規定）**
> **第94条** 次の各号に掲げる規定に反する特約で当該各号に定める者に不利なものは，無効とする。
> 　一　第84条第1項から第3項まで又は第85条第1項　保険契約者又は被保険者
> 　二　第86条又は第88条　保険契約者，被保険者又は保険金受取人
> 　三　前2条　保険契約者

条文解説

1　告知義務違反・危険増加による解除

　65条1号では，告知義務違反による解除に関する55条1項から3項まで，または危険増加による解除に関する56条1項の規定に反する特約で，保険契約者または被保険者に不利なものは無効とするとしている。

　55条1項から3項までは，保険契約者または被保険者が故意・重過失により告知義務違反をした場合に限って保険者は保険契約を解除することができるとするとともに，保険媒介者が告知妨害をした場合等には当該解除をすることができないとするものである。

　また，56条1項は，保険契約者または被保険者が危険増加に関し故意・重過失により約款上の通知義務に違反した場合に限って保険者は保険契約を解除することができるとするものである。

　このように，55条および56条は，告知義務違反または危険増加による解除の要件を限定することにより，告知義務または通知義務の主体である保険契約

者と被保険者の保護に資する規定であるため，その片面的強行規定について定める65条1号では，「保険契約者又は被保険者に不利な」特約を無効としている。

これにより，たとえば，保険契約者等の軽過失による告知義務違反の場合でも保険契約を解除することができるとする特約や，保険媒介者による告知妨害があった場合でも保険契約を解除することができるとする特約などは，無効となると考えられる。

2 重大事由による解除・解除の効力

65条2号では，重大事由による解除に関する57条，または解除の効力に関する59条の規定に反する特約で，保険契約者，被保険者または保険金受取人に不利なものは無効とするとしている。

57条は，モラル・リスクの防止等の趣旨から，保険契約者，被保険者または保険金受取人が重大事由を生じさせた場合に保険者は保険契約を解除することができるとするものであるが，同時に，重大事由に該当しない軽微な事由による解除を認めないという意味では，保険契約者，被保険者または保険金受取人の保護に資するものであるということができる。

また，59条は，告知義務違反，危険増加または重大事由による解除がされた場合に保険者は一定の範囲で保険給付を行う責任を負わないとするものであるが，同時に，これらの解除に伴い保険者が免責となる範囲を制限しているという意味では，保険契約者，被保険者または保険金受取人の保護に資するものであるということができる。

このように，57条および59条は，重大事由の対象である保険契約者，被保険者または保険金受取人の保護に資する規定であるとともに，告知義務または通知義務の主体である保険契約者と被保険者および保険給付の請求の主体である保険金受取人の保護にも資する規定であるということができるため，その片面的強行規定について定める65条2号では，「保険契約者，被保険者又は保険金受取人に不利な」特約を無効としている。

これにより，たとえば，危険増加が生じる前に発生した保険事故についても保険者が免責されるとする特約や，保険金受取人が保険給付の請求について詐

欺を行った場合に，当該請求の原因となった保険事故についても保険者が免責されるとする特約などは，無効となると考えられる。

3 保険料積立金の払戻し・保険料の返還の制限

65条3号では，保険料積立金の払戻しに関する63条，または保険料の返還の制限に関する64条の規定に反する特約で，保険契約者に不利なものは無効とするとしている。

63条は，免責事由等により保険契約が終了した場合に保険者から保険契約者に対して保険料積立金の払戻しをしなければならないとするものである。

また，64条は，保険契約者等の詐欺により保険契約が取り消された場合等に保険者は保険料を返還する義務を負わないとするものであるが，同時に，保険者が保険料返還義務を免れる範囲を制限しているという意味では，保険契約者の保護に資するものであるということができる。

このように，63条および64条は積立金払戻請求または保険料返還請求の主体である保険契約者の保護に資する規定であるということができるため，その片面的強行規定について定める65条3号では，「保険契約者に不利な」特約を無効としている。

これにより，たとえば，保険料積立金の一部の払戻しをしないとする特約や，詐欺取消しまたは遡及保険（39条1項）による無効の場合以外にも保険料の返還を行わないとする特約[1]などは，無効となると考えられる。

〔萩本　修・嶋寺　基〕

---

1) もっとも，民法の不法原因給付（民708条）や非債弁済（民705条）に該当する場合には，保険者は保険料を返還する義務を負わないと考えられる。

保険料不払を理由とする保険契約の解除・失効

I 保険料不払の意義と効果[1]

1 保険料の不払に対する一般契約法上の対応措置と保険契約の特殊性

　保険料の不払（以下では，履行期に支払のないことを指す）の場合の法律関係について保険法は特別の規定を置いていない。保険料支払義務は，保険契約における保険契約者の中心的な債務である（2条1号・3号参照）。それは有償双務契約における対価としての金銭債務であるから，保険料の不払は，保険料支払債務の不履行であり，それに対しては，一般契約法上，債権者に，強制履行（民414条），損害賠償請求（民415条・419条），契約の解除（民541条）という方法が認められる[2]。

　しかし，保険料支払義務は，個別の契約における一方当事者の中心的債務にとどまらず，保険という集団的な契約関係における原資確保という意味を有しており[3]，単純に個別契約における他方当事者の契約利益に尽きない面がある[4]。そこでは，第1に，保険料は保険給付の原資であり，保険という集団的な仕組みにとって保険料が支払われることがきわめて重要であるため，保険料の支払は前払が原則であり，保険料の支払を受けないまま役務提供（保険保護あるいは危険の負担）が余儀なくされることのないよう仕組み（「保険料なければ保険なし」と言われる）を構築する必要がある。また，第2に，集団的な契約関係であるため，保険契約者の間の公平性の確保が要請される。さらに，第3に，

---

1) 以下では，専ら生命保険契約に焦点を置いて記述する。
2) 井野直幸「保険料の支払義務」塩崎勤編・生命保険・損害保険（現代裁判法大系25）53頁（1998），倉澤康一郎・保険契約法の現代的課題229-230頁（1978），洲崎博史「保険契約の解除に関する一考察」論叢164巻1～6号234頁（2009）（保険料不払を理由とする債務不履行解除に関し，保険法の沈黙がその解決を一般法理に委ねたものとする），大森302頁参照。
3) 保険制度的・保険技術的に見れば保険金支払準備金たる共同備蓄金への出捐・拠出金である（倉澤・前掲注2）229頁，大塚龍児〔判批〕生保百選138頁）。
4) 笹本幸祐「保険料支払義務」倉澤康一郎編・生命保険の法律問題〈新版〉（金判1135号）98頁（2002）。

*保険料不払を理由とする保険契約の解除・失効　I

多数の保険契約者および保険契約を処理せざるをえない保険者の便宜への配慮が求められる。保険者の便宜の観点は，ひいては保険契約者全体に跳ね返るものであるから，その点への配慮という意味をも有している[5]。

このため，一般契約法における一方当事者の債務不履行の規律とは異なる処理が約款によって定められている。

2　約款による対応

約款による規律は，初回の保険料の不払の場合と第2回以降の保険料（継続保険料）の不払の場合とで異なっている。すなわち，個人生命保険の場合，初回保険料については，その支払がなされない限り，責任が開始しない[6]。もっとも，生命保険会社の実務では，契約の承諾後に第1回保険料の支払を受ける取扱いは原則として行われていないという[7]。そうだとすると，初回保険料の支払についてその不払ゆえの債務不履行が問題となる局面は実際にはほとんど生じないことになる[8]。これに対し，第2回以降の保険料については，保険契

---

[5]　保険者の便宜の点は，コストとして保険料に転嫁しうることを考えると，保険契約者全体で負担すべきかどうかという観点となって現れる。とりわけ，保険料不払への対応という点は，一部の主体による不払への対応のコストを全体で引き受けるべきかという問題に連なり，第2の観点にも関わる。コストの大きさや立場の互換性の評価などが問題となろう。

[6]　責任の開始の時点は，第1回保険料の受領時と契約の承諾，告知の時期の前後によって異なる。すなわち，基本的には，第1回保険料の受領の時が責任の開始の時であるが，第1回保険料（充当金）の受領後に契約の承諾があった場合において被保険者に関する告知の前に第1回保険料（充当金）の受領があったときは，第1回保険料（充当金）の受領時ではなく告知の時から責任が開始する（山下211頁参照）。

[7]　山下212頁。

[8]　約款には特別の規定がない。理論的には債務不履行を理由として契約の解除をなしうるとされている（笹本・前掲注4）98頁。また，ドイツ保険契約法37条参照）。仮に契約の解除がされた場合，その効力に関して，保険法は解除の効力を一般的に将来効であると定めていること（31条1項・59条1項・88条1項）との関係が問題となる（山下友信「保険法現代化の意義」ジュリ1368号67頁（2008），同「保険法制定の総括と重要解釈問題（損保版）」損保71巻1号60-61頁（2009））。改正前商法下における損害保険契約（火災保険）の事例において，判例は保険料不払を理由とする民法541条に基づく契約の解除を認め，保険料を領収しない間は損害てん補責任を負わない旨の約款規定を前提に，この場合の解除の効力につき遡及効を認めている（最判昭和37年6月12日民集16巻7号1322頁）。保険法の下でも，保険法の上記規定は，継続的に保険保護が提供されている保険契約においてそれを覆すことは適切ではないという判断を基礎とするものであって，その趣旨に照らすと，当初より保険保護が否定されているこの場面においては，保険法31条等の適用がないという解釈が簡便であると指摘されている（洲崎・前掲注2）237頁）。これは生命保険契約にも妥当するが，約款上，免責ではなく責任不開始が定められている生命保険契約においては，保険料の対価である反対給付（保険保護・

約は当然に失効するものとされ9),保険料の履行期(払込期限)と失効の効果が発生する時期との間に一定の「猶予期間」(月払の場合1か月)が設けられている(後述II)。この「猶予期間」はその間に保険料の支払がなされるならば債務不履行が治癒され保険契約者側に不利益が生じないとされる期間である10)。以下では,後者の第2回以降の保険料の不払に関する規律を扱う。

3 強制履行,損害賠償請求の可能性

上記の約款の規律は契約の解消に関するものである。これに対し,一般契約法上認められる他の救済手段である強制履行や損害賠償請求については,特別の定めはない。これは,一般契約法によるという趣旨ではなく,これらの手段をとることは想定されていない。

(1) 強制履行　　まず,強制履行については,個人の生命保険契約において──さらにいえば,企業向けの保険を除きより一般的に保険契約において──,保険料につき強制履行(訴求可能性)は重視されていない。実際にも訴求は行われておらず,保険者にその意図もないという。保険料の額が(相対的に)少額であって,訴訟を通じ強制することが非経済的であることがその理由とされる11)。生命保険の場合にはとくに,保険料の支払について保険契約者の任意

　　危険の負担)の提供が具体的に生じていない(現在化していない)以上,遡及効であればもとより仮に将来効であるとしても(初回)保険料を支払う義務は存続しないと解される。
9)　「失効」という概念から明らかなように将来効である。仮に,一般契約法の規律により債務不履行解除(民541条)がされた場合にも,その効果は将来効となる(31条1項・59条1項・88条1項)。なお,一般契約法の問題として,債務不履行を理由とする民法541条に基づく解除が常に遡及効──民法545条1項の解釈として遡及効とする判例・通説を基礎とする──となるわけではなく,契約類型に応じ,将来効の余地もあると解される。たとえば,不動産賃貸借契約における賃借人の賃料不払を理由とする契約の解除については,その要件面で信頼関係破壊の法理が確立した現在においては,その根拠条文は要件面では民法541条──無催告解除の可否を含めて同条の解釈問題となる──であり,効果面では民法620条と解される。解除の将来効の一般規定が保険法で導入される前であっても,保険契約についても同様の構造を想定しうる。
10)　損害保険の場合には,保険料の不払があると,その後に生じた保険事故については責任を負わないものとされ(免責事由),また一定期間経過後は保険者に契約の解除権が付与される定めとなっている。解除権が行使されると,保険契約は元来の履行期(払込期日)に遡って終了する。これに対し,個人生命保険の場合,猶予期間中の保険事故も責任対象となり,また,契約の失効は元来の履行期を起点とするのではなく猶予期間の満了の翌日からの失効である。猶予期間中に保険事故が生じた場合の保険料の支払は,保険金からその分を差し引く形で実現される。

＊保険料不払を理由とする保険契約の解除・失効 I

性を明文で定める立法例もある12)。

　少額ゆえの強制履行の非現実性は，敷金返還債権や扶養料債権など他にもみられる事象であり，保険料の確保が保険者にとって，ひいては保険という仕組みにとってきわめて重要であることを考えると，強制履行が重視されて然るべきであるようにも思われるが，そうではないのは，保険料支払の場合には，保険契約における中心給付（保険保護・危険の負担）は，請負や委任と同様の意味で，保険契約者（側）の利益のためであり，保険契約者にとって無意味となっている契約について，保険料の支払義務を継続させ，それを意思に反して強制してまで保険契約を継続させる意味に乏しいことがあげられる。これは，任意解除権（解約権）が保険契約者に認められること（54条・83条。個人生命保険契約において，従前より，約款上も任意解除権が保障されている。）と表裏をなしている。上記の猶予期間と当然失効という契約の迅速な解消に関する約款の定めは，保険料の支払が個別契約たる保険契約と保険制度の双方にとってきわめて重要でありながら，強制可能性を否定するという，一種矛盾した要請を調整する仕組みとして，採用されているといえる13)。

　(2)　損害賠償　　次に，損害賠償請求については，金銭債務の不履行であるから，債務者の帰責事由は要求されず，債権者は当然に法定利率によって計算される額の遅延損害金を損害賠償として請求することができる（民415条・419条）のが一般契約法の原則である。しかし，実務上，あえてそのような損害賠償請求はされていない14)。1か月（半年払・年払の場合はプラスアルファ）の猶予

---

11)　山下333-334頁。また，竹濵修「生命保険契約の失効と復活」三宅一夫追悼・保険法の現代的課題274頁（1993）（失効約款の意義として，大量処理を要する保険者が個々の契約について時間と費用をかけて保険料の取立てに強制執行の方法をとったり，契約を解除して損害賠償請求をするなどの手段を省略して簡便に処理しうる便宜に着目する），井野・前掲注2) 54頁（生命保険の継続強制の実際上の不可能，大量の契約ゆえの保険会社の事務処理能力の限界を指摘する）参照。

12)　フランス保険法典L. 132-20条1項。山下333-334頁，岩崎稜「生命保険と保険料の払込」ジュリ759号84頁（1982）。

13)　山近道宜「保険料の意義とその支払義務」塩崎勤＝山下丈編・保険関係訴訟法（新・裁判実務大系19) 264頁（2005），大塚・前掲注3) 139頁参照。損害保険に関し，西島梅治〔判批〕損保百選43頁参照。

14)　このことは，法的に損害賠償請求が認められないということではなく，保険者が損害賠償請求権を放棄しているにすぎない。かつては，約款上，遅延損害金の定めが設けられていたが（明治33年生命保険模範普通保険約款5条，明治44年生命保険模範普通保険約款4条1項），

期間を経て契約の当然失効を定める約款の規律が，少額の保険料について強制履行を不必要とするとともに，損害賠償請求をも非現実的なものとしているといえよう[15]。

このように，保険料の不払・保険料支払義務の不履行への対応は，保険契約の解消が鍵であり，上記約款の定めはその要をなしていることになる。

II 約款による処理とその評価

1 約款による処理の具体的内容

前述のように個人の生命保険契約において保険料不払があった場合の処理は約款で定められている。典型的な内容は，次のとおりである。

① 保険料の支払時期について，払込期日・払込期月が定められているが，当該払込期日または払込期月の満了時までに払込みがない場合，原則として，月払の場合には1か月の，半年払・年払の場合にはそれに加えた猶予期間が与えられる[16]。

② ①の猶予期間内に払込みがないときは，猶予期間末日の翌日から，保険契約は失効する。

③ ①の猶予期間内に保険事故（保険金の支払事由）が生じたときは，責任の対象となり，保険金の給付が行われる。その場合，未払保険料の額を保険金の額から差し引いた額が支払われる。

④ 保険契約の失効の日から3年以内は，保険契約者は保険契約の復活を請

　昭和2年（1927年）の約款改正により，削除され，現在に至っている（森荘三郎「生命保険の模範普通保険約款の沿革」生経2巻附録10頁，15頁，33頁（1930），倉澤・前掲注2）229頁，吉田明「国民生活審議会約款適正化報告に対する生保業界の約款モデルについて（その1）」生経51巻3号377頁注1（1983））。

15) これに対し，復活が認められる場合には，その間の未払保険料につき遅延損害金の支払を要求することも現実的な意義があると考えられる。モラル・ハザードの防止の観点や保険契約者間の公平の観点から望ましいとも考えられる。しかし，実務上は遅延損害金の支払請求はされていない。かつて，約款上，遅延損害金の支払義務が定められていたときにおいてもそうであったが，現在は，実務上の扱いにあわせ，約款上も遅延損害金の支払は要求されていない（山下352頁注50参照）。

16) 巻末約款15条（月払の場合は払込期月の翌月初日から末日まで，年一括払や半年一括払の場合は払込期月の翌月初日から翌々月の月単位の契約応当日までが，「猶予期間」とされる）参照。

＊保険料不払を理由とする保険契約の解除・失効　II

求することができる。保険契約者が復活の請求をするときは，改めて告知をしなければならない。保険者には，諾否の選択権がある。保険者が，承諾したときは，保険契約者は，保険者の指定する日までに保険者の指定した場所において，既到来の保険料期間に対応する未払保険料を支払わなければならない[17]。保険者は，この未払保険料の支払があった時から責任を負う。

　⑤　保険料の支払については，保険料の払込みが①の猶予期間内にされなかったときでも，解約返戻金があるときは，その範囲内で[18]保険者は自動的に保険料相当額を貸し付け，保険料の払込みに充当し，これによって，保険料の不払が治癒される（保険料自動振替貸付）。この場合には保険契約は失効しない。猶予期間の満了日の翌日から起算して一定期間内に，保険契約者から保険契約の解約請求があったときは，保険者において自動振替貸付は行われなかったものとして処理される。

2　債務不履行解除に関する一般則との比較

　債務不履行を理由とする契約の解除の一般則（民541条）と比較した場合，上記の約款による処理は，保険料不払の事情を問わず，催告および解除の意思表示を要しない当然失効という扱いとしている点（1②）に特色がある。この点において，保険者の契約からの離脱を容易にし，反面保険契約者に不利益を課すことになる。このような保険契約者側の不利益に対する緩和措置として，催告における相当期間に比し相対的に長めの「猶予期間」の設定（1①）[19]，

---

[17]　前述のとおり（前掲注15)），約款上も実務上もこのとき遅延損害金の支払は要求されていない。

[18]　保険料相当額の貸付の構成であり，保険料相当額とその利息の合計額が解約返戻金額を超えないことが必要である。

[19]　民法541条の「相当の期間」は，催告を受けて初めて履行の準備にかかりこれを完了するのに要する期間ではなく，すでに履行の準備が大体できているものを提供するに要する期間とされている（大判大正13年7月15日民集3巻362頁）。金銭債務の不履行の場合に催告から解除の意思表示までに要求される期間の相当性に関しては，賃貸借契約における賃料の支払につき，中2日（最判昭和47年1月20日判時659号55頁），3日間（最判昭和37年3月29日民集16巻3号662頁），土日を含む中3日（最判昭和39年10月27日判タ169号128頁）を相当としたものがある。相当の期間がどの程度であるかは，それぞれの場合につき債務内容や取引慣行等を考慮して信義誠実の原則に従って決せられるとされており（前掲最判昭和39年10月27日），判例・裁判例においても，金額の多寡，従前の経緯と当事者の行動，履行の容易さ，商事取引性等の諸事情が総合考慮されている（判例・裁判例につき谷口知平＝五十嵐清

猶予期間内の保険事故をも責任対象とすることによる実質後払の処理（1③），「復活」による契約上の地位の回復の処理[20]と3年という長期にわたる「復活」の機会の付与（1④）[21]，自動貸付による不払の治癒ないし失効の延期措置（1⑤）が組み込まれている。しかし，これらの緩和措置が，債務不履行を認識しないまま契約の失効の効果を受けることを余儀なくされかねないという保険契約者の不利益を補うに足るものかは，評価が分かれる。とくに生命保険の場合には，健康状態の変化により新たな保険契約の締結が不可能または著しく困難ともなりかねず，保険保護が保険金受取人の生活保障に関わるにもかかわらず保険保護の提供を受けえない地位に置かれることになって，保険契約者（側）の不利益は重篤なものとなりうる。このため，このような約款の処理は従前から問題視されてきた[22][23]。とくに指摘されてきたのは，催告と帰責事由の問題である。

　編・新版注釈民法(13)〈補訂版〉825頁［山下末人］(2006) 参照）。金銭債務については，個別の事情によるが，2日や3日といった数日の期間で相当としたものも少なくない。
　生命保険の立法例では，2週間とするものが多く，生保試案 (2005) はそれを受けて14日を提唱している。もっとも，フランスの場合は，支払期限後10日以内に支払がないときに書留郵便を発送するものとし，その発送後40日の据置期間を法定している（フランス保険法典L.132-20条。岩崎・前掲注12) 80頁）。
　以上の判例・裁判例や立法例・立法提案を前にするとき，最も問題となりやすい消費者契約の場合の口座振替の事例の場合を考慮しても，1か月（月払の場合）という「猶予期間」は，期間の長さという点では，金銭債務の債務不履行解除の場合に要求される「相当の期間」に比し，相当の長期と評価することができよう。

20）　復活の法的性質をどうとらえるかはそれ自体が問題である（本書241頁以下〔洲崎博史〕参照）が，ここでは立ち入らない。
21）　民法上の債務不履行解除の規律によれば，催告がされて相当期間内に履行しない場合には解除権の行使により確定的に契約の解除がされ，別個新規に契約を締結することになるのに対し，失効約款においては復活の制度が用意されていることを比較すると，保険契約者にとっての有利不利は一概には言えないとの指摘がある（勝野義孝・生命保険契約における信義誠実の原則——消費者契約法の観点をとおして211頁，221頁 (2002)）。
22）　山下343頁。損害保険についてであるが，中出哲「保険料の不払と契約の解除」塩崎勤＝山下丈編・保険関係訴訟（新・裁判実務体系19）48頁 (2005)。
23）　問題の現れ方には変遷がある。かつては，保険料支払債務の履行の方法・態様・場所との関係で，「集金扱い」の場合に持参債務か取立債務かという形で問題が出現していた。しかし，その後，約款の改定と，集金扱いの減少とから，問題は縮小し，代わって，口座振替扱いの場合の問題が先鋭化・顕在化している（井野・前掲注2) 56-57頁）。

3 立法例, 立法提案

立法例では、このような約款の効力を認めず、催告を要求する例もある[24]。

立法提案においても、生保試案（2005）は、継続保険料（第2回以後の保険料）の不払の場合に、14日の期間を定めての催告を要求し、その期間内に支払がなかったときには当然解除とすることを軸に、催告の方法（通常扱いの郵便）や到達をめぐるリスク配分（発送があったときは通常到達すべきであった時に到達したものと推定する）等についての規律を、任意規定として[25]提唱している（679条の3）。

III 約款による処理の「合理性」をめぐる個別問題

約款による猶予期間と当然失効という継続保険料不払の場合の処理の合理性をめぐる問題として、帰責事由と催告をとりあげる。

1 帰責事由・帰責性

保険料の不払は金銭債務の不履行であるため、損害賠償請求においては帰責事由は不要である（「不可抗力」をもっても免責されない。民419条3項）。一方、契約の解除の要件についてはそのような特則はない[26]。

履行遅滞を理由とする契約の解除において債務者の帰責事由を要するかについては変遷がある。解除の制度趣旨がかつてのように債務の本旨に従った履行をしない債務者に対する責任追及の制度ではなく、債務が履行されず約束された契約利益を期待できないにも関わらず契約に拘束される相手方を契約の拘束力から解放する制度であるととらえられるようになり、その結果、不履行者の帰責事由を問うことなく、契約利益をもはや期待できない状態（「重大な契約不

---

24) ドイツ保険契約法38条は、継続保険料の支払に関し、書面により2週間以上の支払期間を指定し、その経過に伴う法的効果を通知しなければならず、その支払期間内に支払がなされないときに保険者に解除権（解約権）を認めている。この規定は、保険契約者の不利益に変更することのできない片面的強行規定である（ドイツ保険契約法42条）。
25) 生保試案（2005）理由書113頁。
26) 解除の場面において民法419条の適用があるかは争いがあり、判例は一般論として解除の場合にも民法419条を援用しているとされるが、裁判例では逆の判断が示されている。学説では、否定するのが大勢である（奥田昌道編・注釈民法(10)662頁〔能見善久〕(1987)）。

履行」などと言われる）となれば契約の解除による救済を認めるというのが，現在の有力な——あるいはむしろ主流の——考え方である[27]。

このような理解によれば，保険契約における保険料支払債務の重要性に鑑みれば，その遅滞があれば，1回の不履行でも治癒の機会の付与に対しなお支払がなければ通常は重大な不履行に該当すると考えられ，帰責事由を問うことなく，契約の解除の救済が認められることになる。

もっとも，債務者としてなすべきことを行っている限りは，弁済の提供があり，債務不履行責任自体が発生しない（債務不履行解除の要件である債務不履行ないし履行遅滞の要件を満たさない）ことになる（民492条）。裁判例にみられるような，口座振替による保険料支払方法が採用され，振替依頼書の提出等が適時に行われており，振替日に必要な預金残高が指定口座にあり，保険者の振替請求があったならば振替が可能な状態に置かれていたというような場合には，債務不履行の効果は生じない。失効約款の解釈としての不払（「払い込まれないとき」）の意義についても，そのような場合は該当しないと解される[28]。

また，一般に，契約の中心的債務である金銭債務の不履行について，帰責事由を問わず契約の解除が認められるとしても，消費者契約において，当然失効という効果をもたらす特約の効力を考えるとき，帰責事由を問わずに当然失効とする特約内容が合理性を有するかは別問である[29]。

裁判例では，損害保険における継続保険料不払の場合の免責条項について，当該条項による免責の効果がもたらされるためには保険契約者の責めに帰すべき事由による支払遅延を要するとしたものがあり[30]，帰責事由を要求するの

---

27) 議論状況につき山本敬三・民法講義IV-1契約172-184頁（2005）参照。ただし，その場合にも，債権者の側に帰責事由があるときは，債権者がこれによる不利益を解除によって債務者に転嫁することが許されず，解除権が生じないときがある（潮見佳男・債権総論I〈第2版〉436-437頁（2003））。

28) 山下348頁，岩原紳作〔判批〕生保百選237頁，井野・前掲注2) 63-64頁参照。

29) 中出・前掲注22) 60頁は，無催告解除を定める損害保険の条項について，帰責事由を問わない無催告解除は信義則上認められないとする。また，倉澤・前掲注2) 231頁は，生命保険約款の解釈として，その経緯を踏まえながらも，明示の排除文言が示されていない以上，民法541条の解釈を反映して，帰責事由（債務者の故意・過失）が必要であるとする。

30) 福岡地判昭和60年8月23日判時1177号125頁（「払込みを怠ったとき」という約款の定めにつき，「怠った」という表現に忠実な解釈であること，そうでなければ保険契約者を不当に不利な立場に置く帰結となることを理由に，帰責事由の必要を導く）。他の裁判例や，同判

＊保険料不払を理由とする保険契約の解除・失効　III

が裁判例の多数であるとされている31)32)。保険契約者側の帰責事由を要求することによって，その判断を通じた柔軟な処理，不合理な結果の除去・緩和が図られることが期待されていると言える33)34)。

2　催　告

(1)　無催告失効条項の問題点　　猶予期間と当然失効という約款は，このような約款がない場合のデフォルト・ルールである債務不履行解除の規律に比し，催告および解除の意思表示を不要として，画一的な失効処理を行うものである。

催告と同時に，解除の意思表示を（相当期間内に履行がないことを停止条件として）行うことは，解除の意思表示が明確である限り，その相手方を不安定な地位に置くことにもならない。したがって，上記約款による処理の最大の問題は，解除の意思表示を不要とする点ではなく，催告を不要とすることで，債務不履行の事実を認識する機会および債務不履行を治癒してそれによってもたらされ

　　決の文言解釈の問題について，出口正義〔判批〕損保百選 45 頁参照。なお，同判決は，口座振替において払込期日に必要な預金残高があったにもかかわらず振替不能が生じた事案であり，弁済の提供があったとしているから，同判決が問題とする場面は，免責の要件としての帰責事由の問題ではなく，債務不履行の存否の問題であろう（山下 348 頁）。

31)　藤田友敬〔判批〕損保百選 47 頁。

32)　生命保険の保険料不払による失効約款について，「過失」による不払の場合にのみ失効とする趣旨であるという保険約款の解釈を一方当事者が主張したのに対し，その点について判断をしなかったことをもって原審判決を審理不尽として破棄差し戻した大審院判決がある（大判昭和 3 年 12 月 8 日評論 18 巻商法 379 頁）が，同判決は当該解釈自体を認めたわけではない。学説では，民法 541 条が帰責事由を要求しているという理解のもとで，帰責事由（または「故意・過失」）を要すると解釈するものが多い（大塚・前掲注 3）139 頁，山下 343 頁。また，履行遅滞の要件・債権法の一般原則から導くものとして井野・前掲注 2）63 頁，倉澤・前掲注 2）230-231 頁）。

33)　岡田豊基「保険料支払遅滞と保険者の責任」中西喜寿 58 頁，藤田・前掲注 31）47 頁，山下 344 頁注 28 参照。

34)　「帰責事由」の判断の中で問題とされる事象には，次の 2 種があるように思われる。すなわち，一方では，前述のように債務者として行うべきことを尽くしており債務不履行責任の発生自体が否定される場面に該当し，他方では，債務不履行責任は発生するもののそれを治癒するための十分な機会が与えられないという次述の無催告失効の問題点につながるものである。「帰責事由」で問題とされる事象は保険料支払債務が持参債務かどうかという保険料支払債務の性質の議論との関連で取り上げられることも少なくない（これについて，岩崎・前掲注 12）85 頁〔要は，保険料支払の催告手続を払込期日の前・後にきちんと行い（但しその精粗は保険商品によって差があってよい），家計保険に必要な猶予期間の義務的設定も含めた十分な保険料支払有効期間を設定する立法作業ないし約款改正が，はるかに重要である〕参照）。

る不利益を解消する実質的な機会が保険契約者に付与されない点にある[35]）。

　無催告解除の特約は一般には有効であるものの[36]，判例上または法律上その効力が制限されることが少なくない[37]）。生命保険契約の失効によって保険契約者にもたらされる不利益が重大であるだけに生命保険契約において，催告の意義は重大である。それを考えると，無催告解除・失効特約は，その限りであれば，消費者契約において消費者たる保険契約者の利益を一方的に害するものである。しかし，そこには，保険契約者の利益に配慮した「代償措置」が講じられている（前記II）。相対的に長期（1か月または2か月）の猶予期間の設定，猶予期間内の保険保護，同様の契約条件での保険契約上の地位の再獲得の機会保障（「復活」の制度）と相当長期（3年）にわたるその機会の付与，自動振替貸付による不払の治癒措置である。そしてまた，このような処理の基礎には，保険契約者の任意解除権の保障，保険料支払義務の性格（強制履行，損害賠償という救済方法の非現実性）といった保険契約に特有の事情がある。

　しかし，猶予期間がどれだけ長期であろうと猶予期間が開始していることの認識がなければその恩恵は享受できない。自動振替貸付の処理も解約返戻金が十分にある場合に限られる。復活の制度も，逆選択への懸念から再度の告知と保険者の承諾が要件となっており，権利として当然に地位の再獲得が保障されているわけではない。とすると，このような「代償措置」にも関わらず，なすべきことをしなかった自らの不履行に起因するとはいえ，治癒の機会を与えられないまま，失効の効果が生じ，復活も認められないという事態が生じうる[38]）。このようにこの約款によって誠実であるが不注意な保険契約者にもたらされる不利益はなお看過しがたいものである。

(2)　従前の検討状況——約款，立法　　無催告失効約款に対しては，約款の

---

35) なお，債務不履行解除の要件としての催告の存在意義については，議論がある。議論状況とその積極的評価に関し，森田修「民法541条催告の規範的要件化と要件事実論」ジュリ1158号106頁（1999）参照。
36) 大判明治33年4月18日民録6輯4巻87頁（民法施行前の事案），潮見・前掲注27) 439頁。
37) 不動産賃貸借契約においては判例上信頼関係破壊の法理が確立され，催告を不要とすることが合理的な事情がある場合に限定して無催告解除特約の効力が認められている。また，法律上の制限の例として割賦販売法5条などがある。
38) この事態は特に口座振替による支払の場合に現実化しやすい。口座振替扱いの問題点につき，井野・前掲注2) 65-67頁参照。

*保険料不払を理由とする保険契約の解除・失効　III

改正と立法の両面での検討がなされてきた。

　生命保険約款の適正化を求めた第8次国民生活審議会消費者政策部会報告（1981年）は，「契約者としては，保険料払込を確実に履行するとともに契約の解約等については保険会社にその意思を確実に伝達するなどその責任を十分に果たしていくことが求められることは言うまでもない。しかし，保険会社としても，契約の効力等に影響を与える保険料の払込や契約の失効等に関する重要な事項については，契約者の意思の確認を行うことにより，契約者は不注意を補完するとともに契約者の意向に沿った契約の運用を図っていく必要がある」とし，「保険契約が失効する前に書面により保険料が未払込のまま猶予期間を過ぎると失効となる旨の通知を行うことを徹底する必要がある」としている。その際，「この不利益を契約者に明確に自覚させるためには，本来のあり方としては猶予期間満了の一定期間前に書面による保険料払込の督促を行うことを保険契約失効の要件として約款に規定すべきであろう」とされながらも，「しかし，約款にこの規定を置くには，督促の立証方法等検討すべき課題も多く残されている」ことから，今後の検討課題とされ「実務上の改善策として，現在行われている書面による保険料払込の督促を一層確実なものにし，また，督促に当たっては保険料の払込がないままに払込猶予期間を過ぎると契約が失効することを明瞭に理解させるための措置を講ずる」ことを要請するにとどめられた[39]。

　これを受けて，業界（生命保険会社）では，「従来から出状・配布している未収通知等，書面による督促を一層確実に行うとともに，猶予期間内に払込みがない場合，『契約が失効してしまうことになるのか，自動振替貸付制度が適用されることになるのか』の区別が契約者にわかるように，通知内容を改善する」対応が図られた（1982年）[40]。

　また，監督規制としても，金融庁の「保険会社に対する総合監督指針」において，「保険料の払込猶予期間，契約の失効，復活等」は，生命保険契約の締結および保険募集にあたり，注意喚起情報（顧客に対して注意喚起すべき情報）の項目として掲げられている[41]。

---

39)　同報告第2章I2(1)。
40)　吉田・前掲注14）365頁，中西正明・生命保険法入門138-139頁（2006），山下343頁。

＊保険料不払を理由とする保険契約の解除・失効　III

　このため，継続保険料の不払の場合の約款による失効処理は，保険契約締結時に注意喚起情報としてとくに提示・説明がされ，実際に継続保険料の不払があったときは，不払を知らせ，督促をし，失効の危険について説明する普通郵便通知（はがき）が送付され，失効の効果が生じたときは失効の効果発生を知らせ復活の選択肢を知らせる普通郵便通知が送付されるというのが，実際である42)。

　法制審議会保険法部会における保険法制定審議（2006～2008年）の際には，実務対応によって払込みを失念しそれに気づかないまま失効による不利益を被る事態はまれとなっているとはいえ，新規参入等を含めた実効性の問題もあり，債務不履行解除の規律において催告が要求される制度趣旨の重視，消費者保護の要請などから，無催告特約を許容しないことを法定すべきかが検討された43)。最終的にその法定化は見送られた。そこでは，第1に，民法上無催告特約が一律に無効とされるわけではない中で，保険契約の場合のみ一律無効とすることの合理性への疑問，第2に，実務対応により紛争が格段に減少している中で，強行法規化に伴う予防措置（ごく一部の不到達等の問題事象に備え全部につき配達証明や内容証明での通知を行うことになる）の過剰，それに伴うコストの増加が便益に比べて過大となることやそれを保険契約者全体で負担することの不合理さが，指摘されている。これは，問題がまったくないとされたというわけではなく，むしろ，個々の約款の解釈を通じた合理的扱いや，契約上の工夫に期待すべき事項であるとされ，さらには金融庁における適切な検討への期待も表明されている44)45)。

---

41)　監督指針II-3-3-2(2)②イ(カ)ほか。
42)　保険募集人・取扱人による口頭での通知・警告・督促が行われたり，口座振替の支払方法が選択されていた場合には別途振込用紙が交付されたり，また，失効後は復活のための請求用紙が送付されるなどの扱いもされているという。また，不払の場合の通知は，生命保険業界のみならず，共済などでも徹底しているとのことである（以上につき，法制審議会保険法部会第2回議事録21-23頁，第19回議事録60-61頁参照）。
43)　中間試案では，保険契約の終了関係の問題として，損害保険，生命保険，疾病・傷害保険のそれぞれの箇所で，「後注」として，「保険料不払による契約の解除の保険契約者に対する催告（民法第541条参照）を不要とする約定の効力に関する規律を設ける必要があるかについては，なお検討する」旨の問題提起が行われている（中間試案に至るまでの審議につき，法制審議会保険法部会第2回議事録20-23頁，同第13回議事録32-33頁，中間試案の問題提起の趣旨説明として中間試案補足説明・立案124-125頁参照）。

(3) 学説　約款の合理性，その効力について，学説は分かれている。

一方には，ドイツ保険契約法のような強行法的規定が日本法にはないこと，猶予期間として1か月（ないし2か月）という期間を設けていることを勘案して，猶予期間徒過による無催告失効を定める約款規定を有効であるとするものがある[46]。他方には，「実務上は書面による保険料払込の督促をおこなっているとのことであるが，その確実性や実効性は不明である。保険契約の失効という重大な効果を招くため，約款において書面による督促を行うものとすることが望ましいと考えられ，かつ，そのような取扱いが民法の一般原則にも合致する」と説くものがある[47]。

その中間に，不払の場合の通知・督促は，あくまで実務上の措置であって，保険契約者の権利としてそのような通知を受け取る地位が保障されているわけではないことの不確かさを指摘しつつも，各種の代償措置の組込みを考慮して，「督促のはがきの送付が実際に行われている限りでは」，消費者契約法10条等の不当条項規制によっても無効というべきではないとする考え方がある[48]。実務対応が現実に図られている限りにおいて——（かろうじて）——当該約款

---

44)　法制審議会保険法部会第19回議事録46-47頁・60-62頁，法制審議会保険法部会第19回資料20・11-12頁。

45)　国民生活審議会における約款の適正化，法制審議会保険法部会における立法措置を通じて，問題とされた1つが，催告を要求することとした場合のコストの問題である。催告を要求することで保護されるべきは，「誠実だが不注意な保険契約者」であり，保険契約者間の立場の互換性（自らもまた「誠実だが不注意な保険契約者」となりうること）を考慮してそのための保護措置を保険契約者全体で負担するのが合理的であるのか，それとも，それは過剰な措置であって，加入者・保険契約者の「制度利用の費用対効果」をそうでない場合に比し減じることになるのか，あるいはそのような過剰な措置を取らずに済む緩和措置を想定することができるのか（たとえば，通知の到達擬制条項のようにそれ自体不当条項とされるリスクを抱え込む約款を用いることが代替措置となりうるか）などが，評価を呼ぶところであろう。

46)　中西・前掲注40) 138頁。また，立法論としては別であるが，明文規定のない現行法の解釈論としては，保険者の催告義務を認めることはできないとするものとして，西島105頁。

47)　神作裕之「保険・金融関連の契約条項の現状と問題点」消費者契約における不当条項の実体分析（別冊NBL 92号）71頁（2004）。また，自動貸付の事案において当該事案の具体的な事実関係をもとにしてではあるが，失効約款に明示されていない以上，民法541条の適用が排除されず，催告を要する（自動貸付ができなくなった時点で改めて保険料支払の催告をする必要がある）とするものとして，後藤巻則〔判批〕判例評論502号（判時1725号）210頁（2000）。

48)　山下友信「消費者契約法と保険約款——不当条項規制の適用と保険約款のあり方」生保139号31-32頁（2002），山下343頁，勝野・前掲注21) 212頁。

＊保険料不払を理由とする保険契約の解除・失効　III

条項の効力を認めることができるとするこの考え方が，おそらくは大勢である。

　(4)　判例・裁判例　　公刊されたものを見る限り保険料不払の場合の失効約款の効力が正面から争われた裁判例は少ない49)。未公刊の裁判例に，福岡高判平成19年9月27日がある50)。同判決は，失効約款の効力について，①催告および解除の意思表示を不要とする点で民法の規定と比較して保険契約者に不利益な内容であるが，その一方で，1回の不払では失効せず，2回の不払が重なって失効となるものであることや，2回目において2回分の提供がなくとも1回分の振替が可能であれば失効が生じない点で，民法の場合よりも保険契約者に利益となる内容であること，②口座振替ができなかったときは書面でその旨の通知，督促，失効の予告・警告がなされており，それは未払保険料の履行の催告の実質を有するものであることという2点から，同約款を有効であるとしている51)。

　上記福岡高判平成19年9月27日は消費者契約法制定前の生命保険契約の事案であって，消費者契約法10条の適用は問題となっていない52)。これに対し，消費者契約法10条の該当性が争われた事案に，横浜地判平成20年12月4日

---

49)　裁判例の大勢は失効約款の有効性を前提としていたといえる。すなわち，当該約款の内容の当否ではなく，約款の拘束力を問題とし，肯定した事例として，東京地判昭和48年12月25日判タ307号244頁がある。また，失効について事前通知が定められていないことによって，著しく契約者側に不利益とはいえず，また，普通保険約款は全体として利益調整が図られており，所轄官庁の認可がその全体としての合理性を保証する仕組みであり，失効につき事前通知の定めの有無の一事をもって当該失効約款の規定の有効性（公序良俗違反性）を判断すること自体相当ではないとする東京地判昭和53年8月29日生命2巻210頁がある。さらにまた，約款の下でも民法541条の適用があり保険契約の失効には催告が必要であるという主張について当該約款等の規定に照らして採用できないとした東京地判平成9年12月22日判時1662号109頁，その控訴審であり，この点については原審判決の記載を引用する東京高判平成11年2月3日判時1704号71頁がある。そのほかの裁判例に関し，勝野・前掲注21) 191-194頁，甘利公人〔判批〕保険レポ225号5頁（2008）参照。

50)　甘利・前掲注49) 1頁，広瀬裕樹〔判批〕保険レポ226号8頁（2008）。「コメント」金法1882号83-84頁，同判決に対しては，最決平成20年1月31日が上告不受理としている。

51)　原審判決（長崎地判平成19年3月30日）は，当該事案の個別事情を総合判断し，当該事案において当該失効約款を適用することは，「民法の規定からの乖離が大きく，信義則に照らして相当とはいえない」として失効約款の適用を否定した。これに対し，控訴審判決は，当該失効約款の有効性を確認したうえで，当該事案の個別事情のもとでも当該失効約款の適用の主張が信義則違反とは認められないとしている。

52)　足立格〔判批〕NBL 916号5頁（2009）。消費者契約法の適用のない事案であるが，民法の規定を基準として保険契約者にとっての不利益・利益を問う判示は，消費者契約法10条の判断枠組みを意識していることをうかがわせる。

＊保険料不払を理由とする保険契約の解除・失効　III

金法 1882 号 91 頁およびその控訴審である東京高判平成 21 年 9 月 30 日金法 1882 号 82 頁がある。原審である横浜地判平成 20 年 12 月 4 日は，猶予期間の設定，その長さ，自動貸付による失効防止処理や復活の仕組みにより，契約を簡単には失効させずに存続させるよう一定程度の配慮がされていることを考慮して，消費者契約法 10 条の該当性を否定した。これに対し，東京高判平成 21 年 9 月 30 日は，①保険契約者の意に反した終了により保険契約者等が被る不利益の重大さ，②些細な不注意や口座振替の手続上の問題から失効を生じさせかねない口座振替という支払方法の問題点，③現状の実務運用に比して催告を要するとした場合の手間やコストの増大に対し，約款の整備による対処可能性（住所の届出を義務づけ，届け出られた住所宛に発送された通知はそれが通常到達すべきであった時に到達したものとみなすなど），④約款外の実務措置（現実に不払通知・督促・失効予告を行っていること）を約款自体の効力判断に考慮することの不適切さ，⑤自動貸付による失効防止措置の不十分さ（十分な解約返戻金がないときは意味がない），⑥復活の制度による不利益防止の不十分さ（健康状態の告知，保険者の承諾を要するため，復活が認められない場合がある）を指摘し，これらを総合して，当該事件における無催告失効条項を消費者契約法 10 条に該当して無効であるとしている53)。既存の実務を根底から覆しかねない判断であり，既往に遡る影響を持つもので，その帰趨が注目されている（同判決には上告受理申立てがされている）。

3　若干の検討

継続保険料不払の場合の失効約款の効力や合理性を問題にするにあたっては，それが一連の条項とあいまって生命保険契約に特有の規律を形作っていること

---

53)　同判決の判断の特色の 1 つとして，保険料支払義務の履行期を払込期月の末日ではなく，猶予期間の末日としている点があげられる。このため，失効約款は不払即時失効条項という性格ととらえられることになる（浅井弘章〔判批〕金判 1327 号 1 頁（2009），渡邉雅之「消費者契約法 10 条に関する近時の重要判例の分析——無催告失効条項，更新料特約，早期完済違約金条項をめぐって」NBL 918 号 52 頁（2009）参照）。このほか，消費者契約法 10 条該当性の判断における個別事情の取込み，差止めの前提としての条項の不当性判断との異同など，同判決が提起する問題は少なくない（浅井・前掲 1 頁，渡邉・前掲 52 頁，足立・前掲注 52) 5 頁参照）。保険料支払義務の履行期に関しては，本書 363 頁以下，367 頁注 47〔沖野眞己〕を参照。

に留意する必要がある。これを単純に無催告失効条項としてその効力を判断することはその意義を見誤ることになる。失効約款の効力に関しては，相対的に長期の猶予期間，自動貸付，復活という制度が組み合わさっていることが指摘されているが，それとともに，保険契約の集団性と保険制度における保険料の性格，保険契約者の意思の尊重特に任意解除の保障をも考慮する必要がある。保険料は保険制度における給付原資であり，この取得が確保されなければ保険原資に支障をきたしかねないため，その分のリスク負担を加入者全体に上積みで課すことになる。個々の保険料の不払に対し，個別の強制履行や損害賠償請求，契約解除により対応することとし，その分の手間や費用分とそれだけの手間や費用をかけてなお保険料取得を実現できない場合のリスク分とを加入者全体で分担する仕組みもありうる仕組みではある。しかし，そうではなく，強制履行や損害賠償に期待することなく，保険契約者の意に反した契約の継続やそれに基づく保険料支払の強制がなされないこととして，保険契約者全体の負担を押さえる仕組みもまた，1つのありうる合理的な仕組みであろう。

　さらに，一時点の不払を契機とした判断で確定的に契約を解消するのではなく，復活の制度により暫定的な失効として，保険料支払義務からの解放の維持と再度の契約上の地位の取得との選択肢を保険契約者に与える処理は，長期的な契約である保険契約において，保険契約者の地位にとってより手厚い処理であるように思われる。保険契約締結後の健康状態等の変更は保険契約者に帰責されるものではないとしても，健全な保険制度の維持のために逆選択の考慮は必須である以上，契約に基づく責任からの解放の維持と契約上の地位の再取得との間の選択権において，このような事情変更のリスクを保険契約者がとる仕組みもまた合理性を有するものであろう。

　保険契約者は，保険契約締結時の説明を通じて抽象的には不払の場合にこのような選択権とともに一方の選択肢（契約上の地位の再取得）が封じられるリスクがあることを認識・理解している。その認識・理解の確保措置もとられている。しかし，そのことと，具体的に，個別の不払があったとき，その事実とそれにより現に選択権が付与され，それとともにそれに伴うリスクを負う状況に置かれたことを認識・理解しているかは別問題である。自らの債務不履行に起因するとはいえ，契約関係における信義則は，相手方たる債権者にも他方当事

*保険料不払を理由とする保険契約の解除・失効　III

者への配慮義務を課すものであるから，適切な警告がないまま，具体的な認識・理解なくして，失効に伴う新たなリスクの負担を具体化させることは問題である。消費者契約性を帯びる保険契約においては，いっそうである。そしてまた，保険料の支払が口座振替の方法によるときは，具体的な認識・理解がないまま推移する危険性が高い。口座振替の方法による利便性は当事者双方に認められるとはいえ，そのような危険性の高さを考慮した配慮義務が要請されよう。

　このような配慮義務の具体化として，保険料不払の場合に債権者たる保険者は，普通郵便による不払（振替不能）の事実，治癒の方法，治癒がされなかったときに生じる効果・不利益を通知するという「実務対応」を業界標準で行っている。

　この「実務対応」は，民法上の債務不履行解除の要件としての催告に匹敵するものである。それが約款に正面から反映されないのは，保険契約の団体性と継続性とから画一的処理が要請される中，催告の事実についての争いの発生とその証明責任によりもたらされる画一的処理の揺らぎに確実に対応するためには，厳格な方式での通知を要することになり，そのコストを加入者全体で負担することが費用便益の観点から望ましくないという判断に支えられている。厳格な方式での通知が唯一の方法であるのか，また厳格な方法での通知により防衛しなければならないほど画一的処理に重大な揺らぎが生じるのかは，異論もありうるが，従来の検討の経緯を見る限り，このような考慮とそれを踏まえた措置には一応の合理性があると考えられている。

　失効約款に関して，帰責事由や催告の要否が問題視されるのは，債務者と債権者の双方が，それぞれ契約関係における信義則からの要請に応じた行為を尽くしているか，債務者の不払という事態において，不払自体とその後の対応を通じて誠実に行動するものといえるか，失効に伴う保険契約者のリスク負担を正当化できる事情があるかという個別具体的な判断が要請される中，その受け皿が約款上明示されていないことを問題視するものであり，その問題意識において根は1つと言えるだろう。

　現実に実務対応がされている限りにおいて約款を有効とする考え方は，そのような実務が一般に行われていることを言うとも，個別契約においてそのよう

な実務対応が現になされていることを言うともとりうるが，後者と考えるべきであろう。また，約款の有効性を支えるには，この考慮が約款の効力に反映する必要がある。かつ，上記のコスト負担の観点がいれられるべきである。

　以上を踏まえて，失効約款の有効性を考えるならば，当該失効約款は，現実に実務対応が図られることを前提とするものであると考えるべきであろう。上記の考慮を約款に反映させる具体的な構成として，実務対応（個別の通知）がされていないときは失効は発動しないと約款を解釈する（失効に関し「不払の事実の個別の通知と督促等がされないときはこの限りでない」という旨の条項が黙示に契約内容となっていると考える）か，信義則上，そのようなときは当該約款の効力を主張することはできないと解することになろう54)。

〔沖野眞已〕

---

54)　井野・前掲注2) 67頁（口座振替扱いの場合に限るという留保付きであるが，催告手続がとられなかったとき，約款の一部限定解釈，権利濫用，信義則違反などの法律構成によって契約の失効を否定すべきであるとする），広瀬・前掲注50) 16頁（失効約款の有効性を一応承認したうえで，信義則による効力の制限という枠組みの中での一考慮要因として通知の有無を位置づける），後藤・前掲注47) 210頁（民法541条の催告に関して明示的な排除がない以上，約款の解釈として，作成者不利の原則により，催告の履践は排除されておらず，自動貸付ができなくなった時点で改めて催告をするのでなければ約款による失効を主張できないとする），参照。

保険料不可分の原則

I　趣　旨

　保険料不可分の原則とは，保険契約が中途で終了した場合であっても，保険者が保険料期間のすべての保険料を取得することができ，保険料期間のうち未経過期間に対応する保険料を保険契約者に返還する必要がないという原則をいう[1]。同原則によれば，保険料期間が1年の場合，たとえば1か月経過した時点で保険契約が終了したとしても，保険者は1年分の保険料を取得できることになる。改正前商法では，直接的に保険料不可分の原則を規定しているわけではなかったが，改正前商法653条ないし655条の反対解釈等を根拠として保険料不可分の原則が認められるものと解されてきた。学説もかつてはこの原則を肯定する見解が通説であり，生命保険会社の実務もこの原則に則して行われてきた。
　しかし，近時，この原則に対し立法論的批判も有力となる中，法制審議会において審議が行われ，保険法には改正前商法653条ないし655条に相当する条文は規定されなかった。これを受け，金融庁は，監督指針を2009年4月に改正し，保険会社に対し，「保険料の未経過期間に対応した合理的かつ適切な金額の返還」を行うための態勢の整備を求めることとした。このため，保険会社も保険法施行後の保険契約については実務を改定し，解約等による契約消滅に際しては，解約返戻金の支払に加え，未経過保険料を返還することとした。具体的には，年払・半年払の保険契約について，解約返戻金の計算を月単位に改めるとともに，月単位に可分した未経過保険料を加算して返還することとした。

---

1)　山下353頁。

*保険料不可分の原則 II

II 沿　革

　保険料不可分の原則は，もともと損害保険の海上保険にその起源があり，後に陸上保険の発達に伴い陸上保険にも導入された2)。わが国商法は，ロェスレル草案以来一貫して保険料不可分の原則を採用してきた3)。すなわち，同原則に関する明文の規定を欠いているが，改正前商法653条ないし655条の反対解釈として，また同法646条および637条の規定の趣旨からみて，同原則が前提とされてきた4)。

　保険料不可分の原則について直接判示する判例はきわめて少ないが，大正15年の大審院判決は，保険期間中に免責事由である地震（関東大震災）による火災を原因として保険の目的物たる家屋が消失した事案において，保険契約者に対する未経過期間に対応する保険料の返還請求を斥けた5)。これは，危険の不可分を理由として保険料不可分の原則を認めた判例として評価され，その後変更されることなく今日に至っている。学説も，上記大審院判決もあり，前述のとおり保険料不可分の原則を認める立場が通説であったが，近時立法論的批判が有力となり，今回の保険法改正では，保険料不可分の原則は採用されなかった。

---

2) 金澤理「保険料の返還と保険料不可分の原則」損保29巻1号41頁（1967）。
3) 金澤・前掲注2）25頁。
4) 山下丈〔判批〕損保百選33頁。
5) 大判大正15年6月12日民集5巻495頁。「保険契約に依り担保せらるる危険は保険期間中随時に発生せざることを保し難きものにして，其の期間中の各時期に従ひ之を分画して考ふべからざるものなれば，已に保険者の責任が始まりたる後に於ては仮令保険の目的物が保険期間中に不可抗力に因り滅失することあるも，保険者は危険を負担せざりしものと謂ふを得ざるものにして，保険料も亦以上危険を負担すべき対価に外ならざれば，已に保険者が其の損害塡補の責を負ふべき危険を負担したることある以上，保険者は保険期間内の全保険料を収受し得べく，保険者にして已に之を受取りたる時は，保険契約者は其の何等の名義を以てするを問はず之が返還を求め得ざるは保険の性質上当然の事理に属し，目的物の滅失に因る損害の大小，保険料額の多寡に依りて其の理を異にするものにあらず」（平仮名文に置換）。

III 学　説

1 肯定説

　従来は，保険料不可分の原則を認める学説（肯定説）が通説であった。肯定説としては次の3説があり，(2)の保険技術的必要説によるものが多い。

　(1)　危険不可分説[6]　　保険事故は，責任開始後の各瞬間に発生しうるもので，保険期間の初日に起きるか最終日に起きるかまったく予期できない。保険者が一定期間の危険を負担した以上は，その期間における全責任を負うのであるから，これに対応する保険料すべてに対する請求権を有するとする説。

　(2)　保険技術的必要説[7]　　保険者は保険料の算定にあたって保険料期間を定め，この期間内に発生する危険を統計的に測定して保険料率を決定する。保険料期間は，統計の基礎となっていることから，その期間に該当する保険料を分割することは保険技術上不可能であるとする説。

　(3)　保険団体利益説[8]　　保険事業は多数の保険契約者が払い込む保険料により保険給付を行うものであるから，それぞれの保険契約は相互に密接な関係を有し，保険群団を構成する。したがって，保険契約が中途で終了した場合に，未経過保険料の払い戻しを認めると，残存する多数の保険契約者に対して損害を加えることになるとする説。

2　否定説および立法論的批判

　保険技術的な理由があるとしても，契約が解除された時点では保険事故は発生しておらず，保険金の支払がなされない場合には，保険者は残りの保険期間における危険負担を免れることになる。この点を捉え，①保険料期間より短い期間に対応する保険料を算定することが技術的に不可能といえないことや②実質的な危険負担期間の長短を無視して一律に保険料期間全部の保険料を保険者に与えることは不公平であることなどを挙げ，保険料不可分の原則を正当化す

---

[6]　金澤・前掲注2）34頁。
[7]　金澤・前掲注2）35頁，小町谷操三「保険料不可分の原則——海上保険を中心として」損保12巻3号74頁以下（1950），大森79頁，倉澤77頁，田中誠二＝原茂太一・新版保険法〈全訂版〉186頁（1987），鈴木竹雄・新版商行為法・保険法・海商法80頁（1993）。
[8]　金澤・前掲注2）35頁。

る根拠は薄弱であるとして,近時立法論的な批判が呈されるようになった9)10)。

なお,2008年施行のドイツの新保険契約法も,それまであった保険料不可分の原則を採用しなかった11)。すなわち,ドイツ新保険契約法は,1908年法40条にあった保険料不可分原則を「保険契約者の負担において保険者に不当に利益を与える結果をもたらしている」(政府法案理由書)として,新保険契約法では同原則を放棄し「(39条1項)保険料期間の経過する前に保険関係が終了した場合には,保険者はその保険料期間については,保険保護の存在した期間に限り,権利を有する」に改めた。

IV 従来の実務

1 考え方

生命保険実務においては,保険料期間の途中で解約されても未経過保険料を保険会社が返還せず取得することは当然のことと考えてきた12)。すなわち,改正前商法において,保険料不可分の原則が明定されていなくとも,数理的計算を前提とする合理的計画的な基礎の上に立つきわめて技術的な構造を持つことから,生命保険契約の保険技術上の当然の理と考えていた。また,商法上も,改正前商法653条ないし655条等の反対解釈として保険料不可分の原則は生命保険契約にも適用されると考えてきた13)。

---

9) 否定説については,田辺104頁,西島70頁。岩崎稜・保険料支払義務論93頁以下(1970),山下丈「ドイツ保険契約法における保険料期間の概念の機能と性質——いわゆる保険料不可分原則を中心に」民商69巻2号284頁以下(1973),坂口84頁以下,山下354頁参照。

10) 法制審議会保険法部会第2回議事録21頁。

11) 独保険契約法(訳)205頁。なお,ドイツの保険契約法改正前の判例の動きについては,金岡京子「ドイツにおける生命保険契約の透明化の動向について」保険学595号97頁(2006)参照。

12) 國崎裕・生命保険〈第4版〉131頁(1973)は,「生命保険制度は,数理的計算を前提とする合理的計画的な基礎の上に立つきわめて技術的な構造をもっていることからして,生命保険契約関係を支配する法則もまた特殊なものがある」,その法則の例として保険料不可分原則をあげる。

13) 日本生命保険生命保険研究会・生命保険の法務と実務202頁(2004)は,「この保険料期間に対する保険料(純保険料)は,もはや細分化しえない一単位として扱われるべきものである」。「商法上明文の規定はないが,『保険の技術上当然』の結論として承認され,商法653条,654条の場合に,責任開始前の保険契約者の保険料返還請求権を認めていることの反対解釈として,責任開始後における契約の解除または終了の場合には,保険料期間の途中であっても保

＊保険料不可分の原則　Ⅳ

2　実　　務

　生命保険会社の従来の実務は，保険料不可分の原則に則して行われており，保険料期間内の契約消滅については未経過保険料を返還する実務は行ってこなかった14)。

　具体的には，約款で，解約返戻金について「保険料払込中の契約は払込年月数により，その他の契約は経過年月数により計算する」と定められていた。まず，一時払は後者にあたるが月単位で解約返戻金を計算しており，また月払契約は前者であるが，日割りで返還することまでは要しないということであれば，両者とも未経過保険料の返還問題は生じないことになる。結局，前者に属する年払および半年払契約について，未経過保険料の返還が問題となる。

　(1)　保険料期間末に積み上がる解約返戻金を保険料期間始から返還　たとえば，年払契約の保険料積立金は，分析的に考えると，伝統的保険商品にあっては，前保険料期間末の保険料積立金および当該保険料期間に対する年払保険料のうち貯蓄保険料を予定利率で保険料期間末までに増加させたものが保険料期間末の保険料積立金となる。免責等約款に基づき返還される保険料積立金の金額は，この保険料期間末の保険料積立金が保険料期間始にあったものとして，当該保険料期間中を通じて同額が適用されている。

　伝統的保険商品にあっては，保険料積立金からいわゆる解約控除を控除したものが解約返戻金であり，当該保険料期間中における解約返戻金も同様に，保険料期間末の解約返戻金が保険料期間始にあったものとして計算していることになる。このため，年払契約の解約返戻金は，当該保険料期間中は同一水準を維持し，1年間のどの時点で解約しても同額となる。

	1981年4月以降の契約※	1981年3月以前の契約
年　払	P′×11.3	P
半年払	P′×5.8	P×0.52
月　払	P′	P×1/11

※上表は，年払，半年払の係数は一例（1998年現在）にすぎず，会社によって異なる。

　(2)　年払（半年払）は月払に比し保険料を優遇　年払（半年払）

険者に既収保険料の返還義務を認めないのが通説である」としている。

14)　払方別収入保険料（個人保険＋個人年金）占率（2008年度金額ベース）；一時払30.7％，年払13.7％，半年払0.6％，月払55.0％（生命保険協会・生命保険事業概況——年次統計平成20年度保険料明細表）。

＊保険料不可分の原則　Ⅳ

（参考1）解約返戻金（年払契約と月払契約の相違）

　年払契約と月払契約の解約返戻金は，各々下図のようになる（概念図）。
　年払契約の場合，t年度の解約返戻金はt年度末の解約返戻金をt年度始から適用しており，予定利息もt年度末の利息をt年度始からで付利した水準となっている。

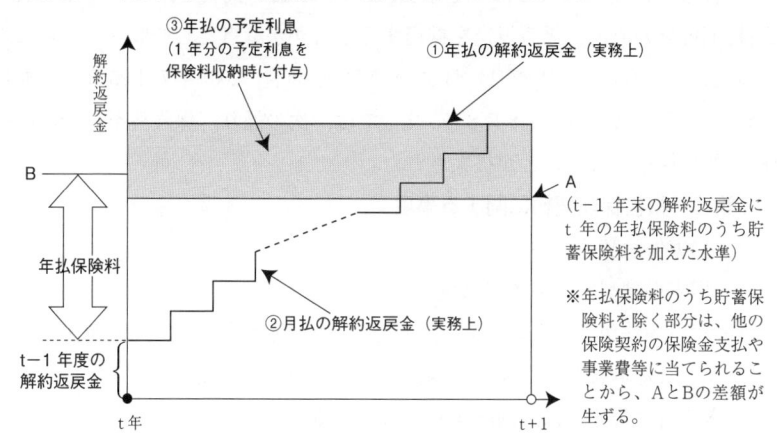

（図：年払契約と月払契約の解約返戻金の概念図）

- ③年払の予定利息（1年分の予定利息を保険料収納時に付与）
- ①年払の解約返戻金（実務上）
- ②月払の解約返戻金（実務上）
- A：(t−1年末の解約返戻金にt年の年払保険料のうち貯蓄保険料を加えた水準)
- B
- 年払保険料
- t−1年度の解約返戻金
- 横軸：t年　～　t+1

※年払保険料のうち貯蓄保険料を除く部分は，他の保険契約の保険金支払や事業費等に当てられることから，AとBの差額が生ずる。

は，月払に比し保険料計算上相対的に優遇されてきた。保険料の払方別の計算基準については，1981年4月以降，それまでの年払基準から月払基準に変更になった[15]が，保険会社によって係数に差はあるものの，年払（半年払）が月払に比し相対的に優遇されていることには変わりはない（前頁表参照）。

　年払（半年払）保険料が相対的に優遇される理由として，次の点があげられる。

　㈎　保険料収納コストの軽減（月払では年12回収納）。

　㈏　期始に保険料が入ることから早期にまとまった保険料を資産運用することが可能。

　㈐　期始に生存する保険契約者から保険料を収納できる（月払では，期中の死亡があると当該保険契約者からはその後の保険料が収納できない。また年払（半年払）では，死亡時に保険料期間の未経過保険料を返還しないことが前提）。

　以上の(1)(2)もあり，実務では，年払（半年払）について，未経過保険料を返還しないことを妥当なものと考えてきた[16]。

---

15) 日本アクチュアリー会・保険1（生命保険）営業保険料1-26頁（2007）。
16) 後述するように，今回の実務改定により，従来の方法により計算した返戻金額を下回るケ

V　法制審議会における検討

法制審議会保険法部会では，上記Ⅲ2の立法論的批判を踏まえ，保険法に保険料不可分の原則に係る規定を採用するか否かが論点として取り上げられた。第2回会合（2006年11月22日）および第13回会合（2007年7月25日）の審議を経て，中間試案（2007年8月8日決定）では，次の通り，保険料不可分の原則を画一的に採用しないことが提案された。

「第2　損害保険契約に関する事項

4　損害保険契約の終了

（損害保険契約の終了関係後注）

1　現行商法第655条の規定（保険者の責任開始前に保険契約の任意解除がされた場合等に保険者が返還すべき保険料の半額を取得することができる旨の規律）は，削除するものとする。

2　いわゆる保険料不可分の原則を画一的に採用することはしないものとする。したがって，保険期間満了前に保険契約が終了したときは，保険者は，原則として，未経過の期間に相当する保険料（ただし，その額について合理的な約定は許容される。）を返還する責任を負うことになると考えられる（これに伴い，現行商法第654条の規定は削除する。）。保険期間満了前に保険料の減額請求がされたときの保険料の返還についても，同様である。

第3　生命保険契約に関する事項

4　生命保険契約の終了

（5）　保険金等の支払

（注2）なお，いわゆる保険料不可分の原則については，第2の4の（損害保険契約の終了関係後注）2参照。」

この中間試案は，その後パブリックコメントに付され，その結果によると，改正前商法655条の規定を削除すること（後注1）については，賛成の意見が多く，また，いわゆる保険料不可分の原則を画一的には採用しないこと（後注

ースも生じていることからも，これまでの生命保険会社の実務が不合理なものであったとは一概には言えない。

2) については，賛成の意見が多かったが，保険の性質上，保険料の分割が難しいものもあり，保険料不可分の原則自体は契約によっては採用する必要があるとの意見もあった17)。

　以上の経緯を経て，保険料不可分の原則は「要綱」に盛り込まれず，そのため，保険法では規律されないことになり，その採否は個々の保険契約に委ねられることになった。しかし，同原則の採用はきわめて限定的なものに限ると解されている18)。

VI　保険法改正を受けた実務対応

1　変　更　内　容

　保険法改正では，保険料不可分の原則は画一的には採用されなかった。そのため，以下のとおり，年払(半年払)の契約について，保険料を可分とする実務に変更することにした。

(1)　概　　　要

　(ア)　計算方法　　現在の解約返戻金に未経過保険料を加えて返還したのではバランスを失するため，解約返戻金額を月払水準に変更の上，月単位の未経過保険料＊を加えた金額を返還することとする。

　＊月単位の未経過保険料とは，年払(半年払)保険料の月割額である。

　(イ)　返還方法　　解約返戻金とは別に未経過保険料を返還する＊。

　＊未経過保険料を解約返戻金に含めて返還する方法も考えられる。

　(ウ)　対象契約　　保険法施行後の新契約とする(団体保険，団体年金を含む)。
(経営判断により保険料を可分とする取扱いを施行前の契約に適用することもできる

---

17)　萩本修ほか「『保険法の見直しに関する中間試案』についての意見募集結果の概要」立案164頁。
18)　立案担当者は，未経過保険料を返還しない旨の約定が許容される例として，損保の全損失効(保険事故が発生し保険給付が行われた場合)のように保険料期間の途中とはいえ，保険契約の目的を達して契約が終了した場合など，特段の事情がある場合に限られるとし，またいわゆる工事保険，ハンター保険や興行中止保険のように保険期間中危険が著しく変動することから単純に割合的な計算をして返還額を求めることが適当でないという事情があるとしても，そのことを含め特段の事情の有無を総合的かつ厳格に判断する必要があるとする(一問一答109頁注2)。

＊保険料不可分の原則　Ⅵ

が，その場合には，改定により従来より返戻金額が少なくなることもあるので，保険会社からの一方的な不利益変更にならないよう留意する。）

　(エ)　更新・復活の取扱い　　保険法施行前の契約締結時の約定内容が継続しうるものと考え，法施行前の保険契約として保険料を不可分とする取扱いは認められる。

　(オ)　給付事由発生等により契約が終了する場合の取扱い　　保険金等を支払い，契約が終了する場合には未経過保険料は返還しない[19]。

（ただし，経営判断により返還することもできる。）

なお，脱退した場合に，未経過期間に対応する保険料を返還しないことを保険料計算上織り込んでいる商品（たとえば，解約時の未経過保険料返還を見込んでいない予定解約率を使用している無・低解約返戻金型商品，死亡時の未経過保険料返還を見込んでいない死亡保障の無い医療保険等の商品）については，未経過保険料は返還しない。

　(カ)　その他の事由により契約が終了する場合の取扱い

　　(a)　免責・告知義務違反による解除・重大事由による解除　　未経過保険料を返還する。

　　(b)　詐欺取消し・保険金不法取得目的無効　　未経過保険料を返還しない。

　(2)　基礎書類の改定　　上記を実施すべく，基礎書類（事業方法書，保険料および責任準備金算出方法書および約款）を改定した。ここでは，第一生命における約款の改定内容を紹介する（巻末約款参照）。

　(ア)　解約返戻金条項（巻末約款25条）　　「解約返戻金は，保険料払込中の契約は払込年月数により，その他の契約は経過年月数により計算する」[20]を「解約返戻金は，経過年月数（保険料払込中の保険契約において経過年月数が保険料の払込年月数をこえている場合は払込年月数）により計算する」に変更した。

　(イ)　保険料の払込条項（巻末約款11条）　　次のような内容の条項を追加

---

19)　前掲注18)参照。
20)　第一生命では，2007年4月の約款改正により，約款では計算方法を示すに留め，「解約返戻金額は別表により例示する」旨の規定は削除した。現在，個別の保険契約の解約返戻金額表については，「注意喚起情報」および「保険証券同封物」に記載している。

した。

「年一括払契約または半年一括払契約21)で，保険料期間の中途で次の事由が生じたときは，その直後に到来する月単位の契約応当日からその保険料期間の末日までの月数に応じた保険料に相当する返還金を保険契約者に支払う。

ⅰ保険契約の消滅（ただし，保険契約者による被保険者故殺免責，保険金不法取得目的無効，および詐欺取消しの場合を除く），ⅱ保険金額の減額，ⅲ保険料払込の免除事由

ただし，保険料払込免除契約，月払契約および一時払契約については上記の取り扱いはしない22)」。

2 実務変更にあたって検討した内容

(1) 基本的な考え方　保険契約者が保険料期間の中途で任意解除権を行使した場合，未経過期間に対応する保険料の不当利得性が問題となる。その場合，保険法は任意解除時の清算処理について明文の規定を設けなかったことから，民法の不当利得の法理に従うこととなる。

不当利得の法理に従い保険契約者に対して返還される金額は，画一的に定められるものではなく，当事者間の合意（特約）に基づいて合理的な方法（単位）により清算処理を行うことが認められる。ただし，消費者契約法9条1号・10条，民法90条との関係で，当該特約の内容に立ち入って合理性・妥当性が検証されることとなる23)。したがって，その場合には，1年・半年を単位とした清算処理は認められないこととなると思われる。

(2) 実務変更の際の論点

　㋐　対象契約——団体保険・団体年金　　保険法改正に伴い，従来の保険

---

21) 保険料不可分の原則が適用されるこれまでの「年払」「半年払」と区別するため，新たに「年一括払」「半年一括払」という呼称を用いることとした。
22) 一時払契約では，一般的に，新契約時に支払われる一時払保険料のうち，未経過の保険期間における保険給付に必要となる部分は，保険料積立金として積み立てられ，解約時には同額が解約返戻金として支払われる。また，一時払契約では，解約返戻金の計算は経過年月数により計算しているため，未経過保険料返還の問題は生じない。
23) 契約解消時の不当利得に関する最近の判例として，学納金返還請求訴訟：最判平成18年11月27日民集60巻9号3437頁，英会話スクールに係る解約精算金請求訴訟：最判平成19年4月3日民集61巻3号967頁がある。

*保険料不可分の原則　Ⅵ

料不可分の原則は廃止されたため，特段の事情がない限り，団体保険，団体年金といった法人契約についても未経過期間に係る保険料の取扱いに関しては，個人保険と同様実務改定を行わなければならないことになる。

　団体保険の特徴として，①個人の危険選択の代わりに団体選択の原理が適用される②複数の被保険者を1つの契約の下で保障する③一括募集，文書募集を行うことや商品内容の画一性による事務コストの削減により相対的に低い保険料で大量の被保険者を保障することなどがあげられる[24]。しかし，これらの特徴から保険料不可分の原則を適用しなければならない理由は特段見当たらないことから，個人保険と同様，保険料を可分とする取扱いに変更する必要があると思われる。

　(イ)　保険料期間の単位　　保険料を不可分のものとして取り扱う旨の特約について，実質的には損害賠償の予定であると解すれば，消費者契約法9条1号により，「平均的損害の額」としてどの程度まで許容されるかという問題となる。他方，消費者契約法10条または民法90条の問題ととらえれば，不可分のものとして取り扱う金額が消費者等から不当に搾取するものとなっていないかという観点等から，その合理性・妥当性が評価されることになる。

　保険料不可分の取扱いが，民法90条，消費者契約法9条1号，同法10条のいずれの問題となるかは議論があろうが，いずれにしても権利保護の必要性や消費者契約法の立法趣旨に鑑みれば，一般的に消費者が常識として許容している範囲内であれば，それらの規定に違背しているものとは考え難いと思われる。

　そこで，保険契約以外の継続契約における中途解約時の精算が，一般的にどのような単位でなされているかが重要である。この点，継続契約においては，一般的に1か月を単位として月割で清算する方法が行われており，消費者からも常識的な範囲として広く受け入れられているものと思われる。そこで，保険料を可分とする単位としては，1か月であれば合理性・妥当性を有するものと考えられる[25]。

---

24)　D・W・グレッグ（村上清＝堀之内寛保共訳）・団体生命保険3頁（1967）。
25)　山下354頁においても，1か月単位で保険料を不可分とする取扱いは容認されている。また，立案担当者も，月単位で計算するとの約定も許容されるとする。（一問一答109頁注2）

(3) 個別論点の検討

(ア) 保険法施行以前に締結された保険契約の取扱い　保険料不可分の原則の廃止については，保険法附則4条の経過措置にも規定されておらず，施行日以前の契約については，当該規律は有効であると考えられる。すなわち，保険法施行日以前の契約に限り，年払（半年払）保険料を不可分とする取扱いを行うことは，従来通り，改正前商法655条の反対解釈等により許容されるものと思われる。したがって，保険料を可分とする実務改定は，保険法施行日以後の新契約を対象とすれば足りると考える。

なお，新契約に限定されると解した場合であっても，経営判断として，保険法施行日以前に締結され，施行日現在存続している既契約も含めて実務改定を行うことが妨げられるものではない。

もっとも，既契約も含めて実務改定する場合には，実務改定に基づき算出される返戻金の金額が，従来の実務に基づき算出される解約返戻金額と比較して下回ることがある点に留意する必要がある（次頁**参考2**参照）。この場合，保険会社が，保険契約者側に不利に働く実務改定[26]について一方的に行うことは認められず，既契約者の十分な理解を得た上で個別の同意を取得しなければならない。具体的な実務改定は，普通保険約款の変更により行われるが，変更後の約款は原則として変更後に締結される契約についてのみ適用され[27]，保険契約者にとって有利な変更も，保険者が変更前の約款の権利主張を放棄した場合に限り変更前の既契約にも適用されることになる[28]。

(イ) 更新・復活の取扱い　新契約の締結という体裁をとっていなくても，保険法施行後に，実質的に新契約の締結と同視できる事実が生じている場合については，保険法の適用が考えられるとされている[29]。実務でも，更新・復活を新契約の締結にあたると解釈することとしている。しかし，これらの保険

---

[26] たとえば，実務改定に伴い，保険料積立金・解約返戻金が減少する場合，各々返還金額が減少することに加え，保険契約者貸付の貸付限度額や保険契約を転換する際の転換価額が減少するといった不利益も生じる。

[27] 大判大正6年12月13日民録23巻2103頁。本判決の評釈については，山下友信「普通保険約款の改正と既存契約」生保百選16頁参照。

[28] 山下117頁。

[29] 一問一答217頁注1は，その例として，「更新」「復活」をあげる。

* 保険料不可分の原則　VI

(参考2) 実務改定後の返戻金額が従来の実務における解約返戻金額を下回る場合

［従来］保険料を収納した時点で1年分の予定利息を付利して年単位の解約返戻金を算出しているため，1年間のいずれの時点で解約しても解約返戻金は同額である。

$$返戻金額＝解約返戻金（年単位）$$

［改定］解約返戻金を月単位で算出するとともに，未経過期間に対応する保険料を月単位で返還する。

$$返戻金額＝解約返戻金（月単位）＋未経過保険料（月単位）$$

以下，(i)契約締結後比較的経過年数の浅い場合と(ii)経過年数の深い場合を示す。(ii)のように，実務改定後の返戻金額が従来の実務に基づく解約返戻金額を下回る場合がある。これは，保険料積立金が厚く積み上がる養老保険や終身保険等においては，経過年数が深くなると，年始に付利される予定利息の絶対額が大きくなるためである。

【例】養老保険

(i) 契約締結後経過年数の浅い場合

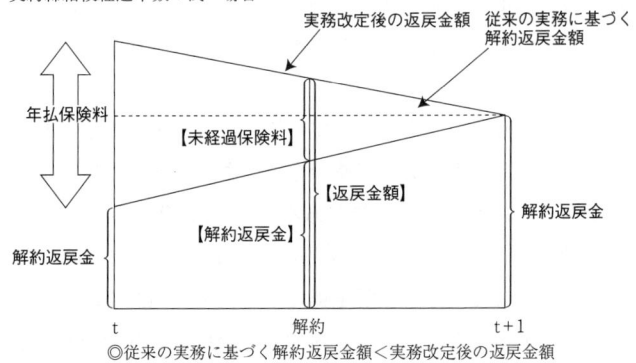

◎従来の実務に基づく解約返戻金額＜実務改定後の返戻金額

(ii) 契約締結後経過年数の深い場合

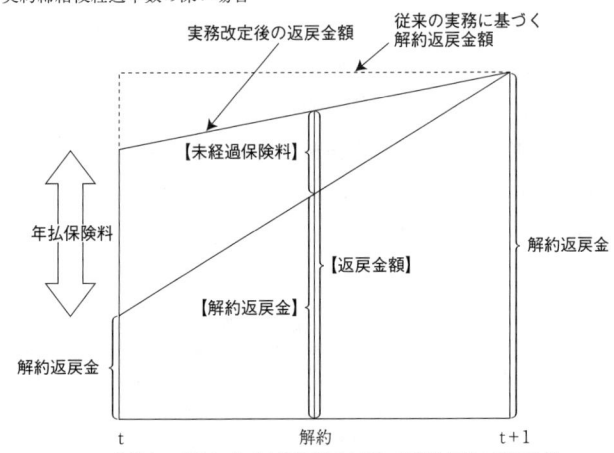

◎従来の実務に基づく解約返戻金額＞実務改定後の返戻金額

※上記以外の方法により未経過保険料を算出する方法も考えられる。

法施行後の変更契約において，その後の中途解約時に保険料をどのように返還すべきかは，保険法附則2条の解釈に直接関わる問題ではないことから，更新・復活の取扱いについては別途考えることができる。

すなわち，更新・復活は，既存の契約との一体性を維持しつつ行う契約内容の一部を変更する保険契約特有の保全手続（変更契約）であることから，保険料の取扱いに関する約定内容（保険料不可分の原則）は変更されず，既存の契約の約定が引き継がれることとなるものと考えられる。保険法施行日以前に締結された契約に関して，保険料を不可分のものとして取り扱う旨の約定が改正前商法655条の反対解釈等により有効であると考えられていることから，更新・復活に関しても既存の契約における約定を有効なものとして引き継ぐと考えることが自然であると思われる。

(ウ) 給付事由の発生により保険契約が終了した場合の取扱い　死亡保険金等の支払[30]により保険給付が履行されば，保険契約はその目的を達したことになり，未経過期間に係る保険料も対価性を有すると考えられ，必ずしも中途解約の場合と同視すべきものではないといえることから，未経過期間に対応する保険料を返還しないことも許容されると考える[31]。

なお，経営判断として，任意解除の場合と同様に死亡保険金に未経過期間に係る保険料を上乗せして返還する実務を行うことも許容されると考える[32]。

(エ)　その他の事由により保険契約が終了した場合の取扱い

(a)　免責，告知義務違反による解除，重大事由による解除の場合　保険法では給付事由が発生しながらも免責事由に該当し，保険給付が行われないまま保険契約が終了する場合，保険契約者による被保険者の故殺を除き保険料積立金を返還することとされるが（63条），保険料の清算処理に関する規律までは設けられていない。また，告知義務違反（55条）や重大事由（57条）による

---

[30] 高度障害保険金や特定疾病保険金等が支払われる場合も含まれる。
[31] 立案担当者も，損保の全損失効を例にあげ，保険期間の途中とはいえ，保険契約の目的を達して契約が終了した場合には，未経過期間相当の保険料の返還を行わない旨の約定は許容されるとする（一問一答109頁注2）。
[32] 第一生命の場合，保険金の支払事由に該当し保険契約が消滅する場合や，保険契約は消滅しないが保険料払込免除時事由に該当し保険料の払込みを免除する場合にも，未経過保険料を返還することにしている（巻末約款11条参照）。

＊保険料不可分の原則　Ⅵ

解除の場合については，保険法では保険料の清算に関する規律そのものが設けられていないが，実務では解約返戻金を返還している。したがって，これらの場合についても，保険契約者による任意解除の場合と同様，未経過期間に係る保険料をあわせ返還すべきものと考える。

　(b)　詐欺取消し，不法取得目的無効の場合　　詐欺取消しに該当する場合には，保険法64条により，保険料を返還する必要がないことが明確化されている。また，約款に規定する不法取得目的無効に該当する場合には，同制度が民法90条（公序良俗）を具現化したものであることに鑑みれば，民法708条（不法原因給付）により，保険料を返還する必要はないものと考える。

　以上，保険料の返還を要しない場合には，当然未経過保険料についても返還を考える余地はない。

〔平澤宗夫〕

解約返戻金

I 趣　旨

　解約返戻金[1]とは，保険契約者が保険契約を任意に解除したときや契約が失効したときに支払われる払戻金をいう。

　解約返戻金について，改正前商法は責任開始前の任意解除を認め（改正前商653条），その場合，損害保険契約については，保険者は保険料の半額を請求できる旨の規定があった（改正前商655条）。保険法では解約時期の制限はなくなり，いつでも解約できる旨の規定となった（54条）[2]が，返戻金に関する規律は設けられなかった。したがって，解約返戻金については，これまで通り約款の規定によることになる[3]。

　解約返戻金については，今回の保険法制定に際し，法制審議会保険法部会でも保険契約法としての規律を設けることが鋭意検討されたが，保険商品の多様化に伴い，解約返戻金の算出方法も多種あり，一律の契約ルールを定めることが困難であるという技術的な観点から，規律化を断念した[4]。

---

1) 保険会社によっては，解約返還金，解約払戻金ともいう。
2) もっとも，同条は任意規定であり，保険料の算出等の関係で合理性がある場合には解除権に制限を課すことが認められている（一問一答83頁）。年金給付開始後の終身年金契約について解約が認められないのはその一例である。
3) 巻末約款25条参照。
4) 保険料積立金および解約返戻金に関する論文としては，以下のものがある。青谷和夫「生命保険契約における解約返戻金控除の法的根拠」民商78巻1号1頁（1978），大澤康孝「積立金に対する保険契約者の権利」ジュリ753号98頁（1981），山下友信「生命保険契約解約払戻金をめぐる諸問題」NBL 237号6頁，238号26頁（1981），志田惣一「解約返戻金」倉澤康一郎編・生命保険の法律問題（金判986号）136頁（1996），金岡京子「解約返戻金の規律に関する一考察」生保160号31頁（2007），田口城「保険法における解約返戻金規整の考察」保険学598号113頁（2007），同「被保険者のために積み立てられた金額と解約返戻金」生保162号269頁（2008），井上享「保険契約終了時の保険料積立金の支払と解約返戻金」落合＝山下240頁，金岡京子「解約返戻金の約款規制」保険学603号107頁（2008），長谷川宅司「解約返戻金」中西喜寿316頁，肥塚肇雄「生命保険約款における解約払戻金規整」保険学607号119頁（2009）。なお，本書636頁以下〔金岡京子〕参照。また，保険数理面の文献として，日本アクチュアリー会「保険1（生命保険）第2章解約返戻金」（2007），生保計理に関する基本問題研

＊解約返戻金 II

II 沿　革

(1) 解約返戻金に関しては，1874年のロェスレル草案には規律はなく，明治23年旧商法にはその657条において，契約が保険契約者の過失なく無効になる場合，または任意に解除され保険者に危険が生じなくなった場合には，既払保険料を全額返還する，ただし，慣習上，保険者が受け取ることになっている分は控除できる旨の規定があった。この但書で想定しているのは，契約締結時の費用ほかを意味するが，慣習上云々では控除額を巡って紛議が生ずるおそれがあるので，明治32年商法では，409条（改正前商655条）を設け，保険者が請求できるのは既払込保険料の半額と定めた[5]。すなわち，改正前商法は，法定免責，保険者破産の場合については保険料積立金を返還すべき旨の規定はあるが，保険契約者による任意解除その他保険契約者の責に帰すべき事由による解除については，責任開始前の任意解除の場合を除き規律しなかった。

(2) 次に，模範約款を見てみると，①旧模範約款（1900年）では，解除・失効および免責を同一に取扱い，責任準備金より費用の賠償として，保険金額の100分の5を超過せざる金額を控除しその残額を払い戻す旨を規定し，払戻金額の別表を添付，②改正模範約款（1911年）では，「責任準備金」を「当該保険年度末の責任準備金」に変更，③新模範約款草案（1927年）ではじめて，免責と解除・失効を分け，前者については責任準備金を，後者については保険金額の百分の五を超過せざる金額を控除したものを払い戻すと規定した[6]。

(3) 約款では，各社は創業初期のころから免責，解除・失効時に解約返戻金

究会「解約返戻金について」日本アクチュアリー会会報別冊第180号（1998）がある。
5) 商法修正案理由書341頁（1898），青谷和夫「保険契約法の逐条別史的素描(IV)」生保協会報59巻2号47頁（1979）。
6) 森荘三郎「保険約款に現はれたる解約返戻金条項」生経5巻附録1頁（1933年）。同論文の中で，解約と免責を区別する理由について草案委員の解説として，「両者を同一に取り扱ふは理論上失当」との見解を紹介し，当時いわれていた理由4点を取り上げその是非を論じている。①免責の場合には商法は積立金を返せと規定するが，解約の場合は規定がなく一定の控除をするのが至当である。②免責の場合は保険契約者に同情すべき事情があるのに対し，解約は何時でも認める保険会社の恩恵的行為であるから返戻金が少額でもよい。③免責は概して契約者の意思が加わっていないので逆選択の余地が少ないのに反して，解約・失効は逆選択の余地が多いから区別して取り扱う。④免責の場合は支払が少ないが，解約の場合は支払額が多額に上るから経営上区別して取り扱う。

に関する規定を置いていたが，1930年5月段階では，大多数の会社の約款は，解約・失効の場合と免責の場合を同一に扱っていた[7]。第二次世界大戦後の1953年には，全社が解約と免責とを区別し，前者の場合は解約返戻金を，後者の場合には責任準備金を支払う旨規定している[8]。

III 解約返戻金の意義

解約返戻金とは，保険契約者が契約を任意解除（54条）した場合に，保険者から約定（約款）に基づき支払われる金額をいう。すなわち，約定価額である[9]。また保険契約者の保険料不払による失効や告知義務違反による解除あるいは重大事由による解除の場合にも解約返戻金相当額が支払われる。さらに，払済保険・定期延長保険への変更の際の計算のもととなるものである。

IV 保険料積立金と解約返戻金

1 保険料積立金

保険法に規定する「保険料積立金」は，法定免責や保険者破産の場合に払い戻すべき金額であり，改正前商法に定める「被保険者ノ為メニ積立タル金額」と同意で，約款では「責任準備金」と呼ぶのが一般的である[10]。この保険料積立金は，自然保険料方式ではなく平準保険料方式が採用される商品にあっては，仕組上積み立てることが必要なものであり，法定免責などにより契約が消滅する際には，保険者が利得する理由がないことから払い戻すことが義務づけられているものである（63条）。

---

7) 森・前掲注6) 附録7頁。解約と免責を区別する会社39社中7社にすぎない。
8) 青谷和夫編・生命保険約款集（1953）。
9) 解約返戻金は，伝統的商品にあっては，約款に計算方法を示すとともに保険証券等にその実額が記載され確定しており，その他の商品にあっては，その計算方法は約款で約定されている。
10) 保険業法では，116条1項で保険会社は毎決算期において保険契約に基づく将来の債務の履行に備え，責任準備金を積み立てることを義務づけているが，これを通常「事業年度末責任準備金」と呼ぶ。1995年の保険業法改正により，会社が積み立てるべき事業年度末責任準備金について，それまでの保険料計算と同一の計算基礎を用いた責任準備金から，保険会社の経営の健全性維持の観点から，当局が定める標準責任準備金によることが義務づけられた。そのため，個別契約の責任準備金（契約者価額）と事業年度末責任準備金は明確に分離された。

＊解約返戻金 IV

2 解約返戻金

一方，保険期間満了前の保険契約者による任意解除の際の払戻金（約款でいう「解約返戻金」）については，改正前商法には規定はなく，伝統的商品にあっては，一般的に，契約から最長で10年間はいわゆる解約控除があることから，その間は，上記の平準保険料式の保険料積立金を下回る[11]。

伝統的商品以外の商品（後記 V 参照）にあっては，独自の計算方法を用いて解約返戻金を算出している。

保険業法では，上記1および2を「契約者価額」と総称し，その計算方法を「保険料及び責任準備金の算出方法書」に記載することを義務づけている（保険業規10条3号）。

なお，保険契約終了時に払戻すべき金額については，次頁**資料1**参照。

（参考）法令・約款に用いられる払戻金に関する用語

	保険法	改正前商法	保険業法	約　款
法定免責，保険者破産等の場合の払戻金	保険料積立金（63条）	被保険者ノ為ニ積立タル金額（680条2項・683条2項）	契約者価額（保険業規10条3号）	責任準備金
任意解除，失効，告知義務違反による解除等の場合の払戻金	――	――	契約者価額（保険業規10条3号）	解約返戻金
（企業会計上の）事業年度末の責任準備金	――	――	責任準備金（116条，保険業規69条〔保険料積立金，未経過保険料，払戻積立金，危険準備金で構成〕）	――

---

11) アクチュアリーによる伝統的商品の解約返戻金算定の基本的な考え方の説明は次のとおりである。「払い込まれる保険料から，年々の保険金の支払いおよび契約締結・維持に必要な諸経費を差し引いた残額として，個々の契約者について予め定められた金額」（生命保険協会生命保険講座「生命保険計理」（平成18年）からの引用）であり，「保険数理的には，解約時の「営業保険料ベース」の保険料積立金を基準とするということ」である。そして「ここで言う，「営業保険料ベース」の保険料積立金とは，保険料計算基礎（予定死亡率，予定利率，予定事業費率）を用いて計算した，契約時に予定されたベースでの収支残高」をいう。（上田泰史「日本における生命保険契約の解約返戻金について」金融審議会第二部会保険の基本問題に関するワーキング・グループ第52回資料3頁）。

*解約返戻金 IV

(資料1) 保険契約終了時保険者が払戻すべき金額 (改正前商法・保険法・約款比較)

分類	契約終了事由	改正前商法	保険法	約款[*1]
保険者の免責	①被保険者の自殺	被保険者ノ為メニ積立タル金額 (680条2項)	保険料積立金 (63条1号)	責任準備金
	②被保険者の決闘その他の犯罪・死刑の執行による死亡	被保険者ノ為メニ積立タル金額 (680条2項)	(免責規定なし)	(免責規定なし)
	③保険金受取人による故殺	被保険者ノ為メニ積立タル金額 (680条2項)	保険料積立金 (63条1号)	責任準備金
	④保険契約者による故殺	(払戻し規定なし)	(払戻し規定なし)	払戻金がない旨の規定あり[*2]
	⑤戦争その他の変乱による死亡	被保険者ノ為メニ積立タル金額 (683条2項)	保険料積立金 (63条1号)	責任準備金 (ただし保険金の削減払あり)
保険契約者による解除	⑥保険者の破産による解除	被保険者ノ為メニ積立タル金額 (683条2項)	保険料積立金 (63条4号)	(解除規定なし——保険法に従い責任準備金を支払う)
	⑦責任開始前の任意解除	被保険者ノ為メニ積立タル金額 (683条2項)	保険料積立金 (63条2号)	規定なし (申込みの撤回とみなし保険料を返還)
	⑧責任開始後の任意解除	(解除規定なし)	(払戻すべき金額に関する規定なし)	解約返戻金
	⑨責任開始前の被保険者の解除請求による解除	(解除規定なし)	保険料積立金 (63条2号)	(解除規定なし——申込みの撤回とみなし保険料を返還)
	⑩責任開始後の被保険者の解除請求による解除	(解除規定なし)	(払戻すべき金額に関する規定なし)	(解除規定なし——解約返戻金を支払う)
保険者による解除	⑪危険の増加による解除	被保険者ノ為メニ積立タル金額 (683条2項)	保険料積立金 (63条3号)	(解除規定なし)
	⑫告知義務違反による解除	(払戻すべき金額に関する規定なし)	(払戻金額に関する規定なし)	解約返戻金と同額の返戻金
	⑬重大事由による解除	(解除規定なし)	(払戻金額に関する規定なし)	解約返戻金と同額の返戻金
保険契約の失効	⑭保険者の破産による失効	被保険者ノ為メニ積立タル金額 (683条2項)	保険料積立金 (63条4号)	(失効規定なし——保険法に従い責任準備金を支払う)
	⑮危険の増加による失効	被保険者ノ為メニ積立タル金額 (683条2項)	(失効規定なし)	(失効規定なし)
	⑯保険契約者の保険料不払による失効	(失効規定なし)	(失効規定なし)	解約返戻金と同額の返戻金
	⑰約款貸付の元利合計額が解約返戻金を超過した場合の失効	(失効規定なし)	(失効規定なし)	(払戻金額に関する規定なし——解約返戻金なし)

[*1] 第一生命・普通保険約款 (平成22年4月2日改正)。(巻末約款参照)
[*2] この場合, ①返還金なしとする会社32社 (うち, 約款にその旨を規定する会社26社〈第一生命ほか〉, 約款に規定のない会社6社〈明治安田生命ほか〉), ②解約返戻金を返還する旨の規定のある会社9社〈日本生命ほか〉。(2009年10月現在判明会社のみの集計)

V 解約返戻金の計算

1 商 品 別

近年,伝統的商品と異なる解約返戻金算出方式を採用する商品,たとえば,変額保険(1986年),市場金利連動型商品(1997年),低解約返戻金型商品(1998年),変額年金(1999年)や無解約返戻金型商品(1999年)が出現した[12]。以下,主な商品についてイメージ図を付すと共に解約返戻金の計算方法の概略を説明する[13]。

(1) 伝統的商品(平準払の例)　まず,保険金額を設定し,予定死亡率等をもとに保険料を計算する。これをもとに,保険料積立金を算出し,そこからいわゆる「解約控除」を控除して解約返戻金を計算する。なお,一般的な控除期間は最大10年となっている。

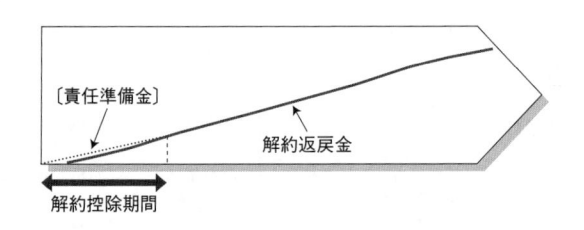

[責任準備金]
解約返戻金
解約控除期間

(2) 低解約返戻金型商品　まず,保険金額と解約返戻金(たとえば,通常商品の7割に設定)を決め,予定死亡率,予定解約率等をもとに保険料を計算する。この保険料をもとに保険料積立金を算出する。

保険料率の設定に脱退(残存)率を使用する(すなわち,「解約」も保険事故の1つであるかのように取り扱う)[14]のが特徴で,より低廉な保険料を望む保険契約者のニーズに応える商品であり,まったく解約返戻金のない無解約返戻金型商品もある。

---

12) 販売状況　44社のうち①変額保険6社②変額個人年金19社③市場金利連動型12社④低解約返戻金型　終身保険11社,定期保険16社,医療保険8社⑤無解約返戻型　定期保険11社,医療保険25社(出典；生命保険文化センター「各社個人保険一覧(平成21年4月現在)」)。

13) 商品のイメージ図は,法制審議会保険法部会第11回参考資料「伝統的商品の保険料について(1)等」による。

14) 日本アクチュアリー会・前掲注4) 2-36頁。

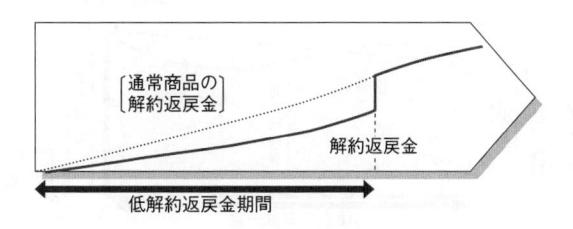

(3) 変額年金（一時払の例）　一時払保険料を株式や債券を中心とする特別勘定で運用し，その運用実績によって積立金が決まり，それに連動し解約返戻金が計算される（なお，契約初期に新契約費を控除するタイプと解約時に解約控除を行うタイプが存在する）。

このため，解約返戻金が株価や債券価格の下落，為替の変動により払込保険料を下回ることもある。一般的に，解約返戻金には最低保証はないが，死亡給付金や年金のもとになる年金原資には最低保証がある。

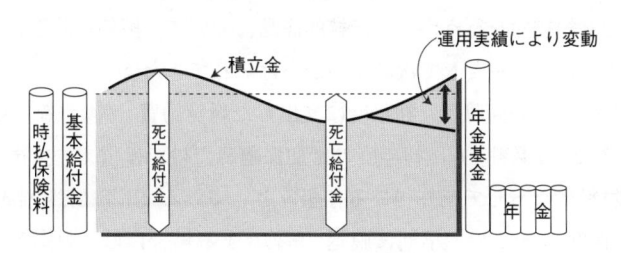

(4) 市場金利連動型（MVA）商品（一時払個人年金の例）　市場金利に応じた運用資産の価格変動が解約返戻金額に反映される（なお，契約初期に新契約費を控除するタイプと解約時に解約控除を控除するタイプが存在する）。

解約返戻金額＝解約計算基準日の保険料積立金×(1－解約基準日の市場価格調整率)

解約時に積立金額に市場価格調整率を用いるため，解約時の市場金利が契約時よりも上昇すると解約返戻金額は減少し，逆に下落した場合には増加する。なお，年金原資に最低保証はある。

＊解約返戻金　V

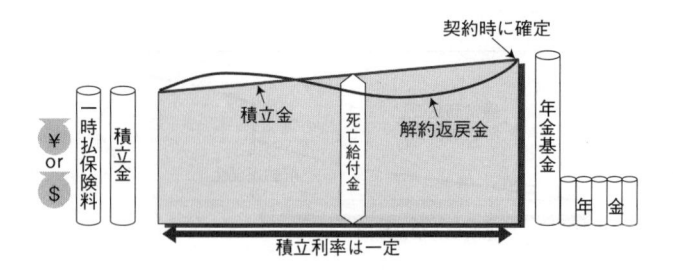

[図：一時払保険料／積立金→積立金・死亡給付金・解約返戻金→年金基金・年金　契約時に確定　積立利率は一定]

2　伝統的商品において解約控除を行う理由

(1)　解約返戻金の算式　　伝統的商品の解約返戻金は，一般的に次の算式による。

$$解約返戻金 = 平準純保険料式の保険料積立金 - 解約控除\left[\frac{\alpha' \times \mathrm{Max}(0, 10-経過年数)}{10}\right]$$

　　　　　＊ α'；解約控除計算時に用いる新契約費，Max（A, B）；AB いずれか大きい数値

(2)　なぜ解約控除を行うか　　伝統的商品について，解約控除を行う経済的理由として，従来，主として次の4つがあげられてきた[15]。

　(ｱ)　新契約費の回収　　初年度に支出した新契約費（募集経費，医的診査経費，保険証券発行手数料等）は初年度の付加保険料だけでは償えず，後年度に入る付加保険料にならして割り当てる仕組みとしている（平準純保険料式保険料積立金方式を採用）。そこで，早期に脱退（解約）する場合には，脱退者から未償却分を回収する必要がある。

　(ｲ)　逆選択の防止（抗死力減退費）　　一般に中途に解約する保険契約者は健康な人が多く，そのままでは，残存する保険群団の死亡率が高まる。それ故，解約者は，残存する契約者に補償すべきである。

　これに対し，脱退者の健康状態および残存危険団体の死亡率の悪化は立証されていないではないか[16]，あるいは解約控除の算式は，逆選択補償の算式ではない[17]，といった批判がある。

---

15)　たとえば，日本アクチュアリー会・前掲注4) 2-5頁，有馬多喜雄「責任準備金」新生命保険実務講座7巻169頁（1966），大澤・前掲注4) 108頁。

16)　大澤・前掲注4) 117頁。

17)　日本アクチュアリー会・前掲注4) 2-5頁。

(ウ) 投資上の不利益の防止　解約に備えて流動性に富む資産を用意したり，解約のため不利な時点で資産を処分することもあり，利回りが下がる。

これに対し，解約は統計的に大体均等に起こるから，投資計画を狂わせるとはいえないのではないか[18]，あるいは解約控除の算式は，投資上の不利益を反映した算式ではない[19]，といった批判がある。

(エ)　ペナルティ（契約継続のインセンティブ）　中途解約を防止するため，一種のペナルティを課す。解約手数料である。

これに対し，そもそも，約款で解約を認めておきながら，ペナルティを課すのは理由にならない。また，より手数のかかる保険契約内容の変更等にも手数料を課していない[20]し，解約控除期間経過後は解約手数料を徴していない[21]ではないか，といった批判がある。

結局，(イ)～(エ)は付随的な目的・効果であるとすると，伝統的商品において解約控除を行う主な理由は(ア)の新契約費の償却である[22]といえよう。この新契約費の償却は，脱退した保険契約者のために支出した経費を保険群団に残存する他の保険契約者に負担させることは衡平性にもとるとする「費用の自己負担の原則」によるものであり，保険会社から見れば，一定の合理性（新契約費の確実な回収と経営の安定）を有するものであるが，加入者から見れば，保険会社が自ら選択した経営リスク（100％回収しきれない可能性があるにもかかわらず新契約費を初年度で費消）を加入者に一部転嫁する不合理な仕組みであるといった批判もありうる[23]。

そこで，保険会社では，これまでも経営の合理化による新契約費の節減に努めるとともに，剰余については配当により還元してきた。また，解約控除に用いる新契約費（α'）について，1981年以降保険料の計算に用いる新契約費（α）

---

[18]　有馬・前掲注15) 169頁。
[19]　日本アクチュアリー会・前掲注4) 2-5頁。
[20]　有馬・前掲注15) 169頁。
[21]　大澤・前掲注4) 108頁。
[22]　日本アクチュアリー会・前掲注4) 2-6頁。なお，(エ)のペナルティについては，金融審議会第二部会保険の基本問題に関するワーキンググループでは，「解約控除の対象は，保険料計算基礎に基づいたものに限る（いわゆる解約時のペナルティは含まれない）」とされた。(Ⅵ 2 (2)参照)。
[23]　出口治明・生命保険入門〈新版〉38頁 (2009)。

＊解約返戻金 VI

(資料2) 解約返戻金の変遷（養老保険の例）

時 期	保険料積立方式	解約控除		予定新契約費	
		控除期間	水準 (α')	S比例 (α)	P比例 (δ)
1946年	全期チルメル式	全期間	4.5%	3.0%	—
1956	20年チルメル式	5年未満	4.0	3.0	—
1962	20年チルメル式	5年未満	3.75	3.0	—
1973	純保険料式	10年未満	3.5	3.0	—
1976	純保険料式	10年未満	3.5	2.5	2%
1981	純保険料式	10年未満	2.5	2.5	2
1985	純保険料式	10年未満	2.2	2.5	2
1990	純保険料式	10年未満	1.9	2.5	2

（出典）日本アクチュアリー会「解約返戻金」保険1（生命保険）2-15頁（2007）および生命保険文化研究所「実用生命保険数理」（1977）

を下回る数値を用いるなど解約控除額の引下げ（解約返戻金の引上げ）を第二次世界大戦後数次にわたり実施してきた（上記**資料2**参照)[24][25]

VI 法制審議会および金融審議会における検討[26]

1 法制審議会保険法部会における検討

(1) 第2回会合（2006年11月22日）において，法務省より解約返戻金に関する規律をどのように法定すべきかについて，次の4案が示された[27]。

A案；特段の規定は設けないものとする考え方。

B案；保険者は，保険契約者に対し，被保険者のために積み立てた金額を支払わなければならない旨の規定を設けるものとする考え方。

---

24) 上田・前掲11) 14頁によれば，解約控除の最大値は1990年以降では1969年の55%とのことである。
25) なお，解約控除の水準を考える場合には，保険料積立方式をも合わせ検討する必要がある。何故なら，チルメル方式の積立金の場合には，解約控除の水準は，純保険料方式の積立金のそれよりも小さくなるからである。
26) 検討の経緯の詳細については，田口・前掲注4) 生保309頁以下参照。
27) 法制審議会保険法部会第2回資料3・10頁。

C案；保険者は，保険契約者に対し，被保険者のために積み立てた金額を支払わなければならない旨の規定および保険者は，保険契約者に対し，解除等によって生じた費用等の償還を請求することができる旨の規定を設けるものとする考え方。

　D案；保険者は，保険契約者に対し，公正な保険数理等に照らし，合理的かつ妥当な方法で算出された金額を支払わなければならない旨の規定を設けるものとする考え方。

　これをもとに議論が行われたが，保険商品の多様化を踏まえ，D案を支持する意見が比較的多かったが，その規律内容では，裁判規範たりえないのではとの意見もあった。結局，保険数理の専門家等が入ったワーキング・グループで別途整理の上，改めて部会で検討することになった[28]。

　(2)　その後，第11回会合（2007年6月13日）および第12回会合（2007年6月27日）で引き続き議論がなされたが，さらに検討を深めることとなった[29]。

　(3)　第14回会合（2007年8月8日）では，以下の案が中間試案としてまとめられ，パブリックコメントに付された。なお，この案にある一定の金額とは，契約の終了事由ごとに検討すべきである旨の注記がなされている[30]。

　「保険期間満了前に保険契約が終了した場合には，保険者は，保険契約者に対し，将来の保険金の支払に充てるべき保険料をもとに算定した［一定の金額］を支払わなければならないものとする」（中間試案4(5)）。

　パブリックコメントの結果，中間試案の方向性に賛成の意見が多かったが，商品開発の自由度および保険契約者の選択の幅を阻害しない規定にすべきとの意見や保険者に保険料積立金等に関する情報提供義務を課すことを検討すべき等の意見もあった[31]。

　(4)　第20回会合（2007年11月28日）で，解約返戻金について，保険料積立金のうち同一群団の残存契約の債務を履行するために必要な金額を超える金額とする案[32]が示されたが，テクニカルな問題があることや保険業法の問題と

---

28)　法制審議会保険法部会第2回議事録46頁以下。
29)　法制審議会保険法部会第12回議事録1頁以下。
30)　法制審議会保険法部会第14回資料15・26頁。萩本修ほか「『保険法の見直しに関する中間試案』についての意見募集結果の概要」立案169頁。
31)　萩本ほか・前掲注30) 169頁

＊解約返戻金 VI

も密接に関連していることからさらに検討することになった[33]）。

(5) 第22回会合（2007年12月26日）では，当局は第20回提出の案を再提示するとともに，法文化にあたり次のような困難な検討課題があるとされた[34]）。

(ア) 保険料積立金および解約返戻金について，「保険料の金額を算出する際に用いた計算の基礎」以外の基礎を用いて算出されるものがある（たとえば，変額年金，市場金利連動型商品）。

(イ) 解約返戻金については，個々の契約ごとの商品設計と密接不可分であり，実務上は複数の仕組みをもとに算出されることとされており，これを1つの規律で書き尽くすことは非常に困難である。

(ウ) 契約法である保険法において規定を設ける以上は，裁判規範として一義的な金額が導かれる規律である必要があるところ，そのためには，その内容が具体的なものであることが必要であるし，そこで用いた概念も明確である必要があると考えられる。

(6) 結局，23回会合（2008年1月9日）で提示された要綱案（2次案）[35]では，前回提示の困難な課題とされた(イ)および(ウ)の理由から解約返戻金に関する規律は，要綱案には盛り込まず，適切な解約返戻金の在り方については，これまで通り監督行政に委ねられ，金融審議会における検討に期待することとなった[36]）。

2 金融審議会第二部会保険の基本問題に関するワーキング・グループにおける検討

(1) 法制審議会保険法部会と並行して，監督行政として保険法改正にどのように対応するかについて，金融審議会でも議論が行われた。具体的な検討は，金融審議会第二部会保険の基本問題に関するワーキング・グループ（座長・山下友信東大教授，以下「保険WG」という）で検討することになった（第二部会第

---

32) 法制審議会保険法部会第20回資料22・2頁。
33) 法制審議会保険法部会第20回議事録46頁以下。
34) 法制審議会保険法部会第22回資料25・10頁以下。
35) 法制審議会保険法部会第23回資料26・20頁。
36) 法制審議会保険法部会第23回議事録37頁以下。

39 回会合 2007 年 9 月 18 日）。

(2) 数回の保険 WG の審議を経て，また保険法では解約返戻金について規律しないことが判明した後の第二部会第 46 回会合（2008 年 1 月 31 日）に，保険 WG の次の検討結果が報告され了承された。

「保険料積立金にかかる規定整備，解約控除のあり方，無・低解約返戻金型保険商品のあり方，解約返戻金にかかる開示のあり方，といった論点に分けて検討を行った。解約払戻金に関しては，規律の更なる明確化解約控除の対象は保険料計算基礎に基づいたものに限る（いわゆる解約時のペナルティは含まれない）という趣旨の規定を商品審査基準に明確化する方向で検討すべきであると考えられる。……これらの論点は，技術的な要素を多く含むことから，今後，専門的・実務的視点も含めた更なる検討が行われるべきである」。

(3) その後，当局の海外出張報告，商品審査の状況，アクチュアリーの報告等を踏まえた検討の結果を保険 WG の第 54 回会合（2009 年 6 月 19 日）で，次のような「中間論点整理」が取りまとめられ，同年秋以降引き続き検討することとなった[37]。

「保険料積立金等の支払について，保険商品に係る透明性向上等の観点から，解約返戻金に係る商品審査基準を明確化すべきとの意見や基礎書類の開示を検討すべき等の意見があった。また，無・低解約返戻金型保険商品について，特に保険料が比較的高い保険商品のあり方について，考え方を整理すべきとの意見があった。今後，これらの問題についても，募集面や商品面に係る他の問題と併せて検討していくことが必要であると考えられる」。

VII 解約返戻金の法的検討

1 解約返戻金の法的根拠

契約開始後の解約返戻金の払戻しに関しては，改正前商法と同じく，保険法でも規律されなかったため，引き続き約款上の規定によることとなった。約款に規定する解約は，将来に向かって契約を解除することであり，契約締結時に

---

[37] 金融審議会第二部会保険の基本問題に関するワーキング・グループ第 54 回資料および議事録参照。

*解約返戻金　VII

遡って契約を消滅させるいわゆる契約の解除とは異なる。また，保険契約者は，約款の規定に基づき形成権として一方的行為により契約を消滅させるとともに解約返戻金請求権を取得する。

そもそも解約返戻金の払戻しについては，約款によって規定されているにすぎないから払戻金額の決定も約款に任されているというべきであり，とくに解約控除の法的根拠を問題とすることなく，単に約款所定の金額が払い戻されるといえば足りるとする見解もある[38]。

それでは，なぜ，解約返戻金を払い戻すのか。

まず，解約返戻金の原資となる保険料積立金について考えると，保険契約者が保険料支払義務に基づき支払われた保険料の一部を保険料積立金として蓄積したものであり，法的には保険者の所有に属するものであり，これを返還しないことは直ちに法律上の不当利得となるわけではない[39]。しかしながら，保険料積立金は，保険料の計算を自然保険料方式ではなく，平準保険料方式を採用している場合に保険期間の後半の保険料を補うべく保険期間の前半において自然保険料方式で算出された保険料を超えた部分を積み立てるという保険技術上の必要性から生ずるものである以上，保険契約者が保険群団を中途で脱退した場合には，保険者がそれを全額取得するのは妥当ではないと考えられる。

次に，伝統的商品にあっては，解約返戻金の計算過程で保険料積立金からその一部を控除したうえで払い戻すことが許されるか，すなわち解約控除が認められるかが問題になりうる。

前記のとおり，解約控除を行う理由は主として新契約費の償却である。平準保険料式保険料積立金の計算にあたっては，新契約時に支出した新契約費を全保険期間で償却することを前提にしているところ，中途で保険群団から脱退した場合には，脱退者に対して新契約費の未償却分の返還を求めないとすると，当該未償却部分が群団に残存する他の保険契約者の負担になることになる。

---

38) 大澤・前掲注4) 108頁。
39) 山下651頁。大澤・前掲注4) 99頁は，ドイツの諸説を紹介後，「法律的に言えば積立金は，保険契約において保険者が保険契約中途の消滅の場合に給付義務を負うところの目的物と言うしかない。」とする。また，ドイツ，フランスの学説については，志田惣一「生命保険契約における解約の法的性質」中村眞澄・金澤理還暦・現代保険法海商法の諸相671頁以下（1990）参照。

1995年の改正保険業法では，保険会社が企業会計上積み立てるべき事業年度末の責任準備金について，標準責任準備金制度40)が導入され，個別契約の保険料積立金とは分離され，保険料積立金は解約返戻金などとともに，「契約者価額」として約定されたものとなった41)。それ以前は，解約返戻金は保険会社が積み立てる責任準備金のうちの個々の保険契約者の持分から解約控除を行うというものであったことから，この解約控除については，損害の賠償であるとする説が一般的であった42)。

2 民法との関係——不当利得の成否

保険料積立金からその一部を控除したものを払い戻す場合には，その控除が不当利得（民703条）となるのかが問題となりうる。しかし，1で述べたように，保険料積立金対応資産は，保険者の所有に係るものであり，解約返戻金は約款に基づき払い戻されるものである。払い戻される金額は約款所定の約定価格として契約締結時に保険契約当事者間の合意により約束されたものである。したがって，解約控除の水準の妥当性が問題になるとしても，保険料積立金を解約返戻金として返還しないことが直ちに不当利得となるとはいえない。

なお，1977年には，解約返戻金の解約控除を不当とする本格的な訴訟も提起されたが，判決は，約款の拘束力を理由に原告の請求を斥け，解約控除の妥当性については判断しなかった43)。

---

40) 平成8年4月以降締結の内閣府令で定める保険契約に適用される制度で，①積立方式——平準純保険料方式，②予定死亡率——i 平成19年3月までの契約・生保標準生命表1996, ii 平成19年4月以降の契約・生保標準生命表2007（ただし，他の予定死亡率を用いることが適当な場合を除く），③予定利率——i 平成11年3月までの契約2.75％, ii 平成11年4月以降平成13年3月までの契約2.0％, iii 平成13年4月以降の契約1.5％とする。ただし，標準責任準備金のうち保険料積立金は契約者価額を下回ることはできない（大蔵省告示48号平成8年2月29日　最終改正平成18年12月27日））。

41) 山下654頁。

42) 大森298頁，石田313頁，西島370頁，青谷・前掲注4) 26頁。

43) いわゆる武副訴訟。1973年，大型保障保険に加入し2年10か月後解約を申し出た原告が他の3名の原告とともに，解約払戻金が既払込保険料に比し予想外に少なかったことから，主位的に契約締結時に契約の要素たる解約払戻金の表示がないから契約は不成立につき保険料の返還を，予備的にはかりに契約が成立していたとしても，責任準備金から解約控除を行うのは不当であるから責任準備金と同額の返還を求め提訴。判決（東京地判昭和56年4月30日判時1004号115頁）は，解約払戻金の多寡に触れることなく，（主位的請求に対し）契約成立後に証券と同時に送られてきた小冊子に解約払戻金額例表があることから契約は有効に成立してい

＊解約返戻金　VII

3　消費者契約法との関係[44]

　まず，保険契約が消費者契約である限りにおいて，消費者契約法（2001年施行）の適用対象となる。すなわち，保険契約者が個人（事業としてまたは事業のために契約当事者となる場合を除く）の場合には，消費者契約となる（消費契約2条）。

　次に，消費者契約であるとした場合，消費者契約法の不当条項規制の対象となるか。不当条項規制のうち，実際に問題となるのは，損害賠償額の予約または違約金の合意条項のうち平均的損害を超える部分を無効とする消費者契約法9条1号の適用の是非である。

　(1)　不適用説　　そもそも解約返戻金は，保険数理に基づき保険金，保険料と一体となって計算される独自の給付である[45]。すなわち，解約返戻金は支払った保険料に対する反対給付の1つである。契約の主要目的および価格については，本来市場に任せるべき事柄である[46]として，消費者契約法は同法の不当条項規制の対象外であるとしている[47]。また解約控除は未償却の新契約費用を残存する他の保険契約者の負担にすべきでないという衡平性の観点からなされるものであり，そもそも損害という概念になじまない。なお，保険法部会の審議の過程で解約返戻金を検討した際，保険料積立金から「控除」すべきものについて，立案担当者は保険料算定にあたっての計算基礎を維持するという発想に基づく保険契約の本質とも関連する考え方であるから，これを「平均

　　るので保険料を返還する義務はなく，（予備的請求に対し）約款に解約払戻金を支払う旨の規定がある以上責任準備金を支払う義務はないとして，原告の請求を棄却した。判例評釈・解説・論文としては，青谷和夫〔判批〕判例評論272号（判時1010号）48頁（1981），山下友信〔判批〕昭和56年度重判解107頁（1982），同「生命保険解約払戻金をめぐる諸問題」NBL 237号6頁，238号26頁（1981），石山卓磨〔判批〕判タ455号68頁，吉田明〔判批〕生保百選210頁，神田秀樹〔判批〕保険海商百選114頁。判決文については，生保協会報62巻2号（1982年）参照。

44)　山下友信「消費者契約法と保険約款」生保139号6頁（2002）に詳しい。
45)　山下・前掲注44）6頁。
46)　山本敬三「消費者契約法立法と不当条項規制」NBL 686号28頁（2000）。
47)　第17次国民生活審議会消費者政策部会「消費者契約法の立法に当たって」15頁。なお，16次中間報告では，①契約の主要な目的については，契約内容の問題としてではなく，情報提供義務や不意打ち条項の問題として処理すべきであり，②物品・役務の価格・対価のその反対給付たる物品・役務のとの均衡性については，価格・対価の高低については判断しないことを理由とする（第16次中間報告29頁以下）。しかし，この場合にも，契約締結過程で十分な情報提供が前提になる（山本・前掲注46）28頁）。

的な損害」にあたるかどうかという観点で考えることは実態にそぐわず相当でないようにも考えられるとしていた[48]）。

　(2)　適用説　　生命保険契約の主要な給付は，保険金であって，解約返戻金はあくまでも付随的な給付にすぎないから，消費者契約法9条1号は適用すべきである。伝統的商品にあっては，解約返戻金の計算過程において，保険料積立金からいわゆる解約控除を行っている以上，その解約控除は損害賠償額の予約である[49]）。

　山下友信教授は，1995年保険業法の下では解約返戻金も契約者価額の1つとされたことから解約返戻金の払戻自体が独自の給付であるという考え方がなじむ面が強まっているとしながらも，解約返戻金はやはり保険の付随給付にすぎないから消費者契約法9条1号の射程が及ぶとされる。もっとも，その場合でも，解約控除が未償却の新契約締結費用に対応するものである限り，解約返戻金に関する約定が無効とされることは基本的にないであろうとされる[50]）。

　そこで，解約控除の水準が平均的損害を超えているか否かが問題となるが，伝統的商品に関するアクチュアリーの説明では，現行の解約返戻金の水準は，①新契約費の未回収部分の一部のみを純保険料ベースの保険料積立金から控除していること②控除期間を10年を最長としていることから，新契約費の償却を考慮に入れた営業保険料ベース（全期チルメル式）の保険料積立金を上回っているという[51]）。すなわち，現在の解約控除の水準は，予定新契約費以下の水準となっている。

48）　法制審議会保険法部会第11回資料12・29頁，法務省民事局参事官室「保険法の見直しに関する中間試案の補足説明」立案149頁参照。
49）　山下・前掲注44）7頁は，解約返戻金が事業年度末責任準備金から切り離されたといっても，保険料積立金から，解約控除を行っている以上，1995年以前の旧保険業法下と同様これを損害賠償額の予約とみてもさほどおかしくはないとされる。
50）　山下656頁。
51）　上田・前掲注11）13頁。なお，山下教授は，そのような場合でも，新契約費を全額費消せず，益を出している場合には問題なしとはしないとされる（山下・前掲注44）8頁）。なお，監督指針では，解約返戻金の設定について，「支出した事業費及び投資上の損失，保険設計上の仕組み等に照らし，合理的かつ妥当に設定し，保険契約者にとって不当に不利益なものとなっていないか」とあり（Ⅷ1参照），予定新契約費等を逸脱した解約控除の設定は認められていない。

4　伝統的商品以外の商品についての考え方

　以上は，主として解約返戻金の計算過程で解約控除を行う伝統的商品についての検討であるが，それでは，伝統的商品以外の商品においてはどのように考えられるか。

　まず，低（無）解約返戻金タイプの保険種類については，解約返戻金を通常の商品よりも低く設定する一方で，その分を保険料の低廉化に反映した商品である。すなわち，解約時の保険料積立金と解約返戻金の差は，残存契約の保険群団に対する保険給付に充当していくために必要な部分である。

　次に，一時払変額年金については，保険料積立金は特別勘定運用資産の実績により変動するが，この保険料積立金から，加入後一定期間において解約控除を控除したものが解約返戻金となる。この解約控除は，伝統的商品と同様に主として新契約費の償却を目的としており，伝統的商品と同様に考えることができよう（なお，新契約費を加入時に全額徴収してしまうため，解約時に特段の控除を行わないタイプもある）。

　また，解約返戻金の計算の際に市場価格調整（MVA）が行われるタイプの保険種類については，一般的に，保険料積立金から市場価格調整を控除した金額が解約返戻金となる。こうした商品は，一時払保険料を保険期間と同一年限の債券で運用することを前提とした商品であり，市場価格調整によって，契約時と解約時の金利状況の差異による債券の売却価格を解約返戻金に反映している。すなわち，その保険料積立金と解約返戻金の差は，伝統的商品における解約控除（新契約費の償却）とは異なる性格を持つ。しかしながら，一方で，残存契約に対して保険給付を行っていくうえで必要な額を確保するために必要な調整を行っているという点では同様の趣旨を持つ。

5　ま　と　め

　伝統的商品を含むいずれの保険商品においても，保険料積立金と解約返戻金の差は，保険群団に対して約定された保険料で約定された保険給付を行っていくために必要な部分である。伝統的商品以外の商品がかなりの割合で販売されている現在，すべての商品について，統一的に保険料積立金と解約返戻金の差を理解しようとすればこのような説明となる。

*解約返戻金 VIII

　解約返戻金は，保険金，保険料，保険料積立金と一体的に計算されるものであり，保険料積立金と解約返戻金の差は保険群団を維持するために必要なもの，すなわち保険技術上必要な部分であり，旅行等各種サービスの予約をキャンセルする際に支払を求められる「損害」とはまったく別個な概念と理解すべきものと考える。

VIII　監督上の規制

　解約返戻金の水準および開示については，金融庁によって監督がなされている。

1　水　　準

　水準に関しては，保険料及び責任準備金の算出方法書（以下「算方書」という）の記載事項として，「契約者価額」（返戻金の額その他の被保険者のために積み立てるべき額を基礎として計算した金額）が挙げられ（保険業規10条3号），また，契約者価額の計算が，保険契約者にとって不当に不利益なものでないことが算方書の審査基準となっている（保険業規12条1号）。

　さらに，監督指針では，契約者価額は支出した事業費および投資上の損失，保険設計上の仕組み等に照らし，合理的かつ妥当に設定し，保険契約者にとって，不当に不利益なものになっていないことが求められている（監督指針IV-5-3）。

2　開　　示

　まず，開示に関しては，事業方法書に，解約返戻金を記載することを義務づけ（保険業規8条），その開示方法が契約者等の保護に欠けるおそれのない適正なものでかつ明瞭であることを審査基準として定めている（保険業規11条3号）。

　また，監督指針では，開示方法として，金額を保険証券等に表示する，計算方法等を約款等に掲載するなどの方法を例示している（監督指針IV-1-10）。

　次に，説明に関しては，保険業法300条で契約の締結または保険募集に際し募集人らが保険契約者に対し重要事項を告げないことを禁止するとともに，同

*解約返戻金　IX

　法100条の2に基づき，保険会社に対し募集人が運用実績連動型商品や無解約返戻金型商品の特徴を記載した書面を交付し説明することを確保する措置を講じること（保険業規53条），そしてそれを証するため，それらの書面を受領した旨の署名または押印を得る措置の事業方法書への明確な記載が求められている（保険業規11条6号）。

　監督指針では，低解約返戻金型商品，マーケット・ヴァリュー・アジャストメント（MVA；契約時と解約時の金利差によって生じる運用対象資産の時価変動額を解約返戻金に反映させる仕組み）利用した商品等については，商品内容等を十分に説明する方策を講じること（監督指針IV-1-9）や重要事項を告げるにあたっては，「契約概要」（解約返戻金等の有無及びそれらに関する事項を記載）と「注意喚起情報」（解約と解約返戻金の有無を記載）を分類のうえ告げることが求められている（監督指針II-3-3-2）。

IX　保険会社の情報提供

　以下，第一生命の取組例を紹介する。契約成立前，成立後とも，それぞれの帳票にその役割に応じ，次のような記載を行い解約返戻金に関する情報を開示している。

　なお，開示・説明の確実を期すため，契約申込み受付時に，「契約概要」，「注意喚起情報」および「ご契約のしおり」を受領し，これらの書類を確認・了知した旨および重要事項の説明を受けた旨を，保険契約者から「重要書類受領ご確認書」により確認することとしている。

　(1)　契約成立前

　　①　契約概要

　「○解約返戻金について——解約返戻金の金額は，経過年数等により異なり，また，年々増加するものとは限りません。具体的な金額の推移については，「重要事項説明書（注意喚起情報）」をご覧ください。」

　　②　注意喚起情報

　「○解約されると多くの場合，解約返還金はお払込保険料の合計額よりも少ない金額になります。（中略）

＊解約返戻金　Ⅸ

〇お申込内容・解約返戻金につきましては，「今回お申込みいただく保障内容と保険料」，『解約返還金額表』をご確認ください。」

＊「解約返還金額表」には，当該契約の解約返還金額を経過年数ごとに記載している（ただし，10年目までは毎年，10年目以降は，15年，20年，25年，……というように5年ごとに記載）。

③　約　　　款

「解約返還金は，経過年月数（保険料払込中の保険契約において経過年月数が保険料の払込年月数をこえている場合は払込年月数）により計算します。」

④　ご契約のしおり

「ご契約の解約はいつでもできます。また，特約のみを解約することができます。ご契約（特約）を解約した場合には解約返還金をお支払いいたしますが，ご契約後短期間で解約されたときや，特約によっては，解約返還金がない場合があります。

(1)　解約と解約返還金

・契約の解約はいつでもできますが，解約された時点でご契約（特約）は消滅し，以後の保障はなくなります。(中略)

(2)　解約返還金と払込保険料累計額」

＊注意喚起情報と同様の文言の記載後，解約返還金と払込保険料累計額の関係を具体的な契約例をあげ図示。

(2)　契約成立後

⑤　保 険 証 券

保険証券送付時に，当該保険契約の「解約返還金額表」を同封している。

〔平澤宗夫〕

責任準備金

I 「責任準備金」概念の歴史的展開

1 わが国初期の海上保険実務——「現計計算」方式

　わが国で最初に設立された損害保険会社である東京海上は，当初は「現計計算」といって，将来にわたる保険負債を考慮しないで利益処分をおこなう会計方式であった。生命保険と異なり損害保険は，通常保険契約が1年間と短期である。したがって，責任準備金を用意する必要性が理解されなかったのかもしれない。しかしながら保険期間に事故があってもまだ報告されていない損失等に配慮するならば，会計年度でくぎって利益処分を行うという実務は，問題である。「現計計算」は保険負債に対して合理的な責任準備金を積んでおくという考え方が希薄なものであり，保険契約の実態にあわない方式であった。

　明治23年にイギリスで海上保険元受営業を開始した東京海上は，「現計計算」の実務によっていたため，当初は保険料収入の著しい増収が認められた。経営陣はこれを喜んでいたが，しばらくするうちに逆為替が多くなったことに不安を感じて，優秀な若手社員であった各務鎌吉をロンドンに派遣した。ちょうどその頃，東京海上のロンドンからの保険料収入の増大に注目した日本海陸がロンドンで元受業務を開始した。日本海陸は明治26年に日本生命の株主を中心として，資本金120万円で設立された海上保険会社であった。日本海陸も東京海上同様に現計計算方式を採用していた。保険業法が施行される明治33年において，東京海上と日本海陸がロンドンで海上保険元受業務を行っていた。ところが，保険業法には，責任準備金の規定が設けられ，保険会計の厳格化が求められることになった。ロンドン業務の失敗の原因の1つが現計計算方式であるといちはやく気付いた各務らの努力により東京海上の経営は，ロンドン元受業務の損失から立ち直っていた。対照的に，日本海陸は，それに気付かないままロンドン営業に没頭した結果，保険業法に基づく保険検査によって解散を命じられる財務状態に陥っていた。当時，大手海上保険会社は，帝国海上と日

＊責任準備金 Ⅰ

本海上があったが，両者はロンドンの元受業務に進出しなかったため事なきをえた。いずれにせよ保険業法の施行後，保険負債に対する準備金の規定については監督の強化もあって，各社とも厳格となり，初期わが国の海上保険会社で採用されていた「現計計算」方式は行われなくなった。

2 生命保険における責任準備金——欧米の経験

世界ではじめての責任準備金計算の事例は，1776年，エクイタブル生命のウィリアム・モーガン（William Morgan）によるものと言われている[1]。この時の責任準備金の計算は，生命表はノーザンプトン表，予定利率は3％で，純保険料式によって行われたと伝えられている[2]。当時，保険料の計算に経費を考慮すべきことは知られていたが，実際に必要な経費は僅かであったので，特別に計算に含ませることはなかった。そのかわりに，彼は，死亡率に対してある程度のマージンを見積もって計算した。そのため，同社の純保険料は，実質的には営業保険料式と呼べるものであった[3]。

モーガンによるこの方法を，その後の多くの会社が追随した。しかし高い死亡率を用いたからといって責任準備金が多くなるとは限らないことから，将来の経費について直接的に考慮することなくして，死亡率およびと利息のマージンによってそれをまかなうという考え方が，科学的でないという批判が生じていた。このような批判はありながらも，19世紀の中頃までは，イギリスにおける大部分の生命会社がこの方法を採用していた。

1840年代になると，営業保険料式にかわって，純保険料式が提唱されるようになった。もっとも当時の純保険料というのは，営業保険料から付加保険料を控除したという意味の純保除料ではなく，チャールズ・ジェリコ（Charles Jellicoe）の考えから導かれた次のようなものであった。ジェリコは営業保険料について次の2つの部分から成り立っていると考えた。①もっともよく推定された経験の死亡率と利率，すなわち真の率（True Rate）を用いて計算された保険金支払のための純保険料。②営業保険料と純保険料との差額で，将来の経費，

---

[1] H・ブラウン（水島一也訳）・生命保険史203-205頁（1983）を参照。
[2] H・ブラウン・前掲注1）291頁。
[3] 平木三蔵「責任準備金について」保険学448号108頁（1970）。

＊責任準備金 I

利益および死亡率や利率が，その真の率から離れる危険に対する基金を作るために必要な付加保険料である。したがって，ここにいう純保険料式責任準備金は，経験に近い真の死亡率と利率によって，保険金と同じ率によって計算した保険料を評価し，それらを用いて計算されたものということとなる。これ対して一定の批判が存在したが，この純保険料式積立方法は，19世紀末において，もっとも一般的に採用された方法となった[4]。

なお，1860年代頃には，イギリスにおいては外務員の報酬体系に変化が起りつつあった。それまで継続保険料の払い込みと同時に支払われていた報酬の一部を振替えて初年度の報酬を増加させる傾向が強かった。しかし，純保険料式はこのような事態に適しなくなっていた。そこで1860年代には，このような事業費支出の変化を考慮に入れ，純保険料を修正する方式が提案された。

1863年，ドイツのアクチュアリー，A.チルメル（August Zillmer）は，終身保険において，初年度の純保険料を一年定期保険の純保険料とし，翌年以降の保険料は，実際の年齢より一年高い終身保険料とすれば，初年度の経費を充分支出し，かつ充分に責任準備金を積み立てることができるであろうと考えた。この考え方による方式をチルメル式または完全初年度定期式（Full Preliminary Term Method）と呼んでいる。

ヨーロッパ大陸においては，チルメル式が多くの会社によって採用されたが，イギリスではあまり利用されなかったといわれている。その理由は，イギリスでは一般に契約者配当のための評価が5年ごとに行われたからであるといわれている。イギリスでは，契約者配当の方式として，1781年に増額配当方式（Reversionary Bonus System）が採用されたが，その後この方式が定着するにしたがって，一般の契約者が将来において公表された配当を期待するという事実が生じ，配当率を維持するために責任準備金の計算にあたって営業保険料を用い，かつ，剰余金の一部を蓄積しなければならないという意見が聞かれるようになった[5]。

アメリカにおいても責任準備金計算方式は営業保険料式で始まった。しかし，営業保険料式といっても，イギリスの初期のように将来の保険料は営業保険料

---

4) 平木・前掲注3) 108-109頁を参照。
5) H・ブラウン・前掲注1) 327-328頁。

＊責任準備金 Ⅰ

とするが，経費の支出は考えず，営業保険料全体が保険金支払に充当されるものとした。

1858年マサチューセッツ州においては，最低責任準備金の基準を定める権限を保険監督官に与える法律が議会で通過した。この法律によって保険監督官は，責任準備金は英国17会社表4％による平準純保険料式によるものを下ることができないと定めた6)。その後、他の州においても，マサチューセッツ州にならい平準純保険料式によること法定した。1901年には，計算基礎がアメリカ経験表の採用と予定利率3.5％に変更され，多くの州が平準純保険料式を修正した方式を認めた。この修正方式は修正純保険料式として呼ばれているが，この外に選択終極式（Select and Ultimate Valuation）という方式も用いられた。

選択終極式はアームストロング委員会の顧問であったアメリカのアクチュアリーが案出したもので，契約初期の医的選択による死差益を新契約費に使うことを認める方式で，契約後5年間は純保険料式の算式の中の一時払い保険料および年金現価を選択表によるもので置き換えたものである。

このように州によって責任準備金計算方式が異なることは，多くの州で営業を行う保険会社にとっては手続が繁雑であった。1938年に全米保険監督官協会は新死亡表その他に関する研究委員会（ガーチン委員会）に検討を委嘱した。同委員会は，最低責任準備金標準および最低不没収規定に関する研究を行う研究会を設置した。この研究会は，各州が標準評価法（Standard Valuation Law）および標準不没収法（Standard Non-Forfeiture Law）を制定することを提案するとともに，新しい最低責任準備金計算方式である全米保険監督官責任準備金評価方式（Commissioner's Reserve Valuation Method; CRVM）を提唱した7)。

この研究会による報告は，ガーチン委員会によって多少の変更が加えられ，1942年7月全米保険監督官協会の採用するところとなった。そして，標準評価法および標準不没収法はアメリカのすべての州が採用することとなり，1948年1月1日以降発行する保険契約に適用された。これによると普通保険の最低基準は，1941年全米保険監督官標準普通保険死亡表（1941年CSO表；Commis-

---

6) J・O・スタルソン（明治生命訳）・アメリカにおける生命保険マーケティング発達史398-401頁（1981-1982）を参照。
7) Kenneth Black, Jr., & Harold D. Skipper, Jr., Life insurance, 1994, pp 565-567.

＊責任準備金 I

sioners 1941 Standard Ordinary) 3.5% を計算基礎とし，全米保険監督官評価方式によって計算されたものである[8]。この計算基礎は，1966年以後の新契約に対しては1958年CSO表に変更された。また，1980年代中葉，1980年CSO表が，法定死亡表として1958年CSO表にとって代わった。

3 生命保険における責任準備金——わが国の経験

明治初期においては，周知のように保険事業に対する監督法規はなく，保険料計算および責任準備金の算定の方法は，経営者の自由裁量に任せられていた。したがって，純保険料式によって責任準備金を積立てた会社もあった一方で，損保会社の事例と同様に生命保険会社であっても，責任準備金算出について無頓着な会社も多かった。その後，保険会社濫設の弊害が生じ，明治31年に旧商法が施行されるに及んで，始めて保険監督法規が生れ，保険監督が意識されるようになった。そもそも責任準備金という名称は明治31年8月公布された，農商務省令第5号に始めて現われたものである。それまでは繰越積立金，保険準備積立金，保険契約責任金などと呼ばれていた。

責任準備金について最低積立額を定めたのは，明治31年7月に旧商法の残部が施行された時で，690条に「保険料その他の収入の中から年々積立をして，年々支払うべき被保険金額の少なくとも平均二倍に達する準備金を設くる義務があり，この準備金は十分安全に利用し，その証券を裁判所に寄託すべきもの」と定められた。また同年8月5日農商務省令第5号が公布され，生命保険事業に対し，純保険料および責任準備金の計算の基礎とその算出方式，責任準備金，資本金およびその他の積立金利用の方法，営業保険料および付加保険料の対照表等を農商務省に提出して認可を受けるべきことが定められた。

明治33年3月20日，保険業法が施行されると，95条において保険会社は保険契約の種類に従い各事業年度の終わりにおいて有する契約につき責任準備金を計算し，かつ，これをとくに設けた帳簿に記載すべき旨定められた。また109条で相当の責任準備金を積み立てていない会社は，その不定額塡補の方法を定めて主務官庁の認可を申請することとし，そのてん補の期間は10年を越

---

8) 平木・前掲注3) 112-113頁を参照。

＊責任準備金　Ⅰ

えることはできないとされた。ちなみに当時の生命保険会社中，相当の責任準備金を積み立てていた会社は，明治，帝国，日本の 3 社のみであったという。

　明治 33 年 7 月 2 日に，保険業法施行規則が公表され，これによって責任準備金は未経過保険料と保険料積立金に区別することとし，この時に始めて純保険料式という言葉が用いられようになった。また純保険料式によらない会社は貸借対照表にある責任準備金の下に純保険料式によるものを併記すべきことを定めた。

　明治 45 年に保険業法が，また，大正元年 12 月保険業法施行規則が改正されたが，責任準備金については本質的な変化はなかった。大正 15 年の施行規則の改正ではじめて，保険料積立金は純保険料式による金額を下ることを得ずとし，純保険料式が原則であることを規定した。それは，農商務省の商工局が商工省として独立し，初代の商工大臣となった片岡直温のもとでの変更であった。この規定の実施過程で生じたいわゆる「チルメル問題」9)は，一般の新聞でも数多く報道され，生命保険会社の責任準備金を一般の人々にはじめて意識させるものであった

　昭和 14 年 12 月に改正が行われ，責任準備金に関しては，保険料積立金は純保険料式，5 年チルメル式，特別な場合には，保険数理上支障のない範囲で営業保険料式以外の方法によって計算することが認められた。ここでいう営業保険料式とは将来の保険料は営業保険料とし，将来の支出は保険金の外，解約返戻金，契約者配当をも計算に入れるものと理解されている。これは当時累加配当競争が激しく，この配当方式は契約者に期待を抱かせるので，その発表された配当率に対する財源まで責任準備金の中に積み立てさせようとの意図による立法と伝えられている。しかし，当時の生命保険会社は，主として利源式配当方式に切り換えたため，実際にはこの営業保険料式はあまり採用されなかったようである10)。

　戦後の再出発にあたっては，保険業法施行規則に定める特別な場合として，チルメル割合を対 1025 円とした全期チルメル式が採用され，その後，会社の

---

　9)　この問題については，宇佐見憲治・生命保険業 100 年史論 118-122 頁（1984）を参照されたい。
　10)　戦前の記述は，平木・前掲注 3) 114-115 頁の記述を基づくものである。

*責任準備金 II

経理内容の改善と，会社の経営理念や経営理念に従って責任準備金の積み増しを行った11)。さらに，平成 8 年より施行となった保険業法によって，ソルベンシーマージン，標準責任準備金という新しい基準が導入されたことは記憶に新しい。平成 8 年以前の保険契約については，保険業法で定められた算出方法書に掲載された積立方式・計算基礎率に基づいて計算し，平成 8 年以降の保険契約については標準責任準備金を積み立てていることとなる。標準責任準備金は平準純保険料式に基づき，監督官庁が定めた計算基礎率によって計算する。したがって，現在の日本の標準的な評価方法は，保険業法に規定された標準責任準備金に採用する平準純保険料式責任準備金であるといえる。

II 保険理論からみた責任準備金

1 責任準備金——経済価値ベースによる検討

ここでは，保険会社のバランスシートからみた責任準備金の意味について検討を加える。保険理論によれば，公正な保険料は，契約者から保険者に移転される「リスクの原価」である「割引期待保険金コスト」に，付加保険料（経費付加保険料と投資家報酬付加保険料）を加えたものである。公正保険料のうち付加保険料は経費および資本コストに充当されるが，残りの割引期待保険金コストは保険金または保険給付金の支払まで積立金として留保しておく必要がある。保険会計では，現在は積立金として会社に留保されているが，将来においてキャッシュアウトフローとなる性質を持つため，負債の部におかれている。

他方，保険者としての保険負債とは理論的に考えれば，将来支払うべき保険金または保険給付金の支払いの総額を，現在価値に割り引いた金額に相当する。したがって，割引期待保険金コストによる積立金が保険負債として十分であるためには，次の式が成り立てばよいことになる。

　　割引期待保険金コストの総額　≧　将来支払うべき保険金の割引現在価値

このように考えれば，保険負債はきわめてシンプルなものであるが，これを

---

11) 宇佐見・前掲注 9) 368-370 頁。

*責任準備金 II

　実務的に検討すると，左辺にも右辺にも相当な複雑さが存在することがわかる。
　左辺についていえば，2つの技術的な難しさがある。ひとつは，いかなる割引率を用いるのかという問題である。割引率の採用はその時点における合理的な利率が採用されるが，利子率は外生的な要素で決定されるので，計算する時点ごとに保険負債は変動することになる。生命保険のような保険期間が長期の保険であればあるほど，保険会社はより大きなリスクをかかえることになる。保険会社は，このリスクに対するなんらかの手当てをする必要があるが，その代表的なものは，保険料を保守的に計算する（つまり安全割増ないしはマージンを付加する）すること，あるいは株主による増資を行うことである。極論すれば，保険相互会社の場合には，契約者配当によって，安全割増の部分を事後的に精算される仕組みがビルトインされており，他方において保険株式会社の場合は，資本を提供する株主がそのリスクを引き受けることになる。ただし現実には，保険株式会社も有配当保険を販売しており，両者の区分は必ずしも明確であるというわけではない。
　もうひとつの困難は，保険金支払コストの期待値と実際に生じる実現値が，かならずしも一致するわけではないということである。この困難に対しては，保険の強みが発揮される。保険会社は，同質の契約を多数集めることによって，このズレを相当程度極小化することができる。いいかえれば，保険の機能としてもっとも重要なプーリング・アレンジメントによるリスクの軽減効果を発揮することにより，対応することができるのである。しかしながら，期待値と実現値が一致しないというリスクをゼロにすることはできない。なお残るリスクに対しては，通常は保険料に適正なマージンを付加することによって対応することが考えられる。
　保険会社が，保険契約に伴う金銭的責務を十全に履行するためには，この2つの困難に対処しながら，「期待保険金支払コストの総額」を「将来支払うべき保険金の割引現在価値」以上に保つように努める必要がある。理論的には，このことが「十分な責任準備金を積む」ということの実質である[12]。

---

12) 保険の経営の観点からは，「十分な責任準備金を積む」だけでは，契約者との約束を履行するための必要十分条件を満たさない。資産運用リスクおよび負債と資産の間に生じるリスクをきちんとマネジメントしてはじめて必要十分であるといえる。

* 責任準備金 Ⅱ

　右辺については，左辺以上に大きな技術的困難がある。保険商品は，保険契約に特有な性質を多く持っているが，本質的には，現在のキャッシュと将来のキャッシュとを交換するという意味で，他の金融機関が提供する金融商品と同質の商品とみることができる。したがって保険会社からいえば，確率論モデルを用いて，将来のキャッシュ・アウトフローを完璧に推計できれば，保険負債をダイナミックに把握することが可能である。ところが，保険商品の将来のキャッシュ・アウトフローは，他の金融商品と較べて複雑である上に，解約，増額，転換契約等のオプションが契約者側に与えられていることもあり，正確に推計することがきわめて難しい。

　保険会社の資産は事業会社と異なりほとんどが転売可能な金融資産であることから，時価評価を行うことは容易であるが，保険負債の転売市場はないことから，保険負債を時価評価することは簡単なことではない。そこで，従来の保険会計では，資産の多くは時価評価を行うが，負債については時価評価を行わず，そのかわりに保険負債を保守的に見積もって責任準備金を大きめに積み立てることによって，リスクに対応してきた。この考え方に対して，1990年以降，さまざまな観点から批判が生まれ，保険負債の時価評価について新しい考え方が検討されるようになった。この新しい考え方を述べる前に，節をあらためて伝統的な保険数理における責任準備金の考え方を概説しておきたい。

2　伝統的な保険数理の方法論

　伝統的な保険数理おいても，責任準備金は，保険契約に基づく給付にかかる将来の支払いに備えるために積み立てられた準備金であり，保険負債の太宗を占めるものであることはかわりがない。保険理論による理解との相違は，保険負債の概念が市場価値を前提としているかどうかということに尽きる。伝統的な保険数理における責任準備金は，いったん計算されると，計算の前提となった諸要素を変化させてあらためて再計算することはほとんどない。つまり予定利率などの諸要素が，責任準備金の中にロックインされているのである。つまり，保険契約に基づいた将来の保険金等の支払コストの総額は，契約時に計算をした額で固定し積み立てておくのである。

　なお金利リスク等をロックインした責任準備金では，生命保険のような保険

＊責任準備金 Ⅱ

期間の長い市場リスク等を引き受けることが難しいため，一般的には保守的に計算されるのが特徴である。

なお責任準備金は，負債といっても，債券の発行残高や借入金残高とは異な

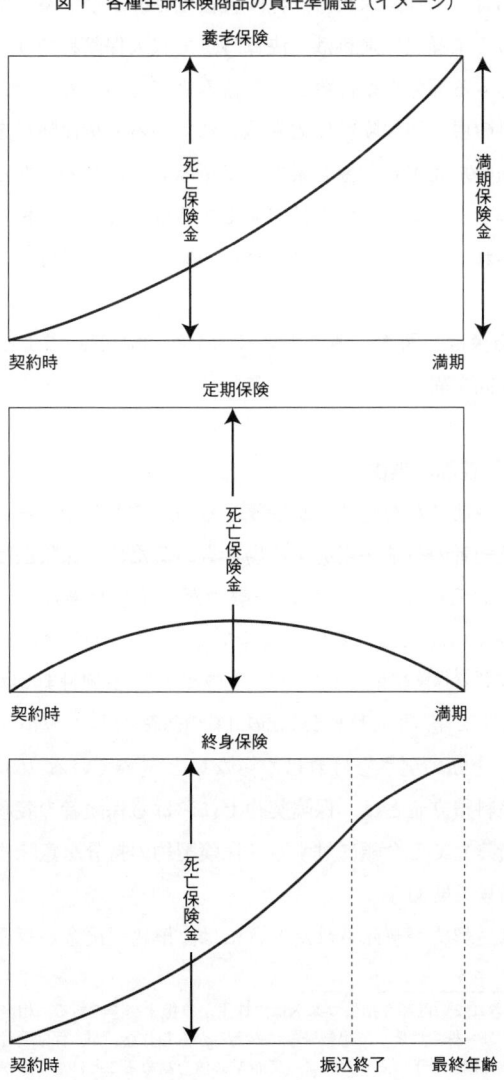

図1 各種生命保険商品の責任準備金（イメージ）

養老保険（契約時〜満期，死亡保険金／満期保険金）

定期保険（契約時〜満期，死亡保険金）

終身保険（契約時〜振込終了〜最終年齢，死亡保険金）

＊責任準備金 Ⅱ

って評価額であることから，評価方法の相異が会社のバランスシートに少なからぬ影響を及ぼす。そのため，保険業法により，契約者保護の観点から，責任準備金積立てについての適正性を確保するために様々な規制が課されているのである。

　生命保険の場合，未経過保険料，保険料積立金および危険準備金と言った責任準備金がある。未経過保険料は，決算時点で収入保険料のうち保険期間の未経過期間に対応する部分を準備金として積み立てておくものである。保険料積立金は，保険料の中の純保険料に組み込まれている蓄積保険料を元本として，予定利率で増額した元本合計金を累計して積み立てたものである。危険準備金は，予定基礎率を上回る給付の支払が発生する危険に備えて積み立てる準備金で，発生率のぶれによる危険と大災害などの原因により給付が多発する危険が対象となる[13]。

　なお責任準備金は，図１にみられるように，保険商品によって保険期間における増減の傾向を異にする。

3　解約と解約控除の理由

　保険契約は，長期にわたり契約が継続するのを常としている。したがって，その間に保険契約者の事情が変更する場合もあるため，保険法は保険契約者に解約権を与えている（54条）。また保険契約が終了した場合には，保険契約者に対し，当該終了の時における保険料積立金（受領した保険料の総額のうち，当該生命保険契約に係る保険給付に充てるべきものとして，保険料または保険給付の額を定めるための予定死亡率，予定利率その他の計算の基礎を用いて算出される金額に相当する部分をいう）を払い戻さなければならないと定めている（63条）。保険業法によれば，保険料積立金とは，保険契約上における保険者の義務を履行するために保険者が積み立てる金額に対する各保険契約の持分を意味するものである（保険業88条，保険業規30条）。

　保険実務では，契約が解除されたときには，解約返戻金が返還されることに

---

[13]　通常予想されない巨額な損失コストは，株主が負担すべきである。相当の危険準備金を積み立てることは，株主にとって過剰資本にみえるかもしれないが，保険会社の事業継続性を考慮すれば，破綻確立を下げることによって企業価値を高めることにもつながる。

*責任準備金 Ⅱ

なっているが，解約返戻金とは保険契約者が契約を任じ解除した場合に保険者から約定（約款）に基づき支払われる金額とされている。解約返戻金は，通常，保険法で規定する保険金積立金から解約控除された金額であるが，保険法には解約返戻金に関するルールは規定されていない。しかし保険法でルール化されていないからといって，解約控除の合理性を明確にし，かつ契約上の透明性を図ることの重要性が小さいものであるとはいえない。

本書の「解約返戻金」の Ⅲ において，実務的な観点から解約控除の意義を明らかにしている。そこで，ここでは解約控除の合理性について保険理論に照らして検討してみたい。

一般的にいえば，保険料積立金は当該契約に係る保険給付に充てるべきものとして保険者が積み立てる金額であり，責任準備金は当該保険契約者が将来得られるはずのキャッシュ・フローの割引現在価値である[14]。両者が一致することが望ましいので，保険理論でいうならば，保険料積立金と責任準備金とは大きく異なるものではない。解約返戻金は，保険料積立金または責任準備金から一定の金額を控除して支払われるので，契約者の立場からいえば，当該契約の契約継続価値（契約を解約しない場合の期待価値）よりも解約価値（解約した場合の価値）の方が小さいということになる。契約者がリスク中立的であるとすれば，契約者側に保険料の継続払込みが困難であるなどの特段の事情がないかぎり解約をする者はいない。しかし実際には契約者によってリスク回避度やリスク許容度が異なるので，解約控除を支払っても解約を選択する契約者もありうる[15]。そのため，解約控除の存在自体が絶対的に不合理であると断定することはできない。ただし，保険料の継続払が家計の経済的な理由により困難となった契約者に対しては，解約控除を行うことがある種のペナルティ（契約継続価値を選びたいが，家計の経済的な理由で解約価値の選択を強要される状態）となるという点で問題がある。このような問題に対処するために，実務的にはいくつかの救済措置が設けられている[16]。

14） 保険法と保険業法において保険料積立金の定めは微妙に異なっている。本文では基本的に保険法の定めによる保険料積立金を想定して議論を進めている。
15） この場合のリスクは，後に述べるプーリング・アレンジメントによって軽減されるリスクばかりではなく，将来の保険給付の支払に関するリスクも含む，契約者にとってのあらゆるリスクである。

*責任準備金 Ⅱ

　以上は，契約存続価値と解約価値を契約者から見た場合の市場合理性の検討であるが，次は，保険技術的にみた場合の解約控除が合理的根拠について検討する。保険理論からみて解約控除の技術的合理性には2つの根拠があるものと思われる。ひとつは，プーリング・アレンジメントによるリスク軽減効果に依拠する根拠。もうひとつは，平準保険料式による付加保険料に依拠する根拠である。

　付加保険料を一定とした場合，契約継続価値は，プーリング・アレンジメントによるリスク軽減効果を享受している価値であるが，解約価値はその効果が及ばない価値である。とすると，リスクはコストであるから，理論的には契約継続価値よりも解約価値はリスクの部分だけ大きくても構わないことになる。逆に言えば，解約価値は契約継続価値からリスク・コスト分を控除した金額となる。したがって，解約控除はこのリスク・コスト部分であると考えることは，保険理論的に合理的である[17]。

　もうひとつの考え方は，平準保険料式における付加保険料に関する根拠である。平準純保険料式では，保険期間の前半に多めの保険料を徴収し，広範に少な目の保険料を徴収することによって，長期の保険期間にわたって保険料を平準化する方法である。純保険料を一定とした場合，前半で契約を解除する場合には，本来ならば付加保険料を多めにとらねばならない期間が消滅してしまうことによって，保険集団全体の付加保険料の収支の悪化をもたらす。残された保険集団全体の不利益を補償するために相当の解約控除が課せられるということについては異論がないであろう。

　保険法の中で一律に解約控除について規定することは行われなかったが，解約控除の存在が，保険理論から検討して，市場合理性の観点からも，保険技術的な観点からも，一定の合理性が存在することが確認された。とはいえ，解約控除額の合理的な計算を行うこと，あるいは解約控除の仕組みについての透明性を高める努力を行うこと等は，保険実務にとって依然として重要である。

---

16) 実務的には，契約者貸付制度，払済保険への転換などさまざまな救済措置が講じられている。
17) ここではリスクはプーリング・アレンジメントによる軽減の対象となるリスクについてのみを考えており，長期契約にともなう保険会社の信用リスクは無視できるものと想定している。

III 市場に整合的な責任準備金の評価

1 コーポレート・ガバナンスからの批判

予定利率等がロックインされた責任準備金の考え方に対して，1990年代以降，いくつかの観点から批判が寄せられるようになった。ここでは，コーポレート・ガバナンスからの批判について述べておきたい。たとえば，簿価会計によって株主に対する透明性が阻害され，その結果，エージェンシー・コストが生じているのではないかという批判がある[18]。たしかに簿価会計を保守的に運営した時に生じる「含み」は，経営者の保身のために利用される可能性があり，そのため経営者が必要以上に大きな「含み」を積んでしまうというインセンティブを高める。

1980年代前半において「ザ・セイホ」といわれるほど巨大な資産力を誇っていたわが国の大手生命保険会社の強みは，巨額な「含み」であるといわれた。相互会社形態を採用する会社の場合に，会社の所有者である契約者は，契約が終了すると会社から退出する。相互会社が実費精算主義を採用するならば，契約者が退出する時点で，「含み」に対する貢献分を配分すべきであろう。しかし簿価会計を原則とする限り，そのような分配は不可能であった。したがって，保険会計に時価会計的要素を含ませていたならば，過剰な「含み」を効率的に処理するための規律が働いたのではないかと考えられる。

いわゆる「含み経営」は，企業の安定性を保ち，長期的な投資戦略を行うことができるという意味で優れており，それこそが日本的経営の強みであると礼賛されたことがあったが，他方において，それが経営者の保身のために利用され，過剰資本による資金効率性の低下につながっているとしたら，契約者あるいは株主による一定の規律づけが機能する必要があろう。むろんこの主張は，「含み」を吐き出して契約者や株主に還元しろというだけの主張ではない。むしろ「含み」に依存しないでも収益や安定性を確保できるような経営を行うことこそが，21世紀の保険会社にとっての財務健全性の本質であるということ

---

[18] 時価会計で割引率などの重要な要素を恣意的な決定することなどから，株主に対する正確な情報の伝達が歪められると主張する会計学者もいる。時価会計に移行すれば，経営者の自己保身へのインセンティブが自動的に抑制されるわけではないことに留意すべきであろう。

＊責任準備金　III

を強調するものである。

2　評価方法の革新

　保険負債の「時価評価」への意識は，このような議論を踏まえて高まったが，保険負債の「時価評価」をどのようにして行うのかというと，必ずしも簡単なことではない。前述したように，保険負債の転売市場はないので，そもそも「時価」が成立するわけではない。しかしながら，金融工学に生じた技術的革新により，かりにマーケットが存在しなくても，マーケットが存在していると仮定しても矛盾なく価値を評価することが可能となってきた。たとえば，オプション価格理論によって，無裁定という世界を前提にすれば[19]，市場に整合的なリスクの価格付けができることができるようになった。したがって，死亡率等の非金融的要素をどのように加味するか等の実務上の困難は残るものの，市場と整合的な保険負債評価をするという方向性はかたまっているものといえよう[20]。

　責任準備金は，保険理論的にいえば，割引期待保険金コストの総額が，保険会社が将来支払うべき保険金の割引現在価値以上になるように適正に設定すればよい。実務的に責任準備金を計算する方法は，伝統的な保険数理的な方法で広く行われてきているが，この方法以外に，金融工学モデルを駆使することによって，将来支払うべき保険金の割引現在価値を計算するという方法もありうる。伝統的な保険数理的計算では，予定利子率などが責任準備金にロックインされているため，保険負債のダイナミックな変動と大きなズレを生じることもありうる。これに対して金融工学的な手法を用いた経済価値ベースの負債評価は，評価時点での妥当な割引率を用いるため「時価」に近い金額を得ることができる。したがって，とりわけ保険会社の内部リスク管理の手段として，経済

---

[19]　無裁定を前提とするということは，確率1でプラスの利益を得ることができないということである。すなわち，市場が一物一価で均衡しているとすれば，かりに誰かが確率1でプラスの利益を得たとしても，すぐに調整されてしまい，そのような，虫の良い話はなくなってしまうという状態を意味している。ちなみに保険によるリスクの価格付けは，必ずしも無裁定を前提としなくても価格が導かれるという点で，金融工学的なリスクの価格付けと異なる。

[20]　市場整合的な保険負債評価に関する研究として，たとえば次のようなものがある。Wüthrich, Bühlmann, and Furrer, *Market-Consistent Actuarial Valuation*, Springer, 2008.

価値ベースの保険負債を利用することは有益なことであり，より精緻な保険負債評価方法の開発や実務的な応用力を強化することが，その企業の競争力の増強に大きく貢献するものであると考えられる。

3　市場に整合的な保険負債の評価による解約返戻金の効果

II3において保険契約の解約にあたって解約控除が必要な理論的根拠があることを明らかにした。市場に整合的な保険負債を採用した場合に，解約返戻金どのような効果をもつのだろうか[21]。このことについて全面的に検討することは紙幅の関係もあり難しいので，ここでは，解約リスクおよび生命保険買取り問題を例にあげて考察し結びとしたい。

最初に予定利率がロックインされていることにともなう，解約増加のリスクに関して検討をしてみよう。他のロックイン要素を一定とすれば，マーケットの変動と割引率を連動させれば，保険期間のどの時点においても，契約継続価値と解約価値の間の実質的な差をなくすようにすることができる。つまり市場利率が高まり解約のインセンティブが高まれば，同時に割引率も高まるので解約返戻金額は低くなり，逆に市場利率が低くなり解約のメリットが少なくなった場合には，割引率も低下するので解約返戻金はより大きなものとなる。契約者にとっては，市場金利にかかわらず，どの時点で解約しても，契約を継続しても経済的な価値としては同じであるという状態となる[22]。このような状態であれば，解約を防止して保険集団を守るために要求される解約控除は残るが[23]，予定利子率をロックインした責任準備金と比較すれば控除はより小さいものとなろう。

以上の考察から市場に整合的な保険負債評価にすることにより責任準備金の

---

21)　保険負債と責任準備金はかならずしも一致するものではないが，ここでは経済価値ベースの保険負債評価と，責任準備金を計算する際のパラメータのロックインをせず，市場連動型にするということを，ほぼ同一のものとみなして議論を進めることにする。

22)　ここでは契約継続価値と解約価値といっているのは，あくまでも期待値レベルの等価性という話である。個別契約者の価値についていえば，保険金支払のタイミングによってその価値が変化するため，契約継続価値と解約価値が一致するとは限らない。

23)　契約者にとって契約継続価値と解約価値の選択が中立的であるといっても，先に述べたように契約継続価値の場合にはプーリング・アレンジメントによるリスク軽減効果がある分だけ価値が高く評価されるべきであろう。また保険集団からあえて離脱する契約者からその分を控除することには合理性があるものと思われる。

＊責任準備金　III

額を市場連動的にすることは，契約者が市場金利に反応して解約というオプションを行使したり，しなかったりする行動を防止するのに有効である。つまり金利の急上昇局面に危惧されている解約リスクを軽減する効果がある[24]。

　ところで，予定金利をロックインしない方法を採用すれば，現在アメリカで行われている生命保険買取り市場が存在する根拠はきわめて限られたものになるはずである。生命保険買取りとは，生命保険契約の継続を望まない保険契約者から，その保険契約を買い取り，契約を継続することによって，元の保険契約者に代わって買取り者が保険金等の受益権を享受するというものである。もちろん相対による売買ではなく，多くの契約を一括して証券化の技法などを駆使し，元の契約者と実質的な買取り者の間に情報の断絶を行うことによって，保険犯罪の危険や倫理的な問題が生じることを防いでいる[25]。このような取引の市場が成立する理由は，解約時に期待する契約者の解約返戻金が少ないためである。もし解約時点で契約継続価値と解約価値がイコールであるとすれば，そもそも買取り市場が成立することはない。

　解約の一例を考えてみれば，経済不況で失業し，保険料の継続的払込が困難になった契約者が，期待する解約価格が少ないので生命保険買取り業者に相談するということがありうるだろう。不況で金利が低下している状態においても，責任準備金にロックインされた予定利率がかわらないとしたら，期待される解約返戻金は市場の実勢に比べて低めになる。そこで責任準備金に予定利率をロックインせず市場に連動する場合を考えてみよう。市場金利が低下すれば，予定利率も低下するので，責任準備金は増加し，したがって解約返戻金も増加する。つまり市場の実勢にあった解約返戻金を提供できることになる。市場に連動し，実勢にあった解約返戻金を提供することによって，契約継続価値との差額が小さくなればなるほど，生命保険買取りによる利幅が小さくなり，生命保険買取り市場の成立条件が厳しくなる。

　以上では解約の理由を市場連動的要因および家計の経済的困窮という2つの

---

24) 反対に金利の急下降局面においては，保険負債が急増大するというリスクが生じる。そのため早急に財務的手当てをしなければならないという課題をかかえることになる。

25) とはいってもわが国においては，生命保険買取り市場に対する倫理的な観点からの批判が多い。しかしながら，経済的に考えれば，契約継続価値と解約価値の乖離を是正する機能を持つ点を評価すべきであろう。

＊責任準備金　Ⅲ

理由に絞って，経済価値ベースの場合の解約返戻金のもたらすプラスの効果を指摘した。しかしながら，解約の理由は，以上の2つに限らない。たとえば健康に自信がある者よりも自信がない者の方が解約しやすいという傾向がある。このことから理解されるように，解約率を決定する要素は，予定利子率だけではなく，他の非金融的な要素を無視できないことは確かである。しかしながら，契約者の解約行動を決定する要因として，健康への自信度が決定的に重要な要素とはいえないのではなかろうか。健康への自信度は，解約を決定する必要条件であるかもしれないが，十分条件としては，市場連動要因や家計の経済的困窮度が重要であるものと思われる。

　したがって，経済価値ベースの保険負債評価が，解約返戻金にもたらす効果について一般的に述べれば，契約者の解約行動がより経済的要因に決定付けられるようになっても，保険者が大きなリスクを負うことを免れることになり，また生命保険買取り裁定ビジネスの存立基盤が小さくなることによって，社会全体の厚生を向上させる効果をもつことが期待される。

〔米山高生・曽　耀鋒〕

第5章 雑　則

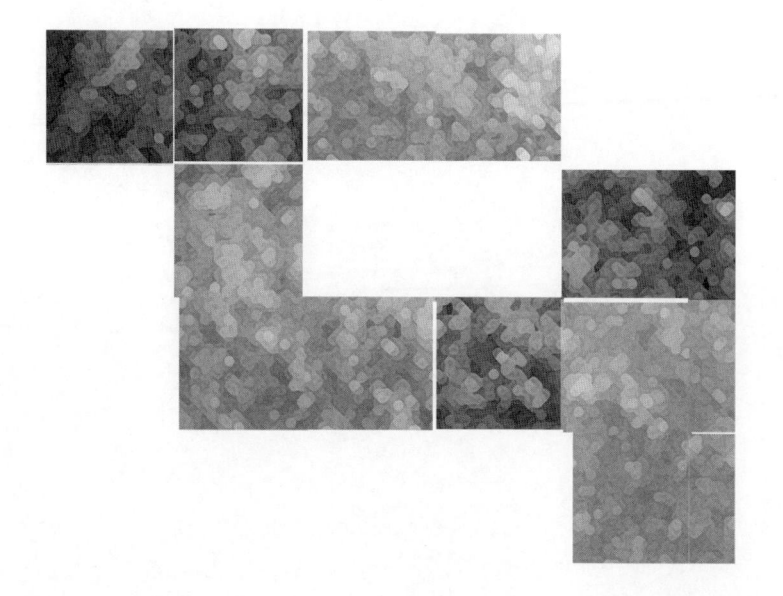

> （消滅時効）
> 第95条　1　保険給付を請求する権利，保険料の返還を請求する権利及び第63条又は第92条に規定する保険料積立金の払戻しを請求する権利は，3年間行わないときは，時効によって消滅する。
> 2　保険料を請求する権利は，1年間行わないときは，時効によって消滅する。

I　趣　旨

保険法において規定されている各種の債権について，短期の消滅時効期間を設ける。

債権の消滅時効期間は，一般に，「権利を行使することができる時」から10年であり（民166条1項・167条1項），商行為によって生じた債権は5年である（商522条）。これに対し，本条では，保険法に規定される債権に関し，保険給付請求権，保険料返還請求権，保険料積立金払戻請求権については消滅時効期間を3年に短縮し，また，保険料請求権についてはこれを1年に短縮している。

保険契約を基礎として生じる債権について特有の短期消滅時効が定められている趣旨は，事故に関する証拠保全の必要と迅速決済の必要によるものと説明されている[1][2]。すなわち，保険給付請求権については，その有無や内容について保険者による調査が不可欠であり，保険事故の発生後，長期間が経過すると，保険給付のための調査に必要な証拠が散逸してしまう恐れがある[3]。また，

---

[1]　大澤康孝「保険金請求手続，保険金債務の履行期と消滅時効」中西喜寿74頁。

[2]　保険契約（関係）に特有の短期消滅時効は，明治32年商法によって導入された。「商法修正案参考書」（日本近代立法資料叢書21巻（1985）所収による）172頁は，修正案416条（明治32年商法417条）について，ある営業者に対する債権債務である場合には特に短期時効を定める例があること（営業者に対する債権債務という性格）と当時現に行われている保険者の「営業規則」では保険金支払請求権の期間を定めるものが甚だ多いという事情（当時の営業規則の定め）とを挙げている。当時，保険事業の運営のための技術的な面から保険金支払について2年の短期失権期間が約定されていたのが，法的に承認されたと評されている（倉澤康一郎「保険金債権の時効起算点について」同・保険契約の法理212頁（1975），島原宏明「保険金支払義務」倉澤康一郎編・生命保険の法律問題（金判986号）121頁（1996），峰隆之「保険金支払義務」塩崎勤編・生命保険・損害保険（現代裁判法大系25）176頁（1998））。

[3]　山下537頁，一問一答212頁。

保険制度の技術性・団体性という側面から，保険制度の健全な維持・運営のため，相当な期間が経過した後はもはや過去の請求はなしえないとすることが適切であり，必要である4)。保険者の財産状態の明瞭性を確保する必要性もまた指摘されている5)。保険料返還請求権や保険料積立金払戻請求権の場合には，保険事故後の証拠保全の要請は妥当しないが，保険制度の健全な維持・運営の観点からの要請は同様に当てはまる。以上に対し，保険料支払請求権については，保険料は，多くの場合日常的に反復・継続して発生するものであるため，その権利関係を早期に確定する必要があることを根拠とする6)。

II 沿 革

1 改正前商法

(1) 改正前商法の規定　改正前商法は，損害保険の節の総則において「保険金額支払ノ義務及ヒ保険料返還ノ義務ハ2年保険料支払ノ義務ハ1年ヲ経過シタルトキハ時効ニ因リテ消滅ス」と定め（改正前商663条），生命保険契約にこれを準用し（改正前商683条1項），それとともに，生命保険の節において「被保険者ノ為メニ積立テタル金額ヲ払戻ス義務ハ2年ヲ経過シタルトキハ時効ニ因リテ消滅ス」と定めていた（改正前商682条）。

(2) 経　緯　明治23年旧商法においては，商事における債権は，満期日より，もしこの期日の定めがないときはその債権の生じたる日より6年の満了によって時効にかかることが定められていたが（明治23年旧商349条本文），保

---

4) 大森忠夫「保険金請求権の消滅時効期間の始期」大森忠夫＝三宅一夫・生命保険契約法の諸問題162頁（1958），倉澤・前掲注2) 213頁，金澤理「保険契約上の請求権の消滅時効」財団法人損害保険事業研究所創立四十周年記念・損害保険論集261頁注1 (1974)，西島82頁，潘阿憲「保険金支払義務と免責事由」倉澤康一郎編・生命保険の法律問題〈新版〉（金判1135号）107頁（2002），大串＝日生266頁［奥野健介］。
5) 大森・前掲注4) 162頁，金澤・前掲注4) 261頁注1，峰・前掲注2) 176頁。
6) 大串＝日生268頁［奥野］，生保試案（2005）理由書142頁。実質的な考慮としては，加えて，生命保険の場合には保険料は分割払が一般であり，その額が比較的少額であることや，代表的には消費者の事業者に対する義務（事業者の消費者に対する権利）であることを，短期の権利行使期間の基礎づけとしてあげることができよう。保険制度の健全な維持・運営の確保からは，保険料の支払の確保は重要な問題であるが，それは，保険料前払の原則や不払に対する失効処理等他の方法によって図られているという事情もある。

険契約に特有の規定は設けられていなかった。

　明治32年商法においては，商行為によって生じた債権の消滅時効期間が一般に5年と定められ（明治32年商法285条本文），また，保険契約上の中心的な債権について，さらに短期の消滅時効期間が定められた。すなわち，保険金支払義務については2年，保険料支払義務については1年を時効期間とする規定である（明治32年商法417条[7]）。明治32年商法433条1項によって生命保険に準用されている）。

　明治44年商法においては，明治32年商法417条が，保険金の支払と保険料の支払とのみを明示していた点を補充すべく，2点の改正が行われた。すなわち，第1に，明治32年商法417条に，保険料返還請求権（義務）の消滅時効を2年とする定めが追加された（明治44年商法417条。これにより改正前商法663条と同文となった）。第2に，生命保険契約の場合の積立金払戻請求権（義務）について消滅時効期間を2年とする規定が設けられた（明治44年商432条ノ2。改正前商682条と同文である）。

2　保　険　法

(1)　保険法の概要　　保険法は，保険給付請求権，保険料返還請求権，(63条または92条の)保険料積立金払戻請求権について3年の消滅時効期間を，保険料請求権について1年の消滅時効期間を定めている（95条）。

　内容面（実質）と体裁面（形式）との両面において，旧規定を改正している。

　まず内容面においては，消滅時効期間に関し，改正前商法（663条・683条1項・682条）において，保険金支払義務，保険料返還義務，積立金払戻義務の消滅時効期間が2年とされていたのが，3年に改められた。そのほかの点は，旧規定を維持している。なお，これに伴い，整備法において，相互会社の退社員の払戻請求権[8]の消滅時効期間（保険業36条）や自動車損害賠償責任保険の場合の被害者の直接請求権の消滅時効期間（自賠19条）が，それぞれ3年に改

---

　[7]　明治32年商法417条は，「保険金額支払ノ義務ハ2年保険料支払ノ義務ハ1年ヲ経過シタルトキハ時効ニ因リテ消滅ス」と定める。

　[8]　この権利の対象となるのは，具体的に確定した社員配当金，解約・失効による返戻金等である。これに対し，保険事故の発生により退社する者が受け取るべき保険金は含まれないと解されている（大森359頁，大串＝日生265頁注3［奥野］）。

められている（保険法の施行に伴う関係法律の整備に関する法律23条・15条）。

　次に体裁面においては，規定の位置につき，損害保険と生命保険とに分かれて置かれていた消滅時効の規定を一本化して，雑則に設け，また，規定の表現等についても，義務の消滅ではなく権利の消滅とし，項を分ける[9]などの改正が行われている。

　(2)　検討の経緯　　法制審議会保険法部会では，検討項目として，①時効期間，②起算点，③規定の性格（約款・約定による変更の可否），④年金の場合の消滅時効という4項目がとりあげられた[10]。①から④のいずれについても中心となったのは保険金の支払（等の保険契約に基づく保険者の財産上の給付）をめぐってである。

　(ア)　時効期間　　改正前商法の下，保険金の支払等については，約款に起算点と時効期間に関する定めが置かれていたが[11]，それらの定めは一律ではなかった。期間については，損害保険の場合には2年，生命保険の場合には3年の定めを置くのが一般であった[12]。傷害・疾病保険については，損保会社が提供するものは2年，生保会社が提供するものは3年となっていた。共済の場合は，2年とするものと3年とするものの双方が見られた[13]。

　そのまま個々の保険契約における約定に規律を委ねることには，2つの問題があった。1つは，保険契約者の保護の観点である。保険者の性格（損保，生保，共済）等によって消滅時効期間が区々であることは保険契約者にとってわかりにくく，不意打ちともなりかねない。もう1つは，約款によって法定の消滅時効期間と異なる期間を定めること自体の不安定さである。消滅時効期間を

---

9)　項立てについては，3年と1年という期間の違いに着目したものという考え方と，対象となる権利の主体により，保険契約者等の保険者に対する権利と保険者の保険契約者に対する権利に分けたものという考え方と2通りの理解が考えられる。いずれかによって，本条に掲げられていない権利の扱いにつき，検討のしかたが異なりうる。

10)　このほか，審議の中では，対象となる権利などについても言及がなされている。

11)　この期間を時効期間ではなく，時効の援用をしない期間（したがって援用に関する特約）と解する余地があるという指摘および見解もあるが（田辺254頁注2，田辺康平「保険金請求権の消滅時効と保険会社の約款の定め」西南学院法学論集17巻2〜4合併号77-78頁（1985）），一般的には時効期間についての定めと考えられている。法制審議会保険法部会での審議も，後者の理解を基礎としていた。

12)　上松＝北沢185頁。

13)　法制審議会保険法部会第2回議事録24頁。

約定によって左右することができるかは，時効制度の公益性の観点から，一般的には消極的・制限的に説明されてきた14)。生命保険約款による時効期間を3年に伸長する定めは，証拠の散逸への対応，保険事業制度の円滑な運営確保という保険金支払等の短期消滅時効の趣旨を損ねるものではなく，消費者契約の場合に消費者の保護に資することなどから，有効であると解されてきたが15)，それが合理的な期間であるならば法定化することによってこの点の安定性が確保されることになる。

そこで，改正前商法663条1項の時効期間について，契約類型を問わず統一的な期間を設定すべきか，それとも契約類型に応じた期間設定とするか，その場合，期間は2年を維持するかそれとも3年とするか，契約類型によって規律を変える場合に契約類型をどう切り分けるかが検討された16)。契約類型による切り分けは，複合的な性格の契約もあることや生命保険と損害保険とで1年

---

14) 一般論として，消滅時効の完成を困難にする特約は，時効の援用権の事前放棄が認められていないこと（民146条）などから，無効であるが，消滅時効の完成を容易にする特約は一定の範囲で効力を認められると説かれていた。これに対し，公益性の観点も常に一律に特約を無効とするわけではなく，問題ごとに個別に有効性判断をするべきことが説かれ，上記の一般論についても，銀行預金について時効期間を伸長する定めは非常な長期に及ばない限り有効であるのに対し，消費者契約の場合に消費者の権利について時効期間を短縮する定めは通常は不当条項であって無効であるなど，それがそのまま妥当するわけではないことが指摘されていた（四宮和夫＝能見善久・民法総則〔第7版〕383頁（2005），河上正二・民法総則講義529頁（2007））。従来の議論状況についての詳細は，鹿野菜穂子「時効と合意」NBL 887号71頁以下（2008）を参照。

15) 山下537-538頁および注19，金澤・前掲注4）270頁，峰・前掲注2）177頁，吉川吉衞「生命保険契約と保険金の支払(下)」ジュリ744号137-138頁（1981），竹濱修「生命保険金の支払義務」塩崎勤＝山崎丈編・保険関係訴訟法（新・裁判実務大系19）370-371頁（2005），沖野眞已「保険関係者の破産，保険金給付の履行」商事1808号38頁注32（2007）。また，その有効性を正面から言うものとして，東京地判平成11年5月17日判時1714号146頁。その控訴審である東京高判平成12年1月20日判時1714号143頁は原審判決の該当部分を引用し，また，上告審判決である最判平成15年12月11日民集57巻11号2196頁もその有効性を前提としている。
　従来の民法の消滅時効に関する議論との関係でも，10年の時効期間を前提としてそれを伸長する合意の効力について一般的に消極的な立場をとるとしても，2年の時効期間を前提としてそれを1年伸長する合意の効力について別と考える余地は十分にある。

16) 当初は，4案が提示された。すべての保険契約について3年とする考え方，すべての保険契約について2年とする考え方，物保険と人保険とを分け物保険については2年，人保険については3年とする考え方，生命保険契約とそれ以外とを分け，生命保険契約については3年，それ以外の保険契約については2年とする考え方，である（法制審議会保険法部会第1回資料2・11頁，法制審議会保険法部会第2回議事録25頁）。

の差を設ける合理性や必要性が十分にあるとは言えないことなどを考慮すると適切ではなく，むしろ保険契約者にとってのわかりやすさを重視して，統一的な期間を定めるべきであるとされた。その場合の期間については，損害保険において改正前商法の規定を前提とした実務が形成されていることから，2年を維持したうえで，約款で，合理的な範囲の消滅時効期間の延長を認める考え方も表明されたが[17]，保険契約者（等）の保護に資することから，現実の保険契約において普及定着している2年と3年という期間のうち3年という期間が選択された[18]。

　(イ) 起算点　　保険金支払義務（債権）についての消滅時効の起算点については，議論が分かれており，立法による明確化の必要も説かれていた[19]。しかし，法制審議会保険法部会においては，一貫して，この問題は，民法166条1項の規律（「権利を行使することができる時」）およびその解釈に委ねる立場がとられ，保険料請求権を含め，立法手当てはなされていない[20][21]。

　(ウ) 規定の性格　　とくに生命保険の実務では，約款上，改正前商法の規定と異なる消滅時効期間が定められていた。このような約款による処理に安定性を付与するとすれば，そのような特約が認められることを明らかにする方法が考えられる。法制審議会保険法部会では，消滅時効期間の規定を保険契約者に不利な変更を許さない片面的強行規定とすることの是非が検討の俎上に載せられた[22]。最終的には「強行規定」と整理された[23]。ここでの「強行規定」

---

17) 上松＝北沢186頁，法制審議会保険法部会第2回議事録27頁，28頁。

18) 一問一答212頁，法制審議会保険法部会第2回議事録26-28頁，同第23回議事録13頁，上松＝北沢186頁，大串＝日生267頁［奥田］。

19) 西島82頁，潘・前掲注4) 108頁，石田189頁，石山卓磨編・現代保険法95頁［福田弥夫］（2005）。

20) 法制審議会保険法部会第2回議事録25頁，法制審議会保険法部会第1回資料2・12頁，第13回資料14・12頁，第14回資料15・12頁，中間試案・立案67頁，76頁，81頁，中間試案補足説明・立案115頁，一問一答212頁注1，参照。

21) 生保試案（2005）682条も同様に起算点を明示していない。権利者が知った時を起算点とする考え方や立法例・立法提案があるが，その考え方によるときは権利者の知不知について争いが生じることを避けられないという問題があることを踏まえて，他の権利と同様に規定を設けず，時効の一般原則によることとしたものである（生保試案（2005）理由書142頁）。

22) 法制審議会保険法部会第1回資料2・12頁，法制審議会保険法部会第2回議事録25頁，中間試案・立案67頁，76頁，81頁，中間試案補足説明・立案115頁，参照。

23) 一問一答227頁。

は，保険法の規定を任意規定，片面的強行規定，強行規定の3種に分類するという観点から，任意規定でも片面的強行規定でもないという意味での「強行規定」であり，消滅時効期間について法定の期間と異なる期間の約定の効力は，民法（等）の一般論に委ねる趣旨である[24]。したがって，法定の期間と異なる合意が当然に無効とされるわけではない[25]。

(エ) 年金の場合——定期金債権　年金保険契約の場合において特有の規律の要否という観点から，保険金の支払が定期金の形態をとる場合の定期金債権の消滅時効の問題が提起された[26]。各期の給付（支分権）については，保険金支払義務に関する短期消滅時効が妥当すると考えられるのに対し，その基礎にある基本権については規律が不透明であり，特別に規定を設けて明確化する必要がないかという問題提起である[27]。これに対し，基本権については，民法上の定期金債権についての規律（民168条）が妥当するものと整理され，特別の規律を設ける実際の必要性も乏しいとされ，立法手当てはされていない[28]。

(オ) 対象となる権利　対象となる権利については，改正前商法663条や682条が規定する権利のほか，解約返戻金請求権，配当金請求権，保険料払込免除請求権などがあり，これらについても立法化すべきであることが指摘されていた[29]。法制審議会保険法部会の審議においても，短期消滅時効の対象と

---

[24] 法制審議会保険法部会第21回資料23・10頁（強行規定とすることが提案され，その説明として，「上記期間を延長又は短縮する約定の効力については，民法等の解釈にゆだねるものとする」とされている）参照。
[25] 竹濱＝高山300頁［茂木信太郎］，福田＝古笛239頁，241頁［福田弥夫］。
[26] 法制審議会保険法部会第6回議事録43-47頁，法制審議会保険法部会第6回資料7・4-5頁。
[27] 山下538頁注20参照。生保試案（2005）は，年金の基本権について第1回の年金の支払時期から5年という消滅時効の規定を提案している（682条の10）。保険金請求権の消滅時効期間が2年であることを前提として，むしろ5年と明示することで，年金の基本権の通常の保険金請求権とは異なる性格を反映させ，かつ，年金受給者の保護を図る意図に出たものであると説明されている（生保試案（2005）理由書170頁）。
[28] 法制審議会保険法部会第6回議事録43-47頁，法制審議会保険法部会第9回資料10・10頁，法制審議会保険法部会第13回資料14・12頁，中間試案補足説明・立案114-115頁。
[29] 生保試案（2005）は，「保険金請求権その他の保険契約に基づく保険者に対する請求権」は2年の経過により時効消滅する旨の規定を提唱していた（682条1項）。解約払戻金請求権，配当金請求権，保険料払込免除請求権などを含む趣旨である（生保試案（2005）理由書141頁）。疾病試案（2005）も同様に包括的な定め方を提唱していた（36条1項「保険金請求権その他の疾病保険契約に基づく保険者に対する請求権」）。

なる権利について，同様の指摘がされた[30]。しかし，保険法が前提としていない（明示の規定をしていない）請求権について，しかも包括的な形で規定することの当否には疑問があり[31]，改正前商法の規定下におけると同様解釈によって決することができることから，規定はされていない[32]。これらについては，改正前商法下におけるのと同様，解釈に委ねられたことになる[33]。

　(カ)　保険料債権　　保険料支払請求権については，保険料が日常的に反復，継続して発生するものであり，その権利関係を早期に確定する必要があること，消滅時効期間を伸長し保険者を保護すべき必要はないことから，とくに議論なく，改正前商法663条2項の規律を維持することとされている[34]。

III　条 文 解 説

1　1項関係

　(1)　対象となる権利　　3年の短期消滅時効の対象となる権利は，保険給付を請求する権利（2条1号参照），保険料の返還を請求する権利（32条・64条・93条参照）および63条または92条に規定する保険料積立金の払戻しを請求する権利である。これ以外の権利が対象となるかどうかは，解釈による。

　改正前商法下で論じられていた，保険契約上，保険契約者が保険者に対して有する請求権には，金銭債権として解約返戻金請求権，満期返戻金請求権，配当請求権などが，金銭債権以外のものとして保険金払込免除請求権がある。明文がない以上は一般規定の適用により，商事債権（商522条，相互会社の行う行為につき保険業21条2項）として5年の消滅時効期間となるという考え方がある[35]。しかし，立法趣旨は，短期消滅時効が妥当する債権を95条掲記のものに限定するというものではなく，保険法に規定のない債権について消滅時効期間を定めることが難しく，包括的な定め方も適切ではないという判断に基づく

---

30)　法制審議会保険法部会第2回議事録26頁。
31)　不透明さはいずれにしても否めないうえ，保険契約者の保護の観点からの問題もある。
32)　中間試案補足説明・立案115頁。
33)　竹濱＝高山300頁［茂木］，ハンド254頁［洞澤美佳］。
34)　法制審議会保険法部会第2回議事録25-29頁，一問一答212頁注2。
35)　生保試案（2005）理由書141-142頁。

ものであるから，端的に，95条掲記の権利の該当性が肯定されるものでなくとも——保険給付を請求する権利については「保険金額支払」から「保険給付」へと表現が改められたことで形式的に対象範囲が拡大している——，95条に掲げられた債権と短期消滅時効の趣旨とから，それに準ずる権利について同様の短期消滅時効と解することは妨げられないであろう。

　この観点から見ると，満期返戻金請求権や配当請求権は保険給付請求権ないしそれに準ずるものとして，解約返戻金請求権は保険料積立金払戻請求権に準ずるものとして，3年の短期消滅時効期間となると解される。保険料支払義務の免除という構成をとるものであるが，保険料払込免除請求権は，被保険者が傷害または疾病により所定の程度以上の身体障害の状態になった場合に以後の保険料を免除するという「保険金支払以外の保険給付」たる保険料払込免除給付を請求する権利であるから36)，保険給付請求権として3年の短期消滅時効期間となると解される。

　年金など保険給付が定期金の支払の方式をとる場合，各期の具体的な債権（支分権）は，95条1項の保険給付請求権に該当するが，定期的に年金の支払を請求しうる基礎となる地位・包括的な権利（基本権）については，定期金債権の基本権についての一般規定による。保険法の制定審議過程において，民法168条1項によることが確認されている（前記Ⅱ2(2)(エ)37)）。

　(2)　消滅時効期間　　消滅時効期間は3年である。旧規定からの実質的な改正点である（検討の経緯については，Ⅱ1(2)(ア)を参照）。

　(3)　起　算　点

　(ア)　3年の消滅時効期間の起算点については，95条には規定がなく，改正前商法下におけるのと同様に，消滅時効の一般則である民法166条1項（「権利を行使することができる時」）の解釈による。

　(イ)　保険料返還請求権や63条や92条の保険料積立金払戻請求権は，不当

---

36)　山下483頁。保険料払込免除請求権の場合に，給付事由の発生の調査確認を要し，かつ，迅速決済の必要があるという点でも同様である。

37)　中間試案補足説明・立案114-115頁（民法168条1項前段の適用対象となり，第1回の弁済期から20年の期間の満了をもって消滅時効にかかることになる），竹濵＝高山301頁［茂木］（第1回の弁済期から20年または最後の弁済期から10年間行使しないことにより消滅する）。

利得返還の性格を有するものと解され，期限の定めのない債権債務として発生し，発生の時が消滅時効の起算点と考えられる。

(ウ) 見解が分かれるのは，保険給付請求権の場合の解釈である。以下では，代表例であり，これまでの議論でも想定例であった保険金支払請求権をとりあげる[38]。

(a) 一般に，民法 166 条 1 項の「権利を行使することができる時」とは，権利の行使に法律上の障害事由が存しない場合を指し，約定の停止条件や期限が付されているときは停止条件の成就した時や期限の到来した時がこれに該当すると解されている。また，不法行為の場合（民 724 条前段）など特別の規定がある場合を除き権利者の知・不知は問われず，権利者の疾病・不在等の個人的な事情による権利行使の困難などの事情は事実上の障害にとどまるもので，やはり考慮されない。

このような法律上の障害を問題とする見解が判例・通説であるが，学説では現実の期待可能性を問題とすべきであるという有力説がある[39]。また，判例においても，法律上の障害説を採用することから来る過酷さに対して，判例は個別事案において対応を図っているとされている[40]。そのような例の1つに，供託金払渡請求権について，単にその権利の行使につき法律上の障害がないというだけではなく，さらに「権利の性質上，その権利行使が現実に期待のできるものであること」も必要であるとする最判昭和 45 年 7 月 15 日民集 24 巻 7 号 771 頁がある（弁済供託における供託物の取戻請求権の消滅時効の起算点は，供託の基礎となった債務について紛争の解決などによってその不存在が確定するなど，供託者が免責の効果を受ける必要が消滅した時であるとする）。権利の性質に照らした権利行使の現実の期待可能性を標準に加えるこの考え方は，その後の判決でも時に繰り返されている[41]。

---

[38] 詳細は，坂口光男〔判批〕判例評論 546 号（判時 1858 号）192 頁以下（2004）参照。
[39] 学説の概況につき，山本敬三・民法講義1総則〈第2版〉474-475 頁（2005）。
[40] 判例の展開については，金山直樹・時効における理論と解釈 93 頁以下，120 頁（2009）。
[41] 最高裁判決では，①自賠法 72 条に基づく請求権につき，ある者が交通事故の加害自動車の保有者であるか否かをめぐって，その者と当該交通事故の被害者との間で自賠法 3 条による損害賠償請求権の存否が争われている場合においては，自賠法 3 条による損害賠償請求権が存在しないことが確定した時から，消滅時効が進行するとする最判平成 8 年 3 月 5 日民集 50 巻 3

以上の「権利を行使することができる時」についての一般論を踏まえて，生命保険契約において問題となるのは，履行期との関係および権利者の主観との関係である42)。

　(b)　保険金の支払については，支払事由が発生した後，権利者による請求をまって，請求後「一定期間」内に支払が行われる旨が約款において定められている。請求後の一定期間は，支払事由の有無，免責事由の有無，請求権限などを調査・確認するための期間である。生命保険約款においては，保険金支払請求書類が保険者の本社に到達した日から原則として5日間，調査・確認のためにとくに日数を要する場合はそれを超えた期間（日数）が定められている。従来は，5日間では十分な調査・確認ができないときの期間については，特定されていなかった。

　このような保険金の支払に関する約款の解釈には，2通りある。第1は，これは支払に必要な手続および支払の時期を定めるものにすぎず，保険金給付債権は支払事由の発生時に具体的に請求可能なものとして現在化しており，それ以上に特別な期限は付されていないという考え方である43)。この考え方による場合，期間の定めは，支払手続期間を示すとともに，遅延損害金を発生させる時点を画する意義を持つ（民412条3項参照）。第2は，支払のための期間は，調査・確認を要する限りにおいて支払を拒絶することを基礎づけるものであって，それは保険金給付債権の履行期限を定めるものだという考え方である44)。

　　　号383頁，②建物賃貸借契約に基づく賃料につき供託がされた場合において供託金取戻請求権の消滅時効の起算点は，その基礎となった賃料債務の各弁済期の翌日から民法169条所定の5年の時効期間が経過した時であるとする最判平成13年11月27日民集55巻6号1334頁，③生命保険契約に基づく死亡保険金請求権につき，支払事由発生をもって消滅時効の起算点とする約款の解釈として，当時の客観的状況等に照らし，その時からの権利行使が現実に期待できないような特段の事情の存する場合には，その権利行使が現実に期待することができるようになった時以降において消滅時効が進行する趣旨と解釈すべきであるとする最判平成15年12月11日民集57巻11号2196頁，がある。

42)　これらは損害保険においても問題となる。概していえば，履行期については事故調査にかなりの期間を要することが少なくない損害保険の場合により問題となりうるのに対し，権利者の主観については保険金受取人が自己が権利者であることや被保険者の死亡の事実を適時に知り得ないこともまれではない生命保険の場合により問題となりやすい。

43)　大森・前掲注4) 180-181頁，倉澤・前掲注2) 221頁，吉川・前掲注15) 135頁，坂口光男「保険金請求権の消滅時効期間の起算点」同・保険契約法の基本問題128頁 (1996)，島原・前掲注2) 123頁，大澤・前掲注1) 73頁。また，田辺132頁，254頁参照。

§95　III　　　　　　　　　　　　　　　　　　　　　　　　第 5 章　雑　　則

　第 1 の解釈のもとでは，保険金請求権は，支払事由の発生により，期限の定めのない債務として現在化し，請求後一定期間の経過によって遅滞に陥ることになるから，消滅時効の起算点は，期限の定めのない債権の一般則に従い，支払事由の発生時となる[45]。

　第 2 の解釈のもとでの見解は分かれる。①第 1 の考え方は，履行期限である以上それは法律上の障害事由であるから，消滅時効が進行するのは履行期限到来時からとなるという考え方である。当事者間の公平もまたその理由とされる。履行期限到来時とは，請求があった場合には請求から所定の期間経過時である[46]。現実の請求時ではなく請求しうべき時から所定期間経過時とする見解もある。この第 1 の考え方による場合には，請求がされなかった場合[47]の起算点の処理の問題が残る。請求がされなかった場合には，支払事由発生時が起算点となるという解釈[48]と，支払事由発生時から所定期間が経過した時を起算点とするという解釈[49]とがある。②第 2 の考え方は，第 1 と同様に，履行

---

[44]　棚田良平「保険金支払債務の消滅時効」損保 30 巻 3 号 119 頁（1968），栗谷啓三〔判批〕保険判例百選 193 頁（1996），神崎克郎〔判批〕生保百選 159 頁，林輝栄〔判批〕ジュリ 448 号 122 頁（1970），潘・前掲注 4）107 頁，伊沢和平〔判批〕保険海商百選 109 頁（弁済期の定めがある場合と異ならないとする）。

[45]　ただし，履行の猶予の利益を保険者が享受する「代償」として，その間に相当する期間についての予めの時効利益放棄という構成により，支払事由（保険事故）発生時から約款所定期間を経過した時を起算点とするという見解が，主張されている（吉川・前掲注 15）139 頁）。

[46]　棚田・前掲注 44）119 頁，伊沢・前掲注 44）109 頁，森本滋〔判批〕損保百選 65 頁，神崎・前掲注 44）159 頁，峰・前掲注 2）178 頁，江頭 459 頁。また，同様に，潘・前掲注 4）108 頁（請求後約款所定の一定期間の経過時を起算点とするが，当該一定期間に相当する期間の時効利益の放棄と見，それにより起算点が当該期間経過時となるとする）。

[47]　紛争となる場面を考えると，ある時点で「請求」がされ，それに対して消滅時効を援用するという場面であろうから，およそ「請求」がないという場面は想定しにくい。「請求がされなかった場合」とは，理論的には，およそ請求がないまま消滅時効が完成する（そしてその後もおよそ請求がない）という場合を考えうるのであるが，紛争が生じる場面を考慮すると，「請求がされなかった」場合とは，支払事由（保険事故）発生後長期にわたり請求がされないまま推移した場合を指すことになろう。約款所定の手続がとられなかった場合に関しては，森本・前掲注 46）65 頁参照。

[48]　伊沢・前掲注 44）109 頁，潘・前掲注 4）108 頁，江頭 459 頁。

[49]　森本・前掲注 46）65 頁，棚田・前掲注 44）119 頁，林・前掲注 44）122-123 頁。これに対し，栗谷・前掲注 44）193 頁（神崎・前掲注 44）159 頁も同旨）は，保険事故発生時ではなく，保険事故発生から約款所定の期間が経過した時とするが，その期間に，支払のための一定期間だけではなく，請求手続期間を含める。そのような扱いの問題点の指摘として森本・前掲注 46）65 頁。

期限である以上法律上の障害事由であり、時効の起算点に影響すると考えるが、現実の請求の時点および請求の有無によって起算点が異なることは適切ではないと考え、請求の有無に関わらず、所定期間が経過した時を起算点とする考え方である。支払事由発生時から所定期間が経過した時とする考え方[50]と、支払事由発生後請求しうべき時から所定期間が経過した時とする考え方がある[51]。また、この場合の所定期間の経過について、約款に定められた確定期間（生命保険の場合5日、損害保険の場合30日）の経過をいうものと、必要な調査を終えその結果が通知された時をいうものとがある。後者を問題とするときは、請求がされなかった場合におけるその意義が問題となりうる。③第3の考え方は、履行期限ではあるが、この局面においては時効の起算点には影響せず、なお、支払事由発生時が起算点となるという考え方である[52]。請求の有無によって起算点が異なることは合理的ではなく、請求のない場合に支払事由発生時とし（第1の見解のうち前者）履行期限を考慮しないならば請求があったときも履行期限を考慮することなく支払事由発生時とするのが合理的と考えられること、事故調査のための証拠保全の必要や保険制度の健全・円滑な運営確保のための迅速決済という短期消滅時効の趣旨からすると起算点が支払事由の発生から相当に後となることは不正請求の誘発や保険制度の過度のコスト増などを生じ、制度趣旨を損ないかねないこと、起算点についての明瞭性の確保が重要であることなどが、その理由となる。この考え方による場合には、調査・確認にかなりの期間を要する場合、甚だしくはそれ自体として時効期間を超える場合への対応が問題となる。時効期間を超えるような、あるいはそれに肉薄するような調査・確認期間は認められないとすることや、十分な権利行使のための期間が付与されない場合には時効の援用権行使が信義則上認められないとすることなどが考えられる[53]。

---

50) 沖野・前掲注15) 35頁。
51) 西島 84頁。
52) 山下 539頁。
53) モラル・リスクの排除のため保険者による調査・確認が保険制度にとって特別の重要性をもつことを考えると、そのために必要な期間として設定される期間中は、保険金請求権者からの訴え提起があってもなおその期間の保障が確保されるものとして、当該期間を構築すべきであり、そのような期間であるからこそ、保険給付を行う期限として、「必要な期間」、「相当な期間」が保険法において法定された（21条・52条・81条）と考えるべきであろう。確かに、

§95 Ⅲ　　　　　　　　　　　　　　　　　　　　　第5章　雑　　則

　判例54)は，古くは，支払の請求があった場合について，約款所定の書類が保険者に到達した時から一定期間を経過した時にはじめて履行期が到来するものとすることが約定されたものであり，保険金支払請求権の消滅時効はこの時（履行期到来時すなわち現実の請求から一定期間経過時）から進行するとしたものがある（大判大正14年2月19日新聞2376号19頁55))。また，損害保険において，期間を30日としその間に必要な調査を終えることができなかったときは調査を終えた後遅滞なく支払う旨の約款の定めの下，支払の請求があった場合について，それを超えた調査の必要がある場合かどうかを問わず30日の経過をもって履行期が到来するとしたうえで，それを超えた調査の必要があるとして協

　　保険給付の期限は遅滞責任と連動した規定となっており，消滅時効の起算点との関係では，これを一種の支払猶予期間と解することもでき，消滅時効期間はなお基本的に保険事故発生時であると考えることもできる。支払猶予が時効の進行に影響を与えるかについて判例は一律ではない（金山・前掲注40）107-110頁）。起算点をこれに連動させることは時効の起算点を任意に操作し，時効の公序性を潜脱する懸念があるとされる。保険契約の場合の上記の猶予期間は類型的であり，かつ，債権者にとって強制的な性格のものであるから，この懸念は妥当しないと思われる。法定の時効期間が2年から3年へと伸長されたことと保険給付の期間についての規定が設けられたことに伴い，約款の下で保険者のイニシアティブの下で必要な調査が終了し結果が出るまでの間，時効が進行することによる不利益は，残存期間が相対的に長くなりうるという変化により，減じられることにはなろうが，調査がなお長期にわたりうる可能性を排除できないとすれば，時効においてもそれに配慮した仕組みが構築されるべきであろう。請求がされて調査・確認作業と約定の期間が発動したときは，時効がその進行を停止するか，あるいは，その結果が保険者から明らかにされた後に訴えの提起等の権利行使のために必要な期間が確保されるといった扱いが考えられる。しかし，現行の消滅時効制度には，そのような進行の停止の制度はなく，また満期を延期する現行停止制度の下で協議や約定に従った調査・確認の進行は停止事由とはなっていない。現行の時効制度のもとでは，起算点の問題として扱うか，援用権の問題として扱うかが，基本的な選択肢である（起算点の問題の中には時効進行論として問題とすべき性質のものがあることを指摘するものとして，松本克美〔判批〕法律時報76巻12号92頁，同・時効と正義──消滅時効・除斥期間論の新たな胎動166頁，206頁（2002）参照）。
　　現在，消滅時効制度の見直しが検討されており，学界では，具体的な立法提言がなされている（時効研究会による改正提案・NBL 887号81頁（2008)，民法（債権法）改正検討委員会による債権法改正の基本方針・民法（債権法）改正検討委員会・詳解債権法改正の基本方針3・149頁以下（2009)，民法改正研究会による日本民法財産法改正案（仮案）・法律時報増刊・民法改正国民・法曹・学界有志案（2009))。そこでは，時効期間の合理化とともに時効障害の柔軟化が提唱されている。消滅時効制度の見直しは──短期消滅時効期間の再検討が要請される可能性とともに──起算点の問題とする議論枠組みの見直しを迫る可能性を秘めている。
54)　判例・裁判例につき，後述(c)に関わるものを含め，梅村悠〔判批〕上智法学論集48巻2号96-98頁（2005)，甘利公人〔判批〕保険レポ169号10-12頁（2002）参照。
55)　請求できる時から一定期間を経過した時とした原審判決（東京控判大正13年6月23日新聞2283号6頁）の考え方を否定した。

力依頼書が送付されそれに応じて調査協力がされたときは履行期を延期する合意があったものとし，消滅時効の起算点はその合意内容に即して延長された履行期（である免責通知書到達の日）の翌日となるとしたものがある（最判平成20年2月28日判時2000号130頁）。

下級審では，損害保険の事案で，約款の規定は履行期を定めるものとしつつ請求がなかったときは支払事由（保険事故）発生時が起算点となるとしたもの（東京地判昭和42年9月27日下民集18巻9=10号956頁，岡山地判平成10年7月27日判タ1038号256頁。約款所定の手続を履践した請求がなかったときも同様とする）がある。また，損害保険の場合には，約款において30日の経過をもって消滅時効期間が進行する旨が定められており，それを前にして，請求があった場合について，請求後30日以内に必要な調査が終わらなかったときの消滅時効の起算点を30日経過時とするもの（東京高判平成19年1月31日金判1292号64頁・前掲最判平成20年2月28日の控訴審，東京高判平成14年10月31日判例集未登載〔最判解民平成15年度(下)787頁（森義之）参照〕）と必要な調査後結果通知の時とするもの（横浜地判平成18年8月28日金判1292号67頁・前掲最判平成20年2月28日の一審，東京地判平成11年9月30日判タ1025号268頁）がある。

（c）生命保険の場合，とくに死亡保険については，被保険者の死亡という支払事由が発生したとき，保険金受取人が保険契約の存在や自己が権利者であることを知らなかったり，被保険者の死亡の事実を知らないままでいることは，少なくない。そのまま数年を経過したとしても，消滅時効の起算点との関係では，それはあくまで事実上の障害にすぎない（長崎地判平成4年2月24日生判7巻29頁，福岡高判平成4年7月16日生判7巻112頁，福岡地小倉支判平成8年2月27日生判8巻373号，損害保険に関し東京地判昭和61年3月17日判タ599号67頁）。支払免責事由に該当すると誤信したために請求しなかったという場合も同様である（旭川地判平成3年9月25日生判6巻388頁）。また，高度障害の場合で事理弁識能力を欠くに至っているにも関わらず後見人が付されていないという場合も，基本的に，個人的・主観的な事情であり事実上の障害にすぎない[56]。

しかし，保険契約にあっては，保険金請求権者の保険事故（支払事由発生）

---

[56] 東京地判平成11年5月28日判時1704号102頁。同時に，同判決は，時効の完成に関して民法158条を類推して，時効の完成の延期を図っている。

についての了知を起算点の要件において加味すべきことが説かれてきた。これは，保険事故の偶発性ゆえに保険金請求権者がその事実を知らないことが類型的に生じうることと，短期消滅時効ゆえに権利行使の機会が奪われやすいという事情があるためである57)。とくに，生命保険（死亡保険）の場合には，保険金受取人が自己の権利の具体化のみならず自己が権利者であることや保険契約の存在すら知らないことがまれではなく，契約上の債権の問題といっても把握してしかるべきとは言い難いという事情や，行方が不明で生死が不明という場合は失踪宣告の制度があり（民30条・31条），死亡を起因とする財産関係の確定のための制度が設けられているのであるが，一般の債権の消滅時効のように10年の期間であれば，その利用が可能であるものの，改正前商法にあっては2年（生命保険約款では3年），保険法にあっては3年という時効期間のもとではその利用可能性が閉ざされたまま時効が完成する事態が生じうるという事情がある。

　もっとも，単純に保険金請求権者の了知を起算点の要件とすることは，時効の起算点を不明確にし，短期消滅時効の制度趣旨の達成を妨げかねない58)。甚だしくは時効が完成しない事態をも生じさせ，時効制度の意義を破壊しかねない。そのため，ごく古くを別にすれば59)，保険金請求権者の了知や個別主観的事情を起算点の要件に加えるべきことを説く見解は，なんらかの客観性を導入することを提唱している。加えて，例外性（例外処理とすること）を組み合わせる考え方がその中心である60)。その方向は2つのものがある。第1は，

---

57) 大澤・前掲注1) 78頁（保険営業の円滑という理由での短期時効においては，保険契約者側の主観的事情もある程度考慮することが公平との見方がありうることを指摘する）参照。

58) 大澤康孝〔判批〕平成15年度重判解121頁（2004）参照。

59) 「保険事故発生了知時説」と呼ばれる見解は，端的に，保険金請求権者が保険事故の発生を知り，または知りうべかりし時を起算点とする見解である。法技術的な根拠として，民法724条の類推適用やそれに準ずることがあげられる（後掲最判平成15年12月11日の事案を前提にした検討であるが，甘利・前掲注54) 10頁，13頁も参照）。しかし，このような主観的起算点を本則とすることには本文に述べた問題があるほか，不法行為との関係については，債務者（加害者）や原因行為（加害行為）の内容すら偶発的である不法行為の場合とは異なることなどより，不法行為と同列に扱うことはできないというのが一般的な理解である（坂口・前掲注38) 193-194頁，同・前掲注43) 119-120頁，大森・前掲注4) 178頁，倉澤・前掲注2) 218頁，鳥原・前掲注2) 123頁，山下539頁注25)。

60) 起算点に関して請求手続をなすことができる時（請求しうべき時）をその基準に持ち込む（そこから所定期間の経過を起算点とする）考え方（西島84頁，前述(b)参照）や，生命保険契

§95 Ⅲ

保険事故発生時を原則としつつ，例外的に，「客観的にみて」保険事故の発生を知らないことも「やむをえないような事情があれば」，保険事故の発生を知った時を起算点とする考え方である61)。第2は，保険事故の発生時から5年といった客観的起算点による消滅時効を設けたうえで，保険金請求権者が保険事故発生を知った時を起算点とする主観的起算点を導入し，2段構成とし，かつ不知を証明したときはその了知の時を起算点とするとして主観的起算点につき証明責任の転換を図る考え方である62)。

このような見解が一方にはあるものの，むしろ，保険金請求権者の了知や了知可能性を問題とせず客観的な支払事由の発生（保険事故の発生。損害保険の場合は損害の発生との関係でそれがさらにずれる可能性はある。死亡生命保険の場合は被保険者の死亡）を基準とすべきであるという見解が多数である（前述(b)の履行期との関係という問題は別途ある)63)。権利関係の明確化・画一化，保険事業の健全・円滑運営，不正請求・濫用の防止を理由とする。その場合も極限的な場面の処理の問題はあり，この場合には起算点について例外を認める考え方64)や援用権の問題として処理する考え方65)がある。

判例では，生命保険契約に係る保険約款中の被保険者の死亡の日の翌日を死亡保険金請求権の消滅時効の起算点とする旨の定めにつき，それは，当時の客

　　約につき被保険者の死亡は保険金請求権発生の要件たる事実であることを理由に被保険者の死亡が確認される時までは権利行使について法律上の障害があるとする考え方（中西正明「生命保険の死亡保険金請求権の消滅時効」大阪学院法学研究32巻1号111-112頁，115頁（2005），同・生命保険法入門154頁（2006））は，いずれも，客観性の導入により保険金請求権者の了知を要件ではなく考慮要素として，起算点の本則に組み込みうる枠組み・基準を提唱するものと考えられる。それだけに，「請求手続をなすことができる」「確認される」とはどの程度のことを指すのかという不透明さ・不確定さを抱え込むことになる（坂口・前掲注38）194頁参照）。

61)　石田189頁，遠山聡〔判批〕白鷗法学17号51頁（2001）。
62)　金澤・前掲注4）268頁。損保試案（1995）663条。また，吉川・前掲注15）141-142頁は，同様の帰結を解釈論として実現するために，保険事故発生から5年の期間内に保険金請求権者から自己の不知について証明があったときに保険者に抗弁権放棄義務を課すことを提唱する。
63)　坂口・前掲注38）195頁，大森・前掲注4）176頁，倉澤・前掲注2）218頁，山下539頁・同注25，山下孝典〔判批〕判例評論505号（判時1734号）190頁（2001）。
64)　「客観的にみてやむを得ない」の解釈いかんによっては，保険金請求権者の了知を例外的に起算点に組み込む第1の考え方に収斂する。
65)　榊素寛〔判批〕商事1673号38頁（2003）。出口正義〔判批〕民商131巻1号49-50頁（2004），甘利・前掲注54）15頁［山下友信コメント］，吉川・前傾注15）141-142頁および前掲注62）参照。

§95 Ⅲ   第5章 雑　　則

観的状況等に照らし，被保険者の死亡の時からの保険金請求権の行使が現実に期待できないような特段の事情が存する場合には，その権利行使が現実に期待することができるようになった時以降において消滅時効が進行する趣旨と解すべきであるとしたものがある（最判平成15年12月11日民集57巻11号2196頁。一審である東京地判平成11年5月17日判時1714号146頁，二審である東京高判平成12年1月20日判時1714号143頁）。約款の解釈として提示されたものであるが，判旨は，民法166条1項に関する前記最判昭和45年7月15日を引き，法律上の障害がないというだけではなく，さらに権利の性質上，その権利行使が現実に期待することができるようになった時を起算点とするのが同項の趣旨であるという理解を示し，約款の当該条項は，通常その時から権利行使が期待できると解されるため被保険者の死亡（の翌日）を起算点と定めたものだとしている。

　本判決については，一般論の是非[66]，昭和45年判決との関係での位置づけ[67]や，射程をめぐって[68]，なお議論がある。

---

[66]　民法166条1項に関する権利の性質上の現実の期待可能性という基準の無限定の一般化の是非（積極的に評価するものとして松本・前掲注53）法時76巻12号92頁，消極的・懐疑的なものとして出口・前掲注65）46頁（2004）），約款の解釈手法（疑問視するものとして出口・前掲注65）50頁），権利行使の現実の期待可能性がないような特段の事情がある場合には権利行使が現実に期待することができるようになった時以降消滅時効が進行するという定式の位置づけ（約款の解釈を超えた一般論であるのかどうか）について，客観的にも規範的にも評価が分かれる。

[67]　昭和45年判決においては，供託の制度趣旨との実質矛盾が指摘され，それが「権利の性質上」として定式化されたのに対し，上記平成15年判決の場合には同列に論じうる事情（「権利の性質上，権利行使の現実の期待可能性を欠く」事情）はないという指摘がある（榊・前掲注65）38頁，出口・前掲注）47頁，大澤・前掲注58）120頁参照）。これは，昭和45年判決の射程の問題でもあり，「権利の性質上」の要件のとらえ方の問題である。これに対し，昭和45年判決について，「権利の性質」の要件を重視しておらず，現実的期待可能性を主眼とする理解を示すものとして，大澤・前掲注58）120頁（「権利の性質上」の要件は法律上の障害を離れるにあたっての過渡的なものとする），竹濱・前掲注15）374頁（平成15年判決は，権利の性質の要件を重視しておらず，権利行使の現実的期待可能性がないときは，その権利は性質上も権利行使できないものとみているとする），森義之〔判解〕最判解民平成15年(下)795頁注21（判例は事案に応じた柔軟な判断をしてきており，昭和45年判決を限定的に解する必要はないとする）。

[68]　平成15年判決の具体的な事案は行方・生死不明の場合であり，被保険者が自動車を運転して外出したまま帰宅せず，保険金請求権者による捜索願の提出にも関わらずその行方，消息については何の手掛かりもなく，その生死も不明であったが，行方不明になってから3年以上経過してから，峠の展望台の下方約120ｍの雑木林の中で，運転していた自動車と共に白骨化した遺体となって発見され，その死亡時期は行方不明となったのと同時期と推認されるという事実関係であった。その下で，特段の事情が認められ，消滅時効は，被保険者の遺体が発見さ

(d)　生命保険契約においては，「支払事由の生じた日（の翌日）」を3年間の起算点とする「時効」と題する定めを約款中に置いているのが通例である[69]。消滅時効の起算点を明らかにする趣旨であるが，その解釈の問題，および有効性の問題がある。前記最判平成15年12月11日は，「支払事由の生じた日」は被保険者の死亡を指すと解釈し，かつ，このような約款の定めが民法166条1項の「権利を行使することができる時」の通常の場面を明らかにするものと解釈し，その有効性を前提としている[70]。

　(エ)　起算点に関する約定　　生命保険約款では，保険金支払に関し「支払事由の発生」時を起算点とする3年の消滅時効期間が定められているのが通例である。約款による起算点の定めについては，「権利を行使することができる時」（民166条1項）を具体化・明確化する定めはもとより有効であるが，それと異なる約定の場合にはその効力の問題が生じる。

　一般に消滅時効の起算点についての約定による修正の可否については，時効期間についての約定の効力以上に議論が手薄である。上記約款に関しては，消滅時効期間の伸長の点では約款の有効性を承認する見解にあっても，起算点についての変更合意は認められないという指摘がある[71]。これに対し，損害保険に見られる，支払のための約款所定の期間に相当する期間分起算点を遅らせる約定について，保険者にとって実質の不利益はなく特約として有効であるとする見解[72]と，時効制度一般の文脈で無効な特約といわれる時効の完成を困

　　　れるまでの間は進行しないとされた。
　　　　事案の特殊性による判断であって（たとえば，失踪後の契約当事者の行動という事案の特殊性に着目する榊・前掲注65）39頁，事故の発生が長期間全く判明しなかったという特殊性に着目する山下540頁），保険金請求権者が保険契約の存在を知らなかったにすぎない場合や免責事由に該当すると誤信していた場合は特段の事情があるとはいえないとされているが（森・前掲注67）792頁），具体的にどのような事情があれば「特段の事情」に該当するのかは今後にゆだねられている（榊・前掲注65）39頁，大串＝日生269-270頁［奥野］）。
69)　竹濱・前掲注15）368-369頁参照。
70)　大澤・前掲注58）121頁。したがって，民法166条1項の起算点と異なる約定であるという評価はされていない（長崎地判平成4年2月24日生判7巻29行，福岡地小倉支判平成8年2月27日生判8巻373頁も参照）。しかし，このことは，保険金支払の履行期や約定所定期間との関係についての議論を踏まえてあえて保険事故発生時とするものではなく，本判決はこの議論については判示していない（森・前掲注67）793頁，大串＝日生269頁［奥野］，山下540頁）。
71)　山下539頁。
72)　大澤・前掲注1）78頁。また、田辺132頁，254頁（妥当な起算点を約款に定めることを

難にする特約に該当する（ゆえに無効）とする見解がある[73]）。

　一般的に言えば，起算点を変更する合意は，期間に関する合意以上に消極的に評価がされている。しかし，法定の時効制度の内容および約定の内容いかんによって，約定の効力が認められる余地がないわけではないと考えられる[74]）。起算点は時効期間と完全に切断することはできず，総体として，95条の短期消滅時効の趣旨に反しないものであれば，起算点について「権利を行使することができる時」の解釈とずれのある時点を定めるものも有効とされる余地はあると考えられる[75]）。

2　2項関係

(1)　対象となる権利　　1年の短期消滅時効の対象となる権利は，保険料の支払を請求する権利である。

　保険者の保険契約者等に対する権利として，このほか，支払済みの保険金の返還請求権や保険契約者貸付金返還請求権などがある。これらについては，日常的に継続反復するといった事情はなく，保険料請求権とは乖離している。また，そもそもとくに短期消滅時効に服させる必要がない。したがって，これらの消滅時効期間については，商事消滅時効（商522条）または民法の消滅時効の一般規定による[76]）。

(2)　消滅時効期間　　消滅時効期間は1年である。改正前商法663条，683

---

73)　坂口・前掲注43）129頁。
74)　鹿野・前掲注14）73頁以下，民法（債権法）改正検討委員会・前掲注53）197-201頁参照。
75)　時効期間の問題は起算点と切り離すことができず，両者は相関しうるものであることにつき，金山・前掲注40）93頁。また，浦和地川越支判昭和63年12月23日生判5巻391頁（改正前商法所定の時効期間〔2年〕より長期の時効期間〔3年〕を規定している趣旨に鑑みれば約款の「支払の理由が生じた日」とは保険金等支払債務の履行期ではなく被保険者死亡の日と解するのが相当であるとして，時効期間の伸長との関連で起算点についての約款解釈を行う）参照。
76)　生保試案（2005）理由書142-143頁参照。保険金返還請求権については，判例は，船体保険契約上の保険金請求権についての質権者に対する支払が，法定の免責事由があるため支払原因が失われたという事案において，商事取引関係の迅速な解決という要請を考慮すべき合理的根拠は乏しいとして，商行為から生じた債権に準じて商事消滅時効（商522条）によるのではなく，一般の不当利得返還請求権として民法167条1項によるとしている（最判平成3年4月26日判時1389号145頁）。

(3) 起算点　起算点は,「権利を行使することができる時」(民166条1項)
である。

　生命保険契約においては,保険料は分割払の方式をとるのが通例であり,ま
た,その場合の初回保険料は,契約の成立(保険者による承諾)の前に初回保険
料相当額が収受されるのが通例であり,さらに,保険契約成立後に初回保険料
が支払われる場合にも責任はその受領の時から開始すると約定されている。そ
のためとくに支払期限の定めは約款では置かれていない。後者の契約成立後の
初回保険料の支払の場合,別途の約定がない限りは,初回保険料については契
約成立の時に債権が発生し,その時点が起算点となる。

　第2回以降の保険料(継続保険料)については,「払込期月」の概念が約款上
導入されている。すなわち,契約応答日(月払の場合は月単位の,半年払の場合は
半年単位の,年払の場合は年単位の契約応当日)の属する月の初日から末日までに
払い込むものとする旨が約定されている。また,その末日までに支払がなかっ
たときも自動的に「猶予期間」(約1か月または2か月)が付与され,その猶予
期間の末日までに支払がなかったときは生命保険契約は当然に失効することが
約款上定められている。

　継続的保険料の支払時期についての以上の約定の下では,履行期の定めがあ
ることは確かであるが,消滅時効の起算点となるべき「期限」の到来はいつの
時点かが問題となる。「猶予期間」を期限の延長の約定であると見る余地があ
るためである。しかし,ここでの猶予期間は,履行遅滞を治癒し契約失効を防
止するための期間として設けられていると解するべきである。したがって,消
滅時効の起算点は,払込期月の満了であり,払込期間の末日の翌日からその日
を含めて1年の期間を算定することになる[77]。

　(4) 意　義　一般に,債権の消滅時効は,当該債権の強制可能性を否定す
る点に最大の法技術的意味がある。しかし,生命保険契約の場合の保険料支払
請求権については,強制可能性の有無自体について議論があり,それを肯定す
るのが一般的な見解ではあるが,その下でもその不払に対する強制履行や損害

---

[77] 倉澤78頁参照。

賠償請求は現実的ではないとされ，実際にも行われておらず，そのため，強制履行や損害賠償請求を救済として利用しないことを前提に，約款および実務により対応が図られている。保険料の不払に対しては，約款上，初回保険料の場合は責任が開始せず，また，継続保険料の場合は自動的に1か月ないし2か月の猶予期間が付与され，その期間内に支払がないときは保険契約が失効すると定められており，また，実務では約款によるこのような仕組みのもとで通知等の処理がされている78)。消滅時効期間の満了以前に失効処理が発動する仕組みである。そのため，履行期に支払がなくそのまま1年が経過するという場合も，履行期またはその後に支払がされたが，履行期から1年を経過した後に支払の有無が争われるという場合も──いずれの場面も実際には生じにくいが──，保険料請求権の時効消滅よりもむしろ契約の失効の有無やその主張の可否が焦点となるように思われる。

3 規定の性格

「強行規定」と説明されている（「片面的」でないという意味で「絶対的強行規定」と説明されることもある）。時効期間についての別段の約定の効力は，消滅時効に関する合意の効力についての一般論に委ねる趣旨であり，常にそれを無効とするという趣旨ではない（前述II2(2)(ウ)）。

保険給付請求権の場合は，時効期間を延長する約定は，保険者が事業経営努力により保険事業の運営の観点から合理的な・耐えられる期間として合意しており，濫用の恐れは少なく，保険契約者の保護の観点からの問題もなく，消費者契約としての性格を持つ場合も消費者の権利を制限するものではないことから，基本的には，有効であると考えられている79)。その場合も，時効制度の公益性と短期消滅時効が設けられていることからすると，一定範囲の制約はある80)。これに対し，時効期間を短縮する約定は，すでに短期となっている保

---

78) 詳細は，本書679頁以下〔沖野眞己〕参照。
79) 大澤・前掲注1) 76頁（各社で異なってもよいとする。保険契約者にとって混乱を招かない配慮は必要であろう。），大串＝日生270頁，ハンド256頁，落合誠一監修・編者・保険コンメンタール（損害保険・傷害疾病保険）182頁［山野嘉朗］(2009)。
80) 四宮＝能見・前掲注14) 383頁は，預金債権について最長20年を提示する。95条に掲げられる保険契約上の権利については，商事消滅時効よりも短期であることが保険制度上要請さ

§95 Ⅲ

険契約者等の権利行使期間をさらに縮減するもので，基本的には（合理的な理由がない限り），無効であると考えられる81)82)。

4 約款への影響

従来，生命保険においては，通例，約款において「時効」と題して，保険金等の支払請求権や保険料の払込免除請求権は「支払事由または払込の免除事由が生じた日の翌日からその日を含めて3年間請求がない場合は消滅する」旨の定めが置かれており83)，保険法による消滅時効期間の改正はこのような定めを踏まえたものであった。その意味で，損害保険の場合と異なり生命保険の場合には，保険法の制定により約款の修正などの対応の必要はないように見える。

しかし，従来の約款は，上記のように起算点についても明示していた。「支払事由が生じた」時とは「権利を行使することができる」時を明確にするものであって，それを変更するものではないと解するならば，その効力に疑念は生じない（前記1(3)(ウ)(d), (エ)参照）。これに対し，とくに，起算点について約定の履行期の理解から（1(3)(b)参照）「支払事由が生じた」時とは保険金支払の期限より前の時点を起算点とするものであると解するならば，その有効性の問題が生じる84)。

およそ特約による変更を認めないという立場によれば，そのような起算点の

れていることを考えると，商事消滅時効期間（5年）が目安になると考えるべきではなかろうか。
81) 大澤・前掲注1) 76頁，落合監修・編著・前掲注79) 182頁[山野]（2年であった消滅時効期間を3年に延長した趣旨を理由としてあげる）。
82) 中間試案に対する意見募集結果概要（法制審議会保険法部会第18回資料18-1・103-105頁）によれば，団体年金保険契約の消滅時効については厚生年金保険法（厚生年金保険法92条1項）等に準拠して消滅時効期間を5年とする約定もあり，このような特別法との関係にも配慮した規律とすべきであるとの意見や，約定により5年とすることも認めるべきであるとの意見が示されている。その一方で，取引信用保険の場合は，保険事故の発生から2年や3年にわたり保険金請求がないことは考えられず，国際的に使用されている信用保険約款の一部ではさらに短期の消滅時効の期間を定めているものもあり，より短期の消滅時効期間を許容する必要が指摘されている（法制審議会保険法部会第15回議事録19頁参照）。
83) 大串＝日生296頁[奥野]参照。
84) 保険法は，保険給付の履行期について規定を設けている（21条・52条・81条）。これへの対応から生命保険の場合も約款で調査・確認を要する場合の支払の期限が具体的に示され，たとえば，特に調査・確認の必要がある場合に数か月や半年に及ぶ期間が保険給付を行う期限として具体的に定められるとなると，この問題がいっそう顕在化する。

定めは無効ということになろう。これに対し，起算点についての特約による変更も総体として見てその効力を判断すべきであるという考え方もありうる。この考え方によれば，起算点について上記のように解する場合にも，改正前商法の下での上記約款は，起算点について（通常は5日というわずかな時日分）早期化するとともに消滅時効期間を1年伸長することでバランスをとったものと評価でき，起算点の明瞭性確保の要請をあわせ考慮して全体として効力を認めることも考えられた。これに対し，保険法の下では，当該約款には消滅時効期間を法定の期間よりも伸長するという性格は無いことになり，起算点を前倒しするのみの約款となる。そうだとすれば，一般にも，またとくに消費者契約である場合には消費者の権利を一方的に制限するものとしてその効力が否定される可能性がある（消費契約10条)85)。

5 経過措置

旧法主義（附則2条。新法は，施行日以後に締結された保険契約について適用される）である。

〔沖野眞已〕

---

85) このほか，留意事項として民法（債権関係）の改正の動きがある。債権の消滅時効も改正検討対象となっており（法制審議会民法（債権関係）部会資料2・06，同部会資料4・1(a)参照），その内容いかんにより，95条自体の再検討が要請される可能性がある。研究者による立法提言に関しては，前掲注53）所掲の文献を参照。

> （保険者の破産）
> 第96条　1　保険者が破産手続開始の決定を受けたときは，保険契約者は，保険契約を解除することができる。
> 2　保険契約者が前項の規定による保険契約の解除をしなかったときは，当該保険契約は，破産手続開始の決定の日から3箇月を経過した日にその効力を失う。

I　趣　旨

　保険者の経営が破綻すると，保険者が契約所定の保険給付を行えなくなるおそれが強まる。それにもかかわらず保険契約者に保険料支払義務を負担させ続けるのは酷であることから，保険者が破産手続開始の決定を受けたときに，保険契約者に保険契約の解除権を認め，保険料支払義務を免れうるようにしたのが本条1項である。

　一方，本条2項は，保険者が破産手続開始の決定を受けてから本条1項による解除権の行使がないまま3か月を経過した場合に保険契約が当然に失効することを定めるものである。保険者破産の事実の不知等の事情により本条1項の解除権が行使されない場合がありうるところ，解除権の自発的な行使がないからといって十分な保険給付が期待できないような保険契約を存続させることには合理性がないこと，後述するように保険者の破産には破産法53条の適用がないとすると保険契約者による解除権行使がない限り保険契約が終了しないこととなり，破産手続が不当に遅延することになりかねないこと，3か月の猶予があれば保険契約者は他の保険者と新たな保険契約を結ぶことも可能であるとみられることから，このような自動失効が定められたものと解される。

　本条1項のような規定は海外では必ずしも一般的ではないようであるが[1]，本条2項と同趣旨の規定は，主要国の保険法にみることができる。ドイツ保険契約法16条1項は，保険者の財産について支払不能手続が開始した時から1

---

1)　ただし，ベルギー，ルクセンブルク，スウェーデン，デンマークには同様の規定がみられるという。岩原紳作「保険会社の倒産・支払不能と保険契約関係——破産を中心として」ジュリ1080号23頁注7参照（1995）。

か月経過すると保険関係が終了すると規定しており，スイス保険契約法37条1項も，保険者に対する破産手続が開始した時から4週間経過すると保険契約が消滅すると規定している。また，フランス保険法典L.113-6条およびL.326-12条でも，保険者について裁判上の清算が行われる場合には，事業免許の取消しを宣告する命令または決定の時から40日経過すると保険契約が失効するとされている。

II 沿 革

　明治23年旧商法は，その656条で，「当事者ノ一方カ危険ノ存続中ニ破産ノ宣告ヲ受ケタルトキハ他ノ一方ハ契約ヲ解キ又ハ其履行ニ付キ担保ヲ求ムルコトヲ得」と定めて，保険契約者・保険者のいずれが破産宣告を受けた場合についても，相手方当事者に契約解除権または担保提供請求権を認めていた。明治32年商法（明治32年法律第48号）405条では，「保険者カ破産ノ宣告ヲ受ケタルトキハ保険契約者ハ相当ノ担保ヲ供セシメ又ハ契約ノ解除ヲ為スコトヲ得」（1項），「前項ノ場合ニ於テ保険契約者ガ契約ノ解除ヲ為シタルトキハ其解除ハ将来ニ向テノミ其効力ヲ生ス」（2項），「前二項ノ規定ハ保険契約者カ破産ノ宣告ヲ受ケタル場合ニ之ヲ準用ス但保険契約者カ既ニ保険料ノ全部ヲ支払ヒタルトキハ此限ニ在ラス」（3項）と規定され，保険者の破産と保険契約者の破産を分けて規律するとともに，解除の将来効が明記された（433条1項で生命保険にも準用）。続いて，破産法を独立させた大正11年商法改正において，担保提供請求権を廃止して契約解除権に一本化したほか，3か月経過後の自動失効を定めた規定（本条2項に相当する規定）を新設した[2]（大正11年法律第71号。保険契約者が破産した場合の保険者の解除権に関する規定もこのとき削除された）。この後，昭和13年商法改正により条文番号が405条から651条に，433条1項が683条1項にそれぞれ改められ，平成16年の破産法改正に伴い文言の一部修正[3]が施された。

[2) 大正11年改正商法405条1項「保険者カ破産ノ宣告ヲ受ケタルトキハ保険契約者ハ契約ノ解除ヲ為スコトヲ得但其解除ハ将来ニ向テノミ其効力ヲ生ス」，同2項「前項ノ規定ニ依リテ解除ヲ為ササル保険契約ハ破産宣告ノ後三ヶ月を経過シタルトキハ其効力ヲ失フ」。

[3) 「破産ノ宣告」が「破産手続開始の決定」に改められた（平成16年法律第76号）。

保険法制定に際し，本条は，損害保険契約・生命保険契約・傷害疾病定額保険契約に共通して適用される規定として第5章「雑則」に置かれることになった。本条では，改正前商法651条1項後段に相当する部分（解除の将来効を定めた部分）が削除されているが，これは，保険法のもとでは解除の将来効が別途規定されている（31条1項・59条1項・88条1項）ことによるものであり，改正前商法651条からの実質的な修正はないといってよい。

III　条文解説

1　総　　説

　保険者が経営破綻した場合にこれを処理する手段としては，破産（破産法による）のほかに，会社更生（会社更生法による），民事再生（民事再生法による），特別清算（会社510条以下），保険業法上の破綻処理手続（保険業241条以下）が利用可能である。しかし，保険者の破綻には，その債権者の大部分を占めるのは多数の保険契約者であるという特徴があり，その処理にはこのような特徴を十分に考慮した手続が選択される必要がある。現行法のもとで，そのような手続としてもっとも適切なものと考えられているのは，「金融機関等の更生手続の特例等に関する法律」（平成8年法律第95号。以下「更生特例法」という）による修正を受けた会社更生手続であり，この手続の下で既存の保険契約を存続させながら保険会社の再建を図るという手法が，今後の保険会社破綻処理のスタンダードになっていくものと思われる[4]（更生特例法による特則については，後述5参照）。もっとも，破綻保険会社の保有契約の内容いかんでは破産手続のような清算型の破綻処理が行われる可能性もゼロではなく[5]，現に破産手続が選

---

[4]　保険会社の破綻処理において再建型が望ましいとされるのは，生命保険や疾病保険では高齢者や健康状態が悪化した者は他の保険者と保険契約を締結し直すことが困難となり，現在ある保険契約を解消して保険料積立金を返還するというタイプ（清算型）の破綻処理ではこれらの者の保護が図れないからである。なお，更生特例法が整備される前に生じた保険会社の破綻は，保険業法上の行政手続により処理された。これについては，田口城「生保会社の更生手続と保険契約者の保護」生保69巻6号87頁以下（2001）を参照。

[5]　前注に掲げたような保険契約を保有していない保険会社（たとえば物保険だけを販売している損害保険会社）では，破産手続の利用も考えられないわけではない。更生特例法は，更生手続のみならず，破産手続に関しても保険会社の特例を定めており（同法490条～496条・530条以下），破産手続の利用も想定されているといってよい。

択された場合には、本条が適用されることになる。

2 本条と破産法53条の関係

破産法53条によれば、破産手続開始の決定がなされると、破産管財人は、双方未履行の双務契約につき、契約の解除をするか、破産者の債務を履行して相手方の債務の履行を請求するかの選択権を有することとなり（同1項）、相手方は、破産管財人に対し、相当の期間を定めてその期間内に契約の解除をするか、または、債務の履行を請求するかを確答すべき旨を催告することができ、破産管財人がこの期間内に確答をしないときは契約の解除をしたものとみなされる（同2項）。保険者について破産手続開始の決定があったときに特別法たる本条1項が適用され、保険契約者がただちに保険契約を解除しうるようになるのは間違いない（本条1項による解除がなされてしまえば、もはや破産法53条1項・2項の適用の余地はない）。しかし、保険契約者が本条1項の解除権を行使せず、かつ本条2項による失効が生ずるまでの間に、破産法53条の適用があるのか（とりわけ、破産管財人が破産法53条1項により保険契約を解除することができるのか）どうかについては法文上明らかではない。かりに保険契約が破産法53条1項にいう双務契約に該当し、同規定がそのまま保険契約にも適用されるとすると[6]、保険契約者が新たな保険契約に加入する前に破産管財人が保険契約を解除してしまい、保険契約者が無保険状態に陥ってしまうという事態が生じかねない。破産法53条が適用されないことによる問題点（会社の保有契約の帰趨が決まらないために破産手続が遅延するおそれがある）については、本条2項で対処されていることも考え合わせると、本条は保険者について破産手続開始の決定がなされた場合の保険契約の扱いについての特別法であって、破産法53条の適用は排除されているものと解すべきであろう[7]。

---

[6] 保険契約は、契約の両当事者の債務が収支相等原則、給付反対給付均等原則といった保険特有の技術的仕組みに立脚しており、賃貸借契約など通常の双務契約とはその構造がかなり異なるから、本条のような規定があるか否かにかかわらず、そもそも破産法53条の適用対象ではないという解釈論もありうる（山下626頁参照）。もっとも、かりに保険契約が破産法53条にいう双務契約であるとしても、破産管財人の選択権に服するのは保険契約が双方未履行の場合に限られ、保険料の全額が払込済みの保険契約のように「双方未履行」とはいえない場合には破産管財人はこれを解除することはできない。

[7] 大澤康孝「保険会社の破産について」鴻常夫還暦・八十年代商事法の諸相787頁（1985）、

したがって，保険者の破産手続開始の決定がなされたときは，保険契約者のみが契約を解除することができ（ただし，破産管財人も告知義務違反等を理由として解除することは妨げられない），保険契約者が保険保護を必要とするのであれば，本条2項により3か月後に保険契約が失効するまでの間に，他の保険者と同様の保険契約を締結し直せばよいということになろう。

3 保険契約者の一般的解除権と本条1項の解除権の関係

保険契約者は，保険期間中いつでも任意に保険契約を解除することができ（27条・54条・83条），この解除権は保険者について破産手続開始の決定がなされたことによって消滅するものではない。しかし，保険法27条等の規定は任意規定であって，保険契約において保険契約者の任意解除権を否定することや一部制限することも可能である。これに対し，本条は，1項・2項とも，破産手続開始後の保険者・保険契約者間の法律関係を規律するものであることから絶対的強行規定であると解される[8]。したがって，保険法27条等の規定に基づく任意解除権が契約上否定されている場合であっても，保険契約者は本条1項により解除権を行使することができるし，本条1項が27条等とは別に規定された趣旨もまさにこの点にあると解される。

4 本条1項による解除または本条2項による失効の効果

本条1項に基づき保険契約者が解除権を行使すると，保険契約は将来に向かってその効力を失う（31条1項・59条1項・88条1項）。本条2項に基づき，失効する場合も同様である。いずれの場合にも，当該保険契約が生命保険契約または傷害疾病定額保険契約である場合には，保険契約者は，保険者に対して保険料積立金の払戻しを請求することができる（63条4号・92条4号。保険契約者の不利に変更することができない片面的強行規定である〔65条3号・94条3号〕）。そして，保険者が生命保険会社である場合には，保険契約者は，保険料積立金の額について，保険会社の総財産上に一般先取特権を有し（保険業117条の2第1

服部栄三＝星川長七編・基本法コンメンタール・商法総則・商行為法〔第4版〕256頁〔西島梅治〕(1997)。

[8] 山下友信「新しい保険法」ジュリ1364号15頁（2008），中間試案・立案69頁。

項），保険料積立金払戻請求権は，破産手続において，優先的破産債権として扱われることになる（破98条1項）。もっとも，損害保険会社と生命保険会社が傷害疾病定額保険契約に関してよく似た内容の保険商品を販売しているにもかかわらず，生命保険会社が販売する傷害疾病定額保険契約の保険料積立金払戻請求権のみ優先的破産債権として扱うという現行法のルールを説得的に根拠づけることは困難であり，立法論的には再検討の余地があると思われる9)。

5 更生手続における保険契約者の解除権

前述のように，保険会社の破綻処理は，今後は，会社更生手続によって行うのが原則になると考えられる。会社更生法にも，前述した破産法53条と同旨の規定があり（会更61条），この規定が保険会社の更生手続にもそのまま適用されるならば，更生管財人は，会社の財務状態の改善を図るため，リスクの高い保険契約（生命保険契約でいえば高齢者や健康状態の悪化した者が被保険者となっている契約）だけを狙い打ちにして解除権を行使するという行動に出るおそれがある。しかし，このような処理は，保険会社の更生手続のあり方として適切とは考えられないことから，更生特例法の2000年改正の際に，保険会社の更生手続に関しては，再保険契約を除いて，会社更生法61条を適用しないという明文の規定が設けられた（更生特例法439条）。他方，更生手続開始決定後の保険契約者側からの解除については，本条に相当する規定は存在しない。したがって，保険契約者は，保険法27条等の一般的解除権が保険契約で否定されていない限りにおいて，かかる任意解除権に基づいて保険契約を解除し，契約で定められた解約返戻金を請求しうることになる。しかし，保険契約者による解除と解約返戻金の請求を自由に認めると，優良な保険契約ばかり解除され，リスクの高い不良保険契約だけが会社に残って再建が困難になるという事態が生じかねないことから，更生計画においてそのような解除権行使を牽制するような条件設定をすることが認められている（更生特例法445条2項)10)。

〔洲崎博史〕

---

9) 山下625頁。
10) 山下628頁。

附　則

目 录

> **（経過措置の原則）**
> **附則第2条** この法律の規定は，この法律の施行の日（以下「施行日」という。）以後に締結された保険契約について適用する。ただし，次条から附則第6条までに規定する規定の適用については，次条から附則第6条までに定めるところによる。

I 趣　　旨

　保険法は，新たに片面的強行規定を導入するなど，保険契約者等の保護のための規定を数多く設けているため，法改正の趣旨からすれば，保険法の施行前に締結された保険契約（旧保険契約）にもできるだけ広く保険法の規定を適用すべきであるが，一方で，旧保険契約についても保険法のすべての規定を適用してしまうと，契約締結時には有効であった法律行為の効力が事後になって否定されるなど，関係者の既存の権利関係に著しい影響を及ぼす場合もありうると考えられる。

　そこで，保険法の経過措置としては，施行日以後に締結された保険契約に適用することを原則としつつ（いわゆる旧法主義），既存の契約にも保険法の規律を及ぼすのが適当と考えられる一部の規定については，旧保険契約にも保険法の規定を適用する（いわゆる新法主義）こととしている[1]。

　なお，新法主義を採用している規定が，必ずしもすべての旧保険契約に適用されるわけではなく，保険事故や給付事由が施行日以後に発生した場合にのみ適用される規定など，規定ごとに適用の対象が異なるため，附則3条から6条までは，適用対象ごとに区分して経過措置を定めている。

II 条文解説

1 保険法の施行日

　保険法の附則1条では，「公布の日から起算して2年を超えない範囲内において政令で定める日から施行する」としている。これは，保険法の成立に伴い，

---

[1]　一問一答216頁参照。

附則§2　II

個々の保険会社や共済団体において，約款や規約の改定が必要となり，その作業に相当な時間が必要になると考えられることや，監督官庁による認可の手続にも長時間を要することが予想されること等から，これらの準備のための十分な期間を確保するために，保険法の施行日については，公布の日から2年を超えない範囲内において政令で定めることとしているものである[2]。

　なお，保険法が公布された後，施行のための準備の状況を踏まえて，平成21年7月3日に平成21年政令第176号が公布され，保険法の規定は平成22年4月1日から施行することとされている。

2　施行日以後に締結された保険契約

　附則2条では，保険法の経過措置の原則として，「施行日……以後に締結された保険契約について適用する」としている。

　保険契約は諾成契約であり，申込みと承諾の意思表示の合致によって契約が成立するため，仮に申込みの意思表示が施行日前にあったとしても，承諾が施行日以後にされた場合には，保険法の規定が適用されることになる。

　このように，附則2条は施行日以後に「締結」された保険契約を対象としているが，保険契約者等の保護を図るという法改正の趣旨からすれば，形式的には新契約の締結という体裁をとっていなくても，実質的に新契約を締結したのと同視できる事実が生じている場合には，同条の適用にあたっては，「施行日以後に締結された保険契約」として保険法が適用されると考えるべきである（たとえば，保険法の施行後に既存の契約が更新された場合には，もとの保険期間が終了して新たな保険期間が開始すること等から，更新時以降については保険法が適用されると考えられる）[3]。

〔萩本　修・嶋寺　基〕

---

[2]　一問一答215頁参照。
[3]　一問一答217頁注1参照。

(旧生命保険契約に関する経過措置)

附則第4条 1　第47条(施行日以後にされた質権の設定に係る部分に限る。),第48条,第49条(第48条の規定に反する特約に係る部分に限る。),第57条,第59条第1項(第57条又は第96条第1項の規定による解除に係る部分に限る。以下この項において同じ。)及び第2項第3号並びに第65条第2号(第57条並びに第59条第1項及び第2項第3号の規定に反する特約に係る部分に限る。)の規定は,施行日前に締結された生命保険契約(次項において「旧生命保険契約」という。)についても,適用する。

2　旧生命保険契約の保険事故(第37条に規定する保険事故をいう。)が施行日以後に発生した場合には,第52条及び第53条の規定を適用する。

3　施行日前に締結された第38条に規定する死亡保険契約の解除権者(第60条第1項に規定する解除権者をいう。)が施行日以後に当該死亡保険契約を解除した場合には,第60条から第62条までの規定を適用する。

(旧傷害疾病定額保険契約に関する経過措置)

附則第5条 1　第76条(施行日以後にされた質権の設定に係る部分に限る。),第77条,第78条(第77条の規定に反する特約に係る部分に限る。),第86条,第88条第1項(第86条又は第96条第1項の規定による解除に係る部分に限る。以下この項において同じ。)及び第2項第3号並びに第94条第2号(第86条並びに第88条第1項及び第2項第3号の規定に反する特約に係る部分に限る。)の規定は,施行日前に締結された傷害疾病定額保険契約(以下この条において「旧傷害疾病定額保険契約」という。)についても,適用する。

2　旧傷害疾病定額保険契約の給付事由(第66条に規定する給付事由をいう。)が施行日以後に発生した場合には,第81条及び第82条の規定を適用する。

3　旧傷害疾病定額保険契約の解除権者(第89条第1項に規定する解除権者をいう。)が施行日以後に当該旧傷害疾病定額保険契約を解除した場合には,同条から第91条までの規定を適用する。

条文解説

1 すべての旧生命保険契約に適用される規定

附則4条1項では，保険給付請求権の譲渡等についての被保険者の同意に関する47条，危険の減少に関する48条，重大事由による解除に関する57条，解除の効力に関する59条1項および2項3号のほか，これらの片面的強行規定について定める49条および65条2号の規定は，保険法の施行日前に締結された生命保険契約にも適用することとしている[1]。

これらの規定は，保険契約者等の保護やモラル・リスクの防止等の観点から，旧保険契約を含めて広く保険法の趣旨を及ぼすべきであると考えられるものであり，また，これらを旧保険契約に適用しても，契約締結時に遡って法律行為の効力が否定されることにはならないため，すべての旧保険契約に適用することとしているものである。

もっとも，たとえば，保険法の施行日前に既に保険給付請求権の質入れがされている場合にまで47条の規定が適用されてしまうと，当該質入れが遡って効力を生じないこととなり，関係者の既存の権利関係に著しい影響を及ぼすことから，47条の経過措置については，「施行日以後にされた質権の設定に係る部分」に限定することとしているものである。

また，解除の将来効について定める59条1項については，重大事由による解除と保険者の破産による解除の場合にのみ経過措置を設ければ足りることから，「第57条又は第96条第1項の規定による解除に係る部分」に限定することとしているものである。同様に，片面的強行規定について定める49条および65条2号についても，危険の減少，重大事由による解除，解除の効力との関係でのみ経過措置を設ければ足りることから，それぞれ「第48条の規定に反する特約に係る部分」，「第57条並びに第59条第1項及び第2項第3号の規定に反する特約に係る部分」に限定することとしている。

---

1) たとえば，危険の減少に関する48条については，保険法の施行日前に締結された生命保険契約においても，同法の施行日以後に保険契約者から保険料の減額請求があった場合には，同条の規定が適用されることとなる。

2　保険給付の履行期に関する規定

　附則4条2項では，保険給付の履行期に関する52条およびその片面的強行規定について定める53条の規定は，保険事故が施行日後に発生した場合に適用することとしている。

　保険給付の履行期の規定は，保険契約者等の保護の観点から，旧生命保険契約を含めて広く保険法の趣旨を及ぼすべきであると考えられるが，保険法の施行日前にすでに保険事故が発生している場合にまで52条の規定が適用されてしまうと，保険者は遡って遅延損害金を支払う義務を負うこととなり，既存の権利関係に著しい影響を及ぼすことから，52条およびその片面的強行規定について定める53条については，「保険事故……が施行日以後に発生した場合」に適用することとしているものである。

3　介入権に関する規定

　附則4条3項では，介入権に関する60条から62条までの規定は，解除権者が施行日以後に死亡保険契約を解除した場合に適用することとしている。

　介入権の規定は，遺族の生活保障の観点から，旧生命保険契約を含めて広く保険法の趣旨を及ぼすべきであると考えられるが，保険法の施行前に既に保険契約が解除されている場合にまで60条から62条までの規定が適用されてしまうと，第三者である解除権者を含めた関係者の既存の権利関係に著しい影響を及ぼすことから，これらの規定については，「解除権者……が施行日以後に当該死亡保険契約を解除した場合」に適用することとしているものである。

4　旧生命保険契約についての対応

　上記のとおり旧生命保険契約にも適用される保険法の規定に関して，これらの規定に対応した新たな約款の条項を旧生命保険契約にも適用することの可否（約款の不利益変更に該当するか否か）が問題となりうる。このうち従前の約款との関係で主に問題となるのは，介入権，重大事由による解除および保険給付の履行期である。

　介入権については，いわゆる絶対的強行規定であり，約款に定めがなくても，当然に保険法の規定が適用されることになるため，仮に新たな約款の条項が保

険法の強行規定に従った内容であれば，当該約款の条項を旧生命保険契約に適用することも可能であると考えられる。

　重大事由による解除については，新たな約款では従前の約款よりも解除の要件が厳格になるとともに，保険者の免責の範囲も限定されているため，保険契約者にとって有利に約款の内容を変更するものであると評価することができる。したがって，当該約款の条項を旧生命保険契約に適用することは可能であると考えられる。なお，保険法の下で重大事由による解除に関する規定が片面的強行規定であることからすれば，従前の約款をそのまま旧生命保険契約に適用することはできないと考えられる。

　保険給付の履行期については，新たな約款では確認の対象となる事項や確認のための期間が明確に定められているが，従前の約款の条項自体にあいまいな部分があるため，新たな約款が従前のものよりも保険契約者にとって有利であるかどうかの判断は必ずしも容易ではない。しかし，これに関する規定が片面的強行規定とされたことからすれば，従前の約款をそのまま適用することは適当でなく，むしろ，新たな約款が保険法の片面的強行規定に適合したものであり，少なくとも従前の約款における不明確な部分が払拭され，保険契約者等にとって予見可能性が増しているものと評価できるのであれば，当該約款の条項を旧生命保険契約にも適用すべきではないかと思われる[2]。

5　傷害疾病定額保険契約の経過措置

　附則5条では，傷害疾病定額保険契約の経過措置が定められているが，その趣旨は生命保険契約について述べたところと同様である。

〔萩本　修・嶋寺　基〕

---

[2] ただし，保険法に対応した新たな約款の条項が直ちに旧生命保険契約にも適用されるわけではなく，(対象となる条項にもよるが) 少なくとも新たな約款の内容を保険契約者に周知するための方策 (たとえば，書面による通知をしたり，自動付帯の特約を送付する等) を採る必要があると考えられる。

(保険者の破産に関する経過措置)
附則第 6 条 第 96 条の規定は,施行日前に締結された保険契約についても,適用する。

条 文 解 説

　附則 6 条では,保険者の破産に関する 96 条の規定は,保険法の施行日前に締結された保険契約にも適用することとしている。

　保険者の破産の規定は,保険者が破産手続開始決定を受けた場合における保険契約者等を保護する趣旨の改正前商法 651 条の規律を実質的に維持しているものであり,旧保険契約に適用しても,関係者の既存の権利関係に著しい影響を及ぼさないことから,すべての旧保険契約に適用することとしているものである。

　なお,96 条は「保険者が破産手続開始の決定を受けたとき」に保険契約者は保険契約を解除することができるとする規定であり,保険法の施行日以後に破産手続開始決定があった場合に適用されるものである。

〔萩本　修・嶋寺　基〕

資　料

5年ごと配当付終身保険普通保険約款　目次

この保険の概要

1．用語の意義
　第1条　用語の意義

2．保険金の支払
　第2条　保険金の支払
　第3条　保険金の支払に関する補則
　第4条　保険金の免責事由に該当した場合の取扱
　第5条　保険金支払方法の選択
　第6条　保険金の請求，支払時期および支払場所
　第7条　高度障害保険金の代理請求

3．保険料払込の免除
　第8条　保険料払込の免除
　第9条　保険料払込免除の請求

4．当会社の責任開始期
　第10条　当会社の責任開始期

5．保険料の払込
　第11条　保険料の払込
　第12条　保険料の払込方法（経路）
　第13条　年一括払保険料の前納
　第14条　月払保険料の一括払

6．保険料払込の猶予期間および保険契約の失効
　第15条　猶予期間および保険契約の失効

7．保険料の自動貸付
　第16条　保険料の自動貸付
　第17条　保険料の自動貸付の取消

8．保険契約の復活
　第18条　保険契約の復活

9．保険契約の無効および取消
　第19条　保険金不法取得目的による無効
　第20条　詐欺による取消

10．告知義務および保険契約の解除
　第21条　告知義務
　第22条　告知義務違反による解除
　第23条　保険契約を解除できない場合
　第24条　重大事由による解除

11．解約および解約返還金
　第25条　解約および解約返還金
　第26条　債権者等により保険契約が解約される場合の取扱

12．契約内容の変更
　第27条　保険金額の減額
　第28条　払済保険への変更
　第29条　保険料払込期間の変更
　第30条　5年ごと配当付養老保険特約への変更

13．契約者貸付
　第31条　契約者貸付

14．保険金の受取人
　第32条　保険金の受取人の代表者
　第33条　当会社への通知による死亡保険金受取人の変更
　第34条　遺言による死亡保険金受取人の変更

15．保険契約者
　第35条　保険契約者の代表者
　第36条　保険契約者の変更
　第37条　保険契約者の住所の変更

16．年齢の計算その他の取扱
　第38条　年齢の計算
　第39条　契約年齢または性別に誤りがあった場合の取扱

17．契約者配当金の割当および支払
　第40条　契約者配当金の割当
　第41条　契約者配当金の支払

18．時効
　第42条　時効

19．被保険者の業務，転居および旅行

第43条　被保険者の業務，転居および旅行

20. 保険種類の転換，家族内保障承継および終身保障変更
　　第44条　保険種類の転換
　　第45条　家族内保障承継の取扱
　　第46条　終身保障変更の取扱

21. 管轄裁判所
　　第47条　管轄裁判所

22. 契約内容の登録
　　第48条　契約内容の登録

23. 高額割引の高額判定に関する規定の適用
　　第49条　高額割引の高額判定に関する規定の適用

24. 保険料の一部一時払の特則
　　第50条　保険料の一部一時払の特則

25. 保険料の継続一括払の特則
　　第51条　保険料の継続一括払の特則

26. 保険料のステップ払込方式の特則
　　第52条　保険料のステップ払込方式の特則

27. 保険料の払込完了特則
　　第53条　保険料の払込完了特則

28. 死亡保険金受取人を団体とする保険契約に関する特則
　　第54条　死亡保険金受取人を団体とする保険契約の請求書類に関する特則

29. 第１回保険料等をクレジットカード等により払い込む場合の特則
　　第55条　第１回保険料等をクレジットカード等により払い込む場合の特則

５年ごと配当付終身保険普通保険約款

(平成22年４月２日改正)

(この保険の概要)

　この保険は終身保険であって，つぎの給付を行うことを主な内容とするものです。なお，死亡保険金額および高度障害保険金額は同額です。

	給付の内容
死亡保険金	被保険者が死亡したときに支払います。
高度障害保険金	被保険者が所定の高度障害状態に該当したときに支払います。
保険料払込の免除	被保険者が保険料払込期間中に不慮の事故によって所定の身体障害の状態に該当したときにその後の保険料の払込を免除します。

１．用語の意義

第１条（用語の意義）
　この普通保険約款において使用されるつぎの用語の意義は，それぞれつぎのとおりとします。

	用語の意義
保険金	死亡保険金および高度障害保険金をいいます。
責任開始期	保険契約の締結または復活に際して，当会社の保険契約上の責任が開始される時をいいます。なお，復活の取扱が行われた保険契約においては最後の復活の際の責任開始期をいうものとします。

5年ごと配当付終身保険普通保険約款

	用語の意義
契約応当日	毎月，半年ごとまたは毎年の契約日に対応する日をいい，毎月の契約日に対応する日を「月単位の契約応当日」，半年ごとの契約日に対応する日を「半年単位の契約応当日」，毎年の契約日に対応する日を「年単位の契約応当日」といいます。なお，契約日に対応する日のない月の場合は，その月の末日をいうものとします。

2．保険金の支払

第2条（保険金の支払）

この保険契約において支払う保険金はつぎのとおりです。

	保険金を支払う場合（以下「支払事由」といいます。）	支払額	受取人	支払事由に該当しても保険金を支払わない場合（以下「免責事由」といいます。）
死亡保険金	被保険者が死亡したとき	死亡保険金額	死亡保険金受取人	つぎのいずれかにより左記の支払事由が生じたとき (1) 責任開始期の属する日からその日を含めて3年以内の自殺 (2) 保険契約者または死亡保険金受取人の故意 (3) 戦争その他の変乱
高度障害保険金	被保険者が責任開始期以後の傷害または疾病を原因として高度障害状態（表1）に該当したとき。 この場合，責任開始期前にすでに生じていた障害状態に，その障害状態の原因となった傷害または疾病と因果関係のない責任開始期以後の傷害または疾病を原因とする障害状態が新たに加わって高度障害状態に該当したときを含みます。	死亡保険金額と同額	被保険者	つぎのいずれかにより左記の支払事由が生じたとき (1) 保険契約者または被保険者の故意 (2) 戦争その他の変乱

表1　対象となる高度障害状態

対象となる高度障害状態とは，つぎのいずれかの状態をいいます。

対象となる高度障害状態	備考
両眼の視力を全く永久に失ったもの	(1) 視力は，万国式試視力表により，1眼ずつ，矯正視力について測定します。 (2)「視力を全く永久に失ったもの」とは，視力が0.02以下になって回復の見込のない場合をいいます。 (3) 視野狭さくおよび眼瞼下垂による視力障害は視力を失ったものとはみなしません。

対象となる高度障害状態	備考
言語またはそしゃくの機能を全く永久に失ったもの	(1)「言語の機能を全く永久に失ったもの」とは、つぎのいずれかの場合をいいます。 ① 語音構成機能障害で、つぎの（ア）から（エ）までのうち3つ以上の状態に該当し、その回復の見込がない場合 （ア）いずれの口唇音についても発音ができない状態 （イ）いずれの歯舌音についても発音ができない状態 （ウ）いずれの口蓋音についても発音ができない状態 （エ）いずれの喉頭音についても発音ができない状態 | 口唇音 | ま行音，ぱ行音，ば行音，わ行音，ふ | | 歯舌音 | な行音，た行音，だ行音，ら行音，さ行音，しゅ，し，ざ行音，じゅ | | 口蓋音 | か行音，が行音，や行音，ひ，にゅ，ぎゅ，ん | | 喉頭音 | は行音 | ② 脳言語中枢の損傷による失語症で、音声言語による意思の疎通が不可能となり、その回復の見込がない場合 ③ 声帯全部の摘出により発音ができない場合 (2)「そしゃくの機能を全く永久に失ったもの」とは、口腔（舌を含みます。）の運動障害または欠損により、流動食以外のものは摂取できない状態（流動食を摂取できない状態も含みます。）で、その回復の見込のない場合をいいます。

対象となる高度障害状態	備考	
中枢神経系・精神または胸腹部臓器に著しい障害を残し，終身常に介護を要するもの	「終身常に介護を要するもの」とは，つぎの1から8までの項目すべてについて，それぞれつぎに定める行為が自分ではできず，常に他人の介護を要する状態で，その回復の見込のない場合をいいます。	
	項目	行為
	1．食物の摂取	はし，スプーン，フォーク等を使用して食物を口の中に運ぶこと
	2．排便	洋式便器に座った状態で排便すること（便器に座るまでの行為は含みません。）
	3．排尿	洋式便器に座った状態で排尿すること（便器に座るまでの行為は含みません。）
	4．排便および排尿の後始末	排便および排尿後に身体の汚れたところを拭き取ること
	5．衣服の着脱	ボタンのない肌着および下着を着たり脱いだりすること
	6．起居	横になった状態から起き上がり，座位を保つこと
	7．歩行	立った状態から歩くこと
	8．入浴	一般家庭浴槽に出入りすること

対象となる高度障害状態	備考
両上肢を手関節以上で失ったもの	(1)「上肢の運動機能を全く永久に失ったもの」とは，つぎのいずれかの場合をいいます。 ① 上肢を自分の力では全く動かすことができない状態で，その回復の見込のない場合 ② 上肢の3大関節（肩関節，肘関節および手関節）すべてについて，自分の力では全く動かすことができず，かつ，他人の力を借りても全く動かすことができない状態で，その回復の見込のない場合 (2)「下肢の運動機能を全く永久に失ったもの」とは，つぎのいずれかの場合をいいます。 ① 下肢を自分の力では全く動かすことができない状態で，その回復の見込のない場合 ② 下肢の3大関節（股関節，膝関節および足関節）すべてについて，自分の力では全く動かすことができず，かつ，他人の力を借りても全く動かすことができない状態で，その回復の見込のない場合
両上肢の運動機能を全く永久に失ったもの	
1上肢を手関節以上で失い，かつ，他の1上肢の運動機能を全く永久に失ったもの	
両下肢を足関節以上で失ったもの	
両下肢の運動機能を全く永久に失ったもの	
1下肢を足関節以上で失い，かつ，他の1下肢の運動機能を全く永久に失ったもの	
1上肢を手関節以上で失い，かつ，1下肢を足関節以上で失ったもの	
1上肢を手関節以上で失い，かつ，1下肢の運動機能を全く永久に失ったもの	
1上肢の運動機能を全く永久に失い，かつ，1下肢を足関節以上で失ったもの	

第3条（保険金の支払に関する補則）

1．被保険者の生死が不明の場合でも，当会社が死亡したものと認めたときは，死亡保険金を支払います。
2．保険契約者が法人で，かつ，死亡保険金受取人（死亡保険金の一部の受取人である場合を含みます。）が保険契約者である場合には，第2条（保険金の支払）の規定にかかわらず，高度障害保険金の受取人は保険契約者とします。
3．高度障害保険金の受取人を被保険者（第2項の規定が適用される場合には，保険契約者）以外の者に変更することはできません。
4．死亡保険金の支払事由の発生以前に死亡保険金受取人が死亡し，死亡保険金受取人の変更が行われていない間は，死亡保険金受取人の死亡時の法定相続人を死亡保険金受取人とします。
5．第4項の規定により死亡保険金受取人となった者が死亡した場合に，この者に法定相続人がいないときは，第4項の規定により死亡保険金受取人となった者のうち生存している他の死亡保険金受取人を死亡保険金受取人とします。
6．第4項および第5項により死亡保険金受取人となった者が2人以上いる場合，その受取割合は均等とします。
7．当会社が高度障害保険金を支払った場合には，保険契約は，被保険者が高度障害状態（表1）に該当した時に消滅したものとみなします。
8．死亡保険金が支払われた場合には，その支払後に高度障害保険金の請求を受けても，当会社は，これを支払いません。

5年ごと配当付終身保険普通保険約款

9. 被保険者が責任開始期前にすでに発病していた疾病を原因として責任開始期以後に高度障害状態（表1）に該当した場合でも，当会社が，保険契約の締結または復活の際に，告知等により知っていたその疾病に関する事実（第23条（保険契約を解除できない場合）に規定する保険媒介者のみが知っていた事実は含みません。）を用いて承諾したときは，責任開始期以後に発病した疾病を原因として高度障害状態に該当したものとみなして，第2条の高度障害保険金の支払に関する規定を適用します。ただし，保険契約者または被保険者がその疾病に関する事実の一部のみを告げたことにより，当会社が重大な過失なくその疾病に関する事実を正確に知ることができなかった場合を除きます。
10. 保険金を支払うときに保険料の自動貸付または契約者貸付があるときは，当会社は，保険金（第11条（保険料の払込）第8項または第9項の規定により支払われる返還金を含みます。）からそれらの元利金を差し引きます。

第4条（保険金の免責事由に該当した場合の取扱）
1. つぎのいずれかの免責事由に該当したことによって，死亡保険金が支払われないときは，当会社は，責任準備金を保険契約者に支払います。
   (1) 責任開始期の属する日からその日を含めて3年以内に被保険者が自殺したとき
   (2) 死亡保険金受取人が故意に被保険者を死亡させたとき（ただし，第2項の場合を除きます。）
   (3) 戦争その他の変乱によって被保険者が死亡したとき
2. 保険契約者が故意に被保険者を死亡させたことによって，死亡保険金が支払われないときは，責任準備金その他の返還金の払戻はありません。
3. 死亡保険金受取人が故意に被保険者を死亡させた場合で，その受取人が死亡保険金の一部の受取人であるときは，死亡保険金のうち，その受取人に支払われるべき金額を差し引いた残額を他の死亡保険金受取人に支払います。この場合，保険契約のうち支払われない死亡保険金に対応する部分については第1項の規定を適用し，その部分の責任準備金を保険契約者に支払います。
4. 被保険者が戦争その他の変乱によって死亡し，または高度障害状態（表1）に該当した場合には，当会社は，死亡保険金または高度障害保険金を支払いません。ただし，その原因によって死亡し，または高度障害状態に該当した被保険者の数の増加が，この保険の計算の基礎に及ぼす影響が少ないと認めたときは，当会社は，その程度に応じ，死亡保険金または高度障害保険金の全額を支払い，またはその金額を削減して支払います。

第5条（保険金支払方法の選択）
保険契約者（保険金の支払事由発生後はその保険金の受取人）は，保険金の一時支払にかえて，当会社の定める取扱にもとづき，すえ置支払または年金支払を選択することができます。

第6条（保険金の請求，支払時期および支払場所）
1. 保険金の支払事由が生じたときは，保険契約者またはその保険金の受取人は，すみやかに当会社に通知してください。
2. 支払事由の生じた保険金の受取人は，当会社に，請求に必要な書類（別表1）を提出して，その保険金を請求してください。
3. 本条または第7条（高度障害保険金の代理請求）の規定により保険金の請求を受けた場合，保険金は，その請求に必要な書類が当会社に到着した日（当会社に到着した日が営業日でない場合は翌営業日。以下本条において同じ。）の翌日からその日を含めて5営業日以内に，当会社の本店で支払います。
4. 保険金を支払うために確認が必要なつぎの各号に掲げる場合において，保険契約の締結時から保険金請求時までに当会社に提出された書類だけでは確認ができないときは，それぞれ当該各号に定める事項の確認（当会社の指定した医師による診断を含みます。）を行います。この場合には，第3項の規定にかかわらず，保険金を支払うべき期限は，その請求に必要な書類が当会社に到着した

803

日の翌日からその日を含めて45日を経過する日とします。
(1) 保険金の支払事由発生の有無の確認が必要な場合
　　第2条（保険金の支払）に定める支払事由発生の有無
(2) 保険金の免責事由に該当する可能性がある場合
　　保険金の支払事由が発生した原因
(3) 告知義務違反に該当する可能性がある場合
　　当会社が告知を求めた事項および告知義務違反に至った原因
(4) この普通保険約款に定める重大事由，詐欺または不法取得目的に該当する可能性がある場合
　　第2号および第3号に定める事項または保険契約者，被保険者もしくは保険金の受取人の保険契約締結の目的もしくは保険金請求の意図に関する保険契約の締結時から保険金請求時までにおける事実
5．第4項の確認をするため，つぎの各号に掲げる事項についての特別な照会や調査が不可欠な場合には，第3項および第4項の規定にかかわらず，保険金を支払うべき期限は，その請求に必要な書類が当会社に到着した日の翌日からその日を含めて当該各号に定める日数（各号のうち複数に該当する場合でも180日）を経過する日とします。
(1) 第4項第1号から第4号までに定める事項についての弁護士法にもとづく照会その他の法令にもとづく照会　180日
(2) 第4項第1号，第2号または第4号に定める事項についての研究機関等の専門機関による医学または工学等の科学技術的な特別の調査，分析または鑑定　180日
(3) 第4項第1号，第2号または第4号に定める事項に関し，保険契約者，被保険者または保険金の受取人を被疑者として，捜査，起訴その他の刑事手続が開始されたことが報道等から明らかである場合における，第4項第1号，第2号または第4号に定める事項に関する，送致，起訴，判決等の刑事手続の結果についての警察，検察等の捜査機関または裁判所に対する照会　180日
(4) 第4項第1号から第4号までに定める事項についての日本国外における調査　180日
6．第4項および第5項に掲げる必要な事項の確認に際し，保険契約者，被保険者，保険金の受取人または第7条第2項に定める代理人が，正当な理由がなく当該確認を妨げ，またはこれに応じなかったとき（当会社の指定した医師による必要な診断に応じなかったときを含みます。）は，当会社は，これにより当該事項の確認が遅延した期間の遅滞の責任を負わず，その間は保険金を支払いません。
7．第4項または第5項に掲げる必要な事項の確認を行うときは，当会社は，保険金を請求した者にその旨を通知します。

第7条（高度障害保険金の代理請求）
1．高度障害保険金の受取人が高度障害保険金を自ら請求できないつぎの各号のいずれかに該当する特別な事情があるときは，第2項に定める者が，請求に必要な書類（別表1）および特別な事情を示す書類（別表1）を提出して，高度障害保険金の受取人の代理人として高度障害保険金を請求することができます。ただし，高度障害保険金の受取人が法人である場合を除きます。
(1) 高度障害保険金の請求を行う意思表示が困難であると当会社が認めた場合
(2) その他第1号に準じる状態であると当会社が認めた場合
2．第1項の規定により高度障害保険金の受取人の代理人として高度障害保険金を請求することができる者はつぎの者とします。ただし，故意に高度障害保険金の支払事由を生じさせた者または故意に高度障害保険金の受取人を第1項各号に定める状態に該当させた者を除きます。
(1) この保険契約に付加される特約において指定代理請求人があらかじめ指定されているときは，その者。ただし，請求時において，被保険者と同居しまたは生計を一にしている被保険者の戸籍上の配偶者または3親等内の親族に限ります。
(2) 第1号に該当する者がいない場合には，請求時において，被保険者と同居しまたは生計を一にしている死亡保険金受取人（第3条（保険金の支払に関する補則）第4項および第5項の規定に

3．指定代理請求人の指定もしくは変更または死亡保険金受取人の変更が行われた場合には，つぎの各号のとおりとします。
  (1) 指定代理請求人の指定または変更が行われた場合，指定または変更前に支払事由が生じた高度障害保険金については，第1項および第2項の規定による請求は取り扱いません。
  (2) 死亡保険金受取人の変更が行われた場合，変更前に支払事由が生じた高度障害保険金については，変更後の死亡保険金受取人による高度障害保険金の受取人の代理人としての請求は取り扱いません。
4．本条の規定により高度障害保険金を請求する場合，第2項第2号に該当する死亡保険金受取人が2人以上のときは，当該受取人は共同して請求してください。
5．本条の規定により高度障害保険金を請求する場合には，高度障害保険金のすえ置支払または年金支払は取り扱いません。
6．本条の規定により当会社が高度障害保険金を高度障害保険金の受取人の代理人に支払ったときは，その後高度障害保険金の請求を受けても，当会社は，これを支払いません。
7．すえ置かれた高度障害保険金については本条の規定は適用しません。

3．保険料払込の免除

第8条（保険料払込の免除）

1．次表の保険料の払込を免除する場合に該当したときは，当会社は，つぎに到来する第11条（保険料の払込）第2項の保険期間以降の保険料の払込を免除します。ただし，次表の保険料払込の免除事由に該当しても保険料の払込を免除しない場合のいずれかに該当するときは保険料の払込を免除しません。

保険料の払込を免除する場合（以下「保険料払込の免除事由」といいます。）	保険料払込の免除事由に該当しても保険料の払込を免除しない場合
被保険者が，責任開始期以後に発生した不慮の事故（別表2）による傷害を直接の原因として，その事故の日からその日を含めて180日以内の保険料払込期間中に身体障害の状態（表2）に該当したとき。 この場合，責任開始期前にすでに生じていた障害状態に，責任開始期以後の傷害を原因とする障害状態が新たに加わって，身体障害の状態に該当したときを含みます。	つぎのいずれかにより左記の保険料払込の免除事由が生じたとき (1) 保険契約者または被保険者の故意または重大な過失 (2) 被保険者の犯罪行為 (3) 被保険者の精神障害を原因とする事故 (4) 被保険者の泥酔の状態を原因とする事故 (5) 被保険者が法令に定める運転資格を持たないで運転している間に生じた事故 (6) 被保険者が法令に定める酒気帯び運転またはこれに相当する運転をしている間に生じた事故 (7) 地震，噴火または津波 (8) 戦争その他の変乱

2．被保険者が地震，噴火もしくは津波または戦争その他の変乱によって身体障害の状態（表2）に該当した場合には，当会社は，保険料の払込を免除しません。ただし，その原因によって身体障害の状態に該当した被保険者の数の増加が，この保険の計算の基礎に及ぼす影響が少ないと認めたときは，当会社は，保険料の払込を免除します。
3．保険料の払込が免除された場合には，当会社は，以後第11条に定める払込方法（回数）に応じ，それぞれの契約応当日ごとに所定の保険料が払い込まれたものとして取り扱います。
4．保険料の払込が免除された保険契約については，保険料払込の免除事由の発生時以後，つぎの各

号の取扱に関する規定は適用しません。
(1) 保険金額の減額
(2) 払済保険への変更
(3) 保険料払込期間の変更
(4) 5年ごと配当付養老保険特約への変更
(5) 保険種類の転換
(6) 終身保障変更

表2 対象となる身体障害の状態

対象となる身体障害の状態とは,つぎのいずれかの状態をいいます。

対象となる身体障害の状態	備考
1眼の視力を全く永久に失ったもの	(1) 視力は,万国式試視力表により,1眼ずつ,矯正視力について測定します。 (2)「視力を全く永久に失ったもの」とは,視力が0.02以下になって回復の見込のない場合をいいます。 (3) 視野狭さくおよび眼瞼下垂による視力障害は視力を失ったものとはみなしません。
両耳の聴力を全く永久に失ったもの	(1) 聴力の測定は,日本工業規格(昭和57年8月14日改定)に準拠したオージオメータで行います。 (2)「聴力を全く永久に失ったもの」とは,周波数500・1,000・2,000ヘルツにおける聴力レベルをそれぞれ$a・b・c$デシベルとしたとき,$\frac{1}{4}(a+2b+c)$の値が90デシベル以上(耳介に接しても大声語を理解しえないもの)で回復の見込のない場合をいいます。
脊柱に著しい奇形または著しい運動障害を永久に残すもの	(1)「脊柱に著しい奇形を永久に残すもの」とは,脊柱の奇形が通常の衣服を着用しても外部から見て明らかにわかる程度以上で回復の見込のない場合をいいます。 (2)「脊柱に著しい運動障害を永久に残すもの」とは,つぎのいずれかの場合をいいます。 ① 頸椎について,自分の力では全く動かすことができず,かつ,他人の力を借りても全く動かすことができない状態で,その回復の見込のない場合 ② 胸椎以下における前後屈,左右屈および左右回旋の3種の運動のうち,2種以上の運動が生理的範囲の2分の1以下に制限された状態で,その回復の見込のない場合

対象となる身体障害の状態	備考
1上肢を手関節以上で失ったもの	(1)「上肢の運動機能を全く永久に失ったもの」とは，つぎのいずれかの場合をいいます。 ① 上肢を自分の力では全く動かすことができない状態で，その回復の見込のない場合 ② 上肢の3大関節（肩関節，肘関節および手関節）すべてについて，自分の力では全く動かすことができず，かつ，他人の力を借りても全く動かすことができない状態で，その回復の見込のない場合 (2)「下肢の運動機能を全く永久に失ったもの」とは，つぎのいずれかの場合をいいます。 ① 下肢を自分の力では全く動かすことができない状態で，その回復の見込のない場合 ② 下肢の3大関節（股関節，膝関節および足関節）すべてについて，自分の力では全く動かすことができず，かつ，他人の力を借りても全く動かすことができない状態で，その回復の見込のない場合 (3)「関節の用を全く永久に失ったもの」とは，つぎのいずれかの場合をいいます。 ① 関節について，自分の力では全く動かすことができず，かつ，他人の力を借りても全く動かすことができない状態で，その回復の見込のない場合 ② 人工骨頭または人工関節を挿入置換した場合
1上肢の運動機能を全く永久に失ったもの	
1上肢の3大関節中の2関節の用を全く永久に失ったもの	
1下肢を足関節以上で失ったもの	
1下肢の運動機能を全く永久に失ったもの	
1下肢の3大関節中の2関節の用を全く永久に失ったもの	
1手の5手指を失ったもの	「手指を失ったもの」とは，第1指（母指）においては指節間関節，その他の手指は近位指節間関節以上を失ったものをいいます。
1手の第1指（母指）および第2指（示指）を含んで4手指を失ったもの	
10手指の用を全く永久に失ったもの	「手指の用を全く永久に失ったもの」とは，つぎのいずれかの場合をいいます。 ① 手指の末節の2分の1以上を失った場合 ② 手指の中手指節関節または近位指節間関節（第1指（母指）においては指節間関節）の運動範囲が生理的運動範囲の2分の1以下で回復の見込のない場合
10足指を失ったもの	「足指を失ったもの」とは，足指全部を失ったものをいいます。

第9条（保険料払込免除の請求）

1．保険料払込の免除事由が生じたときは，保険契約者または被保険者は，すみやかに当会社に通知してください。
2．保険契約者は，当会社に，請求に必要な書類（別表1）を提出して，保険料払込の免除を請求してください。
3．保険料払込の免除の請求については，第6条（保険金の請求，支払時期および支払場所）第3項

から第7項までの規定を準用します。

4．当会社の責任開始期

第10条（当会社の責任開始期）
1. 当会社は，つぎの時から保険契約上の責任を負います。
   （1）保険契約の申込を承諾した後に第1回保険料を受け取った場合
      第1回保険料を受け取った時
   （2）第1回保険料充当金を受け取った後に保険契約の申込を承諾した場合
      第1回保険料充当金を受け取った時（被保険者に関する告知の前に受け取った場合には，その告知の時）
2. 第1項により当会社の責任が開始される日を契約日とします。
3. 保険料払込期間の計算にあたっては契約日からその日を含めて計算します。
4. 当会社が保険契約の申込を承諾した場合には，保険証券を交付し，これをもって承諾の通知とします。この場合，保険証券には，保険契約を締結した日を記載せず，第2項の契約日を記載します。

5．保険料の払込

第11条（保険料の払込）
1. 第2回以後の保険料は，保険料払込期間中，毎回次表の保険料の払込方法（回数）にしたがい，第12条（保険料の払込方法（経路））第1項に定める保険料の払込方法（経路）により，保険料の払込方法（回数）ごとにつぎに定める期間（以下「払込期月」といいます。）内に払い込んでください。

保険料の払込方法（回数）	払込期月
月払	月単位の契約応当日の属する月の初日から末日まで
半年一括払	半年単位の契約応当日の属する月の初日から末日まで
年一括払	年単位の契約応当日の属する月の初日から末日まで

2. 第1項で払い込むべき保険料は，保険料の払込方法（回数）に応じ，それぞれの契約応当日から翌契約応当日の前日までの期間（以下「保険料期間」といいます。）に対応する保険料とします。
3. 第1項の保険料が第1項の契約応当日の前日までに払い込まれ，かつ，その日までに保険契約が消滅したとき，または保険料の払込を要しなくなったときは，当会社は，その払い込まれた保険料を保険契約者（保険金を支払うときは保険金の受取人）に払い戻します。
4. 第1項の保険料が払い込まれないまま，第1項の契約応当日以後その契約応当日の属する月の末日までに保険金の支払事由が生じたときは，当会社は，未払込保険料を支払うべき保険金から差し引きます。
5. 第1項の保険料が払い込まれないまま，第1項の契約応当日以後その契約応当日の属する月の末日までに保険料払込の免除事由が生じたときは，保険契約者は，第15条（猶予期間および保険契約の失効）に定める猶予期間の満了日までに未払込保険料を払い込んでください。この未払込保険料が払い込まれない場合には，当会社は，保険料払込の免除事由の発生により免除すべき保険料の払込を免除しません。
6. 保険契約者は，当会社の定める取扱にもとづき，保険料の払込方法（回数）を変更することができます。
7. 月払の保険契約が保険金額の減額等によって当会社の定める月払取扱の範囲外となったときは，当会社の定める取扱にもとづき，保険料の払込方法（回数）を年一括払または半年一括払に変更します。
8. 年一括払契約または半年一括払契約の場合で，すでに保険料が払い込まれている保険期間の中途でつぎの各号のいずれかの事由が生じたときは，当会社は，その事由が生じた日の直後に到来す

る月単位の契約応当日からその保険料期間の末日までの月数に応じた保険料の残額に相当する金額の返還金を保険契約者（保険金を支払うときは保険金の受取人）に支払います。
    (1) 保険契約の消滅。ただし、第4条（保険金の免責事由に該当した場合の取扱）第2項、第19条（保険金不法取得目的による無効）または第20条（詐欺による取消）に該当する場合を除きます。
    (2) 保険金額の減額
    (3) 保険料払込の免除事由
9．第8項の規定は、年一括払契約および半年一括払契約の第1回保険料（保険料の一時払に対応する部分の保険料を除きます。）について準用します。
10．保険料の払込が免除されている保険契約については、第8項の規定は適用しません。
11．月払契約の場合、すでに保険料が払い込まれている保険料期間の中途で第8項各号の事由が生じたときであっても、当会社は、その保険料期間に対応する保険料を払い戻しません。
12．第11項の規定は、一時払契約および月払契約の第1回保険料について準用します。

第12条（保険料の払込方法（経路））
1．保険契約者は、当会社の定める取扱範囲で、つぎの各号のいずれかの保険料の払込方法（経路）を選択することができます。
    (1) 当会社の指定した金融機関等の口座振替により払い込む方法
    (2) 金融機関等の当会社の指定した口座に送金することにより払い込む方法
    (3) 所属団体または集団を通じ払い込む方法（所属団体または集団と当会社との間に団体取扱契約または集団取扱契約が締結されている場合に限ります。）
    (4) 当会社の本店または当会社の指定した場所に持参して払い込む方法
2．保険契約者は、当会社の定める取扱にもとづき、第1項各号の保険料の払込方法（経路）の範囲内で、保険料の払込方法（経路）を変更することができます。
3．保険料の払込方法（経路）が第1項第1号または第3号である保険契約において、その保険契約が当会社の取扱範囲外となったときまたは当会社の取扱条件に該当しなくなったときは、保険契約者は、第2項の規定により保険料の払込方法（経路）を他の払込方法（経路）に変更してください。この場合、保険契約者が保険料の払込方法（経路）の変更を行うまでの間の保険料については、当会社の本店または当会社の指定した場所に払い込んでください。

第13条（年一括払保険料の前納）
1．年一括払契約の場合、保険契約者は、将来の年一括払保険料2年分以上を前納することができます。この場合には、当会社所定の利率で割り引いて計算した保険料前納金を払い込んでください。
2．第1項の保険料前納金は、当会社所定の利率による複利計算の利息をつけて当会社に積み立てて置き、年単位の契約応当日ごとに年一括払保険料の払込に充当します。
3．前納期間が満了した場合に保険料前納金の残額があるときは、あらかじめ保険契約者から別段の申出がない限り、当会社の定める取扱にもとづき、次期以後の年単位の契約応当日ごとに、その残額を年一括払保険料の払込に順次充当します。
4．保険料の払込を要しなくなった場合に保険料前納金の残額があるときは、その残額を保険契約者に払い戻します。ただし、保険金を支払うときはその保険金の受取人に払い戻します。

第14条（月払保険料の一括払）
1．月払契約の場合、保険契約者は、当月分以後の保険料を一括払することができます。この場合、一括払される保険料が3か月分以上あるときは、当会社所定の割引率で保険料を割引します。
2．保険料の払込を要しなくなった場合に、一括払された保険料に残額があるときは、その残額を保険契約者に払い戻します。ただし、保険金を支払うときはその保険金の受取人に払い戻します。

6．保険料払込の猶予期間および保険契約の失効

第15条（猶予期間および保険契約の失効）

1．第2回以後の保険料の払込については，つぎのとおり猶予期間があります。

保険料の払込方法（回数）	猶予期間
月払	払込期月の翌月初日から末日まで
半年一括払	払込期月の翌月初日から翌々月の月単位の契約応当日まで（払込期月の契約応当日が2月，6月，11月の各末日の場合には，それぞれ4月，8月，1月の各末日まで）
年一括払	

2．猶予期間内に保険料が払い込まれないときは，保険契約は，猶予期間の満了日の翌日から効力を失います。この場合には，保険契約者は解約返還金と同額の返還金を請求することができます。
3．猶予期間中に保険金の支払事由が生じたときは，当会社は，未払込保険料を保険金から差し引きます。
4．猶予期間中に保険料払込の免除事由が生じたときは，保険契約者は，その猶予期間の満了日までに未払込保険料を払い込んでください。この未払込保険料が払い込まれない場合には，当会社は，保険料払込の免除事由の発生により免除すべき保険料の払込を免除しません。

7．保険料の自動貸付

第16条（保険料の自動貸付）

1．保険料の払込がないままで，猶予期間を過ぎた場合でも，この保険契約に解約返還金があるときは，あらかじめ保険契約者から別段の申出がない限り，当会社は，自動的に保険料相当額を貸し付けて保険料の払込に充当し，保険契約を有効に継続させます。
2．本条の貸付は貸し付ける保険料相当額とその利息の合計額が，解約返還金額（その保険料の払込があったものとして払込年月数により計算し，本条の貸付または契約者貸付があるときは，それらの元利金を差し引きます。）をこえない間，行われるものとします。
3．本条により貸し付ける保険料相当額は，つぎの各号のとおりとします。
  (1) 月払契約の場合
    半年単位の契約応当日を基準とし，払い込むべき月からつぎの半年単位の契約応当日の前日までの期間に対応する保険料に相当する額。ただし，この期間全体についての貸付ができないときは，できるところまでの月数分の保険料に相当する額とします。
  (2) 年一括払契約または半年一括払契約の場合
    払い込むべき保険料に相当する額。ただし，年一括払契約の場合で，解約返還金額が年一括払保険料とその利息の合計額には満たないものの，半年一括払保険料とその利息の合計額を上回るときは，あらかじめ保険契約者から別段の申出がない限り，保険料の払込方法（回数）を半年一括払に変更したうえで，半年一括払保険料に相当する額を貸し付けます。
4．本条の貸付は，猶予期間満了時に貸し付けたものとします。
5．本条の貸付金の利息は，当会社所定の利率（年一括払契約においては年8％以下，半年一括払契約においては半年4％以下，月払契約においては月8／12％以下で定めます。）で計算し，保険料の払込方法（回数）に応じ，つぎのとおり元金に繰り入れます。
  (1) 年一括払契約または半年一括払契約の場合
    次期以後の保険料払込の猶予期間が満了する日ごとに元金に繰り入れます。
  (2) 月払契約の場合
    半年単位の契約応当日の属する払込期月に対応する猶予期間の満了日ごとに元金に繰り入れます。ただし，つぎの半年単位の契約応当日の前日までの期間に対応する保険料相当額の貸付ができなかった場合は，貸し付けられた保険料相当額が充当された期間の直後の払込期月に対応する

5年ごと配当付終身保険普通保険約款

猶予期間が満了する日に元金に繰り入れます。
6．第5項第2号の規定にかかわらず、月払契約の場合で、新たに保険料相当額の貸付が行われない場合の本条の貸付金の利息は、直前に利息を元金に繰り入れた日の半年単位の応当日ごとに元金に繰り入れます。ただし、その後、新たに本条による貸付が行われる場合は、本条の貸付金の利息は、その貸付が行われるときに元金に繰り入れます。
7．本条の貸付金のある保険契約において、保険料払込期間の満了日が到来した場合は、保険料払込期間の満了日の翌日に貸付金の利息を元金に繰り入れ、以後、その年単位の応当日ごとに貸付金の利息を元金に繰り入れます。

第17条（保険料の自動貸付の取消）

保険料の自動貸付が行われた場合でも、猶予期間の満了日の翌日からその日を含めて3か月以内に、保険契約者から保険契約の解約または払済保険への変更の請求があったときは、当会社は、保険料の自動貸付を行わなかったものとして、その請求による取扱をします。

8．保険契約の復活

第18条（保険契約の復活）

1．保険契約者は、保険契約が効力を失った日からその日を含めて3年以内は、保険契約の復活を請求することができます。
2．保険契約の復活を請求するときは、当会社所定の書類（別表1）を提出してください。
3．保険契約の復活を当会社が承諾したときは、保険契約者は、当会社の指定した日までに、保険料期間がすでに到来している未払込保険料（第31条（契約者貸付）第6項の規定により保険契約が効力を失った場合には、あわせて払い込むべき金額を含みます。）を当会社の本店または当会社の指定した場所に払い込んでください。
4．保険契約の復活を行う場合、当会社は第3項に定める金額を受け取った時（被保険者に関する告知の前に受け取った場合には、その告知の時）から復活後の保険契約上の責任を負います。
5．保険契約の復活を行う場合、当会社は、新たな保険証券を交付しません。

9．保険契約の無効および取消

第19条（保険金不法取得目的による無効）

保険契約者が保険金を不法に取得する目的または他人に保険金を不法に取得させる目的をもって保険契約の締結または復活をしたときは、保険契約を無効とし、当会社は、すでに払い込まれた保険料を払い戻しません。

第20条（詐欺による取消）

保険契約の締結または復活に際して、保険契約者、被保険者または保険金の受取人に詐欺の行為があったときは、当会社は、保険契約を取り消すことができます。この場合、当会社は、すでに払い込まれた保険料を払い戻しません。

10．告知義務および保険契約の解除

第21条（告知義務）

当会社が、保険契約の締結または復活の際、保険金の支払事由または保険料払込の免除事由の発生の可能性に関する重要な事項のうち書面で告知を求めた事項について、保険契約者または被保険者は、その書面により告知することを要します。ただし、当会社の指定する医師が口頭で質問した事項については、その医師に口頭により告知することを要します。

第22条（告知義務違反による解除）

1．保険契約者または被保険者が、故意または重大な過失によって、第21条（告知義務）の規定によ

り当会社が告知を求めた事項について，事実を告げなかった場合または事実でないことを告げた場合には，当会社は，将来に向かって保険契約を解除することができます。
2．当会社は，保険金の支払事由または保険料払込の免除事由が生じた後でも，保険契約を解除することができます。この場合には，保険金を支払わず，または保険料の払込を免除しません。また，すでに保険金を支払っているときは，その返還を請求し，すでに保険料の払込を免除していたときは，保険料の払込を免除しなかったものとして取り扱います。
3．第2項の規定にかかわらず，被保険者の死亡，高度障害状態（表1）または身体障害の状態（表2）が解除の原因となった事実によらなかったことを保険契約者，被保険者または保険金の受取人が証明したときは，保険金を支払い，または保険料の払込を免除します。
4．本条の規定によって保険契約を解除するときは，当会社は，その旨を保険契約者に通知します。ただし，保険契約者が不明である場合またはその住所もしくは居所が不明である場合など，正当な理由によって保険契約者に通知できない場合には，被保険者または保険金の受取人に通知します。
5．本条の規定によって保険契約を解除したときは，当会社は，解約返戻金と同額の返還金を保険契約者に支払います。

第23条（保険契約を解除できない場合）

当会社は，つぎのいずれかの場合には第22条（告知義務違反による解除）の規定による保険契約の解除をすることができません。ただし，第4号または第5号に規定する行為がなかったとしても，保険契約者または被保険者が，第21条（告知義務）の規定により当会社が告知を求めた事項のうち解除の原因となる事実について，事実を告げなかったと認められる場合または事実でないことを告げたと認められる場合には，第4号および第5号の規定は適用しません。
(1) 当会社が，保険契約の締結または復活の際，解除の原因となる事実を知っていたとき，または過失のため知らなかったとき
(2) 当会社が，解除の原因があることを知った日の翌日からその日を含めて1か月を経過したとき
(3) 責任開始期の属する日からその日を含めて2年を経過したとき。ただし，責任開始期の属する日からその日を含めて2年以内に，保険金の支払事由または保険料払込の免除事由が生じたときを除きます。
(4) 当会社のために保険契約の締結の媒介を行うことができる者（当会社のために保険契約の締結の代理を行うことができる者を除き，以下「保険媒介者」といいます。）が，保険契約者または被保険者が第21条の告知のうち解除の原因となる事実の告知をすることを妨げたとき
(5) 保険媒介者が，保険契約者または被保険者に対し，第21条の告知のうち解除の原因となる事実の告知をしないことを勧めたとき，または事実でないことを告げることを勧めたとき

第24条（重大事由による解除）

1．当会社は，つぎの各号のいずれかに定める事由が生じた場合には，将来に向かって保険契約を解除することができます。
(1) 保険契約者または死亡保険金受取人が死亡保険金（他の保険契約の死亡保険金を含み，保険種類および死亡保険金の名称の如何を問いません。）を詐取する目的または他人に詐取させる目的で事故招致（未遂を含みます。）をした場合
(2) 保険契約者，被保険者または高度障害保険金の受取人がこの保険契約の高度障害保険金（保険料払込の免除を含みます。）を詐取する目的または他人に詐取させる目的で事故招致（未遂を含みます。）をした場合
(3) この保険契約の保険金（保険料払込の免除を含みます。）の請求に関し，その受取人（保険料払込の免除の請求については保険契約者）に詐欺行為（未遂を含みます。）があった場合
(4) この保険契約に付加されている特約または他の保険契約が重大事由によって解除されることにより，当会社の保険契約者，被保険者または保険金の受取人に対する信頼を損ない，この保険契約を継続することを期待しえない第1号から第3号までに掲げる事由と同等の事由がある場合

(5) 当会社の保険契約者，被保険者または保険金の受取人に対する信頼を損ない，この保険契約の存続を困難とする第1号から第4号までに掲げる事由と同等の重大な事由がある場合
2．当会社は，保険金の支払事由または保険料払込の免除事由が生じた後でも，保険契約を解除することができます。この場合には，つぎのとおり取り扱います。
　(1) 第1項各号に定める事由の発生時以後に生じた支払事由による保険金を支払いません。また，すでにその支払事由により保険金を支払っているときは，当会社は，その返還を請求します。
　(2) 第1項各号に定める事由の発生時以後に生じた保険料払込の免除事由による保険料払込の免除を行いません。また，すでにその保険料払込の免除事由により保険料の払込を免除していたときは，当会社は，保険料の払込を免除しなかったものとします。
3．本条の規定によって保険契約を解除するときは，当会社は，その旨を保険契約者に通知します。ただし，保険契約者が不明である場合またはその住所もしくは居所が不明である場合など，正当な理由によって保険契約者に通知できない場合には，被保険者または保険金の受取人に通知します。
4．本条の規定によって保険契約を解除したときは，当会社は，解約返戻金と同額の返戻金を保険契約者に支払います。

11．解約および解約返戻金

第25条（解約および解約返戻金）
1．保険契約者は，いつでも将来に向かって，保険契約を解約し，解約返戻金を請求することができます。
2．解約返戻金は，経過年月数（保険料払込中の保険契約において経過年月数が保険料の払込年月数をこえている場合は払込年月数）により計算します。
3．第1項の請求をするときは，保険契約者は，当会社所定の書類（別表1）を提出してください。
4．解約返戻金は，その請求に必要な書類が当会社に到着した日（当会社に到着した日が営業日でない場合は翌営業日）の翌日からその日を含めて5営業日以内に，当会社の本店で支払います。

第26条（債権者等により保険契約が解約される場合の取扱）
1．差押債権者，破産管財人その他の保険契約者以外の者で保険契約の解約をすることができる者（以下「債権者等」といいます。）により保険契約が解約されるときは，解約する旨の通知が当会社に到着した時から1か月を経過した日にその効力が生じます。
2．第1項の解約が通知された場合でも，通知の時においてつぎの各号のすべてを満たす保険金の受取人が，保険契約者の同意を得て，第1項の解約の効力が生じるまでの間に，第1項の解約の通知が当会社に到着した日に解約の効力が生じたとすれば当会社が債権者等に支払うべき金額を債権者等に支払い，かつ，当会社にその旨を通知したときは，第1項の解約はその効力を生じません。
　(1) 保険契約者もしくは被保険者の親族または被保険者本人であること
　(2) 保険契約者でないこと
3．第2項の通知をするときは，保険金の受取人は，当会社所定の書類（別表1）を提出してください。
4．第1項の解約の通知が当会社に到着した時から，その解約の効力が生じるまでまたは第2項の規定により解約の効力が生じなくなるまでに，保険金の支払事由が生じ，当会社が保険金を支払うべきときは，つぎの各号のとおりとします。
　(1) 当会社は，第1項の解約の通知が当会社に到着した日に解約の効力が生じたとすれば当会社が債権者等に支払うべき金額を債権者等に支払います。ただし，保険金の支払事由の発生により支払うべき金額を限度とします。
　(2) 当会社は，保険金の支払事由の発生により支払うべき金額から債権者等に支払った金額を差し引いた残額を保険金の受取人に支払います。

12. 契約内容の変更

第27条（保険金額の減額）
1. 保険契約者は，当会社の定める取扱にもとづき，保険金額を減額することができます。ただし，減額後の死亡保険金額は，当会社の定める金額以上であることを要します。
2. 保険金額の減額をするときは，保険契約者は，請求に必要な書類（別表1）を提出してください。
3. 保険金額の減額をしたときは，減額分は解約したものとして取り扱います。
4. 保険金額の減額をした場合に，保険料の自動貸付または契約者貸付があるときは，この場合の返還金をそれらの元利金の返済にあてます。

第28条（払済保険への変更）
1. 保険契約が，つぎの各号のいずれにも該当するときは，保険契約者は，次回以後の保険料払込を中止し，この保険の払済保険に変更することができます。この場合，払済保険の死亡保険金額は，解約返戻金（保険料の自動貸付または契約者貸付があるときは，それらの元利金を差し引きます。）をもとに定めます。
   (1) 契約日から3年以上の期間にわたって保険料が払い込まれ有効に継続しているとき
   (2) 保険料払込期間中であるとき
2. 払済保険への変更をするときは，保険契約者は，請求に必要な書類（別表1）を提出してください。
3. 払済保険に変更した後の保険金の支払については，この普通保険約款に定めるところによります。
4. 払済保険の死亡保険金額が当会社の定めた金額に満たない場合には，払済保険への変更は取り扱いません。

第29条（保険料払込期間の変更）
1. 保険契約が，つぎの各号のいずれにも該当するときは，保険契約者は，当会社の定める取扱にもとづき，保険料払込期間を短縮することができます。
   (1) 契約日から3年以上の期間にわたって保険料が払い込まれ有効に継続しているとき
   (2) 残存保険料払込期間が5年以上あるとき
2. 保険契約が，つぎの各号のいずれにも該当するときは，保険契約者は，当会社の承諾を得て，当会社の定める取扱にもとづき，保険料払込期間を延長することができます。
   (1) 契約日から3年以上の期間にわたって保険料が払い込まれ有効に継続しているとき
   (2) 残存保険料払込期間が2年以上あるとき
3. 第1項および第2項の規定にかかわらず，保険料払込期間が終身の保険契約については，保険料払込期間の変更は取り扱いません。
4. 保険料払込期間の変更をするときは，保険契約者は，請求に必要な書類（別表1）を提出してください。
5. 保険料払込期間の変更をするときは，当会社の定めた方法で計算した差額金を授受し，その後の保険料を改めます。
6. 保険料払込期間の変更をした場合に，保険料の自動貸付または契約者貸付があるときは，この場合の返還金をそれらの元利金の返済にあてます。

第30条（5年ごと配当付養老保険特約への変更）
1. 保険契約者は，被保険者の同意を得て，当会社の定める取扱にもとづき，保険契約の一部を5年ごと配当付養老保険特約へ変更することができます。
2. 本条の変更は，契約応当日（月払契約の場合は月単位の契約応当日，半年一括払契約の場合は半年単位の契約応当日，年一括払契約の場合は年単位の契約応当日）を変更日とし，変更日の前日までの保険料が有効に払い込まれている場合に限り取り扱います。この場合，変更する部分に対応す

る保険金額と変更後の5年ごと配当付養老保険特約の保険金額は同額とします。
3．変更後の5年ごと配当付養老保険特約の保険料は，当会社の定める取扱にもとづき，変更日現在の被保険者の保険年齢を基準として計算します。
4．本条の変更の際には，保険契約者は，当会社所定の金額を変更日の属する月の末日までに払い込むことを要します。この場合，保険料の払込方法（回数）に応じて，つぎのとおり猶予期間があります。

保険料の払込方法（回数）	猶予期間
月払	変更日の属する月の翌月初日から末日まで
半年一括払	変更日の属する月の翌月初日から翌々月の月単位の契約応当日まで（変更日が2月，6月，11月の各末日の場合には，それぞれ4月，8月，1月の各末日まで）
年一括払	

5．当会社は，第4項に定める当会社所定の金額を受け取ったときに，変更日から変更後の5年ごと配当付養老保険特約上の責任を負います。
6．本条の変更が行われた場合には，変更された部分は，変更日の前日に解約されたものとします。
7．つぎの各号の場合には，本条の変更はなかったものとします。
　(1) 第4項に定める当会社所定の金額が払い込まれないまま，変更日以後第4項に定める猶予期間の満了日までに，つぎのいずれかの事由が生じたとき
　　(ｱ) 変更後の5年ごと配当付養老保険特約の保険金の支払事由
　　(ｲ) 変更後の5年ごと配当付養老保険特約の保険料払込の免除事由
　　(ｳ) 付加されている特約の保険金，給付金その他保険金に準じる保険給付の支払事由
　(2) 第4項に定める当会社所定の金額が第4項に定める猶予期間の満了日までに払い込まれなかったとき
8．保険契約の一部が5年ごと配当付養老保険特約に変更された場合，変更後の5年ごと配当付養老保険特約には変更日における特約条項および特約保険料率が適用されます。

13．契約者貸付

第31条（契約者貸付）
1．保険契約者は，解約返還金額の所定の範囲内（保険料の自動貸付または本条の貸付があるときは，それらの元利金を差し引きます。）で，貸付を受けることができます。ただし，貸付金が当会社の定めた金額に満たない場合には，貸付を取り扱いません。
2．本条の貸付を受けるときは，保険契約者は，貸付に必要な書類（別表1）を提出してください。
3．本条の貸付金の利息は，当会社所定の利率で計算します。
4．保険契約が消滅した場合に，本条の貸付または保険料の自動貸付があるときは，当会社は，支払うべき金額からそれらの元利金を差し引きます。
5．本条の貸付および保険料の自動貸付の元利金が解約返還金額をこえたときは，保険契約者は，当会社所定の金額を払い込むことを要します。この場合，当会社は，その旨を保険契約者に通知します。
6．当会社が第5項の通知を発した日の属する月の翌月末日までに，当会社所定の金額が払い込まれない場合には，保険契約は，この期日の翌日から効力を失います。

14．保険金の受取人

第32条（保険金の受取人の代表者）
1．保険金の受取人が2人以上の場合には，代表者1人を定めてください。この場合，その代表者は他の保険金の受取人を代理するものとします。
2．第1項の代表者が定まらないときまたはその所在が不明のときは，当会社が保険金の受取人の1

人に対してした行為は，他の保険金の受取人に対しても効力を生じます。

第33条（当会社への通知による死亡保険金受取人の変更）
1. 保険契約者は，死亡保険金の支払事由が発生するまでは，被保険者の同意を得て，当会社に対する通知により，死亡保険金受取人を変更することができます。
2. 第1項の通知をするときは，保険契約者は，当会社所定の書類（別表1）を提出してください。
3. 第1項の通知が当会社に到着したときは，死亡保険金受取人の変更の効力は，その通知を発した時にさかのぼって生じるものとします。
4. 第3項の規定にかかわらず，第1項の通知が当会社に到着する前に，変更前の死亡保険金受取人に対して死亡保険金を支払ったときは，その支払後に変更後の死亡保険金受取人から死亡保険金の請求を受けても，当会社は，これを支払いません。

第34条（遺言による死亡保険金受取人の変更）
1. 第33条（当会社への通知による死亡保険金受取人の変更）の規定によるほか，保険契約者は，死亡保険金の支払事由が発生するまでは，法律上有効な遺言により，死亡保険金受取人を変更することができます。
2. 第1項の死亡保険金受取人の変更は，被保険者の同意がなければ，その効力を生じません。
3. 遺言による死亡保険金受取人の変更は，保険契約者が死亡した後，保険契約者の相続人（遺言執行者が指定されているときは遺言執行者を含みます。以下本条において同じ。）が，その旨を当会社に通知しなければ，当会社に対抗することができません。
4. 第3項の通知をするときは，保険契約者の相続人は，当会社所定の書類（別表1）を提出してください。

15．保険契約者

第35条（保険契約者の代表者）
1. 保険契約者が2人以上の場合には，代表者1人を定めてください。この場合，その代表者は他の保険契約者を代理するものとします。
2. 第1項の代表者が定まらないときまたはその所在が不明のときは，当会社が保険契約者の1人に対してした行為は，他の保険契約者に対しても効力を生じます。
3. 保険契約者が2人以上の場合には，その責任は連帯とします。

第36条（保険契約者の変更）
1. 保険契約者は，被保険者および当会社の同意を得て，保険契約上の一切の権利義務を第三者に承継させることができます。
2. 保険契約者の変更をするときは，保険契約者は，当会社所定の書類（別表1）を提出してください。
3. 本条の規定により保険契約者の変更が行われたときは，保険証券に表示します。

第37条（保険契約者の住所の変更）
1. 保険契約者が住所（通信先を含みます。）を変更したときは，すみやかに当会社の本店または当会社の指定した場所に通知してください。
2. 保険契約者が第1項の通知をしなかったときは，当会社の知った最終の住所（通信先を含みます。）に発した通知は，通常到達するために要する期間を経過した時に，保険契約者に到達したものとみなします。

5年ごと配当付終身保険普通保険約款

16. 年齢の計算その他の取扱

第38条（年齢の計算）
1．被保険者の契約年齢は，契約日現在の満年で計算し，1年未満の端数については，6か月以下のものは切り捨て，6か月をこえるものは1年とします。
2．保険契約締結後の被保険者の年齢は，第1項の契約年齢に，年単位の契約応当日ごとに1歳を加えて計算します。

第39条（契約年齢または性別に誤りがあった場合の取扱）
1．保険契約申込書に記載された被保険者の契約年齢に誤りがあった場合は，つぎの方法により取り扱います。
　(1) 契約日における実際の契約年齢が，当会社の定める契約年齢の範囲内であったときは，つぎのとおり取り扱います。
　　(ｱ) 実際の契約年齢にもとづいて保険料を改め，すでに払い込まれた保険料の超過分があるときは，当会社は，これを保険契約者に払い戻し，不足分があるときは，保険契約者はこれを当会社に払い込んでください。
　　(ｲ) 前(ｱ)の規定にかかわらず，保険金の支払事由の発生後で，保険金が支払われる場合，保険金の受取人に保険料の超過分を支払い，または支払うべき保険金から保険料の不足分を差し引きます。
　(2) 契約日における実際の契約年齢が，当会社の定める契約年齢の範囲外であったときは，つぎのとおり取り扱います。
　　(ｱ) 保険契約を無効とし，当会社は，すでに払い込まれた保険料を保険契約者に払い戻します。この場合，当会社からの支払金があるときは，すでに払い込まれた保険料からその金額を差し引きます。
　　(ｲ) 前(ｱ)の規定にかかわらず，契約日においては最低契約年齢に足りなかったものの，その事実が発見された日においてすでに最低契約年齢に達していたときは，最低契約年齢に達した日に契約したものとして，第1号と同様に取り扱います。
2．保険契約申込書に記載された被保険者の性別に誤りがあった場合には，実際の性別にもとづいて保険料を改め，第1項第1号の規定を準用して取り扱います。

17. 契約者配当金の割当および支払

第40条（契約者配当金の割当）
1．当会社は，当会社の定める方法により積み立てた契約者配当準備金のうちから，毎事業年度末に，つぎの保険契約に対して，契約者配当金を割り当てます。
　(1) つぎの事業年度中に，つぎの(ｱ)または(ｲ)のいずれかの日（以下「5年ごとの契約応当日等」といいます。）が到来する保険契約
　　(ｱ) 契約日（保険料払込期間満了後は，保険料払込期間の満了日の翌日）から5年ごとに到来する年単位の契約応当日
　　(ｲ) 保険料払込期間の満了日の翌日
　(2) つぎの事業年度中に消滅するつぎの保険契約。この場合，消滅の事由が(ｲ)に該当するときは，(ｱ)に該当するときよりも下回る金額を割り当てるものとします。
　　(ｱ) 死亡保険金または高度障害保険金の支払によって消滅する場合には，契約日および直前の5年ごとの契約応当日等からその日を含めて1年以上経過して消滅する保険契約
　　(ｲ) 死亡保険金または高度障害保険金の支払以外の事由によって消滅する場合には，契約日からその日を含めて2年以上経過して消滅（直前の5年ごとの契約応当日等からその日を含めて1年以内に消滅する場合を除きます。）する保険契約。ただし，保険金額の減額により保険契約の一部が消滅するときは，その消滅する部分とします。

2．第1項のほか，契約日から所定年数を経過し，かつ，所定の条件を満たす保険契約に対しても，契約者配当金を割り当てることがあります。

第41条（契約者配当金の支払）
1．第40条（契約者配当金の割当）第1項第1号の規定によって割り当てた契約者配当金は，つぎの事業年度に到来する5年ごとの契約応当日等の前日の満了時に保険契約が有効である場合（保険料払込中の保険契約にあっては，その5年ごとの契約応当日等の前日までの保険料が払い込まれていることを要します。）に限り，つぎの各号のとおり支払います。
  (1) つぎの事業年度に到来する5年ごとの契約応当日等から当会社所定の利率による複利計算の利息をつけて当会社に積み立てて置いて，保険契約が消滅したとき，または保険契約者から請求があったときに支払います。
  (2) 第1号の規定によって支払う契約者配当金は，死亡保険金または高度障害保険金を支払うときはその保険金の受取人に，その他のときは保険契約者に支払います。
2．第40条第1項第2号の規定によって割り当てた契約者配当金は，死亡保険金または高度障害保険金を支払うときは保険金とともにその受取人に，その他のときは保険契約者に支払います。ただし，保険料払込中の保険契約にあっては，消滅する直前の年単位の契約応当日の前日までの保険料が払い込まれていることを要します。
3．第40条第2項の規定によって割り当てた契約者配当金は，当会社の定める取扱にもとづき支払います。
4．契約者配当金の支払時期および支払場所については，第6条（保険金の請求，支払時期および支払場所）の規定を準用します。

18．時効

第42条（時効）
保険金，解約返還金，契約者配当金その他この保険契約にもとづく諸支払金の支払または保険料払込の免除を請求する権利は，3年間請求がない場合には消滅します。

19．被保険者の業務，転居および旅行

第43条（被保険者の業務，転居および旅行）
保険契約の継続中に，被保険者がどのような業務に従事し，またはどのような場所に転居し，もしくは旅行しても，当会社は，保険契約の解除も保険料の変更もしないで，保険契約上の責任を負います。

20．保険種類の転換，家族内保障承継および終身保障変更

第44条（保険種類の転換）
1．保険契約者は，当会社所定の要件を満たす場合，この保険契約を当会社の認める他の保険種類に転換することができます。
2．保険種類を転換する場合には，転換特約条項を適用するものとし，転換後の保険契約には，転換後の保険種類に関する普通保険約款が適用されます。

第45条（家族内保障承継の取扱）
1．保険契約者は，当会社所定の要件を満たす場合，この保険契約を保険契約者の家族（家族内保障承継特約条項に定める保険契約者の家族）のうちのいずれかの者を被保険者とする保険契約に承継させることができます。
2．第1項の承継を行う場合には，家族内保障承継特約条項を適用するものとし，承継後の保険契約には，承継後の保険種類に関する普通保険約款が適用されます。

第46条（終身保障変更の取扱）
1．保険契約者は，当会社所定の要件を満たす場合，この保険契約の一部を当会社所定の他の保険契約に変更することができます。
2．第1項の変更を行う場合には，終身保障変更特約条項を適用するものとし，変更後の保険契約には，変更後の保険種類に関する普通保険約款が適用されます。

21．管轄裁判所

第47条（管轄裁判所）
1．この保険契約における保険金の請求に関する訴訟については，つぎのいずれかの裁判所をもって，合意による管轄裁判所とします。
   (1) 当会社の本店の所在地を管轄する地方裁判所
   (2) 保険金の受取人（保険金の受取人が2人以上いるときは，その代表者）の住所地と同一の都道府県内にある当会社の支社（同一の都道府県内に支社がないときは，最寄りの支社）の所在地を管轄する地方裁判所
2．この保険契約における保険料払込の免除の請求に関する訴訟については，第1項の規定を準用します。

22．契約内容の登録

第48条（契約内容の登録）
1．当会社は，保険契約者および被保険者の同意を得て，つぎの事項を社団法人生命保険協会（以下「協会」といいます。）に登録します。
   (1) 保険契約者ならびに被保険者の氏名，生年月日，性別および住所（市・区・郡までとします。）
   (2) 死亡保険金の金額
   (3) 契約日（復活が行われた場合は，最後の復活の日。以下第2項において同じ。）
   (4) 当会社名
2．第1項の登録の期間は，契約日から5年（契約日において被保険者が満15歳未満の場合は，5年と契約日から被保険者が満15歳に達する日までの期間のいずれか長い期間）以内とします。
3．協会加盟の各生命保険会社および全国共済農業協同組合連合会（以下「各生命保険会社等」といいます。）は，第1項の規定により登録された被保険者について，保険契約（死亡保険金のある保険契約をいいます。また，死亡保険金または災害死亡保険金のある特約を含みます。以下本条において同じ。）の申込（復活，復旧，保険金額の増額または特約の中途付加の申込を含みます。）を受けたときまたは更新日において被保険者が満15歳未満の場合に保険契約が更新されるときは，協会に対して第1項の規定により登録された内容について照会することができるものとします。この場合，協会からその結果の連絡を受けるものとします。
4．各生命保険会社等は，第2項の登録の期間中に保険契約の申込があった場合，第3項によって連絡された内容を保険契約の承諾（復活，復旧，保険金額の増額または特約の中途付加の承諾を含みます。以下本条において同じ。）の判断の参考とすることができるものとします。
5．各生命保険会社等は，契約日（復活，復旧，保険金額の増額または特約の中途付加が行われた場合は，最後の復活，復旧，保険金額の増額または特約の中途付加の日。以下本項において同じ。）から5年（契約日において被保険者が満15歳未満の場合は，5年と契約日から被保険者が満15歳に達する日までの期間のいずれか長い期間）以内に保険契約について死亡保険金または高度障害保険金の請求を受けたときは，協会に対して第1項の規定により登録された内容について照会し，その結果を死亡保険金または高度障害保険金の支払の判断の参考とすることができるものとします。
6．各生命保険会社等は，連絡された内容を承諾の判断または支払の判断の参考とする以外に用いないものとします。
7．協会および各生命保険会社等は，登録または連絡された内容を他に公開しないものとします。
8．保険契約者または被保険者は，登録または連絡された内容について，当会社または協会に照会す

ることができます。また，その内容が事実と相違していることを知ったときは，その訂正を請求することができます。
9．第3項，第4項および第5項中，被保険者，保険契約，死亡保険金，災害死亡保険金，保険金額，高度障害保険金とあるのは，農業協同組合法にもとづく共済契約においては，それぞれ，被共済者，共済契約，死亡共済金，災害死亡共済金，共済金額，後遺障害共済金と読み替えます。

23. 高額割引の高額判定に関する規定の適用

第49条（高額割引の高額判定に関する規定の適用）
この保険契約には，高額割引の高額判定に関する規定が適用されます。

24. 保険料の一部一時払の特則

第50条（保険料の一部一時払の特則）
1．保険契約者は，保険契約の締結の際，保険契約の一部について，当会社の定める取扱にもとづき，保険料の払込方法を一時払とすることができます。この場合の保険契約はつぎの各号の部分から構成されます。
 (1) 保険料の一時払に対応する部分（以下この部分を「一時払保険部分」といいます。）
 (2) 保険料の年一括払，半年一括払および月払に対応する部分（以下この部分を「分割払保険部分」といいます。）
2．一時払保険部分がある保険契約については，つぎの各号のとおりとします。
 (1) 第8条（保険料払込の免除）第1項および第3項の規定は，一時払保険部分には適用しません。
 (2) 第10条（当会社の責任開始期）における第1回保険料には，一時払保険部分の保険料を含みます。
 (3) 一時払保険部分または分割払保険部分のみの解約は取り扱いません。
 (4) 保険料払込期間を変更するときは，分割払保険部分について第29条（保険料払込期間の変更）の規定を適用します。
 (5) 第30条（5年ごと配当付養老保険特約への変更）の規定により，保険契約の一部を変更する場合，分割払保険部分の一部についてのみ当会社の定める取扱にもとづき取り扱います。

25. 保険料の継続一括払の特則

第51条（保険料の継続一括払の特則）
1．保険契約者は，保険料の払込方法（回数）が月払の場合，当会社の定める取扱にもとづき，あらかじめ保険契約者が指定した払込月に，定められた月数分の保険料を継続して一括払（以下「継続一括払」といいます。）することができます。
2．継続一括払を行う場合には，つぎの各号のとおり取り扱います。
 (1) 保険契約者は，払込期月内に定められた月数分の保険料を一括払することを要します。この場合，第15条（猶予期間および保険契約の失効）の月払契約の規定を適用します。
 (2) 継続一括払される保険料が3か月分以上あるときは，当会社所定の割引率で保険料を割引します。
 (3) 保険料の払込を要しなくなった場合に，継続一括払された保険料に残額があるときは，その残額を保険契約者に払い戻します。ただし，保険金を支払うときはその保険金の受取人に払い戻します。
 (4) この特則の適用申出後，継続一括払を開始するまでの保険料については，保険契約者は，毎月または一括して払い込むことを要します。この場合，第11条（保険料の払込）から第15条までの規定を適用します。
3．保険契約者は，第1項の規定によりあらかじめ指定した継続一括払をする払込期月を，当会社の定める取扱にもとづき変更することができます。
4．つぎの各号の場合には，この特則は適用しません。

(1) 第8条（保険料払込の免除）の規定により，保険料の払込が免除されたとき
  (2) 第11条第6項または第7項の規定により，保険料の払込方法（回数）が年一括払または半年一括払に変更されたとき
  (3) 保険契約者の申出により，保険料の払込方法（回数）が通常の月払に変更されたとき
  (4) 第16条（保険料の自動貸付）の規定が適用されたとき
  (5) 第28条（払済保険への変更）の規定が適用されたとき
  (6) 第53条（保険料の払込完了特則）の規定が適用されたとき

26. 保険料のステップ払込方式の特則

第52条（保険料のステップ払込方式の特則）

1. 保険契約者は，保険契約の締結の際，当会社の定める取扱にもとづき，契約日から10年または15年の期間（以下「ステップ期間」といいます。）経過後の保険料率を，ステップ期間中の保険料率より高く設定した保険料の払込方式を選択することができます。
2. この特則を適用する保険契約については，つぎの各号のとおりとします。
   (1) 保険契約者は，第1項の規定を適用しない保険契約に変更することができます。ただし，第8条（保険料払込の免除）の規定により保険料の払込が免除されているときを除きます。
   (2) 第1号の場合，当会社の定めた方法で計算した金額を収受し，その後の保険料を改めます。
   (3) 第14条（月払保険料の一括払）第1項の規定を適用する場合，ステップ期間中の保険料とステップ期間経過後の保険料をあわせて一括払する取扱は行いません。
   (4) 第39条（契約年齢または性別に誤りがあった場合の取扱）第1項の規定を適用する場合で，契約日における実際の契約年齢がステップ払込方式の契約年齢の範囲外であったときは，第1項の規定を適用しない保険契約として契約したものとして取り扱います。
3. 第29条（保険料払込期間の変更）第1項の規定により保険料払込期間を短縮する場合で，短縮後の保険料払込期間がステップ期間以内となるときは，この特則は適用しません。

27. 保険料の払込完了特則

第53条（保険料の払込完了特則）

1. 保険料払込期間が終身の保険契約の場合，保険契約者は，当会社の定める取扱にもとづき，将来の保険料の払込にかえて，当会社所定の金額を一時に払い込み，保険料の払込を完了することができます。
2. 保険料の払込完了は，契約日から当会社所定の期間経過後のいずれかの年単位の契約応当日を保険料の払込完了日とし，その日の前日までの保険料が払い込まれ，有効に継続しているときに限り取り扱います。ただし，保険料の自動貸付または契約者貸付が行われているときは，保険料の払込完了を取り扱いません。
3. 保険料の払込完了を行うときは，保険契約者は，請求に必要な書類（別表1）を提出してください。
4. 保険料の払込完了を行うときは，保険契約者は，第1項に定める当会社所定の金額を保険料の払込完了日の属する月の末日までに払い込むことを要します。この場合，保険料の払込完了前の保険料の払込方法（回数）に応じて，つぎのとおり猶予期間があります。

保険料の払込完了前の 保険料の払込方法(回数)	猶予期間
月払	保険料の払込完了日の属する月の翌月初日から末日まで
半年一括払	保険料の払込完了日の属する月の翌月初日から翌々月の月単位の契約応当日まで（保険料の払込完了日が2月，6月，11月の各末日の場合には，それぞれ4月，8月，1月の各末日まで）
年一括払	

5．つぎの各号の場合には，保険料の払込完了はなかったものとします。
　(1) 第１項に定める当会社所定の金額が払い込まれないまま，保険料の払込完了日以後第４項に定める猶予期間の満了日までに，つぎのいずれかの事由が生じたとき
　　(ｱ) 保険金の支払事由
　　(ｲ) 保険料払込の免除事由
　(2) 第１項に定める当会社所定の金額が第４項に定める猶予期間の満了日までに払い込まれなかったとき
6．保険料の払込を完了した保険契約については，第８条（保険料払込の免除）の規定は適用しません。
7．保険料の払込を完了した保険契約については，第40条（契約者配当金の割当）第１項第１号中「保険料払込期間満了後」とあるのは「保険料の払込完了後」と，「保険料払込期間の満了日の翌日」とあるのは「保険料の払込完了日」と読み替えます。

28．死亡保険金受取人を団体とする保険契約に関する特則

第54条（死亡保険金受取人を団体とする保険契約の請求書類に関する特則）
1．官公署，会社，組合，工場その他の団体（個人事業主を含み，以下「団体」といいます。）を保険契約者および死亡保険金受取人とし，その団体から給与の支払を受ける従業員を被保険者とする保険契約において，保険契約者である団体が当該保険契約の死亡保険金の全部またはその相当部分を遺族補償規程等にもとづく死亡退職金または弔慰金等（以下「死亡退職金等」といいます。）として死亡退職金等の受給者に支払うときは，死亡保険金の請求の際，請求に必要な書類（別表１）に加え，つぎの各号の書類を必要とします。
　(1) 死亡退職金等の受給者が死亡保険金の請求内容を了知していることがわかる書類（死亡退職金等の受給者が２人以上であるときは，そのうち１人からの請求内容を了知していることがわかる書類の提出で足りるものとします。）
　(2) 保険契約者である団体が第１号の死亡退職金等の受給者について受給者本人であることを確認した書類
2．団体を保険契約者および死亡保険金受取人とし，その団体から給与の支払を受ける従業員を被保険者とする保険契約において，保険契約者である団体が当該保険契約の高度障害保険金の全部またはその相当部分を弔慰金等として被保険者に支払うときは，高度障害保険金の請求の際，請求に必要な書類（別表１）に加え，被保険者が高度障害保険金の請求内容を了知していることがわかる書類を必要とします。

29．第１回保険料等をクレジットカード等により払い込む場合の特則

第55条（第１回保険料等をクレジットカード等により払い込む場合の特則）
1．保険契約の締結の際，第１回保険料または第１回保険料充当金（以下「第１回保険料等」といいます。）をつぎの各号のいずれかの方法により払い込む場合，それぞれつぎに定める時に当会社が第１回保険料等を受け取ったものとします。
　(1) 当会社の指定するクレジットカード（以下「クレジットカード」といいます。）により払い込む場合
　　　当会社が，クレジットカードの有効性および第１回保険料等が利用限度額内であること等の確認を行った時（当会社所定の利用票（以下「利用票」といいます。）を使用するときは，利用票を作成した時）
　(2) 当会社の指定するデビットカード（以下「デビットカード」といいます。）により払い込む場合
　　　当会社所定の端末機（以下「端末機」といいます。）にデビットカードを読み取らせ，端末機に当該カードの暗証番号を入力した際に，口座引落確認を表す電文が表示された時
2．第１項第１号の規定にかかわらず，つぎの各号のいずれにも該当するときは，第１回保険料等の

払込はなかったものとします。
 (1) 当会社がクレジットカード発行会社から保険料相当額を受け取ることができないこと
 (2) クレジットカード発行会社が，クレジットカードの名義人（クレジットカード発行会社の会員規約等により，クレジットカード利用にもとづく支払債務を負う者を含みます。）から保険料相当額を受け取ることができないこと
3．第1項第1号に定める方法により第1回保険料等が払い込まれた場合で，当会社が保険契約の申込を承諾したときは，当会社が責任を開始する日を保険契約者に通知します。ただし，利用票を作成した場合を除きます。
4．保険契約に特約を中途付加する場合または保険契約に付加されている特約について当会社所定の金額の払込を要する変更を行う場合で，その際に払い込むべき金額を，クレジットカードまたはデビットカードにより払い込むときは，その払込について，第1項から第3項までの規定を準用します。

別表1　請求書類

(1) 保険金，保険料払込の免除の請求書類

項目		必要書類
1	死亡保険金	(1) 当会社所定の請求書 (2) 医師の死亡診断書または死体検案書（ただし，当会社が必要と認めた場合は当会社所定の様式による医師の死亡証明書） (3) 被保険者の死亡事実が記載された住民票（ただし，当会社が必要と認めた場合は戸籍抄本） (4) 死亡保険金受取人の戸籍抄本 (5) 死亡保険金受取人の印鑑証明書 (6) 最終の保険料払込を証する書類 (7) 保険証券
2	高度障害保険金	(1) 当会社所定の請求書 (2) 当会社所定の様式による医師の診断書 (3) 被保険者の住民票（ただし，受取人と同一の場合は不要。また，当会社が必要と認めた場合は戸籍抄本） (4) 高度障害保険金の受取人の戸籍抄本と印鑑証明書 (5) 最終の保険料払込を証する書類 (6) 保険証券
3	保険料払込の免除	(1) 当会社所定の請求書 (2) 不慮の事故であることを証する書類 (3) 当会社所定の様式による医師の診断書 (4) 最終の保険料払込を証する書類 (5) 保険証券
4	高度障害保険金の代理請求	(1) 当会社所定の請求書 (2) 当会社所定の様式による医師の診断書 (3) 高度障害保険金の受取人が高度障害保険金を自ら請求できない特別な事情を示す書類 (4) 被保険者および代理人の戸籍抄本 (5) 代理人の住民票と印鑑証明書 (6) 被保険者または代理人の健康保険証の写し (7) 最終の保険料払込を証する書類 (8) 保険証券

(注) 当会社は，上記以外の書類の提出を求め，または上記の提出書類の一部の省略を認めることがあります。

(2) その他の請求書類

項目		必要書類
1	保険契約の復活	(1) 当会社所定の復活請求書 (2) 被保険者についての当会社所定の告知書

5年ごと配当付終身保険普通保険約款

	項　目	必　要　書　類
2	解約および解約返還金	(1) 当会社所定の解約および解約返還金請求書 (2) 保険契約者の印鑑証明書 (3) 最終の保険料払込を証する書類 (4) 保険証券
3	保険金の受取人による保険契約の存続	(1) 当会社所定の保険契約存続通知書 (2) 保険契約者の印鑑証明書 (3) 保険契約の存続を申し出る保険金の受取人が保険契約者または被保険者の親族であることを証する書類（ただし，保険契約の存続を申し出る者が被保険者本人である場合は不要） (4) 保険契約の存続を申し出る保険金の受取人の印鑑証明書（ただし，保険契約の存続を申し出る者が被保険者本人である場合は被保険者の印鑑証明書） (5) 債権者等に所定の金額を支払ったことを証する書類
4	契約内容の変更 ・保険金額の減額 ・払済保険への変更 ・保険料払込期間の変更 ・養老保険特約への変更	(1) 当会社所定の保険契約内容変更請求書 (2) 保険契約者の印鑑証明書 (3) 最終の保険料払込を証する書類 (4) 保険証券 (5) 被保険者についての当会社所定の告知書（保険料払込期間の延長の場合）
5	保険料の払込完了特則による払込	(1) 当会社所定の請求書 (2) 保険契約者の印鑑証明書 (3) 最終の保険料払込を証する書類 (4) 保険証券
6	契約者貸付	(1) 当会社所定の請求書 (2) 保険契約者の印鑑証明書 (3) 最終の保険料払込を証する書類 (4) 保険証券
7	当会社への通知による死亡保険金受取人の変更	(1) 当会社所定の名義変更請求書 (2) 保険契約者の印鑑証明書 (3) 保険証券
8	遺言による死亡保険金受取人の変更	(1) 当会社所定の名義変更請求書 (2) 保険契約者の死亡事実が記載された住民票（ただし，当会社が必要と認めた場合は戸籍抄本） (3) 遺言書の写しおよびその有効性を証する書類 (4) 保険契約者の相続人であることを証する書類と印鑑証明書（ただし，遺言執行者からの通知のときは遺言執行者であることを証する書類と印鑑証明書） (5) 保険証券
9	保険契約者の変更	(1) 当会社所定の名義変更請求書 (2) 変更前の保険契約者の印鑑証明書 (3) 保険証券

	項　目	必　要　書　類
10	積み立てた契約者配当金	(1) 当会社所定の支払請求書 (2) 保険契約者の印鑑証明書 (3) 保険証券

(注) 当会社は，上記以外の書類の提出を求め，または上記の提出書類の一部の省略を認めることがあります。また，1の請求については，当会社の指定した医師に被保険者の診断を行わせることがあります。

別表２　対象となる不慮の事故

　対象となる不慮の事故とは急激かつ偶発的な外来の事故（ただし，疾病または体質的な要因を有する者が軽微な外因により発症しまたはその症状が増悪したときには，その軽微な外因は急激かつ偶発的な外来の事故とみなしません。）で，かつ，昭和53年12月15日行政管理庁告示第73号に定められた分類項目中の下記のものとし，分類項目の内容については，「厚生省大臣官房統計情報部編，疾病，傷害および死因統計分類提要，昭和54年版」によるものとします。

分　類　項　目	基本分類表番号
１．鉄道事故	E800～E807
２．自動車交通事故	E810～E819
３．自動車非交通事故	E820～E825
４．その他の道路交通機関事故	E826～E829
５．水上交通機関事故	E830～E838
６．航空機および宇宙交通機関事故	E840～E845
７．他に分類されない交通機関事故	E846～E848
８．医薬品および生物学的製剤による不慮の中毒 　　ただし，外用薬または薬物接触によるアレルギー，皮膚炎などは含まれません。 　　また，疾病の診断，治療を目的としたものは除外します。	E850～E858
９．その他の固体，液体，ガスおよび蒸気による不慮の中毒 　　ただし，洗剤，油脂およびグリース，溶剤その他の化学物質による接触皮膚炎ならびにサルモネラ性食中毒，細菌性食中毒（ブドー球菌性，ボツリヌス菌性，その他および詳細不明の細菌性食中毒）およびアレルギー性・食餌性・中毒性の胃腸炎，大腸炎は含まれません。	E860～E869
10．外科的および内科的診療上の患者事故 　　ただし，疾病の診断，治療を目的としたものは除外します。	E870～E876
11．患者の異常反応あるいは後発合併症を生じた外科的および内科的処置で処置時事故の記載のないもの 　　ただし，疾病の診断，治療を目的としたものは除外します。	E878～E879
12．不慮の墜落	E880～E888
13．火災および火焔による不慮の事故	E890～E899

5年ごと配当付終身保険普通保険約款

分 類 項 目	基本分類表番号
14. 自然および環境要因による不慮の事故 ただし,「過度の高温(E900)中の気象条件によるもの」,「高圧,低圧および気圧の変化(E902)」,「旅行および身体動揺(E903)」および「飢餓,渇,不良環境曝露および放置(E904)中の飢餓,渇」は除外します。	E900～E909
15. 溺水,窒息および異物による不慮の事故 ただし,疾病による呼吸障害,嚥下障害,精神神経障害の状態にある者の「食物の吸入または嚥下による気道閉塞または窒息(E911)」,「その他の物体の吸入または嚥下による気道の閉塞または窒息(E912)」は除外します。	E910～E915
16. その他の不慮の事故 ただし,「努力過度および激しい運動(E927)中の過度の肉体行使,レクリエーション,その他の活動における過度の運動」および「その他および詳細不明の環境的原因および不慮の事故(E928)中の無重力環境への長期滞在,騒音暴露,振動」は除外します。	E916～E928
17. 医薬品および生物学的製剤の治療上使用による有害作用 ただし,外用薬または薬物接触によるアレルギー,皮膚炎などは含まれません。また,疾病の診断,治療を目的としたものは除外します。	E930～E949
18. 他殺および他人の加害による損傷	E960～E969
19. 法的介入 ただし,「処刑(E978)」は除外します。	E970～E978
20. 戦争行為による損傷	E990～E999

備　考

責任開始期以後の疾病

「責任開始期以後の疾病」とは,その疾病(医学上重要な関係にある疾病を含みます。)について,責任開始期前につぎのいずれにも該当しない場合をいいます。
(1) 被保険者が医師の診療を受けたことがある場合
(2) 被保険者が健康診断等において異常の指摘(要経過観察の指摘を含みます。)を受けたことがある場合
(3) 被保険者が自覚可能な身体の異常が存在した場合または保険契約者が認識可能な被保険者の身体の異常が存在した場合

保険法・改正前商法新旧対照条文

保険法（平成20・6・6法56）	改正前商法（明治32・3・9法48） ※【　】内の見出しは有斐閣六法全書によった。
目　次 第1章　総　則（第1条・第2条） 第2章　損害保険 　第1節　成　立（第3条—第7条） 　第2節　効　力（第8条—第12条） 　第3節　保険給付（第13条—第26条） 　第4節　終　了（第27条—第33条） 　第5節　傷害疾病損害保険の特則（第34条・第35条） 　第6節　適用除外（第36条） 第3章　生命保険 　第1節　成　立（第37条—第41条） 　第2節　効　力（第42条—第49条） 　第3節　保険給付（第50条—第53条） 　第4節　終　了（第54条—第65条） 第4章　傷害疾病定額保険 　第1節　成　立（第66条—第70条） 　第2節　効　力（第71条—第78条） 　第3節　保険給付（第79条—第82条） 　第4節　終　了（第83条—第94条） 第5章　雑　則（第95条・第96条） 附　則	目　次 第1編　総　則　（略） 第2編　商行為 　第1章〜第9章　（略） 　第10章　保　険 　　第1節　損害保険 　　　第1款　総　則（第629条—第664条） 　　　第2款　火災保険（第665条—第668条） 　　　第3款　運送保険（第669条—第672条） 　　第2節　生命保険（第673条—第683条）
第1章　総　則	（新　設）
（趣　旨） 第1条　保険に係る契約の成立，効力，履行及び終了については，他の法令に定めるもののほか，この法律の定めるところによる。	（新　設）
（定　義） 第2条　この法律において，次の各号に掲げる用語の意義は，当該各号に定めるところによる。 　一　保険契約　保険契約，共済契約その他いかなる名称であるかを問わず，当事者の一方が一定の事由が生じたことを条件として財産上の給付（生命保険契約及び傷害疾病定額保険契約にあっては，金銭の支払に限	（新　設）

新旧対照条文

る。以下「保険給付」という。）を行うことを約し、相手方がこれに対して当該一定の事由の発生の可能性に応じたものとして保険料（共済掛金を含む。以下同じ。）を支払うことを約する契約をいう。
二　保険者　保険契約の当事者のうち、保険給付を行う義務を負う者をいう。
三　保険契約者　保険契約の当事者のうち、保険料を支払う義務を負う者をいう。
四　被保険者　次のイからハまでに掲げる保険契約の区分に応じ、当該イからハまでに定める者をいう。
　イ　損害保険契約　損害保険契約によりてん補することとされる損害を受ける者
　ロ　生命保険契約　その者の生存又は死亡に関し保険者が保険給付を行うこととなる者
　ハ　傷害疾病定額保険契約　その者の傷害又は疾病（以下「傷害疾病」という。）に基づき保険者が保険給付を行うこととなる者
五　保険金受取人　保険給付を受ける者として生命保険契約又は傷害疾病定額保険契約で定めるものをいう。
六　損害保険契約　保険契約のうち、保険者が一定の偶然の事故によって生ずることのある損害をてん補することを約するものをいう。
七　傷害疾病損害保険契約　損害保険契約のうち、保険者が人の傷害疾病によって生ずることのある損害（当該傷害疾病が生じた者が受けるものに限る。）をてん補することを約するものをいう。
八　生命保険契約　保険契約のうち、保険者が人の生存又は死亡に関し一定の保険給付を行うことを約するもの（傷害疾病定額保険契約に該当するものを除く。）をいう。
九　傷害疾病定額保険契約　保険契約のうち、保険者が人の傷害疾病に基づき一定の保険給付を行うことを約するものをいう。

第2章　損害保険
　第1節　成　立

（損害保険契約の目的）
第3条　損害保険契約は、金銭に見積もることができる利益に限り、その目的とすることができる。
（告知義務）

【定　義】
第629条　損害保険契約ハ当事者ノ一方カ偶然ナル一定ノ事故ニ因リテ生スルコトアルヘキ損害ヲ塡補スルコトヲ約シ相手方カ之ニ其報酬ヲ与フルコトヲ約スルニ因リテ其効力ヲ生ス

【定　義】
第673条　生命保険契約ハ当事者ノ一方カ相手方又ハ第三者ノ生死ニ関シ一定ノ金額ヲ支払フヘキコトヲ約シ相手方カ之ニ其報酬ヲ与フルコトヲ約スルニ因リテ其効力ヲ生ス

　第1節　損害保険
　　第1款　総　則

【保険契約の目的】
第630条　保険契約ハ金銭ニ見積ルコトヲ得ヘキ利益ニ限リ之ヲ以テ其目的ト為スコトヲ得

【告知義務違反による契約の解除】

829

第4条　保険契約者又は被保険者になる者は，損害保険契約の締結に際し，損害保険契約によりてん補することとされる損害の発生の可能性（以下この章において「危険」という。）に関する重要な事項のうち保険者になる者が告知を求めたもの（第28条第1項及び第29条第1項において「告知事項」という。）について，事実の告知をしなければならない。

（遡及保険）
第5条　1　損害保険契約を締結する前に発生した保険事故（損害保険契約によりてん補することとされる損害を生ずることのある偶然の事故として当該損害保険契約で定めるものをいう。以下この章において同じ。）による損害をてん補する旨の定めは，保険契約者が当該損害保険契約の申込み又はその承諾をした時において，当該保険契約者又は被保険者が既に保険事故が発生していることを知っていたときは，無効とする。
2　損害保険契約の申込みの時より前に発生した保険事故による損害をてん補する旨の定めは，保険者又は保険契約者が当該損害保険契約の申込みをした時において，当該保険者が保険事故が発生していないことを知っていたときは，無効とする。

（損害保険契約の締結時の書面交付）
第6条　1　保険者は，損害保険契約を締結したときは，遅滞なく，保険契約者に対し，次に掲げる事項を記載した書面を交付しなければならない。
一　保険者の氏名又は名称
二　保険契約者の氏名又は名称
三　被保険者の氏名又は名称その他の被保険者を特定するために必要な事項
四　保険事故
五　その期間内に発生した保険事故による損害をてん補するものとして損害保険契約で定める期間
六　保険金額（保険給付の限度額として損害保険契約で定めるものをいう。以下この章において同じ。）又は保険金額の定めがないときはその旨
七　保険の目的物（保険事故によって損害が生ずることのある物として損害保険契約で定めるものをいう。以下この章において同じ。）があるときは，これを特定するために必要な事項
八　第9条ただし書に規定する約定保険価額があるときは，その約定保険価額
九　保険料及びその支払の方法

第644条　1　保険契約ノ当時保険契約者カ悪意又ハ重大ナル過失ニ因リ重要ナル事実ヲ告ケス又ハ重要ナル事項ニ付キ不実ノ事ヲ告ケタルトキハ保険者ハ契約ノ解除ヲ為スコトヲ得但保険者カ其事実ヲ知リ又ハ過失ニ因リテ之ヲ知ラサリシトキハ此限ニ在ラス
2　（略）

【事故発生の主観的確定による契約の無効】
第642条　保険契約ノ当時当事者ノ一方又ハ被保険者カ事故ノ生セサルヘキコト又ハ既ニ生シタルコトヲ知レルトキハ其契約ハ無効トス

【保険証券の交付，記載事項】
第649条　1　保険者ハ保険契約者ノ請求ニ因リ保険証券ヲ交付スルコトヲ要ス
2　保険証券ニハ左ノ事項ヲ記載シ保険者之ニ署名スルコトヲ要ス
一　保険ノ目的
二　保険者ノ負担シタル危険
三　保険価額ヲ定メタルトキハ其価額
四　保険金額
五　保険料及ヒ其支払ノ方法
六　保険期間ヲ定メタルトキハ其始期及ヒ終期
七　保険契約者ノ氏名又ハ商号
八　保険契約ノ年月日
九　保険証券ノ作成地及ヒ其作成ノ年月日

＊参　考
【火災保険証券の記載事項】
第668条　火災保険証券ニハ第649条第2項ニ掲ケタル事項ノ外左ノ事項ヲ記載スルコトヲ要ス
一　保険ニ付シタル建物ノ所在，構造及ヒ用方
二　動産ヲ保険ニ付シタルトキハ之ヲ納ルル建物ノ所在，構造及ヒ用方

十　第29条第1項第1号の通知をすべき旨が定められているときは，その旨 十一　損害保険契約を締結した年月日 十二　書面を作成した年月日 2　前項の書面には，保険者（法人その他の団体にあっては，その代表者）が署名し，又は記名押印しなければならない。 （強行規定） 第7条　第4条の規定に反する特約で保険契約者又は被保険者に不利なもの及び第5条第2項の規定に反する特約で保険契約者に不利なものは，無効とする。	（新　設）
第2節　効　力	（新　設）
（第三者のためにする損害保険契約） 第8条　被保険者が損害保険契約の当事者以外の者であるときは，当該被保険者は，当然に当該損害保険契約の利益を享受する。	【他人のためにする保険―保険料支払義務】 第647条　保険契約ハ他人ノ為メニモ之ヲ為スコトヲ得此場合ニ於テハ保険契約者ハ保険者ニ対シ保険料ヲ支払フ義務ヲ負フ 【同前―委任を受けない場合の効力】 第648条　保険契約者カ委任ヲ受ケスシテ他人ノ為メニ契約ヲ為シタル場合ニ於テ其旨ヲ保険者ニ告ケサルトキハ其契約ハ無効トス若シ之ヲ告ケタルトキハ被保険者ハ当然其契約ノ利益ヲ享受ス
（超過保険） 第9条　損害保険契約の締結の時において保険金額が保険の目的物の価額（以下この章において「保険価額」という。）を超えていたことにつき保険契約者及び被保険者が善意でかつ重大な過失がなかったときは，保険契約者は，その超過部分について，当該損害保険契約を取り消すことができる。ただし，保険価額について約定した一定の価額（以下この章において「約定保険価額」という。）があるときは，この限りでない。	【超過保険】 第631条　保険金額カ保険契約ノ目的ノ価額ニ超過シタルトキハ其超過シタル部分ニ付テハ保険契約ハ無効トス
（保険価額の減少） 第10条　損害保険契約の締結後に保険価額が著しく減少したときは，保険契約者は，保険者に対し，将来に向かって，保険金額又は約定保険価額については減少後の保険価額に至るまでの減額を，保険料については減額後の保険金額に対応する保険料に至るまでの減額をそれぞれ請求することができる。	【保険価額の著しい減少】 第637条　保険価額カ保険期間中著シク減少シタルトキハ保険契約者ハ保険者ニ対シテ保険金額及ヒ保険料ノ減額ヲ請求スルコトヲ得但保険料ノ減額ハ将来ニ向テノミ其効力ヲ生ス
（危険の減少） 第11条　損害保険契約の締結後に危険が著しく減少したときは，保険契約者は，保険者に対し，将来に向かって，保険料について，減少後の当該危険に対応する保険料に至るまでの減額を請求することができる。 （強行規定）	【特別危険の消滅】 第646条　保険契約ノ当事者カ特別ノ危険ヲ斟酌シテ保険料ノ額ヲ定メタル場合ニ於テ保険期間中其危険カ消滅シタルトキハ保険契約者ハ将来ニ向テ保険料ノ減額ヲ請求スルコトヲ得

第12条 第8条の規定に反する特約で被保険者に不利なもの及び第9条本文又は前2条の規定に反する特約で保険契約者に不利なものは，無効とする。	（新　設）
第3節　保険給付	（新　設）
（損害の発生及び拡大の防止） 第13条　保険契約者及び被保険者は，保険事故が発生したことを知ったときは，これによる損害の発生及び拡大の防止に努めなければならない。	【損害防止義務】 第660条　1　被保険者ハ損害ノ防止ヲ力ムルコトヲ要ス但之カ為メニ必要又ハ有益ナリシ費用ト塡補額カ保険金額ニ超過スルトキト雖モ保険者之ヲ負担ス 2　（略）
（損害発生の通知） 第14条　保険契約者又は被保険者は，保険事故による損害が生じたことを知ったときは，遅滞なく，保険者に対し，その旨の通知を発しなければならない。	【保険契約者等の通知義務】 第658条　保険者ノ負担シタル危険ノ発生ニ因リテ損害カ生シタル場合ニ於テ保険契約者又ハ被保険者カ其損害ノ生シタルコトヲ知リタルトキハ遅滞ナク保険者ニ対シテ其通知ヲ発スルコトヲ要ス
（損害発生後の保険の目的物の滅失） 第15条　保険者は，保険事故による損害が生じた場合には，当該損害に係る保険の目的物が当該損害の発生後に保険事故によらずに滅失したときであっても，当該損害をてん補しなければならない。	【損害発生後における目的の滅失】 第659条　保険ノ目的ニ付キ保険者ノ負担スヘキ損害カ生シタルトキハ其後ニ至リ其目的カ保険者ノ負担セサル危険ノ発生ニ因リテ滅失シタルトキト雖モ保険者ハ其損害ヲ塡補スル責ヲ免ルルコトヲ得ス
（火災保険契約による損害てん補の特則） 第16条　火災を保険事故とする損害保険契約の保険者は，保険事故が発生していないときであっても，消火，避難その他の消防の活動のために必要な処置によって保険の目的物に生じた損害をてん補しなければならない。	【消防・避難による損害のてん補】 第666条　消防又ハ避難ニ必要ナル処分ニ因リ保険ノ目的ニ付キ生シタル損害ハ保険者之ヲ塡補スル責ニ任ス
（保険者の免責） 第17条　1　保険者は，保険契約者又は被保険者の故意又は重大な過失によって生じた損害をてん補する責任を負わない。戦争その他の変乱によって生じた損害についても，同様とする。	【保険者の法定免責事由】 第640条　戦争其他ノ変乱ニ因リテ生シタル損害ハ特約アルニ非サレハ保険者之ヲ塡補スル責ニ任セス 【同　前】 第641条　保険ノ目的ノ性質若クハ瑕疵，其自然ノ消耗又ハ保険契約者若クハ被保険者ノ悪意若クハ重大ナル過失ニ因リテ生シタル損害ハ保険者之ヲ塡補スル責ニ任セス
2　責任保険契約（損害保険契約のうち，被保険者が損害賠償の責任を負うことによって生ずることのある損害をてん補するものをいう。以下同じ。）に関する前項の規定の適用については，同項中「故意又は重大な過失」とあるのは，「故意」とする。	（新　設）
（損害額の算定） 第18条　1　損害保険契約によりてん補すべき損害の額（以下この章において「てん補損害額」という。）は，その損害が生じた地及び時における価額によって算定する。	【損害額の算定】 第638条　1　保険者カ塡補スヘキ損害ノ額ハ其損害ノ生シタル地ニ於ケル其時ノ価額ニ依リテ之ヲ定ム 2　（略）

2　約定保険価額があるときは，てん補損害額は，当該約定保険価額によって算定する。ただし，当該約定保険価額が保険価額を著しく超えるときは，てん補損害額は，当該保険価額によって算定する。	【評価済保険とてん補額の減少】 第639条　当事者カ其価額ヲ定メタルトキハ保険者ハ其価額ノ著シク過当ナルコトヲ証明スルニ非サレハ其塡補額ノ減少ヲ請求スルコトヲ得ス
（一部保険） 第19条　保険金額が保険価額（約定保険価額があるときは，当該約定保険価額）に満たないときは，保険者が行うべき保険給付の額は，当該保険金額の当該保険価額に対する割合をてん補損害額に乗じて得た額とする。	【一部保険】 第636条　保険価額ノ一部ヲ保険ニ付シタル場合ニ於テハ保険者ノ負担ハ保険金額ノ保険価額ニ対スル割合ニ依リテ之ヲ定ム
（重複保険） 第20条　1　損害保険契約によりてん補すべき損害について他の損害保険契約がこれをてん補することとなっている場合においても，保険者は，てん補損害額の全額（前条に規定する場合にあっては，同条の規定により行うべき保険給付の額の全額）について，保険給付を行う義務を負う。 2　2以上の損害保険契約の各保険者が行うべき保険給付の額の合計額がてん補損害額（各損害保険契約に基づいて算定したてん補損害額が異なるときは，そのうち最も高い額。以下この項において同じ。）を超える場合において，保険者の1人が自己の負担部分（他の損害保険契約がないとする場合における各保険者が行うべき保険給付の額のその合計額に対する割合をてん補損害額に乗じて得た額をいう。以下この項において同じ。）を超えて保険給付を行い，これにより共同の免責を得たときは，当該保険者は，自己の負担部分を超える部分に限り，他の保険者に対し，各自の負担部分について求償権を有する。	【同時重複保険】 第632条　1　同一ノ目的ニ付キ同時ニ数箇ノ保険契約ヲ為シタル場合ニ於テ其保険金額カ保険価額ニ超過シタルトキハ各保険者ノ負担額ハ其各自ノ保険金額ノ割合ニ依リテ之ヲ定ム 2　数箇ノ保険契約ノ日附カ同一ナルトキハ其契約ハ同時ニ為シタルモノト推定ス 【異時重複保険】 第633条　相次テ数箇ノ保険契約ヲ為シタルトキハ前ノ保険者先ツ損害ヲ負担シ若シ其負担額カ損害ノ全部ヲ塡補スルニ足ラサルトキハ後ノ保険者之ヲ負担ス 【同前―例外】 第634条　保険価額ノ全部ヲ保険ニ付シタル後ト雖モ左ノ場合ニ限リ更ニ保険契約ヲ為スコトヲ得 　一　前ノ保険者ニ対スル権利ヲ後ノ保険者ニ譲渡スコトヲ約シタルトキ 　二　前ノ保険者ニ対スル権利ノ全部又ハ一部ヲ抛棄スヘキコトヲ後ノ保険者ニ約シタルトキ 　三　前ノ保険者カ損害ノ塡補ヲ為ササルコトヲ条件トシタルトキ 【保険者の1人に対する権利の放棄】 第635条　同時ニ又ハ相次テ数箇ノ保険契約ヲ為シタル場合ニ於テ保険者ノ1人ニ対スル権利ノ抛棄ハ他ノ保険者ノ権利義務ニ影響ヲ及ホサス
（保険給付の履行期） 第21条　1　保険給付を行う期限を定めた場合であっても，当該期限が，保険事故，てん補損害額，保険者が免責される事由その他の保険給付を行うために確認をすることが損害保険契約上必要とされる事項の確認をするための相当の期間を経過する日後の日であるときは，当該期間を経過する日をもって保険給付を行う期限とする。 2　保険給付を行う期限を定めなかったときは，	（新　設）

保険者は，保険給付の請求があった後，当該請求に係る保険事故及びてん補損害額の確認をするために必要な期間を経過するまでは，遅滞の責任を負わない。
3　保険者が前2項に規定する確認をするために必要な調査を行うに当たり，保険契約者又は被保険者が正当な理由なく当該調査を妨げ，又はこれに応じなかった場合には，保険者は，これにより保険給付を遅延した期間について，遅滞の責任を負わない。
（責任保険契約についての先取特権）
第22条　1　責任保険契約の被保険者に対して当該責任保険契約の保険事故に係る損害賠償請求権を有する者は，保険給付を請求する権利について先取特権を有する。
2　被保険者は，前項の損害賠償請求権に係る債務について弁済をした金額又は当該損害賠償請求権を有する者の承諾があった金額の限度においてのみ，保険者に対して保険給付を請求する権利を行使することができる。
3　責任保険契約に基づき保険給付を請求する権利は，譲り渡し，質権の目的とし，又は差し押さえることができない。ただし，次に掲げる場合は，この限りでない。
　一　第1項の損害賠償請求権を有する者に譲り渡し，又は当該損害賠償請求権に関して差し押さえる場合
　二　前項の規定により被保険者が保険給付を請求する権利を行使することができる場合
（費用の負担）
第23条　1　次に掲げる費用は，保険者の負担とする。
　一　てん補損害額の算定に必要な費用
　二　第13条の場合において，損害の発生又は拡大の防止のために必要又は有益であった費用
2　第19条の規定は，前項第2号に掲げる費用の額について準用する。この場合において，同条中「てん補損害額」とあるのは，「第23条第1項第2号に掲げる費用の額」と読み替えるものとする。
（残存物代位）
第24条　保険者は，保険の目的物の全部が滅失した場合において，保険給付を行ったときは，当該保険給付の額の保険価額（約定保険価額があるときは，当該約定保険価額）に対する割合に応じて，当該保険の目的物に関して被

（新　設）
＊参　考
【保管者の責任保険】
　第667条　賃借人其他他人ノ物ヲ保管スル者カ其支払フコトアルヘキ損害賠償ノ為メ其物ヲ保険ニ付シタルトキハ所有者ハ保険者ニ対シテ直接ニ其損害ノ塡補ヲ請求スルコトヲ得

【損害額の算定】
第638条　1　（略）
2　前項ノ損害額ヲ計算スルニ必要ナル費用ハ保険者之ヲ負担ス
【損害防止義務】
第660条　1　被保険者ハ損害ノ防止ヲ為カムルコトヲ要ス但之カ為メニ必要又ハ有益ナリシ費用及ヒ塡補損害カ保険金額ニ超過スルトキト雖モ保険者之ヲ負担ス
2　第636条ノ規定ハ前項但書ノ場合ニ之ヲ準用ス

【保険代位―保険の目的に関する権利の取得】
第661条　保険ノ目的ノ全部カ滅失シタル場合ニ於テ保険者カ保険金額ノ全部ヲ支払ヒタルトキハ被保険者カ其目的ニ付キ有セル権利ヲ取得ス但保険価額ノ一部ヲ保険ニ付シタル場合ニ於テハ保険者ノ権利ハ保険金額ノ保険価

保険者が有する所有権その他の物権について当然に被保険者に代位する。

(請求権代位)
第25条　1　保険者は，保険給付を行ったときは，次に掲げる額のうちいずれか少ない額を限度として，保険事故による損害が生じたことにより被保険者が取得する債権（債務の不履行その他の理由により債権について生ずることのある損害をてん補する損害保険契約においては，当該債権を含む。以下この条において「被保険者債権」という。）について当然に被保険者に代位する。
一　当該保険者が行った保険給付の額
二　被保険者債権の額（前号に掲げる額がてん補損害額に不足するときは，被保険者債権の額から当該不足額を控除した残額）
2　前項の場合において，同項第1号に掲げる額がてん補損害額に不足するときは，被保険者は，被保険者債権のうち保険者が同項の規定により代位した部分を除いた部分について，当該代位に係る保険者の債権に先立って弁済を受ける権利を有する。

(強行規定)
第26条　第15条，第21条第1項若しくは第3項又は前2条の規定に反する特約で被保険者に不利なものは，無効とする。

第4節　終　了

(保険契約者による解除)
第27条　保険契約者は，いつでも損害保険契約を解除することができる。

(告知義務違反による解除)
第28条　1　保険者は，保険契約者又は被保険者が，告知事項について，故意又は重大な過失により事実の告知をせず，又は不実の告知をしたときは，損害保険契約を解除することができる。
2　保険者は，前項の規定にかかわらず，次に掲げる場合には，損害保険契約を解除することができない。
一　損害保険契約の締結の時において，保険者が前項の事実を知り，又は過失によって知らなかったとき。
二　保険者のために保険契約の締結の媒介を行うことができる者（保険者のために保険契約の締結の代理を行うことができる者を除く。以下「保険媒介者」という。）が，保険契約者又は被保険者が前項の事実の告知をすることを妨げたとき。

額ニ対スル割合ニ依リテ之ヲ定ム

【同前—第三者に対する権利の取得】
第662条　1　損害カ第三者ノ行為ニ因リテ生シタル場合ニ於テ保険者カ被保険者ニ対シ其負担額ヲ支払ヒタルトキハ其支払ヒタル金額ノ限度ニ於テ保険契約者又ハ被保険者カ第三者ニ対シテ有セル権利ヲ取得ス

2　保険者カ被保険者ニ対シ其負担額ノ一部ヲ支払ヒタルトキハ保険契約者又ハ被保険者ノ権利ヲ害セサル範囲内ニ於テノミ前項ニ定メタル権利ヲ行フコトヲ得

(新　設)

(新　設)

【責任開始前における任意解除】
第653条　保険者ノ責任カ始マル前ニ於テハ保険契約者ハ契約ノ全部又ハ一部ノ解除ヲ為スコトヲ得

【告知義務違反による契約の解除】
第644条　1　保険契約ノ当時保険契約者カ悪意又ハ重大ナル過失ニ因リ重要ナル事実ヲ告ケス又ハ重要ナル事項ニ付キ不実ノ事ヲ告ケタルトキハ保険者ハ契約ノ解除ヲ為スコトヲ得但保険者カ其事実ヲ知リ又ハ過失ニ因リテ之ヲ知ラサリシトキハ此限ニ在ラス

三　保険媒介者が，保険契約者又は被保険者に対し，前項の事実の告知をせず，又は不実の告知をすることを勧めたとき。 3　前項第２号及び第３号の規定は，当該各号に規定する保険媒介者の行為がなかったとしても保険契約者又は被保険者が第１項の事実の告知をせず，又は不実の告知をしたと認められる場合には，適用しない。 4　第１項の規定による解除権は，保険者が同項の規定による解除の原因があることを知った時から１箇月間行使しないときは，消滅する。損害保険契約の締結の時から５年を経過したときも，同様とする。	2　前項ノ解除権ハ保険者カ解除ノ原因ヲ知リタル時ヨリ１个月間之ヲ行ハサルトキハ消滅ス　契約ノ時ヨリ５年ヲ経過シタルトキ亦同シ
(危険増加による解除) 第29条　1　損害保険契約の締結後に危険増加（告知事項についての危険が高くなり，損害保険契約で定められている保険料が当該危険を計算の基礎として算出される保険料に不足する状態になることをいう。以下この条及び第31条第２項第２号において同じ。）が生じた場合において，保険料を当該危険増加に対応した額に変更するとしたならば当該損害保険契約を継続することができるときであっても，保険者は，次に掲げる要件のいずれにも該当する場合には，当該損害保険契約を解除することができる。 　一　当該危険増加に係る告知事項について，その内容に変更が生じたときは保険契約者又は被保険者が保険者に遅滞なくその旨の通知をすべき旨が当該損害保険契約で定められていること。 　二　保険契約者又は被保険者が故意又は重大な過失により遅滞なく前号の通知をしなかったこと。 2　前条第４項の規定は，前項の規定による解除権について準用する。この場合において，同条第４項中「損害保険契約の締結の時」とあるのは，「次条第１項に規定する危険増加が生じた時」と読み替えるものとする。	【責めに帰すべき事由による危険の変更・増加】 第656条　保険期間中危険カ保険契約者又ハ被保険者ノ責ニ帰スヘキ事由ニ因リテ著シク変更又ハ増加シタルトキハ保険契約ハ其効力ヲ失フ 【責めに帰すべからざる事由による危険の変更・増加】 第657条　1　保険期間中危険カ保険契約者又ハ被保険者ノ責ニ帰スヘカラサル事由ニ因リテ著シク変更又ハ増加シタルトキハ保険者ハ契約ノ解除ヲ為スコトヲ得但其解除ハ将来ニ向テノミ其効力ヲ生ス 2　前項ノ場合ニ於テ保険契約者又ハ被保険者カ危険ノ著シク変更又ハ増加シタルコトヲ知リタルトキハ遅滞ナク之ヲ保険者ニ通知スルコトヲ要ス若シ其通知ヲ怠リタルトキハ保険者ハ危険ノ変更又ハ増加ノ時ヨリ保険契約カ其効力ヲ失ヒタルモノト看做スコトヲ得 3　保険者カ前項ノ通知ヲ受ケタルハ危険ノ変更若クハ増加ヲ知リタル後遅滞ナク契約ノ解除ヲ為ササルトキハ其契約ヲ承認シタモノト看做ス
(重大事由による解除) 第30条　保険者は，次に掲げる事由がある場合には，損害保険契約を解除することができる。 　一　保険契約者又は被保険者が，保険者に当該損害保険契約に基づく保険給付を行わせることを目的として損害を生じさせ，又は生じさせようとしたこと。 　二　被保険者が，当該損害保険契約に基づく保険給付の請求について詐欺を行い，又は行おうとしたこと。 　三　前２号に掲げるもののほか，保険者の保	(新　設)

険契約者又は被保険者に対する信頼を損ない，当該損害保険契約の存続を困難とする重大な事由
(解除の効力)
第31条　1　損害保険契約の解除は，将来に向かってのみその効力を生ずる。

2　保険者は，次の各号に掲げる規定により損害保険契約の解除をした場合には，当該各号に定める損害をてん補する責任を負わない。
　一　第28条第1項　解除がされた時までに発生した保険事故による損害。ただし，同項の事実に基づかずに発生した保険事故による損害については，この限りでない。
　二　第29条第1項　解除に係る危険増加が生じた時から解除がされた時までに発生した保険事故による損害。ただし，当該危険増加をもたらした事由に基づかずに発生した保険事故による損害については，この限りでない。
　三　前条　同条各号に掲げる事由が生じた時から解除がされた時までに発生した保険事故による損害

(保険料の返還の制限)
第32条　保険者は，次に掲げる場合には，保険料を返還する義務を負わない。
　一　保険契約者又は被保険者の詐欺又は強迫を理由として損害保険契約に係る意思表示を取り消した場合
　二　損害保険契約が第5条第1項の規定により無効とされる場合。ただし，保険者が保険事故の発生を知って当該損害保険契約の申込み又はその承諾をしたときは，この限

【契約解除の効力】
第645条　1　前条ノ規定ニ依リ保険者カ契約ノ解除ヲ為シタルトキハ其解除ハ将来ニ向テノミ其効力ヲ生ス
2　(略)
【保険者の破産】
第651条　1　保険者カ破産手続開始ノ決定ヲ受ケタルトキハ保険契約者ハ契約ノ解除ヲ為スコトヲ得但其解除ハ将来ニ向テノミ其効力ヲ生ス
2　(略)
【責めに帰すべからざる事由による危険の変更・増加】
第657条　1　保険期間中危険カ保険契約者又ハ被保険者ノ責ニ帰スヘカラサル事由ニ因リテ著シク変更又ハ増加シタルトキハ保険者ハ契約ノ解除ヲ為スコトヲ得但其解除ハ将来ニ向テノミ其効力ヲ生ス
2　(略)
3　(略)
【契約解除の効力】
第645条　1　(略)
2　保険者ハ危険発生ノ後解除ヲ為シタル場合ニ於テモ損害ヲ塡補スル責ニ任セス若シ既ニ保険金額ノ支払ヲ為シタルトキハ其返還ヲ請求スルコトヲ得保険契約者ニ於テ危険ノ発生カ其告ケ又ハ告ケサリシ事実ニ基カサルコトヲ証明シタルトキハ此限ニ在ラス

【契約無効の効果】
第643条　保険契約ノ全部又ハ一部カ無効ナル場合ニ於テ保険契約者及ヒ被保険者カ善意ニシテ且重大ナル過失ナキトキハ保険者ニ対シテ保険料ノ全部又ハ一部ノ返還ヲ請求スルコトヲ得

りでない。 (強行規定) 第33条　1　第28条第1項から第3項まで，第29条第1項，第30条又は第31条の規定に反する特約で保険契約者又は被保険者に不利なものは，無効とする。 2　前条の規定に反する特約で保険契約者に不利なものは，無効とする。	(新　設)
第5節　傷害疾病損害保険の特則	(新　設)
(被保険者による解除請求) 第34条　1　被保険者が傷害疾病損害保険契約の当事者以外の者であるときは，当該被保険者は，保険契約者に対し，当該保険契約者との間に別段の合意がある場合を除き，当該傷害疾病損害保険契約を解除することを請求することができる。 2　保険契約者は，前項の規定により傷害疾病損害保険契約を解除することの請求を受けたときは，当該傷害疾病損害保険契約を解除することができる。	(新　設)
(傷害疾病損害保険契約に関する読替え) 第35条　傷害疾病損害保険契約における第1節から前節までの規定の適用については，第5条第1項，第14条，第21条第3項及び第26条中「被保険者」とあるのは「被保険者（被保険者の死亡によって生ずる損害をてん補する傷害疾病損害保険契約にあっては，その相続人)」と，第5条第1項中「保険事故が発生している」とあるのは「保険事故による損害が生じている」と，同条第2項中「保険事故が発生していない」とあるのは「保険事故による損害が生じていない」と，第17条第1項，第30条及び第32条第1号中「被保険者」とあるのは「被保険者（被保険者の死亡によって生ずる損害をてん補する傷害疾病損害保険契約にあっては，被保険者又はその相続人)」と，第25条第1項中「被保険者が」とあるのは「被保険者（被保険者の死亡によって生ずる損害をてん補する傷害疾病損害保険契約にあっては，その相続人。以下この条において同じ。）が」と，第32条第2号中「保険事故の発生」とあるのは「保険事故による損害が生じていること」と，第33条第1項中「，第30条又は第31条」とあるのは「又は第31条」と，「不利なものは」とあるのは「不利なもの及び第30条の規定に反する特約で保険契約者又は被保険者（被保険者の死亡によって生ずる損害をてん補する傷害疾病損害保険契約にあっては，被保険者又はその相続人）に	(新　設)

不利なものは」とする。	（新　設）
第6節　適用除外	
第36条　第7条，第12条，第26条及び第33条の規定は，次に掲げる損害保険契約については，適用しない。 一　商法（明治32年法律第48号）第815条第1項に規定する海上保険契約 二　航空機若しくは航空機により運送される貨物を保険の目的物とする損害保険契約又は航空機の事故により生じた損害を賠償する責任に係る責任保険契約 三　原子力施設を保険の目的物とする損害保険契約又は原子力施設の事故により生じた損害を賠償する責任に係る責任保険契約 四　前3号に掲げるもののほか，法人その他の団体又は事業を行う個人の事業活動に伴って生ずることのある損害をてん補する損害保険契約（傷害疾病損害保険契約に該当するものを除く。）	（新　設）
	第2款　火災保険 第3款　運送保険
第3章　生命保険 第1節　成　立	第2節　生命保険 （新　設）
（告知義務） 第37条　保険契約者又は被保険者になる者は，生命保険契約の締結に際し，保険事故（被保険者の死亡又は一定の時点における生存をいう。以下この章において同じ。）の発生の可能性（以下この章において「危険」という。）に関する重要な事項のうち保険者になる者が告知を求めたもの（第55条第1項及び第56条第1項において「告知事項」という。）について，事実の告知をしなければならない。	【告知義務違反による契約の解除】 第678条　1　保険契約ノ当時保険契約者又ハ被保険者カ悪意又ハ重大ナル過失ニ因リ重要ナル事実ヲ告ケス又ハ重要ナル事項ニ付キ不実ノ事ヲ告ケタルトキハ保険者ハ契約ノ解除ヲ為スコトヲ得但保険者カ其事実ヲ知リ又ハ過失ニ因リテ之ヲ知ラサリシトキハ此限ニ在ラス 2　（略）
（被保険者の同意） 第38条　生命保険契約の当事者以外の者を被保険者とする死亡保険契約（保険者が被保険者の死亡に関し保険給付を行うことを約する生命保険契約をいう。以下この章において同じ。）は，当該被保険者の同意がなければ，その効力を生じない。	【他人の生命の保険】 第674条　1　他人ノ死亡ニ因リテ保険金額ノ支払ヲ為スヘキコトヲ定ムル保険契約ニハ其者ノ同意アルコトヲ要ス但被保険者カ保険金額ヲ受取ルヘキ者ナルトキハ此限ニ在ラス 2　（略） 3　（略）
（遡及保険） 第39条　1　死亡保険契約を締結する前に発生した保険事故に関し保険給付を行う旨の定めは，保険契約者が当該死亡保険契約の申込み又はその承諾をした時において，当該保険契約者又は保険金受取人が既に保険事故が発生していることを知っていたときは，無効とする。	【損害保険に関する規定の準用】 第683条　1　第640条，第642条，第643条，第646条，第647条，第649条第1項，第651条乃至第653条，第656条，第657条，第663条及ヒ第664条ノ規定ハ生命保険ニ之ヲ準用ス 2　（略） ＊参　考

2 死亡保険契約の申込みの時より前に発生した保険事故に関し保険給付を行う旨の定めは，保険者又は保険契約者が当該死亡保険契約の申込みをした時において，当該保険者が保険事故が発生していないことを知っていたときは，無効とする。

（生命保険契約の締結時の書面交付）
第40条 1 保険者は，生命保険契約を締結したときは，遅滞なく，保険契約者に対し，次に掲げる事項を記載した書面を交付しなければならない。
一 保険者の氏名又は名称
二 保険契約者の氏名又は名称
三 被保険者の氏名その他の被保険者を特定するために必要な事項
四 保険金受取人の氏名又は名称その他の保険金受取人を特定するために必要な事項
五 保険事故
六 その期間内に保険事故が発生した場合に保険給付を行うものとして生命保険契約で定める期間
七 保険給付の額及びその方法
八 保険料及びその支払の方法
九 第56条第1項第1号の通知をすべき旨が定められているときは，その旨
十 生命保険契約を締結した年月日
十一 書面を作成した年月日
2 前項の書面には，保険者（法人その他の団体にあっては，その代表者）が署名し，又は記名押印しなければならない。

（強行規定）
第41条 第37条の規定に反する特約で保険契約者又は被保険者に不利なもの及び第39条第2項の規定に反する特約で保険契約者に不利なものは，無効とする。

第2節 効 力

（第三者のためにする生命保険契約）
第42条 保険金受取人が生命保険契約の当事者以外の者であるときは，当該保険金受取人は，

【事故発生の主観的確定による契約の無効】
第642条 保険契約ノ当時当事者ノ一方又ハ被保険者カ事故ノ生セサルヘキコト又ハ既ニ生シタルコトヲ知レルトキハ其契約ハ無効トス

【生命保険証券の記載事項】
第679条 生命保険証券ニハ第649条第2項ニ掲ケタル事項ノ外左ノ事項ヲ記載スルコトヲ要ス
一 保険契約ノ種類
二 被保険者ノ氏名
三 保険金額ヲ受取ルヘキ者ヲ定メタルキハ其者ノ氏名

【保険証券の交付，記載事項】
第649条 1 （略）
2 保険証券ニハ左ノ事項ヲ記載シ保険者之ニ署名スルコトヲ要ス
一 保険ノ目的
二 保険者ノ負担シタル危険
三 保険価額ヲ定メタルトキハ其価額
四 保険金額
五 保険料及ヒ其支払ノ方法
六 保険期間ヲ定メタルトキハ其始期及ヒ終期
七 保険契約者ノ氏名又ハ商号
八 保険契約ノ年月日
九 保険証券ノ作成地及ヒ其作成ノ年月日

【損害保険に関する規定の準用】
第683条 1 第640条，第642条，第643条，第646条，第647条，第649条第1項，第651条乃至第653条，第656条，第657条，第663条及ヒ第664条ノ規定ハ生命保険ニ之ヲ準用ス
2 （略）

＊参 考
【保険証券の交付，記載事項】
第649条 1 保険者ハ保険契約者ノ請求ニ因リ保険証券ヲ交付スルコトヲ要ス
2 （略）

（新 設）

（新 設）

【他人のためにする保険―利益の享受】
第675条 1 保険金額ヲ受取ルヘキ者カ第三者ナルトキハ其第三者ハ当然保険契約ノ利益ヲ

新旧対照条文

当然に当該生命保険契約の利益を享受する。	享受ス但保険契約者カ別段ノ意思ヲ表示シタルトキハ其意思ニ従フ 2 （略） **【損害保険に関する規定の準用】** 第683条　1　第640条，第642条，第643条，第646条，第647条，第649条第1項，第651条乃至第653条，第656条，第657条，第663条及ヒ第664条ノ規定ハ生命保険ニ之ヲ準用ス 2　（略） ＊参　考 **【他人のためにする保険―保険料支払義務】** 　　第647条　保険契約ハ他人ノ為メニモ之ヲ為スコトヲ得此場合ニ於テハ保険契約者ハ保険者ニ対シ保険料ヲ支払フ義務ヲ負フ
（保険金受取人の変更） 第43条　1　保険契約者は，保険事故が発生するまでは，保険金受取人の変更をすることができる。	**【他人のためにする保険―利益の享受】** 第675条　1　保険金額ヲ受取ルヘキ者カ第三者ナルトキハ其第三者ハ当然保険契約ノ利益ヲ享受ス但保険契約者カ別段ノ意思ヲ表示シタルトキハ其意思ニ従フ 2　（略）
2　保険金受取人の変更は，保険者に対する意思表示によってする。 3　前項の意思表示は，その通知が保険者に到達したときは，当該通知を発した時にさかのぼってその効力を生ずる。ただし，その到達前に行われた保険給付の効力を妨げない。	**【同前―指定又は変更の対抗要件】** 第677条　1　保険契約者カ契約後保険金額ヲ受取ルヘキ者ヲ指定又ハ変更シタルトキハ保険者ニ其指定又ハ変更ヲ通知スルニ非サレハ之ヲ以テ保険者ニ対抗スルコトヲ得ス 2　（略）
（遺言による保険金受取人の変更） 第44条　1　保険金受取人の変更は，遺言によっても，することができる。 2　遺言による保険金受取人の変更は，その遺言が効力を生じた後，保険契約者の相続人がその旨を保険者に通知しなければ，これをもって保険者に対抗することができない。	（新　設）
（保険金受取人の変更についての被保険者の同意） 第45条　死亡保険契約の保険金受取人の変更は，被保険者の同意がなければ，その効力を生じない。	**【同前―指定又は変更の対抗要件】** 第677条　1　（略） 2　第674条第1項ノ規定ハ前項ノ指定及ヒ変更ニ之ヲ準用ス
（保険金受取人の死亡） 第46条　保険金受取人が保険事故の発生前に死亡したときは，その相続人の全員が保険金受取人となる。	（新　設）
（保険給付請求権の譲渡等についての被保険者の同意） 第47条　死亡保険契約に基づき保険給付を請求する権利の譲渡又は当該権利を目的とする質権の設定（保険事故が発生した後にされたものを除く。）は，被保険者の同意がなければ，	**【他人の生命の保険】** 第674条　1　（略） 2　前項ノ保険契約ニ因リテ生シタル権利ノ譲渡ニハ被保険者ノ同意アルコトヲ要ス 3　保険契約者カ被保険者ナル場合ニ於テ保険金

841

その効力を生じない。 （危険の減少） 第48条　生命保険契約の締結後に危険が著しく減少したときは，保険契約者は，保険者に対し，将来に向かって，保険料について，減少後の当該危険に対応する保険料に至るまでの減額を請求することができる。 （強行規定） 第49条　第42条の規定に反する特約で保険金受取人に不利なもの及び前条の規定に反する特約で保険契約者に不利なものは，無効とする。 第3節　保険給付 （被保険者の死亡の通知） 第50条　死亡保険契約の保険契約者又は保険金受取人は，被保険者が死亡したことを知ったときは，遅滞なく，保険者に対し，その旨の通知を発しなければならない。 （保険者の免責） 第51条　死亡保険契約の保険者は，次に掲げる場合には，保険給付を行う責任を負わない。ただし，第3号に掲げる場合には，被保険者を故意に死亡させた保険金受取人以外の保険金受取人に対する責任については，この限りでない。 一　被保険者が自殺をしたとき。 二　保険契約者が被保険者を故意に死亡させたとき（前号に掲げる場合を除く。）。 三　保険金受取人が被保険者を故意に死亡させたとき（前2号に掲げる場合を除く。）。 四　戦争その他の変乱によって被保険者が死亡したとき。	額ヲ受取ルヘキ者カ其権利ヲ譲渡ストキ又ハ第1項但書ノ場合ニ於テ権利ヲ譲受ケタル者カ更ニ之ヲ譲渡ストキ亦同シ 【損害保険に関する規定の準用】 第683条　1　第640条，第642条，第643条，第646条，第647条，第649条第1項，第651条乃至第653条，第656条，第657条，第663条及ヒ第664条ノ規定ハ生命保険ニ之ヲ準用ス 2　（略） ＊参　考 【特別危険の消滅】 　　第646条　保険契約ノ当事者カ特別ノ危険ヲ斟酌シテ保険料ノ額ヲ定メタル場合ニ於テ保険期間中其危険カ消滅シタルトキハ保険契約者ハ将来ニ向テ保険料ノ減額ヲ請求スルコトヲ得 （新　設） （新　設） 【保険契約者等の通知義務】 第681条　保険契約者又ハ保険金額ヲ受取ルヘキ者カ被保険者ノ死亡シタルコトヲ知リタルトキハ遅滞ナク保険者ニ対シテ其通知ヲ発スルコトヲ要ス 【保険者の法定免責事由】 第680条　1　左ノ場合ニ於テハ保険者ハ保険金額ヲ支払フ責ニ任セス 一　被保険者カ自殺，決闘其他ノ犯罪又ハ死刑ノ執行ニ因リテ死亡シタルトキ 三　保険契約者カ故意ニテ被保険者ヲ死ニ致シタルトキ 二　保険金額ヲ受取ルヘキ者カ故意ニテ被保険者ヲ死ニ致シタルトキ但其者カ保険金額ノ一部ヲ受取ルヘキ場合ニ於テハ保険者ハ其残額ヲ支払フ責ヲ免ルルコトヲ得ス 2　（略） 【損害保険に関する規定の準用】 第683条　1　第640条，第642条，第643条，第646条，第647条，第649条第1項，第651条乃至第653条，第656条，第657条，第663条及ヒ第664条ノ規定ハ生命保険ニ之

	ヲ準用ス 2　（略） ＊参　考 【保険者の法定免責事由】 　第640条　戦争其他ノ変乱ニ因リテ生シタル損害ハ特約アルニ非サレハ保険者之ヲ塡補スル責ニ任セス
（保険給付の履行期） 第52条　1　保険給付を行う期限を定めた場合であっても，当該期限が，保険事故，保険者が免責される事由その他の保険給付を行うために確認をすることが生命保険契約上必要とされる事項の確認をするための相当の期間を経過する日後の日であるときは，当該期間を経過する日をもって保険給付を行う期限とする。 2　保険給付を行う期限を定めなかったときは，保険者は，保険給付の請求があった後，当該請求に係る保険事故の確認をするために必要な期間を経過するまでは，遅滞の責任を負わない。 3　保険者が前2項に規定する確認をするために必要な調査を行うに当たり，保険契約者，被保険者又は保険金受取人が正当な理由なく当該調査を妨げ，又はこれに応じなかった場合には，保険者は，これにより保険給付を遅延した期間について，遅滞の責任を負わない。	（新　設）
（強行規定） 第53条　前条第1項又は第3項の規定に反する特約で保険金受取人に不利なものは，無効とする。	（新　設）
第4節　終　了	（新　設）
（保険契約者による解除） 第54条　保険契約者は，いつでも生命保険契約を解除することができる。	【損害保険に関する規定の準用】 　第683条　1　第640条，第642条，第643条，第646条，第647条，第649条第1項，第651条乃至第653条，第656条，第657条，第663条及ヒ第664条ノ規定ハ生命保険ニ之ヲ準用ス 2　（略） ＊参　考 【責任開始前における任意解除】 　第653条　保険者ノ責任カ始マル前ニ於テハ保険契約者ハ契約ノ全部又ハ一部ノ解除ヲ為スコトヲ得
（告知義務違反による解除） 第55条　1　保険者は，保険契約者又は被保険者が，告知事項について，故意又は重大な過失により事実の告知をせず，又は不実の告知をしたときは，生命保険契約を解除すること	【告知義務違反による契約の解除】 　第678条　1　保険契約ノ当時保険契約者又ハ被保険者カ悪意又ハ重大ナル過失ニ因リ重要ナル事実ヲ告ケス又ハ重要ナル事項ニ付キ不実ノ事ヲ告ケタルトキハ保険者ハ契約ノ解除ヲ為スコトヲ得但保険者カ其事実ヲ知リ又ハ過

新旧対照条文

843

ができる。
2 保険者は，前項の規定にかかわらず，次に掲げる場合には，生命保険契約を解除することができない。
　一　生命保険契約の締結の時において，保険者が前項の事実を知り，又は過失によって知らなかったとき。
　二　保険媒介者が，保険契約者又は被保険者が前項の事実の告知をすることを妨げたとき。
　三　保険媒介者が，保険契約者又は被保険者に対し，前項の事実の告知をせず，又は不実の告知をすることを勧めたとき。
3 前項第2号及び第3号の規定は，当該各号に規定する保険媒介者の行為がなかったとしても保険契約者又は被保険者が第1項の事実の告知をせず，又は不実の告知をしたと認められる場合には，適用しない。
4 第1項の規定による解除権は，保険者が同項の規定による解除の原因があることを知った時から1箇月間行使しないときは，消滅する。生命保険契約の締結の時から5年を経過したときも，同様とする。

（危険増加による解除）
第56条　1　生命保険契約の締結後に危険増加（告知事項についての危険が高くなり，生命保険契約で定められている保険料が当該危険を計算の基礎として算出される保険料に不足する状態になることをいう。以下この条及び第59条第2項第2号において同じ。）が生じた場合において，保険料を当該危険増加に対応した額に変更するとしたならば当該生命保険契約を継続することができるときであっても，保険者は，次に掲げる要件のいずれにも該当する場合には，当該生命保険契約を解除することができる。
　一　当該危険増加に係る告知事項について，その内容に変更が生じたときは保険契約者又は被保険者が保険者に遅滞なくその旨の通知をすべき旨が当該生命保険契約で定められていること。
　二　保険契約者又は被保険者が故意又は重大な過失により遅滞なく前号の通知をしなかったこと。
2 前条第4項の規定は，前項の規定による解除権について準用する。この場合において，同条第4項中「生命保険契約の締結の時」とあ

失ニ因リテ之ヲ知ラサリシトキハ此限ニ在ラス

＊参　考

2 第644条第2項及ヒ第645条ノ規定ハ前項ノ場合ニ之ヲ準用ス

【告知義務違反による契約の解除】
　第644条　1　（略）
　　2　前項ノ解除権ハ保険者カ解除ノ原因ヲ知リタル時ヨリ1个月間之ヲ行ハサルトキハ消滅契約ノ時ヨリ5年ヲ経過シタルトキ亦同シ

【損害保険に関する規定の準用】
　第683条　1　第640条，第642条，第643条，第646条，第647条，第649条第1項，第651条乃至第653条，第656条，第657条，第663条及ヒ第664条ノ規定ハ生命保険ニ之ヲ準用ス
　2　（略）

＊参　考
【責めに帰すべき事由による危険の変更・増加】
　第656条　保険期間中危険カ保険契約者又ハ被保険者ノ責ニ帰スヘキ事由ニ因リテ著シク変更又ハ増加シタルトキハ保険契約ハ其効力ヲ失フ

【責めに帰すべからざる事由による危険の変更・増加】
　第657条　1　保険期間中危険カ保険契約者又ハ被保険者ノ責ニ帰スヘカラサル事由ニ因リテ著シク変更又ハ増加シタルトキハ保険者ハ契約ノ解除ヲ為スコトヲ得但其解除ハ将来ニ向テノミ其効力ヲ生ス
　2　前項ノ場合ニ於テ保険契約者又ハ被保険者カ危険ノ著シク変更又ハ増加シタルコトヲ知リタルトキハ遅滞ナク之ヲ保険者ニ通知スルコトヲ要ス若シ其通知ヲ怠リタルトキハ保険者ハ危険ノ変更又ハ増加ノ時ヨリ保険契約カ其効力ヲ失ヒタルモノト看做スコトヲ得

るのは、「次条第1項に規定する危険増加が生じた時」と読み替えるものとする。
（重大事由による解除）
第57条　保険者は、次に掲げる事由がある場合には、生命保険契約（第1号の場合にあっては、死亡保険契約に限る。）を解除することができる。
一　保険契約者又は保険金受取人が、保険者に保険給付を行わせることを目的として故意に被保険者を死亡させ、又は死亡させようとしたこと。
二　保険金受取人が、当該生命保険契約に基づく保険給付の請求について詐欺を行い、又は行おうとしたこと。
三　前2号に掲げるもののほか、保険者の保険契約者、被保険者又は保険金受取人に対する信頼を損ない、当該生命保険契約の存続を困難とする重大な事由
（被保険者による解除請求）
第58条　1　死亡保険契約の被保険者が当該死亡保険契約の当事者以外の者である場合において、次に掲げるときは、当該被保険者は、保険契約者に対し、当該死亡保険契約を解除することを請求することができる。
一　前条第1号又は第2号に掲げる事由がある場合
二　前号に掲げるもののほか、被保険者の保険契約者又は保険金受取人に対する信頼を損ない、当該死亡保険契約の存続を困難とする重大な事由がある場合
三　保険契約者と被保険者との間の親族関係の終了その他の事情により、被保険者が第38条の同意をするに当たって基礎とした事情が著しく変更した場合
2　保険契約者は、前項の規定により死亡保険契約を解除することの請求を受けたときは、当該死亡保険契約を解除することができる。
（解除の効力）
第59条　1　生命保険契約の解除は、将来に向かってのみその効力を生ずる。

3　保険者カ前項ノ通知ヲ受ケ又ハ危険ノ変更若クハ増加ヲ知リタル後遅滞ナク契約ノ解除ヲ為ササルトキハ其契約ヲ承認シタモノト看做ス
（新　設）

（新　設）

【告知義務違反による契約の解除】
第678条　1　（略）
2　第644条第2項及ヒ第645条ノ規定ハ前項ノ場合ニ之ヲ準用ス
＊参　考
【契約解除の効力】
　第645条　1　前条ノ規定ニ依リ保険者カ契約ノ解除ヲ為シタルトキハ其解除ハ将来ニ向テノミ其効力ヲ生ス
　2　（略）
【損害保険に関する規定の準用】
第683条　1　第640条，第642条，第643条，第646条，第647条，第649条第1項，第

	651条乃至第653条，第656条，第657条，第663条及ヒ第664条ノ規定ハ生命保険ニ之ヲ準用ス
	2 （略）
	＊参 考
	【保険者の破産】
	第651条　1　保険者カ破産手続開始ノ決定ヲ受ケタルトキハ保険契約者ハ契約ノ解除ヲ為スコトヲ得但其解除ハ将来ニ向テノミ其効力ヲ生ス
	2　（略）
	【責めに帰すべからざる事由による危険の変更・増加】
	第657条　1　保険期間中危険カ保険契約者又ハ被保険者ノ責ニ帰スヘカラサル事由ニ因リテ著シク変更又ハ増加シタルトキハ保険者ハ契約ノ解除ヲ為スコトヲ得但其解除ハ将来ニ向テノミ其効力ヲ生ス
	2　（略）
	3　（略）
	【告知義務違反による契約の解除】
	第678条　1　（略）
2　保険者は，次の各号に掲げる規定により生命保険契約の解除をした場合には，当該各号に定める保険事故に関し保険給付を行う責任を負わない。	2　第644条第2項及ヒ第645条ノ規定ハ前項ノ場合ニ之ヲ準用ス
一　第55条第1項　解除がされた時までに発生した保険事故。ただし，同項の事実に基づかずに発生した保険事故については，この限りでない。	＊参 考
	【契約解除の効力】
	第645条　1　（略）
	2　保険者ハ危険発生ノ後解除ヲ為シタル場合ニ於テモ損害ヲ填補スル責ニ任セス若シ既ニ保険金額ノ支払ヲ為シタルトキハ其返還ヲ請求スルコトヲ得但保険契約者ニ於テ危険ノ発生カ其告ケ又ハ告ケサリシ事実ニ基カサルコトヲ証明シタルトキハ此限ニ在ラス
二　第56条第1項　解除に係る危険増加が生じた時から解除がされた時までに発生した保険事故。ただし，当該危険増加をもたらした事由に基づかずに発生した保険事故については，この限りでない。	
三　第57条　同条各号に掲げる事由が生じた時から解除がされた時までに発生した保険事故	
（契約当事者以外の者による解除の効力等）	
第60条　1　差押債権者，破産管財人その他の死亡保険契約（第63条に規定する保険料積立金があるものに限る。次項及び次条第1項において同じ。）の当事者以外の者で当該死亡保険契約の解除をすることができるもの（次項及び第62条において「解除権者」という。）がする当該解除は，保険者がその通知を受けた時から1箇月を経過した日に，その効力を生ずる。	（新　設）
2　保険金受取人（前項に規定する通知の時において，保険契約者である者を除き，保険契約者若しくは被保険者の親族又は被保険者である者に限る。次項及び次条において「介入権	

者」という。）が，保険契約者の同意を得て，前項の期間が経過するまでの間に，当該通知の日に当該死亡保険契約の解除の効力が生じたとすれば保険者が解除権者に対して支払うべき金額を解除権者に対して支払い，かつ，保険者に対してその旨の通知をしたときは，同項に規定する解除は，その効力を生じない。 3　第1項に規定する解除の意思表示が差押えの手続又は保険契約者の破産手続，再生手続若しくは更生手続においてされたものである場合において，介入権者が前項の規定による支払及びその旨の通知をしたときは，当該差押えの手続，破産手続，再生手続又は更生手続との関係においては，保険者が当該解除により支払うべき金銭の支払をしたものとみなす。	
第61条　1　死亡保険契約の解除により保険契約者が保険者に対して有することとなる金銭債権を差し押さえた債権者が前条第1項に規定する通知をした場合において，同条第2項の規定による支払の時に保険者が当該差押えに係る金銭債権の支払をするとすれば民事執行法（昭和54年法律第4号）その他の法令の規定による供託をすることができるときは，介入権者は，当該供託の方法により同項の規定による支払をすることができる。 2　前項の通知があった場合において，前条第2項の規定による支払の時に保険者が当該差押えに係る金銭債権の支払をするとすれば民事執行法その他の法令の規定による供託の義務を負うときは，介入権者は，当該供託の方法により同項の規定による支払をしなければならない。 3　介入権者が前2項の規定により供託の方法による支払をしたときは，当該供託に係る差押えの手続との関係においては，保険者が当該差押えに係る金銭債権につき当該供託の方法による支払をしたものとみなす。 4　介入権者は，第1項又は第2項の規定による供託をしたときは，民事執行法その他の法令の規定により第三債務者が執行裁判所その他の官庁又は公署に対してすべき届出をしなければならない。	（新　設）
第62条　1　第60条第1項に規定する通知の時から同項に規定する解除の効力が生じ，又は同条第2項の規定により当該解除の効力が生じないこととなるまでの間に保険事故が発生したことにより保険者が保険給付を行うべきときは，当該保険者は，当該保険給付を行うべき額の限度で，解除権者に対し，同項に規定する金額を支払わなければならない。この	（新　設）

場合において，保険金受取人に対しては，当該保険給付を行うべき額から当該解除権者に支払った金額を控除した残額について保険給付を行えば足りる。
2　前条の規定は，前項の規定による保険者の解除権者に対する支払について準用する。

（保険料積立金の払戻し）
第63条　保険者は，次に掲げる事由により生命保険契約が終了した場合には，保険契約者に対し，当該終了の時における保険料積立金（受領した保険料の総額のうち，当該生命保険契約に係る保険給付に充てるべきものとして，保険料又は保険給付の額を定めるための予定死亡率，予定利率その他の計算の基礎を用いて算出される金額に相当する部分をいう。）を払い戻さなければならない。ただし，保険者が保険給付を行う責任を負うときは，この限りでない。
一　第51条各号（第2号を除く。）に規定する事由
二　保険者の責任が開始する前における第54条又は第58条第2項の規定による解除
三　第56条第1項の規定による解除
四　第96条第1項の規定による解除又は同条第2項の規定による当該生命保険契約の失効

（保険料の返還の制限）
第64条　保険者は，次に掲げる場合には，保険料を返還する義務を負わない。
一　保険契約者，被保険者又は保険金受取人の詐欺又は強迫を理由として生命保険契約に係る意思表示を取り消した場合
二　死亡保険契約が第39条第1項の規定により無効とされる場合。ただし，保険者が保険事故の発生を知って当該死亡保険契約の申込み又はその承諾をしたときは，この限りでない。

（強行規定）
第65条　次の各号に掲げる規定に反する特約で当該各号に定める者に不利なものは，無効とする。
一　第55条第1項から第3項まで又は第56条第1項　保険契約者又は被保険者
二　第57条又は第59条　保険契約者，被保険者又は保険金受取人
三　前2条　保険契約者

【保険者の法定免責事由】
第680条　1　（略）
2　前項第1号及ヒ第2号ノ場合ニ於テハ保険者ハ被保険者ノ為メニ積立テタル金額ヲ保険契約者ニ払戻スコトヲ要ス

【損害保険に関する規定の準用】
第683条　1　（略）
2　第640条，第651条，第653条，第656条及ヒ第657条ノ場合ニ於テ保険者カ保険金額ヲ支払フコトヲ要セサルトキハ被保険者ノ為メニ積立テタル金額ヲ保険契約者ニ払戻スコトヲ要ス

【損害保険に関する規定の準用】
第683条　1　第640条，第642条，第643条，第646条，第647条，第649条第1項，第651条乃至第653条，第656条，第657条，第663条及ヒ第664条ノ規定ハ生命保険ニ之ヲ準用ス
2　（略）

＊参　考
【契約無効の効果】
第643条　保険契約ノ全部又ハ一部カ無効ナル場合ニ於テ保険契約者及ヒ被保険者カ善意ニシテ且重大ナル過失ナキトキハ保険者ニ対シテ保険料ノ全部又ハ一部ノ返還ヲ請求スルコトヲ得

（新　設）

第4章　傷害疾病定額保険 　第1節　成　立	（新　設） （新　設）
（告知義務） 第66条　保険契約者又は被保険者になる者は，傷害疾病定額保険契約の締結に際し，給付事由（傷害疾病による治療，死亡その他の保険給付を行う要件として傷害疾病定額保険契約で定める事由をいう。以下この章において同じ。）の発生の可能性（以下この章において「危険」という。）に関する重要な事項のうち保険者になる者が告知を求めたもの（第84条第1項及び第85条第1項において「告知事項」という。）について，事実の告知をしなければならない。	（新　設）
（被保険者の同意） 第67条　1　傷害疾病定額保険契約の当事者以外の者を被保険者とする傷害疾病定額保険契約は，当該被保険者の同意がなければ，その効力を生じない。ただし，被保険者（被保険者の死亡に関する保険給付にあっては，被保険者又はその相続人）が保険金受取人である場合は，この限りでない。 2　前項ただし書の規定は，給付事由が傷害疾病による死亡のみである傷害疾病定額保険契約については，適用しない。	（新　設）
（遡及保険） 第68条　1　傷害疾病定額保険契約を締結する前に発生した給付事由に基づき保険給付を行う旨の定めは，保険契約者が当該傷害疾病定額保険契約の申込み又はその承諾をした時において，当該保険契約者，被保険者又は保険金受取人が既に給付事由が発生していることを知っていたときは，無効とする。 2　傷害疾病定額保険契約の申込みの時より前に発生した給付事由に基づき保険給付を行う旨の定めは，保険者又は保険契約者が当該傷害疾病定額保険契約の申込みをした時において，当該保険者が給付事由が発生していないことを知っていたときは，無効とする。	（新　設）
（傷害疾病定額保険契約の締結時の書面交付） 第69条　1　保険者は，傷害疾病定額保険契約を締結したときは，遅滞なく，保険契約者に対し，次に掲げる事項を記載した書面を交付しなければならない。 　一　保険者の氏名又は名称 　二　保険契約者の氏名又は名称 　三　被保険者の氏名その他の被保険者を特定するために必要な事項 　四　保険金受取人の氏名又は名称その他の保	（新　設）

険金受取人を特定するために必要な事項 　　五　給付事由 　　六　その期間内に傷害疾病又は給付事由が発生した場合に保険給付を行うものとして傷害疾病定額保険契約で定める期間 　　七　保険給付の額及びその方法 　　八　保険料及びその支払の方法 　　九　第85条第1項第1号の通知をすべき旨が定められているときは，その旨 　　十　傷害疾病定額保険契約を締結した年月日 　　十一　書面を作成した年月日 　2　前項の書面には，保険者（法人その他の団体にあっては，その代表者）が署名し，又は記名押印しなければならない。	
（強行規定）	
第70条　第66条の規定に反する特約で保険契約者又は被保険者に不利なもの及び第68条第2項の規定に反する特約で保険契約者に不利なものは，無効とする。	（新　設）
第2節　効　力	（新　設）
（第三者のためにする傷害疾病定額保険契約）	
第71条　保険金受取人が傷害疾病定額保険契約の当事者以外の者であるときは，当該保険金受取人は，当然に当該傷害疾病定額保険契約の利益を享受する。	（新　設）
（保険金受取人の変更）	
第72条　1　保険契約者は，給付事由が発生するまでは，保険金受取人の変更をすることができる。 　2　保険金受取人の変更は，保険者に対する意思表示によってする。 　3　前項の意思表示は，その通知が保険者に到達したときは，当該通知を発した時にさかのぼってその効力を生ずる。ただし，その到達前に行われた保険給付の効力を妨げない。	（新　設）
（遺言による保険金受取人の変更）	
第73条　1　保険金受取人の変更は，遺言によっても，することができる。 　2　遺言による保険金受取人の変更は，その遺言が効力を生じた後，保険契約者の相続人がその旨を保険者に通知しなければ，これをもって保険者に対抗することができない。	（新　設）
（保険金受取人の変更についての被保険者の同意）	
第74条　1　保険金受取人の変更は，被保険者の同意がなければ，その効力を生じない。ただし，変更後の保険金受取人が被保険者（被保険者の死亡に関する保険給付にあっては，被保険者又はその相続人）である場合は，こ	（新　設）

新旧対照条文

の限りでない。 2　前項ただし書の規定は，給付事由が傷害疾病による死亡のみである傷害疾病定額保険契約については，適用しない。 （保険金受取人の死亡） 第75条　保険金受取人が給付事由の発生前に死亡したときは，その相続人の全員が保険金受取人となる。 （保険給付請求権の譲渡等についての被保険者の同意） 第76条　保険給付を請求する権利の譲渡又は当該権利を目的とする質権の設定（給付事由が発生した後にされたものを除く。）は，被保険者の同意がなければ，その効力を生じない。 （危険の減少） 第77条　傷害疾病定額保険契約の締結後に危険が著しく減少したときは，保険契約者は，保険者に対し，将来に向かって，保険料について，減少後の当該危険に対応する保険料に至るまでの減額を請求することができる。 （強行規定） 第78条　第71条の規定に反する特約で保険金受取人に不利なもの及び前条の規定に反する特約で保険契約者に不利なものは，無効とする。	（新　設）
第3節　保険給付	（新　設）
（給付事由発生の通知） 第79条　保険契約者，被保険者又は保険金受取人は，給付事由が発生したことを知ったときは，遅滞なく，保険者に対し，その旨の通知を発しなければならない。	（新　設）
（保険者の免責） 第80条　保険者は，次に掲げる場合には，保険給付を行う責任を負わない。ただし，第3号に掲げる場合には，給付事由を発生させた保険金受取人以外の保険金受取人に対する責任については，この限りでない。 　一　被保険者が故意又は重大な過失により給付事由を発生させたとき。 　二　保険契約者が故意又は重大な過失により給付事由を発生させたとき（前号に掲げる場合を除く。）。 　三　保険金受取人が故意又は重大な過失により給付事由を発生させたとき（前2号に掲げる場合を除く。）。 　四　戦争その他の変乱によって給付事由が発生したとき。	（新　設）
（保険給付の履行期） 第81条　1　保険給付を行う期限を定めた場合	（新　設）

であっても，当該期限が，給付事由，保険者が免責される事由その他の保険給付を行うために確認をすることが傷害疾病定額保険契約上必要とされる事項の確認をするための相当の期間を経過する日後の日であるときは，当該期間を経過する日をもって保険給付を行う期限とする。 2　保険給付を行う期限を定めなかったときは，保険者は，保険給付の請求があった後，当該請求に係る給付事由の確認をするために必要な期間を経過するまでは，遅滞の責任を負わない。 3　保険者が前2項に規定する確認をするために必要な調査を行うに当たり，保険契約者，被保険者又は保険金受取人が正当な理由なく当該調査を妨げ，又はこれに応じなかった場合には，保険者は，これにより保険給付を遅延した期間について，遅滞の責任を負わない。 （強行規定） 第82条　前条第1項又は第3項の規定に反する特約で保険金受取人に不利なものは，無効とする。	（新　設）
第4節　終　了	（新　設）
（保険契約者による解除） 第83条　保険契約者は，いつでも傷害疾病定額保険契約を解除することができる。	（新　設）
（告知義務違反による解除） 第84条　1　保険契約者又は被保険者が，告知事項について，故意又は重大な過失により事実の告知をせず，又は不実の告知をしたときは，傷害疾病定額保険契約を解除することができる。 2　保険者は，前項の規定にかかわらず，次に掲げる場合には，傷害疾病定額保険契約を解除することができない。 　一　傷害疾病定額保険契約の締結の時において，保険者が前項の事実を知り，又は過失によって知らなかったとき。 　二　保険媒介者が，保険契約者又は被保険者が前項の事実の告知をすることを妨げたとき。 　三　保険媒介者が，保険契約者又は被保険者に対し，前項の事実の告知をせず，又は不実の告知をすることを勧めたとき。 3　前項第2号及び第3号の規定は，当該各号に規定する保険媒介者の行為がなかったとしても保険契約者又は被保険者が第1項の事実の告知をせず，又は不実の告知をしたと認められる場合には，適用しない。	（新　設）

4　第１項の規定による解除権は，保険者が同項の規定による解除の原因があることを知った時から１箇月間行使しないときは，消滅する。傷害疾病定額保険契約の締結の時から５年を経過したときも，同様とする。 （危険増加による解除） 第85条　１　傷害疾病定額保険契約の締結後に危険増加（告知事項についての危険が高くなり，傷害疾病定額保険契約で定められている保険料が当該危険を計算の基礎として算出される保険料に不足する状態になることをいう。以下この条及び第88条第２項第２号において同じ。）が生じた場合において，保険料を当該危険増加に対応した額に変更するとしたならば当該傷害疾病定額保険契約を継続することができるときであっても，保険者は，次に掲げる要件のいずれにも該当する場合には，当該傷害疾病定額保険契約を解除することができる。 一　当該危険増加に係る告知事項について，その内容に変更が生じたときは保険契約者又は被保険者が保険者に遅滞なくその旨の通知をすべき旨が当該傷害疾病定額保険契約で定められていること。 二　保険契約者又は被保険者が故意又は重大な過失により遅滞なく前号の通知をしなかったこと。 ２　前条第４項の規定は，前項の規定による解除権について準用する。この場合において，同条第４項中「傷害疾病定額保険契約の締結の時」とあるのは，「次条第１項に規定する危険増加が生じた時」と読み替えるものとする。 （重大事由による解除） 第86条　保険者は，次に掲げる事由がある場合には，傷害疾病定額保険契約を解除することができる。 一　保険契約者，被保険者又は保険金受取人が，保険者に当該傷害疾病定額保険契約に基づく保険給付を行わせることを目的として給付事由を発生させ，又は発生させようとしたこと。 二　保険金受取人が，当該傷害疾病定額保険契約に基づく保険給付の請求について詐欺を行い，又は行おうとしたこと。 三　前２号に掲げるもののほか，保険者の保険契約者，被保険者又は保険金受取人に対する信頼を損ない，当該傷害疾病定額保険契約の存続を困難とする重大な事由 （被保険者による解除請求） 第87条　１　被保険者が傷害疾病定額保険契約	（新　設） （新　設） （新　設）

の当事者以外の者である場合において，次に掲げるときは，当該被保険者は，保険契約者に対し，当該傷害疾病定額保険契約を解除することを請求することができる。
　一　第67条第1項ただし書に規定する場合（同項の同意がある場合を除く。）
　二　前条第1号又は第2号に掲げる事由がある場合
　三　前号に掲げるもののほか，被保険者の保険契約者又は保険金受取人に対する信頼を損ない，当該傷害疾病定額保険契約の存続を困難とする重大な事由がある場合
　四　保険契約者と被保険者との間の親族関係の終了その他の事情により，被保険者が第67条第1項の同意をするに当たって基礎とした事情が著しく変更した場合
2　保険契約者は，前項の規定により傷害疾病定額保険契約を解除することの請求を受けたときは，当該傷害疾病定額保険契約を解除することができる。

（解除の効力）
第88条　1　傷害疾病定額保険契約の解除は，将来に向かってのみその効力を生ずる。 ｜（新　設）
2　保険者は，次の各号に掲げる規定により傷害疾病定額保険契約の解除をした場合には，当該各号に定める事由に基づき保険給付を行う責任を負わない。
　一　第84条第1項　解除がされた時までに発生した傷害疾病。ただし，同項の事実に基づかずに発生した傷害疾病については，この限りでない。
　二　第85条第1項　解除に係る危険増加が生じた時から解除がされた時までに発生した傷害疾病。ただし，当該危険増加をもたらした事由に基づかずに発生した傷害疾病については，この限りでない。
　三　第86条　同条各号に掲げる事由が生じた時から解除がされた時までに発生した給付事由

（契約当事者以外の者による解除の効力等）
第89条　1　差押債権者，破産管財人その他の傷害疾病定額保険契約（第92条に規定する保険料積立金があるものに限る。以下この条から第91条までにおいて同じ。）の当事者以外の者で当該傷害疾病定額保険契約の解除をすることができるもの（次項及び同条において「解除権者」という。）がする当該解除は，保険者がその通知を受けた時から1箇月を経過した日に，その効力を生ずる。 ｜（新　設）
2　保険金受取人（前項に規定する通知の時にお

いて，保険契約者である者を除き，保険契約者若しくは被保険者の親族又は被保険者である者に限る。次項及び次条において「介入権者」という。）が，保険契約者の同意を得て，前項の期間が経過するまでの間に，当該通知の日に当該傷害疾病定額保険契約の解除の効力が生じたとすれば保険者が解除権者に対して支払うべき金額を解除権者に対して支払い，かつ，保険者に対してその旨の通知をしたときは，同項に規定する解除は，その効力を生じない。

3　第1項に規定する解除の意思表示が差押えの手続又は保険契約者の破産手続，再生手続若しくは更生手続においてされたものである場合において，介入権者が前項の規定による支払及びその旨の通知をしたときは，当該差押えの手続，破産手続，再生手続又は更生手続との関係においては，保険者が当該解除により支払うべき金銭の支払をしたものとみなす。

第90条　1　傷害疾病定額保険契約の解除により保険契約者が保険者に対して有することとなる金銭債権を差し押さえた債権者が前条第1項に規定する通知をした場合において，同条第2項の規定による支払の時に保険者が当該差押えに係る金銭債権の支払をするとすれば民事執行法その他の法令の規定による供託をすることができるときは，介入権者は，当該供託の方法により同項の規定による支払をすることができる。

2　前項の通知があった場合において，前条第2項の規定による支払の時に保険者が当該差押えに係る金銭債権の支払をするとすれば民事執行法その他の法令の規定による供託の義務を負うときは，介入権者は，当該供託の方法により同項の規定による支払をしなければならない。

3　介入権者が前2項の規定により供託の方法による支払をしたときは，当該供託に係る差押えの手続との関係においては，保険者が当該差押えに係る金銭債権につき当該供託の方法による支払をしたものとみなす。

4　介入権者は，第1項又は第2項の規定による供託をしたときは，民事執行法その他の法令の規定により第三債務者が執行裁判所その他の官庁又は公署に対してすべき届出をしなければならない。

(新　設)

第91条　1　第89条第1項に規定する通知の時から同項に規定する解除の効力が生じ，又は同条第2項の規定により当該解除の効力が生じないこととなるまでの間に給付事由が発生

(新　設)

したことにより保険者が保険給付を行うべき場合において，当該保険給付を行うことにより傷害疾病定額保険契約が終了することとなるときは，当該保険者は，当該保険給付を行うべき額の限度で，解除権者に対し，同項に規定する金額を支払わなければならない。この場合において，保険金受取人に対しては，当該保険給付を行うべき額から当該解除権者に支払った金額を控除した残額について保険給付を行えば足りる。

2　前条の規定は，前項の規定による保険者の解除権者に対する支払について準用する。

（保険料積立金の払戻し）

第92条　保険者は，次に掲げる事由により傷害疾病定額保険契約が終了した場合には，保険契約者に対し，当該終了の時における保険料積立金（受領した保険料の総額のうち，当該傷害疾病定額保険契約に係る保険給付に充てるべきものとして，保険料又は保険給付の額を定めるための給付事由の発生率，予定利率その他の計算の基礎を用いて算出される金額に相当する部分をいう。）を払い戻さなければならない。ただし，保険者が保険給付を行う責任を負うときは，この限りでない。

一　第80条各号（第2号を除く。）に規定する事由

二　保険者の責任が開始する前における第83条又は第87条第2項の規定による解除

三　第85条第1項の規定による解除

四　第96条第1項の規定による解除又は同条第2項の規定による当該傷害疾病定額保険契約の失効

（新　設）

（保険料の返還の制限）

第93条　保険者は，次に掲げる場合には，保険料を返還する義務を負わない。

一　保険契約者，被保険者又は保険金受取人の詐欺又は強迫を理由として傷害疾病定額保険契約に係る意思表示を取り消した場合

二　傷害疾病定額保険契約が第68条第1項の規定により無効とされる場合。ただし，保険者が給付事由の発生を知って当該傷害疾病定額保険契約の申込み又はその承諾をしたときは，この限りでない。

（新　設）

（強行規定）

第94条　次の各号に掲げる規定に反する特約で当該各号に定める者に不利なものは，無効とする。

一　第84条第1項から第3項まで又は第85条第1項　保険契約者又は被保険者

二　第86条又は第88条　保険契約者，被保

（新　設）

険者又は保険金受取人 三　前2条　保険契約者 第5章　雑　則 （消滅時効） 第95条　1　保険給付を請求する権利，保険料の返還を請求する権利及び第63条又は第92条に規定する保険料積立金の払戻しを請求する権利は，3年間行わないときは，時効によって消滅する。 2　保険料を請求する権利は，1年間行わないときは，時効によって消滅する。 （保険者の破産） 第96条　1　保険者が破産手続開始の決定を受けたときは，保険契約者は，保険契約を解除することができる。 2　保険契約者が前項の規定による保険契約の解除をしなかったときは，当該保険契約は，破産手続開始の決定の日から3箇月を経過した日にその効力を失う。 附　則　（略）	（新　設） 【短期時効】 第663条　保険金額支払ノ義務及ヒ保険料返還ノ義務ハ2年保険料支払ノ義務ハ1年ヲ経過シタルトキハ時効ニ因リテ消滅ス 【損害保険に関する規定の準用】 第683条　1　第640条，第642条，第643条，第646条，第647条，第649条第1項，第651条乃至第653条，第656条，第657条，第663条及ヒ第664条ノ規定ハ生命保険ニ之ヲ準用ス 2　（略） 【積立金払戻義務】 第682条　被保険者ノ為メニ積立テタル金額ヲ払戻ス義務ハ2年ヲ経過シタルトキハ時効ニ因リテ消滅ス 【保険者の破産】 第651条　1　保険者カ破産手続開始ノ決定ヲ受ケタルトキハ保険契約者ハ契約ノ解除ヲ為スコトヲ得但其解除ハ将来ニ向テノミ其効力ヲ生ス 2　前項ノ規定ニ依リテ解除ヲ為ササル保険契約ハ破産手続開始ノ決定後3个月ヲ経過シタルトキハ其効力ヲ失フ 【損害保険に関する規定の準用】 第683条　1　第640条，第642条，第643条，第646条，第647条，第649条第1項，第651条乃至第653条，第656条，第657条，第663条及ヒ第664条ノ規定ハ生命保険ニ之ヲ準用ス 2　（略）

規定の性質・経過措置一覧表（生命保険・傷害疾病定額保険）

内容	条文 生命保険	条文 傷害疾病定額保険	規定の性質	経過措置
告知義務	37条	66条	片面的強行規定	旧法
被保険者の同意	38条	67条	強行規定	旧法
遡及保険	39条1項	68条1項	強行規定	旧法
	39条2項	68条2項	片面的強行規定	旧法
締結時の書面交付	40条1項	69条1項	任意規定	旧法
	40条2項	69条2項	任意規定	旧法
強行規定	41条	70条	—	旧法
第三者のためにする保険契約	42条	71条	片面的強行規定	旧法
保険金受取人の変更	43条1項	72条1項	任意規定	旧法
	43条2項	72条2項	強行規定	旧法
	43条3項	72条3項	強行規定	旧法
遺言による保険金受取人の変更	44条1項	73条1項	任意規定	旧法
	44条2項	73条2項	強行規定	旧法
保険金受取人の変更についての被保険者の同意	45条	74条1項	強行規定	旧法
	—	74条2項	強行規定	旧法
保険金受取人の死亡	46条	75条	任意規定	旧法
保険給付請求権の譲渡等についての被保険者の同意	47条	76条	強行規定	新法(質権設定時)
危険の減少	48条	77条	片面的強行規定	新法
強行規定	49条	78条	—	※旧法／新法(48条・77条)
被保険者の死亡（給付事由発生）の通知	50条	79条	任意規定	旧法
保険者の免責	51条	80条	任意規定	旧法
保険給付の履行期	52条1項	81条1項	片面的強行規定	新法(保険事故発生(給付事由)時)
	52条2項	81条2項	任意規定	新法(保険事故発生(給付事由)時)
	52条3項	81条3項	片面的強行規定	新法(保険事故発生(給付事由)時)
強行規定	53条	82条	—	新法(保険事故発生(給付事由)時)

規定の性質・経過措置一覧表（生命保険・傷害疾病定額保険）

保険契約者による解除	54条1項	83条1項	任意規定	旧　法
告知義務違反による解除	55条1項	84条1項	片面的強行規定	旧　法
	55条2項	84条2項	片面的強行規定	旧　法
	55条3項	84条3項	片面的強行規定	旧　法
	55条4項	84条4項	強行規定	旧　法
危険増加による解除	56条1項	85条1項	片面的強行規定	旧　法
	56条2項	85条2項	強行規定	旧　法
重大事由による解除	57条	86条	片面的強行規定	新　法
被保険者による解除請求	58条1項	87条1項	強行規定	旧　法
	58条2項	87条2項	強行規定	旧　法
解除の効力	59条1項	88条1項	片面的強行規定	※旧法／新法（57条・86条・96条1項による解除）
	59条2項1号	88条2項1号	片面的強行規定	旧　法
	59条2項2号	88条2項2号	片面的強行規定	旧　法
	59条2項3号	88条2項3号	片面的強行規定	新　法
契約当事者以外の者による解除の効力等	60条1項	89条1項	強行規定	新法(契約解除時)
	60条2項	89条2項	強行規定	新法(契約解除時)
	60条3項	89条3項	強行規定	新法(契約解除時)
契約当事者以外の者による解除の効力等	61条1項	90条1項	強行規定	新法(契約解除時)
	61条2項	90条2項	強行規定	新法(契約解除時)
	61条3項	90条3項	強行規定	新法(契約解除時)
	61条4項	90条4項	強行規定	新法(契約解除時)
契約当事者以外の者による解除の効力等	62条1項	91条1項	強行規定	新法(契約解除時)
	62条2項	91条2項	強行規定	新法(契約解除時)
保険料積立金の払戻し	63条	92条	片面的強行規定	旧　法
保険料の返還の制限	64条	93条	片面的強行規定	旧　法
強行規定	65条	94条	——	※旧法／新法（57条・59条1項・2項3号・86条・88条1項・2項3号）
消滅時効	95条1項		強行規定	旧　法
	95条2項		強行規定	旧　法
保険者の破産	96条1項		強行規定	新　法
	96条2項		強行規定	新　法

保険法案及び保険法の施行に伴う関係法律の整備に関する法律案に対する附帯決議

平成 20 年 4 月 25 日　衆議院法務委員会

　政府及び関係者は，本法の施行に当たり，次の事項について格段の配慮をすべきである。

一　保険契約が国民にとって公共性の高い重要な仕組みであることに鑑み，本法の立法趣旨や本法で新設された制度の内容について，保険契約者等の保護の視点から国民への周知徹底を図ること。

二　本法が，保険契約，共済契約等の契約に関する規律を定める法であって，組織法や監督法の一元化を図るものではないことを確認すること。

三　告知義務の質問応答義務への転換や告知妨害に関する規定の新設により，告知義務違反を理由とする不当な保険金の不払いの防止が期待されていることを踏まえ，改正の趣旨に反しないよう，保険契約者等に分かりやすく，必要事項を明確にした告知書の作成など，告知制度の一層の充実を図ること。

四　保険給付の履行期については，保険給付を行うために必要な調査事項を例示するなどして確認を要する事項に関して調査が遅滞なく行われ，保険契約者等の保護に遺漏のないよう，約款の作成，認可等に当たり十分に留意すること。

五　重大事由による解除については，保険者が解除権を濫用することのないよう，解除事由を明確にするなど約款の作成，認可等に当たり本法の趣旨に沿い十分に留意すること。

六　未成年者を被保険者とする死亡保険契約については，未成年者の保護を図る観点から適切な保険契約の引受けがされるよう，特に配慮すること。

七　雇用者が保険金受取人となる団体生命保険契約については，被保険者となる被用者からの同意の取得に際しては当該被用者が，また保険給付の履行を行うに際してはその家族が，保険金受取人や保険金の額等の契約の内容を認識できるよう努めること。

附帯決議

保険法案及び保険法の施行に伴う関係法律の整備に関する法律案に対する附帯決議

平成20年5月29日　参議院法務委員会

　政府及び関係者は，これらの法律の施行に当たり，次の事項について格段の配慮をすべきである。

一　保険給付の履行期に関して，保険者による支払拒絶事由等の調査及び支払いの可否に関する回答が迅速かつ適正に行われるべき体制を確保すること。

二　保険法第二十一条第一項，第五十二条第一項及び第八十一条第一項における「相当の期間」に関しては，これらの規定の趣旨を踏まえ，契約類型ごとに確認を要する事項を具体的に示すなどした約款を作成するよう指導監督するものとし，その際，現行約款が規定する損害保険契約にあっては三十日，生命保険契約にあっては五日，傷害疾病定額保険にあっては三十日の各期限が「相当の期間」の一つの目安となることを前提に，その期限を不当に遅滞させるような約款を認可しないこと。

三　重大事由による解除（保険法第三十条第三号，第五十七条第三号及び第八十六条第三号）に関しては，保険金不払いの口実として濫用された実態があることを踏まえ，その適用に当たっては，第三十条第一号若しくは第二号等に匹敵する趣旨のものであることを確認すること。また，保険者が重大事由を知り，又は知り得た後は，解除が合理的期間内になされるよう，政府は，保険者を適切に指導・監督すること。

四　約款は保険者により一方的に作成されるものであり，複雑・難解であること並びに多様化した商品の内容及び保険事故に関する一般的・専門的情報等が保険者側に偏在している事実にかんがみ，保険契約者等の保護に欠ける条項，不明確な条項，保険契約者等の合理的期待に反する条項等が生じないよう，約款の作成又は認可に当たり充分に留意すること。また，約款の認可，監督に当たっては，恣意的に運用されることがないよう，指針をより明確にすること。

五　雇用者が保険金受取人となる団体生命保険契約については，被保険者となる被用者からの同意の取得に際しては当該被用者が，保険給付の履行を行うに際してはその家族が，保険金受取人や保険金の額等の契約の内容を認

識できるよう努めること。また，他人の生命の保険契約については，被保険者の保護にもとる事態が生ずることのないよう十分に留意すること。

六　告知に関する規定を含め多くの片面的強行規定を設けるなどして保険契約者等を保護するために保険法が制定されたという立法趣旨が保険者に遵守されるようにするため，必要に応じこのような立法趣旨を踏まえて監督基準の見直しを行い，また，当該立法趣旨や遺言による保険金受取人の変更などの新たに設けられた制度の内容が消費者に十分認識されるよう，周知を徹底すること。

七　保険法が，保険契約，共済契約等の契約に関する規律を定める法律であって，組織法や監督法の一元化を図るものではないことを確認すること。

条文索引

保険法

1条	117〜
2条	117, **129**〜
2条1号	22, 30, 123, 130, 134, 136, 139, 353, 679, 762
2条1号かっこ書	137
2条2号	130, 139
2条3号	130, 139, 353, 354, 679
2条4号	130, 139
2条4号イ	139
2条4号ロ	141
2条4号ハ	141, 148, 149
2条5号	130, 141, 453
2条6号	130, 137, 142, 143
2条7号	130, 141, 142
2条7号かっこ書	142, 144
2条8号	130, 137, 145, 386
2条8号かっこ書	145
2条9号	130, 137, 148
3条	155
4条	155
5条	155
6条	155
6条1項9号	353
7条	155
8条	155, 284
9条	155, 601
10条	155
11条	155, 353, 356
12条	155
13条	155
14条	155, 579
15条	155
16条	155
17条	155, 414, 415
18条	155
19条	155
20条	155
21条	155, 767, 777
21条1項	472
21条2項	469
21条3項	415
22条	155
22条1項	6
23条	155
24条	155
25条	155
25条1項	145
26条	155
27条	155, 357, 520, 521, 783, 784
28条	155
28条2項2号	151
29条	155, 356
30条	155, 570
30条1号	570
30条2号	415
31条	155
31条1項	520, 523, 526, 579, 681, 781, 783
31条2項3号	579
32条	155, 353
33条	155, 528
34条	143, 155, 189
34条1項	118
35条	145, 155
36条	155, 237
36条1号	155
36条2号	155
36条3号	155
36条4号	155
37条	148, 151, 159, **161**〜, 238, 244, 269, 531, 616
38条	143, 147, 151, 152, **179**〜, 227, 275, 278, 286, 324, 325, 327, 582, 587, 616
39条	148, 160, **212**〜, 220
39条1項	216, 217, 661, 674, 678
39条2項	216, 219, 238
40条	160, **225**〜
40条1項1号	232
40条1項8号	353
40条1項9号	232
40条2項	233
41条	160, 162, 217, **235**〜, 245
42条	275, 276, 280, **281**〜, 301, 352
43条	275, 282, **297**〜
43条1項	277, 305, 316, 317, 318, 330
43条2項	277, 280, 307, 318
43条3項	280, 307, 318
43条3項本文	277

43条3項ただし書 ……………………277
44条 ………………275, 282, **313**〜, 452
44条1項 ……………………………278
44条2項 ……………278, 280, 318, 323
45条 ………180, 194, 275, 278, 280, **325**〜, 342
46条 ………………275, 279, 318, **330**〜, 624
47条………………………180, 230, 275, 280, 286, 326, **341**〜, 346, 790
48条 …275, 280, 287, **348**〜, 352, 353, 356, 790
49条 ………275, 280, 286, 350, 351, **352**〜, 790
50条 ……………………419, **421**〜, 579
51条 ……………147, 237, 414, 419, **427**〜
51条柱書 ……………………429, 656
51条1号 ……………………429, 655
51条2号 ……………………449, 450, 569
51条2号かっこ書 ………………450, 459
51条3号 ……………………449, 453, 569, 655
51条3号かっこ書 ………………450, 459
51条4号 ……………………457, 655
52条 …………419, **460**〜, 511, 767, 777, 791
52条1項 ……………………466, 472, 482
52条2項 ……………………469, 478
52条3項 ……………………415, 426, 479, 482
53条 …419, 420, 426, 466, 467, 480, **482**〜, 791
54条…………………287, 357, 368, 515, **517**〜, 520, 521, 589, 595, 599, 619, 657, 658, 682, 713, 715, 744, 783
55条…………………159, 161, 164, 177, 237, 269, 515, **530**〜, 595, 658, 711
55条1項 ……………244, 269, 531, 547, 676
55条2項 ……………244, 535, 547, 676
55条2項1号 ……………………270, 535
55条2項2号 ……………………270, 538
55条2項3号 ……………………270, 538
55条3項 ……244, 270, 535, 538, 542, 547, 676
55条4項 ……………………272, 544, 547
56条…………………237, 356, 515, **550**〜, 595
56条1項柱書 ……………………151, 555
56条2項 ……………………………559
57条 ………………237, 245, 515, **563**〜, 595, 610, 658, 677, 711
57条1号 ……………………569, 585
57条2号 ……………………415, 425, 573, 585
57条3号 ……………………425, 576, 586
58条 ………189, 515, 376, **581**〜, 599, 658
58条1項柱書 ……………………584
58条1項1号 ……………………585, 586

58条1項2号 ……………………586
58条1項3号 ……………………584, 587, 659
58条2項 ……………………589, 657
59条 …159, 161, 164, 177, 244, 515, **594**〜, 677
59条1項………………269, 425, 520, 523, 526, 561, 579, 596, 681, 781, 783, 790
59条2項 ……………………237, 516, 596, 605
59条2項1号 ……………………269, 605
59条2項1号ただし書 ……………236, 270
59条2項2号 ……………555, 559, 561, 608
59条2項2号ただし書 ……………………561
59条2項3号 ……………425, 578, 579, 608, 790
60条 ………6, 281, 355, 515, 516, **611**〜, 791
60条1項 …………242, 525, 616, 620, 622, 632
60条2項 ……………………151, 623, 625, 627
60条3項 ……………………………627
61条 ………………6, 515, 516, **629**〜, 791
62条 ………………6, 515, 516, **632**〜, 791
63条 ………120, 287, 356, 515, 516, **636**〜, 711, 715, 716, 744, 757, 762, 763
63条柱書 ……………………151, 459
63条1号 ……………………………458
63条2号 ……………………520, 522, 526, 527
63条3号 ……………………………562
63条4号 ……………………………783
64条 ……………353, 515, 516, **661**〜, 678, 712
64条2号 ……………………218, 221
65条 ……………245, 515, 516, 528, 552, **676**〜
65条1号 ……………………559, 562, 676
65条2号 ……………………425, 580, 608, 677, 790
65条3号 ……………527, 640, 667, 675, 678, 783
66条 ………148, 151, 159, **161**〜, 177, 239, 269
66条かっこ書 ……………………429, 433
67条 ………147, **179**〜, 275, 286, 326, 346, 582
67条1項 ……………152, 203, 205, 279, 345
67条1項本文 ……………………143
67条1項ただし書…………147, 150, 151, 159, 203, 204, 582, 589, 591, 592
67条2項 ……………204, 205, 206, 279, 345
68条 ………………148, 160, **212**〜, 222
68条1項 ……………………222, 661, 674
68条2項 ……………………224, 239
69条 ……………………160, **225**〜, 233
69条1項8号 ……………………………353
70条 ……………………160, 162, **235**〜, 239
71条 ………………275, 276, 280, **281**〜, 284, 301
72条 ………………………275, 282, **297**〜

条 文 索 引

72条1項 …………… 277, 305, 316, 317, 318
72条2項 …………………… 277, 280, 307, 318
72条3項 …………………………… 280, 307, 318
72条3項本文 …………………………………… 277
72条3項ただし書 ……………………………… 277
73条 ………………………… 275, 282, **313**〜, 452
73条1項 ………………………………………… 278
73条2項 ………………………… 278, 280, 318, 323
74条 ………………………… 180, 275, 280, **325**〜, 342
74条1項 ………………………………… 194, 345
74条1項ただし書 …………………………… 329
74条2項 ………………………………… 329, 345
75条 ………………………… 275, 279, 318, **330**〜, 336
76条 ……… 180, 275, 280, 286, 326, **341**〜, 346
77条 ……………… 275, 280, 287, **348**〜, 353, 356
78条 ……………… 275, 280, 286, 350, 351, **352**〜
79条 ………………………………… 419, **421**〜, 579
80条 …………………… 147, 150, 151, 237, 414,
　　　　　　　　　　　　415, 419, **427**〜, 444, 660
80条柱書 ……………………………………… 429
80条1号 ………………………………… 429, 433, 440
80条2号 ………………………………………… 449, 450
80条2号かっこ書 …………………………… 450, 459
80条3号 ………………………………………… 449, 453
80条3号かっこ書 ……………………………… 450
80条4号 ………………………………………… 457
81条 …………………… 419, **460**〜, 511, 767, 777
81条1項 ………………………………… 466, 472
81条2項 ………………………………… 469, 478
81条3項 ………………………………… 415, 426, 479
82条 ……… 419, 420, 426, 466, 467, 480, **482**〜
83条 ……… 287, 357, 515, **517**〜, 596, 682, 783
84条 …159, 161, 237, 269, 515, **530**〜, 596, 662
84条1項 ………………………………………… 269
84条2項1号 …………………………………… 270
84条2項2号 …………………………………… 270
84条2項3号 …………………………………… 270
84条4項 ……………………………………… 270, 272
85条 ………………………… 237, 356, 515, **550**〜, 596
85条1項柱書 ……………………………………… 151
86条 ………………… 237, 515, **563**〜, 570, 596, 660
86条1号 ………………………………… 151, 569, 570
86条2号 ……………………………………… 415, 425, 573
86条3号 ……………………………………… 223, 425, 576
87条 ………………… 189, 515, 516, **581**〜, 591
87条1項1号 …………………………… 118, 206, 589
87条1項4号 …………………………………… 587

88条 …………………………… 159, 161, 515, **594**〜
88条1項 …………………… 269, 425, 520, 523,
　　　　　　　　　　　526, 561, 579, 681, 781, 783
88条2項 ………………………………… 237, 516
88条2項1号 …………………………………… 269
88条2項1号ただし書 ……………………… 270
88条2項2号 ………………………… 555, 559, 561
88条2項2号ただし書 ……………………… 561
88条2項3号 ………………… 223, 425, 578, 579
89条 ……………… 6, 281, 355, 515, 516, **611**〜
89条1項 ………………………………… 242, 525
89条2項 ……………………………………… 151
90条 ……………………… 6, 515, 516, **629**〜
91条 ……………………… 6, 515, 516, **632**〜
92条 …………………… 120, 287, 356, 515, 516,
　　　　　　　　　　636〜, 660, 757, 762, 763
92条柱書 ………………………………… 151, 459
92条1号 ………………………………………… 458
92条2号 ………………………………… 520, 522, 526, 527
92条3号 ………………………………………… 562
92条4号 ………………………………………… 783
93条 ………………………… 353, 515, 516, **661**〜
94条 ……………… 515, 516, 528, 552, 662, **676**〜
94条1号 …………………………………… 559, 562
94条2号 …………………………………… 425, 580
94条3号 ……………………… 527, 640, 667, 675, 783
95条 …………………………………………… **755**〜
95条1項 ………………………………… 353, 459
95条2項 ………………………………………… 353
96条 ……………………………… 122, **779**〜, 793
96条1項 ………………………………………… 599
附則1条 ………………………………………… 5, 787
附則2条 ……………………………… 711, 778, **787**〜
附則4条 ………………………………… 138, 709, **789**〜
附則4条1項 …………………………………… 790
附則4条2項 …………………………………… 791
附則4条3項 …………………………………… 791
附則5条 ……………………………………… **789**〜, 792
附則6条 ………………………………………… **793**〜

保険法の施行に伴う関係法律の整備に関する法律
15条 …………………………………………… 758
23条 …………………………………………… 758

保険業法
　………………………………… 10, 11, 47, 55, 61
2条17項 ……………………………………… 138

865

3条4項1号 …………………… 147
3条4項2号 …………………… 147
3条5項1号 …………………… 147
3条5項3号 …………………… 147
4条2項3号 …………………… 122, 478
4条2項4号 …………………… 648
5条1項3号 …………………… 650, 653
5条1項4号 …………………… 648
10条3号 ……………………… 644
21条2項 ……………………… 762
36条 …………………………… 757
54条の3第2項 ……………… 387
88条 …………………………… 744
100条の2 ……………………… 651
116条 ………………………… 716
116条2項 …………………… 643
117条の2 …………………… 783
123条1項 …………………… 122
241条 ………………………… 781
283条 ………………………… 121
300条 ………………………… 731
300条1項1号 ……………… 650
300条1項5号 ……………… 355
300条の2 …………………… 650
附則1条の2 ………………… 56

保険業法施行規則

8条 …………………………… 731
8条1項7号 ………………… 383
9条4項 ……………………… 469, 478
9条6号 ……………………… 650, 653
10条3号 ……………………… 643, 648, 716, 731
11条 …………………………… 122
11条2号 ……………………… 190
11条3号 ……………………… 731
11条6号 ……………………… 732
12条1号 ……………………… 648, 731
12条2号 ……………………… 648
30条 …………………………… 744
53条 …………………………… 732
53条の7 ……………………… 651
53条の7第2項 ……………… 210, 211
68条 …………………………… 643
69条 …………………………… 716
69条4項 ……………………… 643
69条5項 ……………………… 643

商　　法

516条1項 …………………… 361
522条 ………………………… 755, 762, 775

改正前商法

629条 ………………………… 131, 133, 136, 142
630条 ………………………… 127
637条 ………………………… 699
640条 ………………………… 420, 429
641条 ………………………… 438, 439, 440
642条 ………………………… 159, 214, 215, 216
643条 ………………………… 662
644条 ………………………… 162
645条 ………………………… 162, 531, 595
646条 ………………………… 280, 349, 699
647条 ………………………… 283
649条 ………………………… 160
649条2項 …………………… 232
649条2項9号 ……………… 232
651条 ………………………… 793
651条1項 …………………… 595, 781
652条 ………………………… 354, 614
653条 ………………………… 368, 518, 519, 520, 521,
　　　　　　　　　　　　522, 526, 595, 698, 699, 701
655条 ………………………… 518, 519, 521, 522, 595,
　　　　　　　　　　　　698, 699, 701, 711, 713, 714
656条 ………………………… 515, 555, 657
657条 ………………………… 555, 658
657条1項 …………………… 595
658条 ………………………… 421
663条 ………………………… 756, 757, 775
673条 ………………………… 131, 133, 136, 138, 146, 567
674条 ………………………… 127, 179, 227
674条1項 …………………… 180, 189, 325, 327, 328
674条1項但書 ……………… 159, 188, 278, 343
674条2項 …………………… 279, 341, 343
674条3項 …………………… 279, 341, 344
675条 ………………………… 283, 292, 297
675条1項 …………………… 141, 142, 277, 276,
　　　　　　　　　　　　282, 283, 284, 298
675条1項本文 ……………… 283
675条1項但書 ……………… 298
675条2項 …………………… 276, 300, 301, 302
676条 ………………………… 276, 301
676条1項 …………………… 279, 332
676条2項 …………………… 279, 332, 339
677条 ………………………… 276, 298, 301

677条1項 ……………277, 299, 300, 303
677条2項 ……………278, 325, 327, 328
678条 ………………………………162, 663
678条1項但書 ……………………………176
678条2項 …………………………531, 595
679条 ………………………160, 226, 232
679条1項 …………………………………228
680条 ………………………………………420
680条1項 …………………………………428
680条1項1号 ……………457, 519, 656
680条1項2号 ……………142, 455, 519
680条1項3号 ……………………………455
680条2項 …………519, 637, 638, 641, 643, 716
681条 ………………………………420, 421
682条 ………………………………459, 756, 757
683条 ………………283, 284, 420, 518, 519
683条1項 …………………160, 214, 280, 349,
354, 367, 428, 520, 526, 555,
595, 614, 657, 756, 757, 775
683条2項 …520, 522, 637, 638, 641, 643, 716
829条 ………………………………………439

明治23年旧商法

349条 ………………………………………756
625条 ………………………………………130
626条 ………………………………………130
635条 ………………………………………428
636条 ………………………………………213
641条2項 …………………………………282
642条 ………………………………………227
646条 ………………………………………227
647条 ………………………………………227
652条 ………………………………………428
654条1項 …………………………………554
655条 ………………………………………348
656条 ………………………………………780
657条 ………………………………348, 519, 714
678条 ………………………………………187
679条 ………………………………………187
682条 ………………………………………213
682条2号 …………………………………428
682条3号 …………………………………428
683条 ………………………………………519
688条 ………………………………………519
688条1項 …………………………………519

民 法

5条2項 ……………………………………662
6条2項 ……………………………………673
30条 ………………………………333, 770
31条 ………………………………333, 770
32条の2 …………………………………338
90条 ………………………667, 708, 712
95条 ………………………………662, 663
95条ただし書 ……………………………176
96条 ………………………………662, 663
96条1項 …………………………………673
96条3項 …………………………………673
97条1項 …………………………………304
98条 ………………………………………534
101条1項 ………………………………163
101条2項 ………………………………163
136条2項 ………………………………356
166条1項 ………………………755, 764, 772
167条1項 ………………………………755
168条 ……………………………………761
169条 ……………………………………765
366条1項 ………………………………620
412条 ……………………………………420
412条1項 ………………………………366, 367
412条3項 ………………………363, 461, 765
414条 ……………………………………357, 679
414条1項 ………………………………367
414条2項ただし書 ……………………583, 590
415条 ……………………………………367, 679, 682
419条 ……………………367, 679, 682, 686
419条3項 ………………………………461, 686
423条 ……………………………………309, 619
427条 ……………………279, 291, 334, 336, 337
474条 ……………………………………355
478条 ……………………………………318, 389
484条 ……………………………………361
492条 ……………………………………687
494条 ……………………………………321
537条 ……………………………………282, 284
537条2項 ………………………281, 283, 352
541条 ……………………237, 367, 679, 681, 684, 697
544条 ……………………………………534
620条 ……………………………………600, 681
628条 ……………………………………564
630条 ……………………………………600
652条 ……………………………………600
684条 ……………………………………600

703条 ……………………………… 304, 727
705条 ……………………… 194, 218, 221, 667, 675
708条 …………………… 194, 218, 221, 667, 675, 712
715条 ……………………………………… 121
724条 ……………………………………… 764
725条 ……………………………………… 623
820条 ……………………………………… 195
826条 …………………………………… 200, 201
882条 …………………………………… 338, 339
903条 ……………………………………… 294
960条 ……………………………………… 314
985条1項 ………………………………… 317, 452
1015条 …………………………………… 318
1023条1項 ………………………………… 317
1023条2項 ………………………………… 318
1029条 …………………………………… 294

自動車損害賠償保障法 ………………… 119
3条 ………………………………………… 764
19条 ………………………………………… 757
72条 ………………………………………… 764

会社法
2条 ………………………………………… 130
356条 ……………………………………… 311
365条 ……………………………………… 311
419条 ……………………………………… 311
510条 ……………………………………… 781
595条 ……………………………………… 311

民事執行法
144条 ……………………………………… 618
145条 ……………………………………… 618
146条 ……………………………………… 618
155条1項 ………………………………… 618
155条2項 ………………………………… 628
156条1項 ………………………………… 630
156条3項 ………………………………… 631

破産法
2条 ………………………………………… 130
34条2項 ………………………………… 619
34条3項 ………………………………… 614
34条4項 ………………………………… 614
53条 ………………………………… 619, 779, 782
53条1項 ………………………………… 613
98条1項 ………………………………… 784

金融機関等の更生手続の特例等に関する法律
439条 ……………………………………… 784
445条2項 ………………………………… 784
490条 ……………………………………… 781
491条 ……………………………………… 781
492条 ……………………………………… 781
493条 ……………………………………… 781
494条 ……………………………………… 781
495条 ……………………………………… 781
496条 ……………………………………… 781
530条 ……………………………………… 781

消費者契約法
4条 ………………………………………… 662
5条 ………………………………………… 662
8条 ………………………………………… 127
9条 …………………………………… 120, 127
9条1号 ………………………… 654, 708, 729
10条 …………………… 127, 128, 306, 445, 476,
　　　　　528, 655, 692, 693, 694, 708, 778
11条2項 ………………………………… 120

【アメリカ】
NAICモデル法 …………………………… 70
ニューヨーク州保険法 …………………… 69
　3201条 …………………………………… 69
　3203条 ………………………………… 69, 241
　3204条（c）項 …………………………… 71
　3212条 …………………………………… 72
　3219条 …………………………………… 69
　3220条 …………………………………… 69
　3221条 …………………………………… 69
　4205条 …………………………………… 67
マッカラン・ファーガソン法 …………… 67

【イギリス】
1774年生命保険法 ……………………… 80, 81
1906年海上保険法 ……………………… 77, 78
1930年第三者（保険者に対する権利）法
　……………………………………………… 80
1977年不公正契約条項法 ……………… 80
1999年消費者契約における不公正条項規則 ……………………………………………… 80
2000年金融サービス・市場法（FSMA）
　………………………………………… 75, 76, 78
　225条1項 ………………………………… 77

225条2項 …………………………77
228条2項 …………………………79
229条4項 …………………………79
229条5項 …………………………79
FSAハンドブック ……………76, 79
金融プロモーション命令 …………76
ソースブック紛争解決（DISP）……79
　2.7.3 …………………………79
　3.3.4（10）……………………79
　3.5.4 …………………………79
　3.7.4 …………………………79

【ドイツ】
基本法
　2条1項 ………………………90
　9条1項 ………………………89
　12条1項1文 …………………88
　14条1項 ………………………90
商　法
　92条 ……………………………91
　246条 …………………………91
　341条 …………………………91
　778条 …………………………92
情報提供義務令 ……………………90
　1条 ……………………………90
保険監督法
　10条 ……………………………90
　12条 ……………………………90
　12a条 …………………………90
　12b条 …………………………90
　12c条 …………………………90
　12e条 …………………………90
　14条 ……………………………90
　53条 ……………………………89
　54b条 …………………………90
　54b条1項 ……………………90
　54b条2項 ……………………90
　81条1項4文 …………………90
保険契約法 ……………6, 7, 9, 87
　2条1項 ………………………216
　2条2項 ………………………216
　3条1項 …………………228, 233
　4条1項 ………………………90
　5条 ……………………………231
　6条 ……………………………93
　6条1項 ………………………93
　6条2項 ………………………93

6条3項 ………………………93
6条4項2文 ……………………93
6条5項 ………………………93
6条6項 ………………………92
7条 ………………………………89
7条1項 ……………………90, 93
7条1項3文 ……………………93
7条2項 ………………90, 93, 650
7条3項 ………………………93
7条5項 ………………………92
8条 ………………………………89
8条2項1号 ……………………93
8条3項 ………………………91
14条1項 ………………………466
14条3項 ………………………466
16条1項 ………………………779
18条 ……………………………233
19条2項 ………………………94
19条3項 ………………………94
19条4項 ………………………95
19条5項 ………………………95
19条6項 ………………………95
21条2項 ………………………95
21条3項 ………………………95
22条 ……………………………94
23条 ………………………552, 553
24条 ………………………552, 553
25条 ……………………………553
26条 ……………………………553
27条 ……………………………553
32条 ……………………………97
33条 ……………………………364
33条1項 ………………………354
34条1項 ………………………355
36条 ……………………………354
38条 ……………………………686
38条2項 ………………………241
38条3項3文 …………………241
39条1項 …………………598, 601
40条1項 …………………598, 601
41条 ……………………………349
43条 ……………………………285
61条 ……………………………93
65条 ……………………………92
69条1項1号 …………………92
69条1項2号 …………………92
81条2項 ………………………441

81条	441
105条	92
108条	92
152条	89
152条1項	93
153条	90, 91, 95, 96
153条1項	95
153条2項	96
153条3項	96
154条	95
154条1項	90
155条	95
158条	553
158条1項	553
158条2項	553
159条1項	285, 304
159条2項	285, 331
160条	285
160条1項	331
160条2項	331
161条3項	645
162条1項	656
165条2項	645
169条3項	96, 639, 645
169条3項2文	650
169条4項	90, 96, 639
169条5項	96, 639, 645
176条	553
176条3項	645
178条	447
178条2項2文	448
181条1項	553
181条2項1文	553
181条2項2文	553
192条1項	88
192条2項	88
192条3項	88
193条3項	88, 89
193条5項	89
193条5項1文	88
193条5項4文	88
193条6項	88
193条6項5文	88
194条1項	95
194条1項2文	553
197条	489
203条	90
204条	90
204条1項1文2号	89
206条1項1文	89
208条	489
209条	92

保険契約法施行法
1条3項	87
10条1項2文	92

民　法
123条	94
126b条	94, 228
241条2項	94
254条	94
278条	91
280条1項	94
305条	90
306条	90
307条	90, 487
307条1項	98
307条1項2文	95, 97
307条2項1号	97, 98, 488
307条2項2号	97, 98, 488
307条3項	97
307条3項2文	95
308条	90
309条	90
310条	90
311条2項	94
312b条	91
808条	91
823条2項	91
826条	91

【フランス】
保険法典
L.112-1条	105, 107
L.112-2-1条	107
L.112-3条	108
L.112-6条	233
L.113-1条	113
L.113-1条2号	108
L.113-4条1項	553
L.113-4条2項	554
L.113-4条3項	554
L.113-4条4項	349
L.113-4条6項	554
L.113-6条	780

L. 113-8 条 ……………………108, 109	L. 132-9 条 ……………………111, 112, 286
L. 113-8 条 1 項 ……………………109	L. 132-9 条 4 項 ……………………332
L. 113-9 条 1 項 ……………………109	L. 132-9-1 条 ……………………111
L. 113-9 条 2 項 ……………………109	L. 132-9-2 条 ……………………111
L. 113-9 条 3 項 ……………………109	L. 132-10 条 ……………………112
L. 113-15-1 条 ……………………107	L. 132-11 条 ……………………285, 332
L. 131-1 条 1 項 ……………………107	L. 132-12 条 ……………………112, 286
L. 131-2 条 1 項 ……………………107	L. 132-13 条 1 項 ……………………112
L. 132-1 条 ……………………110	L. 132-13 条 2 項 ……………………112
L. 132-2 条 ……………………110	L. 132-20 条 1 項 ……………………682
L. 132-3 条 ……………………110	L. 132-24 条 1 項 ……………………113
L. 132-4 条 ……………………110	L. 132-24 条 2 項 ……………………113
L. 132-5-2 条 ……………………107	L. 132-24 条 3 項 ……………………112
L. 132-6 条 ……………………230, 233	L. 132-25 条 ……………………111, 305
L. 132-7 条 1 項 ……………………113	L. 132-26 条 1 項 ……………………110
L. 132-7 条 2 項 ……………………113	L. 133-1 条 ……………………109
L. 132-7 条 3 項 ……………………114	L. 172-2 条 2 項 ……………………109
L. 132-7 条 4 項 ……………………114	L. 321-1 条 ……………………101
L. 132-8 条 ……………………111, 285	L. 326-1 条 ……………………780
L. 132-8 条 6 項 ……………………304, 305, 314	R. 211-10 条 ……………………105
L. 132-8 条 7 項 ……………………111, 285	R. 321-1 条 ……………………106

事項索引

A-Z

ADR 制度
　（アメリカ）……………………………68
　（イギリス）……………………………76
　（ドイツ）………………………………86
　（フランス）……………………………102
ALM…………………………………………18
ART…………………………………………131
EU……………………………………………7
　（ソルベンシー・マージン規制）……19
EU 保険仲介指令………………………101
FSA…………………………………………75
MVA 商品…………………………………719
NAIC……………………………65, 70, 487
SEC…………………………………………65

ア　行

アクチュアリー………………………25, 34
アメリカ……………………9, 16, 64, 65
　（ADR 制度）……………………………68
　（契約前発病不担保条項）………71, 486
　（告知義務）……………………………71
　（ソルベンシー・マージン規制）……19
　（被保険者の同意）……………………71
　（被保険利益）…………………………71
　（復　活）………………………………241
アメリカン・ファミリー………………54
イギリス…………………………………40, 73
　（ADR 制度）……………………76, 80
　（契約前発病不担保条項）……………81
　（告知義務）……………………………80
　（被保険利益）…………………………81
遺　言……………………………314, 317
　――事項………………………314, 319
　――の解釈……………………………319
　――の効力発生時期…………………324
　――の撤回……………………………318
遺言執行者………………………………318
遺言による保険金受取人変更…………12, 194,
　　　　　　　　　　　313, 328, 452
　（フランス）……………………………314
　――の対抗要件………………………318
遺　贈……………………………315, 319

遺伝子情報（フランス）………………109
遺留分減殺………………………………294
医療保険……………………………………61
因果関係…………………………………496
因果関係不存在特則……………271, 559, 597
エクイタブル生命保険会社………………38
オール・オア・ナッシング原則（主義）
　　　　　　　………8, 441, 532, 598, 606
　（ドイツ）………………………………94
オンブズマン
　（アメリカ）……………………………68
　（イギリス）…………………………76, 80
　（ドイツ）………………………………86

カ　行

介護保険……………………………………54
解　除
　――請求　→被保険者による解除請求
　危険増加による――　→危険増加による解除
　告知義務違反による――
　　　　　　→告知義務違反による解除
　重大事由による――　→重大事由による解除
　保険契約者による――
　　　　　→保険契約者による解除（任意解除）
　保険料不払による――
　　　　　　→保険料不払による解除
解除の効力………………………523, 526, **594**
　（ドイツ）……………………………598
　（保険者免責）………………………605
介入権……6, 12, 243, 281, 355, 524, **612**, 629, 632
　（解除の効力発生日）………………620
　（供　託）…………………………630, 635
　（支払うべき金額）………………625, 633
　（年金保険）…………………………622
　（満期保険金受取人）………………625
　――の効果………………………622, 627
　――の行使方法………………………625
　――の対象……………………………616
介入権者…………………………………623
解約控除…………………………718, 744
解約返戻金……………………11, 369, 523, 527,
　　　　　　　　622, 633, **713**, 716, 749
　（ドイツ）………………………………96
　――請求権の差押え…………………524

872

事項索引

――の計算 ……………………………718
外来性 ……………………………149, 446
替え玉 …………………………………503
過大請求 ………………………………580
簡易生命保険……………50, 120, 138, 191
ガン保険 …………………………61, 62
企業価値 …………………………15, 16
危険減少 …………………**348**, 352, 356
危険増加 ………………………………356
　(告知義務違反) ……………………596
　(他保険契約の通知) ………………558
　(ドイツ) ……………………………552
　(フランス) …………………………552
　――の通知義務 ……………………557
　引受範囲外の―― …………558, 561
危険増加による解除 ………**550**, 599, 608
　(解除権の除斥期間) ………………559
　(解除権の発生要件) ………………557
　(保険者の解除権) …………………556
　(保険料増額請求権) ………………556
　――の効果 …………………………561
期待損失額 …………………………22, 27
逆ザヤ …………………………………18
逆選択 …………………………**247**, 254
キャッシュ・フロー …………………16
急激性 ……………………………149, 446
給付事由発生の通知 …………………421
給付反対給付均等の原則………22, 125, 136, 138,
　　　　　　　　　　　162, 356, 501, 551
強行規定 …………306, 307, 329, 590, 635, 776
共　済 ……………22, 38, 123, 132, 138
共済五百名社……………………………42
共済証書 ………………………………229
強制履行 ………………………………681
供　託 …………………………321, 630, 635
強　迫 …………………………………673
金融工学 …………………………24, 25
金利感応度 ……………………………35
偶然性 ……………149, 212, 442, 446
クーリング・オフ
　(ドイツ) ……………………………93
　(フランス) …………………………107
経過措置 ……………………787, 789, 793
経済価値ベース ………………19, 34, 748
経済資本 ………………………………34
継続契約 ………………………281, 297, 517
契約者価額 ……………………716, 731

契約条件の変更 ………………………121
契約締結時の書面交付 ………………225
契約当事者以外の者による解除の効力等
　　　　　　　　　　　　　　→介入権
契約内容登録制度 ……………………506
契約内容の変更 ………………………368
　(定期延長保険への変更) …………374
　(払済保険への変更) ………………371
　(保険金額の減額) …………………369
　(保険契約の転換) …………………377
契約前発病不担保条項 ………245, **483**, 485
　(アメリカ) ……………………71, 486
　(イギリス) …………………………81
　(ドイツ) ……………………………487
　――の法的性質 ……………………489
減　額　→保険金額の減額
現物給付 ……………………131, 133, 145
公正価値 ………………………………26
公正保険料 ……………………25, 28, 30
高度障害保険 ………………54, 150, 483
コーポレート・ガバナンス…………15, 747
コーポレート・ファイナンス…………16
告　知
　――すべき事実・事項 …………168, 173
　――の相手方 ………………………166
　――の時期 …………………………164
　――の手段 …………………………165
　――の法的性質 ……………………163
　――の方法 …………………………165
　他保険契約の―― …………………174
　復活の際の―― ……………………244
告知義務 ……………7, 13, **161**, 263, 269, 533
　(アメリカ) …………………………71
　(イギリス) …………………………80
　(意思表示の瑕疵) …………………547
　(傷害疾病定額保険) ………………177
　(他保険契約) ………………………606
　(ドイツ) ……………………………94
　(フランス) ……………………108, 109
　契約の締結以外の場合の―― ……164
告知義務違反 ………………164, 168, 265, 269
　――の効果 …………………………174
告知義務違反による解除 …………**530**, 596, 605
　(解除権行使の阻却事由) …………535
　(解除権阻却の例外) ………………542
　(解除権の除斥期間) ………272, 534, 535, 544
　(診査医の悪意・過失) ……………536

873

（不可争期間）……………………546	質問票　→告知書
（保険募集人の悪意・過失）……537	自動車保険……………118, 144, 435, 607
——の意思表示………………534	自発的申告義務………………162, 171
——の意思表示の相手方………534	収支相等の原則………………25, 125, 501
——の効力……………………534	終身保険……………………39, 53, 57, 58
告知義務者……………………………163	重大事由による解除…………13, 151, 174, 223,
告知事項……………………168, 175, 557	559, **563**, 597, 599, 608
告知受領権…………………166, 536, 538	（他保険契約）………………………571
告知書………………………166, 171, 536	（附帯決議）…………………………568
告知妨害…………………538, 538, **540**	（包括条項）…………………………576
国民生活審議会………………………360	（暴力団排除条項）…………………580
故　殺	——の効力…………………………578
法人による——………………454	受益の意思表示………………………283
保険金受取人による——…450, 452	出生前加入特則………………………194
保険契約者による——………448	純保険形式……………………………735
個人年金保険……………………………59	傷害疾病………………………………149
個人保険…………………………………57	傷害疾病定額保険契約………142, **148**, 155
こども保険　→未成年者の保険	（遺言による保険金受取人の変更）……328
コモン・ロー………………………68, 77	（介入権）……………………………634
固有権性…………288, 294, 315, 319, 334	（被保険者の解除請求）……………591
（フランス）…………………………112	（保険金請求権の譲渡等における被保険者の同意）………………342, 345
サ 行	（保険料積立金の払戻し）…………659
災害保障特約……………………………54	傷害疾病保険…………………………134
債権者代位権………………309, 524, 619	少額短期保険…………………………123, 138
債権法………………………………7, 126	証券取引委員会　→SEC
催　告…………………………………688	証拠証券………………………………229
最適保険契約……………253, 394, 402	承諾義務　→保険者の承諾義務
再保険……………………………………24	承諾前死亡………………215, 218, 221
詐害行為取消権………………………310	情報提供義務……………………121, 123
詐　欺…………13, 415, 547, 573, 662, 673	（ドイツ）……………………………93
（ドイツ）…………………………549	（フランス）………………………107
先取特権……………………………6, 11, 783	情報の非対称性………………………248
錯　誤…………………………………176	消滅時効…………………14, 459, **755**
三大疾病保障保険…………………54, 61	——の起算点………760, 763, 766, 773
自己のためにする保険契約…287, 288, 301	昭和40年裁定…………………………55
自己の生命の保険契約………………317	助言義務（ドイツ）…………………93
自　殺　→被保険者の自殺	書　面
自殺免責期間…………………………433	（傷害疾病定額保険）………………233
（復　活）…………………………245	（ドイツ）…………………………231
持参債務………………………………361	——の記載事項……………………232
市場金利連動型商品　→MVA商品	——の法的性質……………………229
質権者…………………………535, 620	書面交付
失　効………241, 242, 364, 367, 518, 694	——義務……………………………228
実損てん補方式………………………134	信義誠実の原則………………434, 492
疾病入院特約………………………54, 61	診査医……………………………167, 536
質問応答義務………162, 163, 165, 171, 269	人身傷害補償保険……………………144

事 項 索 引

生存保険……………………………59
生命保険……………………………134
　——の起源…………………………37
生命保険協会………………………124
生命保険協会ガイドライン……124, 484, 494
生命保険契約………………………145
生命保険面接士………………168, 540
責任開始……………………………215
　（復 活）…………………………245
責任開始前発病不担保条項
　　　　　　→契約前発病不担保条項
責任準備金………………………34, **734**
責任遡及条項………215, 217, 218, 220, 357
絶対的強行規定……………323, 544, 547,
　　　　　　　　　　552, 562, 776, 783
戦争その他変乱……………………457
全米保険監督官協会　→NAIC
増　額　→保険金額の増額
相互会社…………………………39, 42, 43
相続財産……………………………287
相当の期間……………………473, 509
遡及的解除の約定…………………602
遡及保険…………………………**212**, 216
　（傷害疾病定額保険）……………222
　（ドイツ）…………………………213
　（保険料の返還の制限）…………674
　（保険料返還義務）…………218, 220
ソルベンシー・マージン規制………19
　（EU）………………………………19
　（アメリカ）………………………19
ソルベンシー・マージン比率の算出基準等に
　関する検討チーム…………………19
損害保険…………………………134, 155
損害保険契約………………………142

タ　行

第一生命…………………………43, 49, 54
第三者のためにする傷害疾病定額保険契約
　………………………………………281
第三者のためにする生命保険契約……**281**, 352
　（ドイツ）…………………………284
　（フランス）…………………111, 284
第三分野の相互乗り入れ……………56
大数の法則………………………38, 125
代替的リスク移転　→ART
他人の死亡の保険契約………179, **188**, 317,
　　　　　　　　　　324, 325, 327, 582

他人の生命の保険契約………179, 317, 324
　（フランス）………………………110
他保険契約の累積…………………577
短期集中加入……………………504, 666
団体信用生命保険………63, 168, 181, 207, 345
団体定期保険……………62, 181, 190, 193, 207
団体年金保険…………………………63
団体保険……………………57, 62, **151**, 207, 226
中間試案　→保険法の見直しに関する中間試案
調査妨害・不協力…………………479
徴兵保険………………………………49
チルメル式……………………646, 736
通知（失効）………………………691
通知義務……………………………421
　——違反の効果…………………424
　——の主体………………………422
　危険増加の——…………………557
月払小口保険……………………41, 42
低解約返戻金型保険………64, 523, 718
定額保険…………………………58, 134
定期延長保険………………………374
定期保険………………………38, 57, 58
帝国生命…………………………43, 46
適用関係……………………117, 119, 371
適用除外……………………………155
転　換　→保険契約の転換
ドイツ………………………………83
　（ADR制度）………………………86
　（オール・オア・ナッシング原則（主義））
　……………………………………94
　（解除の効力）……………………598
　（解約返戻金）……………………96
　（危険増加）………………………552
　（クーリング・オフ）……………93
　（契約前発病不担保条項）………487
　（告知義務）………………………94
　（詐　欺）…………………………549
　（情報提供義務）…………………93
　（助言義務）………………………93
　（書　面）…………………………231
　（遡及保険）………………………213
　（他人の生命の保険契約）………284
　（配　当）…………………………95
　（復　活）…………………………241
　（プロ・ラタ原則（主義））………94
　（保険給付の履行期）……………466
　（保険金受取人の先死亡）………331

875

（保険金受取人の変更）･･････････304
　（保険者の破産）･･･････････････779
　（保険料不可分の原則）･･････････638
　（保険料不払）････････････････685
　（免　責）･･････････････441, 447
東京海上･･････････････････････43
同時死亡･････････････････････338
道徳危険　→モラル・リスク
特別解約権　→重大事由による解除
特別勘定･･････････････････58, 63
特別受益の持戻し･･････････････294

ナ　行

内部リスク管理･･････････････18, 34
日米保険協議･･････････････････55
日東保生会社･･････････････････42
日本生命･････････････････43, 46
任意解除　→保険契約者による解除
任意解除権･･････････････357, 517, 519
任意規定････････････････127, 305, 306,
　　　　　　　　　333, 339, 421, 445, 528
認可制･････････････････6, 12, 122, 124
年金保険契約･･････････････151, 152, 622

ハ　行

廃疾条項･･････････････････････54
配　当････････････････････････49
　（ドイツ）･･････････････････95
発信主義････････････････････424
払済保険････････････････････371
判例法････････････････････69, 77
必要な期間･･････････････････478, 509
被保険者････････････････････139
　（傷害疾病定額保険）･･････････141
　（生命保険）････････････････141
　――の故意････････････････505, 532
　――の重過失･･･････････････532
　――の年齢･･･････････････････176
被保険者による解除請求････118, **581**, 599
　――の効果･･･････････････････589
被保険者の自殺･･････････････429, 572
被保険者の死亡の通知･････････････421
被保険者の同意･･･････････62, 152, **179**,
　　　　　　　　　188, 324, 325, 341, 582
　（アメリカ）･････････････････71
　（遺言による保険金受取人の変更）････328
　（合併・分割・事業譲渡）･･････････345

（傷害疾病定額保険）････････････203
（包括的同意）･･････････････････191
（保険金受取人の変更）････････････325
（保険金額の増額）･･････････････347
（保険金請求権の質権設定）････････341
（保険金請求権の譲渡）････････････341
（保険料返還請求）･･････････････194
――が不要の場合･･･････････････211
――の相手方････････････････････190
――の時期･･････････････････････192
――の性質･･････････････････････189
――の代理････････････････182, 195
――の撤回････････････････189, 587, 590
――の方法････････････････190, 202
被保険利益･･････････････････140
　（アメリカ）･･････････････････71
　（イギリス）･･････････････････81
ヒューマン・ヴァリュー特約･･････63, 208
プーリング・アレンジメント･･････23, 24,
　　　　　　　　　　　　27, 35, 741
賦課式保険･･･････････････････43
付加保険料･････････････････27, 28, 740
福澤諭吉････････････････････42
含み経営･･･････････････16, 18, 747
附合契約････････････････････122
不告知････････････････････503
　――教唆････････････････538, 540
不実告知･･････････････････415, 503
附帯決議････････････････････568
復　活･･･････････････164, **241**, 518, 683
　（アメリカ）････････････････241
　（自殺免責期間）･･････････････245
　（責任開始期）･･･････････････245
　（ドイツ）･･････････････････241
　――の際の告知･･････････････244
　――の法的性質･････････････242
復　旧････････････････････164
不当条項･････････････125, 126, 127, 128, 728
不当利得････････････････････727
フランス･･････････････････････99
　（ADR制度）･･･････････････102
　（遺言による保険金受取人の変更）･･･314
　（遺伝子情報）････････････････109
　（危険増加）･･････････････････552
　（クーリング・オフ）･･･････････107
　（告知義務）･･････････････108, 109
　（固有権性）･･････････････････112

事項索引

（質権設定）……………………………112
（指定撤回権）…………………………112
（情報提供義務）………………………107
（第三者のためにする保険契約）……111
（他人の生命の保険契約）………110, 284
（プロ・ラタ原則（主義））…………109
（保険金受取人の指定）………………111
（保険金受取人の先死亡）……………332
（保険金受取人の変更）………………304
（保険者の破産）………………………780
（保険者の免責）………………………112
（保険料不払）…………………………685
（未成年者の保険）……………………110
不慮の事故 ………………………………149
プルデンシャル生命保険会社……………41
プロ・ラタ原則（主義）……8, 272, 532, 606, 609
（ドイツ）…………………………………94
（フランス）……………………………109
平準保険料 …………………………………39
変額年金 …………………………………719
変額保険 ……………………………………58
片面的強行規定 ……………………128, 235
（解除の効力）……………597, 602, 608, 677
（危険増加による解除）……552, 562, 676
（告知義務）………………162, 166, 171, 177, 239
（告知義務違反による解除）…………676
（重大事由による解除）……425, 579, 580, 677
（遡及保険）……………………………239
（第三者のためにする傷害疾病定額保険契
約）………………………………………286
（第三者のためにする生命保険契約）
…………………………………………286, 352
（保険給付の履行期）………466, 477, 480, 482
（保険契約者による解除）……………527
（保険料減額請求権）…………………350, 352
（保険料積立金の払戻し）……642, 659, 678
（保険料の返還の制限）………667, 675, 678
——の適用除外 …………………119, 236
法人による故殺 …………………………454
法制審議会保険法部会 ……………4, 5, 24, 31
（介入権）………………………………615
（解約返戻金）…………………………722
（危険増加）……………………………560
（共　済）………………………………132
（任意解除権）…………………………523
（被保険者の同意）………………204, 205
（片面的強行規定）……………………236

（保険給付の履行期）………………473, 476
（保険料の支払時期）…………………353
（保険料不可分の原則）………………704
暴力団排除条項 …………………………580
保　険 ………………………………………3
　――の起源 ………………………………37
　――の定義 ……………………………11, 131
保険会社等の破綻 ………………………121
保険給付の履行期 ………………13, **460**, 482, 498
（期限の定めがある場合）……………466
（期限の定めのない場合）……………478
（相当の期間）…………………………466
（調査妨害・不協力）…………………479
（ドイツ）………………………………466
保険金受取人 ……………………………141
　――による故殺 ……………………450, 452
　――の受取割合 ………………………334
　――の指定変更権 ……………………297
保険金受取人の指定 ………………**287**, 330
（相手方のある意思表示）……………314
（相手方のない意思表示）……………314
（相続人）………………………………290
（続柄による指定）……………………292
（フランス）……………………………111
　――がない場合 …………………288, 291
　――の意思表示の相手方 ……………287
　――の方法 ……………………………290
　――の有効性 …………………………289
保険金受取人の先死亡 ……………13, **330**, 332
（ドイツ）………………………………331
（フランス）……………………………331
保険金受取人の変更 ………13, **297**, 316, 326, 330
（相手方のある意思表示）……………314
（相手方のない意思表示）……………314
（相続人）………………………………302
（ドイツ）………………………………304
（フランス）……………………………304
（利益相反）……………………………310
　――と債権者代位権 …………………309
　――と詐害行為取消権 ………………310
　――の意思表示の相手方 ………298, 303
　――の意思表示の効力 ………………303
　――の意思表示の性質 ………………301
　――の対抗要件 ………………………306
　――の通知の到達 ……………………307
　――の通知の発信 ……………………307
保険金額 …………………………………209

877

保険金額の減額	369, 370, 526
保険金額の増額	164
保険金支払義務	220
保険金請求権	334
――の強制執行	294
――の差押え	334
――の買入れ	230
――の質権設定	342
――の譲渡	230, 326, 341
――の放棄	334
――の譲受人	535
保険契約	22
――の定義	136
――の類型	134
保険契約者	139
――による故殺	448
――の故意	505, 532
――の重過失	532
――の相続人	318
――の任意解除権	357
保険契約者貸付	383
（債権の準占有者への支払）	389
保険契約者による解除	**517**, 599
（保険者の破産）	599
保険契約者の破産	354
保険契約者の変更	346
保険契約の転換	164, 377
保険契約の取消し	600
保険事故	54, 61
保険者の受領権限	357
保険者の承諾義務	
（遡及保険）	221
（復活）	245
保険者の破産	779
（ドイツ）	779
（フランス）	780
保険者の免責	174, **427**, 499
（故意免責）	433
（重過失免責）	433, 437
（犯罪免責）	457
（フランス）	112
（保険料積立金の払戻し）	458
保険証券	226, 228, 306
保険デリバティブ	131, 133
保険仲立人	540
保険の基本問題に関するワーキング・グループ	10, 210, 723, 724
保険媒介者	539
保険法	5
――の適用範囲	131
保険法の見直しに関する中間試案	5
保険法の見直しに関する要綱	5
保険法の見直しに関する要綱案	5
保険募集	11
保険募集人	121, 167, 307, 505, 537, 540
保険約款　→約　款	
保険料	22, 30, 31, 353
（クレジット・カードによる支払）	359
――の支払経路	358
――の支払場所	359, 361
――の支払方法	356, 358
――の受領権限	356
賦課式――	38
前払確定――	38
保険料減額請求権	348
保険料自動立替制度	383
保険料自動振替貸付	684
保険料支払義務	284, 353
――の主体	354
保険料増額請求	415, 560
保険料積立金	11, 522, 562, 715
（情報開示）	650
（適用範囲）	655
（保険業法）	642
――の意義	641
――の算出	642
保険料積立金の払戻し	120, **636**
保険料の支払時期	**353**, 363, 683
保険料の受領権限	357
保険料の返還の制限	661
（公序良俗違反）	667
（遡及保険）	674
保険料不可分の原則	13, 522, 605, **698**
（実務対応）	705
（ドイツ）	638
保険料不払	127, 241, 364, 518, 679
（催　告）	688
（損害賠償請求）	682
（ドイツ）	685
（フランス）	685
保険料不払による解除	601, **679**
保険料不払による失効	679
保険料振替貸付制度	383
保険料返還義務	220, 600

保険理論……………………………………15

マ 行

未成年者の保険……11, 52, 60, 195, 199, 210, 589
　（フランス）……………………………110
無解約返戻金型保険………………64, 523, 718
明治生命…………………………………38, 42, 46
免　責　→保険者の免責
モラル・ハザード………………………**390**, 414
　事後的——………………………………393, 415
　事前的——………………………………393, 414
モラル・リスク…………173, 391, 429, 470, 485,
　　　　491, 500, 563, 564, 568, 577, 582, 587

ヤ 行

安田善次郎………………………………………42
約　款………………………………12, 124, 125, 508,
　　　　　　　　534, 546, 680, 682, 773, 777
　（差止請求）……………………………127
　（自殺免責条項）………………………430
　——の解釈………………………………126
　——の拘束力……………………………125
矢野恒太…………………………………………48

友愛組合………………………………………38, 41
猶予期間………………………………366, 681, 683
優良体保険………………………………………64
ユニバーサル保険………………………………63
養老保険………………………………………53, 60
ヨーロッパ契約法準則…………………………7

ラ 行

利益相反行為…………………………………200
リスク……………………………17, 19, 35, 247
　——の計量化……………………………21, 24
　オペレーショナル——…………………25
　価格——…………………………………17, 36
　純粋——……………………………………17
　信用——…………………………………17, 36
リスク・マネジメント……………16, 17, 143
利得禁止原則………………………………140, 410
連生保険…………………………………………60

ワ 行

割引期待保険金コスト…………………………27
割増保険料……………………………………169

判 例 索 引

大審院・最高裁判所

大判明治 33・4・13 民録 6・4・87 ……… 689
大判明治 40・5・7 民録 13・483 ……… 167, 536
大判明治 40・10・4 民録 13・939 ……… 174, 175
大判明治 45・5・15 民録 18・492 ……… 167, 536
大判大正 2・3・31 民録 19・185 ……… 175
大判大正 2・12・20 民録 19・1036 ……… 438
大判大正 4・4・14 民録 21・486 ……… 176
大判大正 4・6・26 民録 21・1044
　　　　　　　　　　　　　　　 …… 169, 173, 533
大判大正 4・9・6 民録 21・1440 ……… 536
大判大正 4・12・24 民録 21・2182 ……… 125
大判大正 5・2・7 民録 22・83 ……… 534
大判大正 5・2・12 民録 22・234 ……… 430
大判大正 5・7・5 民録 22・1336 ……… 282
大判大正 5・7・12 民録 22・1501 ……… 176
大判大正 5・10・21 民録 22・1959 ……… 167
大判大正 6・3・20 新聞 1261・26 ……… 176
大判大正 6・9・6 民録 23・1319 ……… 547
大判大正 6・10・26 民録 23・1612 ……… 533
大判大正 6・12・13 民録 23・2103 ……… 709
大判大正 6・12・14 民録 23・2112
　　　　　　　　　　　　　　　 …… 163, 548, 663
大判大正 7・3・4 民録 24・323 ……… 534
大判大正 7・4・5 民録 24・539 ……… 548
大判大正 10・12・7 新聞 1946・18 ……… 536
大判大正 11・2・6 民集 1・13 ……… 536, 547
大判大正 11・2・6 新聞 1971・16 ……… 167
大判大正 11・8・28 民集 1・501 ……… 175
大判大正 11・10・25 民集 1・612 ……… 536
大判大正 12・1・24 新聞 2101・19 ……… 230
大判大正 13・7・15 民集 3・362 ……… 684
大判大正 14・2・19 新聞 2376・19 ……… 768
大判大正 15・6・12 民集 5・8・495 ……… 699
大判昭和 2・11・2 民集 6・593 ……… 174
大判昭和 3・12・8 評論 18・商法 379 ……… 688
大判昭和 4・12・11 新聞 3090・14 ……… 606
大判昭和 7・2・19 刑集 11・85 ……… 167
大判昭和 9・10・30 新聞 3771・9 ……… 167
大判昭和 10・12・10 法学 5・653 ……… 175
大判昭和 11・5・13 民集 15・877 ……… 294
大判昭和 13・2・18 判決全集 5・18・22 ……… 176
大判昭和 13・5・19 民集 17・12・1021 ……… 306

大判昭和 13・6・22 判決全集 5・13・14 … 430
大判昭和 14・3・17 民集 18・156 ……… 544
大判昭和 15・12・13 民集 19・2381 ……… 298
大判昭和 16・9・3 法学 11・418 ……… 544
最判昭和 31・6・19 民集 10・6・665 ……… 237
最判昭和 32・7・9 民集 11・7・1203 ……… 438
最判昭和 36・4・20 民集 15・4・774 ……… 308
最判昭和 37・3・29 民集 16・3・662 ……… 684
最判昭和 37・6・12 民集 16・7・1322
　　　　　　　　　　　　　　　 …… 596, 601, 680
最判昭和 39・10・27 判タ 169・128 ……… 684
最判昭和 40・2・2 民集 19・1・1
　　　　　　　　　　　　　　　 …… 290, 294, 322
最判昭和 40・7・2 民集 19・5・1153 ……… 238
最判昭和 42・1・31 民集 21・1・77 …… 451, 569
最判昭和 42・4・18 民集 21・3・671 ……… 200
最判昭和 45・7・15 民集 24・7・771 …… 764, 772
最判昭和 47・1・20 判時 659・55 ……… 684
最判昭和 48・6・29 民集 27・6・737 …… 292, 322
最判昭和 51・3・19 民集 30・2・128 ……… 438
最判昭和 57・7・15 民集 36・6・1188 ……… 438
最判昭和 58・3・18 判時 1075・115 ……… 320
最判昭和 58・9・8 民集 37・7・918 ……… 293
最判昭和 62・2・20 民集 41・1・159 … 424, 579
最判昭和 62・10・29 民集 41・7・1527
　　　　　　　　　　　　　　　 …… 277, 298, 303
最判平成元・7・18 生判 6・57 ……… 664
最判平成 3・4・26 判時 1389・145 ……… 774
最判平成 4・1・21 生判 7・6 ……… 666
最判平成 4・3・13 民集 46・3・188 ……… 291
最判平成 5・3・30 民集 47・4・3262 ……… 435
最判平成 5・7・20 損保企画 536・8
　　　　　　　　　　　　　　　 …… 534, 548, 663
最判平成 5・9・7 民集 47・7・4740
　　　　　　　　　　　　　　　 …… 291, 335, 339
最判平成 6・7・18 民集 48・5・1233 … 291, 337
最判平成 8・3・5 民集 50・3・383 ……… 764
最判平成 9・3・25 民集 51・3・1565
　　　　　　　　　　　　　　　 …… 463, 464, 465
最判平成 9・4・24 民集 51・4・1991 ……… 389
最判平成 9・6・17 民集 51・5・2154
　　　　　　　　　　　　　　　 …… 535, 545, 546
最判平成 11・9・9 民集 53・7・1173
　　　　　　　　　　　　　　 …… 524, 525, 614, 618

最判平成 13・4・20 民集 55・3・682 ……… 443
最判平成 13・4・20 判時 1751・171
　…………………………… 443, 445, 446, 449
最判平成 13・11・27 民集 55・6・1334 …… 765
最判平成 14・10・3 民集 56・8・1706 …… 455
最判平成 14・11・5 民集 56・8・2069 …… 294
最判平成 15・12・11 民集 57・11・2196
　………………………… 759, 765, 770, 772, 773
最判平成 16・3・25 民集 58・3・753
　……………………………………… 430, 432, 573
最判平成 16・6・10 民集 58・5・1178 …… 450
最判平成 16・10・29 民集 58・7・1979 …… 295
最判平成 16・12・13 民集 58・9・2419 …… 448
最判平成 17・7・22 判時 1908・128 ……… 320
最判平成 18・4・11 民集 60・4・1387 …… 208
最判平成 18・6・1 民集 60・5・1887 …… 448
最判平成 18・6・6 判時 1943・11 ……… 448
最判平成 18・9・14 判時 1948・164 ……… 448
最判平成 18・11・27 民集 60・9・3437 …… 707
最判平成 19・4・3 民集 61・3・967 …… 707
最判平成 19・4・17 民集 61・3・1026 …… 448
最判平成 19・4・23 判時 1970・106 ……… 448
最判平成 20・2・28 判時 2000・130 … 466, 769
最判平成 21・6・2 民集 63・5・953 ……… 339

控訴院・高等裁判所

東京控判大正 7・3・13 新聞 1403・21 …… 548
東京控判大正 7・12・16 法律評論 7・上商法
　871 ………………………………………… 430
東京控判大正 13・6・23 新聞 2283・6 …… 768
大阪高判昭和 51・11・26 判時 849・88
　………………………………………… 175, 485
東京高判昭和 53・3・28 判時 889・91 … 191, 547
大阪高判昭和 53・7・19 判時 909・91 …… 534
東京地判昭和 56・4・30 判時 1004・115 … 652
札幌高判昭和 58・6・14 判タ 506・191 …… 534
大阪高判昭和 58・10・28 生判 3・403 …… 441
東京高判昭和 58・11・15 判時 1101・112 … 339
東京高判昭和 60・9・26 金法 1138・37 … 314
東京高判昭和 61・11・12 判時 1220・131
　…………………………………… 175, 537, 545
東京高判昭和 63・2・24 判時 1270・140
　……………………………………… 434, 436
東京高判昭和 63・5・18 判タ 693・205
　…………………………………… 175, 534, 537
大阪高判昭和 63・11・10 生判 5・372 …… 664
大阪高判昭和 63・12・21 生判 5・388 …… 314

大阪高判平成元・12・26 判タ 725・210
　……………………………………… 438, 440
大阪高判平成 2・1・17 判時 1361・128 …… 440
東京高判平成 3・7・11 生判 6・369 ……… 665
東京高判平成 3・10・17 金判 894・27 …… 666
広島高裁松江支判平成 3・12・13 生判 6・
　447 ………………………………………… 442
大阪高判平成 4・6・19 生判 7・90 ……… 440
福岡高判平成 4・7・16 生判 7・112 ……… 769
東京高判平成 4・10・27 生判 7・182 …… 441
東京高判平成 4・12・25 判時 1450・139 … 438
東京高判平成 5・5・13 生判 7・238 ……… 339
東京高判平成 5・6・24 民集 51・3・1589 … 463
仙台高判平成 6・3・28 判タ 878・274
　……………………………………… 441, 442
大阪高判平成 6・4・22 判時 1505・146 …… 149
東京高判平成 7・1・25 判タ 886・279 …… 537
福岡高判平成 8・2・14 生判 8・356 ……… 463
東京高判平成 8・9・11 生判 8・628 ……… 440
大阪高判平成 9・6・17 判時 1625・107
　……………………………………… 423, 670
仙台高決平成 9・7・25 判時 1626・139 …… 311
大阪高判平成 9・10・24 生判 9・448 …… 440
福岡高判平成 10・1・22 判時 1670・81 …… 442
広島高判平成 10・3・17 生判 10・121 …… 440
東京高判平成 10・3・25 判タ 968・129
　……………………………………… 299, 314
東京高判平成 10・4・23 判時 1032・267 … 438
仙台高判平成 10・10・20 生判 10・401 …… 440
福岡高判平成 10・10・23 生判 10・403 …… 440
東京高判平成 11・2・3 判時 1704・71 …… 693
大阪高判平成 11・12・21 金判 1084・44 … 294
東京高判平成 12・1・20 判時 1714・143
　……………………………………… 759, 772
東京高判平成 12・2・29 生判 12・131 …… 464
東京高判平成 13・1・31 高民集 54・1・1 … 431
東京高判平成 13・3・13 判時 1744・125 … 454
東京高判平成 14・10・31 判例集未登載 … 769
大阪高判平成 14・12・26 判時 1841・151 … 438
広島高判平成 15・10・28 判例集未登載 … 464
大阪高判平成 16・5・27 金判 1198・48 …… 496
福岡高判平成 16・7・13 判タ 1166・216 … 464
札幌高判平成 16・12・22 交民集 37・6・
　1567 ……………………………………… 440
広島高判平成 17・1・25 判例集未登載 …… 440
東京高判平成 17・2・2 判タ 1198・259 …… 534
東京高判平成 18・10・19 判タ 1234・179 … 451

881

東京高判平成19・1・31金判1292・64 ……769
仙台高判平成19・5・30金法1877・48 ……168
福岡高判平成19・9・27判例集未登載 ……693
東京高判平成21・9・30金法1882・82
　　　　　　　　　　　　……127, 367, 694

地方裁判所

東京地判明治41・6・30新聞513・22 ……461
東京地判大正4・5・4新聞1024・21 ………547
岐阜地判昭和2・12・23新聞2830・11 ……463
神戸地判昭和26・2・21下民集2・2・245
　　　　　　　　　　　　………………673
東京地判昭和26・12・19下民集2・12・1458 ………………………………167
岐阜地判昭和34・3・23下民集10・3・528
　　　　　　　　　　　　………………463
東京地判昭和37・2・12判時305・29
　　　　　　　　　　　　……………167, 537
東京地判昭和40・3・30判タ176・188 ……537
東京地判昭和42・9・27下民集18・9＝10・956 ………………………………769
福岡地小倉支判昭和46・12・16判タ279・342 ………………………………537
東京地判昭和47・6・30判時678・26 ……423
大阪地判昭和47・11・13判タ291・344
　　　　　　　　　　　　……………167, 533, 536
東京地判昭和48・12・25判タ307・244 …693
東京地判昭和53・3・31判時924・120
　　　　　　　　　　　　……175, 534, 538, 545
東京地判昭和53・8・29生判2・210 ………693
大阪地判昭和54・2・27判時926・115
　　　　　　　　　　　　……………180, 191
大阪地判昭和54・4・13判時935・108 ……175
熊本地判昭和56・3・31判時1028・108 ……175
東京地判昭和56・4・30判時1004・115 ……727
札幌地判昭和57・7・22生判3・230 ………310
東京地判昭和58・3・25生判3・311 ………339
名古屋地判昭和58・9・26判タ525・287 ……311
大阪地判昭和58・12・27判時1120・128
　　　　　　　　　　　　……………175, 545
名古屋地判昭和59・8・8判時1168・148 ……454
高知地判昭和59・9・27生判4・87 ………311
大阪地判昭和60・1・29生判4・146 ………299
福岡地判昭和60・8・23判時1177・125 ……687
大阪地判昭和60・8・30判時1183・153
　　　　　　　　　　　　……………565, 578
東京地判昭和61・1・28判時1229・147
　　　　　　　　　　　　……175, 534, 537, 545, 545
東京地判昭和61・3・17判夕599・67 ……769
大阪地判昭和63・1・29判夕687・230
　　　　　　　　　　　　……………178, 534
東京地判昭和63・9・26判時1299・141 …311
浦和地川越支判昭和63・12・23生判5・391
　　　　　　　　　　　　………………774
大阪地判平成元・3・15判時1328・111……440
京都地判平成元・6・28生判6・39………440
広島地福山支判平成2・9・18生判6・236
　　　　　　　　　　　　………………339
東京地判平成2・10・26判時1387・141 …664
東京地判平成2・11・30生判6・273 ………664
横浜地判平成2・12・20生判6・286 ………169
神戸地尼崎支判平成3・2・19判時1414・106…………………………434, 436
秋田地判平成3・3・11生判6・301 ………665
大阪地判平成3・3・26生判6・307 ………668
東京地判平成3・4・17判夕770・254
　　　　　　　　　　　　……………171, 175
東京地判平成3・7・4判時1409・115
　　　　　　　　　　　　……………441, 442
東京地判平成3・8・26判夕765・286 ……180
旭川地判平成3・9・25生判6・388 ………769
札幌地判平成3・11・28生判6・444 …463, 473
長崎地判平成4・2・24生判7・29 ……769, 773
東京地判平成4・5・24生判7・83 ………441
大阪地判平成4・8・6生判7・125 ………666
仙台地判平成4・8・20判時1455・155 ……442
水戸地土浦支判平成4・8・31生判7・138
　　　　　　　　　　　　………………339
東京地判平成4・11・26判時1468・154 …430
福井地武生支判平成5・1・22判夕822・261
　　　　　　　　　　　　………………441
仙台地判平成5・5・11判時1498・125 ……440
東京地判平成6・5・11判時1530・123
　　　　　　　　　　　　……………463, 669
高知地判平成6・5・30生判7・367 …463, 473
福岡地判平成6・6・15生判7・370 ………440
大阪地判平成6・10・18生判7・431 ………310
仙台地判平成6・12・21生判7・470 ………310
名古屋地判平成7・1・24判時1534・131 …62
東京地判平成7・8・22生判8・179 ………463
東京地判平成7・8・28判夕91・206 ………438
東京地判平成7・9・18判夕907・218, ……575
東京地判平成7・11・27判夕911・121 ……62
福岡地小倉支判平成8・2・27生判8・373

判 例 索 引

……………………………………769, 773
徳島地判平成8・7・17生判8・532 ………577
神戸地判平成8・7・18判時1586・136 ……442
神戸地判平成8・7・30金判1002・25 ………289
神戸地判平成8・8・26判タ934・275 ………442
山口地徳山支判平成8・9・27判タ929・256
………………………………………………441
長野地伊那支判平成8・11・11判タ946・
　259 …………………………………………441
京都地判平成9・1・24生判9・41 …………440
静岡地浜松支判平成9・3・24判時1611・
　127 ……………………………………………62
名古屋地判平成9・5・12判タ957・251 ……62
東京地判平成9・9・30金判1029・28 ……303,
　299, 314
岡山地判平成9・10・28生判9・467 ………538
大阪地判平成9・11・7判時1649・162 ……171
東京地判平成9・11・25判タ994・245 ……494
福岡地久留米支判平成9・11・28生判9・
　527 …………………………………………575
東京地判平成9・12・22判時1662・109 ……693
千葉地裁一宮支判平成10・2・6判タ970・
　247 …………………………………………423
東京地判平成10・7・2生判10・247 ………466
岡山地判平成10・7・27判タ1038・256 ……769
東京地判平成10・7・28金判1059・50 ……620
名古屋地判平成10・9・16判タ1007・288 …62
東京地判平成10・10・23生判10・407 ……538
岡山地判平成11・1・27金法1554・90 ……431
山口地判平成11・2・9判時1681・152 ……431
京都地判平成11・3・1金判1064・40 ……294
大阪地判平成11・3・5判時1709・116 ……426
大阪地判平成11・3・19判時1688・169 ……62
東 京 地 判 平 成 11・5・17 判 時 1714・146

……………………………………759, 772
東京地判平成11・5・28判時1704・102 …769
盛岡地花巻支判平成11・6・4生判11・333
………………………………………………543
東京地判平成11・9・30判タ1025・268 …769
札幌地判平成11・10・5判タ1059・187 …454
東京地判平成11・10・7判タ1023・251 …454
東京地判平成11・12・1判タ1032・246 …547
大阪地判平成12・2・22判時1728・124 …577
大阪地判平成12・3・21判例集未登載 ……149
大阪地判平成12・8・23生判12・397 ……149
東京地判平成13・7・31交民集34・4・982
……………………………………………434
札幌地判平成13・8・20判例集未登載 ……575
神戸地判平成14・3・22判例集未登載 ……464
東京地判平成14・6・21判例集未登載 ……570
名古屋地判平成14・10・25交民集35・5・
　1408 …………………………………………440
長崎地判平成14・10・31判例集未登載……574
大分地判平成14・11・29判例集未登載……577
東京地判平成15・6・23判タ1141・227 …438
神戸地判平成15・9・4判タ1162・108 …314
神戸地判平成15・9・4判例集未登載 ……320
大阪地堺支判平成16・8・30判時1888・142
………………………………………………496
東京地判平成16・9・6判タ1167・263 …433
甲府地判平成17・6・3判例集未登載………452
大分地判平成17・9・8判時1935・158 …430
京都地判平成18・7・18判例集未登載
………………………………………314, 322
横浜地判平成18・8・28金判1292・67 ……769
長崎地判平成19・3・30判例集未登載 ……693
仙台地判平成19・5・30金法1877・56 ……168
横浜地判平成20・12・4金法1882・91 ……694

883

保険法解説──生命保険・傷害疾病定額保険
A Commentary on the Insurance Act of Japan

2010年4月25日　初版第1刷発行
2010年10月25日　初版第2刷発行

| 編　者 | 山　下　友　信 |
| | 米　山　高　生 |

発行者　　　江　草　貞　治

東京都千代田区神田神保町2-17
発行所　株式会社　有　斐　閣
電話　(03)3264-1314〔編集〕
(03)3265-6811〔営業〕
郵便番号 101-0051
http://www.yuhikaku.co.jp/

印刷・株式会社精興社／製本・牧製本印刷株式会社
© 2010. Tomonobu Yamashita, Takau Yoneyama.
Printed in Japan
落丁・乱丁本はお取替えいたします。
★定価はカバーに表示してあります。
ISBN 978-4-641-13566-6

JCOPY　本書の無断複写(コピー)は、著作権法上での例外を除き、禁じられています。複写される場合は、そのつど事前に、(社)出版者著作権管理機構(電話03-3513-6969、FAX03-3513-6979、e-mail:info@jcopy.or.jp)の許諾を得てください。

保険法解説──生命保険・傷害疾病定額保険
A Commentary on the Insurance Act of Japan

2010 年 4 月 25 日　初版第 1 刷発行
2010 年 10 月 25 日　初版第 2 刷発行

編　者　　山　下　友　信
　　　　　米　山　高　生

発行者　　江　草　貞　治

　　　　　東京都千代田区神田神保町 2-17
発行所　株式会社　有　斐　閣
　　　　　電話　(03) 3264-1314〔編集〕
　　　　　　　　(03) 3265-6811〔営業〕
　　　　　郵便番号 101-0051
　　　　　http://www.yuhikaku.co.jp/

印刷・株式会社精興社／製本・牧製本印刷株式会社
© 2010. Tomonobu Yamashita, Takau Yoneyama.
Printed in Japan
落丁・乱丁本はお取替えいたします。

★定価はカバーに表示してあります。
ISBN 978-4-641-13566-6

JCOPY　本書の無断複写(コピー)は、著作権法上での例外を除き、禁じられています。複写される場合は、そのつど事前に、(社)出版者著作権管理機構(電話03-3513-6969、FAX03-3513-6979、e-mail:info@jcopy.or.jp)の許諾を得てください。